Kohlhammer

Meister-Eckhart-Jahrbuch
Beihefte

Herausgegeben von Regina D. Schiewer

Heft 8

Karl Heinz Witte

Johannes von Basel: Der Meister des Lehrgesprächs

Eine augustinische Theologie der Beziehung Gottes zum Menschen in Auseinandersetzung mit Meister Eckhart

Verlag W. Kohlhammer

Das Meister-Eckhart-Jahrbuch und die Beihefte werden herausgegeben im Auftrag der Meister-Eckhart-Gesellschaft.

Meister-Eckhart-Gesellschaft
Interdisziplinäre wissenschaftliche Gesellschaft
zur Erforschung und Darstellung von Leben und Werk Meister Eckharts

1. Auflage 2024

Reproduktionsvorlage: philotypen, Dortmund
Gesamtherstellung: W. Kohlhammer GmbH, Stuttgart

Print:
ISBN 978-3-17-040044-3

E-Book-Format:
pdf: 978-3-17-040045-0

Für Elfriede Witte
Voll Anerkennung und Dank

Inhalt

Vorwort

Johannes Hiltalingen von Basel alias der Meister des Lehrgesprächs hat mir nach Ende meines Studiums 1962 in all den Jahren keine Ruhe gelassen, obwohl ich ihm immer wieder um anderer Projekte willen den Rücken zugekehrt habe. Die gemeinsame Autorschaft des ›In-principio-Dialogs‹ und des ›Gratia-Dei-Traktats‹ konnte erst sichergestellt werden, nachdem ich auf einer Reise in Colmar eher zufällig den ›Audi-filia-Dialog‹ entdeckt hatte, der sprachlich und kompositorisch zu den anderen Werken passte und mit seiner augustinischen Gnadenlehre den Weg in die Augustinertheologie wies. An diesem Punkt begannen die theologiegeschichtlichen Explorationen und – in Etappen – die Niederschrift der Ergebnisse, die in das vorliegende Werk mündeten.

Meine gesamte Arbeit wurde von zahlreichen Unterstützern begleitet, denen ich von Herzen dankbar bin. Nur wenige von ihnen kann ich hier nennen. Da ist zuerst mein Lehrer Kurt Ruh, der bis in seine letzten Lebensjahre hinein meine Ergebnisse mit großem Interesse verfolgt hat. Dann ist der gelehrte Historiker des Augustinerordens Pater Adolar Zumkeller hervorzuheben. Er hat mir den Zugang zum Werk des Johannes von Basel erschlossen, indem er mir Einblick in eine maschinenschriftliche Transkription der Münchner Handschrift clm 26711 gewährte, die in der Bibliotheca Augustiniana in Würzburg aufbewahrt wird. Seine Untersuchungen und Ratschläge vermittelten mir ein erstes Verständnis dieses Theologen. Weitere Hilfe beim Studium der Transkription verdanke ich der Leiterin der Bibliotheca Augustiniana, Frau Dr. Carolin Oser-Grote. Zuletzt genannt, aber unvergleichlich hilfreich für das Studium Johannes' von Basel war mir Dr. Venício Marcolino, der Herausgeber der ersten Edition der Lectura des Pariser Augustinermagisters. Er stellte mir die Druckvorlagen der ersten vier Bände seiner Edition in PDF-Dateien zur Verfügung. Das hat mir die Erschließung der Theologie des Hiltalingers sehr erleichtert.

Der erste Dank für die Hilfe bei der Erstellung des vorliegenden Werkes gebührt meiner verstorbenen Kollegin Studiendirektorin Irene Wagner. Sie hat die meisten Zitate aus dem Werk Anselms von Canterbury nachgewiesen und mir mit Ratschlägen zur Übersetzung aus dem Lateinischen geholfen. Die Fertigstellung des Manuskripts hat meine erste Ehefrau, Elfriede Witte, mit unverzichtbaren Korrekturen und Kommentaren unterstützt. Frau Dr. Regina Schiewer und Professor Freimut Löser danke ich für die Aufnahme meines Werkes in die Reihe Meister-Eckhart-Jahrbuch / Beihefte sowie für wertvolle inhaltliche und technische Ratschläge. Frau Schiewer danke ich für die unschätzbare Hilfe bei der Textkonstitution und für die Einrichtung der Variantenapparate. Bei Herrn Moritz Ahrens bedanke ich mich für den Drucksatz und bei Herrn Florian Specker aus dem Verlag Kohlhammer für die verlegerische Begleitung.

Die gesamte Arbeit war eingebettet in die Ermutigung durch zahlreiche Freunde und Gesprächspartner, von denen ich nur einige nennen kann: zuvörderst meine Frau Gisela Eife, ferner Robert Antoch, Henning Dörr, Leo Dümpelmann, Christian Jung, Georg Steer, Markus Vinzent und viele andere. Ihnen allen danke ich für eine tragende Freundschaft.

München, im August 2023 Karl Heinz Witte

1. Einführung

1.1 Plan der vorliegenden Arbeit

Diese Veröffentlichung stellt das Resultat einer langjährigen, oft unterbrochenen Arbeit vor. Sie rückt einen Zweig geistlicher Prosa in mittelhochdeutscher Sprache in den Fokus, der in der germanistischen Forschung wenig beachtet blieb. KURT RUH und GEORG STEER haben die Werke charakterisiert, die von der »mündig gewordene[n] Scholastik« hervorgebracht wurden.[1] Der Forschungsbereich ›Deutsche Scholastik‹, den WOLFGANG STAMMLER[2] eröffnete, umfasste anfangs die verschiedensten Textsorten der geistlichen Prosa. In seinem Forschungsbericht untersucht GEORG STEER[3] das ganze Feld kirchlicher und theologischer Gebrauchsliteratur, angefangen von den mittelhochdeutschen Übersetzungen lateinischer Werke, einschließlich dazugehöriger Glossare, Schriften aus dem Bereich der Predigt, Katechese und Erbauungsliteratur sowie exegetische, liturgische und kanonistische Literatur.

Herauszuheben ist die Gruppe der im engeren Sinne theologischen Werke. Dieser Gruppe sind inzwischen schon mehrere Editionen und Untersuchungen gewidmet worden.[4] In der vorliegenden Arbeit geht es um einen Ausschnitt aus dieser Gruppe theologischer Spekulation, nämlich um die Rolle der Augustinereremiten für die »scholastische Nachfolge Meister Eckharts im frühen 14. Jahrhundert«.[5] Den ersten wegweisenden Beitrag zu dieser Forschungsrichtung legte GEORG STEER mit seiner Untersuchung mittelhochdeutscher scholastischer Texte über die Gnade vor.[6] Darunter findet sich der theologisch differenzierte ›Gratia-Dei-Traktat‹, den STEER, entsprechend dem damaligen Forschungsstand, noch der »dominikanischen Geistigkeit« zuord-

1 RUH, Vorbemerkungen zu einer neuen Geschichte der abendländischen Mystik, S. 348 f.; RUH, Geschichte der abendländischen Mystik, Bd. III, S. 354–388; STEER, Geistliche Prosa, S. 365–370.

2 STAMMLER, Deutsche Prosa.

3 STEER, Germanistische Scholastikforschung.

4 Zum Beispiel Der Frankforter, ›Theologia deutsch‹, ed. HINTEN 1982 (gehört vielleicht zur Theologie der Augustiner, siehe WEGENER, Der Frankfurter / ›theologia deutsch‹); ›Das Buch von der geistigen Armut‹, ed. LARGIER 1989; ›Von der sel wirdichait vnd aigenschafft‹, ed. LÖSER 1999; ›Diu zeichen eines wârhaften grundes‹, ed. MECKELNBORG 2000; ›Der Spiegel der Seele‹, ed. VOGL 2007; ›Das Geistbuch‹, ed. GOTTSCHALL 2012; ›Von der wirkenden und möglichen Vernunft‹, ed. WINKLER 2013. Hinzu kommen die deutschen Schriften Marquards von Lindau: ›Eucharistietraktat‹, ed. HOFMANN; ›De Nabuchodonosor‹, ed. HORWEGE; ›Hiob-Traktat‹, ed. GREIFENSTEIN; ›Auslegung des Prologs zum Johannes-Evangelium‹, ed. RUH; ›De fide‹, ed. RUH; ›Deutsche Predigten‹, ed. BLUMRICH.

5 RUH, Geschichte der abendländischen Mystik, Bd. III, S. 354.

6 STEER, Scholastische Gnadenlehre in mittelhochdeutscher Sprache.

nen konnte.[7] In meiner Dissertation[8] habe ich erstmals auf den Beitrag der Augustiner zur deutschsprachigen theologischen Diskussion im 14. Jahrhundert hingewiesen, da der ›In principio-Dialog‹ Lehrgut aus der dominikanischen, speziell eckhartschen Tradition aufwies, gleichzeitig aber auch Lehren vortrug, die nur zur franziskanischen Schule zu passen schienen. Diese Unstimmigkeit ließ sich durch die Hypothese auflösen, der Autor sei ein Augustiner gewesen. Die Theologen des Ordens der Augustinereremiten folgten in der Gotteslehre Thomas von Aquin, aber zum Beispiel in der Lehre vom Vorrang der Liebe vor der Vernunft standen sie den Franziskanern nahe.

Ein Vergleich des Sprachstils und der Dialogformen des von STEER edierten ›Gratia-Dei-Traktats‹[9] und des ungedruckten ›Audi-filia-Dialogs‹ mit dem ›In-principio-Dialog‹ zeigte, dass diese drei Werke gemeinsam von einem Autor stammen mussten, dem ich den Namen »Meister des Lehrgesprächs« gab. Die Überzeugung, dass dieser Autor ein Augustiner war, wurde dadurch bekräftigt, dass der ›Gratia-Dei-Traktat‹ und der ›Audi-filia-Dialog‹ eine Gnadenlehre vortragen, die für den Augustinerorden charakteristisch ist. Schon für meine Dissertation machte mich P. Adolar Zumkeller OESA darauf aufmerksam, dass Johannes Hiltalingen von Basel als Autor infrage kommen könnte. Erst einige Jahre später hatte ich mich ein wenig in die lateinischen Schriften Johannes' von Basel eingelesen, sodass ich darstellen konnte,[10] wie dieser Augustinermagister anhand eines Gutachtens des späteren Papstes Benedikt XII. Meister Eckhart kritisiert, dass er ihn aber auch augustinisch uminterpretiert und ihn so rechtfertigt. Ferner konnte ich zeigen, dass Johannes von Basel im ›Principium‹ seines Sentenzenkommentars als Grundlage seiner Theologie Themen vorstellte, die auch Meister Eckhart etwa 65 Jahre früher in seiner Transzendentalienlehre vertreten hatte. Als mir mit dieser Erfahrung KURT RUHS[11] Neuedition des ›Traktats von der Minne‹ begegnete, fielen mir die zahlreichen Übereinstimmungen dieses in Form einer Quaestio verfassten Traktats mit den Thesen des Johannes von Basel auf. In einer vergleichenden Studie[12] stellte ich die Hypothese auf, dass der ›Traktat von der Minne‹ ebenfalls vom Meister des Lehrgesprächs stamme und dass dieser der Augustinermagister Johannes Hiltalingen von Basel sei. Von 2016 an erschien erstmals eine Edition der ›Lectura super quattuor libros Sententiarum‹,[13] herausgegeben von VENÍCIO MARCO-

7 STEER, Scholastische Gnadenlehre in mittelhochdeutscher Sprache, S. 19.

8 WITTE, Der Meister des Lehrgesprächs und sein ›In-principio-Dialog‹.

9 STEER, Scholastische Gnadenlehre in mittelhochdeutscher Sprache.

10 WITTE, Die Rezeption der Lehre Meister Eckharts durch Johannes Hiltalingen von Basel.

11 RUH, Traktat von der Minne.

12 WITTE, Der ›Traktat von der Minne‹, der Meister des Lehrgesprächs und Johannes Hiltalingen von Basel. Siehe dazu MCGINN, The ›Traktat von der Minne‹.

13 Iohannis de Basilea Lectura super quattuor libros Sententiarum, ed. MARCOLINO / BRÎNZEI.

LINO und MONICA BRÎNZEI unter Mitarbeit von CAROLIN OSER-GROTE, die mir ein vertieftes Studium des Johannes von Basel ermöglichte.

VENÍCIO MARCOLINO, der Herausgeber der ›Lectura‹, äußerte sich kritisch zu meiner These der Identität des Meisters des Lehrgesprächs mit Johannes von Basel:

> »Sicher gibt es punktuell übereinstimmende Gedanken, aber diese reichen nicht aus, um die Identität des gemeinsamen Verfassers zu begründen. Denn es lassen sich auch erhebliche Unterschiede in der Lehre und in der Argumentationsweise, vor allem zwischen Johannes von Basel und dem Meister des Lehrgesprächs, feststellen, die eindeutig für verschiedene Verfasser sprechen. Für ein endgültiges Urteil über das Abhängigkeitsverhältnis bedürfte es einer näheren Untersuchung und eines umfassenden Textvergleichs.«[14]

Diese Untersuchung und der Textvergleich sollen in den nachfolgenden Untersuchungen geboten werden. Aufgrund der Ergebnisse, die im Folgenden vorgelegt werden, wage ich anzunehmen, dass der Nachweis der Identität gelungen ist.[15]

Da die Werke des Meisters des Lehrgesprächs verstreut veröffentlicht sind, stelle ich sie hier zu einem Gesamtwerk zusammen. Der Vergleich der mittelhochdeutschen Werke mit den scholastischen Schriften Johannes' von Basel muss sich, da das historische Material spärlich ist, auf die Inhaltsanalyse der Texte stützen. Diese werden nur theologiegeschichtlich ausgewertet. Sowohl zu den mittelhochdeutschen Werken wie zur Theologie des Johannes von Basel gibt es nur sehr wenige Arbeiten. Darum ist die folgende Studie auf einem neuen Arbeitsfeld unterwegs.

Daraus ergibt sich nach dieser Einführung ein Überblick über das Leben, das Werk und das theologische Programm des Johannes von Basel (Kap. 2). Ein Überblick über die mittelhochdeutschen Werke des Meisters des Lehrgesprächs schließt sich an. Er gibt Hinweise auf deren Bezüge auf das Werk des Johannes von Basel, die zugleich als eine vorgezogene Auswertung der Indizienbeweise für die Identität des Autors, die in den Kommentaren verstreut analysiert werden, dienen kann. Danach folgen Editionen mit Übersetzungen und theologiegeschichtlichen Kommentaren des ›Traktats von der Minne‹, des ›In-principio-Dialogs‹, des ›Gratia-Dei-Traktats‹ und des ›Audi-filia-Dialogs‹ (Kap. 3–5). Da ein Abschnitt des ›Audi-filia-Dialogs‹ in das ›Lehrsystem der deutschen Mystik‹[16] eingegangen ist, wird ein kritischer Text aus den Handschriften des ›Lehrsystems‹ erstellt, um Textbesserungen für die Vorlage der Handschrift des ›Audi-filia-Dialogs‹ zu gewinnen (Anhang).

---

14 MARCOLINO, Einleitung [zur Edition der Lectura], S. 39 f., Anm. 135.

15 Ich danke Herrn Marcolino für die briefliche Mitteilung, dass er meine Hinweise »stichhaltig« findet und »die Autorschaft des Johannes von Basel [...] jetzt aufgrund der neuen Erkenntnisse für möglich und wahrscheinlich« hält.

16 Lehrsystem der deutschen Mystik, ed. GREITH; Compilatio mystica, ed. CADIGAN.

Aus dem Schleier der Anonymität tritt ein neuer Autor hervor, der die Aufmerksamkeit der Germanisten und der Theologen verdient. Schon in meiner Dissertation habe ich gemeint, dieser Autor »stehe sicher – nach dem unvergleichlichen Meister Eckhart – in einer Reihe mit Seuse und Tauler, wenn nicht ihnen um eine Nasenlänge voraus«.[17] Das war damals eine Intuition und demgemäß eine gewagte Behauptung. Jetzt, da die literarische Leistung im Zusammenhang sichtbar ist und die theologischen Hintergründe entschlüsselt werden, lässt sich der Rang des Autors zuverlässiger bestimmen. Er ist mit Seuse und Tauler nicht gut vergleichbar, da er weder Erlebnismystik noch Pastoral bietet, sondern er bleibt, auch wenn er sich gelegentlich in hymnische und meditative Besinnung erhebt, immer theologisch gelehrsam. Seuses ›Buch der Wahrheit‹[18] hat einen ähnlichen spekulativen Anspruch. Johannes von Basel aber entwirft als Hochschulschrift eine Theologie der ›Mystik‹, ohne sie so zu nennen, und stellt sich damit selbst neben Meister Eckhart. Er kritisiert Eckhart nicht nur beiläufig, sondern systematisch und konfrontiert sein Konzept von der ›mystischen‹ Einheit Gottes und des Menschen mit demjenigen Eckharts, indem er die Gotteserfahrung von Eckharts ontologischem Fundament zu lösen versucht. Man könnte das Fundament der Gotteserfahrung, das dem Augustinermagister biblisch-augustinisch vorgegeben erscheint, in prägnantem Sinne ›spirituell‹ nennen, da er es im Wirken des Heiligen Geistes begründet sieht. Das soll im Kapitel über die Theologie des Johannes von Basel und in den Kommentaren zu den Lehrthesen deutlich werden. Ich benütze häufig den Begriff ›mystisch‹, den ich in Anführungszeichen setze, um anzudeuten, dass damit ein bestimmter Sinn verbunden wird. Das Wort soll die Gotteserfahrung des Menschen in diesem Leben bezeichnen und damit etwa der klassischen Definition »erfahrungsgegründete Erkenntnis Gottes« (*cognitio Dei experimentalis*) des Thomas von Aquin entsprechen.[19] Auch Bonaventura umschreibt, was unter ›Mystik‹ verstanden werden kann:

»Die Gabe der Weisheit gehört zur Erkenntnis des Ewigen gemäß den ewigen Gründen; und zwar sofern jene ewigen Gründe ein Weg zum Schmecken und erfahrungsgegründeten Erkennen der Köstlichkeit Gottes sind. Die Gabe des Verstehens aber handelt

---

17 Witte, Der Meister des Lehrgesprächs und sein ›In-principio-Dialog‹, S. 5.

18 Seuse, Buch der Wahrheit, ed. Sturlese / Blumrich.

19 Für diese Definition kann folgender Beleg stehen: Thomas de Aquino, In Sent. I, d. 15, q. 2, a. 1, ad 5: *Ad quintum dicendum, quod quamvis cognitio approprietur filio, tamen donum illud ex quo sumitur experimentalis cognitio, quae necessaria est ad missionem, non necessario appropriatur filio, sed quandoque Spiritui Sancto, sicut amor.* (Eigene Übers.: »Zum fünften Punkt ist zu sagen: Obwohl die Erkenntnis dem Sohn zugeeignet wird, wird dennoch jene Gabe, aus der eine erfahrungsgegründete Erkenntnis empfangen wird, die notwendig zur Sendung gehört, nicht notwendig dem Sohn zugeeignet, sondern manchmal dem Heiligen Geist, insofern er Liebe ist.«) Im Folgenden stammen alle Übersetzungen aus dem Lateinischen oder Mittelhochdeutschen vom Verfasser. Andernfalls wird die Fundstelle angegeben. Ich danke Maurice Mauriège für Hinweise auf die Quellen.

vom Ewigen gemäß den ewigen Gründen, die ein Weg zur Erkenntnis der Wahrheit sind.«[20]

Die Werke Eckharts und des Johannes von Basel teilen eine Herabsetzung in ihrer frühen Rezeption. Meister Eckhart wurde durch üble Schmähungen in den Einleitungsworten der Verurteilungsbulle ›In agro dominico‹ beschimpft, siebzehn von 26 Sätzen wurden als häretisch verurteilt, und seine Schriften wurden verboten.[21] Sein Name fehlt im Schriftstellerkatalog des Dominikanerordens.[22] Freilich wurden seine Schriften von seinen Anhängern weiterhin gepflegt und sein Andenken durch offene oder verdeckte Zitate bewahrt.[23] Die Geschichte seiner Wiederentdeckung ist facettenreich[24] und noch nicht abgeschlossen.

Johannes von Basel blieb nach dem Ende des abendländischen Schismas weitgehend vergessen.[25] Seine lateinischen Werke sind nur in wenigen Handschriften überliefert und wurden in der frühen Neuzeit nie gedruckt. Die deutschen Schriften, die ihm durch diese Studie zugeschrieben werden, sind Unikate.[26] Die Wiederentdeckung des Johannes von Basel ist den beiden großen Historikern des Augustinerordens P. Damasus Trapp (1907–1996) und P. Adolar Zumkeller (1915–2011) zu verdanken und zuletzt Venício Marcolino mit seiner großen Studie zu Leben und Werk des Hiltalingers[27] und der Einleitung zur Edition des ›Sentenzenkommentars‹[28]. Das vorliegende Werk möge der Anfang einer breiteren Rezeption sein. Die vertiefte Erforschung des Denkens des Johannes von Basel lässt noch auf sich warten.

---

20 Bonaventura, In Sent. III, d. 35, a. unicus, q. 3, concl.; ed. Qu., Bd. III, S. 778b: <...> *donum sapientiae est ad cognitionem aeternorum secundum aeternas rationes. Secundum tamen quod illae aeternae rationes sunt via ad gustum et experimentalem cognitionem divinae suavitatis* <...>; *donum vero intellectus negotiatur circa aeterna secundum rationes aeternas, quae sunt via ad cognitionem veritatis.* Bonaventura, In Sent. III, d. 35, a. unicus, q. 1, concl.; ed. Qu., Bd. III, S. 774a: *Quarto modo dicitur sapientia magis proprie et sic nominat cognitionem Dei experimentalem; et hoc modo est unum de septem donis Spiritus Sancti, cuius actus consistit in degustando divinam suavitatem.* (»In der vierten Weise wird Weisheit eigentlicher bezeichnet, und so benennt sie die erfahrungsgegründete Erkenntnis Gottes, und in dieser Weise ist sie eine der sieben Gaben des Heiligen Geistes, dessen Tätigkeit im Verkosten der Süße Gottes besteht.«)

21 Bulle ›In agro dominico‹, in: Acta n. 65, LW V, S. 596–600.

22 Ruh, Meister Eckhart, S. 171.

23 Sturlese, Meister Eckharts Weiterwirken.

24 Degenhart, Studien zum Wandel des Eckhartbildes.

25 Siehe dazu Marcolino, Einleitung, S. 53, Anm. 185.

26 Auch die beiden Handschriften des ›Traktats von der Minne‹ sind einander so ähnlich, dass sie für die Überlieferung praktisch ein Unikat bilden.

27 Marcolino, Leben und Schrifttum des Augustinereremiten Johannes von Basel.

28 Marcolino, Iohannis de Basilea Lectura super quattuor libros Sententiarum.

1.2 Augustinische Theologie in mittelhochdeutscher Sprache

In dieser Untersuchung werden vier mittelhochdeutsche Werke besprochen, die möglicherweise Johannes von Basel zum Autor haben. Da echte historische Zeugnisse für diese Zuschreibung fehlen, steht der Name des Augustinermagisters in Wirklichkeit für ein ideelles Gebilde. Es handelt sich um einen Denkstil und um eine Anzahl theologischer Thesen, die zusammengehören und miteinander ein geistiges Profil bilden. Der Kern dieses Profils ist die klar umschriebene historische und literarische Gestalt des Scholastikers Johannes von Basel. Aber die Grenze seiner virtuellen Identität ist fließend. Die vier hier analysierten Texte sind ziemlich klar konturiert. Darum ist die Wahrscheinlichkeit sehr groß, dass sie Johannes von Basel gehören; aber die biografische Identität des Autors kann historisch nicht gesichert werden. Trotzdem will ich Johannes von Basel den Autor der besprochenen Werke nennen. Dabei ist zu beachten, dass das Mittelalter kein Urheberrecht kannte. Es sind viele Texte unter dem Namen des Thomas von Aquin oder Albertus Magnus überliefert, und manche Meister Eckhart zugeschriebene Predigten stammen wohl von Redaktoren oder Nachahmern.[29] Mit Blick auf Johannes von Basel möchte ich die Zuschreibung der Autorschaft ähnlich verstehen, wie man zum Beispiel zahlreiche Werke Rembrandts dem Meister selbst zugeschrieben hat, bis herausgefunden wurde, dass sie ganz oder in Teilen von Schülern seiner Werkstatt geschaffen wurden. MARCOLINO weist nach, dass ein vollständiges Manuskript der Pariser Sentenzenvorlesungen von 1368–1369 des Johannes von Basel dem Zisterzienser Jakobus von Eltville bei dessen Sentenzenlesung im Jahr 1369–1370 vorgelegen haben muss, und er listet zahlreiche, umfangreiche, meist wörtliche Zitate aus dem Werk des Vorgängers auf.[30] Vielleicht ist das ein Beispiel für eine Zusammenarbeit.

Die hier zu analysierenden Werke zeigen insgesamt so zahlreiche und teilweise so individuelle Übereinstimmungen mit der Theologie des Magisters, dass sie, bis genauere Differenzierungen möglich sein werden, unter der Überschrift ›Mittelhochdeutsche Werke des Johannes von Basel‹ stehen dürfen.

Es gibt auch andere mittelhochdeutsche Texte aus derselben Gruppe eigenständiger Scholastik mit deutlichen augustinischen Kennzeichen. Sie weisen ebenfalls Übereinstimmungen mit Johannes von Basel auf, aber die Merkmale sind meistens so vage oder vereinzelt, dass die positiven Gründe für eine Zu-

---

29 LÖSER, Unser Eckhart, bringt instruktive Beispiele für die Redaktionsarbeit an Eckhart-Texten. Das auffallendste Beispiel der Nachahmung Eckharts ist der Traktat ›Vom Schauen Gottes durch die wirkende Vernunft‹, ed. WINKLER. Der philologische Aufwand, die Echtheit oder Unechtheit der Eckhart-Texte zu begründen, zeigt, wie geschickt die Nachahmer Eckhart imitieren konnten, falls die folgenden Predigten unecht sein sollten: Pr. 86, DW III, S. 472–503; Pr. 112, DW IV,2, S. 827–862; Pr. 113, DW IV,2, S. 863–908 sowie der Traktat ›Von abegescheidenheit‹, DW V, S. 377–468.

30 MARCOLINO, Einleitung, S. 72–75.

ordnung nicht ausreichen. Es kann nur gesagt werden, dass sie zu dem Umfeld gehören, in dem auch Johannes von Basel wirkte.

Da hier das Augenmerk vor allem auf theologisch-spekulative Texte gerichtet werden soll, bleiben pastoraltheologische Texte, zum Beispiel Predigten und Erbauungsliteratur, außer Acht.[31]

Die Texte, die WILHELM PREGER in seiner ›Geschichte der deutschen Mystik im Mittelalter‹ abgedruckt hat, stammen aus der Handschrift Nürnberg Cent. VI 46^{h}. Sie enthält drei Beiträge zur spekulativen ›deutschen Scholastik‹, die spezifisch augustinische Theologie vermitteln: den ›Traktat von der Minne‹, (fol. 48^{v}–56^{v}), die ›Blume der Schauung‹, (fol. 67^{v}–75^{v}) und den Traktat ›Von dem Schauen Gottes durch die wirkende Vernunft‹, (fol. 78^{r}–83^{v}).

Darüber hinaus finden sich dort noch verwandte Werke und nicht identifizierte ›Traktatstücke‹ und ›Sammlungen von Fragen‹. Dieser Befund besagt, dass die Handschrift noch eigens auf den Inhalt und das mutmaßliche Auswahlprinzip hin untersucht werden müsste. KURT RUH hat aus dieser Handschrift den Quaestionen-Traktat ›Traktat von der Minne‹[32] sowie den Komposit-Traktat ›Blume der Schauung‹[33] untersucht und neu herausgegeben.

Den ›Traktat von der Minne‹ werde ich mit einer Übersetzung unten neu herausgeben und ausführlich kommentieren, da ich ihn – im Sinne der vorausgesetzten virtuellen Identität – für ein Werk des Johannes von Basel halte, an dem besonders deutlich gezeigt werden kann, dass dessen Theologie mit derjenigen des Meisters des Lehrgesprächs übereinstimmt. Einige andere auffallend augustinische Werke sollen hier kurz besprochen werden.

1.2.1 Die ›Blume der Schauung‹

Auch die ›Blume der Schauung‹ wurde von RUH neu ediert und theologiegeschichtlich untersucht.[34] Die Erschließung der Theologie der deutschen Augustiner des 14. Jahrhunderts ermöglicht nun einige Ergänzungen und Korrekturen seiner Ergebnisse. Der Traktat enthält typisch augustinisches Lehrgut.[35] Das Nähere müsste eine gründliche Untersuchung ermitteln.

Hier soll nur eine wichtige Quelle der ›Blume der Schauung‹ aufgedeckt werden, die der Autor namentlich nennt, das ist der Augustinermagister Tho-

---

31 DIETRICH SCHMIDTKE hat eine Liste augustinischer Predigten, Erbauungs- und Kurztexte zusammengestellt: SCHMIDTKE, Die ›Feigenbaumpredigt‹ eines Straßburger Augustinereremiten; SCHMIDTKE, Straßburger Augustinereremit, in: ²VL Bd. IX (1995), Sp. 373–376.

32 ›Tractat von der Minne‹, ed. PREGER; ›Traktat von der Minne‹, ed. RUH.

33 Die ›Blume der Schauung‹, ed. PREGER; Die ›Blume der Schauung‹, ed. RUH.

34 Die ›Blume der Schauung‹, ed. RUH; auch RUH, Geschichte der abendländischen Mystik, Bd. III, S. 366–370.

35 Vgl. WITTE, Rezension zu Kurt RUH, Die ›Blume der Schauung‹.

mas von Straßburg (vor 1300–1357). Im Text und in den Handschriften der ›Blume der Schauung‹ heißt es *Nv vregit Sant Thomas vir vrage* (BdSch Z. 186). Als einzige Ausnahme korrigiert die Handschrift aus Gent, Univ. Bibl. Cod. 2433, fol. 49^{v}–57^{v}, aus dem späten 16. Jahrhundert[36] *Sant Thomas* zu *Meester Thomas.*[37] Der Schreiber spricht also, offenbar aus eigener Kenntnis, dem heiligen Thomas von Aquin die betreffenden Beiträge ausdrücklich ab. Tatsächlich finden sich bei dem Augustinermagister Thomas von Straßburg wichtige Übereinstimmungen mit der ›Blume der Schauung‹ in der Distinctio (In Sent. IV, d. 49) über die selige Gottesschau. Auch in den Handschriften des ›Traktats von der Minne‹ wird Thomas von Straßburg fälschlich als Sankt Thomas von Aquin eingeführt.

Zur Frage, ob die Seligkeit mehr in Erkenntnis oder in Liebe bestünde, findet sich in der ›Blume der Schauung‹ die abschließende Begründung, dass die Seligkeit in dem vollkommeneren Vermögen liegt. »Mit dem Akt des Intellekts berühren wir freilich Gott selbst, da wir ihn sehen, wie er ist« (gemäß I Io 1,1). Die Berührung durch den Akt des Willens ist aber vollkommener: »Durch den Akt des Willens, und zwar durch dessen Berührung, ruhen wir letztlich in Gott selbst und werden im Innersten in ihn verwandelt.«[38] Diese Worte des Thomas von Straßburg sind im Kern die Position der ›Blume der Schauung‹ (Z. 140–154) und zugleich exakt die Stellungnahme im ›Vorsmak des êwigen lebennes‹,[39] aber auch des ›Traktats von der Minne‹, wie unten erläutert wird.

Ein weiterer Beleg betrifft die Frage, ob die beseligende Schau Gottes im Jenseits unmittelbar ist oder ein gnadenhaftes Licht der Glorie braucht. Das entspricht der Frage des Thomas von Straßburg: »Ist zur unverhüllten Schau der göttlichen Wesenheit im Schauenden ein Habitus des Lichtes der Herrlichkeit notwendig erforderlich, der diesen zu einer solchen Schau disponiert?«[40] Die Antwort wird in zwei Thesen gegeben: »Die erste Conclusio ist, dass es nicht unmöglich ist, dass in der menschlichen Vernunft eine solche Schau ohne das Licht der Glorie geschieht.«[41] Aber dagegen wird eine zweite Conclusio gesetzt: »Die zweite These ist, dass jeder Christ gehalten ist, anzunehmen und zu bekennen, dass der geschaffene Intellekt, der die göttliche Wesenheit

---

36 Ruh, Die ›Blume der Schauung‹, S. 14.

37 Ruh, Die ›Blume der Schauung‹, S. 88 (Varianten).

38 Thomas de Argentina, In Sent. IV, d. 49, q. 3, a. 2, concl. 4; ed. Genua 1589, p. 2, fol. 201vb: *Ergo licet actu intellectus attingimus ipsum Deum, quia videbimus ipsum sicuti est, ut patet in epistola Iohannis* <1,1> <…> *per actum voluntatis, secundum quam attinctionem in ipso Deo ultimate quiescimus et in ipsum intime transformamur.*

39 Vgl. ›Vorsmak des êwigen lebennes‹, ed. Pfeiffer, S. 446–448.

40 Thomas de Argentina, In Sent. IV, d. 49, q. 2, a. 1, concl. 1; ed. Genua 1589, p. 2, fol. 197rb: *Utrum ad visionem nudam divinae essentiae necessario requiratur in vidente habitus luminis gloriae disponens ipsum ad huiumodi visionem.*

41 Ebd.: *Quantum ad primum pono duas conclusiones. Prima est, quod non est impossibile in humano intellectu huiusmodi visionem fieri sine lumine gloriae.*

unverhüllt und beseligend schaut, de facto durch das Licht der Glorie geprägt ist, obwohl das Gegenteil aufgrund der ermöglichenden göttlichen Kraft geschehen kann, und zwar in der Weise, wie es in der vorausgehenden Conclusio gesagt wurde.«[42] Diese Einschränkung ist notwendig, weil die Prägung der Vernunft der Seligen durch das Licht der Glorie im Konzil von Vienne (1311–1312) beschlossen und in den Constitutionen des Papstes Clemens V. veröffentlicht wurde, wie Thomas von Straßburg an derselben Stelle erklärt.[43] Die Formulierung entspricht dem Schwanken in der ›Blume der Schauung‹, einerseits die Differenz zwischen der Vernunft des seligen Menschen und dem Wesen Gottes aufrechtzuerhalten. Diese Rolle erfüllt das Lumen gloriae, das aber andererseits auch die unmittelbare Schau Gottes ermöglichen soll. Es kann als Kompromiss erscheinen, wenn bei Thomas von Straßburg vorsichtig argumentiert wird, dass das göttliche Wesen nicht durch ein Medium von der Art der geschaffenen Vernunft geschaut wird, ein *medium quod,* sondern durch ein Medium, das von der Art des Erkennens ist, ein *medium quo,* sodass die These folgt: Das göttliche Wesen ist insofern ein Mittel, das zugleich die Unmittelbarkeit wahrt, »weil in der seligen Schau das göttliche Wesen selbst mit der menschlichen Vernunft so vereint wird, dass in einer solchen Schau das göttliche Wesen die Form ist, die schaut, und zugleich die Form, durch die sie schaut«.[44] Diese vorsichtigen Formulierungen, die auch denen der ›Blume der Schauung‹ entsprechen, enthalten schon andeutungsweise die Position der Lehre von der ewigen Seligkeit, die Johannes von Basel vertritt und die auch in einigen mittelhochdeutschen Texten vertreten wird. Auch der ›Traktat von der Minne‹ spricht deutlich aus, dass die Wesenheit Gottes selbst das »Erkenntnisbild« oder das »Licht der Herrlichkeit« für die Schauenden ist bzw. sein wird. Das ist hier nicht mehr auszuführen, sondern wird unten im Kommentar zum ›Traktat von der Minne‹ erörtert.

---

42 Thomas de Argentina, In Sent. IV, d. 49, q. 2, a. 1, concl. 2; ed. Genua 1589, p. 2, fol. 198rb: *Conclusio secunda est, quod quilibet Christianus tenetur ponere et fateri, quod intellectus creatus, nude et beatificans videns divinam essentiam, de facto sit informatus lumine gloriae, quamvis de possibili divina virtute possit oppositum fieri modo, quo dictum est in conclusione praecedenti.*

43 Vgl. die Verurteilung des häretischen Satzes der Beginen und Begarden, Denzinger, Konzil von Vienne, Konstitution ›Ad nostrum qui‹, Nr. 895,5: *Quod quaelibet intellectualis natura in se ipsa naturaliter est beata, quodque anima non indiget lumine gloriae, ipsam elevante ad Deum videndum et eo beate fruendum.* (Übers. ebd.: »Jede vernünftige Natur ist in sich selbst von Natur aus selig, und die Seele bedarf nicht des Lichtes der Herrlichkeit, das sie dazu erhebt, Gott zu schauen und ihn selig zu genießen.«)

44 Thomas de Argentina, In Sent. IV, d. 49. q. 2, a. 2, in op. 2; ed. Genua 1589, p. 2, fol. 198vb: *Quod in visione beata ipsa essentia divina unitur intellectui humano ut forma, ita, quod in huiusmodi visione essentia divina est forma, quae videtur, et est forma, qua videtur.*

1.2.2 *›Von dem Schauen Gottes durch die wirkende Vernunft‹*

Aus derselben Handschrift hat PREGER einen scholastischen Text unter dem Titel ›Tractat Eckhart's von dem Schauen Gottes durch die wirkende Vernunft‹ abgedruckt.[45] Dieser Text hat bislang vorwiegend kritische Erwähnung gefunden.[46] Übereinstimmend ist man der Meinung, dass der Traktat nicht von Meister Eckhart stammt.

Es handelt sich jedoch um einen schlüssig durchkomponierten Text, der eine eigenständige und ungewöhnliche Theologie bietet. Er gehört der augustinischen Spekulation an und hat Ähnlichkeiten mit Johannes von Basel, besonders mit dem ›Traktat von der Minne‹. GEORG STEER beobachtet ein Abhängigkeitsverhältnis[47] mit der sogenannten ›Reich-Gottes-Predigt‹, jetzt in STEERS Ausgabe der Eckhart-Predigten Nr. 117 ›Zuo dem êrsten suochet daz rîche gotes‹.[48] Eine genauere Untersuchung könnte ergeben, dass der Traktat ›Von dem Schauen Gottes‹ eine Vorlage der ›Reich-Gottes-Predigt‹ ist.

Am Anfang steht die These des Traktats: Die beseligende Schau Gottes brauche kein Licht der Herrlichkeit; sie geschieht durch die wirkende Vernunft. Das ist auch die These des Johannes von Basel und des ›Traktats von der Minne‹. »Die Lehrer sagen allgemein, dass es im Licht der Glorie sein wird. Diese Position finde ich nicht stark und nicht zu halten.« *Die gemeinen lerer sprechen, das es soll sein in dem liecht der glorien. Diser synn duncket mich nicht vest noch zu halten* (VSchG, ed. WINKLER, S. 331,1–4; eigene Übers.). Dieser Anfang lässt aufhorchen, denn das Abweichen von der *gemein ler* ist die erklärte Absicht des Meisters des Lehrgesprächs: »Ich wollte das auslegen, was tiefen Sinn hat und nicht allgemein gesprochen wird.« *Ich wolt daz betuten, daz tieffe synne hat vnd nicht gemeincleichen gesprochen wirt* (IPD Z. 1342 f.).

Der Autor folgt Meister Eckharts Denkfiguren und übernimmt manchmal wörtlich dessen Formulierungen, sodass KURT RUH urteilt, »krass formuliert«: »Der Autor tarnt sich als Meister Eckhart.«[49]

Das Ziel des Ablösungsprozesses der Seele, den der Autor entfaltet, klingt aber nicht mehr nach Eckhart, sondern entstammt einer Tradition, die auf Heinrich von Gent zurückgeht und von Thomas von Straßburg sowie von Johannes von Basel vertreten wird und die in den hier vorgelegten mittelhochdeutschen Texten auch im ›Traktat von der Minne‹ entfaltet wird:

---

45 PREGER, Geschichte der deutschen Mystik im Mittelalter, Bd. I, S. 484–488. Neuer Druck des Textes von PREGER und Übersetzung mit Kommentar in: WINKLER, Von der wirkenden und möglichen Vernunft, Anhang, S. 331–350.

46 LARGIER, »Intellectus in deum ascensus«, S. 447; RUH, Geschichte der abendländischen Mystik, Bd. III, S. 207.

47 STEER, Einleitung zu Eckhart, Pr. 117, DW IV,2, S. 1065.

48 Eckhart, Pr. 117, DW IV,2, S. 1067–1139.

49 RUH, Geschichte der abendländischen Mystik, Bd. III, S. 207.

>»›Herr, in deinem Licht werden wir das Licht sehen (Ps 36[35],10)‹, das heißt: Mit dem Licht der Einfachheit des göttlichen Wesens werden wir das göttliche Wesen sehen und alle Vollkommenheiten, die sich im Unterschied der Personen und in der Einheit des Wesens offenbaren.« *Herr, in deinem liecht sullen wir sehen das liecht, das ist: mit dem liecht der einfeltigkeit gotlichs wesens sullen wir sehen das gotlich wesen und alle die volkumenheit des gotlichen wesens, die sich da offenwarent sind in unterscheid der personen und in einikeit des wesens* (VSchG, ed. WINKLER, S. 334,3–6).

Das ist der Höhepunkt des kleinen Traktats. Nicht ein gnadenhaftes Licht der Glorie ermöglicht die Seligkeit, sondern das Wesen der Gottheit selbst ist seine Seligkeit und die der Seligen.

Der letzte Abschnitt bespricht die Seinsweise der wirkenden Vernunft und damit der Seligkeit im Erdenpilger. Dieser Abschnitt beginnt wieder mit einer außergewöhnlichen These:

>»Ich habe gelegentlich gesagt, dass ein Mensch Gott ebenso vollkommen in diesem Leben anschaut und in ganz vollkommener Weise selig ist wie nach diesem Leben.« – *Ich han etwan gesprochen, das ein mensch got als volkumenlich beschawet in disem leben und selig ist in aller volkumener weise, als nach disem leben* (VSchG, ed. WINKLER, S. 335,22–24).

Das ist eine zugespitzte Formulierung. Sie ist brisant, weil sie den Lehren der Beginen und Begarden nahekommt, die im Konzil von Vienne verurteilt wurden, wie oben bereits bemerkt wurde.[50] Denselben Gedanken findet man auch im ›Traktat von der Minne‹ und bei Johannes von Basel. Der ›Traktat von dem Schauen Gottes‹ formuliert es so:

>»Darum begreift die edle Gottheit, das ist die wirkende Vernunft, sich in sich selbst in der Weise Gottes in ihrem Ausfließen und im Begriff ihres Wesens. Da ist sie in reiner Weise Gott; aber Geschöpf ist sie in ihrer eigentümlichen Bewegung. Diese Vernunft ist nun in uns in jeder Weise ebenso edel, wie sie nach diesem Leben ist.« – *Her umb die edel gotheit, das ist die wurckend vernuft, die begreifet sich in ir selber nach der weisse gotes in irem ausflissen und in irem wesenlichen begriffe, da ist sie lautter got; aber creature ist si nach der bewegung ir eigenschafft. Dise vernuft ist nu in uns in aller weisse als edel, als sie ist nach disem leben* (VSchG, ed. WINKLER, S. 335,26–30).

Der Unterschied zwischen diesem und jenem Leben besteht also nicht im Wesen der Seligkeit. Darum wird die Seligkeit im Jenseits auch nicht vollkommener als auf Erden (ebd., S. 336,3). Vielmehr ist sie jetzt »verborgen« und *nach muglich weisse* (ebd., S. 335,34 f.). Diese *muglicheit* wird im Jenseits *transfigurirt* werden. Diese Transfigurierung wird darin bestehen, dass die Vernunft *kein muglicheit mer zu empfahen* hat (ebd., S. 336,2–5): Diese Erläuterung deutet an, dass die *muglicheit* (Potentialität) als Empfänglichkeit zu verstehen ist, die in aktive Vernunft umgewandelt wird.

---

50 Siehe oben S. 9, Anm. 43.

1.2.3 ›Vorsmak des êwigen lebennes‹

Dieser umfangreiche scholastische Traktat ist noch weitgehend unerschlossen.[51] Er ist in zwei Handschriften überliefert. Von der Handschrift Heidelberg, Universitätsbibl., Cpg 641, fol. 1r–63r[52] liegen drei Teildrucke des Traktats vor.[53] Die Handschrift Berlin, mgq 1132, fol. 122r–164r[54] bietet einen zusätzlichen unveröffentlichten Teil und bestätigt die Zusammengehörigkeit mit der Heidelberger Überlieferung durch gleiche Textabschnitte und eine übereinstimmende Zielformulierung:

»Darum ist in diesem Buch kurz zu sprechen:
1. Von der ewigen Geburt dieses Wortes und von der Dreifaltigkeit,
2. zugleich danach, wie alle Dinge in diesem Wort Sein empfangen,
3. danach von der zeitlichen Geburt des Wortes und von den Dingen, die von Christus zu sagen sind,
4. zuletzt von der Seligkeit, worin diese besteht und wer die sind, die sie genießen sollen. Das soll alles kurz gesagt werden. Gott sei meine Hilfe. Amen.«[55]

Das ist der Gegenstand zahlreicher scholastischer Traktate, die eine Theologie der mystischen Erfahrung und Lebensweise vermitteln. In diesem Text handelt es sich um eine Vorlesungsreihe, die auf Hochschulniveau spezielle Themen der Gotteslehre und kontroverse Positionen über die Visio beatifica mitteilt, und zwar durchaus diskursiv, indem die differierenden Ansichten referiert und mit einer eigenen Stellungnahme des Autors abgeschlossen werden.

In der Gotteslehre werden Thesen des Thomas von Aquin übernommen und in der Seligkeitslehre werden Thesen vertreten, die aus der Theologie der Augustiner bekannt sind. Der Autor referiert die Argumente und Gegenargumente für den Vorrang der Liebe oder der Erkenntnis in der Seligkeit, die *ein*

---

51 WITTE, ›Vorsmak des êwigen lebennes‹. Beobachtungen zu einem scholastischen Traktat; WITTE, ›Vorsmak des êwigen lebennes‹, in: ^{2}VL Bd. X (1997), S. 533–537.

52 Beschreibung: KALNING / MILLER / ZIMMERMANN, Die Codices Palatini germanici in der Universitätsbibliothek Heidelberg (Cod. Pal. germ. 496–670), S. 395. Handschriftencensus, https://handschriftencensus.de/10436, 20.07.2021.

53 PFEIFFER, Predigten u. Traktate dt. Mystiker II, ZfdA 8 (1851), S. 442–452; MONE, Philosophischer Beweis der Dreieinigkeit, Anzeiger für die Kunde der Vorzeit 8 (1839), S. 85–92; HILLENBRAND, Nikolaus v. Straßburg, S. 135–167.

54 Beschreibung: DEGERING, Kurzes Verzeichnis der germanischen Handschriften der Preußischen Staatsbibliothek Bd. II, S. 193–195. Handschriftencensus, https://handschriftencensus.de/11947, 20.07.2021. Projekt ›Predigt im Kontext‹, http://pik.ku-eichstaett.de/6030/, 20.07.2021.

55 ›Vorsmak‹, Hs. B, fol. 108r f.: *Darumbe ist kurzlich in disem bůch ze sagene: <1.> von dis wortes ewiger geburt* [Hs. *gebruch*] *vnd von der driualtikait, <2.> ze mâle darnach, wie ållù ding wesen enpfangen het in disem wort, <3.>daranach von des wortes* [Hs. *wortes wegen*] *zitlicher geburt vnd von den dingen die von Christo ze sagene sint, <4.> ze jùngst von sålikait, wor* [Hs. *wer*] *an die* [Hs. *der*] *bestande vnd wer die sint die der gebruchen* [Hs. *gebruchung*] *sùlent. Das ist alles kurtzlich ze sagend. Got sy min hilfe. Amen.*

alter krieg <…> under den meistern anzuführen pflegt.[56] Er scheint dabei aus dem ›Paradisus anime intelligentis‹ Argumente aus einer Predigt Giselhers von Slatheim gegen die franziskanische Position aufzunehmen.[57] Aber während es Giselher darum geht, die Argumente (*bendelîn*) der Franziskaner zu brechen, sagt der ›Vorsmak‹-Autor:

> »Welche dieser Argumente zwingender sind, das kümmert mich nicht weiter. Dies ist wahr: Das Letzte meiner Seligkeit liegt im Lieben. Denn Liebe folgt, wie ihr selbst sicher wisst, der Erkenntnis nach, und bei jedem Werk, das nicht abnimmt, ist das Letzte das Vollkommenste. Ferner: Zum Willen gehört, dass er Gott in der Weise eines letzten Zieles nimmt; denn das Ziel verhält sich in der Weise eines höchsten Gutes, und das Objekt des Willens ist das Gute. Und dies gehört nicht zum Verstehen.« – *Wele argument under disen mê twingen, des enruoche ich nû niht mê. Dis ist wâr, das das jungeste mîner sêligkeit lît an minnende. Wand minne, als ir selber wol wissent, gât nach dem bekentnisse, und an eime ieglichen werke, das niht abnemende ist, das jungeste ist das vollekomenste. Mê, dem willen hœret zuo, das er got neme in einer wîse eines jungesten endes, wand das ende hât sich in der wise eines obersten guotes unde des willen gegenwurf ist guot, unde dis hœret nit zu dem verstentnisse.*[58]

Dies ist die eigenständige Position eines Augustiners, der Elemente der dominikanischen und der franziskanischen Theorien einbezieht.

1.2.4 ›Buch von dem Grunde aller Bosheit‹

Um den Beitrag der Augustiner zur scholastischen Ethik des 14. Jahrhunderts zu erforschen, ist das ›Buch von dem Grunde aller Bosheit‹[59] ein vielversprechendes Werk. Eine ausführliche Fassung ist von FRANZ PFEIFFER aus Handschrift Stuttgart, Landesbibl., cod. theol. et phil. 2° 283, fol. 308rb–316ra abgedruckt worden. Meine Sichtung der handschriftlichen Überlieferung[60] hat ergeben, dass neben der erweiterten Fassung, die durch die Veröffentlichung repräsentiert wird (Fassung B), eine weitere Langfassung (C) besteht. Beide weiten die Thematik aus zu einer moraltheologischen Lasterbeschreibung eines selbstsüchtigen, heuchlerischen Menschen. Ein ursprünglicher Text, der nur etwa ein Drittel des Umfangs der Langfassungen enthält, zeigt deutlicher den augustinischen Kerngedanken, dass kein Mensch aus eigenen Kräften Gott und den Nächsten um ihrer selbst willen lieben kann, sodass der Sünder, der

---

56 ›Vorsmak des êwigen lebennes‹, ed. PFEIFFER, S. 446.

57 Giselher von Slatheim, in: STRAUCH, Paradisus anime intelligentis, Pr. 41, S. 90–92. Im Vorspann am Anfang des ›Paradisus‹ (S. 5,1–5) heißt es zu Pr. 41: *In disir predigade disputirit bruder Gisilher von Slatheim, der lesimeister was zu Kölne und zu Erforte, widir di barfuzin.*

58 ›Vorsmak des êwigen lebennes‹, ed. PFEIFFER, S. 448.

59 RUH, Vom Grunde aller Bosheit, in: ^{2}VL Bd. III (1981), Sp. 286.

60 Die handschriftliche Überlieferung, geordnet nach den drei Fassungen, ist zusammengestellt in: WITTE, ›Fundus omnis iniquitatis‹, in: ^{2}VL Bd. XI (2004), Sp. 471 f.

doch gut sein will, sich in den Grund der Bosheit verstrickt. Diese Ursprungsfassung (A) wird in vier Handschriften überliefert: Berlin, mgq 149, fol. 71^r–75^r (B)[61]; Karlsruhe, Lichtenthal, Ms. 87, 198^r–203^v (Ka)[62]; Beuron, Stiftsbibl., cod. 8° 42, fol. 51vb–56va (Beu)[63]; Köln, Stadtarchiv, GB 4° 32, fol. 89^r–94 (K)[64]. Auch die Handschriften der Fassung A sind bemüht, den Text durch Erklärungen auszuweiten, am stärksten die Kölner, gemäßigt die Beuroner Handschrift. Die zuverlässigsten Handschriften haben den Titel: *Dis heisset der valsche grunt* (B fol. 71^r; Ka fol. 198^r).

Auch die Kurzfassung hat eine deutliche Zweiteilung. Im ersten Teil wird dargelegt, wie notwendig, aber auch schwierig es ist, das Haften an sich selbst und dem Seinen abzulegen. Dazu wäre es notwendig, den Grund aller Bosheit wahrzunehmen, wenn Gott dem Menschen diesen Grund offenbaren will. Dazu soll der Mensch die äußeren Sinne zügeln, sich von den Geschöpfen zurückziehen, das Leben und Leiden des Herrn betrachten, sich in Tugend, Gerechtigkeit und Wahrheit halten, und wo er sich dem unangemessen findet, in Demut Gott um Hilfe bitten.

Dann fängt die praktische Lehre an: *Ein grunt ist in der selen, der ist grundelos bôse vnd aller bosheit übel wurt durch in volbroht* (B fol. 72^r). Das Wirken dieses Grundes der Bosheit wird entsprechend der Sündenlehre des strengen Augustinismus gefasst: Wer von diesem Grund beeinflusst ist, kann weder Gott noch die Geschöpfe lieben außer aus Selbstliebe. Ein Ausweg aus dieser Fehlhaltung kann nur darin liegen, dass ein solcher Mensch alles Gott überlässt und dass er gelassen seine Kleinheit in Demut anerkennt, wenn er sich allen Trostes beraubt fühlt, »so sollte dich Gott rasch dazu gebracht haben, dass du lernst, ihn zu lieben und ihn in allem im Sinn zu haben und dich von allem Selbstbezug loszusagen.«[65]

Diese kurz skizzierten Traktate sowie die im Folgenden zu besprechenden Werke sind selbstbewusst spekulativ. Sie betonen ihre eigene Meinung oft im Gegensatz zu anderen Lehrmeinungen. Sie argumentieren mithilfe von Thesen, die in der scholastischen Diskussion einen festen Platz haben. Die Autoren verstehen sich als Diskussionspartner unter Fachleuten. Das setzt gediegene

61 Beschreibung: Degering, Kurzes Verzeichnis der germanischen Handschriften der Preußischen Staatsbibliothek II. Die Handschriften in Quartformat, S. 24–26. Handschriftencensus, https://handschriftencensus.de/11815, 20. 07. 2021. Projekt ›Predigt im Kontext‹, http://pik.ku-eichstaett.de/9718/, 20. 07. 2021.

62 Beschreibung: Handschriftencensus, https://handschriftencensus.de/9492, 20. 07. 2021.

63 Beschreibung: Schmidtke, Eine Beuroner Mystikerhandschrift, S. 278–287. Handschriftencensus, https://handschriftencensus.de/16811, 20. 07. 2021.

64 Beschreibung: Handschriftencensus, https://handschriftencensus.de/12976, 20. 07. 2021. Projekt ›Predigt im Kontext‹, http://pik.ku-eichstaett.de/1818/, 20. 07. 2021.

65 B fol. 71^v: *So solte dich got schiere dar zû han broht das du in lerest minnen vnd meinen in allen dingen vnd dich dins selbes verzihen.*

Schulung und Kenntnis voraus. Es ist darum anzunehmen, dass sie Lektoren oder Magister sein müssen. Daraus ist ferner zu schließen, dass sie auch lateinisch denken und höchstwahrscheinlich auch lateinisch geschrieben haben. Das eröffnet einen Rahmen für die Erforschung des Diskursfeldes auch über Johannes von Basel hinaus.

Es sind gerade diese akademischen Themen, die erkennen lassen, dass diese Werke aus der Augustinerschule stammen. Daraus entspringt eine Frage für die weitere Forschung. Vorläufig kann hier nur eine Mutmaßung die sachlich richtige Antwort vorbereiten. Warum ist in der zweiten Hälfte des 14. Jahrhunderts die Zahl der hochspekulativen Texte aus der Augustinertheologie so hoch? Und speziell: Warum befassen sich gerade augustinische Texte mit Themen, die Meister Eckharts ›mystische‹ Theologie und Philosophie aufgeworfen haben? Die Antwort steht unter dem Vorbehalt, dass die weitere Forschung weitere Werke aus der scholastischen Nachfolge Eckharts den Dominikanern oder Franziskanern zuweisen mag. Es könnte aber sein, dass die Theologie dieser Orden im späteren 14. Jahrhundert von anderen Themen gefesselt war. Für die Dominikaner dürfte die Verurteilung Eckharts und vor allem die Vorherrschaft des Thomas von Aquin das Interesse an eckhartschen Themen eingeschränkt haben. Und bei den Franziskanern gaben in der Nachfolge von Duns Scotus und Wilhelm von Ockham die Moderni den Ton an.

Die weitere Erforschung der Theologie Johannes' von Basel könnte auch in dieser Frage weiterhelfen. Wie besonders Damasus Trapp dargestellt hat,[66] zitiert Johannes von Basel besonders zahlreich und mit genauen Namens- und Fundstellenangaben zeitgenössische Autoren. Es ließe sich dadurch ein Weg finden, zu erforschen, wie die Eckhart nahestehenden Themen im Umfeld Hiltalingens diskutiert wurden.

66 Trapp, Hiltalinger's Augustinian quotations; Trapp, Augustinian theology of the 14th century, zu Johannes von Basel S. 242–250.

2. Johannes von Basel und der Meister des Lehrgesprächs

2.1 *Leben und Werk*

Lebensstationen

Johannes von Basel wurde wahrscheinlich 1333 als Sohn der wohlhabenden Bürgerfamilie derer von Hiltalingen in Kleinbasel geboren.[1] Für das Jahr 1358 ist er als Student in Avignon bezeugt.[2] Das setzt voraus, dass er inzwischen Priester war und dort ein fünfjähriges Theologiestudium absolvierte. 1362 war er Lektor im Generalstudium in Straßburg, wo er die vier Bücher der ›Sentenzen‹ des Petrus Lombardus las und Verpflichtungen zu Disputationen und Predigten nachkommen musste. Mit dieser Datierung schließt Marcolino die früher vertretene Ansicht aus, Jordanus von Quedlinburg habe sein Werk ›Vitasfratrum‹ Johannes von Basel gewidmet. Er nimmt vielmehr an, dass Johannes von Schaftholzheim, der 1356 als Lektor in Straßburg bezeugt ist, der Widmungsempfänger war.[3] 1365–1367 dürfte Johannes von Basel als Bibelbakkalaureus in Paris gewesen sein. Auch ein Aufenthalt an der Universität in Toulouse ist bezeugt, wo er ebenso wie in Paris an Disputationen teilnahm. Seine Sentenzenvorlesungen fanden in Paris in den Schuljahren 1368–1369 statt. Seither war er Anwärter auf die Magisterwürde. Marcolino setzt die Veranstaltungen der Promotion im Dezember 1371 und Januar 1372 an.[4] Nach der offenbar kurzen Zeit als Magister regens in Paris war die wissenschaftliche Karriere beendet, und es begann 1372 eine ordenspolitische Laufbahn, als er auf dem Provinzkapitel zu Friedberg in das Amt des Provinzoberen der rheinisch-schwäbischen Ordensprovinz gewählt wurde. Dieses Amt muss zahlreiche Kontakte und Kommunikationsgelegenheiten im Gebiet des Oberrheins mit sich gebracht haben. Es ist undenkbar, dass er in dieser Zeit an den spirituellen und mystischen Bewegungen keinen Anteil genommen haben sollte. Namentlich ist dabei das Nachwirken des Johannes Tauler sowie das Wirken der Gottesfreunde zu nennen. Sein eigenes literarisches Werk, das ich postuliere, muss in dieser Zeit begonnen worden sein. Das Provinzamt behielt er bis 1377, als er zum Prokurator des Gesamtordens gewählt wurde und seinen Wohnsitz nach Rom verlegen musste. Bekannt ist, dass er von dort aus als Gesandter an einer Friedensmission des Papstes Gregor XI. in Florenz teilnahm. Außerdem entwarf er Schriftstücke zur Vorbereitung des Prozesses für die Heiligsprechung

---

1 Die biografischen und bibliografischen Informationen entnehme ich aus Marcolino, Leben und Schrifttum des Augustinereremiten Johannes von Basel; auch Marcolino, Einleitung.

2 Gregorius Ariminensis, Registrum Generalatus, ed. A. de Meijer, Romae 1976, n. 539, 293, zit. Marcolino, Einleitung, S. 19.

3 Marcolino, Einleitung, S. 22.

4 Ebd., S. 28 f.

der Birgitta von Schweden, die allerdings erst 1391 abgeschlossen wurde. Bei der Wahl Urbans VI. zum neuen römischen Papst 1378 stand er an dessen Seite, schloss sich aber bald dem abtrünnigen Clemens VII. an, dem er nach Avignon folgte.

Im September 1379 ernannte der Gegenpapst Johannes von Basel zum Generalprior der Augustinereremiten. Schon im November 1379 legte er bei einem Generalkonsistorium in Avignon Thesen über die Häresie Urbans VI. dar. Von dem unermüdlichen Wirken zur Festigung und Erweiterung der Avignoner Oboedienz berichten die Quellen vor allem zahlreiche diplomatische Missionen, die hier nicht aufgezählt werden müssen. Zur Belohnung seiner kirchenpolitischen Tätigkeit setzte Clemens VII. ihn im März 1389 zum Bischof von Lombez in Südfrankreich ein. Bis zu seinem Lebensende im September 1392 blieben ihm vier Jahre, die er meistens am Oberrhein verbrachte. Sein Hauptwohnsitz scheint in den letzten Lebensjahren das Augustinerkloster in Freiburg gewesen zu sein. Dort wurde Johannes von Basel im Chor der Klosterkirche begraben.

Deutschsprachige literarische Tätigkeit

Kann, historisch betrachtet, Johannes von Basel der Meister des Lehrgesprächs sein? Das ist zunächst die Frage nach den biografischen und überlieferungsgeschichtlichen Fixpunkten. Der Zeitpunkt, nach dem er deutsche Werke schreiben konnte, ist das Jahr 1372, das Ende seiner Universitätslaufbahn. In den infrage kommenden deutschen Werken gibt es nur im ›Traktat von der Minne‹ einen zeitlichen Anhalt, das ist die Bezugnahme auf »zwei Stellen« des ›Sentenzenkommentars‹ von Thomas von Straßburg. Dieser war 1341 Magister in Paris. Dieser Zeitpunkt hat also für das ohnenhin spätere Wirken Johannes' von Basel keine Relevanz. Daneben gibt es aber einen Fixpunkt in der Münchner Handschrift des ›In-principio-Dialogs‹, sofern Johannes von Basel der Autor ist. Die Abschrift wurde im Herbst 1383 fertiggestellt, also noch zu Lebzeiten des Johannes von Basel (†1392), in der Zeit seines aktiven Einsatzes für Clemens VII. Diese Datierung und die west-bairische Schreibersprache können die Vermutung wachrufen, dass die Herstellung dieser Handschrift im Augustinerkloster in Pappenheim veranlasst wurde, das zur rheinisch-schwäbischen Provinz gehörte und seit den 70-er Jahren des 14. Jahrhunderts bis ins 15. Jahrhundert aufblühte. Der Lektor Wolfgang Strölin, 1380 und 1389 als Prior von Pappenheim bezeugt, hatte beurkundete Kontakte ins Elsass.[5] Die Datierung der Handschriften des ›Audi-filia-Dialogs‹ (1442) und des ›Traktats von der Minne‹ (1462, Hs. N) ist hingegen wenig aussagekräftig, abgesehen von dem

5 Kunzelmann, Die rheinisch-schwäbische Provinz, S. 13.

Umstand, dass die Handschriften in beachtlichem Abstand nach dem Ende des abendländischen Schismas (1417) geschrieben wurden.

Geografisch passen die Werke des Meisters des Lehrgesprächs eindeutig zu Johannes von Basel, da nach Auskunft der Dialektspuren alle vier Texte im alemannischen Sprachraum abgefasst worden sein müssen.

Aber ließen ihm seine ordens- und kirchenpolitischen Verpflichtungen überhaupt noch Zeit für Werke in mittelhochdeutscher Sprache?

> »Das Amt eines Provinzials der rheinisch-schwäbischen Augustinerprovinz bedeutete das Ende der Lehrtätigkeit in Paris und eine entscheidende Zäsur im Leben des neuen Magisters. Von da an war Johannes ohne Unterbrechung mit Leitungsämtern im Orden und in der Kirche betraut, sodass ihm für wissenschaftliche und literarische Unternehmungen kaum Zeit blieb«,

urteilt Venício Marcolino in der Einleitung zu seiner Edition.[6] Hingegen müsste mit dem Ende der wissenschaftlichen Laufbahn gemäß der Grundhypothese dieser Arbeit die schriftstellerische deutschsprachige Tätigkeit erst beginnen. Er müsste demnach auch in seinem Ordensamt noch genügend Zeit gefunden haben, seine theologischen Ideen in Dialoge und kurze Traktate zu gießen. Dazu gibt es trotz der zitierten Einschränkung Hinweise. Marcolino schreibt an anderer Stelle:

> »Über seine Handlungen als Provinzial sind die Nachrichten spärlich.«[7] Ferner: »In den Geschichtsquellen der rheinisch-schwäbischen Provinz und ihrer einzelnen Klöster werden wenige Ereignisse für die Jahre 1372–1377 erwähnt, die auch das Mitwirken oder zumindest die Billigung der Provinzleitung voraussetzen.«[8]

Es gab also wohl doch Muße zum Schreiben. Im Jahr 1377 wurde Johannes von Basel zum Generalprokurator seines Ordens gewählt. Bis zur Wahl des Papstes Urban VI. im April 1378 diente er demnach in Rom in verschiedenen Funktionen. Trotzdem fand er offenbar Zeit zum Schreiben; denn: »In dieser Zeit befasste sich der Hiltalinger mit der Kanonisation der heiligen Birgitta von Schweden und verteidigte die Gesichte der nordischen Seherin, wie verschiedene Schriften bezeugen.«[9] Also auch in einer Zeit, in der Johannes von Basel mit einem kirchenpolitischen Amt und entsprechenden Aufträgen betraut war, hat er geschrieben, und zwar an einer Beurteilung von Umständen, die man in

---

6 Marcolino, Einleitung, S. 29.

7 Marcolino, Leben und Schrifttum des Augustinereremiten Johannes von Basel, S. 348.

8 Marcolino, Leben und Schrifttum des Augustinereremiten Johannes von Basel, S. 349.

9 Marcolino, Leben und Schrifttum des Augustinereremiten Johannes von Basel, S. 351. Die Kopien dieser Gutachten liegen in der Universitätsbibliothek Uppsala, siehe Zumkeller, Manuskripte von Werken der Autoren des Augustiner-Eremitenordens, S. 599–601.

einem weiten Sinn zum ›mystischen‹ Phänomen zählen kann. Es wäre interessant zu sehen, welche theologischen Kriterien er hierbei anwendet.

Etwa ein halbes Jahr nach der Wahl des römischen Papstes Urban VI., die er zunächst akzeptiert hatte, schloss sich Johannes von Basel der Fraktion des Gegenpapstes Clemens VII. an und übersiedelte etwa ein weiteres halbes Jahr später nach Avignon. Im September 1379 ernannte Clemens VII. den ehemaligen Generaloberen des Augustinerordens nunmehr zum Generalprior der Augustiner in der Avignoner Oboedienz. In der nun beginnenden Zeitspanne bis zu seinem Tode 1392 war der Augustinermagister in zahlreichen diplomatischen und kirchenpolitischen Aufgaben unterwegs.

Im Jahr 1380 wird eine intensive seelsorgliche Tätigkeit in Straßburg berichtet, wo er den Beinamen »der Engel« trug. Eine Straßburger Urkunde vom 6. Dezember 1380 gibt einen knappen Einblick, der zeigt, dass Johannes von Basel als der »Engel« beim Volk offenbar Sympathien fand, während die Behörden ihn im Zuge des Streits um das Avignoner Schisma ächteten.

Dieser Beiname »Engel« findet mehrfach im ›Audi-filia-Dialog‹ Erwähnung und könnte damit einen Hinweis auf den Autor geben, wie später noch ausgeführt wird.

Marcolino erwähnt in den 13 Jahren der Tätigkeit für Clemens VII. etwa 20 kirchenpolitische Aufträge an Johannes von Basel. Das wären durchschnittlich zwei Reisen pro Jahr.[10] In der Zusammenstellung der urkundlich bezeugten Tätigkeiten erscheint Johannes von Basel als Diplomat und kirchenpolitischer Propagandist. Doch ist nicht zu übersehen, dass viele der Aufträge, die ihm Clemens VII. erteilte, auch seelsorglichen und wissenschaftlichen Charakter hatten, was nicht ausschließt, dass auch diese Maßnahmen der Verbreitung der Macht des Gegenpapstes dienen sollten. Zum Beispiel dokumentiert die Sammlung der Bullen des Gegenpapstes Clemens VII.[11] für die Jahre 1378–1394 22 Verfügungen, die Johannes von Basel betreffen, davon sind zehn Aufträge zur Ernennung von Bakkalaurei und Lektoren zu Magistern der Theologie. Darunter enthalten mehrere die Anweisung, sich zusammen mit zwei oder drei anderen Gelehrten zu vergewissern, dass die Auserwählten geeignet seien. Damit kann nur ein Prüfungsverfahren gemeint sein. Am 26. Oktober 1379 beauftragt Clemens VII. Johannes von Basel, den Franziskaner Marquard von Lindau zum Magister zu promovieren. Es scheint aber ungewiss zu sein, ob die Ernennung tatsächlich stattfand und ob Marquard den Magistertitel überhaupt getragen hat. Von den 22 Verordnungen an Johannes von Basel sind acht seelsorglichen Charakters, zum Beispiel die Verleihung von rechtlichen Vollmachten zur Gestaltung eines Provinzkapitels sowie zur Aufhebung von kirchlichen Zensuren und die Gewährung von Privilegien und Ablässen.

---

10 Marcolino, Leben und Schrifttum des Augustinereremiten Johannes von Basel, S. 351–357.

11 Bullarium ordinis Sancti Augustini, Bd. II, S. 228–254.

Diese Anweisungen geben von wissenschaftlicher und seelsorglicher Tätigkeit Zeugnis. Johannes von Basel dürfte als Vertreter der Avignoner Sektion nicht nur Politiker gewesen sein. Sein Bekenntnis zur kirchenrechtlich unterlegenen Partei dürfte aber schuld daran sein, dass seine Schriften so spärlich überliefert wurden und dass er selbst verschwiegen und vergessen wurde.

Die Verschiedenheit der Gattungen

Es werden vier mittelhochdeutsche Werke vorgelegt, die anonym überliefert sind. Die drei Meister-Jünger-Dialoge sind aufgrund der gattungstypischen und stilistischen Merkmale leicht als Werke eines Autors zu erkennen, des ›Meisters des Lehrgesprächs‹. Der ›Traktat von der Minne‹ weicht davon ab. Dessen Problemlage entfaltet sich im scholastischen Diskurs. Die Sprache ist funktional und häufig schimmert die dahinterliegende lateinische Terminologie im deutschen Wortgebrauch noch durch. Es liegt nahe, die Abfassung dieses Werkes noch in der Nähe seiner wissenschaftlichen Tätigkeit zu vermuten. Dass auch dieses Werk dem Meister des Lehrgesprächs zuzuordnen ist, überzeugt erst, wenn ein Vergleich der mittelhochdeutschen Dialoge mit den Universitätsschriften des Johannes von Basel hinreichende Indizien erbracht hat, dass Johannes von Basel wahrscheinlich der Meister des Lehrgesprächs ist. Auch im ›Traktat von der Minne‹ finden sich sehr differenzierte Übereinstimmungen mit charakteristischen theologischen Positionen des Johannes von Basel. Diese scholastischen Thesen enthalten und explizieren aber auch Gedanken, die im ›In-principio-Dialog‹ in meditativ-emphatischer Spekulation gepriesen werden. Es mag auf den ersten Blick kaum glaubhaft erscheinen, dass diese zwei verschiedenen literarischen Gattungen von demselben Autor bearbeitet worden sind. Die höchste Differenzierung mit Blick auf die Schuldiskussion und in der Auseinandersetzung mit der Metaphysik Meister Eckharts ist das Qualitätsmerkmal des scholastischen ›Traktats von der Minne‹. Aber auch die literarisch-didaktischen Dialoge beweisen ihre Kenntnis der Differenzen der theologischen Schulen und beziehen eine spezifische doxographische Position, ohne in die scholastische Sprache und Methode überzuwechseln. Vielmehr bleibt der Duktus immer in der meditativ und zugleich theologisch reflektierenden Haltung der Suche nach der Wahrheit, die jedoch nicht nur den Kopf, sondern auch das Herz ansprechen soll. Auch der Autor der Dialoge kann denken, aber er kann auch literarisch begeisternd für den gebildeten Laien schreiben.

Es scheint verwunderlich, dass ein und derselbe Autor von der Welt der scholastischen Schreibweise in diejenige der literarischen Produktion wechseln kann. Aber selbst wenn wir die Einheit der Werke nicht in einer Person festmachen wollten, so besteht die Einheit doch in der Lehre, im thesenhaften scholastischen Inhalt. Dieser Inhalt ist niedergelegt in der diskursiven Fachdiskussion, die sich zugleich in der dialogisch fortschreitenden Wahrheitssuche entfaltet.

Wenn alle vier Werke aus der Feder des Johannes von Basel stammen, liegt der Schluss nahe: Der Augustinermagister Johannes von Basel konnte nicht nur lateinisch, sondern auch mittelhochdeutsch (westalemannisch) schreiben und dazu noch fachlich zu Meister Eckhart Stellung nehmen.

Die lateinischen Schriften Johannes' von Basel

Ich gebe an dieser Stelle nur einen Überblick über die als echt erwiesenen lateinischen Schriften des Johannes von Basel. Die mittelhochdeutschen Werke, die in dieser Studie dem Hiltalinger zugeschrieben werden sollen, werden im übernächsten Hauptabschnitt (2.3) ›Die Schriften des Meisters des Lehrgesprächs‹ charakterisiert.

Das lateinische Schrifttum ist durch Handschriften und Wechselbezüge im zeitgenössischen Diskurs gut bezeugt.[12] Die beiden lateinischen Hauptwerke sind die vier Bücher des ›Sentenzenkommentars‹ und die zehn Disputationen, die ›Responsiones‹.

1. Iohannis de Basilea Lectura super quattuor libros Sententiarum. [Bisher vier Bände: Buch 1–3], hg. von Venício Marcolino und Monica Brînzei, Würzburg 2016–2020 (Cassiciacum Supplementband 20,1; 20,2; 21; 22).
   - Das vierte Buch ist noch unveröffentlicht und muss hier zitiert werden aus den Handschriften:
   - T Toulouse, Bibliothèque Municipale, Ms. 248 (I 158), (fol. 1ra–69ra: 1. Buch; fol. 70ra–114rb: 4. Buch).[13]
   - M München, Bayerische Staatsbibliothek, clm 26711 (fol. 2ra–153va: 1. Buch; fol. 154ra–213vb: 2. Buch; fol. 310ra–327vb: 3. Buch; fol. 328ra–386rb: 4. Buch).[14]

2. Die ›Responsiones‹ sind in folgenden Handschriften überliefert:[15]
   - Fribourg, Bibliothèque des Cordeliers, Ms. 26, fol. 34^{r}–79^{v}.
   - München, Bayerische Staatsbibliothek, clm 26711, fol. 214ra–301ra.
   - Wien, Österreichische Nationalbibliothek, Ms. 4319, fol. 1^{r}–136^{v}.[16]

Es handelt sich um ›Quaestiones disputatae‹ zu aktuellen Themen, die insgesamt kontrovers diskutiert wurden. Das zeigt sich schon allein darin, dass in drei dieser Quaestionen zu Meister Eckhart Stellung genommen wird. Ferner gibt es eine Quaestio, in der ebenfalls aus einem Gutachten von Kardinal Four-

---

12 Siehe Marcolino, Einleitung, S. 39–52.
13 Siehe Marcolino, Einleitung, S. 63–65.
14 Siehe Marcolino, Einleitung, S. 58–63.
15 Siehe Marcolino, Einleitung, S. 41–43.
16 Siehe Marcolino, Einleitung, S. 65 f.

nier zitiert wird und die dem Armutsstreit der Franziskaner gilt. Eine weitere Quaestio vergleicht den Modus der Produktion des Wortes in der Trinität mit dem Modus der Produktion der Geschöpfe. Das ist ebenfalls ein reichlich brisantes Problem, das zugleich in seinen ›Principia‹ diskutiert wird. Johannes von Basel befasst sich damit in Auseinandersetzung mit den Lehren Meister Eckharts.[17]

Die Auseinandersetzung des Johannes von Basel mit Meister Eckhart wird in folgenden Veröffentlichungen diskutiert:

- KOCH, JOSEF, Der Kardinal Fournier (Benedikt XII.) als Gutachter in theologischen Prozessen, in: KOCH, JOSEF, Kleine Schriften, Rom 1973 (Storia e letteratura), Bd. II, S. 367–386.
- WITTE, KARL HEINZ, Die Rezeption der Lehre Meister Eckharts durch Johannes Hiltalingen von Basel. Untersuchung und Textausgabe, in: Recherches de théologie et philosophie médiévales. Forschungen zur Theologie und Philosophie des Mittelalters 71 (2004), 305–371.
- [Meister Eckhart,] ›Votum domini Benedicti‹, in: Acta Echardiana, n. 58, hg. von LORIS STURLESE, in: Meister Eckhart, Die deutschen und lateinischen Werke. Die lateinischen Werke [LW] Bd. V, hg. von LORIS STURLESE, Stuttgart 2007, S. 560–568.

2.2 *Die Theologie des Johannes von Basel*

Wie es in Sentenzenkommentaren üblich ist, gibt schon das ›Principium‹ des ersten Buches, das gewöhnlich öffentlich vorgetragen wurde,[18] einen Einblick in die Grundanliegen der Theologie des Meisters; denn das ›Principium‹ stellt das theologische Programm der gesamten Lectura vor.

Im Folgenden gilt es zu zeigen, dass Johannes von Basel als Theologe ein Lehrer von außergewöhnlicher Kraft und Tiefe ist. Wie bei Meister Eckhart sind auch die deutschen Werke, die ich dem Augustiner zuschreibe, aus dem lateinischen Denkgefüge des Magisters heraus zu verstehen. Die Themen seiner Theologie entfaltet Johannes von Basel in seinen Universitätsschriften. Die deutschen Werke, die ich ihm zuschreibe, greifen diese Themen auf, und der Autor legt sie dem Leser, jeweils dem Charakter und der Intention des Traktats entsprechend, verschieden dar, sei es diskursiv argumentierend wie in einer Quaestio, sei es besinnlich-meditativ im dialogischen Ergriffensein von der Wahrheit oder als Einführung in die Grundpositionen der augustinischen Gnaden- und Erlösungslehre.

---

17 WITTE, Die Rezeption der Lehre Meister Eckharts durch Johannes Hiltalingen von Basel.

18 MARCOLINO, Leben und Schrifttum des Augustinereremiten Johannes von Basel, S. 343.

Johannes von Basel legt in seinen scholastischen Werken ein theologisches Fundament für eine exzeptionelle Gotteserfahrung, die in ganz anderer Prägung erscheint als Eckharts ›Mystik‹. Beide stehen entfernt voneinander wie zwei schroffe Gipfel, die aus einem gemeinsamen Grund aufragen, einer Einheit, die Johannes von Basel in seiner Schlüsselquaestio »die wurzelhafte umfassende Fülle aller Vollkommenheit« (*omnis perfectionis radicalis contentiva plenitudo*) nennt.

Unmittelbare Mitwirkung Gottes als der Erstursache

Die Frage des ›Principiums‹ lautet: »Ist die höchste und vollständige Schönheit des Ersten Antlitzes diejenige Fülle, die alle Vollkommenheit wurzelhaft <in sich> enthält?«[19] Diese Fragestellung ist in Wirklichkeit die These des ›Principiums‹ und damit ein Grundgedanke der Theologie des Augustinermagisters. Also, etwas umgeformt: »Die vollkommene Schönheit der göttlichen Intuition enthält in sich wurzelhaft jedwede <göttliche oder geschöpfliche> Vollkommenheit.« Diese These erfährt Differenzierungen und Explikationen. Zum Beispiel wird die folgende Konsequenz als Einwand gegen die These formuliert: »Wenn das Antlitz Gottes jedwedes Gute in sich enthält, erzeugt es auch (*est fecundus*) jedes Gute.«[20] Dieser Einwand ist aus dem Gesichtspunkt einer relativen Selbstständigkeit des Geschöpflichen verständlich. Demnach gäbe es ein innerweltliches Gutes, und der Mensch könnte dementsprechend aus seinen natürlichen Kräften heraus ohne Gottes Gnade Gutes tun. So lehren es die meisten Theologen des 13. Jahrhunderts. In philosophiegeschichtlicher Zuordnung wäre das die Position einer aristotelisch orientierten Theologie. Unter diesem Aspekt wäre es nicht denkbar, dass jedes innerweltlich Gute in der göttlichen Güte wurzelt und aus deren Fruchtbarkeit entspringt. Hier aber wird, was als Einwand gegen die Grundthese sprechen soll, bejaht und zu einer These des Autors: »Zum vierten Anfangseinwand, wo argumentiert wird: ›Wenn das Erste Antlitz <alles Gute in sich enthält>, ist es hinsichtlich jedes solchen <Guten> fruchtbar‹ –, diese Konsequenz wird in einem gesunden Verständnis eingeräumt.«[21] Damit ist gesagt, dass Gott zwar nicht jedes Gute bewirkt, aber dass jegliches Gute des guten Menschen in Gott seine Wurzel und seinen Ursprung hat. Das erinnert an Meister Eckharts Bestimmung der transzendentalen Seinsweise der Gerechtigkeit im Gerechten. Die Metapher der Fruchtbarkeit (*fecundus est*) könnte auch einen Anklang an Meister Eck-

---

19 Iohannes de Basilea, In Sent. I, princ. 1, q. unica; Bd. I, S. 128: *Utrum vultus primi summa et totalis pulchritudo sit omnis perfectionis radicalis contentiva plenitudo.*

20 Iohannes de Basilea, In Sent. I, princ. 1, q. unica, a. 1, arg. princ. 4; Bd. I, S. 131,30 f.: *Si primus vultus universi boni esset contentivus, ergo respectu omnis talis boni est fecundus.*

21 Iohannes de Basilea, In Sent. I, princ. 1, q. unica, a. 2, ad 4; Bd. I, S. 157,14–16: *Ad quartum principale, cum arguitur: ›Si primus vultus <etc>, igitur respectu omnis talis est fecundus‹, ad intellectum sanum conceditur consequentia.*

harts Theologie der »Geburt« andeuten; es ist aber bezeichnend, dass Johannes von Basel diesen Begriff nicht benützt. Er geht jedoch wie Eckhart von einer Präsenz Gottes im Menschen aus. Dieses In-Sein Gottes im Menschen entspricht nicht nur der Weise der Kausalität, die Thomas von Aquin gelten lässt,[22] sondern es ist eine direkte Mitwirkung.

Darum bekräftigt Johannes von Basel eine weitere Folgerung aus der Hauptthese: »Wenn also argumentiert wird: ›Wenn die These wahr wäre, folgt, dass bei jedem Handeln einer Zweitursache die einfließende Mitwirkung des ersten Antlitzes <Gottes> notwendig erforderlich wäre‹, so räume ich diese Konsequenz in einem gesunden Verständnis ein.«[23] Auf einen konkreten Fall angewendet, heißt das: Das spontane Handeln oder der Willensakt eines Menschen wird von dem Einfluss der Erstursache, also Gottes, angestoßen. Das erinnert wiederum an Meister Eckhart, der allerdings nicht vom Handeln, sondern vom Sein des Seienden spricht. Aber was Eckhart hier vom Sein sagt, könnte Johannes von Basel vom Willensimpuls sagen:

> »Denn das Sein selbst empfängt sein Sein nicht an etwas noch von etwas noch durch etwas, noch kommt es (von außen) herbei noch zu etwas hinzu, sondern es geht voraus und ist früher als alles. Deshalb ist das Sein aller Dinge unmittelbar von der ersten Ursache und von der allumfassenden Ursache aller Dinge.«[24]

Die Aussagen zeigen die systembedingte Differenz: Eckhart spricht vom Sein, Johannes von Basel hingegen vom Wollen. Trotzdem sind die Positionen strukturell vergleichbar. Wenn Eckhart vom Sein hier als der Perfectio generalis spricht, die mit den anderen ursprünglichen Seinsweisen, mit dem Wahren, Guten und der Gerechtigkeit, vertauschbar ist, spricht er eine ontologische Beziehung Gottes zum Menschen an. Die Verschiebung vom Sein auf das Wollen und Handeln bei Johannes von Basel entspricht der augustinischen Konzentration auf die Gnade, das heißt auf die Liebe, das Zentrum der Gott-Mensch-

---

22 Thomas de Aquino, Scg. I, c. 26, n. 13: *Quartum etiam quod eos ad hoc inducere potuit, est modus loquendi quo dicimus Deum in omnibus rebus esse: non intelligentes quod non sic est in rebus quasi aliquid rei, sed sicut rei causa quae nullo modo suo effectui deest. Non enim similiter dicimus esse formam in corpore, et nautam in navi.* (»Ein vierter Grund, der sie dazu anstiften kann, <zu meinen, Gott sei das Sein der Dinge>, ist eine Redeweise, in der wir sagen, Gott sei in allen Dingen, indem wir nicht beachten, dass er nicht so in den Dingen ist wie irgendeine Sache, sondern wie die Ursache einer Sache, die in keiner Weise ohne Wirkung ist. Wir sagen ja auch nicht, die Form sei im Körper wie der Seemann im Schiff.«)

23 Iohannes de Basilea, In Sent. I, princ. 1, q. unica, a. 2, ad 5; Bd. I, S. 161,27–162,1: *Cum igitur sic arguitur: ›Si quaestio foret vera, sequitur, quod in omni actione causae secundae influxivus concursus vultus primi necessario requiretur‹, ad sanum intellectum concedo consequens.*

24 Eckhart, Prol. gen. n. 8, LW I,1, S. 153,2–5 (Übers. ebd.): *Ipsum enim esse non accipit quod sit in aliquo nec ab aliquo nec per aliquid, nec advenit nec supervenit alicui, sed praevenit et prius est omnium. Propter quod esse omnium est immediate a causa prima et a causa universali omnium.*

Beziehung, die aber gleichfalls eine wesentliche Präsenz Gottes im Menschen begründet. Die theologische Radikalität, der ›mystische‹ Wurzelgrund dieser Grundlegung kommt in einer ungewöhnlichen Folgerung zur Sprache: »Gott handelt notwendig nach außen, also handelt auch das Geschöpf notwendig mit der Erstursache.«[25]

Die zitierten Thesen sind Folgerungen aus der Grundthese des ›Principiums‹. Diese präsentiert sich in der dritten zusammenfassenden Conclusio in einer Abwandlung: »Es ist unmöglich, dass irgendetwas ist und dass das Erste Antlitz dieses im Spiegel seiner Natur nicht anschaut und auch dass es nicht in diesem <Antlitz> formbestimmend oder über alles herausragend oder wurzelhaft enthalten ist.«[26] Dieser Satz versammelt die Grundlinien der ›mystischen‹ Theologie des Johannes von Basel. Er spricht von allem, was ist. Gott erscheint als Antlitz, blickend erblickt. Er ist sich selbst in seiner Natur Spiegel, aber auch Spiegel für alles Seiende, das in diesem Spiegel geschaut und schauend ist, keimhaft gehalten und in seinem Sein geprägt. Wie sich zeigen wird, kann man den ›In-principio-Dialog‹ als hymnisch-meditative Entfaltung dieses Kernsatzes in Dialogform verstehen.

Ein Riss zwischen ›Prinzipium‹ und Distinktionen? Die Prädestination als Beispiel

Diese Grundideen werden in den Sachkapiteln der ›Lectura‹ heruntergebrochen auf die obligatorischen Themen der katholischen Dogmatik. Dabei kann scheinbar die grundsätzliche Linie der Gesamtsicht verloren gehen, insbesondere, wenn in manchen spezifisch augustinischen Besonderheiten die Wahlfreiheit Gottes bei Prädestination und Reprobation in den Vordergrund tritt.

Allgemein kann man festhalten, dass es dem Hiltalinger grundsätzlich darum geht, die (aristotelische) Spaltung zwischen Gott und Welt aufzuheben oder zu relativieren. Mit anderen Worten: Er besteht in vielfältigen Positionen darauf, dass Gott unmittelbar in die menschliche Sphäre einwirkt. Das bringt einen scheinbaren Gegensatz mit sich. Denn einerseits hält er aufseiten des Menschen an einem streng hierarchischen Ordnungsgefüge fest. Ein Beispiel dafür ist die Ableitung aus der zitierten dritten Conclusio des ›Principiums‹, die festlegt, dass alles, was ist, im Spiegel des Ersten Antlitzes formbestimmend enthalten sei. Daraus folgt: »Es gibt ein einziges Gesetz für alle Naturen; wer von

25 Iohannes de Basilea, In Sent. I, princ. 1, q. unica, a. 2, ad 5, n. 3; Bd. I, S. 162,13 f.: *Deus necessario agit ad extra, igitur et creatura necessario agit cum causa prima.*

26 Iohannes de Basilea, In Sent. I, princ. 1, q. unica, concl. 3; Bd. I, S. 141, 14–16: *Impossibile est aliquam rem esse et hanc primum vultum in speculo suae naturae non intueri ac etiam in ipso formaliter vel supereminenter vel radicaliter non contineri.*

diesem abweicht, kann sich keinem Naturgesetz vernunftgemäß angleichen.«[27] Daraus folgt wiederum die Verpflichtung zum Gehorsam diesem Gesetz und Gott als dem höchsten König gegenüber, da sich auf diesen Gehorsam die bürgerliche Ordnung gründet.[28] Die Wege der regelrechten Heilsvermittlung nach dem Sündenfall werden in den lateinischen Gnaden- und Erlösungstraktaten ausführlich behandelt, ebenso im ›Gratia-Dei-Traktat‹ und im ›Audi-filia-Dialog‹. Diese bestehen darauf, dass allem heilsrelevanten Wollen und Handeln des Menschen die Gnade vorausgeht, auch wenn nicht alles Handeln ohne Gnade Sünde ist.

Das eröffnet eine Diskrepanz; denn aus der durchgehenden Ordnung des göttlichen Gesetzes folgt, dass nur der Gläubige in der Kirche Hoffnung auf Heil hegen kann, da nur dort der rechtfertigende Glaube und die Liebe gegeben sind.[29] Andererseits impliziert die uneingeschränkte Gehorsamsforderung gerade nicht eine zwingende Notwendigkeit, sondern sie lässt Freiheit für die Gnadenwahl. Darum heißt es im ersten ›Principium‹:

> »Es ist möglich, dass jemand ein sehr guter Erdenpilger ist und trotzdem keinen Glauben an die Dreifaltigkeit hat und keine Prägung durch die Gnade. Das ist offenkundig, weil Gott mit seiner absoluten Möglichkeit jemandem ohne irgendeinen geschaffenen Habitus eine klare Anschauung Gottes und eine Rechtfertigung hier in diesem Leben schenken kann.«[30]

Das Problem der freien Gnadenwahl Gottes erhebt sich, wenn man der Freiheit Gottes die Freiheit der Selbstbestimmung des Menschen konfrontativ gegenüberstellt. Dann fragt sich, ob die absolute Möglichkeit (*potentia*) zur freien Willensentscheidung Gottes im modernen Sinne Willkür[31] impliziert. Die absolute Möglichkeit kann sich bald in der absoluten Macht (*potestas*) konkretisieren. Vorläufer dieser Sichtweise kann man in den Bestrebungen des Papstes sehen, seine absolute Macht in geistlichen wie weltlichen Dingen theologisch

---

27 Iohannes de Basilea, In Sent. I, princ. 1, q. unica, a. 1, concl. 3, p. 1, cor. 1; Bd. I, S. 142,6 f.: *Unica est lex omnium naturarum, a qua devians nulli naturae legi rationabiliter se potest conformare.*

28 Iohannes de Basilea, In Sent. I, princ. 1, q. unica, a. 1, concl. 3, p. 1, cor. 2; Bd. I, S. 142,24 f.: *Quilibet homo ad hanc legem obligatur et qui non servat hanc legem, negat Deum summum esse regem.* (»Jeder Mensch ist auf dieses Gesetz verpflichtet, und wer diesem Gesetz nicht dient, verneint, dass Gott der höchste König sei.«) Ebd., cor. 3; Bd. I, S. 142,28–143,1: *Sine huius legis observantia non potest esse civilis politia.* (»Ohne Befolgung dieses Gesetzes kann es keine bürgerliche Staatsverfassung geben.«)

29 Iohannes de Basilea, In Sent. III, d. 26, q. 12, concl. 3, cor. 3; Bd. IV, S. 146,3 f.: *Solum in unione ecclesiae et fide catholica est salus aeterna speranda.*

30 Iohannes de Basilea, In Sent. I, princ. 1, q. unica, a. 2, ad 3; Bd. I, S. 147,11–14: *Possibile est aliquem esse optimum viatorem, et tamen nullam de Trinitate habentem fidem nec gratiae informationem. Patet, quia de potentia absoluta Deus sine habitu quocumque creato potest alicui dare claram sui visionem et iustificationem hic in via.*

31 Willkür, in: HWPh Bd. XII, S. 809–811.

zu begründen. Eine Analogie findet sich in Aegidius' Romanus ›De ecclesiastica potestate‹.

> »Zum besseren Verständnis des Gesagten und noch zu Sagenden werden wir in zeitlichen Dingen eine doppelte Macht des Höchsten Pontifex unterscheiden sowie eine doppelte Rechtsprechung durch ihn: eine absolute und eine zweite, die reguliert ist. Denn, wie die verständigen Philosophen es überliefert haben: Wer das Gesetz gibt, soll das Gesetz befolgen.«[32]

Die absolute Macht wendet der Papst an, wenn er aus eigener spiritueller Einsicht ohne Gesetzesgrundlage eingreift. In den regulierten Rechtsprechungsfällen soll er die örtlichen Regularien und die Rechtsgewohnheiten der weltlichen Richter einbeziehen, wie im Anschluss erklärt wird. Diese Vermischung des Diskurses der absoluten politischen Herrschaft und der theologischen Allmacht Gottes mag einem Verdacht der Willkür in der freien Willensentscheidung Gottes Vorschub geleistet haben.

Mit der allgemeinen Tendenz, Gottes Unmittelbarkeit zu betonen, folgt Johannes von Basel einem »Zeitgeist«.[33] Eine gewisse Zurückdrängung der kirchlichen und sozialen Heilsvermittler zugunsten der Unmittelbarkeit der Gottesbeziehung findet LEPPIN auch bei Meister Eckhart und in anderer Weise bei Duns Scotus und Wilhelm von Ockham. Die beiden Franziskaner sehen die Freiheit des göttlichen Handelns auch in der *potentia Dei absoluta* verwirklicht, die losgelöst von der Heilsordnung (*potentia ordinata*) freie Entscheidungen fällen kann. Doch beide sehen diese Freiheit nicht als Willkür an, da Gottes Handeln notwendig vernunftgemäß, gut und widerspruchsfrei sein muss.[34]

Der Verdacht der Willkür drängt sich angesichts der strikten oder doppelten Prädestination auf, das heißt, dass sowohl die Erwählung (Prädestination im engen Sinn) wie auch die Verdammnis (Reprobation) aus Gottes freiem Willensentschluss entspringt. Das aber bedeutet, dass Gott seine Entscheidung über Heil und Unheil nicht von zeitlichen, kontingenten Bedingungen, das ist ja das Verhalten des Menschen, abhängig machen kann, wie Johannes von Basel ausführlich begründet.[35]

---

32 Aegidius Romanus, De eccl. pot. III, c. 7; ed. DYSON, S. 344 (eigene Übers.): *Ad maiorem tamen intelligenciam dictorum et dicendorum, distinguemus duplicem potestatem Summi Pontificis et duplicem eius iurisdiccionem in temporalibus rebus: unam absolutam et aliam regulatam. Quia, ut tradiderunt sapientes philosophi, legis positivus debet esse legis observativus.*

33 LEPPIN, Theologie im Mittelalter, S. 144.

34 LEPPIN, Theologie im Mittelalter, S. 135 u. 140 f.

35 Iohannes de Basilea, In Sent. I, d. 41, q. 31, concl. 1, cor. 2; Bd. II, S. 364,2 f.: *Nulli merito viatoris correspondet ratio electiva vel distinctiva praedestinationis.* (»Keinem Verdienst des Erdenpilgers entspricht ein Grund, der zur Wahl oder zur Unterscheidung der Prädestination dient.«) Ebd., cor. 3; Bd. II, S. 364,18 f.: *Sine personarum acceptione potest Deus, quem vult, eligere et elective praedestinare sine extrinseca causali ratione.* (»Ohne Annahme der Personen kann Gott ohne einen äußeren ursächlichen Beweggrund, wen er will, er-

Grundsätzlich ist das auch die allgemeine Lehre der Scholastiker, und doch ist des Hiltalingers Ablehnung zeitlicher Ursachen für die Prädestination gegen Thomas von Aquin, Aegidius Romanus, Thomas von Straßburg und Richard Kilvington gerichtet.[36] Ihnen allen, die wahrscheinlich eine gemeinsame Tendenz der zeitgenössischen Scholastik repräsentieren sollen, unterstellt Johannes von Basel, dass sie auf Umwegen doch eine Rücksicht Gottes auf die eigenständige moralische Heilswürdigkeit des Menschen voraussetzen.

Die individuelle Position des Johannes von Basel kann hier nur aus den Texten erschlossen werden. Da sie neuzeitlichem Denken fremd ist, bedürfte es einer eindringlichen Interpretation, um ihre Konsistenz und ›mystische‹ Relevanz zu erweisen. Der entscheidende Gesichtspunkt ist, dass Johannes von Basel und die meisten Augustiner keine autonome Selbstbestimmung des Menschen kennen. Darum kann die Freiheit des Menschen nicht mit der Freiheit Gottes konfrontiert werden. Das kommt in der Festlegung zum Ausdruck, dass Sündigenkönnen keine Freiheit ist und keine Kraft voraussetzt, sondern aus Unkraft folgt und in die Versklavung führt. Diese Sichtweise ist von Augustinus begründet und über Petrus Lombardus und Anselm von Canterbury an die Scholastik übermittelt worden.[37] Die positive Fassung dieses Lehrstücks, die auch der Gnadenlehre Johannes' von Basel zugrundeliegt, besagt: Alles wirklich Gute im Menschen ist Gnade.

Wenn es bei Johannes von Basel heißt, es gebe für die Erwählung des Petrus wie für die Verdammung des Judas keinen zeitlichen Grund, ist nach dem *ewigen* Beweggrund des göttlichen Willens zu fragen: »Wie es keinen Grund gibt außer einen ewigen, warum Petrus eher erlöst oder prädestiniert wird als Judas, so gibt es auch keinen allgemeinen Grund, warum einige verdammt und verworfen werden und andere <zur Seligkeit> prädestiniert werden.«[38]

---

wählen und durch seine Wahl prädestinieren.«) Iohannes de Basilea, In Sent. I, d. 41, q. 31, concl. 3; Bd. II, S. 368,20 f.: *Praedestinationis vel reprobationis aeternalis nulla est omnino causalis ratio temporalis.* (»Für die Prädestination oder Reprobation gibt es keinen zeitlichen ursächlichen Grund.«) – Dasselbe lehrt der ›Audi-filia-Dialog‹: AFD II, c. 5; fol. 94va, Z. 461–463: *Warumb aber Judas von der gerehtigkeit würde verlåssen nåch sinen sünden vnd sant Peter nach sinen sünden getzogen in die gnåde, des ist kein ander sache dån der wille gottes.* (»Warum aber Judas nach seinen Sünden von der Gerechtigkeit verlassen wurde und Sankt Peter nach seinen Sünden in die Gnade gezogen wurde, dafür gibt es keinen anderen Grund als den Willen Gottes.«)

36 Iohannes de Basilea, In Sent. I, d. 41, q. 31, concl. 3, cor. 1–3; Bd. II, S. 369 f. Siehe dazu im Einzelnen den Kommentar zum zweiten Buch, c. 5 des ›Audi-filia-Dialogs‹, unten S. 900 f.

37 Siehe die Belege unten im ›Audi-filia-Dialog‹ I, c. 3, S. 456 und im Kommentar dazu S. 855 f.

38 Iohannes de Basilea, In Sent. I, d. 41, q. 31, concl. 3, cor. 1; Bd. II, S. 369,9–11: *Sicut non datur causa, quare Petrus potius salvatur quam Iudas vel praedestinatur, nisi aeternalis, sic non datur causa, quare aliqui damnantur vel reprobantur et alii praedestinantur, generalis.*

Nun ist Johannes von Basel auch nicht frei von spekulativen Betrachtungen über die mögliche Kausalität der Prädestination. Vielmehr argumentiert er ziemlich diffizil gegen seine strengen Vorgänger, Gregor von Rimini und Hugolin von Orvieto. Der erste Teil der zutreffenden These besagt: »Die Reprobation wird nicht gut erfasst durch den Ausdruck: ›Vorsatz, sich nicht zu erbarmen‹, oder ›sich nicht erbarmen wollen‹.« Diese Abgrenzung richtet sich gegen Gregor von Rimini,[39] der formuliert hatte: »Die Reprobation ist aber: sich nicht erbarmen wollen, oder, was dasselbe ist: der Vorsatz, das ewige Leben nicht zu geben. Aber nicht erbarmen oder das ewige Leben nicht geben ist die Wirkung der Reprobation.«[40] Dagegen wendet Johannes von Basel ein: »Sowohl ein Vorsatz wie das Nicht-Wollen verhalten sich positiv, aber Gott verhält sich mit Blick auf die Reprobation nicht positiv; also ist der erste Teil <des Corollariums> wahr.«[41] Ein Vorsatz zur Verdammnis, den Gregor mit seiner Definition angesprochen hatte, ist also nach Johannes von Basel ausgeschlossen. Der zweite Teil lautet: »Die Reprobation ist unzureichend beschrieben durch den Ausdruck: Nicht-Vorsatz, <sich zu erbarmen,> oder sich nicht erbarmen wollen«. Dies ist eine Ausdruckweise Hugolins von Orvieto.[42] Dessen Definition lautet: »Die Reprobation ist der Vorsatz, nicht die größte Gunst zu geben, das ist, <die Gunst> zum ewigen Leben nicht zu geben, oder sich nicht endgültig erbarmen wollen.«[43] Gegen diesen zweiten Teil bringt Johannes von Basel vor: »Allein durch den Ausdruck ›Nicht-Vorsatz‹ wird nicht unterschieden zwischen dem Verworfenen und dem bloß möglicherweise <Verworfenen>; also wird <die Reprobation> durch diese <Definitionen> unzureichend beschrieben.«[44]

Diese Auseinandersetzung mit seinen Vorgängern zeigt also, dass Johannes von Basel in Gott keinen tatsächlichen, »positiven« Vorsatz, den Menschen

---

39 Iohannes de Basilea, In Sent. I, d. 41, q. 31, concl. 2, cor. 1; Bd. II, S. 366,5–9: *Sicut reprobatio* [1] *non bene per propositum non miserendi vel nolle misereri exprimitur, sic* [2] *insufficienter describitur per solum non propositum vel non velle misereri.* [Ad 1] *Primum est contra modum loquendi magistri Gregorii,* [ad 2] *secundum contra modum loquendi magistri Hugolini.*

40 Gregorius Ariminensis, In Sent. I, d. 40 et 41, q. 1, a. 2; ed. Trapp / Marcolino, Bd. III, S. 323, 29–331: *Reprobatio vero est velle non misereri seu, quod idem est, propositum non dandi vitam aeternam; non misereri autem seu non dare vitam aeternam est effectus reprobationis iuxta modum loquendi Magistri.*

41 Iohannes de Basilea, In Sent. I, d. 41, q. 31, concl. 2, post cor. 1; Bd. II, S. 366,10–12: *Probatur corollarium, quia tam propositum quam nolle habent se positive, sed Deus respectu reprobationis non habet se positive, igitur prima pars vera.*

42 Siehe Anm. 39 [ad 2].

43 Hugolinus de Urbe Vetere, In Sent. I, d. 41, q. 2, a. 2; ed. Eckermann / Marcolino, Bd. II, S. 395,5–396,1: *Reprobatio vero est propositum non dandi maximum beneficium, id est ad vitam aeternam, seu nolle finaliter misereri.*

44 Iohannes de Basilea, In Sent. I, d. 41, q. 31, concl. 2, post cor. 1; Bd. II, S. 366,12–14: *Secunda pars probatur, quia per solum non propositum non distinguitur reprobatus a mere possibili, igitur insufficienter describitur sic per eos.*

auf ewig zu verdammen, kennt. Ihm genügt aber auch nicht, diesen Vorsatz schlechthin auszuschließen. Das Letzte wäre ihm zu ungenau; denn obwohl Gott der »positive« Wille zu verdammen fehlt, muss es doch einen Willen geben, das Endgültige geschehen zu lassen. Diese Klärung wird so ausgedrückt:

> »Bei der Verwerfung müssen zwei <Gesichtspunkte> bedacht werden, nämlich, <1> das Zukünftige der Sache, und <2> die Abweisung durch Gott. Nur die erste Alternative ist positiv und unterscheidet den Verworfenen vom nur möglicherweise <Verworfenen>, und in diesem Aspekt verhält sich Gott positiv. Die zweite Alternative ist negativ; in ihr verhält sich Gott nicht positiv, und darin liegt der abschließende Grund, auch wenn er an sich noch nicht ausreichend sein sollte, zu formulieren, diese <Abweisung> sei vorhergesehen.«[45]

Andererseits besteht er aber darauf, dass der Verwerfung eine Sünde vorausliegen müsse: »Unter dem gegenwärtigen Heilsgesetz (*stante lege*) ist die folgende Konsequenz gültig: A wird verworfen, also wird er durch irgendeine Sünde verdorben sein.«[46]

Festzuhalten ist demnach, dass keine zeitliche Ursache, also keine Sünde, den ewigen Willen Gottes bewegt, dass aber auch ein tatsächlicher, »positiver« Wille Gottes zu verdammen ausgeschlossen wird. Es gibt also keine Willkür. Andererseits wird aber daran festgehalten, dass eine Verderbnis durch die Sünde gegeben ist. Diese Sünde ist aber nicht die zeitliche Ursache des ewigen Ratschlusses. Es gibt einen positiven Willen, den Menschen zum Heil zu führen, jedoch keinen »positiven« Vorsatz zu verdammen. Was aber die Abweisung (*repudium*) zur Folge hat – wenn nicht als Wirkung, so doch als Umstand –, wird an der angestammten Stelle (In Sent. I, d. 40–44) nicht gesagt. Aber vielleicht kann man eine parallele Äußerung aus der Gnaden- und Willenslehre auch hier einsetzen. Grundsatz ist, dass bei jedem verdienstlichen Werk die Gnade mitwirkt. Was aber geschieht beim strafwürdigen (»unverdienstlichen«) Werk? Dies ist die Antwort:

> »Obwohl der Wille des Erdenpilgers die unmittelbare wirksame Ursache für jedes verdienstliche und unverdienstliche Handeln ist, rechtfertigt dennoch Gott in einer Weise den Geist und hilft mittels der Gnade wirksam so mit, dass er sich im Blick auf das Strafwürdige nur zulassend verhält.«[47]

---

45 Iohannes de Basilea, In Sent. I, d. 41, q. 31, concl. 2, post cor. 1; Bd. II, S. 366,20–25: *In reprobatione sunt duo consideranda, scilicet esse futurum rei et repudium Dei. Modo prima differentia est positiva distinguens reprobatum a mere possibili, et in illa Deus se habet positive. Secunda est negativa, et in illa Deus non habet se positive, et in illa est ratio completiva, licet per se non esset sufficiens ad denominandum illum fore praescitum.*

46 Iohannes de Basilea, In Sent. I, d. 41, q. 31, concl. 2, cor. 2; Bd. II, S. 366,26 f.: *Stante lege haec consequentia est bona: A est reprobatus, igitur ab aliquo peccato erit vitiatus.*

47 Iohannes de Basilea, In Sent. II, d. 37–38, q. 24, concl. 2; Bd. III, S. 339,9–12: *Quamvis voluntas viatoris omnis meritoriae vel demeritoriae operationis sit immediata causa effective, tamen Deus sic mentem iustificat et mediante gratia effective coadiuvat, quod respectu demeriti solus se habet permissive.*

Gott will also aktiv die Erwählung des Menschen, aber er will nicht aktiv die Verdammnis des Sünders; er lässt nur zu, dass sich der Sünder, der der Liebe nicht entsprechen kann, in gewisser Weise selbst verurteilt. Aufseiten des Menschen ist Sündigenkönnen, wie gesagt, weder Freiheit noch Kraft. Dem entspricht aufseiten Gottes, dass die Verdammnis nicht aus einem aktiven Willen Gottes entspringt. Dieser negativen Position korrespondiert die positive Bestimmung: Gott will aktiv die Beseligung des Menschen, und der gute Wille des Menschen ist Gnade. Dazu führt Johannes von Basel aber ausdrücklich aus: Die Gnade ist die Liebe als unmittelbare Wirkung des Heiligen Geistes, wie im nächsten Schritt gezeigt werden soll.

Gottes unmittelbare Präsenz als Gnade, Liebe und Inspiration

Die im ›Principium‹ entfaltete metaphysische Grundposition erlaubt einen überraschenden interpretierenden Blick auf Gnaden- und Prädestinationslehre. Hiltalingen selbst zieht schon im ›Principium‹ des ersten Buchs diese Linien, die auf spätere Quaestionen zielen: Gnade und Prädestination. Zum Beispiel stellt er in der Diskussion über die notwendige Mitwirkung des Ersten Antlitzes bei verdienstvollen Werken vier Thesen (*propositiones*) auf:

1. »Die Gnade der Prädestination ist nicht der Liebeshabitus des Erdenpilgers.«
2. »Es ist früher, dass jemand prädestiniert ist, als dass Gott von ihm gnadenweise geliebt wird.«
3. »Ohne Gnade der Prädestination ist kein Werk des Menschen schlechthin des ewigen Lebens würdig, und jene genügt, dass er den ewigen Lohn verdient.«
4. »Die folgende Schlussfolgerung gilt nicht: ›Dieses Werk ist nicht im geschaffenen Liebeshabitus erbracht, also verdient es nicht das ewige Leben.‹«[48]

Hier wird die ungeschaffene »Prädestinationsgnade« mit der geschaffenen heiligmachenden Gnade, die der eingegossene Habitus der Liebe ist, konfrontiert. Das ist, soviel ich sehe, ein Alleinstellungsmerkmal des Johannes von Basel. Gegen die allgemeine Überzeugung der Scholastiker werden für ihn sowohl die heilsrelevante Kraft, mit welcher der Mensch Gott über alles liebt, als auch das Verdienst des ewigen Lebens nicht mehr von der geschaffenen Tugend der

48 Iohannes de Basilea, In Sent. I, princ. 1, q. unica, a. 2, ad 5, n. 3; Bd. I: 1. *Gratia praedestinationis non est caritas habitualis viatoris* (S. 170,20 f.). 2. *Prius est quemlibet esse praedestinatum quam Deum ab ipso gratuite fore dilectum* (S. 170,23 f.). 3. *Sine gratia praedestinationis nullum opus hominis simpliciter est vita aeterna dignum et ipsa sufficit ipsum reddere praemii aeterni meritorium* (S. 170,27–171,1). 4. *Haec consequentia non valet: ›Hoc opus non est in caritate creata habituali factum, igitur non est vitae aeternae meritorium‹* (S. 171,3–5).

Liebe erworben, wie zum Beispiel Thomas von Aquin lehrt und mit ihm die Mehrzahl der Scholastiker. Vielmehr wird die ungeschaffene Liebe, die der Heilige Geist selbst ist, dem Menschen als »Prädestinationsgnade« geschenkt. In diesen Sätzen des ›Principiums‹ nimmt der Hiltalinger die Grundzüge des Gnadenkapitels (In Sent. I, d. 17) vorweg. Diese Lehre des Johannes von Basel findet sich auch angedeutet im ›Gratia-Dei-Traktat‹ und ausdrücklich im ›Traktat von der Minne‹ wieder. Die unmittelbare Präsenz Gottes im Geist des Menschen wird mit dem Wirken des Heiligen Geistes verbunden, der die Erlösung ebenfalls unmittelbar bewirkt.

Die theologischen Konzepte, die Johannes von Basel einsetzt, um die unmittelbare Verbindung des Menschen mit Gott zu begründen, sind offenkundig andere als diejenigen Meister Eckharts, aber die Quintessenz ist dieselbe: die ›mystische‹ Einheit Gottes und des Menschen im Seelengrund. Während bei Meister Eckhart die ›mystische‹ Transformation von der Metapher der Geburt getragen wird, schreibt Johannes von Basel diese Einwohnung Gottes im Herzen des Menschen der Hauchung (*spiratio*) oder Sendung (*missio*) und Gewahrwerdung (*perceptio*) des Heiligen Geistes zu. Prägnant gefasst: Der ›mystisch‹-theologische Kerngedanke Eckharts ist die Geburt des Sohnes in der Seele; der ›mystisch‹-theologische Kerngedanke Johannes' von Basel ist die Hauchung des Heiligen Geistes in der Seele, Inspiration im eigentlichen Sinne.

Meister Eckharts Zentralthema der Geburt des Wortes bzw. des Sohnes in der Seele bringt zahlreiche Aussagen mit sich, die eine freilich differenzierte Identität dieser Geburt mit der Geburt des Sohnes in der Trinität andeuten. Dasselbe Problem wirft Johannes von Basel in seiner Frage auf: »Ist die Ausbreitung des Heiligen Geistes im Geiste des vernünftigen Erdenpilgers der zeitliche Hervorgang, verschieden von seiner ewigen Hauchung?«[49] Die Antwort auf diese Frage ist ebenso kühn wie die vergleichbaren Aussagen Eckharts: »Obwohl die Ausbreitung des Heiligen Geistes im Geiste des Menschen von seinem ewigen Hervorgang nicht real unterscheidbar ist, heißt sie nur uneigentlich und von außen betrachtet zeitlich.«[50] Ebenso überraschend ist die nachfolgende These, die eine Diskussion über die zeitliche Sendung des Sohnes einleitet: »Die zeitliche Sendung der göttlichen Person ist <zugleich> die Wahrnehmung dieser Sendung im vernünftigen Geist.«[51] Aus diesem Ansatz ergeben sich bedeutsame Folgerungen:

---

49 Iohannes de Basilea, In Sent. I, d. 14, q. 13; Bd. II, S. 142,21–23: *Utrum Spiritus Sancti diffusio in mente viatoris rationalis sit temporalis processio distincta a sua spiratione aeternali.*

50 Iohannes de Basilea, In Sent. I, d. 14, q. 13, concl. 3; Bd. II, S. 151,9–11: *Quamvis diffusio Spiritus Sancti in mente hominis a sua aeterna processione non sit realiter distinguibilis, improprie tamen et extrinsece dicitur temporalis.*

51 Iohannes de Basilea, In Sent. I, d. 15, q. 14; Bd. II, S. 154,19 f.: *Utrum personae divinae temporalis missio sit eiusdem in mente rationali vitalis perceptio.* (In der Übersetzung als These formuliert.)

- »Gott ist ohne Beeinträchtigung der Form nach durch sich selbst hinreichend, das Geschöpf zu begnadigen, und kein einfaches Geschaffenes ist hinreichend, den Geist formprägend und innerlich zu erheben.«[52]
- »Nichts gnadenweise Gewährtes kann innerlich formbestimmend aus der Gnade ursächlich in den Geist fließen.«[53]
- »Ebenso perfekt bringt der Vater den Heiligen Geist im Geist jedwedes Gerechten hervor wie in sich, dem ewigen und ursprünglichen Brunnen.«[54]
- »Die ewige Hauchung des Heiligen Geistes ist die zeitliche Gratifikation für den Geist.«[55]

Es ist wohl offenkundig, dass diese Stellungnahmen für die gängige, zum Beispiel von Thomas von Aquin geprägte Scholastik, unerhört sind; denn mehrfach wird hier – aus ›aristotelischer‹ Sicht – die Transzendenz Gottes dem Geschöpf gegenüber aufgehoben. Die Hauchung des Heiligen Geistes in der Seele hat für Johannes von Basel das ausschlaggebende Gewicht, während er Eckharts Theologie der Geburt des Sohnes oder Wortes in der Seele infrage stellt. Das ist an der Weise erkennbar, in der sich der ›Traktat von der Minne‹ auf Eckharts »Ungeschaffenes in der Seele« bezieht. Das wird nämlich mit Erkennen und Lieben identifiziert und nicht auf das formbestimmende Sein begründet wie angeblich bei Meister Eckhart.[56] Diese Abgrenzung von Eckhart ist auch in einer Bemerkung Johannes' von Basel zu finden, wenn er sagt, auch die zur Anschauung Gottes erhobene Memoria des Menschen könne nicht wirklich »das ungeschaffene Wort sprechen«.[57] Es ist allerdings zu erwähnen, dass

52 Iohannes de Basilea, In Sent. I, d. 14, q. 13, concl. 1; Bd. II, S. 144,7–9: *Prima conclusio: Deus se solo sine sui imperfectione formaliter sufficit creaturam gratificare et nihil creatum incomplexum sufficit mentem formaliter et intrinsece gratuite elevare.*

53 Iohannes de Basilea, In Sent. I, d. 14, q. 13, concl. 1, cor. 3; Bd. II, S. 145,6 f.: *Tertium corollarium: Nullum bonum gratuitum intrinsece formaliter a gratia creata potest fluere in mentem causaliter.*

54 Iohannes de Basilea, In Sent. I, d. 14, q. 13, concl. 3, cor. 1; Bd. II, S. 151,22 f.: *Primum corollarium: Tam perfecte Pater producit Spiritum Sanctum in cuiuslibet iusti mente, sicut in se aeterno et originali fonte.*

55 Iohannes de Basilea, In Sent. I, d. 14, q. 13, concl. 3, cor. 2; Bd. II, S. 151,28 f.: *Secundum corollarium: Quod aeternalis Spiritus Sancti spiratio est mentis temporalis gratificatio.*

56 Siehe dazu die Ausführungen im Kommentar zum ›Traktat von der Minne‹ unten, S. 103–107.

57 Iohannes de Basilea, In Sent. I, d. 15, q. 14, concl. 3, cor. 3; Bd. II, S. 162,19–22: *Etsi memoria creata essentia divina ut specie possit respectu visionis Dei fore elevata, non tamen realiter nec intentionaliter potest ipsa per tale posse activum vere dicere Verbum increatum.* (»Auch wenn die geschaffene Memoria durch das göttliche Wesen im Hinblick auf die Schau Gottes erhoben werden kann, kann sie doch nicht wirklich oder intentional durch ein solches aktives Können wahrhaft das ungeschaffene Wort sprechen.«) Eine Parallele in AFD II, c. 1; fol. 10va, Z. 374–379.

auch für Eckhart nicht eine »geschaffene« Seelenkraft das ewige Wort spricht, sondern Gott selbst in der Seele des Menschen.[58]

Die Lehre von der Seligkeit

Die Liebe ist zweifellos das Herzstück der ›mystischen‹ Theologie des Johannes von Basel; aber nach dem Grundsatz, dass man nur lieben kann, was man zuvor erkannt hat, ist auch die Erkenntnis tragend in der unmittelbaren Gott-Mensch-Beziehung. Die grundlegende Aussage über die Gotteserkenntnis ist, dass wir Gott nur mit der Erkenntnis erkennen können, mit der er sich selbst erkennt (TvdM Z. 50 f.). Traditionell reiht sich die Grundidee der Erkenntnislehre in die Illuminationslehre Augustins ein, die besagt, dass wir jede Wahrheit nur im Lichte der ewigen Wahrheit erkennen können. Die ewige Wahrheit aber ist Gott selbst. Darum heißt ein zentraler Satz: »Ohne Schmälerung seiner Vollkommenheit ist Gott für den Geist des Pilgers das erleuchtende Licht, das Veränderungsprinzip und das bestimmende Merkmal in der vollkommenen Vernunfterkenntnis.«[59] Das ist hier für die Erkenntniskraft des Erdenpilgers gesagt. Aber wenn Gott schon für den Menschen in der Zeit das Prinzip und der Garant der Wahrheitserkenntnis ist, dann gilt das umso mehr für die beseligende Schau Gottes. Denn allgemein gilt: »Allein das göttliche Wesen ist ein hinreichender und vollkommener Grund, alles zu erkennen.«[60] Wenn also Gott selbst der Grund jedes Erkennens ist, der sich auch dem Menschen schenkt, ist die obligatorische Frage nach dem *lumen gloriae* überflüssig; denn Gott selbst erfüllt ja die ›Funktion‹, die aus geschöpflichem Aspekt das »Licht der Glorie« übernehmen sollte. Darum heißt es:

> »Wie die Wesensform des Lichts der Glorie und des beseligenden Erkenntnisbildes eigentlicher der göttlichen Wesenheit zukommt als sonst einem Licht oder einem anderen geschaffenen Seienden, so kann er selbst das Licht der Glorie und das beseligende Erkenntnisbild der Vernunft und des geschaffenen seligen Gedächtnisses sein.«[61]

---

58 Zum Beispiel: Eckhart, Pr. 101, DW IV,1, S. 350,87–351,88 u. S. 352,90 f.: *Sehet, got der vater hât ein volkomen însehen in sich selber <...>. Sehet, in der selben wîse und in keiner andern gebirt got der vater sînen sun in der sêle grunde und in irm wesene und einiget sich alsô mit ir.* (Übers. DW IV,2, S. 1182: »Seht, Gott der Vater hat ein vollkommenes Hineinsehen in sich selber <...>. Seht, in derselben Weise und in keiner anderen gebiert Gott Vater seinen Sohn im Grund der Seele und in ihrem Sein und vereinigt sich so mit ihr«). Vgl. Pr. 4, DW I, S. 72,9; Pr. 75, DW III, S. 299,4.

59 Iohannes de Basilea, In Sent. I, d. 23–25, q. 22, concl. 1; Bd. II, S. 254,3–5: *Sine sui imperfectione Deus menti viatoris est lux illuminans, ratio immutans, character determinans in intellectuali perfecta cognitione.*

60 Iohannes de Basilea, In Sent. I, d. 23–25, q. 22, concl. 1, cor. 1; Bd. II, S. 255,13–15: *Primum corollarium responsivum primae rationi primi principalis: Sola essentia divina est sufficiens ratio et perfecta intelligendi omnia.*

61 Iohannes de Basilea, In Sent. IV, d. 49, q. 41, concl. 2; T fol. 111$^{va/b}$, M fol. 383ra: *Sicut ratio luminis gloriae et speciei beatificae proprius competit divinae essentiae quam alicui luci vel*

Das, was der Intellectus agens in aristotelischer und thomasischer Sicht für die menschliche Erkenntnis leistet, der ja nach dem Topos, den Aristoteles begründet hat, ein Licht ist,[62] das ist in dieser metaphysischen oder spirituellen, ›mystischen‹ Wirklichkeit Gott selbst. Das ist der Wurzelgrund dafür, dass im ›Traktat von der Minne‹ der Intellectus agens Gott genannt wird. Das wird am Ende des Kommentars zu diesem Werk eine kritische Rolle spielen.[63]

Johannes von Basel als Interpret Meister Eckharts

Die These des ›Traktats von der Minne‹ ist, dass eine Vereinigung Gottes mit dem Menschen nur geschehen kann, indem der Mensch an Gottes Erkennen und Lieben teilhat. Es gebe aber keine Vereinigung mit dem Sein Gottes, sonst würde der Mensch Gott. Meister Eckhart habe aber gelehrt, dass Gott sich dem Menschen als formgebendes Sein (*formlich wesen*) vereine.

Es wird eine diffizile Interpretation entfaltet, was formgebendes Sein (*esse formale*) überhaupt sein kann und in welchem Sinne Eckhart diese Seinsmitteilung verstanden haben könnte. Der Abschnitt ist von großem Wert für das Verständnis der Eckhart-Rezeption; denn hier wird eine sachkundige philosophisch-theologische Diskussion mit Meister Eckhart im letzten Viertel des 14. Jahrhunderts greifbar. Die Gründlichkeit der Auseinandersetzung übertrifft bei weitem diejenige von Marquard von Lindau und Jordanus von Quedlinburg.[64] Es stellt sich damit aber auch ein Forschungsproblem für die Eckhart-Interpretation heute, nämlich die Frage, inwiefern die Eckhart-Deutung des Johannes von Basel – aufgrund seiner philosophisch-theologischen Voraussetzungen – richtig oder folgerichtig ist oder ob der Augustiner Eckhart missverstanden hat.

2.3 *Die Schriften des Meisters des Lehrgesprächs: Mittelhochdeutsche Werke des Johannes von Basel*

2.3.1 *›Traktat von der Minne‹*

Zunächst gebe ich einen Überblick über die Argumentation des ›Traktats von der Minne‹ und die übereinstimmenden Thesen des Johannes von Basel, gleichsam als im Voraus mitgeteiltes Ergebnis der vergleichenden Untersuchung, die im Kommentar unten dokumentiert wird.

---

alteri entitati creatae, sic potest ipse esse lumen gloriae et species beatifica intellectus et memoriae creatae beatae.

62 Vgl. Aristoteles, De anima III, c. 4, n. 5 (430a), übers. THEILER/SEIDL, S. 76.

63 Siehe unten S. 125–136.

64 Vgl. STURLESE, Meister Eckharts Weiterwirken, S. 107–112.

Der ›Traktat von der Minne‹ vertritt die These: »Gott ist die Liebe«. Das wäre nicht verwunderlich, denn es handelt sich um ein Bibelzitat, I Io 4,16. Aber in der Erläuterung der These wird deren Brisanz deutlich; denn sie wird im ›Traktat von der Minne‹ gegen die allgemeine Lehre der Scholastiker, die Liebe des Menschen sei ein eingegossener geschaffener Habitus, so bestimmt: Dieser Habitus der Minne sei »ungeschaffen«, darüber hinaus sei »der Akt der Liebe der Heilige Geist selbst« (TvdM Z. 28 f.). Demnach sei Gott »dem Wesen nach Liebe«, was die Umkehrung der Formulierung begründet: »Die Liebe ist Gott selbst« (Z. 156). Daraus folgt die Zielbestimmung der Abhandlung: »Aber dass Gott selbst die Liebe ist, mit der das vernünftige Geschöpf liebt, das ist nicht offenkundig. Darum will ich es begründen« (TvdM Z. 45 f.).

Das Lehrstück über die Liebe, mit der wir Gott und den Nächsten lieben, ist nicht nur eine beiläufige Meinung des Johannes von Basel (In Sent. I, d. 17, q. 16). Sie hat vielmehr Gewicht, weil sie der Sententia communis der Scholastik und teilweise der Theologie des eigenen Ordens entgegensteht. Der ›Traktat von der Minne‹ trägt dieselbe Auseinandersetzung mit den Gegenargumenten vor wie Johannes von Basel und bringt auch inhaltlich differenzierte Bemerkungen, die auch der Augustinermagister anführt, um den Verdacht zu widerlegen, er vertrete in dieser Sache ohne Vorbehalt die problematische Lehre des Petrus Lombardus, nämlich die Liebe sei der Heilige Geist selbst, was tatsächlich Johannes von Basel und der ›Traktat von der Minne‹ vertreten. Diese detailreiche und sachlich identische Argumentation ist schon ein starker Hinweis auf einen gemeinsamen Ursprung. Die Zentralstellung dieses Lehrstücks für Johannes von Basel besteht darin, dass die direkte Einwirkung des Heiligen Geistes auf die Haltungen und Handlungen des Menschen grundsätzlich die Gottesbeziehung prägt. Unter dem Stichwort der »Sendung« (*missio*) der göttlichen Personen, des Sohnes und des Heiligen Geistes, wird nämlich die lebendige Gotteserfahrung im menschlichen Geist bejaht (In Sent. I, d. 15, q. 14) und die sichtbaren Elemente der Sendung des Heiligen Geistes können Verstand und Sinne des Menschen beeinflussen (In Sent. I, d. 16, q. 15). Auch ist Gott selbst für die Vernunft das erleuchtende Licht der Erkenntnis (In Sent. I, d. 23–25, q. 22), was im ›Traktat von der Minne‹ durch die These aufgegriffen wird, dass wir Gott mit der Erkenntnis erkennen, mit der er sich selbst erkennt, und dass wir ihn desgleichen nur mit der Liebe lieben können, mit der er sich selbst liebt. Das ist der zentrale Argumentationskomplex der mittelhochdeutschen Quaestio (TvdM Z. 47–67, 90–127).

Dass diese Themen zentrale Bestandteile des theologischen Programms des Johannes von Basel sind, zeigt sich auch daran, dass die Themen in den Einleitungskapiteln des Sentenzenkommentars schon prinzipiell diskutiert werden, aber auch daran, dass sie im letzten Buch des Sentenzenkommentars in der Distinctio 49 über die selige Gottesschau eine tragende Rolle spielen. Darin wird eine ›mystische‹ Grundthese begründet, nämlich dass Gottes Wesen in der Gotteserkenntnis und -liebe unmittelbar präsent ist, und zwar in der ewigen

Seligkeit in reiner Weise, in diesem Leben aber »unvollkommen und mittels eines geschaffenen Bildes«. Dieser Traktat diskutiert also, wie viele Werke der deutschen Scholastik in der Nachfolge Meister Eckharts, theologische Grundlagen der ›mystischen‹ Gotteserfahrung. Das Besondere ist aber hier, dass die theologischen Themen direkten Bezug zur Hochschuldiskussion haben, und zwar nachweislich aufgrund von zahlreichen Parallelen aus den Schriften des Johannes von Basel. Außerdem bezieht sich der ›Traktat von der Minne‹ namentlich auf Meister Eckharts Lehre vom »Ungeschaffenen in der Seele«. Dieses sei mit der unmittelbaren Gotteserkenntnis und Gottesliebe identisch, die der Seele in der Einheit mit Gott geschenkt werden. Der Autor setzt sich damit auseinander, dass Eckhart das »Ungeschaffene in der Seele« mit Gott als dem formbestimmenden Sein des Menschen identifiziere, während er selbst die Vereinigung in Erkenntnis und Liebe gegeben sieht. Er interpretiert das vermeintliche *esse formale* Eckharts mithilfe verschiedener theologischer Konzepte und stimmt darin wiederum mit Johannes von Basel überein.

Dieses Werk des Meisters des Lehrgesprächs steht auch deshalb am Anfang dieser Untersuchung, weil sich hier die Übereinstimmungen mit dem theologischen Grundansatz des Johannes von Basel besonders zahlreich und deutlich nachweisen lassen. Es spiegelt im Ganzen das Grundkonzept der Theologie des Augustiners und ist in allen seinen Aussagen bei Johannes von Basel wiederzufinden. Das ist deshalb bemerkenswert, weil es sich nicht um den allgemein akzeptierten Grundbestand der scholastischen Lehre handelt, sondern um eine individuelle und für die Schultradition um eine außergewöhnliche Position.

Die hier summarisch angezeigten Übereinstimmungen werden im Kommentar unten im Einzelnen ausführlich nachgewiesen. Die Fülle und die Differenziertheit der Übereinstimmungen weisen am deutlichsten auf Johannes von Basel als Autor des ›Traktats von der Minne‹ hin.

2.3.2 ›In-principio-Dialog‹

Dieses Werk kreist inhaltlich um ähnliche Fragen wie der ›Traktat von der Minne‹. Es behandelt in der Sache das reine Sein im Unterschied zum Dies-oder-das-Sein, die Dreifaltigkeit und die Urbilder der Schöpfung. Alles steht unter dem Gesichtspunkt der Gotteserfahrung mittels der Seinsweisen des Absoluten. Der Traktat stellt demnach die theologischen Grundlagen zusammen, die für die Gotteserfahrung in diesem Leben maßgeblich sind. Es handelt sich aber nicht um eine thesenhafte Mitteilung der ›Lehre‹, sondern um eine gemeinsame Besinnung und Vorbereitung von Meister und Schüler, damit die Wahrheit denen erscheinen kann, die »gereinigte Augen« haben. Dieses Werk bildet den Höhepunkt der literarischen Kunst seines Autors. Der Dialog ist ein gemeinsames Ringen um die rechte Haltung und Fragestellung, die die Gesprächspartner der Wahrheit, die sie suchen, würdig macht. Die Einsichten in die Wahrheit werden mit meditativ-hymnischen Passagen gepriesen, die Glanzstücke mittelhochdeutscher Prosa sind.

Da dieses Werk nicht thesenhaft angelegt ist, ist hier die Übereinstimmung mit Johannes von Basel im Gesamttenor der Ausführungen zu sehen. Vor allem finden sich Verweise auf das Enthaltensein der geschöpflichen Wirklichkeit in der ursprünglichen Weisheit, dem Antlitz Gottes, im reinen Sein sowie im Ausströmen der reinen Güte in die Liebe der drei göttlichen Personen sowie in die Urbilder der Geschöpfe, die ein Spiegel für die Betrachtung sind. Diese Gedanken sind alle in der Grundsatzerklärung des Sentenzenkommentars von Johannes von Basel, in seinen ›Principia‹ zu Sent. I und Sent. II, in einer Diskussion mit zeitgenössischen Hochschuldozenten ausgeführt.

Eine exakte inhaltliche Parallele zur Lehre des Johannes von Basel (In Sent. I, d. 6, q. 7), die wiederum eine theologische Besonderheit ist, liegt im Hervorgang des göttlichen Sohnes aus der Liebe des Vaters (IPD Z. 511–609) und dem Entspringen des Heiligen Geistes aus der Liebe des Vaters zum Sohn und der Gegenliebe des Sohnes zum Vater (IPD Z. 610–661, 676–698). Das ist ein Lehrstück, das auf die Trinitätstheologie Richards von St. Viktor zurückgeht und das wiederum nicht zur Sententia communis der Scholastik gehört, das auch von den maßgeblichen Augustinermagistern des 14. Jahrhunderts in dieser expliziten Weise nicht vertreten wurde. Diese Sonderstellung der Begründung der Dreifaltigkeit Gottes aus der Liebe im ›In-principio-Dialog‹ und bei Johannes von Basel ist ein starkes Indiz für die gemeinsame Autorschaft.

2.3.3 ›Gratia-Dei-Traktat‹

Während die skizzierten mittelhochdeutschen Werke des Meisters des Lehrgesprächs sich grundsätzlich und spekulativ mit der Beziehung Gottes zum Menschen befassen, haben die zwei im Folgenden zu besprechenden Werke konkrete und schulspezifische Themen der Dogmatik und insbesondere der Theologie des Augustinerordens zum Inhalt. Insofern spiegelt sich der scheinbare Riss in der Theologie des Johannes von Basel zwischen der spekulativen Weitherzigkeit und der Enge der Prädestinations- und Erlösungslehre auch in den ihm hier zugeschriebenen mittelhochdeutschen Werken wieder.

Der Gnadendialog führt mitten in ein Zentralthema des Augustinismus, das zugleich ein wesentliches und problematisches Erbe des Kirchenvaters ist, das unter dem Stichwort ›Antipelagianismus‹ auch in die theologische Grundlegung der Reformation Luthers hineinwirkte. Gnade wird hier definiert als »Bild der Wahrheit und Siegel der Gerechtigkeit«, *ain bild der warheit vnd ain jnsigel der gerechtikait* (GDT Z. 52). So gründet sich die Gnadenlehre auf die Grundannahme Anselms von Canterbury von der Rechtheit (*rectitudo*) des Menschen, die durch die Ursünde Adams verlorengegangen ist und durch die Erlösungstat Jesu Christi wiedergewonnen wird. Das Wesen der Gnade ist demnach der gerechte Wille, der will, was der Mensch, dem Willen des Schöpfers entsprechend, wollen soll. Da die Sünde die Natur des Menschen verdorben oder geschwächt hat, muss ihm der Impuls des rechten Strebens durch die Gnade zurückerstattet werden. Das heißt, sein natürliches Glücksstreben (*begirde der sålikeit*) muss durch die Ausrichtung seines Willens auf Wahrheit und Liebe Gottes und der Geschöpfe um ihrer selbst willen (*begirde der gerechtikeit*) ergänzt werden. Das ist der Grundbestand der christlichen Gnadenlehre. Die Differenzen liegen in den Detailfragen. Darin finden sich auch die Besonderheiten des ›Gratia-Dei-Traktats‹ und die Übereinstimmungen mit Johannes von Basel. Dass zwei Grundformen der Gnade unterschieden werden, die »wirkende« bzw. »zuvorkommende Gnade« und die »mitwirkende« bzw. »nachfolgende«, auch »helfende Gnade« (*gratia operans* bzw. *praeveniens* und *gratia cooperans* bzw. *subsequens* auch *adiuvans*) geht auf Petrus Lombardus zurück und ist Allgemeingut der Scholastik. Dass aber der ›Gratia-Dei-Traktat‹ eine *volbringe<n>t gnad* benennt, ist zunächst irreführend, weil man darunter die *gratia perficiens* verstehen kann, die dasselbe meint wie die »mitwirkende« Gnade. Durch die Definition im ›Gratia-Dei-Traktat‹ ist aber eindeutig ersichtlich, dass damit eine dritte Grundform[65] gemeint ist, nämlich die Gnade der Prädestination. Das zeigt ihre Definition:

> »Wenn nun das Werk in der Tat zu Ende kommt, so ist es dennoch nicht am Ende der göttlichen Aufnahmebereitschaft angekommen, und das darum, weil du nicht weißt, ob es für Gott willkommen und lobenswert ist oder nicht. Darum steht die vollendende Gnade in Gott allein, denn wenn Gott das Werk in Dankbarkeit annimmt, sodass er selbst der Lohn dafür sein will, vollendet er das Werk mit der vollendenden Gnade.« – *So nvn das werke vff sin ende komet nah werklichait, dennocht so ist es nit vff dem ende gőtlicher enpfengklichait, vnd ist das sach, won du waist nit, ob es got dankber vnd loblich si oder nit. Dar vmb so ståt die volbringent gnâd in got allain, won so got enpfaht daz werke in dankberkait, das er lőn dar vmb wil sin, volbringet er das werk mit volbringeder gnâd* (GDT Z. 42–47).

In der Lebenswirklichkeit kommt das Werk des Menschen durch die »mitwirkende Gnade« zu seinem Ende (*gratia perficiens*); aber hier heißt es, dass es damit noch nicht vollendet ist. Es muss erst durch die *volbringent gnad* bestätigt werden, indem es durch den ewigen Lohn, der Gott selbst ist, anerkannt und angenommen wird. Diese Form der Gnade ist also das Geschenk, das den Auserwählten zufließt, wenn sie beseligt werden. Der Sache nach ist es dasselbe, was Johannes von Basel unter dem Namen *gratia praedestinationis* versteht. Es fehlt allerdings hier im ›Gratia-Dei-Traktat‹ eine Erläuterung des Wesens und Inhalts dieser Gnade. Das aber wird im ›Traktat von der Minne‹ ausgeführt.

Die zweite theologiegeschichtliche Besonderheit findet sich in der Antwort auf die Frage, was der Mensch aus rein natürlichen Kräften vermag. Die Generallinie der strengen Augustinertheologie war, die sündhafte Natur sei nicht

65 So wird sie auch gezählt: *Nvn sag mir uon der dritten gnâd. / Der Maister: Das ist die volbringe<n>t gnâd* (GDT Z. 37 f.).

nur geschwächt, sondern verdorben, sodass der Mensch ohne Gnade nichts Gutes tun könne, in der strengsten Auslegung dieser Position galt sogar, dass jede Handlung ohne die heiligmachende Gnade Sünde sei. In diesem Punkt entscheiden sich jedoch der ›Gratia-Dei-Traktat‹ wie Johannes von Basel gegen die Haltung der Meinungsführer des Ordens für die mildere Position, die zugleich die gemeinsame Lehre der Scholastik ist: Aus natürlichen Kräften kann der Mensch, also auch Sünder, Juden und Heiden, ohne Gnade Gutes tun und Wahrheit erkennen, aber nicht in sittlichem und heilsrelevantem Sinn. Diese Entscheidung hat für die Frage der Identität des Autors kein entscheidendes Gewicht. Nur im Blick auf die vorausgegangene Position der Augustinertheologie ist es beachtlich, dass sowohl der ›Gratia-Dei-Traktat‹ wie Johannes von Basel von der Generallinie abweichen. Wie es scheint, ist Johannes von Basel der erste Magister, der in diesem Punkt der strengen Linie seiner Vorgänger widerspricht.

Eine dritte Frage, die eine Lehrdifferenz berührt, ist diffizil. Sie fragt nach dem Wesen der Vereinigung der menschlichen und der göttlichen Natur in der Person Jesu Christi. Das ist die Frage nach der Vereinigungsgnade (*gratia unionis*). Die Frage kann in zwei gegensätzlichen Hinsichten diskutiert werden. Im Blick auf die Seele des Menschen Jesus müsste diese Gnade geschöpflich, das heißt begrenzt sein. Im Blick auf Christus, das Wort Gottes, müsste die Gnade ungeschaffen, das heißt unermesslich sein. Da sich die zwei Naturen in einer Person vereinigen, stellt sich die Frage, wie die beiden Aspekte vereint werden können oder ob sie in ihren Unterschieden bestehen bleiben. In den Lehrbüchern werden die beiden Aspekte diskutiert.[66] Auch im ›Gratia-Dei-Traktat‹ wird die Frage in aller Klarheit aufgeworfen:

> »Der Schüler: Ich frage mich, ob die Gnade der Vereinigung ein Geschöpf ist; denn, wenn sie ein Geschöpf ist, macht ein Geschöpf den Menschen zu Gott. Wenn aber die Gnade kein Geschöpf ist, wundert mich, dass du gesagt hast, die Gnade sei ein geschaffenes Mittel der Vereinigung Gottes und des Menschen.« – *Der Junger: So wundret mich, ob die gnâd der verainunge si ture. Won ist si ture, so machet creatur den menschen got. Jst aber die gnade nit ture, so wundret mich, das du gesprochen hast, das gnade ain creaturlich mittel ist der verainunge gottes vnd des menschen* (GDT Z. 318–321).

Im ›Gratia-Dei-Traktat‹ wird die Antinomie nicht begrifflich gelöst, sondern in einem Gleichnis veranschaulicht: Ein Schloss kann Dinge verschiedener Natur verbinden, und dabei ist es gleichgültig, welcher Natur das Schloss ist; wenn das Schloss goldene und silberne Dinge verbindet, muss es nicht selbst golden oder silbern sein. In Analogie muss man schließen, dass auch die Person zwei Naturen vereinen kann, ohne dass dadurch festgelegt ist, welche Natur die *gratia unionis* hat, das Medium der Vereinigung.

---

66 Belege im Kommentar unten, S. 324 f.

Johannes von Basel vertritt ebenfalls die These, dass die menschliche Natur durch die Vereinigung nicht vergöttlicht wird, sondern menschlich bleibt.[67] Und noch ähnlicher dem Vergleich der Vereinigungsgnade mit einem Schloss sagt er: »Obwohl Aufnahme und Vereinigung nicht eigentlich dasselbe sind, ist diese Vereinigung nicht eine einzige geschaffene bzw. ungeschaffene Sache.«[68] In einer anderen Formulierung heißt es, dass die Vereinigungsgnade zwei Wesenheiten vereinigt, dass aber die beiden Vereinigten nicht schlechthin ein Geschaffenes bilden, als wäre die gott-menschliche Person Jesus Christus als das Wort Gottes einfach eine bloß menschliche oder bloß göttliche Person.[69]

Auch hier ist die Übereinstimmung zwischen ›Gratia-Dei-Traktat‹ und Johannes von Basel klar durch gleichlautende Thesen zu fassen. Die differenzierten Interpretationen zeigen eine große Ähnlichkeit der Gedankengänge. Im Zusammenhang mit den Übereinstimmungen im Gesamtwerk können sie als eine Verstärkung der These der gemeinsamen Identität gelten.

2.3.4 *›Audi-filia-Dialog‹*

Dieser Dialog ist das umfangreichste Werk des Meisters des Lehrgesprächs. Es umfasst zwei Bücher, von denen das erste ein Incipit hat, das für beide Bücher gelten kann:

> *Avdi filia et vide et inclina aurem tuam quia concupiuit rex speciem tuam, et cetera. Der gottes heilige geist der růffet siner gemynnten tohter durch des propheten mund vnd sprichet: ›Hőre, min tohter, vnd vernim, neige din ore; wån der kúng håt begert diner getzierde‹.*[70]

---

67 Iohannes de Basilea, In Sent. III, d. 5–6, q. 3; Bd. IV, S. 39,3–7: *Utrum natura divina in supposito verbi naturae humanae unito sic sit incarnata, quod nulla ratio essentialis vel suppositalis eius naturae assumptae realiter et intrinsece et formaliter sit communicata.* (»Ist die göttliche Natur in der mit der menschlichen Natur vereinigten Hypostase <d. i. die Person> des Wortes so inkarniert, dass kein seinshaftes oder hypostatisches Prinzip [ratio] dieser <göttlichen Natur> an jene aufgenommene <menschliche> Natur wirklich, innerlich und formbestimmend weitergegeben wurde?«) Der als Frage formulierte Titel der Quaestio ist als die These der Diskussion zu lesen.

68 Iohannes de Basilea, In Sent. III, d. 5–6, q. 3, concl. 1, cor. 1; Bd. IV, S. 43,3–4: *Quamvis non sit idem formaliter assumptio et unio hypostatica, haec tamen unio non est res una creata vel increata.*

69 Iohannes de Basilea, In Sent. III, d. 13–14, q. 6, concl. 2, post cor. 2; Bd. IV, S. 79,12–13: *Secunda pars probatur, quia talis gratia est ipsa unita, sed unita non sunt creatum* (sic !), *igitur sequitur corollarium verum.* (»Der zweite Teil <des Corollariums> versteht sich, weil eine solche Gnade selbst vereinigt ist; aber <zwei> Vereinigte [*unita*] sind nicht <ein> Geschaffenes [*creatum*].«)

70 Vgl. Ps 45(44),11: »Höre, Tochter, sieh und neige dein Ohr, denn der König verlangt nach deiner Schönheit. Der Heilige Geist Gottes ruft seine geliebte Tochter durch den Mund des Propheten und spricht: ›Höre, meine Tochter, und vernimm, neige dein Ohr; denn der König verlangt nach deiner Schönheit‹.«

Der Autor selbst gibt keinen Titel an; aber aus seinen Zielformulierungen kann man einen Untertitel gewinnen, der den Inhalt benennt: *Des moͤnschen adel, val vnd erloͤsunge* (vgl. AFD II, [Einl.]; fol. 2vb, Z. 115 u. fol. 4rb, Z. 189).

Das zweite Buch trägt in der Handschrift eine eigene Überschrift: *Dis ist uon der hymelschen Iherusalem*, gefolgt von dem Incipit:

> *Vidi ciuitatem sanctam Iherusalem nouam descendentem de celo a deo paratam sicut sponsam ornatam viro suo. / B. Dis wort sprichet sanctus Johannes in dem bůche der toͤgeny vnd zoͤiget vnß die růwe vnd daz leben der ewigkeit, wie daz lit in der hymelschen Iherusalem beslossen. Dauon sprichet er: ›Ich han gesehen die heilige statt Iherusalem, die nuw ist vnd ist herab von himel komen vnd ist von gotte bereit als ein gemahel gegen iren elichen liebe‹* (AFD II, [Einl.]; fol. 69va, Z. 2–8).[71]

Am Schluss des Buches fragt der Schüler nochmals nach dem Namen des Buches. Zur Antwort wird der Name Jerusalem übersetzt und dementsprechend das Buch benannt: *So heisset dis bůchelin billich ›Iherusalem als ein gesiht des fryden‹* (AFD II, c. 13; fol. 129va, Z. 578 f.).

Unter den üblichen Anweisungen, wie das Buch zu bewahren und zu beurteilen sei, bittet der Meister seine Leser, mögliche Irrtümer stillschweigend zu korrigieren, aber auch zu prüfen, ob seine Ausführungen etwa denen seiner Gewährsmänner widersprechen, das seien *Sant Anßhelmus' bůch vnd sant Augustinus' bůch ›Von dem fryen willen‹*. In der Tat werden in beiden Teilen Gedanken aus Augustins ›De libero arbitrio‹ angeführt. Wenn der Meister aber hier auf e i n Buch Anselms von Canterbury verweist, kann er nur ›Cur deus homo‹ meinen, das im zweiten Buch, ›Vom himmlischen Jerusalem‹, in aller Ausführlichkeit verarbeitet ist. Aber Anselms Lehren sind im Gesamtwerk, dem ›Audi-filia-Dialog‹, die gedankliche Grundlage. Es finden sich Parallelen aus dem ›Monologium‹, aus ›De veritate‹, ›De libertate arbitrii‹, ›De casu diaboli‹, ›Cur deus homo‹, ›De conceptu virginali et de originali peccato‹ und ›De concordia praescientiae et praedestinationis et gratiae dei cum libero arbitrio‹. Dabei handelt es sich nicht um wörtliche Zitate, sondern um Übernahmen der Gedanken, die aber so nahe an Anselms Text sind, dass man von indirekten Zitaten sprechen kann. Es könnte die Aufgabe einer literaturwissenschaftlichen Untersuchung sein, wie der Autor die Gedanken Anselms umformt und sich aneignet und wie er die Dialogstruktur übernimmt, erweitert und vollendet.

Theologiegeschichtlich interessieren in dieser Studie nicht die Lehren Anselms und deren Kontext oder Rezeption, sondern gerade die Ideen, die von

---

71 Apc 21,2: »›Und ich sah die Heilige Stadt, das neue Jerusalem, von Gott aus dem Himmel herabkommen, bereitet wie eine geschmückte Braut für ihren Mann‹. (Lutherbibel 2017). / B. <Der Meister> Dieses Wort spricht Sankt Johannes im Buch der Geheimen Offenbarung und zeigt uns die Ruhe und das Leben der Ewigkeit, wie es im himmlischen Jerusalem beschlossen liegt. Darum sagt er: ›Ich habe die Heilige Stadt Jerusalem gesehen, die neu ist und vom Himmel herabgekommen ist, und sie ist von Gott wie eine Gemahlin für ihren ehelichen Liebsten bereitet‹.«

Anselm abweichen, und vor allem die Elemente, die mit den Konzepten des Johannes von Basel übereinstimmen. Der Autor gibt den Inhalt des Werkes an mit den Stichworten: *Des moͤnschen adel, val vnd erloͤsunge.* Der Adel des Menschen ist seine Urgerechtigkeit und seine Bestimmung zur Wahrheit und Liebe. Unter dem Fall werden die Ursünde Adams, die aktuelle Sünde des Menschen und die Erbsünde verstanden, denen die Gnade Jesu Christi aufhilft. Das ist der Gegenstand des ersten Buchs. Das zweite Buch entfaltet dann, ganz im Sinne des ›Cur deus homo‹ Anselms, die Schuld des Menschen, dessen Unfähigkeit zur Sühne, die Stellvertretung des Menschen durch den Gott-Menschen und die Erlösung durch dessen Tod.

Der Darlegung der Gedanken Anselms werden die Themen aus der zeitgenössischen Theologie des Johannes von Basel eingegliedert:

Der Schöpfungsplan, die leibliche und geistige Beseligung des Menschen, erforderte die Menschwerdung Gottes, damit entsprechend der patristischen Formel »Gott Mensch und der Mensch Gott« würde (AFD I, c. 1; fol. 5va, Z. 61 f.). Dieser Plan war so unabdingbar, dass Gott auch Mensch werden musste, wenn der Mensch nicht gesündigt hätte. Denn für den Heilswillen Gottes kann kein zeitliches Ereignis, wie der Sündenfall Adams, ursächlich sein. Diese Lehre des ›Audi-filia-Dialogs‹ (AFD I, c. 1; fol. 5rb–6rb, Z. 67–69) ist zugleich die Lehre Johannes' von Basel (In Sent. III, d. 7–9, q. 4; Bd. IV, S. 52–62).

Dass die Vernunft die Dienerin der Liebe ist (AFD I, c. 3; fol. 24rb u. fol. 26ra–26va, Z. 81–87 u. 179–204), also die Liebe Vorrang vor der Vernunft hat, ist, wie allgemein bekannt, die Position der Franziskaner, aber auch der Augustiner.[72] Insofern ist dieses Lehrstück ein Anzeichen dafür, dass der Autor des ›Audi-filia-Dialogs‹ ein Augustiner ist, aber nicht, dass es sich speziell um Johannes von Basel handelt.

Ähnlich steht es bei der Frage, ob die Urstandsgerechtigkeit Adams ein Geschenk der heiligmachenden Gnade ist. Das lehrt Johannes von Basel (In Sent. II, d. 29–30, q. 20, concl. 1; Bd. III, S. 283,2–5). Das wird vom Meister des Lehrgesprächs nicht in dieser Terminologie ausgesprochen, man kann es aber aus seinen Darlegungen erschließen, denn wenn er vom Stand der Gerechtigkeit spricht, ist die Gnade gemeint.[73]

Signifikant ist hingegen die Stellungnahme des ›Audi-filia-Dialogs‹ gegen die Meinung, die Erbsünde liege in der Konkupiszenz. Eine sexuelle Konnotation der Erbsündenthematik wird dort entschieden bestritten (AFD I, c. 7; fol. 60rb–60va, Z. 53–62). Vielmehr bestehe die Erbsünde allein im Mangel der Gerechtigkeit, wie es auch Anselm lehrt. Johannes von Basel vertritt denselben Standpunkt, und zwar ausdrücklich gegen den Begründer der Augusti-

---

72 Zumkeller, Die Augustinerschule des Mittelalters, S. 187.

73 Siehe dazu die Diskussion unten im Kommentar zum AFD I, c. 4., S. 857–860.

nerschule des 14. Jahrhunderts, Gregor von Rimini (In Sent. II, d. 31–32, q. 21, concl. 1, cor. 1; Bd. III, S. 306,3–6).

Aufmerksamkeit verdient die Behandlung der Prädestination. Auch hier ist ein Hinweis auf die Identität des Autors wieder nur aus dem Zusammenhang zu erschließen. Sowohl der ›Audi-filia-Dialog‹ wie auch Johannes von Basel sprechen sich für die strenge Prädestinationslehre aus, nach der es keinerlei zeitlichen Grund für die Erwählung wie für die Verwerfung gibt. Es ist allein in Gottes Ratschluss, dass Petrus trotz seiner Sünde angenommen wurde, Judas aber verdammt ist. Johannes von Basel wendet sich ausdrücklich gegen Versuche, das gute oder böse Leben oder den Gebrauch des freien Willens als Grund der Prädestination anzusetzen (In Sent. I, d. 41, q. 31, concl. 3, cor. 1–3; Bd. II, S. 369,8–371,2).

Eine genaue Übereinstimmung findet sich auch bei der Frage, ob Maria ohne Erbsünde geboren worden sei. Diese Lehre von der unbefleckten Empfängnis wurde zur Zeit des Johannes von Basel im Augustinerorden erstmals diskutiert, und zwar von Thomas von Straßburg und Hermann von Schildesche.[74] Zuvor hielten die Augustiner an der klassischen Lehre fest, die auch Anselm von Canterbury vertritt, Maria sei zwar mit der Erbsünde geboren, aber ihr sei die Sündenschuld gleich nach ihrer Geburt abgenommen worden.[75] Sowohl der ›Audi-filia-Dialog‹ wie Johannes von Basel betonen mit Anselm, dass in jedem Fall die Befreiung Marias von der Erbschuld durch die vorauswirkende Erlösungsgnade ihres Sohnes gewährt worden ist. Beide halten die unbefleckte Empfängnis für möglich, stellen aber fest, dass die Lehrer in dieser Frage uneins sind und dass darüber keine Sicherheit gewonnen werden kann. Angesichts des Diskussionsstands unter den Zeitgenossen ist diese Übereinstimmung zwischen dem ›Audi-filia-Dialog‹ und Johannes von Basel erstaunlich.

Erwähnt werden soll, dass der ›Audi-filia-Dialog‹ an zwei Stellen ohne Namensnennung einer These Meister Eckharts widerspricht, nämlich der Ansicht, man solle bei guten Werken keinerlei Lohn erwarten. »Darum glaube ich, dass manche erleuchtete Menschen sagen, sie begehrten für ihre Werke keinen Lohn weder in der Zeit noch in Ewigkeit.« *Dauon wêne ich, das ettliche erlùhte mônschen sprechen, sù gerent iren werken keÿnen lon in zijt noch in ewigkeit* (AFD II, c. 3; fol. 79vb, Z. 289 f.). Diese Haltung wird zurückgewiesen, »denn die Wahrheit ist nicht recht verstanden«, *wån die wårheit nùt reht ist verstanden* (ebd., Z. 292 f.). Die Kritik könnte gegen Meister Eckhart gerichtet sein, wenn dieser zum Beispiel sagt:

> »Darum, willst du hineingebildet und überbildet werden in die Gerechtigkeit, so beabsichtige nichts mit deinen Werken und ziele auf kein Warum ab, weder in Zeit noch in

---

74 Zumkeller, Die Augustinerschule des Mittelalters, S. 191.
75 Zumkeller, ebd.

Ewigkeit, weder auf Lohn noch auf Seligkeit noch auf dies oder das; denn solche Werke sind wahrlich alle tot.«[76]

Richtig ist es für den Meister des ›Audi-filia-Dialogs‹, den Lohn nicht für die Werke als Entgelt zu erwarten:

Man »soll aber den Lohn für die Werke im Sinne der Dankbarkeit wünschen, das heißt, dass die Werke den Menschen der göttlichen Gaben in Zeit und Ewigkeit würdig machen«. – *Er sol aber begeren des lones der werke nâch danckbêrkeit, das ist, das die werk den mônschen werdt machent gôttlicher gaben in zijt vnd in ewigkeit* (AFD II, c. 3; fol. 79vb, Z. 300 f.).

Eckharts Idee der Absichtslosigkeit wird hier abgeschwächt oder vielleicht gar nicht verstanden. Der Augustiner ordnet den Verzicht auf die Lohnerwartung vielmehr in die Ablehnung der Werkgerechtigkeit ein. In seiner Gnadenlehre gibt es keine angemessene Würdigkeit des Verdienstes (*meritum ex condigno*), sondern nur ein Verdienst, das der Dankbarkeit für den Gnadenempfang entspricht (*meritum ex congruo*).

Ein anderes Thema, bei dem sich der ›Audi-filia-Dialog‹ von Meister Eckhart absetzt, ist die Frage nach der ›mystischen‹ Vereinigung mit Gott. Wenn mit Anselm auseinandergesetzt wird, dass nur ein Gott-Mensch die Erlösung bewirken konnte, stellt sich die Frage nach dem Wesen dieser Vereinigung. Wenn man sagt, der Mensch werde ein Geist mit Gott, handelt es sich um eine Vereinigung in der Liebe, nicht in der Natur. Der Mensch wird also nicht von Natur, was Gott ist; *nùt das er an der nature werde das, das gott ist* (AFD II, c. 7; fol. 100vb–101ra, Z. 66–72, hier 101ra, Z. 66). Diese Feststellung wird mit einem Satz bekräftigt, der sich direkt gegen Meister Eckhart zu wenden scheint:

»Das habe ich gerne gehört, denn es scheint mir eine nützliche Lehre für einen ungelehrten Menschen. Denn man sagt oft, der Mensch werde in Gott gebildet und werde eins mit Gott. In diesen Worten könnte man in eine falsche Vorstellung verfallen, dass man meinte, die Einigung geschähe in der Natur und nicht allein in Gleichheit des Wollens.« – *Dis han ich gerne gehôret, wân es duncket mich ein nùtze lere einem vngelerten mônschen. Wân man sprichet dicke, der mônsche werde gebildet in gott vnd werde eins mit gotte. In den worten môhte man vallen in einen gar valschen wân, daz man gedâhte, das die eynunge geschehe nâch der nature vnd nùt alleyne nach glichnisse des willen* (AFD II, c. 7; fol. 101rb, Z. 76–80).

Es ist also ausgeschlossen, dass der Mensch Gott wird, wie der Autor des ›Audi-filia-Dialogs‹ hier der Lehre Eckharts unterstellt; vielmehr wird der Gottvereinte in Wollen und Denken mit ihm eins. Andererseits ist Christus in derselben Weise Mensch wie wir alle Menschen sind. Das heißt, er teilt die

---

76 Eckhart, Pr. 39, DW II, S. 253,5–254,3; Übersetzung, S. 684: *Dar umbe, wilt dû în- und übergebildet werden in die gerehticheit, sô enmeine niht in dînen werken und enbilde kein warumbe in dich, noch in zît noch in êwicheit, noch lôn noch sælicheit, noch diz noch daz; wan disiu werk sint alliu wærlîche tôt.* Ebenso Pr. 6, DW I, S. 100,1–7.

menschliche Natur mit uns. Allerdings ist in Christus die menschliche Natur und die göttliche Natur in der Person vereint. Also ist in Christus auch eine Einheit der Natur zwischen Gott und Menschheit gegeben:

> »So merke es nun weiterhin, dass die Menschheit Gottes mit Gott in Natur und in Liebe vereinigt ist, und sie ist auch mit dem Menschen in Natur und in Liebe vereint. Darum wird er ein wahrer Weg und ein Tor und der Mittler genannt.« – *So merk es nu fürbas, das die mönscheit gottes mit gotte ist vereynet in nature vnd in mynnen vnd ist ouch vereynet mit dem mönschen in nature vnd in mynnen. Dauon ist er worer weg vnd tor vnd der mitteler genant* (AFD II, c. 7; fol. 101vb, Z. 114–116).

Die im ›Audi-filia-Dialog‹ nur beiläufig besprochene Frage der Einheit des Menschen mit Gott ist Johannes von Basel sehr wichtig und wird auch in allen mittelhochdeutschen Werken des Meisters des Lehrgesprächs diskutiert. Die Einzelheiten werden in den Kommentaren ausführlich dargestellt.

Im ›Audi-filia-Dialog‹ begegnet uns ein Indiz für die Identität des Autors, das für sich genommen sehr unscheinbar wirkt. Im Zusammenhang der zahlreichen Hinweise, die belegen sollen, dass Johannes von Basel der Meister des Lehrgesprächs ist, gewinnt dieses Indiz aber eine überragende Bedeutung. Ja, wenn die Gültigkeit der These als höchstwahrscheinlich erwiesen ist, wird die folgende Spur sogar zu einem Selbsterweis des Autors. Kurz vor dem Ende des ersten Buches des ›Audi-filia-Dialogs‹ rückt der Meister, wie erwähnt, die Erbsündenlehre energisch von der Linie der Augustiner und des Augustinus selbst ab, indem er eine Verbindung der Erbsünde mit der Begierlichkeit und speziell der Sexualität strikt ablehnt. Das ist allerdings eine fundamentale Kritik an Augustin und am Augustinismus. Vielmehr deutet der Meister des Lehrgesprächs an, dass das Sündhafte nicht den Leib, sondern die Person betreffe. Diese Erklärung wird vom Autor durch die Worte des Schülers stark hervorgehoben, ja sie wird vom Schüler als außergewöhnlich bewertet. Der Autor rückt also versteckt mithilfe des Schülers sich selbst in den Blick, und zwar lässt er den Schüler zum Preis des Lehrers viermal metaphorisch von einem »Engel« sprechen:

– »Gäbe mir ein Engel diese Lehre und Unterscheidung in dieser Wahrheit, würde ich mir's genug sein lassen; denn in diesem Lichte ist es mir geschehen, dass jeder Zweifel und jede Frage in mir gestillt und zum Schweigen gebracht sind.« – *Gebe ein engel mir dise lere vnd vnderscheit in dirre worheit, ich solte mich lässen benůgen; wån in disem lichte ist mir daz geschehen, daz aller zwifel vnd alles wunder in mir ist gestillet vnd gesweiget* (AFD I, c. 7; fol. 64ra, Z. 274–276).
– »Du tust gerade so, als wäre ich in der Engelschule gewesen, wo man aller Weisheit Wunder schaut und trinkt.« – *Du tůst reht, als were ich in der engel schůle gewesen, do man aller wißheit wunder schöuwet vnd trinket* (ebd., fol. 64rb, Z. 294 f.).
– »Wo du zur Schule gegangen bist, was kümmert mich das, da mir doch diese Lehre nach der Weisheit der Engel schmeckt.« – *Wå du zů schůle*

siest gewesen, waz rűchet mich des; ễht mir die lere nach der engel wißheit smắcket (ebd., fol. 64va, Z. 297 f.).

- »Denn ich glaube deinen Worten, die Gott durch dich spricht, als ob sie mir ein Engel sagte.« *Wån ich gloube dinen worten, die gott durch dich sprichet, alz ob mir es seite ein gottes engel* (AFD I, c. 7; fol. 69rb, Z. 564 f.).[77]

Zu dieser Liste, die am Ende des ersten Buches des ›Audi-filia-Dialogs‹ steht, gesellt sich eine ähnliche Anspielung auf den Autor gegen Ende des zweiten Buches:

> »Du hast in mir das große Rätsel gelöst, indem du in so kurzen Worten ein so tiefes Problem ergründet hast; denn ich dachte: Wäre ein Engel von Gott gekommen, er hätte mich schwerlich in so kurzen Worten so klar über dieses Wunder unterweisen können.« – *Du håst gestillet in mir das grosse wunder, daz du in so kurtzen worten håst ergründet ein so tieffes wunder; wån ich gedåhte, were ein engel kommen von gotte, das er mich kume in so kurtzen worten möhte dis wunders als luterlichen han vnderwiset* (AFD II, c. 5; fol. 94ra, Z. 429–432).

Wenn der Autor am Schluss des Buches bittet, die Schwächen oder Fehler seines Buches richtigzustellen und zu verzeihen, impliziert er in einer Verneinung, dass er »Engel« genannt werden könnte:

> »Ich bin ein Mensch und nicht ein Engel; darum halte es niemand für unrecht, wenn ein Mensch geringen Wissens und schwachen Verstandes menschlich handelt.« – *Ich bin ein mönsche vnd nüt ein engel; dauon so hab es nyemann vnbillich, ob ein mönsche kleyner kunst vnd krangker synne tůt mönschlich* (AFD II, c. 13; fol. 129rb, Z. 562–564).

Diese Demutsgeste, rhetorisch betrachtet, die übliche Figur einer Captatio benevolentiae, verdient im Rahmen der Diskussion um die Identität besondere Aufmerksamkeit, weil sich der Autor hier wiederum, diesmal in bescheidener Abgrenzung, auf den »Engel« bezieht. Könnte es sein, dass der Autor sich hier

77 Im ›Audi-filia-Dialog‹ wird zuvor schon der Meister vom Schüler metaphorisch als »Engel« bezeichnet: »Noch habe ich ein Wunder, nicht einen Zweifel; denn diese Erklärung glaube ich, als hätte sie mir ein Engel verkündet.« *Nåch han ich ein wunder, nüt einen zwifel; wån dise rede gloub ich, als hette mir es gekündet ein engel* (AFD I, c. 4; fol. 39va, Z. 422 f.). Eine weitere Stelle, die die Lehre mit den »Engeln« in Verbindung bringt, ist nicht direkt auf den Autor zurückbezogen, sondern bezieht sich auf alle Lehrer: »Die Streiter und Kämpfer sind aller Ehren wert. Passender heißen sie Engel statt Menschen. Das sind die heiligen Lehrer, deren Fleiß und Streben ist Tag und Nacht, wie sie sich mit der Stätte göttlicher Wahrheit zu schaffen machen, damit sie die Herzen der Bürger, die in der Stadt [dem himmlischen Jerusalem] leben, in Liebe entzünden und in Wahrheit erleuchten und eben diese Stadt behüten und beschützen vor dem Hinterhalt der Falschheit.« – *Die strÿter vnd die vềhter die sint aller eren wert. Sü sint billicher engel geheissen dån mönschen. Daz sint die heiligen lễrer, der fliß vnd ernest ist naht vnd tag, wie sü vmbgangen die statt göttlicher worheit, also das sü der burger hertze, die in der statt gesessen sint, entzündent in mynne vnd erlühtent in worheit vnd dieselbe statt behůten vnd beschirment vor der låge der valscheit* (AFD II, c.13; fol. 124rb, Z. 284–288).

versteckt zu erkennen gibt? Wenn Johannes Hiltalingen von Basel der Autor des ›Audi-filia-Dialogs‹ und damit der Meister des Lehrgesprächs ist, so ist er auch dieser »Engel«. Und dafür gibt es einen historischen Beleg. Es ist immerhin auffällig, dass angesichts der schmalen biografischen Beurkundung persönlicher Umstände des Johannes von Basel sein Beiname »der Engel« an prominenter Stelle erwähnt wird. Eine Straßburger Urkunde gibt einen knappen Einblick, dass Johannes von Basel als der »Engel« beim Volk offenbar Sympathien fand, während die Behörden ihn im Zuge des Streits um das Avignoner Schisma ächteten:

> »Von uns, Herzog Ruprecht <von der Pfalz> dem Älteren: Uns ist zugetragen worden, dass der Augustiner, den man den Engel nennt, öffentlich <in eurer Stadt> ist und auch gegen den Glauben und unsern geistlichen Vater Papst Urban in eurer Stadt öffentlich auftrete und da predige. Ferner: Als der Augustinerprovinzial ihm als einem Angehörigen der Augustiner <den Aufenthalt> verboten habe: – Sie sollten ihn nicht bei sich dulden und ihn als einen Verbannten und mit dem Interdikt Belegten behandeln –, da haben eure Bürger den Augustinern ausrichten lassen, dass sie wollten, dass derselbe Engel in der Stadt bleibe. Das wollten wir nicht glauben […].«[78]

Die Umstände, in denen der »Engel« uns hier begegnet, legen es nahe, dass Johannes von Basel beim Kirchenvolk hohes Ansehen gewonnen hatte. Es ist unwahrscheinlich, dass das auf seine intensive diplomatische Tätigkeit und seinen unermüdlichen Einsatz für den Gegenpapst Clemens VII. zurückzuführen ist.[79] Den Beinamen »Engel« muss er sich durch sein Auftreten und durch Handlungen erworben haben, die dem Volk zugutegekommen sind. Das können Akte der persönlichen Frömmigkeit oder der Seelsorge oder der Caritas gewesen sein, vielleicht auch kirchenrechtlich relevante Seelsorgehandlungen. Dass der Name »Engel« für Johannes von Basel einen beinahe offiziellen Rang hatte, zeigt sich auch daran, dass er sogar in einem Haftbefehl der römischen Kurie »Engel« genannt wird. »Johannes von Hiltalingen, der Engel genannt wird, ist nicht der geringste Verteidiger und Beschützer der Schismatiker, ein

---

78 Urkundenbuch der Stadt Straßburg V, S. 1021, Nr. 1398, zit. KUNZELMANN, Die rheinisch-schwäbische Provinz, S. 210, Anm. 716: *Von uns herczog Ruprecht dem eltern.* […] *Uns ist fur kommen, daz der Augustiner, den man den Engel nennet, der offenlich ist und auch predigit wider den glauben und unsern geistlichen vatter babst Urban, in uwer stad offenlichen sii und da predige, und dar zu als der Augustiner provincial verbotden habe einen undertan den Augustinern bii uch zu Straszburg, daz sie yn nit bii yn halden sollen und als fur eynen bennigen und ungleubigen ungesongen sollen sin, so haben uwir burger den Augustinern lassen sagen, sie wellen, daz derselbe Engel in der stad sii. Des wollten wir nit gleuben* […].

79 MARCOLINO, Einleitung, S. 29–35 schildert Johannes von Basel vor allem in diesen Funktionen; siehe ferner MARCOLINO, Einleitung, S. 35, Anm. 120; ROTT, Le Grand Schisme d'Occident et le diocèse de Strasbourg, S. 374: »Le plus actif des adhérents du pape d'Avignon – on a vu qu'il le fut dès la première heure – était sans conteste Jean Hiltalinger dit Engel de Bâle. C'était un esprit distingué et fort savant qui, ayant été longtemps moine du couvent augustin de Strasbourg, s'était créé de nombreuses relations dans la ville.«

Bruder des Ordens des heiligen Augustin, der vorgibt, Bischof von Lombez zu sein; aber der Name hat in Wahrheit keinen Sachgrund.«[80]

2.4 Textgestaltung in den Editionen

Die Editionen des ›Traktats von der Minne‹, des ›In-principio-Dialogs‹ und des ›Gratia-Dei-Traktats‹ sowie des ›Audi-filia-Dialogs‹ sind der tragende Grund des Werks. Sie werden jeweils mit neuhochdeutschen Übersetzungen auf der gegenüberliegenden Seite gedruckt. Jeder Edition schließt sich jeweils der theologiegeschichtliche Kommentar an. Die Kommentare verfolgen ein doppeltes Ziel: 1. den Nachweis, dass Johannes von Basel der Meister des Lehrgesprächs ist; 2. eine grundlegende Einführung in dessen Theologie anhand der lateinischen Universitätsschriften.

Die Handschriften werden im Wortlaut dargestellt. Dabei werden Abkürzungen aufgelöst. Die Zeichensetzung der Handschriften selbst wird nicht eigens markiert, sondern durch die moderne grammatikalische Zeichensetzung überdeckt. Das soll als Interpretationshilfe verstanden werden. Korrekturen der Schreiber in der Handschrift werden nur im Variantenapparat angezeigt, wenn sie über die Verdeutlichung des Textes hinaus ein Verständnis des Schreibprozesses ermöglichen.

Neben dem Variantenapparat wird ein kommentierender Fußnotenapparat geführt. Dessen Anmerkungen bestehen meistens aus Verweisen auf inhaltliche Parallelen in den anderen mittelhochdeutschen Werken des Meisters des Lehrgesprächs sowie vor allem in den lateinischen Schriften des Johannes von Basel oder in nahestehenden Werken anderer Theologen. Den mittelhochdeutschen und lateinischen Zitaten wird eine Übersetzung beigegeben. Wenn eine Standard-Übersetzung verfügbar ist, wird diese übernommen. Dabei werden die heute gültigen Rechtschreibregeln angewendet. Die Namen der Übersetzenden sowie die Fundorte werden genannt. Übersetzungen ohne diese Angaben stammen vom Verfasser. Konjekturen werden kursiv gesetzt.

Zur Texterstellung: Alle Texte sind aufgrund der Handschriften neu ediert. Die Zeilenzählung der vorausgegangenen kritischen Editionen (von Ruh, Steer und Witte) ist zur Orientierung zwischen zwei Schrägstrichen /###/ in den laufenden Text eingefügt. Die Ziffern in kursiven eckigen Klammern geben die Seitenzählung der Leithandschrift an.

---

80 Archivio Segreto Vaticano, Reg. Vat. 311, fol. 288^{v}–289^{r}: Bulle ›Ad audientiam nostrum‹ vom 7. März 1389, zitiert in: Marcolino, Einleitung, S. 33: [...] *schismaticorum non minimus defensor et protector est Johannes de Hiltelingen, qui vocatur angelus, frater ordinis sancti Augustini, praetendens se Episcopum Lumbariensem, sed vere nomen est sine re.* Die Bestreitung der sachlichen Richtigkeit des Namens bezieht sich auf das in den Augen der Römer illegale Bischofsamt und vielleicht auch auf den Beinamen.

Das erste Kapitel des ›Audi-filia-Dialogs‹ enthält einen Abschnitt über ›Bild und Gleichnis‹. Dieser ist in den Mosaiktraktat ›Lehrsystem der deutschen Mystik‹ aufgenommen worden. Dessen Textzeugen bieten Lesarten, die für die Konstitution des Textes des ›Audi-filia-Dialogs‹ maßgeblich sind. Diese Textvarianten, die auf den ›Audi-filia-Dialog‹ Bezug haben, werden vollständig in den Variantenapparat aufgenommen, nicht aber die Textveränderungen, die der Kompilator zur Übernahme des Textes in sein Werk angebracht hat. Sie wären nur für die Konstitution eines kritischen Textes des ›Lehrsystems‹ zu berücksichtigen.

Eine Analyse der Textvarianten des Abschnitts ›Bild und Gleichnis‹ im ›Lehrsystem der deutschen Mystik‹ sowie ein ausführlicher Vergleich der übereinstimmenden Passagen des ›Audi-filia-Dialogs‹ und des ›Lehrsystems‹ werden im Anhang dieses Werks mitgeteilt.

3. ›Traktat von der Minne‹

3.1 Textkonstitution

A Augsburg, Universitätsbibliothek, Cod. III 1 4° 41

fol. 215^{r}–220^{r} · 15. Jahrhundert, 3. Viertel

Papier · 258 Blätter · 20,5 x 15 mm · nordbairisch, mit alemannischen Spuren.

Handschriftenbeschreibung

Steer, Georg, Scholastische Gnadenlehre in mittelhochdeutscher Sprache, zur Handschrift S. 71–74; Sprache: nördliches Mittelbayern.

Ruh, Kurt, Traktat von der Minne, S. 208–229, zur Handschrift S. 208–210; Sprache: ostschwäbisch.

Schneider, Karin, Deutsche mittelalterliche Handschriften der Universitätsbibliothek Augsburg. Die Signaturengruppen Cod. I.3 und Cod. III.1, zur Handschrift S. 358–363, zum ›Traktat von der Minne‹ fol. 215^{r}–220^{r}, Nr. 8, S. 362; Sprache nordbairisch. [Die Angabe »ostschwäbisch« bezieht sich auf andere Textteile.]

Gottschall, Dagmar, Das Geistbuch, zur Handschrift S. XXII–XXIX, nördl. Mittelbairisch.

Handschriftencensus: http://www.handschriftencensus.de/8447, 07. 11. 2022.

N Nürnberg, Stadtbibliothek, Cent. VI 46^{h}

fol. 48^{v}–56^{v} · datiert 1461

Papier · 177 Blätter · 21,5 x 14 mm · nürnbergerisch.

Handschriftenbeschreibung

Preger, Wilhelm, Geschichte der deutschen Mystik im Mittelalter. Teil II, S. 149–152, Text im Anhang Nr. II, S. 419–426.

Schneider, Karin, Die deutschen mittelalterlichen Handschriften. (Die Handschriften der Stadtbibliothek Nürnberg I), zur Handschrift S. 158–162, Mundart: nürnbergerisch; zum Text S. 159 [ohne Kommentar].

Schneider, Karin, Die Bibliothek des Katharinenklosters in Nürnberg und die städtische Gesellschaft, S. 70–82, hier S. 75–78.

Ruh, Kurt, Traktat von der Minne. [Siehe oben zur Hs. A.]

Gottschall, Dagmar, Das Geistbuch, zur Handschrift S. XX–XXII und XXIV f., nordbairisch (nürnbergerisch).

Handschriftencensus: http://www.handschriftencensus.de/10917, 21. 04. 2020.

Vorbemerkung zur Abhängigkeit der Handschriften

Die beiden Handschriften sind einander sehr ähnlich. Ruh lässt die Möglichkeit einer gemeinsamen Vorlage offen. Die mit A gemeinsamen Fehler in N erklären sich jedoch (wenigstens für diesen Text) durch die Übernahme der Fehler aus A. Auch Ruhs Überlegungen zum *closner* als dem fiktiven Schreiber in A mit Ergänzungen in N bleiben gültig,[1] wenn A die direkte Vorlage von N ist. N ist also kein selbstständiger Textzeuge, sondern von A abhängig. Das ist besonders deutlich, wenn N die Irrtümer der Hs. A verbessert, nachdem die Schreiberin oder der Schreiber zunächst den falschen Text abgeschrieben hat, zum Beispiel, wenn N die Abwärtsbewegung des Steins zunächst zusammen mit der Hs. A der *warheit* zuschreibt, was N dann am Rand zu *swerheit* korrigiert (Z. 18); oder wenn N die Doppelschreibung eines Satzes aus A übernimmt, diese dann nachträglich ausstreicht (Z. 41), oder wenn N die Schreibung *pey* erst nachträglich zu *peyde* richtigstellt (Z. 99), schließlich wenn N den Fehler *den einunge stan in der einunge* aus A übernimmt, ohne ihn zu korrigieren (Z. 207).

Daraus ergibt sich, dass die Augsburger Hs. den Leittext bietet, der durch plausible Korrekturen aus N verbessert wird. Es handelt sich aber nicht um zwei selbstständige Textzeugen, die einander aufgrund der Überlieferungssituation korrigieren. Aufgrund des Inhalts müssen noch weitere wesentliche Konjekturen über N hinaus vorgenommen werden.

Um den Variantenapparat zu entlasten, gebe ich im Voraus einen Überblick über typische Verbesserungen der Schreibweisen in N. Es handelt sich durchwegs um Normalisierungen, die für die Textkonstituierung nicht maßgeblich sind. Die Korrekturen aus Hs. N werden nur in den Variantenapparat übernommen, wenn sie den Sinn des Textes betreffen. In diesen Fällen werden die Besserungen in N mit der Sigle N* bezeichnet. Bei Charakteristika der Schreibsprache wird im Editionstext stets die Schreibung aus A beibehalten, da sie dem Lautstand der Vorlage näher sein dürfte.

Folgende iterierende Varianten finden im Apparat nur in begründeten Ausnahmefällen Berücksichtigung:

Tilgung der Verneinungspartikel en-: enmag: mag (Z. 47, 52, 71, 86, 92, 93, 100, 116, 190, 228, 253, 254); enmugen: mugen (Z. 82, 112); enwer: wer (Z. 129); enhat: hat (Z. 171); enhabe: hab (Z. 184); enist: ist (Z. 60); ensey: sey (Z. 254); enwas: was (Z. 217).

Korrektur des Umlauts: bewaren: e über a (Z. 4, 31); geschachen: e über a (Z. 15); wahrheit: swerheit (Z. 18); moge: múg (Z. 74); anschawlichen: anschewlichen (Z. 80); gute: güte (Z. 125); gefurt: gefůret (Z. 151); mocht: möchte (Z. 201).

1 Ruh, Traktat von der Minne, S. 209 f.

Anpassung an den üblichen Sprachgebrauch: lobleich: loblich (Z. 21); enmach: enmag (Z. 50); nu: nun (Z. 60); geminnen: minnen (Z. 112); sunder ende: an ende (Z. 122).

Unsicherheiten beim bairischen b/w-Wechsel: bewegunge: webegunge (Z. 18), offenbar: offenwar (Z. 46); bewere: webere (Z. 47); antwurt: antburt (Z. 74); furwurff: fúrburff (Z. 125); weste: beste (zu bestân, Z. 187).

Ruh übernimmt für A vermutlich aus Versehen von Karin Schneider die Sprachbestimmung: ostschwäbisch. Schneider und Steer ist zuzustimmen, wenn sie die Schreibsprache als nordbairisch bestimmen.

Die neuhochdeutsche Diphthongierung von î, iu, û sowie die Monophthongierung von uo, sind durchgeführt. Der Diphthong ie (in *liecht*) bleibt gelegentlich erhalten. Umlaute fehlen. Deutlich ist die bairische Behandlung von b, w und p (*webegunge, pild*). Unregelmäßig ist die Schreibung des germanischen k: *bekenntnuß, neben bechentnuß, chein* u. ä. Das könnte der Rest einer hochalemannischen Vorlage sein. Bemerkenswert ist die Bildung der 3. Person Plural auf -ent (z. B. *sprechent,* Z. 2, neben *sprechen,* Z. 5 u. ö.), was ebenfalls ein Relikt der Vorlage sein könnte. Eine auffällige Spur der Vorlage findet sich bei der Form *het* in der 3. Person Singular Präteritum von *haben.* Zum Beispiel: *Cristus sele bestund in einunge des gotlichen wortes vnd het doch got mugen sechen anscheulichen* (Z. 211 f.). Die Schreiberin oder der Schreiber der Hs. N übernimmt zunächst diese Schreibweise und korrigiert das e nachträglich zu a, was dem Gebrauch im Bairischen entspricht. Die Form *het* statt *hat* deutet ebenfalls auf alemannische Herkunft hin. Ähnlich bedenkenswert ist ein Fehler der Hs. A, den die Hs. N übernimmt. Der Autor gibt an, dass das Wort *minne* entweder *das minne werk* oder den Habitus (hier *habitum*) der Liebe bedeuten kann. Zu erwarten wäre also ein Wort für *oder,* das in der Vorlage gestanden haben dürfte. Beide Handschriften schreiben an dieser Stelle *auf,* was keinen Sinn ergibt. Sie dürften also das Wort der Vorlage, vielleicht *ald, alder* nicht gekannt haben. Das ist möglicherweise ebenfalls ein Hinweis auf alemannischen Ursprung. Eine alemannische Vorlage wäre ein willkommenes Indiz, da auch die drei anderen Traktate, ›Audi-filia-Dialog‹ (aus dem Elsass), ›Gratia-Dei-Traktat‹ und ›In-principio-Dialog‹ aus dem west- oder hochalemannischen Sprachbereich stammen.

3.2 Edition

<These der Quaestio: Gott ist die Liebe.>
[215^{r}] »Got ist die mynne«, also schreibet Johannes in seiner episteln.

<Prinzipielle Argumente gegen die Hauptthese>
Die meister sprechent gemeinclichen, das mynne sey ein geschaffen forme oder *ingegossen*[2] tugent, die des menschen willen neiget, got zu minnen loblich.

Das bewaren si mit czwein reden.

<1.> /5/ Zu dem ersten mal sprechen sie: Enwer minne nicht ein geschaffen tugent, so enwer die mynne nicht redlich vnd gnuglich zu uben die werk der mynne. Wan darumb seint tugenthaftige werck ze wurcken, wan sie entspringent von einer forme, die da heisset in dem latein ein habitum, das dem menschen gibt ein naturlich neygunge in *den* werken. Nu sint /10/ werk der minne. Der mensch, der in der mynne ist, der ist leicht vnd gnuglich; darumb muß *[215^{v}]* mynne, die ein vrsprung ist vnser werk, sein ein *ingegossen* tugend, wan sie mag sich geben den menschen vmb naturlich neygunge, ze vben werk der minne.[3]

<2.> Die ander rede ist: Enwer die minne nicht ein geschaffen forme, so /15/ geschachen die werk, die wir wurken in der mynne, nicht von freyheit vnsers willen. Das bebeysen sy vnd sprechen, das das naturlich sey dem menschen, das er wurcke von freyheit seines willen. Nu entspringent alle naturlich werk von mynnen, als bewegunge des steines zu der erden entspringet von *swerheit,* die in dem stein ist. Vnd wen nu mynne ist eyn /20/ vrsprung des werkes vnsers willen, darumb muß ein geschaffen forme an vnserm willen sein, sullen wir von minnen vreilich lobleich werk wurken.[4]

1 Got *N*] Ot *A* *3* ingegossen] ingezogen *AN* die] dez *N*, daz *N** *6* enwer] wer *N* *9* den *N*] dem *A* *11* ingegossen] ingezogen *AN* *18* swerheit *N**] warheit *AN*

---

2 *Beide Hss. haben hier und Z. 11* ingezogen tugent *(für »eingezogene Tugend«). Das ist ungewöhnlich und vermutlich ein Lesefehler in A, den N übernimmt. Die Scholastik spricht von* virtus infusa *(»eingegossene Tugend«); so auch im Text unten Z. 129 und 145:* ingegossen tugend.

3 *Dieser erste Einwand gegen die Hauptthese des Autors entspricht dem Argument des Thomas von Aquin, Sth. II-II, q. 23, a. 2 co:* Nullus autem actus perfecte producitur ab aliqua potentia activa, nisi sit ei connaturalis per aliquam formam, quae sit principium actionis. <...>, unde maxime necesse est quod ad actum caritatis existat in nobis aliqua habitualis forma superaddita potentiae naturalis, inclinans ipsam ad caritatis actum, et faciens eam prompte et delectabiliter. *(»Aber kein Akt wird vollkommen von einem aktiven Vermögen hervorgebracht, wenn er nicht aus einer Form ihm gleicher Natur stammt, die der Ursprung der Handlung ist. <...>; darum ist es höchst notwendig, dass für einen Akt der Liebe in uns eine habituelle Form besteht, die dem natürlichen Vermögen hinzugefügt ist und die dieses zum Akt der Liebe geneigt sowie handlungsbereit und angenehm macht.«)*

4 *Auch der zweite Einwand entstammt der Argumentation des Thomas von Aquin zur Stelle, Sth. II-II, q. 23, a. 2 co:* Non enim motus caritatis ita procedit a spiritu sancto movente

Übersetzung

<These der Quaestio: Gott ist die Liebe.>
»Gott ist die Liebe«, schreibt Johannes in seinem Brief (I Io 4,16).

<Prinzipielle Argumente gegen die Hauptthese>
Die Meister sagen gemeinsam, dass Liebe eine geschaffene Form oder eine eingegossene Tugend sei, die den Willen des Menschen dazu geneigt macht, Gott lobenswert <das heißt verdienstlich> zu lieben.

Das begründen sie mit zwei Argumenten:

<1.> Zum ersten sagen sie: Wäre die Liebe nicht eine geschaffene Tugend, so wäre die Liebe kein vernünftiger und angenehmer Grund, Werke der Liebe zu üben. Denn darum können Tugendakte getan werden, weil sie einer Formkraft entspringen, die lateinisch *habitus* heißt, der dem Menschen eine natürliche Neigung zum Handeln gibt. Nun gibt es <unter den Tugendakten> Werke der Liebe. Ein Mensch, der in der Liebe ist, dem ist es leicht und angenehm; darum muss die Liebe, die ein Ursprung unserer Handlungen ist, eine eingegossene Tugend sein; denn sie kann sich den Menschen als Anstoß seiner natürlichen Neigung schenken, Werke der Liebe zu üben.

<2.> Das zweite Argument ist: Wäre die Liebe nicht eine geschaffene Formkraft, geschähen die Werke, die wir in der Liebe wirken, nicht aus der Freiheit unseres Willens. Das beweisen sie so: Dass der Mensch aus der Freiheit des Willens wirkt, sei dem Menschen natürlich. Nun entspringen alle natürlichen Werke aus der Liebe. Zum Beispiel entspringt die Bewegung des Steines zur Erde aus der Schwerkraft, die in dem Stein ist. Und da nun die Liebe der Ursprung unseres Willensaktes ist, darum muss es an unserem Willen eine geschaffene Formkraft geben, damit wir aus Liebe frei und lobenswert handeln.

<Gliederung der Diskussion>
Disen sin spricht sant Johannes in dem ersten wort, als er spricht: »Got ist die minne.« Diß hat czwen synne: Wen man mag die minne nemen das minne werk *ald*[5] den habitum, von dem dicz minne werk entspringet, /25/ vnd von disem habitum haben die meister vil gesprochen, das er nicht ensey ein geschaffen form, mer der heylig geist selber. Das enhat chein meister offenwar gesprochen. Aber nach sant Augustinus worten, vnd ich sprich mit sant Augustin,[6] das nicht allein ein habitus der mynne ist vngeschaffen, mer auch das werk der minne ist der heylig geist selber.[7] /30/ Darumb spricht Sant Johans: »Got ist die minne.«

Warheit des sins will ich

<I.> zu dem ersten bewaren mit zwein reden.
<II.> Dar nach wil ich die red außlegen, die disen sin wider sprechent.
<III.> Zu dem dritten mall wil ich sprechen, wie got mit dem menschen *wirt* vereint als minne, nicht als wesen.

<I. Gott ist die Liebe, mit der das vernünftige Geschöpf liebt.>
/35/ Zu dem ersten sprich ich mit sant Johannes: »Got ist die minne.«

Diß wort ist offenwar von der minne, do gott sich selber *in* minnet vnd auch die creaturen; wan was in got ist, das ist got. Darumb mag man uon got sprechen: »Got ist die myn«, vnd *[216r]* also enmag man nicht sprechen von vil andern dingen, als von dem fewr. Dauon mag man nicht sprechen: »Das fewr ist die hitz«, mer: »Das fewr ist heiß«, mag man sprechen. Das ist darumb, wan

24 ald] auf *AN* **32** disen] disz *N* **34** wirt *N**] wort *AN* **36** in *N*] im *A*

---

humanam mentem, quod humana mens sit mota tantum et nullo modo principium huius motus <...>. Unde sequeretur quod diligere non esset voluntarium, quod implicat contradictionem, cum amor de sui ratione importet, quod sit actus voluntatis. *(»Denn die Bewegung der Liebe geht nicht so vom Heiligen Geist aus, der den Geist des Menschen bewegt, als werde der Geist des Menschen nur bewegt und wäre in keiner Weise Ursprung dieser Bewegung <...>. Daraus würde folgen, dass Liebe nicht freiwillig wäre. Das impliziert einen Widerspruch, da die Liebe aufgrund ihres Begriffs mit sich bringt, dass sie ein Akt des Willens ist.«)*

5 *Ruh übernimmt von beiden Hss.* auf. *Ich konjiziere* ald *(»oder«). Da zuvor von zwei Bedeutungen gesprochen wird, liegt in den Hss. ein Schreiberirrtum vor. Die Alternative heißt: Die Minne ist der Akt der Minne selbst oder der Habitus. So auch wenige Zeilen später (Z. 28f.): Nicht allein ein Habitus ist ungeschaffen,* mer auch das werk der minne ist der heylig geist selber.

6 *Das heißt hier wohl: »als Augustiner«.*

7 *Iohannes de Basilea, In Sent. I, d. 17, q. 16, concl. 2; Bd. II, S. 183,2–4:* Spiritus increati natura est dilectio mentis interna, sine imperfectione vitalis eius forma, qua non actuante non elevatur creatura rationalis sufficienter ad Deo carum et gratuitum esse. *(»Die Natur des ungeschaffenen Geistes ist die innere Liebe des Geistes <und> ohne Einbuße der Vollkommenheit dessen lebendige Form; wenn diese <den Habitus> nicht aktuiert, wird das vernünftige Geschöpf nicht hinreichend dazu erhoben, Gott lieb und der Gnade wert zu sein.«) Siehe auch Zumkeller, Der Augustinertheologe Johannes Hiltalingen von Basel, S. 121.*

<Gliederung der Diskussion>
In diesem Sinn spricht St. Johannes in dem zitierten Wort, wenn er sagt: »Gott ist die Liebe.« Das aber lässt sich in doppeltem Sinn verstehen: Denn man kann mit »Liebe« das Liebeswerk benennen oder den Habitus, aus dem dies Werk der Liebe entspringt. Und über diesen Habitus haben die Meister oft gesprochen, er sei nicht eine geschaffene Form, sondern der Heilige Geist selbst. Das hat <jedoch> kein Meister offen gelehrt. Aber nach den Worten St. Augustins – und ich spreche mit St. Augustin – ist nicht allein der Habitus der Liebe ungeschaffen, sondern auch der <einzelne> Akt der Liebe ist der Heilige Geist selbst. Darum sagt St. Johannes: »Gott ist die Liebe.«

Dass diese Auslegung wahr ist, will ich

<I.> zuerst mit zwei Argumenten begründen.

<II.> Danach werde ich Gründe erörtern, welche die oben genannten Einwände widerlegen.

<III.> Drittens werde ich darlegen, wie Gott mit dem Menschen als Liebe vereinigt wird und nicht als Sein.

<I. Gott ist die Liebe, mit der das vernünftige Geschöpf liebt.>
Erstens sage ich mit St. Johannes: »Gott ist die Liebe.«

Dieser Satz ist offenkundig für die Liebe, in der Gott sich selbst und auch die Geschöpfe liebt; denn was in Gott ist, das ist Gott. Darum kann man von Gott sagen: »Gott ist die Liebe.« In gleicher Weise kann man aber von vielen anderen Dingen nicht sprechen; zum Beispiel vom Feuer. Von ihm kann man nicht sagen: »Das Feuer ist die Hitze«, sondern es muss heißen: »Das Feuer ist heiß.« Das ist darum so, weil die Hitze nicht dem Wesen nach mit dem

die hitz ist nicht weselich mit dem fewr *eins*. Wan nu die minne, mit der got sich selber minnet vnd alle creaturen, ist weselich ein mit ime, *darumb* mag man den werlich sprechen nicht alleine: »Got ist die minne«, mer: »Got ist die minne *wessenlich*.«

Aber das got selber /45/ sey die mynne, da mit die[8] vernuftig creature minnet,[9] das enist nicht offenbar. Darumb wil ich es beweisen.

<Argument 1>
Zu dem ersten bewere ich es also: Der got nicht bechennen enmag den mit dem bekentnusse, das got ist, der enmag auch got nicht geminnen den mit der minne, *die* got ist. Wan mynne ist ein neygung des willen, /50/ der entspringet von bechentnusse der vernuft. Nu enmach der mensch got nit bechennen den mit dem bechentnusse, das got ist, noch in disem leben noch in dem ewigem leben. Darumb enmag niemant got geminnen den mit der minne, die got ist. »Got ist die mynne.«

<Begründung>
Aber das der mensch got nicht moge bechennen den mit dem be/55/chentnuß. das got ist, das bewer ich zu dem ersten also: In dem ewigen leben, wan da begreiffet die vernuft der beschewlichen ein vngemessen vernuft, die nicht *begriffen* mag werden den allein mit dem bechentnusse, das got ist; wan sein bechantnuß daz ist vngemessen. Auch das bechentnuß, do der mensch got mit bechennet in dem ewigen leben, muß /60/ sein alle ding vernuftiklichen[10],

41 weselich] wessenlich *N* eins *N**] eins so spricht man nicht Das fewr ist heis vñ man mag auch sprechñ das fewr ist die hitz *AN* ***42*** darumb *N**] warumb *AN* ***44*** wessenlich *N* fehlt AN* ***45*** mit] mit er *N** ***49*** die *N**] der *AN* ***56*** begreiffet] begreiffen *N* begriffen *N**] begreiffen *AN*

8 *In Hs. N wird zwischen* mit *und* die *ein hochgestelltes* er *eingefügt. Das ist ein irrtümlicher Verbesserungsversuch der Schreiberin oder des Schreibers, die oder der Gott als den Handelnden sieht und damit unwillkürlich die Aussage des Satzes bestätigt, dass für die allgemeine scholastische Lehre nicht offenbar ist, dass die Liebe, mit der die Kreatur liebt, Gott ist.*

9 *Iohannes de Basilea, In Sent. I, d. 17, q. 16, concl. 2, cor. 2; Bd. II, S. 183,21–23: [gegen Gregor von Rimini]:* Spiritus Sanctus est dilectio, non solum propter quam, sed qua, per quam et propter quam diligimus fratrem. *(»Der Heilige Geist ist die Liebe, nicht nur derentwegen, sondern mithilfe derer, durch die und wegen der wir den Bruder lieben.«)*

10 vernunsticlich, vernunfticlich *adj. »wahrnehmbar, vernünftig«,* rationabilis (Lexer). *Ich vermute hier als lateinische Entsprechung* intelligibilis. *Zum Beleg: Iohannes de Basilea, In Sent. I, d. 23–35, q. 22, concl. 1, cor. 3; Bd. II, S. 256,17 f.:* Deus, secundum quod infinitus et infinite perfectus, est intelligibilis et intelligibile obiectum omnis intellectus. *(»Gott, sofern er unbegrenzt und unendlich vollkommen ist, ist erkennbar und ein erkennbarer Gegenstand jeder Vernunft.«)*

Feuer eins ist. Da nun die Liebe, mit der Gott sich selbst und alle Geschöpfe liebt, dem Wesen nach eins mit ihm ist, darum kann man in Wahrheit nicht nur sagen: »Gott ist die Liebe«, sondern: »Gott ist seinem Wesen nach die Liebe.«

Aber dass <darüber hinaus> Gott selbst die Liebe ist, mit der das vernünftige Geschöpf liebt, das ist nicht offenkundig. Darum will ich es beweisen.

<Argument 1>

Zum ersten begründe ich es wie folgt: Wie man Gott nur mit der Erkenntnis erkennen kann, die Gott selbst ist, so kann man Gott auch nur mit der Liebe lieben, die Gott ist. Denn Liebe ist eine Neigung des Willens, der aus der Erkenntnis der Vernunft entspringt. Nun kann der Mensch in diesem wie in jenem Leben Gott nur mit der Erkenntnis erkennen, die Gott ist; darum kann auch Gott nur mit der Liebe geliebt werden, die Gott ist. »Gott ist die Liebe.«

<Begründung>

Dass der Mensch Gott nur mit der Erkenntnis erkennen kann, die Gott ist, das begründe ich erstens so: Im ewigen Leben umgreift die Vernunft der Schauenden eine unendliche Vernunft, die nur mit der Erkenntnis begriffen werden kann, die Gott ist; denn seine Erkenntnis ist unermesslich. Ebenso muss die Erkenntnis, mit welcher der Mensch Gott im ewigen Leben erkennt, fähig sein, alle Dinge zu erfassen; denn ihr Erkenntnisgegenstand ist

wan ir vorwurf ist das gotlich wesen alle ding sprechenlich.[11] Nu enist chein bechentnusse alle dinck vernuftiklich an gottes bechentnuß allein. Darumb ist das bechentnuß, *da* got mit bechant wirt in dem ewigen leben, *[216^{v}]* gotliche bechentnuß.

<Einwand gegen das Argument>
Aber nu mocht yemant sprechen: Nicht allein gotlich bechentnuß ist vernuftiklich /65/ alle ding, mer auch bechentnusse der intelligencien, der wesen sprechenlichen offenwart alle dinck. Wan nu der mensch vernuftiklich mag got bechennen mit dem bechentnusse, dem vernuftig ist alle ding, darumb, wurde bechantnuß der intelligencien alle ding vereint mit des menschen muglich vernuft; mit dem bechentnusse mag der mensch bechennen an/70/schawlichen[12]. Darumb enist das nicht war, das der mensch nit enmuge got bechennen, als ich erst sprach, das der mensch in dem ewigen leben enmag nicht got bechennen anschewlich mit eynem geschaffen bechentnusse.

<Widerlegung des Einwands>
<1.> Aber wen du sprichest, das mit dem bechentnusse, die vernuftig ist alle dinck, der mensch moge got bechennen beschewlichen, herczu /75/ antwurt ich also:[13] Das das war ist von dem bechentnusse, das in diser weis ist alle ding, als gotlich wesen ist alle dingk, das da ist ein furwurf diser bechentnusse. Nu ist gotlich wesen alle dingk in einer vngemessen weise, vnd darumb mag es allein bekennen mit einem bechentnusse, das da alle dinck ist in einer vngemessen weise, vnd darumb mag man allein /80/ mit gotlichem bechentnusse got bechennen anschewlichen in dem ewigen leben.

61 alle] aller *N* *62* da] vnd da *AN* *66* offenwart] offenware *N* *78* das da] das das *N*

---

11 *Ebenso im nächsten Abschnitt, Z. 66. Die fürs Mittelhochdeutsche ungewöhnliche Konstruktion muss auf ein lateinisches Partizip oder Gerundium (z. B.* dicens *oder* dicendo*) zurückgehen: Das Erkennen der Intelligenzen wie Gottes geschieht im Wort.*

12 *»Anschaulich« ist die direkte Übersetzung von* intuitive, *das Johannes von Basel benützt. Dies ist die Erkenntnisform der Engel (und Intelligenzen), die ohne Erkenntnisbild* (species) *dadurch erkennen, dass die Erkenntnis vom Erkenntnisobjekt unmittelbar erzeugt wird. Iohannes de Basilea, In Sent. II, d. 9, q. 7, post concl. 2, ad 3; Bd. III, S. 141,1–3:* Non solum ex hoc habetur, quod obiectum est causa, quod talis species vel habitus erit notitia intuitiva, et tamen numquam causat illam speciem nec habitum illum. (*»Nicht allein geht daraus hervor, dass das Objekt die Ursache <dafür> ist, dass ein solches Erkenntnisbild oder ein Habitus eine intuitive Kenntnis <bei den Engeln> ist, und dennoch verursacht diese niemals jenes Erkenntnisbild oder jenen Habitus.«) Siehe dazu den Kommentar unten S. 95 f.*

13 *Du/ich: Der Autor argumentiert durchwegs in der Ichform. Hier legt er einen Einwand einem Dialogpartner in den Mund.*

das göttliche Wesen, das alle Dinge spricht. Nun ist keine Erkenntnis fähig, alle Dinge zu erfassen, als Gottes Erkenntnis allein. Darum ist die Erkenntnis, mit der Gott im ewigen Leben erkannt wird, die göttliche Erkenntnis selbst.

<Einwand gegen das Argument>
Aber nun könnte jemand sagen: Nicht nur die göttliche Erkenntnis ist fähig, alle Dinge zu erfassen, sondern auch die Erkenntnis der Intelligenzen, deren Wesen im Wort alle Dinge offenbart. Da nun der Mensch in seiner Vernunft Gott erkennen kann mit der Erkenntnis, für die alle Dinge erkennbar sind, darum – wenn der Intelligenzen Erkenntnis aller Dinge mit des Menschen passiver Erkenntnisfähigkeit[1] vereint wird –, kann der Mensch mit dieser Erkenntnis intuitiv erkennen. Darum ist es nicht wahr, dass der Mensch Gott nicht <in der Weise> erkennen kann, wie ich zuvor gesagt habe, <nämlich> dass der Mensch im ewigen Leben Gott nicht mit Hilfe einer geschaffenen Erkenntnis intuitiv erkennen kann.

<Widerlegung des Einwands>
<1.> Aber wenn du sagst, mit der Erkenntnis <der Intelligenzen>, die fähig ist, alle Dinge zu erkennen, könne der Mensch Gott intuitiv erkennen, dazu antworte ich: Das ist wahr und gilt von der Erkenntnis, die alle Dinge in derselben Weise ist, wie das göttliche Wesen jedes Ding ist, welches das Objekt seiner Erkenntnis ist. Nun ist das göttliche Wesen alle Dinge in einer unermesslichen Weise, und darum kann es nur mit einer Erkenntnis erkennen, die alle Dinge in einer unermesslichen Weise ist, und darum kann man im ewigen Leben nur mit göttlicher Erkenntnis Gott intuitiv erkennen.

---

1 Diese erläuternde Übersetzung steht für den Terminus »mögliche Vernunft« (*intellectus possibilis*).

<2.> Mer auch, das wir got mugen bechennen in disem leben nicht den mit dem bechentnuß das got ist, das weber ich also: Wir enmugen got nicht bechennen den mit einem bechentnusse das vnser vernuft sey mer *inne*, den sie ir selber *sey*. Wan bechentnusse muß sein ein mittel zwischen der /85/ vernuft vnd sein selbs. Nu ist chein bechentnuß der vernuft mer *inne* den *sie* ir selber an gotlicher bechentnuß allein. Darumb enmag der mensch got nicht bechennen, er bechen in den mitt der *[217r]* bechentnuß, da mit sich gott selber bechennet, wan alles ander bechentnuß ist ein zuuall vnd entordent die vernuft auß ir selber auf ein ander, nicht den auf /90/ gott, der in ir ist.

<Argument 2>

Die ander red ist, das ich han gesprochen, das die wurkend vernuft, die got ist, werd vereint mit der muglichen vernuft in allem bechentnusse vernuftigklich. Nu ist die wurckent vernuft *wesenlichen* ein bechantnusse, darumb enmag sie nicht werden vereint den als ein bechentnuß. In /95/ hitz enmag nicht vereint werden es ensey als hitz. *Darumb* bechennet der mensch in allem vernuftigen bechentnusse mit gotlichem bechentnusse, nicht allein wan er got bechennet, mer auch in bechentnusse einer iglichen warheit, als St. Augustinus spricht, das die vernuft die schawe alle warheit in der ersten warheit. Nu sag mir, waran bechennen wir sy? /100/ Ich bechenne nicht an dir noch du an mir, aber wir bechennen *peyde* in der vnwandelwaren warheit, die da uber *triffet* vnser vernuft. Des haben wir ein geleichnuß in leiplichen creaturen: Das auge enmag nicht gesechen, *es* ensey vbergossen mit dem licht, vnd *wer* das licht ein gesicht, so were es *den* augen vereint als ein gesicht. Also enmag /105/ die vernuft chein warheit verstan, si verste *si* den in dem vngeschaffen licht das got ist, in dem alle warheit erscheinet als in dem licht der sunnen alle varbe. Nu ist das vngeschaffen liecht weßlich ein *vernuftiglich* bekentnuß[14], darumb wem es vereint wirt, dem wirt es vereint als ein bechentnuß. Wie nu gotlich bechentnuß einem iglichem /110/ bechentnuß vereint *wird* menschlicher vernuft, als die philosophi sprechent, so muß es werden vereint als ein bechentnusse. Vnd darumb ist das war, das der mensch got nicht bechennen *mag* noch in disem leben, noch in iem leben dan mit dem bechentnuß, do mit got sich selber vnd alle creaturen bekent.

82 dem *fehlt N* ***83*** inne] ime *AN* ***84*** sey *N*] sein *A* ***85*** inne] ime *AN* sie *fehlt AN* an] an *N*, dan *N** ***92*** wesenlichen *N*] weislichen *A* Darumb] der vns *AN*, her aus *N** ***99*** peyde *N**] pey *AN* triffet *N**] trittet *AN* ***101*** es *N**] ob *AN* wer *N**] war *AN* ***102*** den *N*] dem *A* ***103*** si$_2$ *N* fehlt AN* ***105*** vernuftiglich] vernuftig licht *AN* ***107*** wird] *fehlt AN*, werden *N** ***109*** mag *N**] *fehlt AN*

14 Ruh, S. 215, A. 26: »vernuftig licht bekentnuß *(A, N) ist schwerlich die richtige Lesart. Ich vermute* vernuftiglich bekentnuß.«

<2.> Auch in diesem Leben können wir Gott nur mit der Erkenntnis erkennen, die Gott ist. Das begründe ich so: Wir können Gott nur mit einer Erkenntnis erkennen, die unserer Vernunft innerlicher ist, als diese <Erkenntnis> ihr selbst <inne> ist. Denn die Erkenntnis muss ein Mittleres sein zwischen der Vernunft und ihm selbst <dem Erkenntnisgegenstand>. Nun ist keine Erkenntnis der Vernunft innerlicher als die Vernunft sich selbst außer allein die göttliche Erkenntnis. Darum kann der Mensch Gott nicht erkennen außer mit der Erkenntnis, mit der sich Gott selbst erkennt; denn alle andere Erkenntnis ist ein Akzidens und lenkt die Vernunft von ihr selbst fort auf ein anderes und nicht auf Gott, der in ihr ist.

<Argument 2>
Das zweite Argument ist: Ich habe gesagt: Die wirkende Vernunft, die Gott ist, wird in jeder Erkenntnis in vernünftiger Weise mit der möglichen Vernunft vereint. Nun ist die wirkende Vernunft ihrem Wesen nach Erkenntnis und kann darum nur als Erkenntnis vereint werden. In der Hitze kann nichts Vereinigung finden außer als Hitze. Darum erkennt der Mensch in aller vernünftigen Erkenntnis mit der göttlichen Erkenntnis, und zwar nicht nur, wenn er Gott erkennt, sondern auch in der Erkenntnis einer jeglichen Wahrheit. So spricht St. Augustinus, dass die Vernunft jede Wahrheit in der ersten Wahrheit schaut. Nun sage mir, woran erkennen wir die Wahrheit? Ich erkenne sie nicht an dir noch du sie an mir, aber wir erkennen sie beide in der unwandelbaren Wahrheit, die unsere <geschaffene> Vernunft übertrifft. Dafür gibt es ein Gleichnis beim leiblichen Geschöpf: Das Auge kann nur sehen, wenn es mit Licht übergossen ist, und wäre das Licht ein Gesicht <das sieht>, so würde es mit den Augen als ein Sehendes vereinigt. So kann die Vernunft keine Wahrheit verstehen, außer sie versteht sie in dem ungeschaffenen Licht, das Gott ist, in dem alle Wahrheit aufscheint wie in dem Licht der Sonne alle Farben. Nun ist das ungeschaffene Licht dem Wesen nach eine vernünftige Erkenntnis. Darum wird es als eine Erkenntnis vereint, wenn es mit jemandem vereinigt wird. Wie nun die göttliche Erkenntnis mit jeder Erkenntnis der menschlichen Vernunft vereint wird, wie die Philosophen sagen, so muss sie als Erkenntnis vereint werden. Und darum ist es wahr, dass der Mensch Gott in diesem Leben wie in jenem Leben nur mit der Erkenntnis erkennen kann, mit der Gott sich selbst und alle Geschöpfe erkennt.

<Begründung>
/115/ Nu sprich ich zu dem ersten, das wir got nicht mu*[217^{v}]*gen bechennen den mit gotlichem bechentnuß: so enmugen wir in auch nicht geminnen den mit gotlicher mynne, wan *mynne* ist ein neygung des willen, der von dem bechentnusse der vernuft entspringet. Wan nu in got ist ein formlich bekentnusse vnd mynne, darumb wer got wirt vereint als /120/ ein mynne, der mag in nicht bechennen den mit gotlichem bechentnusse: So enmag *er in* auch nicht geminnen den mit gotlicher mynne, als ich han bewert, darumb: »Got ist die mynne.« Diß ist die erste rede.

Die ander rede ist: Wer die mynne ein geschaffen tugent, so *mocht* sie nicht wachsen an ende vnd zu nemen vnd gemert werden an maß; wan alles, /125/ das geschaffen ist, das ist alles gemessen vnd hat ende wesens vnd volkumenheit. Nu mag gotlich mynne wachsen sunder ende vnd zu nemen vnd gemert werden an maß, als alle meister sprechent.

Ich sprich mer, das gotlicher mynne enwirt nymmer volkumen, sy ensey vngemessen, wan ir furwurff ist die gotlich gute, die vngemessen ist. Darumb ist die mynne, /130/ do der mensch got mit minnet, ein vngeschaffen mynne, vnd chein dingk ist vngeschaffen den got allein. Darumb ist got die mynne.

<II. Widerlegung der prinzipiellen Gegenargumente>
<1.> Nu wil ich antburten wider die ersten reden[15], die ditz wider sprechent So man zu dem ersten spricht: Enwer mynne nicht ein geschaffen in gegossen tugend, so wer der mensch, der in der mynne ist, nicht redlich /135/ leichtleich vnd gnugleich ze vben werk der mynne. Ich sprich nein, vnd das bewer ich also: Wan darumb sint *tugent* werkleich[16] vnd gnugleich, wan sie *entspringent* von einer formen, die den menschen gibt ein naturlich neygunge, sie zu uben. Herczu sprech ich, das des nicht enist, das die forme, die den menschen neyget, got zu mynnen, sey geschaffen, /140/ wan der heylig geist ist die forme selb.

111 sprich] sprach *N** ***113*** mynne *N**] wil *AN* ***116*** er in *N**] in er *AN* ***119*** mocht *N**] enmag *A*, mag *N* ***122*** sunder] an *N* ***128*** reden] rede *N* ***132*** tugent] tugentleich *AN* entspringent] entspringet *AN*

15 Erste rede *könnte hier die Übersetzung sein für* argumenta principalia, *das ist im 14. Jh. das Wort (statt* obiectiones*) für die anfänglichen Einwände, mit denen am Anfang der These der Quaestio grundsätzlich widersprochen wird.*

16 werkleich: *Vermutlich hier eine Übersetzung von* actualis, actualiter. *Das entspricht der These des Johannes von Basel, dass der Heilige Geist den geschaffenen Habitus der Liebe »aktuiert«: Iohannes de Basilea, In Sent. I, d. 17, q. 16, concl. 3; Bd. II, S. 187,2–5:* Caritas creata est habitus supernaturaliter infusus a Deo actuante specialiter mentem, eam Deo actualiter et Deum menti actualiter vel habitualiter ex acceptatione divina charismans, quodlibet meliorativum operari partialiter concausans. *(»Die geschaffene Liebe ist ein übernatürlich von Gott, der den Geist speziell aktuiert, eingegossener Habitus, der den Geist für Gott aktuell und Gott für den Geist aktuell oder habituell aufgrund der göttlichen Annahme willkommen macht und jedwede Verbesserungshandlung mitverursacht.«)*

<Begründung>
Nun sage ich erstens: Wie wir Gott nicht anders als mit göttlicher Erkenntnis erkennen können, so können wir ihn auch nicht lieben außer mit göttlicher Liebe; denn Liebe ist eine Neigung des Willens, der aus dem entspringt, was die Vernunft erkennt. Da Gott ein förmliches <das heißt ein das Wesen bestimmendes> Erkennen und Lieben ist, darum kann, wer mit Gott als eine Liebe vereint wird, ihn nur mit göttlicher Erkenntnis erkennen. So kann er ihn auch nur mit der göttlichen Liebe selbst <als der Formkraft dieser Vereinigung> lieben, wie ich gezeigt habe. Darum: »Gott ist die Liebe«. So weit das erste Argument.

Das zweite Argument ist: Wäre die Liebe eine geschaffene Tugend, könnte sie nicht ohne Ende wachsen, zunehmen und ohne Maß vermehrt werden; denn alles, was geschaffen ist, das ist gemessen, hat ein Ende des Seins und seine Vollendung. Nun kann aber die göttliche Liebe ohne Ende zunehmen und ohne Maß vermehrt werden, wie alle Meister sagen.

Ich sage weiter: Die Gottesliebe erreicht nie ihre Vollkommenheit, wenn sie nicht ungemessen ist; denn ihr Gegenstand ist die Güte Gottes, die unermesslich ist. Darum ist die Liebe, mit welcher der Mensch Gott liebt, eine ungeschaffene Liebe, und nichts ist ungeschaffen als Gott allein. Darum ist Gott die Liebe.

<II. Widerlegung der prinzipiellen Gegenargumente>
<1.> Nun will ich gegen die Anfangseinwände argumentieren, die meiner These widersprechen. Wenn man zum ersten sagt: Wäre die Liebe nicht eine geschaffene eingegossene Tugend, so wäre es dem Menschen, der in der Liebe ist, nicht auf vernünftige Weise leicht und angenehm, aus Liebe zu handeln. Dazu sage ich nein, und das begründe ich folgendermaßen: Denn die Tugenden sind darum aktiv und angenehm, weil sie aus einer Formkraft entspringen, die den Menschen eine natürliche Neigung zu ihrer Übung gibt. Dazu sage ich: Es ist nicht der Fall, dass die Formkraft, die den Menschen geneigt macht, Gott zu lieben, geschaffen ist; denn der Heilige Geist selbst ist die Form.

Vnd darumb sint die werk der *[218^{r}]* mynne dem menschen, der in der mynne ist, vill leichter zu wurcken vnd zu *gnuglichen*[17] den *ander* werk die tugentlich sein, da den menschen zu neyget ein geschaffen habitus, wan es mag kein creaturlich wille als swintlich leiden vnd beweget werden als von dem heyligen geist selber.

<2.> /145/ Zu der anderen rede, so man spricht: Wer mynne nicht ein geschaffen tugent, so geschechen nymer die werck, die wir uben in der mynne, von freyheit des willen. Ich sprich nein. Si bewerent es vnd sprechent, das mynne entspringet von enbinnen. Das ist war; aber die forme an vns, von der *gotliche* myn entspringet in vns, *ist* nicht die ingegossen tu/150/gent, mer der heylig geist selber, der des menschen wille mer inne ist den kein geschaffen forme. Vnd noch mynner benimet bewegunge des heyligen geistes dem willen sein naturlich freyheit den kein geschaffen forme. Ich sprich nicht, das die mynne allein sey von dem heyligen geist, mer sie ist auch von freyheit des willen, doch also das der mensch /155/ in minnen mer wirt geworcht, den er wurcket, als sant Paulus spricht: »Die von dem geist gottes gefurt werden, die sint gottes kinder«.[18] Von disem wurken des heyligen geistes beleibet vnserm willen ein bereitten vnd ein neygunge ze wurken werk der mynne, wan sy enmag nicht neygen got ze mynnen loblich an sunderlich bewegunge des heiligen geistes.[19]

<Bekräftigung der Hauptthese: Die Liebe ist Gott selbst.>

/160/ Darumb ist der heylig geist die mynne vnd nicht die bereittunge oder die neygunge des willen in got, mer: Die myn ist got selber.

Ditz ist das vngeschaffen in der seln, da meister Eckhart auf spricht, das da wirt vereint einer iglichen creaturen in allen vernuftigen werken[20], vnd darumb

137 gnuglichen] gnuglichem *AN*   ander *N*] anderer *A*   *144* enbinnen] oben her ab *N**
gotliche] gotlichen *AN*   *145* ist *fehlt AN*

---

17 *Konjektur* Ruhs *aus* gnuglichem; *er postuliert offenbar eine Verbbildung* gnuglichen *swv. parallel zu* genüegen, genuogen *swv. »befriedigen, zufriedenstellen, erfreuen«.*

18 *Diese Stelle führt auch Johannes von Basel an zur Stützung seiner oben (S. 58, Anm. 7) zitierten Conclusio (In Sent. I, d. 17, q. 16 nach concl. 2; Bd. II, S. 183,9 f., siehe unten S. 309, Anm. 51) d. h. zugleich der Hauptthese des ›Traktats von der Minne‹.*

19 *Iohannes de Basilea, In Sent. I, d. 17, q. 16, concl. 3, cor. 1; Bd. II, S. 187,18–21: (gegen Hugolin von Orvieto)* Caritas creata mentem rationabilem, quam informat, non semper actualiter inclinat. <…> Et confirmatur, quia caritas creata non inclinat nisi a Spiritu Sancto mota. *(»Die geschaffene Liebe macht den vernünftigen Geist, den sie formt, nicht immer aktuell geneigt <…>. Und das wird bestätigt, weil die geschaffene Liebe nicht geneigt macht, wenn sie nicht vom Heiligen Geist bewegt wird.«)* Zumkeller, *Der Augustinertheologe Johannes Hiltalingen von Basel, S. 68 f. u. 104–107. Die Lehre vom* adiutorium speciale *ist charakteristisch für die Augustinerschule, insbesondere für Gregor von Rimini. Sie ist ferner eine Speziallehre des Meisters des Lehrgesprächs, siehe den Kommentar zum GDT, S. 316–322 und AFD I, c. 6.*

20 *Diese Gleichsetzung legt also Meister Eckharts Lehre vom Ungeschaffenen in der Seele mit Hilfe des spezifischen Theologumenons der Augustinerschule des 14. Jh.s aus: Die begleitende*

Und darum sind die Werke der Liebe dem Menschen, der in der Liebe ist, viel leichter zu wirken und angenehm zu machen als andere Handlungen, die <auch> tugendvoll sind, zu denen ein geschaffener Habitus den Menschen geneigt macht; denn es kann kein geschöpflicher Wille so geschwind angestoßen und bewegt werden wie vom Heiligen Geist selbst.

<2.> Zum zweiten Einwand, in dem man anführt: Wäre die Liebe nicht eine geschaffene Tugend, so geschähen die Werke, die wir in der Liebe üben, niemals aus Willensfreiheit. Dazu sage ich nein. Sie begründen es mit dem Hinweis, dass Liebe von innen entspringe. Das ist wahr; aber die Formkraft bei uns, aus der die göttliche Liebe in uns entspringt, ist nicht die eingegossene Tugend, sondern der Heilige Geist selbst, der dem Willen des Menschen innerlicher ist als irgendeine geschaffene Form. Und noch weniger raubt der Bewegungsanstoß des Heiligen Geistes dem Willen seine natürliche Freiheit als eine geschaffene Formkraft. Ich sage nicht, dass die Liebe allein vom Heiligen Geist sei, sondern sie entspringt auch aus der Freiheit des Willens, doch so, dass der Mensch in der Liebe mehr gewirkt wird, als er wirkt, wie St. Paulus sagt: »Die von dem Geist Gottes geführt werden, die sind Gottes Kinder« (Rm 8,14). Von diesem Wirken des Heiligen Geistes kommt unserm Willen eine Bereitschaft und eine Neigung zu, Werke der Liebe zu wirken; denn sie <die Liebe> kann nicht geneigt sein, Gott lobenswert zu lieben ohne einen besonderen Bewegungsanstoß des Heiligen Geistes.

<Bekräftigung der Hauptthese: Die Liebe ist Gott selbst.>
Darum ist der Heilige Geist die Liebe und nicht <nur> die Vorbereitung oder die Neigung des Willens zu Gott, vielmehr: Die Liebe ist Gott selbst.

Dies ist das Ungeschaffene in der Seele, von dem Meister Eckhart spricht, welches einem jeden Geschöpf in jedem vernünftigen Handeln vereint wird,

bekennen alle vernuft, sie sein geschaffen oder vngeschaffen, warheit /165/ mit einem bekentnusse, do got sich selber mit bekennet, vnd ein iglich[21] in allen vernüfftigen bekentnusse gebirt *ein* ewig wort vnd ein vrsprung des heyligen geistes vnd ein außfliessen, *[218*^{v}*]* vnd das ist die groste volkumenheit die got vernuftigen creaturen gegeben mag.

<III. Formale Vereinigung mit Gott in Erkenntnis und Liebe, nicht im Sein>
Zu dem dritten mall wil ich sagen,

- wie got muge vereint werden form/170/lich mit vns als ein vernuft oder als mynne
- vnd nicht als ein wesen,
- vnd wie man es versten sulle nach des meisters synne, das got sey formlich wesen der creaturen.

Das mag man verstan in zweirhant weise.

<Begriffsbestimmung: formgebendes Sein>
<1.> Zu dem ersten mall also, das die creatur kein formlich wesen enhat, vnd das ist vnmuglich;[22] wan die creature sint geschaffen von got. Darumb haben /175/ sie enpfangen wesen nach nicht sein ir selbs. Gotlich wesen mag nicht wesen enpfachen, darumb muß die creatur ir sunderlich geschaffen wesen han, das nicht gotlich wesen sey den ein furwurff gotlicher wurkung.

<2.> Zu dem andern mall so mag man versten, das got sey formlich wesen der creaturen also: nicht das er sey ir geschaffen wesen, da ich yeczunt /180/ abgesprochen hab, mer das er hie sey wesen, auf dem bestet vnd enthalten wirt wesen aller creaturen, nicht wurklich, sunder formlich gibt ein istikeit,[23] das sie von ir selber nicht mocht haben formlich.

161 ein] er ein *A*, er *N*, das *N** ***165*** muge *in N* gestrichen* werden] wirt *N** ***168*** got] es *N* ***173*** nach] noch *N* ir] sie ir *N*

Gnade wird gleichgesetzt mit der ungeschaffenen Liebe, das ist der Heilige Geist, und diese mit dem (angeblich bei Eckhart als formaliter inhaerens *interpretierten) Ungeschaffenen, das Gott und Mensch vereinigt.*

21 *Zu ergänzen »Vernunft«.*

22 *Das heißt: Die Formkraft, die das seiende Geschöpf dies oder das seiend macht, wäre so keine geschaffene Form, sondern das Sein Gottes. Das ist jedoch unmöglich.*

23 *Dieser Begriff kommt im ›Traktat von der Minne‹ häufig vor. Als lateinische Grundbedeutung kann* existentia *angenommen werden. Ich übersetze »Istheit«.* BECCARISI, *Isticheit nach Meister Eckhart, postuliert bei Meister Eckhart (!) eine andere Bedeutung des Terminus. Das trifft hier nicht zu.*

und darum erkennt jede Vernunft, sie sei geschaffen oder ungeschaffen, die Wahrheit mit der Erkenntnis, mit der Gott sich selbst erkennt, und jede <Vernunft> gebiert in jeder vernünftigen Erkenntnis das ewige Wort und ist ein Ursprung des Heiligen Geistes und ein Ausfließen, und das ist die größte Vollkommenheit, die Gott vernünftigen Geschöpfen geben kann.

<III. Formale Vereinigung mit Gott in Erkenntnis und Liebe, nicht im Sein>
Im dritten <Teil> will ich ausführen,

- wie Gott mit uns in formprägender Weise vereint werden kann als Vernunft oder als Liebe
- und nicht als Sein
- und wie man Meister Eckharts Satz verstehen soll, Gott sei das formgebende Sein <*esse formale*> der Geschöpfe.

Das kann man in zweifacher Weise verstehen.

<Begriffsbestimmung: formgebendes Sein>
<1.> Erstens so, dass das Geschöpf kein <eigenes> formgebendes Sein hat. Das ist unmöglich; denn die Geschöpfe sind von Gott geschaffen. Darum haben sie Sein empfangen, nachdem sie selbst nichts waren. Das göttliche Sein kann kein Sein empfangen; darum muss das Geschöpf sein ihm eigenes geschaffenes Sein haben, das nicht göttliches Sein ist, sondern ein Objekt göttlichen Wirkens.

<2.> Zum zweiten kann man den Satz, Gott sei das formgebende Sein der Geschöpfe, so verstehen: Nicht, dass er deren geschaffenes Sein sei, was ich gerade verneint habe, sondern dass er hier <in diesem Verständnis> dasjenige Sein ist, auf dem das Sein aller Geschöpfe beruht und worin es enthalten ist; nicht real, sondern formbegründend verleiht er <Gott als formbestimmendes Sein> eine Istheit, die das Geschöpf aus sich selbst formbegründend nicht haben kann.

<Auseinandersetzung mit Meister Eckharts Verständnis des formgebenden Seins>

Aber ich will es beweren, das der meister nicht enmeint noch nicht enmag meynen,

- das got in diser weise sey formlich wesen der creaturen, als das die creatur /185/ von ir selber kein istigkeit enhabe.
- mer das gotlich wesen sey ir formlich istikeit.

<Hypostatische Union>

Die erst rede ist, wan alle lerer geben das der menscheit Cristi allein, das sie weste[24] in diser weyse in gotlichem wesen. Wolt man nu das geben allen creaturen, so weren alle creaturen als werlich gott als Cristus. Mer /190/ das wer vngelaub.

Aber so secz ich, das alle creaturen also bestent in gotlichem wesen, so enmag man noch dan nicht gesprechen, das got sey formlich wesen der creaturen. Wan das ist sicher, wan Cristus[25] menscheit also bestet in gotlichem wesen, also das sie kein ysticheit enhat von ir selber, vnd ist auch got *nit formlich* wesen[26] der *[219^{r}]* menscheit /195/ Cristi. Wan das gotlich wesen ist gemein den dreyen person. Wer es nu vereint formlich der menscheit Cristi, so weren die drey personen all menschen worden, vnd das ist vngelaub. Auch wie das die varbe bestet in dem stein, doch so sprechen wir nicht, das der stein sey formlich wesen der farbe. Aber wie bestet dy menscheit Cristi in personlichem /200/ wesen des sunes vnd wie sie im werd vereint als in einer istigkeit in einer formen, das ist gar vnsprechlich, vnd darumb ensage ich nicht mer darab zu disem mall.

Nu mocht yemant sprechen, ob in gotlichem wesen beste vnd werde enthalten wesen aller creaturen, darumb sey got formlich istigkeit. Herczu antburt ich, das got entheltet wesen aller creaturen /205/ als ein wurckend sache, nicht als ein forme, als wir sechen, das die sunne entheltet iren schein in der luft wesenlich vnd nicht formlichen.

183 das] da *N* ***187*** weste] beste *N* ***193*** auch] noch *N* nit formlich] mit formlichem *AN* ***196*** vngelaub] vngegelaub *N* das die] das das die *N*

---

24 weste: *Bairische Schreibereigentümlichkeit für* beste *(aus* bestân, bestên *stv.: »bestehen«,* subsistere*), so auch N, vgl. auch Z. 201; anders* Ruh, *TvdM, S. 217, A. 43:* »weste *seltene Form des Prät. von* wesen, *›existieren‹.«*

25 *Die Genitiv-Konstruktion wird öfter so gebildet, im TvdM Z. 211, 215, 223, 227, 228, im IPD Z. 19.*

26 *Meine Konjektur.* Ruh *liest:* Vnd ist noch *(Konj. aus* auch *A, N)* got mit *(so A, N)* formlichem wesen. *Den Grund für meine Konjektur gibt der Text in den folgenden Sätzen.*

<Auseinandersetzung mit Meister Eckharts Verständnis des formgebenden Seins>

Aber ich will begründen, dass der Meister nicht meint noch meinen kann,

- dass Gott in dieser Weise das formgebende Sein der Geschöpfe sei, sodass das Geschöpf für sich selbst keine eigene Istheit habe,
- sondern dass das göttliche Sein des Geschöpfes formgebende Istheit sei.

<Hypostatische Union>

Das erste Argument ist: Alle Lehrer sprechen allein der Menschheit Christi zu, dass sie in dieser <einzigartigen> Weise in göttlichem Sein bestehe. Wollte man das allen Geschöpfen zusprechen, so wären alle Geschöpfe ebenso wahrer Gott wie Christus. Aber das wäre Unglaube.

Aber auch wenn ich behaupte, dass alle Geschöpfe in dieser Weise in göttlichem Sein bestehen, so kann man doch nicht sagen, dass Gott das formgebende Sein der Geschöpfe sei. Denn das steht fest: Da die Menschheit Christi so in göttlichem Sein besteht, dass sie keine eigene Istheit aus sich selbst hat, so ist gleichwohl Gott nicht das formgebende Sein der Menschheit Christi. Denn das göttliche Sein ist den drei Personen gemeinsam. Wäre es nun formgebend mit der Menschheit Christi vereinigt, so wären alle drei Personen Menschen geworden. Und das ist Unglaube. Wenn auch – vergleichsweise – die Farbe im Stein besteht, so sagen wir doch nicht, der Stein sei das formgebende Sein der Farbe. Aber wie die Menschheit Christi im Person-Sein des Sohnes besteht und wie sie mit ihm vereinigt wird als in einer Istheit, in einer Form, das ist ganz unsagbar, und darum sage ich darüber für dieses Mal nicht mehr.

Nun könnte man einwenden: Wenn in göttlichem Sein das Sein aller Geschöpfe besteht und enthalten ist, dann sei Gott <deren> formgebende Istheit. Darauf antworte ich, dass Gott das Sein aller Geschöpfe enthält als eine Wirkursache, aber nicht als deren Formkraft, wie wir <zum Beispiel> sehen, dass der Sonnenschein in der Luft enthalten ist, und zwar mit <seinem eigenen> Sein und nicht als formgebendes <Sein der Luft>.

<Licht der Glorie>
Dy ander red ist: Wer got der creature als ein formlich istigkeit vereint – wan kein einunge inwendiger enist *den* stan in der einunge der isticheit –, so wer er auch vereint vernuftigen creaturen als ein bekentnuß /210/ oder ein bekant furwurff, und also weren alle vernuftig creaturen als ein formlich wesen, mer als ein isticheit.

Nu *moht* ymant sprechen, Cristus sele bestund in einunge des gotlichen wortes vnd het[27] doch got mugen sechen anscheulichen von craft der einunge ire vernuft, vnd waren *ir creft* uber geseczet oder erleuchtet mit dem licht der eren.

Herczu sprich ich, das /215/ Cristus sele empfencklich was des gotlichen gesichtes, darumb das sie ward vereint dem gotlichem wort. Des sach sie got weslichen, wan got *enmoht* ir nicht mynner vereint werden, und darumb enwas das kein not, das dise einunge gescheche *ubermicz* ain geschaffen forme, die die meister heissent ein licht der eren. Wan got macht sein antlutz offen/220/bar schewlichen menschlich vernuft *on*[28] licht der eren. Also spricht der *meister* bruder Thomas[29] in *[219^{v}]* czwein steten, vnd ist dicz redlich, wan licht der eren *ware ein* zuuall vnd verstunt des menschen vernuft vnvernufftigklich auß ir selber, nicht *aus* got, der in ir ist *vnsunderlich*. Wan Cristus sele die ist *redlich*, wan das gotlich liecht /225/ was ir vereint als ir istikeit, vnd darumb *moht* das licht der eren in ir nicht mere einunge gemachen. Ich sprich mer, das die vernuft Cristi got als edelich vereint was vnd merr, dan sie sich *mocht vereinen* mit dem licht der eren. Wan Cristus vernuft was edler den das licht der eren; *mer* /230/ es *wer* ein plint zuuall. Cristus vernuft ist ein bekenlich licht, darumb enmag kein geschaffen zuuall darczu gehelfen, das got were vereint mit Cristus sele gegenwurtiklich, wan er ir was vereint als ir isticheit.

207 den *N**] den einunge *A, fehlt N* ***211*** moht *N**] mag *AN* ***212*** het] hat *N** ***213*** ir creft *N* fehlt AN* ***216*** vereint] vereint mit *N* ***217*** enmoht *N**] enmaht *AN* ***218*** ubermicz] ubernucz *AN* ***220*** on] oder *AN* meister] heilig meister *AN* ***222*** ware] ist ware *AN* ein *N*] einig *A* ***223*** aus] auf *AN* vnsunderlich] vnd sundelich *AN* redlich *N*] redlichen *A* ***224*** moht *N**] mag *AN* ***226*** mocht *N*] morcht *A* vereinen] verein *AN* ***227*** mer *N**] were *AN* ***228*** wer *N*] war *A* ***230*** ir$_2$ *fehlt N*

---

27 *Die Vorlage schreibt alemannisch* het. *Das übernehmen A und zunächst N. Diese Hand korrigiert jedoch durch übergeschriebenes* a.

28 *»Ohne« ist aus* oder *konjiziert. Argumentiert wird, die Seele Christi, als kreatürliche, brauche nicht das* lumen gloriae. *Das wird hier ausgeweitet auf die menschliche Vernunft im visionären Akt (*schewelichen*) schlechthin, entsprechend der Grundthese des Traktats, dass der Mensch Gott mit derselben Minne bzw. Erkenntnis liebe bzw. erkenne, mit der sich Gott selbst erkennt bzw. liebt (TvdM Z. 47–67, 90–127).*

29 *Das* heilig *vor* meister *in A und N ist als Schreiberirrtum getilgt; gemeint ist Thomas von Straßburg. Im Kommentar werden die Belege ausführlich besprochen.*

<Licht der Glorie>
Das zweite Argument lautet: Wäre Gott mit dem Geschöpf als eine formgebende Istheit vereint – da keine Vereinigung inständiger ist als das Stehen in der Vereinigung der Istheit –, wäre er auch mit den vernünftigen Geschöpfen vereint als ein Erkennen oder als erkanntes Objekt, und so existierten alle vernünftigen Geschöpfe <durch die Vereinigung mit Gott> als ein formgebendes Sein oder vielmehr als eine <formbestimmte> Istheit.

Nun kann jemand sagen: Christi Seele bestand in der Einung mit dem göttlichen Wort und konnte doch Gott intuitiv schauen aus der Kraft der Einung ihrer Vernunft, und darüber hinaus waren ihre Kräfte erhoben und erleuchtet durch das Licht der Glorie.

Dazu antworte ich: Die Seele Christi konnte die Schau Gottes empfangen, weil sie mit dem göttlichen Wort vereint war. Darum sah sie Gott wesensgemäß, denn Gott konnte ihr nicht in geringerer Weise vereint werden; und darum war es nicht nötig, dass diese Einung mit Hilfe einer geschaffenen Form geschähe, welche die Meister das Licht der Glorie nennen. Denn Gott macht sein Antlitz intuitiv der menschlichen Vernunft ohne das Licht der Glorie offenbar. So sagt mein Ordensbruder Meister Thomas <von Straßburg> an zwei Stellen <seines Sentenzenkommentars>. Und das ist sinnvoll, denn das Licht der Glorie wäre ein Akzidens, und <so> verstünde die Vernunft des Menschen in unvernünftiger Weise aus ihr selbst, nicht aus Gott, der <doch> unzertrennlich in ihr ist. Denn die Seele Christi ist vernünftig, da das göttliche Licht mit ihr als ihre Istheit vereint war; und darum kann das Licht der Glorie in ihr keine größere Vereinigung schaffen. Ich sage darüber hinaus, dass die Vernunft Christi mit Gott in so edler Weise vereint war, und mehr, als sie sich mit Hilfe des Lichtes der Glorie hätte vereinigen können. Denn Christi Vernunft war edler als das Licht der Glorie; dies wäre vielmehr ein blindes Akzidens. Christi Vernunft ist ein Erkenntnislicht; darum kann kein geschaffenes Akzidens dazu beitragen, dass Gott mit der Seele Christi gegenwärtig vereint würde, da er mit ihr als seine Istheit vereinigt war.

<Gott das formgebende Sein der Geschöpfe? – Deutungsmöglichkeiten>
Die dritte rede ist: Wer got formlich wesen der creaturen, so wer er ir forme vnd auch ir wurkende sache, mer das haben alle meister widersprochen.

<Idee, doppelte Seinsweise>
Zu dem *ersten* mall mag man verstan, das got sey formlich /235/ wesen aller creaturen also, daz die creatur hab ir eygen wesen, nicht allein wesen der weßlicheit, mer auch wesen der isticheit. Also doch das ditz wesen, das die creature ist, enist nicht ein anders wesen von dem wesen, das sie in got hat. *Mer* es ist dasselb wesen in einer andern weise, als das selb haus, das da ist in des zymermannes vernuft gegenwurflich, ist /240/ in dem stein vnd in dem holcz materlich. Vnd darumb *mocht* man werlich sprechen, das haus ist in des zymermannes bekentnusße vnd formlich wesen des außwendigen hauses in der materien. Darumb ensint hie nicht zwey heuser, mer eines, vnd das in einer anderen weise in dem bekentnusse vnd in einer anderen weise in der materien. Vnd darumb ist *got* ein /245/ formlich wesen.

<Unorthodoxe Deutung>
Das ander. Nu sint alle creaturen in got bekentlichen als das haus in dem zimerman, also das das selb weslich ist in got vnd in seiner eygen naturen; und die anderheit, die zwischen got ist vnd der creaturen, mach*[220r]*et allein anderheit der wesen. Vnd darumb mag man werlich sprechen: Got ist formlich wesen der creaturen vnd got ist /250/ der creaturen *istigkeit.* Vnd mag man auch wol sprechen: Die creature ist formlich wesen gotes, der ist got. Vnd mag nach *disem* synne heissen ein iglich vernuftig creature »sich selber geschaffen von nicht«, vnd mag sich selber furwurflichen in dem ewigen leben *bekennen.*

Also verstan ich den meister, das er sprichet, Got sey formlich wesen.

<Ergebnis>
Herczu sprich /255/ ich, das chein dinck enmag enpfachen, das es an ime hat oder das es ist. Warumb nu kein dinck sein enmag, es ensey ein wesen, darumb enmag kein dinck enpfachen ein anders dan sein wesen.[30] Mer: ein dinck mag

233 ersten] dritten *AN* **236** sie *fehlt N* **239** mocht *N**] macht *AN* **243** got *fehlt* **248** istigkeit *N* fehlt AN* **249** disem *N*] disen *A* **250** vernuftig] vernuft der *N* **251** bekennen *N* fehlt AN*

---

30 *Vgl. Eckhart, In Gen. II n. 68, LW I,1, S. 534,4–6:* Avicenna etiam ponit quod quid est sive quiditatem, quae et ratio est, non esse ab alio. Haec enim ›Homo est animal‹ vera est quocumque alio circumscripto. *(Übers. ebd.: »Auch Avicenna lehrt, dass das, was etwas ist, oder seine Washeit, die auch seine Idee ist, nicht von einem andern ist. Denn der Satz ›Der Mensch ist ein Sinneswesen‹ ist wahr, auch wenn man von allem andern absieht.«) Vgl. auch In Sap. n. 20, LW II, S. 341,6–9; dort als Fundstelle Avicenna, Met. I, c. 7 (73va 24–32) und Met. V, c. 1 (87ra 18–24).*

<Gott das formgebende Sein der Geschöpfe? – Deutungsmöglichkeiten>
Das dritte Argument lautet: Wäre Gott das formgebende Sein der Geschöpfe, so wäre er zugleich ihre Form und auch ihre Wirkursache. Das aber haben alle Meister verneint.

<Idee, doppelte Seinsweise>
Erstens kann man es so verstehen, dass Gott das formgebende Sein aller Geschöpfe sei, sodass das Geschöpf sein eigenes Sein hat, und zwar nicht nur das Sein der Wesenheit, sondern auch das Sein der Istheit. Das heißt gleichwohl, dass dieses Sein, welches das Geschöpf ist, kein anderes Sein ist als das Sein, welches das Geschöpf in Gott hat. Es ist vielmehr dasselbe Sein in einer anderen Weise, wie dasselbe Haus, das in der Vernunft des Zimmermanns als Erkenntnisgegenstand ist, auch materiell in Stein und Holz existiert. Und darum kann man in Wahrheit sagen: Das Haus ist in der Erkenntnis des Zimmermanns und <ist zugleich> formgebendes Sein des äußeren materiellen Hauses. Darum gibt es da nicht zwei Häuser, sondern nur eins, und zwar in der einen Weise in der Erkenntnis und in der anderen Weise in der Materie. Und darum ist Gott ein formgebendes Sein.

<Unorthodoxe Deutung>
Zweitens: Nun sind alle Geschöpfe in Gottes Erkennen wie das Haus im <Geiste des> Zimmermanns. Also ist dasselbe dem Sein nach in Gott und in seiner eigenen Natur; und die Verschiedenheit, die zwischen Gott und dem Geschöpf besteht, stiftet allein die Verschiedenheit der Seinsweisen. Und darum kann man in Wahrheit sagen: Gott ist formgebendes Sein der Geschöpfe und Gott ist der Geschöpfe Istheit. Und man kann auch mit Recht sagen: Das Geschöpf ist das formgebende Sein Gottes, der Gott ist. Und es kann in diesem Sinne ein jedes Geschöpf »selbst geschaffen aus nichts« heißen, und es kann sich selbst als Erkenntnisgegenstand im ewigen Leben erkennen.

So verstehe ich es, wenn der Meister sagt, Gott sei formgebendes Sein.

<Ergebnis>
Dazu sage ich, dass kein Ding empfangen kann, was es an ihm selbst hat oder was es ist. Da nun kein Ding sein kann, es sei denn ein Sein, darum kann kein Ding etwas anderes als sein <eigenes> Sein empfangen. Aber: Ein Ding kann

dem anderen wol vereint werden als ein istikeit, als das ewig wort ist vereint der menscheit Cristi als ir istikeit; mer doch *enist* das wort /260/ nicht ir formlich wesen eygentlich zu sprechen, mer es ist ir formlich istikeit. Aber das vns got vereint *wirt* formlich als ein bekentnusse oder ein mynne –, darumb ist gnug, das wir dem bekantnusse oder der minne uolgen. Darumb, allein daz in got sey formlich bekentnusse, minne vnd wesen, doch wirt vns got vereint als bekentnusse vnd als myn vnd nicht /265/ als wesen. Aber disß aynung ist in disem leben vnuolkumen, wan sie geschicht *ubermicz* geschaffen bild biß in dem ewigen leben. Da ist es volkumen, wan da wirt er vns vereint als bekentnusse vnd als myn, und also das wir in bekennen vnd mynnen mit dem bekentnuß vnd myn, mit dem er sich selber bekennet vnd mynnet vnd alle creaturen.

/270/ Amen.

256 vereint$_2$] vereint mit *N* ***257*** enist *N*] an ist *A* ***259*** wirt *N**] werden *AN* ***260*** der] die *N* ***263*** ubermicz] uber nucz *AN*

mit dem anderen wohl vereinigt werden als eine Istheit, wie das ewige Wort mit der Menschheit Christi als ihre Istheit vereinigt ist; aber dennoch ist das Wort nicht ihr formgebendes Sein im eigentlichen Sinne, sondern es ist ihre formbestimmte Istheit. Aber da Gott mit uns formgebend vereint wird als ein Erkennen oder ein Lieben –, darum genügt es, dass wir dem Erkennen oder der Liebe folgen; denn, obwohl in Gott formgebendes Erkennen, Liebe und Sein ist, wird dennoch Gott mit uns als Erkenntnis und als Liebe vereint und nicht als Sein. Aber diese Einung ist in diesem Leben unvollkommen, da sie mit Hilfe eines geschaffenen Bildes geschieht bis zum ewigen Leben. Dort ist es vollkommen, denn dort wird er mit uns vereinigt als Erkenntnis und als Liebe, sodass wir ihn erkennen und lieben mit der Erkenntnis und der Liebe, mit der er sich selbst erkennt und liebt und alle Geschöpfe.

Amen.

3.3 *Kommentar*

Der ›Traktat von der Minne‹ ist erstmals von Kurt Ruh kritisch herausgegeben und kommentiert worden.[31] Nachdem meine Studie über den ›Traktat von der Minne‹ erste Einblicke in die augustinische Grundposition des Werkes geben konnte,[32] legt dieser Kommentar differenzierte Übereinstimmungen mit der Lehre des Johannes von Basel vor, um Indizien für die These zu sammeln, dass dieser Magister der Meister des Lehrgesprächs ist. Dieser Traktat steht deshalb am Anfang, weil die Übereinstimmungen hier am offensichtlichsten sind. Er ist auch im Gedankengang und Sprachstil den Universitätsschriften am engsten verwandt; vielleicht ist er deshalb auch als das erste deutschsprachige Werk des Autors anzusehen.

Wie Kurt Ruh bemerkt hat, enthält die literarische Form des Textes Elemente einer Quaestio und einer Abhandlung. Wenn Ruh die Strukturelemente der Quaestio des Thomas von Aquin zum Vergleich heranzieht, lässt er außer Acht, dass die formale Gliederung der wichtigsten akademischen Schriften (Sentenzenkommentar, Summa, Quaestio disputata) sich im 14. Jahrhundert erweitert und den jeweiligen Zielsetzungen angepasst hatte, ohne das Grundprinzip der Quaestio aufzugeben, das ist die Begründung einer Folge von Thesen durch Gegenargumente und Argumente.

Entsprechend dem methodischen Ansatz dieser Untersuchung ziehe ich zum Vergleich wiederum die Aufbauformen der Werke des Johannes von Basel heran. Das Grundschema seiner Quaestionen bringt nach der Formulierung der Frage (*Utrum* ...), die zugleich die These des Magisters darstellt, zunächst einige Gegenargumente (*Quod non* oder *Argumenta principalia*), danach eine kurze formelle Entgegnung auf die Haupteinwände (*In oppositum*) und die erste These (*Conclusio*), die die Position des Magisters definiert. Sie wird begründet (*Patet, quia* oder *Probatur, quia*) und dann durch drei Unterthesen (*Corollaria*)[33] aufgeschlüsselt, die wiederum schematisch begründet werden. Je nach Bedarf werden weitere Gegenargumente und deren Widerlegung zur Conclusio eingefügt. Dieses Schema der Conclusio und Corollaria wird in jeder Quaestio zweimal wiederholt. Grundsätzlich wird dieses Schema in den vier Büchern des Sentenzenkommentars des Johannes von Basel beibehalten. Für das erste und zweite Buch ist je ein ›Principium‹ erhalten, das jeweils aus einer Collatio, das heißt hier einer auf das Thema des Buches bezogenen Schriftbetrachtung, und einer Quaestio besteht. In diesen theologischen Grundsatzerklärungen passt

---

31 Ruh, Traktat von der Minne. Zusätzlich findet sich eine Würdigung des ›Traktats von der Minne‹ bei Ruh, Geschichte der abendländischen Mystik, Bd. III, S. 362–366 und McGinn, The ›Traktat von der Minne‹.

32 Witte, Der ›Traktat von der Minne‹, der Meister des Lehrgesprächs und Johannes Hiltalingen von Basel.

33 In den ›Responsiones‹ werden auch vier oder mehr Corollaria gebracht.

der Autor das Aufbauschema seiner Quaestio dem Umfang und seiner Zielsetzung an, das ist hier die Rechtfertigung seiner theologischen Grundthese in einer Diskussion mit den Positionen einiger Universitätskollegen.

Nach diesem Schema kann man auch die ersten beiden Teile des ›Traktats von der Minne‹ lesen. Die Grundthese der Quaestio lautet mit dem Zitat aus dem Johannesbrief: »Gott ist die Liebe« (I Io 4,16). Die prinzipiellen Einwände folgen mit zwei Argumenten der Sententia communis: Liebe ist eine geschaffene Form oder eine eingegossene Tugend. Nach dieser Entgegensetzung folgt die Disposition:

»Dass diese Auslegung wahr ist, will ich
<I.> zuerst mit zwei Argumenten begründen.
<II.> Danach werde ich Gründe anführen, welche die Eingangseinwände widerlegen.
<III.> Drittens werde ich darlegen, wie Gott mit dem Menschen als Liebe vereinigt wird und nicht als Sein.[34]

Diese Gliederung, die im ›Traktat‹ genau eingehalten wird, bestimmt die Durchführung der Quaestio, indem in einer ersten Conclusio (I.) die theoretische Grundlage der These bestimmt und anhand von Corollarien entfaltet wird: Gott ist dem Wesen nach die Liebe, das heißt die Liebe ist Gott. Anschließend (II.) werden die prinzipiellen Einwände widerlegt. Und schließlich präzisiert eine zweite Conclusio (III.) die Grundthese: Gott ist mit dem Menschen in Erkenntnis und Liebe vereint. Diese These bringt eine Erweiterung mit sich: Es handelt sich nicht um eine Vereinigung des Menschen mit Gott im Sein. Das zielt auf eine Auseinandersetzung mit Meister Eckhart.

I. These der Quaestio: Gott ist die Liebe.

Die These dieser Quaestio, die in akademischen Texten in Frageform (*Utrum ...*) vorgetragen wird, stellt sich hier als Zitat aus dem ersten Johannesbrief vor: »Gott ist die Liebe« (I Io 4,16). In der Durchführung erhält diese Formulierung Präzisierungen: »Gott ist seinem Wesen nach Liebe« und »Die Liebe ist Gott«. Diese Zielgestalt der Quaestio, die der Hauptthese Meister Eckharts, »Das Sein ist Gott«, parallel gestaltet ist, wird als der wahre Sinn der Lehre Eckharts vom »Ungeschaffenen in der Seele« vorgestellt. Es schließt sich in der Quaestio folgerichtig eine abschließende Auseinandersetzung mit Meister Eckhart an, die als Quintessenz feststellt: Nicht durch das Sein, sondern durch Erkennen und Lieben durchformt Gott das Innerste des Menschen.

---

34 TvdM Z. 30–34: *Warheit des sins will ich zu dem ersten bewaren mit zwein reden. Dar nach wil ich die red außlegen, die disen sin wider sprechent. Zu dem dritten mall wil ich sprechen, wie got mit dem menschen wirt vereint als minne, nicht als wesen.*

Es ist außergewöhnlich, dass als Titel der Quaestio hier ein Bibelzitat auftritt. Dessen Aussage wird in der Durchführung der Quaestio allerdings in scholastischer Argumentation entfaltet.

Dass die Liebe Gottes Gott ist, wird mit der Formel begründet: »Denn was in Gott ist, das ist Gott.« *Wan was in got ist, das ist got* (TvdM Z. 37). Diese These ist auch ein Hauptargument in einer Diskussion mit einem Bakkalaureus aus dem Karmeliterorden, die im ersten und zweiten ›Principium‹ des Sentenzenkommentars referiert wird.

> »Das göttliche Handeln ist nichts anderes als sein Sein. <...> Das göttliche Handeln ist entweder sein Wollen oder sein Erkennen oder beides zusammen. <...> Die Weise des Handelns Gottes ist Gott. Begründung: Jedes Wirken Gottes ist Gott«.[35]

Das ist die metaphysische Fassung der biblischen These »Gott ist die Liebe« und deren Weiterführung: »Die Liebe ist Gott«. Diese Diskussion in den beiden ›Principia‹ des Johannes von Basel schlägt einen Bogen zur ›Responsio‹ Nr. 4: »Bringt die erste Erkenntnis- und Willenskraft in ihrer angestammten ersten Freiheit die Vielfalt der Dinge nach außen in derselben Weise hervor, in der sie sein einziges Wort nach innen prinzipiiert?«[36] Diese Quaestio diskutiert in aller Ausführlichkeit mit dem Franziskaner Richard Brinkley das Handeln Gottes nach innen (Zeugung des Wortes) und nach außen (Vielheit der Dinge). Dabei weist der Autor auch darauf hin, dass er zu genau demselben Thema in den ›Principia‹ des ›Sentenzenkommentars‹ gegen den Bakkalaureus der Karmeliter Stellung genommen hat.[37] Allein schon dieser Rückverweis zeigt an, dass es sich um ein Herzstück der Theologie des Augustinermagisters handelt. Das Thema wird in der Auseinandersetzung mit Meister Eckhart eine zentrale Rolle spielen.

---

35 Iohannes de Basilea, In Sent. I, princ. 1, q. unica, ad 3, prop. 1 et 3; Bd. I, S. 152,11–20: *Non est aliud divinum agere et eius esse. <...> divinum agere vel est eius velle, vel intelligere. <...> Modus agendi Dei est Deus. Probatur, quia divinum agere vel est eius velle, vel intelligere, vel utrumque simul. <...> Modus agendi Dei est Deus. Probatur: Omnis actio Dei est Deus.* Dieselbe Diskussion siehe Iohannes de Basilea, In Sent. II, princ. 2, q. unica, concl. 4, cor. 3; Bd. III, S. 41–44.

36 Iohannes de Basilea, Resp. q. 4; F fol. 51ra; W fol. 42^{v}, M fol. 239va: *Utrum summae libertatis ingenua prima intellectiva ac volitiva eodem modo, quo unicum verbum suum principiat ad intra, pluralitatem rerum producat ad extra.*

37 Iohannes de Basilea, Resp. q. 4, concl. 3, cor. 3 contra Brinkil und ebd., post cor. 3; ed. Witte, S. 353,332–336. (Übers. ebd.): *Ex his tamen nolo dicere, quod deus principiet aliqualiter ad extra, qualiter non principiet; quia oppositum huius in ›Principiis Sententiarum‹ sustinui contra Bachallarium Carmelitarum, et latius apparet ex eisdem.* (»Damit will ich aber nicht sagen, dass Gott irgendwie nach außen prinzipiiert, wie er nicht prinzipiiert; denn ich habe das Gegenteil dieser Behauptung in den ›Principia‹ meines ›Sentenzenkommentars‹ gegen einen Bacchalaureus der Karmeliter vertreten, und dort ist es des Weiteren ersichtlich.«)

Diese Quaestio Nr. 4 der ›Responsiones‹ kann man als ein Verbindungsstück zwischen den ›Principia‹ des ›Sentenzenkommentars‹ des Johannes von Basel und dem ›Traktat von der Minne‹ und, wie sich zeigen wird, auch dem ›In-principio-Dialog‹ betrachten. Deutlich ist im Titel der Quaestio bereits zu erkennen, dass Erkenntnis und Wille hier wie im ›Traktat von der Minne‹ in den Vordergrund gerückt werden. Dagegen wird Eckharts angebliche Lehre vom *formlich wesen* (*esse formale*) als Grund der Vereinigung mit Gott zurückgewiesen.

Auseinandersetzung mit der These des Lombarden: Die Liebe, mit der wir Gott und den Nächsten lieben, ist der Heilige Geist.

Der prinzipielle Widerspruch gegen die Hauptthese der Quaestio bedient sich der gemeinscholastischen Zurückweisung der Position des Petrus Lombardus:

> »Der Heilige Geist selbst ist die Liebe (*amor*) des Vaters und des Sohnes, mit der sie sich gegenseitig und uns lieben (*amant*). Doch dem ist hinzuzufügen, dass eben derselbe Heilige Geist die Liebe (*amor*) oder die Caritas ist, mit der wir Gott und den Nächsten lieben (*diligimus*).«[38]

In diesem Satz sind alle geläufigen Bezeichnungen der Liebe versammelt. Mit der These des Lombarden, die sich in seinen ›Sentenzen‹ I, d. 17 findet und an derselben Stelle in allen scholastischen Lehrbüchern diskutiert wird, würde man akzeptieren, dass die Liebe und die Gnade nicht geschöpfliche, modern würden wir sagen ›psychologische‹ Kräfte sind, sondern unmittelbare Einwirkungen des Heiligen Geistes. Doch eine mächtige Front richtet sich gegen ein solches direktes Hereinwirken Gottes in das Geistes- und Seelenleben des Menschen. Darum sagt der Autor des ›Traktats von der Minne‹:

> »Die Meister sagen gemeinsam, dass die Liebe eine geschaffene Form oder eine eingegossene Tugend sei, die den Willen des Menschen dazu geneigt macht, Gott lobenswert <das heißt verdienstlich> zu lieben.« *Die meister sprechent gemeinclichen, das mynne sey ein geschaffen forme oder ingegossen tugent, die des menschen willen neiget, got zu minnen loblich* (TvdM Z. 2 f.).

Auch Dionysius der Karthäuser, dessen Sentenzenkommentar aus dem 15. Jahrhundert durch seine ausführlichen Zitate der scholastischen Tradition uns immer noch einen brauchbaren Einblick in die Meinungsvielfalt der Meister gibt, bestätigt die einhellige Opposition der Schule gegen die These des Lombarden und damit indirekt auch gegen Johannes von Basel und den ›Traktat von der

---

38 Petrus Lombardus, Sent. I, d. 17, c. 1, n. 2; Bd I,1, S. 142,8–11: *Spiritus Sanctus amor est Patris et Filii, quo se invicem amant et nos. His autem addendum est quod ipse idem Spiritus Sanctus est amor sive caritas, qua nos diligimus Deum et proximum.*

Minne‹: »Dagegen steht die allgemeine Lehre der Gelehrten.«[39] Das belegt er mit Zitaten von Thomas von Aquin, Petrus von Tarentasia, Richard von Mediaville, Bonaventura, Albertus Magnus und Johannes Duns Scotus. Er führt aber auch an, dass der Augustinereremit Aegidius Romanus eine leicht abweichende Meinung vertritt.[40] Dazu später mehr.

Der Einwand der Meister tritt im ›Traktat von der Minne‹ als Gegenthese auf. Sie besagt, jede Tugend, demnach insbesondere die Liebe, gewinne ihre Leichtigkeit und Annehmlichkeit dadurch, dass die notwendigen Handlungen und Entschließungen eingeübt, habituell, also Gewohnheiten und Einstellungen geworden sind; ferner, dass sie Manifestationen der menschlichen Freiheit sind. Das wäre nicht gegeben, wenn der Heilige Geist sie als äußerer Urheber bewirkte. Dieses Argument findet sich bei Thomas von Aquin: Eine habituelle Formkraft müsse die natürliche Fähigkeit zur Liebe geneigt, leicht und angenehm machen.[41] Auch sagt er, wenn der Heilige Geist die Liebe bewirke, sei der menschliche Geist nicht selbst das Bewegungsprinzip des Handelns, und daraus folge, dass das Lieben nicht freiwillig geschehe.[42]

II. Widerlegung der prinzipiellen Gegenargumente

Die Widerlegung dieser Anfangsargumente folgt im Text erst nach der ersten Hauptthese. In dieser Stellungnahme des ›Traktats von der Minne‹ wird die Brisanz der These des Lombarden, die auch unser Autor hier vertritt, deutlich.

> »Dazu sage ich: Es ist nicht der Fall, dass die Formkraft, die den Menschen geneigt macht, Gott zu lieben, geschaffen ist; denn der Heilige Geist selbst ist die Form.« – *Herczu sprech ich, das des nicht enist, das die forme, die den menschen neyget, got zu mynnen, sey geschaffen, wan der heylig geist ist die forme selb* (TvdM Z. 134 f.).

---

39 Dionysius Cartusianus, In Sent. I, d. 17, q. 1; Op. omn., Bd. XX, S. 9b: *In contrarium est communis doctrina doctorum.*

40 Ebd., Bd. XX, S. 13b–14b.

41 Thomas de Aquino, Sth. II-II, q. 23, a. 2 co: *Unde maxime necesse est, quod ad actum caritatis existat in nobis aliqua habitualis forma superaddita potentiae naturalis, inclinans ipsam ad caritatis actum, et faciens eam prompte et delectabiliter.* (»Darum ist es höchst notwendig, dass zum Akt der Liebe in uns eine habituelle Form besteht, die dem natürlichen Vermögen hinzugefügt ist, welche dieses zum Akt der Liebe geneigt und sie handlungsbereit und angenehm macht.«)

42 Thomas de Aquino, ebd.: *Non enim motus caritatis ita procedit a spiritu sancto movente humanam mentem quod humana mens sit mota tantum et nullo modo principium huius motus, sicut cum aliquod corpus movetur ab aliquo exteriori movente. Hoc enim est contra rationem voluntarii, cuius oportet principium in ipso esse* <…>. *Unde sequeretur quod diligere non esset voluntarium.* (»Der Bewegungsanstoß der Liebe geht nicht so vom Heiligen Geist aus, dass er den menschlichen Geist bewegt und dass der menschliche Geist nur bewegt wird und in keiner Weise der Anfangsimpuls [*principium*] dieser Bewegung ist, wie wenn ein Körper von einem äußeren Beweger bewegt wird. Das wäre nämlich gegen das Wesensmerkmal des Freiwilligen, dessen Anfangsimpuls in ihm selbst liegen muss <…>. Daraus würde nämlich folgen, dass die Liebe nicht freiwillig wäre.«)

Damit bejaht der Autor gerade das, was für die meisten Scholastiker die These des Lombarden so anstößig macht. Sie meinen, Gott könne nicht selbst die Formkraft sein, die den Menschen oder eine seiner Eigenschaften konstituiert. Eine geschaffene Bereitschaft, die Fähigkeit zur Liebe, könne nur durch eine geschaffene (natürliche) Kraft geformt werden. Wiederum wird hier das Thema berührt, das in der Auseinandersetzung des Johannes von Basel mit Meister Eckhart eine Rolle spielen wird, die Frage, ob Gott das formgebende Sein des Geschöpfs sein könne. Diese Frage wird auch im ›Traktat von der Minne‹ in der Widerlegung des Standardarguments aufgegriffen, das besagte, wenn der Heilige Geist die Seele zur Liebe bewegte, wäre die Liebe nicht frei. Dagegen sagt der Autor der Minne-Quaestio:

> »Ich sage nicht, dass die Liebe allein vom Heiligen Geist sei, sondern sie entspringt auch aus der Freiheit des Willens, doch so, dass der Mensch in der Liebe mehr gewirkt wird, als er wirkt.« – *Ich sprich nicht, das die mynne allein sey von dem heyligen geist, mer sie ist auch von freyheit des willen, doch also das der mensch in minnen mer wirt geworcht, den er wurcket* (TvdM Z. 148–150).

Demnach ist der Heilige Geist nicht die einzige und wirkmächtige Formkraft in der Liebe, sondern es wird ein spezifisches Zusammenwirken des Heiligen Geistes, das heißt der Gnade und des freien Willens, angenommen. Das ist ein Schulkennzeichen der Augustinertheologie, und es enthält zugleich einen Hinweis darauf, dass hier nicht angenommen wird, Gott sei das formgebende Sein des Menschen, anders als vermeintlich bei Meister Eckhart.

Johannes von Basel: Rechtfertigung der These des Lombarden

Mit diesen Gedanken treten wir in das Argumentationsfeld des Johannes von Basel ein. In seiner Quaestio 16, die zu der problematischen Distinctio 17 des ersten Buches gehört, bildet dieser die Conclusio: »Die Natur des ungeschaffenen Geistes ist die innere Liebe des Geistes <und> ohne Beeinträchtigung der Vollkommenheit dessen lebendige Formkraft; wenn diese nicht die Handlung anstößt, wird das vernünftige Geschöpf nicht hinreichend erhoben, Gott lieb und gnadenwert zu sein.«[43] Dass damit eine diskussionswürdige Aussage gemacht wurde, wird im erläuternden Corollarium klar: »Nicht jede Formkraft, die jemandem beisteht oder ihn verlockend unterstützt, ist in ihm konstitutiv, innewohnend oder im eigentlichen Sinne formgebend.«[44] Damit wird verneint, die Liebe bzw. der Heilige Geist sei ontologisch ein Strukturelement des Lie-

---

43 Iohannes de Basilea, In Sent. I, d. 17, q. 16, concl. 2; Bd. II, S. 183,2–4: *Spiritus increati natura est dilectio mentis interna, sine imperfectione vitalis eius forma, qua non actuante non elevatur creatura rationalis sufficienter ad Deo carum et gratuitum esse.*

44 Iohannes de Basilea, In Sent. I, d. 17, q. 16, concl. 2, cor. 1; Bd. II, S. 183,13–16: *Non omnis forma alicui insistens vel assistens elicitive eidem inest constitutive, inhaesive vel proprie informative.*

benden. In der nachgeschobenen Erläuterung werden einige Weisen benannt, wie man sich die Einwirkung dieser Formkraft, die der Heilige Geist ist, vorstellen kann: »stellvertretend, beispielhaft, als hervorbringende Kraft, ursächlich, auszeichnend, übernatürlich.«[45]

Mit diesen Argumenten versucht Johannes von Basel seine These zu stützen, die Gnade bzw. die Liebe sei nicht eine geschaffene Formkraft, das heißt, die gnadenhafte Liebe sei nicht der geschöpfliche eingegossene Habitus. Darin stimmt Johannes von Basel also mit dem ›Traktat von der Minne‹ überein, und zwar auch in der zitierten Unterscheidung, der Heilige Geist sei nicht allein die Formkraft der Liebe.

Um diese Einschränkung zu begründen, lässt Johannes von Basel einen Abschnitt mit Argumenten gegen seine These folgen. Kurzgefasst wird eingewandt, die These sei wörtlich die Position des Petrus Lombardus, gegen die folgende Unverträglichkeiten sprächen: Der Akt der Liebe sei nicht verdienstlich, nicht freiwillig und nicht angenehm.[46] Diese drei angeblichen Unverträglichkeiten widerlegt Johannes von Basel hier nicht, sondern verweist darauf, dass Aegidius sie zurückgewiesen habe. In der Tat argumentiert dieser wie der ›Traktat von der Minne‹, dass auch die Einwirkung des Heiligen Geistes die Liebe verdienstlich, angenehm und freiwillig mache. Dabei rekurriert er ebenfalls auf den Vorrang der Gnade bei der Mitwirkung des freien Willens, wie es ja auch der Meister des Lehrgesprächs sowie Johannes von Basel sehen. Darüber hinaus nimmt er zur Frage der einwohnenden Form in einer Weise Stellung, der Johannes von Basel und der ›Traktat von der Minne‹ folgen könnten:

> »Und dass gesagt wird, dass der Heilige Geist nicht die einwohnende Form ist, ist nichtig. Denn wie offenkundig ist: Auch wenn Gott nicht die einwohnende Form ist, wird er doch irgendwie durch einen erhebenden Habitus der Glorie unserer Vernunft vereint, er bewirkt quasi als dessen Form, dass dieser zu jenem Akt fortschreiten kann, der die Erkenntnis Gottes durch ihn selbst ohne ein vermittelndes Erkenntnisbild ist. Ebenso wird irgendwie der Heilige Geist dem Willen verbunden und er bewirkt quasi als dessen

---

45 Ebd., post cor. 1; Bd. II, S. 183,16 f.: *Patet, quia potest sibi intrinsece communicari repraesentative, exemplariter, immutative, causaliter, elevative, supernaturaliter.* (»Das leuchtet ein, denn die Formkraft kann sich ihm innerlich stellvertretend, beispielhaft, als hervorbringende Kraft, ursächlich, auszeichnend, übernatürlich mitteilen.«)

46 Iohannes de Basilea, In Sent. I, d. 17, q. 16, concl. 2, post cor. 3, contra ista; Bd. II, S. 184,13–16: *Contra ista dicta potest argui, et primo contra conclusionem: Nam ista videtur esse in forma positio Magistri, ad quam inconvenientia sequuntur: Primo, quod actus caritatis non erit meritorius. Secundo, quod non voluntarius. Tertio, quod non delectabilis.* (»Gegen diese Ausführungen kann argumentiert werden, und zwar erstens gegen die Conclusio: Denn diese scheint wörtlich die Position des Magisters <Petrus Lombardus> zu sein, gegen die die folgenden Unverträglichkeiten sprechen: Erstens, dass der Akt der Liebe nicht verdienstlich, zweitens, dass er nicht freiwillig, drittens, dass er nicht angenehm wäre.«)

Form, dass durch den mit ihm verbundenen Willen der verdienstliche Akt der Liebe ohne einen anderen Habitus der Liebe fortschreiten kann.«[47]

Abgrenzung vom Lombarden

Dass Johannes von Basel als generellen Einwand auch anführt, seine These sei inhaltlich die Position des Petrus Lombardus, bringt eine weitere Parallele zum ›Traktat von der Minne‹ mit sich. Seine erste Entgegnung darauf stellt nämlich fest: »Wenn gesagt wird, diese <These> sei wörtlich die Position des Magisters, antworte ich darauf, dass die Erklärung, der gemäß die Position des Magisters gemeinhin ausgelegt wird, falsch ist«.[48] Zum inhaltlichen Erweis dieser Antwort wurde, wie gezeigt, die Argumentation des Aegidius bemüht. Daneben führt der Hiltalinger zwei weitere Gründe an, die hier zutreffend sind: »Erstens, weil ich nicht behaupte, der Heilige Geist sei auf formbestimmende Weise die Liebe des <menschlichen> Geistes, obschon <er> innerlich <einwirkt>.«[49] Diese Rechtfertigung des Johannes von Basel spiegelt sich in dem bereits zitierten Zugeständnis des ›Traktats von der Minne‹:

> »Ich sage nicht, dass die Liebe allein vom Heiligen Geist sei, sondern sie entspringt auch aus der Freiheit des Willens, doch so, dass der Mensch in der Liebe mehr gewirkt wird, als er wirkt.« – *Ich sprich nicht, das die mynne allein sey von dem heyligen geist, mer sie ist auch von freyheit des willen, doch also das der mensch in minnen mer wirt geworcht, den er wurcket* (TvdM Z. 148–150).

Das Zusammenwirken der Gnade und des freien Willens war seit jeher ein vieldiskutiertes Problem, das in der frühen Neuzeit zum sogenannten »Gnadenstreit« führte. Im ›Audi-filia-Dialog‹ und im ›Gratia-Dei-Traktat‹[50] wird das Zusammenwirken konstatiert, ohne das Problem zu vertiefen. Es ist im gemeinscholastischen Konzept der zuvorkommenden Gnade gefasst. Der ›Audi-

---

47 Aegidius Romanus, In Sent. I, d. 17, p. 1, q. 1, a. 1; ed. Corduba 1699, fol. 323[rb]: *Et quod dicitur, quod Spiritus Sanctus non est forma inhaerens, frivolum est. Nam sicut patuit, licet Deus non sit forma inhaerens, tamen secundum quod unitur intellectui nostro per habitum gloriae elevantem, efficitur quasi forma eius, ut possit progredi in illum actum, qui est intelligere Deum per se ipsum absque specie media: sic secundum quod Spiritus Sanctus coniungitur voluntati, prout est nostra voluntas per gratiam elevata, efficitur quasi forma eius, ut possit a voluntate sic ei coniuncta progredi actus dilectionis meritorius absque alio habitu caritatis.*

48 Iohannes de Basilea, In Sent. I, d. 17, q. 16, concl. 1, post cor. 3, ad ista; Bd. II, S. 185,10–12: *Ad ista respondeo, <...>, quando dicitur, quod haec sit in forma positio Magistri, dico, quod secundum expositionem, secundum quam positio Magistri communiter exponitur, quod hoc est falsum.*

49 Iohannes de Basilea, In Sent. I, d. 17, q. 16, concl. 1, post cor. 3, ad ista; Bd. II, S. 185,13 f.: *Primo, quia ego non pono Spiritum Sanctum esse caritatem mentis informative, licet intrinsece.*

50 Im AFD I, c. 6; fol. 55vb, Z. 269–273 (hier wenige Zeilen später zitiert), im GDT Z. 22–36.

filia-Dialog‹ beschreibt anschaulich, was der ›Traktat von der Minne‹ in dem zitierten Satz zusammenfasst:

> »Sie <die zuvorkommende Gnade> tut zwei Dinge: Sie weckt den Willen mit guten Gedanken und gibt dann dem Willen ein Wohlgefallen an den Gedanken, wie die Menschen es oft empfinden, die in Sünden gewesen sind. Denn sie wurden von den Sünden bekehrt; das geschah so, dass ihnen zuerst gute Gedanken kamen, einem in dieser Weise, einem anderen in einer anderen Weise. Wenn das geschehen ist, so gab der Wille seine Gunst zu den Gedanken hinzu, dass er auch denken wollte, wie er selbst von den Sünden loskäme. Das alles wirkt die zuvorkommende Gnade, denn sie weckt den schlafenden Willen und den gefangenen Willen auf.« – *Sù <die fùrkomende gnåde> tůt zwey ding. Sù wecket den willen mit gůten gedencken vnd git denn dem willen ein wolgefallen der gedencke, alz die mo̊nschen dick empfindent, die in sùnden gewesen sint. Wån sù wurdent bekert von den sùnden, daz geschach also, daz in an dem ersten koment gůte gedencke, einem in der wise, dem andern in einer andern wise. So daz geschach, so gab denn der wille sinen gunst zů den gedencken, daz er ioch wolte gedencken, wie er kåme von den sùnden. Daz wùrket alles die fùrkomende gnåde; wån sù wegket den slåffenden willen vnd den gefangenen willen* (AFD I, c. 6; fol. 55vb, Z. 274–281).

Das entspricht genau der Gnadenlehre des Johannes von Basel. Er behandelt das Zusammenwirken der Gnade mit dem freien Willen ausführlich und differenziert, wie Adolar Zumkeller darstellt.[51] Zum Beleg der angeführten Stelle genügt der Hinweis auf folgende Ausführungen:

> »Obwohl der Wille des Erdenpilgers die unmittelbare Wirkursache jeder verdienstlichen oder unverdienstlichen <strafwürdigen> Handlung ist, rechtfertigt dennoch Gott so den <menschlichen> Geist und unterstützt ihn mithilfe der Gnade wirksam, sodass er sich im Hinblick auf das Unverdienst <die Strafwürdigkeit> allein zulassend verhält.«[52]

Dazu gehört die Erklärung:

> »Den zweiten Teil <der Conclusio> erweise ich so: Weil niemand schlechthin die erste Gnade verdienen kann. Zweitens: Niemand ist sich selbst genug, den Anfang zu machen, sondern der Herr kommt dem Willen zuvor.«[53]

Hatte Johannes von Basel zuerst angeführt, dass er die Gnade bzw. Liebe nicht ausschließlich mit dem Heiligen Geist gleichsetze, bekräftigt er zweitens: »Ich leugne nicht den geschaffenen Habitus der Liebe, sondern setze ihn voraus.«[54]

---

51 Zumkeller, Der Augustinertheologe Johannes Hiltalingen von Basel, S. 108–120.

52 Iohannes de Basilea, In Sent. II, d. 37–38, q. 24, concl. 2; Bd. III, S. 339,9–12: *Quamvis voluntas viatoris omnis meritoriae vel demeritoriae operationis sit immediata causa effective, tamen Deus sic mentem iustificat et mediante gratia effective coadiuvat, quod respectu demeriti solus se habet permissive.*

53 Ebd., post concl. 2; Bd. II, S. 339,17–19: *Secundam partem probo: Quia nullus meretur primam gratiam simpliciter. Secundo nemo sibi sufficit ad incipiendum, sed praevenitur a Domino voluntas.*

54 Iohannes de Basilea, In Sent. I, d. 17, q. 16, concl. 2, post cor. 3, ad ista; Bd. II, S. 185,14 f.: *Secundo, quia ego non nego habitum creatum caritatis, sed eum pono.*

Diesen Satz begründet er nicht eigens; die Begründung ist vielmehr im vorausgehenden Argument enthalten. Denn wenn der Heilige Geist als Gnade den Willen zu Werken der Liebe anstößt, sind in diesem Zusammenwirken irgendwie ein göttlicher und ein menschlicher Impuls impliziert.

Dieses Stichwort kann die Aufmerksamkeit auf einen übergeordneten Aspekt der Theologie des Hiltalingers lenken. Es geht hier nämlich nicht nur um ein Stück Gnaden- oder Tugendlehre, sondern um einen Teilaspekt der grundsätzlichen Gott-Mensch-Beziehung. Hier bietet sich ein Absprungspunkt: Die Quaestio des Johannes von Basel über das Wesen der Gnade, das heißt hier der Liebe, wird nämlich eingeleitet mit einer These über die Prädestination: »Allein die Gnade der Prädestination ist der hinreichend verdienstliche Wesenskern jedweder geschaffenen Liebe.«[55] Das ist eine ungewöhnliche Aussage, nämlich, dass die Liebe mit der Prädestination gleichgesetzt wird. Hier wird programmatisch erklärt, die Gnade oder die eingegossene Tugend der Liebe, die in Wahrheit der Heilige Geist selbst ist, sei zugleich die Gnade der Prädestination. Wir lesen das radikal augustinische Lehrstück der Prädestination meistens als das unheimliche Rätsel des willkürlichen göttlichen Ratschlusses, mit dem Gott ohne Grund den einen zur ewigen Seligkeit annimmt, den anderen, ja die Masse der Verdammten, aber in die Hölle verurteilt. KURT FLASCH hat dieses Kapitel der Gnadenlehre Augustins mit dem Schmähwort »Logik des Schreckens« belegt.[56] Es ist keine Frage, dass es Schrecken verbreitet, wenn man die Lehre der Prädestination als Exekution einer rätselhaften Willensentscheidung Gottes liest.

Bei Johannes von Basel deutet sich aber eine andere Verstehens-Dimension an, wenn die »Gnade der Prädestination« allein der hinreichende ›verdienstliche‹ Grund (*ratio*) der geschaffenen (menschlichen) Liebe sein soll.[57] Als Kern der sich anschließenden Corollaria stellt Johannes von Basel heraus, dass der Mensch in keiner Weise die Macht (*potestas, potentia*) hat, die Aufnahme durch Gott zu erwirken. Vielmehr ist die Liebe reines Geschenk. In der Liebe gibt es deshalb keine zwingenden Gründe. In diesen Zusammenhang können wir die Eröffnung der Diskussion im ›Traktat von der Minne‹ setzen, die auf dem aufgewiesenen Hintergrund wie eine Konfrontation klingt:

> »Über diesen Habitus haben die Meister oft gesprochen, er sei nicht eine geschaffene Form, sondern der Heilige Geist selbst. Das hat <jedoch> kein Meister offen gelehrt. Aber nach den Worten St. Augustins – und ich spreche mit St. Augustin[58] – ist nicht allein der Habitus der Liebe ungeschaffen, sondern auch der <einzelne> Akt der Liebe ist der Heilige Geist selbst.« – *Von disem habitum haben die meister vil gesprochen, das er nicht ensey ein geschaffen form, mer der heylig geist selber. Das enhat chein meister offenwar ge-*

---

55 Iohannes de Basilea, In Sent. I, d. 17, q. 16, concl. 1; Bd. II, S. 180,2 f.: *Sola gratia praedestinationis est ratio sufficienter meritoria cuiuscumque creatae dilectionis.*

56 FLASCH, (Hg.), Logik des Schreckens.

57 Die Begründung dieser Interpretation wurde in der Einleitung, oben S. 27–32, entfaltet.

58 Das heißt hier wohl »als Augustiner«.

sprochen. Aber nach sant Augustinus worten, vnd ich sprich mit sant Augustin, das nicht allein ein habitus der mynne ist vngeschaffen, mer auch das werk der minne ist der heylig geist selber (TvdM Z. 24–29).

Die hier angesprochenen Worte Augustins finden sich nicht im ›Traktat von der Minne‹. Hier sind sie nur ein Hinweis auf einen Gedanken Augustins. Aber sie spielen bei Johannes von Basel in der infrage stehenden Distinctio 17, q. 16 eine wichtige Rolle. Das Zitat lautet dort:

»›Auch heißt der Heilige Geist nicht eigentlich »Gabe«, es sei denn wegen der Liebe, die diejenigen nicht haben, von denen gilt: »Wenn ich mit Menschen- und mit Engelszungen redete und <hätte der Liebe nicht, so wäre ich ein tönendes Erz oder eine klingende Schelle>«‹ (I Cor 13,1). Und in demselben Kapitel fügt er an: ›Wie groß ist also das Gut, ohne das so große Güter niemanden zum ewigen Leben führen?‹ Und weiter unten im Kap. 50: ›Die Liebe also, die aus Gott und die Gott ist, ist eigentlich der Heilige Geist, durch den »die Liebe Gottes ausgegossen ist in unsere Herzen« (Rm 5,5); durch diese Liebe wohnt die ganze Dreifaltigkeit in uns. Darum wird der Heilige Geist ganz mit Recht, obwohl er Gott ist, auch die Gabe Gottes genannt. Denn welche Gabe, wenn nicht die Liebe, kann eigentlich gemeint sein, die uns zu Gott führt und ohne die jedwede andere Gabe Gottes uns nicht zu Gott führt?‹«[59]

Johannes von Basel bekräftigt in seiner Einführung dieses Zitats – wie der ›Traktat von der Minne‹ –, dass diese Worte nicht die geschaffene Liebe meinen, sondern die Gnade der Prädestination oder die ungeschaffene Liebe, die der Heilige Geist selbst ist.[60] Die Prädestinationsgnade ist also, wie zuvor ausgeführt, die Liebe.

Obwohl die These des Petrus Lombardus, der Johannes von Basel hier nahesteht, von der Mehrzahl der Scholastiker abgelehnt wird, argumentiert Jo-

---

59 Iohannes de Basilea, In Sent. I, d. 17, q. 16, concl. 1, post cor. 3; Bd. II, S. 181,5–14: ›*Nec Spiritus Sanctus proprie donum dicitur, nisi propter dilectionem, quam qui non habent, etsi »linguis hominum et angelorum« etc.*‹ <Augustinus, De trinitate XV, c. 18, n. 32; CCSL Bd. L A, S. 507,6–8>. *Et subdit Augustinus in eodem capitulo:* ›*Quantum igitur bonum est, sine quo ad aeternam vitam neminem tanta bona perducunt?*‹ <Augustinus, ebd., S. 507,13–14> *Et infra capitulo 50 de parvis:* ›*Dilectio igitur, quae ex Deo et Deus est, proprie Spiritus Sanctus est, per quem »diffunditur in cordibus nostris Dei caritas«* (Rm 5,5), *per quam nos tota inhabitat Trinitas. Quocirca rectissime Spiritus Sanctus, cum sit Deus, vocatur etiam donum Dei. Quod donum quid nisi caritas proprie intelligenda est, quae perducit ad Deum et sine qua quodlibet aliud Dei donum non perducit ad Deum?*‹ <Augustinus, ebd., S. 508,26–32>.

60 Iohannes de Basilea, In Sent. I, d. 17, q. 16, concl. 1, post cor. 3; Bd. II, S. 181,1–5: <…> *illae auctoritates non sunt intelligendae de caritate creata, sed potius de gratia praedestinationis et increata, sicut patet expresse per beatum Augustinum 15 De Trinitate capitulo 10 de magnis et 49 de parvis, ubi ait* <…>. (»Jene Meister- und Bibelzitate sind nicht von der geschaffenen Liebe zu verstehen, sondern eher von der Gnade der Prädestination und der ungeschaffenen <Liebe>, wie ausdrücklich aus den Worten St. Augustins in ›De trinitate‹ <…> hervorgeht, wo er sagt: <…>.«) Das Zitat wird fortgesetzt, wie in der vorausgehenden Anmerkung zitiert.

hannes von Basel auch konkret gegen bestimmte Äußerungen der Scholastiker, und zwar sind die Corollarien zur These von der Gnade der Prädestination ausdrücklich gegen Johannes Duns Scotus gerichtet.[61] Aber das erste prinzipielle Gegenargument gegen seine eigene These nimmt Johannes von Basel[62] aus der parallelen Distinctio 17 im Sentenzenkommentar Gregors von Rimini. Zur Differenzierung seiner Conclusio, der Heilige Geist sei die Form, die aktuiert werden müsse, um den Liebenden Gott liebenswert und der Gnade wert zu machen, formuliert er das Corollarium gegen Gregor von Rimini: »Der Heilige Geist ist die Liebe, nicht nur wegen derer, sondern mithilfe derer, durch die und wegen der wir den Bruder lieben.«[63] Das richtet sich gegen die Auslegung Augustins durch Gregor:

> »Beides <die ungeschaffene Liebe wie die immanente Form> heißt aber die Liebe, mit der wir den Bruder lieben, aber in verschiedenem Sinn; denn die geschaffene Liebe ist es, mithilfe derer wir eigentlich lieben oder der Akt der Liebe, das ist das Lieben, mithilfe dessen wir den Bruder lieben; aber die ungeschaffene Liebe ist es, mithilfe derer, das heißt deretwegen wir ursächlich den Bruder lieben. Wer immer nämlich den Nächsten liebt, wie es sein soll, liebt ihn wegen der Liebe Gottes, mit der nämlich Gott den so Geliebten liebt.«[64]

Zur Verdeutlichung sei wiederholt, dass der ›Traktat von der Minne‹ Augustinus so interpretiert, »dass nicht allein der Habitus der Liebe ungeschaffen ist, vielmehr ist auch der <einzelne> Akt der Liebe der Heilige Geist selbst«. *Aber nach sant Augustinus worten, vnd ich sprich mit sant Augustin, das nicht allein ein habitus der mynne ist vngeschaffen, mer auch das werk der minne ist der heylig geist selber* (TvdM Z. 27–29). Es klingt also, als ob auch der Autor des ›Traktats von der Minne‹ hier direkt der Interpretation Gregors widerspreche, wenn dieser sagt: »denn die geschaffene Liebe ist es, mithilfe derer wir eigentlich lieben oder der Akt der Liebe, das ist das Lieben, mithilfe dessen wir den Bruder lieben«. Die oben angeführten Augustinuszitate schließt Johannes von Basel mit der Bemerkung ab: »Es zeigt sich also, dass Magister Gregorius den Kommentar Augustins in diesem Abschnitt nicht gut verstanden hat, wie auch

---

61 Iohannes de Basilea, In Sent. I, d. 17, q. 16, concl. 1, cor. 1, 2 u. 3; Bd. II, S. 180. Diese drei Corollaria sind eingeleitet: *Contra doctorem subtilem <das ist Iohannes Duns Scotus> oder auch Contra eundem.*

62 Iohannes de Basilea, In Sent. I, d. 17, q. 16, arg. princ. 1; Bd. II, S. 178,23 f.: <…> *secundum quod dicit Gregorius distinctione 17.*

63 Iohannes de Basilea, In Sent. I, d. 17, q. 16, concl. 2, cor. 2; Bd. II, S. 183,21–23: *Contra magistrum Gregorium* <…> *Spiritus Sanctus est dilectio, non solum propter quam, sed qua, per quam et propter quam diligimus fratrem.*

64 Gregorius Ariminensis, In Sent. I, d. 17, a. 1; Bd. VII, S. 220,5–10: *Utraque autem dicitur dilectio qua diligimus fratrem, sed sub diverso sensu, nam dilectio creata est qua formaliter diligimus sive actus diligendi, id est diligere quo fratrem diligimus; sed dilectio increata est qua, id est propter quam, causaliter diligimus fratrem. Quicumque enim diligit proximum, sicut debet, diligit ipsum propter dilectionem dei, qua scilicet deus diligit sic diligentem.*

aus jenem ganzen Kapitel hervorgeht.«[65] Und wiederum könnte man meinen, dass auch der ›Traktat von der Minne‹ genau diesen Widerspruch des Johannes von Basel gegen Gregor von Rimini formuliere. Diese Übereinstimmung in einem speziellen Detail zwischen dem ›Traktat von der Minne‹ und Johannes von Basel ist ein starkes Argument für die Identität des Meisters des Lehrgesprächs mit dem Augustinermagister.

Auffallend und für seine persönliche Gnadenlehre kennzeichnend ist, dass der Hiltalinger die Verbindung Gottes zum erwählten Menschen als »Gnade der Prädestination« betrachtet. Die Bedeutung, die Johannes von Basel der *gratia praedestinationis* beimisst, ist außergewöhnlich; denn die Erwählung des zum ewigen Heil Bestimmten muss gemäß dem Ratschluss Gottes von Ewigkeit her vorbestimmt sein. Das bedingt, dass es falsch sei, wenn oft angenommen werde, »der Vorherbestimmte sei, wenn er in einer Todsünde lebt, nicht von Gott akzeptiert und werde später <nach seiner Bekehrung wieder> akzeptiert«. Vielmehr lehrt Johannes von Basel, »dass der vorherbestimmte Gerechtfertigte, wie oft er auch Sünder geworden sein mag, dennoch immer und von Ewigkeit zum ewigen Leben akzeptiert ist«.[66] Diese überraschende Sichtweise ist auch darum bemerkenswert, weil sie in der Konsequenz mit jener Position Meister Eckharts übereinstimmt, die dieser in Predigt 105, ›Ich hân gesprochen in einer predige‹, vorträgt, »obwohl es gegen alle Meister ist, die jetzt leben«: »Alle guten Werke, die der Mensch getan hat, während er in Todsünden war, von denen ist keines verloren, und auch nicht die Zeit, in der sie geschahen, wenn er die Gnade wieder empfängt.«[67] Der theologische Grund dieser Lehre Eckharts liegt für ihn im ontologischen Wesen des moralischen Guten als transzendentalen Wirkens Gottes. Johannes von Basel führt hierfür die Prädestination an, die er inhaltlich als ungeschaffene Liebe bestimmt. Wenn man diese theologische Grundposition des Johannes von Basel auf den

---

65 Iohannes de Basilea, In Sent. I, d. 17, q. 16, concl. 1, post cor. 3; Bd. II, S. 181,14–16: *Patet igitur magistrum Gregorium glossam Augustini in hoc passu non bene intellexisse, sicut patet per totum capitulum illud.*

66 Iohannes de Basilea, In Sent. I, d. 17, q. 16, post concl. 1, solutio; Bd. II, S. 182,10–14: *Solutio istarum rationum stat in hoc, quia omnes fundantur super falso, scilicet quod praedestinatus existens in peccato mortali non sit a deo acceptus et postea sit acceptus; quod simpliciter nego. Unde dico, quod iustificatus praedestinatus, quantumcumque fuerit peccator, semper tamen et ab aeterno fuit acceptatus ad vitam aeternam.* (»Die Lösung dieser Argumente besteht darin, dass sie alle auf einer falschen <Annahme> beruhen, nämlich, dass der Prädestinierte, wenn er in Todsünde lebt, nicht von Gott akzeptiert sei, und später <wieder> akzeptiert werde. Das lehne ich schlechthin ab. Daher sage ich, dass der gerechtfertigte Vorherbestimmte, wie oft er auch Sünder wird, dennoch immer und von Ewigkeit her zum ewigen Leben akzeptiert ist.«)

67 Eckhart, Pr. 105, Version A, DW IV,1, S. 637A,34–638,41: *Diz widerspriche ich zemâle und spriche also: alliu diu guoten werk, diu der mensche getan hat, die wîle er in tôtsünden was, der enist keinez verlorn noch ouch diu zît, in der sie geschahen, ob er gnâde wider enpfehet. Sehet, diz ist wider alle die meister, die nu lebent.*

›Traktat von der Minne‹ überträgt, ist verständlich, dass die Durchführung dieser Quaestio ganz auf die Gotteserkenntnis und die Gottesliebe ausgerichtet ist. Es deutet sich hier auch schon eine sachliche Grundlage für die Differenz zu Meister Eckhart an, wenn es am Ende des ›Traktats von der Minne‹ um die Frage nach dem *formlichen wesen* geht. Es wurde in der Einführung bereits angedeutet, dass die hier angezeigte Weichenstellung sich im theologischen Gesamtprogramm des Hiltalingers wiederfindet und dass darin eine eigenständige ›Spiritualität‹ grundgelegt ist –»spirituell« hier im genauen Sinne, weil sie sich auf den Spiritus Sanctus gründet.

Die Diskussion der Quaestio hatte zunächst ohne Begründung die These aufgestellt: »Gott ist die Liebe«. Gegen diese These wird die gewöhnliche Lehre der Scholastiker angeführt, die Liebe sei ein geschaffener Tugendhabitus. Die Widerlegung dieses Einwandes, die im ›Traktat von der Minne‹ erst später folgt, ist hier ausführlich dargestellt worden. Diese Widerlegung führt in eine Bekräftigung und Differenzierung der Hauptthese:

> »Da nun die Liebe, mit der Gott sich selbst und alle Geschöpfe liebt, dem Wesen nach eins mit ihm ist, darum kann man in Wahrheit nicht nur sagen: ›Gott ist die Liebe‹, sondern: ›Gott ist seinem Wesen nach die Liebe.‹« – *Wan nu die minne, mit der got sich selber minnet vnd alle creaturen, ist weselich ein mit ime, darumb mag man den werlich sprechen nicht alleine: »Got ist die minne«, mer: »Got ist die minne wesenlich«* (TvdM Z. 41–44).

Diese Präzisierung der These muss noch eingehender begründet werden. Das geschieht im ›Traktat von der Minne‹ vor der geschilderten Widerlegung. Dieser Kommentar springt also nun zurück zur Zielsetzung:

> »Aber dass Gott selbst die Liebe ist, mit der das vernünftige Geschöpf liebt, das ist nicht offenkundig. Darum will ich es beweisen.« – *Aber das got selber sey die mynne, da mit die vernuftig creature minnet, das enist nicht offenbar. Darumb wil ich es beweisen* (TvdM Z. 45 f.).

Gott ist dem Wesen nach Liebe.

Argument 1: Der Grundsatz, mit dem diese These im ›Traktat von der Minne‹ erwiesen werden soll, lautet: Man kann Gott nur mit der Erkenntnis erkennen, mit der er sich selbst erkennt.[68] Da die Liebe der Erkenntnis folgt, kann man Gott auch nur mit der Liebe lieben, mit der er sich selbst liebt. Das gilt für dieses wie für das ewige Leben. Die Begründung: Da Gott unermesslich ist, muss

---

68 Auch Meister Eckhart vertritt diesen Grundsatz, zum Beispiel: Pr. 1, DW I, S. 18,5–19,2; ferner Pr. 10, DW I, S. 162, 2–5; Pr. 12, DW I, S. 201,5–8: *Daz ouge, dâ inne ich got sihe, daz ist daz selbe ouge, dâ inne mich got sihet; mîn ouge und gotes ouge daz ist éin ouge und éin gesiht und éin bekennen und éin minnen.* (Übers. S. 478: »Das Auge, in dem ich Gott sehe, das ist dasselbe Auge, darin mich Gott sieht; mein Auge und Gottes Auge, das ist ein Auge und ein Sehen und ein Erkennen und ein Lieben.«) Ähnlich Pr. 70, DW III, S. 197,1–6 u. S. 198,1 f.

auch die Vernunft, die ihn erkennt, unermesslich sein: Darum erkennen die Seligen (hier: die *beschewlichen*) in der Visio beatifica im ewigen Leben alle Dinge in Gott, denn in ihm sind alle Dinge erkennbar (*vernuftiklichen, intelligibile*).

Ein Einwand und dessen Widerlegung

Es wird bestritten, dass Gott nur mit der Erkenntnis erkannt werden könne, mit der er selbst erkennt, denn die Intelligenzen könnten alle Dinge erkennen. Die Intelligenzen sind materielose geistige Wesenheiten oberhalb der Engel. Manchmal wird infrage gestellt, ob es sie überhaupt gibt, manchmal werden auch die Engel als Intelligenzen bezeichnet.[69] Laut dem ›Liber de causis‹ gehen die Intelligenzen unmittelbar aus der Ersten Ursache hervor und regieren alle Dinge unter ihnen durch die göttliche Kraft, die in ihnen wohnt und alles erhält.[70] Die Theologen, die die Existenz der Intelligenzen anerkennen, deuten die Aussagen der arabischen Kommentatoren so um, dass die Übereinstimmung mit der christlichen Schöpfungslehre gewahrt bleibt. Das trifft auch zu für ein Zitat aus Heinrich von Gent, das Johannes von Basel anführt, wenn er die gegensätzlichen historischen Positionen erläutert, die den Rahmen für seine These bilden, die Wahrheit des christlichen Glaubens könne nur durch eine besondere Belehrung (*illustratio*) durch Gott erkannt werden.[71]

Der Einwand macht geltend: Wenn diese Erkenntnisform der Intelligenzen mit der möglichen Vernunft des Menschen vereint werden könne, dann könne der Mensch mit einer Erkenntnis, die nicht Gott selbst ist, Gott und die Dinge in ihm »intuitiv« erkennen.

> »Da nun der Mensch in seiner Vernunft Gott erkennen kann mit der Erkenntnis, für die alle Dinge erkennbar (*vernuftiklich, intelligibilis*) sind, darum – wenn der Intelligenzen Erkenntnis aller Dinge mit der passiven Erkenntnisfähigkeit des Menschen vereint

---

69 Lemay, Gestirngeister.

70 Liber de causis VIII(IX) n. 79–81, ed. Pattin, S. 154,47–155,59: *Omnis intelligentiae fixio et essentia est per bonitatem puram quae est causa prima.* <...> *Intelligentia est regens omnes res quae sunt sub ea per virtutem divinam quae est in ea et per eam retinet res, quoniam per eam est causa rerum; et ipsa retinet omnes res quae sunt sub ea et comprehendit eas.* (Übers., ed. Schönberger/Schönfeld, S. 21: »Bestand und Wesen jeglichen Geistes ist durch die reine Gutheit, welche die Erstursache ist. <...> Der Geist leitet die Dinge, die unter ihm sind, durch die göttliche Kraft, die in ihm ist, und durch diese erhält sie alle Dinge, die unter ihm sind, und umfasst sie.«)

71 Iohannes de Basilea, In Sent. I, prol. q. 1, a. 1; Bd. I, S. 185,5–9: *Secunda positio fuit Avicennae et Arabum, qui a Platone differebant in hoc, quod non posuerunt animam praecedere, sed dixerunt eam in corpore recipere istam influentiam ›intelligentiae separatae et habitus virtutum et scientiarum‹.* (»Die zweite Position hielten Avicenna und die Araber, die von Platon darin abwichen, dass sie nicht meinten, die Seele existiere vor <dem Körper>, sondern sie sagten, sie empfinge diesen Einfluss ›der getrennten Intelligenzen und des Habitus der Tugenden und der Wissenschaften‹ im Körper.«) Das Zitat ist aus Henricus de Gandavo, Summa I, q. 4, sol.; Op. omn., ed. Macken, Bd. XXI, S. 95,103–97,124.

wird –, kann der Mensch mit dieser Erkenntnis intuitiv (*anschawlichen*) erkennen. Darum ist es nicht wahr, dass der Mensch Gott nicht<so> erkennen kann, wie ich zuvor gesagt habe, der Mensch könne im ewigen Leben Gott nicht mit Hilfe einer geschaffenen Erkenntnis intuitiv erkennen.« – *Wan nu der mensch vernuftiklich mag got bechennen mit dem bechentnusse, dem vernuftig ist alle ding, darumb, wurde bechantnuß der intelligencien alle ding vereint mit des menschen muglich vernuft; mit dem bechentnusse mag der mensch bechennen anschawlichen. Darumb enist das nicht war, das der mensch nit enmuge got bechennen, als ich erst sprach, das der mensch in dem ewigen leben enmag nicht got bechennen anschewlich mit eynem geschaffen bechentnusse* (TvdM Z. 66–72).

Bevor der Inhalt zu betrachten ist, eine Bemerkung zur Übersetzung: Das Adjektiv *anschouwelich* (hier *anschewlich, anschawlichen*) ist bei Lexer nicht belegt, wohl aber *schouwelich, schaulich leben,* das dort mit »beschaulich, *contemplativa vita*« übersetzt ist. Man könnte außerdem an *intellectus speculativus* denken; doch die Parallelen bei Johannes von Basel weisen auf *intuitivus,* das ich in der Übersetzung als geläufiges Fremdwort beibehalte.[72] Dieses Lexem zähle ich in den ersten drei Büchern des Sentenzenkommentars 56-mal. Eine gründliche und für den Sachzusammenhang des ›Traktats von der Minne‹ aufschlussreiche Erläuterung findet sich in einer Conclusio des ersten ›Prologus‹: Die These sagt, kein Mensch könne in diesem Leben eine reine Wahrheit vollständig, schlechthin und »intuitiv« erkennen, trotzdem würden die Erkenntnisse der theologischen Wissenschaft vollkommener erkannt als durch die Evidenz jedweder anderen geschaffenen Wissenschaft des Erdenbürgers.[73] Das nachfolgende Corollarium erklärt, zu einer reinen, vollkommenen, »intuitiven« Gewissheit über die geschaffenen Dinge bedürfe es eines ewigen Vorbildes.[74] Aus diesen Bemerkungen kann man erschließen, dass eine solche intuitive Erkenntnis ganzheitlich, wesentlich, inspiriert und spontan sein muss und nicht diskursiv oder argumentativ erfasst. Johannes von Basel nennt es »intuitiv, wenn auch nicht begrifflich erfasst, jedoch wird es intuitiv auf das Wesen der Sache

---

72 Am Rande sei vermerkt, dass »anschauen« eine wörtliche Übersetzung von *intueri* ist.

73 Iohannes de Basilea, In Sent. I, prol., q. 1, a. 3, concl. 2; Bd. I, S. 192,22–26: *Licet stante lege nullus viator cognoscat perfecte simpliciter et intuitive aliquam veritatem sinceram, tamen quodlibet cognitum per theologicam scientiam perfectius cognoscitur quam per alicuius alterius scientiae creatae viatoris evidentiam.*

74 Iohannes de Basilea, In Sent. I, prol., q. 1, a. 3, concl. 2, cor. 1; Bd. I, S. 194,10–15: *Stante lege non contingit aliquem purum viatorem sine exemplari aeterno de re aliqua creata certitudinem evidentiae incomplexam infallibilem et sinceram habere. – Hoc est in forma Doctoris sollemnis parte 1 articulo 2 quaestione 1. Probatur ex conclusione, quia talis certitudo foret simpliciter intellective visualis et perfecte intuitiva.* (»Nach dem gültigen Stand der Heilsgeschichte steht es keinem reinen Erdenpilger zu, ohne ein ewiges Vorbild von jedweder geschaffenen Sache eine ungebrochene, unfehlbare und reine Gewissheit der Evidenz zu haben. Das ist wörtlich <die Meinung> des feierlichen Doktors <Heinrichs von Gent>, <Summa>, p. 1, a. 2, q. 1. Das erweist sich aus der Conclusio, denn eine solche Gewissheit müsste eine schlechthin intellektuelle Schau und perfekte Intuition sein.«)

ausgerichtet«,[75] und er sagt, es sei »das eine, von argumentativer Gewissheit zu sprechen, und etwas anderes, von intuitiver Gewissheit.[76]

Zurück zum Inhalt des übersetzten Einwands mit Bezug auf die Intelligenzen: Der zitierte Einwand, zusammen mit der Erkenntnis der Intelligenzen könne der Mensch Gott mit geschaffenem Intellekt intuitiv erkennen, wird teilweise akzeptiert. Er greift im ›Traktat von der Minne‹ einen avicennisierenden Gedanken auf, der später noch besprochen werden muss. Der Satz gelte von einer Erkenntnisart, bei der der Erkennende zugleich das ist, was er erkennt. So ist es auch bei Gott, er ist nämlich das, was der Gegenstand seiner Erkenntnis ist. Das führt zu dem Schluss:

> »Nun ist das göttliche Wesen alle Dinge in einer unermesslichen Weise, und darum kann es nur mit einer Erkenntnis erkennen, die alle Dinge in einer unermesslichen Weise ist; und darum kann man im ewigen Leben nur mit göttlicher Erkenntnis Gott intuitiv erkennen.« – *Nu ist gotlich wesen alle dingk in einer vngemessen weise, vnd darumb mag es allein bekennen mit einem bechentnusse, das da alle dinck ist in einer vngemessen weise, vnd darumb mag man allein mit gotlichem bechentnusse got bechennen anschewlichen in dem ewigen leben* (TvdM Z. 76–80).

Damit ist gesagt: Die Seligen erkennen mit Gottes Erkenntnis, das heißt mit dem göttlichen Wesen. Das ist darum möglich, weil in Gott und im gottförmigen Erkennen Sein und Erkennen eins sind. Diese Erkenntnisweise heißt intuitive Erkenntnis. Im Vorgriff auf die Schlussdiskussion des ›Traktats von der Minne‹ lässt sich schon sagen: Diese Weise der Erkenntnis ist für den irdischen Menschen eine vereinte Erkenntnis oder eine Erkenntnis in Vereinigung.

Gottes Erkennen im Erkennen des Menschen

Das zweite Argument für die These, dass »Gott selbst die Liebe ist, mit der das vernünftige Geschöpf liebt«, führt an, dass die menschliche Erkenntnis Gott nur als Erkenntnis erkennen kann, insofern das Erkannte sich im Erkennen mit dem Erkennenden vereint, wie auch Heißes sich mit Heißem nur in der Hitze vereinigt. Die Folge ist:

> »Darum erkennt der Mensch in aller vernünftigen Erkenntnis mit der göttlichen Erkenntnis, und zwar nicht nur, wenn er Gott erkennt, sondern auch in der Erkenntnis einer jeglichen Wahrheit. So spricht St. Augustinus, dass die Vernunft jede Wahrheit in der ersten Wahrheit schaut.« – *Darumb bechennet der mensch in allem vernuftigen bechentnusse mit gotlichem bechentnusse, nicht allein wan er got bechennet, mer auch in bechentnusse einer iglichen warheit, als St. Augustinus spricht, das die vernuft die schawe alle warheit in der ersten warheit* (TvdM Z. 94–97).

---

75 Iohannes de Basilea, In Sent. I, prol., q. 1, a. 5, ad rationem contra concl. 2; Bd. I, S. 231,1 f.: *intuitive, licet non comprehensive, tamen ad essentiam rei terminatur intuitive.*

76 Ebd., S. 232,2 f.: <…> *aliud est dicendum de certitudine arguitiva et aliud de certitudine intuitiva.*

Da jede Wahrheit in der ungeschaffenen Wahrheit wahr ist, kann die geschöpfliche Erkenntnis Wahrheit nur erkennen, wenn sie mit der ungeschaffenen Erkenntnis vereint ist. Damit ist die These bewiesen, »dass der Mensch Gott in diesem Leben wie in jenem Leben nur mit der Erkenntnis erkennen kann, mit der Gott sich selbst und alle Geschöpfe erkennt.« <...> *das der mensch got nicht bechennen mag noch in disem leben, noch in iem leben dan mit dem bechentnuß, do mit got sich selber vnd alle creaturen bekent* (TvdM Z. 108–110).

Die Erkenntnislehre des Johannes von Basel

Die Ausführungen, die der ›Traktat von der Minne‹ hier vorträgt, entsprechen der Erkenntnislehre des Johannes von Basel. Diese wird vor allem in der Quaestio 22, Distinctio 23–25 des ersten Buchs sowie im vierten Buch in der Distinctio über die Visio beatifica behandelt. In der Quaestio 22 wird schon im Titel auf die Besonderheit der Erkenntnistheorie angespielt: »Ist mithilfe der Vernunft des Erdenpilgers irgendein Begriff formbar, der <zugleich> für Gott und die Geschöpfe geeignet ist?«[77] Da sich in der Frage die These verbirgt, ist zu erkennen, dass hier ein enges Zusammenwirken Gottes und des Geschöpfes vorausgesetzt wird. Die erste Conclusio weist auf das Feld, auf dem auch der ›Traktat von der Minne‹ argumentiert: Zunächst das Argument der Unermesslichkeit des Erkenntnisobjekts: »Gott, insofern er unermesslich und unermesslich vollkommen ist, ist erkennbar und der erkennbare Gegenstand jeder Vernunft.«[78] Dies gilt zunächst für die Erkenntnis der Seligen im Jenseits. Im zweiten Argumentationsschritt weitet der ›Traktat von der Minne‹ den Grundsatz auch auf jede Erkenntnis der Wahrheit in diesem Leben aus. Hier aber ruht der Blick nicht mehr auf der Größe des Objekts, sondern auf dem Prinzip des Erkennens. »So kann die Vernunft keine Wahrheit verstehen, außer sie versteht sie in dem ungeschaffenen Licht, das Gott ist.« *Also enmag die vernuft chein warheit verstan, si verste si den in dem vngeschaffen licht das got ist* (TvdM Z. 100 f.). Den nachfolgenden Gedanken vorwegnehmend sei darauf hingewiesen, dass die Formel vom »ungeschaffenen Licht, das Gott ist« kontrapunktisch zu der gemeinscholastischen Formel steht, im Jenseits erkenne man Gott im geschaffenen »Licht der Glorie«. Auch diesen Blick teilt Johannes von Basel: »Ohne Schmälerung seiner Vollkommenheit ist Gott für den Geist des Pilgers das erleuchtende Licht, das Veränderungsprinzip und das bestimmende Merkmal in der vollkommenen Vernunfterkenntnis.«[79] Hier ist Gott das Subjekt

77 Iohannes de Basilea, In Sent. I, d. 23–25, q. 22; Bd. II, S. 253,2 f.: *Utrum intellectu viatoris aliquis conceptus sit formabilis proprius Deo et creaturis.*

78 Iohannes de Basilea, In Sent. I, d. 23–25, q. 22, concl. 1, cor. 3; Bd. II, S. 256,17 f.: *Deus, secundum quod infinitus et infinite perfectus, est intelligibilis et intelligibile obiectum omnis intellectus.*

79 Iohannes de Basilea, In Sent. I, d. 23–25, q. 22, concl. 1; Bd. II, S. 254,3–5: *Sine sui imperfectione Deus menti viatoris est lux illuminans, ratio immutans, character determinans in intellectuali perfecta cognitione.*

der erkennenden Vereinigung mit dem Menschen. Wiederholt beruft sich der Augustiner in dieser Quaestio auf Heinrich von Gent, der neben Augustinus der wahre Gewährsmann seiner Gotteslehre ist. An dieser Stelle sagt er: »Diese Conclusio ist im Sinne des feierlichen Doktors <Heinrichs von Gent> in seiner Summe I, a. 1, q. 3«.[80] Dieser spricht in der Tat wie Johannes von Basel: »Aber das göttliche Licht, das den Geist zur Kenntnis der reinen Wahrheit oder einer beliebigen anderen Sache erleuchtet, verhält sich nur als Prinzip des Erkennens, nicht als gesehener oder erkannter Gegenstand.«[81]

Damit ist der Ursprung des Verweises im ›Traktat von der Minne‹ auf Augustins Illuminationslehre hinlänglich erwiesen; denn Heinrich von Gent folgt in seiner Illuminationslehre Augustin. Aber die Lehre von der unmittelbaren Erkenntnis Gottes wurde auch von Aegidius Romanus vertreten, wie in der zitierten Stellungnahme zu den Einwänden gegen den Lombarden erkennbar war, wenn er sagt: »Auch wenn Gott nicht die einwohnende Form ist, wird er doch irgendwie durch einen erhebenden Habitus der Herrlichkeit unserer Vernunft vereint, er bewirkt quasi als dessen Form, dass dieser zu jenem Akt fortschreiten kann, der die Erkenntnis Gottes durch ihn selbst ohne ein vermittelndes Erkenntnisbild ist.«[82] Es wird sich zeigen, dass Johannes von Basel wie der ›Traktat von der Minne‹ in noch radikalerer Formulierung daran auch gegen seine Zeitgenossen aus dem Augustinerorden festhält.

Neben Augustinus und Heinrich von Gent verweist Johannes von Basel am Ende einer kurzen Rechtfertigung der zuletzt erwähnten Conclusio auch auf Thomas von Aquin, womit er impliziert, dass es sich hier um eine besondere Erkenntnisform handelt: die direkte Schau des göttlichen Wesens und in dieser zugleich die Schau aller Dinge: »Und so ist die Conclusio klar; für sie spricht sogar ein Argumentations-Bruchstück des heiligen Thomas <Summa theologiae> I, q. 13 [richtig: q. 12], a. 9: ›Durch das göttliche Wesen, das der Vernunft gegenwärtig ist, wird Gott geschaut und <auch das>, was von den so Gott Schauenden in Gott gesehen wird‹.«[83] Thomas unterscheidet in die-

---

80 Iohannes de Basilea, In Sent. I, d. 23–25, q. 22, post concl. 1; Bd. II, S. 254,6 f.: *Ista conclusio est de mente Doctoris sollemnis parte 1 articulo 1 quaestione 3.*

81 Henricus de Gandavo, Summa I, a. 1, q. 3, sol.; Op. omn., ed. MACKEN, Bd. XXI, S. 71,46–48: *Lux autem divina illustrans mentem in notitiam veritatis sincerae vel etiam cuiuscumque solum se habet ut ratio intelligendi, non ut obiectum visum et intellectum.*

82 Oben S. 86 f., Anm. 47. Aegidius Romanus, In Sent. I, d. 17, p. 1, q. 1, a. 1; ed. Corduba 1699, fol. 323[rb]: *Nam sicut patuit, licet Deus non sit forma inhaerens, tamen secundum quod unitur intellectui nostro per habitum gloriae elevantem, efficitur quasi forma eius, ut possit progredi in illum actum, qui est intelligere Deum per se ipsum absque specie media.*

83 Iohannes de Basilea, In Sent. I, d. 23–25, q. 22, post concl. 1; Bd. II, S. 255,9–12: *Et sic patet conclusio, pro qua est etiam aliquantulum processus sancti Thomae parte 1 quaestione 13,* [richtig: 12], *articulo 9, ubi dicit: ›Per essentiam divinam intellectui praesentem Deus videtur, et ea, quae a sic videntibus Deum in Deo videntur‹.* Thomas de Aquino, Sth. I, q. 12, a. 9 co: *Respondeo dicendum quod videntes Deum per essentiam, ea quae in ipsa essentia Dei vident, non vident per aliquas species, sed per ipsam essentiam divinam intellectui eorum unitam.*

ser Quaestio zwei Erkenntnisformen: 1. die Erkenntnis der Dinge durch ihre Bilder, die im Erkennenden sind, und 2. die Erkenntnis der Dinge in Gott bzw. in Gottes Wesen.[84] Wie Thomas in den nachfolgenden Artikeln klarmacht, ist die Gotteserkenntnis des Menschen in diesem Leben auf die Erkenntnis durch Gleichnisse beschränkt. Die Erkenntnis in dem und durch das göttliche Wesen ist nur den abgeschiedenen Geistern und den körperlosen Seligen möglich und wird manchmal gnadenhaft, zum Beispiel in prophetischen Visionen und in der Entrückung des Apostels Paulus, gewährt. Es wird deutlich, dass der ›Traktat von der Minne‹ und Johannes von Basel diese Einschränkung nicht teilen, und darin stimmen sie mit der Seligkeitslehre überein, die von Augustinern in mittelhochdeutschen Texten vertreten wird.[85]

Erkenntnis jeder Wahrheit in der ersten Wahrheit (Illumination)

Der ›Traktat von der Minne‹ sagt ausdrücklich, dass er zunächst von der Gotteserkenntnis der Seligen spricht.

> »Im ewigen Leben umgreift die Vernunft der Schauenden eine unendliche Vernunft, die nur mit der Erkenntnis begriffen werden kann, die Gott ist; denn seine Erkenntnis ist unermesslich.« – *In dem ewigen leben, wan da begreiffet die vernuft der beschewlichen ein vngemessen vernuft, die nicht begriffen mag werden den allein mit dem bechentnusse, das got ist; wan sein bechantnuß daz ist vngemessen* (TvdM Z. 55–58).

Aber in der zweiten Unterthese betont er, dass auch im irdischen Leben jede Wahrheit in und durch die Erkenntnis Gottes erkannt wird.

> »Darum erkennt der Mensch in aller vernünftigen Erkenntnis mit der göttlichen Erkenntnis, und zwar nicht nur, wenn er Gott erkennt, sondern auch in der Erkenntnis einer jeglichen Wahrheit.« – *Darumb bechennet der mensch in allem vernuftigen bechentnusse mit gotlichem bechentnusse, nicht allein wan er got bechennet, mer auch in bechentnusse einer iglichen warheit* (TvdM Z. 94–96).

Das entspricht der zitierten Conclusio des Johannes von Basel. Denn das »erleuchtende Licht« ist eine Anspielung auf Augustins Illuminationslehre, wie auch aus den der Conclusio folgenden Begründungen hervorgeht.

(»Ich antworte: Man muss sagen: Diejenigen, die Gott durch das göttliche Wesen sehen, sehen das, was sie im Wesen selbst sehen, nicht durch irgendwelche Erkenntnisbilder, sondern durch das göttliche Wesen selbst, das ihrer Vernunft vereint ist.«)

84 Thomas de Aquino, Sth. I, q. 12, a. 9 co: *Sic ergo, cognoscere res per earum similitudines in cognoscente existentes, est cognoscere eas in seipsis, seu in propriis naturis, sed cognoscere eas prout earum similitudines praeexistunt in Deo, est videre eas in Deo. Et hae duae cognitiones differunt.* (»So also, die Dinge durch ihre Gleichnisse, die im Erkennenden existieren, zu erkennen, ist, sie in sich selbst oder in ihrer je eigenen Natur zu erkennen, aber sie entsprechend ihren in Gott präexistenten Gleichnissen zu erkennen, ist, sie in Gott sehen. Und diese zwei Erkenntnisweisen unterscheiden sich.«)

85 Siehe dazu die Einführung oben S. 6–9.

»Nicht unpassend sagt man, so werde die Seele durch das unkörperliche Licht der einfachen Weisheit Gottes erleuchtet wie der Körper der Luft durch das körperliche Licht.«[86] »Zum dritten sage ich, dass <die Bestimmungen in der Conclusio> jene drei sind, über die Augustin im ersten Buch der Soliloquien spricht: ›Es ist nicht dasselbe: gesunde Augen haben wie anschauen und wie sehen.‹ Im ersten nämlich erleuchtet er die Vernunft, im zweiten formt er durch eine Veränderung, im dritten bestimmt er mit einer zusätzlichen Bedeutung.«[87]

Der erste prinzipielle Einwand gegen die Conclusio des Augustinermagisters stellt den hier und im ›Traktat von der Minne‹ angesprochenen umfassenden Charakter der Vernunfterkenntnis infrage: »Wenn Gott vom Pilger erkennbar wäre – da ihn <Gott> zu erkennen das Prinzip wäre, <auch> anderes zu erkennen –, so folgt: Wer ihn erkennt, würde alles erkennen.«[88] Doch dieser Einwand wird im ersten Corollarium, »das auf den ersten Grund des ersten prinzipiellen Arguments antwortet«, bejaht und damit als Einwand ausgeräumt: »Allein das göttliche Wesen ist ein hinreichender und vollkommener Grund, alles zu erkennen.«[89] Die Begründung ruft nochmals die Leitbegriffe der Conclusio auf: »Dieses allein <das göttliche Wesen> kann im Hinblick auf alles, was erkannt werden kann, Licht, Grund <und> Merkmal der vollendeten Einsicht sein.«[90] Die Blickrichtung wird vom Objekt auf das Subjekt oder besser auf den Vollzug zurückgelenkt. Das göttliche Wesen ist nicht das Was der Erkenntnis, sondern das Wie: »Das Prinzip <*ratio*> des Gott-Erkennens ist so das Prinzip des Alles-Erkennens, denn in jenem Licht oder in demselben Prinzip, in dem Gott erkannt wird, wird erkannt, was immer erkannt wird.«[91]

---

86 Iohannes de Basilea, In Sent. I, d. 23–25, q. 22, post concl. 1; Bd. II, S. 254,9–11: *Non inconvenienter dicitur sic illuminari anima luce incorporea simplicis sapientiae Dei, sicut illuminatur aeris corpus luce corporea* <Augustinus, De civitate Dei XI, c. 10; CCSL Bd. XLVIII, S. 331,61–63>.

87 Iohannes de Basilea, In Sent. I, d. 23–25, q. 22, post concl. 1; Bd. II, S. 255,5–9: *Ad tertium dico, quod sunt illa tria, de quibus loquitur Augustinus 1 Soliloquiorum dicens: ›Non idem habere oculos sanos, quod aspicere, quod videre.‹ In primo enim intellectum illuminat actuando, in secundo format immutando, in tertio consignificative charaterizat discretive determinando.* Vgl. Augustinus, Soliloquia I, c. 6, n. 12; CSEL Bd. LXXXVIIII, 20,1 f.

88 Iohannes de Basilea, In Sent. I, d. 23–25, q. 22, arg. princ. 1; Bd. II, S. 253,6–8: *Si Deus esset intelligibilis a viatore, cum eum intelligere sit ratio alia intelligendi, sequitur, quod ipsum intelligens intelligeret omnia.*

89 Iohannes de Basilea, In Sent. I, d. 23–25, q. 22, concl. 1, cor. 1; Bd. II, S. 255,13–15: *Primum corollarium responsivum primae rationi primi principalis: Sola essentia divina est sufficiens ratio et perfecta intelligendi omnia.*

90 Ebd., S. 255,16 f.: *Probatur, quia ipsa sola respectu cuiuslibet intelligibilis potest esse lumen, ratio, character intellectionis perfectae.*

91 Iohannes de Basilea, In Sent. I, d. 23–25, q. 22, concl. 1, post cor. 1; Bd. II, S. 255,24–26: *Sed ratio intelligendi Deum sic est ratio intelligendi omnia, quia illo lumine vel illa eadem ratione, qua intelligitur Deus, intelligitur, quidquid intelligitur.*

Der Grund der Erkenntnis Gottes, mit der hier Gott und in ihm alle Dinge erkannt werden, ist im Text des Johannes von Basel die erste Wahrheit, in der nach Augustinus alle Wahrheit erkannt wird. Auf dieses Theorem wird im ›Traktat von der Minne‹ ebenfalls mit einem Hinweis auf die Illuminationslehre des heiligen Augustinus verwiesen, wie oben zitiert wurde. Noch deutlicher ist die bereits zitierte theologische Übereinstimmung mit Johannes von Basel in der anschließenden Erläuterung:

> »So kann die Vernunft keine Wahrheit verstehen, außer sie versteht sie in dem ungeschaffenen Licht, das Gott ist, in dem alle Wahrheit aufscheint wie in dem Licht der Sonne alle Farben.« – *Also enmag die vernuft chein warheit verstan, si verste si den in dem vngeschaffen licht das got ist, in dem alle warheit erscheinet als in dem licht der sunnen alle varbe* (TvdM Z. 102–104).

Hier wird also gesagt, dass das Wesen Gottes sowohl das Prinzip wie auch der Gegenstand der Erkenntnis ist.

Gott ist, was er erkennt.

Grundlage der intuitiven Erkenntnis ist demnach für den ›Traktat von der Minne‹ die Identität von Sein und Erkennen. Das gilt auch für Johannes von Basel, wie schon aus einem der Leitsätze seiner ›Principia‹ hervorgeht: »Das göttliche Handeln ist nichts anderes als sein Sein.«[92] Die These des ›Traktats von der Minne‹ findet sich wörtlich ebenfalls in Hiltalingens erstem ›Principium‹: »Das Erste Antlitz oder die Kunst des göttlichen Wesens enthält den einzigen Grund, wesenhaft zu sein und lebendig zu erkennen. Das ist offenbar, weil für ihn <Gott> laut Augustinus Sein und Weise-Sein bzw. Vernünftig-Sein dasselbe sind.«[93]

Dieser Sachverhalt, der in den ›Principia‹ als These erscheint, wird zudem in einer Quaestio des ersten Buchs breit ausgeführt: »Ist die göttliche Wesenheit die ewige intuitive Kenntnis ihrer selbst und aller Dinge, die <zugleich> ihrer Unermesslichkeit in Vollkommenheit angemessen ist?«[94] Die Dimension dieser Problematik erkennt man, wenn das erste prinzipielle Gegenargument

---

92 Siehe oben S. 82, Anm. 35: Iohannes de Basilea, In Sent. I, princ. 1, q. unica, ad 3, prop. 1; Bd. I, S. 152,11: *Non est aliud divinum agere et eius esse.*

93 Iohannes de Basilea, In Sent. I, princ. 1, q. unica, a. 2, ad 2, prop. 4; Bd. I, S. 149,4 f.: *Primus vultus sive ars divinae essentiae unicam habet rationem essentialiter existendi et vitaliter intelligendi. Patet, cum idem sit sibi esse et sapientem esse sive intelligentem esse, secundum Augustinum* <De Trinitate VI, c. 4, n. 6 et XV, c. 6, n. 9; CCSL Bd. L, S. 234,16–17 et 50A, S. 471,19>. Auch diese These weist er zurück: In Sent. II, princ. 2, q. unica, concl. 2, post cor. 3, ad ultimam; Bd. III, S. 30,12–14.

94 Iohannes de Basilea, In Sent. I, d. 34–35, q. 27; Bd. II, S. 311,20–22: *Utrum divina essentia sui ipsius et omnium aeterna sit intuitiva notitia suae immensitati perfectione adaequata.* Auf diese Quaestio wird in den Ausführungen der ›Principia‹ (s. Anm. 93) vorausgedeutet.

(*quod non*) eine thomasische und gemeinscholastische Position gegen diese These anführt: Die göttliche Wesenheit kann nicht die ewige Kenntnis ihrer selbst und aller Dinge sein, »weil Sein früher ist als Kennen und Leben früher als Erkennen (Denken); also gehen Sein und Leben in Gott dem Erkennen voraus und folglich auch dem Wissen.[95] Gegen diesen Satz hatte auch Meister Eckhart in der ersten Pariser Quaestio argumentiert: »Drittens zeige ich, dass ich nicht mehr der Meinung bin, dass Gott erkennt, weil er ist; sondern, weil er erkennt, deshalb ist er, in der Weise, dass Gott Intellekt und Erkennen ist und das Erkennen selbst die Grundlage seines Seins ist.«[96] Dieser Satz Eckharts wird vielfältig ausgelegt. Es muss der weiteren Forschung vorbehalten bleiben, die Gemeinsamkeiten und Unterschiede in der Erkenntnislehre Meister Eckharts und Johannes' von Basel genauer herauszuarbeiten.

Die Frage der Quaestio wird im letzten Corollarium wörtlich bejaht, indem die Frage in einen Aussagesatz umgewandelt wird. »Die göttliche Wesenheit ist die ewige und intuitive Kenntnis ihrer selbst und aller Dinge, ihrer Unermesslichkeit, ihrem Wissen und ihrer Vollkommenheit angemessen.«[97] Das Problem der Unermesslichkeit wird dadurch aufgehoben, dass die Erkenntnis Gottes mit derselben Erkenntnis erfolgt, mit der er sich selbst erkennt.

Dieser Zentralpunkt der Lehre des ›Traktats von der Minne‹ wie des Johannes von Basel wird in dessen Lehre von der ewigen Seligkeit bekräftigt. Die Frage bzw. These der Quaestio lautet dort: »Kann die göttliche und vergöttlichende, dem Wesen nach selige Wesenheit dem geschaffenen Intellekt des Seligen im <himmlischen> Heimatland das Licht der Glorie sein, das Erkenntnisbild und die beseligende Schau?«[98] Das Auffallende ist, dass Begriffe, die terminologisch gerade Gnaden oder Erkenntnismittel bezeichnen, nämlich »Licht der Glorie« und »Erkenntnisbild«, hier auf das Wesen Gottes und seine Intelligibilität angewendet werden – dem gewöhnlichen Verständnis nach wäre das eine ›uneigentliche Rede‹; das Zitat nennt die Benennung aber »eigentlicher« (*proprius*), wie es die Conclusio 2 derselben Quaestio formuliert:

---

95 Iohannes de Basilea, In Sent. I, d. 34–35, q. 27, arg. princ. 1; Bd. II, S. 311,24–312,1: *Quia prius est esse quam noscere et prius vivere quam intelligere, igitur esse et vivere praecedunt in Deo intelligere, et per consequens scire.*

96 Eckhart, Quaest. Par. I, n. 4, LW V, S. 40,5–7 (Übers. ebd.): *Tertio ostendo quod non ita videtur mihi modo, ut quia sit, ideo intelligat, sed quia intelligit, ideo est, ita quod deus est intellectus et intelligere et est ipsum intelligere fundamentum ipsius esse.*

97 Iohannes de Basilea, In Sent. I, d. 34–35, q. 27, concl. 3, cor. 3; Bd. II, S. 320,3–5: *Tertium corollarium est pars affirmativa quaestionis, scilicet essentia divina sui ipsius et omnium aeterna est et intuitiva notitia suae immensitati, scientiae, perfectioni adaequata.*

98 Iohannes de Basilea, In Sent. IV, d. 49, q. 41; T fol. 111ra, M fol. 382rb: *Utrum essentia divina et deifica essentialiter beata intellectui creato beati in patria possit esse lumen gloriae, species et visio beatifica.*

»Wie die Wesensform des Lichts der Glorie und des beseligenden Erkenntnisbildes eigentlicher der göttlichen Wesenheit zukommt als sonst einem Licht oder einem anderen geschaffenen Seienden, so kann <Gott> selbst das Licht der Glorie und das beseligende Erkenntnisbild der Vernunft und des geschaffenen seligen Gedächtnisses sein.«[99]

Die These enthält eine weitere Parallele zum ›Traktat von der Minne‹, indem sie besagt, dass Gott selbst, also keine geschaffene Gnadengabe, das Licht der Glorie (*lumen gloriae*) sei. Das wird weiter unten noch zu besprechen sein.

Gott lieben mit der Liebe, mit der er selbst liebt

Wie in den ersten Argumenten des ›Traktats von der Minne‹ gesagt wurde, geht der Liebe die Erkenntnis voraus. Man kann nur lieben, was man erkennt; »denn Liebe ist eine Neigung des Willens, der aus der Erkenntnis der Vernunft entspringt«; *wan mynne ist ein neygung des willen, der von dem bechentnusse der vernuft entspringet* (TvdM Z. 113 f.). Folglich ist die These der nachfolgenden Argumentation (TvdM Z. 113–117): Wer mit Gott in Liebe vereint ist, der kann ihn nur mit göttlicher Liebe lieben, die Gott selbst ist, wie er ihn auch nur mit göttlicher Erkenntnis erkennen kann.

Das zweite Argument ist anfangs einleuchtend. Wäre die Liebe eine geschaffene Tugend, könnte sie nicht ins Unermessliche wachsen, denn sie ist als geschaffene begrenzt. Die folgende Prämisse ist im Ergebnis ebenso einleuchtend; denn die göttliche Liebe ist unermesslich und hat die unermessliche Güte Gottes zum Ziel. Darum ist die zweite Prämisse überraschend: »Nun kann aber die göttliche Liebe ohne Ende zunehmen und ohne Maß vermehrt werden, wie alle Meister sagen.« *Nu mag gotlich mynne wachsen sunder ende vnd zu nemen vnd gemert werden an maß, als alle meister sprechent* (TvdM Z. 122 f.). Denn die göttliche Liebe an sich, das heißt der Heilige Geist, ist vollkommen und wächst nicht. Man darf aber postulieren, dass hier die göttliche Liebe im Menschen gemeint ist.

»Ich sage weiter: Die Gottesliebe erreicht nie ihre Vollkommenheit, wenn sie nicht ungemessen ist; denn ihr Gegenstand ist die Güte Gottes, die unermesslich ist. Darum ist die Liebe, mit welcher der Mensch Gott liebt, eine ungeschaffene Liebe, und nichts ist ungeschaffen als Gott allein. Darum ist Gott die Liebe.« – *Ich sprich mer, das gotlicher mynne enwirt nymmer volkumen, sy ensey vngemessen, wan ir furwurff ist die gotlich gute, die vngemessen ist. Darumb ist die mynne, do der mensch got mit minnet, ein vngeschaffen mynne, vnd chein dingk ist vngeschaffen den got allein. Darumb ist got die mynne* (TvdM Z. 124–127).

---

99 Iohannes de Basilea, In Sent. IV, d. 49, q. 41, concl. 2; T fol. 111$^{va/b}$, M fol. 383ra: *Sicut ratio luminis gloriae et speciei beatificae proprius competit divinae essentiae quam alicui luci vel alteri entitati creatae, sic potest ipse esse lumen gloriae et species beatifica intellectus et memoriae creatae beatae.*

Diese Formulierung entspricht der Vorgabe der Sentenzen des Petrus Lombardus, der die Fragestellung für die weiteren Diskussionen maßgeblich vorbestimmt hat:

> »Kann zugestanden werden, dass der Heilige Geist im Menschen vermehrt oder vermindert wird und mehr oder weniger <im Menschen> wohnt? Wenn er nämlich im Menschen mehr oder weniger gegeben und behalten würde, scheint er veränderbar zu sein; Gott aber ist gänzlich unveränderlich. Darum scheint es, dass der Heilige Geist entweder nicht die Liebe ist oder die Liebe im Menschen nicht vermehrt oder vermindert wird.«[100]

Auch die Antwort des Magisters wird zum Vorbild für die weitere Schuldiskussion:

> »Darauf antworten wir, dass der Heilige Geist oder die Liebe ganz und gar unveränderlich ist und nicht in sich vermehrt oder vermindert wird und nicht in sich mehr oder weniger akzeptiert, aber im Menschen oder besser für den Menschen wird er <bzw. sie> vermehrt und vermindert sowie mehr oder weniger gegeben und erhalten; wie es von Gott heißt, der doch in sich selbst weder vermehrt noch erhöht wird.«[101]

Unter dieser Prämisse stimmt auch die Position des Johannes von Basel mit der Aussage des ›Traktats von der Minne‹ überein. Dass die gnadenhafte Liebe unermesslich ist, ergibt sich schon daraus, dass diese ungeschaffene Liebe der Heilige Geist selbst oder die Gnade der Prädestination ist, wie zuvor dargestellt. Andererseits kennt Johannes von Basel aber auch eine Abstufung der geschaffenen Gnade im Menschen. Das Problem wird im zweiten Teil der Distinctio 17 im ersten Buch abgehandelt. Dort heißt es: »Obwohl jedwede geschaffene Gnade eine steigerbare und abzuschwächende Form ist, wird nichts von der eingegossenen Liebe durch eine Schuld abgeschwächt.«[102] Der erste Teil besagt mit der ganzen scholastischen Tradition, dass die Liebe als Habitus verstärkt und abgeschwächt werden kann. Im zweiten Teil der Conclusio tritt das individuelle Verständnis des Johannes von Basel von der eingegossenen Gnade in Kraft. Diese ist nämlich für ihn eine ungeschaffene Gnade, also der Hei-

---

100 Petrus Lombardus, Sent. I, d.17, c.5, n.1; Bd. I,1, S. 146,11 f.: *Utrum concedendum sit quod Spiritus Sanctus augeatur vel minuatur in homine, et magis vel minus habeatur. Si enim in homine augetur et magis vel minus datur et habetur, mutabilis esse videtur; Deus autem omnino immutabilis est; videtur ergo quod vel Spiritus Sanctus non sit caritas, vel caritas non augeatur vel minuatur in homine.*

101 Petrus Lombardus, Sent. I, d. 17, c. 5, n. 3; Bd. I,1, S. 146,26–31: *His ita respondemus, dicentes quod Spiritus Sanctus sive caritas penitus immutabilis est, nec in se augetur vel minuitur, nec in se recipit magis vel minus, sed in homine vel potius homini augetur et minuitur, et magis vel minus datur vel habetur: sicut Deus dicitur magnificari et exaltari in nobis, qui tamen in se nec magnificatur nec exaltatur.*

102 Iohannes de Basilea, In Sent. I, d. 17, p. 2, q. 17, concl. 1; Bd. II, S. 192,26–193,1: *Quamvis qualibet caritas creata intensibilis et remissibilis sit forma, tamen nihil caritatis infusae remittitur per aliquam culpam.*

lige Geist selbst. Dieser ist aber entweder ganz oder gar nicht gegeben. Darum würde die eingegossene Liebe durch eine Todsünde nicht abgeschwächt, sondern ganz aufgehoben, wie in der zur Conclusio gehörenden Erläuterung gesagt wird.[103]

Das Ungeschaffene in der Seele (zu Meister Eckhart)

Im Text des ›Traktats von der Minne‹ folgt als Teil II die Widerlegung der prinzipiellen Einwände, die oben schon besprochen wurde.[104] Diese Argumentation mündet in die Feststellung, dass das Wirken des Heiligen Geistes dem Willen nicht die Freiheit nimmt, sondern dass entsprechend der augustinischen Gnadenlehre dem freien Willen ein besonderer Gnadenanstoß vorausgeht, der vom Heiligen Geist gewirkt wird.

> »Von diesem Wirken des Heiligen Geistes kommt unserm Willen eine Bereitschaft und eine Neigung zu, Werke der Liebe zu wirken; denn sie <die Liebe> kann nicht geneigt sein, Gott lobenswert zu lieben ohne einen besonderen Bewegungsanstoß des Heiligen Geistes.« – *Von disem wurken des heyligen geistes beleibet vnserm willen ein bereitten vnd ein neygunge ze wurken werk der mynne, wan sy enmag nicht neygen got ze mynnen loblich an sunderlich bewegunge des heiligen geistes* (TvdM Z. 152–154).

Dass die geschaffene Tugend der Liebe den Willen aus sich heraus ohne besondere Wirkung des Heiligen Geistes nicht zu guten Werken geneigt macht, betont wiederum Johannes von Basel gegen seinen Vorgänger Hugolin von Orvieto: »Die geschaffene Liebe macht den vernünftigen Geist, den sie formt, nicht immer wirklich geneigt. <...> Und das gilt, weil die geschaffene Liebe nicht geneigt macht, wenn sie nicht vom Heiligen Geist bewegt wird.«[105]

An diese Überleitung zum Teil III schließt sich im ›Traktat von der Minne‹ ein Rekurs auf Meister Eckhart an.

---

103 Iohannes de Basilea, In Sent. I, d. 17, p. 2, q. 17, post concl. 1; Bd. II, S. 193,3–5: *Secunda pars probatur, quia vel remitteretur per culpam mortalem, et hoc non, quoniam totaliter eam tollit, vel per venialem, et hoc etiam non propter rationem factam in primo principali.* (»Der zweite Teil <der Conclusio> erweist sich, denn entweder würde sie <die eingegossene Liebe> durch eine Todsünde abgeschwächt; – das jedoch nicht, da diese jene gänzlich aufhebt –, oder durch eine lässliche <Sünde>, – und das auch nicht wegen der Begründung, die im ersten Anfangseinwand gegeben wurde.«) Im ersten Anfangseinwand (Iohannes de Basilea, In Sent. I, d. 17, p. 2, q. 17, S. 191,20–22) wurde gesagt, eine lässliche Sünde könne nicht durch eine ewige Strafe geahndet werden.

104 Oben S. 66–68.

105 Iohannes de Basilea, In Sent. I, d. 17, q. 16, concl. 3, cor. 1; Bd. II, S. 187,17–21: *Primum corollarium contra magistrum Hugolinum circa distinctionem 14 et quattuor sequentes: Caritas creata mentem rationalem, quam informat, non semper actualiter inclinat.* <...> *Et confirmatur, quia caritas creata non inclinat nisi a Spiritu Sancto mota.* Siehe Hugolin von Orvieto, In Sent. I, d. 14–18, q. 1, a. 1; ed. Eckermann, Bd. II, S. 231,76–232,102.

> »Darum ist der Heilige Geist die Liebe und nicht <nur> die Vorbereitung oder die Neigung des Willens zu Gott, vielmehr: Die Liebe ist Gott selbst.« *Darumb ist der heylig geist die mynne vnd nicht die bereittunge oder die neygunge des willen in got, mer: Die myn ist got selber.*
>
> »Dies ist das Ungeschaffene in der Seele, von dem Meister Eckhart spricht, das einem jeden Geschöpf in jedem vernünftigen Handeln vereint wird, und darum erkennt jede Vernunft, sie sei geschaffen oder ungeschaffen, die Wahrheit mit der Erkenntnis, mit der Gott sich selbst erkennt, und jede <Vernunft> gebiert in jeder vernünftigen Erkenntnis das ewige Wort und ist ein Ursprung des Heiligen Geistes und ein Ausfließen, und das ist die größte Vollkommenheit, die Gott vernünftigen Geschöpfen geben kann.« *Ditz ist das vngeschaffen in der seln, da meister Eckhart auf spricht, das da wirt vereint einer iglichen creaturen in allen vernuftigen werken, vnd darumb bekennen alle vernuft, sie sein geschaffen oder vngeschaffen, warheit mit einem bekentnusse, do got sich selber mit bekennet, vnd ein iglich in allen vernüfftigen bekentnusse gebirt das ewig wort vnd ist ein vrsprung des heyligen geistes vnd ein außfliessen, vnd das ist die groste volkumenheit die got vernuftigen creaturen gegeben mag* (TvdM Z. 155–163).

Mit der These: »Die Liebe ist Gott selbst«, setzt der ›Traktat von der Minne‹ seinen Akzent parallel zur Hauptthese Meister Eckharts: »Das Sein ist Gott«, *Esse est Deus.*[106] Die These erfährt eine Erweiterung, indem »dies«, dass die Liebe Gott ist, der sich als die spezielle Gnadenhilfe der Seele schenkt, gleichgesetzt wird mit dem »Ungeschaffenen in der Seele«. Das Ungeschaffene (in der Seele) ist: *Die myn* <in der Seele> *ist got selber.* Und das ergibt den Gegensatz zu Eckhart, der sagt: Das Sein ist Gott. Daran knüpft sich wieder die Diskussion des Johannes von Basel an, die davon ausgeht, dass Eckhart mit dem Sein (in der Seele) das *esse formale* meint. Die Konnotationen, die diesem Ungeschaffenen hier gegeben werden, greifen zurück auf die vorausgehende Argumentation der Quaestio: Durch die Vereinigung mit diesem Ungeschaffenen werde Wahrheit mit der Erkenntnis erkannt, mit der sich Gott selbst erkennt. In diesem Erkennen werde das »ewige Wort« geboren als Ursprung und Ausfließen des Heiligen Geistes. Diese Weiterführung zeigt die Akzentverschiebung, auf die es dem ›Traktat von der Minne‹ ankommt. Das Ungeschaffene ist hier mit den wesentlichen Tätigkeiten in Gott, Erkennen und Lieben, verbunden, während es bei Meister Eckhart eher einen ontologischen Sinn hat; und während bei Eckhart das Wort der trinitarische Sohn selbst ist, ist es hier eine Emanation des Heiligen Geistes.

Der Hinweis auf das »Ungeschaffene in der Seele« folgt im ›Traktat von der Minne‹ aus dem Ergebnis der Argumentation zur Hauptthese, dass Gott seinem Wesen nach Liebe sei. So bildet er zugleich einen Übergang zum dritten Teil der Gesamtquaestio. Das Etwas in der Seele ist nach Eckhart »Gott so verwandt <...>, dass es eins ist und nicht vereint«.[107] Es wird auch »Licht« oder

---

106 Eckhart, Prol. gen. n. 12, LW 1,1, S. 156,15.

107 Eckhart, Pr. 12, DW I, S. 197,9f. (Übers. S. 477): <...> *daz etwaz in der sêle ist, daz gote alsô sippe ist, daz ez ein ist und niht vereinet.* Ebenso Pr. 22, DW I, S. 380,5–381,2.

»Kraft« genannt: »Diese Kraft nimmt Gott ganz entblößt in seinem wesenhaften Sein; sie ist eins in der Einheit, nicht gleich in der Gleichheit.«[108] Solche Formulierungen müssen den Autor des ›Traktats von der Minne‹ bewogen haben, anzunehmen, dass dieses Ungeschaffene in der Seele für Meister Eckhart das *esse formale* des Geschöpfes sei, wie in der sich gleich anschließenden These behauptet wird.

III. Auseinandersetzung mit Meister Eckhart. Formale Vereinigung mit Gott in Erkenntnis und Liebe, nicht im Sein

Der ›Traktat von der Minne‹ eröffnet den dritten Teil mit einer dreifachen Zielsetzung:

> »Im dritten <Teil> will ich ausführen, wie Gott mit uns in formprägender Weise vereint werden kann als Vernunft oder als Liebe und nicht als Sein und wie man Meister Eckharts Satz verstehen soll, Gott sei das formgebende Sein der Geschöpfe.« – *Zu dem dritten mall wil ich sagen, wie got muge vereint werden formlich mit vns als ein vernuft oder als mynne vnd nicht als ein wesen, vnd wie man es versten sulle nach des meisters synne, das got sey formlich wesen der creaturen.* (TvdM Z. 164–169).

Der Traktat stellt sich also eine mehrfache Aufgabe: zu zeigen, (1) dass durch Liebe und Vernunft eine formbestimmende Vereinigung in Erkennen und Liebe mit Gott geschieht und (2) dass die Vereinigung keine Einheit des Seins oder Wesens (*wesen*)[109] ist, wie Meister Eckhart gelehrt habe. Zum Beleg des zweiten Teils der Aufgabe soll (3) untersucht werden, wie Eckharts vermeintliche Lehre zu verstehen ist, Gott sei das formstiftende Sein (*esse formale*) der Geschöpfe.

Zum ersten Teil dieser Aufgabe ist die wesentliche Vorbereitung durch die vorausgehende Argumentation schon geleistet worden. Es werden aber noch einige Gesichtspunkte hinzugefügt. Der Zugang zu beiden Aufgaben gestaltet sich von Anfang an als Auseinandersetzung mit Meister Eckhart. Das kündigt sich in dem Nachsatz an: »Das kann man in zweifacher Weise verstehen.« *Das mag man verstan in zweirhant weise* (Z. 170). Der Einstieg in den dritten Teil bringt also eine Bestimmung des Begriffs *formlich wesen* (*esse formale*).

Diese Auseinandersetzung mit Meister Eckhart ist eine eigenständige und meisterliche Leistung des ›Traktats von der Minne‹. Auch Johannes von Basel war dieses Thema wichtig genug, dass er es mehrfach andeutungsweise oder auch ausführlich behandelt hat. In seinem ›Sentenzenkommentar‹ und den ›Re-

---

108 Eckhart, Pr. 13, DW I, S. 222,1f. (Übers. S. 482): *Disiu kraft nimet got blôz zemâle in sînem istigen wesene; si ist ein in der einicheit, niht glîch mit der glîcheit.*

109 Die Bedeutung des Wortes *wesen* ist in der Argumentation über das *esse formale* schwankend zwischen »Sein« und »Wesen«.

sponsiones‹ hat er zu Meister Eckhart Stellung genommen. In der Quaestio 1 der ›Responsiones‹ findet sich ein Kommentar zum *esse formale,* der als Voraussetzung zu den Ausführungen im ›Traktat von der Minne‹ betrachtet werden kann.[110] Die Conclusio 2 dieser Quaestio ist in allen ihren Argumenten gegen eine Wesensgemeinschaft der »Adoptivsöhne« mit dem natürlichen Sohn Gottes gerichtet, die im Prozess in Avignon gegen Meister Eckhart inkriminiert war, und zwar in den Artikeln 17 bis 23 des ›Votum Theologorum Avenionensium‹.[111] In der genannten Quaestio zitiert Johannes von Basel aus einem Gutachten des Jacobus Novelli (Jacques Fournier), des späteren Papstes Benedikt XII. (1334–1342), dessen Ablehnung der Thesen Eckharts.[112] In diesem Textabschnitt finden sich auch Selbstrechtfertigungen Eckharts zu den Vorwürfen, die im ›Votum‹ der Avignoner Theologen nicht überliefert sind.[113]

Damit ist in den ›Responsiones‹ das Thema gesetzt, das im ›Traktat von der Minne‹ ausführlich behandelt wird. Dieser erörtert zunächst, wie die These, Gott sei das formstiftende Sein der Geschöpfe, verstanden werden kann. Dann erklärt er, wie er die Position Eckharts zu diesem Thema versteht und setzt seine eigene Auffassung dagegen. Dementsprechend sollen hier zunächst die nicht leicht zu verstehenden Ausführungen des ›Traktats von der Minne‹ entschlüsselt werden, bevor dargestellt wird, was Johannes von Basel zum *esse formale* Meister Eckharts meint.

Der ›Traktat von der Minne‹ eröffnet das Kapitel mit der Erwägung, was unter formbestimmendem Sein verstanden werden kann, und unterscheidet zwei Bedeutungen.

1. Zunächst wird das klassische Verständnis des *esse formale* vorgetragen: Die Geschöpfe haben ein eigenständiges formstiftendes Sein, das ihnen durch die Verursachung Gottes geschenkt worden ist.

> »<...> die Geschöpfe sind von Gott geschaffen, darum haben sie Sein[114] empfangen, nachdem sie selbst nichts waren. <...> darum muss das Geschöpf sein ihm eigenes geschaffenes Sein haben, das nicht göttliches Sein ist, sondern ein Objekt göttlichen Wirkens.« – <...> *die creature sint geschaffen von got: darumb haben sie enpfangen wesen nach nicht sein ir selbs.* <...> *darumb muß die creatur ir sunderlich geschaffen wesen han, das nicht gotlich wesen sey den ein furwurff gotlicher wurkung* (TvdM Z. 172–175).

110 Siehe dazu Witte, Die Rezeption der Lehre Meister Eckharts durch Johannes Hiltalingen von Basel, S. 326–334.

111 Eckhart, Votum Ave. n. 65–92, Acta n. 59, LW V, S. 580–586.

112 Die Rezeption der Lehre Meister Eckharts durch Johannes Hiltalingen von Basel. Zweiter Teil: Textausgabe, ed. Witte, S. 342–371, hier S. 358–366 und ›Votum domini Benedicti‹, ed. Sturlese, in: Eckhart, Acta n. 58, LW V, S. 562,43–566,192.

113 Die Differenzen sind in der Synopse des Gutachtens und des ›Votums‹ gut zu erkennen, siehe die Edition Sturleses, Acta n. 58.

114 Ich übersetze hier, wie es üblich ist, *wesen* mit »Sein«. Es ist aber zu beachten, dass *esse formale,* also nach dem üblichen Verständnis die Form das So-Sein des Geschöpfes bestimmt. Eckhart nennt dies das *esse hoc,* das »Dies-oder-das-Sein«. Davon unabhängig kennt er ein *esse absolute,* das »absolut Sein« oder das »reine Sein«.

Damit ist also entsprechend der klassischen scholastischen Lehre ausgesagt, dass jedes Seiende in sich selbst ein *esse formale,* also ein bestimmtes Sein ist. Das Sein als Form kann also nicht vom Seienden abgetrennt werden, als sei es ein Allgemeines, das zum Seienden hinzukommt. Demnach ist das Sein ohne das Seiende nicht zu denken, es ist also immer schon ein Dies-Seiendes. Mit den Worten der ›Summa contra gentiles‹ gesagt: »Es ergibt sich also, dass die Dinge sich dadurch unterscheiden, dass sie verschiedene Naturen haben, durch die das Sein auf verschiedene Weise erlangt wird. Das Sein Gottes aber tritt nicht zu einer anderen Natur hinzu«.[115] Gemäß diesem Verständnis kann also Gott nicht das *esse formale* aller Dinge sein.

2. Die zweite Definition sieht ab vom geschaffenen Sein der Dinge und setzt Gott als formbestimmendes Sein an:

> »Zum zweiten kann man den Satz, Gott sei das formgebende Sein der Geschöpfe, so verstehen: Nicht, dass er deren geschaffenes Sein sei, was ich gerade verneint habe, sondern dass er hier <in diesem Verständnis> dasjenige Sein ist, auf dem das <So->Sein aller Geschöpfe beruht und worin es enthalten ist, nicht real, sondern formbegründend verleiht er <Gott als formbestimmendes Sein> eine Istheit, die das Geschöpf aus sich selbst formbegründend nicht haben kann.« – *Zu dem andern mall so mag man versten, das got sey formlich wesen der creaturen also: nicht das er sey ir geschaffen wesen, da ich yeczunt abgesprochen hab, mer das er hie sey wesen, auf dem bestet vnd enthalten wirt wesen aller creaturen, nicht wurklich, sunder formlich gibt ein istikeit, das sie von ir selber nicht mocht haben formlich* (TvdM Z. 176–180).

Hier wird Gott in Bezug auf den Aspekt des Seins der Dinge angesprochen, der in der klassischen Formulierung das Wesen (*essentia*) heißt. Irritierend erscheint zunächst, dass dieser Seinsaspekt hier *istikeit* heißt, was meistens mit dem Dasein (*existentia*) in Verbindung steht. Wenn es heißt, »Gott sei das formgebende Sein <…>, <das> als Form eine Istheit verleiht« (*got sey formlich wesen <…>, <das> formlich gibt ein istikeit*), dürfte auf eine gebräuchliche Wendung angespielt werden: »Die Form verleiht das Sein« (*forma dat esse*). Diese Deutung wird dadurch bekräftigt, dass der Autor für das *formlich wesen* die Ursächlichkeit ausschließt und die Formgebung betont (*nicht wurklich, sunder formlich*). Auch nach Meister Eckhart

> »ist alles in Gott als der Erstursache nach Weise des Denkens; ebenso im Geist des Künstlers. <Alles> erhält also erst dann sein entsprechendes formales Sein, wenn es von seiner Ursache in die Wirklichkeit gesetzt und hervorgebracht wird, dass es sei.« <…> Denn »die Ideen der erschaffenen Dinge sind nicht erschaffen noch als solche erschaffbar. Sie sind ja vor oder nach dem Ding«.[116]

---

115 Thomas de Aquino, Scg. I, c. 26, n. 3; ed. ALBERT / ENGELHARDT, Bd. I, S. 108 f. (Übers. ebd.): *Relinquitur ergo, quod res propter hoc different, quod habent diversas naturas, quibus acquiritur esse diversimode. Esse autem divinum non advenit alii naturae.*

116 Eckhart, In Sap. n. 21, LW II, S. 342,8–12: *Omnia autem sunt in deo tamquam in causa prima intellectualiter et in mente artificis. Igitur non habent esse suum aliquod formale, nisi*

Die idealen Formen sind also vor dem Sein, und sie geben den Dingen durch die Erschaffung erst ein formhaftes Dasein, also ihre bestimmte Istheit. Diese Sichtweise Eckharts stimmt auch mit derjenigen des Thomas von Aquin überein, für den ebenfalls »das Sein die Wirklichkeit jeder Form« ist.[117] Weshalb er »den traditionellen Satz, ›die Form gibt das Sein‹, oder ›jedes Sein stammt aus der Form‹, dahingehend verstehen <muss>, dass ›das Sein an sich‹ und unmittelbar ›der Form‹ als ihre Bestimmung ›folgt‹«.[118] Dieser Umstand wird später wichtig, wenn es darum geht, ob Johannes von Basel Eckharts Verständnis des *esse formale* richtig erfasst hat.

Diese zweite Definition ist also eine Ergänzung zur ersten, die die Aussage der ersten Definition nicht aufhebt. Gott ist nicht selbst die Form des Seins, sondern er erschafft ein formbestimmtes Seiendes (erste Definition). Diese Form ist die ungeschaffene göttliche Idee der Dinge, die durch die Schöpfung ein geformtes Dasein (*formlich istikeit*) erhält (zweite Definition).

Nach den besprochenen Definitionen des formbestimmenden Seins wird nochmals die bevorstehende Aufgabe präzisiert:

»Aber ich will begründen, dass der Meister nicht meint noch meinen kann,
- dass Gott in jener Weise das formgebende Sein der Geschöpfe sei, dass das Geschöpf für sich selbst keine eigene Istheit habe [also nicht wie in Definition 1],
- sondern dass das göttliche Sein des Geschöpfes formgebende Istheit sei« [wie in Definition 2].

Aber ich will es beweren, das der meister nicht enmeint noch nicht enmag meynen,
- *das got in diß weise sey formlich wesen der creaturen, als das die creatur von ir selber kein istigkeit enhabe,*
- *mer das gotlich wesen sey ir formlich istikeit* (TvdM Z. 181–185).

Es folgen drei Interpretationen, die zeigen sollen, wie Meister Eckhart aus der Sicht des Johannes von Basel die formale Vereinigung Gottes und des Menschen verstanden haben kann, und letztlich wie sie verstanden werden sollte.

---

causaliter educantur et producantur extra, ut sint. Ebd., S. 343,1 f.: *Rerum creaturarum rationes non sunt creatae, sed nec creabiles ut sic. Sunt enim ante rem et post rem.*

117 Thomas de Aquino, Sth. I, q. 3, a. 4 co: *esse est actualitas omnis formae.*

118 Borman/Franzen/Krapiec/Oeing-Hanhoff, Form und Materie (Stoff), Sp. 1000. Siehe Thomas de Aquino, Scg. II, c. 55, n. 3; ed. Albert / Engelhardt, Bd. II, S. 214, Übersetzung S. 215: *Esse autem per se consequitur ad formam: ›per se‹ enim dicimus ›secundum quod ipsum‹; unumquodque autem habet esse secundum quod habet formam.* (»Das Sein aber folgt an sich der Form: ›An sich‹ <zukommend> nennen wir nämlich das <einem> ›auf Grund seiner selbst‹ <Zukommende>. Jedes Seiende aber hat insofern Sein, als es Form hat.«) Die in spitze Klammern gesetzten Ergänzungen stehen in der Übersetzung.

Hypostatische Union

Die erste Deutung im ›Traktat von der Minne‹ geht von der personalen Einheit der menschlichen und der göttlichen Natur in Jesus Christus aus. Eine These könnte nun sein, dass alle Menschen so mit Gott vereint wären wie in Christus die Menschheit mit dem Wort Gottes. Doch diese Denkmöglichkeit wird von Vornherein als »Unglaube« (*vngelaub,* TvdM Z. 189) abgelehnt.

Die Menschheit Christi beruht in göttlichem Sein, sodass sie aus sich selbst kein eigenständiges Wirklichsein hat; sie ist unlösbar mit dem Sohn in einer Person vereint. Trotzdem ist Gott nicht das *esse formale* der Menschheit Christi. Das intrinsische Argument dazu ist: Dann würde Gott die Menschheit Christi in eine Gottheit verwandeln; doch soll die Menschheit ja bestehen bleiben. Ein anderes Argument wird hier angeführt: Denn göttliches Wesen kommt allen drei Personen zu. »Wäre das göttliche Wesen nun formbestimmend mit der Menschheit Christi vereint, so wären die drei Personen alle Menschen geworden. Doch das ist Unglaube.« *Wer es <das gotlich wesen> nu vereint formlich der menscheit Cristi, so weren die drey personen all menschen worden, vnd das ist vngelaub* (TvdM Z. 195 f.).

Johannes von Basel setzt sich mit der Argumentation im Rahmen der Lehre von der Hypostatischen Union intensiv auseinander. Das Thema gehört in die fünfte Distinction des dritten Buches. Der Augustinermagister stellt zur Diskussion: »Ist die göttliche Natur in der mit der menschlichen Natur vereinigten Hypostase <d. i. die Person> des Wortes so inkarniert, dass kein seinshaftes oder hypostatisches Prinzip (*ratio*) dieser <göttlichen Natur> an jene aufgenommene <menschliche> Natur wirklich, innerlich und formbestimmend weitergegeben wurde?«[119] Als These gewendet: Die göttliche Natur wirkt sich in der personalen Vereinigung nicht als formende Kraft für die menschliche Natur Jesu Christi aus. Hier ist das Thema des ›Traktats von der Minne‹ angeschlagen, mit dessen Worten: »Da die Menschheit Christi so in göttlichem Sein besteht, dass sie keine eigene Istheit aus sich selbst hat, so ist gleichwohl Gott nicht das formgebende Sein der Menschheit Christi.« *Wan Cristus menscheit also bestet in gotlichem wesen, also das sie kein ysticheit enhat von ir selber, vnd ist auch got nit formlich wesen der menscheit Cristi* (TvdM Z. 192 f.). Das heißt: Die Menschheit Christi subsistiert insofern in göttlichem Sein, als die Person Gott ist; aber Gott ist nicht das formbildende Sein der Menschheit, sonst wäre die Menschheit Gott. Das bestätigt auch die erste Conclusio des Johannes von Basel:

> »Obwohl die göttliche Natur inkarniert ist und der menschlichen Natur in der stärksten Vereinigung nach der ersten <trinitarischen> schlechthin vereinigt ist, ist eine solche Vereinigung dennoch nicht auf diese <göttliche Natur> unmittelbar im Sinne eines

---

119 Iohannes de Basilea, In Sent. III, d. 5–6, q. 3; Bd. IV, S. 39,3–7: *Utrum natura divina in supposito verbi naturae humanae unito sic sit incarnata, quod nulla ratio essentialis vel suppositalis eius naturae assumptae realiter et intrinsece et formaliter sit communicata.*

formbestimmenden Grundbegriffs ausgerichtet, sondern auf die Person des Wortes beschränkt.«[120]

Der Sinn dieser manierierten Formulierung wird in der Begründung mitgeteilt: »Wenn diese Vereinigung unmittelbar auf das göttliche Wesen gezielt wäre, folgt, dass jedwede Person inkarniert wäre.«[121] Das ist dieselbe Begründung, die wir im ›Traktat von der Minne‹ lesen, wie oben mitgeteilt: »So wären die drei Personen alle Menschen geworden. Doch das ist Unglaube.« *So weren die drey personen all menschen worden, vnd das ist vngelaub* (TvdM Z. 195 f.).

Johannes von Basel verneint auch ausdrücklich, dass die göttliche Natur, die sich in der Inkarnation des Wortes mit der menschlichen Natur Jesu Christi verbindet, auch *formaliter* eine Verbindung mit der allgemeinen menschlichen Natur eingehen könne: »Aufgrund der Kraft der hypostatischen Union wird das göttliche Wesen der aufgenommenen <menschlichen> Natur nicht innerlich formbestimmend noch wird sie ihr wirklich innerlich formend oder persönlich zu eigen mitgegeben.«[122] Noch klarer schließt die dritte Conclusio eine Vereinigung der göttlichen Natur in Form der Inkarnation mit irgendeiner anderen menschlichen Natur außer Christus aus: »So unmöglich es ist, dass das göttliche Wesen nach außen in das Sein der Natur geteilt wird, so unmöglich ist es, dass es selbst in das persönliche Sein eines beliebigen Geschöpfes geteilt wird.«[123] Dies alles sind Formulierungen, die ausschließen sollen, dass die gotterfüllten Menschen, die »Adoptivsöhne«, in demselben Sinne Söhne Gottes sind wie Jesus Christus, wie man Meister Eckhart verstehen könnte.

Diese Idee stimmt mit der Aussage im ›Traktat von der Minne‹ überein, es wäre Unglaube, wollte man die Vereinigung Gottes und des Menschen in derselben Weise verstehen wie die Vereinigung der zwei Naturen in der Person Christi, weil man dadurch alle Menschen zu Gott machen würde.[124] Die Vorstellung von der Vereinigung der menschlichen Natur mit Gott nach dem Vorbild der Einheit von Gott und Mensch in Christus spielt aber eine wenig

---

120 Iohannes de Basilea, In Sent. III, d. 5–6, q. 3, concl. 1; Bd. IV, S. 40,22–25: *Quamvis natura divina sit incarnata et naturae humanae maxima unione post primam simpliciter unita, talis tamen unio non est ad eam immediate in ratione termini formalis sustentata, sed ad personam Verbi est terminata.*

121 Iohannes de Basilea, In Sent. III, d. 5–6, q. 3, post concl. 1; Bd. IV, S. 42,8–10: *Si haec unio immediate terminaretur ad essentiam divinam, sequitur, quod quaelibet persona esset incarnata.*

122 Iohannes de Basilea, In Sent. III, d. 5–6, q. 3, concl. 2, cor. 3; Bd. IV, S. 49,13–15: *Ex vi unionis hypostaticae essentia divina non fit intrinseca naturae assumptae formaliter nec communicatur ei realiter formative intrinsece nec subiective.*

123 Iohannes de Basilea, In Sent. III, d. 5–6, q. 3, concl. 3; Bd. IV, S. 49,24–26: *Quod quam impossibile est divinam essentiam communicari ad extra in esse naturae, tam impossibile est ipsam communicari in esse personali alicui creaturae.*

124 TvdM Z. 187–189: *Wolt man nu das geben allen creaturen, so weren alle creaturen als werlich gott als Cristus. Mer das wer vngelaub.*

beachtete Rolle in Eckharts Verteidigung im Avignoner Prozess. Das Gutachten des Kardinals Fournier zitiert eine Stellungnahme Eckharts, die auf die Hypostatische Union anspielt. Eckhart verteidigt hier seinen Satz: »Alles, was Gott der Vater seinem Sohn gegeben hat, das hat er mir gegeben.«[125] Die folgende Verteidigung dieses Satzes ist nur im Zitat des Johannes von Basel aus dem Gutachten des Kardinals Fournier bekannt:

> »Es steht ja auch fest, dass Gott die menschliche Natur im Individuum angenommen hat, nämlich in Christus als Person, um die Natur zu heilen, die mir und allen Menschen gemeinsam ist. Daraus folgt ja nach den erfahreneren <Theologen>: Wäre nicht die Natur wiederherzustellen gewesen, wäre Christus nicht inkarniert worden, gemäß jenem Schriftwort: ›Das Wort ist Fleisch geworden und hat in uns gewohnt‹ (Io 1,14) und dem folgenden: ›Gott war in Christus und hat sich die Welt versöhnt‹ (II Cor 5,19). Daraus folgt aber nicht, wie die Ungebildeten meinen, dass ich oder ein anderer als reiner Mensch das Ganze der Vollkommenheit, was alles Christus besaß, empfinge.«[126]

Hier reklamiert Eckhart also eine Verbindung der inkarnierten menschlichen Natur in Christus mit der allgemeinen menschlichen Natur der Erlösten, die er tatsächlich auch in einigen deutschen Predigten angedeutet hat.[127] Wichtig ist, dass er im letzten Satz seiner Rechtfertigung bestreitet, »dass ich oder ein anderer als reiner Mensch das Ganze der Vollkommenheit, was alles Christus besaß, empfinge«. Damit lehnt er indirekt ab, was auch im ›Traktat von der Minne‹ und in der besprochenen Quaestio 3 des Johannes von Basel abgelehnt wird, dass Gott durch die auf jeden guten Menschen übertragene Hypostatische Union das *esse formale* des Geschöpfes sei. Im Votum des Kardinals wird dieser Hinweis aber nicht beachtet. Er folgt dort vielmehr der thomasischen Sichtweise, dass die menschliche Natur jeweils das Menschsein des Einzelnen, nämlich des Sokrates, des Platon und hier des Jesus Christus ist. Die Menschheit ist demnach keine gemeinsame reale Sache, sondern eine durch Abstraktion (*cogitatio* und *consideratio*) erschlossene Bestimmung. Diese Festlegung geht parallel zur Seinslehre des Thomas, nach der es auch kein gemeinsames Sein der Geschöpfe (*esse commune*) gibt, sondern jeweils nur ein bestimmtes

---

125 Eckhart, Votum Ave. n. 79, a. 21, Acta n. 59, LW V, S. 583,2 f.: *Quidquid deus pater dedit filio suo unigenito in humana natura, hoc totum dedit mihi.* Ebenso Bulle, Acta n. 65, a. 11, LW V, S. 598,47 f.

126 Iohannes de Basilea, Resp. q. 1, concl. 2, post cor. 3; ed. Witte n. 22 (5), S. 362,622–636 (Übers. ebd.): *Constat etiam quod deus assumpsit naturam humanam in atomo, Christo sc. supposito, propter naturam salvandam, communem mihi et omnibus hominibus. Unde secundum peritiores: nisi natura fuisset reparanda, Christus incarnatus non fuisset, secundum illud: ›Verbum caro factum est et habitavit in nobis‹* (Io 1,14), *et illud: ›Deus erat in Christo mundum reconsilians sibi‹* (II Cor 5,19). *Ex quibus tamen non sequitur, ut imperiti putant, quod ego aut aliusquis purus homo totum acceperit perfectionis quidquid Christus habuerit.* Ebenso Vot. dom. Ben., ed. Sturlese, S. 565,134–144.

127 Vgl. Eckhart, Pr. 5a, DW I, S. 77,10–17; Pr. 5b, DW I, S. 86,8–87,1; Pr. 24, DW I, S. 420,1–422,3.

Sein. Darum wird Eckharts Stellungnahme vom Kardinal Fournier nicht akzeptiert:

»Aber in Wahrheit: Nach seiner Auslegung und dem Klang der Worte ist dies falsch und häretisch, und es kann nichts gelten, was er für sich anführt über die gemeinsame Natur, da keine solche Sache allen Menschen gemeinsam ist, sondern das Sein ist je nach seiner Art besonders und wird allein durch die Erkenntnis begriffen und durch Nachdenken angenommen. Und so könnte es keine wahre Annahme <der Menschennatur durch Christus> geben, sondern nur eine fiktive. Aber das Wort hat die individuelle Natur Christi so angenommen, dass sie in keiner Weise meine ist.«[128]

Es lässt sich also zusammenfassend sagen, dass die Argumentation über die Hypostatische Union als Beispiel für Gott als *esse formale* des Geschöpfes eine Brücke schlägt vom ›Traktat von der Minne‹ über den ›Sentenzenkommentar‹ und die ›Responsiones‹ des Johannes von Basel zu Meister Eckhart.

Zum Schluss dieses Abschnitts wird noch kurz ein schwieriges Problem angesprochen:

»Nun könnte man einwenden: Wenn in göttlichem Sein das Sein aller Geschöpfe besteht und enthalten ist, dann sei Gott <deren> formgebende Istheit.« – *Nu mocht yemant sprechen, ob in gotlichem wesen beste vnd werde enthalten wesen aller creaturen, darumb sey got formlich istigkeit* (TvdM Z. 201 f.).

Die Frage führt aus dem Komplex der Hypostatischen Union hinaus in ein Kapitel der Gotteslehre, das fester Bestandteil der Sentenzenkommentare ist: Das In-Sein Gottes in den Geschöpfen und der Geschöpfe in Gott: »Kann man zugestehen, dass alle Dinge im Wesen Gottes oder wesenhaft in Gott seien?« Und: »Auf welche Weise kann es heißen, Gott sei in den Dingen?«[129] Im ›Traktat von der Minne‹ wird die Frage nur kurz abgetan:

»Darauf antworte ich, dass Gott das Sein aller Geschöpfe in sich enthält als eine Wirkursache, aber nicht als deren Formkraft, wie wir <zum Beispiel> sehen, dass der Sonnenschein in der Luft enthalten ist, und zwar <seinem eigenen> Sein entsprechend und nicht als formgebendes <Sein der Luft>.« – *Herczu antburt ich, das got entheltet wesen aller creaturen als ein wurckend sache, nicht als ein forme, als wir sechen, das die sunne entheltet iren schein in der luft wesenlich vnd nicht formlichen* (TvdM Z. 203–205).

---

128 Iohannes de Basilea, Resp. q. 1, concl. 2, post cor. 3; ed. Witte n. 22 (5), S. 363,645–657 (Übers. ebd.): *Sed revera secundum expositionem et sonum verborum haec falsa sunt et heretica, nec valet aliquid quod pro se inducit, quod de natura communi, cum nulla res talis sit omnibus hominibus communis, sed esse specificum sit, solum secundum cogitationem conceptum vel considerationem recipitur. Et sic non posset esse vera assumptio, sed potius fictitia. Sed verbum sic assumpsit individuam Christi naturam quod nullomodo meam.* Ebenso Vot. dom. Ben., ed. Sturlese, S. 565,145–153.

129 Petrus Lombardus, Sent. I, d. 36, c. 1, n. 1; Bd. 1,2, S. 258,24 f.: *Utrum concedendum sit omnia esse in Dei essentia vel in Deo per essentiam*; Petrus Lombardus, Sent. I, d. 37, c. 1, n. 1; Bd. I,2, S. 263,36: *Quibus modis dicatur Deus esse in rebus?*

Hier begnügt sich der Autor mit einem kurzen Hinweis auf den Sachstand, dass nämlich die Dinge in Gott ursächlich, aber nicht *formaliter* enthalten sind. Das entspricht wiederum der Position des Thomas von Aquin. Es sei aber darauf hingewiesen, dass der ›In-principio-Dialog‹ – in den Ausführungen über die Eins und die Zahl sowie im gesamten dritten Kapitel über die Schöpfungsideen – eine ausführliche Lehre über das In-Sein der Dinge in Gott und Gottes in den Dingen entfaltet, die aber ebenfalls nicht impliziert, dass Gott das *esse formale* der Dinge sei. Das wird im Kommentar zum ›In-principio-Dialog‹ erläutert.

Licht der Glorie (*lumen gloriae*)

Auf der Suche nach dem Verständnis des Begriffs *esse formale* wird im folgenden Abschnitt ein neuer Gesichtspunkt erörtert. Wenn die Einheit von Gott und Mensch das ganze Sein wesenhaft oder formbildend betrifft, so müssten vernünftige Geschöpfe auch in ihrer Erkenntnis mit Gott *formaliter* vereint sein. Das heißt: Das Erkennen der vernünftigen Geschöpfe müsste in diesem Fall von Gott durchformt sein. Dazu wird die folgende Hypothese geprüft:

> »Nun kann jemand sagen: Christi Seele bestand in der Einung mit dem göttlichen Wort und konnte doch Gott intuitiv schauen aus der Kraft der Einung ihrer Vernunft, und <darüber hinaus> waren ihre Kräfte erhoben und erleuchtet durch das Licht der Herrlichkeit.« – *Nu mag ymant sprechen, Cristus sele bestund in einunge des gotlichen wortes vnd het doch got mugen sechen anscheulichen von craft der einunge ire vernuft, vnd waren ir creft uber geseczet oder erleuchtet mit dem licht der eren* (TvdM Z. 211–214).

Wenn die Einheit von Gott und Mensch in der Person Christi besteht, stellt sich die Frage, ob damit impliziert ist, dass Christus das Wesen Gottes direkt erkennt oder ob noch zusätzlich eine gnadenhafte Kraft, das Licht der Glorie, gegeben sein muss, die eine klare Schau Gottes oder eine Schau von Angesicht zu Angesicht ermöglicht. Aufschlussreich ist zu diesem Punkt die übliche Ansicht, die Thomas von Aquin formuliert:

> »Obwohl Christus niemals gesündigt hat noch sündigen konnte, auch wenn er aus der Einung mit dem Wort nicht den Gnadenhabitus gehabt hätte, hatte er trotzdem die Gnade zur Vollkommenheit nötig, wie gesagt wurde; und wiederum, obwohl er gerade darum, weil er Gott war, die Glorie haben musste, war es nötig, dass etwas *formaliter* seine Seele zum Akt der Glorie vervollkommnete, und das war die Gnade, da die vollendete Gnade in der Seele dasselbe ist wie das Licht der Glorie, was die Seele auch vervollkommnet für die Akte auf dem <irdischen> Weg.«[130]

---

130 Thomas de Aquino, In Sent. III, d. 13, q. 1, a. 1, ad 5: *Unde quamvis Christus nunquam peccaverit, nec peccare potuisset, etiam si gratiam habitualem non habuisset ex unione ad verbum, tamen gratia indiguit ad perfectionem, ut dictum est; et iterum, quamvis ex hoc ipso quod Deus erat, sibi gloria debebatur, tamen oportuit quod esset aliquid formaliter perficiens ipsam animam ad actus gloriae; et haec fuit gratia: quia gratia consummata in anima, est idem quod gloriae lumen, et etiam perficiens eam ad actus viae.*

Die Antwort des ›Traktats von der Minne‹ weicht davon nachdrücklich ab. Der augustinische Autor hält ein Licht der Glorie für die Verbindung Jesu Christi mit dem Vater nicht für notwendig.

»Dazu antworte ich: Die Seele Christi konnte die Schau Gottes empfangen, weil sie mit dem göttlichen Wort vereint war. Darum sah sie Gott wesensgemäß, denn Gott konnte ihr nicht in geringerer Weise vereint werden; und darum war es nicht nötig, dass diese Einung mit Hilfe einer geschaffenen Form geschähe, welche die Meister das Licht der Glorie nennen. Denn Gott macht sein Antlitz intuitiv der menschlichen Vernunft ohne das Licht der Glorie offenbar.« – *Herczu sprich ich, das Cristus sele empfencklich was des gotlichen gesichtes, darumb das sie ward vereint dem gotlichem wort. Des sach sie got weslichen, wan got enmacht ir nicht mynner vereint werden, und darumb enwas das kein not, das dise einunge gescheche ubermicz ain geschaffen forme, die die meister heissent ein licht der eren. Wan got macht sein antlutz offenbar schewlichen menschlich vernuft on licht der eren* (TvdM Z. 215–220).

Johannes von Basel befasst sich mit dem *lumen gloriae* ausführlich im vierten Buch seiner ›Lectura‹. Die Fragestellung dort lautet: »Kann die göttliche Wesenheit, die auch wesensgemäß selig und vergöttlichend ist, dem geschaffenen Intellekt des Seligen in der <ewigen> Heimat Licht der Glorie sein sowie Erkenntnisbild und beseligende Schau?«[131]

Die Fragestellung konterkariert schon die Diskussion des gnadenhaften Lichtes der Glorie, indem sie dieses in Wahrheit in die Position einer bloßen Benennung, vielleicht einer Metapher, drängt, nach der das göttliche Wesen selbst das »Licht der Glorie« oder ein »Erkenntnisbild« sein soll. Denn die Frage, die ja nach dem akademischen Sprachgebrauch die These ist, impliziert hier, dass das, was das *lumen gloriae* bewirken soll, von der göttlichen Wesenheit selbst eingelöst wird.

»Wie die Wesensform des Lichts der Glorie und des beseligenden Erkenntnisbildes eigentlicher der göttlichen Wesenheit zukommt als sonst einem Licht oder einem anderen geschaffenen Seienden, so kann Er selbst das Licht der Glorie und das beseligende Erkenntnisbild der Vernunft und des geschaffenen seligen Gedächtnisses sein.«[132]

Der ›Traktat von der Minne‹ beruft sich nach der zitierten Aufhebung eines geschöpflichen gnadenhaften Lichtes der Glorie wörtlich auf den *heilig meister bruder Thomas*. Die Beifügung »heilig« bezieht sich zweifellos auf Thomas von Aquin. Doch wäre es verwunderlich, wenn der Autor diesen längst verstor-

---

131 Iohannes de Basilea, In Sent. IV, d. 49, q. 41; T fol. 111ra, M fol. 382rb: *Utrum essentia divina et deifica essentialiter beata intellectui creato beati in patria possit esse lumen gloriae, species et visio beatifica.*

132 Iohannes de Basilea, In Sent. IV, d. 49, q. 41, concl. 2; T fol. $111^{va/b}$, M fol. 383ra: *Sicut ratio luminis gloriae et speciei beatificae proprius competit divinae essentiae quam alicui luci vel alteri entitati creatae, sic potest ipse esse lumen gloriae et species beatifica intellectus et memoriae creatae beatae.*

benen Heiligen »Magister« und »Ordensbruder« nennen würde. Es ist sicher, dass der Schreiber oder die Schreiberin sich veranlasst sah, einem Thomas, den er oder sie für Thomas von Aquin hielt, den Ehrentitel des Heiligen beizufügen. Hingegen gibt der Autor zu erkennen, dass er einen Gelehrten dieses Namens aus seinem Orden, also einen Augustinermagister, zitieren will. Dieser soll gesagt haben, Gott mache »sein Antlitz intuitiv der menschlichen Vernunft ohne das Licht der Glorie offenbar«. *Wan got macht sein antlutz offenbar schewlichen menschlich vernuft on licht der eren* (TvdM Z. 219 f.). Thomas von Aquin hingegen lehrt das Gegenteil. Tatsächlich aber finden sich die »zwei Stellen« (*in czwei steten*), auf die sich der Autor des ›Traktats von der Minne‹ bezieht, im Sentenzenkommentar des Thomas von Straßburg (ca. 1300–1357, Magister in Paris 1341). Darauf spielt der ›Traktat von der Minne‹ an:

> »So sagt mein Ordensbruder Meister Thomas <von Straßburg> an zwei Stellen <seines Sentenzenkommentars>. Und das ist sinnvoll, denn das Licht der Glorie wäre ein Akzidens, und <so> verstünde die Vernunft des Menschen in unvernünftiger Weise aus ihr selbst, nicht aus Gott, der <doch> unzertrennlich in ihr ist. Denn die Seele Christi ist vernünftig, da das göttliche Licht mit ihr als ihre Istheit vereint war; und darum kann das Licht der Glorie in ihr keine größere Vereinigung schaffen.« – *Also spricht der meister bruder Thomas in czwein steten, vnd ist dicz redlich, wan licht der eren ware ein zuuall vnd verstunt des menschen vernuft vnvernufftigklich auß ir selber, nicht aus got, der in ir ist vnsunderlich. Wan Cristus sele die ist redlichen, wan das gotlich liecht was ir vereint als ir istikeit, vnd darumb enmag das licht der eren in ir nicht mere einunge gemachen* (TvdM Z. 220–225).

Hier wird von der Seele Christi gesprochen, die aufgrund ihrer Einung mit dem göttlichen Wort kein geschaffenes *lumen gloriae* nötig hat. Dementsprechend ist die Stelle, auf die der ›Traktat von der Minne‹ hier anspielt, bei Thomas von Straßburg in einer Distinctio des dritten Sentenzenbuchs zu suchen. In der Tat verweist dieser selbst, wenn er in seiner Eschatologie das Problem der unmittelbaren Schau Gottes ausführlich bespricht, auf seine Ausführungen zur Seele Christi. Auf die Frage, ob die Seligen die göttliche Wesenheit nackt sehen können, antwortet er: »Was dazu zu sagen ist, erhellt aus dem, was ich in Buch III, Distinctio 14, Artikel 1 gesagt habe.«[133] Seine Ausführungen dazu sind in der folgenden These zusammengefasst: »Weil jeder Selige nackt und unmittelbar die göttliche Wesenheit schaut, war jedoch die Seele Christi vom Anfang seiner Erschaffung an vollkommen selig, wie es die Worte der heiligen Lehrer offen bezeugen.«[134]

Ausführlicher spricht Thomas von Straßburg über die ewige Seligkeit im Abschnitt von der Gottesschau der Seligen unter der Frage: »Ist zur nackten

---

133 Thomas de Argentina, In Sent. IV, d. 49, q. 2, a. 1; ed. Genua 1589, p. 2, fol. 197rb: *Quid sit dicendum patet ex his, quae dixi libro 3, distinctione 14, articulo 1.*

134 Thomas de Argentina, In Sent. III, d. 14, a. 1; ed. Genua 1589, p. 2, fol. 25vb: *Quia quilibet beatus nude et immediate videt divinam essentiam, sed anima Christi ab principio suae creationis fuit perfecte beata, prout dicta sanctorum doctorum aperte protestatur.*

Schau der göttlichen Wesenheit im Schauenden ein Habitus des Lichtes der Glorie erforderlich, der diesen <Schauenden> zu einer solchen Schau befähigt?« Seine These ist:

»Aber ohne das Licht der Glorie kann Gott, der ein erkennbares Objekt ist, unmittelbar gegenwärtig sein im Sinne eines Objektes des menschlichen Intellekts, und er kann diesen <Intellekt> hinreichend bewegen, ihn <Gott> zu erkennen oder zu schauen. Also kann es durch die göttliche Kraft geschehen, dass der menschliche Intellekt die göttliche Wesenheit nackt ohne Licht der Glorie schaut.«[135]

Wie der ›Traktat von der Minne‹ beruft sich auch Johannes von Basel auf Thomas von Straßburg, und zwar wenn er seine eigene These zum Problem des Lichts der Glorie erläutert.[136]

Diese Belege mögen genügen, die Übereinstimmung der Lehre des ›Traktats von der Minne‹ mit derjenigen des Johannes von Basel auch im Blick auf das *lumen gloriae* zu erweisen.

Gott das *esse formale* der Geschöpfe?

Die folgende Deutungsmöglichkeit des *esse formale,* die in zwei Teilen vorgetragen wird, wird Meister Eckhart unterstellt. Wenn Gott das *esse formale* der Geschöpfe wäre, wäre er nicht nur, nach dem üblichen Verständnis, deren Ursache, sondern auch deren »Form«, das heißt der Grund ihres Soseins. Der Autor des ›Traktats von der Minne‹ sagt gleich zu Anfang dieses Abschnitts, dass diese These von allen Magistern abgelehnt wird. Thomas von Aquin hatte eine solche Annahme in seiner berühmten Argumentation im Kapitel 26 der ›Summa contra gentiles I‹ heftig kritisiert und deren Konsequenz ironisierend zusammengefasst:

»Ebenso werden die, die diesen Irrtum vertreten, durch denselben Richterspruch zu Fall gebracht, durch den auch die Götzenanbeter zu Fall gebracht werden, die den ›nicht mitteilbaren Namen‹, nämlich Gottes, ›Hölzern und Steinen beilegten‹, wie <im Buch der> Weisheit 14<,21> steht. Wenn Gott nämlich das Sein von allem ist, ist es ebenso wahr, zu sagen: ›Ein Stein ist ein Seiendes‹, wie: ›Ein Stein ist Gott‹.«[137]

---

135 Thomas de Argentina, In Sent. IV, d. 49, q. 2, a. 1; ed. Genua 1589, p. 2, fol. 197^{rb-va}: *Sed sine lumine gloriae deus qui est obiectum cognoscibile, potest esse immediate praesens in ratione obiecti humani intellectus et potest ipsum sufficienter movere ad sui cognitionem seu visionem; ergo per divinam potentiam fieri potest quod humanus intellectus nude videat divinam essentiam absque lumine gloriae.*

136 Iohannes de Basilea, In Sent. IV, d. 49, q. 41, post concl. 3; M fol. 383rb.

137 Thomas de Aquino, Scg. I, c. 26, n. 8; ed. Albert / Engelhardt, Bd. I, S. 112 (Übers. ebd., S. 112): *Hi etiam errantes eadem sententia procelluntur qua et idolatrae, qui ›incommunicabile Nomen‹, scilicet Dei, ›lignis et lapidibus imposuerunt‹, ut habetur Sap. XIV. Si enim Deus est esse omnium, non magis dicetur vere ›lapis est ens‹, quam ›lapis est deus‹.*

Ganz in demselben Sinn müsste man nach dem ›Traktat von der Minne‹ sagen können: Wenn Gott das Sein von allem ist, könnte man sagen: »Gott ist das Seiende«, zum Beispiel: »Gott ist das Haus.« Denn hier wird vorausgesetzt, dass das formale Sein, hier also Gott, nicht nur die Idee des Hauses im Geiste des Schöpfers, sondern auch das reale Haus-Sein ist. Es wird also angenommen, Gott sei nicht nur das Wesen, sondern auch die Existenz der Dinge, *nicht allein wesen der weßlicheit <esse essentiae>, mer auch wesen der isticheit <esse existentiae>* (TvdM Z. 234 f.). Das Wesen des Hauses und das Dasein des Hauses wären dann dasselbe formgebende Sein in zwei Weisen.

> »Das heißt gleichwohl, dass dieses Sein, welches das Geschöpf ist, kein anderes Sein ist als das Sein, welches das Geschöpf in Gott hat. Es ist vielmehr dasselbe Sein in einer anderen Weise, wie dasselbe Haus, das in der Vernunft des Zimmermanns als Erkenntnisgegenstand ist, auch materiell in Stein und Holz existiert.« – *Also doch das ditz wesen, das die creature ist, enist nicht ein anders wesen von dem wesen, das sie in got hat. Mer es ist dasselb wesen in einer andern weise, als das selb haus, das da ist in des zymermannes vernuft gegenwurflich, ist in dem stein vnd in dem holcz materlich* (TvdM Z. 235–239).

Das heißt: »Gott ist ein formgebendes Sein <für das Geschöpf>.« *Vnd darumb ist got ein formlich wesen* (TvdM Z. 242 f.).

Unorthodoxe Deutung

Die anschließende Deutung schließt mit dem kommentierenden Satz ab: »So verstehe ich es, wenn der Meister sagt, Gott sei formgebendes Sein.« *Also verstan ich den meister, das er sprichet, Got sey formlich wesen* (TvdM Z. 252). Diese Deutung zeigt die Konsequenzen der vorausgehenden Erklärung auf. Das formstiftende Sein ist das Einheitsband, das Gott und Mensch zusammenbindet. Es ist dasselbe Sein im Blick auf Gott wie im Blick auf den Menschen.

> »Und darum kann man in Wahrheit sagen: Gott ist formgebendes Sein der Geschöpfe und Gott ist der Geschöpfe Istheit. Und man kann auch mit Recht sagen: Das Geschöpf ist das formgebende Sein Gottes, der Gott ist.« – *Vnd darumb mag man werlich sprechen: Got ist formlich wesen der creaturen vnd got ist der creaturen istikeit. Vnd mag man auch wol sprechen: Die creature ist formlich wesen gotes, der ist got* (TvdM Z. 247–249).

Dazu gesellt sich die Zuspitzung über die Selbsterschaffung des Geschöpfes: »Und es kann in diesem Sinne ein jedes Geschöpf ›selbst geschaffen aus nichts‹ heißen.« *Vnd mag nach disem synne heissen ein iglich vernuftig creature ›sich selber geschaffen von nicht‹* (TvdM Z. 249 f.). Zu dieser unerhörten Aussage kenne ich nur eine Parallele aus Meister Eckharts Armutspredigt:

> »In meiner Geburt wurden alle Dinge geboren, und ich war Ursache meiner selbst und aller Dinge; und hätte ich gewollt, so wäre weder ich noch wären alle Dinge; wäre aber

ich nicht, so wäre auch Gott nicht; dass Gott Gott ist, dafür bin ich die Ursache; wäre ich nicht, so wäre Gott nicht Gott. Dies zu wissen ist nicht nötig.«[138]

Während bisher alle Parallelen zum Werk des Meisters des Lehrgesprächs aus dem Gutachten des Kardinals Fournier geschöpft waren, begegnet uns hier eine Parallele des ›Traktats von der Minne‹ zu einer Stelle aus der Armutspredigt Meister Eckharts. Einzig diese radikale Schlussfolgerung aus der vermeintlichen Lehre Eckharts, Gott sei das *esse formale* der Dinge, wäre ein Hinweis darauf, dass Johannes von Basel mehr von Eckhart gekannt hat als das ablehnende Gutachten aus dem Prozess in Avignon.

Das Problem des *esse formale*

Die gesamte Erörterung, wie das *esse formale* zu verstehen sei, wird abgeschlossen mit dem Satz: »So verstehe ich es, wenn der Meister sagt, Gott sei formgebendes Sein.« *Also verstan ich den meister, das er sprichet, Got sey formlich wesen* (TvdM Z. 252). Der ›Traktat von der Minne‹ meint also, Eckhart habe in diesem Sinne die These vertreten, Gott sei das *esse formale* der Dinge. Das scheint Eckhart auch im Kölner Prozess vorgeworfen worden zu sein. Bekannt ist, dass Eckhart in seiner Verteidigung genau dieser Unterstellung widersprochen hat. Zur Meinung, dass das Geschöpf sein Sein selbst nicht von Zweitursachen, sondern von Gott selbst unmittelbar empfängt, sagt er, »dass das wahr ist. Man muss aber unterscheiden zwischen dem formbestimmend <d. h. dem Seienden> innewohnenden Sein und dem absoluten Sein, das Gott ist.« Und seine These: »Das Sein ist Gott«, *esse est deus*; verteidigt er ähnlich: »Man muss sagen, dass dies wahr ist vom absoluten Sein, nicht vom formbestimmend innewohnenden Sein.«[139] Aber auch in seinen Bibelkommentaren zeigt Eckhart, dass er der Konstitution des geschöpflichen Seins im reinen Sein (*esse absolute*) einen anderen Sinn gibt als dem formgebenden Sein (*esse formale*). Dieses konstituiert auch für Meister Eckhart das So-Sein oder Dies-und-das-Sein, wie sich auch bei der Analyse des ›In-principio-Dialogs‹ noch zeigen wird.[140]

---

138 Eckhart, Pr. 52, DW II, S. 503,6–504,3 (Übers. S. 730, leicht geändert): *In mîner geburt, dâ wurden alliu dinc geborn, und ich was sache mîn selbes und aller dinge; und hæte ich gewolt, ich enwære niht, noch alliu dinc enwæren niht; und enwære ich niht, sô enwære ouch got niht. Daz got got ist, des bin ich ein sache; enwære ich niht, sô enwære got niht got. Diz ze wizzenne des enist niht nôt.*

139 Eckhart, Proc. Col. I, n. 116, Acta n. 48, LW V, S. 289,4 f.: *Ad quartum cum dicitur: »Ipsum esse non accipit quod sit in aliquo nec ab aliquo« etc. Dicendum quod verum est, distinguendum tamen de esse formaliter inhaerente et de esse absoluto, quod est deus.* Eckhart, Proc. Col. I, n. 117, Acta n. 48, LW V, S. 289,6 f.: *Dicendum quod hoc verum est de esse absoluto, non de esse formaliter inhaerente.*

140 Unten S. 136–140.

Hier geht es aber nicht um eine korrekte Interpretation der Gedanken Meister Eckharts. Diese müsste vertieft fragen, wie Eckharts Lehre vom *esse formale* mit seiner Idee vom *esse absolute* im Geschöpf zusammengeht und wie seine Rezipienten ihn seinerzeit interpretiert haben. Hier interessier vordergründig der Nachweis, dass der ›Traktat von der Minne‹ und Johannes von Basel in dem (fraglichen) Verständnis des Lehrstücks von der formalen Einheit Gottes und des Menschen übereinstimmen, wie schon erklärt wurde.

Am ausführlichsten hat Johannes von Basel sich in der Quaestio 1 seiner ›Responsiones‹ mit Meister Eckharts Standpunkt zum *esse formale* auseinandergesetzt. Infrage steht dort das Wesen der Person Jesu Christi, insofern er der Sohn Gottes und der Jungfrau Maria ist. Die zweite Conclusio greift das Problem der Seinsweise des Gottessohnes und der mit Christus erlösten »Adoptivsöhne« Gottes auf: »Es gibt nur einen gleichwesentlichen Sohn Gottes, den die Jungfrau Maria in der Zeit geboren, der Vater in Ewigkeit naturgemäß gezeugt hat; aber es gibt viele Söhne per Adoption, die nicht wie der eine sind, sondern ganz und gar anders.«[141] In der Beifügung »gleichwesentlich« klingt das formale Wesen Christi an; in der Unterscheidung der »Adoptivsöhne« wird aber die Gleichwesentlichkeit ausgeschlossen. Die Conclusio und die nachfolgenden Argumentationen sind ausschließlich den (vermeintlichen) Thesen Eckharts gewidmet. Die These der Conclusio wird durch drei Corollaria differenziert, in denen er seine Position gegen Meister Eckhart formuliert. Entscheidend ist das dritte Corollarium: »In gleicher Weise ist es unmöglich, dass das Wort Gottes und der eingeborene Sohn in formgebender Weise, in der er das Gott-Sein verleiht, dem gerechten, heiligen oder vollkommenen Menschen mitgeteilt wird.«[142] Hier sagt also Johannes von Basel, dass das Wort Gottes der Person Jesus Christus in formgebender Weise (*per modum formae*) das Gottsein verleiht. Aber zugleich wird ausgeschlossen, dass diese vergöttlichende Seinsmitteilung auch den Adoptivsöhnen geschenkt würde. Eckhart ist so verstanden worden, als ob er dies lehrte. Seine eigene Auseinandersetzung stützt Johannes von Basel im Folgenden auf das ›Votum Domini Benedicti‹ gegen Eckhart. Er meint, dass dieses Gutachten eine Bestätigung seiner Corollaria enthalte.[143] Darin werden die beanstandeten Sätze Eckharts zurückge-

---

141 Iohannes de Basilea, Resp. q. 1, concl. 1, n. 18; ed. Witte, S. 358,470–476 (Übers. ebd.): *Unicus tantum est filius dei consubstantialis, quem virgo Maria genuit in tempore, pater in aeternitate naturaliter; sed plures sunt filii per adoptionem, non sicut primus, sed aliter et aliter.* Diese Passage hat Sturlese in seine Edition des Vot. dom. Ben. nicht aufgenommen.

142 Iohannes de Basilea, Resp. q. 1, concl. 2, cor. 3, n. 21; ed. Witte, S. 358,503–508 (Übers. ebd.): *Similiter est impossibile verbum dei ac filium unigenitum per modum formae, quo det esse deum, homini iusto sancto vel perfecto communicari.* Ebenso Vot. dom. Ben., ed. Sturlese, S. 562,58–61.

143 Iohannes de Basilea, Resp. q. 1, concl. 2, cor. 3, post cor. 3, n. 21; ed. Witte, S. 359,520–522 (Übers. ebd.): *Haec tria corollaria deducit dominus Benedictus cum conclusione in articulis Eckardi, a. 17 ad 22, diffuse.* (»Diese drei Corollaria zusammen mit der <über-

wiesen: »Der gute Mensch ist Gottes eingeborener Sohn«,[144] und »Der edle Mensch ist jener eingeborene Sohn Gottes, den der Vater in Ewigkeit gezeugt hat.«[145] Johannes von Basel zitiert aber nicht die Ablehnungsgründe des Kardinals, sondern eine Rechtfertigung Eckharts dieser Artikel, wahrscheinlich aus demselben Gutachten, die nur an dieser Stelle überliefert ist. Darin sagt Eckhart, diese Artikel seien missverständlich. Man könnte nämlich glauben, »dass der gute und edle Mensch selbst der eingeborene Sohn in der Trinität sei. Vielmehr ist wahr, was jene nicht verstehen, dass dieser eingeborene Sohn selbst in der Trinität der Selige ist, ›durch den‹ alle Gläubigen per Adoption Söhne Gottes sind.«[146] An dieses Zitat knüpft Johannes von Basel eine Stellungnahme an, die offenkundig seine eigene ist und die die pauschale Ablehnung durch den Gutachter leicht abschwächt. Er bezieht sich auf das *quo, »durch den <alle Gläubigen Söhne sind>«* in dem Zitat:

> »Ferner: Wenn das ›durch den‹ <wir Söhne Gottes sind> als Wirkursache gemeint ist, bringt es nichts für die These; wenn zeichenhaft, dann ein wenig; sofern aber als Formprinzip oder dem innersten Wesen nach vervollkommnend, dann zeigt das dritte Corollarium, dass jene Auslegung irrig ist.«[147]

Hier wird also entsprechend dem zitierten Corollarium strikt abgelehnt, dass Gott bzw. das Wort Gottes über den eingeborenen Sohn hinaus auch für alle edlen Menschen formgebendes Sein ist. Aber es gibt noch eine weitergehende Bemerkung, die ebenfalls ein Licht auf die These des ›Traktats von der Minne‹ wirft. Johannes von Basel zitiert und übernimmt weiterhin das ablehnende Urteil des Gutachtens zu den Sätzen: »Alles, was Gott der Vater dem eingeborenen Sohn in seiner menschlichen Natur gegeben hat, das hat er ganz mir gegeben. Ich nehme hier nichts aus, weder die Einigung noch die Heiligung, sondern das Ganze hat er mir gegeben wie ihm.«[148] Der zweite beanstandete

---

geordneten> Conclusio entwickelt Papst Benedikt in <seinem Kommentar zu> den Artikeln Eckharts, Art.17–22 ausführlich.«) Ebenso Vot. dom. Ben., S. 563,68–70.

144 Eckhart, Votum Ave. n. 65, Acta n. 59, LW V, S. 580,10 f. (Übers. ebd.): *Item praedicavit, quod bonus homo est unigenitus filius Dei.* Ebenso Bulle, Acta n. 65, a. 20, LW V, S. 599,69.

145 Eckhart, Votum Ave. n. 66, Acta n. 59, LW V, S. 580,112 f. *Item quod homo nobilis est ille unigenitus filius dei, quem pater aeternaliter genuit.* Ebenso Bulle, Acta n. 65, a. 21, LW V, S. 559,71 f.

146 Iohannes de Basilea, Resp. q. 1, concl. 2, cor. 3, post cor. 3, n. 22; ed. WITTE, S. 359,538–543 (Übers. ebd.): *<…> puta quod homo bonus et nobilis sit ipse filius unigenitus in trinitate. Sed verum est quod isti non sapient, quod ipse idem unigenitus filius in trinitate beatus est, quo omnes fideles filii sunt per adoptionem.* Ebenso Vot. dom. Ben., ed. STURLESE, S. 563,80–84. (Hervorhebungen von KHW).

147 Iohannes de Basilea, Resp. q. 1, concl. 2, cor. 3, post cor. 3, n. 22; ed. WITTE, S. 360,569–574 (Übers. ebd.): *Item si li ›quo‹ tenetur effective, nihil ad propositum; si repraesentative, tam modicum; si informative vel intrinsece perfective: patet per corollarium tertium quod expositio est falsa et erronea.* Ebenso Vot. dom. Ben., ed. STURLESE, S. 564,99–103.

148 Eckhart, Votum Ave. n. 79, a. 21, Acta n. 59, LW V, S. 583,2–4: *Quidquid deus pater dedit filio unigenito in humana natura, hoc totum dedit mihi. Hic nihil excipio, nec unionem*

Satz Eckharts lautet: »Alles, was der göttlichen Natur eigen ist, das ist gänzlich eigen dem gerechten und gottförmigen Menschen.«[149] Nach der Übernahme der ablehnenden Urteile des Gutachtens, setzt Johannes von Basel aber zu einer Gegenrede an:

> »Man muss aber zum Verständnis dieser <Thesen Eckharts> im 21. und 23. Artikel anmerken, dass das Ganze, ›was Christus gegeben worden ist‹ oder ›was der göttlichen Natur eigen ist‹, ›Gott dem gerechten Menschen‹ oder ›ihm eigen sein‹, vielfältig verstanden oder akzeptiert werden kann«.[150]

Er greift also solche Formulierungen Eckharts auf, die eine Wesensgleichheit Gottes und des gerechten Menschen behaupten könnten. Anschließend werden die Möglichkeiten des Verstehens solcher Formulierungen benannt und beurteilt: Sie lassen sich nämlich verstehen:

> »1. als Formprinzip, 2. als aus dem inneren Wesen heraus habituell, 3. als innewohnend und Vollkommenheit stiftend, 4. als durch Teilhabe umwandelnd, 5. als objektiv, beseligend, ungeschuldet-gnadenhaft und endgültig. In den drei erstgenannten Bedeutungen scheint er <Eckhart> es verstanden zu haben, wenn er sagte: ›Ich nehme nichts aus.‹ In der vierten und fünften Weise könnten die Worte in einem guten Verständnis aufrechterhalten werden, freilich nicht schlechthin, sondern allein, wenn sie für uns <mit unserer augustinischen Position> in Übereinstimmung gebracht werden.«[151]

Diese Stellungnahme des Johannes von Basel ist ein Vorläufer der Argumentation im ›Traktat von der Minne‹. In den ersten drei Interpretationsmöglichkeiten ist eine Wesenseinheit vorausgesetzt; das würde auf das Verständnis des *esse formale* hinauslaufen, das der ›Traktat von der Minne‹ Eckhart unterstellt. Die vierte und die fünfte Aussage deuten auf eine personale Verbindung und könnten auch auf die Einheit in Erkenntnis und Liebe des ›Traktats von der Minne‹ zutreffen.

---

nec sanctitatem, sed totum dedit mihi sicut sibi. Ebenso Bulle, Acta n. 65, a. 11, LW V, S. 598,47–49.

149 Eckhart, Votum Ave. n. 84, Acta n. 59, a. 23, LW V, S. 584,26 f.: *Quidquid est proprium divinae naturae, hoc totum proprium est homini iusto et divino.* Ebenso Bulle, Acta n. 65, a. 13, LW V, S. 598,52 f.

150 Iohannes de Basilea, Resp. q. 1, concl. 2, post cor. 3, n. 23; ed. Witte, S. 364,697–703 (Übers. ebd.): *Notandum tamen est pro intellectu istorum in vicesimo primo et vicesimo tertio articulis, quod totum hoc ›quod est Christo datum‹ vel ›quod est proprium naturae divinae‹, ›deus homini iusto‹ vel ›esse proprium sibi‹ multipliciter posset accipi.* Ebenso Vot. dom. Ben., ed. Sturlese, S. 566,179–183.

151 Iohannes de Basilea, Resp. q. 1, concl. 2, post cor. 3, n. 23; ed. Witte, S. 364,703–365,714 (Übers. ebd.): *Uno modo formaliter, alio modo intrinsece habitualiter, tertio modo perfective inhaerenter, quarto modo participative immutabiliter, quinto modo obiective beatifice gratuite et finaliter. In tribus primis sensibus videtur sensisse, cum dicebat: ›Nihil excipio etc.‹ Quarto et quinto modo possent dicta ad bonum intellectum teneri, non tamen simpliciter, sed secundum congruentiam nobis convertentem.* Ebenso Vot. dom. Ben., ed. Sturlese, S. 566,184–192.

Schluss: Formale Vereinigung mit Gott in Erkenntnis und Liebe, nicht im Wesen

Meister Eckhart wird also unterstellt, Gott sei das *esse formale* der Dinge in doppelter Weise, dabei wird vom Wesen (*esse essentiae*) und vom Dasein (*esse existentiae*) gesprochen. Das bedeutet, Gott wäre das formierende Sein des ganzen Menschen. Man müsste folgern, der Mensch werde Gott. Daraus ergäbe sich dann die Schlussfolgerung, die als die »unorthodoxe Deutung« skizziert wird: Der Mensch wäre auch umgekehrt das *esse formale* Gottes, und man könnte sagen: Der Mensch habe sich selbst geschaffen. Im Rahmen einer Eckhart-Interpretation müsste geklärt werden, wie die an diese Deutung anklingenden emphatischen Sätze, zum Beispiel in der Armutspredigt, metaphysisch einzuordnen sind. Hier ist nur festzuhalten: Johannes von Basel lehnt dieses ontologische Verständnis des *esse formale* ab. Den abschließenden Abschnitt leitet er so ein:

> »Dazu sage ich, dass kein Ding empfangen kann, was es an ihm selbst hat oder was es ist. Da nun kein Ding sein kann, es sei denn ein Sein, darum kann kein Ding etwas anderes als sein <eigenes> Sein empfangen.« – *Herczu sprich ich, das chein dinck enmag enpfachen, das es an ime hat oder das es ist. Warumb nu kein dinck sein enmag, es ensey ein wesen, darumb enmag kein dinck enpfachen ein anders dan sein wesen* (TvdM Z. 253–255).

Die Aussage dürfte auf Avicennas metaphysischen Grundsatz zurückgehen, der auch von Meister Eckhart zitiert wird, »dass das, was etwas ist, oder <seine> Washeit, die auch <seine> Idee ist, nicht von einem andern ist«.[152] Das heißt, das Wesen oder die Washeit einer Sache ist ihrem Begriff immanent. Wenn dieses nicht von einem anderen ist, kann das Wesen (*esse essentiae*) nicht Gott als das *esse formale* sein. Nur das Sein (*esse existentiae*) ist von einem anderen, nämlich von Gott geschaffen. Das Beispiel aus der Hypostatischen Union wird wiederholt:

> »Aber: Ein Ding kann mit dem anderen wohl vereinigt werden als eine Istheit, wie das ewige Wort mit der Menschheit Christi als ihre Istheit vereinigt ist; aber dennoch ist das Wort nicht ihr formgebendes Sein im eigentlichen Sinne, sondern es ist ihre formbestimmte Istheit.« – *Mer: ein dinck mag dem anderen wol vereint werden als ein istikeit, als das ewig wort ist vereint der menscheit Cristi als ir istikeit; mer doch enist das wort nicht ir formlich wesen eygentlich zu sprechen, mer es ist ir formlich istikeit* (TvdM Z. 255–258).

In Christus bilden die göttliche und die menschliche Natur eine gemeinsame Existenz (*istikeit*), allgemein die Person genannt. Diese ist das Wort Gottes (als Person). Insofern bildet das Wort Gottes zusammen mit der menschlichen Natur eine neue Existenz (*istikeit*). Diese Person nennt der ›Traktat von der

---

152 Vgl. Eckhart, In Gen. II n. 68, LW I,1, S. 534,4–6: *Avicenna etiam ponit quod quid est sive quiditatem, quae et ratio est, non esse ab alio.* Vgl. auch Eckhart, In Sap. n. 20, LW II, S. 341,6–9; Avicenna, Met. V, c. 1; ed, VAN RIET, Bd. II. S. 137,22–28.

Minne‹ eine »formbestimmte Istheit« (*formlich istikeit*); aber das göttliche Wort ist nicht das formgebende Sein (*formlich wesen, esse formale*) der Menschheit Christi, sonst wäre die Menschheit göttlich. Oben wurde erläutert, dass diese differenzierte und eigenwillige Abgrenzung auch bei Johannes von Basel zu finden ist.[153]

Das Beweisziel, die Alternative zu Eckharts These, kommt abrupt und apodiktisch, ohne Begründung: Gott <wird> mit uns als Erkenntnis und als Liebe vereint und nicht als Sein. Eine Begründung ist hier nicht mehr notwendig, da die gesamte Durchführung der Quaestio dieser Beweis ist.

Der Schluss fasst zusammen:

> »Aber diese Einung ist in diesem Leben unvollkommen, da sie mit Hilfe eines geschaffenen Bildes <*species*> geschieht bis zum ewigen Leben. Dort ist es vollkommen, denn dort wird er mit uns vereinigt als Erkenntnis und als Liebe, sodass wir ihn erkennen und lieben mit der Erkenntnis und der Liebe, mit der er sich selbst erkennt und liebt und alle Geschöpfe.« – *Aber disß aynung ist in disem leben vnuolkumen, wan sie geschicht ubermicz geschaffen bild biß in dem ewigen leben. Da ist es volkumen, wan da wirt er vns vereint als bekentnusse vnd als myn, und also das wir in bekennen vnd mynnen mit dem bekentnuß vnd myn, mit dem er sich selber bekennet vnd mynnet vnd alle creaturen* (TvdM Z. 262–266).

Ergebnis – »Avicennisierender Augustinismus«

Die vielfältigen und höchst differenzierten Übereinstimmungen zwischen dem ›Traktat von der Minne‹ und der Theologie des Johannes von Basel könnten nicht erklärt werden, wenn der mittelhochdeutsch schreibende Autor nicht in die Subtilitäten der augustinischen Theologie eingeweiht gewesen wäre und wenn er nicht genaueste Kenntnis des Werks des Johannes von Basel gehabt hätte: Der Autor des ›Traktats von der Minne‹ ist Johannes von Basel.

ABER: Es ist ein Umstand zu würdigen, der bei der Erläuterung der Argumentation des ›Traktats von der Minne‹ zunächst unerwähnt blieb. Die Gotteserkenntnis des Menschen und die Selbsterkenntnis Gottes wurden durchgehend auf die augustinische Linie Heinrichs von Gent und Johannes' von Basel zurückgeführt, und das ist stimmig und, auf das Ganze der Theologie des Johannes von Basel gesehen, korrekt. Aber der ›Traktat von der Minne‹ enthält einen Satz, der dieser Annahme zu widersprechen scheint:

> »Das zweite Argument ist: Ich habe gesagt: Die wirkende Vernunft, die Gott ist, wird in jeder Erkenntnis in vernünftiger Weise mit der möglichen Vernunft vereint.« – *Die ander red ist, das ich han gesprochen, das die wurkend vernuft, die got ist, werd vereint mit der muglichen vernuft in allem bechentnusse vernuftigklich* (TvdM Z. 90 f.).

---

153 Siehe oben S. 120–124.

Diesen Satz hat aber Johannes von Basel in seinen lateinischen Schriften, soviel ich sehe, nicht gesagt. Der Satz enthält zwei Aussagen: Der Intellectus agens ist Gott. Und: Gottes Erkenntnis wird mit dem Intellectus possibilis vereint. Für die zweite Aussage sind in der vergleichenden Erläuterung sachlich genügend Belege beigebracht worden, wenn auch nicht in der Terminologie des *intellectus agens/possibilis.*

Aber warum sagt Johannes von Basel in seinen lateinischen Universitätsschriften nicht, Gott sei der Intellectus agens; und könnte er es im Kontext einer deutschen Vorlesungsreihe doch gesagt haben?

Johannes von Basel sagt mit Heinrich von Gent, wie oben besprochen:[154] »Ohne Schmälerung seiner Vollkommenheit ist Gott für den Geist des Pilgers das erleuchtende Licht, das Veränderungsprinzip und das bestimmende Merkmal in der vollkommenen Vernunfterkenntnis«.[155] Allein dem denotativen Inhalt der Begriffe nach kann diese Aussage auch mit der Formulierung übereinstimmen: Der Intellectus agens ist Gott, bzw. Gott ist der Intellectus agens. Das aber sagt Johannes von Basel nicht. Er legt aber eine Spur, die auf den theologiegeschichtlichen Kontext des problematischen Satzes weist. Er fügt nämlich, wie oben schon erwähnt (S. 98) der Conclusio den Hinweis an: »Diese Conclusio ist im Sinne des feierlichen Doktors <Heinrichs von Gent> in seiner Summe p. 1, a. 1, q. 3.«[156] Dieser leitet in der Tat aus drei Funktionen des körperlichen Auges eine dreifache Analogie der intellektualen Schau ab: Erstens nämlich erleuchtet das spirituelle Licht das Auge des Geistes dazu, dessen Sicht zu schärfen. <...> Zweitens ist <dieses Licht> die Form oder das Bild, um jenen <Geist> zum Anschauen zu bewegen. <...> Drittens ist es die Figur oder das Kennzeichen, das den Geist ausstattet, unterscheidend zu erkennen.«[157] Diese Analogien werden mit Aussagen Augustins belegt.

Auch dies zeigt wiederum den augustinischen Charakter der Schrift sowohl des Johannes von Basel wie des Heinrich von Gent. Der Begriff Intellectus agens, *die wurkend vernuft,* ist aber nicht augustinisch, sondern aristotelisch.[158] Der Begriff fand in der arabischen Rezeption der Schrift des Aristoteles ›De anima‹, Buch III einige Kommentare. Die Rezeption der arabischen Deutungen des Aristoteles bringt in der scholastischen Philosophie und Theologie

---

154 Siehe oben S. 97.

155 Iohannes de Basilea, In Sent. I, d. 23–25, q. 22, concl. 1; Bd. II, S. 254,3–5: *Sine sui imperfectione Deus menti viatoris est lux illuminans, ratio immutans, character determinans in intellectuali perfecta cognitione.*

156 Iohannes de Basilea, In Sent. I, d. 23–25, q. 22, post concl. 1; Bd. II, S. 254,6 f.: *Ista conclusio est de mente Doctoris sollemnis parte 1 articulo 1 quaestione 3.*

157 Henricus de Gandavo, Summa I, a. 1, q. 3, sol.; Op. omn., ed. Macken, Bd. XXI, S. 72: *Primo enim est lux spiritualis oculum mentis illuminans ad visum eius acuendum. <...> Secundo est forma sive species immutans eum ad intuendum. <...> Tertio est figura sive character configurans eum ad discernendum.*

158 Oeing-Hanhof, Intellectus agens / possibilis.

wesentliche Akzente und Differenzierungen mit sich. Der Satz: »Der Intellectus agens ist Gott«, gilt als ein Kennzeichen der Erkenntnislehre des Avicenna. Maßgeblich, aber auch gegensätzlich diskutiert ist dazu die Ansicht ÉTIENNE GILSONS, in der Scholastik hätte sich eine Gruppe von Theologen gebildet, die die augustinische Illuminationslehre mit der Idee Avicennas vom Intellectus agens Gottes und der Intelligenzen verbunden hätten; er nennt diese Strebung »*Augustinisme avicennisant*«.[159] Die Kennzeichen dieser Gruppe identifiziert GILSON sehr klar: 1. Gegen die Position des Thomas von Aquin, der dem Intellectus agens nur eine Funktion im menschlichen Erkenntnisprozess einräumt, wird angenommen, dass jede Erkenntnis durch ein ewiges Licht ermöglicht wird. 2. Diese Position entspricht der Illuminationslehre des heiligen Augustinus, die ebenfalls von Thomas von Aquin kritisiert wurde. 3. Der erleuchtende Gott Augustins wird mit dem aristotelischen Intellectus agens in der Interpretation des Avicenna identifiziert.[160] Entsprechend dieser Formel erfüllt der ›Traktat von der Minne‹ alle drei Kriterien, Johannes von Basel aber nur die ersten zwei, da bei ihm in der Erkenntnislehre kein Rückbezug auf Aristoteles oder Avicenna nachzuweisen ist. Offensichtlich setzt Johannes von Basel in der Erkenntnis eine Erleuchtung oder, wie er es nennt, eine »Belehrung« (*illustratio*) voraus.[161] Und er gibt an, dass es in dieser Frage Differenzen (*discordia*) unter den Philosophen und zwischen den Philosophen und den christlichen Lehrern gibt.

> »Die dritte Kontroverse besteht unter Theologen und christlichen Theologen, da einige eine notwendige Belehrung fordern gleichsam als Ausrichtung der Vernunft, die über dem Glauben und verschieden von diesem steht, zum Beispiel der feierliche Doktor <Heinrich von Gent> und Hugolin, andere aber fordern das Gegenteil, zum Beispiel der feinsinnige Doktor ‹Johannes Duns Scotus>, Thomas von Straßburg, Gregor von Rimini und andere, und zwar die Mehrheit.«[162]

---

159 GILSON, Pourquoi saint Thomas a critiqué saint Augustin. Über den Augustinisme avicennisant, S. 81–111.

160 GILSON, Roger Marston: un cas d'Augustinisme avicennisant, S. 38.

161 Iohannes de Basilea, In Sent. I, prol., q. 1; Bd. I, S. 178,2–6: *Utrum veritatem sinceram sectae christianae impossibile sit viatorem perfecte cognoscere efficacia rationis humanae sine speciali Dei illustratione et fundamento fidei catholicae ac firma adhaesione.* (»Es ist unmöglich, dass ein Erdenpilger die unverfälschte Wahrheit der christlichen Gemeinschaft vollkommen erkennt durch die Wirksamkeit der menschlichen Vernunft ohne besondere Belehrung Gottes und ohne das Fundament des Glaubens sowie ohne standfeste Anhängerschaft.«) Im Original als Frage formuliert.

162 Iohannes de Basilea, In Sent. I, prol., q. 1, a. 1; Bd. I, S. 186,11–15: *Tertia controversia est inter theologos et theologos christianos, quia aliqui ponunt illustrationem necessariam tamquam directionem intellectus superiorem fide et distinctam ab ea, ut Doctor sollemnis et Hugolinus, alii vero oppositum, sicut Doctor subtilis, Thomas de Argentina, Gregorius et alii quam plures.*

Aus dieser Bemerkung kann man entnehmen, dass es auch in der Augustinertheologie Anhänger der Illuminationslehre Augustins gab wie auch Theologen, die der aristotelisch-thomasischen Linie folgten.

Es lässt sich also feststellen, dass Johannes von Basel zwar lehrt, dass Gott in jeder wahren Erkenntnis den menschlichen Geist erleuchtet. Er nennt diesen Erleuchtungsakt Gottes aber nicht Intellectus agens. Auch seine – neben Augustinus – wichtigste Autorität für die Illuminationslehre, Heinrich von Gent, sieht bei der menschlichen Erkenntnis der Wahrheit Gott am Werke. Und wie hält er es mit dem Intellectus agens?

Es gibt eine viel diskutierte Quaestio (Nr. 15) im Quodlibet IX, die eine Vorstufe der Identifikation formulieren könnte, die wir im ›Traktat von der Minne‹ lesen. Die Einleitung dieser Quaestio ist eine Hinführung zum Problem durch umfangreiche Zitate von Augustinus. In der Solutio wird, wie es charakteristisch für Heinrich von Gent ist, unterschieden zwischen der Erkenntnis weltlicher Dinge mit der natürlichen Vernunft und der Erkenntnis der Wesensformen, die durch die Erleuchtung (*illustratio*) des ewigen Lichtes erkennbar sind. Die entscheidende Passage lautet:

> »Entsprechend diesem Sachverhalt hat das Sein in der Materie draußen ein anderes Sein als das Wissen allein im Geist. Dementsprechend heißt das Sein verschieden, auch wenn die Sache dieselbe ist, zuerst erkannt und nur im Geist existierend, dann erkannt und draußen existierend. Darum sagt Augustinus (wie bereits oben gesagt), dass die durch die Augen angezeigte Sache einen vorgestellten Begriff bildet; aber im Geist erschaue ich etwas anderes, auch wenn es nicht der Sache nach ein anderes ist und auch wenn der *intellectus agens*, der Gott ist, einen Unterschied macht; und dieser ist eine Kraft der vernünftigen Seele: Das Agens nämlich, das Gott ist, handelt wie die Kunst, die die Form in die Materie des Kunstwerks senkt, das Agens aber, das eine Kraft der Seele ist, handelt wie ein Licht hinsichtlich der Phantasmata, wie wir anderswo ausgeführt haben.«[163]

Das ist der Satz, der Heinrich von Gent zum Vertreter des avicennisierenden Augustinismus macht. So sehen es PAULUS,[164] LAARMANN,[165] PICKAVÉ[166] und – mit Einschränkungen – JANSSENS.[167] Ohne Bezug auf Avicenna versteht MAR-

---

163 Henricus de Gandavo, Quodlibet IX, q. 15, sol.; Op. omn., ed. MACKEN, Bd. XIII, S. 265,1–10: *Et secundum quod huiusmodi, aliud habet esse in materia extra, aliud in sola mentis notitia. Secundum hoc ipsa dicitur esse alia et alia, licet res sit eadem, primo cognita et non existens nisi in mente sola, deinde cognita et existens extra. Propter quod dicit Augustinus iam supra, quod res per oculos nuntiata imaginarium facit conceptum, sed mente aliud conspicio, licet non sit aliud re, licet differat intellectus agens qui Deus est, et qui est potentia animae rationalis: agens enim qui Deus est, agit sicut ars quae ponit formam in materia artificii; agens vero qui est potentia animae, agit sicut lumen circa phantasmata, secundum quod alias exposuimus.* (Die Hervorhebung ist vom Verfasser.)

164 PAULUS, Henri de Gand.

165 LAARMANN, Deus, primum cognitum, S. 326 f.

166 PICKAVÉ, Heinrich von Gent über Metaphysik als erste Wissenschaft, S. 76 f.

167 JANSSENS, Henry of Ghent and Avicenna, S. 64 f.

RONE Heinrichs Gleichsetzung der göttlichen Illumination mit dem Intellectus agens als eine Versöhnung und zugleich Verschärfung seines Verständnisses der Erkenntnis des Wahren und der Wahrheit, das Heinrich von Gent seit seinen Anfängen mit Blick auf Aristoteles und Augustinus entfaltet hatte.[168]

Im Zusammenhang dieser Studie ist nicht entscheidend, aus welcher Tradition diese prägnante Äußerung Heinrichs von Gent entstammt. Wichtig ist, dass sie bei ihm als Gewährsmann des Johannes von Basel dokumentiert ist und dass sie darum noch im 14. Jahrhundert im Rahmen einer augustinischen Theologie weiterhin gebraucht werden konnte. Eine Stütze für diese Annahme bietet der Karthäuser Dionysius van Rijkel, der in seinem Sentenzenkommentar (1459–1464), in dem er uns mithilfe zahlreicher Zitate über die Lehrmeinungen der scholastischen Autoren informiert, ein umfangreiches Exzerpt aus dem einschlägigen Quodlibet IX, q. 15 überliefert,[169] wie auch LAARMANN[170] anführt.

Die Hauptvertreter dieser avicennisierenden augustinischen Linie sind laut GILSON (S. 42) meistens Franziskaner. Er nennt Guillaume d'Auvergne, Roger Bacon, Jean Peckham, Roger Marston, Vital du Four. Aus dem späten 13. Jahrhundert ist auch Heinrich von Gent zu nennen. Aus dem Dominikanerorden kann auch Albertus Magnus als einflussreicher Theologe namhaft gemacht werden, der lehrt, dass der Intellectus agens, den er mit Gott identifiziert, sich mit dem Intellectus possibilis vereinigt.[171] Dies ist seine einschlägige Stellungnahme:

> »Es ist festzuhalten, dass ohne Zweifel die Ratio und der das Begriffene zusammenfassende, teilende und sammelnde Intellekt e i n Vermögen der Seele sind, das der Seele als deren oberer Teil, der Geist heißt, innewohnt. Sie sind jedoch in der Seele, wie gesagt wurde, der Intellectus agens, der ein Licht ist, wie Aristoteles im dritten Buch <der Schrift> ›Über die Seele‹ sagt, in der Weise, dass er ein Bild und Gleichnis des Lichtes der Ersten Ursache oder Gottes ist, in dessen Kraft er alles Begriffene zum Erkenntnislicht bringt, indem er die erkannten Formen von jeder Verdunkelung durch die Materie und von jeder durch die materiellen Begleitumstände verursachten Vernebelung abstrahiert und sie in ihr einfaches Sein versetzt. <…> Der Intellectus possibilis verhält sich vielmehr zum Begriffenen wie ein Ort und wie eine leere Leinwand zum Gemälde, die der Ort für das Gemälde ist und das Gemälde bewahrt. Und deshalb sagt Algazel, dass

---

168 MARRONE, Henry of Ghent's epistemology, S. 239: *In the process, he reconciled, but also sharpened his understanding of both, Aristotle and Augustine.*

169 Dionysius Cartusianus, In Sent. I, d. 3, q. 12; Op. omn., Bd. XIX, S. 270–277.

170 LAARMANN, Deus, primum cognitum, S. 32.

171 FÜHRER, The agent intellect in the writings of Meister Dietrich of Freiberg and its influence on the Cologne School, S. 69 f.: »Albert posits God as a universal agent intellect, submitting the entire human soul, including the agent intellect, to the higher illuminating influence of the divine mind. Paralleling a doctrine found in Roger Bacon and given at least lip service by Thomas Aquinas, Albert observes that with respect to the divine mind the entire mind of man operates as a possible intellect.«

die Seele im Hinblick auf den Intellekt wie ein Brief ist, in dem die Erkenntnisbilder aller Dinge beschrieben sind.«[172]

Dass deutsch schreibende Theologen im Umkreis des Johannes von Basel den Satz, der Intellectus agens sei Gott, schreiben konnten, ist also möglich – und auch belegt. Der Autor des ›Traktats von der Minne‹ gibt einen Hinweis: »Das zweite Argument ist: Ich habe gesagt: Die wirkende Vernunft, die Gott ist, wird in jeder Erkenntnis in vernünftiger Weise mit der möglichen Vernunft vereint.« *Die ander red ist, das ich han gesprochen, das die wurkend vernuft, die got ist, werd vereint mit der muglichen vernuft in allem bechentnusse vernuftigklich* (TvdM Z. 90 f.). In dem Text selbst kommt die Formulierung kein zweites Mal vor, also deutet der Hinweis auf eine außertextliche schriftliche oder mündliche Äußerung, die die Leser oder Zuhörer kennen können. Das spricht für eine Vertrautheit der Adressaten mit der Lehrtätigkeit des Autors, also für einen Zirkel, einen Hörerkreis oder eine Diskussionsgruppe. Ein sehr markanter Text, auf den sich der Hinweis beziehen könnte, ist der Traktat ›Vom Schauen Gottes durch die wirkende Vernunft‹. Hier wird die *wurckende vernuft* ein Licht im Menschen genannt.

»Ich habe gelegentlich gesagt, dass der Mensch in sich ein Licht trägt, das heißt die wirkende Vernunft; in diesem Licht wird der Mensch in der Seligkeit Gott schauen.« – *Ich han etwan gesprochen, das der mensch hat in im ein liecht, das heist die wurckende vernuft: in disem liecht soll der mensch got sehen in der seligkeit, als sie es beweisen wollen* (VSchG, ed. Winkler, S. 331,5–7, eigene Übers.).

Am Schluss des Traktats wird ähnlich wie im ›Traktat von der Minne‹ der Bezug zu Gott und zur Illumination ausgesprochen.

»Die tätige Vernunft fließt vernünftig aus der ewigen Wahrheit und begreift in sich auf vernünftige Weise alles, was Gott in sich selbst begreift. Darum begreift die edle Gottheit, das ist die wirkende Vernunft, sich in sich selbst in der Weise Gottes in ihrem Ausfließen und im Begriff ihres Wesens. Da ist sie in reiner Weise Gott; aber Geschöpf ist sie in ihrer eigentümlichen Bewegung. Diese Vernunft ist nun in uns in jeder Weise ebenso edel, wie sie nach diesem Leben ist.« – *Die wurcklich vernuft fleusset vernufticlich auss der ewigen warheit, und begreifet in ir vernufliklichen alles, das got begreifet in im selber.*

---

172 Albertus Magnus, Summa theologiae II, tract. 15, q. 93, n. 2; ed. Borgnet; Bd. XXXIII, 1894, S. 202 a–b: *Dicendum, quod absque dubio ratio et intellectus componens et dividens et conferens intellecta, sunt una potentia animae, quae inest animae secundum sui superiorem partem, quae mens dicitur. Sunt tamen in anima, sicut dictum est, intellectus agens qui est lux, ut dicit Aristoteles in III de Anima, eo quod ille est imago et similitudo quaedam luminis primae causae sive Dei, cujus virtute omnia intellecta agit ad lumen intellectuale, abstrahens formas intellectas ab omni obscuratione materiae et obumbratione ab appenditiis materialibus causata, et ponens eam in simplici esse suo. <…> sed intellectus possibilis habet se ad intellecta ut locus, et sicut tabula rasa ad picturam, quae locus est picturae in se et salvans picturam. Et ideo dicit Algazel, quod anima secundum intellectum est sicut chartula brevis, in qua species omnium sunt descriptae.*

> *Her umb die edel gotheit, das ist die wurckend vernuft, die begreifet sich in ir selber nach der weisse gotes in irem ausflissen und in irem wesenlichen begriffe, da ist sie lautter got; aber creature ist si nach der bewegung ir eigenschafft. Dise vernuft ist nu in uns in aller weisse als edel, als sie ist nach disem leben* (VSchG, ed. Winkler, S. 335,24–30).

Wie in der Einführung zu diesem Traktat ›Vom Schauen Gottes durch die wirkende Vernunft‹ bemerkt wurde,[173] enthält er markante Übereinstimmungen mit dem ›Traktat von der Minne‹. Es finden sich darin aber auch zahlreiche Gedanken, die nicht einfach demselben Autor, also Johannes von Basel, zugeschrieben werden können.

Wenn Johannes von Basel den Satz über den Intellectus agens nicht in seine Universitätsschriften aufnimmt, will er seine Theologie nicht mit aristotelischen Konzepten erläutern. Darüber setzt sich der ›Traktat von der Minne‹ hinweg. Dennoch nimmt dieser ›Traktat von der Minne‹ eindeutig für die augustinische Illuminationslehre Stellung. Kann dieser Traktat also doch von Johannes von Basel sein, obwohl er die problematische Formulierung enthält, die an den avicennisierenden Augustinismus anklingt? In der deutschsprachigen philosophischen und theologischen Diskussion des 14. Jahrhunderts ist der Rückbezug der Illumination auf Gott und auf den Intellectus agens jedenfalls kein Fremdkörper.

Dietrich von Freiberg

Dass die Gotteserfahrung im Intellectus agens geschieht, ist ein Merkmal der Philosophie Dietrichs von Freiberg. In mittelhochdeutschen Texten in der Nachfolge Meister Eckharts gilt dieses Lehrstück geradezu als ein Kennzeichen der Geistesverwandtschaft mit Dietrich von Freiberg.[174] Kurt Ruh fasst in seiner Interpretation des ›Traktats von der Minne‹ die Aussagen über die wirkende Vernunft zusammen: Weil diese wesenhaft Erkenntnis ist, kann sie nur als Erkenntnis vereint werden; sie kommt dem Menschen in der Erkenntnis aller Wahrheit zu. Nur mit dem ungeschaffenen Licht der ersten Wahrheit, welches das Licht der Vernunft schlechthin ist, kann der Mensch in diesem und in jenem Leben Gott erkennen. – Den Überblick über diese Lehrstücke, die oben im Einzelnen aus der Theologie des Johannes von Basel erläutert wurden, fasst Ruh mit den Worten zusammen: »Man erkennt in diesen Ausführungen Dietrichs Eigenlehre vom Intellekt.«[175]

In mittelhochdeutscher Sprache ist der Traktat ›Von der wirkenden und möglichen Vernunft, ein schóne ler von der selikeyt‹[176] ein Paradebeispiel für

---

173 Oben S. 10 f.
174 Siehe Largier, ›intellectus in deum ascensus‹, S. 427–431.
175 Ruh, Traktat von der Minne, S. 224.
176 Ed. Winkler. Siehe auch Sturlese, Traktat von der Seligkeit, in: ²VL Bd. IX (1995), Sp. 998–1002.

den Einfluss Dietrichs von Freiberg. RUH erkennt aber richtig, dass der ›Traktat von der Minne‹ diesen Traktat »nicht gekannt bzw. verwendet« hat.[177] Eine Kernaussage dieses Traktats ist, »dass ein jegliches vernunfthaftes Wesen von Natur aus selig sein muss«.[178] Dass der Mensch in diesem Leben nicht tatsächlich selig ist, liege an der möglichen Vernunft:

> »Könnte es nun sein, dass die mögliche Vernunft sich einfach unmittelbar zu der wirkenden Vernunft kehren könnte, dann wäre der Mensch hier ebenso selig wie im ewigen Leben, denn die Seligkeit des Menschen besteht darin, dass er sein eigenes Sein in der Weise der wirkenden Vernunft erkennt. Dies jedoch vermag die mögliche Vernunft im diesseitigen Leben nicht.«[179]

Das passt keineswegs zum Geist des Johannes von Basel, und im ›Traktat von der Minne‹ ist die Bewegung umgekehrt. Nicht die mögliche Vernunft muss sich befreien, um sich der wirkenden Vernunft zuzuwenden, sondern: »Die wirkende Vernunft, die Gott ist, wird in jeder Erkenntnis in vernünftiger Weise mit der möglichen Vernunft vereint.« Das entspricht der augustinischen Illuminationslehre. Der ›Traktat von der wirkenden und möglichen Vernunft‹ sagt, wie der Autor anmerkt, »mit Meister Dietrich«:[180]

> »Gäbe es kein Akzidens, so gäbe es auch keine Gnade. Deshalb ist die Natur edler als die Gnade, denn die Gnade ist der akzidentellen Beschaffenheit meiner <Seelen>kräfte gegeben, damit sie, vermittels der Gnade und des Lichtes der Glorie, selig seien und werden so, wie wenn ich von Natur aus in der wirkenden Vernunft selig bin.«[181]

Hier kommt die metaphysische Grundhaltung des ›Traktats von der wirkenden und der möglichen Vernunft‹ zum Ausdruck. Alles liegt an der wirkenden Vernunft. Die Gnade soll die raum-zeitliche und geschöpfliche Begrenzung aufheben, um der »Natur«, der die Seligkeit immanent ist, durch die wirkende Vernunft ihre Vollendung zu ermöglichen. Im ›Traktat von der Minne‹ hingegen ist die wesensmäßige Einheit dieses und jenes Lebens darin begründet, dass die

---

177 RUH, Traktat von der Minne, S. 223.

178 TwmV, ed. WINKLER, S. 41,12 (Übers. S. 55): *Daz ist wâr, daz ein iegelich vernunftec wesen muoz saelic sîn von nâtûre.*

179 TwmV, ed. WINKLER, S. 41,18–42,2 (Übers. S. 55): *Möhte nû daz sîn, daz diu müglichiu vernunft sich einvaltectlîche möhte kêren sunder mittel zu der würkenden vernunft, sô waere der mensch hie als saelec als in dem êwigen leben; wan daz ist saelicheit des menschen, daz er bekennet sîn eigen sîn in der wîse der würkenden vernunft. Mêr diz ist hie niht mügelîch der mügelîchen vernunft.*

180 Zu der Differenz zwischen Dietrich von Freiberg und dem TwmV siehe WINKLER, Dietrich von Freiberg und Meister Eckhart in der Kontroverse mit Thomas von Aquin.

181 TwmV, ed. WINKLER, S. 42,9–12 (Übers. S. 56): *Enwaere niht zuoval, sô enwaere kein genâde. Dar umb ist nâtûre edeler denne genâde; wan genâde ist gegeben der zuvallecheit mîner krefte, daz sie saelec sîn und werden über mictz genâde und glôrien alsô, als ich saelec bin von nâtûr in der würkender vernunft.*

unendliche erste Güte und Wahrheit das Prinzip jedes Guten und Wahren in diesem Leben ist, wenngleich verdunkelt, »da sie mit Hilfe eines geschaffenen Bildes geschieht bis zum ewigen Leben«, *wan sie geschicht ubermicz geschaffen bild biß in dem ewigen leben* (TvdM Z. 263 f.). Dieser Einfluss der absoluten Erkenntnis heißt an einer Stelle des ›Traktats von der Minne‹ *wurkend vernuft.* Aber dieser Intellectus agens steht hier in keinem Gegensatz zur Gnade, sondern ist selbst nur ein anderes Agens der Gnade, die als göttliche Liebe die Erkenntnis begleitet.

Passt nun die Aussage, dass der Intellectus agens, der Gott ist, mit dem Intellectus possibilis vereint wird, zu Dietrich von Freiberg?

In seiner Schrift ›De visione beatifica‹ nimmt sich Dietrich als viertes Beweisziel vor, zu zeigen, dass wir Menschen in der seligen Schau Gottes durch den Intellectus agens »die unmittelbare Annäherung an Gott« erfahren.[182] Darin liegt eine gewisse Ähnlichkeit mit der Aussage des ›Traktats von der Minne‹; allerdings sagt Dietrich nicht, der Intellectus agens sei Gott und die selige Schau geschehe durch Vereinigung mit der möglichen Vernunft. Genaueres muss die Diskussion des Beweisziels, ›4. De modo visionis beatae‹, zeigen. Mit Hinweis auf Augustins ›De trinitate‹ wird die beseligende Schau durch das Wirken des Intellectus agens in das »Verborgene des Geistes« (*abditum mentis*) verlegt. Sowohl der ›Traktat von der Minne‹ als auch der Traktat ›Vom Schauen Gottes durch die wirkende Vernunft‹ betonen, dass in diesem Leben die grundsätzlich gegebene Seligkeit »unvollkommen« und »verborgen« sei.[183] Das könnte ein Anklang an die Theorie des *abditum mentis* Dietrichs sein. Auch nach Johannes von Basel wirken die Gnade und die Liebe, die ja die Vorläufer der Seligkeit sind, im »Verborgenen des Geistes«.[184] Dies aber sei »im Blick auf

---

182 Theodoricus de Friberch, De vis., prooem., n. 6; ed. MOJSISCH, S. 5,44 f.: <...>, secundum ipsum immediatam approximationem ad Deum sortimur in illa beata visione. (Übers. ebd., S. 5: »<...>, erlangen wir gemäß ihm <dem Intellectus agens> die unmittelbare Annäherung an Gott in jener glückseligen Schau.«)

183 TvdM Z. 262–264: »Aber diese Einung ist in diesem Leben unvollkommen, da sie mit Hilfe eines geschaffenen Bildes geschieht bis zum ewigen Leben.« – *Aber disß aynung ist in disem leben vnuolkumen, wan sie geschicht ubermicz geschaffen bild biß in dem ewigen leben.* VSchG, ed. WINKLER, S. 335,34 f.: »Ich sage Folgendes: Diese Vernunft, die diese Seligkeit besitzt ganz in der Weise, wie Gott sie besitzt, ist uns jetzt verborgen.« – *Ich sprich das: dise vernuft, die dise seligkeit hat nach aller der weiss, als sie got hat, die ist nu in uns verborgen.*

184 Zur Begründung verweist er auf Augustins Einführung des *abditum mentis.* Iohannes de Basilea, In Sent. I, d. 17, q. 18, concl. 1, post cor. 2, ad istud; Bd. II, S. 207,11–15: *Hinc admonemur esse nobis in abdito mentis quarun<dam> rerum quasdam notitias, et tunc quodammodo procedere in medium atque in conspectu mentis velut apertius constitui, quando cogitantur; tunc enim se ipsa mens et meminisse et intelligere et amare invenit, etiam unde non cogitabat, quando aliud cogitabat.* (= Augustinus, De Trin. XIV, c. 13, n. 9; CCSL Bd. L A, S. 433,19–434,24). (Übers. KREUZER, S. 201: »So werden wir darauf hingewiesen, dass für uns in dem Verborgenen des Geistes bestimmte Kenntnisse gewisser Dinge

unumstößliche Gewissheit nur schwer darzulegen«, meint Dietrich von Freiberg. Darum sei es »erlaubt, mit dem Anspruch auf Wahrscheinlichkeit vernunftgemäße Mutmaßungen anzustellen.«[185]

Dementsprechend werden die Philosophen befragt, die sich mit dem Thema beschäftigt haben. Zunächst wird Averroes angeführt, später werden Alfarabi und Alexander (von Aphrodisias) hinzugefügt. In diesem Referat über die Meinung der Philosophen finden sich tatsächlich Ähnlichkeiten mit den problematischen Sätzen im ›Traktat von der Minne‹. Wenn von zwei Erkenntnisformen, die zusammentreten, eine die höhere und vollkommenere ist, bewirkt diese als Form der anderen eine Einung.[186] So »ist offenkundig, dass sich der tätige Intellekt in jedem Erkenntnisvollzug als Form dem möglichen Intellekt eint.«[187] In der Folge wird auch indirekt gesagt, dass in diesem Intellectus agens Gott selbst handelt. Der Abschnitt schließt sogar mit einem Hinweis auf die Illuminationslehre Augustins: »In absteigendem Ausgang vom ersten Ursprung alles dessen, was erkannt wird oder werden kann, nämlich Gott, ist eben der tätige Intellekt nun gemäß der eigentümlichen Ordnung der wesentlichen Ursachen der äußerste, nächste und bestimmteste Ursprung der Erkenntnis in uns. <...> Von daher sind uns so viele Stellen bei Augustin über die ewigen Normen und den unveränderlichen Bestimmungsgrund bekannt, der unserem Geist gegenwärtig ist und in dem wir alles erkennen, was wir erkennen, wie er sagt.«[188]

---

sind und dass diese dann in bestimmter Art in die Mitte hervorschreiten und im Blickfeld des Geistes gleichsam offenkundiger entstehen, wenn man an sie denkt. Dann nämlich findet der Geist, dass er sich erinnerte, einsah und liebte, woran er nicht dachte, als er an etwas anderes dachte.«)

185 Theodoricus de Friberch, De vis. 4.1, n. 6; ed. Mojsisch, S. 188,30–37: *De modo igitur, quomodo illa beata visio perficiatur per immediatam unionem nostri ad Deum secundum intellectum agentem, quod est abditum mentis secundum Augustinum XIV De Trinitate c. 13 et 144 et liber XV c. 63 et 64,5 difficile est secundum omnimodam certitudinem disserere. Liceat tamen circa hoc probabiliter ex ratione conicere.* (Übers. ebd., S. 189: »Wie demnach jene glückselige Schau durch unsere unmittelbare Einung mit Gott gemäß dem tätigen Intellekt, dem Versteck des Geistes – so Augustin im 13. und 14. Kap. des XIV. Buches seiner Schrift ›Über die Dreieinheit‹ und im 63. und 64. Kap. des XV. Buches –, vollzogen wird, das ist im Blick auf unumstößliche Gewissheit nur schwer darzulegen. Es sei gleichwohl erlaubt, mit dem Anspruch auf Wahrscheinlichkeit vernunftgemäße Mutmaßungen anzustellen.«)

186 Theodoricus de Friberch, De vis. 4.2.1, n. 6; ed. Mojsisch, S. 192,66–77.

187 Theodoricus de Friberch, De vis. 4.2.1, n. 8; ed. Mojsisch, S. 192,87 f. (Übers. ebd., S. 193): <...> *manifestum est, quod intellectus agens in omni intellectione unitur intellectui possibili ut forma.*

188 Theodoricus de Friberch, De vis. 4.2.1, n. 9; ed. Mojsisch, S. 192,92–95 (Übers. ebd., S. 193): *Descendendo autem a primo omnium intellectorum seu intelligibilium principio, quod Deus est, ipse intellectus agens secundum ordinem proprium essentialium causarum est ultimum et proximum et maxime determinatum principium intellectionis in nobis.* <...> *Unde in tam multis locis habemus ab Augustino de regulis aeternis et ratione incommutabili praesente menti nostrae, in qua intelligimus, quidquid intelligimus, ut ipse dicit.*

Diese referierten Ansichten, die Dietrich den Philosophen zuschreibt, sind jedoch nicht seine eigenen, wie es im nächsten Abschnitt heißt: »4.2.2 Diese Ansichten werden widerlegt.«[189] Im Folgenden begründet er, dass der mögliche Intellekt nicht mit dem tätigen Intellekt vereint werden kann, dass er auch nicht dessen Erkenntnisinhalte aufnehmen kann, da der Erkenntnisinhalt des tätigen Intellekts sein eigenes Wesen ist. Es wird auch bestritten, »dass der tätige Intellekt durch sein Wesen Form derjenigen Erkenntnisinhalte ist, für die er begründender Ursprung in uns ist, was durch die bereits genannten Argumente jedoch widerlegt worden ist«.[190] Das ist der Sache nach eine Zurückweisung der Illuminationstheorie.

Damit ist auch das unterscheidende Merkmal benannt. Wenn in augustinischer Tradition das aristotelische Konzept des Intellectus agens übernommen wird, bleibt die Illumination, das heißt die absteigende Bewegung im Sinne der Heilsmitteilung, bewahrt. Bei Dietrich von Freiberg beruht die Visio beatifica hingegen in einer Aufwärts- oder Rückbewegung im Sinne der Wiedergewinnung des reinen Ursprungs, im Zurücklassen alles Konkreten um der Freilegung des bloßen Unmittelbarkeitsbezugs willen.

> »Der Mensch, der per rationem erkennt, erkennt zwar Gott in sich (prima veritas in se ipsa), aber nur jeweils als eine bestimmte ratio. Diese Restriktion des möglichen Intellekts gilt es, denkend zu überwinden, indem der Mensch sich zur seligen, zur erkennenden Schau Gottes (visio Dei, visio beatifica, visio intellectualis) erhebt, zur Schau des – um ein Bild zu gebrauchen – im unerreichbaren Licht wohnenden Gottes, zur Erkenntnis des Nicht-Erkennbaren.«[191]

Der Satz im ›Traktat von der Minne‹, der diese Erörterung veranlasst hat, lautet:

> »Das zweite Argument ist: Ich habe gesagt: Die wirkende Vernunft, die Gott ist, wird in jeder Erkenntnis in vernünftiger Weise mit der möglichen Vernunft vereint.« – *Die ander red ist, das ich han gesprochen, das die wurkend vernuft, die got ist, werd vereint mit der muglichen vernuft in allem bechentnusse vernuftigklich* (TvdM Z. 90 f.)

Dieser Satz stellt die These, Johannes von Basel sei der Autor des ›Traktats von der Minne‹, infrage, da in den lateinischen Schriften des Augustinermagisters nicht nachzuweisen ist, dass er die augustinische Illuminationslehre mit dem Intellectus agens in Verbindung gebracht hat. Wohl aber wäre ein solcher Rekurs auf die aristotelische Erkenntnislehre im theologiegeschichtlichen Kon-

---

189 Theodoricus de Friberch, De vis. 4.2.2; ed. Mojsisch, S. 196,1 (Übers. ebd., S. 197): *Improbantur hae positiones.*

190 Theodoricus de Friberch, De vis. 4.2.2, n. 7; ed. Mojsisch, S. 198,24–27 (Übers. ebd., S. 199): <...> *quod tamen negari potest, videlicet quod intellectus agens per suam essentiam sit forma intellectorum eorum, quorum ipse est principium et causa in nobis, quod improbatum est rationibus iam dictis.*

191 Mojsisch, Die Theorie des Intellekts bei Dietrich von Freiberg, S. 84.

text und in der augustinischen Tradition denkbar gewesen. Der ›Traktat von der Minne‹, der diesen Bezug des Intellectus agens auf Gott ausspricht, gibt auch einen Hinweis darauf, dass er sich der Sicht der Philosophen bedient. Am Schluss dieses problematischen Absatzes heißt es:

»Wie nun die göttliche Erkenntnis mit jeder Erkenntnis der menschlichen Vernunft vereint wird, wie die Philosophen sagen, so muss sie als Erkenntnis vereint werden. Und darum ist es wahr, dass der Mensch Gott in diesem Leben wie in jenem Leben nur mit der Erkenntnis erkennen kann, mit der Gott sich selbst und alle Geschöpfe erkennt.« – *Wie nu gotlich bechentnuß einem iglichem bechentnuß vereint wird menschlicher vernuft, als die philosophi sprechent, so muß es werden vereint als ein bechentnusse. Vnd darumb ist das war, das der mensch got nicht bechennen mag noch in disem leben, noch in iem leben dan mit dem bechentnuß, do mit got sich selber vnd alle creaturen bekent* (TvdM Z. 106–110).

Dieser Abschnitt weist dem Verständnis des Intellectus agens, der nicht zu Johannes von Basel passt, einen eindeutigen Ort zu: So sagen es die Philosophen, und in der Tat können Aristoteles, Averroes und vor allem Avicenna dafür angeführt werden. Es ist also denkbar, dass Johannes von Basel in seinen Universitätsschriften, in denen er streng theologisch-augustinisch die Illuminationslehre Augustins vertritt, nicht mit der problematischen philosophischen Interpretation hervortreten wollte. In dem deutschsprachigen Traktat aber führt er ein Argument an, das er den Philosophen zuweist, das er in Paris aber vermieden hat.[192]

Die zahlreichen, teilweise sehr detailreichen Übereinstimmungen zwischen Johannes von Basel und dem ›Traktat von der Minne‹ sind eine so starke Stütze für die identische Autorschaft, dass die diskutierte Abweichung die These nicht falsifiziert. Die postulierte Autorschaft des Johannes von Basel an den Werken des Meisters des Lehrgesprächs bleibt weiterhin höchst wahrscheinlich, aber nicht restlos beweisbar. Die Bezeichnung »Autor« meint also weiterhin den geistigen und literarischen Urheber, den *auctor,* den wir uns als Haupt einer Werkstatt oder eines Zirkels vorstellen dürfen.

---

192 Die ausführliche Analyse der Geschichte des *intellectus agens* im Zusammenhang mit der augustinischen Illuminationslehre sollte nachweisen, dass beide Themen einen Platz in der augustinischen Theologie haben können. Das ist darum relevant, weil ein ganzes Bündel von Traktaten in der Nachfolge Meister Eckharts die Bestimmung der wirkenden Vernunft und der Illumination im ›Traktat von der Minne‹ übernehmen und – die Unterscheidung Eckharts zwischen Gott und der Gottheit aufgreifend – eine spezielle Lehre von der ewigen Seligkeit und vom Tode Gottes in der Seele entwerfen. Zu nennen sind vorläufig der Traktat ›Von dem Schauen Gottes durch die wirkende Vernunft‹, die Pseudo-Eckhart-Predigt S 117 (›Reich-Gottes-Predigt‹, DW IV,2) sowie die Predigt ›Nemo potest venire ad patrem‹ und der ›Gaesdonckse Traktaat‹ Nr. 5 ›Jherusalem staet op in die hoecht‹.

4. ›In-principio-Dialog‹

4.1 Textkonstitution

München, Staatsbibliothek, Cgm 129

fol. 1r–93r · datiert 1383 · mittelbairisch mit alemannischen Spuren

Pergament · 95 Blätter · 117 × 113 mm · 85 × 53 mm · 1 Spalte · 3 Schreiber

Datierung: 6. November 1383: *Anno domini M°CCC°LXXX°III° in die sancti Leonhardi completus est liber iste.*

Handschriftenbeschreibung und Literatur

WITTE, KARL HEINZ, Der Meister des Lehrgesprächs und sein In-principio-Dialog, S. 7–13 (zur Handschrift).

SCHNEIDER, KARIN, Die datierten Handschriften der Bayerischen Staatsbibliothek München, Teil 1. Die deutschen Handschriften bis 1450, S. 9, Abb. S. 14.

SEPP, FLORIAN, BETTINA WAGNER und STEPHAN KELLNER, Handschriften und Inkunabeln aus süddeutschen Frauenklöstern in der Bayerischen Staatsbibliothek München, S. 366.

In der Handschriftenbeschreibung, WITTE, Der Meister des Lehrgesprächs, S. 9–13, findet sich eine Analyse der Sprache der drei Schreiber: mittelbairisch mit Resten einer alemannischen Vorlage.

Die Edition gibt den Lautstand der Handschrift getreu wieder.[1] Dabei werden die Abkürzungen aufgelöst und Schaft-s sowie geschweiftes z normalisiert. Als diakritisches Zeichen kommt nur das übergeschriebene ᵉ vor, das manchmal zu ° oder ᶜ ausgeschrieben erscheint. Insofern ist das übergeschriebene ᵉ kein sicherer Indikator für den Lautstand. Um die Lesbarkeit des Textes zu verbessern, wird eine moderne interpretierende Zeichensetzung eingeführt. In den Fußnoten werden Worterklärungen gegeben, wenn der Wortgebrauch der Schreiber nicht aus den Mittelhochdeutschen Wörterbüchern erschlossen werden kann. Alle Eingriffe in den Text sind kursiv gekennzeichnet und im Variantenapparat nachgewiesen. Gelegentlich werden sie in den Fußnoten begründet.

Die Gliederungshinweise entsprechen der Ausgabe in WITTE, Der Meister des Lehrgesprächs. Die Zeilennummern zwischen Schrägstrichen /###/ sowie die Verweise in den Fußnoten und im Kommentar beziehen sich auf diese Ausgabe. Die Seitenzählung der Handschrift steht in kursiven eckigen Klammern.

---

1 Siebenmal schreibt die Hs. <e> anstelle von <ei>. Dies betrifft sowohl altes <ei> als auch diphthongiertes <î>. Da keine Systematik erkannt werden kann und viele dieser Wörter zusätzlich auch mit <ei>-Schreibung im Text erscheinen, bessern wir an diesen Stellen.

Einschätzung der Handschrift im Blick auf den Autor

Das Format der Handschrift in der Größe eines Handtellers deutet auf eine Anfertigung zum privaten Gebrauch hin. In dieser Größe eignet sich das Buch schlecht für die Aufbewahrung in einer Gemeinschaftsbibliothek. Beachtenswert ist, dass die Handschrift nur den Text des ›In-principio-Dialogs‹ enthält, auf Pergament in sorgfältiger Textura geschrieben, mit rotem Ledereinband. Das ist für einen singulären volkssprachlichen Text eine vergleichsweise aufwändige, das heißt teure Anfertigung. Der Textteil zeigt wenige Gebrauchsspuren. All diese Merkmale sind für ein Werk mittelhochdeutscher geistlicher Prosa ungewöhnlich. Sie lassen auf eine besondere Wertschätzung des Buches schließen. Die Dialektreste der Vorlage in der durchwegs mittelbairischen Schreibsprache weisen eindeutig auf den Ursprung des Werkes im Alemannischen hin. Dieser Umstand sowie auch die fehlerarme Textfassung lassen vermuten, dass keine oder wenige Zwischenstufen der Überlieferung anzunehmen sind. Dem Eigner bzw. der Schreibwerkstatt muss eine dem Original nahe Vorlage zur Verfügung gestanden haben, die vermutlich direkt aus dem Ursprungsgebiet stammte. Auch dies spricht für eine Vertrautheit des Auftraggebers mit dem ursprünglichen Werk oder dem Autor. Das muss keine persönliche Bekanntschaft gewesen sein, deutet aber doch auf eine gewisse Sonderstellung des Autors hin. Das alles passt zu der These, dass Johannes Hiltalingen von Basel dieser Autor sein könnte. Denn dieser dürfte über seinen Wirkungskreis am Oberrhein hinaus auch in Bayern bekannt gewesen sein. Diese Vermutung wird durch den Umstand verstärkt, dass die Fertigstellung der Abschrift auf den 6. November 1383 datiert ist. Das ist neun Jahre vor dem Tode des Augustinermagisters, mitten in dessen Wirksamkeit als Generalprior der Augustinereremiten in der Obödienz des Gegenpapstes Clemens VII. Die mittelbairische Schreibsprache und die vergleichsweise frühe Datierung erlauben die Vermutung, dass die Handschrift im Augustinerkloster in Pappenheim, das zur rheinisch-schwäbischen Provinz gehörte, in Auftrag gegeben wurde.

4.2 Edition

In principio erat uerbum, et verbum erat apud deum, et deus erat uerbum.

<Einleitungsgespräch>

<Anrufung der ewigen Weisheit>
O ewiges wort der weishait, gib mir von dir zu sprechen, daz der woͤrheit niht vngezeme sei vnd der mynne sei geneme. Ich vergich dir, gruͤntlose /5/ worheit, daz mich mynne zwinget, daz ich deinevͤ reht mit vnreht zuch in meinen gewalt, wann ich *von* dim[2] ewigen wort schreiben wil als halt cleines von dir gedencken, wenn wir gruͤnt suchen, da niht grundes ist. Wer ratet daz niht bekentlich ist, wer ruret die heilikait, dar zuͤ er niht geweiht ist, der *zöuget* freuel vnd betro*[1^v]*genhait vnd verblinden ernst in vermessenhait. Do von /10/ wirt sein pillich gespoͤttet alz dez tuͤmen mannes, der an fursihtikait ane vieng daz hawͤs zu pwͤen, dem in dem pwͤe kost geprast vnd der pwͤe verlorn waz, wanne er niht volbraht was zu seinem rehten ende.

<Sträuben des Meisters>
Mein lieber D<*iscipulus*>, zu sulcher schemlicher vnweisheit vnd freueler streitikait bringest duͤ mich, daz du mich niht wilt erlazzen, ich schreib dir von dem wort, /15/ von dem alle wort vnd werck fliezzent, von dem himel vnd erd seint geziret manigvelticlich, in *[2^r]* dem alle forme vnd bild seint ein glantz seinez liehtez, in dem der himelisch vater nimpt die wunne seinez gotlichen lustez. In daz wort das gantz mere dez gotlichen wesens ist vber floszen, in dem die heiligen engel scopphent daz lieht irr weishait vnd daz fewͤr der mynne. Wil ich nach Christus /20/ rat rechnen, waz koste vnd waz gezeuͤges zu disem pwͤe gehoͤrt, so sag, mein kint, wo seint durchleuͤhtigev augen weiser gevͤpter sinne, wo ist ein rein lydigs hertzze vnd leben, daz der warheit gemasse vnd erlich ist, wo ist *[2^v]* tugent vnd genad?

Tuͤ mich erhebende vber daz, daz menschlich ist! Sich, daz die ding, der du /25/ begerend pist, mensch vnd engelische sinne so hohe uber treffende, do von, mag ez sein, so enbind die *bant* deiner mynne vnd deiner begirde vnd erlazze mich dez pwͤes gegen dem alle meine kreft minner erschiesen denne gegen dem wilden *mere* ein trophe. Der gezeuͤg ist mir vnmuͤglich ze habende vnd zu gewinnend, vnd dar vmb so ist daz ende zweifelich, wanne ich bei guter /30/ worheit dizz bwez niht bekennen weder anfang nach ende.

5 von *fehlt* *7* zöuget] zueget *12* D<iscipulus>] D. *25* bant] hant *27* mere] merez

---

2 dim *hier »deinem«; die nhd. Diphthongierung fehlt: Spur der alemannischen Vorlage.*

Übersetzung

Im Anfang war das Wort, und das Wort war bei Gott, und Gott war das Wort (Io 1,1).

<Einleitungsgespräch>

<Anrufung der ewigen Weisheit>
O ewiges Wort der Weisheit, gib mir, von dir zu sprechen, was der Wahrheit nicht unangemessen und was der Liebe angenehm ist. Ich versichere dir, grundlose Wahrheit, dass mich die Liebe dazu zwingt, dein Recht zu Unrecht in meine Gewalt zu ziehen, da ich über dein ewiges Wort schreiben will, freilich nur als ein geringes Denken an dich, sofern wir Gründe suchen, wo es keinen Grund gibt. Wer über das rätselt, was nicht bekannt ist; wer die Heiligkeit anrührt, wozu er nicht geweiht ist, der zeigt Frevel und betrogenen Sinn und blinden Eifer in Vermessenheit. Darum spottet man über ihn mit Recht wie über den dummen Mann, der ohne Planung anfing, ein Haus zu bauen, dem aber beim Bau das Geld ausging, sodass der Bau verloren war, da er nicht zu seinem Ende vollbracht wurde (vgl. Lc 14,28–30).

<Sträuben des Meisters>
Mein lieber Schüler, zu solcher schamvollen Unklugheit und frevelhaftem Wortgefecht bringst du mich, weil du mich nicht davon entbinden willst, dass ich dir von dem Wort schreibe, von dem alle Worte und Werke fließen, von dem Himmel und Erde vielfältig geschmückt sind, in dem alle Formen und Bilder ein Glanz seines Lichtes sind, in dem der himmlische Vater die Wonne seiner göttlichen Lust empfängt. In dieses Wort ist das ganze Meer des göttlichen Seins übergeflossen, in dem die heiligen Engel das Licht ihrer Weisheit schöpfen und das Feuer der Liebe. Will ich nach Christi Rat berechnen, welche Kosten und welche Mittel zu diesem Bau gehören, so sage mir, mein Sohn: Wo gibt es die erleuchteten Augen der weisen und geübten Besinnung? Wo ist ein reines lediges Herz und Leben, das der Wahrheit angemessen und ehrenwert ist? Wo ist Tugend und Gnade?

Erhebe mich über das, was menschlich ist! Sieh doch, dass die Dinge, die du forderst, den Verstand der Menschen und Engel bei weitem übertreffen! Darum, falls es sein kann, binde die Fesseln deiner Liebe und deiner Begierde los und erlasse mir diesen Bau, bei dem alle meine Kräfte weniger nützen als ein Tropfen gegen das wilde Meer. Diese Mittel kann ich unmöglich haben noch gewinnen, und darum ist das Ende zweifelhaft, denn bei guter Wahrheit weiß ich weder Anfang noch Ende eines solchen Baus.

D. Ez ist war. *[3r]* Doch, mein maister vnd mein vater, dein clag die ist meinem hertzzen peinlich, dein forht die ist weislich, aber dein bete die ist vnnaturlich, als mich duͤncket. Daz du clagest, daz dein sinne seint vngemesse, dirr worheit zu sprechen *ald*[3] zu schreibende, daz weiz ich wol, daz daz war ist. /35/ Wanne als sant Pauls spricht: »Niemant mag gesprechen: ›Herre Jhesus‹, danne in der kraft dez heiligen geistes«, dar von daz dein sinne niht vermuͤgent, dez solt du getrawen der kraft dez wortez, daz in *[3v]* der vinstern leuhtet, daz Matheum machet zu einem ewangelisten, daz den kinden gab zu sprechen daz lop seiner ere, daz Amos den gepuͤren machet zu einem propheten. /40/

Du clagest weislich, mein vater, dir geprest *gezeugez* zu disem groszen bwͤe. Daz sol dir irren niht. Wanne hast du niht gezeugez, daz duͤ mir buͤest in der warhait einen kuͤnglichen palast *ald* einen gezirten tempel, so bwͤe deinem armen kinde ein armez havͤselein. Sich, in der worheit dez vaters huss vil wonung seint. Vnd mag ez niht werden ein *[4r]* huselein, so bwͤe mir ein /45/ kemmerlein in dem selben huse. Ich wene, daz dich nymant dor vmb zihe vnweisheit, denne der selber vnweise ist, ob du einen cleinen pwͤe anvehest halt mit cleinem gezeuͤge. Do von so duͤncket mich dein pete vnnaturlich, so du mich haiszest die bant entsliezzen meiner begirde, die ich ze dirre lere han. Du waist wol, daz ich die begirde niht han eingeladen. Sie hat mich furkuͤmen vnd /50/ ist selber eingeflozzen. Wilt du den fluzz *verstreiten,* so macht du den regen wenden, der mir hat in trehen zu meinen *[4v]* auͤgen auzgefloͤszen. Ach, gedenck, waz senden iamers ich han gehabt so lange zeit vnd auch dicke frevͤd in zuversiht, daz er sol werden. Do von so gib mir frolich daz mir got gan vnd niht verzage an meiner vernvͤnft nach an meinen *vngefuogen*[4] sinnen. Ich getra/55/we dem guten got, der mir stete begird vnd iamer hat gegeben, er gebe dir willen vnd mache, daz du mich trostest in dem ewigen wort. O, du kanst paz deinen nuͤtz gewerben, denn ich meinen schaden behuten kan. Und daz ist an dem anevange ein gezeugnuͤsse meiner vͤnweisheit.

<Zustimmung des Meisters und Ankündigung des Gesprächs>

M. Ich muz dir der *[5r]* worheit veriehen, du hast mein hertzze also /60/ gevangen mit deinen weisen worten vnd mit deiner demuͤtigen fordervͤnge, daz ich deiner begirde nit mag entweichen. Ich muͤz vnweislich schriben, daz ich dich gemach. Ich muͤz der worheit tvͤn zu clein, daz ich die minne iht erzuͤrne. Ich muͤz den alten dorne verseren, daz *ich* einen iungen zweige begiesze. Waz hot mich proht in disevͤ not? Ach, daz haben die mynnen trehen, die deinevͤ /65/

30 D. *fehlt* ***33*** ald] als ***39*** gezeugez] gezeuͤgest ***41*** ald] alz ***49*** verstreiten] verstreten ***53*** vngefuogen] vngefoͤten ***58*** M. *fehlt* ***62*** ich *fehlt*

3 *»oder«. Der Schreiber scheint das Wort* ald *nicht zu kennen. Wahrscheinlich ein Hinweis auf die alemannische Vorlage.*

4 Vngefoͤten *der Hs. ist in den Lexika nicht belegt.*

Der Schüler: Es ist wahr. Doch, mein Meister und mein Vater, deine Klage ist meinem Herzen schmerzlich. Deine Furcht ist weise; aber deine Bitte ist unnatürlich, wie mich dünkt. Du klagst, dass dein Sinn unfähig ist, über diese Wahrheit zu reden oder zu schreiben. Das weiß ich wohl, dass das wahr ist. Denn wie Sankt Paulus spricht: »Niemand kann sagen: ›Herr Jesus‹ als allein in der Kraft des Heiligen Geistes« (I Cor 12,3b). Darum, was dein Verstand nicht vermag, das sollst du der Kraft des Wortes anvertrauen, das in der Finsternis leuchtet (Is 58,10), das Matthäus zu einem Evangelisten macht (Mt 9,9), das den Kindern verliehen hat, das Lob seiner Ehre zu sprechen (Ps 8,3), das den Bauern Amos zu einem Propheten macht (Am 7,14).

Du klagst weise, mein Vater, dass dir die Mittel zu diesem großen Bau fehlen. Das soll dich nicht stören. Denn wenn du nicht das Zeug hast, mir in der Wahrheit einen königlichen Palast oder einen geschmückten Tempel zu bauen, so baue deinem armen Kinde ein armes Häuslein. Siehe, in der Wahrheit des Vaterhauses gibt es viele Wohnungen (Io 14,2). Und wenn es nicht ein Häuslein werden kann, so baue mir in demselben Haus ein Kämmerlein. Ich glaube, dass dich darum nur einer der Unklugheit bezichtigen wird, der selbst unklug ist, wenn du einen kleinen Bau anfängst, halt mit geringen Mitteln. Darum kommt mir deine Bitte unnatürlich vor, wenn du mich aufforderst, die Fessel meiner Begierde aufzuschließen, die ich zu dieser Lehre habe. Du weißt wohl, dass ich die Begierde nicht eingeladen habe. Sie ist mir zuvorgekommen und ist selbst eingeflossen. Willst du diesen Fluss besiegen, so magst du den Regen stillen, der mir in Tränen aus den Augen geflossen ist. Ach, bedenke, was für eine jammervolle Sehnsucht ich so lange Zeit gehabt habe und oft auch Freude in der Zuversicht, dass es noch glücken wird. Darum gib mir fröhlich, was mir Gott gewährt, und verzage nicht an meiner Vernunft und nicht an meinem ungebildeten Verstand. Ich traue dem guten Gott, der mir die andauernde Begierde und Sehnsucht gegeben hat, er wird auch dir den Willen geben und machen, dass du mich in dem ewigen Wort tröstest. O, du kannst besser deinen Nutzen gewinnen, als ich mich vor dem Schaden hüten kann. Und das ist gleich zum Anfang ein Zeugnis für meine Unklugheit.

<Zustimmung des Meisters und Ankündigung des Gesprächs>

Der Meister: Ich muss dir in Wahrheit versichern: Du hast mein Herz so mit deinen klugen Worten gefangen genommen und mit deiner demütigen Forderung, dass ich deinem Begehren nicht entkommen kann. Ich muss unweise schreiben, um dich zufriedenzustellen. Ich muss der Wahrheit Ungenüge tun, um die Liebe nicht zu erzürnen. Ich muss den alten Dorn kappen, um einen jungen Zweig zu gießen. Was hat mich in diese Not gebracht? Ach, das

wangen mit so sendem iamer so dicke haben begoszen. Du hast demuͤticlich gefordert, daz ich dir bwͤe mit *[5v]* lere ein haws *ald* ein kammer in der wonuͤnge der worhait. Ich sprich: Woͤ ist gezevͤg, wo seint die waffen, wo kunst, wo hilf, wo gut, wo muͤt, wo muͤszige zeit, woͤ gruͤnt, wo dach, do tieffe ist oͤn allen grunt vnd hohe on ende? Do von, mein liebz kint, /70/ dich sol begnuͤgen von einem armen vater, der selber ellende ist vnd nach haws nach herberg niht enhat in der woͤnvͤnge der worheit, ob er dir etwaz troͤmat, daz niht kostenlich ist, vnd dir niht bwͤet weder hawͤs nach kammer. Ich wil tvͤn als armen zugehoͤret. Wanne der seinen *[6r]* kinden niht mag gegeben lehen nach eygen nach hawͤs nach hoff, der mynnet doch sein kint, ob er /75/ ein getrawer vater ist, vnd meinet ez mit cleinen armen goben. Ich wil dir geben drey spiegel, wanne mit spiegeln machet man vnkoͤssliche[5] kint gesweigen.

D. Daz, waz ein getrwͤer vater git, daz schol daz kint schatzen fur sein erbe. Do von gib mir spigel *ald* anders, daz du wilt, daz ich nach etlicher mass werde /80/ sehen daz, dar nach mein hertze so lange hat belanget. Wirt mir daz, so duͤncket mich, wie mir groslich sei gegabet. *[6v]*

M. Als ich gesprochen han: Ich wil dir drey spigel geben, in den du daz auge *deinez* hertzzen lutern scholt uͤben. Dar nach wil ich dir daz ewangelium sant Johansen betevͤten, als du lange begert host: ›In principio erat verbum‹. /85/

D. Ach mein getrewer, wie hast du mich ieze erfrawͤet, daz du *meine* vinstern auͤgen vor der hohen lere vͤben vnd leuͤtern wilt. *Wann* daz wort, daz got ist, nymant gesehen mag nach bekennen, denn die luͤterr hertzzen haben, als daz ewig wort Jhesus Cristus selber hot gesprochen.

Mensch, nym war, daz dise lere gewinnet vier *[7r]* capitel:

– /90/ Daz erst ist, wie *wesenlich* luͤterkait *zöuget* einikait dez gotlichen adels.
– Daz ander capitel, wie luter guͤtikait *zöuget* den auzfluͤs der heiligen driualtikait in gotlicher natuͤr.
– Daz dritt capitel ist, wie volu almehtikait *zöuget* die creatuͤrlichen pildung vnd auzfluͤz von dem ewigen worte.

65 ald] als ***68*** D. *fehlt* ***77*** ald] als ***80*** M. *fehlt* ***81*** deinez] denez ***84*** D. *fehlt* ***84*** meine] meiner ***85*** Wann] waz ***89*** wesenlich] weislich zöuget] zuͤhet ***91*** zöuget] zuhet ***93*** zöuget] zuhet

5 *Weder* unkös(s)lich *noch* kös(s)lich *sind bei* Lexer *nachgewiesen. Fehlschreibung von »köstlich« anzunehmen ergibt keinen Sinn, ebenso wenig die Ableitung von* koselig *»schmutzig, sudelig« (Dt. Wb.). Es ist wohl eine ungewöhnliche Adjektivbildung von* kôse, koese *stfn. »Rede, Gespräch, Geschwätz« (*Lexer*), hier mit pejorativem* un-: *»lästig, unsinnig schwätzend* (kôsend)*«.*

haben die Liebestränen getan, die deine Wangen mit so jammervoller Sehnsucht so oft begossen haben. Du hast demütig gefordert, dass ich dir mit meiner Lehre ein Haus baue oder eine Kammer in der Wohnung der Wahrheit. Dazu sage ich: Wo sind die Mittel, wo ist das Werkzeug, wo Kunst, wo Hilfe, wo Gut, wo Mut, wo Zeit der Muße, wo der Grund, wo das Dach, da die Tiefe ist ohne allen Grund und die Höhe ohne Ende? Darum, mein lieber Sohn, es soll dich begnügen, von deinem armen Vater, der selbst heimatlos ist und weder Haus noch Hof noch Herberge hat in der Wohnung der Wahrheit, wenn er dir etwas zimmert, das nicht kostbar ist, und dir weder ein Haus noch eine Kammer baut. Ich will tun, was zu einem Armen passt; denn wer seinen Kindern kein Lehen geben kann noch Eigentum noch Haus oder Hof, der liebt doch sein Kind, wenn er ein treuer Vater ist, und zeigt das mit kleinen armen Geschenken. Ich will dir drei Spiegel geben, denn mit Spiegeln bringt man lästige Kinder zum Schweigen.

Der Schüler: Was ein getreuer Vater gibt, das soll das Kind als sein Erbe schätzen. Darum gib mir Spiegel oder etwas anderes, was du willst, sodass ich irgendwie sehen kann, was mein Herz so lange ersehnt hat. Wenn mir das gegeben wird, dann, glaube ich, wird mir großzügig gegeben.

Der Meister: Wie ich gesagt habe: Ich will dir drei Spiegel geben, in denen du das Auge deines Herzens zu läutern üben sollst. Danach will ich dir das Evangelium des heiligen Johannes auslegen, wie du lange begehrt hast: »In principio erat verbum« (Io 1,1).

Der Schüler: Ach, mein treuer Lehrer, welche Freude bereitest du mir jetzt, dass du meine getrübten Augen vor der hohen Lehre üben und läutern willst. Denn das Wort, das Gott ist, kann niemand sehen oder erkennen außer denen, die reine Herzen haben, wie das ewige Wort Jesus Christus selbst gesagt hat (Mt 5,8).

Mensch, beachte, dass diese Lehre vier Kapitel bekommt:

- Das erste ist, wie die Reinheit des Seins die Einheit des göttlichen Adels zeigt.
- Das zweite Kapitel: Wie die reine Güte den Ausfluss der heiligen Dreifaltigkeit in göttlicher Natur zeigt.
- Das dritte Kapitel: Wie volle Allmacht die Bildung der Geschöpfe zeigt und deren Ausfluss aus dem ewigen Worte.

– /95/ Daz vierd capitel, wie sanctus Iohannes die worhait hot geschawͤet vnd auz gesprochen, do da erz gesůͤgen hat auz dem hertzen seins geminten, do er sprach: »In principio erat uerbum, et uerbum erat aput deum, et deus erat verbum.«

D. Nůͤ lere *[7v]* mich, wie ich dise spigel haben sulle, daz mir die worhait /100/ dor ynne erschein. Wann ez ist nit, als man ydem tŏͤren fur hebt einen spigel, man beweise in denne dez spigels art vnd natůͤr vnd wie der spigel *zeiget* sein pilde.

<Erstes Kapitel. Seinslehre>

<Disposition und Charakter der Seinslehre>

M. Nu hab fur deinev aůͤgen den ersten spigel, den adel luter wesens, vnd sich drey ding do inne: /105/

- *Daz* erst, daz lůͤter wesen hat weder ende nach anfang *vnd ist doch ein ende vnd ein anfang*[6] aller dinge.
- Daz ander scholt du schawen in disem spigel, daz ist, daz lauter wesen ist daz groszt gut, daz daz hertze mag gedencken.
- Daz dritte, *[8r]* daz du in disem spigel schawen scholt, daz ist, daz worhait /110/ vnd almehtige kraft vnd gerehtikait ist in dem hohsten gut lauters adels wesenlich besloszen.

D. Ach, lieber vater, ich gelawͤb wol, daz sich dise pildůͤnge *zöuget* werlich in disem spigel dem, der geubte aůͤgen hat mit laůͤterkait, daz worheit *sei gereinget* von dem stawbe dirr zurgenglichen pilde. Wanne aber mir laider dor an auch /115/ noch vil gepristet, do von wil ich dir der worheit veriehen: Ich mag noch niht wol den spigel gesehen, ich gesweig halt dirr claren mynneclichen bildůͤnge. *[8v]* Do von tůͤ als ein getrewer lerer vnd betute mir an dem ersten, waz lauter wesen *sei*, vnd dar nach wie daz selbe wesen sei *grůͤntlos* vnd endeloz vnd sei doch ein grůͤnt vnd ein ende aller dinge, vnd dar nach wie daz laůͤter wesen hat /120/ allez gut beslozzen vnd auch worheit, craft vnd gerehtikait ist wesenlich in dem laůͤtern wesende beslozzen.

101 zeiget] zeget ***103*** M. *fehlt* ***105*** Daz] die vnd ist doch ... vnd ein anfang *fehlt* ***112*** D. *fehlt* zöuget] zuhet ***113*** sei] seint gereinget] gerenget ***118*** sei] sein grůͤntlos] grůͤntlose

---

6 *Die Konjektur stützt sich auf Z. 118 f.:* sei grůͤntlos vnd endeloz vnd sei doch ein grůͤnt vnd ein ende aller dinge.

- Das vierte Kapitel: Wie der heilige Johannes die Wahrheit geschaut und ausgesprochen hat, die er aus dem Herzen seines Geliebten gesaugt hat, als er sprach: »Im Anfang war das Wort, und das Wort war bei Gott, und Gott war das Wort.«

Der Schüler: Nun lehre mich, wie ich diese Spiegel halten soll, damit mir die Wahrheit darin erscheint. Denn man hält nicht jedem Toren einen Spiegel vor, ohne dass man ihm des Spiegels Art und Natur erklärt, und wie der Spiegel sein Bild zeigt.

<Erstes Kapitel. Seinslehre>

<Disposition und Charakter der Seinslehre>

Der Meister: Nun halte den ersten Spiegel, den Adel des reinen Seins, vor deine Augen und sieh drei Dinge darin:

- Das erste, dass reines Sein weder Ende noch Anfang hat und doch ein Ende und ein Anfang aller Dinge ist.
- Das zweite, das du in diesem Spiegel schauen sollst, ist, dass reines Sein das größte Gut ist, das das Herz denken kann.
- Das dritte, das du in diesem Spiegel schauen sollst, ist, dass Wahrheit und allmächtige Kraft und Gerechtigkeit in dem höchsten Gut reinsten Adels dem Sein nach enthalten ist.

Der Schüler: Ach, lieber Vater, ich glaube wohl, dass sich dieses Bild dem, der in Reinheit geübte Augen hat, wirklich in diesem Spiegel zeigt, sodass die Wahrheit vom Staube dieser vergänglichen Bilder gereinigt ist. Da mir aber leider dazu auch noch viel fehlt, darum will ich dir die Wahrheit sagen: Ich kann noch nicht einmal den Spiegel sehen, zu schweigen von diesen klaren liebenswerten Bildern. Darum handle wie ein treuer Lehrer und erkläre mir zuerst, was reines Sein ist, und danach, wie dasselbe Sein grundlos und endlos ist und doch ein Grund und ein Ende aller Dinge ist, und danach, wie das reine Sein alles Gut in sich enthält und wie auch Wahrheit, Kraft und Gerechtigkeit in dem lautersten Sein enthalten sind.

<Einheit des reinen Seins, Unterschiedenheit des geschöpflichen Seienden>

M. So mercke, waz ich lauͤter wesen heisze!

D. Ich pit got, daz er mir ez gebe zu merkende.

M. Erde vnd stein, tyer vnd fogel, mensch vnd engel, der iegclichs hat /125/ wesen, also daz *[9^{r}]* der stein hot einez steinez wesen vnd der fogel einez fogels wesen vnd der mensche einez menschen wesen, vnd hot doch keinen vnterschied in dem wesen, wenn ez wirt gemeinet in seiner luterkait.

D. Daz duncket mich ein wunder. Du hast doch gesprochen, daz der stein hab einez steinez wesen vnd der mensch einez menschen wesen. Wann nvͤ der /130/ stein vnd der mensch haben groszen vnderschied, do von duncket mich, daz ir wesen auch hot einen gelichen vnterschied.

M. Du *hast* war, daz dez menschen wesen vnd dez steins wesen haben vnterscheit, wanne *[9^{v}]* du hast daz wesen niht genuͤmen in seiner lauͤterkait. Wanne wenne du sprichest: ›Dez menschen wesen‹ *ald*[7] ›Dez steinez wesen‹, so /135/ vermischest du daz wesen mit dem steine vnd mit dem menschen. Do von sprach ich: So daz wesen lauterlich wirt genuͤmen, so hat stein nach mensch nach kein ding vnterscheit.[8] Vnd daz maht du do pei mercken: Wanne so ich spriche: ›Der mensch –‹, vnd so ich spriche: ›Himel vnd erde ist‹, daz ›ist‹, do

124 M. *fehlt* ***128*** D. *fehlt* ***132*** hast] hat ***134*** ald] als

---

7 Ald *(»oder«) ist hier wiederum konjiziert aus* als. *Dies würde einen falschen Sinn ergeben: »Wenn du sprichst von des Menschen Sein wie (*als*) von des Steines Sein«. Die Vermischung (Z. 135) liegt aber im reinen und im bestimmten Sein, also sind Mensch und Sein sowie Stein und Sein vermischt.*

8 *Eckhart, Prol. op. prop. n.3, LW I,1, S. 166,12–167,8:* Secundo praenotandum est quod aliter sentiendum est de ente et aliter de ente hoc et hoc. Similiter autem de esse absolute et simpliciter nullo addito, et aliter de esse huius et huius. Similiter etiam de aliis, puta de bono absolute et aliter de bono hoc et hoc aut de bono huius et bono huic. Cum igitur dico aliquid esse, aut unum, verum seu bonum praedico, et in praedicato cadunt tamquam secundum adiacens praemissa quattuor et formaliter accipiuntur et substantive. Cum vero dico aliquid esse hoc, puta lapidem, et esse unum lapidem, verum lapidem aut bonum lapidem aut bonum hoc, scilicet lapidem, praemissa quattuor accipiuntur ut tertium adiacens propositionis nec sunt praedicata, sed copula vel adiacens praedicati. *(Übers. ebd.: »Zweite Vorbemerkung. Man muss anders urteilen über das Seiende [als solches] als über dieses und jenes Seiende. Desgleichen anders über das Sein an sich und schlechthin ohne nähere Bestimmung als über das Sein dieses oder jenes [Seienden]. Dasselbe gilt von den übrigen allgemeinsten Bestimmungen. Man muss zum Beispiel über das Gute an sich anders urteilen als über dieses und jenes Gute oder das, was diesem da oder für dieses da gut ist. Wenn ich also von etwas aussage, dass es ist oder dass es eines, wahr oder gut ist, so sind diese vier Bestimmungen als zweites Satzglied Satzaussage und werden in ihrem eigentlichen Sinne und als Hauptwörter genommen. Sage ich aber: Etwas ist dieses, etwa der Stein da, es ist* e i n *Stein, ein wahrer Stein, oder dieses Gute, nämlich der Stein da, dann bilden diese vier Bestimmungen das dritte Glied des Satzes und sind nicht das [eigentlich] Ausgesagte, sondern entweder Kopula oder nähere Bestimmung zum Ausgesagten.«)*

<Einheit des reinen Seins, Unterschiedenheit des geschöpflichen Seienden>

Der Meister: So sieh zu, was ich reines Sein nenne.

Der Schüler: Ich bitte Gott, dass er mir gebe, es zu verstehen.

Der Meister: Erde und Stein, Tier und Vogel, Mensch und Engel, jedes von ihnen hat Sein, sodass der Stein das Sein eines Steins hat und der Vogel das Sein eines Vogels und der Mensch das Sein eines Menschen, und doch gibt es keinen Unterschied im Sein, wenn es in seiner Reinheit gemeint ist.

Der Schüler: Das erscheint mir seltsam. Du hast doch gesagt, dass der Stein eines Steins Sein hat und der Mensch eines Menschen Sein. Da nun der Stein und der Mensch sehr verschieden sind, darum meine ich, dass auch ihr Sein gleiche Verschiedenheit habe.

Der Meister: Du hast recht, dass des Menschen Sein und des Steins Sein verschieden sind; denn du hast das Sein nicht in seiner Reinheit genommen. Denn wenn du sagst: ›des Menschen Sein‹ oder ›des Steins Sein‹, so vermischst du das Sein mit dem Stein und mit dem Menschen. Darum sagte ich: Wenn das Sein rein genommen wird, so haben Stein noch Mensch noch irgendein Ding Verschiedenheit. Und das kannst du daran merken: Wenn ich sage: ›Der Mensch <ist>‹ und wenn ich sage: ›Himmel und Erde ist‹, hat das ›ist‹, das von

von himel vnd erde wirt gesprochen, daz hat an im selber keinen vnterscheit, /140/ wie daz sei, daz himel vnd erd sei ein*[10^r]*ander gar vngeleich.

D. Ich verstan wol, daz himel vnd erd seint vngeleich; wie aber daz ›ist‹ hab keinen vnterscheit, daz kan ich nit wol gemercken.

M. Sag: Waz vnderscheidez merkest du, so ich spriche zwirent ›ist‹ *alder* zehenstuͤnt *alder* also dicke, als du ez maht gedencken? /145/

D. Wie dick du sprichest: ›ist, ist‹, dar inne merck ich kein *anderheit*[9] denne allaine an der zale dez wortez. Wenn aber du sprichest: ›Der himel ist. Die erde ist‹, *ader* ›Der mensche ist‹, so mercke in dem ›ist‹ ein anderuͤnge, nach dem daz erd *anders* ist denne der himel vnd der himel *[10^v]* anders denn der mensche.

M. Die worheit *redt*[10] auz dir. Wolt got, daz du ez verstuͤndest, als du ez /150/ host gesprochen! Wann ez ist newͤr ein ist vnd wesen in seiner lauͤterheit, wie dicke ez halt wirt genennet vnd gesprochen. Hat aber ez vnterscheit vnd anderheit, daz komet do von, daz ez creaturlicher anderheit wirt zugeleit. Vnd do von ist dez himels wesen ander wesen denn der erden. Doch hot wesen in seiner lauterkait kein teilunge nach keinen zuval nach keinen vnterscheit. Do /155/ von wilt du got sehen, so sich lauͤter wesen *[11^r]* oͤn teiluͤnge, oͤn zuval *dez ald* dez[11] vnd on vnterscheit.[12]

D. Du meinez, als mich duͤncket, wenne ich gedencke: ›Daz ist‹ *ader* ›Daz ist‹, so irret mich daz vnd daz. Daz ist, daz ich niht sich lauterlich in daz, daz do ist nach lauͤterm wesen seinez adels. /160/

143 alder] aller ***144*** alder] alber ***145*** anderheit] andehtikait ***147*** ader] aber ***148*** anders *fehlt* ***150*** redt] recht ***156*** dez ald] daz als ***158*** D. *fehlt* ader] aber

---

9 *Konjektur wie unten in Z. 153.*

10 *In der Hs.* recht. *Vielleicht hatte die Vorlage ein unorganisches* h *(*reht *oder* reth*), nach* Weinhold, *Alemannische Grammatik § 173, S. 176 eine bloß graphische Eigentümlichkeit, die im Elsässischen vorkommt. Vgl. unten Z. 287:* do sie *<die Jünger von Emmaus>* giengen vnd redten *[Konj. aus* rehten*]* in der mynne.

11 *Vgl. Eckhart, Prol. op. prop. n. 3, LW I,1, S. 166,12–167,1:* Similiter autem de esse absolute et simpliciter nullo addito, et aliter de esse huius et huius. *(Übers. ebd.: »Desgleichen anders über das Sein an sich und schlechthin ohne nähere Bestimmung als über das Sein dieses oder jenes [Seienden].«) Vgl. auch Eckhart, Prol. op. prop, n. 11, LW I,2, S. 171,15–172,3.*

12 *Zu Z. 132–157 vgl. Marquard von Lindau, Auslegung zu Io 1,1–14, cgm 215, fol. 13^r:* <...> als der nimet einen stein vnd da von scheidet sein zuvell, darnach sein form, darnach sein gestalt vnd was an dem stein mit sunderhait zu brufen ist, so vindestu hindennach in dem stein bey dem iren scheiden alle<r> ding bloß wesen, das got ist. *(»<...> wie der einen Stein nimmt und davon sein Akzidens abtrennt, danach seine Form, danach seine Gestalt und was man an dem Stein im Einzelnen prüfen kann, dann findest du schließlich in dem Stein, wenn du alles von ihm abtrennst, reines Sein, das Gott ist.«) Zu Marquards Auslegung siehe* Palmer, *Marquard von Lindau, ^{2}VL Bd. VI (1985), hier Sp. 117f.* Schneider, Karin, *Die datierten Handschriften der Bayerischen Staatsbibliothek München, Teil 1: Die deutschen Handschriften bis 1450, S. 52f.; Handschriftencensus, https://handschriftencensus.de/3516, 20. 07. 2021. Edition des 15. Kapitels in:* Ruh, *Franziskanisches Schrifttum, S. 198–210.*

Himmel und Erde ausgesagt wird, an sich selbst keinen Unterschied, obwohl Himmel und Erde einander ganz ungleich sind.

Der Schüler: Ich verstehe wohl, dass Himmel und Erde ungleich sind, wie aber das ›Ist‹ keinen Unterschied kennt, das kann ich nicht verstehen.

Der Meister: Sag: Was für einen Unterschied bemerkst du, wenn ich zweimal sage ›ist‹ oder zehnmal oder so oft, wie du es dir vorstellen kannst?

Der Schüler: Wie oft du sagst: ›Ist, ist‹, darin bemerke ich keine Verschiedenheit als allein an der Zahl des Wortes. Wenn du aber sagst: ›Der Himmel ist. Die Erde ist‹, oder ›Der Mensch ist‹, so bemerke <ich> in dem ›Ist‹ eine Veränderung, insofern die Erde anders ist als der Himmel, und der Himmel anders als der Mensch.

Der Meister: Die Wahrheit redet aus dir. Wollte Gott, dass du es verstündest, wie du es gesagt hast! Denn es gibt nur ein Ist und Sein in seiner Reinheit, wie oft es auch genannt und gesprochen wird. Wenn es aber Unterschied und Verschiedenheit hat, das kommt daher, dass es der geschöpflichen Verschiedenheit hinzugefügt wird. Und darum ist des Himmels Sein anderes Sein als das der Erde. Doch hat Sein in seiner Reinheit keine Teilung noch Hinzufügung noch Unterschied. Darum, willst du Gott sehen, so sieh reines Sein ohne Teilung, ohne Hinzufügung eines Dies oder Das und ohne Unterschied.

Der Schüler: Wie mir scheint, meinst du: Wenn ich denke: ›Das ist‹ oder ›Das ist‹, so verwirrt mich ›das‹ und ›das‹. Das heißt, dass ich nicht rein in das schaue, das da ist nach dem reinen Sein seines Adels.

M. Ja, du hast ez nach worheit gesprochen. Wilt du sehen lauͤter wesen, so la daz vnd daz, vnd sich in daz ist, so sihst du, waz lauter wesen ist[13].

<Zweifacher Seinsbegriff: Dies-oder-das-Sein und Gott, das reine Sein selbst>

D. Ich mag deinen worten niht mer widersten. Ich mercke nuͤ, daz mich manikvaltikait creaturlicher pilde, die alle in wesen stent, *irret*[14], daz ich lauterkait dez we*[11v]*sens nit mag geschawen. Wann wenn ich wil gedencken an /165/ lauter wesen on ditz vnd on daz, zuhant so kument mein gedenck mit pildung vnd vermischent daz wesen mit der *creature ader* mit der natuͤr. Aber mich wundert: Als lauͤter wesen got ist, als du hast gesprochen, war vmb sihe ich den got nit, so ich sihe, waz lauͤter wesen ist?

M. Wer lauter wesen an siht in seiner lauͤterkait, der sicht got in seiner /170/ gothait. Do von do Moyses froget vnsern herrn, wie er in solt kuͤnden den kinden von Israel: ›Der do ist, der hot mich gesant‹; in dem wort *[12r]* do hot got gemeinet, daz er allein lauterr wesen ist, wann er allein lauterlich ist daz ist.[15]

163 D. *fehlt* *164* irret *fehlt* *167* creature ader] d' ire aber

---

13 *Vgl. Augustinus, De trin. VIII, c.3, n.4; CCSL Bd. L, S.272:* Quid plura et plura? Bonum hoc et bonum illud: tolle hoc et illud, et vide ipsum bonum, si potest; ita deum videbis. *(Übers. Kreuzer, S. 11: »Doch warum soll ich noch mehr aufzählen? Dieses Gute und jenes Gute? Nimm dies und jenes weg und schaue das Gute selbst, wenn du kannst; so wirst du Gott sehen.«) Bonaventura, It. c.5, n.3; Op. omn., Bd. V, S.308b f.:* <...> esse igitur est quod primo cadit in intellectu, et illud esse est quod est purus actus. <...> Restat igitur, quod illud esse est esse divinum. *(Übers. Kaup, S. 127: »<...> dann ist es das Sein, das zuerst in unseren Verstand eintritt, und dieses Sein ist reiner Akt. <... > Also kann jenes Sein nur das göttliche Sein sein.«) Vgl. Seuse, BdW c. 6; ed. Sturlese/Blumrich, S. 52, 400–403:* Als sant Augustinus sprichet: ›La vallen dis und daz gůt in verahtunge, so blibet lůter gůti in sich swebende in siner blozsen witi, und daz ist got‹. *(Übers. Blumrich, ebd., S. 53: »Und so sagt es der heilige Augustinus: ›Beachte nicht dieses oder jenes Gute, dann bleibt das reine Gute, das in sich selber in seiner uneingeschränkten Weite schwebt, und das ist Gott‹.«)*

14 *Konj. wie in Z. 159.*

15 *Die gewöhnliche Redeweise lautet: »Gott ist, was er ist.« Eine entsprechende Textbesserung läge nahe, doch die Lesart der Hs. »<Gott> ist das Ist« ist die Lectio difficilior; außerdem ist diese Deutung zuvor durch die Ausführungen über das Ist vorbereitet. In diesem Sinne wäre der gleich nachfolgende Satz des Schülers ein Missverständnis, das zu einer weiteren Differenzierung führt. Siehe auch Z. 183 u. 186. Vgl. Eckhart, Pr. 77, DW III, S. 339,5–6 f.:* Und alsô meinet daz wort ›ich‹ die isticheit götlîcher wârheit, wan ez ist ein bewîsunge eines istes. *(Eigene Übers.: »Und so meint das Wort ›ich‹ die Istheit göttlicher Wahrheit, denn es ist die Anzeige eines Istes.«) Eckhart, Pr. 83, DW III, S. 447,5 f.:* Got mv̊s vil bi ich werden vnd ich vil bi got, alse gar ein, das dis ›er‹ vnd dis ›ich‹ ein ‹ist‹ werdent vnd sint vnd in dér istikeit ewiklich éin werk wirkent. *(Übers. ebd., S. 586: »Gott muss schlechthin ich werden und ich schlechthin Gott, so völlig eins, dass dieses ›Er‹ und dieses ›Ich‹ ein ›Ist‹ werden und sind und in dieser ›Seinsheit‹ ewig ein Werk wirken.«) Vgl. auch Augustinus, Enarr. in Ps 101, c. 2, n. 10; CCSL Bd. XL, S. 1445,47:* »Qui est, misit me ad vos.« Magnum ecce Est, magnum Est

Der Meister: Ja, du hast es wahrheitsgemäß gesagt. Willst du reines Sein sehen, so lass das und das, und sieh in das Ist, dann siehst du, was reines Sein ist.

<Zweifacher Seinsbegriff: Dies-oder-das-Sein und Gott, das reine Sein selbst>

Der Schüler: Ich kann deinen Worten nicht mehr widerstehen. Ich bemerke nun, dass mich die Vielfalt geschöpflicher Gestalten verwirrt, die alle im Sein stehen, sodass ich die Reinheit des Seins nicht schauen kann. Denn, wenn ich an reines Sein ohne Dies und Das denken will, so kommen meine Gedanken sogleich mit Gebilden und vermischen das Sein mit dem Geschöpf oder der Natur. Aber ich frage mich: Wenn reines Sein Gott ist, wie du gesprochen hast, warum sehe ich dann nicht Gott, wenn ich sehe, was reines Sein ist?

Der Meister: Wer reines Sein in seiner Reinheit ansieht, der sieht Gott in seiner Gottheit. Darum, als Moses unsern Herrn fragte, wie er ihn den Kindern Israels verkünden sollte –: »Der da ist, hat mich gesandt« (Ex 3,14); in diesem Wort hat Gott gemeint, dass er allein reines Sein ist, denn er allein ist rein das Ist.

<Der Unterschied von Sein und Wesenheit in den Geschöpfen>

D. In disen worten han *ich* wunder. Ich wande, himel vnd erd ist levͤter/175/ lich, daz ez[16] ist. Wann wer die erde nit, daz si ist, so were die erd niht erd. Nach der himel ist nit der himel, ist der himel niht leuterlich, daz er ist.

M. Du hast geruͤret ein tief wuͤnder. Doch solt du wiszen, daz die erde nach der himel nach kein creatur ist leuͤterlich wesen. Wann wer der himel oder kain ander creatur wesenlich daz, daz sie ist, so moht die creatur als we*[12v]*nig sein /180/ on ir istkeit, als wenig si werden mag bekant on die eigenschaft irr natuͤre. Also so wer die creatur wesenlich ewikait. Wa di natur ist lauterlich daz, daz si ist, do mag daz ist der natur als wenig entweichen als die natur ir *waren* bekantlicheit. Sich: E himel vnd erde ader kein creatur wart geschaffen, do waz himel vnd erde vnd alle creatur bekantlich der gotlichen angesiht[17], vnd waz doch die /185/ creatur oͤn allez ist. Do von daz ist der creatuͤren ist zu gevallen der natuͤre; do von so ist sie von natuͤr ewig nit. Wanne aber daz ist gotez *[13r]* ist wesenlich sin natur, do von so ist daz ist in niht ein zuͤval, seiner natuͤr besloszen ewiclich.[18] Do von hat er allain besloszen, daz do sein natuͤr ist wesenlich sein istkeit oͤn allen vnterscheit, *daz* von keiner creatuͤren gesprochen mag werden. /190/

D. Du mainest, ob ich dich reht verstanden hab: Wann der mensch etwen nit ist, so er doch wirt bekant nach warheit menschlicher nature –, wer nuͤ sein ist wesenlich seiner natuͤr, so moht er nymmer werden bekant von got denne zu der zeit, so er ist. Vnd wer er ewiclich bekant von got, so muͤst sein natuͤr ewiclich sein ge*[13v]*wesen in eigenner istkeit. Also muͤst er ewiclich sein gewe/195/sen oder aber got nicht in niht haben erkant, e daz er kam in eigen istkeit.

M. Got sei ez gelopt, du hast mich gar schier gemerket! Do von tuͤ auf dein auͤgen vnd sich in disen spigel lauͤters wesens! Woͤ lauͤterr wesen ist, *do* ist natur vnd istkeit wesenlichen eines, do mag die natur nit gesein on ir istkeit, vnd als wenig die natur mag bekant werden on ir istkeit. Vnd wa kein vernuͤnft mag /200/ gesundern natuͤre vnd istkait, do ist kein vnterscheit *[14r]* noch kein zuval. Do von sprechen die lerer, daz got wesenlich ist daz erst, do von *er* ist in der natur on zuval vnd on teilung. Wo lauͤterr wesen ist, do ist *wesen* ewiclich. Wa lauterkait dez wesens ist, do mag kein vernuͤnft vbersehen sein istkeit. Wa

175 D. *fehlt* ich$_1$ *fehlt* ***178*** M. *fehlt* ***184*** waren] wart ***190*** daz] do ***200*** do] daz ***204*** er *fehlt* ***205*** wesen *fehlt*

<...> Ad illud tam magnum Est, homo quid est, quidquid est? *(»›Der ist, schickt mich zu euch.‹ Siehe, ein großes Ist, ein großes Ist* <...> *Bei einem so großen Ist –: Was ist der Mensch, was immer er ist?«)*

16 Ez *ist in der Hs. korrigierend übergeschrieben, richtig, wie der folgende Satz zeigt.*

17 Angesiht *könnte hier für das Leitwort des Johannes von Basel* vultus *stehen.*

18 *Zu diesem Beweisgang vgl. Thomas de Aquino, ›De ente et essentia‹ c. 5; vgl.* Pattin, *De verhouding tussen zijn en wezenheid en de transcendentale relatie in de twede helft XIIIe eeuw.*

<Der Unterschied von Sein und Wesenheit in den Geschöpfen>

Der Schüler: In diesen Worten finde ich ein Problem: Ich meinte, Himmel und Erde seien rein, was sie sind. Denn wäre die Erde nicht, was sie ist, so wäre die Erde nicht Erde. Auch der Himmel ist nicht der Himmel, wenn der Himmel nicht rein ist, was er ist.

Der Meister: Du hast ein tiefes Problem berührt. Doch sollst du wissen, dass weder die Erde noch der Himmel noch irgendein Geschöpf reines Sein ist. Denn wäre der Himmel oder ein anderes Geschöpf dem Sein nach das, was es ist, so könnte das Geschöpf ebenso wenig ohne seine Istheit[1] sein, wie es erkannt werden könnte ohne die Eigenschaft seiner Natur. Und so wäre das Geschöpf dem Sein nach Ewigkeit. Wo die Natur rein das ist, was sie ist, da kann das Ist der Natur ebenso wenig fehlen, wie der Natur ihre wahre Erkennbarkeit <fehlen kann>. Sieh: Bevor Himmel oder Erde oder irgendein Geschöpf geschaffen wurden, waren Himmel und Erde und alle Geschöpfe dem göttlichen Angesicht erkennbar, und doch war das Geschöpf ohne alles Ist. Darum ist das Ist der Kreatur der Natur hinzugefügt; darum ist sie von Natur nicht ewig. Da aber das Ist Gottes wesentlich seine Natur ist, darum ist das Ist ihm nicht eine Hinzufügung, <sondern> seiner Natur ewig zugehörig. Darum hat er allein entschieden, dass seine Natur wesentlich seine Istheit ist ohne jeden Unterschied, was von keinem Geschöpf gesagt werden kann.

Der Schüler: Du meinst, wenn ich dich richtig verstanden habe: Wenn der Mensch irgendwann nicht ist, so wird er doch entsprechend der Wahrheit seiner Natur erkannt. Wäre nun sein Ist seiner Natur wesentlich, so könnte er niemals von Gott erkannt werden außer zu der Zeit, da er ist. Und wäre er ewig von Gott erkannt, so müsste seine Natur ewig in eigener Istheit gewesen sein. Also müsste er ewig gewesen sein oder aber Gott <könnte> ihn nicht erkannt haben, bevor er in seine eigene Istheit kam.

Der Meister: Gott sei es gelobt! Du hast mich wirklich schnell verstanden. Darum mach deine Augen auf und sieh in diesen Spiegel des reinen Seins. Wo reines Sein ist, da sind Natur und Istheit wesentlich eins; da kann die Natur nicht ohne ihre Istheit sein, und ebenso wenig kann <dort> die Natur ohne ihre Istheit erkannt werden. Und wo keine Vernunft Natur und Istheit trennen kann, da gibt es keinen Unterschied noch Hinzufügung. Darum sagen die Lehrer, dass Gott dem Sein nach das Erste ist; davon ist er in der Natur ohne Hinzufügung und Teilung. Wo reines Sein ist, da ist Sein ewig. Wo Reinheit des Seins ist, da kann keine Vernunft seine Istheit übersehen. Wo niemand

---

1 In der Passage ist durchwegs vom Gegensatz von Wesen und Sein die Rede; deshalb läge für *istheit* die Übersetzung »Existenz« nahe. Der Wortlaut des Autors wird wegen des Gleichklangs mit Eckhart beibehalten.

niman vbersehen mag sein istkait, do mag kein hertze groszers gedencken. Do /205/ von got ist daz, daz groszers kein mensch mag gedencken.[19]

<Sein und Gutsein>

D. Wie sol ich daz versten, daz lauterr wesen ist daz groͤste guͤt, daz kein hertze mag bedencken?

M. Alle ding nach der masze irr *guͤte,* die seint in wesen, also daz ir *[14v]* wesen als vil groszer ist, als vil ir guͤte uber triffet. Do von seit man, der guͤt ist /210/ nach der masze dez wesens. Do von daz hochste wesen ist die hohste guͤte. Nu ist lauͤter wesen daz hochst best wesen. Do von in lauterm wesen ist besloszen die aller pest guͤt.

D. Beweise mich zu dem ersten, war vmb die masz der guͤte wirt gewegen nach dem wesen[20] vnd war vmb lauter wesen daz groͤst wesen ist ob allem /215/ wesen!

M. Sich, daz sterben vnd verderben aller dinge vnd ein vernuten anders niht ist denn ein val *auz* dem wesen.[21] Also merck, daz der *[15r]* adel der creatuͤr niht anders ist denn ein eynganck in daz wesen. Do von wenn die creatur zuͤ nimpt vnd ab nimpt, daz geschiht allez in dem wesen. Do von so wirt ir adel /220/ gewegen nach der mazz dez wesens.

D. Ich merck dich wol. Du meinest, als daz in *der creatur*[22] die zeit macht alt vnd newͤe, vnd daz vellet auz der zeit, daz ist zeitlicher dinge ein *verwerden,* also ist ez vmb daz wesen.

M. Du hast ein gut gleichnuͤsse funden. Wann also die zeit mynner noch /225/ mer ist an ir selber nach alt noch iuͤng noch ist vermischet mit den dingen, die do *[15v]* seint in der zeit,[23] also ist daz lauter wesen vnuermischet mit den

211 guͤte] guͤtē ***220*** auz] waz ***224*** der creatur] got ***225*** verwerden] verwern

19 *Vgl. Anselmus Cantuariensis, Proslogion c. 2–4; Bd. I, S. 101–104.*

20 *Vgl. Thomas de Aquino, Sth. I, q. 4, a. 2 co:* Omnium autem perfectiones pertinent ad perfectiones essendi. *(»Die Vollkommenheiten aller Dinge aber beziehen sich auf die Vollkommenheiten des Seins.«)*

21 *Vgl. Eckhart, In Gen. I, n. 90, LW I,1, S. 248,15f.:* Binarius sive dualitas sicut divisio semper est casus et recessus ab ipso esse. *(Übers. ebd.: »Die Zwei oder Zweiheit sowie die Teilung sind immer Abfall und Abweichen vom Sein selbst.«) Pr. 8, DW I, S. 132,1f.:* Wesen ist ein êrster name. Allez, daz gebrestenlich ist, daz ist abeval von wesene. *(Übers. ebd., S. 460: »Sein ist ein erster Name. Alles, was mangelhaft ist, das ist Abfall vom Sein.«)*

22 *Der Eingriff rechtfertigt sich nur aus dem Sinn der Textstelle; der Satz steht in gedanklicher Parallele zu Z. 219–223.*

23 *Vgl. Platon, Timaios 37 d 5–7: »Ein bewegtes Bild der Ewigkeit beschloss er <der Demiurg> zu machen, und den Himmel ordnend macht er zugleich ein gemäß der Zahl fortschreitendes Bild der im Einen verharrenden Ewigkeit, eben das also, was wir Zeit genannt haben.« Zit. bei* Beierwaltes, *Denken des Einen, S. 95f. Ähnlich Plotin, Enneaden III 7,11,45–49 (nach* Beierwaltes, *Denken des Einen, S. 96f.). Vgl. unten Z. 378–395.*

seine Istheit übersehen kann, da kann kein Herz Größeres denken. Darum ist Gott das, über das hinaus kein Mensch Größeres denken kann.

<Sein und Gutsein>

Der Schüler: Wie soll ich das verstehen, dass reines Sein das größte Gut ist, das ein Herz denken kann?

Der Meister: Alle Dinge sind, was das Maß ihrer Güte angeht, im Sein, sodass ihr Sein um so viel größer ist, wie ihre Güte hervorragt. Darum sagt man: Die Güte ist nach dem Maße des Seins. Darum ist das höchste Sein die höchste Güte. Nun ist reines Sein das allerbeste Sein. Darum ist im reinen Sein die allerbeste Güte enthalten.

Der Schüler: Zeige mir zuerst, warum die Güte nach dem Sein gewogen wird und warum reines Sein das größte Sein über allem Sein ist.

Der Meister: Sieh, dass das Sterben und Verderben aller Dinge und das Vernichten nichts anderes ist als ein Fall aus dem Sein. So verstehe, dass der Adel des Geschöpfs nichts anderes ist als ein Eingang in das Sein. Darum, wenn das Geschöpf zunimmt und abnimmt, das geschieht alles im Sein. Darum wird sein Adel nach dem Maß des Seins gewogen.

Der Schüler: Ich versteh dich gut. Du meinst: Wie in der Kreatur die Zeit alt und neu macht und, was aus der Zeit fällt, das ist ein Verderben zeitlicher Dinge, so steht es <auch> mit dem Sein.

Der Meister: Du hast einen guten Vergleich gefunden. Denn wie die Zeit an sich selbst weder weniger noch mehr ist noch alt noch jung noch mit den Dingen vermischt ist, die ja im Sein sind, so ist das reine Sein unvermischt mit

dingen, die do in wesene seint. Ez ist auch weder mynner noch mer von dem, daz die ding grosz ader clein seint in wesen.

D. Nu sag, woruͤmb lauter wesen daz aller groste wesen ist ob allen wesen, /230/ daz lauter wesen niht ist.

M. Daz ist billeich grosz wesen geheiszen, von dem allez wesen ist, in dem allez wesen ist, on daz wesen niht ist.

D. Kuͤnd ich daz wol verstan, so hette ich meiner frag ein lieplich ende. Wann ich vergihe dir in trewe, daz ich daz *[16r]* dicke hon gehoͤret, daz in got, /235/ durch got vnd nach got seint alle ding. Vnd daz mag ich wol gelauͤben, aber in vernuͤnft kond ich ez noch nie versten.

M. Do ist nit wunder, daz du ez niht wol verstast, wann hohe lerer, die veriehen daz, daz sie ez zu gruͤnde niht muͤgen begreiffen. Doch etlicher mazz mag ez der mensch schawen in etlicher gleichnuͤsse vnd ›in einem tvnckeln /240/ spigel‹. Sich, daz allez, daz creatur ist, *ist* in wesen, *ieclichez* nach seiner weise, als der mensch, daz hat menschlich wesen. Nuͤ frage ich, ob menschlich wesen sei von *[16v]* im selber wesen oder von einem andern wesen.

D. Ich sprich, daz menschlich wesen nit *von* im selber menschlich wesen ist; wenn etwenne do waz weder mensch noch sein wesen.

/245/ M. Do pei merck, daz sein wesen von einem andern wesen ist. Wann wer ez von im selber, so wer ez ewig.

D. Daz versten ich wol. Wann wer ez niht ewig, so muͤst ez haben einen anfang. *Den* anfang neme ez weder von im selber oder von einem andern. Nem ez seinen anfang von einem andern, so hett ez wesen von im selber nit. *Geb* ez /250/ denn im selber wesen, daz *[17r]* ist vnmuͤglich, als mich duͤncket.

M. Dich dunckt gar weislich, daz sich kein ding selber mag gepern. Wann geper kein ding sich selber, so muͤst ez vor sein, e ez geper. Also wer ez vor im selber vnd wer vor seiner gepurt, daz vnmuͤglich ist. Do von so ist ez sicher warhait: Waz von im selber ist, daz daz ewig, vnd waz nit ewig ist, daz daz nit /255/ *wesen* ist von im selber.

<Die Aporie der Lehre vom In-Sein Gottes in den Geschöpfen>

D. Von den gnaden gotez vnd deiner lere han ich verstanden, daz daz wesen, daz nit ewig ist, von einem ewigen wesen ist alz von *[17v]* einer auzwurckenden sache. Aber ich wolt noch gern von dir horen, wie alle wesen in dem selben *wesen* seint, als zeitlich ding einer zeit zeitlich seint vnd alle worheit einer /260/ warheit war seint[24]. Vnd zu dirr frage bringet mich daz *gemein* wort der

243 ist *fehlt* ieclichez] etlichez ***246*** von] vom ***251*** den] der ***252*** geb *doppelt* ***258*** wesen] weser ***262*** wesen$_2$ *fehlt* ***263*** gemein] gemen

24 *Vgl. Anselmus Cantuariensis, De ver. c. 13; Bd. I, S. 199,25–29:* Et sicut tempus per se consideratum non dicitur ›tempus alicuius‹, sed cum res, quae in illo sunt, consideramus,

den Dingen, die im Sein sind. Es ist auch weder geringer noch mehr aufgrund dessen, dass die Dinge groß oder klein im Sein sind.

Der Schüler: Nun sag, warum reines Sein das allergrößte Sein ist über allem Sein, das nicht reines Sein ist.

Der Meister: Das heißt mit Recht großes Sein, von dem alles Sein ist, in dem alles Sein ist, ohne das Sein nicht ist.

Der Schüler: Könnte ich das recht verstehen, käme ich mit meiner Frage an ein glückliches Ende. Denn ich versichere dir in Treue, dass ich das oft gehört habe, dass in Gott, durch Gott und nach Gott alle Dinge sind. Und das kann ich wohl glauben, aber mit meiner Vernunft konnte ich es noch nie verstehen.

Der Meister: Es ist kein Wunder, dass du das nicht recht verstehst, denn große Lehrer versichern, dass sie es im Grunde nicht begreifen können. Doch in gewissem Maße kann der Mensch es in manchem Gleichnis und »in einem dunklen Spiegel« (I Cor 13,12) schauen. Sieh, dass alles, was Kreatur ist, im Sein ist, jedes nach seiner Weise, wie der Mensch, der menschliches Sein hat. Nun frage ich, ob menschliches Sein von ihm selbst her Sein ist oder von einem anderen Sein.

Der Schüler: Ich sage, dass menschliches Sein nicht von ihm selbst her menschliches Sein ist; denn irgendwann gab es weder den Menschen noch sein Sein.

Der Meister: Daran erkenne, dass sein Sein von einem anderen Sein ist; denn wäre es von ihm selbst, so wäre es ewig.

Der Schüler: Das verstehe ich gut. Denn wäre es nicht ewig, so müsste es einen Anfang haben. Diesen Anfang könnte es entweder von ihm selbst empfangen oder von einem anderen. Nähme es seinen Anfang von einem anderen, so hätte es Sein nicht von ihm selber. Gäbe es aber sich selbst Sein –, das ist unmöglich, wie mir scheint.

Der Meister: Es dünkt dich ganz klug, dass kein Ding sich selbst gebären kann. Denn würde ein Ding sich selbst gebären, so müsste es sein, bevor es gebiert. So wäre es vor ihm selbst und wäre vor seiner Geburt, was unmöglich ist. Darum ist es sichere Wahrheit: Was von ihm selbst ist, das ist ewig, und was nicht ewig ist, das ist nicht Sein von ihm selbst.

<Die Aporie der Lehre vom In-Sein Gottes in den Geschöpfen>

Der Schüler: Durch die Gnade Gottes und deine Lehre habe ich verstanden, dass das Sein, das nicht ewig ist, von einem ewigen Sein ist wie von einer Wirkursache. Aber ich wollte noch gerne von dir hören, wie alle Seienden in demselben Sein sind, wie zeitliche Dinge in einer Zeit zeitlich sind und alle Wahrheiten in einer Wahrheit wahr sind. Und zu dieser Frage bringt mich das

lerer, als man spricht: Alle ding seint von got als von einem bilder vnd in got als in irem wesen.

M. Ditz ist daz verporgen wort, als sich die lerer enschůͤldigent, daz sie noch mugent noch schullen ergrunden. Wann sprich ich: Alle ding sein in dem /265/ got*[18r]*lichen wesen, also daz die creatur ist *geimphet* in daz gotlich wesen, als die menscheit stet in leib vnd in sele, wo ist denn der groszer vnterscheit zwischem gotlichen wesen vnd der creatur? Spriche aber ich: Daz creaturlich wesen ist in got als ein mensch ist in einem haẘͤse oder in einem tempel, wo̊ͤ ist denn die innerkeit gotlichez wesens *an der* creatur; wie mag denn got laůͤter /270/ vnteilhaftig wesen aller creatur inre in gesein denn die creatur ir selber? Ditz gedreng machet, daz die lerer *[18v]* hie von niht gern reden, wann vnser aůͤgen an dirr worheit erblinden vnd verstarren.

D. Ich merck wol: Dez menschen blo̊ͤdikait von dirr worheit wirt vberladen vnd uber drůͤngen in ein *tunsternůͤst*. Doch erman ich dich veterlicher tre/275/we, daz důͤ etwaz hie von sprechest, daz mein synne zu rechten wider kument, ob si halt niht mo̊ͤgen erleuht werden. Ich getrawe, daz ez got niht enzůͤrne an dich, ob du versůͤchest, daz du halt niht macht vol sprechen, seit daz mich mynn dar zu zwinget, daz ich ez hetzze, vnd nit *[19r]* klůͤgkeit noch v̊ͤppickeit der synne. /280/

M. Ist daz war, so suche ich *dester* sicherr dise worheit, die sich etwen zeiget dem mynner der worheit, also daz wilde reech dem iager tůͤt, daz sich doch nit lezzet vahen nach begreiffen. Also wiltůͤ hie von etwaz ho̊ͤren, so hilf mir etwaz suchen vnd iagen, ob er vil leiht erscheine vnserr mynne, als er den zweien iůͤngern tet, do sie giengen vnd *redten*[25] in der mynne. /285/

D. Als vil ich kan vnd mag so pin ich dor zu bereit.

268 geimphet] geimpchet ***272*** an der] ader ***277*** tunsternůͤst] tuntnůͤst ***283*** dester] des der ***287*** redten] rehten

---

dicimus ›tempus huius vel illius rei‹: ita summa veritas per se subsistens nullius rei est; sed cum aliquid secundum illam est, tunc eius dicitur veritas vel rectitudo. *(Übers.* ENDERS, *S. 75–77: »Und wie die Zeit, für sich betrachtet, nicht die Zeit von irgendetwas genannt wird, sondern wenn wir die Gegenstände, die in ihr sind, betrachten, sagen wir ›die Zeit dieses oder jenes Gegenstandes‹: so gehört [auch] die höchste, durch sich bestehende Wahrheit nicht irgendeinem Gegenstand an; sondern wenn etwas ihr gemäß ist, dann wird sie dessen Wahrheit oder Rechtheit genannt.«) Ebenso Bonaventura, In Sent. I, d. 8, p. 1 a. 1 q. 1 arg. 3; ed. Qu., Bd. I, S. 70 (Scholion).*

25 *Zu* rehten *der Hs. vgl. S. 150, Anm. 10:* Die worheit redt *[Konj. aus* recht*]* auz dir.

allgemeine Wort der Lehrer, wenn man sagt: Alle Dinge sind von Gott als von einem Urbild und in Gott als in ihrem Sein.

Der Meister: Das ist das verborgene Wort, wie sich die Lehrer entschuldigen, das sie nicht ergründen können noch ergründen werden. Denn wenn ich spreche: Alle Dinge sind in dem göttlichen Sein, sodass die Kreatur in das göttliche Sein geimpft ist, wie die Menschheit in Leib und Seele existiert, wo ist dann der große Unterschied zwischen dem göttlichen Sein und dem der Kreatur? Sage ich aber: Das kreatürliche Sein ist in Gott, wie ein Mensch ist in einem Hause oder in einem Tempel, wo ist dann das Insein des göttlichen Seins in der Kreatur? Wie kann dann Gott als reines unteilbares Sein jedem Geschöpf innerlicher sein als das Geschöpf sich selbst? Dieser Engpass bewirkt, dass die Lehrer hiervon nicht gerne reden, denn unsere Augen erblinden und erstarren an dieser Wahrheit.

Der Schüler: Ich merke wohl: Des Menschen Dummheit wird von dieser Wahrheit überladen und überwältigt in eine Finsternis. Doch erinnere ich dich an deine väterliche Treue, dass du hiervon etwas sprichst, sodass meine Sinne wieder zurechtkommen, wenn sie schon nicht erleuchtet werden. Ich vertraue darauf, dass Gott dir nicht zürne, wenn du <es> versuchst, wenn du auch nicht angemessen sprechen kannst, da mich die Liebe dazu zwingt, dass ich es jage, und nicht Schlauheit oder Eitelkeit des Verstandes.

Der Meister: Ist das wahr, dann suche ich umso sicherer diese Wahrheit, die sich manchmal dem Liebhaber der Wahrheit zeigt, wie es das wilde Reh dem Jäger tut, das sich doch nicht fangen und ergreifen lässt. Wenn du also hiervon etwas hören willst, so hilf mir etwas suchen und jagen, ob er vielleicht unserer Liebe erscheine, wie er es den zwei Jüngern tat, als sie gingen und sich in Liebe besprachen (Lc 24,13–32).

Der Schüler: Soweit ich es verstehe und kann, bin ich dazu bereit.

<Die Eins und die Zahlen>

M. Sag: Waz ist eins?

D. Ich weiz niht *[19^{v}]* anders, denn daz eins sey ein anuang der zale, als man spricht: ›Eins, zwai, drevͤ, vier‹, vnd furbaz, als verr man wil.

M. Nů sag, waz vnterscheitez gibt der stein gein dem menschen in der zale, /290/ so man spricht: ›Ein stein, zwen oder drey stein‹, gein dem, so man sprichet: ›Ein mensch, zwai oder drewͤ oder vier menschen‹?

D. Ich kan keinen vnterscheid gemercken nach zale, wann ein stein tůt als wol eins vnd zwai nach der zale als der mensche vnd der engel.

M. Also merkest du: *Der* *[20^{r}]* vnterscheit der dinge, die do werden gezalt, /295/ git der zale keinen vnterscheit.

D. Mich duͤncket, wie ichz hab verstanden.

M. Waz ist die zale?

D. Ez ist eins vnd zwei vnd drei.

M. War auf werden dreu gemachet, als dich duͤncket? /300/

D. Mich duͤnket von einem vnd aber einem, als wenn eins dreistunt wirt genvͤmen, so sprichet man, ez seint drev.

M. Du host reht geantwuͤrt. Vnd do bei so sich, daz eins ist in aller zale, vnd alle zale die stet in einem. Also wer eins nit, so mohten weder zwei noch drei *[20^{v}]* nach vire noch kein zale gesein. /305/

D. Ez ist also.

M. Nu sich, daz einez machet die zale alle, wann ez ist ein anvang der zale. Ez ist in aller zal wesenlich, also daz kein zal mag sein, were eins nit in der zale vnd were die zal niht in eins geimphet.

D. Ach werder got, wie ist diese worheit so lauͤterr vnd clar aufgetanen /310/ augen vnd ist doch so gar vnechtig vnweisen hertzzen. Ich beginne nv erst mercken, daz die ding nach irr manigueltigkeit *seint* in *in* selber, vnd sich doch: Die manikueltikeit der zale flůzzet *[21^{r}]* von der einikheit eins; vnd sich, daz eins ist in der zale vnd daz alle zal stet in einem; vnd sich, daz eins wol mag sein, ob halt zwei noch dreuͤ nit weren, aber zwei noch drev mvgen kein wesen /315/ niht gehaben weder in gedenchen noch in der nature on eins. Ich sich, daz eins vnteilhaftig ist in aller zal, vnd do von so ist eins gentzlich vnd gar in aller zal.

M. Verstanden hertzen ist gut predigen. Lob got, du hast die gleichnusse der worheit, die wir suͤchen, als adellich verstanden, daz ich getrawͤe, vnser suͤchen suͤlle zuͤ *[21^{v}]* mal niht vppig sein, wie doch daz sei, daz wirz nymmer /320/ muͤgen begreiffen.

D. Mein vater, gib ez meiner vernvͤnft nit! Du solt ez geben deiner weisen frage. Wann weislich gefraget ist wol geleret. Ich bedarf auch wol, daz du ditz pild von der einikait vnd von der zal zihest auf daz gotlich wesen, wie ez ist in

297 der] den *314* seint] ist in] ir

<Die Eins und die Zahlen>

Der Meister: Sag, was ist eins?

Der Schüler: Ich weiß nichts anderes, als dass eins der Anfang der Zahlen ist, wie man sagt: ›Eins, zwei, drei, vier‹ und so weiter, wie weit man will.

Der Meister: Nun sag, welchen Unterschied in der Zahl gibt der Stein gegenüber dem Menschen, wenn man sagt: ›Ein Stein, zwei oder drei Steine‹, demgegenüber, dass man sagt: ›Ein Mensch, zwei oder drei oder vier Menschen‹?

Der Schüler: Ich kann an der Zahl keinen Unterschied bemerken; denn ein Stein ist ebenso eins und zwei der Zahl nach wie der Mensch und der Engel.

Der Meister: Also verstehst du: Der Unterschied der Dinge, die gezählt werden, bewirkt keinen Unterschied der Zahl.

Der Schüler: Ich glaube, ich habe es verstanden.

Der Meister: Was ist die Zahl?

Der Schüler: Eins und zwei und drei.

Der Meister: Woraus werden drei gemacht, was meinst du?

Der Schüler: Ich meine: von eins und nochmal eins. Wie wenn eins dreimal genommen wird, sagt man: Es sind drei.

Der Meister: Du hast richtig geantwortet. Und dabei sieh, dass eins ist in jeder Zahl, und jede Zahl besteht aus einem. Wäre also eins nicht, so könnten weder zwei noch drei noch vier noch irgendeine Zahl sein.

Der Schüler: So ist es.

Der Meister: Nun sieh, dass eins alle Zahlen macht; denn eins ist das Prinzip der Zahl. Es ist dem Wesen nach in jeder Zahl, sodass keine Zahl sein kann, wenn eins nicht in der Zahl wäre und wäre die Zahl nicht in die Eins geimpft.

Der Schüler: Ach, lieber Gott, wie ist diese Wahrheit für offene Augen so rein und klar, und ist doch so unscheinbar für unkluge Herzen. Ich beginne jetzt erst zu merken, dass die Dinge in ihrer Vielfalt in ihnen selbst sind, und sehe zugleich: Die Vielfalt der Zahlen fließt von der Einheit der Eins. Und ich sehe, dass eins ist in der Zahl und dass jede Zahl in der Eins besteht. Und ich sehe, dass eins bestehen bleibt, auch wenn zwei oder drei nicht wären, aber zwei oder drei können kein Sein haben, weder im Denken noch in der Natur, ohne eins. Ich sehe, dass eins unteilbar in jeder Zahl ist, und darum ist eins ganz und gar in jeder Zahl.

Der Meister: Verständigen Herzen ist gut predigen. Lobe Gott, du hast die Gleichnisse der Wahrheit, die wir suchen, so vorzüglich verstanden, dass ich Zutrauen habe, unser Suchen sollte letztlich nicht eitel sein, obwohl es doch so ist, dass wir es niemals begreifen können.

Der Schüler: Mein Vater, rechne es nicht meiner Vernunft an! Du sollst es deiner klugen Frage zurechnen; denn klug gefragt, ist gut gelehrt. Ich habe es auch wohl nötig, dass du dieses Bild vom Einssein und der Zahl auf das göttliche

allem wesen on sein manikveltikait vnd wie allez wesen stet in im oͤn der /325/ creatur ewickait.

<Gott in den Dingen wie die Eins in der Zahl>

M. So mercke fleizziclich, daz wir disem capitel machen ein ende! Sich, daz eins ist ein *[22r]* anvang aller zale, wann eins vnd aber eins machet zwai, zwai vnd eins machet drewͤ.

– Nu soltuͤ pilden, daz alle creatur ist manigualtig an irr *natur* als die zale. Wann /330/ etlich creatur haben einen adel als zwai, etlich als drei, etlich als vire. Reht als ein zal der andern vnglich ist an der grosze, also ist ein natuͤr der andern vngleich an dem adell *irez* wesens.
– Dar nach merck, daz eins nach seiner lauterkait ist gleich der gotheit. Wann so du gedenckest an eins in der lauterkait, als ez ist ein anvang der zale, so wirt /335/ *[22v]* ez gesundert von allen dingen. Wann du darft niht gedencken, daz ein mensche sei ein anvang der zal nach ein holtz nach ditz noch daz. Du gedenckest newr, daz eins vnd aber eins machen zwai, als daz du weder holtz noch stein noch keines dingez anders darft gedencken. Als du nuͤ gedenckest an eins in abgescheidenheit aller dinge, die da werden gezalt, also solt du gedencken, /340/ daz daz gotlich wesen stet in abgescheidenheit leuͤterlich aller dinge, die do seint ditz vnd daz. Wann daz götlich we*[23r]*sen noch groszer lauterr abgescheidenheit hot in seiner natur von allem wesen denn der anuang der zale.
– Hab in deinen gedencken furbaz: Als manigualtige zal fleuzzet von einem, daz ein anuang, als manikualtigheit der creatuͤr fleuzt vom wesen, daz *vor* allem /345/ wesen ist.
– Vnd me: Als eins got[26] in aller zal ist vnd auch in der zal, die weil die zal ist, also get gotlich wesen in allez wesen, die weil ez wesen ist. Vnd *als* eines, nach dem ez drey machet vnd teilheftig ist, *ungeteilet in der drei ist* – *wann* wo *wirt* eins der dreier geteilet, so werden ez nit drev –, *[23v]* also ist daz gotlich /350/ wesen vngeteilet in allen creaturen. Vnd als eins ist in dem gruͤnde der zale nach gantzer innerkeit, also ist daz gotlich wesen in dem grunde der creatur. Wann wo creatur ist, do ist wesen; do wesen ist, do ist got.
– Vnd also eins nach seiner einikait ist an seiner natur *vor* aller zal. Wann eins vnd zwai haben ein offen vnterscheit, vnd eins vnd zehennev ha-

333 natur] creatur *336* irez] seines *350* vor] von *353* als *fehlt* ungeteilet in der drei ist wann *fehlt* *354* wirt] wir *359* vor] von

---

26 *Vgl. Eckhart, In Ioh. n. 135, LW III, S. 115,13–15:* Semper enim principium deus est sui principiati, utpote habens esse suum ab ipso, per ipsum et in ipso. *(Übers. ebd.: »Denn immer ist der Ursprung [sozusagen] der Gott für das aus ihm Entsprungene, da dieses ja sein Sein von ihm, durch ihn und in ihm hat.«)*

Sein überträgst, wie es in allem Sein ohne Vielheit ist und wie alles Sein in ihm steht, ohne dass die Kreatur ewig wird.

<Gott in den Dingen wie die Eins in der Zahl>

Der Meister: So pass fleißig auf, damit wir mit diesem Kapitel zu Ende kommen! Sieh, dass eins der Anfang aller Zahlen ist; denn eins und wiederum eins macht zwei, zwei und eins macht drei.

- Nun sollst du dir vorstellen, dass alle Kreatur in ihrer Natur vielfältig ist wie die Zahlen. Denn manche Geschöpfe haben ihren Adel als zwei, manche als drei und manche als vier. Gerade wie eine Zahl der anderen ungleich ist, was die Größe betrifft, so ist auch eine Natur der anderen ungleich, was den Adel ihres Seins betrifft.
- Danach beachte, dass die Eins in ihrer Lauterkeit der Gottheit gleicht. Denn wenn du an die Eins in Reinheit denkst, wie sie ein Anfang der Zahl ist, so wird sie von allen Dingen abgesondert. Denn du sollst nicht denken, dass ein Mensch ein Anfang der Zahl ist noch ein Holz noch dies oder das. Du denkst nur, dass eins und wiederum eins zwei machen, und dabei sollst du weder Holz noch Stein noch ein anderes Ding beachten. Wie du nun an eins in Abgeschiedenheit von allen Dingen denkst, die gezählt werden, so sollst du denken, dass das göttliche Sein abgeschieden rein von allen Dingen steht, die dies und das sind. Denn das göttliche Sein hat in seiner Natur noch größere reine Abgeschiedenheit vor allem Sein als der Anfang der Zahl.
- Bedenke ferner: Wie vielfältige Zahlen von der Eins fließen, die ein Anfang ist, so fließt die Vielfalt der Kreatur von dem Sein, das vor allem Sein ist.
- Und mehr: Wie die Eins Gott in aller Zahl ist und wie sie auch in der Zahl ist, soweit sie Zahl ist, so geht göttliches Sein in alles Sein ein, soweit es Sein ist; und wie die Eins, sofern sie drei macht und teilbar ist, ungeteilt in der Drei ist – denn wo eins von den dreien abgeteilt wird, so werden es nicht drei –, so ist das göttliche Sein ungeteilt in allen Geschöpfen. Und wie die Eins in voller Innerlichkeit im Grunde der Zahl ist, so ist das göttliche Sein im Grunde der Kreatur. Denn wo Kreatur ist, da ist Sein; wo Sein ist, da ist Gott.
- Und wie die Eins in ihrer Einzigkeit ihrer Natur nach vor aller Zahl ist – denn eins und zwei haben offenkundigen Unterschied, und eins und zehn

ben groszen /355/ vnterscheit. Wann hetten zwai vnd eins keinen vnterscheit, so weren zwei eins vnd ains zwai, daz kein hertzze mag gedencken. *[24r]* Also hot daz gotlich wesen ein gesvnderte nature von aller creatur, daz kain hertze mag gedencken, daz creatur got sey, als wenig als ich gedencken, daz eins vnuerwandelt tauͤsent sei ader tawsent eins nach der zal. /360/

– Vnd als ein yglich zal hot zwuͤ einikeit: als daz ein stat in der andern, als daz eigen ist die zale; die ander *ist* gemein. Wann man spricht: Zwai ist ein zal vnd dreuͤ ein zal vnd viere ein zal, als daz ie die natur der zal hat ir einikait besundert von der andern. Die ander einikait die ist gemein aller zal. Wann *[24v]* wer eins niht, so weren zwei niht noch drew noch virevͤ. Also ist in aller creatur ein /365/ wesen, in dem allez wesen stat vnd ist. Daz ist gemein aller creatur. Daz anderr wesen daz ist eigen sunderlich iglicher creatur. Als nu der mensche hat sein wesen vnd der stein sein wesen, nach dem svndern wesen haben die creatur vnterscheid.

D. Mein vater, ich wil dich von warheit nit fragen; wann du hast mir einen /370/ minneclichen spigel fur gehabt. Wann mein augen lauterr vnd geubet seint, so merck ich wol, daz diz gelich*[25r]*nuͤsse gert ein mynniclich betrahtuͤnge, wie lauter wesen gesundert ist von allem creaturlichen wesen, als die einikait ist vor aller zal vnd ist doch in aller zal vnd alle zal stet in einikait. Vnd daz wort sunderlich git mir ein gut beweisunge, daz du sprichest vnd war sprichest, daz /375/ daz goͤtlich wesen lauͤter vnd abgescheiden sei von allem dem, daz ist. Denn mein gedancken kunden erheben eins uber allez daz, daz zal ist. Vnd do von so wene ich, daz die ewige worheit sprach: ›Eins ist noͤtuͤrftig‹, vnd daz ist der pest teil, den Maria *[25v]* hat erwelt, ›der ir nit sol benuͤmen werden‹.

M. Du hast wol gedaht an daz wort Ihesu Cristi: ›Eins ist notuͤrft.‹ Sich, /380/ wer eins niht, so enmohten zwai nach drew gesein. Do von einikait ist in manikueltikait; manigueltikait stet in einikait lauters wesens. Wer nv daz ein suchet vnd eins minnet in creaturlicher manigueltikait, der hat den besten teil erwelt mit Marien.

D. Gelopt sei die worheit Christus, der vns also in einem kurtzen worte /385/ hot gefuͤret auf den pfat, do sich daz wilde reech vnd der *[26r]* hinden kalp zaiget den iagern der worheit vnd doch vor seiner snellen lauͤtern behendikait niht lezt begreiffen.

368 ist *fehlt* ***387*** wort] wort gedaht

haben großen Unterschied; denn hätten zwei und eins keinen Unterschied, so wären zwei eins und eins zwei, doch das kann kein Herz denken –, so hat das göttliche Sein eine von allem Geschöpf gesonderte Natur, sodass kein Herz denken kann, dass die Kreatur Gott sei, so wenig wie ich denke, das eins unverwandelt tausend sei oder tausend der Zahl nach eins.

– Und wie in jeder Zahl zwei Einheiten sind, sofern die <erste>Einheit <jede> andere <Zahl> konstituiert, und die andere <Einheit> in <je>der Zahl gemeinsam vorkommt. Denn man sagt: Zwei ist eine Zahl und drei eine Zahl und vier ist eine Zahl, indem die Natur jeder Zahl ihre Einheit von der anderen getrennt hat. Die andere Einheit ist allen Zahlen gemeinsam; denn wäre eins nicht, so wären zwei nicht noch drei noch vier. So ist in jedem Geschöpf ein Sein, in dem alles Sein steht und ist. Das ist allen Geschöpfen gemeinsam. Das andere Sein ist jedem Geschöpf gesondert zu eigen. Wie nun der Mensch sein Sein hat und der Stein sein Sein, nach diesem je besonderen Sein sind die Geschöpfe unterschieden.

Der Schüler: Mein Vater, ich will dich wirklich nicht fragen; denn du hast mir einen lieblichen Spiegel vorgehalten. Da meine Augen rein und geübt sind, so verstehe ich gut, dass dieses Gleichnis eine liebevolle Betrachtung verlangt, wie reines Sein getrennt ist von allem geschöpflichen Sein, wie die Einzigkeit vor aller Zahl ist und doch in aller Zahl ist und alle Zahl in der Einzigkeit steht. Und dieses Wort insbesondere gibt mir einen guten Beweis, indem du sprichst und wahr sprichst, dass das göttliche Wesen rein und abgeschieden ist von allem dem, was ist. Denn meine Gedanken konnten die Eins über alles erheben, was Zahl ist, und darum, so vermute ich, sprach die ewige Wahrheit: »Eins ist notwendig«, und das ist der beste Teil, den Maria erwählt hat, »der ihr nicht genommen werden soll« (Lc 10,42).

Der Meister: Du hast zu Recht gedacht an das Wort Jesu Christi: ›Eins ist notwendig.‹ Sieh, wäre eins nicht, so könnten zwei oder drei nicht sein. Darum ist Einheit in der Vielfalt; Vielfalt steht in der Einheit lauteren Seins. Wer nun das Eine sucht und Eines liebt in geschöpflicher Vielfalt, der hat mit Maria den besten Teil erwählt.

Der Schüler: Gelobt sei die Wahrheit Christus, der uns in einem kurzen Wort so auf den Pfad geführt hat, auf dem sich das wilde Reh und das Hirschkalb den Jägern der Wahrheit zeigt und doch mit seiner schnellen und reinen Geschicklichkeit nicht ergreifen lässt.

<Reines Sein und dessen Implikate: Weisheit, Güte, Kraft>

Nu sag, wie lauter wesen hab allez guͤt in im besloszen, vnd sei denn ditz capitel ein ende! /390/

M. Dich moht begnuͤgen von dirr red, daz du sehest, wie alle tugent, alle worheit, alle craft ist besloszen in lauͤter wesen. Wann als manigualtikeit der zal kumet von einikait vnd stet in einikait, alz allez, daz gut ist genant, daz stet auf einer guͤte. Wann als allez wesen stet in einem lautern wesen, *[26v]* also alle gute stet in einer lauterr guͤte, alle weisheit in einer lauterrn weisheit als alle kraft in /395/ einer *lautern* kraft.

D. Ditz merck ich wol, daz du mich beweisest, wie lauͤter guͤte vnd lauter weisheit vnd lauterr kraft allez eins in lauterm wesen ist on allen vnterscheit, als daz lauterr wesen ist aller tugende, kraft vnd weisheit ein pruͤnne.

M. Sag: Hot kraft, worhait vnd gute niht ein *sunder* wesen vnd ander creaturen? /400/

D. Ja, on zweifel, yeclichez hot ein sunder wesen.

M. Sich, daz yeclichez sunder wesen in der creatur hat. So hot ez auch wesen in *[27r]* dem lautern wesen. Wann ich hon dich doch beweiset, daz allez wesen in dem lautern wesen ist.

D. We mir, ich pin mit gesehenden augen plint worden! Ich moht daz on /405/ froge haben gemercket. Doch zuͦrn nit, ob ich frage noch dem, daz vor mir leit, ob ich ez uber sihe. Ich sihe noch niht, wie warheit vnd kraft vnd gute im dem gotlichen wesen stet ob allem vnterscheid. Wann ich sihe, daz in der creatur der mensche vnd sein wesen vnd sein weisheit vnd sein craft haben groszen vnterscheit. /410/

M. Daz trewget *[27v]* dich, daz du niht merckest, wer lauterr wesen ist. Sag: Weder ist lauterr wesen, da weisheit vnd ir wesen zu mal eins ist oder do weisheit von dem wesen teilhaftig ist?

D. Heizzet daz lauͤterr, daz vnuermischet ist mit manigfaltikait, so ist daz wesen lauͤter, do weisheit, guͤte vnd kraft ist allez ein wesen, *denn* do iegclichez /415/ zu dem andern *geleit* ist.

M. Do von wer weisheit in got vnd wer weisheit daz wesen niht, so wer daz wesen niht lauͤter; als in der creatuͦr, do ist weisheit vnd mensheit ycliches ein besuͦnders *[28r]* wesen. Do von ist in der creatur nit lauterz wesen.

D. Owe, ewigs lauters wesen, liehte kraft, weisheit vnd gute! Wie seint /420/ meine auͤgen so plint, daz du vor mir leist vnuerborgen vnd ich dich uber sihe! Ach, woͤ pistuͦ, hertze vnd sinne? Wann mercket ir nit von dem wesenlichen adel lauters wesens: Wann ez wesen ist, so seint alle ding in im vngedruͦngen; wann ez lauͤter ist, so ist ez in allen dingen vnbeslozzen; wann ez von seiner lauterkeit nit leidet manigualtikeit, do von *[28v]* so ist daz lauters

403 lautern *fehlt* ***407*** sunder *fehlt* ***423*** denn] dem ***424*** geleit] geleicht

<Reines Sein und dessen Implikate: Weisheit, Güte, Kraft>

Nun sage, wie reines Sein alles Gut in sich beschlossen hat, und dann sei dieses Kapitel zu Ende!

Der Meister: Du magst dich in dieser Rede damit begnügen, dass du siehst, wie alle Tugend, alle Wahrheit, alle Kraft im reinen Wesen enthalten ist. Denn wie die Vielheit der Zahlen von der Einheit kommt und in der Einheit steht, wie alles, das gut genannt wird, auf einer Güte steht; denn wie alles Sein in einem reinen Sein steht, so steht alles Gute in einer reinen Güte, alle Weisheit in einer reinen Weisheit, alle Kraft in einer reinen Kraft.

Der Schüler: Das verstehe ich gut, dass du mir zeigst, wie reine Güte und reine Weisheit und reine Kraft im reinen Sein eins ist ohne jeden Unterschied, wie das reine Sein eine Quelle aller Tugend, Kraft und Weisheit ist.

Der Meister: Sag: Hat Kraft, Wahrheit und Güte nicht in dem Geschöpf ein besonderes Sein?

Der Schüler: Ja, ohne Zweifel, jedes hat ein besonderes Sein.

Der Meister: Sieh, dass jedes <Seiende> ein besonderes Sein in dem Geschöpf hat, so hat es auch Sein in dem reinen Sein. Denn ich habe dir doch gezeigt, dass alles Sein in dem reinen Sein ist.

Der Schüler: Weh mir, ich bin mit sehenden Augen blind geworden! Ich könnte das ohne Frage bemerkt haben. Doch zürne nicht, wenn ich nach dem frage, was vor mir liegt, wenn ich es übersehe. Ich sehe noch nicht, wie Wahrheit und Kraft und Güte über jedem Unterschied im göttlichen Sein stehen. Denn ich sehe, dass im Geschöpf der Mensch und sein Sein und seine Weisheit und seine Kraft großen Unterschied haben.

Der Meister: Dich täuscht, dass du nicht bemerkst, wer reines Sein ist. Sag: Ist reines Sein, wo Weisheit und ihr Sein zumal eins ist oder wo Weisheit von dem Sein abtrennbar ist?

Der Schüler: Heißt das rein, das unvermischt mit Vielfalt ist, so ist das Sein reiner, wo Weisheit, Güte und Kraft alles ein Sein ist, mehr als da, wo jedes mit einem anderen verbunden ist.

Der Meister: Darum, wäre Weisheit in Gott und wäre Weisheit nicht das Sein, so wäre das Sein nicht rein; wie im Geschöpf, wo Weisheit und Menschheit jedes ein besonderes Sein ist. Darum gibt es im Geschöpf kein reines Sein.

Der Schüler: O weh, ewiges reines Sein, helle Kraft, Weisheit und Güte! Wie sind meine Augen so blind, dass du vor mir unverborgen liegst und ich dich übersehe! Ach, wo bist du, Herz und Sinne? Warum bemerkt ihr nichts von dem wesentlichen Adel des reinen Seins: Da es Sein ist, so sind alle Dinge in ihm, ohne sich zu drängen, da es rein ist, so ist es in allen Dingen, ohne eingeschlossen zu sein; da es aufgrund seiner Reinheit keine Vielheit duldet, darum

wesen selber /425/ wesen, weisheit, craft, guͤte vnd leben.[27] Wenn du weisheit pist, so pist du ein lieht in aller worheit. Wenn du kraft pist, so pist du gerehtikait aller maze. Wenn du guͤte pist, so bistuͤ der gelust aller frevden. Wenn du leben pist, du bevegunge aller creatur, also bistu hertze aller ding in allen dingen.

Nu vahe daz ander capitel an, wann mein hertzz hat *ein wenig* gesmecket, wie /430/ lauter wesen gotez alle ding in allen dingen ist vnd wie wir in *[29r]* leben vns uben vnd sein.

<Zweites Kapitel. Trinitätslehre>

<Ausgang der Trinität aus den Wesenseigenschaften Gottes>

M. Du hast uerstanden in dem ersten capitel, als mich duncket: Wesenlich lauterkait gotlichs adels beweiset reicheit vnd volkumenheit der hosten kraft, weisheit vnd guͤte. Auz der volkumenheit macht du mercken einen aus/435/fluz in dem selben adel wesenlicher lauterkait gotlicher natur.

D. Mein vater, von den gnaden gotez vnd von deiner hilfe hon ich verstanden daz lauter wesen, in dem allez wesen ist, vnd auch, daz allez, daz in dem wesen nit ist, *[29v] nit* mag wesen gesein in keiner weise, daz do weisheit vnd kraft vnd allez, daz tugent vnd gute ist genant, ist nach lauter weise. Wie ich /440/ aber in der lauterkait sulle schavwen driualtikait, da zu bedarft ich grozlich gotez gnaden vnd deiner lere.

M. Gotez gnade muzze vns beiden als gnediclichen bescheinen, daz wir etwaz do von gesprechen, daz der hohen warheit erlich ist vnd gemesse vnsern kranken synnen. /445/

D. Amen. Ich getrawe, die gnade, der du vnz begerst, werde scheinen in *[30r]* seiner grundlosen gnade. Do von sprich froͤlich auf sein gnade.

M. So nim zu einer gruntfeste die wort, di vor gesprochen seint in dem ersten capitel, wiltu schawen den zwifaltigen auzfluz nach driualtikait der gotlichen person! /450/

438 ein wenig] an wenige *447* nit$_2$] vnd nit

---

27 *Vgl. Bonaventura, It. c. 5 n. 8; ed.* Kaup*, S. 134:* Quia perfectissimum et immensum, ideo est intra omnia, non inclusum, extra omnia, non exclusum, supra omnia, non elatum, infra omnia, non prostratum. *(Übers. ebd., S. 135: »Weil es das Vollkommenste und Unermessliche ist, darum ist es in allem, wird aber von ihm nicht eingeschlossen; außer allem, doch nicht ausgeschlossen, über allem, aber nicht [räumlich] erhoben, unter allem, doch nicht [räumlich] darunter.«)*

ist das reine Sein selbst Weisheit, Kraft, Güte und Leben. Wenn du Weisheit bist, so bist du ein Licht aller Wahrheit. Wenn du Kraft bist, so bist du Gerechtigkeit jeden Maßes. Wenn du Güte bist, so bist du die Lust aller Freuden. Wenn du Leben bist, du Bewegung aller Geschöpfe, dann bist du das Herz aller Dinge in allen Dingen.

Nun fange das zweite Kapitel an; denn mein Herz hat ein wenig geschmeckt, wie reines Sein Gottes in allen Dingen alles ist und wie wir im Leben uns üben und sind.

<Zweites Kapitel. Trinitätslehre>

<Ausgang der Trinität aus den Wesenseigenschaften Gottes>

Der Meister: Du hast in dem ersten Kapitel verstanden, wie mir scheint: Die wesentliche Reinheit des göttlichen Adels zeigt den Reichtum und die Vollkommenheit der höchsten Kraft, Weisheit und Güte. Aufgrund der Vollkommenheit kannst du in demselben Adel einen Fluss der wesentlichen Reinheit göttlicher Natur beobachten.

Der Schüler: Mein Vater, durch die Gnade Gottes und mit deiner Hilfe habe ich das reine Sein verstanden, in dem alles Sein ist, und auch, dass alles, das nicht in dem Sein ist, in keiner Weise Sein sein kann, dass Weisheit und Kraft und alles, was Tugend und Güte genannt wird, in reiner Weise ist. Wie ich aber in der Reinheit die Dreifaltigkeit schauen soll, dazu brauche ich dringend Gottes Gnade und deine Lehre.

Der Meister: Gottes Gnade muss uns beide gnädig erleuchten, dass wir etwas von dem sprechen können, das der hohen Wahrheit die Ehre gibt und unserem schwachen Verstand angemessen ist.

Der Schüler: Amen. Ich vertraue darauf, die Gnade, die du für uns ersehnst, wird in ihrer grundlosen Gnade leuchten. Darum sprich fröhlich mit Vertrauen auf seine Gnade.

Der Meister: So nimm als Fundament die Worte, die zuvor im ersten Kapitel gesprochen wurden, wenn du den doppelten Fluss in die Dreifaltigkeit der göttlichen Person schauen willst!

<Unendliche Güte und sich verschenkende Liebe>

D. Waz seint die wort, an den die kraft leit dirr gruntfeste vnd dez anvangez, zu schawen den auzfluz der gotlichen person?

M. Daz seint die wort: Wo wesenlich lauͤter wesen ist, in dem ist allez wesen. Wo allez wesen ist, do ist yeglichez in dem hohsten wesen. *[30v]* Wo yeglichez in dem hosten seinez wesens ist, do ist kraft in almehtikait, do ist /455/ kuͤnst in uoller weisheit, do ist gut in uͤnmeszikait, reicheit[28].

D. Dirr wort wil ich wol gedencken. Sprich furbaz!

M. Nu mercke eben: Wo gute ist in *vnmeszikait,* do ist volle mynne[29].

D. Ach, daz ist mir gar bekantlich! Wie mocht vnmezige gute gestan on milte suzze minne, wen minne in suszer miltikait ist gezalt zu dem besten /460/ gute, daz ich bekenne.

M. Wie groz sol die minne sein der vnmessigen gute, als dic *[31r]* duncket?

D. Si mag niht cleiner gesein denn die kraft ist vnd die weisheit, als ich wene. /465/

M. Do von ist die kraft almehtig vnd die *weisheit* on zale vnd die gute on masze, so muz die minne susze sein vnd milte in almehtikait on zal vnd on mazze.

D. Wer *daz* niht sieht, der ist plint vnd mangelt guter sinne.

M. Nu mercke, waz almehtige minne wurket noch miltikait irr guͤte! /470/

D. Ich versten niht anders, denn daz die almehtikeit minnet.

M. Du host wor gesprochen, wann almehtige minne minnet *[31v] nach* almehtikait[30]. Aber ich frage dich: Wer ist der, den si mynnet also?

D. Ich enweiz, waz ich sagen sol, si minne denn sich selber.[31]

M. Wie mag minne milte, frei vnd susze geheizzen, die nevr sich selber /475/ minnet?

D. On zweiuel, ich kan die minne susze vnd milte niht geheizzen, die ir selbs geitig ist vnd sich nimant gibt denne ir selber[32].

466 vnmeszikait] vmmeszikait *473* weisheit] weiheit *476* daz] der *480* nach *fehlt*

---

28 *Vgl. Petrus Lombardus, Sent. I, d.34, c.3, n.2; Bd. I,2, S.253,12–15.*

29 *Vgl. Richardus de Sancto Victore, De trin. III, c.2; ed.* Ribaillier, *S.136,6f.:* Ubi autem totius bonitatis plenitudo est, vera et summa caritas deesse non potest. *(»Wo aber die Fülle der ganzen Güte ist, da kann die wahre und höchste Liebe nicht fehlen.«)*

30 *Vgl. Z.528: »Nach dem Maß der Allmächtigkeit«. Ohne die ergänzte Präposition wäre* almehtikeit *Objekt der Liebe. Doch nach dem Objekt wird erst im nächsten Satz des Schülers gefragt.*

31 *Vgl. Aristoteles, Eth. nic. IX, 10; 1171a; Augustinus, De trin. VII, c.12; PL Bd.42, S.959; Thomas de Aquino, Sth. II-II, q.26, a.4.*

32 *Vgl. Gregor I Papa, In Ev. I, c.17,1; Bd.76, S.1139:* Nemo enim proprie semet ipsum habere charitatem dicitur, sed dilectio in alterum tendit, ut charitas esse possit. *(»Von niemand wird gesagt, er habe im eigentlichen Sinne Liebe zu sich selbst; sondern Zuneigung richtet sich auf einen anderen, um Liebe sein zu können.«) Ebenso Richardus de Sancto Victore, De trin.*

<Unendliche Güte und sich verschenkende Liebe>

Der Schüler: Was sind die Worte, in denen die Kraft des Fundaments und des Anfangs liegt, den Fluss der göttlichen Personen zu schauen?

Der Meister: Das sind die Worte: Wo wesentlich das reine Sein ist, darin ist alles Sein. Wo alles Sein ist, da ist jedes Einzelne in seinem höchsten Sein. Wo jegliches im höchsten seines Seins ist, da ist Kraft in Allmacht, da ist Kunst in voller Weisheit, da ist Güte in Unermesslichkeit und Reichtum.

Der Schüler: Diese Worte will ich wohl bedenken. Sprich weiter!

Der Meister: Dann hör gut zu: Wo Güte in Unermesslichkeit ist, da ist volle Liebe.

Der Schüler: Ach, das ist mir gut bekannt! Wie könnte unermessliche Güte ohne freigiebige süße Liebe bestehen; denn Liebe in süßer Freigiebigkeit wird zu dem besten Gut gezählt, das ich kenne.

Der Meister: Wie groß soll die Liebe der unermesslichen Güte sein, was meinst du?

Der Schüler: Sie kann nicht kleiner sein als die Kraft und die Weisheit ist, das meine ich.

Der Meister: Darum ist die Kraft allmächtig und die Weisheit ungezählt und die Güte ohne Maß, so muss die Liebe süß sein und freigiebig in Allmacht ohne Zahl und ohne Maß.

Der Schüler: Wer das nicht sieht, der ist blind und ihm fehlen gute Sinne.

Der Meister: Nun beachte, was allmächtige Liebe in der Freigiebigkeit ihrer Güte wirken kann.

Der Schüler: Ich verstehe nichts anderes, als dass die Allmacht selbst liebt.

Der Meister: Du hast wahr gesprochen, denn allmächtige Liebe liebt in Allmacht. Aber ich frage dich: Wer ist der, den sie auf diese Weise liebt?

Der Schüler: Ich weiß nicht, was ich sagen soll, vielleicht liebt sie sich selbst.

Der Meister: Wie kann denn Liebe freigiebig sein und frei und süß heißen, die nur sich selbst liebt?

Der Schüler: Ohne Zweifel, ich kann die Liebe nicht süß und freigiebig nennen, die mit sich selbst geizig ist und sich niemandem gibt außer sich selbst.

M. Also *mag* die minne wiz nimant geheizzen, die sich nimant geit groszer, denne er wert ist der minne. /480/

D. Daz wil ich wol sprechen. Wer ihr mer mynnet, denn ez ist der *[32^{r}]* minne wert, der ist entweder betrogen oder vnweise. Ich mercke daz in meiner natur, daz mir leit were die minne, daz ich nymmer mer *minne*, denne ich wurd gemynnet.

M. Du hast reht. Ez ist der minne adel, daz sie minne vil nach werde der /485/ minne. Nu sich, daz die gotlich minne, wann si suzze ist in almehtikait vnd milte, do von muz sie sich selber einem andern geben, daz sie niht *gitig sige*. Si muͤz sich selber geben, daz sie niht werde gezigen geitikait. Si muz sich selber gentzlich vnd gar geben, daz sie si *[32^{v}]* milt in almehtikeit[33]. Si muz sich geben einem, der als gut ist, als sie ist, den sie pilleich minnet, daz *sie* nit *werde* /490/ gezigen vnweisheit[34].

D. Mir beginnet von den gnaden gotez daz lieht der warheit etwaz scheinen. Ich sihe wol, daz der adel der mynne daz in seiner natur hat, wo er ist, daz die minne wil haben freie miltikait. Wann ich sihe wol, daz alle gabe fleuͤzzet von minnen. Ich sich, daz minne in der gab gibt auch sich selber. Ich sich: Gab /495/ minne sich selber nit, so moht sie nicht gesein suzze *[33^{r}]* vnd milte. Do von wo die hoste minne ist, daz ist auch die grost gab der mynne. *Wo* die grost

487 mag] mag ich ***491*** minne$_2$ *fehlt* ***495*** gitig sige] ging sihe ***498*** sie *fehlt* werde] werden ***505*** Wo *fehlt*

III, c. 2; ed. Ribaillier, S. 136; auch Thomas de Argentina, In Sent. I, d. 2, q. 2, a. 1; ed. Genua 1585, fol. 29^{v}.

33 *Vgl. Augustinus, Contra Max. I, c. 7; CCSL Bd. LXXXVII, S. 545,38–41:* Prorsus ad hunc articulum res colligitur, ut deus pater aequalem sibi gignere filium non potuerit, aut noluerit. Si non potuit infirmus; si noluit, invidus invenitur. *(»Zu diesem Artikel kann man die Sache durchaus so zusammenfassen: dass Gott Vater einen ihm gleichen Sohn nicht erzeugen konnte oder nicht wollte. Wenn er es nicht konnte, war er schwach, wenn er es nicht wollte, war er geizig.«) Dieses Argument wird zitiert von Petrus Lombardus, Sent. I, d. 20, c. 3, n. 5; Bd. I,2, S. 173,24–26; vgl. Bonaventura, Breviloqu. p. 1, c. 2; ed. Qu., Bd. V, S. 211a:* Non autem sentiret altissime, si non crederet, quod Deus posset se summe communicare; non sentiret piissime, si crederet, quod posset et nollet; et ideo, ut altissime et piissime sentiat, dicit, Deum se summe communicare, aeternaliter habendo dilectum et condilectum, ac per hoc Deum unum et trinum. *(»Er würde aber nicht am höchsten <von Gott> denken, wenn er nicht glaubte, dass er sich aufs Höchste mitteilen könnte; er würde nicht höchst ehrfurchtsvoll denken, wenn er glaubte, dass er es könnte und nicht wollte; und darum, um sehr hoch und fromm zu denken, sagt er, dass Gott sich aufs Höchste mitteilt und so ewig einen Geliebten und einen Mitgeliebten hat und dadurch einfach und dreifaltig ist.«)*

34 *Vgl. Richardus de Sancto Victore, De trin. III, c. 2; ed. Ribaillier, S. 136,13–18:* Sed summam certe caritatem erga creatam personam habere non posset. Inordinata enim caritas esset, si summe diligeret qui summe diligendus non esset. Est autem impossibile in illa summe sapienti bonitatis caritatem inordinatam esse. *(»Aber es kann keine höchste Liebe zu einer geschaffenen Person geben. Es wäre nämlich ungeordnete Liebe, wenn sie aufs höchste jemand liebte, der nicht aufs höchste liebenswert ist. Aber in jener höchst weisen Güte kann unmöglich eine ungeordnete Liebe sein.«)*

Der Meister: Also kann niemand die Liebe weise nennen, wenn sie sich jemandem stärker schenkt, als er der Liebe wert ist.

Der Schüler: Das will ich wohl sagen. Wenn einer jemanden mehr liebt als dieser der Liebe wert ist, dann ist er entweder betrogen oder unklug. Ich kenne das in meiner eigenen Natur, dass es mir um die Liebe leid ist, wenn ich mehr liebe, als ich selbst geliebt werde.

Der Meister: Du hast recht. Es ist der Liebe Adel, dass sie ganz nach dem Wert der Liebe liebt. Nun sieh, weil die göttliche Liebe süß ist in Allmacht und Freigiebigkeit, darum muss sie sich selbst einem anderen geben, damit sie nicht geizig ist. Sie muss sich selber geben, dass sie nicht des Geizes beschuldigt wird. Sie muss sich selber ganz und gar geben, dass sie in Allmacht freigiebig ist. Sie muss sich jemandem geben, der so gut ist, wie sie selbst, den sie mit Recht liebt, dass sie nicht der Unklugheit geziehen wird.

Der Schüler: Mir beginnt von der Gnade Gottes das Licht der Wahrheit etwas zu scheinen. Ich sehe wohl, dass der Adel der Liebe es in seiner Natur hat, dass die Liebe, wo sie ist, freie Großzügigkeit haben will. Denn ich sehe sehr wohl, dass alle Gabe aus der Liebe fließt. Ich sehe, dass die Liebe sich auch selbst in der Gabe gibt. Ich sehe: Gäbe die Liebe sich nicht selbst, so könnte sie nicht süß und freigiebig sein. Darum, wo die höchste Liebe ist, da ist auch die größte Gabe der Liebe. Wo die größte Gabe der Liebe ist, da ist die Liebe,

gab der mynnen ist, do ist die minne, die sich selber gibt. Geb sie sich niht selber, so moht si nit suzze gesein vnd milte. Do von wo die host minn ist, do ist auch die groste gab, gantz vnd gar zu haben vnd zu wider mynnen, do wider minne /500/ der minne *ist*. Wo aber die almehtig mine gotez daz vindet, daz solt du mich noch paz beweisen.

<Die Suche eines gleichwertigen Geliebten>

M. Du host doch selber gesprochen, daz ez der minne natur vnd adel *[33v]* ist, daz si sich gebe in suszer miltikait. Den selben adel vnd natuͤr hot auch die gotlich minne; vnd so vil me denn die minne de*r* creatur, wann si wesenlich /505/ lauͤter minn ist. Do von die miltikeit, die du an creaturlicher minne sihest, daz si sich selber gibt gantz vnd gar, dez solt du nit zweiueln an gotlicher minne. Wann moht die gotlich mynn niht daz getuͤn, daz ir adel heizzet, so wer si nit almehtig. Kond sie ez nit getuͤn, so wer si alle weisheit nit. Wolt sie aber daz nit, daz *si* vermag vnd daz si kan in weisheit, daz ir *[34r]* adel heiszet, so wer sie /510/ volle guͤte nit. Do von wenn sie almehtig ist vnd alle weis ist vnd vollez gut ist, so mag si sich selber geben gantz vnd gar nach almehtikeit; si kan sich selber geben in weisheit; si wil sich selber geben in gantzer voller suszikait[35].

D. Ich han niht zweivels, die almehtikeit vnd weisheit vnd volle guͤtigev minne die vermuͤg alle ding, als vil als sein[36] an ir ist. Aber mich wuͤndert, wer /515/ der ist, der sulcher mynne enpfenglich sei. Wann alle creatur, engel vnd menschen seint der mynne *[34v]* niht wert noch ir almehtikeit vnd noch ir vnmezzigen guͤte. Wann alle creature, die hat maz vnd zal an ir wirde vnd an ir gute vnd auch an ir wider minne. Do von ist si der vnmezzigen minne gotez niht wert in der mazze der almehtikeit; wann die masze ist on alle mozze. /520/

509 ist] ist nit *513* der] de *518* sie *fehlt*

35 *Vgl. Hugo Ripelin de Argentina, Compendium theologicae veritatis I, c. 10; ed.* Borgnet, *Bd. XXXIV, S. 13:* Trinitas personarum non excludit ab essentia unitatem, simplicitatem, immensitatem, aeternitatem, incommutabilitatem. Huius ratio per hoc patet, quia crederet deum non posse se communicare, negaret in eo potentiam. Qui vero crederet hoc eum posse, sed nescire, negaret in eo sapientiam. Qui crederet hoc eum posse et scire, sed nolle, ille negaret in eo bonitatem. Cum igitur pater potuerit, sciverit et voluerit se summe communicare, hoc fecit aeternaliter, scilicet habendo dilectionem et dilectum, hoc est filium et spiritum sanctum. *(»Die Dreifaltigkeit der Personen schließt aus dem Wesen nicht die Einheit, Einfachheit, Unermesslichkeit, Ewigkeit, Unveränderlichkeit aus. Der Grund hierzu wird durch Folgendes offensichtlich: Wer glauben würde, Gott könne sich nicht mitteilen, würde seine Macht verneinen. Wer aber glauben würde, dass er dies könne, aber nicht wisse wie, würde in ihm die Weisheit verneinen. Wer glaubte, er könne und verstünde es, aber er wolle es nicht, der würde in ihm die Güte verneinen. Wenn sich der Vater also in höchster Weise mitteilen konnte, es verstand und wollte, dann hat er es ewiglich getan, er hatte nämlich die Liebe und den Geliebten, das heißt den Sohn und den Heiligen Geist.«)*

36 *Das Wort »Sein« in dieser Bedeutung kommt beim Meister des Lehrgesprächs nur an dieser Stelle vor; sonst immer* wesen. *Ob sich das* notandum *am Rand der Hs. hierauf bezieht?*

die sich selbst gibt. Gäbe sie sich nicht selbst, so könnte sie nicht süß und freigiebig sein. Darum, wo die höchste Liebe ist, da ist auch die größte Gabe, ganz und gar zu haben und wieder zu lieben, wo Gegenliebe der Liebe ist. Wo aber die allmächtige Liebe Gottes das findet, das sollst du mir noch besser erklären.

<Die Suche eines gleichwertigen Geliebten>

Der Meister: Du hast doch selbst gesagt, dass es der Liebe Natur und Adel ist, dass sie sich selbst in süßer Freigiebigkeit gibt. Denselben Adel und dieselbe Natur hat auch die göttliche Liebe; und so viel mehr als die Liebe der Geschöpfe; denn sie ist wesentlich reine Liebe. Darum, wenn du schon Freigiebigkeit bei geschöpflicher Liebe siehst, nämlich dass sie sich selbst ganz und gar gibt, sollst du an göttlicher Liebe keinen Zweifel haben. Denn könnte die göttliche Liebe das nicht tun, was ihr Adel heißt, so wäre sie nicht allmächtig. Verstünde sie nicht, es zu tun, so wäre sie nicht alle Weisheit. Wollte sie aber nicht tun, was sie vermag und worauf sie sich in ihrer Klugheit versteht, was ihr Adel heißt, dann wäre sie nicht volle Güte. Darum, wenn sie allmächtig ist und ganz weise ist und volle Güte ist, dann kann sie sich selber in Allmacht ganz und gar geben; sie kann sich selbst in Weisheit geben; sie will sich selbst in ganzer voller Süßigkeit geben.

Der Schüler: Ich zweifle nicht daran: Die Allmacht und Weisheit und volle gütige Liebe vermag alles, so viel wie Sein an ihr ist. Aber ich frage mich, wer es ist, der solche Liebe empfangen kann. Denn alle Kreatur, Engel und Menschen, sind der Liebe nicht wert noch ihrer Allmacht noch ihrer unmäßigen Güte. Denn alle Geschöpfe haben Maß und Zahl an ihrem Wert und an ihrer Güte und auch an ihrer Gegenliebe. Darum ist sie der unermesslichen Liebe Gottes nicht wert im Maß der Allmacht, denn dieses Maß ist ohne alles Maß.

M. Du hast daz gar weislich an gesehen, daz alle creatuͤre der minne niht enpfenclich ist, von der ich hon gesprochen. Do von sich anderswo, war sich die minne hin kere, so sie sten *mag* in almehtikait, in weisheit vnd auch in voller gute.

D. Ich *[35r]* waiz niht wol, wo ich suͤchen sol. Wann spriche ich, daz die /525/ minne sich selber minnen soll, wann on si vindet si keinen ir gleichen, so sprichest du zu hant: Die minne, die sich selber newͤr minnet in ir selber, die ist milte nit nach suͤsze; sie ist auch nit ein fluz der gabe, wann nymant gibt im selber in der weise der gabe.

M. Dise antwort die han ich doch versloszen. Wann minn sich selber geben /530/ muz nach dem adel irr suszikeit, do von muz sie einn andern minnen, daz si frevde geber vnd suszikeit, in dem daz si mynnet vnd auch *[35v]* billich wider wirt geminnet.

D. Ach mein vater, der den blinden heizzet suchen, do er nit hot geleit, der sevͤmet sich selber. Gee vor vnd suͤch du! Wolt got, so duͤ ez vindest, daz du /535/ suchest, daz ich ez dennoch kuͤnd behalten, so ez mir ze handen wirt.

M. So ganck mir nach vnd hilf mir suchen! Ez geschiht dikke, daz der nach gende vindet daz der vorgende uͤber siht. Ez ist auch troͤstlich auf der fart nach *rate* vnd durch gezeucknuͤsse willen.

D. Got geb dir den rehten wek zu weisene, der fuͤret zu dirre *[36r]* warheit. /540/ Wann wer ich allein, so wer ich gar verirret. Wann woͤ ich den vinden kunde, der der hochsten minne, die got erzuͤgen mage, sey wert vnd der nit sei, der do minnet, der, der do wirt geminnet: daz kan ich weder in creatuͤr nach in got vinden. Wanne minnet got sich selber, wor ist denn der minne fluz in suszer miltikait? Minnet er die creatur in suͤlcher mynne, wo ist denn sein weisheit? /545/

<Der Fund der Weisheit: das got got gebar>

M. Wir haben drey wege vor vnz. Råt, welchen wir begreiffen!

D. Welchez seit die?

M. Daz ist almehtikait, weisheit vnd guͤte *[36v]* dirr minn. Wann er almehtig ist, do von vermag ez got, daz er seine minne gibt als groz, als er wil. Wann er alle weisheit ist, do von kan er sein minne gegeben den ez billich ist. Wann er /550/ *alle gute ist,* do von wil er sein guͤte der minne teillen,[37] dem er si mag gegeben mit almehtiger craft vnd weislich kan gewenden nach rat. Vnd welchem disev drei wege werden, die sullen die worheit suchen.

531 mag *fehlt* 547 rate] ratez 560 alle gute ist] alle gute ist weisheit ist *(gestrichen)* er$_2$, *danach* geben *gestrichen*

---

37 *Hier liegt in der Hs. gestörter Text vor. Wie im Variantenapparat dokumentiert, sind einige Wörter gestrichen (in Schwarz, teilweise sogar ein zweites Mal in Rot).*

Der Meister: Du hast es ganz klug gesehen, dass alle Geschöpfe die Liebe nicht empfangen können, von der ich gesprochen habe. Darum suche anderswo, wohin sich die Liebe wenden soll, damit sie in Allmacht stehen kann, in Weisheit und auch in voller Güte.

Der Schüler: Ich weiß nicht recht, wo ich suchen soll. Denn sage ich, dass die Liebe sich selbst lieben soll, denn außer ihr findet sie keinen ihr Gleichen, dann sagst du sofort: Die Liebe, die sich nur selbst in ihr selbst liebt, die ist nicht freigiebig noch süß; sie ist auch nicht ein Fluss der Gabe; denn niemand gibt sich selbst etwas in der Weise der Gabe.

Der Meister: Diese Antwort habe ich dir doch verschlossen. Denn weil die Liebe sich selbst geben muss nach dem Adel ihrer Süßigkeit, darum muss sie einen anderen lieben, damit sie Freude erzeuge und Süßigkeit, indem sie liebt und auch mit Recht wiedergeliebt wird.

Der Schüler: Ach mein Vater, wer den Blinden suchen heißt, wo er keine Führung hat, der hält sich selbst auf. Geh voran und suche du! Will es Gott, dass du findest, was du suchst, dann könnte ich es dennoch behalten, wenn es mir auch zufallen wird.

Der Meister: So geh mir nach und hilf mir suchen! Es geschieht oft, dass der Nachgehende findet, was der Vorausgehende übersieht. Es ist auch tröstlich auf der Suche nach Rat und um der Zeugenschaft willen.

Der Schüler: Gott gebe es dir, den rechten Weg zu weisen, der zu dieser Wahrheit führt. Denn wäre ich allein, so würde ich mich ganz verirren. Denn wo ich den finden könnte, der der höchsten Liebe, die Gott erzeugen kann, wert ist – und dass derjenige, der selbst liebt, nicht zugleich derselbe ist, der wiedergeliebt wird[2] –, das kann ich weder im Geschöpf noch in Gott finden. Denn liebt Gott sich selbst, wo ist dann der Fluss der Liebe in süßer Freigiebigkeit? Liebt er das Geschöpf mit solcher Liebe, wo ist dann seine Weisheit?

<Der Fund der Weisheit: dass Gott Gott geboren hat>

Der Meister: Wir haben drei Wege vor uns. Gib einen Rat, welchen wir wählen sollen!

Der Schüler: Welches sind diese drei?

Der Meister: Das ist Allmacht, Weisheit und Güte dieser Liebe. Weil er allmächtig ist, darum vermag es Gott, seine Liebe in der Größe zu geben, wie er es will. Weil er alle Weisheit ist, darum kann er seine Liebe geben, denen es recht ist. Weil er alle Güte ist, darum will er die Güte seiner Liebe mitteilen, dem er sie geben kann mit allmächtiger Kraft und Weisheit. Gib einen Rat, <...> welchem diese drei Wege gelingen, die werden die Wahrheit suchen.

---

2 Das heißt, dass der Liebende nicht sich selbst liebt.

D. Als ich mich versten, so duncket mich, daz der weg der weisheit der sicherst ist. Wann allez, daz die kraft *[37^{r}]* vermag der almehtikait vnd die guͤte /555/ erdencket, daz wirt alz geordent in der weisheit.[38]

M. Naͦch ist waͦr, daz ein gut gefert gibt guͤten rat etwen dem, *der* halt vor gegangen ist. Do von nach deinem rate so keren wir vns zu der weisheit vnd lugen, wie die gotlich weisheit *den* adel irr minne werde gegeben nach suzzer miltikait vnd doch niht werde betrogen an dem, den si on alle mazze /560/ minnet.

D. Dar zu stet alle mein begirde zu hoͤrende.

M. Seit minne in ir selber nit moht bleiben, si muͤst sich selber einem andern geben *[37^{v}]*, vnd kein creatur dez wert waz, daz si mit vnmesziger minne wirt geminnet, do fant weisheit den funt[39], daz got got gebar, also daz /565/ got geperrer were der vater vnd der do wirt geporn sein ewiger svͤn, also daz der vater mit der vnmeszigen minne seiner almehtikait mynnte seinen einigen svn vnd wirt auch *von seim* svͤn wider vmb gemynnet mit gleicher vnmesziger minne.

D. Ach ewigez, hohes vnd tieffez sacrament der gotlichen heimlichkeit! /570/ Wie hot der adel gotlicher guͤte betrahtunge seiner weisheit, daz si hat so wunderlich ge*[38^{r}]*ordent die kraft der almehtikeit, daz in almehtiger craft got hat got geporn, also daz der adel gotlicher gute hat gewuͤnnen einen fluz vmb daz, daz der geperer mit almehtiger minne moht minnen sein gepurt vnd die gepurt mit gotlicher minne moht wider vmb iren vrsprung minnen! Ach ym/575/mer werende ewige weishait! Wie host du ez so wol geschikket vnd gezeuͤget, daz got got gepar! Wann hett got got niht gepornn, so must die adeleich vnmeszige minne gotez sein besloszen in ir selber, wann ir *[38^{v}]* kein creatur enpfenclich waz. Wo wer denne die freude vnd der lust, dez minne begert, als si von hertzen liep in gelicher maz wirt wider vmb geminnet? Wo wer denn die /580/ reine der gesellichen gemeinsamkeit, als minne von der natur ir suͤzzer miltikeit nuͤtz wil besitzzen?

M. Ich bin froͤ, daz du also schier funden hast, daz wir haben gesucht. Ich bedarf dir furbaz nymmer wort betewͤten. Du hast si wol verstanden, als *ich* merke an deinen worten.

/585/ D. Ich beswer dich bey der erbermde gotez, daz du niht gahest *[39^{r}]* von dirr tief vnd werlich *hoͦhen* warheit! Laz mich von yeclichem fragen etwaz vnd reden! Wann ich vergihe den gnaden gotes, daz ich in disen worten also geruret wird, dez mein sel vor niht hett enpfunden.

566 der] der die ***568*** den] dem ***576*** von seim] sein ***592*** ich *fehlt* ***595*** hoͦhen] hoͦhe

38 *Zur Zentrierung der göttlichen Vollkommenheiten in der Weisheit vgl. Augustinus, De trin. XV, c. 5; Bonaventura, Breviloqu. p. 1, c. 2; Bonaventura, Hexaem. col. II, n. 4 f.*

39 *Vgl. AFD II, c. 6; fol. 96ra, Z. 72:* davon hast du <*Gott*> funden den wisen fund, das gott mönsche wúrde.

Der Schüler: Wenn ich mich richtig verstehe, dann scheint mir, dass der Weg der Weisheit der sicherste ist; denn alles, was die Kraft der Allmacht vermag und die Güte erdenken kann, das wird in der Weisheit geordnet.

Der Meister: Es ist immer noch wahr, dass ein guter Gefährte manchmal dem guten Rat gibt, der vorausgegangen ist. Darum kehren wir uns nach deinem Rat zur Weisheit und schauen, wie die göttliche Weisheit dem Adel ihrer Liebe in süßer Freigiebigkeit geben wird und doch nicht betrogen wird von dem, den sie ohne jedes Maß liebt.

Der Schüler: Darauf richtet sich mein ganzes Sehnen, das zu hören.

Der Meister: Da die Liebe nicht in sich selbst bleiben konnte – sie musste sich selbst einem anderen geben – und da kein Geschöpf dessen wert war, dass es mit unermesslicher Liebe geliebt wird, da fand die Weisheit den Fund, dass Gott Gott gebar, und zwar so, dass Gott, der Gebärer, der Vater war und der da geboren wird, sein ewiger Sohn, sodass der Vater mit der unermesslichen Allmacht seiner Liebe seinen einzigen Sohn liebt und auch von seinem Sohn mit gleicher unermesslicher Liebe wiedergeliebt wird.

Der Schüler: Ach, ewiges, hohes und tiefes Geheimnis der göttlichen Verborgenheit! Wie gehört zum Adel der göttlichen Güte die Betrachtung der Weisheit, dass sie die Kraft der Allmacht so wundersam geordnet hat, dass in allmächtiger Kraft Gott Gott geboren hat, sodass der Adel göttlicher Güte einen Fluss dazu gewonnen hat, dass der Gebärer mit allmächtiger Liebe seine Geburt lieben konnte und die Geburt mit göttlicher Liebe wiederum ihren Ursprung lieben konnte! Ach, immerwährende ewige Weisheit! Wie hast du es so gut geschickt und erzeugt, dass Gott Gott gebar! Denn hätte Gott nicht Gott geboren, so müsste die adelige unermessliche Liebe Gottes in ihr selbst beschlossen bleiben; denn kein Geschöpf könnte sie empfangen. Wo wäre dann die Freude und die Lust, die die Liebe begehrt, wenn sie von der Herzensliebe in gleichem Maß wiedergeliebt wird? Wo wäre dann die Reinheit der geselligen Gemeinsamkeit, da die Liebe durch die Natur ihrer süßen Freigiebigkeit Nutzen haben will?

Der Meister: Ich bin froh, dass du so schnell gefunden hast, was wir gesucht haben. Ich muss dir weiterhin keine Worte mehr auslegen. Du hast sie gut verstanden, wie ich an deinen Worten merke.

Der Schüler: Ich beschwöre dich bei der Barmherzigkeit Gottes, dass du nicht von dieser Tiefe und von der wahrlich hohen Wahrheit forteilst! Lass mich von allem einzelnen noch etwas fragen und reden! Denn ich versichere der Gnade Gottes, dass ich in diesen Worten so angerührt werde, wie es meine Seele zuvor nie empfunden hat.

M. Nů frage! /590/

D. Waz meinest du, daz du sprichest: Got hat got geporn; weder sol ich mercken, daz got sich selber got hot geporn oder ein ander got hat *geporn*?[40]

M. So ich sprich: Got hat got geporn, so wil ich, daz du merckest, daz der geperer hot geporn ein gepurt in seiner natůr vnd nit in keiner *[39ᵛ]* andern natůr. Wann wer die gepurt nit der selben nature, als der vrsprůng ist, so wer /595/ sie der minn nit wert, von der wir haben gesprochen. Er moht auch gleich minn niht erzůgen wider vmb, hett er nit den selben adel der minne vnd der natůre. Vnd dor vmb solt du nit verstan, daz got sich selber gebere, so got got gepirt, noch daz got einen andern got gepere. Got gepirt got, daz nim also: Got der vater gepirt einen andern, daz ist der sůn, der got ist, als der vater got ist; /600/ vnd die beide *[40ʳ]* seint ein got, wann si seint ein natůre.

<Liebe und Gegenliebe von Vater und Sohn>

D. Beweise mich, wie der svn *den* vater wider vmb minne in geleicher weise!

M. Wenn der vater den sůn gepirt in seiner natůre, do von in der gepurt so gibt er im seinen willen, sein craft vnd alle sein gůt. Do von in der selben /605/ almehtikeit vnd mit der selben vollen gut nimet die minne einen widerker von dem kinde zu dem vater, wann ez die selbe minne ist vnd die gute, die der vater dem kinde hat gegeben mit dem adel der nature[41].

D. Ach, du uberfliezzender lebendiger *[40ᵛ]* průnne gotlichs adels! Waz wunneclichez tieffes grundez, waz freuden vnd wunne in dem suszen wage der /610/ minne leit, do die kraft der minne almehtig ist, do der wille der gabe vollmůge ist, do der geminnet der minne als wert ist, do der widerker der minne als reich ist vnd als danckber ist, do will vnd kraft vnd wesen als gar seint zwischen auz erwelter liebe vnd hertzeliebe!

M. Daz macht du dor an mercken, daz der lust der mynne uberfliezzende /615/ ist in vnmeszikait. Wann der lust wirt gemeszen *[41ʳ]* nach der minne. Seit nů creaturlich minne in manige hertzen bringet so grosze freude vnd wůnne, do die mynn keusche vnd lauter ist, vnd doch die mynne clein ist der vnmezzigen gotlichen minne: der lust gotes vnd die minne, die do uber

600 geporn] geport ***610*** den] der

---

40 *Vgl. Petrus Lombardus, Sent. I, d. 4, c. 1, n. 1; Bd. I,2, S. 77,24.*

41 *Vgl. Richardus de Sancto Victore, De trin. III, c. 7; ed.* RIBAILLIER, *S. 142:* Ubi autem uterque sit aeque diligendus, oportet ut uterque sit aeque perfectus. Oportet itaque utrumque esse aeque potentem, aeque sapientem, aeque bonum, aeque beatum. Sic summa plenitudo dilectionis in mutue dilectis exigit summam aequalitatem perfectionis. *(»Wo aber beide gleich liebenswert sind, sollte jeder von beiden gleich vollkommen sein. Darum sollte jeder gleich mächtig, gleich weise, gleich gut, gleich selig sein. So verlangt die höchste Fülle der Liebe in den gegenseitig Geliebten die höchste Gleichheit des Vollkommenseins.«) Vgl. Bonaventura, In Sent. I, d. 3, p. 2, q. 3, a. 1.2; ed. Qu. Bd. I, S. 93b.*

Der Meister: Dann frag!

Der Schüler: Was meinst du, wenn du sprichst: Gott hat Gott geboren? Soll ich verstehen, dass Gott sich selber als Gott geboren hat oder dass er einen anderen Gott geboren hat?

Der Meister: Wenn ich sage: Gott hat Gott geboren, so will ich, dass du begreifst, dass der Gebärer eine Geburt geboren hat in seiner Natur und nicht in einer anderen Natur. Denn wäre die Geburt nicht derselben Natur, wie der Ursprung es ist, so wäre sie der Liebe nicht wert, von der wir gesprochen haben. Er könnte auch gleiche Liebe nicht wiederum erzeugen, hätte er nicht denselben Adel der Liebe und der Natur. Und darum sollst du nicht verstehen, dass Gott sich selbst gebiert, wenn Gott Gott gebiert, noch dass Gott einen anderen Gott gebiert. Gott gebiert Gott, das verstehe so: Gott der Vater gebiert einen anderen, das ist der Sohn, der Gott ist, wie der Vater Gott ist; und die beiden sind ein Gott, denn sie sind eine Natur.

<Liebe und Gegenliebe von Vater und Sohn>

Der Schüler: Zeige mir, wie der Sohn den Vater in gleicher Weise wiederliebt!

Der Meister: Weil der Vater den Sohn in seiner Natur gebiert, darum gibt er ihm in der Geburt seinen Willen, seine Kraft und all seine Güte. Darum nimmt die Liebe in derselben Allmacht und mit derselben vollen Güte eine Wiederkehr von dem Kind zu dem Vater; denn es ist dieselbe Liebe und Güte, die der Vater dem Kind mit dem Adel der Natur gegeben hat.

Der Schüler: Ach, du überfließende lebendige Quelle göttlichen Adels! Welch wundersamer tiefer Grund, welche Freude und Wonne in der süßen Woge der Liebe liegt, wo die Kraft der Liebe allmächtig ist, wo der Wille der Gabe ganz mächtig ist, wo der Geliebte der Liebe so wert ist, wo die Wiederkehr der Liebe ebenso reich ist und ebenso voll Dank, wo Wille und Kraft und Sein so bereit sind zwischen der auserwählten Liebe und der Herzensliebe!

Der Meister: Das kannst du daran merken, dass die Lust der Liebe überfließt in Unermesslichkeit. Denn die Lust wird gemessen nach dem Maß der Liebe. Seit nun die geschöpfliche Liebe in manche Herzen so große Freude und Wonne bringt, wo die Liebe keusch und rein ist und wo doch die Liebe klein ist angesichts der unmäßigen göttlichen Liebe: Diese Lust Gottes und die Liebe,

fleůͤzzet von dem vater in daz kint vnd von dem kinde wider zu dem vater, dem vrsprunge der /620/ vrsprůͤng, ist so reich vnd so grosz, daz die himelischen lucern aller engel vnd aller heiligen werden erfullet in der selben mynne vnd werden entzunt in dem lust der minne. Daz ist [*41*^{v}] die ho̊ͤste selikeit, in die di creatur mag gesetzt werden, wen die himelisch creatur sicht den fluz vnd wider fluz, der do fleuzzet in vnmesziger reicher gut von lieb zu hertzelieb vnd die bedew seint der /625/ creatur aller liebstes lieb. Als vil denn *liebe* mag geminnen ir lieb, als *gros* ist der lust, freude vnd wunne, der do fleuzt vnd wider fleuzzet zwischen dem vater vnd dem kinde. Daz ist daz wazzer, daz Daniel sach mit fewͤr fliezzen von *dem* alten. *Ez ist* die guldein strazz der himelischen Jherusalem, die Io[*42*^{r}]hannes sach in der tawgen. Ez ist daz mer, daz Salomon zu einer figur maht in dem /630/ tempel.

D. Du erfrewest mich, als billich ist, mit sulchen suzzen worten. Du machest mich auch leidig vnd trůͤrig, dez muz *ich* dir veriehen; wann du erweckest einen iamer in mir, daz ich on vnterlaz hie von gern wolt horen vnd gedencken. /635/

M. Laz ab den iamer vnd frag furbaz von der person dez heiligen geistez. Der in dem ellend ist, der sol nit stylle sten, vnd *der* verre hot zu der eigenn herberge.

D. Ach, red noch ein wort, war [*42*^{v}] vmb du sprechest, daz vater vnd kind in der gothait yetweder den andern so hertzen liep hat! Dar nach wil ich dich /640/ niht me deinez lauffez irren.

M. Von allem dem liebe, daz dein hertze erdencken kan, der keinez heizzet als pillich herzze lieb als daz kint den vater vnd der vater dem kind. Wann der vater sol billich daz kint haben zu einem hertzenlieb, daz er hot geporn in seinem hertzen vnd allein von seinem hertzzen, wann er allain gegeben hat daz /645/ hertz seinem kinde. So sol daz kint billich den vater von hertzen liep haben: der daz vater hertzze hot [*43*^{r}] gantz vnd gar vnd in dem vater hertze wirt ewiclich geporn der vrsprung vnd der anvang inwonender gepurt, noch ewikheit sol er billich zu hertzze liep minnen vnd bekennen.

D. Ach wunder uber wunder vnd clars lieht in liehte! Ist ez, als du sprichst, /650/ daz der vater dem kinde hot gegeben gantz vnd gar vnd ez in dem grunde seinez hertzen hot geborn vnd ewiclich gepirt, wie ist denn so war vnd egenlich gesprochen, daz einer dez andern hertze liep ist!

634 liebe *fehlt* ***635*** gros] gros zu fleutzt ***637*** dem] den Ez ist] ist ez ***641*** ich] ich dich ***645*** der$_2$ *fehlt*

die da überfließt von dem Vater in das Kind und von dem Kind wieder zu dem Vater, dem Ursprung der Ursprünge, da ist sie so reich und so stark, dass die himmlischen Leuchten aller Engel und aller Heiligen erfüllt werden in derselben Liebe; und sie werden entzündet in der Lust der Liebe. Das ist die höchste Seligkeit, in die das Geschöpf gesetzt werden kann, wenn das himmlische Geschöpf den Fluss und den Rückfluss sieht, der da in unermesslich reicher Güte fließt von Liebe zu Herzensliebe, und wo die beiden der Geschöpfe allerliebste Liebe sind. So sehr denn Liebe ihre Liebe lieben kann, so groß ist die Lust, Freude und Wonne, die dort fließt und zurückfließt zwischen dem Vater und dem Kind. Das ist das Wasser, das Daniel mit Feuer von dem Alten fließen sah (Dn 7,9 f.). Es ist die goldene Straße des himmlischen Jerusalem, die Johannes in der Geheimen Offenbarung sah (Apc 21,21). Es ist das Meer, das Salomon zu einer Figur im Tempel gemacht hat (III Rg 7,23).

Der Schüler: Du machst mir Freude, wie es recht ist, mit solchen süßen Worten. Du bereitest mir auch Leid und Trauer, das muss ich dir gestehen, denn du erweckst einen Jammer in mir, dass ich ohne Unterlass hiervon gerne hören und es bedenken möchte.

Der Meister: Lass den Jammer sein und frage weiter von der Person des Heiligen Geistes. Wer in der Fremde unterwegs ist, soll nicht stillstehen, und wer es weit hat zur eigenen Herberge.

Der Schüler: Ach, rede noch ein Wort, warum du gesagt hast, dass Vater und Kind in der Gottheit jeder den anderen so herzenslieb hat! Danach will ich dich nicht mehr an deinem Lauf hindern.

Der Meister: Von aller Liebe, die dein Herz erdenken kann, von der heißt keine so berechtigt Herzensliebe wie die Liebe des Kindes zum Vater und des Vaters zum Kind. Denn der Vater soll mit Recht das Kind zu einer Herzensliebe haben, das er in seinem Herzen geboren hat und allein aus seinem Herzen; denn er allein hat seinem Kind das Herz gegeben. So soll das Kind mit Recht den Vater von Herzen liebhaben, der ganz und gar das Vaterherz hat, und in dem Vaterherzen wird der Ursprung ewig geboren und der Anfang der innewohnenden Geburt. Mit Recht soll er in Ewigkeit mit Herzensliebe lieben und erkennen.

Der Schüler: Ach, Wunder über Wunder und klares Licht im Licht! Ist es, wie du sagst, dass der Vater dem Kind ganz und gar gegeben hat und es in dem Grunde seines Herzens geboren hat und ewig gebiert, wie ist es dann so wahr und so zutreffend gesprochen, dass einer des anderen Herzensliebe ist!

<Abweisung der Frage nach der Zeugung des Sohnes>

Wie aber sei, daz der svn wirt geporn in dez uater hertze vnd daz im der vater sein hertze *[43v]* gibt, daz wer gut zu hoͤrende. /655/

M. Ditz hort in dise red niht. Ez gehort baz in daz vierd capitel, so man betevten sol, wie daz wort waz in got vnd daz got waz daz wort[42]. In disem capitel wil ich newr beweisen, wie zwen fluͤsze in der gothait seint vnd drei person. Nu hab ich dich beweiset, daz der adel der guͤte gotes sich selber muͤz geben in minnen. Do von muz einer sein, der den andern minnte. Ez muz auch /660/ wider minne sein. Wann minn die ist nit lusticlich noch frolich, do si minnet vnd nit wirt wider vmb geminnet.

D. *[44r]* Ditzt hab ich etwaz gemercket. Vnd do von wenn wir haben zwuͤ person, den vater vnd den svn, do einer sich dem andern gibt in gantzer minne, wie hot ez denn die gotlich weisheit gezeuget, daz der persone drei seint? Wann /665/ ich mercke noch anders niht, denn daz die gemeinsamkeit, als der adel gotlicher guͤte heizzet, si zwischen zwein ergangen.

<Zwei Gründe der Liebeslust: Lieben und Geliebtwerden>

M. Ez ist nit gnuͤg zwischen zwein, als du wenst. Wir muzzen furbaz in der weisheit suchen, vntz daz wir die person dez heiligen geistez finden.

D. Daz hor ich nit mynner gern denn daz vorder, *[44v]* wann er got auch /670/ ist niht minner denn der vater oder der svn, als vns der cristenlich gelaub weist.

M. Nu mercke, daz minn zeuhet[43] suszikait von zweien gruͤnden, daz ist auz dem hertzzen, daz do minnet, vnd auz dem hertzen, von dem ez wirt geminnt.

D. Dez enpfinde ich an mir selber wol. Wann mir ist als susze, wenn ich /675/ gedencke, daz mich mein freuͤnt liep hat, alz ich weiz, daz ich in liep han.

M. Seit daz daz von deiner minne kuͤmpt; wann hettest du in nit reht liep, so moht dich sein minne nit gefreweͤn.

D. Ez ist wol wunder, daz ein minn gepirt *[45r]* zwifeltigen lust: ein moͤl von ir selbs vnd zu dem andern moͤl von der minne eins andern herzzen. /680/

M. Daz ist der minne volle suszikeit, wenn sie fleuͤzt auz zwein hertzen.

D. Dez merck ich nit wol.

M. Nu sag: Mag sich suzze volle minne gentzlich vnd gar gegeben, sie geb denn den lust, den sie hot, von zwein gruͤnden?

---

42 *Die hier und oben (Z. 95 f.) angekündigte Disposition wird jedoch nicht eingehalten; vgl. Z. 1332–1343.*

43 *»zieht«. Hier die ungewöhnlich diphthongierte Form; anders oben die Verwechslung von* zöuget *und* ziehet *in Z. 7 u. Z. 89.*

<Abweisung der Frage nach der Zeugung des Sohnes>

Wie es aber sein mag, dass der Sohn in des Vaters Herzen geboren wird und dass ihm der Vater sein Herz gibt, das wäre gut zu hören.

Der Meister: Das gehört nicht in diese Besprechung. Es gehört besser in das vierte Kapitel, wenn man ausdeuten wird, wie das Wort in Gott war und dass Gott das Wort war. In diesem Kapitel will ich nur aufzeigen, wie zwei Flüsse in der Gottheit sind und drei Personen. Nun habe ich dir erklärt, dass der Adel der Güte Gottes sich selbst in Liebe geben muss. Darum muss einer sein, der den anderen liebt. Es muss auch Gegenliebe sein. Denn Liebe ist nicht lustvoll noch fröhlich, wo sie liebt und nicht wiedergeliebt wird.

Der Schüler: Das habe ich selbst gemerkt. Und darum, wenn wir zwei Personen haben, den Vater und den Sohn, wo einer sich dem anderen in ganzer Liebe gibt, wie hat es denn dann die göttliche Weisheit erzeugt, dass es drei Personen sind? Denn ich verstehe noch nichts anderes, als dass die Gemeinsamkeit, wie der Adel göttlicher Güte heißt, sich zwischen zweien ereignet hat.

<Zwei Gründe der Liebeslust: Lieben und Geliebtwerden>

Der Meister: Es ist nicht genug zwischen zweien, wie du glaubst. Wir müssen weiter in der Weisheit suchen, bis wir die Person des Heiligen Geistes finden.

Der Schüler: Das höre ich nicht weniger gern als das Vorherige; denn er ist auch Gott, nicht weniger als der Vater oder der Sohn, wie uns der christliche Glaube zeigt.

Der Meister: Nun beachte, dass die Liebe Süßigkeit aus zwei Gründen zieht, nämlich aus dem Herzen, das liebt, und aus dem Herzen, von dem es geliebt wird.

Der Schüler: Das empfinde ich auch an mir selbst. Denn es ist mir ebenso angenehm, wenn ich daran denke, dass mich mein Freund liebhat, wie wenn ich weiß, dass ich ihn liebhabe.

Der Meister: Weil das von deiner Liebe kommt; denn hättest du ihn nicht wirklich lieb, so könnte dich seine Liebe nicht freuen.

Der Schüler: Es ist wohl seltsam, dass eine Liebe eine doppelte Lust gebiert: einmal aus ihr selbst und zum anderen aus der Liebe eines anderen Herzens.

Der Meister: Das ist die volle Süßigkeit der Liebe, wenn sie aus zwei Herzen fließt.

Der Schüler: Das verstehe ich nicht richtig.

Der Meister: Nun sag: Kann sich süße volle Liebe ganz und gar geben, wenn sie die Lust, die sie empfindet, nicht aus zwei Gründen hat?

D. Du meinest, si geb denn den lust, den si in hertzen minnet, vnd auch /685/ den lust, den sie von dem wider minnenden herzzen schophet?[44]

M. Ja, also mein ich.

D. So sprich ich, daz si sich gar nit mag gegeben, wann sie geb sich denn *[45v]* nach zweiualtigem gelust.

<Vollkommene Liebe zwischen drei Personen>

M. In disen worten maht du sehen, wie driualtikait mag sein in der /690/ gothait. Wann ez muͤgen niht minnere denn drei gesein, in den sich volkumen susz minn muge gepern[45].

D. Ditz must du mir paz bedevten.

M. Du hast gemercket, daz der vater *mit* voller minne gibt sein hertzze seinem eigen einigen kinde vnd daz kint gibt wider vmb alle sein minne dem /695/ vater. Also hat der vater zwiueltigen lust in seiner minne: Er hat lust, daz er minnet sein kint, vnd hot lust, daz er wirt geminnet von seinem kinde. *[46r]* Also hot daz kint auch zwiveltigen lust: von seiner minne vnd daz in sein geminnter vater wider minnet. Nu mag der vater den vollen lust niht behaben. Er muz in geben, an seiner mynne wer geitig. Er mag in auch dem kinde nit /700/ geben; wann er hett dem kinde vor gegeben sein hertz mit aller seiner minne. Do von muz er sein, der die minne muͤge enpfahen von dem vater vnd von dem kinde.

D. Ist sein nit gnuͤg, daz *der* svn enphehet von dem vater vnd der vater von dem svn? /705/

M. Nein. Wann der vater nach der gepurt *[46v]* seines kindez hot zwen gruͤnd seiner minne. Also hot auch der suͤn nach seiner gepurt. Do von so muz noch ein person sein, dem der vater vnd der sun gemeinsamen den vollen lust ir beider minne. Do von so beweiset die ewige weisheit, daz der vater vnd der suͤn haben den adel der gotlichen nature gegeben dem heiligen geist, dar vmb /710/ daz er wert sei vnd enpfenclich sei der vollen suzzen minne, die der vater

703 mit] nit *713* der *fehlt*

44 *Vgl. Richardus de Sancto Victore, De trin. III, c. 11; ed. Ribaillier, S. 146:* Praecipuum vero videtur in vera caritate alterum velle diligi ut se; in mutuo siquidem amore multumque fervente nihil rarius, nihil clarius quam ut ab eo quem summe diligis et a quo summe diligeris, alium aeque diligi velis. *(»Aber in wahrer Liebe scheint es das besonders Vorzügliche zu sein, zu wollen, dass der Andere geliebt wird wie man selbst. Weil ja in gegenseitiger, heiß brennender Liebe nichts außergewöhnlicher, nichts glänzender ist als dein Wunsch, ein anderer möge ebenso geliebt werden von dem, den du aufs Höchste liebst und von dem du aufs Höchste geliebt wirst.«)*

45 *Vgl. Richardus de Sancto Victore, De trin. III, c. 14; ed. Ribaillier, S. 150:* Communio itaque amoris non potest esse omnino minus quam in tribus personis. *(»Also kann Gemeinsamkeit der Liebe keineswegs in weniger als drei Personen sein.«)*

Der Schüler: Du meinst: nur wenn sie die Lust, die sie in ihrem Herzen liebt, gibt und dazu die Lust, die sie aus dem wiederliebenden Herzen schöpft?

Der Meister: Ja, so meine ich es.

Der Schüler: So sage ich, dass sie sich gar nicht geben kann, wenn sie sich nicht nach doppelter Lust gibt.

<Vollkommene Liebe zwischen drei Personen>

Der Meister: In diesen Worten kannst du sehen, wie die Dreifaltigkeit in der Gottheit sein kann. Denn es können nicht weniger als drei sein, in denen sich vollkommene süße Liebe gebären kann.

Der Schüler: Das musst du mir besser ausdeuten.

Der Meister: Du hast verstanden, dass der Vater mit voller Liebe sein Herz dem eigenen ewigen Kind gibt und dass das Kind alle seine Liebe dem Vater zurückgibt. So hat der Vater doppelte Lust in seiner Liebe. Er hat Lust, dass er sein Kind liebt, und er hat Lust, dass er von seinem Kind geliebt wird. So hat das Kind auch doppelte Lust: von seiner Liebe, und dass ihn sein geliebter Vater wiederliebt. Nun kann der Vater die volle Lust nicht behalten. Er muss sie geben, sonst wäre seine Liebe geizig. Er kann sie auch dem Kind nicht geben; denn er hat dem Kind zuvor sein Herz mit all seiner Liebe gegeben. Darum muss es einen geben, der die Liebe von dem Vater und von dem Kind empfangen kann.

Der Schüler: Ist es nicht genug, dass der Sohn von dem Vater empfängt und der Vater von dem Sohn?

Der Meister: Nein, denn der Vater hat nach der Geburt seines Kindes zwei Gründe seiner Liebe. Ebenso hat auch der Sohn nach seiner Geburt zwei Gründe. Davon muss es noch eine Person geben, der der Vater und der Sohn die volle Lust ihrer beider Liebe mitteilen. Darum beweist die ewige Weisheit, dass der Vater und der Sohn den Adel der göttlichen Natur dem Heiligen Geist gegeben haben, darum weil er es wert ist und die volle süße Liebe empfangen

hat von im selber vnd von dem kinde vnd auch daz kint hot von dem vater vnd von im selber. *[47r]*

D. Moht ez gesein, so hett ich gern ein gleichnusse in creaturlicher minne von disem uberfluz der minne. /715/

M. Sich: Hetest du einen getrewen lieben freund[46], den du minnest nach keuscher minne als dich selber, hett dich der wider liep als sich selber, daz geb deinem hertzen ein grozze minne. Wer nu yemant anders, der dir von einem lieben freund hulfe reden vnd der bezeuͤgte vnd beweiste deinez freundez lop vnd ere vnd trewe, der geb auch deinem hertzen lust, als ich wene. /720/

D. Daz muz ich *[47v]* iehen; wann ich han sein enpfunden. Mir ist etwen als wol gewesen mit einem, der mir tugend vnd ere von meinem frevnde seit, als die weil die er mir von meinem freuͤnde *seite.*

M. Ob dich der dritt nu als liep hat, als du host deinen freunt, vnd dir deines freundes als wol gunde vnd in auch mynnte als sich selber, wer dir daz /725/ nit liep?

D. Ich enweiz, waz ich sprechen sol; wann ich sihe, daz dise minne hat die art, daz der mensch seinez liebez nimant gan denn im alleine.

M. Do von *[48r]* hon ich gesprochen »keusche minne«[47]. Wa keusch minn ist, *dar* minnet der mensche sein liep als sich selber. Wer also minnet als sich /730/ selber, der vergan seinem liebe getrewes liebes nit, als wenig als im selber; ich wene, daz nimant im selber vergunne getrewer guter freund.

D. Ez ist, als du gesprochen host. Ich mercke wol, daz die minne keusch minn nit ist, die gereht minn gein irem liebe niht mag geleiden. Ich pin betwungen, daz ich muz veriehen, daz keusch mynn sich frewet ires liebez; /735/ anders *[48v]* keusche minne mynnte niht ir lieb als sich selber.

M. Do von voll minn on lust vnd on freude, die keusch, die hat drei bruͤnnen ires lustes: Einer ist in irm eigen hertzen; der ander ist in irm *lieb*; der dritt ist in irm liebe ires liebs. Do von die in ewiger selikait seint, die haben von

732 seite *fehlt* *739* dar] daz *747* lieb] leib

---

46 *Vgl. Richardus de Sancto Victore, De trin. III, c. 11; bes. Heinrich von Gent, Quodl. X, q. 12; siehe auch* E*GENTER*, *Gottesfreundschaft, S. 117–121.*

47 *Vgl. GDT Z. 686–693:* Wa die minne allain stât an kúnsche minne, da ist die wurczel der minne in dem herczen, das da minnet vnd nit in den dingen, die es minnet. Vnd da uon nach der minne so minnet das hercze sich selber aller maist. <...> Was ist kúnsch minne? – Wenne das hercze etwas minnet vmb daz, won es minneklich ist an im selber vnd anders vmb kain sach. *(»Wo die Liebe allein ohne keusche Liebe besteht, da liegt die Wurzel der Liebe im Herzen, das liebt, und nicht in den Dingen, die es liebt. Und darum liebt das Herz in dieser Weise der Liebe sich selbst am allermeisten. <...> Was ist keusche Liebe? <...> Wenn das Herz etwas deswegen liebt, weswegen es an sich selbst liebenswert ist und aus keinem anderen Grund.«) Vgl. Augustinus, Enarr. in Ps 72; CCSL Bd. XXXVIIII, S. 1000,3–7:* libidines meae mutatae sunt, et castus totus factus sum; *siehe* S*TEER*, *Scholastische Gnadenlehre in mittelhochdeutscher Sprache, S. 175f.*

kann, die der Vater aus sich selbst und von dem Kind hat und die auch das Kind hat von dem Vater und aus sich selbst.

Der Schüler: Könnte es sein, so hätte ich gern ein Beispiel geschöpflicher Liebe von diesem Überfluss der Liebe.

Der Meister: Schau: Hättest du einen treuen lieben Freund, den du in keuscher Liebe liebst wie dich selbst, hätte dich dieser wiederum lieb wie sich selbst, das gäbe deinem Herzen große Liebe. Wäre nun jemand anders, der dir von einem lieben Freund zu reden hülfe und der die Liebe deines Freundes und seine Ehre und Treue bezeugte und aufzeigte, der gäbe deinem Herzen auch Lust, wie ich glaube.

Der Schüler: Das muss ich zugeben; denn ich habe es schon empfunden. Mir ist manchmal so wohl gewesen mit jemand, der mir die Tugend und Ehre meines Freundes pries, während er mir von meinem Freund sprach.

Der Meister: Wenn dich der dritte nun ebenso lieb hat, wie du deinen Freund lieb hast, und er dir deinen Freund ebenso gönnte und ihn auch so liebte wie sich selbst, wäre dir das nicht lieb?

Der Schüler: Ich weiß nicht, was ich sagen soll; denn ich sehe, dass diese Liebe die Art hat, dass der Mensch seinen Liebsten sich allein gönnt.

Der Meister: Darum habe ich gesagt »keusche Liebe«. Wo keusche Liebe ist, da liebt der Mensch seinen Liebsten wie sich selbst. Wer also liebt wie sich selbst, der missgönnt seinem Liebsten die treue Liebe nicht, so wenig wie sich selbst. Ich glaube, dass niemand sich selbst treue gute Freunde missgönnt.

Der Schüler: Es ist wie du gesagt hast. Ich merke, dass die Liebe nicht keusche Liebe ist, wenn sie gerechte Liebe zu ihrem Liebsten nicht dulden mag. Ich bin bezwungen, dass ich zugeben muss, dass keusche Liebe sich ihres Liebsten freut, anders würde die keusche Liebe ihren Liebsten nicht lieben wie sich selbst.

Der Meister: Darum hat volle Liebe ohne Lust und ohne Freude, die keusch ist, drei Quellen ihrer Lust: eine ist in ihrem eigenen Herzen, die andere ist in ihrem Liebsten; die dritte ist im Liebsten ihres Liebsten. Darum, die in der ewigen Seligkeit sind, die haben von Gott Freude als von ihrem Herzens-

got *freude* als von irem hertzen liebe; sie haben auch freude von iren freůͤnden /740/ ires hertzen liebez. Ez ist voll freud nit, wo mynn ir lieb allain mynnt vnd besitzt. Vnd do von in der gothait so hot die suzz voll mynne drei prunnen ires *[49r]* lůͤstes, die in ein ander ewiclich fliezzen vnd widerfliezzent: Der uater minnet daz kint als sein hertze liep vnd minnet den geist als daz liep seins lieps. Der svn minnet den vater gleich als sein hertzeliep vnd den geist als daz liep /745/ seins liebez. Der uater minnet den geist als sein hertze liep vnd den svn als daz liep seins liebs. Also tůͤt aůͤch der svn, der minnet den geist als sein herzze liep vnd den vater als daz liep seins hertzzen liebes.

D. Ach ewiger got! Wie ist die minne do so sůͤzz, do die minne den vindet, den si billich minnen *[49v]* sol als ir hertzze liep, vnd dor zu vindet den si pillich /750/ minnen sol als ein hertzeliep ires hertzen lieben. Ach werde minn vnd keůͤsch minne! Du wilt *fliezzen* zu herzze lieben vnd wilt uber *fliezzen* zu hertze liebe deins liebs. Du wilt wider fliezzen zu dem ersten vrsprůͤng, daz ist dein hertzze liep, vnd wilt aber vnd aber fliezzen zu hertzze liebe: lieb in ewikeit on ende. Ach, wie gach vnd wie starck vnd wie groz der fluz ist, da der minner almehtig /755/ ist, do der geminnte ewige weisheit ist, do liebst liep vnmeszige gute ist! Ach, *[50r]* wie reich der fluz der minne ist, do der fluz vnd wider flůͤz fleůͤzzet in almehtikait, do *dreier* wille ist vereint in weisheit, do dreier amplick ist geziret in uberleuchtender clarheit. Ach wie reich, ach wie selik die creatur ist, der dirr flůͤz wirt gegeben zu weisende: noch seliger ist der, der in schawen schol. Ach, /760/ ewiger got! Waz wunne vnd waz frawden ist dem betaget, dem ditz lebenden wazzers, daz do fleuzzet von den drien abgrunden, <…>[48] vnd sein trincken sol vnd in seiner lauterkait versuchen. Ditz, wen ich, seint die *[50v]* wein keler, do der minner einfůͤret sein liep, so er si trůͤncken machen will. Daz mak sein daz cristallen wazzer, daz do fleuzzet von dem stulle gotez vnd von dem /765/ lemlein gotez.

M. Dir beginnet die geschrift ein leuhten, als mich důͤncket.

D. Hett ich ein laůͤter hertze, dez ich leider niht enhan, so wer wol můͤgelich, daz mich dise mynneclich lere mehte baz gesehende, denn ich vntz her han getan. Wann sulche lere moͤht einem blinden licht geben, den anders sein /770/ gepresten niht irrten.

M. Daz sullen wir got enphelhen. Hast du iht me *[51r]* zu fragen, daz tůͤ, daz wir disem capitel machen ein ende!

D. Ach, ende, ander ende! Wie wer mir noch so lůͤsticlich hie von zu fragen vnd zu hoͤren, wolt ez dich niht verdriezzen! /775/

M. Seint daz ich mich der antwort hoͤn an genůͤmen, so frage!

749 freude *fehlt* ***761*** fliezzen$_1$] fliezze fliezzen$_2$] fliezze ***767*** dreier] einer dreier

48 *Textlücke.*

liebsten, sie haben auch Freude von den Freunden ihres Herzensliebsten. Es ist nicht volle Freude, wo die Liebe allein ihren Liebsten liebt und besitzt. Und darum hat in der Gottheit die süße volle Liebe drei Quellen ihrer Lust, die ewig ineinanderfließen und zurückfließen. Der Vater liebt das Kind als sein Herzenslieb und liebt den Geist als die Liebe seines Liebsten. Der Sohn liebt den Vater ebenso als sein Herzenslieb und den Geist als den Liebsten seiner Liebe. Der Vater liebt den Geist als seine Herzensliebe und den Sohn als den Liebsten seiner Liebe. Ebenso tut es auch der Sohn, der liebt den Geist als seine Herzensliebe und den Vater als den Liebsten seiner Herzensliebe.

Der Schüler: Ach, ewiger Gott! Wie ist die Liebe da so süß, wo die Liebe den findet, den sie mit Recht lieben wird als ihre Herzensliebe, und wo sie dazu noch den findet, den sie mit Recht lieben wird als die Herzensliebe ihrer Herzensliebe. Ach, würdige Liebe und keusche Liebe! Du willst fließen zur Herzensliebe und willst überfließen zur Herzensliebe deines Liebsten. Du willst zurückfließen zu dem ersten Ursprung, das ist deine Herzensliebe, und willst wieder und wieder fließen zur Herzensliebe: Liebe in Ewigkeit ohne Ende. Ach, wie schnell und wie stark und wie groß ist der Fluss, wo der Liebende allmächtig ist, wo der Geliebte ewige Weisheit ist, wo liebste Liebe unermessliche Güte ist! Ach, wie reich ist der Fluss der Liebe, wo der Fluss und der Rückfluss in Allmacht fließen, wo der Wille der drei vereint ist in Weisheit, wo der Anblick der drei geziert ist in überleuchtender Klarheit. Ach, wie reich, ach, wie selig ist das Geschöpf, dem dieser Fluss zu zeigen gegeben ist, noch seliger ist der, der ihn schauen wird. Ach, ewiger Gott! Welche Wonne und welche Freude ist in dem aufgegangen, dem dieses lebende Wasser, das von den drei Abgründen fließt (Gn 26,19–22), <...>[3] und davon trinken und es in seiner Lauterkeit kosten wird. Das sind, glaube ich, die Weinkeller, in die der Liebende seine Geliebte einführt, wenn er sie trunken machen will (Ct 2,4). Das kann das kristallene Wasser sein, das von dem Stuhl Gottes fließt und von dem Lamm Gottes (Apc 22,1).

Der Meister: Dir beginnt die Schrift einzuleuchten, wie mir scheint.

Der Schüler: Hätte ich ein reines Herz, das ich leider nicht habe, so wäre es wohl möglich, dass mich diese liebenswerte Lehre besser sehen machte, als ich bisher sehen konnte. Denn solche Lehre könnte einem Blinden Licht geben, sodass ihn seine Mängel nicht mehr hindern.

Der Meister: Das sollen wir Gott überlassen. Hast du noch etwas Weiteres zu fragen, dann tu es, damit wir dieses Kapitel zu Ende bringen!

Der Schüler: Ach, Ende, nochmals Ende! Wie wäre es mir noch so lustvoll, hiervon zu fragen und zu hören, sollte es dich nicht verdrießen!

Der Meister: Da ich mich der Aufgabe angenommen habe, zu antworten, so frage!

---

3 Unvollständiger Satz wegen einer Textlücke in der Handschrift.

<Dreizahl oder unendliche Vielzahl in Gott>

D. Waz meinet, daz der gotlich person niht mer denn drei seint?

M. Waz pringet dich zu dirr frage?

D. Do duncket mich, nach dirr creaturlichen minne, so der fluz ye weiter were in vil personen, so die minne ye suzzer were. /780/

M. Ez ist anders in der minne der creature wann in der gotlichen *[51v]* minne daz, do von wir han gesprochen. Wann so die creatuͤr minnet ein ander creatuͤr, so mag die minne als groz niht gesein, die creatuͤr muge die minne noch groszer erzeuͤgen vnd noch weiter, noch billicher vnd noch *rehter*. Wann als groz ich lieb hon meinen freunt, als groz mag ich geminnen den andern vnd /785/ den dritten vnd den vierden vnd furbaz an alle zal. Wen aber got minnet nach seiner almehtikeit, so ist die mynne also groz, daz sie grosser nit erzeugen mag. So muz der *[52r]* minne fluͤz gesten vnd erwinden.

D. In disen worten vind ich wuͤnder; die solt du mir baz betuͤten, wiltu, daz ich ez wol verstan. /790/

M. Waz seint dise wuͤnder?

D. Daz du erst sprichest, daz got ein mynne erzeug*e*, die niht groszer gewesen mak; vnd die creatur alle weg groszer mynne erzeugen, denn die ist, mit der sie minnet; nach der weise dunckt mich die creatur mehtiger denn got. Dar nach meinest du: Wann got nit grosser minne erzeugen mag, denn die /795/ minne ist, in der er minnet *[52v]* seinen svͤn vnd den geist seiner gute, do von so muͤz der minnen *fluz* gestan, daz er furbaz nit me fleuͤtzet in kein gotlich persone. Daz duncket mich auch wuͤnder. Wann ich wande, so die minne ye groszer were, so *vil* sie sich wider in vil persone moht geteilen.

M. Dich sol niht duncken, daz ez kuͤm von kraft der creatur, daz sie ye me /800/ vnd me, ye grosser vnd ye grozzer minne mag erzeugen. Wann du sihest wol, daz er verre stercker *ist*, der alle stein mag zu*[53r]*samen getragen, *denn* der einen nach dem andern mag sunderlich getragen. Vnd do von wann die creatur ir kraft niht besamet hot dez, daz sie vermag besvnder, do von so mag sie nit ein minne erzugen, die als grosz ist, als alle die minne ist, die sie vermag besun/805/der. Wann aber die craft gotez besamet ist, do von mag sie me erzeugen, die als grosz ist, als alle die minne ist, die sie mag besvnder – vnd kumet von almehtikeit. *[53v]*

D. Ich han daz gemerket, daz die kraft gotes, wann sie vermag besamet, waz sie uermag, daz daz ku*m*t von kraft der almehtekeit, vnd wann die creatur /810/ besunder mag, daz sie besamet nit vermag, daz daz kumpt von trakeit. Wann wer hundert pfunt gewegens[49] zu sammen mag getragen, der ist kreftig

793 rehter] rehte ***806*** fluz *fehlt* ***808*** vil] viel ***811*** denn] Vnd do vō wann die creatur ir kraft niht besamet hat daz

49 »*Gewogenes*« *von* gewegen *stv.* »Gewicht haben« (LEXER).

<Dreizahl oder unendliche Vielzahl in Gott>

Der Schüler: Was bedeutet es, dass die göttlichen Personen nicht mehr sind als drei?

Der Meister: Was bringt dich zu dieser Frage?

Der Schüler: Es scheint mir, entsprechend der geschöpflichen Liebe, wenn der Fluss so weiterginge in viele Personen, so könnte die Liebe umso süßer sein.

Der Meister: Das ist anders in der Liebe des Geschöpfes als in der göttlichen Liebe, wovon wir gesprochen haben. Denn wenn das Geschöpf ein anderes Geschöpf liebt, so kann die Liebe nicht so groß sein, dass das Geschöpf nicht noch größere Liebe erzeugen könnte und noch weiter, noch gerechter und noch richtiger. Denn so sehr ich meinen lieben Freund liebhabe, so sehr kann ich den anderen lieben und den dritten und den vierten und so weiter ohne Zahl. Wenn aber Gott in seiner Allmacht liebt, so ist die Liebe so groß, dass sie nicht größer werden kann. So muss der Fluss der Liebe stehen bleiben und enden.

Der Schüler: In diesen Worten finde ich Ungereimtheiten; die sollst du mir besser erklären, wenn du willst, dass ich es gut verstehe.

Der Meister: Was sind diese Ungereimtheiten?

Der Schüler: Dass du erst sagst, dass Gott eine Liebe erzeuge, die nicht größer sein kann, und dass das Geschöpf immerzu größere Liebe erzeugt, als die ist, mit der es liebt. In dieser Weise scheint mir das Geschöpf mächtiger zu sein als Gott. Denn du meinst wohl: Wenn Gott nicht größere Liebe erzeugen kann, als die Liebe ist, mit der er seinen Sohn und den Geist seiner Güte liebt, darum muss der Fluss der Liebe stehen bleiben, sodass er nicht mehr weiter in eine andere göttliche Person fließt. Das scheint mir auch seltsam. Denn ich dachte: Je größer die Liebe wäre, so würde sie sich auch weiter in viele Personen teilen können.

Der Meister: Es soll dich nicht dünken, dass es von der Kraft des Geschöpfes kommt, dass es jeweils mehr und mehr und immer größere Liebe erzeugen kann, als die Liebe ist, mit der sie liebt. Denn du siehst wohl, dass der weit stärker ist, der alle Steine zusammen tragen kann als der, der nur einen nach dem anderen getrennt tragen kann. Und darum, weil das Geschöpf seine Kraft nicht beisammen hat für das, was es nur getrennt leisten kann, darum kann es nicht eine Liebe erzeugen, die so groß ist, wie all die Liebe ist, die es getrennt erbringen kann. Da aber die Kraft Gottes zusammen ist, darum kann sie mehr Liebe erzeugen, die so groß ist, wie alle Liebe ist, die sie getrennt vermag, und das kommt aus der Allmacht.

Der Schüler: Ich habe verstanden, dass die Kraft Gottes, wenn sie zusammen vermag, was sie kann, dass das aus der Kraft der Allmacht kommt, und da das Geschöpf nur getrennt vermag, was es zusammen nicht kann, das kommt von seiner Schwerfälligkeit. Denn wer hundert Pfund Gewicht zusammen tra-

gegen dem, der newer eins mag getragen nach dem andern. Antwort furbaz zu dem andern wunnder!

M. Din wunder ist betrogen an der gotlichen minne; daz dunket, alz vil sie /815/ groszer ist, als vil soltu dich wider fleiszen. Sag: Waz solt einem vater me kinde denn eins, *[54^{r}]* wenn er dem einen wolt geben vnd het gegeben zu samen alles daz, daz der vater het vnd moht geleisten, vnd so daz kint den vater wider vmbe minnet mit so grozzer kintlicher trew, daz daz kint verweise alle die kint, die alle zal moht begriffen. Da uon so merke: Wen der vater mit siner grosten /820/ minne minnete daz kint, daz er kein grosszer erzugen moht, vnd wider vmb der sun minnete den vater in als groszer minne, daz kein groszer gewesen mag, da von so mus der fluz sten nach veterlicher minne in dem kinde, alz daz die minne nit me denn eins kindes *[54^{v}]* begert noch daz kint mag begern me denne eins veterlichen vrsprunges[50]. /825/

D. Dise entwort het min wunder gar gestillet, denne daz mir der vzflusz dez heiligen geistes nut irret die minne dez kindes – *also* dunket mich, hete der uater zwen sun oder drie geborn, daz er si all mit gesammenter minne geminnen, also daz keinem da von abging an veterlicher minne.

M. Du vellest von einem wunder in daz ander, vnd der must wiser sin, /830/ dann ich bin, der alle wunder on wunder moht entsliessen. Du solt merken: Wenn minne dez va*[55^{r}]*ters zu dem kinde alz groz ist, alz si der vater erzugen mag, da von hat sie nuͤer einen fluz zu einem kinde. Nach der wise mag sie nit furbaz geflieszen, wann in dem veterlichen grunde blibt kein veterlich minne, die ein kint vnd ein geburt nit hat enpfangen. Aber in dem selben grunde blibet /835/ dem vater ein bernde muglicheit der gute seiner minne. Vnd die minne vnd der auͤsfluz hat ein ander wesen denn die forder minne. Nuͤ mugen zweierlei minne wol pei einander gestan, also daz iegliche ist, alz sie gewesen *[55^{v}]* mag, daz eine die ander niht irret. Aber zwu minne nach einer weise muͤgent niht von einem grunde gefliezzen, die als groz seint, als die almehtige craft erzeugen /840/ mag. Do von so minnet der vater seinen eigen svn, also daz er keinen me geminnen mag. Er minnet auch seinen heiligen geist

836 also *doppelt*

---

50 *Vgl. Guillelmus Autissiodorensis, Summa aurea I, c. 2; ed. Ribaillier, S. 190:* Pater carnalis ita diligit filium suum, quod quicquid probitatis vel liberalitatis habet, totum vult inesse filio suo. Ergo infinitum magis pater eternus, quicquid liberalitatis habet, vult inesse filio suo. Sed eius summa liberalitas est, quod ab eo procedat spiritus sanctus, qui est summus amor et summum donum. Ergo deus eternus vult, quod a filio suo per eandem liberalitatem procedat spiritus sanctus. *(»Der fleischliche Vater liebt seinen Sohn so, dass er will, dass alles, was er an Rechtschaffenheit und Freigebigkeit hat, in seinem Sohn wohnt. Also will der ewige Vater unendlich mehr, dass alles, was er an Freigebigkeit hat, in seinem Sohn ist. Aber seine höchste Freigebigkeit ist, dass von ihm der Heilige Geist ausgeht, der die höchste Liebe und die höchste Gabe ist. Also will der ewige Vater, dass von seinem Sohn durch dieselbe Freigebigkeit der Heilige Geist hervorgeht.«)*

gen kann, der ist stärker als der, der nur eins nach dem anderen tragen kann. Antworte weiter zu der zweiten Ungereimtheit!

Der Meister: Deine Ungereimtheit ist an der göttlichen Liebe fehlgeschlagen. Das bedeutet: Je größer die Liebe ist, umso mehr sollst du dich ihr gegenüber anstrengen. Sag, was sollten einem Vater mehr Kinder als eins, wenn er dem einen alles, was der Vater hat und leisten kann, geben wollte und auf einmal gegeben hat, und wenn das Kind den Vater mit so großer kindlicher Treue wiederliebt, dass dieses Kind alle Kinder übertreffen würde, die jede Zahl erfassen könnte. Darum beachte: Wenn der Vater mit seiner größten Liebe das Kind liebt, sodass er keine größere Liebe erzeugen könnte, und wiederum der Sohn den Vater in so großer Liebe wiederlieben würde, dass er keine größere aufbringen könnte, darum muss der Fluss in väterlicher Liebe in dem Kind stehenbleiben, sodass die Liebe nicht mehr als ein Kind begehrt noch dass das Kind mehr als einen väterlichen Ursprung begehren kann.

Der Schüler: Diese Antwort hat meine Frage ganz gelöst, außer dass mir der Ausfluss des Heiligen Geistes die Liebe des Kindes behindert; so scheint mir: Hätte der Vater zwei Söhne oder drei geboren, dass er sie alle mit gesammelter Liebe lieben könnte, sodass keinem von ihnen etwas an väterlicher Liebe fehlen würde.

Der Meister: Du fällst von einem Rätsel in das andere, und der müsste weiser sein, als ich es bin, der alle Rätsel ohne Rätsel entschlüsseln könnte. Du sollst Folgendes verstehen: Wenn die Liebe des Vaters zu dem Kind so groß ist, wie der Vater sie erzeugen kann, dadurch hat sie nur einen Fluss zu dem Kind. In dieser Weise kann sie nicht weiterfließen, da in dem väterlichen Grund keine väterliche Liebe zurückbleibt, die ein Kind und eine Geburt nicht empfangen hätte. Aber in demselben Grund bleibt dem Vater eine Möglichkeit, aus der Güte seiner Liebe zu gebären. Und diese Liebe und der Ausfluss haben ein anderes Sein als die zuvor genannte Liebe. Nun können zweierlei Liebe wohl beieinanderstehen, sodass jegliche so ist, wie sie sein kann, dass eine die andere nicht stört. Aber zwei Lieben können in einer Weise nicht aus einem Grund fließen, dass sie so groß sind, wie die allmächtige Kraft es erzeugen kann. Darum liebt der Vater seinen eigenen Sohn so, dass er keinen weiteren mehr lieben kann. Er liebt auch seinen Heiligen Geist so sehr, dass er keinen

also groz, daz er keinen geist mit solcher minne me geminnen mag. Aber die minn dez *kindez* ist nit, wider die minn dez geistez noch die minne dez geistez wider die minne dez kindez.[51] /845/

<Die Familie als Gleichnis der Trinität>

D. Mir geuellet *[56r]* dise beweissuͤng gar von herzzen wol. Ich zweiuel niht, ez sei also, als du sprichest. Ich beger aber von deinen gnaden, daz du mir dise rede bildest in ein creatůrlich zeichen, daz ich ez werde versten mit vernuͤnft.

M. Gern, als verre ich mag. Sich, daz vater vnd muter vnd auch ir kint alle drev einander minnten vnd daz keine die andern *minret* nach irret. Ia, iegclich /850/ macht die andern minneclich. Der vater minnet sein kint vnd *daz* kint seinen vater. Der peider mynne ist der můter minlich, *[56v]* vnd so vil die minne groszer ist, alz vil ez der muter lieber ist. Der vater minnet die muter vnd die muter wider vmb ires kindes vater. Daz ist dem kind minlich. Nů sich, daz ein minne die ander nit irret noch *vssluszet,* wann die minne, die der vater zu /855/ dem kind hat, ist nach einer andern wise denn die minne, die er zu sines kindes muter hat. Sich furbaz, daz die selb minne nach einer wise nit minnet denn eins. Wann wolt daz kint me veter haben denn einen, so het ez nit groz kintlich minne zu sinem vater. Wolt der vater me můter haben *[57r]* zu einem kinde oder wolt die muter me veter haben wenn einen, daz wer nit eliche /860/ trewe. Also wolt der vater vnd die muter me kinde han wenn eins, daz wer ein zeichen, daz sie alle ir truwe nit heten dem kind gegeben, alz ferr alz veterlich truwe moht geleisten.

D. Ach ewiger got! Nu han ich erst verstanden gantz vnd gar veterlich truwe, wie sie der vater git az groz az er sie erzeugen mag einem kinde, daz er /865/ kein anders haben mag, vnd daz die veterlich true, wie groz *sie* ist, nit

853 kindez] kinde **860** minret] mīnt **861** daz *fehlt* **865** vssluszet] vsfluszet **876** sie] sei

51 *Vgl. Henricus de Gandavo, Quodl. VI, q. 1; ed. Badius, fol. 215r:* Propterea vero quod sunt tantum duae rationes principiandi actiones emanationum in deo, quarum tota foecunditas in singulis emanationibus suis de personis perfectis ex eis effusa est et exhausta, ut nec in producente nec in producto restet foecunditas aliqua ad aliquam aliam emanationem productivam personae: idcirco non possunt esse in deo plures personae productae quam illae duae, quae cum unica non producta sunt, ideo tantum tres nec plures, nec pauciores. *(»Deswegen aber, weil es in Gott nur zwei Gründe gibt, aus denen Akte entspringen, deren ganze Fruchtbarkeit in ihren einzelnen Ausflüssen für vollkommene Personen aus ihnen ausgegossen wird und erschöpft ist, sodass weder im Hervorbringenden noch im Hervorgegangenen irgendeine Fruchtbarkeit für einen anderen Ausfluss zum Hervorbringen einer Person übrigbleibt, darum können in Gott nicht mehr hervorgebrachte Personen sein als jene zwei, die mit dem <jeweils> einzigen <Grund> nicht hervorgebracht sind, also nur drei, nicht mehr und nicht weniger.«)*

Geist mit einer solchen Liebe weiter lieben kann. Aber die Liebe des Kindes ist nicht gegen die Liebe des Geistes, noch ist die Liebe des Geistes gegen die Liebe des Kindes.

<Die Familie als Gleichnis der Trinität>

Der Schüler: Mir gefällt diese Erklärung von Herzen gut. Ich zweifle nicht, dass es so ist, wie du sprichst. Ich erbitte aber von deiner Güte, dass du mir diese Rede in einem geschöpflichen Beispiel darstellst, damit ich es mit Vernunft verstehe.

Der Meister: Gern, sofern ich es kann. Sieh, dass Vater und Mutter und auch ihr Kind alle drei einander lieben und dass keiner die anderen mindert oder stört. Ja, jeder macht die anderen liebenswürdig. Der Vater liebt sein Kind und das Kind seinen Vater. Beider Liebe ist der Mutter liebenswert, und je größer die Liebe ist, umso lieber ist es der Mutter. Der Vater liebt die Mutter und die Mutter wiederum ihres Kindes Vater. Das ist dem Kind liebenswert. Nun sieh, dass eine Liebe die andere nicht stört noch ausschließt; denn die Liebe, die der Vater zu dem Kind hat, ist nach einer anderen Weise als die Liebe, die er zu seines Kindes Mutter hat. Sieh weiterhin, dass dieselbe Liebe nach einer Weise nur eines liebt. Denn wollte das Kind mehr Väter haben als einen, so hätte es nicht große kindliche Liebe zu seinem Vater. Wollte der Vater mehrere Mütter haben zu seinem Kind, oder wollte die Mutter mehrere Väter haben als einen, das wäre nicht eheliche Treue. Ebenso: Wollten der Vater und die Mutter mehr Kinder haben als eines, das wäre ein Zeichen, dass sie alle ihre Treue nicht dem Kind gegeben hätten, so weit wie väterliche Treue es leisten könnte.

Der Schüler: Ach, ewiger Gott! Jetzt habe ich erst ganz und gar väterliche Treue verstanden, wie sie der Vater gibt, so groß wie er sie einem Kind gegenüber erzeugen kann, sodass er kein anderes mehr haben kann, und dass die

irret den vater, er minne sinen guten willen alz sin *[57v]* elich liep, mit dem er gepirt sein ewiges wort. Daz selbe wort muz auch pillich den selben willen minnen.

M. Du pist von den gnaden gotes gar nahen zu der worheit gezohen. Der vater minnet sein ewiges wort vnd hot im gegeben alle die minne, die er /870/ erzeuͤgen mag. An der minne hat er gegeben gantz vnd gar den, die er minnet in seiner guͤte. Die selben guͤt mynnet der vater in seinem eigen svn als in selber in einem lauͤtern claren vollen spigel, in dem er schawͤet sein *[58r]* selbez pilde. Der selb svn mynnt die selben gute in dem veterlichen hertzen als den vrsprung seiner personlichen wesenlicheit. *Von* dem grunde der adel ist gefloszen, von /875/ der peider *minne*, die personlich wesenlicheit der minne dez heiligen geistes; wann mit gleicher ewiger minne der vater vnd der svn mynnen den ewigen adel irr mynreichen guͤte.

D. Ach, reicher hort in voller suszen selikeit, do die almehtige craft der gothait gepirt nach seiner almehtikait *[58v]* daz wort der wisheit in gantzer /880/ glicheit *siner* nature, vnd da von dem vater vnd dem wort fluszet in almehtiger ainikeit der fluz ir beiderr minne! Ach, wunnenclichheid dez veterlichen hertzen; lust vnd selikeit zufluszet, wenn er schauwet denn sin einges auserweltez kint, alz *ez* mit vnmesziger minne minnet den veterlichen vrsprung vnd da zu die *veterliche* minne! Ach, waz suszer minne dem kinde erschinet, wenn ez /885/ schauwet, daz im der vater hat gentzlichen *[59r]* in gegeben vnd die veterlichen minne des heiligen geist in so groszer suszen minne hat angesehen! Nut minrr lustes vnd selikeit hat der geist der heiligen minne, wenn dy minne schauwet, wie der vater vnd daz kint in irr eigenn mine haben so vil lustes vnd libes genomen, daz in der selben minne daz kint dem vater wol gevellet vnd nit /890/ minner wol geuellet der vater sinem auzerwelten kind. Ach, waz freiden vnd waz wunne da vberfluszet, do iglich persone hat ir auszerweltes liep vnd do bey ires hertzen liep! *[59v]* Der vater mynnet sein kint als sein liep vnd minnet des kindez willen als daz liep seins *liebez*. Der suͤn minnet den vater als sein liep vnd den veterlichen willen als daz liep seins liebs. Der will dez vaters, daz ist der /895/ heilige geist, der mynnet den vater als sein lieb vnd den svn als daz lieb seines liebez. Der will dez kindes, daz ist auch der wille dez vaters, der mynnet daz kint als sein lieb vnd den vater als daz lieb seines liebs. Owe, daz ich niht furbaz reden *[60r]* kan noach entar, wann ich forht, daz ez dich verdriesz!

M. Ez ist zeit, dz wir disem capitel machen ein ende. Wann dise materie /900/ dez hohsten sacramentez nymant ergruͤnden mag. Do von sullen wir die tyeff nit suchen frevellich. Wir sullen ez demuͤticlich glauͤben vnd sullen ez eren wirdiclich. Ez mag *menschliche* weisheit mit lere hie wenig erschiezzen. Die gnad muz die meisterine sein vnd auch die schvͤl, in der dise weisheit wirt

886 Von] vnd ***887*** minne] minne den ***892*** siner] siner wisheit das wort der wisheit in gantzs gleicheit seiner ***895*** ez *fehlt* ***896*** veterliche] veterlichen ***905*** liebez] leibez ***914*** menschliche] mesliche

väterliche Treue, wie groß sie auch ist, den Vater nicht stört, seinen guten Willen zu lieben als sein eheliches Liebstes, mit dem er sein ewiges Wort gebiert. Dasselbe Wort muss auch mit Recht denselben Willen lieben.

Der Meister: Du bist durch die Gnade Gottes ganz nah an die Wahrheit herangekommen. Der Vater liebt sein ewiges Wort und hat ihm alle Liebe gegeben, die er erzeugen kann. Diese Liebe hat er ganz und gar denen gegeben, die er in seiner Güte liebt. Dieselbe Güte liebt der Vater in seinem eigenen Sohn wie sich selbst in einem reinen, klaren, vollen Spiegel, in dem er sein eigenes Bild anschaut. Derselbe Sohn liebt dieselbe Güte in dem väterlichen Herzen als den Ursprung seines persönlichen Seins. Von diesem Grunde ist der Adel geflossen, von der Liebe der beiden, das persönliche Sein der Liebe des Heiligen Geistes; denn mit gleicher ewiger Liebe lieben der Vater und der Sohn den ewigen Adel ihrer liebevollen Güte.

Der Schüler: Ach, reicher Schatz in voller süßer Seligkeit, wo die allmächtige Kraft der Gottheit in seiner Allmacht das Wort der Weisheit gebiert in völliger Gleichheit seiner Natur und wo von dem Vater und dem Wort in allmächtiger Einzigkeit der Fluss ihrer beider Liebe fließt! Ach, du Wonne des väterlichen Herzens, Lust und Seligkeit fließen hinzu, wenn er dann sein einziges auserwähltes Kind schaut, wie es mit unermesslicher Liebe den väterlichen Ursprung liebt und dazu die väterliche Liebe! Ach, welche süße Liebe dem Kind aufgeht, wenn es schaut, dass ihm der Vater sich gänzlich gegeben hat und die väterliche Liebe des Heiligen Geistes in ebenso großer süßer Liebe angesehen hat! Nicht weniger Lust und Seligkeit hat der Geist der heiligen Liebe, wenn die Liebe sieht, wie der Vater und das Kind in ihrer eigenen Liebe so viel Lust und Freude empfangen haben, sodass in derselben Liebe das Kind dem Vater wohl gefällt, und nicht weniger gut gefällt der Vater seinem auserwählten Kind. Ach, welche Freuden und welche Wonne da überfließen, wo jegliche Person ihr auserwähltes Liebes hat und dazu ihr Herzensliebes! Der Vater liebt sein Kind als sein Liebes und liebt des Kindes Willen als das Liebste seines Liebsten. Der Sohn liebt den Vater als sein Liebes und den väterlichen Willen als das Liebste seines Liebsten. Der Wille des Vaters, das ist der Heilige Geist, liebt den Vater als sein Liebes und den Sohn als das Liebste seines Liebsten. Der Wille des Kindes, das ist auch der Wille des Vaters, liebt das Kind als sein Liebes und den Vater als das Liebste seines Liebsten. O weh, dass ich nicht weiter zu reden weiß noch mich traue; denn ich fürchte, dass es dich verdrießen könnte!

Der Meister: Es ist Zeit, dass wir dieses Kapitel zu Ende bringen; denn diese Materie des höchsten Geheimnisses kann niemand ergründen. Darum sollen wir nicht frevelhaft die Tiefe suchen. Wir sollen es demütig glauben und sollen es würdevoll ehren. Es kann menschliche Weisheit mit Lehre hier wenig erzielen. Die Gnade muss die Meisterin sein und auch die Schule, in der diese

geoffent. Do von ker dich zuͤ *[60v]* gepet in demuͤtiger andaht! Daz ist nuͤ zeit; /905/ wann dein frage vnd mein antwort seint dirr worheit nach zu kleine vnd gar vngeleich.

D. Mein vater, waz du redest, daz sol sein. Ich muz mein begirde zwingen, daz ich mich dar an laze. Fahe an, wen du wilt, daz dritt capitel!

<Drittes Kapitel. Ideenlehre>

<Ursprung der Geschöpfe im Wort Gottes>

M. Ez hat sich gar lange verzogen, daz ich niht han erfullet mein gelub/910/de. Von vngewiszen leuten sol man nemen spoͤte guͤlte[52] danckberlich. Dar vmb, mein kint, bite got, daz er mir geb nach seinem lob zu sprechen von aller crea*[61r]*tuͤr ausfluͤtz, gruͤnt vnd anvang in dem dritten capitel, also daz der edel geist versten, wie er sich mit lauͤter minne vnd begirde keren sol zu dem grunde, in dem alle creaturliche bilduͤng hat wesenlichen anvang vnd ende! /915/

D. Ich han kavͤm erpeitet, daz die zeit ist kuͤmen, daz ich do von hoͤren sol. Got der geb dir gnad vnd *kraft* vnd muͤzzige zeit! Dez beger ich von seiner guͤte. Vahe an von dem ewigen wort, in dem alle wort seint gesprochen!

M. Ez sprichet Salomon: ›Daz wort gotez in dem oͤbersten *[61v]* ist der pruͤnne der weisheit‹. Nu meinest du, daz auz dem pruͤnnen der weisheit ist /920/ geflozzen der creaturlichen bilduͤng manikualtikeit?

D. Ja, also mein ich. Wann wie moht alle creatur in form vnd in ordenvͤnge so schon vnd so luͤsticlich gesein, wann ir auͤzgang niht waz becleret in weisheit vnd ir manigueltikeit gewircket in almehtikeit? Do von so duncket mich, daz wort voller weisheit vnd almehtikait sei der pruͤnne, in dem wir die /925/ weisheit der worheit sollen suͤchen. *[62r]*

M. Ich lob got, daz du so schier begriffen host, daz man doch dikke mit vil worten betewͤt. Waz sol ich nvͤ me von dem wort der weisheit sprechen, seit daz du keinen zweiuel *hast*, alle creature seint auz dem wort geflossen?

D. Mein vater, ich hon sein einen guten gelauben von den gnaden gotes. /930/ Ich mangel aber dez liehtes leider der weisen, wann ich mich niht verstan noch in der worheit, dez ich gelaub in *ewikeit*.

M. Waz ist aber, daz dein hertze wuͤndert in disen sachen, daz du gern wolst versten?

929 kraft] kraf ***941*** hast *fehlt* ***944*** ewikeit] einikeit

52 gülte *stf. hier: »Zins, Schuld, Preis« (*Lexer*). Wortbildung* spoͤte guͤlte *wie* spottelachen *(*Lexer*) und »Spottgeld« (erst im 17. Jh.; Dt. Wb.).*

Weisheit geoffenbart wird. Darum kehre dich zum Gebet in demütiger Andacht! Dazu ist nun die Zeit; denn deine Frage und meine Antworten sind für diese Weisheit zu klein und ihr völlig ungleich.

Der Schüler: Mein Vater, was du redest, das soll sein. Ich muss mein Begehren bezwingen, dass ich davon ablasse. Fang das dritte Kapitel an, wenn du willst!

<Drittes Kapitel. Ideenlehre>

<Ursprung der Geschöpfe im Wort Gottes>

Der Meister: Es hat sich lange hingezogen, ohne dass ich mein Versprechen erfüllt habe. Von unzuverlässigen Leuten soll man Spottgeld dankbar annehmen. Darum, mein Kind, bitte Gott, dass er mir gebe, im dritten Kapitel seinem Lob angemessen von dem Ausfluss, Grund und Anfang aller Geschöpfe zu sprechen, sodass der edle Geist versteht, wie er sich mit reiner Liebe und Verlangen zu dem Grund kehren soll, in dem alle geschöpfliche Formung den wesentlichen Anfang und das Ende genommen hat.

Der Schüler: Ich habe es kaum erwarten können, dass die Zeit gekommen ist, dass ich davon hören werde. Gott gebe dir Kraft und Muße! Das erbitte ich von seiner Güte. Fang an von dem ewigen Wort, in dem alle Worte gesprochen sind!

Der Meister: Es spricht Salomon: »Das Wort Gottes in der Höhe ist der Quell der Weisheit« (Sir 1,5). Nun meinst du, dass aus dem Quell der Weisheit die Vielfalt der geschöpflichen Formen geflossen ist?

Der Schüler: Ja, so meine ich es. Denn wie könnte jedes Geschöpf in Form und Ordnung so schön und voll Freude sein, wenn ihr Ausgang nicht in Weisheit verklärt gewesen und ihre Vielfalt nicht in Allmacht gewirkt ist? Darum scheint mir, das Wort voller Weisheit und Allmacht sei die Quelle, in der wir die Weisheit der Wahrheit suchen sollen.

Der Meister: Ich lobe Gott, dass du so schnell begriffen hast, was man doch oft mit vielen Worten auslegt. Was soll ich nun weiter von dem Wort der Weisheit sprechen, da du ja keinen Zweifel hast, dass alle Geschöpfe aus dem Wort geflossen sind?

Der Schüler: Mein Vater, ich habe durch die Gnade Gottes davon einen guten Glauben. Mir fehlt aber leider das Licht der Weisen; denn ich verstehe mich noch nicht in der Wahrheit dessen, was ich in Ewigkeit glaube.

Der Meister: Was ist es aber, was dein Herz in diesen Sachen zum Fragen bringt, das du gern verstehen willst?

D. Wann got *[62v]* alle ding vor hot angesehen, e daz er sie hot gemachet, /935/ so west ich gern, wie *er* die creatur hett gesehen, do kein geschaffen creature waz. Oder sach er die creatur in im selber oder wie? Daz duͤncket mich ein groz wunder, wie die creatur, die geprestenhaft ist, moͤht erscheinen in dem vollen brunne, in dem kein geprest ist. Sach aber got die creatur auz im selber, so ist noch grosser wuͤnder, wa er sie do sehe, do sie ein lauͤter niht waz.[53] /940/

M. Oͤne zweiuel, du host hohe tieff wuͤnder in kuͤrtzen worten begriffen, der ich mit vnbedachtem *[63r]* mute niht wol antworten kan. Denn eins weiz ich wol, daz got kein weisheit noch bekantnuͤsse schoffet von auzzern dingen, so si *halt* geschaffen seint. Noch vil mynner nam er bekantnuͤss von den dingen, do si niht woren *ader* wenn sie niht seint.

/945/ D. Daz selb wolt ich gern verstan, war vͤmb got niht bekantnuͤsse nem von den dingen, als der mensch tuͤt. Wann ich bekenn reht ein rosen, so doch kein ros ist, vnd ein yegclich werckman bekennet vor, waz daz ist, daz er wircken wil.

M. Du host wor ge*[63v]*sprochen, daz der mensche *vor* bekennet sein /950/ werck, daz er wircken sol, e ez ist, vnd bekennet etwaz, daz vergangen ist. Daz ist aber niht nach der weise, als got die ding bekennet. Ein zimmerman hot vor ein haws gesehen, ee keins kuͤnt gemachen. Wann hette er vor nie keins gesehen, so hett er kein bilde keins hawses in seinem hertzzen[54]. Wer auch kein rosen nye hot gesehen, der het kein pilde der rosen. Dar vmb vnser bekantnuͤss, /955/ die vehet an den bilden, die die creatur in vns gepirt, vnd do von von der pilduͤnge en*[64r]*phahen wir simliche lieht der kuͤnst vnd der weisheit. Daz ist denn got vmmuͤgelich; wann er ist der erste volle prunne aller weishait.[55]

948 er *fehlt* ***956*** halt] hat ***957*** ader] aber ***962*** vor] von

---

53 Lauter niht *ähnelt auffallend Meister Eckhart, Pr. 4, DW I, S. 69,8:* Alle crêatûren sint ein lûter niht. *(»Alle Geschöpfe sind ein reines Nichts.«) Zitiert im Votum Avenionense n. 30, a. 6, Acta n. 59, LW V, S. 574,6 u. Bulle a. 26, Acta n. 63, LW V, S. 599,87. Vgl. Augustinus, De gen. ad litt. V, c. 18, n. 36:* Quomodo ergo deo nota erant, quae non erant? <...> Nota ergo fecit, non facta cognovit. Proinde antequam fecit, et erant, et non erant: erant in dei scientia, non erant in sua natura. *(»Wie war denn Gott bekannt, was noch nicht war? <...> Also hat er das Bekannte geschaffen, aber nicht das Geschaffene erkannt. Daher, bevor er sie gemacht hat und sie waren und nicht waren, waren sie in seinem Wissen, nicht in seiner Natur.«) Die Stelle wird zitiert bei Petrus Lombardus, Sent. I, d. 35, c. 9. n. 1; Bd. I,2, S. 257,23–258,1.*

54 *Vgl. Anselmus Cantuariensis, Monol. c. 11; Bd. 1, S. 26:* Faber vero penitus nec mente potest aliquid corporeum imaginando concipere, nisi id quod aut totum simul aut per partes ex aliquibus rebus aliquando iam didicit. *(Übers. Schmitt, Monol., S. 73: »Der Künstler dagegen kann im Geiste durchaus nichts Körperliches durch Vorstellung empfangen, außer was er, sei es als Ganzes zusammen oder in Teilen, aus mancherlei Dingen schon irgendwie kennengelernt hat.«) Vgl. Thomas de Aquino, Sth. I, q. 15, a. 1.*

55 *Vgl. Augustinus, De div. quaest. q. 46, n. 2; CCSL Bd. LXXXXIIII A, S. 72,53–57:* Has autem rationes ubi arbitrandum est esse, nisi in ipsa mente creatoris? Non enim extra se

Der Schüler: Da Gott alle Dinge zuvor angesehen hat, bevor er sie gemacht hat, so wüsste ich gerne, wie er die Geschöpfe gesehen hat, als es noch keine geschaffene Kreatur gab. Sah er das Geschöpf in sich selbst oder wie? Das erscheint mir als ein großes Rätsel, wie das Geschöpf, das voll Mängel ist, in der vollen Quelle erscheinen konnte, in der es keinen Mangel gibt. Sah aber Gott das Geschöpf außerhalb seiner selbst, so ist es ein noch größeres Wunder, wo er es dort sehen konnte, wo es ein reines Nichts war.

Der Meister: Ohne Zweifel, du hast hohe tiefe Wunder in kurzen Worten begriffen, auf die ich mit unbedachtem Mut nicht recht antworten kann. Denn eins weiß ich wohl, dass Gott keine Weisheit oder Erkenntnis von äußeren Dingen schöpft, wie sie eben geschaffen sind. Noch viel weniger hat er Erkenntnis von den Dingen genommen, wo sie nicht waren oder wenn sie nicht sind.

Der Schüler: Dasselbe wollte ich gerne verstehen, warum Gott nicht Erkenntnis von den Dingen nähme, wie es der Mensch tut. Denn ich erkenne ja eine Rose, wo doch keine Rose ist; und jeder Handwerker kennt vorher, was es ist, das er wirken will.

Der Meister: Du hast wahr gesprochen, dass der Mensch sein Werk, das er schaffen will, kennt, bevor es existiert, und er erkennt auch etwas, das vergangen ist. Das ist aber nicht dieselbe Weise, wie Gott die Dinge erkennt. Ein Zimmermann hat vorher schon ein Haus gesehen, bevor er eins machen kann. Denn hätte er vorher nie eins gesehen, so hätte er kein Bild eines Hauses in seinem Herzen. Wer auch nie eine Rose gesehen hat, der hat kein Bild der Rose. Darum fängt unsere Erkenntnis mit den Bildern an, die das Geschöpf zuvor in uns gebiert, und darum empfangen wir von dieser Bildung manche Lichter der Kunst und der Weisheit. Das ist aber Gott unmöglich, denn er ist die erste volle Quelle aller Weisheit.

D. Duͤ meinest: Enpfieng got pildung von der creatur, so neme er etliche lieht der weisheit von der creatur; also wer er niht volle weisheit. Wann wer /960/ *nympt* von dem andern, dez er niht enhat, der ist niht vollen reich. Er wer auch niht die aller erst weisheit, wer ein ding nympt, daz in stewͤret zu seiner bekantnuͤsse.

M. Du hast ez gar reht gemercket. Suͤech furbaz, *[64v]* hastu keinen zweiuel! /965/

<Seinsweise der Urbilder in der Erkenntnis Gottes>

D. So laz ich daz sein vnd ker mich auf daz erste vnd wolt gern wizzen, wie got in im selber hat form vnd mazze der creatur gesehen, e daz kein creatur ie wart geschaffen.

M. Eins sag ich dir fur die worheit: Got bekennet sein creatur recht gleicher weiz nuͤ, so si ist, als do er sie bekante, ee daz sie geschaffen wart. Wann /970/ daz wesen der creatur geit got kein lieht der weisheit, wann er ist volle gantze weisheit von im selber. Do von ist er genant ein pruͤnne der weisheit, von dem alle weisheit fleuͤzzet, vnd *[65r]* kein prunne in yn fleuͤzzet, der im weisheit ze trag.

D. Diz beger ich von den gnaden gotes ze mercken, daz gotlich weisheit /975/ leit allein in der reicheit gotlichs adels. Noch stet aber daz erste wunder: Siht got die creatur in sein selbs adel, wie mag denn die creatur erscheinen nach der form vnd bildung creaturlicher vnvolkumenheit, wann er volkuͤmen ist?

M. Daz ist sicher, daz got bekennet einen engel als einen engel vnd einen menschen als einen menschen vnd nit als einen engel. Er *[65v]* bekennet *einen* /980/ stein als ein stein. Vnd do von so bekennet er yed creatur nach irr form. Wie aber die forme do erscheint oder wie sie in dem pruͤnnen der weisheit stet oder ab sie seint geschaffen oder ob sie in got gotlich wesen, daz horest du gern?

D. Ja, sicherlich, ez ist nach dem mein hertzz lang zeit hot belanget. Tuͤ als wol und erzeige ez *mir*! Ich mag mit gedult kauͤm lenger erbaiten.

/985/ M. Waz duncket dich aber nach deinem synne, waz die creaturlich forme in gotlicher bekantnuͤss sein?

D. Ich kan *[66r]* niht wol hie zu gesprechen. Sprich ich, daz sie lauͤter got sein, zu hant so forht ich, du fohst mich und sprechest, daz got newͤr got bekenn und nit creatur. Sprich ich, daz ez etwaz anders sei denn got, zu hant so /990/ weiz ich nit, waz ez ist; wann ez ist nit creatur, wann *vor* aller geschoff aller creatur hat got bekant die creatur.

973 nympt] nymp *992* einen] einem *997* mir] nit *1003* vor] von

---

quidquam positum intuebatur, ut secundum id constitueret quod constituebat: nam hoc opinari sacrilegium est. *(»Wo sollen diese Grundformen denn vermutlich sein, wenn nicht im Geist des Schöpfers selbst? Er schaut nämlich nichts außer ihm Gelegenes an, um danach zu errichten, was er errichtet hat; denn das zu glauben ist ein Frevel.«)*

Der Schüler: Du meinst: Empfinge Gott Bildung vom Geschöpf, so nähme er einige Lichter der Weisheit vom Geschöpf, so wäre er nicht die volle Weisheit. Denn wer von dem anderen nimmt, was er nicht hat, der ist nicht vollends reich. Er wäre auch nicht die allererste Weisheit, wenn er ein Ding nimmt, das ihn zu seiner Erkenntnis führt.

Der Meister: Du hast es recht verstanden. Suche weiter, wenn du noch Zweifel hast!

<Seinsweise der Urbilder in der Erkenntnis Gottes>

Der Schüler: So lass ich das sein und wende mich dem ersten zu und möchte gerne wissen, wie Gott in sich selbst Form und Maß des Geschöpfs geschaffen hat, bevor überhaupt ein Geschöpf geschaffen wurde.

Der Meister: Eins sage ich dir in Wahrheit: Gott kennt sein Geschöpf in gleicher Weise jetzt, wo es ist, wie da er es erkannte, bevor es geschaffen wurde. Denn das Sein des Geschöpfes gibt Gott kein Licht der Weisheit; denn er ist volle und ganze Weisheit aus sich selbst. Darum heißt er Quell der Weisheit, von dem alle Weisheit fließt, und keine Quelle mündet in ihn, die ihm Weisheit zutrüge.

Der Schüler: Das möchte ich gern von der Gnade Gottes verstehen, dass göttliche Weisheit allein im Reichtum des göttlichen Adels liegt. Aber das erste Problem bleibt noch bestehen: Sieht Gott das Geschöpf in seinem eigenen Adel, wie kann dann das Geschöpf in der Form und Bildung geschöpflicher Unvollkommenheit erscheinen, da er doch vollkommen ist?

Der Meister: Das ist sicher, dass Gott einen Engel als einen Engel erkennt und einen Menschen als einen Menschen und nicht als einen Engel. Er erkennt einen Stein als einen Stein. Und darum erkennt er jedes Geschöpf nach seiner Form. Wie aber die Form dort erscheint oder wie sie in der Quelle der Weisheit steht oder ob sie geschaffen sind oder ob sie in Gott göttlich sind, das würdest du gern hören.

Der Schüler: Ja, sicher, es ist das, wonach mein Herz lange Zeit verlangt hat. Tue es bitte und zeige es mir! Ich kann kaum länger geduldig warten.

Der Meister: Aber was meinst du: Was sind nach deiner Vorstellung die Formen der Geschöpfe im göttlichen Erkennen?

Der Schüler: Ich kann hiervon nicht gut sprechen. Sage ich, dass sie lauter Gott sind, sofort fürchte ich, dass du mich fängst und sagst, dass Gott nur Gott erkenne und nicht das Geschöpf. Sage ich aber, dass etwas anderes sei als Gott, so weiß ich nicht, was es ist, denn es ist nicht Geschöpf; denn vor jeder Erschaffung aller Geschöpfe hat Gott das Geschöpf gekannt.

M. Du host ez weislich bedaht; wan sie seint beide vnbekentlich gesprochen, waz ez sei. Wann ez mag niht wol bestan, daz sie lavͤter got noch daz sie lauͤter creatur seint. *[66v]*

/995/ D. Ach got, wie pin ich denn alle zeit so vnuerstanden gewesen. Ich wond, daz kein mittel wer zwischen got und der creature.

M. Merck, daz die creatur zwei wesen wol hat: eins in irr natur, daz ander in bekantnuͤss eins geistes. Als die rose, so sie ist auf irem zweige, die hat ir naturlich wesen; aber in vernuͤnft dez geistes hat sie kein ander wesen. Vnd /1000/ die zwei wesen haben sulchen vnterscheid, wann die ros auf dem zweige die gruͤnet und dorret, sie wirt kalt und wirt warm, als ir denn *[67r]* die zeit bescheint; aber die roͤs in bekantnusse gruͤnet noch valbt niht nach keinem andern einfluͤzze, den die zeit bringt, wann ir wesen ist gar gesetzt und gefreit nach der maz der vernuͤnft, in der *sie* ir wesen hat[56]. Also muͤgen wir geden/1005/cken, daz die creatur, die in der zeit geschaffen ist, hat ein ander wesen in gotlicher bekantnuͤss gehabt in *ewikeit*. In dem wesen sie ist gefreiet uber daz wesen, daz in der zeit ist; wann daz wesen niht anders denn gotliche bekantnuͤsse ist, nach dem wesen alle creatur in *[67v]* got pleibend ist.

D. Seit daz also ist, daz die creatur in gotlicher bekentmuͤsse lebend ist, war /1010/ vmb ist denn ein stein oder ein ander ding auch niht lebendig in menschlicher bekentnuͤsse?

M. Daz meinet: Wann vnser vernunft, die *mag* niht gepern on daz edel bekennen, daz irem adel gleich ist. Als got, der hot ein bekennen, daz als reich ist vnd als edel seiner gothait ist. Dar vmb waz in seiner bekantnusse ist, daz /1015/ hat den adel seinez wesens nach der weiz, als gotlich wesen ist. *[68r]* Dar vmb so heizzet die creatur ewig leben, wann si do ist in der vernuͤnft, do gotlich wesen ist.

D. Noch wolt ich gern fragen, wie ich daz mercken solte, was daz pild der creatur *ist,* als sie got ansiht in seiner ewikeit. /1020/

M. Ich hon doch yetzunt gesprochen, daz die pild der creatur in got lebendig seint, wann sie in vernuͤnft seint. Sie seint auch die lieht, die der gotlichen

1017 sie *fehlt* ***1019*** ewikeit] einikeit ***1025*** M. *fehlt* mag *fehlt* ***1032*** ist *fehlt*

---

56 *Vgl. Augustinus, In Ioh. I, tr. 17; CCSL Bd. XXXVI, S. 510:* Faber facit arcam. Primo in arte habet arcam: si enim in arte arcam non haberet, unde illam fabricando proferret? In arte invisibiliter est, in opere visibiliter erit. Ecce facta est in opere; numquid destitit esse in arte? Et illa in opere facta est, et illa manet quae in arte est: nam potest illa arca putrescere, et iterum ex illa quae in arte est, alia fabricari. *(»Der Handwerker baut einen Kasten. Zuerst hat er den Kasten in seinem Geist: Wenn er nämlich den Kasten nicht in seinem Geist hätte, woher sollte er ihn bei der Herstellung hervorholen? In der Kunst ist er unsichtbar, im Werk wird er sichtbar. Sieh, im Werk ist er gemacht, hat er etwa sein Sein in der Kunst fallen gelassen? Er ist sowohl im Kunstwerk geschaffen als auch geblieben, was er in der Kunst war; denn jener Kasten kann vermodern, und es kann ein anderer wieder hergestellt werden aus dem, was er in der Kunst war.«)*

Der Meister: Du hast es klug bedacht; denn beide <Vorschläge> sind ohne Kenntnis davon gesprochen, was es sein könnte. Denn es kann nicht wohl bestehen bleiben, dass sie reiner Gott, noch dass sie reines Geschöpf sind.

Der Schüler: Ach Gott, wie bin ich denn immerzu so unverständig gewesen. Ich dachte, dass es zwischen Gott und dem Geschöpf kein Mittleres gebe.

Der Meister: Beachte, dass das Geschöpf zwei Seinsweisen hat: eine in seiner Natur, die andere in der Erkenntnis eines Geistes. Zum Beispiel die Rose: Wenn sie an ihrem Zweig ist, hat sie ein natürliches Sein; aber in der Vernunft des Geistes hat sie ein anderes Sein. Und die zwei Seinsweisen haben folgenden Unterschied: Denn die Rose auf dem Zweig grünt und verdorrt, sie wird kalt und warm, wie es die Zeit mit sich bringt; aber die Rose in der Erkenntnis grünt und welkt nicht nach irgendeinem Einfluss, den die Zeit mit sich bringt; denn ihr Sein ist ganz gesetzt und befreit nach dem Maß der Vernunft, in der sie ihr Sein hat. So können wir denken, dass das Geschöpf, das in der Zeit geschaffen ist, in der göttlichen Erkenntnis in Ewigkeit ein anderes Sein gehabt hat. In diesem Sein ist es über das Sein, das in der Zeit ist, hinaus befreit; denn das Sein ist nichts anderes als das göttliche Erkennen. Nach diesem Sein bleiben alle Geschöpfe in Gott.

Der Schüler: Da das so ist, dass das Geschöpf in der göttlichen Erkenntnis lebendig ist, warum ist dann ein Stein oder ein anderes Ding nicht auch in der menschlichen Erkenntnis lebendig?

Der Meister: Du meinst: Unsere Vernunft kann nicht gebären ohne das edle Erkennen, das ihrem Adel gleich ist. So bei Gott, der hat Erkennen, das ebenso reich und edel ist wie seine Gottheit. Darum, was in seiner Erkenntnis ist, das hat den Adel seines Seins in der Weise, wie göttliches Sein ist. Darum heißt das Geschöpf ewiges Leben, wenn es dort in der Vernunft ist, wo das göttliche Sein ist.

Der Schüler: Ich wollte noch gerne fragen, wie ich verstehen soll, was das Bild des Geschöpfes ist, wie Gott es in seiner Ewigkeit ansieht.

Der Meister: Ich habe doch jetzt gesagt, dass die Bilder der Geschöpfe in Gott lebendig sind, da sie in Vernunft sind. Sie sind auch die Lichter, die der

vernuͤnft leuͤhten. Si seint auch pilder, nach den die creatur geformet ist, vnd seint die maz dez wesens, in die die istkeit *[68v]* der creatur gesetzzet ist, vnd seint die spiegel, die in *dem* gotlich *aug sehent* aller creatur wesen, craft vnd alle /1025/ ire werck in zeit vnd in ewikeit nach dem, als die creatur waz vnd ist vnd noch kuͤnftig ist.

D. Ach ewiger got, wie wunneclich die pild vnd die lautern spigel muͤgen sein, die so sicherlich zeigent allez daz, daz in der creatur ist. Ich wen, daz der mensch wol selig mohte sein, dem die gnade gotez also erscheint, daz er die /1030/ bilde mit lautern augen moht geschawen.

M. Ez ist war: Die seligen die *[69r]* sehent do die creatur an, da si edeler ist, denn sie in ir selber ist, do alle creatur lieht vnd leben ist, da si vor allem sterben vnd vorwesen gefreiet ist, da si uber der zeit alter vnd zuual erhohet ist. Do von sprach sanctus Paulus: »Die heimlichait gotes, die wirt geschavwet durch /1035/ die natur, die geschaffen ist.« Wann allez, daz geschaffen ist, muz vor sein gewesen in ewiger form vnd pilde; so wer ez niht bekant gewesen, so wer ez *nie* geschaffen. Wann wer wurcket auz vernuͤnft mit willen, der muz vor erkennen *[69v]* daz werck, daz er wil schophen.

M. Ich lob got, daz du ez host begriffen. Hast du kein wunder me, so /1040/ sprich ez, daz wir disem capitel geben ende.

<Vollkommenheit in der Idee – Mangelhaftigkeit der Geschöpfe>

D. Daz aller groste wuͤnder ist noch hie vor, als mich duͤncket.

M. Waz ist daz?

D. *Seit* die pild der creatur in der *vernunft erscheinent*, als du mich host beweiset, so seint si kuͤmen nach etlicher weise auz der gotlichen natur. Vnd /1045/ daz also so ist ez ein groz wunder, wie ez muͤge gesein, daz auz dem prunnen aller volkumenheit gotlicher natur mag so ma*[70r]*nikueltikait creaturlicher natur gepresten sein gepildet.

M. Ich wen, daz wunder kuͤm deinem sinne also do von: Du gedenckest, wer ein voller lauter pruͤnne vnd hett denn sein wazzer die art, daz ez sich nit /1050/ moht geteilen, wo daz wazzer hin fluzze, do muͤst der brunne gantz vnd gar mit einander fliezzen.

D. Ja, on zweiuel, also lauͤffen mein gedenck. Wann die natur der gotheit vnteilhaftig ist vnd geuͤsset sie sich in die bilde der creatur, wie mag ez denne gesten, daz die pilde nit zeigent allez, *[70v]* daz in gotlicher natur ist. Zeiget /1055/ aber ietlich pild der creatur allez, daz in dem reichen adel ist der gotheit, wie mag denne di creatur gebildet werden nach der gepresten der natur vnd in svnderheit?

1037 dem gotlich aug sehent] daz gotlich auch sehend ***1050*** nie] newr ***1054*** D. *fehlt*
1056 Seit] Sēit vernunft erscheinent] erscheinet

göttlichen Vernunft leuchten. Sie sind auch die Vorbilder, nach denen das Geschöpf geformt ist, und sie sind das Maß des Seins, in das die Istheit des Geschöpfes gesetzt ist, und sie sind die Spiegel, die in dem göttlichen Auge das Sein aller Kreaturen sehen, ihre Kraft und alle ihre Werke in Zeit und Ewigkeit; <sie sehen es> in der Weise, wie das Geschöpf war und ist und zukünftig noch sein wird.

Der Schüler: Ach, ewiger Gott, wie angenehm können die Bilder und die reinen Spiegel sein, die so sicher alles das zeigen, was in dem Geschöpf ist. Ich denke, dass der Mensch selig sein könnte, dem die Gnade Gottes so erscheint, dass er die Bilder mit reinen Augen schauen kann.

Der Meister: Es ist wahr: Die Seligen sehen dort das Geschöpf an, wo es edler ist, als es in sich selbst ist, wo alle Geschöpfe Licht und Leben sind, wo sie von allem Sterben und Zunichte-Werden befreit sind, wo sie über der Zeit, Alter und Zufall erhöht sind. Darum sprach der heilige Paulus: »Die Verborgenheit Gottes wird durch die Natur, die geschaffen ist, gesehen« (Rm 1,20). Denn alles, was geschaffen ist, muss vorher in ewiger Form und Bildung gewesen sein; denn wäre es nicht bekannt gewesen, so wäre es niemals geschaffen worden. Denn wer aus Vernunft mit Willen wirkt, der muss vorher das Werk erkennen, das er schaffen will.

Der Meister: Ich lobe Gott, dass du es begriffen hast. Hast du noch eine Frage, so sprich, damit wir mit diesem Kapitel zu Ende kommen.

<Vollkommenheit in der Idee – Mangelhaftigkeit der Geschöpfe>

Der Schüler: Das allergrößte Wunder besteht noch wie zuvor, wie mir scheint.

Der Meister: Was ist das?

Der Schüler: Da die Bilder der Geschöpfe in der Vernunft erscheinen, wie du mich gelehrt hast, so sind sie in einer gewissen Weise aus der göttlichen Natur gekommen. Und darum ist es ein großes Wunder, wie es sein kann, dass aus der Quelle aller Vollkommenheit der göttlichen Natur eine solche Vielfalt der mangelbehafteten geschöpflichen Natur gebildet wurde.

Der Meister: Ich vermute, dass dieses Wunder dir dadurch gekommen ist: Du denkst, wenn es eine volle reine Quelle gäbe und deren Wasser die Art hätte, sich nicht teilen zu können –, wohin das Wasser dann fließen würde, die Quelle müsste da ganz und gar mit hineinfließen.

Der Schüler: Ja, ohne Zweifel, so laufen meine Gedanken. Da die Natur der Gottheit unteilbar ist und sich in die Bilder der Geschöpfe ergießt, wie kann es dann dazu kommen, dass die Bilder nicht alles zeigen, was in göttlicher Natur ist. Zeigen aber einige Bilder der Geschöpfe alles, was in dem reichen Adel der Gottheit ist, wie kann dann das Geschöpf mit den Mängeln der Natur und in Einzelheit gebildet werden?

M. Du rurest gar einen tieffen grunt in disen worten. Als ich sprach an dem anvange: Got wolle, daz ich dir also antwort, als ez gezimpt der warheit /1060/ vnd daz auch werde gestevret deiner bekantlicheit!

D. Amen! Gib, daz dir got geb!

M. Daz lieblich pilde von dem brunnen, daz ist war, vnd doch *[71r]* so treuͤget ez deine sinne.

D. Als wie? /1065/

M. Ez ist war, daz die gotlich natůr vnteilhaftig ist, vnd wor si sich geuzt vnd gibt wesenlichen, do git si sich gantz vnd gar als der prunne. Daz treuget aber dein sinne, daz du wenest, daz allez geben der gotlichen natur sei wesenlich als daz fliezzen dez prunnen.

D. So gib mir den vnterscheit, daz ich ez mercke! /1070/

M. Sich einen prunnen fliezzen vnd giezzen von im einen pach! Den selben průnnen vnd seinen fluz maht du sehen, ob du wilt, in einem *[71v]* spigel. Der průnne vnd der fluzz, als er in dem spigel ist, der ist nit do wesenlich; er ist newr in dem spigel noch erscheinvͤnge.

D. Daz merck ich wol. Waz sol ich aber von der gothait do pei mercken? /1075/ Daz han ich noch nit leider verstanden.

M. Du solt mercken, daz die gotlich natur hat einen wesenlichen fluz ze dem ewigen wort vnd zu irem geiste. In dem fluzze geit sich die natur gantz vnd gar, wann sie kein teilung mag enphahen. Di selb natur hat einen andern *[72r]* flůz nach der weise *der* erscheinvnge eines claren spigels. In der weise ist /1080/ die gotlich natur geflozzen in die pilde vnd durch die pild in die creatur[57].

D. Du meinest, als mich duncket, daz nach der weise, als der gotlich adel zeiget groz vnd clein, nach maz der creatur ist; wie daz sei, daz die gotlich natur wesenlich stet on grosz vnd on clein, on lutzel, on vil, on zale vnd on alle maz.

/1085/ M. Frew dich in got, du host daz wol gemercket.

D. Doch west ich gern in einer naturlichen *gelichnůss*, mag ez ge*[72v]*sein, wie ein natůr *vnverwandelt* an ir selber mage erzeigen groz vnd clein in einem lautern spigel. Wann wer ein gantze rotev rosen hub fur einen lautern spigel, ich wen, die roͤse erschin gantz vnd gar, die weil si nit verwandelt wer in dem /1090/ spigel.

1092 der *fehlt* ***1098*** gelichnůss] gelvichnůss ***1099*** vnverwandelt] verwandelt

---

57 *Eckhart, In Ioh. n.564, LW III, S.492,9–12:* Secundo patet ex dictis quod unum fons est primo primae emanationis, filii scilicet et spiritus sancti a patre aeterna processione; bonum autem fons est secundae, ut sic dicamus, temporalis productionis creaturae, et ab utroque fonte hauritur praemium sive gaudium beatorum. *(Übers. ebd.: »Zweitens erhellt aus dem Gesagten: das Eine ist Quelle des allerersten Hervorgehens, nämlich durch den ewigen Hervorgang des Sohnes und des Heiligen Geistes aus dem Vater; das Gute aber ist Quelle des zweiten [Hervorgehens], sozusagen des zeitlichen Hervorbringens des Geschöpfes, und aus beiden Quellen wird der Lohn oder die Freude der Seligen geschöpft.«)*

Der Meister: Du berührst mit diesen Worten einen tiefen Grund. Wie ich am Anfang sagte: Gott möge wollen, dass ich dir so antworte, wie es der Wahrheit entspricht und dass auch deine Kenntnis gefördert werde!

Der Schüler: Amen! Gib, dass es dir Gott gebe!

Der Meister: Das reizende Bild von der Quelle, das ist wahr, und doch trügt es deine Sinne.

Der Schüler: Wie das?

Der Meister: Es ist wahr, dass die göttliche Natur unteilbar ist, und wohin sie sich ergießt und wesentlich gibt, da gibt sie sich ganz und gar wie die Quelle. Aber das täuscht deine Vorstellung, dass du meinst, dass alles Geben der göttlichen Natur seinshaft sei wie das Ausfließen der Quelle.

Der Schüler: So erklär mir den Unterschied, dass ich es verstehe!

Der Meister: Sieh eine Quelle, wie sie fließt und sich in einen Bach ergießt! Dieselbe Quelle und ihren Fluss kannst du dir in einem Spiegel vorstellen, wenn du willst. Die Quelle und der Fluss, wie sie in dem Spiegel sind, die sind nicht seinshaft dort, sie sind nur der Erscheinung nach in dem Spiegel.

Der Schüler: Das verstehe ich wohl. Was soll ich dabei aber an der Gottheit beachten? Das habe ich leider noch nicht verstanden.

Der Meister: Du sollst verstehen, dass die göttliche Natur einen seinshaften Fluss zu dem ewigen Wort und zu ihrem Geist hat. In dem Fluss gibt sich die Natur ganz und gar, da sie keine Teilung zulassen kann. Dieselbe Natur hat einen anderen Fluss so wie die Erscheinung in einem klaren Spiegel. In dieser Weise ist die göttliche Natur in die Bilder geflossen und durch die Bilder in das Geschöpf.

Der Schüler: Du meinst, wie mir scheint, dass es in der Weise, wie im göttlichen Adel groß oder klein erscheint, dem Maß des Geschöpfes entspricht, obwohl es doch so ist, dass die göttliche Natur nach ihrem Sein ohne Groß und Klein besteht, ohne Gering, ohne Viel, ohne Zahl und ohne alles Maß.

Der Meister: Freue dich in Gott, du hast das recht verstanden.

Der Schüler: Doch wüsste ich gern, wenn es sein kann, in einem natürlichen Beispiel, wie eine Natur, die an sich unverändert bleibt, sich in einem reinen Spiegel groß oder klein zeigen kann. Denn wenn man eine ganze rote Rose vor einen reinen Spiegel hält, ich denke, die Rose erschiene ganz und gar, weil sie in dem Spiegel nicht verändert würde.

M. So wen ich, du habest deinen willen dikk erzeiget in einer begird vnd habest in in ander begirde dikke verborgen.

D. We vnd ymmer we! Wie ist daz so war! Wie ist mein begirde so vil anderss dikk in auszern worten vnd wercken erscheinen, denn *[73^{r}]* si inwendig /1095/ stund in gelust meins willen! Sag furbaz! Ich loz mich in dirr gleichnuss zu dirr worheit wol begnuͤgen.

<Einheit Gottes, Vielzahl der Ideen, Vielzahl der Geschöpfe>

M. So frag furbaz, ab in dir noch stet kein wuͤnder!

D. Mich wundert, wie auz laůter einigkeit gotlichs adels mag gefliezzen so vil manikualtikait nach vnmesziger zal aller creatur. /1100/

M. Als in dem gotlichen adel seins ewigen wortes mag sich erzeigen manikualtige bildung der creatur, als vor beweist ist, also mag die gotlich almehtikeit auz wurcken in geschophe *[73^{v}]* die pild in creatur.

D. Ach, mein herre vnd mein vater, von den gnaden gotez vnd von deiner lere hon ich verstanden, daz ez muglich ist der einigheit gotlichs wesens, daz in /1105/ *ir* stat manikualtikeit der pilde der creatur. Aber der bilde eingang vnd auzgang in die creatur, wie sich daz beginne in dem grunde der warheit erzeigen, daz wolt ich gern von *dir* horen.

M. Ach vnd ach, wie dringest du mich in so herte bant, daz du meiner armůt niht gelaubest! Ich wer gerne deiner minne *[74^{r}]* gnug. Dar zu ist mein /1110/ craft zu clein. Zwischen den zwein herten felsen bin ich gesteget. War vmb gedenckest du niht, daz sant Pauls spricht: »Ich sage euch in der gnade gotes, daz ir nit tieffer fraget, denn ez noturftig ist vnd nůtz!«

D. Niht erschrike in deiner cleinheit! Ez ist niht dein; ez ist die gnade gotez. Ich getraw auch nit, daz ez vnnůtze sei, ob ich in demůt der warheit beger vnd /1115/ si sůche. Nuch, daz Dauid der prophet dor zu ermant vnd ein geturstikeit gegeben, wann er sprichet: »Suchet *seiner [74^{v}]* ewiclich!« Daz versten ich von dem adellichen wesen seiner gůt.

M. Du wilt niht enpern, ich muͤz reden von der ewigen weisheit vnweislich. So pit got, der dir so hohe begirde hot gegeben, daz er stewͤer mein /1120/ blindikeit vnd vber sehe mir mein geturstikeit!

D. Amen! spriche ich.

M. Der gotlich adel bekennet seins adels reicheit, wann er der hoste geist ist.

D. Daz halt ich. /1125/

M. Sein bekennen daz ist als groz vnd als reich, als sein adel ist.

D. Ez ist, als du sprichest. Wann wer *[75^{r}]* sein bekennen niht als reich, als sein adel ist, so blibe etwaz seinez adels vnbekant.

1117 ir] in ***1119*** dir] ir ***1128*** seiner] seinē

Der Meister: So vermute ich, dass du deinen Willen schon oft in einem bestimmten Wunsch gezeigt hast und ihn zugleich in einem anderen Wunsch versteckt hast.

Der Schüler: Weh und immer weh! Wie ist das so wahr! Wie ist mein Begehren so oft ganz anders in äußeren Worten und Werken erschienen, als es inwendig in der Lust meines Willens stand! Sprich weiter, ich lass es mir mit diesem Beispiel der Wahrheit gerne genug sein.

<Einheit Gottes, Vielzahl der Ideen, Vielzahl der Geschöpfe>

Der Meister: So frag weiter, wenn in dir noch eine Frage offensteht!

Der Schüler: Mich wundert, wie aus der reinen Einzigkeit göttlichen Adels eine so große Vielfalt der unermesslichen Zahl aller Geschöpfe fließen kann.

Der Meister: Wie sich in dem göttlichen Adel seines ewigen Wortes vielfältige Formen der Geschöpfe zeigen können, wie zuvor aufgezeigt wurde, so kann die göttliche Allmacht in den Geschöpfen die Formen der Geschöpfe ausbilden.

Der Schüler: Ach, mein Herr und mein Vater, von der Gnade Gottes und durch deine Lehre habe ich verstanden, dass es der Einzigkeit göttlichen Wesens möglich ist, dass in ihr die Vielfalt der geschöpflichen Formen besteht. Aber wie sich der Eingang und Ausgang der Formen in die Geschöpfe im Grund der Wahrheit zu zeigen beginnen, das wollte ich gerne von dir hören.

Der Meister: Ach und ach, wie drängst du mich in so starke Fesseln, dass du nicht an meine Armut glaubst! Ich würde gerne deiner Liebe genugtun. Dazu ist meine Kraft zu klein. Zwischen diesen beiden harten Felsen bin ich unterwegs. Warum denkst du nicht an das, was der heilige Paulus sagt: »Ich sage euch in der Gnade Gottes, dass ihr nicht tiefer fragt, als es notwendig und nützlich ist!« (Vgl. Rm 9,19 f.)

Der Schüler: Erschrick nicht wegen deiner Kleinheit! Es liegt nicht an dir; es liegt an der Gnade Gottes. Ich habe auch das Vertrauen, dass es nicht unnütz ist, wenn ich in Demut die Wahrheit begehre und sie suche. Es ist genug, dass David, der Prophet, dazu ermahnt und uns Mut macht, wenn er spricht: »Sucht ihn ewig!« (Ps 104[105],4) Das verstehe ich aufgrund des edlen Wesens seiner Güte.

Der Meister: Du willst nicht darauf verzichten, ich muss unweise von der ewigen Weisheit reden. So bitte Gott, der dir so hohes Begehren gegeben hat, dass er meine Blindheit führe und meine Kühnheit übersehe!

Der Schüler: Amen! Sage ich.

Der Meister: Der göttliche Adel erkennt den Reichtum seines Adels, weil er der höchste Geist ist.

Der Schüler: Das halte ich.

Der Meister: Sein Erkennen ist ebenso groß und reich wie sein Adel.

Der Schüler: Es ist, wie du sagst. Denn wäre sein Erkennen nicht ebenso reich wie sein Adel, so bliebe etwas von seinem Adel unerkannt.

M. Daz bekennen seines adels ist ein spigel, in dem er sich selber besiht, wann sein natur in dem bekennen erscheinet. /1130/

D. Ez mag nit anders gesein.

M. Der spigel ist sein wort.

D. Ez ist also. Wann wenn der adel der natur erscheinet in der bekantnuͤss, so ist die bekantnuss in alle weizs gleich der natuͤr.

M. In dem wort ›gleichnuss der natuͤr‹ so erscheint die einikeit der natuͤr. /1135/

D. Wann *[75v]* die natuͤr ein einig ein ist, alz sie ist.

M. Nu merck furbaz: Als die natur erscheinet in irem worte, als si ist, also erscheinet si nach allem dem, daz in ir besloszen ist.

D. Ez ist also. Wann erschine in der natur nit, daz in ir ist, so wer si nit vollecleich bekant vnd wer daz wort niht ein volkumen gleichnuss der natur. /1140/

M. Do von so zeiget daz wort alle die craft, die in der natur ist, vnd weisheit vnd guͤtikeit vnd leben, daz in der natur ist.

D. Ez ist also, als du sprichest, seit *[76r]* daz daz wort volkuͤmen ist.

M. Also zeiget daz ewig wort dez vaters craft, die vnmeszig ist. Die vnmeszikeit erscheinet nach aller muglicheit der creatur. Die *muͤglicheit* der /1145/ creatur in vnmesziger manigualtikait ist der creatur. Also duͤnckt mich, daz der einganck der bilduͤng der creatur durch daz wort der weisheit ist.

D. Gesegen mich got, daz ich disen tag hon gelebt, daz ich eigentlich gemercket hon, wie die lieht der ewigen bilduͤng der creatur *[76v]* in der veterlichen craft beslozzen seint als der same in dem gruͤnde, vnd der selbe same /1150/ creaturlicher bilde ist erschinen vnd erzeiget in dem spigel dez wortes ewiger weisheit, als der same gruͤnet in bernder mynne. Ach reicher got, nuͤ gib auch mir ze merken den ausfluz vnd den ausganck der creatur in manigueltikeit der eigenn natur!

M. Du host reht, daz du von got vorderst, daz der mensche nit enhot. Lob /1155/ got vnd gib im ere, wann mich duncket, du habest die worheit *[77r]* baz verstanden von seinen gnaden denn von meinen worten! Laz vns beide furbaz suͤchen! Ez wirt etwenn der minne kuͤnt, daz der kuͤnst ist verborgen.

D. Dein lere vnd dein rat ist mir dikke zu gute kuͤmen. Sag: Wie fleuzzet die creatur von disen ewigen pilden, die sich einiclich in dem spigel dez wortez /1160/ haben erzeiget?

M. Daz ist gut zu mercken, der diz wort verstat. *Wann* als daz ewig wort zeiget dise pilde den augen gotlicher naturlicher angesiht, also werden die selben pilde furgetra*[77v]*gen der gute seines willen vnd seiner minne. *Der* wille gibt denn geschopf der creatur in zal vnd in zeit vnd in maze, als si wil. Daz /1165/ ist daz suzze tawe, daz yder creatur git *wachsen* vnd fruhtikeit der ge-

1158 muͤglicheit] vͤnmuͤglicheit *1162* der creatur *doppelt* *1175* Wann] wo *1177* Der] de *1179* wachsen] waschen

Der Meister: Das Erkennen seines Adels ist ein Spiegel, in dem er sich selbst anschaut, denn seine Natur erscheint in diesem Erkennen.

Der Schüler: Es kann nicht anders sein.

Der Meister: Der Spiegel ist sein Wort.

Der Schüler: So ist es. Denn wenn der Adel der Natur in der Erkenntnis erscheint, so ist diese Erkenntnis in jeder Weise der Natur gleich.

Der Meister: In dem Wort ›Gleichnis der Natur‹ erscheint die Einheit der Natur.

Der Schüler: Weil die Natur ein einzig Eines ist, wie sie ist.

Der Meister: Nun beachte weiterhin: Wie die Natur in ihrem Wort erscheint, wie sie ist, so erscheint sie auch mit all dem, das in ihr beschlossen ist.

Der Schüler: So ist es. Denn erschiene in der Natur nicht, was in ihr ist, so wäre sie nicht völlig erkannt, und das Wort wäre nicht ein vollkommenes Abbild der Natur.

Der Meister: Darum zeigt das Wort alle Kraft, die in der Natur ist, sowie Weisheit und Güte und Leben, die in der Natur sind.

Der Schüler: Es ist so, wie du sagst, da das Wort vollkommen ist.

Der Meister: So zeigt das ewige Wort des Vaters Kraft, die unermesslich ist. Die Unermesslichkeit erscheint in allen Möglichkeiten der Natur. Die Möglichkeit des Geschöpfes liegt in der unendlichen Vielfalt der Geschöpfe. So erscheint mir der Eingang der Formgebung des Geschöpfes durch das Wort der Weisheit.

Der Schüler: Segne mich Gott, dass ich diesen Tag erlebt habe, dass ich selbst gemerkt habe, wie die Lichter der ewigen Formung des Geschöpfes in der väterlichen Kraft beschlossen sind wie der Same im Grund, und derselbe Same der geschöpflichen Ideen ist erschienen und offenbart im Spiegel des Wortes der ewigen Weisheit, wie der Same in der fruchtbaren Liebe grünt. Ach, reicher Gott, nun gib mir auch den Ausfluss und den Ausgang der Geschöpfe in die Vielfalt der je eigenen Natur zu verstehen!

Der Meister: Du hast recht, dass du von Gott forderst, was der Mensch nicht hat. Lobe Gott und gib ihm Ehre, da mir scheint, du hast die Wahrheit besser durch seine Gnade verstanden als durch meine Worte! Lass uns beide weitersuchen! Es wird irgendwann der Liebe bekannt, was der Kunstfertigkeit verborgen bleibt.

Der Schüler: Deine Lehre und dein Rat sind mir oft zugutegekommen. Sag: Wie fließt das Geschöpf von diesen ewigen Ideen, die sich in dem Spiegel des Wortes in Einheit geoffenbart haben?

Der Meister: Das ist gut zu verstehen, wenn man das Wort versteht. Denn wie das ewige Wort diese Ideen den Augen des göttlichen natürlichen Antlitzes zeigt, so werden dieselben Ideen der Güte seines Willens und seiner Liebe vorgetragen. Der Wille erbringt dann die Erschaffung der Kreatur in Zahl und Zeit und Maß, wie sie es will. Das ist der süße Tau, der jedem Geschöpf Wach-

schopfe in der maz der geleicheit den pilden, die erschinen seint in dem ewigen worte.

D. Ach ewige vnmeszige weishait, wie bin ich so gar tief beslozzen in der craft deiner almehtikeit, wie pin ich so lauter vnd clar angesehen in dem spigel seiner weisheit! Ach, vbergutigev suszikeit deiner *[78r]* minne! Wie pin ich auz /1170/ dir geflozzen in creaturlicher itelkeit! Als der schatte kuͤmet von dem scheine dez liehtes, also pin ich beschatt nach dem pilde, daz in dem ewigen bruͤnnen lebende ist, daz ein lieht vnd ein pilder *myner* natur ist. Gib, werder got, mir armem, deiner creatur, die gleichnuͤss, die dem ewigen pilde, nach dem ich geschaffen bin, muͤglich ist vnd deiner gute erlich ist vnd mein aller liebste /1175/ selikait ist! Daz ist der wider fluz, der aller gerehten hertzzen begirlich ist.

M. Laz *[78v]* dich begnuͤgen, du hast gemerket, wie die creatur *in der* veterlichen craft in irr muͤglicheit besloszen ist, als der same ist wesenlich in der erden; vnd wie der selbe same in dem spigel dez ewigen *wortez* als ein lieht in manigualtikeit erscheinen ist der gotlichen angesiht. Die lieht seint durch den /1180/ gotlichen willen dez heiligen geistes auzgefloszen, als der fluz von dem prunnen twͤt. Wann als der fluz sich teilet in manigueltikeit vnd der prunne pleibt in einikeit, also ist die crea*[79r]*tur in manigueltiger istkeit irr natur geflozzen auz einiger einikeit, die ein wesenlich anvanck ist aller zal, aller form vnd aller figur.[58] Vnd daz ist daz »ein, daz notuͤrftig ist«, als Christus sprach, do er /1185/ Maria Magdalen versprach gein Martan, irr swester.

D. Ach, ewiger einiger, ein anvang vnd ende aller geschaffenheit, wie ist ez so war, daz du noturftig bist! Wer nuͤ eins nit, so wern zwei noch drew nit, so wer auch die zal nit. Wer die zal nit, so wer auch die zeit nit. Wer nuͤ die zeit *nit*, so wer kein creatur nit *[79v]* geschaffen in zeit vnd in zal vnd in maze. Wer got /1190/ mensch nit, so enwer die gnad, die den menschen geit selikeit, nit. Owe, ewiger, einiger, vberfliezzender bruͤnne dez lebendigen wassers! Erst begint mein hertze mercken, wie in dem abgrunde deiner almehtikeit aufdringent die lieht creaturlicher geschaffenheit, vnd wie die lieht in dem spigel deiner weisheit erscheinent mit vnderscheit in ewiger clarheit, vnd daz die selben lieht /1195/ werden enphangen in der minne gotlicher gutikeit, *[80r]* vnd wie die selben lieht uber fliezzent von der gut in creaturlichen vnterscheit, vnd wie die creaturlich geschaffenheit in zal vnd in maze beweiset ein gleicheit zwischen der form vnd der istkeit, als der schadd sich formet vnd pildet nach dem lieht.

M. Ez ist daz du hast gesprochen. Got gebe, daz sich vnser leip vnd vnser /1200/ sel also kere zu der gotheit mit minnen vnd mit danckberkeit! Wann

1187 myner] mynner *1192* in der *doppel* *1194* wortez] wortez ist *1205* nit *fehlt*

58 *Vgl. Bonaventura, In Sent. II, d. 1, p. 2, q. 1; Thomas de Argentina, In Sent. I, d. 35, q. 1, concl. 3; weitere Zitate und Erläuterungen siehe* Witte, *Der Meister des Lehrgesprächs und sein ›In-principio-Dialog‹, S. 89–110.*

sen und Fruchtbarkeit gibt im Maß der Gleichheit mit den Ideen, die in dem ewigen Wort offenbart sind.

Der Schüler: Ach, ewige unermessliche Weisheit, wie bin ich so tief in der Kraft deiner Allmacht beschlossen, wie bin ich so rein und klar in dem Spiegel seiner Weisheit angeblickt! Ach, übergütige Süßigkeit deiner Liebe! Wie bin ich aus dir geflossen in geschöpflicher Eitelkeit! Wie der Schatten von dem Schein des Lichtes kommt, so bin ich entsprechend der Idee beschattet, die in der ewigen Quelle lebt, die ein Licht und ein Urbild meiner Natur ist. Erhabener Gott, gib mir Armem, deinem Geschöpf, die Gleichheit, die der ewigen Idee, nach der ich geschaffen bin, möglich ist und deiner Güte Ehre gibt und die meine allerliebste Seligkeit ist! Das ist der Rückfluss, den alle gerechten Herzen begehren.

Der Meister: Lass es dir genug sein, du hast gemerkt, wie das Geschöpf in der väterlichen Kraft in seiner Möglichkeit beschlossen ist wie der Same dem Sein nach in der Erde, und wie derselbe Same in dem Spiegel des ewigen Wortes als ein Licht in Vielfalt dem göttlichen Antlitz offenbar ist. Die Lichter sind durch den göttlichen Willen des Heiligen Geistes ausgeflossen, wie es der Fluss aus der Quelle tut. Denn wie der Fluss sich in Vielfalt teilt und die Quelle in Einheit verbleibt, so ist das Geschöpf in vielfältiger Istheit seiner Natur aus der einzigen Einheit ausgeflossen, die ein wesentlicher Anfang aller Zahl, aller Form und aller Bildung ist. Das ist »das Eine, das notwendig ist«, wie Christus sagte, als er Maria gegen Martha, ihrer Schwester, recht gab (Lc 10,41 f.).

Der Schüler: Ach, ewiger Einziger, ein Anfang und Ende aller Geschaffenheit, wie ist es so wahr, dass du notwendig bist! Wäre nun eins nicht, so wären zwei und drei nicht, so wäre auch die Zahl nicht. Wäre die Zahl nicht, so wäre auch die Zeit nicht. Wäre nun die Zeit nicht, so wäre kein Geschöpf in Zeit und in Zahl und in Maß geschaffen. Wäre Gott nicht Mensch, so gäbe es die Gnade nicht, die den Menschen Seligkeit schenkt. O weh, ewige einzige überfließende Quelle des lebendigen Wassers! Jetzt erst beginnt mein Herz zu merken, wie in dem Abgrund deiner Allmacht die Lichter der geschöpflichen Geschaffenheit aufgehen und wie die Lichter in dem Spiegel deiner Weisheit mit Unterschied in ewiger Klarheit erscheinen. Dieselben sind Lichter in der Liebe der göttlichen Güte empfangen und dieselben Lichter fließen aus der Güte in den geschöpflichen Unterschied. Und so zeigt die geschöpfliche Geschaffenheit in Zahl und Maß eine Gleichheit zwischen der Form und der Istheit, wie der Schatten sich nach dem Licht formt und bildet.

Der Meister: Es ist so, wie du es gesagt hast. Gott gebe, dass sich unser Leib und unsere Seele so mit Liebe und mit Dankbarkeit zur Gottheit kehren!

daz ist dez menschen hohste gerehtikeit, di er springet in der zeit der gnade vnd wider fleuͤzet *[80v]* in die wuͤnne ewiger salichait, da die forme der creatur liecht vnd *leben* seint, in dem der geschaffen geist sicht daz leben der salichait, schawet di liecht in ewiger sicherhait, *sicht* die maze seiner gerechtichait, wann er wart /1205/ gewegen auf der gleichait.

D. Gelobt sei got! Aus disem stuge wil ich dich nicht mer *muen*.

M. So frag furbas!

<Die Idee der Zeit>

D. Aus disem wuͤnder ist mir gewachsen ein anders.

M. Alz wie? /1210/

D. Du bild vnd di form der creatur, die in got *[81r]* licht vnd leben seint, alz du hast beweiset, die seint ewig on zeit. War vmb ist die creatur nicht auch geschaffen in ewichait uor aller zeit nach der gleichnuͤz irer formen vnd pilden?

M. Daz ist ein tieffew frag, die doch hot ein snelle antwurtt.

D. Alz wie? /1215/

M. Da *sprich* ich: Ez ist also gewesen gotez wille.

D. Du hast war, daz die antwurt snell vnd behende ist, wan si ist noch *den* ainfaltigen menschen gemein. Si *muent* aber dich da *mit. [81v]* Ich chum ez an dein gnade. Ich horte gern ein nahers da uon gesprochen.

M. Waz wer daz? /1220/

D. Wie du zeit mag sein gepildet in ewichait. Wann got hat di zeit bekant in seiner ewichait alz an der form vnd bilde der creatur.

M. Daz ist war. Het er nicht in im daz liecht der zeit, er het die zeit nie geschaffen.

D. Daz ist doch mein wunder, wie du zeit mocht sein in ewichait vnd wie /1225/ aus der ewichait die zeit ist gewachsen.

M. *[82r] Hastu* wol gemerchet, daz hie uor gesprochen ist, daz got hat die pilde aller creatur angesehen in vnderscheit?

D. Wie mainest du den vnderschait?

M. Alz got hot in einer form an gesehen den engel vnd in einer andern form /1230/ *den* menschen vnd in einer form den adeler *vnd der* andern den lewen.

D. Nu merck *ich* ez wol.

M. Sichst du, daz die form vngeleicheit habent?

D. Daz sich ich wol. Wan du creatur hat vngleichait in ir selber, so muez auch der *[82v]* pilder haben vnderscheit, nach dem sie ist geschaffen. /1235/

M. So merch, daz die selben pilde vnd form erzaigent ordenung der dinge.

1219 leben$_1$] lebent ***1220*** sicht] seht muen] mugen ***1223*** M. *fehlt* ***1232*** sprich] sprach ***1233*** den] den dein ***1234*** muent] muent dich mit] mit D. ***1243*** Hastu] Hastu du ***1247*** den] dem vnd der] under ***1249*** ich] ist

Denn das ist des Menschen höchste Gerechtigkeit, die in der Zeit der Gnade entspringt und zurückfließt in die Wonne der ewigen Seligkeit, wo die Formen des Geschöpfes Licht und Leben sind. Darin sieht der geschaffene Geist das Leben der Seligkeit und schaut die Lichter in ewiger Gewissheit, und er sieht die Maße seiner Gerechtigkeit; denn er wurde auf Gleichheit hin gewogen.

Der Schüler: Gelobt sei Gott! Mit diesem Stück will ich dich nicht weiter bemühen.

Der Meister: So frage weiter!

<Die Idee der Zeit>

Der Schüler: Aus diesem Wunder ist mir ein zweites erwachsen.

Der Meister: Wie das?

Der Schüler: Die Bilder und die Formen der Geschöpfe, die in Gott Licht und Leben sind, wie du aufgezeigt hast, die sind ewig ohne Zeit. Warum ist das Geschöpf nicht auch in Ewigkeit vor aller Zeit in gleicher Weise wie seine Formen und Ideen geschaffen?

Der Meister: Das ist eine tiefe Frage, die eine schnelle Antwort findet.

Der Schüler: Wie das?

Der Meister: Da sage ich: Es ist so Gottes Wille gewesen.

Der Schüler: Du hast recht, dass die Antwort schnell und flink ist, denn sie ist sogar den einfältigen Menschen gemeinsam. Sie bemühen dich aber damit. Ich empfehle es deiner Gnade. Ich würde gern etwas Näheres davon hören.

Der Meister: Was wäre das?

Der Schüler: Wie die Zeit in Ewigkeit gebildet sein kann. Denn Gott hat die Zeit in seiner Ewigkeit an der Form und dem Bild des Geschöpfes erkannt.

Der Meister: Das ist wahr. Hätte er nicht in sich das Licht der Zeit, hätte er die Zeit nie geschaffen.

Der Schüler: Das ist doch meine Frage, wie die Zeit in Ewigkeit sein konnte und wie die Zeit aus der Ewigkeit gewachsen ist.

Der Meister: Hast du wirklich gemerkt, dass zuvor gesagt wurde, dass Gott die Ideen aller Geschöpfe in Unterschied angesehen hat?

Der Schüler: Wie meinst du den Unterschied?

Der Meister: Wie Gott in einer Form den Engel angesehen hat und in einer anderen Form den Menschen und in einer Form den Adler und in der anderen den Löwen.

Der Schüler: Jetzt merke ich es wohl.

Der Meister: Siehst du, dass die Formen ungleich sind?

Der Schüler: Das sehe ich wohl. Denn das Geschöpf hat in sich selbst Ungleichheit, so muss auch das Urbild Unterschied haben, nach dem es geschaffen ist.

Der Meister: So merke auch, dass dieselben Ideen und Formen eine Ordnung der Dinge zeigen.

D. Daz ist war. Wann wa vngeleichait ist, da ist ordenung.

M. Wie merchst du daz?

D. Wern alle ding geleich, so wer nicht ordenunge. Da von duncht mich, daz vngeleich trag ordenung. /1240/

M. So sich furbas, daz ordenung trait die zeit.

D. Als wie?

M. Ordenung der creatur ligt dar an, daz ein creatur edeler ist dan die ander vnd daz ein dez andern ein *[83r]* anvahendew sach ist vnd daz eins uor dem andern ist vnd daz ein wandelung ist in der creatur. Di wandelung trait die zeit /1245/ in ir.

D. Disew wort hon ich all gemercht, daz mich benuget vncz an daz iűngst, da du sprichst, daz wandelung der creatur trag die zeit.

M. Waistu, waz zeit ist, so wirdestu merchen, wie zeit in der wandelung ist, also daz chain wandelung mag sein on zeit. /1250/

D. Waz ist zeit? Daz sprich!

M. Zeit ist ein maz, da mit die wandeluͤng wirt *[83v]* gemessen, alz wir sprechen: Ez ist so lang, daz daz geschach, also churcz. Da von allez, daz wandelung enpfecht in im selber, daz hot ein sulch maz, daz man von im sprechen mag: Ez waz e vnd ist nu nút, *ald*[59] ez ist vnd wirt etwen nút, *ald* ez /1255/ waz vnd ist vnd wirt nút, *ald* daz ist allez vndertenich der zeit.

D. Dar nach dunchet mich, daz alle geschaffen creatur der zeit muez vndertenich sein, wan si in etleicher weiz mit der wandelung begriffen ist.

M. *[84r]* Ez ist also. Wan allew creatur nút waz vnd *nu* ist; da von vieng die zeit an mit der creatur. Wan do got himel vnd erde geschuf, do wart der himel /1260/ gemessen vor vnd nach[60]. Wan uor waz er nút vnd noch dem nút was er. Dor noch enpfieng der himel seinen lauf. Do waz er anders *dann* uor. Daz ist auch ein moz der zeit. Dar nach ward daz ertreich mit mangerlei creatur geziret, die uor nicht waren vnd dar nach wurden, da uor vnd nach wur*[84v]*den gemezzen mit dez himels lauf. Wan man sprichet: Daz ward geschaf/1265/fen

1258 M.] M. maister ***1272*** ald$_1$] al ald$_2$] al ***1273*** ald] al ***1276*** nu] nút ***1279*** dann *fehlt*

59 *Auch Schreiber III stößt sich mehrmals an dem Wort* ald.

60 *Vgl. Aristoteles, Phys. IV, c. 11;* B*EKKER*, *S. 219b, ALD, Morbeca, transl. nova:* Cum autem prius et posterius est, tunc dicimus tempus: hoc enim est tempus, numerus motus secundum prius et posterius. *(»Wenn es aber vorher und nachher gibt, sagen wir, es gibt Zeit: Das nämlich ist die Zeit; die Zahl der Bewegung entsprechend dem Vorher und Nachher.«) – Thomas de Aquino, In Phys. IV, lect. 17, n. 10:* Et hoc <dicimus fieri tempus> ideo, quia tempus nihil aliud est quam numerus motus secundum prius et posterius: tempus enim percipimus, ut dictum est, cum numeramus prius et posterius in motu. *(»Und das also <dass wir sagen: die Zeit geschieht> ist darum, weil die Zeit nichts anderes ist ›als die Zahl der Bewegung gemäß dem Vorher und Nachher‹; wir nehmen nämlich, wie gesagt, die Zeit wahr, wenn wir das Vorher und Nachher der Bewegung zählen.«)*

Der Schüler: Das ist wahr; denn wo Ungleichheit ist, da ist Ordnung.

Der Meister: Woran merkst du das?

Der Schüler: Wären alle Dinge gleich, so gäbe es keine Ordnung. Daher scheint mir, dass Ungleichheit Ordnung in sich trägt.

Der Meister: So sieh weiter, dass Ordnung die Zeit mit sich bringt.

Der Schüler: Wie das?

Der Meister: Ordnung der Geschöpfe liegt daran, dass ein Geschöpf edler ist als das andere und dass eines für das andere die Ursache ist und dass eines vor dem anderen ist und dass es eine Veränderung im Geschöpf gibt. Die Veränderung trägt die Zeit in sich.

Der Schüler: Alle diese Worte habe ich verstanden, sodass ich zufrieden bin, abgesehen von dem letzten, wenn du sagst, dass die Veränderung der Geschöpfe Zeit in sich trägt.

Der Meister: Weißt du, was Zeit ist? Dann würdest du verstehen, wie Zeit in der Veränderung liegt, sodass keine Veränderung ohne Zeit sein kann.

Der Schüler: Was ist Zeit? Das sage mir!

Der Meister: Zeit ist ein Maß, mit dem die Veränderung gemessen wird, wie wir sagen: Es ist so lange her, dass das geschah, oder so kurze Zeit. Darum hat alles, was Veränderung in sich selbst empfängt, ein solches Maß, dass man von ihm sagen kann: Es war zuvor und ist jetzt nicht, oder: Es ist und wird irgendwann nicht mehr sein, oder: Es war und ist und wird nicht, oder: Das ist alles der Zeit untertan.

Der Schüler: Danach dünkt mich, dass alle geschaffenen Geschöpfe der Zeit untertan sein müssen, da sie in irgendeiner Weise mit Veränderung zu tun haben.

Der Meister: So ist es. Da alle Geschöpfe nicht waren und jetzt sind, darum fing die Zeit mit dem Geschöpf an. Denn als Gott Himmel und Erde schuf, wurde der Himmel mit Vor und Nach gemessen. Denn zuvor war er nicht, und nach dem Nicht war er. Danach empfing der Himmel seinen Lauf. Da war er anders als zuvor. Das ist auch ein Maß der Zeit. Danach wurde die Erde mit mancherlei Geschöpfen geziert, die zuvor nicht waren und danach wurden. Davor und Danach wurden mit des Himmels Lauf gemessen. Denn man sagt: Das

an dem ersten tag, daz an dem andern tag. Also wirt auch nu all wandelung, di ist in der creatur, gemessen mit tagen *ald* mit stunden. Da von wan uor vnd nach in dem lauͤff der himel ist, der vmb lauf die erst wandelung ist vnd auch aller kuntleichest dem menschen. Da von so sprechent die maister, daz die zeit in dem himel ist, vnd dar nach so wirtz uor vnd nach vnd nu *[85r]* in /1270/ wandelung der creatur gemessen.

D. Wir sein aus gegangen nach meiner maynung, alz ich wolte.

M. Alz wie?

D. Da wolt ich gern wissen, wie got die zeit in den ewigen bilden hot angesehen, wan zeit vnd ewichait seint gar vngeleich ein ander. /1275/

M. Ez ist nicht ein aus gang, da vil red vnd wort werdent gesprochen vmb daz, daz eins wol werde uerstanden.

D. Daz ist war. Gib mir aus disen worten einen gesamenten syn, daz ich ez mug begreiffen!

M. *[85v]* Got hat die creatur angesehen mit vnderscheid vnd in manigfalti/1280/cheit. In der manichfalticheit hot er gesehen ordenung.[61] In ordenung hot er gesehen, daz eins uor dem *andern* ist vnd eins nach dem andern ist. In dem uor vnd noch hot er gesehen, daz wandelung der creatur ist. In der wandelung hot er gesehen, daz da ynne zeit ist, vnd allez, daz in der zeit ist gewesen, *vnd* daz ist noch kunftig. /1285/

D. *Gelobt* seist du, ewigew ueterleichew chraft der almechtichait, *[86r]* in der die liecht aus bilden der forme vnd creatur beslossen seint! Gelopt seistu, uollew weishait dez ewigen wortez, in dem die creatur in vnderschaid erschinen ist on vnderscheid dez wortes! Gelopt seist du, ewichait, in der zeit on zeit erschinen ist! Ach wie suz, ach wie mynnecleich daz lauter auͤg ze schawen ist, /1290/ wie zeit flewzzet in ewichait, wie manikfalticheit wirt von *einichait* geschaffen, wie vngeleich der creatur nach gleich wirt gemessen vnd gepildet, wie *[86v]* alle totleich creatur in got ewig leben ist, wie gar reich vnd uol der brunne ist gotleicher guͤtichait, aus dem *guͤtes* vnd gebreste ist geflozzen! Ach, aller fraud ein wunn vnd ein paradeis! Wie salig seint die augen, die dich ansehent in deiner /1295/ clarheit, da dein gotleich chraft deiner almechtichait sich zaiget in dem spigel vnmezziger weishait, da du selb chraft vnd weisheit sich gancz vnd gar zeiget in daz grundloz mer deiner guͤticheit vnd dein gut vber fluzzet in vn*[87r]*zeleicher forme vnd creaturleicher muͤgenleichait. Ach mein sel, wann chumt die zeit vnd stund, daz daz ewig wort der warheit aus der genad seiner gruntlosen /1300/ erbarmherczichait spricht: »Biz hewt pei mir in dem paradeis‹, daz dem sundigen schacher wart gesprochen zu seiner salichait.

1284 ald] alz ***1299*** andern] ander ***1303*** gelobt] gelobst ***1308*** einichait] ewichait ***1311*** guͤtes] gote

61 *Vgl. Bonaventura, In Sent. I, d.35, a. 1, q. 6; dazu ed. Qu., Bd. I, S. 614 (Scholion).*

wurde am ersten Tag geschaffen, das am zweiten Tag. So wird nun auch jede Veränderung, die in dem Geschöpf ist, mit Tagen oder mit Stunden gemessen. Daher, weil vor und nach in dem Lauf des Himmels ist, darum ist der Lauf die erste Veränderung und auch dem Menschen am bekanntesten. Darum sagen die Meister, dass die Zeit im Himmel ist, und danach wird vor und nach und jetzt in der Veränderung des Geschöpfes gemessen.

Der Schüler: Wir sind nach meiner Meinung abgeschweift von dem, was ich wollte.

Der Meister: Wie das?

Der Schüler: Ich wollte gerne wissen, wie Gott die Zeit in den ewigen Bildern angesehen hat, da Zeit und Ewigkeit einander ganz ungleich sind.

Der Meister: Es ist nicht ein Abschweifen, wenn viel Rede und viele Worte gesprochen werden, darum willen, dass eines gut verstanden wird.

Der Schüler: Das ist wahr. Gib mir einen zusammenhängenden Sinn von diesen Worten, dass ich es begreifen kann.

Der Meister: Gott hat das Geschöpf mit Unterschied und in Vielfalt angesehen. In der Vielfalt hat er Ordnung gesehen. In Ordnung hat er gesehen, dass eins vor dem anderen ist und eins nach dem andern. In dem Vor und Nach hat er gesehen, dass es Veränderung des Geschöpfes gibt. In der Veränderung hat er gesehen, dass darin Zeit liegt und alles, was in der Zeit gewesen ist und noch zukünftig sein wird.

Der Schüler: Gelobt seist du, ewige väterliche Kraft der Allmacht, in der die Lichter aus den Bildern der Formen und Geschöpfe beschlossen sind! Gelobt seist du, volle Weisheit des ewigen Wortes, in dem die Geschöpfe in Unterschied erschienen sind und ohne einen Unterschied des Wortes! Gelobt seist du, Ewigkeit, in der die Zeit ohne Zeit erschienen ist! Ach, wie süß, ach, wie lieblich das reine Auge zu schauen ist, wie die Zeit in Ewigkeit fließt, wie die Vielfalt von der Einzigkeit geschaffen wird, wie ungleich das Geschöpf nach Gleichheit gemessen und geformt wird, wie alle sterblichen Geschöpfe in Gott ewiges Leben sind, wie reich und voll die Quelle der göttlichen Güte ist, aus der Gutes und Mangelhaftes geflossen sind! Ach, aller Freude ein Wunder, eine Wonne und ein Paradies! Wie selig sind die Augen, die dich ansehen in deiner Klarheit, wo sich deine göttliche Kraft der Allmacht in dem Spiegel der unermesslichen Weisheit zeigt, wo dieselbe Kraft und Weisheit sich ganz und gar in dem grundlosen Meer deiner Güte zeigt und in der dein Gut überfließt in unzähliger Form und geschöpflichen Möglichkeiten. Ach, meine Seele, wann kommt die Zeit und Stunde, da das ewige Wort der Wahrheit aus der Gnade seiner grundlosen Barmherzigkeit spricht: »Sei heute bei mir in dem Paradies!« (Lc 23,43), wie es dem sündigen Schächer zu seiner Seligkeit gesagt wurde.

M. Gelopt sei die warhait, die dein augen *hat* auf getan nach menschleicher chrancheit vnd auch mich erlediget hot, alz ich getrew von dem *heischen* deiner wuͤnder vnd deiner frage. *[87v]* /1305/

D. Ez schol dich rewen nicht. Ich getrew, deinez nuczzes sei vil, ob ez halt clain ist, daz ich da von han liecht enpfangen. Wan ich hon gehort die weisen sprechen: Wer den andern lert in trewen vnd in warhait, dem wirt etwen bechant in seiner ler, daz im uor nicht waz gegeben.

M. Daz schullen wir got enpfelhen, der geit, so er wil vnd wem er wil, in /1310/ freiheit seiner mynne. Laz vns daz buchelein besliezzen in seinem ende!

<Schluss>

D. Mache dem capitel ein ende! Daz laz ich gut sein. Aber nut *dem* puͤchelin *[88r]* ein ende.

M. Wie mainest du daz?

D. Da host du in dem aneuang gelobt, du wollest betuten daz ewangelium /1315/ »In principio erat«, vnd dar auf hast du disew drew capitel gerichtet, alz mich dunchet. Da von sol dez puchleins nicht ein ende sein, e daz du daz ewangelium betutest.

M. Daz du hechsest! Daz hon ich geton, ob du ez recht merchest.

D. Ich beswer dich pei den genaden gotez, daz du mich wollest *beweisen*, /1320/ wan daz wort wer mir gar *[88v]* vngelaubleich, het ich nicht alz ein fest getrauen zu deinen worten.

M. *Wisse*, daz mein mainung nicht waz an dem aneuang, daz ich daz ewangelium wolt von wort ze wort beduten, wan vil in dem selben ewangelio ist, daz gemein ler an got vnd von allen wirt gesprochen vil vnd oft. Ich wolt /1325/ daz betuten, *daz* tieffe synne hat vnd nicht gemeincleichen gesprochen wirt.

D. Ich loz ez gut sein, daz du dich mit dirr weiz nicht bechummerst, da mit daz ich ez ge*[89r]*maincleich haben mag. Waz daz sei, daz *in der* tieffe verborgen ist, dez gib mir doch ein vnderscheid.

M. Gern. Ez seint zwei dinch tieff in dem ewangelio. Daz ein ist von dem /1330/ auz fluz dez personleichen wortez nach personleichem vnderscheid in der gotleichen *natur* vnd in ewichait. Da uon spricht sanctus Iohannes: »In dem beginnen waz daz wort.« Hie mainet er dez uater berhaftichait. »Daz wort waz bei got.« Hie mainet er dez *wortez* personleich vnderscheiden. »Vnd got waz *[89v]* daz wort.« Hie mainet er der gotleichen natur *einichait.* »Vnd daz waz in /1335/ dem beginnen bei got.« Hie mainet er dez wortez ewichait. Dicz hon *ich* betewͤtet in dem andern capitel, ob *du* ez wol gedenchest. Daz ander, daz tieff ist, daz ist uon der creatur geschopfde. Da uon sprach sanctus Iohannes:

1320 hat] hant ***1321*** heischen] heschen ***1329*** dem *fehlt* ***1331*** M.] M. maister ***1337*** beweisen] bewei ***1340*** Wisse] wisset ***1343*** daz] daz synne der ***1345*** in der] sunder ***1349*** natur] natur ewichait ***1351*** wortez] worten ***1352*** einichait] ewichait ***1354*** ich *fehlt* du *fehlt*

Der Meister: Gelobt sei die Wahrheit, die deine Augen aufgetan hat nach menschlicher Schwäche und auch mich, wie ich zuversichtlich bin, von dem Drängen deiner Probleme und deiner Fragen befreit hat.

Der Schüler: Es soll dich nicht reuen. Ich vertraue darauf, dass dein Nutzen groß ist, wenn es auch klein ist, was ich davon an Licht empfangen habe. Denn ich habe die Weisen sagen hören: Wer die anderen in Treue und in Wahrheit lehrt, dem wird irgendwann in seiner Lehre bekannt, was ihm vorher nicht gegeben war.

Der Meister: Das sollen wir Gott überlassen, der gibt, wie er will und wem er will in Freiheit seiner Liebe. Lass uns das Büchlein zu Ende bringen!

<Schluss>

Der Schüler: Mach dem Kapitel ein Ende! Das lass ich gut sein, aber nicht ein Ende des Büchleins.

Der Meister: Wie meinst du das?

Der Schüler: Du hast am Anfang gelobt, du wolltest das Evangelium ›*In principio erat*‹ (Io 1,1) auslegen, und darauf hast du diese drei Kapitel ausgerichtet, wie ich meinte. Darum soll das Büchlein nicht zu Ende sein, bevor du das Evangelium auslegst.

Der Meister: Dass du hexest! Das habe ich getan, wenn du es richtig verstehst.

Der Schüler: Ich beschwöre dich bei der Gnade Gottes, dass du mir das zeigst, denn dein Wort könnte ich nicht glauben, hätte ich nicht ein so festes Vertrauen zu deinen Worten.

Der Meister: Du sollst wissen, dass meine Meinung am Anfang nicht war, dass ich das Evangelium von Wort zu Wort auslegen wollte; denn in diesem Evangelium ist vieles, das die allgemeine Lehre angeht und von allen viel und oft besprochen wird. Ich wollte das auslegen, was tiefen Sinn hat und nicht allgemein gesprochen wird.

Der Schüler: Ich lass es gut sein, dass du dich auf diese Weise nicht bekümmerst mit dem, was ich allgemein haben kann. Doch was das sei, das in der Tiefe verborgen ist, davon gib mir dennoch Bescheid.

Der Meister: Gern. Es sind zwei Dinge tief in dem Evangelium: Das eine ist von dem Ausfluss des persönlichen Wortes nach dem persönlichen Unterschied in der göttlichen Natur und in Ewigkeit. Davon sagt der heilige Johannes (Io 1,1–14): »Im Anfang war das Wort.« Hier meint er, dass der Vater gebiert. »Das Wort war bei Gott.« »Und Gott war das Wort.« Hier meint er die Einheit der göttlichen Natur. »Und das war im Anfang bei Gott.« Hier meint er die Ewigkeit des Wortes. Das habe ich in dem zweiten Kapitel erklärt, wenn du es recht bedenkst. Das andere, was tief ist, das ist von der Erschaffung der Geschöpfe. Davon sagte der heilige Johannes: »Durch ihn sind alle Dinge ge-

»Durch in seint alle dinch geschaffen; vnd allez, daz geschaffen ist, daz ist *in* im leben.« Daz hon ich betewtet in disem dritten capitel. Daz ander allez lauffet in /1340/ gemainer ler der prediger: *[90r]* alz daz sanctus Iohannes der tauffer wart uor gesant vnd daz daz wort ist worden fleisch vnd daz er cham in disew werlt alz daz lieht vnd daz in die welt nicht bechand vnd daz in die gelaubigen hant gesehen in uoller genad vnd worhait.

D. Ich muez dir der worheit ueriehen: Wer nu geubte syn hat, den mocht /1345/ nach der beweisung dirr dreier capitel zu einer betůͤtnůͤzz der hohen synne, die důͤ uor hast erzalt, *benůͤgen*. Aber *einfaltigen* menschen *[90v]* wer ein trost, alz ich wen, daz dis ewangelium nach allen seinen worten wirt betuttet.

M. Ez ist nicht notdurftig, daz tegleich vnd gemeincleichen gesprochen /1350/ wirt, daz wir mit sunderm fleis da uon icht schreiben. Wir sullen da uon den ainfaltigen einfelticleichen predigen, alz ez dan die zeit haischet vnd got fuget.

D. Ich loz ab, wann du also wilt. Ich hon dich uil gemwet. Ich wil dein chraft sparen auf ein ander zeit vnd auf ein *[91r]* ander vbung. In der tue got, alz ich getrw, nach wol geuallen! Doch beger ich noch einer ler von dir: wie ich /1355/ mich in dirr *tieffen*, gruntlosen worheit sulle uben vnd auch halten.

M. Die tieff der wunder vnd der taůͤgen der warheit, die solt du mit grosser wirdicheit eren vnd an sehen zu allen zeiten vnd solt dein synne fohen vnd beslizzen in warer diemůͤtichait dez lichtez cristenleichez gelaubens. Also daz du nicht gelauben solt, daz du in *[91v]* dirr warheit icht *nwes* mit deinen synnen /1360/ habest begriffen, daz uber den gelauben sei. Ez ist alz clainer anfang in der genad dez gelauben zu dem weg der verstantnuzz. Du solt auch behůͤt sein, daz daz puchel icht werd uorgelesen *ald* gegeben *den* dise worheit nichcz nicht ist, daz du worheit icht geswacht werd vnd der mensch icht schaden enpfach, dem disew ler nicht zugehort. /1365/

D. Ach, mocht ich die bechennen!

M. Ez seint et*[92r]*leich alz ainfaltig, daz sie von milch schullen getrenckt werden vnd nicht mit starcker speiz, alz sanct Pauls *sprichet*. Ez seint etleich bechumert mit auzzern sachen, also daz diz worheit stant noch fleiz nicht in yn findet. Ez seint etleich, die lieber aus sagent, dan sie hoͤrnt, vnd ander lieber /1370/ lernt dan sich selber. Ez seint etleich alz blint, daz sie chain worheit lobent noch mynnent, dan die *sie* greiffent. Ez seint etleich alz vppig vnd alz betrogen, daz sie *me* suchent schonew *[92v]* wort dan reich synne. Ez seint etleich in genaden also chranch, daz sie in der ler nicht mynnent, den die fremd vnd die

1356 in *fehlt* *1364* benůͤgen] benugt einfaltigen] einfaltige *1366* M.] M. maister *1373* tieffen] tieffen ler *1374* M.] M. maister *1377* nwes] nwest *1380* ald] als den] den die *1386* sprichet *fehlt* *1389* sie *fehlt* *1390* me] nút

schaffen, und alles, was geschaffen ist, das ist in ihm Leben.« Das habe ich in diesem dritten Kapitel ausgelegt. Alles andere läuft in der gemeinen Lehre der Prediger: Zum Beispiel, dass der heilige Johannes der Täufer vorausgesandt wurde und das Wort Fleisch geworden ist und dass er in diese Welt kam als das Licht und dass ihn die Welt nicht erkannt hat und dass ihn die Gläubigen gesehen haben in voller Gnade und Wahrheit.

Der Schüler: Ich muss dir die Wahrheit gestehen: Wer geübte Sinne hat, dem könnte es nach dieser Erklärung dieser drei Kapitel auf eine Auslegung des hohen Sinnes hin, die du gerade erklärt hast, genug sein. Aber einfältigen Menschen wäre es ein Trost, wie ich meine, dass dieses Evangelium nach allen seinen Worten ausgelegt wird.

Der Meister: Es ist nicht notwendig, dass wir von dem, was täglich und allgemein gesprochen wird, mit besonderem Fleiß etwas schreiben. Wir sollen davon den Einfältigen einfältig predigen, wie immer es die Zeit erfordert und Gott es fügt.

Der Schüler: Ich höre dann davon auf, wenn du es willst. Ich habe dir viel Mühe gemacht. Ich will deine Kraft auf eine andere Zeit und auf eine andere Übung aufsparen. Darin tue dann Gott, wie ich es ihm zutraue, nach seinem Gefallen! Doch erbitte ich noch eine Belehrung von dir, wie ich mich in dieser tiefen grundlosen Wahrheit üben und halten soll.

Der Meister: Die Tiefe der Wunder und das Geheimnis der Wahrheit sollst du zu allen Zeiten mit großer Würde ehren und anschauen und du sollst deine Sinne zügeln und in wahrer Demut des christlichen Glaubens verschließen, sodass du nicht glaubst, dass du in dieser Wahrheit etwas Neues mit deinem Verstand begriffen hast, was über den Glauben hinausgeht. Es ist nur ein kleiner Anfang in der Gnade des Glaubens auf dem Weg des Verstehens. Du sollst auch behutsam sein, dass das Büchlein etwa denen vorgelesen oder gegeben wird, für die diese Wahrheit nichts ist, damit diese Wahrheit niemals geschwächt wird und damit der Mensch keinen Schaden erleidet, dem diese Lehre nicht zusteht.

Der Schüler: Ach, könnte ich die kennen!

Der Meister: Manche sind so einfältig, dass sie von Milch getränkt werden sollen und nicht von fester Speise, wie der heilige Paulus sagt (I Cor 3,2). Es sind manche mit äußeren Sachen bekümmert, sodass diese Wahrheit in ihnen keine Dauer und keine Sorgfalt findet. Es gibt etliche, die lieber reden als hören und andere lieber belehren als sich selbst. Es sind manche so blind, dass sie keine Wahrheit loben noch leben, als die sie greifen können. Es sind manche so eitel und so verblendet, dass sie mehr schöne Worte suchen als reiche Gedanken. Es sind manche in Gnaden so schwach, dass sie in der Lehre nichts lieben,

new suchent. In den allen, alz ich *sie* hon gezalt, wirt die worheit *entert*[62] vnd si /1375/ enphehet schaden. Da von so beswer ich dich pei den genaden Jesu Christi, daz du dise ler wol behaldest. Vnd in der selben genad erman ich dich, ob dir chain gut sei geschehen von diser ler oder ymmer geschicht, daz duͤ dich in got vber mich erbarmest vnd mein sund, *[93^{r}]* der laider uil ist, vnd meiner gepresten.

D. Ach ewigez *wort*, daz in dem begynne ewig waz vnd ymmer ist, von /1380/ dem daz himeltoͤr aller genaden her in dicz ellend geflozzen ist: Gib mir die chraft tugentleicher reichait! Gib mir recht ordenung vnd gib mir die maz der weishait! Gib mir suzzer mynne smack nach salichait! Gib mir, daz ich uergelt mein schulde in danchberchait! Amen!

(rot:) Anno domini M°CCC°LXXX°III° in die sancti Leonhardi[63] completus est liber iste.

1392 sie] sei entert] entret *1398* wort] wort im

62 *Das* entret *der Hs. würde heißen: »verteidigen, entschuldigen«; das widerspricht dem Sinn des Satzes.*

63 *6. November 1383.*

sondern das Fremde und Neue suchen. In all diesen, wie ich sie aufgezählt habe, wird die Wahrheit entehrt und sie erleidet Schaden. Darum beschwöre ich dich bei der Gnade Jesu Christi, dass du diese Lehre unbeschadet erhältst. Und in derselben Gnade ermahne ich dich, wenn dir etwas Gutes von dieser Lehre widerfährt oder je widerfahren wird, dass du dich in Gott über mich und über meine Sünden, von denen ich leider viele habe, und über meine Fehler erbarmst.

Der Schüler: Ach, ewiges Wort, das im Anfang ewig war und immer ist, von dem das Himmelstor aller Gnaden in diese Fremde hereingeflossen ist: Gib mir die Kraft tugendhaften Reichtums, gib mir die rechte Ordnung und gib mir das Maß der Weisheit! Gib mir der süßen Liebe Geschmack nach der Seligkeit! Gib mir, dass ich meine Schuld in Dankbarkeit büße! Amen!

Im Jahr des Herrn 1383 am Tag des heiligen Leonhard ist dieses Buch vollendet worden.

4.3 Kommentar

Der ›In-principio-Dialog‹ behandelt drei zentrale Fragestellungen der Gotteslehre. Sie werden aber nicht in Form von Distinktionen systematisch diskutiert, sondern spekulativ wie in einem Traktat entwickelt. Die Abhandlung ist in die Form eines Meister-Schüler-Dialogs gepasst, der den Gedankengang dramatisiert und psychologisiert. Es ist das kunstvollste Werk des Meisters des Lehrgesprächs.

Die Zuordnung der spezifischen Lehren des ›In-principio-Dialogs‹ zur Theologie des Johannes von Basel ist auf den ersten Blick schwieriger als in den anderen Büchern des Meisters des Lehrgesprächs. Die Diskussionen erscheinen hier weniger traditionsgebunden, sondern vielmehr eigenwillig, wie der Meister selbst erklärt: »Ich wollte das auslegen, was tiefen Sinn hat und nicht allgemein besprochen wird.« *Ich wolt daz betuten, das tieffe synne hat vnd nicht gemeincleichen gesprochen wirt* (IPD Z. 1342 f.). Die Themen hier sind nicht spezifisch für Augustinus noch für die Theologie des Augstinerordens im 14. Jahrhundert. In der allgemeinen Seins- und Gotteslehre, das heißt im ersten Buch der Sentenzenkommentare, hielten sich die Augustiner im Wesentlichen an die Lehre ihres Schulhauptes Aegidius Romanus oder an Thomas von Aquin.[64] Darum könnte man erwarten, auch im ›In-principio-Dialog‹ eine »dominikanische Geistigkeit«[65] vorzufinden, selbst wenn der Verfasser dem Augustinerorden angehört hat. Dieser Dialog-Traktat ist aber nicht eindeutig dominikanisch, wie meine erste theologiegeschichtliche Untersuchung des ›In-principio-Dialogs‹ erwiesen hat.[66] Selbst wenn der Meister des Lehrgesprächs fundamentale und allgemein anerkannte Sachverhalte erläutert, wählt er Formulierungen die einerseits Bonaventura und andererseits Meister Eckhart nahestehen. Zum Beispiel kann man den Unterschied von reinem, das heißt göttlichem Sein und dem geschöpflichen Etwas-Sein (im ersten Kapitel) so verstehen, als sei das reine Sein Gottes, wenn man es in Abgeschiedenheit betrachtet, im Geschöpf präsent. Das ist ein kritisches Element der Lehre Meister Eckharts. Die Ausführungen über die doppelte Seinsweise der Geschöpfe in ihrer realen geschaffenen Seinsweise und in der virtuellen, idealen Seinsweise im göttlichen Intellekt (im vierten Kapitel) sprechen von Emanation (*fluz*) und eröffnen in neuplatonischer Tradition die Möglichkeit einer mystischen Gotteserfahrung. Ganz offenkundig widerspricht die Lehre vom Hervorgang des Sohnes in Gott aus der sich schenkenden Liebe (im zweiten Kapitel) der allgemein akzeptierten, aber besonders der dominikanischen Linie, die die Sohnesgeburt nur als einen Akt der Erkenntnis versteht. Diese letzte Besonderheit des ›In-principio-

64 ZUMKELLER, Die Augustinerschule des Mittelalters, S. 103 f.

65 So beurteilte STEER, Scholastische Gnadenlehre in mittelhochdeutscher Sprache, S. 19, die Theologie des ›Gratia-Dei-Traktats‹.

66 WITTE, Der Meister des Lehrgesprächs und sein ›In-principio-Dialog‹, S. 63–143.

Dialogs‹ lässt sich durch eine ähnliche Position des Johannes von Basel belegen. Die übrigen metaphysischen Grundauffassungen lassen sich aber nicht mehr durch einen einfachen Parallelenvergleich bestimmen, sondern erfordern eine zusammenfassende Analyse der metaphysischen Eigenlehren des Johannes von Basel und des ›In-principio-Dialogs‹. Dabei wird sich erweisen, inwiefern die Theologie und Metaphysik des Johannes von Basel einerseits zum Meister des Lehrgesprächs passen und wie sie andererseits eine Übereinstimmung sowie Abweichung von Meister Eckhart erkennen lassen.

Zwei Merkmale des ›In-principio-Dialogs‹ ragen heraus: Einerseits ist die mittelhochdeutsche Sprach- und Dialogkunst des Meisters hier zur höchsten Formvollendung herangereift, wodurch das Büchlein sich als eine Perle der spätmittelalterlichen Prosa präsentiert, die nicht nur Fachliteratur, sondern Sprachkunst sein will. Diese literarische Form wird, so ist zu hoffen, neue germanistische Untersuchungen finden. Die Aufmerksamkeit der vorliegenden Studie richtet sich auf den theologischen Gehalt. Der Inhalt des ›In-principio-Dialogs‹ stellt sich nicht als eine dialogische Fassung spezieller theologischer Distinktionen dar, sondern er bietet eine Grundlegung der Theologie überhaupt, und das ist die zweite Besonderheit dieses Textes. Er handelt vom reinen Sein, das Gott ist und das zugleich die Fülle der Vollkommenheiten in sich enthält, nämlich die Macht, die Weisheit und die Güte, aus der die drei göttlichen Personen sowie die Urbilder der Geschöpfe »ausfließen«. Die Untersuchung dieser fundamentalen Wahrheit in Form eines Meister-Jünger-Dialogs ist zugleich eine Probe der ›Spekulation‹, insofern sich die Wahrheit den Unterredenden in »drei Spiegeln« präsentiert (IPD Z. 74–121).

Intention und Struktur des ›In-principio-Dialogs‹ (Vorblick auf Kapitel 3)

Mit diesem Hinweis auf die Spekulation als ›Methode‹ der Betrachtung im ›In-principio-Dialog‹ ist auch ein Hinweis auf die Geistesverwandtschaft mit Bonaventuras ›Itinerarium mentis in Deum‹ gegeben, die ich in meiner ersten Untersuchung mit Belegen aus dessen Schriften angezeigt habe.[67] Dabei ist allerdings zu berücksichtigen, dass mit dieser Verortung nur eine Denktradition benannt wird, nicht ein Quellennachweis, wie damals bereits vermerkt wurde.[68] Besonders im Rahmen der hier unternommenen Quellenstudie wäre der Name Bonaventuras irreführend, da nach Ausweis der Register »Bonaventura« in der ›Lectura‹ des Johannes von Basel niemals namentlich zitiert wird. Um eine Übereinstimmung des ›In-principio-Dialogs‹ mit Johannes von Basel anzuzeigen, genügt es nicht, auf einzelne Thesen einzugehen.

Es ist ein Charakteristikum der Sentenzenkommentare, dass sich die individuelle theologische Präferenz nur verstreut in den Distinktionen zeigt. Sie

---

67 Witte, Der Meister des Lehrgesprächs und sein ›In-principio-Dialog‹, S. 64–66.
68 Ebd., S. 65.

wird aber in den Einleitungskapiteln (*principia* und *prologi*) der Kommentare entfaltet, die jeweils unter einem spezifischen Motto stehen. Das trifft auch auf die ›Lectura‹ des Johannes von Basel zu und erweist sich auch für den Vergleich mit dem ›In-principio-Dialog‹ als relevant. Der Augustinermagister stellt das ›Principium‹ seiner ›Lectura‹ unter das Motto *Vultum tuum deprecabuntur omnes* (»Alle flehen Dein Antlitz an«, Ps 45[44],13).[69] Die zahlreichen mit Zitaten gespickten Auslegungen des biblischen Gebrauchs der Anrede »Dein Antlitz«, *vultus tuus,* fasst der Autor zusammen in dem Satz: »Darum können wir nicht unpassend unter diesem ›Antlitz‹ die wahre Weisheit Gottes und die Heilige Schrift verstehen.«[70] Ist es ein Zufall, dass der ›In-principio-Dialog‹ mit den Worten beginnt:

> »O ewiges Wort der Weisheit, gib mir, von dir zu sprechen, was der Wahrheit nicht unangemessen ist und was der Liebe angenehm ist.« – *O ewiges wort der weishait, gib mir von dir zu sprechen, daz der wörheit niht vngezeme sei vnd der mynne sei geneme* (IPD Z. 2 f.).

Das Antlitz bzw. die Weisheit haben eine Schlüsselstellung, weil in ihnen die Beziehungen der Personen in Gott sowie die Beziehung Gottes und des Geschöpfs, insbesondere des betrachtenden Menschen und der Seligen, ihren geistigen Ort haben.

Um die Eigenart des ›In-principio-Dialogs‹ und seine Verwandtschaft mit dem Denken des Johannes von Basel ins Auge zu fassen, muss die innere Struktur der Texte betrachtet werden; denn die Sachthemen finden sich weitgehend auch bei anderen scholastischen Meistern.[71] Im ›In-principio-Dialog‹ ist das Ziel und Fundament (*gruntfeste,* Z. 456) der Lehre vom reinen Sein die Implikation der ausströmenden Kräfte: Allmacht, Gerechtigkeit, Güte und Weisheit.[72] Die ausströmende Güte impliziert die Liebe, die in zwei verschiedenen Emanationen (*zwen flůsze,* Z. 666) den Sohn und den Heiligen Geist konstituiert.

---

69 Iohannes de Basilea, In Sent. I, princ. 1, collatio; Bd. I, S. 123. Bei der Nummerierung der Psalmen steht die hebräische Zählung voran, die der Vulgata folgt in Klammern.

70 Iohannes de Basilea, In Sent. I, princ. 1, collatio; Bd. I. S. 125,11 f.: *Per hunc itaque vultum sapientiam Dei veram sacramque scripturam non incongrue intelligere possumus.*

71 Der Meister sagt, er wolle besprechen, was im Prolog des Johannesevangeliums »tiefen Sinn hat« (Z. 1343), das seien die Einheit der Natur Gottes, die Unterschiede der Personen, die Ewigkeit des Wortes und die Erschaffung der Geschöpfe (Z. 1351–1357). Das sind zweifellos allgemeine Themen der theologischen Spekulation; die besondere »Tiefe« muss in der individuell verstandenen Dynamik dieser Themen liegen.

72 »Das dritte, das du in diesem Spiegel schauen sollst, ist, dass Wahrheit und allmächtige Kraft und Gerechtigkeit in dem höchsten Gut reinsten Adels dem Sein nach enthalten ist.« *Daz dritte, daz du in disem spigel schawen scholt, daz ist, daz worhait vnd almehtige kraft vnd gerehtikait ist in dem hohsten gut lauters adels wesenlich besloszen* (Z. 109–111). – »Wo jegliches im Höchsten seines Seins ist, da ist Kraft in Allmacht, da ist Kunst in voller Weisheit, da ist Güte in Unermesslichkeit und Reichtum.« *Wo yeglichez in dem hosten seinez wesens ist, do ist kraft in almehtikait, do ist kůnst in uoller weisheit, do ist gut in ůnmeszikait, reicheit* (Z. 462–464).

Den Höhepunkt der Entfaltung der göttlichen Lauterkeit und Vollkommenheit bildet die Betrachtung »der Emanation, des Grundes und Anfangs aller Geschöpfe im dritten Kapitel« (*von aller creatůr ausflůtz, grůnt vnd anvang in dem dritten capitel*, Z. 923 f.). Hier wird der Grund gelegt für eine Theologie des In-Seins, die schon im ersten Kapitel angesprochen wird als »das allgemeine Wort der Lehrer: Alle Dinge sind von Gott als von einem Urbild und in Gott als in ihrem Sein«. *Daz gemein wort der lerer, als man spricht: Alle ding seint von got als von einem bilder vnd in got als in irem wesen* (Z. 263–265). Damit ist das Problem des In-Seins formuliert: Wenn das Geschöpf in Gott wäre, wie die Menschheit in Leib und Seele besteht, wäre der Unterschied zwischen Gott und Geschöpf aufgehoben. Wäre es aber nur eine räumliche Anwesenheit, wie ein Mensch in einem Haus oder Tempel ist, gäbe es kein wahres In-Sein. »Dieser Engpass bewirkt, dass die Lehrer hiervon nicht gerne reden, denn unsere Augen erblinden und erstarren an dieser Wahrheit.« *Ditz gedreng machet, daz die lerer hie von niht gern reden, wann vnser aůgen an dirr worheit erblinden vnd verstarren* (Z. 274 f.). Im Gegensatz dazu bekräftigt der Meister zugleich indirekt seine Position gegen die Aristoteliker. Denn wahr ist, dass zum Beispiel Thomas von Aquin die seinshafte Anwesenheit Gottes (*per essentiam*) im Geschöpf auf das Ursache-Sein beschränkt und dass er der Ansicht, Gottes Sein sei das formgebende Sein (*esse formale*) der Geschöpfe, heftig widerspricht.[73] Darauf spielt der Meister des ›In-principio-Dialogs‹ an, wenn er diese Möglichkeit infrage stellt.

> »Denn wenn ich spreche: Alle Dinge sind in dem göttlichen Sein, sodass die Kreatur in das göttliche Sein geimpft ist, wie die Menschheit in Leib und Seele existiert, wo ist dann der große Unterschied zwischen dem göttlichen Sein und dem der Kreatur? Sage ich aber: Das kreatürliche Sein ist in Gott, wie ein Mensch ist in einem Hause oder in einem Tempel, wo ist dann das Insein des göttlichen Seins in der Kreatur? Wie kann dann Gott als reines unteilbares Sein jedem Geschöpf innerlicher sein als das Geschöpf sich selbst?« – *Wann sprich ich: Alle ding sein in dem gotlichen wesen, also daz die creatur ist geimphet in daz gotlich wesen, als die menscheit stet in leib vnd in sele, wo ist denn der groszer vnterscheit zwischem gotlichen wesen vnd der creatur? Spriche aber ich: Daz creaturlich wesen ist in got als ein mensch ist in einem haŭse oder in einem tempel, wŏ ist denn die innerkeit gotlichez wesens an der creatur; wie mag denn got laŭter vnteilhaftig wesen aller creatur inre in gesein denn die creatur ir selber?* (IPD Z. 267–273).

Die Problemformulierung, ob das Geschöpf in Gott sei wie die Seele im Leib oder wie ein Mensch in einem Haus, ist ein indirektes, abgewandeltes Zitat der berühmten Schlusssentenz aus dem Kapitel »Gott ist nicht das Sein als Form

---

73 Thomas de Aquino, Sth. I, q. 8, a. 8: *Est in omnibus per essentiam, inquantum adest omnibus ut causa essendi.* (»Er ist in allem durch sein Wesen, insoweit er in allem als Ursache des Seins anwesend ist.«) Thomas de Aquino, Scg. I, c. 26; ed. PAULUS / ENGELHARDT, Bd. I, S. 108: *Deus non est esse formale omnium.* (»Gott ist nicht das formgebende Sein von allem.«)

aller Dinge.« *Quod Deus non est esse formale omnium* in der ›Summa contra gentiles‹:

> »Ein vierter Grund, der sie dazu anstiften kann, <zu meinen, Gott sei das Sein der Dinge>, ist eine Redeweise, in der wir sagen, Gott sei in allen Dingen, indem wir nicht beachten, dass er nicht so in den Dingen ist wie irgendeine Sache, sondern wie die Ursache einer Sache, die in keiner Weise ohne Wirkung ist. Wir sagen ja auch nicht, die Form sei im Körper wie der Seemann im Schiff.«[74]

Wahr ist aber auch, dass der Meister des Lehrgesprächs und dezidiert auch Johannes von Basel gerne vom In-Sein der Geschöpfe in Gott und Gottes in den Geschöpfen reden. Die breite Ausführung des Gleichnisses von der Eins und den Zahlen, das auf Proklos zurückgehen dürfte[75] und bei neuplatonisch eingefärbten Theologen beliebt war,[76] ist ein eingängiges Beispiel für die Lehre vom In-Sein Gottes. Die Einmündung dieser Betrachtung in den biblischen Gedanken, den Jesus zu Martha spricht: »Eins ist notwendig« (Lc 10,42), leitet über zur meditativen Aneignung dieser Wahrheit und bereitet die Andeutung einer ›mystischen‹ Einheit vor: »Wer nun das Eine sucht und Eines liebt in geschöpflicher Vielfalt, der hat mit Maria den besten Teil erwählt.« *Wer nv daz ein suchet vnd eins minnet in creaturlicher manigueltikait, der hat den besten teil erwelt mit Marien* (IPD Z. 389–391).

Diese Wahrnehmung des göttlichen Grundes im Sein der Geschöpfe ist der ›mystische‹ Kern der Spekulation im dritten Kapitel des ›In-principio-Dialogs‹. Hier wird das reine Sein, welches das reale Seiende transzendental trägt, als das geistige oder intellektuale Urbild des Seienden enthüllt: »Beachte, dass das Geschöpf zwei Seinsweisen hat: eine in seiner Natur, die andere in der Erkenntnis eines Geistes.« *Merck, daz die creatur zwei wesen wol hat: eins in irr natur, daz*

---

74 Thomas de Aquino, Scg. I, c. 26, n. 13; eigene Übersetzung: *Quartum etiam quod eos ad hoc inducere potuit, est modus loquendi quo dicimus Deum in omnibus rebus esse: non intelligentes quod non sic est in rebus quasi aliquid rei, sed sicut rei causa quae nullo modo suo effectui deest. Non enim similiter dicimus esse formam in corpore, et nautam in navi.*

75 Vgl. Proclus, Elem. theol. n. 1, ed. Boese, S. 3: *Omnis multitudo participat aliqualiter uno;* ebd., n. 113; S. 97: *Omnis divinus numerus unialis est.* (Übers. Onnasch / Schomakers, n. 1, S. 2: »Jede Vielheit hat in irgendeiner Weise am Einen teil«; ebd., n. 113, S. 125: »Die ganze göttliche Zahl ist einig.«)

76 Meister Eckhart legt das Gleichnis mehrfach aus, zum Beispiel: Eckhart, In Gen. I, n. 15, LW I,1, S. 487,7–11: *Deus enim unus et eius operatio una non dividitur in multis divisis, sed in se multa unit et divisa colligit. Sic enim et unum sive unitas non dividitur in numeris, sed numeros in se unit, secundum illud Procli principium: ›omnis multitudo participat aliqualiter uno‹. Omnis enim numerus unus numerus est, non minus mille quam octo.* (Übers. ebd.: »Der eine Gott und die eine ihm eigene Wirksamkeit wird ja in dem vielen Geteilten nicht geteilt, sondern er eint das Viele und sammelt das Geteilte in sich. So wird ja auch das Eine oder die Einheit in den Zahlen nicht geteilt, sondern eint die Zahlen in sich. Dem entspricht die erste These des Proclus: ›Alle Vielheit hat irgendwie am Einen teil.‹ Denn jede Zahl ist eine Zahl, tausend nicht weniger als acht.«)

ander in bekantnůss eins geistes (IPD Z. 1010 f.). Die Lehre von den zwei Seinsweisen trägt auch Meister Eckhart vor: »Merke: Jedes Geschöpf hat ein zwiefaches Sein. Das eine in seinen ursprünglichen Ursachen, jedenfalls im Wort Gottes, und das ist ein festes und beständiges Sein. <…> Das andere (Sein) ist das Sein, das die Dinge in der äußeren Wirklichkeit in der ihnen eigentümlichen Form haben. Das erste ist das Sein in der Kraft (ihrer Ursache), das zweite ist das durch die (eigene) Form bestimmte Sein, und das ist meist unstet und veränderlich.«[77] Das klingt ähnlich wie im ›In-principio-Dialog‹. Bei Eckhart werden für das Sein in Gott die ›Ursprungsgründe‹ und das ›virtuelle Sein‹ angeführt, das wird in der Regel mit Augustinus als die in Gott gründenden Wesenheiten, »Ideen«, verstanden. Beachtenswert ist, dass der problembeladene Terminus *esse formale* (›das formgebende Sein‹) hier für das geschöpfliche Seiende benützt wird, das unstet und veränderlich sein soll.

Das ist ein Hinweis darauf, dass Johannes von Basel nicht Recht hat, wenn er im ›Traktat von der Minne‹ und in der Responsio I Eckhart unterstellt, er halte Gott für das *esse formale* der Geschöpfe, wie im Kommentar zum ›Traktat von der Minne‹ erläutert wurde. Gleichwohl hat die »doppelte Seinsweise« bei Eckhart einen engen Bezug zum Sein selbst der Dinge. Die virtuelle göttliche Seinsweise erhält aber im ›In-principio-Dialog‹ eine andere Konnotation. Er unterscheidet diese beiden Seinsformen einerseits als zeitliches und andererseits als »befreites« Sein.

> »In diesem Sein ist es <das Geschöpf> über das Sein, das in der Zeit ist, hinaus befreit; denn dieses Sein ist nichts anderes als das göttliche Erkennen. Nach diesem Sein bleiben alle Geschöpfe in Gott.« – *In dem wesen sie ist gefreiet uber daz wesen, daz in der zeit ist; wann daz wesen niht anders denn gotliche bekantnůsse ist, nach dem wesen alle creatur in got pleibend ist* (IPD Z. 1019–1021).

Hier ist hervorzuheben, dass das reine Sein, in dem das Geschöpf ruht, »nichts anderes ist als die göttliche Erkenntnis«. Eckhart sagt in demselben Zusammenhang, die Dinge seien der virtuellen Seinsweise nach »jedenfalls im Wort Gottes«. Das bedeutet zunächst, die Dinge seien Objekt der göttlichen Erkenntnis. Ob damit Eckharts transzendentale Erkenntnislehre voll erfasst ist, soll hier nicht untersucht werden. Festzuhalten ist, dass die Formulierung des ›In-principio-Dialogs‹ hier abweichend von Eckhart besagt, die Urbilder der Dinge seien das Erkennen selbst. Sie sind also Teil oder Bestimmung des göttlichen Wirkens, mit anderen Worten: Die Dinge sind in ihrem Ursprung Gott. Das wird in der weiteren Spekulation im dritten Kapitel deutlich ausgesprochen:

---

77 Eckhart, In Gen. I, n. 77, LW I,1, S. 238,2–7 (Übers. ebd.): *Nota quod omnis creatura duplex habet esse. Unum in causis suis originalibus, saltem in verbo dei; et hoc est esse firmum et stabile. <…> Aliud est esse rerum extra in rerum natura, quod habent res in forma propria. Primum est esse virtuale, secundum est esse formale, quod plerumque infirmum et variabile.*

»Darum, was in seiner Erkenntnis ist, das hat den Adel seines Seins in der Weise, wie göttliches Sein ist. Darum heißt das Geschöpf ewiges Leben, da es dort in der Vernunft ist, wo göttliches Sein ist.« *Dar vmb waz in seiner bekantnusse ist, daz hat den adel seinez wesens nach der weiz, als gotlich wesen ist. Dar vmb so heizzet die creatur ewig leben, wann si do ist in der vernůnft, do gotlich wesen ist* (IPD Z. 1027 f.).

Diese Grundsätze bekommen eine reiche metaphorische oder kontemplative Auslegung:

»Sie sind auch die Lichter, die der göttlichen Vernunft leuchten. Sie sind auch die Vorbilder, nach denen das Geschöpf geformt ist, und sie sind das Maß des Seins, in das die Istheit (Existenz) des Geschöpfes gesetzt ist, und sie sind die Spiegel, die in dem göttlichen Auge das Sein aller Kreaturen sehen, ihre Kraft und alle ihre Werke in Zeit und Ewigkeit; <sie sehen es> in der Weise, wie das Geschöpf war und ist und zukünftig noch sein wird.« – *Sie seint auch die lieht, die der gotlichen vernůnft leůhten. Si seint auch pilder, nach den die creatur geformet ist, vnd seint die maz dez wesens, in die die istkeit der creatur gesetzzet ist, vnd seint die spiegel, die in dem gotlich aug sehent aller creatur wesen, craft vnd alle ire werck in zeit vnd in ewikeit nach dem, als die creatur waz vnd ist vnd noch kůnftig ist* (IPD Z. 1034–1039).

Um diese emphatischen Sprachbilder in eine begriffliche Aussage zu übersetzen, lässt sich sagen: Die Geschöpfe sind in ihren Urbildern in Gottes Erkennen enthalten, und sie durchdringen aktiv formend das Erkennen Gottes. Insofern wirken sie als Erstursachen im Wirken und Handeln der Geschöpfe mit. Sie sind auch Teil der inneren Wesensbewegung im »Auge« Gottes, in dem sich der äußere Fluss des geschöpflichen Seins und Werdens spiegelt.

Dass diese These des ›In-principio-Dialogs‹ im Herzen der Theologie des Johannes von Basel steht, ist daran zu erkennen, dass sie im ersten Principium seines Sentenzenkommentars[78] wie auch in einer Quaestio des ersten Buches[79] sowie in seiner Lehre von der ewigen Seligkeit[80] ausgelegt wird. Im ›Traktat von der Minne‹ wurde das Thema ebenfalls in scholastischer Form erörtert.

Die ganze meditativ-hymnische Feier des Ineinander-Seins und des Flusses in Gott und zwischen Gott und dem Menschen oder zwischen dem faktischen Menschen und seinem idealen Ursprung, die der ›In-principio-Dialog‹ im Gespräch entfaltet, formuliert Johannes von Basel begrifflich grundlegend in der

---

78 Iohannes de Basilea, In Sent. I, princ. 1, q. unica, a. 2, ad arg. princ. 2, prop. 4; Bd. I, S. 149,4 f.: *Primus vultus sive ars divinae essentiae unicam habet rationem essentialiter existendi et vitaliter intelligendi. Patet, cum idem sit sibi esse et sapientem esse sive intelligentem esse, secundum Augustinum* <Augustinus, De trin. VI, c. 4, n. 6 et XV, c. 6, n. 9; CCSL Bd. L, S. 234,16 f. und CCSL Bd. L A, S. 471,19>. (»Das Erste Antlitz oder die Kunst des göttlichen Wesens enthält den einzigen Grund, wesenhaft zu sein und lebendig zu erkennen. Das ist offenbar, weil für das göttliche Wesen laut Augustinus sein und weise sein bzw. vernünftig sein dasselbe sind.«) Auf diese These weist Johannes von Basel zurück: In Sent. II, princ. 2, q. unica, concl. 2, post cor. 3, ad ultimam; Bd. III, S. 30,12–14.

79 Iohannes de Basilea, In Sent. I, d. 34–35, q. 27, arg. princ. 1; Bd. II, S. 311,24–312,1.

80 Iohannes de Basilea, In Sent. IV, d. 49, q. 41; M fol. 382rb, T fol. 111ra.

abschließenden und zusammenfassenden dritten Conclusio der Quaestio des ersten ›Principiums‹: »Es ist unmöglich, dass irgendetwas ist und dass das Erste Antlitz dieses im Spiegel seiner Natur nicht anschaut und auch dass es nicht in diesem <Antlitz> formbestimmend oder über-ausgezeichnet oder wurzelhaft enthalten ist.«[81] Die überaus differenzierten Ausführungen zu dieser These, besonders in der Widerlegung der vorausgehenden Einwände, dienen der Begründung und Erläuterung der Sache. Hier können nur wenige Kerngedanken daraus mitgeteilt werden. Deutlich wird die Position des Hiltalingers, wenn man mit in Betracht zieht, gegen welche Bedenken, die in den Einwänden formuliert werden, sie sich behauptet. Keine Frage ist, dass die Ideen der Dinge in Gottes Erkenntnis enthalten sind, aber dass sie darin formbestimmend (*formaliter*) und wurzelhaft (*radicaliter*) mitwirken, das ist die Besonderheit des Johannes von Basel und des ›In-principio-Dialogs‹. Was in Gott ist, muss auch wirksam sein, also auch die Ideen der Dinge, die zugleich im Wesen Gottes mitwirken. So heißt es:

> »Einzig das göttliche Wesen ist die widerspiegelnde Idee eines jedweden möglichen Seienden.«[82]
> »Das göttliche Handeln ist nichts anderes als sein Sein. <...> Das göttliche Handeln ist entweder sein Wollen oder sein Erkennen oder beides zusammen. <...> Die Weise des Handelns Gottes ist Gott. Erweis: Jedes Wirken Gottes ist Gott«.[83]

Insofern aber das Geschöpf in Gott eine aktive Rolle spielt, ist die Folge, dass in jedem irdischen Handeln des Geschöpfs [Zweitursache] die einströmende Mitwirkung des Ersten Antlitzes [Erstursache] zu finden wäre. So lautet der fünfte grundsätzliche Einwand zu Beginn der Quaestio.[84] Die Logik dieses Einwandes ist zum Beispiel von Thomas von Aquin her einsichtig, da er darauf besteht, dass Gott nur durch eine geschaffene Gnade im Menschen wirkt. Dagegen ist aber für Meister Eckhart festzuhalten, dass auch dieser wie Johannes

---

81 Iohannes de Basilea, In Sent. I, princ. 1, q, unica, concl. 3; Bd. 1, S. 141, 14–16: *Impossibile est aliquam rem esse et hanc primum vultum in speculo suae naturae non intueri ac etiam in ipso formaliter vel supereminenter vel radicaliter non contineri.*

82 Iohannes de Basilea, In Sent. I, princ. 1, q. unica, ad arg. princ. 2, prop. 5; Bd. I, S. 149,12–13: *Sola essentia divina est cuiuslibet entis possibilis repraesentativa idea.*

83 Iohannes de Basilea, In Sent. I, princ. 1, q. unica, ad arg. princ. 3, prop. 1 et 3; Bd. I, S. 152,11–20: *Non est aliud divinum agere et eius esse. Probatur, quia divinum agere vel est eius velle, vel intelligere, vel utrumque simul. <...> Modus agendi Dei est Deus. Probatur: Omnis actio Dei est Deus.* Dieselbe Diskussion siehe Iohannes de Basilea, In Sent. II, princ. 2, q.unica, concl. 4, cor. 3; Bd. III, S. 41–44.

84 Iohannes de Basilea, In Sent. I, princ. 1, q. unica, quod non 5; Bd. I, S. 133,13–15: *Si quaestio foret vera, sequeretur, quod primi vultus influxivus concursus in omni actione causae secundae necessario requiretur.* (»Wenn die Frage <These> wahr wäre, würde folgen, dass die einströmende Mitwirkung des Ersten Antlitzes in jedem Handeln der zweiten Ursache notwendigerweise zu finden wäre.«)

von Basel mit Blick auf das Seiende, Eine, Wahre und Gute eine unmittelbare Einwirkung der Ersten Ursache lehrt.

> »Überdies sind seiend, eines, wahr und gut die ersten und allen gemeinsamen Bestimmungen in den Dingen. Deswegen sind sie bei und in allen vor dem Hinzutreten jeder anderen nicht ersten und <nicht> allumfassenden Ursache. Außerdem sind sie in ihnen nur von der ersten und allumfassenden Ursache her. Dadurch wird jedoch der Einfluss der Zweitursachen nicht ausgeschlossen. Denn die Form des Feuers gibt ja dem Feuer nicht das Sein, sondern dieses Sein, und auch nicht das Eines-Sein, sondern nur dieses Eines-Sein, nämlich Feuer<-Sein> und Ein-Feuer<-Sein>.«[85]

Hier klingt wieder das Problem an, ob Gott das formgebende Sein (*esse formale*) der Dinge sei. Und wiederum ist aus dem Nachsatz über die Zweitursachen ersichtlich, dass Eckhart dieses mit dem Dies-und-das-Sein verbindet, nicht mit dem reinen Sein. Entscheidend ist aber für unsere Untersuchung, wie Johannes von Basel die Einwirkung der Erstursache sieht. Das lässt sich aus der Antwort auf den oben angeführten Einwand entnehmen. Er zitiert in seiner Entgegnung die genannte Folge, »dass in jeder Handlung der Zweitursache die einströmende Mitwirkung des Ersten Antlitzes notwendig zu finden sei«, und kommentiert lapidar: »Ich räume diese Konsequenz in einem gesunden Verständnis ein.«[86]

Unter den zahlreichen Erläuterungen zum Erweis dieser These ist das Hauptargument, das im weiteren Beweisgang relevant wird, die Auseinandersetzung mit der heiligmachenden Gnade oder dem Liebeshabitus: »Die Prädestinationsgnade ist nicht der Gnadenhabitus des Pilgers. Das ist offenkundig, da die erste die Ursache, der zweite die Wirkung ist.«[87] Damit wird in der Einleitungsargumentation, quasi dem Grundsatzprogramm des ›Sentenzenkommentars‹, auf eine Sonderlehre des Johannes von Basel hingewiesen, die für sein Denken zentral wird: Die heiligmachende Gnade ist nicht die geschaffene Gnade bzw. der Liebeshabitus bzw. die eingegossene theologische Tugend der Liebe wie in der allgemeinen Lehre der Scholastiker. Für Johannes von Basel ist sie vielmehr der Bewegungsanstoß des Heiligen Geistes, der den Liebeshabitus in den wahren verdienstlichen Liebesakt verwandelt, der der ewigen Seligkeit

---

85 Eckhart, Prol. op. prop. n. 11, LW I,1, S. 171,11–172,1 (Übers. ebd.): *Praeterea ens, unum, verum, bonum sunt prima in rebus et omnibus communia, propter quod assunt et insunt omnibus ante adventum cuiuslibet causae non primae et universalis omnium. Et rursus insunt a sola causa prima et universali omnium. Nec tamen per hoc excluduntur causae secundariae a suis influentiis. Forma enim ignis non dat igni esse, sed esse hoc, nec esse unum, sed esse unum hoc, puta ignem et unum ignem.* Hervorhebung in der Übersetzung vom Verfasser.

86 Iohannes de Basilea, In Sent. I, princ. 1, q. unica, ad arg. princ. 5; Bd. I, S. 161,28–162,1: *Cum igitur sic arguitur: ›Si quaestio foret vera, sequitur, quod in omni actione causae secundae influxivus concursus vultus primi necessario requiretur‹, ad sanum intellectum concedo consequens.*

87 Iohannes de Basilea, In Sent. I, princ. 1, q. 1, ad arg. princ. 5, ad rationem 3, n. 3, prop. 1; Bd. I, S. 170,20 f.: *Gratia praedestinationis non est caritas habitualis viatoris. Patet manifeste, quia prima est causa, secunda effectus.*

würdig ist. Diese heilswirksame Liebe nennt Johannes von Basel die »Gnade der Prädestination«. Sie wird im ›Traktat von der Minne‹ sowie in der Gnadenlehre des ›Audi-filia-Dialogs‹ und des ›Gratia-Dei-Traktats‹ erläutert. Im gegenwärtigen Zusammenhang ist nur die Übereinstimmung mit der Grundintention des ›In-principio-Dialogs‹ hervorzuheben. Als weitere Merkmale des ›mystischen‹ Grundzugs der Theologie des Johannes von Basel, die freilich von Meister Eckhart in der Begrifflichkeit abweicht, kann auf die Lehre des Augustiners hingewiesen werden, dass die Sendung des Heiligen Geistes in sichtbaren Zeichen die menschliche Erkenntniskraft direkt anstößt.[88] Außerdem steht Johannes von Basel positiv zur Möglichkeit einer realen Gotteserkenntnis des irdischen Menschen, wenn er lehrt, dass die zeitliche Sendung der göttlichen Person die lebendige Wahrnehmung dieser Sendung im vernünftigen Geist des Menschen sei.[89] Diese lebendige Einwirkung Gottes in die Seele des Menschen ist für Johannes von Basel darin begründet, dass die wahre Erkenntnis des Menschen im Grunde eine göttliche Erleuchtung ist. »Ohne Schmälerung seiner Vollkommenheit ist Gott für den Geist des Pilgers das erleuchtende Licht, der Sinn der Veränderung und das bestimmende Merkmal in der vollkommenen Vernunfterkenntnis.«[90] Diese scholastischen Quaestionen enthalten das begriffliche Fundament der Spekulation des ›In-principio-Dialogs‹, besonders des dritten Kapitels.

In den letzten Ausführungen wurde gezeigt, dass im ›Principium‹ des Johannes von Basel in begrifflicher Terminologie als theologische These ausgedrückt wird, was der ›In-principio-Dialog‹ in emphatisch-meditativer Sprache zusammenfasst.

Um dies zu verdeutlichen, seien die letzten Gedankenschritte thesenhaft rekapituliert:

- Die Aufgabenstellung des ›In-principio-Dialogs‹ ist, das wechselseitige In-Sein Gottes im Geschöpf und des Geschöpfs in Gott zu erläutern.
- Der Ausgangspunkt ist die doppelte Seinsweise des Geschöpfs: das reale Sein und das virtuelle, ideale Sein in Gottes Erkenntnis.
- Das reine Sein, in dem das Geschöpf ruht, ist »nichts anderes <...> als die göttliche Erkenntnis«.

---

88 Iohannes de Basilea, In Sent. I, d. 16, q. 15, concl. 1; Bd. II, S. 167,25–27: *Species sensibilis assistens extrinsece et inexistens intrinsece memoriae obiective causaliter immutat et actuat vitalem potentiam creatae intelligentiae.* (»Das wahrnehmbare Zeichen, das von außen her beisteht, aber nicht im Gedächtnis innerlich existiert, beeinflusst objektiv ursächlich und aktuiert das lebendige Vermögen der geschaffenen Vernunft.«)

89 Iohannes de Basilea, In Sent. I, d. 15, q. 14; Bd. II, S. 154,19 f.: *Utrum personae divinae missio sit eiusdem in mente rationali vitalis perceptio.* (»Ist die zeitliche Sendung der göttlichen Person die lebendige Wahrnehmung dieser Sendung im vernünftigen Geist?«)

90 Iohannes de Basilea, In Sent. I, d. 23–25, q. 22, concl. 1; Bd. II, S. 254,3–5: *Sine sui imperfectione Deus menti viatoris est lux illuminans, ratio immutans, character determinans in intellectuali perfecta cognitione.*

- Darin ist impliziert, dass die Urbilder (Ideen) der Geschöpfe zugleich das göttliche Wesen sind, das selbst das Prinzip allen Erkennens ist.
- Insofern wirken die Ideen als Erstursache bei der Erkenntnis der Dinge (Zweitursache) formgebend mit.
- Diese Lehre ist zugleich der Kern des programmatischen ›Principiums‹ des Johannes von Basel: »Einzig das göttliche Wesen ist die widerspiegelnde Idee eines jedweden möglichen Seienden.«
- Das impliziert, »dass in jeder Handlung der Zweitursache die einströmende Mitwirkung des Ersten Antlitzes notwendig zu finden« ist.
- Der Ort dieses Miteinanderwirkens der Erst- und Zweitursache ist für Johannes von Basel die heiligmachende Gnade, das ist die Prädestinationsgnade, die Einwirkung des Heiligen Geistes in der Liebe, die den geschaffenen Gnadenhabitus, die theologische Tugend der Liebe, aktuiert.
- Diese unmittelbare Einwirkung Gottes beeinflusst auch objektiv das Erkenntnisvermögen des Menschen.

Alles ist also darin begründet, dass die Ideen der Dinge aktiv gestaltend in und durch das Wesen Gottes, das zugleich Erkennen ist, wirksam sind, wie besonders im Kommentar zum ›Traktat von der Minne‹ ausgeführt worden ist.

Erstes Kapitel. Seinslehre

Der Meister gibt drei Zielsetzungen der Belehrung an: 1. Das Sein ist selbst ohne Anfang und Ende, aber es ist ein Anfang aller Dinge. 2. Das reine Sein ist das größte Gut. 3. Wahrheit, allmächtige Kraft und Gerechtigkeit sind im reinen Sein enthalten. Hier wird von der Transzendentalität des Seins, der Allmacht und der Gerechtigkeit gesprochen. Das erinnert an Meister Eckhart, kann aber auch mit den Formulierungen Anselms in Übereinstimmung gebracht werden.

Zur Erläuterung wird bestimmt, was reines Sein heißt. Zuerst wird die Unterscheidung von reinem Sein und Dies-oder-das-Sein vorgetragen. Das Sein des Steins und das Sein des Menschen haben Unterschied, denn in dieser Konkretheit ist das Sein nicht rein verstanden (IPD Z. 135–137). Was aber ist das reine Sein ohne Beifügung zu einem Seienden (dies oder das)? Im ›In-principio-Dialog‹ scheint das reine Sein weder ein bloß abstrakter Begriff zu sein noch auf die Seinsweise Gottes eingeschränkt zu werden, sondern es klingt nach einer Seinsweise, die auch dem Geschöpf zugesprochen wird. Es heißt: »Wenn das Sein rein verstanden wird, so hat weder Stein noch Mensch noch irgendein Ding Unterschied.« *So daz wesen lauterlich wirt genůmen, so hat stein nach mensch nach kein ding vnterscheit* (IPD Z. 136 f.). Die Dinge haben also neben ihrem Dies-oder-das-Sein eine zweite Seinsweise, durch die sie an der Lauterkeit des Seins teilhaben.

Charakteristisch für Johannes von Basel ist, wenn er denn der Autor des ›In-principio-Dialogs‹ ist, dass die metaphysischen Unterschiede hier anhand der Sprache erklärt werden. Im ›In-principio-Dialog‹ heißt es: Wie oft man das Wort »ist« sagt, es bleibt sich gleich. Nur wenn es einem Nomen (Subjekt) beigeordnet wird (»Der Himmel ist. Der Mensch ist.«), ergibt sich eine Verschiedenheit (IPD Z. 145–149). Die Intention läuft darauf hinaus, die Beifügung »dies oder das« von dem »Ist« zu lösen, mit anderen Worten, das Sein als ein Dass-es-ist zu lösen von einer Substanz als einem Was-es-ist. Die Begründung läuft auf den Kernsatz hinaus: »Willst du reines Sein sehen, so lass dies und das, und sieh in das Ist, so siehst du, was reines Sein ist.« *Wilt du sehen lauͤter wesen, so la daz vnd daz, vnd sich in daz ist, so sihst du, waz lauter wesen ist* (IPD Z. 161 f.).

Sowohl bei Meister Eckhart wie im ›In-principio-Dialog‹ wird also das Absolut-Sein (*esse absolute*) vom Dies-oder-das-Sein (*esse hoc, esse huius et huius*) abgehoben. Die Formulierungen des ›In-principio-Dialogs‹ klingen aber auch an Formeln Augustins und Bonaventuras an. Augustin: »Doch warum soll ich noch mehr aufzählen? Dieses Gute und jenes Gute? Nimm dies und jenes weg und schaue das Gute selbst, wenn möglich; so wirst du Gott sehen.«[91] Bonaventura: »<...> dann ist es das Sein, das zuerst in unseren Verstand eintritt, und dieses Sein ist reiner Akt. <... > Also kann jenes Sein nur das göttliche Sein sein.«[92]

Diese augustinische Linie ist im ›Traktat von der Minne‹ das Kernthema der Ausführungen.

Zweites Kapitel. Trinitätslehre

Eine auffällige Eigenart des ›In-principio-Dialogs‹ ist es, dass in der Trinitätslehre der Hervorgang der zweiten Person in der Gottheit ohne jeden Rekurs auf die allgemein geteilte, bei den Dominikanern vorherrschende Lehrmeinung auskommt. Der Meister des Lehrgesprächs folgt ausschließlich Richard von St. Viktor. Dieser hatte die Zeugung des Sohnes aus der überfließenden Güte und Liebe des Vaters begründet, die einen gleichwertigen Geliebten sucht und braucht, damit sie höchste, vollendete Liebe sein kann. Dieses Argument war

---

91 Augustinus, De trin. VIII, c. 3, n. 4; CCSL Bd. L, S. 272 (Übers. Kreuzer, S. 11): *Quid plura et plura? Bonum hoc et bonum illud: tolle hoc et illud, et vide ipsum bonum, si potest; ita deum videbis.*

92 Bonaventura, It., c. 5, n. 3; Op. omn., Bd. V, S. 308b f. (Übers. Kaup, S. 127): *Esse igitur est quod primo cadit in intellectu, et illud esse est quod est purus actus. <...> Restat igitur, quod illud esse est esse divinum.* Vgl. Seuse, BdW c. 6; ed. Sturlese / Blumrich, S. 52, 400–403: *Als sant Augustinus sprichet: ›La vallen dis und daz gůt in verahtunge, so blibet lůter gůti in sich swebende in siner blozsen witi, und daz ist got‹.* (Übers. Blumrich, ebd., S. 53: »Und so sagt es der heilige Augustinus: ›Beachte nicht dieses oder jenes Gute, dann bleibt das reine Gute, das in sich selber in seiner uneingeschränkten Weite schwebt, und das ist Gott‹.«)

in der Hochscholastik vor allem von den Franziskanern begünstigt worden[93], während die Dominikaner der sogenannten »psychologischen« Trinitätslehre Augustins anhingen, die den Sohn aus der Selbsterkenntnis des Vaters und den Heiligen Geist aus der gegenseitigen Liebe von Vater und Sohn entspringen sah. Der ›In-principio-Dialog‹ weicht aber von dieser augustinisch-dominikanischen Lehre ab, wenn er den Sohn aus der überquellenden Liebe hervorgehen lässt.

Der Meister des Lehrgesprächs leitet von der Seinslehre in die Trinitätslehre über, indem er an die Seinsvollkommenheiten anknüpft:

> »Die wesentliche Reinheit des göttlichen Adels zeigt den Reichtum und die Vollkommenheit der höchsten Kraft, Weisheit und Güte. Aufgrund der Vollkommenheit kannst du in demselben Adel einen Fluss der wesentlichen Reinheit göttlicher Natur beobachten.« – *Wesenlich lauterkait gotlichs adels beweiset reicheit vnd volkumenheit der hosten kraft, weisheit vnd gůte. Auz der volkumenheit macht du mercken einen ausfluz in dem selben adel wesenlicher lauterkait gotlicher natur* (IPD Z. 441–444).

Damit ist ein der gesamten mittelalterlichen Philosophie vertrauter Gedanke aufgegriffen, das neuplatonische Sich-selbst-Verströmen des Guten (*bonum est diffusivum sui*).[94] Dieses Philosophem bekommt ein besonderes Gewicht in Meister Eckharts Transzendentalienlehre. Er stützt sich auf den Satz 20 des ›Liber de causis‹: *Primum est dives per seipsum.*[95] Der Reichtum Gottes muss aus sich selbst fruchtbar werden.[96] Die Trinitätslehre des ›In-principio-Dialogs‹ ist ebenfalls auf das neuplatonische Verständnis des Einen bzw. der Eins bezogen, die bereits im ersten Kapitel des ›In-principio-Dialogs‹ das Interpretationsmodell für das Verhältnis von göttlichem und geschöpflichem Sein bietet. Hier im Trinitätskapitel wird aber die Entfaltung des Einen nicht im Blick auf das Seiende vorgestellt, sondern im Blick auf das Gute, konkret auf die Liebe: »Wo Güte in Unermesslichkeit ist, da ist volle Liebe.« *Wo gute ist in vnmeszikait, do ist volle mynne* (IPD Z. 466). Die höchste Liebe aber ist nicht, wie für Aristoteles[97] und Thomas von Aquin[98], die Selbstliebe, sondern sie strebt zum Anderen hin. Darum braucht sie einen gleichwertigen und gleichwürdigen Mitgeliebten (IPD Z. 493–499). Das ist die Lehre Richards von St. Viktor, der in diesem

---

93 Schmaus, Liber propugnatorius, S. 182–191.

94 Kremer, Bonum est diffusivum sui.

95 Liber de causis XX(XXI), n. 162; ed. Pattin, S. 180: *Primum est dives per seipsum et non est dives maius.* (Übers., ed. Schönberger/Schönfeld, S. 43: »Das Erste ist reich durch sich selbst und es gibt nichts, das reicher ist.«); z. B. Eckhart, In Ioh. n. 531, LW III, S. 462,7.

96 Beierwaltes, Primum est dives per se.

97 Aristoteles, Nik. Eth. IX, c. 8; 1168b–1169a; Bd. III, S. 225 f.

98 Thomas de Aquino, Sth. II-II. q. 26, a. 4: *Et secundum hoc debet homo magis se diligere, post deum, quam quemcumque alium. Et hoc patet ex ipsa ratione diligendi.* (»Und demgemäß soll der Mensch – nach Gott – mehr sich selbst lieben als irgendeinen anderen. Und das ergibt sich aus dem Sinn der Liebe selbst.«)

Punkte eine Lehrtradition begründet, die vor allem im Franziskaner-, aber auch im Augustinerorden Anklang fand.[99]

Allgemein geht es in dieser Fragestellung um die Entscheidung, ob die Zeugung des Sohnes notwendig sei oder freiwillig. Die Entscheidung, die Thomas von Aquin[100] hier fällt, ist, der Hervorgang des Sohnes geschehe notwendigerweise, allerdings nicht aufgrund zwingender Notwendigkeit gegen den Willen, da sie aus der Natur bzw. dem Intellekt des Vaters entspringe. Das wird von allen Meistern akzeptiert. Strittig ist aber, welche Bedeutung dem Wollen bzw. der Liebe bei der Konstitution des Sohnes zukommt. Thomas von Aquin trifft hierzu die grundlegende Unterscheidung: Wenn etwas mit meinem Willen (*voluntate*) geschieht, kann das eine begleitende Zustimmung (*concomitantia*) bedeuten. In dieser Weise will ich Mensch sein, was ich ja von Natur bin.

> »Und auf diese Weise kann man sagen, dass der Vater den Sohn mit seinem Willen gezeugt hat, wie er auch mit seinem Willen Gott ist, denn er will ja, dass er Gott ist, und er will es, dass er den Sohn zeugt. Anders ist es, wenn der Ablativ den Stand des Anfangs vermittelt, wie man sagt, dass der Wille Ursprung und Anfang des Handelns ist, so wie der Handwerker sein Tun willentlich setzt. In dieser Weise aber, muss man sagen, zeugt der Vater den Sohn nicht aus seinem Willen; vielmehr hat er so aus seinem Willen das Geschöpf hervorgebracht.«[101]

Allgemein heißt es, es sei der freie Wille Gottes, die Geschöpfe hervorzubringen. Sollte aber auch die Zeugung des Sohnes in dieser Weise aus dem Willen des Vaters begründet sein, könnte er sein oder auch nicht sein. Denn »der Wille an sich ist frei, und darum sind die Hervorbringungen des Willens nur so, dass sie sein können oder auch nicht sein können.«[102] Diese Lehrmeinung aber folgt aus dem Anathema gegen die Arianer, die behaupteten, der Sohn sei geschaffen.

Aegidius Romanus folgt, wie zu erwarten, der Lehre des Thomas, der Vater zeuge den Sohn von Natur und aus Notwendigkeit, jedoch nicht aus Zwang.[103] Auch in der Frage, ob der Vater den Sohn willentlich (*voluntate*) zeuge, stimmt

---

99 Richardus de Sancto Victore, De trin. III, c. 2; ed. Ribaillier, S. 136; Bonaventura, Qu. de trin. q. 2, a. 2, auct. 9; ed. Qu. Bd. V, S. 63a; Thomas de Argentina, In Sent. I, d. 2, q. 2, a. 1; ed. Genua 1585, fol. 29v; Iohannes de Basilea, In Sent. I, d. 6, q. 7; Bd. II, S. 44; siehe dazu den gleich folgenden Abschnitt und den Kommentar zum ›In-principio-Dialog‹, unten S. 246 f.

100 Thomas de Aquino, Sth. I, q. 41, a. 2 co und q. 42, a. 2, ad 1.

101 Thomas de Aquino, Sth. I, q. 41, a. 2 co: *Et hoc modo potest dici quod pater genuit filium voluntate, sicut et est voluntate Deus, quia vult se esse Deum, et vult se generare filium. Alio modo sic, quod ablativus importet habitudinem principii, sicut dicitur quod artifex operatur voluntate, quia voluntas est principium operis. Et secundum hunc modum, dicendum est quod Deus pater non genuit filium voluntate; sed voluntate produxit creaturam.*

102 Thomas de Aquino, In Sent. I, d. 6, q. 1, a. 2 co: *Voluntas autem, quantum est in se, libera est: unde principiata voluntatis sunt tantum ea quae possunt esse vel non esse.*

103 Aegidius Romanus, In Sent. I, d. 6, q. 1, a. 1 u. 2; ed. Corduba 1699, S. 134 u. 136.

er mit Thomas von Aquin überein: Der Wille könne nur durch Wohlgefallen (*complacentia*) mitwirken, nicht jedoch als Prinzip des Handelns.[104]

Andererseits erscheint den Theologen, die in allem die Bedeutung der Liebe im Vergleich zur Vernunft besonders hervorheben – das sind die Franziskaner und die Augustiner –, eine solche bloß begleitende Zustimmung des Vaters zum naturgegebenen Zeugungsakt zu kraftlos. Diese Linie zeigt sich zum Beispiel darin, dass Bonaventura die Dreizahl der Personen der Trinität in Übereinstimmung mit dem ›In-principio-Dialog‹ und mit Richard von St. Viktor, ohne diesen zu nennen, aus dem sich verströmenden Guten und der sich schenkenden Liebe ableitet. »Aber wenn da die höchste Güte ist – und zur Güte gehört, sich auf höchste Weise mitzuteilen, und das heißt ganz besonders, aus sich einen Gleichartigen hervorzubringen und sein Sein zu geben, also –, wenn es höchste Liebe (*caritas*) ist, da diese keine egozentrische Liebesregung (*amor privatus*) ist, sondern sich einem Anderen zuwendet, verlangt sie Mehrfachheit.«[105]

Johannes Duns Scotus formuliert den Standpunkt derer, die zugunsten der Liebe im Hervorgang des Sohnes über Thomas hinauswollen, ohne dessen grundsätzliche Unterscheidung aufzugeben.

> »In dieser Frage <ob der Vater den Sohn willentlich zeugt> scheint es zwei Schwierigkeiten zu geben; die eine: Wie der Vater den Sohn willentlich zeugt; die andere: wie aufrechterhalten bleibt, dass der Vater den Sohn nicht aus seinem Willen als dessen Produktionsprinzip zeugt.«[106]

Er sucht also nach einer Möglichkeit, wie der Wille in der Zeugung irgendwie mitwirken kann, ohne jedoch selbst das »Prinzip der Zeugung«, das heißt verursachend zu sein.[107] Die Lösung will Duns Scotus dadurch erreichen, dass er eine logische Struktur postuliert, nach der dem Sprechen des Wortes sowohl das Erkennen wie das Wollen vorausgeht. Wie aus seiner Argumentation hervorgeht, folgt er damit Heinrich von Gent. Demnach sind sowohl das Erkennen wie das Wollen Voraussetzungen der eigentlichen Zeugung, das heißt, der Wille ist in diesem Prozess nicht nur nachfolgend-begleitend.[108] Erkennen

---

104 Aegidius Romanus, In Sent. I, d. 6, q. 1, a. 3; ed. Corduba 1699, S. 139.

105 Bonaventura, In Sent. I, d. 2, a. 1, q. 2; ed. Qu. Bd. I, S. 53: *Sed si est summa bonitas, cum bonitatis sit summe se communicare. Et hoc est maxime in producendo ex se aequalem et dando esse suum: ergo etc. Si summa caritas, cum caritas non sit amor privatus, sed ad alterum: ergo requirit pluralitatem.*

106 Iohannes Duns Scotus, In Sent. I / Ordinatio I, d. 6, q. unica, n. 7; ed. minor, ed. Lauriola, Bd. III, 1, S. 354: *In ista quaestione videntur esse duae difficultates: una qualiter pater generat filium volens, alia, quomodo salvetur, quod pater non generat Filium voluntate ut principio productivo.*

107 Schmaus, Liber propugnatorius, S. 113 f.

108 Iohannes Duns Scotus, In Sent. I / Reportata Parisiensia I, d. 6, q. unica, n. 5; ed. minor, ed. Lauriola, Bd. II, 2, S. 139, 12: [*Opinio propria*] – *Dicendum igitur ad quaestionem, quod proprie Pater volens genuit Filium, non tantum concomitanter, ita quod productio Filii*

wie Wollen entspringen der Memoria, dem Gedächtnis, einer Instanz, die in Augustins Lehre von den Kräften der Seele neben Intellectus und Voluntas zur Struktur des menschlichen Geistes gehört. Sie wird zwar mit Gott Vater verglichen, aber nicht dem göttlichen Vater selbst zugerechnet.

Bei Thomas von Straßburg ist die Tendenz, dem Willen bei der Produktion des Sohnes mehr Gewicht zu geben, auch in die Augustinertheologie eingegangen. Im Grundsätzlichen lehnt er zwar die Stellungnahme des Duns Scotus ab, kommt aber trotzdem zu folgender positiver Sicht der Rolle des Willens bzw. der Liebe in der Zeugung des Sohnes:

1. Die Zeugung des Sohnes könne nicht ohne vollkommenes Gefallen geschehen. Dies aber sei ein echter Willensakt. Darum bejaht er den Satz Richards von St. Viktor: »Dass der Ungezeugte für sich einen Gleichartigen und Gleichwürdigen haben will, scheint mir dasselbe zu sein wie Zeugen.«[109]
2. Das vollkommene Wort kann nicht ohne Liebe vollbracht werden, entsprechend der Definition Augustins: »Das Wort ist eine Kenntnis mit Liebe.«[110]

Das führt schon vorbereitend zu Johannes Hiltalingen von Basel. Neben zwei anderen Quaestionen über die Zeugung des Sohnes widmet dieser dem Thema des Hervorgangs des Sohnes aus der Liebe eine eigene Abhandlung. Die Frage lautet als These formuliert: »Die Memoria des Vaters ist frei und voll Wohlgefallen aus sich selbst heraus fruchtbar und von Natur aus zur Hervorbringung des Sohnes determiniert.«[111] Am Anfang dieses Abschnittes wurde gesagt, dass

---

sibi placet, sed voluntate quodammodo antecedente; quia licet intelligere Patris praecedat velle, velle tamen praecedit dicere, sicut et intelligere, quia dicere non est intelligere, ut probatum est, sicut spirare non est velle, tamen sequitur ipsam dicere. Declarationem huius positionis quaere alibi [cf. Ordinatio I, d.6, q. un., n.14–15]. (»[Die eigene Meinung] – Es ist demnach zur Quaestio zu sagen, dass der Vater mit seinem Willen den Sohn zeugt, nicht nur begleitender Weise so, dass die Hervorbringung des Sohnes ihm wohlgefällt, sondern mit seinem Willen, der in gewisser Weise vorausgeht, da das Erkennen des Vater dem Wollen vorausgeht, das Wollen geht aber dem <das Wort, den Sohn> Sprechen voraus, und auch das Erkennen, wie erwiesen wurde, so ist das Hauchen nicht das Wollen, dennoch folgt es nach dem Sprechen ebendieser <Zeugung>.«) – »Zeugung« (*ginitionem*) ergänzt nach dem Hinweis auf die ›Ordinatio I, q.6; ed. minor, ed. LAURIOLA, Bd. III,1, S. 355, n. 17.

109 Thomas de Argentina, In Sent. I, d.6, q.2, a.3; ed. Genua 1589, fol. 48ra: *Quia illa nobilissima generatio esse non potest sine perfectissima complacentia, constat autem, quod talis perfecta complacentia est proprie actus voluntatis, et maxime respectu summi boni. Et illo modo posset intelligi verbum Richardi 6, De trinitate, cum ait: Ingenitum velle de se habere conformem atque condignum idem esse videtur mihi quod gignere.*

110 Thomas de Argentina, ebd. – Augustinus, De trin. IX, c.10; ed. KREUZER, S.76, *Verbum <...> cum amore notitia.*

111 Iohannes de Basilea, In Sent. 1, d.6, q.7; Bd. II, S. 44,19–21: *Utrum memoria patris libere et complacenter fecunda ad productionem verbi intrinsece ac naturaliter sit determinata.*

die beiden spekulativen Traktate, der ›In-principio-Dialog‹ und der ›Traktat von der Minne‹, weniger anhand von parallelen Lehrinhalten als im Vergleich der Gesamtstruktur des Denkens beurteilt werden müssten. Dazu bietet die genannte Quaestio eine Gelegenheit. Denn sie lädt zwar zu einem Vergleich der Aussagen ein, aber zugleich ist dieselbe Aussage in beiden Werken in so verschiedene Darstellungsweisen bzw. Textsorten gefasst, dass zwei völlig verschiedene Verstehenshorizonte angesprochen sind. Die Quaestio des Johannes von Basel steht in einem Sentenzenkommentar, der sich ›Lectura‹ nennt, weil er aus einer Universitätsvorlesung zur Einführung in die Theologie stammt. Aber so, wie sein Buch ausgearbeitet ist, kann es seine Zuhörer nicht mehr affektiv ansprechen, sondern nur Fachleute, die in der Lage sind, eine höchst abstrakt gefasste, formalisierte Argumentation und Gegenargumentation über spezielle Begriffsdistinktionen in ausgeklügelter Sprache zu verstehen und dabei den Kontext des zeitgenössischen wissenschaftlichen Diskurses mit zu vollziehen, teils in expliziten Zitationen, teils in stillschweigenden Bezügen. Für die infrage stehende Quaestio kann das hier nur anhand von wenigen Beispielen gezeigt werden.

Schon die Formulierung der Frage, die immer zugleich die These des Autors ist, enthält versteckt, jedoch für den mit der Fachsprache vertrauten Leser offenkundig eine Festlegung:

»Die Memoria des Vaters ist <…> zur Hervorbringung des Sohnes determiniert.« Die Rede ist also von einer innewohnenden Kraft des Vaters; zwischen den Zeilen gesagt: Es handelt sich nicht um eine nachträgliche, nur begleitende Nebenerscheinung, wie die Mitwirkung des Willens bei Thomas von Aquin gefasst war. Leitbegriff ist die Memoria des Vaters, ein in der Gotteslehre ganz ungebräuchlicher Terminus, der uns bei Johannes Duns Scotus begegnet ist. Damit ist angedeutet, dass dessen Diskussionsstand in die Ausführungen des Augustinermagisters eingehen wird. Das sei in aller Kürze an der Formulierung der Quaestio gezeigt:

»Die Memoria des Vaters ist frei und voll Wohlgefallen aus sich selbst heraus und von Natur fruchtbar <…>.« Frei und voll Wohlgefallen (*complacenter*): Diese Bestimmungen gehören zum Willen und besagen, dass die Zeugung des Sohnes, die naturnotwendig ist, den Akt nicht unfrei macht, wenn der Wille bzw. die Liebe mitwirkt. Denn er ist »aus sich selbst heraus und von Natur« wirksam. Das heißt, dass der Beitrag des Willens, da er intrinsisch ist und zur Natur gehört, den Produktionsprozess mitbestimmt. Unausgesprochen provoziert diese Formulierung die Frage, ob dadurch für den Autor Johannes von Basel der Wille (wie die Erkenntnis) ein Grund und Ursprung (*principium operis*)[112] der Hervorbringung des Sohnes ist. Das hatte Thomas von Aquin und mit ihm die *doctrina communis* ausgeschlossen.

112 Siehe das Zitat von Thomas de Aquino, oben S. 245, Anm. 101.

Die erste These der Durchführung der Quaestio definiert die Position des Johannes von Basel: »Ohne Einschränkung seiner Vollkommenheit zeugt der Vater sein unveränderliches Wort frei, mit Wohlgefallen und willentlich.«[113] Gegen diese These macht sich Johannes von Basel selbst einen Einwand:

»Diese Conclusio scheint wörtlich[114] <der Satz> Richards <von St. Viktor>, De Trinitate, Buch 6, Kap. 17 zu sein: ›Dass der Ungezeugte <Vater> für sich einen Ebenbürtigen und Gleichwertigen haben will, scheint mir dasselbe zu sein wie zeugen‹.«[115] Denselben Satz hatte sich auch Thomas von Straßburg schon zu eigen gemacht.[116] Der Meister des Lehrgesprächs sagt:

> »Da die Liebe nicht in sich selbst bleiben konnte – sie musste sich selbst einem anderen geben – und da kein Geschöpf dessen wert war, dass es mit unermesslicher Liebe geliebt wird, da fand die Weisheit den Fund, dass Gott Gott gebar, und zwar so, dass Gott der Gebärer der Vater war und der da geboren wird, sein ewiger Sohn, sodass der Vater mit der unermesslichen Allmacht seiner Liebe seinen einzigen Sohn liebt und auch von seinem Sohn mit gleicher unermesslicher Liebe wiedergeliebt wird.« – *Seit minne in ir selber nit moht bleiben, si můst sich selber einem andern geben, vnd kein creatur dez wert waz, daz si mit vnmesziger minne wirt geminnet, do fant weisheit den funt, daz got got gebar, also daz got geperrer were der vater vnd der do wirt geporn sein ewiger sv̊n, also daz der vater mit der vnmeszigen minne seiner almehtikait mynnte seinen einigen svn vnd wirt auch von seim sv̊n wider vmb gemynnet mit gleicher vnmesziger minne* (IPD Z. 571–577).

Dieser Satz ist der Kern- und Höhepunkt der dialogischen Entfaltung des Themas der Geburt des Sohnes aus der Liebe. In diesem Satz verdichtet sich der Lehrgehalt der Argumentation des Richard von St. Viktor. Im ›In-principio-Dialog‹ wird die Spekulation in aller Breite ausgefaltet und in hymnisch-meditativer Weise subjektiv verarbeitet. Das alles fehlt in der Quaestio des Johannes von Basel. Ihm geht es in der theologischen Argumentation nicht um spekulative Betrachtung oder Aneignung, sondern allein um eine begriffliche Begründung seines Konzepts, das besagt: Die Lehre des Richard von St. Viktor von der Mitwirkung der Liebe bei der Zeugung des Sohnes müsse ein stärkeres Gewicht haben, als in der dominikanischen und auch in der klassischen Augustinertheologie gelehrt wird. Dabei ist zu beachten, dass Gregor von Rimini sich

---

113 Iohannes de Basilea, In Sent. I, d. 6, q. 7, concl. 1; Bd. II, S. 46,4 f.: *Pater sine imperfectione libere complacenter voluntarie generat suum Verbum incommutabile.*

114 Zur Übersetzung von *in forma* mit »wörtlich« siehe Johannes von Basel, In Sent. I, q. 14, Bd. II, S. 162,28. Dort sagt er vor und nach einem Zitat: *Hae sunt verba sua in forma, contra quae posui corollarium.*

115 Iohannes de Basilea, In Sent. I, d. 6, q. 7, post concl. 1; Bd. II, S. 46,6–8: *Ista conclusio videtur in forma Richardi 6 ›De Trinitate‹ capitulo <1>7 dicentis: ›Ingenitum velle de se habere conformem atque condignum idem videtur mihi quod gignere‹.* Richardus de Sancto Victore, De trin. VI, c. 17; ed. Ribaillier, S. 252,52. (»Dass der Ungezeugte von sich selbst einen Gleichartigen und Gleichwürdigen haben will, scheint mir dasselbe zu sein wie zeugen.«)

116 Siehe oben S. 247, Anm. 109.

gegen die Position des Duns Scotus wendet, die begrifflich ein Wollen vor den Akt des Zeugens setzen wollte[117]. Er erkennt lediglich, wie es die klassische Lösung ist, eine begleitende Mitwirkung des Willens an (*voluntarie, id est complacenter*).[118] Hugolin von Orvieto scheint sich zu diesem Problem nicht geäußert zu haben, jedenfalls nicht an dem angestammten Ort (In Sent. I, d. 6).[119]

Wenn wir verstehen wollen, warum Johannes Hiltalingen diese Hervorhebung der Kraft der Liebe braucht, müssen wir über die einzelne Quaestio hinausgehen und dieses Theologumenon in das Gesamtbild seiner Gotteslehre einfügen. Die Liebe spielt in seiner theologischen Gesamtkonzeption eine zentrale Rolle. Das ist bereits im Abschnitt zur Intention des ›In-principio-Dialogs‹ ausgeführt und im Kommentar zum ›Traktat von der Minne‹ vertieft worden.

Für das Argumentationsziel dieser Untersuchung, den Nachweis eines möglichen Einflusses des Johannes von Basel auf den ›In-principio-Dialog‹, erübrigt sich ein weiterer Kommentar, da die Intention der Theologie des ›In-principio-Dialogs‹ sowie des Johannes von Basel oben auch im Hinblick auf das dritte Kapitel erörtert worden ist und da zudem zahlreiche gemeinscholastische Parallelen in der ersten Studie zum Meister des Lehrgesprächs[120] dargestellt wurden. Ausschlaggebend ist die Sonderstellung sowohl des ›In-principio-Dialogs‹ wie des Johannes von Basel in der Begründung der Zeugung des göttlichen Sohnes aus der Liebe.

117 Gregorius Ariminensis, In Sent. I, d. 6, q. 1; ed. Trapp / Marcolino, Bd. I, S. 505.
118 Ebd., S. 508.
119 Auch die Dissertation, Dietrich, Die Trinitätslehre des Augustinereremiten Hugolin von Orvieto, enthält keinen Hinweis auf Richards Trinitätslehre.
120 Witte, Der Meister des Lehrgesprächs und sein ›In-principio-Dialog‹.

5. ›Gratia-Dei-Traktat‹

5.1 Textkonstitution

Zürich, Zentralbibliothek, Ms. C 127

Meister des Lehrgesprächs – Johannes von Basel OESA, ›Gratia-Dei-Traktat‹, S. 41–71

Papier · 186 Blätter · 207 x 143 mm · 143–147 x 96–102 mm · 1 Spalte

Sprache: hochalemannisch / elsässisch.

Handschriftenbeschreibungen und Literatur

Steer, Georg, Scholastische Gnadenlehre in mittelhochdeutscher Sprache. Der Züricher Gratia-Dei-Traktat‹, zur Handschrift S. 41–71, Text, S. 56–71; Kommentar: ›Untersuchungen zum Züricher Gratia-Dei-Traktat‹, I. Kommentar, S. 139–178, II. Dialog und Aufbau, S. 178–194.

Quint, Josef, Neue Handschriftenfunde zur Überlieferung der deutschen Werke Meister Eckharts und seiner Schule, hier S. 237–254.

Hofmann, Annelies Julia, Der ›Eucharistietraktat‹ Marquards von Lindau, zur Handschrift, S. 112–117.

Schreibweise und Dialekt

Die Schreibweisen sowie Listen der Korrekturen in der Handschrift stellt Steer zusammen.[1]

Seine gründliche Dialekt-Untersuchung kommt zum Schluss, die Handschrift lasse sich »eindeutig in die Nordschweiz (Nähe Schaffhausen, Thurgau) verweisen«.[2] Es könnte auch noch der Bereich westlich davon bis zum Raum Basel infrage kommen.

Steers Auflösung der diakritischen Zeichen ist durchwegs überzeugend, nur im Falle der Lautqualität des langen mittelhochdeutschen *â* ließe sich diskutieren. Das wesentliche diakritische Zeichen bei dessen Schreibung, wenn es nicht ohne weitere Kennzeichnung steht, sind zwei übergeschriebene Punkte (ä), die im Allgemeinen als Verschleifungen von übergeschriebenem *o, e* oder *v* gedeutet werden können. Selten löst der Schreiber *â* nach *au* auf, und zwar *haut* (3. Pers. Sing. Ind. Praes. von *hân*: Z. 358), *gaut* (3. Pers. Sing. Ind. Praes. von *gân*: Z. 274, 502, 570); *laut* (3. Pers. Sing. Ind. Praes. von *lân*: Z. 615); *laussen/lauzsen* (Inf. von *lâzen*: Z. 164, 296, 634); *laussent* (3. Pers. Pl. Ind. Praes. von *lâzen*: Z. 653); *staut* (3. Pers. Sing. Ind. Praes. von *stân*: Z. 604); *strauffen* (Inf. von *strâfen*: Z. 221). Steer nimmt diese Verdeutlichungen als Grund, die

---

1 Steer, Scholastische Gnadenlehre in mittelhochdeutscher Sprache, S. 42–44.

2 Ebd., S. 44.

schräggestellten Punkte über a (ä) konsequent nach *v* (statt *u*) aufzulösen (aͮ). Er sieht darin »einen kräftigen Einschlag der Schwäb. Diphthongierung«.[3] Der Historische Südwestdeutsche Sprachatlas zeigt bei den Referenzbelegen für *â*, nämlich *jâr* und *strâze*, im Bereich von Basel bis Schaffhausen *o-*, *a-*, und *au-*Schreibungen.[4] Das bestätigt, dass die Zuweisungen STEERS auch bei diesem Kriterium möglich sind. Sie werden auch zusätzlich bestätigt dadurch, dass die übergeschriebenen Punkte an einigen Stellen zu einer geraden Linie oder zu einem gespreizten, flach liegenden *v* gedehnt werden. Auffällig sind aber einige Schreibweisen von *hân* (haben). Auch hier löst STEER die diakritischen Zeichen zu *aͮ* auf, wenn sie in der Handschrift mit zwei Punkten (ä) geschrieben sind. Das wird vom Schreiber einmal bestätigt, wenn er *hât* (3. Pers. Sing. Ind. Praes. von *hân*) als *haut* (Z. 358) wiedergibt. Daneben findet sich aber für dieselbe Flexionsform dreimal die Schreibweise *hett* (Z. 411, 485, 709) und für die 2. Pers. Sing. Ind. neben dem üblichen *du häst* viermal die Schreibweise *du hest* (Z. 83, 281, 369, 668). Den Wechsel von *a*, *e* und *au* im Indikativ Praesens von *hân* belegt für den fraglichen Bereich wiederum der Sprachatlas.[5] Vielleicht darf man in diesen vereinzelten e-Schreibungen Reste einer elsässischen Vorlage sehen.

Aufmerksamkeit verdient das Partizip Perfekt *getân* von *tuon*. Es wird einmal mit einfachem *a* geschrieben: *getan* (Z. 176), dreimal hingegen mit zwei Punkten als diakritischem Zeichen über *o*, *getön* (Z. 326, 665, 763), was STEER zu *getoͮn* auflöst. Im Elsässischen ist die Verdumpfung des langen *â* zu *ô* die Regel.[6] Im Substantiv *rœte* (die Röte, Z. 96) lese ich das diakritische Zeichen wie STEER als ein übergeschriebenes *e*. Demnach sind auch die weiteren Wiederholungen dieses Wortes, wenn sie mit zwei Punkten (*röti*) geschrieben sind, in derselben Weise als *roͤte/roͤti* (Z. 89, 90) aufzulösen. Auffällig ist auch die Behandlung des Leitworts des ›Gratia-Dei-Traktats‹: *gnâde* oder *genâde*. Das Wort wird 148-mal ohne diakritisches Zeichen geschrieben, und siebzigmal mit einem Häkchen, das wie ein umgekehrtes v aussieht, also wie ein Zirkumflex (*gnâde*). Dabei wird dieses Zeichen deutlich verschieden von den anderen übergeschriebenen Zeichen ^{e}, ^{o}, ^{v} und deren Variationen behandelt. Außer im Wort *gnâde* kommt der Zirkumflex nur noch in *hând* (Z. 597, 3. Pers. Plur. Ind. Praes. von *hân*) und *tôdsünde* (Z. 529) sowie gelegentlich bei *ü* und *iu* vor, zum Beispiel *ûbergang*, *dû kraft*, *gelichnûst*, *betûten*, *frûnt* usw. Wegen dieser konsequenten Differenz zu dem sich aus *v* ableitenden Zeichen, den Punkten (¨), deute ich den Zirkumflex in *gnâde* als Längenzeichen. Das wird auch durch die Belege für das Längenzeichen bestätigt, die der Sprachatlas im Raum Säckingen,

---

3 Ebd., S. 45.

4 HSS, Bd. I, S 132–134; Bd. II, Karte 40.

5 Ebd., Bd. I, S. 141; Bd. II, Karte 46.

6 Siehe ebd., Bd. 1, S. 129–140; Bd. II, Karte 41. Ebenso WEINHOLD, Alemannische Grammatik, § 354, S. 357.

Schaffhausen, Rheinfelden als »häufig«, im Raum Basel als »vereinzelt« dokumentiert.[7]

Diese möglichen Varianten ändern jedoch nichts an der Bestimmung des regionalen Dialekts des Schreibers. Möglich, jedoch nicht nachprüfbar ist der Einfluss einer elsässischen Vorlage auf den Schreiber der Züricher Handschrift.

Obwohl ich den Text des ›Gratia-Dei-Traktats‹ neu aufgrund der Handschrift überprüft habe, übernehme ich die Schreibweisen aus der Edition STEERS weitgehend unverändert, sofern ich mich nicht für eine andere Lesart entscheide. Die Überlegungen zur Bedeutung des Zirkumflexes geben keinen hinreichenden Anlass, STEERS Entscheidungen rückgängig zu machen. Nur STEERS *gnǎ̂de* gebe ich als *gnâde* wieder. Die Eingriffe in den Text folgen ebenfalls der STEERschen Edition. Sie sind im Variantenapparat vermerkt und im Textteil kursiv gesetzt. Darüber hinaus sind einige Konjekturen, die ich vorschlage, in den Fußnoten begründet. Durchwegs erscheint in der Handschrift das scheinbare Lexem *ture*. STEER behandelt es als Kürzel für *crêatûr, crêatûre*. Darin folge ich ihm.

Der allgemeine theologiegeschichtliche Rahmen, in den der ›Gratia-Dei-Traktat‹ einzuordnen ist, wird in meinem Kommentar unten gründlich dokumentiert. Darum werden in den Fußnoten der vorliegenden Textausgabe nur Parallelen aus anderen Werken des Meisters des Lehrgesprächs und Übereinstimmungen mit Johannes Hiltalingen von Basel angegeben. Selbstverständlich belegen Zitate aus Anselm von Canterburys Werk auch hier die Anlehnung des Autors an diesen Kirchenlehrer.

Die Analyse des augustinischen Hintergrunds und speziell der Übereinstimmungen mit Johannes von Basel erfolgt im Kommentar zum ›Gratia-Dei-Traktat‹. Aber auch das sechste Kapitel des erstens Buches des ›Audi-filia-Dialogs‹ enthält Ausführungen zur Gnadenlehre, auf die schon im Kommentar zum ›Gratia-Dei Traktat‹ verwiesen wird.

Die Zeilennummern zwischen Schrägstrichen /###/ beziehen sich auf STEERS Edition des ›Gratia-Dei-Traktats‹ in seiner Dissertation ›Scholastische Gnadenlehre in mittelhochdeutscher Sprache‹, S. 62–73. Die Seitenzählung der Handschrift steht in kursiven eckigen Klammern.

---

7 HSS, Bd. I, S. 183 f., Bd. II, Karte 88.

5.2 Edition

Hie solt du merken gar ain vernúnftig lere, was goͤtliche gnâd si vnd was si wúrket in der sele *etc.*

Gracia dei vita eterna *etc.* Also sprichet sant Paulus in ainer epistel vnd spricht ze túsch also: ›Gnâd gottes ist ewig leben‹. Sid daz der mensche uon /5/ aigner natur nút vermag kain guͦt werke volbringen on die gnâd gottes,[8] als cr selber spricht: ›Sine me *etc.* ǎn mich vermúgent ir núcz tuͦn‹, vnd Paulus ouch spricht: ›Omnia possum. Jch vermag alle ding in dem, der mich sterket‹, daz ist in der goͤtliehen gnâd: dar vmb, min liebes kint, daz din menschlich krankheit in der gnâd, die got ist, gesterket vnd alle din werk in luter gnâd /10/ gottcs volbrǎcht werden vnd din begirde enzúnt werde, din vernunft *erlúcht* werde, won als der luft liecht enpfa*[68]*chet von der sunnen, also wirt die sele erlúcht von goͤtlicher gnâd. Hie vmb hǎn ich willen, dir ze ainer lere beschaiden vnd beklåren von minem groben sinne vnd klainem bekennen dir sagen, was gnâd si. Vnd trúw diner tugend, das du es uon miner grobheit ver guͦt habest.

<Die Arten der Gnade> /15/

Der J.: Der lere will *ich* mich vil wol benuͤgen, waz dú ewig warheit durch din vernunft wúrkent ist. Dar vmb so vahe an vnd sag mir ze dem ersten, wie måͤnigcr lay gnâde si.

Der M.: Das wil ich dir sagen. Es ist drier ley gnâd: Die erst haisset fúrkoment gnâd, die ander mitwúrkend gnâd, die dritte volbringet gnâd.[9] /20/

Der J.: Jch begere, daz du mir betútest vnderscheid diser gnâd ieglich sunderlich.

Der M.: Die erste gnâd heisset *fúrkoment* gnâd vnd ist das sach, won si *dem [69]* menschen fúrlo͗ft on alles sin zuͦ tuͦn, won got gebirt dis gnâd in dem

2 etc.] itc. *3* etc.] itc. *6* etc.] itc. *10* erlúcht] erlúchte *15* Der J.: *fehlt* ich *fehlt (cj. Witte)* *18* Der M.: *fehlt (cj. Witte)* *22* fúrkoment] volkomē *23* dem] den

---

8 *Diese allgemeine Formulierung wird unten Z. 520–590 differenziert. Siehe auch Thomas de Aquino, In Sent. II, d. 28, q. 1, a. 1 co:* Et ideo secundum fidem catholicam, in medio contrariarum haeresum incedendum est, ut scilicet dicamus hominem per liberum arbitrium et bona et mala facere posse; non tamen in actum meritorium exire sine habitu gratiae. *(»Darum ist entsprechend dem katholischen Glauben inmitten der gegensätzlichen Häresien festzuhalten – nämlich zu sagen, dass der Mensch durch seinen freien Willen Gutes und Böses tun kann, dass er aber nicht ohne den Habitus der Gnade zu einem verdienstlichen Akt voranschreiten kann.«)*

9 *Vgl. AFD I, c. 6; fol. 55vb, Z. 269–271:* Die lerer sprechen, daz zweyerleÿ gnåde ist genåmpt: Eins heisset ein fu̇rkomende gnåde. Die ander eine nåchgånde gnåde. Die fu̇rkomende gnåde machet den willen guͦt. Die nåchgånde gnåde wu̇rket mit dem willen. *(»Die Lehrer sagen, dass zweierlei Gnaden genannt werden. Eine heißt zuvorkommende Gnade, die zweite heißt nachfolgende Gnade. Die zuvorkommende Gnade macht den Willen gut. Die nachfolgende Gnade wirkt mit dem Willen.«)*

Übersetzung

Hier sollst du eine recht vernünftige Lehre kennenlernen, was göttliche Gnade ist und was sie in der Seele wirkt usw.
Gracia dei vita aeterna etc. So spricht der heilige Paulus in einer Epistel, und das heißt zu Deutsch: »Die Gnade Gottes ist ewiges Leben« (Rm 6,23). Weil der Mensch aus eigener Natur ohne die Gnade Gottes kein gutes Werk vollbringen kann, wie der Herr selbst spricht: »*Sine me etc.* Ohne mich könnt ihr nichts tun« (Io 15,5), und auch Paulus spricht: »*Omnia possum.* Ich vermag alles in dem, der mich stärkt« (Phil 4,13), das ist in der göttlichen Gnade –: Darum, mein liebes Kind, dass deine menschliche Schwäche in der Gnade, die Gott ist, gestärkt und alle deine Werke in reiner Gnade Gottes vollbracht werden und dass dein Begehren entzündet, deine Vernunft erleuchtet wird – denn wie die Luft von der Sonne Licht empfängt, so wird die Seele von göttlicher Gnade erleuchtet –, darum bin ich bereit, dir zu einer Lehre zu verhelfen und dir mit meinem groben Verstand zu erklären und mit meiner geringen Erkenntnis zu sagen, was Gnade ist. Und vertraue auf deine Tugend, damit es dir aus meiner Grobheit zugutekommt.

<Die Arten der Gnade>

Der Schüler: Mit dieser Lehre will ich mich gerne begnügen, nämlich was die ewige Wahrheit durch deine Vernunft bewirkt. Darum fange an und sage mir zuerst, wie vielerlei Gnade es gibt.

Der Meister: Das will ich dir sagen. Es gibt dreierlei Gnaden. Die erste heißt zuvorkommende Gnade, die zweite mitwirkende Gnade, die dritte vollendende Gnade.

Der Schüler: Ich wünsche mir, dass du mir den Unterschied dieser Gnaden jeweils gesondert erklärst.

Der Meister: Die erste Gnade heißt zuvorkommende Gnade, und das darum, weil sie dem Menschen vorausläuft ohne all sein Zutun; denn Gott ge-

menschen on den menschen, das ist on alles sin verdinen. Vnd das du es /25/ dester bas merkest, so wil ich dir sagen ain bizaichen: Der engel, als er geschaffen wart, do ward im dis gnâd geben, daz er moͤcht bestanden sin, vnd das was on alles sin verdienen. Adam hǎt ouch die selben gnâd in dem paradys, e daz er das gebott úberging. Vnd also merke, waz fúrkoment gnâd sig.

Der J.: Das hǎn ich wol verstanden. Nvn sag mir von der andren gnâd. /30/

Der Maister:[10] Die ander ist mitwúrkend oder nachkomend gnâd,[11] wan nach der ersten wirt die ander geben, vnd die wúrkt got nit in dem menschen an den menschen, me der můss daz sin ouch dar zů tůn. Vnd dar vmb spricht sant Augustin: ›Qui creauit *etc.*‹, dis sprichet: ›Der dich geschaffen hǎt ǎn dich, der widerschaffet dich nit an dich‹. Dar vmb solt du hǎn die andren gnâd, daz du /35/ ain wa*[70]*rer mitwúrker sigest mit got.

Der J.: Jch hab es wol gemerket. Nvn sag mir uon der dritten gnâd.

Der Maister: Das ist die volbringet gnâd. Die wirt volbrǎcht in dem menschen on den menschen, won got ist allain diser gnâd ain volbringer. Vnd das du diser dester bas verstandest, so merke: so du ain gůt werke wúrkest mit /40/ *mitwúrkender* gnâd,[12] das en mag doch nit volbrǎcht werden vss diner naturlicher kraft, me dú kraft vnd gnâd gottes wúrket es durch dich. So nvn das werke vff sin ende komet nah werklichait, dennocht so ist es nit vff dem ende goͤtlicher enpfengklichait, vnd ist das sach, won du waist nit, ob es got dankber vnd loblich si oder nit. Dar vmb so stǎt die volbringent gnâd in got allain, won so /45/ got *enpfaht* daz werke in dankberkait, das er lǒn dar vmb wil sin, volbringet er das werk mit volbringeder gnâd.[13]

Der J.: Jch hǎn dich wol verstanden, *[71]* won got der mag dem werke lǒnen, ob er wil, vnd mag im ouch nit lǒnen, ob er wil. Dar vmb so lit dis gnâd

34 etc.] itc. *41* mitwúrkender] wúrkender *(cj. Witte)* *46* enpfaht] enpfhaht

---

10 *Hier in der Hs. ausgeschrieben; so im Folgenden häufig.*

11 *Vgl. AFD I, c. 6; fol. 56va, Z. 316–319:* Die <mit>wùrkende gnåde, die man heisset die nåchgånde gnåde, die tůt drù ding. Deß ersten git sù dem willen ein behalten der gnåde; wån reht als der wille åne die fùrkomende gnåde gnåde nùt empfienge, also behielte der wille gnåde dehein wile, die nåchgånde gnåde geͣbe im denn, daz er sù behielte. *(»Die mitwirkende Gnade, die man nachfolgende Gnade nennt, tut drei Dinge: Erstens gibt sie dem Willen ein Behalten der Gnade; denn gerade so wie der Wille ohne die zuvorkommende Gnade keine Gnade empfinge, so behielte der Wille keinen Augenblick die Gnade, wenn die nachfolgende Gnade ihm nicht gäbe, sie zu behalten.«)*

12 *Die* wúrkende gnǎd, *wie der ›Gratia-Dei-Traktat‹ schreibt, wirkt Gott allein; davon war zuvor die Rede. Die Konjektur ist sachlich begründet, die Fehlschreibung* wúrkende *erscheint aber beim Seitenwechsel auch durch die scheinbare Doppelung,* mit mitwúrkender gnǎd, *als Schreiberirrtum plausibel.*

13 *Iohannes de Basilea, In Sent. I, d. 17, q. 16, concl. 1; Bd. II, S. 180,2 f.:* Sola gratia praedestinationis est ratio sufficienter meritoria cuiuscumque creatae dilectionis. *(»Allein die Gnade der Prädestination ist der hinreichende Grund des Verdienstes für jedwede geschaffene Liebe.«)*

biert diese Gnade in dem Menschen ohne den Menschen, das heißt: ganz ohne sein Verdienst. Und damit du es umso besser verstehst, will ich dir ein Beispiel geben: Als der Engel geschaffen wurde, wurde ihm diese Gnade gegeben, damit er in der Gerechtigkeit Bestand haben könnte, und das war ganz ohne sein Verdienst. Adam hatte im Paradies auch dieselbe Gnade, bevor er das Gebot übertrat. Und so siehst du, was zuvorkommende Gnade ist.

Der Schüler: Das habe ich gut verstanden. Nun sprich mir von der zweiten Gnade.

Der Meister: Die zweite ist die mitwirkende oder nachfolgende Gnade; denn nach der ersten wird die zweite gegeben, und diese wirkt Gott nicht in dem Menschen ohne den Menschen, sondern dieser muss das Seine auch dazu tun. Und darum sagt der heilige Augustinus *Qui creavit etc.*, das heißt: »Der dich geschaffen hat ohne dich, der erschafft dich nicht erneut ohne dich.« Darum sollst du die zweite Gnade haben, damit du mit Gott ein wahrer Mitwirker bist.

Der Schüler: Ich habe es gut verstanden. Nun sprich mir von der dritten Gnade.

Der Meister: Das ist die vollendende Gnade. Die wird in dem Menschen ohne den Menschen vollbracht; denn Gott ist allein ein Vollender dieser Gnade. Und damit du diese umso besser verstehst, so sieh: Wenn du ein gutes Werk mit der mitwirkenden Gnade wirkst, kann das noch nicht aus deiner natürlichen Kraft vollendet werden, sondern die Kraft und Gnade Gottes bewirken es durch dich. Wenn nun das Werk in der Tat zu Ende kommt, so ist es dennoch nicht am Ende der göttlichen Aufnahmebereitschaft angekommen, und das darum, weil du nicht weißt, ob es für Gott willkommen und lobenswert ist oder nicht. Darum steht die vollendende Gnade in Gott allein, denn wenn Gott das Werk in Dankbarkeit annimmt, sodass er selbst der Lohn dafür sein will, vollendet er das Werk mit der vollendenden Gnade.

Der Schüler: Ich habe dich gut verstanden; denn Gott kann das Werk belohnen, wenn er will, und er kann es auch nicht belohnen, wenn er will; darum

nit an dem menschen. /50/ Nvn begere ich, das du mir sagest von dem andren puncten, was goͤtlich gnad si.

<Das Wesen der Gnade: Wahrheit und Gerechtigkeit>

Der M.: Gnâd ist ain bild der warheit vnd ain jnsigel der gerechtikait, in der die sele enpfachet goͤtliche gelichnúst vnd mit got verainot wirt.[14]

Der J.: Dis wort ist mir ze kurcz vnd ze verborgen. Du solt mir es bas /55/ betúten. Sag mir, waz ist warheit.

Der M.: Du solt bi der warheit verstan goͤtlichi wisheit, von der selben wisheit er den ersten menschen geschůff in gerechter wise, wan der erste mensche wart also geschaffen, als in got von ewikait in siner wisheit hǎt angesechen. Vnd da von der mensche, der nit ist, als in got hǎt eweklich angesehen, der ist /60/ vngerecht, won er ist vngelich dem ersten [72] bilder. Den bilder ich heis die ersten warheit.

Der J.: Hån ich es recht verstanden, so mainest du, genad si ain bilde, als daz bilde waz in Adam, do Adam uon got wart geschaffen. Daz bild waz glich goͤtlicher warheit vnd wisheit. /65/

Der M.: Du hǎst mich wol gemerkt, won also ist genǎd ain bild der warheit.

Der J.: Du hǎst mir wol betútet, wie gnâd ist ain bild der warheit. Nvn sag mir, wie si sigi ain jnsigel der gerechtikait.

Der M.: Der wille ist gerecht, wenne er wol wil, als in got wil wellen. /70/ Vnd der selb wille ist ain bilde der warheit, so ist si ouch ain jnsigel der gerechtikait.[15]

Der J.: Jch beger, daz du mir dis in etlicher liplicher wis betútest.

Der M.: Wåre, daz ich kúnde mit minem willen ain rose machen, als ich si kan bedenken, so wolt ich, das ain ros wår mit tusent roͤten blet/75/tern, vnd

---

Vgl. AFD II, c. 5; fol. 94va, Z. 461–467: Warumb aber Judas von der gerehtigkeit wùrde verlåssen nåch sinen sùnden vnd sant Peter nach sinen sùnden getzogen in die gnåde, des ist kein ander sache dån der wille gottes. Wer aber fråget, warumb er das wolte, der fråget des ein sache, das keÿn sach ist. Wån der wille gottes der ist allen zittlichen dingen ein sache, aber er hät kein sache. Dauon sprichet sanctus Paulus: ›Der hafener hät gewalt, daz er vß einer materie machet ein faß der vngetze̊miket vnd ein vaß der eren‹ (Rm 9,21). *(»Warum aber Judas nach seiner Sünde von der Gerechtigkeit verlassen wurde und Sankt Peter nach seinen Sünden in die Gnade gezogen wurde, dafür gibt es keinen anderen Grund als den Willen Gottes. Wer aber fragt, warum er das wollte, der fragt nach einer Ursache für das, was keine Ursache hat. Denn der Wille Gottes ist für alle zeitlichen Dinge eine Ursache, aber er hat selbst keine Ursache. Darum spricht Sankt Paulus: ›Der Töpfer hat die Macht, dass er aus einem Stoff ein Gefäß der Widrigkeit macht und ein Gefäß der Ehre‹ [Rm 9,21].«)*

14 *Rückgriff auf Anselms Wahrheits- und Gerechtigkeitslehre, siehe auch* Steer, *Kommentar, S. 143–145, ebenso AFD I, c. 2 u. 3.*

15 *In Anlehnung an Anselm kommt die Formel »Wahrheit ist Gerechtigkeit« auch im ›Audi-filia-Dialog‹ vor, z. B. AFD I, c. 2; fol. 16rb, Z. 166 f.:* Dauon so merke daz, daz worheit ist gerehtikeit. *Ferner: AFD I, c. 2; fol. 16ra, Z. 159 u. ö.*

steht diese Gnade nicht dem Menschen zu. Nun wünsche ich mir, dass du mir von dem zweiten Punkt sprichst, nämlich was göttliche Gnade ist.

<Das Wesen der Gnade: Wahrheit und Gerechtigkeit>

Der Meister: Gnade ist ein Bild der Wahrheit und ein Siegel der Gerechtigkeit, in der die Seele Gleichheit mit Gott empfängt und mit Gott vereint wird.

Der Schüler: Dieses Wort ist mir zu knapp und zu geheimnisvoll. Du sollst es mir besser auslegen. Sage mir: Was ist Wahrheit?

Der Meister: Du sollst unter Wahrheit göttliche Weisheit verstehen, in derselben Weisheit schuf er den ersten Menschen in gerechter Weise; denn der erste Mensch wurde so geschaffen, wie Gott ihn von Ewigkeit in seiner Weisheit angesehen hatte. Und darum ist der Mensch, der nicht so ist, wie ihn Gott ewig angesehen hat, unrecht, denn er ist dem ersten Vorbild ungleich. Das Vorbild nenne ich die erste Wahrheit.

Der Schüler: Wenn ich es richtig verstanden habe, meinst du, Gnade sei ein Bild, wie das Bild in Adam war, als Adam von Gott geschaffen wurde. Dieses Bild war der göttlichen Wahrheit und Weisheit gleich.

Der Meister: Du hast mich gut verstanden; denn so ist Gnade ein Bild der Wahrheit.

Der Schüler: Du hast mir gut erklärt, inwiefern Gnade ein Bild der Wahrheit ist.

Nun sag mir, wie sie ein Siegel der Gerechtigkeit ist.

Der Meister: Der Wille ist gerecht, wenn er so will, wie ihn Gott wollen will. Und derselbe Wille ist ein Bild der Wahrheit und ist so auch ein Siegel der Gerechtigkeit.

Der Schüler: Ich wünsche mir, dass du mir dies in irgendeiner dinglichen Weise erklärst.

Der Meister: Angenommen, ich könnte mit meinem Willen eine Rose machen, wie ich sie mir vorstelle, so wollte ich, dass es eine Rose mit tausend roten

die bletter *[73]* soltent sin vff getǎn gen den himel vnd solten ain gruͤnen stil hǎn. Wår der rose, als ich gewúnschet hǎn, wer der nit ain rechter rǒse?

Der J.: Ja, won si were, als du jn gerne woltest hǎn.

Der M.: Welte aber ich hǎn ain wissen rǒsen, dú beschlossen wår mit /80/ ainem dúrren stil, were der nit gerechter?

Der J.: Jch enweis nit, waz ich spreche, won si wåre, als du in weltest, vnd wår doch nit, als er soͤlte sin, doch dunket mich: ain werk soͤlt billich sin, als sin schoͤppffer wil.

Der M.: Du hest es nv recht gemerket, daz die regel aller gerechtikeit /85/ ist nit anders denne der wille des schoͤppffers. Wår aber der rǒse mit rǒten vff kerten blettern verkeret, daz die bletter sechent vff die erde, so were si nit mer ain *rechter* rǒse, wan si wår vss der wise mines willen.

Der J.: Daz ist war, won der wille din wåre, *[74]* daz si wåre rǒt, so wår si swarcze, da von ist si vngelich der regel siner gerechtikeit, vnd ist, das /90/ si gelich sol werden, so můs den schwarczen blettern ain núwe roͤte werden geben, vnd in der selben roͤti wirt die rǒse dinem willen gelich.

Der M.: Gelobet si die gnâde, die din hercz so clarlich erlúcht hǎt, das du merkest, wie goͤtlich gnâd ist ain bild der ersten warheit vnd git der sele die ersten gerechtikeit.

<Bild der Gnade: geschaffene Gnade> /95/

Der J.: Nvn beger ich, daz du mir betútest, wie ich gnâde soͤlle bilden vnd gedenken.

Der M.: Daz die roͤti in dem rǒsen ist, von der ich hǎn gesprochen, also ist gnâd ain creatur vnd wirt der sele geben zů der gezierde ir gerechtikeit. /100/

Der Junger: Moͤcht got nit schoͤpften one gnad, ob er woͤlte?

Der Maister: Sag mir vor, moͤchte got ain schwarczen rǒsen rǒt machen an alle roͤti?

Der Junger: Des gelob ich nit. Aber mich dvnkt, es sig nit gelich, won ich moͤchte wol *[75]* ain frúnt werden, des vigend ich waz, das ich jm doch kain /105/ ding gåbe, also moͤchte ouch got dem súnder sin súnde vergeben, also das er jm kain núwe *ture* in siner sele geschůͤffe.

Der Maister: Dvnket dich wunder, war vmb got nit moͤchte wúrken gerechtikeit one mittel der creaturen, ob er welte, als er alle sine werk hǎt gewúrkt one ture? /110/

Der Junger: Ja, one zwifel. Es wundret mich, wan man sprichet, gnade vnd tugent můssend ab gǎn, won zwischend got vnd der sele mag kain mittel beliben.

86 rechter] röter ***104*** ture] túre

Blättern gäbe, und die Blätter sollten zum Himmel aufgerichtet sein und sollten einen grünen Stiel haben. Wenn nun die Rose so wäre, wie ich sie gewünscht habe. wäre das nicht eine richtige Rose?

Der Schüler: Ja, denn sie wäre, wie du sie gerne haben wolltest.

Der Meister: Wollte ich aber eine weiße Rose mit einem dürren Stiel haben, die verschlossen wäre, wäre die nicht recht?

Der Schüler: Ich weiß nicht, was ich sagen soll; denn sie wäre, wie du sie willst, und wäre doch nicht, wie sie sein sollte. Doch mir scheint: Ein Werkstück sollte so sein, wie sein Schöpfer es will.

Der Meister: Jetzt hast du richtig verstanden, dass die Regel aller Gerechtigkeit nichts anderes ist als der Wille des Schöpfers. Würde aber die Rose mit roten aufrechten Blättern umgekehrt, sodass die Blätter auf die Erde sehen, so wäre sie nicht mehr eine rechte Rose; denn sie wäre aus der Weise meines Willens herausgefallen.

Der Schüler: Das ist wahr, denn dein Wille wäre, dass sie rot wäre, obwohl sie jetzt schwarz ist. Darum ist sie der Regel ihrer Rechtheit ungleich, und falls sie der gleich werden soll, so muss den schwarzen Blättern eine neue Röte gegeben werden, und in dieser Röte wird die Rose deinem Willen gleich.

Der Meister: Gelobt sei die Gnade, die dein Herz so hell erleuchtet hat, dass du merkst, wie göttliche Gnade ein Bild der ersten Wahrheit ist und der Seele die erste Gerechtigkeit gibt.

<Bild der Gnade: geschaffene Gnade>

Der Schüler: Nun wünsche ich, dass du mir erklärst, wie ich mir die Gnade vorstellen und denken soll.

Der Meister: Weil die Röte in der Rose ist, von der ich gesprochen habe, ist die Gnade ein Geschöpf und wird der Seele zum Schmuck ihrer Gerechtigkeit gegeben.

Der Schüler: Könnte Gott nicht ohne Gnade schaffen, wenn er wollte?

Der Meister: Sag mir zuvor: Könnte Gott eine schwarze Rose rot machen ohne alle Röte?

Der Schüler: Das glaube ich nicht. Aber mir scheint, es sei nicht das Gleiche; denn ich könnte wohl ein Freund werden für den, dessen Feind ich war. Dazu müsste ich ihm doch nichts geben. So könnte auch Gott dem Sünder seine Sünde vergeben, sodass er für ihn in seiner Seele kein neues Geschöpf schaffen müsste.

Der Meister: Wundert es dich, warum Gott nicht Gerechtigkeit ohne Hilfe eines Geschöpfes schaffen konnte, wenn er wollte, obwohl er doch alle seine Werke ohne die Geschöpfe gemacht hat?

Der Schüler: Ja, ohne Zweifel. Es wundert mich; denn man sagt, Gnade und Tugend müssten zwischen Gott und der Seele aufhören; denn zwischen Gott und der Seele kann nichts Mittleres bleiben.

Der M.: Die nit verstǎnt in warheit, waz gnad ist, das die múgent also sprechen. Jch sprihe aber, belibe mittel zwischent got vnd dem menschen nit, /115/ der mensche wúrde mit got niemer vereingot.

Der J.: Des bewise mich.

Der M.: Gerechtikeit vnd gnâd ist etwas vnd ist nit der sele nature vnd mittels zwischent got vnd dem menschen. Der mensche, der mit got vereingot wirt – Du wellest *[76]* denne sprechen, das der mensche in gerech/120/tikeit wirt veraingot <...>[16]: da von alle verainunge got vnd des menschen muss von end ain mittel hǎn.

Der Junger: Jch merke wol, ist gerechtikeit etwas vnd ist nit v̀nser nature vnd múgent wir one gerechtikeit nit verainot werden, so muͤssend wir in mittel vereingot *werden*.[17] Wa mit bewisest aber du, das gerechtikeit etwas si /125/ vnd doch *nit* unser natur si?

Der M.: Da mit, won wir múgent gerechtikeit han vnd verlieren. Waͤr gerechtikait nichtes nicht, so moͤchtend wir si verlieren nit. Waͤre gerechtikeit unser natur, so moͤchtend wir *si* nit also verlieren.

Der Junger: Jch wil an disen worten nit mer zwiflen, won ich weiss, daz /130/ on gerechtikeit nieman wirt got verainot.

<Problem: Unmittelbare Gnadenwirkung?>

Nvn horte ich gerne, war vmb es ist, daz got one creaturlich mittel nit mag geben sich selber.

Der M.: Daz wunder ist grǒss den, die da nit kúnend bekennen, *[77]* was gnâd si. Jch waͤne, daz etlich menschen gnad also bildent, als ob gnad /135/ waͤre ain klaid der sele ald ain liecht in der sele.[18] Vnd dar vmb so gedenkent si, als man ainen lip mag bloz vnberǎten one kleid, also mag sich got der sele selber geben one daz kleid der gnâden. Vnd waz bedarf die sele liechtes, so got zů ir ko-

122 werden *fehlt* ***123*** nit *fehlt* ***126*** si] sin

---

16 *Unvollständiger Text.*

17 *Vgl. AFD II, c.7; fol.* 100vb–101ra*, Z.63–66:* Vnd dauon das wort, daz sprichet: Der moͤnsche wurt ein geist mit gotte, daz sol man verstån nach eynunge der mynne, also das der moͤnsche wùrt gebildet naͦch der worheit, die gott ist, an gedencken vnd an willen, nùt das er an der nature werde das, das gott ist. *(»Und darum soll man das Wort, das sagt: ›Der Mensch wird ein Geist mit Gott‹, als Vereinigung der Liebe verstehen, sodass der Mensch in der Wahrheit, die Gott ist, gebildet wird im Denken und im Wollen, nicht dass er in der Natur das wird, was Gott ist.«) TvdM Z.164–179:* Zu dem dritten mall wil ich sagen, wie got muge vereint werden formlich mit vns als ein vernuft oder als mynne vnd nicht als ein wesen, vnd wie man es versten sulle nach des meisters synne, das got sey formlich wesen der creaturen. *(»Im dritten <Teil> will ich ausführen, wie Gott mit uns in formprägender Weise vereint werden kann als Vernunft oder als Liebe und nicht als Sein und wie man Meister Eckharts Satz verstehen soll, Gott sei das formgebende Sein der Geschöpfe.«)*

18 *Vgl. Eckhart, Pr.9, DW I, S.153,3–4:* Wille nimet got under dem kleide der güete. *(Übers. S.464: »Der Wille nimmt Gott unter dem Kleide der Güte.«)*

Der Meister: Die in Wahrheit nicht verstehen, was Gnade ist, die können so sprechen. Ich sage aber, bliebe kein Mittleres zwischen Gott und dem Menschen, der Mensch würde niemals mit Gott vereint.

Der Schüler: Das beweise mir.

Der Meister: Gerechtigkeit und Gnade sind etwas und sind nicht die Natur der Seele und sie sind ein Mittel zwischen Gott und dem Menschen. Der Mensch, der mit Gott vereint wird – du wolltest denn sagen, dass der Mensch in Gerechtigkeit vereint wird –, <...> darum muss jede Vereinigung zwischen Gott und dem Menschen letztlich ein Mittel haben.

Der Schüler: Ich merke wohl: Ist Gerechtigkeit etwas und ist sie nicht unsere Natur und können wir ohne Gerechtigkeit nicht vereint werden, so müssen wir in einem Mittel vereinigt werden. Womit beweist du aber, dass Gerechtigkeit etwas ist und doch nicht unsere Natur ist?

Der Meister: Damit, dass wir Gerechtigkeit haben und verlieren können. Wäre Gerechtigkeit nichts, so könnten wir sie nicht verlieren; wäre Gerechtigkeit unsere Natur, so könnten wir sie auch nicht verlieren.

Der Schüler: Ich will diese Worte nicht mehr bezweifeln; denn ich weiß, dass ohne Gerechtigkeit niemand mit Gott vereint werden kann.

<Problem: Unmittelbare Gnadenwirkung?>

Nun hörte ich gerne, warum es so ist, dass Gott sich ohne geschöpfliches Mittel nicht selbst geben kann.

Der Meister: Dieses Wunder ist denen groß, die nicht erkennen können, was Gnade ist. Ich vermute, dass manche Menschen sich Gnade so vorstellen, als ob die Gnade ein Kleid der Seele wäre oder ein Licht in der Seele. Und darum denken sie, wie man einen Leib nur unversorgt ohne Kleid lassen kann, so könnte sich Gott der Seele selbst geben ohne das Kleid der Gnade. Und wozu braucht die Seele Licht, wenn Gott zu ihr kommt, da er ja das allergrößte Licht

met, won er daz aller groͤste liecht ist. Waͤr also nah liplicher wise gnâd, der wirt uon siner bildegung betroͮgen, daz er gnâd nach warheit nit /140/ bedenket.

Der J.: Jch beger, daz du mich wisest, wie ich uon gnadcn in warheit soͤlle gedenken.

Der M.: Was ist der *wirker* an der roͮsen vnd die roͤti an den blettern vnd die gruͤni an dem stil? Der *wirker* ist ain ordnung, die roͤti ist ain farwe, /145/ die grúni ist ain leben. Waͤre nvn, das ains drú an im hetti vnd wúrde daz der vngerechte roͮsen geben, moͤchte das nit wol heissen der roͮsen gerechtikait?

Der J.: Ja gar billich.

Der M.: Also *[78]* wirt der sele ains geben, daz gerechte ordnung ist der sele vnd liecht vnd leben ist der gerechtikait, vnd das ist gnâd. Das solt /150/ du also bilden. Die ordnung der gerechten sele als not ist als dem libe: der gaͮn wil, der mů̂s vor vff staͮn, der sechen wil die sunnen, der mů̂s vor den sunnen schin in dem ougen enpfachen, der reden wil, der mů̂s vor leben.

Der Junger: Jch merke wol, das vff staͮn ist vor dem loͮffe vnd liecht vor der gesicht vnd leben vor der froͤd, also das got das nachgende an das forder /155/ nit mag gemachen. Vnd dar vmb bin ich lang hier an betrogen, won ich wonde, das got dise drú wúrken moͤcht in der sele one mittel aller creaturen.

Der M.: Do seht du nit an, daz liecht creatur ist, das den ougen sechen git, vnd das daz leben creatur ist, daz der minne gottes mit lust enpfindet, vnd das der kere creatur ist, in dem dú sele zů der ersten warheit geordnet wirt. /160/

Der J.: Jch sach wol an, daz *[79]* ding creatur sint, aber ich wonde, es waͤr nit anders denne der sele natur.

Der M.: Do wondest du gar vnrecht, wan was die sele verlieren mag, das ist nit ir natur.

Der Junger.: Do gedachte ich aber wol, es waͤrint die werke ir natur, won /165/ die werke mag si wúrken, so si wil.

Der M.: Das ist war. Lust der minne vnd bekennen der warhait vnd ordnung der gerechtikait sint werke der sele, die mag si lauzsen, wenne si wil, si mag si aber nit halten, wenn si wil. Vnd das ist ain warzaichen, das etwas die werke mit der sele wúrkt, das die sele nit haͮt vollen gewalt. /170/

Der Junger: Das ist war, won waͤre es ganczlich in der sele gewalt, so moͤcht die sele wúrken, wenne si wolt, dú werke.

Der Maister: Du bist nahe der warheit. Da uon so beschlúss ich, das naizwas in der sele ist, daz *ture* ist, vnd das haisse ich genad.

Der Junger: Ach, ewigi goͤt*[80]*lichi gnâd, wie war es ist, das uon dir ge/175/sprochen ist: Du bist nit got, du bist aber der gerechte ker zů got. Du

140 wirker] winker *141* wirker] winker *170* ture] trúwe

ist. Wenn einer also die Gnade in leiblicher Weise <sich vorstellen wollte>, der würde von seiner Vorstellung betrogen, sodass er Gnade nicht entsprechend der Wahrheit bedenkt.

Der Schüler: Ich wünschte, dass du mir zeigst, wie ich in Wahrheit von der Gnade denken soll.

Der Meister: Was ist der Wirker an der Rose und was ist die Röte an den Blättern und das Grün am Stiel? Der Wirker ist eine Ordnung, die Röte ist eine Farbe, das Grün ist ein Leben. Wäre es nun so, dass etwas diese drei an sich hätte und würde das der unrechten Rose gegeben, könnte das dann nicht eine Richtigkeit der Rose heißen?

Der Schüler: Ja, zu Recht.

Der Meister: So wird der Seele etwas gegeben, das gerechte Ordnung für die Seele ist und Licht und Leben der Gerechtigkeit, und das ist die Gnade. Das sollst du dir so vorstellen: Die Ordnung ist der gerechten Seele so notwendig wie dem Leib. Wer gehen will, muss vorher aufstehen; wer die Sonne sehen will, muss vorher den Sonnenschein in den Augen empfangen; wer reden will, muss vorher leben.

Der Schüler: Ich verstehe wohl, dass Aufstehen vor dem Laufen kommt und Licht vor dem Sehen und Leben vor der Freude, sodass Gott das Nachfolgende ohne das Vorausgehende nicht machen kann. Und darum habe ich mich darüber lange getäuscht; denn ich meinte, dass Gott diese drei Werke in der Seele ohne jedes geschöpfliche Mittel bewirken könnte.

Der Meister: Da hast du nicht darauf geachtet, dass das Licht ein Geschöpf ist, das den Augen das Sehen verleiht, und dass das Leben ein Geschöpf ist, das die Liebe Gottes mit Lust empfindet, und dass die Umkehr Geschöpf ist, in dem die Seele zur ersten Wahrheit hingeordnet wird.

Der Schüler: Ich hatte wohl bedacht, dass die Dinge Geschöpfe sind, aber ich meinte, sie wären nichts anderes als die Natur der Seele.

Der Meister: Das hast du zu Unrecht gemeint; denn was die Seele verlieren kann, das ist nicht ihre Natur.

Der Schüler: Ich dachte jedoch, es wären die Werke ihrer Natur; denn die Werke kann sie wirken, wenn sie es will.

Der Meister: Das ist wahr. Die Lust der Liebe und die Erkenntnis der Wahrheit und Ordnung der Gerechtigkeit sind Werke der Seele. Die kann sie lassen, wenn sie will; sie kann sie aber nicht aufrecht halten, wenn sie will. Und das ist ein Zeichen dafür, dass etwas die Werke mit der Seele bewirkt, dass die Seele nicht volle Macht darüber hat.

Der Schüler: Das ist wahr. Denn wäre es gänzlich in der Macht der Seele, so könnte die Seele ihre Akte bewirken, wenn sie will.

Der Meister: Du bist nah bei der Wahrheit. Darum schließe ich, dass etwas in der Seele ist, das Geschöpf ist, und das nenne ich Gnade.

Der Schüler: Ach, ewige göttliche Gnade, wie wahr ist es, was von dir gesprochen wurde: Du bist nicht Gott, du bist aber die gerechte Hinwendung

bist nit die ewige sunne, mer du bist der ewig sunnen schin. Du bist nit das fúr der ewigen minne, mer du bist die hicze, die uon dem fúr flússet. Ach, min sele, warvrnb hast du dich nit all zit zů dem gekeret mit aller diner begirde, in dem alle herczen gcordnot sint! Waz hǎt dir disen schaden getan? /180/ Daz hǎt getǎn, daz du das bild rechter ordnunge hǎst verlǒrn. Min sele, warvmbe hǎst du in den ewigen sonnen nit gesechen, die in allen creaturen lúhtet? Do was din oug mit der sunnen liecht nit erlúchtet. Warvmbe hǎst du lust vnd froͤd nit gehebt in der ewigen sůssikait, die alle creaturen hǎt erfúllet? Do was in dir *[81]* erstorben das leben der gerechtikait, das ist die goͤtlich /185/ genade.

Der M.: Also hǎt din wunder ain ende, war vmb got one mittel der gnâde sich der sele nit veraingot. Hǎst du me kain zwifel, so frǎge.

Der J.: Mir lit noch das jnne: Wan ich aines menschen frúnde werden mag, one daz ich jm úcz gǎbe, war vmb mag denne got nit aines súnders frúnd /190/ werden, vnd doch kain gnade in jm schůff?

Der Maister: Es sind gross lerer gewesen, die daz behieltent, vnd die lerer gemainlich wider sprechent.[19]

Der J.: Wie betútent si das?

Der Maister: Si mainent, das es vngelǒblich ist, daz ain vngerechter men/195/sche múge gerecht werden, das kain wandlunge an dem menschen beschaͤche.

Der J.: Das kan ich nit wol gemerken. Es were denne, daz got uon sinen *[82]* gnaden woͤlte sinen willen wandlen.

Der M.: Das mag mit warhait nit wol bestǎn, wan gottes wille ist vnwandelbǎr. Vnd da uon die wandlung můss an dem menschen sin. Von dinem /200/ willen macht du keren mit vnrecht vff vientschafft vnd mit recht vff ordenlich frúntschaft, aber goͤtlicher wille kert sich mit recht vnd mit warhait, wa er sich kert.

Der J.: Wie ist es denne recht, das got ainen menschen hasset von waren schulden vnd den selben menschen zehant minnet als ain gerechten /205/ menschen?

Der M.: Sag, ist es nit vnverwandlet recht, daz got minne sin bild, da es ist, vnd den falschen sines bildes hasse? Vnd dar vmb, so er den vnrechten hasset, daz ist gerecht, vnd so er den selben gerechten minnet, daz ist ouch gerecht. /210/

Der J.: Noch wiste ich gerne, wie die gnad geschaffen ist in der sele.

Der *[83]* M.: Wer liplich bilde sůchet in dem gaist, der wirt betrǒgen von den bilden. Da von so wisse, daz *das* bild der gnaden kainem liplichen bild ge-

209 das *fehlt*

---

19 *Dies ist eine Anspielung auf die allgemein abgelehnte Sonderlehre des Petrus Lombardus. Die Position des Johannes von Basel in diesem Konflikt wird im ›Traktat von der Minne‹ erörtert und im theologiegeschichtlichen Kommentar untersucht.*

zu Gott. Du bist nicht die ewige Sonne, aber du bist der ewigen Sonne Schein. Du bist nicht das Feuer der ewigen Liebe, aber du bist die Hitze, die von dem Feuer fließt. Ach, meine Seele, warum hast du dich nicht allezeit dem zugewandt, mit all deinem Begehren, zu dem alle Herzen geordnet sind! Was hat dir diesen Schaden gebracht? Das ist dadurch gekommen, dass du das Bild rechter Ordnung verloren hast. Meine Seele, warum hast du nicht in die ewige Sonne geschaut, die in allen Kreaturen leuchtet? Dadurch war dein Auge nicht vom Sonnenlicht erleuchtet. Warum hast du Lust und Freude nicht in der ewigen Süße gefunden, die alle Kreatur erfüllt hat? Dadurch war das Leben der Gerechtigkeit in dir gestorben, nämlich die göttliche Gnade.

Der Meister: Damit ist dein Problem zu Ende gekommen, warum Gott sich nicht ohne Mittel der Gnade mit der Seele vereinigt. Hast du weiterhin einen Zweifel, so frage!

Der Schüler: Mir liegt noch etwas an: Wenn ich eines Menschen Freund werden kann, ohne dass ich ihm etwas gebe, warum kann dann Gott nicht eines Sünders Freund werden, ohne eine Gnade in ihm zu erschaffen?

Der Meister: Es gibt große Lehrer, die das festhielten; aber gemeinhin widersprechen die Lehrer dem.

Der Schüler: Wie erklären sie das?

Der Meister: Sie meinen, es sei nicht zu glauben, dass ein ungerechter Mensch gerecht werden könnte, ohne dass eine Veränderung an dem Menschen geschieht.

Der Schüler: Das kann ich nicht recht verstehen, es sei denn, dass Gott in seiner Gnade seinen eigenen Willen ändern wollte.

Der Meister: Das kann wohl nicht mit der Wahrheit übereinstimmen; denn Gottes Wille ist unwandelbar. Und darum muss die Veränderung in dem Menschen geschehen. Aus deinem Willen kannst du dich mit Unrecht zu Feindschaft kehren und mit Recht zu ordentlicher Freundschaft; aber göttlicher Wille kehrt sich immer mit Recht und Wahrheit, wohin er sich kehrt.

Der Schüler: Wie ist es denn recht, dass Gott einen Menschen aufgrund einer wahren Schuld hasst und denselben Menschen augenblicklich als einen gerechten Menschen liebt?

Der Meister: Sag: Ist es nicht ohne Veränderung recht, dass Gott sein Bild liebt, wo es ist, und die Fälschung seines Bildes hasst? Und darum ist es gerecht, wenn er den Ungerechten hasst, und wenn er denselben als Gerechten liebt, ist das auch gerecht.

Der Schüler: Ich wüsste noch gerne, wie die Gnade in der Seele geschaffen ist.

Der Meister: Wer körperliche Bilder im Geist sucht, der wird von den Bildern betrogen. Darum sollst du wissen, dass das Bild der Gnade keinem leib-

lich ist, won so man gnade gelichet dem lebenden wasser oder dem liechte, das mainet man nach etlicher aigenschaft vnd nit nach dem bilde. /215/

Der J.: Sag mir, was das naͤchste bilde sig der gnade.

Der M.: Mich dunkt, das daz naͤchste bilde der gnade si kunst.

Der J.: Als wie?

Der M.: Du kanst kunst, túsche lesen, vnd da von so lisest, so du wilt vnd laͮssest es, so du wilt. Nvn sag mir, wie ist der kunst bild geschaffen? /220/

Der J.: Jch kan jn kain bilde schoͤppffen, wan das ich wol wais, das die kunst jn mir ist.

Der M.: Also bedenk ainen menschen, den der welt wolnúst also wol gevallet, das er ze allen ziten mit ganzem ernste suͦchet, das zuͦ der welte hoͤret, also daz kain lere *[84]* noch strauffen dem menschen sin wise mag be/225/nemen. Nvn sig, das der mensche dar zuͦ kome, das er bekenne, das es alles ain torheit sige gewesen vnd das er wider kere, also das jm der welt luste werd ain bitterkalt vnd das er *minne* allain die warhait. Dunkt dich út, das in dem menschen ain verwandlunge si beschechen?

Der J.: Ja, on zwifel. Als wenig ich one kraft vnd kunst lise das búch, /230/ als wenig minnete der mensche die warheit, stuͦndent alle ding jn jm, als si vor stuͦndent.

Der M.: Da von also kunst in der sele ist vnd git jr ain bekennen, also ist gnade etwas in der sele, das der sele rechte ordnung git zuͦ der warheit vnd zuͦ jeren werken, vss der gnad der mensch wúrket, so er guͦtes wúrket. Doch /235/ haͮt man der gnad kain enpfinden vsswendig jren werken. *[85]* Vnd als die kunst diner sele bildet, das A vnd B giht, also bildet gnade recht ordnung der gedenke, willen vnd werke nach der warhait. Da si bekennent, daz gnade ist ain bilde der warheit.

Der J.: Ach, ewigú gnad, wie ist es so war, daz du dich nit zoͤgest /240/ denne lutren oͤgen vnd rainen herczen múgend din wol enpfinden in dinen werken. Da uon bist du billich gehaissen ain bilde der warhait, ain jnsigel der gerechtikait, ain maͮsse der glichait vnd ain schlosse der verainunge. Wer dich ze mittel versmachet, der wil on gefider fliegen vnd das mer úber farn one schiffe, aber ich wene, daz es nieman beginne, denne die dich nit be/245/kennent.

Der M.: Jch lob got, daz *du* der gnade bild one bild haͮst bekant, won wer die warheit sechen wil, der muͦs gelútrot sin uon allen bilden.

Der J.: Mich sol *[86]* wol benuͤgen diner lere an disem stuke.

224 minne] minnen *242* du] ich

lichen Bild gleich ist. Denn wenn man Gnade mit dem lebendigen Wasser vergleicht oder mit dem Licht, meint man das aufgrund gewisser Eigenschaften, aber nicht im Wortsinn des Bildes.

Der Schüler: Sag mir, welches Bild kommt der Gnade am nächsten?

Der Meister: Mir scheint: Das passendste Bild der Gnade ist die Kunstfertigkeit.

Der Schüler: Wie das?

Der Meister: Du beherrschst die Kunstfertigkeit, Deutsch zu lesen. Und darum liest du, wenn du willst, und lässt es, wenn du willst. Nun sage mir: Wie ist das Bild der Kunstfertigkeit beschaffen?

Der Schüler: Ich kann dafür kein Bild finden, da ich weiß, dass die Kunstfertigkeit in mir ist.

Der Meister: So stell dir einen Menschen vor, dem die Lust der Welt so gut gefällt, dass er allezeit und mit vollem Eifer sucht, was zur Welt gehört, sodass keine Belehrung noch Tadel diesem Menschen seine Lebensweise nehmen kann. Nun sieh, dass dieser Mensch dazu kommt, zu erkennen, dass alles eine Torheit gewesen ist und dass er umkehrt, sodass ihm die Lust der Welt zur Bitternis wird und er allein die Wahrheit liebt. Meinst du, dass in diesem Menschen eine Veränderung geschehen ist?

Der Schüler: Ja, ohne Zweifel. So wenig ich ohne Kraft und Fertigkeit dieses Buch lesen kann, so wenig würde der Mensch die Wahrheit lieben, wenn alles in ihm so bestehen bliebe wie zuvor.

Der Meister: Darum, wie die Kunstfertigkeit in der Seele ist und ihr eine Kenntnis vermittelt, so ist Gnade etwas in der Seele, das der Seele rechte Ordnung schenkt hin zur Wahrheit und zu ihren Werken. Aus der Gnade wirkt der Mensch, wenn er etwas Gutes wirkt. Doch hat man von der Gnade keine Empfindung außer von ihren Werken. Und wie die Kunstfertigkeit deiner Seele eingibt, was A und B besagt, so gibt die Gnade rechte Ordnung der Gedanken, des Willens und der Werke gemäß der Wahrheit. Da erkennen sie, dass Gnade ein Bild der Wahrheit ist.

Der Schüler: Ach, ewige Gnade, wie ist es so wahr, dass du dich nur reinen Augen zeigst, und reine Herzen können dich wohl in deinen Werken empfinden. Darum heißt du mit Recht ein Bild der Wahrheit, ein Siegel der Gerechtigkeit, ein Maß der Gleichheit und ein Schloss der Vereinigung. Wer dich als ein Mittel verschmäht, will ohne Federn fliegen und das Meer ohne Schiff überqueren. Aber ich denke, dass das niemand versucht, außer wer dich nicht kennt.

Der Meister: Ich lobe Gott, dass du das Bild der Gnade ohne Bild erkannt hast; denn wer die Wahrheit sehen will, der muss von allen Bildern gereinigt sein.

Der Schüler: Mir soll deine Lehre in diesem Punkt genug sein.

<Die Gnade Christi>

Lǎss uns fúrbas sůchen, wie dú zarte menschait v̀nsers herren Jhesu Christi /250/ von der gnad si erfúllet.

Der M.: Wilt du denne mit andǎchte die gnad ansechen in Christo, so solt du die gnade driualtiklich bedenken.

Der J.: Des solt du mich bewisen.

Der M.: Gnad ist geben Christo nach dem vrsprung, nach sunderhait /255/ vnd nach verainung.

Der J.: Die drú solt du mich bewisen ordenklich nach enander.

Der M.: Jch hab es darvmb angefangen.

Der J.: Was ist gnâd nach dem vrsprung?

Der M.: Waist du den vnderschaid zwischent ainem brunnen vnd sinem /260/ flusse?

Der J.: Ja, der brunne ist dem vs flusse ain anfang, won der bach moͤcht nit fliessen, wer der brunne on wasser, vnd wenne der brunne ersichet, zehand so gestǎt der bache.

Der M.: Waist du kain vnderschaid mer? /265/

Der Junger: *[87]* Ja, der bache ist grǒss vnd klain nah dem vnd der brunne rich *an* wasser ist.

Der M.: Also ist die gnâd, dú in Christo, dú ist ain vrsprung vnd ain brunne aller gnade, die uon got geflossen ist. Dú selbe gnâd úber flússet one mǎsse, won die ader der gnâd in Christo eweklich vff quillet. Vnd da uon nach /270/ vrsprung der gnâde so ist Christus gehaissen das hǒpt der vsserwelten.

Der Junger: Das ist gar billich, daz Christus sigi genant ain hǒpt, won sid alle gnade flúzset von jm in v̀ns als in sine gelider. Da uon so stúrbet das gelid, daz uon dem hǒpte geschaiden wirt. Also torrent alle herczen, die uon dem hǒpt Christi geschaiden werdent. /275/

Der M.: Du hǎst wol verstanden, daz die gnad in Christo ist nach dem vrsprung. Nv merke, wie dú gnad in jm ist nach sundriger wise.

Der J.: Sag mir vor, waz dú ader si, die ewiklich vff quillet.

Der Maister: Die ader der gnade ist das goͤtlich wort, das vss dem mer gaut des *[88]* vǎtterlichen herczen. Die ader quillet in die luter sel Jesu Christi. Die /280/ sel úberflússet von der vnmǎssigen gnâd, die das wort in der sele gebirt.

Der J.: Mag dú sele die gnâd alle enpfachen, so muͤs etlich gnad den brunnen úberwinden, die dur den brunnen nit enflússet. Vnd ist denne etlich gnad, dú in dem brunnen nit enwas, vnd mag denne dú gnad in Christo sin gnad des hǒptes? /285/

Der M.: Nvn gesegen mich got, mit was gnade hest du mich erweret! Du hǎst war gesprochen. Es moͤcht ain brunne wol sin, uon dem doch kain bach flusse. Der vrsprung machet úberfliessen den brunnen, wan es ist kain wasser

262 an] ain

<Die Gnade Christi>

Lass uns weitersuchen, wie die zarte Menschheit unseres Herrn Jesus Christus von der Gnade erfüllt ist.

Der Meister: Willst du die Gnade in Christus aufmerksam betrachten, sollst du die Gnade dreifach bedenken.

Der Schüler: Das sollst du mir erklären.

Der Meister: Gnade wurde Christus nach ihrem Ursprung, nach ihrer Besonderheit und nach der Vereinigung gegeben.

Der Schüler: Diese drei Punkte sollst du mir in ihrer Ordnung der Reihe nach erklären.

Der Meister: Dazu habe ich es angefangen.

Der Schüler: Was ist Gnade ihrem Ursprunge nach?

Der Meister: Kennst du den Unterschied zwischen einer Quelle und ihrem Fluss?

Der Schüler: Ja, die Quelle ist ein Anfang des Ausfließens; denn der Bach könnte nicht fließen, wenn die Quelle ohne Wasser wäre; und wenn die Quelle versiegt wäre, bliebe der Bach augenblicklich stehen.

Der Meister: Weißt du einen weiteren Unterschied?

Der Schüler: Ja, der Bach ist groß und klein, je nachdem, wie reich an Wasser die Quelle ist.

Der Meister: Ebenso ist die Gnade in Christus ein Ursprung und eine Quelle aller Gnade, die aus Gott geflossen ist. Dieselbe Gnade fließt ohne Maß über; denn die Ader der Gnade quillt in Christus ewig auf. Und darum heißt Christus dem Ursprung der Gnade entsprechend das Haupt der Auserwählten.

Der Schüler: Das ist ganz recht, dass Christus das Haupt genannt wird. Denn da alle Gnade von ihm in uns als seine Glieder fließt, darum stirbt das Glied, das vom Haupt getrennt wird. Ebenso verdorren alle Herzen, die von dem Haupt Christus getrennt werden.

Der Meister: Du hast gut verstanden, was die Gnade in Christus nach dem Ursprung ist.

Nun beachte, wie die Gnade in ihm auf besondere Weise ist.

Der Schüler: Sag mir vorher, was die Ader ist, die ewig aufquillt.

Der Meister: Die Ader der Gnade ist das göttliche Wort, das aus dem Meer des väterlichen Herzens hervorgeht. Diese Ader quillt in die reine Seele Jesu Christi. Die Seele fließt über von der unermesslichen Gnade, die das Wort in der Seele gebiert.

Der Schüler: Kann die Seele alle Gnade empfangen, so muss einiges von der Gnade, die nicht durch die Quelle fließt, die Quelle überwinden. Dann gibt es eine gewisse Gnade, die nicht in der Quelle war, aber kann dann die Gnade in Christus Gnade des Hauptes sein?

Der Meister: Nun segne mich Gott! Mit welcher Gnade bist du mir entgegengetreten! Du hast richtig gesagt, es könnte eine Quelle geben, aus der doch kein Bach fließt. Der Ursprung lässt die Quelle überfließen; es ist kein Wasser

in dem runse, das vor nit in dem vrsprung sigi gewesen. Also sprich ich: Die sele Jhesu Christi, die ist als ain brunne, das ewig wort als ain ader /290/ in dem brunnen. Die sele mag enpfachen alle gnâd, won es ist *[89]* kain gnad kainer ture, dú vor in dem brunnen nit enwas. Vnd dú gnâd ist nit also úber flossen als das wasser vss dem brunnen tůt, si ist also vss geflossen, als der schin uon der sunnen, vnd ist doch dester minder liechtes nit in der sunnen.

Der Junger: Du mainst, daz liecht fliesse von der sunnen vnd ist doch /295/ dester minder liehtes nit in der sunnen.

Der M.: Ja, der fluss des liehtes zoͤget nach gaistlicher wise den vss fluss der gnaden me denne der vssfluss des wassers, won daz wasser, das da vss flússet, des manglet der brunne, aber das liecht, das da vss fliesset, das machet kainen mangel dem vrsprung.[20] /300/

Der J.: Ich wil mich laussen benůgen von dem vrsprung. Sag mir, wie die genade in Christo ist nach sunder wis.

Der Maister: Das ich ieczo gesprochen han, das moͤchte dich bewisen, wie *dú* gnâde in Christo ist nach sundriger wise. Sichest du nit, daz gnad in jm ist on mǎsse vnd das alle turen hand *[90]* gnâd mit mǎsse. Da uon *dú* vn-/305/mǎssig gnâd, die Christus hǎt, dú ist siner gnad ain sundrig wis.

Der J.: Du sprichest, die creatur hab gnâd mit mǎsse. Wie mag denne die sel Jhesu Christi gnad ǒn mǎsse hǎn, won si ouch ist ain creatur?

Der M.: Es ist war, si ist ain creatur, aber dú creatur, die den vrsprung vnd die ader der gnaden enpfachen mag, das der dú gnade ǒn mǎsse /310/ mag enpfachen, daz ist nit ain wunder, es ist in ainem wunder beschlossen, das dú sele dem ewigen wort verainot ist vnd das si gnâd on mǎsse empfangen hǎt.

Der Junger: Mich benůget da von wol. Nvn sag mir uon der dritten gnâd, die da haisset verainunge.

<Die Gnade der Vereinigung> /315/

Der M.: Die gnad der verainunge, das ist dú hoͤhste gnâd, die got geben mag der creatur. Das ist dú gnade, in der gnade der mensch got ist. Da von wer die gnâde in Christo ansichet, der hǎt kain wunder, das dú sele Christi vol gnaden on mǎsse ist.

Der Junger: Wem die gnâde *[91]* offen ist, in der gnad got mensch worden /320/ ist, der hǎt des wunders ain ende, wan ich aber der gnade nit verstǎn, da von můs ich wunder hǎn ǒn ende.

Der M.: Was ist daz wunder?

Der Junger: So wundret mich, ob die gnâd der verainunge si ture. Won ist si ture, so machet creatur den menschen got. Jst aber die gnade nit ture, so /325/

299 dú] du

---

20 *Über den geistlichen Sinn des Lichtes, siehe AFD I, c. 1; fol. 7rb, Z. 168–189.*

in dem Rinnsal, das vorher nicht in dem Ursprung gewesen ist. Also sage ich: Die Seele Jesu Christi ist eine Quelle; das ewige Wort ist als eine Ader in der Quelle. Die Seele kann alle Gnade empfangen; denn es gibt keine Gnade eines Geschöpfes, die vorher nicht in der Quelle war. Doch die Gnade ist nicht so übergeflossen, wie es das Wasser in der Quelle tut. Sie ist so ausgeflossen wie der Schein von der Sonne, und <bei diesem Ausfließen> ist doch nicht weniger Licht in der Sonne.

Der Schüler: Du meinst, das Licht fließe aus der Sonne, und doch ist dadurch nicht weniger Licht in der Sonne.

Der Meister: Ja, der Fluss des Lichtes zeigt in geistiger Weise den Ausfluss der Gnade besser an als der Ausfluss des Wassers; denn das Wasser, das ausfließt, das fehlt der Quelle, aber das Licht, das ausfließt, bringt dem Ursprung keinen Mangel.

Der Schüler: Ich will es genug sein lassen, was den Ursprung angeht. Sage mir, wie ist die Gnade in Christus auf besondere Weise.

Der Meister: Was ich soeben gesagt habe, das könnte dir aufzeigen, wie die Gnade in Christus auf besondere Weise ist. Siehst du nicht, dass in ihm die Gnade ohne Maß ist, dass aber alle Geschöpfe die Gnade in Maßen haben. Darum ist die unermessliche Gnade, die Christus hat, eine besondere Weise seiner Gnade.

Der Schüler: Du sagst, das Geschöpf habe Gnade in Maßen. Wie kann dann die Seele Jesu Christi Gnade ohne Maß haben; denn sie ist ja auch ein Geschöpf?

Der Meister: Es ist wahr, sie ist ein Geschöpf. Aber das Geschöpf, das den Ursprung und die Ader der Gnaden empfangen kann, dass dies die Gnade ohne Maß empfangen kann, das ist kein Wunder, sondern es ist in einem Wunder mitgegeben, nämlich dass die Seele mit dem ewigen Wort vereint ist und dass sie Gnade ohne Maß empfangen hat.

Der Schüler: Das genügt mir. Nun sprich mir von der dritten Gnade, die Gnade der Vereinigung heißt.

<Die Gnade der Vereinigung>

Der Meister: Die Gnade der Vereinigung ist die höchste Gnade, die Gott dem Geschöpf geben kann. Das ist die Gnade, in der der Mensch Gott ist. Darum, wer diese Gnade in Christus betrachtet, den wundert es nicht, dass die Seele Christi voll Gnade ohne Maß ist.

Der Schüler: Wem die Gnade offenbar ist, in der Gott Mensch geworden ist, der ist am Ende der Verwunderung. Da ich aber die Gnade nicht verstehe, muss ich mich ohne Ende wundern.

Der Meister: Was ist es, das dich wundert?

Der Schüler: Ich frage mich, ob die Gnade der Vereinigung ein Geschöpf ist; denn, wenn sie ein Geschöpf ist, macht ein Geschöpf den Menschen zu Gott. Wenn aber die Gnade kein Geschöpf ist, wundert mich, dass du gesagt

wundret mich, das du gesprochen hast, das gnade *ain* creaturlich mittel ist der verainunge gottes vnd des menschen.

Der M.: Du grabest gar tieff vnd sterkte mich die gnad nit, ich moͤchte wol erschreken. Wissest, daz dú gnad der verainung ture ist, won si in der zit worden ist, wan alles das nach zit worden ist, das mag got nit sin, won got /330/ ist ewig. Dar nach so wundret dich, wie dú ture den menschen got machet. Die ture macht nit den menschen got, es hǎt getǒn der wille gottes der den menschen jm selb veraingot hǎt. Die verainunge ist die gnad, die da ture ist, in der gnad got mensche vnd mensche got ist. *[92]*

Der Junger: Wie mag das sin, daz in ainer ture got mensche ist? /335/

Der Maister: Wie mag das sin, das die ture got glich ist vnd jm verainot ist in gnaden, in der gnade der mensche got glich ist vnd ain gaist mit got? Vnd da bi so merke, das die gnad die menschait Jhesu Christi in vnmǎsshait der ture bildet, wie doch das die selbe gnad belib in der mǎsse der ture.

Der Junger: Jch verstǎn dis verainung noch nit wol, dar vmb hette ich sin /340/ gerne ain gelúchnist.

Der M.: Was ist verainunge denne da zwai ains werdent. Vnd die ainunge ist ain band vnd ain schlosse zwaier.

Der Junger: Das ist war.

Der M.: Nvn siche, wie ain schlosse so vngelich ding mag beschliessen /345/ vnd doch das schloss nach siner natur nit anders ist denne ain schloss. Nvn mag ain schlosse guldin sin oder silbrin oder ynssin vnd ist doch ain schloss. Nvn beschlússet doch ain schloss gottes lichame. Ain schloss beschlússet ain menschen vnd ain anders *[93]* silber vnd gold. Vnd daz guldin schloss, das da beschlússet gottes licham, ist nit me ain schloss, denne das ynsinn ist. /350/

Der J.: Das ist war.

Der M.: Also ist verainunge, die got vnd den menschen in ains verschlússet, da wirt ain Christus. Da uon sol man nit ansehen, das die verainunge ture ist, man sol ansechen, was die dinge sint, die da verainot werdent.[21] /355/

Der Junger: Nvn ist min hercz ze růben komen, wan mich hǎt gross wunder, das gnad ture was, in der ture der gaist wirt got verainot.

320 ain] oͤn

---

21 *Iohannes de Basilea, In Sent. III, d. 5–6, q. 3, concl. 1, cor. 1; Bd. IV, S. 43,3–4:* Quamvis non sit idem formaliter assumptio et unio hypostatica, haec tamen unio non est res una creata vel increata. *(»Obwohl Aufnahme und Vereinigung nicht eigentlich dasselbe sind, ist diese Vereinigung nicht eine einzige geschaffene bzw. ungeschaffene Sache.«) Ebd., d. 13–14, q. 6, concl. 2, cor. 2; Bd. IV, S. 79,7–13:* Quamvis omnis habitualis Christi gratia sit temporaliter causata, eius tamen gratia unionis passiva non dicitur proprie creata. <...> Corollarium probatur pro prima parte, quia talis gratia est vere creata. Secunda pars probatur, quia talis gratia est ipsa unita, sed unita non sunt creatum [sic!]. *(»Obwohl jegliche habituelle Gnade Christi eine zeitliche Ursache hat, kann man die passive Gnade der Vereinigung nicht eigentlich geschaffen nennen. <...> Das Corollarium wird für den ersten Teil so begründet, weil eine*

hast, die Gnade sei ein geschaffenes Mittel der Vereinigung Gottes und des Menschen.

Der Meister: Du gräbst tief, und wenn mich die Gnade nicht stärkte, könnte ich wohl erschrecken. Du sollst wissen, dass die Gnade der Vereinigung Geschöpf ist, da sie in der Zeit entstanden ist; denn alles, was zeitlich geworden ist, kann nicht Gott sein; denn Gott ist ewig. Dann wundert es dich, wie ein Geschöpf den Menschen zu Gott machen kann. Das Geschöpf macht den Menschen nicht zu Gott. Das hat der Wille Gottes getan, der den Menschen mit Gott selbst vereinigt hat. Die Vereinigung ist die Gnade, die Geschöpf ist; in dieser Gnade ist Gott Mensch und der Mensch Gott.

Der Schüler: Wie kann das sein, dass in einem Geschöpf Gott Mensch ist?

Der Meister: Wie kann das sein, dass das Geschöpf Gott gleich ist und mit ihm vereint in einer Gnade, in der der Mensch Gott gleich ist und ein Geist mit Gott? Und daran erkenne, dass die Gnade die Menschheit Jesu Christi in Unermesslichkeit des Geschöpfs formt, obwohl doch dieselbe Gnade im Maß des Geschöpfs verblieben ist.

Der Schüler: Ich verstehe diese Vereinigung noch nicht recht; darum hätte ich davon gern ein Beispiel.

Der Meister: Was ist Vereinigung anderes, als dass zwei eins werden? Und die Vereinigung ist ein Band und ein Schloss für die zwei.

Der Schüler: Das ist wahr.

Der Meister: Nun sieh, dass ein Schloss zwei ganz ungleiche Dinge zusammenschließen kann, und doch ist das Schloss seiner Natur nach nichts anderes als ein Schloss. Nun schließt doch ein Schloss Gottes Leib zusammen. Ein Schloss schließt einen Menschen zusammen und ein anderes Gold und Silber. Und das goldene Schloss, das Gottes Leib zusammenschließt, ist nicht mehr Schloss als ein Schloss aus Eisen.

Der Schüler: Das ist wahr.

Der Meister: So ist auch die Vereinigung, die Gott und den Menschen in eins zusammenschließt; dadurch entsteht ein Christus. Darum soll man nicht darauf achten, dass die Vereinigung Geschöpf ist, sondern was die Dinge sind, die vereint werden, darauf soll man achten.

Der Schüler: Nun ist mein Herz zur Ruhe gekommen; denn mich hat es sehr gewundert, dass die Gnade Geschöpf wäre und in diesem Geschöpf der Geist mit Gott vereint wird.

<Die Seele Christi>

Nvn sag mir, ob die sele Jhesu Christi hab gewalt der almaͤchtikait vnd hab alle wisheit, die das ewig wort hǎt. Won ist es also, so kan ich kainen vnderschaid erkennen zwischent dem wort gottes vnd der sel Christi. /360/

Der M.: Es ist groͤsser vnderscheid, wan das wort ist got, dú sele ist ture. Vnd da von, wie das dú sele gnad habe ǒn mǎsse, doch ist die sele niht almaͤchtig von der gnad wegen. Da uon so moͤhte si kain creatur schoͤpfen; si hǎt aber die wisheit, daz si alle warheit bekennet, die in dem ewigen wort ist.

Der Junger: *[94]* Hǎt die sele alle tugende one mǎsse, so haut si gewalt vnd /365/ wisheit. Hǎt si gewalt one mǎsse, war vmb hǎt si denne nit almaͤchtikeit? Hǎt si wisheit one mǎsse, war vmb bekennet si nit denne alle ding?

Der M.: So man sprichet von der sele Christi, daz si tugent *hab in* warheit úber alle mǎsse, das mainet man also: won die sele, dú dryerlay gnad, von der ich gesprochen hǎn, enpfangen hǎt in soͤlicher volkomenhait, das got /370/ nit me moͤhte geben kainer ture noch die ture nit me moͤcht enpfachen.

Der Junger: Daz ist guͦt ze merkent. Wan waͤre ain mensch richer denne alle menschen, dennocht wer er nit als rich als got. Also ist ouch die sele Jhesu Christi richer an gnaden denne kain creatur. Doh ist sú nit als rich als got, wan si moͤchte sin nit enpfachen.[22] /375/

Der Maister: Nvn hest du es wol begriffen. Saͤlig ist die stund, in der die luter warheit dir bekant wirt. Da von *[95]* so frage fúrbas.

Der J.: Sag mir fúrbas den dritten sin: Wie daz wasser der gnade vss dem lebenden brunnen fliesse.

Der M.: Weles hercze nit minnet gerechtikeit, daz ist *denne* one frucht, /380/ wan es manglet billich ewiger saͤlikait.

Der J.: Von was sach moͤht es komen, daz der mensch nit minnet gerechtikeit?

Der M.: Von zwain sachen als mich dvnket: das er vil licht nit bekennet, waz recht ist, oder daz er nit wil minnen, daz gerecht *ist*. Der nit be/385/kennet, daz er sol bekennen, der hǎt vnwisheit, wer aber nit wil, das er sol wellen, der hǎt bosheit. Nvn mag nieman saͤlikeit hǎn mit vnwisheit noch mit bosheit.

361 hab in *fehlt* *373* denne] dúnne *375* Der J.] Der M. *377* Der M.] Der J. *378* ist] ist der M.

---

*solche Gnade wirklich geschaffen ist. Der zweite Teil versteht sich, weil eine solche Gnade selbst vereinigt ist; aber <zwei> Vereinigte [*unita*] sind nicht <ein> Geschaffenes [*creatum*].«) Siehe dazu den Kommentar unten, S. 325–328.*

22 *Iohannes de Basilea, In Sent. III, d. 13–14, q. 6, concl. 1, cor. 3; Bd. IV, S. 76,22–24:* Quamvis anima Christi sit Deo summum gratificatum tenendo ly ›summum‹ affirmative et negative, non est tamen summum gratificabile tenendo ly ›summum‹ negative. *(»Obwohl die Seele Christi das für Gott am höchsten Begnadigte im bejahenden und ausschließenden Sinn ist, ist es doch nicht das Höchste, was überhaupt begnadet werden könnte, wenn man ›das Höchste‹ im negativen <das heißt ausschließenden> Sinn versteht.«)*

<Die Seele Christi>

Nun sag mir, ob die Seele Jesu Christi die Macht der Allmacht hatte und ob sie alle Weisheit hatte, die das ewige Wort hat. Denn wenn es so ist, kann ich keinen Unterschied erkennen zwischen dem Wort Gottes und der Seele Christi.

Der Meister: Es ist ein großer Unterschied; denn das Wort ist Gott, die Seele ist Geschöpf. Und darum, obwohl die Seele Gnade ohne Maß hat, ist die Seele dennoch nicht aufgrund der Gnade allmächtig. Darum hätte sie kein Geschöpf erschaffen können. Sie hatte aber die Weisheit, dass sie alle Wahrheit erkennen konnte, die in dem ewigen Wort ist.

Der Schüler: Wenn die Seele alle Tugend ohne Maß hatte, hatte sie Macht und Weisheit. Hatte sie Macht und Weisheit ohne Maß, warum war sie dann nicht allmächtig? Hatte sie Weisheit ohne Maß, warum konnte sie dann nicht alles erkennen?

Der Meister: Wenn man in Wahrheit von der Seele Christi sagt, sie habe Tugend über alles Maß, meint man es so: Die Seele hat die dreifache Gnade, von der ich gesprochen habe, in solcher Vollkommenheit empfangen, dass Gott keinem Geschöpf mehr hätte geben können, noch hätte das Geschöpf mehr empfangen können.

Der Schüler: Das kann man leicht verstehen; denn wäre ein Mensch reicher als alle Menschen, dennoch wäre er nicht so reich wie Gott. So ist auch die Seele Jesu Christi reicher an Gnaden als jedes Geschöpf. Doch ist sie nicht so reich wie Gott; denn das hätte sie nicht empfangen können.

Der Meister: Jetzt hast du es richtig verstanden. Selig ist die Stunde, in der die reine Wahrheit dir bekannt wird. Darum frag weiter.

Der Schüler: Erklär mir weiter den dritten Punkt, wie das Wasser der Gnade aus der lebendigen Quelle fließt.

Der Meister: Wenn ein Herz nicht die Gerechtigkeit liebt, steht da nichts zu befürchten, denn ihm fehlt mit Recht die ewige Seligkeit.

Der Schüler: Woher kommt es, dass der Mensch die Gerechtigkeit nicht liebt?

Der Meister: Aus zwei Gründen, wie ich meine: Vielleicht dass er nicht erkennt, was recht ist, oder dass er nicht lieben will, was gerecht ist. Wer nicht erkennt, was er erkennen soll, der ist unweise, wer aber nicht will, das er wollen soll, der ist böse. Nun kann in Unweisheit oder Bosheit niemand Seligkeit besitzen.

Der J.: Sag mir, wie gehoͤret das vff den vssfluss der gnaden?

Der M.: Jst, das ich bewisen mag, daz gerechter wille oͮn gnade nit sin /390/ mag vnd das alle gerechtikeit *[96]* von Christo flússet als uon ainem brunnen, so wirt kuntlich, wie alle gnad vss dem paradiis der menschait als vss ainem brunnen flússet in alle herczen.

Der J.:[23] Mag såikait nit sin one gerechtikeit vnd gerechtikait one gnad, war vss denne flússet gerechtikait, dar vss flússet oͮch gnad vnd såikait.

Der M.:[24] Nvn sag, wie komet dem menschen gerechtikeit Christi? /395/

Der J.: Das haͮn ich geloͮbet alle min tag, aber ich haͮn es noch nie verstanden.

Der M.: Wilt du es wol verstaͮn, so merke, was daz si, dar vss der mensche wúrk gerechtikeit vnd wannan es werde dem menschen geben.

<Der gerechte Wille>

Der J.: Nvn sag, war vss wúrket der mensche gerechtikeit? /400/

Der M.: Vss gerechtem willen.

Der J.: Was ist gerechter wille?

Der M.: Der da wil, als in got wil *wellen*[25]. Jch fragen dich, ob der wille e gerecht si oder ob er e welli, das er sol wellen.

Der J.: Mich dvnket das, *[97]* das er sol wellen vnd daz der wille e /405/ gerecht si, e daz er wil, daz er solt wellen, recht ze glicher wis als der starke werk wúrket, der muͦs starke sin.

Der M.: Da uon solt du fraͮgen, was den willen gerecht mache, e das er kain gereht werk wúrke.[26]

Der J.: Ich wais wol, daz im genad git gerechtikeit, wie si aber dem /410/ menschen werde geben, das wolt ich gern wissen.

Der M.: Die gnad die komet von der warheit.

Der J.: Waz ist aber ain warer wille?

Der M.: Der also ist, als er sol sin.

Der J.: Wenne ist der wille, als er sol sin? /415/

Der M.: Wenne er gelich ist dem hoͤhsten willen.

Der J.: Was ist der hoͤhste will?

388 Der M. *fehlt (cj. Witte)* ***396*** wellen] wellen Der M. Ain gerechter wille *(cj. Witte)*

23 *Steer tilgt dieses* Der J. *Dadurch wird die Zeilenzählung Steers unterbrochen, diese Zeile ist nicht gezählt.*

24 Der Maister *cj. Witte, fehlt Hs. und Steer.*

25 *Nach* wellen *hat die Hs* Der M. Ain gerechter wille. *Steer tilgt nur* Der M. *und nimmt eine Textlücke an. Ich vermute eine Fehlschreibung.*

26 *AFD I, c. 6; fol. 54rb, Z. 189 f.:* Nach dem guͦten willen fraͮg ich, wannan kam er naͦch dem boͤssen willen, mit dem er sùndet? *(»Nach dem guten Willen frage ich, woher kam er nach dem bösen Willen, mit dem er gesündigt hat?«)*

Der Schüler: Sag mir, wie passt das zum Ausfluss der Gnade?

Der Meister: Ist es wahr, was ich aufzeigen will, dass gerechter Wille ohne Gnade nicht sein kann und dass alle Gerechtigkeit von Christus ausfließt wie von einer Quelle, so wird deutlich, wie alle Gnade aus dem Paradies der Menschheit wie aus einer Quelle in alle Herzen fließt. Kann Seligkeit nicht ohne Gerechtigkeit sein und Gerechtigkeit nicht ohne Gnade, dann fließt Gerechtigkeit aus derselben Quelle, aus der auch Gnade und Seligkeit fließen.

Nun sag mir, wie die Gerechtigkeit Christi zum Menschen kommt.

Der Schüler: Das habe ich alle meine Tage geglaubt; aber ich habe es noch nie verstanden.

Der Meister: Wenn du das verstehen willst, so beachte, was es ist, aus dem heraus der Mensch Gerechtigkeit bewirkt und wann dies dem Menschen gegeben wird.

<Der gerechte Wille>

Der Schüler: Dann sage: Woraus wirkt der Mensch Gerechtigkeit?

Der Meister: Aus gerechtem Willen.

Der Schüler: Was ist gerechter Wille?

Der Meister: Wenn der Wille will, wie Gott ihn wollen will. Ein gerechter Wille <...> Ich frage dich, ob der Wille erst gerecht ist oder ob er erst will, was er wollen soll.

Der Schüler: Ich meine, was der Mensch wollen soll. Und dass der Wille gerecht ist, das ist früher, als dass er will, was er wollen soll; genau wie einer, der schwere Sachen bewirkt, stark sein muss.

Der Meister: Darum solltest du fragen, was den Willen gerecht macht, bevor er gerecht handelt.

Der Schüler: Ich weiß wohl, dass die Gnade ihm Gerechtigkeit verleiht, aber wie sie dem Menschen gegeben wird, das möchte ich gerne wissen.

Der Meister: Die Gnade kommt aufgrund der Wahrheit.

Der Schüler: Aber was ist ein wahrer Wille?

Der Meister: Wenn der Wille ist, wie er sein soll.

Der Schüler: Wann ist der Wille so, wie er sein soll?

Der Meister: Wenn er dem höchsten Willen gleich ist.

Der Schüler: Was ist der höchste Wille?

Der M.: Der alle willen geschaffen hett.

Der J.: Wie wirt ỳnser wille gelich dem goͤtlichen willen?

Der M.: So der wille gottes sin selbes gebirt ain gelichnúst in ỳnserm /420/ *willen*. Dú gelichnist gottes willen in ỳnserm willen ist gnad gehaissen.

Der J.: Wie ist die gnad beholfen in *[98]* ỳnserm frigen willen vnd wie si in fruchtbaͤr machte?

Der M.: Gnad vnd glichnúst des goͤtlichen willen ist ain bewegnist des willen nach der warhait vnd nach gerechtikeit. Vnd wer der bewegnist mang/425/let, der manglet der begirde der gerechtikeit.

Der J.: Jch hab nvn gemerkt, das gnad flúesset vss dem goͤtlichen willlen, wan si ist ain bild des selben willen.

<Der Wille, die Begierde>

Nvn erlúchte mir daz, wie gnad beweg ỳnsern willen zů der warheit.

Der M.: Wilt du daz merken, so wisse vor, das drú dinge sind an dem /430/ willen: Ains ist begirde, ains ist kraft der sele, ains ist daz werk des willen. Vnd der jegliches haisset wille, won so der mensche hǎt ain begird des dinges, so sprichet er: Jch hǎn sin willen; vnd so der mensche schlaffet, er hǎt ainen willen, vnd so der mensche wúrket, so spricht man: Er hǎt des willen.

Der J.: Jch merke wol, daz das war ist, daz du hǎst gesprochen. Aber /435/ ich wiste gern ain vnderschaid zwischent *[99]* den drin willen.

Der M.: Si hǎnt den vnderschaid, das dú begirde bewegt den willen, das er sich kert vff das werke. Da uon begirde bewegt den willen, der da kraft haisset, vnd so dú kraft wirt bewegt, so kert sich die kraft vff das werk nach dem vnd es die begirde hǎt gehaissen. Hiervmb so wirt daz werk des willen /440/ geborn vss der begirde vnd von dem willen als ain kint vom vatter vnd uon můter.

Der J.: Du mainest, die begirde si der vatter, der die kraft des willen swanger macht.

Der M.: Ja, das main ich. Da by siche, als das kint die můter *vnd den vatter* nit ge/445/birt, me es wirt uon in[27] geborn. Also daz werk des willen, so es gerecht ist, machet nit den willen gerecht, me der gerecht wille gebirt daz gerecht werk.

Der J.: Den vnderschaid der dryer willen den hǎn ich wol verstanden. Nvn sag mir uon miner frage, wie gnâd, die ain bild ist goͤtliehes willen, swanger mache vnd berhaft *[100]* ỳnsern willen. /450/

Der M.: Du hast vernomen, das ỳnser wille, nach dem das er ain kraft der sele ist, kain werke wúrket, denne da zů er wirt bewegt mit bcgirden. Nvn hǎt

414 willen] willen Der M. **417** Der M. *fehlt* **437** vnd den vatter *fehlt (cj. Witte)*

27 *Dieser Plural »von ihnen« legt nahe, dass zuvor »der Vater« ausgefallen ist.*

Der Meister: Der Wille, der jeden Willen geschaffen hat.

Der Schüler: Wie wird unser Wille dem göttlichen Willen gleich?

Der Meister: Indem der Wille Gottes ein Gleichnis seiner selbst in unserm Willen gebiert. Dieses Gleichnis des Willens Gottes in unserm Willen heißt Gnade.

Der Schüler: Wie ist die Gnade in unserm freien Willen behilflich, und wie macht sie ihn fruchtbar?

Der Meister: Die Gnade und das Gleichnis des göttlichen Willens sind ein Bewegungsanstoß des Willens zur Wahrheit und zur Gerechtigkeit. Und wem dieser Bewegungsanstoß fehlt, dem fehlt das Begehren der Gerechtigkeit.

Der Schüler: Jetzt habe ich verstanden, dass die Gnade aus dem göttlichen Willen fließt; denn sie ist ein Bild desselben Willens.

<Der Wille, die Begierde>

Jetzt erkläre mir, wie die Gnade unsern Willen zur Wahrheit bewegt.

Der Meister: Wenn du das verstehen willst, sollst du wissen, dass der Wille drei Bestandteile hat: Das ist das Begehren, dann die Kraft der Seele und schließlich die Tat des Willens. Und sie alle drei heißen Wille; denn wenn der Mensch etwas begehrt, sagt er: Ich habe den Willen dazu. Auch wenn der Mensch schläft, hat er einen Willen. Und wenn der Mensch handelt, sagt man: Er hat den Willen dazu.

Der Schüler: Ich merke, dass wahr ist, was du gesagt hast. Aber ich wüsste gerne den Unterschied zwischen den drei Willensformen.

Der Meister: Sie haben folgenden Unterschied: Die Begierde bewegt den Willen, sodass er sich zum Wirken wendet. Dadurch bewegt die Begierde den Willen, der hier Kraft heißt. Und wenn die Kraft bewegt wird, so wendet sich die Kraft zum Handeln, wie das Begehren sie genötigt hat. Darum wird das Werk des Willens aus der Begierde und vom Willen geboren wie ein Kind vom Vater und der Mutter.

Der Schüler: Du meinst, die Begierde sei der Vater, der die Kraft des Willens schwanger macht?

Der Meister: Ja, das meine ich. Daran beachte: Wie das Kind nicht die Mutter und den Vater gebiert, sondern wie es von ihnen geboren wird, so macht auch das Werk des Willens, wenn es gerecht ist, nicht den Willen gerecht, sondern der gerechte Wille gebiert das gerechte Werk.

Der Schüler: Den Unterschied der drei Willensformen habe ich verstanden. Jetzt antworte auf meine Frage, wie die Gnade, die ein Bild des göttlichen Willens ist, unsern Willen schwanger und fruchtbar macht.

Der Meister: Du hast gehört, dass unser Wille, insofern er ein Vermögen der Seele ist, keine Werke vollbringt; es sei denn, dass er dazu bewegt wird

der mensche on gnad nit begirde der gerechtikeit. Da uon so machet gnad den willen swanger gůter werke.

Der J.: Jch merke wol, ist begirde nach der warheit gnade vnd ist /455/ denne begirde, daz den willen bewegt zů dem werk, so ist gnad als ain wúrker vnd als ain beweger des willen vnd ain vatter der gerechten werken. Aber mich wundret: Ist alle begird gnad, warvmb sint denne nit alle werk kint der gnad?

<Das Begehren der Seligkeit und der Gerechtigkeit>

Der M.: Es ist zwaierlay begird: Ains ist begirde der saͤlikait, die ander /460/ ist ain begird der gerechtikait. Nvn ist die begirde der gerechtikait gnade, aber die begirde der saͤlikait ist nit gnade.[28]

Der J.: Wa von ist begirde der saͤlikait nit gnade?

Der M.: Da ist si nit bewegnist *[101]* des hailgen gaistes. Si ist wol ain bewegnist des willen, vnd got haͮt si geben. /465/

Der J.: Warvmb ist si denne nit gnade, wan du vor haͮst gesprochen, si sigi nit ain bewegnist des hailgen gaistes?

Der M.: Si ist nút als ain *bewegnist* des goͤtlichen gaistes als die begirde der gerechtikait, vnd ist doch uon got.

Der J.: Den vnderschaid woͤlt ich gerne wissen. /470/

Der M.: Die begirde der gerechtikeit ist uon dem bild der warheit, aber die begirde der saͤlikait ist uon der natur des willen. Wan nvn die nature des willen von got ist, da uon haͮn ich gesprochen, da si ouch uon got ist, recht ze glicher wis, als oͦb ich ain růrte mit der hant vnd den andren mit ainem stain; die waͤrint baide von mir berůrte, doch gar vngelich. Also merke /475/ zwai ding in der nature *[102]* des willen: Ains ist, daz si ain bilde gottes ist, vnd daz si ture ist. Von dem, das si ain bild gottes ist, so haͮt si ain bewegnist zu vnmaͤssiger begirde, won si ain bilde ist goͤtlicher vnmaͤssikeit, vnd wan si ture ist, da uon so mag si die begirde keren vff daz, das warer lust nit enist. Da uon die begirde zů der natur des willen die begirde *der saͤlikait* ist vnd bewegte nit /480/ begirde der gerechtikait.[29]

Der J.: So ist wunder, wie das súnde ist, das vss der begirde gaͮt der natur, die got selber also geschaffen haͮt.

458 Der J. *fehlt* *460* bewegnist] bewegnit *472* der saͤlikait *fehlt (cj. Witte)*

---

28 *Die Lehre von den zweierlei* begirden *wird im ›Audi-filia-Dialog‹ ausführlich behandelt: AFD I, c. 3; fol. 27vb–32vb, Z. 285–599 und AFD I, c. 4; fol. 36rb–41va, Z. 221–536. AFD I, c. 3; fol. 27vb, Z. 299 f.:* Dauon so můß gerehte mynne han eine begirde der gerehtigkeit, sol sù gerehte mynne sin. *(»Darum muss rechte Liebe ein Begehren der Gerechtigkeit haben, wenn sie gerechte Liebe sein soll.«) Die gemeinsame Quelle ist Anselmus Cantuariensis, De concord. III, c. 11–13; Bd. II, S. 278–287. Dazu siehe* Steer*, Kommentar, S. 166–168.*

29 *Diesen Satz hält* Steer *für »verderbt«. Durch meine Konjektur* der saͤlikeit *wird er zumindest verständlich.*

durch das Begehren. Nun hat der Mensch ohne Gnade kein Begehren der Gerechtigkeit. Darum macht Gnade den Willen schwanger für gute Werke.

Der Schüler: Ich verstehe zwar: Ist Begehren der Wahrheit Gnade und ist es das Begehren, das den Willen zum Werk bewegt, so ist die Gnade irgendwie ein Bewirker und Beweger des Willens und ein Vater der gerechten Werke. Was mich aber wundert: Wenn alles Begehren Gnade ist, warum sind dann nicht alle Werke Kinder der Gnade?

<Das Begehren der Seligkeit und der Gerechtigkeit>

Der Meister: Es gibt zwei Weisen des Begehrens: Die eine ist das Begehren der Seligkeit, die andere ist das Begehren der Gerechtigkeit. Nun ist das Begehren der Gerechtigkeit Gnade, aber das Begehren der Seligkeit ist nicht Gnade.

Der Schüler: Warum ist Begehren der Seligkeit nicht Gnade?

Der Meister: Weil es nicht ein Bewegungsanstoß des Heiligen Geistes ist. Es ist gleichwohl ein Bewegungsanstoß des Willens und Gott hat es gegeben.

Der Schüler: Warum ist es dann nicht Gnade, da du ja gerade gesagt hast, es sei kein Bewegungsanstoß des Heiligen Geistes.

Der Meister: Es ist nicht in derselben Weise ein Bewegungsanstoß des göttlichen Geistes, wie es das Begehren der Gerechtigkeit ist. Und doch ist es von Gott.

Der Schüler: Den Unterschied möchte ich gerne kennen.

Der Meister: Das Begehren der Gerechtigkeit stammt vom Bild der Wahrheit, aber das Begehren der Seligkeit kommt aus der Natur des Willens. Da nun die Natur des Willens von Gott ist, darum habe ich gesagt, dass es <das Begehren der Seligkeit> auch von Gott ist, gerade in der Weise, als ob ich den einen mit der Hand berührte und den anderen mit einem Stein. Beide wären sie von mir berührt, doch ganz ungleich. So also beachte zweierlei in der Natur des Willens: Einmal, dass sie ein Bild Gottes ist, und <zweitens> dass sie Geschöpf ist. Dadurch, dass sie ein Bild Gottes ist, hat sie einen Bewegungsdrang zu unermesslichem Begehren, da sie ein Bild göttlicher Unermesslichkeit ist; weil sie aber Geschöpf ist, darum kann sie das Begehren zu dem wenden, was nicht wahre Lust ist. Darum ist das Begehren zur Natur des Willens das Begehren der Seligkeit, und die bewegt nicht das Begehren der Gerechtigkeit.

Der Schüler: Daraus folgt das Problem. wie das Sünde sein kann, was aus dem Begehren der Natur hervorgeht, die Gott selbst so geschaffen hat.

Der M.: Es ist nit wunder, wer ansiht, das got zů der natur hǎt geben gerechtikait, wan one die begirde der gerechtikait wåͤr kain begird der natur /485/ súnd. Daz macht du merken an den vnvernúnftigen tieren.

Der J.: Es ist wunder, daz die begirde nit súnde ist, da si stǎt on die *begirde* *[103]* der gerechtikait. Da uon sag: Wie mag die begirde der såͤlikait súnde wúrken? Jch wonde, wer siner såͤlikeit begerte, der hetti ain rechte begird, vnd ist die begird recht, so dunket mich, daz dú súnde kom von /490/ rechter begird.

Der M.: Wan ich gesprochen han, daz dú begirde der selikait súnde wúrke, da uon bist du in dis wunder komen. Wissest, wer siner selikeit begert, da si nit ist, vnd ir begert, als si nit ist, der hett nit recht begirde. Da by so merke, daz begird der såͤlikait etwenne ist gerecht vnd etwenne vngerecht. /495/ Vnd darvmb so wisse, wenne si ist gerecht, daz hǎt si nit uon ir selber, me uon der begirde der gerechtikeit.[30]

Der J.: Du hǎst mich des wol bewiset, daz die begirde der såͤlikeit von ir selber nit hǎt gerechtikeit. Nvn sag, was ist dú begirde der såͤlikait, vnd wenne wúrket si dú werke *[104]* der sinde. /500/

Der M.: Begirde der selikait ist die naigunge, als ain wille genaigot ist ze *minnend* sich selber, vss der naigunge, wenne si stǎt on gnad, so wirt gesůchet aigner lust.

Der J.: Nvn dunket den menschen, daz lobe vnd ere der welt hoͤre zů lust, vnd da uon so sichet er es als sin hoͤhsten selikait vnd minnet es an mǎsse /505/ der gerechtikait vnd me denne gerechtikait, vnd das ist hoffart.

Der M.: Wer me minnet ere denne gerechtikait, der minnet nit sines ebenmenschen lob vnd ere *me* als sin aigen gůt. Es dvnket etlich, wie gůt vnd groͤsser richtům hab den besten lust, vnd die sůchent gůt mit gitikait. Von der gitikait komet aber súnde vnd vntuget vnd kurczlich alles, des der wille /510/ begert nach vntugenden, das gaut vss der be*[105]*girde der selikait, vnd wenne der wille nit minnet die selikait, da si nach warhait ist, so sůchet er die såͤlikait in der creatur.

Der J.: Ach, ewiger got, wie ist das minen *sinnen* vnbekant gesin, das alle vntugent koment uon der begirde der selikait, vnd es doch als war ist. /515/

479 begirde] súnde *493* minnend] minend *499* me *fehlt (cj. Witte)* *505* sinnen] simen

---

30 *Anselmus Cantuariensis, De concord. III, c. 13; Bd. II, S. 278,18–21:* Appetitos vero, quos omnes vocet apostulus ›carnem‹ et ›concupiscentiam‹. Inquantum sunt, non sunt mali vel iniusti; sed quia sunt in rationali natura, ubi non debent esse, dicuntur iniusti. In brutis siquidem animalibus non sunt mali vel iniusti, quia ibi debent esse. *(»Die Strebungen aber, die der Apostel schlechthin ›Fleisch‹ und ›Begierlichkeit‹ nennt –. Insofern sie sind, sind sie nicht böse oder ungerecht; aber, weil sie in einer vernünftigen Natur sind, wo sie nicht sein sollen, heißen sie ungerecht. Aber in den wilden Tieren sind sie jedenfalls nicht böse oder ungerecht, da sie dort sein sollen.«)*

Der Meister: Es ist kein Problem, wenn man berücksichtigt, dass Gott Gerechtigkeit zur Natur hinzugegeben hat; denn ohne Begehren der Gerechtigkeit wäre kein Begehren der Natur Sünde. Das kannst du an den unvernünftigen Tieren erkennen.

Der Schüler: Es ist seltsam, dass diese Begierde keine Sünde ist, da sie doch ohne das Begehren der Gerechtigkeit besteht. Darum sag: Wie kann das Begehren der Seligkeit Sünde hervorbringen? Ich dachte, wer seine Seligkeit begehrt, dessen Begehren wäre recht, und wenn das Begehren recht ist, scheint mir, dass die Sünde aus rechtem Begehren entsteht.

Der Meister: Weil ich gesagt habe, dass das Begehren der Seligkeit Sünde erzeugt, ist dir das Problem begegnet. Du sollst wissen, wenn einer seine Seligkeit sucht, wo sie nicht ist, und sie so haben will, wie sie nicht ist, der hat rechtes Begehren nicht. Daran kannst du erkennen, dass das Begehren der Seligkeit manchmal gerecht ist und manchmal ungerecht. Und darum musst du wissen, wenn es gerecht ist, hat es das nicht von sich selbst, sondern durch das Begehren der Gerechtigkeit.

Der Schüler: Du hast mir gut aufgezeigt, dass das Begehren der Seligkeit aus sich selbst keine Gerechtigkeit hat. Nun sag, was ist das Begehren der Seligkeit, und wann wirkt es die Werke der Sünde.

Der Meister: Das Begehren der Seligkeit ist die Neigung, in der der Wille geneigt ist, sich selbst zu lieben; aus dieser Neigung, wenn sie ohne Gnade besteht, wird die eigene Lust gesucht.

Der Schüler: Nun meint der Mensch, Lob und Ehre der Welt gehörten zur Lust, und darum sieht er dies als seine höchste Seligkeit an und liebt es ohne das Maß der Gerechtigkeit, mehr als Gerechtigkeit, und das ist Hochmut.

Der Meister: Wer Ehre mehr liebt als Gerechtigkeit, der liebt Lob und Ehre seines Mitmenschen nicht mehr als sein eigenes Gut. Manche meinen, Gut und größerer Reichtum böten die größte Lust, und so suchen sie Gut mit Habgier. Aus der Habgier entspringt aber Sünde und Untugend und kurzum alles, was der Wille in Untugend begehrt. Das geht aus dem Begehren der Seligkeit hervor, und zwar wenn der Wille die Seligkeit nicht dort liebt, wo sie wahrhaftig ist, dann sucht er die Seligkeit im Geschöpf.

Der Schüler: Ach, ewiger Gott, wie konnte das meinem Verstand unbekannt bleiben, dass alle Untugend aus dem Begehren der Seligkeit kommt, was ja doch die Wahrheit ist.

Der M.: Also hǎn ich dich bewiset, wie die begirde der selikait nit gnad ist, wan si an jm selb gerecht nit ist, vnd da uon, wenne si gerecht ist, das hǎt si uon gnaden. Die gnade nit anders ist denne ain begird der gerechtikait.

Der J.: Jch sol mich lǎn benuͤgen an dem stuk. /520/

<Begehren der Gerechtigkeit aus Gnade>

Sag mir, warvmb begirde der gerechtikait nit múge komen von der natur des willen als begirde der selikait.[31]

Der M.: Dis frǎge gǎt dar vss, ob die sele múge bekennen warhait von natur, so mag der wille ouch *[106]* begeren der warheit, wan der wille ist nit *vnkreftiger* in sinen werken denne vernunft. Jst aber, das dú *sele*[32] mag war/525/heit bekennen on gnad, so waͤrent vil juden vnd haiden in gnaden, den vil warheit ist bekant.

Der J.: Jch hǎn dar an nit gedǎcht. Jch han aber da uon wunder, oͤb alle, die begirde hant der gerechtikait, siin in gnaden gottes, wan man sicht daz etwenne, das etliche menschen, die ioch in tǒdsúnden sint, etlicher ge/530/rechtikeit hand ain minne.

Der M.: Des wunders vnd der frǎge mag ich dich nit wol bewisen. Vnd da uon hǎn ich selb wunder, won die lerer missehellent an disen puncten. Es sprichet etlich, won v̀nser sel uon den súnden si verwunt an ieren naturlichen kreften, da uon so mag si kain *warheit [107]* bekennen noch minnen on /535/ sunderlich gnade, vnd da uon so mag si kaincr anvechtung widerstǎn mit aigner kraft. Si mainet, wer, das der mensche moͤhte warheit bekennen vnd minnen von nature, also bedoͤrfte der mensche kaincr gnad, die jm hulfe stritten wider die súnde. Die andren lerer dunket, daz dú natur der sele als arm nit en sigi, das si uon ir selber nit en moͤge weder warheit noch gerechtikeit /540/ bekennen on gnade. Es múge ouch etlich wider stǎn anvechtung one gnade von juden vnd haiden, die gottes gnade nit enhǎnt, die wider stǎnd etlichen súnden.

Der J.: Es ist sicher, das juden vnd haiden minnent vnd bekennent etlich reht, anders ieglicher neme den andren lip vnd guͤt, der úber jn moͤchte. /545/ Dis ist ain húpscher stritt nach der warheit, des ich wil gerne sehen ain ende.

Der M.: Der nvn den krieg der lerer liess an dich, wie woltest du jn schaiden. *[108]*

Der J.: Es sig denne, das du besser schaid lút vindest denne mich, belibent si ewiklich vnversuͤnet. Mich dunket wol, das ietweders soͤlich sinn ruͤrt, /550/ die mir noch me wunders bringent.

514 f. vnkreftiger] vnkreftig ***515*** sele] sele nit *(cj. Witte)* ***525*** warheit] war

---

31 *Dieselbe Frage wird im AFD I, c. 3; fol.* 28ra*, Z. 315–317 gestellt. Dort führt die Antwort in das Problem der Freiheit des Willens.*

32 *Die Hs. schreibt* die sele nit. *Diese Verneinung ist dem Satzsinn nach unlogisch, vermutlich ein Schreiberirrtum.*

Der Meister: Damit habe ich dir also gezeigt, dass Begehren der Seligkeit nicht Gnade ist, da es an sich nicht gerecht ist, und darum, wenn das Begehren der Seligkeit gerecht ist, dann hat es das durch die Gnade. Die Gnade ist nichts anderes als ein Begehren der Gerechtigkeit.

Der Schüler: Das soll mir zu diesem Punkt genügen.

<Begehren der Gerechtigkeit aus Gnade>

Sage mir, warum das Begehren der Gerechtigkeit nicht aus der Natur kommen kann wie das Begehren der Seligkeit.

Der Meister: Diese Frage entspringt aus folgender Schwierigkeit: Wenn die Seele aus ihrer Natur Wahrheit erkennen kann, dann kann der Wille auch Wahrheit wollen; denn der Wille ist in seinem Handeln nicht schwächer als die Vernunft. Wenn aber die Seele Wahrheit ohne Gnade erkennen kann, wären viele Juden und Heiden, die viel Wahrheit erkennen, in Gnaden.

Der Schüler: Daran habe ich nicht gedacht. Ich frage mich aber, ob alle, die die Gerechtigkeit begehren, in Gottes Gnade sind; denn man sieht manchmal, dass einige Menschen, die zwar in Todsünde leben, dennoch eine gewisse Liebe zur Gerechtigkeit haben.

Der Meister: Über dieses Problem und deine Frage kann ich dich nicht leicht aufklären. Es bleibt mir selbst eine Frage; denn die Lehrer widersprechen sich in dieser Sache. Einige sagen, da unsere Seele durch die Sünde in ihren natürlichen Kräften verwundet ist, könne sie ohne besondere Gnadenhilfe keine Wahrheit erkennen und lieben; und darum könne die Seele aus eigener Kraft keiner Anfechtung widerstehen. Sie meinen, wenn es wahr wäre, dass der Mensch von Natur Wahrheit erkennen und lieben könnte, so bedürfte der Mensch keiner Gnade, die ihm helfen könnte, gegen die Sünde zu kämpfen. Den anderen Lehrern erscheint es richtig, dass die Seele nicht so arm ist, dass sie aus sich selbst ohne Gnade weder Wahrheit noch Gerechtigkeit erkennen könnte. Es könnte auch bei Juden und Heiden ohne Gnade einen gewissen Widerstand gegen die Anfechtung geben; auch Menschen, die Gottes Gnade nicht haben, widerstehen etlichen Sünden.

Der Schüler: Es ist sicher, dass Juden und Heiden manches Recht erkennen; sonst würde jeder, der überlegen ist, den anderen Leben und Güter rauben. Es ist aber ein hübscher Streit um die Wahrheit, gerne möchte ich dessen Auflösung sehen.

Der Meister: Wenn man nun dir den Streit der Lehrer überließe, wie würdest du ihn schlichten?

Der Schüler: Wenn du keine besseren Schiedsrichter findest als mich, müssten sie ewig unversöhnt bleiben. Mir scheint, dass jede der beiden Meinungen Schwierigkeiten berührt, die mir noch weitere Fragen aufwerfen.

Der M.: Als wie?

Der J.: Mich wundret, ist es als die ersten sprechend, was die gnade si, uon der der mensche alle warheit bekennet vnd alle gerechtikait minnet vnd allen vntugenden widerstǎt; jst es dú gnade, die gerechtikeit git, so sind /555/ alle juden vnd haiden gerecht; jst es aber, als die andren lerer sprechent, das die sele uon nature warheit bekennet, so wundret mich, warvmb si alle warheit uon natur nit minne. Also ist wunder, mag der mensche etlicher súnde widerstǎn, warvmb mag er der andren súnde ouch nit widerstǎn als der ersten? /560/

Der M.: Waͤr es nit wunder, so waͤre uon der warheit vnder den *lerern* kain krieg.

Der J.: Sprich *[109]* uon disem wunder, was dich dvnke, wan saͤczest du mich ze ruͦben von disem wunder, daz wil ich goͤtlicher gnade zellen ze ainem zaichen. /565/

Der M.: Wer herren krieg schaiden wil, der wirt etwenne verwundet, also moͤht ouch mir beschechen, saite ich nit zuͦ baider siten, das si gerne hortent nach der warhait.

Der J.: Sag got ze lob vnd dinem kinde ze lere, was ich in disem wunder soͤlle halten. /570/

Der M.: Jch wil dir sagen minen sin, vnd den halt so lang, vncz dich got ains naͤchers bewise. Du fragest, warvmb dú begirde der gerechtikait nit gangi vss der bewegnist der natur als wol als die begirde der selikait. Dar zuͦ sprich ich, das die sele hǎt an ir, daz guͦt ist, wan si ist ain bilde gottes, si hǎt an jr daz die ture ist, vnd da von ist sú wandelbår vnd gebresthaft. Da uon /575/ so mag vss der natur gan, daz guͦt ist vnd wandelber vnd gebresthaft *[110]* ist. Da uon spriche ich me, daz uon natur gǎt bekantniste, minne vnd warheit, aber die bekantnist vnd die minne, die ist gebresthaft. Vnd also halte ich es mit den lerern, die da sprechent, das dú sele uon nature als arme nit ist, si múge warheit vnd minne bekennen on gnade. /580/

Der J.: Nvn sag mir, war an lit der gebrest, das dú bekantnist vnd die minne, die vss natur gaut, gebresthaft ist.

Der M.: Es lit dar an, wan die natur der sele nit bekennet uon ir selber on gnad, was ir ware selikait ist vnd was si ist vnd warvmb der mensche ir sol begeren. An dirre bekantnist gebristet der natur. Jr gebristet ouch an der /585/ minne, wan die natur git das nit, das der *mensch die* warheit *me* minne denne sich selber vnd alle ding me *minne* dur der warheit willen denne sich selbes willen.[33]

549 lerern] leren ***574*** mensch die *fehlt* me *fehlt* ***575*** minne] denne *(cj. Witte)*

---

33 *Iohannes de Basilea, In Sent. I, d. 47–48, q. 35, concl. 1, cor. 1; Bd. II, S. 411,1–3:* Quamvis rectus actus assensus ex viatoris ratione possit haberi ex mere naturalibus, non tamen ut est assensus moraliter bonus et meritorius. *(»Obwohl der rechte Akt der Zustimmung auf-*

Der Meister: Wie das?

Der Schüler: Ich frage mich: Wenn es so ist, wie die ersten sagen, was ist das dann für eine Gnade, durch die der Mensch alle Wahrheit erkennt und alle Gerechtigkeit liebt und allen Untugenden widersteht? Wenn es die Gnade ist, die Gerechtigkeit verleiht, so sind alle Juden und Heiden gerecht; ist es aber, wie die anderen Lehrer sagen, dass die Seele von Natur Wahrheit erkennt, so frage ich mich, warum sie nicht von Natur alle Wahrheit liebt. Weiter ist die Frage: Wenn der Mensch einigen Sünden widerstehen kann, warum kann er dann der zweiten Sünde nicht ebenso widerstehen wie der ersten?

Der Meister: Wäre das kein Problem, gäbe es unter den Lehrern keinen Streit um die Wahrheit.

Der Schüler: Sag mir, was du von diesem Problem hältst; denn wenn du mir in dieser Frage Beruhigung bringst, will ich es als Zeichen göttlicher Gnade betrachten.

Der Meister: Wer einen Krieg unter den Herren schlichten will, der wird vielleicht selbst verwundet. So könnte es auch mir geschehen, wenn ich nicht zu beiden Seiten sagen würde, was sie wahrheitsgemäß gerne hören wollen.

Der Schüler: Sag Gott zum Lob und deinem Kind zur Lehre, was ich in dieser Frage aufrecht halten soll.

Der Meister: Ich will dir meine Meinung sagen, und daran halte dich so lange, bis Gott dich eines Besseren belehrt. Du fragst, warum das Begehren der Gerechtigkeit nicht aus dem Bewegungsanstoß der Natur hervorgeht wie das Begehren der Seligkeit. Dazu sage ich, dass es die Eigenschaft der Seele ist, gut zu sein; denn sie ist ein Bild Gottes. Sie hat aber auch an sich, dass sie Geschöpf ist, und darum ist sie unstet und mangelhaft. Darum kann aus der Natur hervorgehen, was gut ist, und was veränderlich und mangelhaft ist. Darum sage ich weiter, dass aus der Natur Erkenntnis, Liebe und Wahrheit hervorgehen; aber die Erkenntnis und die Liebe sind mängelbehaftet. Und darum halte ich es mit den Lehrern, die sagen, dass die Seele von Natur aus nicht so arm ist, dass sie vielmehr ohne Gnade Wahrheit und Liebe erkennen kann.

Der Schüler: Jetzt sag mir: Woran liegt der Fehler, sodass die Erkenntnis und die Liebe, die aus der Natur hervorgehen, mängelbehaftet sind?

Der Meister: Es liegt daran, dass die Natur der Seele von sich aus ohne Gnade nicht erkennt, was ihre wahre Seligkeit ist und worin sie besteht und warum der Mensch sie begehren soll. An dieser Erkenntnis mangelt es der Natur. Ihr fehlt es auch an der Liebe; denn die Natur gibt das nicht her, dass der Mensch die Wahrheit mehr liebt als sich selbst und dass er alles mehr liebt um der Wahrheit willen als um seiner selbst willen.

Der J.: Jch merke wol, das der *[111]* bekantnist gebristet, wan die daz lieht des gelǒben nit wissent zů warer selikait, die belibent also jn irrung der /590/ warhait warer selikeit. Aber uon der minne wundret mich: wan mag die natur *bekennen,*[34] daz die warheit, die got ist vnd ain gůt úber alles gůt ist, – warvmb mag es denne der wille nit úber alles gůt minnen?

Der M.: Der mensche bekennet menigen menschen, der besser ist denne er ist vnd naiget in doch sin natur da zů nit, das er jn me minne denne sich /595/ selber. *Dar vmb* sprich ich, das die natur nit das git, das der mensch got lieber hab denne sich selber, vnd da uon das der natur gebristet an bekantnússe vnd an minnen, das erfúllet die gnad gottes, vnd das ist, daz die alten lerer hǎnd gesprochen.

Der J.: Ach, ewigú warheit, wie ist das der warheit so geliche, das got /600/ den menschen hab geben ain anvang nach bekantnist vnd nach minne der warheit! Den anvange er volbringt mit siner gnad. Hette got *[112]* der natur núczit geben, waz hette denne sin gerechtikait von der nature ze fordrent? Hette er der nature volle bekantnist vnd minne geben, an wem woͤlte er denne sin gnade bewisen? /605/ Min herre, din antwúrt ist war one zwifel, si ist minem herczen liechter denne das liecht der sunnen. Da uon sond ir mir entschliessen min wunder.

Der M.: Die lerer, die vff das wunder hant gebuwen: ist, daz der mensche ain warheit mag bekennen vnd minnen on gnade, war an sol man denne die wunden der súnde bekennen, den sol man antwúrten, das der mensche /610/ alle warhait nit mag uon nature bekennen, daz ist ain zaichen siner wunden. Sprechent si aber: war vmb mag der mensche me ain warheit bekennen denne die andren von nature vnd ouch me minnen, so *antwúrt* vnd sprich: Das ich etlicher anevechtung vnd súnd mag widerstǎn vnd etlicher nit, das ist sache, won es ist etlicher gelust *[113]* der súnde, der stǎt also, wer in úberwinden /615/ sol, der můs die warhait lieber han denne sich selber. Es staut ouch etlicher lust also, daz man in úberwinden mag in ainer andren minnen denne in der hoͤhsten minne. Warvmb aber der mensche me ain warheit bekenne denne die andren, das ist sach, wan es ist etlich warheit menschlicher kreft gemaͤsse nah der zit, als das ain got *ist,* etliche ist ir vngemaͤss, als daz got driualtig an der /620/ person ist.

Der J.: Gib ain gelichnist von dem vor gesprochnen sinne, wie lust in ainer ander minne denne in der hoͤhsten wird úberwunden.

Der M.: Der uon nature me minnet ere denn got, ob ioch der nit me got minnet denne sich selber, wirt der angevochten von gitikait, der úber/625/win-

580 bekennen *fehlt (cj. Witte)* ***584*** Dar vmb *doppelt* ***608*** ist_1 *fehlt*

---

grund der Vernunft des Pilgers aus rein natürlichen Kräften erfolgen kann, <gilt das> jedoch nicht, insofern es eine moralisch gute und verdienstvolle Zustimmung ist.«)

34 *Die Konjektur ergibt sich aus der Logik des Satzes.*

Der Schüler: Ich sehe wohl, dass es an dieser Erkenntnis fehlt. Denn diejenigen, die nicht das Licht des Glaubens zu wahrer Seligkeit kennen, die bleiben im Irrtum über die Wahrheit der wahren Seligkeit. Aber was die Liebe angeht, wundert es mich: Denn kann die Natur zur Wahrheit gelangen, die Gott und ein Gut über alles Gut hinaus ist, warum kann dann der Wille dies nicht über alles lieben?

Der Meister: Der Mensch kennt manchen Menschen, der besser ist als er selbst, und doch neigt seine Natur nicht dazu, dass er ihn mehr liebt als sich selbst. Darum sage ich, dass die Natur das nicht hergibt, dass der Mensch Gott mehr liebt als sich selbst; und darum, was der Natur an Erkenntnis und Liebe fehlt, das erfüllt die Gnade Gottes, und das ist, was die alten Lehrer gelehrt haben.

Der Schüler: Ach, ewige Wahrheit, wie sieht das der Wahrheit so ähnlich, dass Gott den Menschen einen Anfang von Erkenntnis und Liebe zur Wahrheit gegeben hat! Den Anfang vollendet er mit seiner Gnade. Wenn Gott der Natur nichts gegeben hätte, was hätte dann seine Gerechtigkeit von der Natur zu fordern? Hätte er der Natur die volle Erkenntnis und Liebe gegeben, an wem hätte er dann seine Gnade erweisen wollen? Mein Herr, deine Antwort ist ohne Zweifel wahr. Sie ist meinem Herzen heller als das Licht der Sonne. Darum sollt ihr mir mein Rätsel lösen.

Der Meister: Den Lehrern, die die Frage stark machen: Wenn der Mensch ohne Gnade eine Wahrheit erkennen und lieben kann, woran soll man dann die Wunden der Sünde erkennen?, denen soll man antworten: Dass der Mensch nicht alle Wahrheit von Natur erkennen kann, das ist ein Zeichen seiner Wunden. Sagen sie aber: Warum kann der Mensch von Natur eine Wahrheit besser erkennen als die anderen und sie auch mehr lieben?, so antworte und sprich: Dass ich mancher Anfechtung und Sünde widerstehen kann und mancher nicht, das kommt davon, dass es manche Lust der Sünde gibt, die so geartet ist: Wer sie überwindet, der muss die Wahrheit lieber haben als sich selbst. Bei mancher Lust ist es auch so, dass man sie mit einer anderen als der höchsten Liebe überwinden kann. Warum aber ein Mensch eine Wahrheit besser erkennt als die anderen, das liegt daran, dass manche Wahrheit menschlichen Kräften in der Zeit angemessener ist, zum Beispiel, dass es einen Gott gibt, manche ist aber unangemessen, zum Beispiel, dass Gott dreifaltig in der Person ist.

Der Schüler: Gib mir ein Beispiel von dem zuvor angesprochenen Thema, dass eine Lust in einer anderen als der höchsten Liebe überwunden wird.

Der Meister: Wer von Natur die Ehre mehr liebt als Gott, auch wenn er Gott nicht mehr liebt als sich selbst, wenn der von Habgier angefochten wird,

det wol die anvechtung mit der minne siner ere, e er guͦt gewinne wider sin ere, so laut er das guͦt, das in gelustet vnd behebet sin ere. Wer aber ainer, der guͦt mer minnete denne ere oder frúnt, wirt der angevochten *[114]* von guͦt, der mag den nit widerstǎn denne in der minne der warhait. Ob er die warheit lieber hǎt denne sich selber, so lǎt er in dem gelust des guͦtes sich /630/ selber durch der minnen *willen* der warheit. Vnd da uon komet, daz man etliche anvechtung vnd súnde miden mag on gnade.

Der J.: Nvn siche ich wol, das die nit alle gerecht sint, die etlich gerechtikeit minnend, noch das alle gerechten begirden nit allweg koment von goͤtlichen gnaden, die got der sele gerechtikeit git. Vnd da uon so múgend /635/ juden vnd haiden etwenne wúrkcn gerechte werk.

Der Maister: Du macht das alles merken bi ainem kurczen worte.

Der J.: Was ist das?

Der M.: Das gnad der begirde groͤsser ist denn die begirde, in der der mensche sich selber minnet. Die begird mag *nit* vnrecht sin, da uon die begird /640/ git gerechtikait den herczen. Wer der gnade niht en hǎt, des werk sint *[115]* vngerecht vnd wúrkent falsche tugent. Da uon alle juden vnd haiden, von den man alle tugend sait, hattent warer tugent nit, wan si die begirde der gnade oder der gerechtikait nit hattent.

Der J.: Es sint doch haiden tǒd vmb die warheit vnd vmb die gerech/645/tikait vnd hand sich selb vnd ir kint vnd alle ding gelaussen dur der gerechtikait willen, vnd hettent doch nit begirde der waren gnade.

Der Maister: Es waget menig mensch noch torlich sin leben, die doch gnad nit enhand.

Der J.: Ja laider, wan hettent si gnade, si wagetint ir leben nit als /650/ lichte, das si ir leben gebint vmb der welt lob vnd ere.

Der M.: Jst uon haiden ieman tǒd dur daz recht, das fúrcht ich, daz es beschechen sigi in der selben wise, das si lobes begertint nah ierem leben. Da uon spricht sant Augustin, daz Marcus, der kúnig uon Rome, wart gevangen von sinen vigiden, die liessend *[116]* jnn faren vff den aid, das er ir sach wúrbe /655/ gen den Roͤmern. Vnd do er kam, do wolt er sine trúwe nit brechen an sinen burgern. Er rieti jn das beste wider die vigende, die jn gefangen hattent, vnd wolte ouch sinen aid an sinen vigenden nit brechen, er wolte sich antwurten sinen vigenden vnd wiste doch wol, das er muͦste sterben. Er wart gefraget, warvmb er wolte faren jn den tǒd, er soͤlte e sin trúwe brechen, e das er /660/ stúrbe. Nain, sprach er, ich wil e sterben, e das ich aines erbers burgers namen welt verlieren. Also ist es wonlich, das der tugenthaft haiden begirde stuͤnde in der gerechtikait der ere der welte.

619 willen *doppelt* ***628*** nit] mit

der überwindet wohl die Anfechtung mithilfe der Liebe zu seiner Ehre, bevor er gegen seine Ehre Güter gewinnt, darum lässt er das Gut sein, das ihn gelüstet und behält seine Ehre. Wenn aber einer das Gut mehr liebt als Ehre oder Freunde, wenn der angefochten wird von Gütern, der kann dem nur um der Liebe zur Wahrheit willen widerstehen. Wenn er die Wahrheit lieber hat als sich selbst, lässt er in der Lust am Gut sich selbst um der Liebe zur Wahrheit willen. Und so kommt es, dass man manche Anfechtung und Sünde ohne Gnade meiden kann.

Der Schüler: Jetzt sehe ich, dass nicht alle gerecht sind, die einige Gerechtigkeit lieben, und dass auch nicht alles gerechte Begehren schlichtweg von göttlicher Gnade kommt, die Gott der Seele zur Gerechtigkeit gibt. Und darum können Juden und Heiden manchmal gerechte Werke wirken.

Der Meister: Du kannst das alles in einem kurzen Wort verstehen.

Der Schüler: Was für ein Wort?

Der Meister: Dass die Gnade des Begehrens größer ist als die Begierde, in der der Mensch sich selbst liebt. Das Begehren kann nicht ungerecht sein, wenn das Begehren den Herzen Gerechtigkeit schenkt. Wer die Gnade nicht hat, dessen Werke sind ungerecht und bewirken falsche Tugend. Darum hatten alle Juden und Heiden, denen man Tugend zuspricht, keine wahre Tugend, da sie das Begehren der Gnade oder der Gerechtigkeit nicht hatten.

Der Schüler: Es sind doch Heiden um der Wahrheit und der Gerechtigkeit willen getötet worden und sie haben sich selbst und ihre Kinder und alles um der Gerechtigkeit willen gelassen, und doch hatten sie nicht das Begehren der wahren Gnade.

Der Meister: Viele Menschen riskieren aus Torheit ihr Leben, die doch die Gnade nicht haben.

Der Schüler: Ja leider. Denn hätten sie die Gnade, wagten sie ihr Leben nicht so leicht, dass sie ihr Leben wegen der Welt Lob und Ehre hergäben.

Der Meister: Wenn jemand von den Heiden um des Rechts willen getötet wurde, fürchte ich, dass es in derselben Weise geschehen ist, nämlich dass sie Lob für ihr Nachleben haben wollten. Darum sagt der heilige Augustinus, dass Markus, der König von Rom, von seinen Feinden gefangen wurde. Sie ließen ihn auf den Eid hin frei, dass er für ihre Sache bei den Römern werben würde. Und als der <zu den Seinen> kam, wollte er seine Treue zu seinen Mitbürgern nicht brechen. Er riet ihnen das Beste gegen ihre Feinde, die ihn gefangen hatten; er wollte aber auch seinen Eid, den er den Feinden gegeben hatte, nicht brechen. Er wollte sich vor seinen Feinden verantworten und wusste doch, dass er sterben müsste. Er wurde gefragt, warum er in den Tod gehen wollte; er solle doch seine Treue brechen, bevor er stürbe. Nein, sagte er, ich will eher sterben, bevor ich den Namen eines ehrbaren Bürgers verlieren wollte. So kann man darauf trauen, dass das Begehren der tugendhaften Heiden in der Gerechtigkeit der Ehre der Welt steht.

Der J.: Was sprichest du von den juden, die sich dur ieres gelǒben willen laussent toͤten? Vnd das selb tůnd ouch etlich *[117]* ander menschen, /665/ die sterbent vmb die warheit, als si dvnkent, wan si die warheit me minne<n>d denne sich selber.

Der M.: Juden vnd haiden, die da sterbent vmb jrn geloben, das sint nit martrer, wan si sterbent nit vmb die warheit, wan ir gelob ist nit die warheit. /670/

Der J.: Die antwurt bringet mir her wider daz vordrig wunder: Mag ain juden ain falschen gelǒben uon nature me minnen denne sich selber, warvmb mag denne ain mensch got nit ouch me minnen von natur on gnade denne sich selber? Nvn hǎst du vor gesprochen, es múge natur nit geben, wan moͤchte es natur gen, so moͤhte si ouch geben rechte begirde. /675/

Der M.: Gedenkest du nit, das ich sprach, das ain mensch múg sterben durch weltliches lobes willen, als menig *[118]* haiden hǎt getǒn. Da uon so ist ouch nit vnbillich, das ain mensche vmb ain valschen gelǒben wil sterben. Nv wenest du, warvmb der mensche sterb, das hab er lieber denne sich selber. /680/

Der J.: Du hest war, ich wene es.

Der M.: Sag, der durch lobs willen stúrbet, wem begert er des lobes?

Der J.: Jm selber, als ich wene.

Der M.: Da uon hǎt er sich selber lieber denne das lob, wan, wes der mensche jm selber begert, daz tůt er jn der minne sin selbes. /685/

Der J.: Jch siehe wol, daz der mensch nút lieber hǎt denne sich selber alwegen. Dar vmb er stirbet, wan wer stirbet vmb lob vnd ere, der begert lobes, wan er sich selber minnet.

Der M.: Da bi so siche, daz dis dik geschiht, daz man went, daz aines me minne ain anders denne sich selber, daz doch nit war ist. /690/

Der J.: Das ist mir merklich.

<Zweierlei Minne>

Nvn sage, wie ist dú minne, als der mensch got me minnet denne sich selber. Dar in getrúwe ich, jch werd bewiset miner frage.

Der M.: *[119]* Es ist zwaigerley minne: Die ain ist kúnschi minne, die ander ain gelústigú minne, vnd die zwo minne mugent stǎn on enander vnd /695/ ouch by enander.

Der J.: Was ist gelústigú minne?

Der M.: Wenne daz hercz des begert, das jm lustig ist vnd allain dar vmb, won es jm lustig ist. Wa die minne allain stǎt on kúnsche minne, da ist die wurczel der minne in dem herczen, das da minnet, vnd nit in den dingen, /700/ die es *minnet*. Vnd da uon nach der minne so minnet daz hercze sich selber aller

688 minnet] minnend

Der Schüler: Was sagst du über die Juden, die sich um ihres Glaubens willen töten lassen? Und dasselbe tun auch manche andere Menschen um der Wahrheit willen, wie sie meinen; denn sie lieben die Wahrheit mehr als sich selbst.

Der Meister: Juden und Heiden, die um ihres Glaubens willen sterben, sind keine Märtyrer; denn sie sterben nicht wegen der Wahrheit; denn ihr Glaube ist nicht die Wahrheit.

Der Schüler: Diese Antwort bringt mir die vorherige Frage zurück. Wenn ein Jude von Natur einen falschen Glauben mehr lieben kann als sich selbst, warum kann dann ein Mensch von Natur ohne Gnade nicht auch Gott mehr lieben als sich selbst? Nun hast du zuvor gesagt, die Natur könne das nicht geben; denn könnte es die Natur geben, so könnte sie auch rechtes Begehren geben.

Der Meister: Hast du vergessen, dass ich sagte, ein Mensch könne um weltlichen Lobes willen sterben, wie es viele Heiden getan haben? Darum ist es auch nicht unrecht, dass ein Mensch wegen eines falschen Glaubens sterben will. Nun glaubst du, dass einer das, weswegen der Mensch stirbt, lieber habe als sich selbst.

Der Schüler: Du hast recht, das glaube ich.

Der Meister: Sag, wenn einer um des Lobes willen stirbt, für wen will er das Lob?

Der Schüler: Für sich selbst, denke ich.

Der Meister: Darum hat er sich selbst lieber als das Lob; denn was der Mensch für sich selbst begehrt, das tut er in der Selbstliebe.

Der Schüler: Ich sehe, dass der Mensch überall nichts lieber hat als sich selbst. Deswegen stirbt er; denn wer wegen Lob und Ehre stirbt, der will Lob, weil er sich selbst liebt.

Der Meister: Daran erkenne, dass es oft geschieht, dass man meint, einer liebe ein anderes mehr als sich selbst, obwohl das nicht wahr ist.

Der Schüler: Das kenne ich auch so.

<Zweierlei Liebe>

Nun sag, wie ist die Liebe, wenn ein Mensch Gott mehr liebt als sich selbst. Ich vertraue darauf, dass damit meine Frage gelöst wird.

Der Meister: Es gibt zweierlei Liebe. Die eine ist keusche Liebe, die andere ist lustvolle Liebe, und diese beiden Weisen der Liebe können ohneeinander bestehen und auch nebeneinander.

Der Schüler: Was ist lustvolle Liebe?

Der Meister: Wenn das Herz begehrt, was ihm lustvoll ist, und allein darum, weil es ihm lustvoll ist. Wo die Liebe allein ohne keusche Liebe besteht, da liegt die Wurzel der Liebe im Herzen, das liebt, und nicht in den Dingen, die es liebt. Und darum liebt das Herz in dieser Weise der Liebe sich selbst am

maist. Vnd da uon alle minne wirt gebuwen vff den grunt, als das hercze sich selber minnet.

Der J.: Was ist die kúnsch minne?

Der M.: Wenne das hercze etwas minnet vmb daz, won es minneklich /703/ ist an jm selber vnd anders vmb kain sach. Nvn sprich ich, daz nieman got me lieber gewan denne sich selber nach kúnscher minne, dem es genǎd nit gåbe. Vnd da uon so git natur wol lustig minne durch das man stirbet, si git aber nit kúnsche minne, durch die man stirbet.

Der J.: Was lust mag jm dar an ligen juden vnd haiden, daz *[120]* si /710/ sterbent vmb irn geloben?

Der M.: Was si dar jnn gemainent ieglicher in sinem herczen, das wais got wol. Ainer mag mainen alt gewonhait, der ander gelúpte kúnftiges lustes, etlicher scham vor sinen gnossen vnd kurczlich, wer on gnad stirbet vmb kain valschen globen, den toͤt sin aigen minne vnd nit die kúnsche minne. /715/

Der J.: Ach blinthait vnd betrogenhait, wie hǎst du so menig hercz begriffen! Hǎt der mensch nit billich vinsternist, der mit dem liechte goͤtlicher gnad nit erlúcht ist! Darvmb so blibet mir noch ain wunder uon dir: Won von natur rechter begirde nit mag geben kúsche minne, wan si ture ist, wie sol ich das uon dir /720/ sprechen, wan du creatur bist, o ewigú gnad?

Der M.: Du hǎst gnad gefraget, die *muͦs* dir ouch antwurten.

Der J.: Suͦchte ich antwurt in der natur, so wúrde ich betrogen, des hett mich gnad bewiset. Da uon kum *[121]* ich es die gnad an, dú mich hǎt durch dich bewiset. /725/

Der M.: So hoͤre, was gnâd sprichet: Jch wonen in der hoͤhi vnd min stuͦl ist in den fúrin wolken. Dis ist als vil gesprochen: Jch wonen in dem stuͦl der ewigen warheit, won ich bin die hicz der goͤtlichen minne. Versmahe mich nit, vmb daz ich ture bin. Jch mag kriegen, daz das liechte nit mag sin on die sunnen noch die hicz on das fúr. Dar vmb, wa ich bin, da wúrket die /730/ warhait, wo ich bin, da ist daz fúr der minne gottes. Jch mag nit ungerecht sin, wie ich ture bin, won ich bin die bewegnúss, die der hailig gaist selber wúrket.[35]

Der Junger: Sid alle gottes werk sint gerecht, so wil ich fúrbas kainen zwifel hǎn. Der schin sig gerecht, der uon der waren sunnen flússet vnd die hicze, /735/ die die gaiste in der warheit enzúndent. Das si jr selbes vnwissent sint, kúme uon dem fúr goͤtlicher minne.

708 muͦs] muͦst

35 *Iohannes de Basilea, In Sent. I, d. 17, p. 1, q. 16, concl. 2; Bd. II, S. 183,2–4:* Spiritus increati natura est dilectio mentis interna, sine imperfectione vitalis eius forma, qua non actuante non elevatur creatura rationalis sufficienter ad Deo carum et gratuitum esse. *(»Die Natur des ungeschaffenen Geistes ist die innere Liebe des Geistes, ohne Einbuße der Vollkommenheit dessen lebendige Form; wenn diese <den Habitus> nicht aktuiert, wird das vernünftige Geschöpf nicht hinreichend dazu erhoben, Gott lieb und der Gnade wert zu sein.«)*

allermeisten. Und darum wird alle Liebe auf diesen Grund gebaut, wenn das Herz sich selbst liebt.

Der Schüler: Was ist keusche Liebe?

Der Meister: Wenn das Herz etwas deswegen liebt, weswegen es an sich selbst liebenswert ist und aus keinem anderen Grund. Nun sage ich, dass niemand Gott mehr als sich selbst in keuscher Liebe lieben lernte, wenn es ihm nicht die Gnade gegeben hat. Und darum gibt wohl die Natur lustvolle Liebe <zu etwas>, dessentwegen man sterben mag, sie gibt aber nicht keusche Liebe, wegen der man stirbt.

Der Schüler: Welche Lust kann für Juden und Heiden darin liegen, dass sie um ihres Glaubens willen sterben?

Der Meister: Was jeder für sich in seinem Herzen gemeint hat, das weiß wohl Gott. Einer mag eine alte Gewohnheit gemeint haben, der andere das Versprechen künftiger Lust, mancher Scham vor seinen Genossen und kurzum: Wer ohne Gnade wegen eines falschen Glaubens stirbt, den tötet seine Eigenliebe und nicht die keusche Liebe.

Der Schüler: Ach, Blindheit und Selbsttäuschung, wie hast du so manches Herz gefangen! Ist nicht der Mensch zu Recht in Finsternis, der mit dem Licht göttlicher Gnade nicht erleuchtet ist? Darum bleibt mir noch eine Frage an dich übrig: Weil aufgrund der Natur gerechtes Begehren nicht keusche Liebe geben kann, weil sie Geschöpf ist, wie soll ich das dir zusprechen, da du auch Geschöpf bist, du ewige Gnade?

Der Meister: Du hast die Gnade gefragt, sie muss dir auch antworten.

Der Schüler: Wenn ich die Antwort in der Natur suchen würde, würde ich betrogen, das hat mir die Gnade gezeigt. Darum überlasse ich es der Gnade, die mich durch dich belehrt hat.

Der Meister: So höre, was die Gnade spricht: Ich wohne in der Höhe und mein Thron ist in den feurigen Wolken. Das heißt so viel wie: Ich wohne auf dem Thron der ewigen Wahrheit; denn ich bin die Hitze der göttlichen Liebe. Verschmähe mich nicht, weil ich Geschöpf bin. Ich kann ins Feld führen, dass das Licht nicht ohne die Sonne sein kann, auch nicht die Hitze ohne das Feuer. Darum, wo ich bin, da wirkt die Wahrheit, wo ich bin, da ist das Feuer der Liebe Gottes. Ich kann nicht unrecht sein, obwohl ich Geschöpf bin; denn ich bin der Bewegungsanstoß, den der Heilige Geist selbst bewirkt.

Der Schüler: Da alle Werke Gottes gerecht sind, will ich weiterhin keinen Zweifel hegen. Der Schein ist wohl gerecht, der von der wahren Sonne fließt, und die Hitze, die die Geister in der Wahrheit entflammt. Dass sie sich selbst nicht kennen, das mag von dem Feuer der göttlichen Liebe kommen.

<Gnade des Hauptes Christi>

Sage, wie die minneklich gnad vss der gerechtikait *[122] Jhesu* Christi als vss dem paradys volles lustes ist geflossen.

Der M.: Jch hǎn vor gesprochen von der úber fliessenden genade des /740/ hǒptes, die in Christo Jhesu ist, won dar an macht du sechen, wie die gnad uon Christo flússet, als die sinne uon dem hǒpt in die glider tůnt, won als das hǒpte git den gelidern leben vnd bewegnist, also komet allain dem menschen uon Christo bekantnist der warheit vnd bewegnist zů den werken der gerechtikait. /745/

Der J.: Der minneklichen lere hǎn ich nit vergessen, ich hǎn sin aber nit volkomenlich verstanden, da uon můs ich fúrbas fragen. Mich wundret, war vmb got alle gnâd hǎt in ainen menschen gegossen als jn ainen brunnen, won als got den ersten menschen recht geschůff on alle menschen, als dunket mich, daz er ouch die gnad solt geben der gerechtikait on /750/ alle menschen.

Der Maister: Sag, weder zoͤget ordnung me wisheit oder torheit?

Der J.: Es zoͤget me wisheit, won nieman mag ordenklich wúrken denne der wise ist.

Der Maister: *[123]* Da uon die ordnung zoͤget goͤtlich wishait, daz got hǎt /755/ ainen menschen als reht gemachet, daz uon siner gerechtikeit alle gerechtikeit flússet.

Der J.: Du sprichest, der erst mensche wart gerecht von got gernachet on aller menschen gerechtikait.

Der M.: Da hǎst du war, won daz hiesse goͤtliche ordnung, won der /760/ mensche hǎt es nit mit súnden verlorn, daz er nit gereht solt geschaffen werden, aber der mensche, der jn vngerechtikait gefallen ist, der hǎt das mit den súnden verlorn, das er gerecht sol sin vnd werden. Da uon so haisset das goͤtlich ordnung vnd gerechtikait, das der mensche mit gerechtikait vnd dur gerechtikait aines gerechten menschen můs gerecht werden, wan als die súnd /765/ hǎt ainen ingang durch ain menschen Adam, also die gerechtikait vnd die gnad, die v̀ns machet zů gottes kindern, hǎt ainen ingang durch den, der uon natur ist ain kint gottes.

Der J.: Jch beginne merken, das goͤtlich ordnung vnd wisshait sich *[124]* hǎt erzoͤget, won wer ain maler, der bilde malen kan gerecht nach sinem /770/ willen, kúnde der machen ain bilde als gůt vnd als gerecht, das ain bilder waͤre allen gerechten bilden, der wúrde in dem bild me *gelobt* an kúnsten denne in tusend bilden.

Der M.: Was lobes woltest du dem maister geben, ob ioch sin wisheit das bild gusse, also das daz bild nit allain ain bilder waͤre aller bild, me es waͤre /775/ ouch ain maler aller bild nach gerechtikeit.

Der J.: Das were gar ain wunderlich werk des gelich kain mensche nie gesach.

723 Jhesu] Jehū *731* Der J. *fehlt* *742* Der J. *fehlt* *744* Der M. *fehlt* *756* gelobt] gelóbt

<Gnade des Hauptes Christi>

Sage, wie die liebenswerte Gnade aus der Gerechtigkeit Jesu Christi wie aus dem Paradies der vollen Lust geflossen ist.

Der Meister: Ich habe vorher von der überfließenden Gnade des Hauptes gesprochen, die in Jesus Christus ist; denn daran kannst du sehen, wie die Gnade von Christus fließt, wie die Empfindungen vom Haupt in die Glieder fließen; denn wie das Haupt den Gliedern Leben und Bewegung gibt, so kommt dem Menschen Erkenntnis der Wahrheit und die Bewegung hin zu den Werken der Gerechtigkeit allein von Christus.

Der Schüler: Die liebenswerte Lehre habe ich nicht vergessen, ich habe sie aber nicht vollkommen verstanden. Darum muss ich weiter fragen. Mich wundert, warum Gott alle Gnade in einen Menschen gegossen hat wie in eine Quelle; denn wie Gott den ersten Menschen recht geschaffen hat ohne alle Menschen, so, meine ich, hätte er auch die Gnade ohne alle Menschen geben sollen.

Der Meister: Sag, zeigt die Ordnung mehr Weisheit oder die Torheit?

Der Schüler: Sie zeigt mehr Weisheit; denn niemand kann ordentlich wirken, außer wer weise ist.

Der Meister: Darum zeigt die Ordnung göttliche Weisheit, dass Gott einen Menschen so gerecht gemacht hat, dass von seiner Gerechtigkeit alle Gerechtigkeit fließt.

Der Schüler: Du sagst, der erste Mensch sei von Gott gerecht geschaffen worden ohne die Gerechtigkeit aller Menschen.

Der Meister: Da hast du recht; denn das hätte göttliche Ordnung geheißen; denn der Mensch hat nicht durch die Sünden verloren, dass er gerecht geschaffen wurde; aber der Mensch, der in Ungerechtigkeit gefallen ist, hat es mit den Sünden verloren, dass er gerecht sein und werden sollte. Darum heißt das göttliche Ordnung und Gerechtigkeit, dass der Mensch mit Gerechtigkeit und durch die Gerechtigkeit eines gerechten Menschen gerecht werden musste; denn wie die Sünde durch einen Menschen, Adam, Eingang gefunden hat, so haben die Gerechtigkeit und die Gnade, die uns zu Gottes Kindern macht, Eingang gefunden durch den, der von Natur ein Kind Gottes ist.

Der Schüler: Ich beginne zu merken, dass göttliche Ordnung und Weisheit sich erwiesen hat; denn gäbe es einen Maler, der Bilder ganz nach seinem Willen malen kann, könnte der ein Bild machen so gut und so treffend, dass es ein Vorbild aller rechten Bilder wäre, der würde in diesem Bild mehr wegen seiner Künste gelobt als in tausend Bildern.

Der Meister: Was für ein Lob wolltest du dem Meister geben, wenn seine Kunst das Bild so herstellte, dass das Bild nicht nur ein Vorbild aller Bilder wäre, sondern auch in Rechtheit ein Maler aller Bilder?

Der Schüler: Das wäre allerdings ein wundersames Werk, desgleichen nie ein Mensch gesehen hat.

Der M.: Also haͮt die goͤtlich wissheit getoͮn. Si haͮt ainen gerechten menschen gemachet, der ain bilder aller gerechtikait ist vnd haͮt jn jn sin wort /780/ vnd sin wishait gossen, das er ain bilder vnd ain schoͤpffer aller gnad vnd gerechtikait ist.

Also min liebes kint, jch han dich bewiset dri puncten von goͤtlicher gnade: Wie mengerley gnade sy, ze dem andren waz gnad si, vnd ze dem dritten wie gnade *[125]* fliesse us dem brunnen des lebenden wassers. Vnd beger, daz /785/ din hercz uon dem selben wasser der goͤtlichen gnade gespiset vnd getrenkt werde. Amen.

Der Meister: So hat es die göttliche Weisheit vollbracht. Sie hat einen gerechten Menschen geschaffen, der ein Urbild aller Gerechtigkeit ist, und sie hat in ihn sein Wort und seine Weisheit gegossen, sodass er ein Vorbild und ein Schöpfer aller Gnade und Gerechtigkeit ist.

Also, mein liebes Kind, ich habe dir drei Punkte göttlicher Gnade dargestellt: Welche verschiedenen Gnaden es gibt, zweitens, was Gnade ist, und drittens, wie Gnade aus der Quelle des lebendigen Wassers fließt. Und ich bitte darum, dass dein Herz von demselben Wasser der göttlichen Gnade gespeist und getränkt wird. Amen.

5.3 Kommentar

Wie GEORG STEER, Kommentar, S. 143–146 darlegt,[36] hat die Definition der Gnade als *ain bild der warheit vnd ain jnsigel der gerechtikait* (GDT Z. 52) eine »Vorlage in der lateinischen Theologie der Vorscholastik« und insbesondere in der Theologie Anselms von Canterbury, aus der sowohl der ›Gratia-Dei-Traktat‹ wie der ›Audi-filia-Dialog‹ schöpfen. Dementsprechend werden die Ausführungen über Wahrheit und Gerechtigkeit aus den Schriften Anselms übernommen. Sie werden auch im ›Audi-filia-Dialog‹ ausführlich behandelt. Da die Gnadenlehre im ›Gratia-Dei-Traktat‹ mit dem Gnadenkapitel des ›Audi-filia-Dialogs‹ identisch ist, kommentiere ich beide Texte hier im Zusammenhang des Gnadendialogs. So wird deutlicher, dass beide Traktate wichtige Bausteine für die These liefern, der Meister des Lehrgesprächs sei Johannes von Basel.

Die Lehre von der Gnade im ›Gratia-Dei-Traktat‹ und im ›Audi-filia-Dialog‹

Der Rückgriff auf Anselms Theologie drückt sich auch darin aus, dass das Konzept der Gnade weniger mit einem ontologischen übernatürlichen Stand als vielmehr eng mit der Dynamik des Willens verknüpft ist. Da, wie oben zitiert, im ›Gratia-Dei-Traktat‹ die Gnade als *bild der warheit vnd ain jnsigel der gerechtikait* (GDT Z. 52) definiert wird, ist die konsequente Frage, wie der sündige Mensch zur Gerechtigkeit findet. Die Antwort ist: durch gerechten Willen (GDT Z. 393 f.). Aber der Mensch kann nicht richtig wollen, was er wollen soll, wenn er nicht zuvor gerecht ist:

> »Ich meine, das, was der Mensch wollen soll und dass der Wille gerecht ist, das ist früher, als dass er will, was er wollen soll; genau wie einer, der schwere Sachen bewirkt, stark sein muss.« – *Mich dvnket das, das er sol wellen vnd daz der wille e gerecht si, e daz er wil, daz er solt wellen; recht ze glicher wis als der starke werk wúrket, der mûs starke sin* (GDT Z. 398–400).

Ähnlich ist es im ›Audi-filia-Dialog‹. Dort wird die Gnadenlehre eingeleitet mit der Frage nach der Möglichkeit des Sünders, sich von der Sünde weg zu Gott zu bekehren. Dazu fehlt ihm eine Kraft, die durch die Sünde verlorengegangen ist: der gute Wille. Das wird in den folgenden Sätzen zusammengefasst:

> »So wenig, wie ein Blinder sehen und ein Lahmer laufen kann, so wenig kann jemand ohne Kraft handeln.« – *Als wenig ein blinder sehen mag vnd ein lômer louffen, als wenig mag ieman ône kräfft wúrken* (AFD I, c. 6; fol. 53vb, Z. 156 f.).

> »Die Kraft aller guten Werke ist ein guter Wille.« – *Die krafft aller gûter werke ist ein gûter wille* (ebd., fol. 54ra, Z. 162 f.).

36 Siehe auch den Kommentar in RUH, Geschichte der abendländischen Mystik, Bd. III, S. 372–374.

»Gerechter Wille ist die Wurzel und der Stamm, aus denen gerechte Worte, Werke und Gedanken hervorgehen.« *Gerechter wille ist die wurtzel vnd der stamm, dauon schiessent alle gerehte wort, werk vnd gedencke* (ebd., fol. 54ra, Z. 165–167).

Auch die Überlegung, wie der Mensch zum gerechten Willen kommt, wird im ›Gratia-Dei-Traktat‹ im gleichen Sinne beantwortet: Der Wille wird gerecht, »indem der Wille Gottes ein Gleichnis seiner selbst in unserm Willen gebiert«, *so der wille gottes sin selbes gebirt ain gelichnúst in ỳnserm willen* (GDT Z. 413).

»*Der Meister:* Dieses Gleichnis des Willens Gottes in unserm Willen heißt Gnade. / *Der Schüler:* Wie ist die Gnade in unserm freien Willen behilflich, und wie macht sie ihn fruchtbar? / *Der Meister:* Die Gnade und das Gleichnis des göttlichen Willens ist ein Bewegungsanstoß des Willens zur Wahrheit und zur Gerechtigkeit. Und wem dieser Bewegungsanstoß fehlt, dem fehlt das Begehren der Gerechtigkeit.« – *Der Maister: Dú gelichnist gottes willen in ỳnserm willen ist gnad gehaissen. / Der Junger: Wie ist die gnad beholfen in ỳnserm frigen willen vnd wie si in fruchtbår machte? / Der Maister: Gnad vnd glichnúst des gőtlichen willen ist ain bewegnist des willen nach der warhait vnd nach gerechtikeit. Vnd wer der bewegnist manglet, der manglet der begirde der gerechtikeit* (GDT Z. 413–419).

In dem »Bewegungsanstoß des Willens zur Wahrheit und zur Gerechtigkeit« versteckt sich ein Hinweis auf die Lehre des Johannes von Basel, der später besprochen wird. Im ›Gratia-Dei-Traktat‹ wie im ›Audi-filia-Dialog‹ lenkt der Meister des Lehrgesprächs die Frage nach dem Wesen der Gnade auf den Gesichtspunkt, was die Gnade bewirkt. Sie macht den Menschen, der die Urstandsgerechtigkeit verloren hat, die auch ein Gnadengeschenk war, wieder gerecht, indem sie ihm einen gerechten Willen schenkt, mit anderen Worten, indem sie den Willen bewegt, nicht nur sein eigenes Glück (*begirde der sålikait*), sondern die Gerechtigkeit zu wollen (*begirde der gerehtikait*). Damit sind die Rechtfertigungs- und die Gnadenlehre fest in frühscholastischen Konzeptionen, speziell in der Theologie Anselms von Canterbury verankert, wie schon Georg Steer für den ›Gratia-Dei-Traktat‹ nachgewiesen hat.[37]

Die Formen der Gnade

Zunächst aber wird entsprechend den ›Sentenzen‹ des Petrus Lombardus das Zusammenspiel der *gratia operans et cooperans* mit dem freien Willen referiert und festgehalten, dass die Gnade stets dem Willen vorausgeht.[38]

---

37 Steer, Scholastische Gnadenlehre in mittelhochdeutscher Sprache, S. 143, 145, 164, 172, 176.

38 Petrus Lombardus, Sent. II, d. 26, c. 2; Bd. I,2, S. 471,15–23: *De operante gratia et cooperante et hominis voluntate adhuc agit. Haec autem, ut non admittat malum et adipiscatur bonum, praevenitur et praeparatur Dei gratia.* (»Außerdem handelt er von der wirkenden und der mitwirkenden Gnade und dem Willen des Menschen. Diesem Willen aber kommt die göttliche Gnade zuvor und sie bereitet ihn vor, damit er das Böse nicht zulässt und das Gute erreicht.«)

Die Frage, welche Arten von Gnade es gibt, beantworten beide Traktate auf den ersten Blick gleichsinnig. Es sind die »zuvorkommende, die mitwirkende oder nachfolgende Gnade«, die *fúrkoment gnâd, die mitwúrkend oder nachkomend gnâd* (GDT Z. 18 f., 31, AFD I, c. 6; fol. 55vb, Z. 270). Deren Aufgaben werden wiederum gleich bestimmt, wie es dem Lehrbuch des Lombarden entspricht. Die Übereinstimmung liegt nicht nur in der sich jeweils anschließenden Erläuterung der Gnadenformen unter den Begriffen *praeveniens, subsequens, operans, cooperans* bzw. *fúrkomend, nachkomend* (*nâchgând*), *wúrkend, mitwúrkend,* sondern auch in dem Bezug auf dieselbe Bibelstelle: »So liegt es nun nicht an jemandes Wollen oder Laufen, sondern an Gottes Erbarmen.« *Igitur non volentis neque currentis, sed miserentis Dei* (Rm 9,16).

Durch den gemeinsamen Rekurs auf den Lombarden erklären sich auch weitere Elemente der Gnadenlehre des Meisters des Lehrgesprächs, zum Beispiel die Unverdienbarkeit der ersten Gnade und die Verdienbarkeit der Mehrung der Gnade, wenn der freie Wille mit der geschenkten Gnade zusammenarbeitet (GDT Z. 31–36, AFD I, c. 6; fol. 55va, Z. 260–265). In Buch II, Distinctio 26 des Lombarden wird mehrfach auseinandergesetzt, dass freier Wille und Gnade zusammenarbeiten; dass aber die heilenden Akte des guten Willens und Glaubens immer von der Gnade zuvor gestiftet sind; der Gnade gehe aber kein Verdienst voraus.[39] Auch Johannes von Basel bekräftigt dieselbe Position der Gnadenlehre wie der Meister des Lehrgesprächs: »Die Rechtheit des Willens schließt schlechthin und immer die heiligmachende Gnade ein.« Andernfalls hätte der Mensch die Gerechtigkeit aus sich oder von einem anderen Geschöpf. Er beruft sich dafür auf Anselm von Canterbury.[40]

Im Zusammenhang mit der allgemeinscholastischen These, die erste Gnade könne durch kein Verdienst erworben werden, gibt es allerdings eine Besonderheit beim Meister des Lehrgesprächs und bei Johannes von Basel. Dieser lässt eine mittelbare Einflussnahme auf das Geschenk der ersten Gnade zu. »Obwohl es nicht in der Macht des menschlichen Willens steht, dass Gott gnadenhaft unmittelbar, ursächlich und wirksam dem Geist zuvorkommt, ist es dennoch mittelbar, freiwillig und durch Gnadenwahl in seiner Macht.«[41]

39 Petrus Lombardus, Sent. II, d. 26, c. 7; Bd. I,2, S. 477,11–17.

40 Iohannes de Basilea, In Sent. I, d. 17, q. 18, concl. 2, cor. 1; Bd. II, S. 209,25–29: *Rectitudo voluntatis simpliciter includit semper gratiam gratificantem. – Probatur, quia si non, posset ipsa voluntas eam a se vel ab alia creatura habere; quod est contra venerabilem Anselmum De libero arbitrio capitulo 14, ubi diffuse corollarium probat.* (»Die Rechtheit des Willens schließt schlechthin und immer die heiligmachende Gnade ein. – Das wird so erwiesen: Denn wenn es nicht <so wäre>, könnte derselbe Wille sie <die Rechtheit> aus sich oder durch ein anderes Geschöpf haben: das ist gegen den ehrwürdigen Anselm ›De libero arbitrio‹, Kapitel 14, wo er ausführlich dieses Corollarium rechtfertigt.«) Siehe dazu Anselm, De ver. c. 12; Bd. I, S. 194,26.

41 Iohannes de Basilea, In Sent. II, d. 27–28, q. 19, concl. 1; Bd. III, S. 280,16–18: *Quamvis Deum mentem gratuite praevenire non sit in potestate voluntatis humanae immediate, causaliter et effective, est tamen in eius potestate mediate, libere et elective.*

Der erste Teil dieses Satzes hält an dem allgemeinen Prinzip des Vorrangs der Gnade fest. Bei der Differenzierung der Gnadenformen gilt diese Unverdienbarkeit für die erste Form, die zuvorkommende Gnade. Dass jedoch eine mittelbare Einwirkung des menschlichen Willens auf das Gnadengeschehen möglich ist, liegt im Bereich der nachfolgenden oder mitwirkenden bzw. helfenden Gnade, mit welcher der freie Wille kooperieren kann. Das wirkt sich auch auf die Vorbereitung der ersten Rechtfertigungsgnade aus, wie Johannes von Basel gegen Johannes Duns Scotus betont. »Obwohl kein Sünder ohne Gnade die Sünde vermeiden kann, ist es dennoch möglich, sich ohne die heiligmachende Gnade auf die Gnade einzustellen und vorzubereiten.«[42] Das impliziert, dass der Mensch, wenn er nicht die heiligmachende Gnade hat, in gewissem Maße moralisch Gutes tun kann. Das betrifft also den Sünder, aber auch Juden und Heiden, wobei auch für sie die freie Gnadenwahl (*elective*) in Form einer Gnadenhilfe mitwirkt. Das impliziert wiederum, dass nicht alles, was der Mensch ohne heiligmachende Gnade tut, Sünde ist, wie auch in diesem Zusammenhang gegen die strenge Auslegung des Augustinismus gesagt wird. »Obwohl kein Sünder ohne Gnade die Sünde vermeiden kann, ist es dennoch nicht notwendig und wahr, dass dieser, solange er ohne heiligmachende Gnade ist, fortgesetzt sündigt.«[43] Dieser theologische Standpunkt stimmt mit den Ausführungen im ›Audi-filia-Dialog‹ überein. Dort wird im Anschluss an die Diskussion der Unverdienbarkeit der ersten Gnade die Frage erörtert, »warum man den Sünder tadelt und lehrt, dass er sich von den Sünden abwendet«; *warumb leret man vnd sträffet den sùnder, daz er sich kere von den sùnden* (AFD I, c. 6; fol. 57vb, Z. 384 f.). Die Antwort wird hier im Sinne Anselms gegeben und breit ausgeführt: »So sage ich von der Gerechtigkeit: Sie geht nicht im Herzen auf, wenn das Herz nicht zuvor ihren Samen empfängt. <…> Das ist das Wort Gottes.« *Also sprich ich uon gerehtigkeit, die gåt nùt vff in dem hertzen, daz hertze empfåhe vor iren såmen.* <…> *Daz ist daz gottz wort* (AFD I, c. 6; fol. 57vb, Z. 395–398). Dieser Lehre Anselms und des Meisters des Lehrgesprächs vom Samen der Gerechtigkeit entspricht bei Johannes von Basel die These von der mittelbaren Ausrichtung und Vorbereitung auf die erste Gnade.

Die Prädestinationsgnade

Der ›Gratia-Dei-Traktat‹ fügt aber den ersten beiden noch eine dritte Form der Gnade hinzu, die unter diesem Terminus im ›Audi-filia-Dialog‹ nicht genannt

---

42 Iohannes de Basilea, In Sent. II, d. 27–28, q. 19, concl. 3, cor. 2; Bd. III, S. 290,2–4: *Quamvis nullus peccator sine gratia possit peccatum vitare, potest tamen sine gratia gratificante ad gratiam se disponere et praeparare.*

43 Iohannes de Basilea, In Sent. II, d. 27–28, q. 19, concl. 3, cor. 3; Bd. III, S. 290,6–8: *Quamvis nullus peccator sine gratia possit peccatum vitare, non tamen est necesse nec verum ipsum, quamdiu sine gratia gratificante est, continue peccare.*

wird: die *volbringe<n>t gnâd* (GDT Z. 19 u. 38). Ihr Wirken wird folgendermaßen bestimmt:

> »Wenn du ein gutes Werk mithilfe der mitwirkenden Gnade wirkst, kann das noch nicht aus deiner natürlichen Kraft vollendet werden, sondern die Kraft und Gnade Gottes bewirken es durch dich.« – *So du ain gůt werke wúrkest mit mitwúrkender gnâd, das en mag doch nit volbrâcht werden vss diner naturlicher kraft, me dú kraft vnd gnâd gottes wúrket es durch dich* (GDT Z. 40–42).

Hier ist zunächst noch von der *gratia subsequens* oder der *mitwúrkend gnâd* die Rede. In gewisser Weise vollendet diese Gnade den Willensakt, indem sie ihn verdienstvoll macht, wie auch Thomas von Aquin sagt: »Sie folgt nach, um zu vervollständigen oder zu vollenden.«[44] In der gleichen Weise scheint auch das ›Compendium theologicae veritatis‹ des Hugo Ripelin von Straßburg, das Steer, Kommentar, S. 142 anführt, die *gratia perficiens* als Summe der mitwirkenden Gnadengaben zu verstehen: »Die mitwirkende Gnade heißt auch nachfolgend, vollendend und helfend, da sie den freien Willen unterstützt und mit ihm beim Verdienst zusammenwirkt.«[45] Ähnlich erkennt auch Thomas von Aquin Maria die *gratia perficiens* als Fülle aller Gnaden und Tugenden zu.[46]

Doch ist zu beachten, dass die zitierte Erläuterung aus dem ›Gratia-Dei-Traktat‹ sowie die angeführten Parallelen nur die Vorbereitung der eigentlichen Definition der *volbringe<n>t gnâd* sind. Diese lautet im Anschluss:

> »Wenn nun das Werk in der Tat zu Ende kommt, so ist es dennoch nicht am Ende der göttlichen Aufnahmebereitschaft angekommen, und das darum, weil du nicht weißt, ob es für Gott willkommen und lobenswert ist oder nicht. Darum steht die vollendende Gnade in Gott allein, denn wenn Gott das Werk in Dankbarkeit annimmt, sodass er selbst der Lohn dafür sein will, vollendet er das Werk mit der vollendenden Gnade.« – *So nvn das werke vff sin ende komet nah werklichait, dennocht so ist es nit vff dem ende gǒtlicher enpfengklichait, vnd ist das sach, won du waist nit, ob es got dankber vnd loblich si oder nit. Dar vmb so stât die volbringent gnâd in got allain, won so got enpfaht daz werke in dankberkait, das er lǒn dar vmb wil sin, volbringet er das werk mit volbringeder gnâd* (GDT Z. 42–47).

Steer kommentiert richtig: »Der eigentliche Grund, weswegen diese *volbringent gnâd* allein von Gott ausgeht, liegt darin, dass mit dieser Gnade die freie, aus seinem unumschränkten Willen hervorgehende Akzeptation Gottes bezeichnet werden soll« (Kommentar, S. 142). Genau das ist aber die Definition der Prädestination. Unter diesem Gesichtspunkt wäre die *gratia perficiens* bzw. die *volbringent gnâd* für den Meister des Lehrgesprächs genau genommen eine

---

44 Thomas de Aquino, In Sent. II, d. 26, q. 1, a. 5 co: <...> *subsequitur ut compleat, sive perficiat*; ähnlich Sth. I-II, q. 3, a. 2 co.

45 Hugo Ripelin de Argentina, ›Compendium theologicae veritatis‹ V, c. 4, ed. Peltier, Bd. VIII, S. 170b, zit. Steer, Kommentar, S. 142: *Gratia cooperans dicitur subsequens, et perficiens, ac adiuvans, quia liberum arbitrium adiuvat, et ei cooperatur in merito.*

46 Thomas de Aquino, In Sent. III, d. 13, q. 1, a. 2, qc. 1 co; Sth. III, q. 27, a. 5, ad 2.

gratia praedestinationis. Laut dem Index Thomisticus[47] kommt diese Bezeichnung bei Thomas von Aquin einmal vor, und zwar wird die ewige Liebe Gottes »Gnade der Prädestination« genannt.[48]

Im ›Gratia-Dei-Traktat‹ hat die vollendende Gnade dieselbe Bedeutung. Diese Bestimmung der vollendenden Gnade ist deshalb wichtig, weil darin ein entscheidendes Indiz für die Zuweisung des Meisters des Lehrgesprächs zur Augustinertheologie des 14. Jahrhunderts liegt und, wie sich zeigen wird, in die nächste Nähe zu Johannes Hiltalingen von Basel rückt.

Der Meister sagt, dass das gute Werk im Zusammenwirken von menschlichem Willen und Gnade in der zeitlichen Realität vollendet wird (*vff sin ende komet nah werklichait*). Es handelt sich also im irdischen Leben des Gläubigen aufgrund der helfenden Gnade um ein ethisch gutes, verdienstvolles Werk. Aber damit ist noch nicht entschieden, dass Gott es annimmt und mit der himmlischen Glorie, die er selbst ist, belohnt. Mit anderen Worten: Es handelt sich für den Meister des Lehrgesprächs bei der *volbringe<n>t gnâd* um ein Stück der radikalen Prädestinationslehre Augustins, die lehrt, dass Gott unabhängig von jedem Verdienst die Erwählten zum Heil bestimmt und die Verdammten verwirft.

Die Prädestination wird – außer mit diesem Hinweis auf die *volbringe<n>t gnâd* – im ›Gratia-Dei-Traktat‹ nicht weiter aufgegriffen. Die Prädestination, genauer gesagt, die negative Prädestination, die Verwerfung, spielt aber im ›Audi-filia-Dialog‹ eine wichtige Rolle, freilich ohne den Terminus »Gnade«, und zwar im fünften Kapitel des zweiten Buches, das die Überschrift trägt: »Gott musste vollenden, was er mit der menschlichen Natur begonnen hatte.« Das wird im Kommentar zum ›Audi-filia-Dialog‹ aufgegriffen.

Unzweifelhaft wird aber die Prädestination hier im ›Gratia-Dei-Traktat‹ unter die Formen der Gnade gezählt. Das ist in der Scholastik, soviel ich sehe, ungewöhnlich. Im Augustinerorden aber scheint dieser Begriff diskutiert worden zu sein. Zum Beispiel interpretiert Hugolin von Orvieto einen Satz des Epheser-Briefes so, als spreche Paulus hier ausdrücklich von der Prädestinationsgnade.[49]

---

47 Index Thomisticus, hg. von Busa / Bernot / Alarcón.

48 Thomas de Aquino, Sth. I-II, q. 110, a. 1 co: *Quandoque tamen gratia Dei dicitur ipsa aeterna Dei dilectio, secundum quod dicitur etiam gratia praedestinationis, inquantum Deus gratuito, et non ex meritis, aliquos praedestinavit sive eligit.* (»Manchmal jedoch wird die Gnade Gottes selbst die ewige Liebe Gottes genannt, wie sie ja auch Gnade der Prädestination genannt wird, insofern Gott aus Gnade umsonst und nicht aufgrund von Verdiensten einige prädestiniert und erwählt.«)

49 Eph. 1,5–7: *Qui prædestinavit nos in adoptionem filiorum per Jesum Christum in ipsum: secundum propositum voluntatis suæ, in laudem gloriæ gratiæ suæ, in qua gratificavit nos in dilecto Filio suo, in quo habemus redemptionem per sanguinem ejus, remissionem peccatorum secundum divitias gratiæ ejus.* (Lutherbibel 2017: »Er hat uns dazu vorherbestimmt, seine Kinder zu sein durch Jesus Christus nach dem Wohlgefallen seines Willens, zum

Bedeutsam ist es, dass diese Gnade der Prädestination im theologischen System des Johannes von Basel einen entscheidenden Platz hat. Für ihn ist die Gnade die Liebe, mit der wir Gott und den Nächsten lieben und die vom Heiligen Geist angestoßen wird. Wenn im Zentrum der Theologie des Johannes von Basel die Liebe steht, kann die Prädestination kein Willkürakt sein. Diese Eigenarten der Liebe sind, wie oben gezeigt, wesentlich für den ›Traktat von der Minne‹. Damit wird die Nennung der *gratia praedestinationis* im ›Gratia-Dei-Traktat‹ ein entscheidendes Indiz dafür, dass der Autor dieses Werks Johannes von Basel ist.

Die Gnade als Bewegungsanstoß des Heiligen Geistes

Die spezielle Auffassung der Gnade des Johannes von Basel wird auch im ›Gratia-Dei-Traktat‹ entfaltet. Die Gnade wird als Anstoß des Willens betrachtet. »Die Gnade und das Gleichnis des göttlichen Willens sind ein Bewegungsanstoß des Willens zur Wahrheit und zur Gerechtigkeit.« *Gnad vnd glichnúst des gŏtlichen willen ist ain bewegnist des willen nach der warhait vnd nach gerechtikeit* (GDT Z. 417–419, ebenso Z. 456, 457 u. ö.[50]). Obwohl der Meister unzweifelhaft die Ansicht vertritt, dass die Gnade eine geschaffene Kraft ist, wie STEER, Kommentar, S. 147–155 lückenlos belegt hat, stimmen manche Formulierungen mit der von Petrus Lombardus vertretenen Ansicht überein, die Liebe, das ist die Gnade, sei eine unmittelbare Wirkung des Heiligen Geistes.

Zur Erklärung, wie die Gnade den Willen bewegt – *Nvn erlúchte mir daz, wie gnad beweg v̓nsern willen zů der warheit* (GDT Z. 422) –, unterscheidet der Meister drei Strukturelemente im Willen: das Begehren, die Kraft und das Werk des Willens. Das Begehren macht die Kraft schwanger, und beide – wie Vater und Mutter – gebären das Werk des Willens – als deren Kind (GDT Z. 424–427). In Analogie dazu stößt die Gnade als Begehren die Willenskraft an und sie gebären das Werk des Willens, das Tugendwerk.

> »*Der Schüler:* Ich verstehe zwar: Ist Begehren der Wahrheit Gnade und ist es das Begehren, das den Willen zum Werk bewegt, so ist die Gnade irgendwie ein Bewirker und

---

Lob seiner herrlichen Gnade, mit der er uns begnadet hat in dem Geliebten.«) Dazu Hugolinus de Urbe Vetere, In Sent. III, d. 18, q. 2, a. 1; ed. ECKERMANN / MARCOLINO, Bd. III, S. 82: *Ubi Apostolus primo nominat gratiam praedestinationis; at secundo modum gratificandi affectualiter in dilecto Filio incarnato. Et tertio addit, quod per sanguinem ipsius habemus remissionem peccatorum et collationem gratiae infusae in sacramentis et in meritis nostris.* (»Wo der Apostel erstens die Gnade der Prädestination nennt; aber zweitens die Weise der liebevollen Begnadigung im inkarnierten geliebten Sohn. Und drittens fügt er hinzu, dass wir durch dessen Blut die Vergebung der Sünden haben sowie die Mitteilung der eingegossenen Gnade in den Sakramenten und in unseren Verdiensten.«) Auch zitiert bei ZUMKELLER, Hugolin von Orvieto († 1373) über Prädestination, S. 127.

50 Die Gnade wird im ›Gratia-Dei-Traktat‹ zwölfmal als *bewegnis* des Willens, das heißt der Liebe, bezeichnet.

Beweger des Willens und ein Vater der gerechten Werke.« – *Der J.: Jch merke wol, ist begirde nach der warheit gnade vnd ist denne begirde, daz den willen bewegt zů dem werk, so ist gnad als ain wúrker vnd als ain beweger des willen vnd ain vatter der gerechten werken* (GDT Z. 448–450).

Hier ist nur allgemein vom Begehren die Rede. Konsequent folgt die Unterscheidung des Begehrens der Seligkeit und des Begehrens der Gerechtigkeit. Der Schüler fragt »Warum ist das Begehren der Seligkeit nicht Gnade?« *Wa von ist begirde der sålikait nit gnade?* Der Meister antwortet: »Weil es nicht ein Bewegungsanstoß des Heiligen Geistes ist.« *Da ist si nit bewegnist des hailgen gaistes* (GDT Z. 455 f.). Diese Verneinung impliziert, dass das Begehren der Gerechtigkeit ein Anstoß des Heiligen Geistes ist und, wie aus der weiteren Diskussion hervorgeht, nicht aus dem natürlichen Willen entspringt. Und damit ist genau die Lehre des Petrus Lombardus angesprochen; allerdings bei genauerer Betrachtung wird diese Lehre mit den Einschränkungen vorgetragen, die Johannes von Basel ihr gibt. Der Meister lässt die Gnade selbst sprechen: »Ich kann nicht ungerecht sein, obwohl ich Geschöpf bin; denn ich bin der Bewegungsanstoß, den der Heilige Geist selbst bewirkt.« *Jch mag nit ungerecht sin, wie ich ture bin, won ich bin die bewegnúss, die der hailig gaist selber wúrket* (GDT Z. 717 f.).

Gnade ist also einerseits geschaffen, das heißt geschaffene Liebe; andererseits wird aber der Anstoß zu Wahrheit und Gerechtigkeit vom Heiligen Geist selbst gewirkt. Besonders die letzte Formulierung zeigt eine Betonung der besonderen Wirkmächtigkeit des Heiligen Geistes, die zugleich die übereinstimmende Doktrin der Scholastiker, Gnade bzw. Liebe sei ein geschaffener Habitus, nicht in Frage stellen soll. Darin liegt im ›Gratia-Dei-Traktat‹ unzweifelhaft ein Anklang an die individuelle Position des Johannes von Basel. Diese Übereinstimmung ist ein Thema des ›Traktats von der Minne‹, wie oben im Kommentar zu diesem Text ausführlich nachgewiesen wurde. Im Folgenden lassen sich darum einige Wiederholungen nicht vermeiden.

Johannes von Basel formuliert die entsprechende Quaestio, als These übersetzt: »Allein die Natur des ungeschaffenen Geistes ist die brüderliche Liebe, durch die der vernünftige Geist des Pilgers innerlich, eigentlich und hinreichend gerechtfertigt ist.«[51] Diese These, die »wörtlich die Position des Magisters <Petrus Lombardus> zu sein scheint«, wie Johannes in einem Einwand, den er sich selbst macht, einräumt,[52] wandelt er in einem entscheidenden

51 Iohannes de Basilea, In Sent. I, d. 17, q. 16; Bd. II, S. 178,18–20: *Utrum sola increati spiritus natura sit dilectio fraterna, qua mens rationalis viatoris intrinsece formaliter et sufficienter est iusta*. Im Zitat oben als These formuliert.

52 Iohannes de Basilea, In Sent. I, d. 17, q. 16, concl. 2, post cor. 3; Bd. II, S. 184,13 f.: *Nam ista videtur esse in forma positio Magistri*. (»Denn diese <Conclusio> scheint wörtlich die Position des Magisters <Petrus Lombardus> zu sein.«)

Punkt ab, indem er die Einwirkung des Heiligen Geistes als Conditio sine qua non bestimmt:

> »Die Natur des ungeschaffenen Geistes ist die innere Liebe des Geistes <und> ohne Einbuße der Vollkommenheit dessen lebendige Form; wenn diese <den Habitus> nicht aktuiert, wird das vernünftige Geschöpf nicht hinreichend dazu erhoben, Gott lieb und der Gnade wert zu sein.«[53]

Hier wird die Natur des Heiligen Geistes nicht schlechthin mit der gnadenhaften Liebe gleichgesetzt, wie der Autor zu seiner Verteidigung selbst hervorhebt,[54] sondern ihre Aufgabe wird darin gesehen, dass diese Liebe aktuiert, das heißt in Bewegung gesetzt wird. Mit den Worten des ›Gratia-Dei-Traktats‹ bedeutet das, wie bereits zitiert: »Ich <die Gnade> kann nicht ungerecht sein, obwohl ich Geschöpf bin; denn ich bin der Bewegungsanstoß, den der Heilige Geist selbst bewirkt.« *Jch mag nit ungerecht sin, wie ich ture bin, won ich bin die bewegnúss, die der hailig gaist selber wúrket* (GDT Z. 717 f.). Wenn es dem Autor um die Aktuierung, um die *bewegnis,* geht, bleibt die Gnade bzw. Liebe als geschaffener Habitus davon unberührt. Man kann sie sogar als die Voraussetzung des Bewegungsanstoßes betrachten. Deshalb weist Johannes von Basel einen möglichen Vorwurf zurück: »Zweitens, weil ich den geschaffenen Habitus der Liebe nicht verneine, sondern diesen setze.«[55] Aus diesem Vergleich geht hervor, dass die Positionen des ›Gratia-Dei-Traktats‹ mit den Positionen des Augustinermagisters übereinstimmen. Es ist dabei allerdings zu beachten, dass die Identifizierung der ungeschaffenen Gnade bzw. Liebe mit der Prädestinationsgnade hier nicht ausgesprochen wird. Insofern zeigt dieses Lehrstück eine deutliche Parallele mit der Lehre des Johannes von Basel.

Kein ethisch oder verdienstlich Gutes ohne Gnade

Ein Kapitel, das in den Sentenzenkommentaren regelmäßig diskutiert wird, das aber bei den Augustinern ein erhöhtes Interesse findet, ist die Frage, ob der Mensch ohne die Gnade, das heißt rein aus seinen natürlichen Kräften, Wahrheit erkennen und moralisch Gutes, das heißt Verdienstliches, tun kann. Das Problem wird im ›Gratia-Dei-Traktat‹ behandelt. Es entsteht aus der Frage, ob der Wille zur Gerechtigkeit nicht ebenso aus der reinen Natur entsprin-

---

53 Ebd., concl. 2; Bd. II, S. 183,2–4: *Spiritus increati natura est dilectio mentis interna, sine imperfectione vitalis eius forma, qua non actuante non elevatur creatura rationalis sufficienter ad Deo carum et gratuitum esse.*

54 Ebd., post concl. 2, ad ista; Bd. II, S. 185,13 f.: *Primo, quia ego non pono Spiritum Sanctum esse caritatem mentis informative, licet intrinsece.* <Der Vorwurf ist falsch:> »Erstens, weil ich nicht behaupte, der Heilige Geist sei auf formbestimmende Weise die Liebe des <menschlichen> Geistes, obschon <er> innerlich <einwirkt>.«

55 Ebd., post concl. 2, ad ista; Bd. II, S. 185,14–15: *Secundo, quia ego non nego habitum creatum caritatis, sed eum pono.*

gen könne wie der Wille zur Seligkeit (GDT Z. 511 f.). Im Gespräch gehen der Schüler und der Meister das Problem dialektisch an, da sie sich auf gegensätzliche Aussagen der Lehrer beziehen: »Die Lehrer widersprechen sich in dieser Sache.« *Die lerer missehellent an disen puncten* (GDT Z. 523). Wenn die Seele in ihrer Natur verwundet ist, kann sie keine Wahrheit erkennen und der Sünde nicht widerstehen. Wäre dies aber von Natur doch möglich, hätte sie keine Gnade nötig (GDT Z. 524–529). Hingegen meinen andere, dass die Natur nicht völlig verdorben ist, sie könne gewisse Wahrheit erkennen und manchen Sünden widerstehen. Das zeigen Juden und Heiden (GDT Z. 529–534). Wenn aber Juden und Heiden Wahrheit erkennen und Sünden widerstehen können, so müsste das im Sinne der ersten Meinung eine Wirkung der Gnade sein, andererseits müsste die zweite Gruppe begründen, warum die Juden und Heiden nicht von Natur jede Wahrheit lieben und allen Sünden widerstehen können (GDT Z. 542–548). Die Lösung, die der Meister vorschlägt, »enthält die *sana doctrina* der ganzen scholastischen Theologie«, wie Steer, Kommentar, S. 170 zu Recht feststellt. Der Meister antwortet:

> »Dazu sage ich, dass es die Eigenschaft der Seele ist, gut zu sein; denn sie ist ein Bild Gottes. Sie hat aber auch an sich, dass sie Geschöpf ist, und darum ist sie unstet und mangelhaft. Darum kann aus der Natur hervorgehen, was gut ist und was veränderlich und mangelhaft ist. Darum sage ich weiter, dass aus der Natur Erkenntnis, Liebe und Wahrheit hervorgehen; aber die Erkenntnis und die Liebe sind mängelbehaftet. Und darum halte ich es mit den Lehrern, die sagen, dass die Seele von Natur aus nicht so arm ist, dass sie vielmehr ohne Gnade Wahrheit und Liebe erkennen kann.« – *Dar zů sprich ich, das die sele håt an ir, daz gůt ist, wan si ist ain bilde gottes, si håt an jr daz die ture ist, vnd da von ist sú wandelbår vnd gebresthaft. Da uon so mag vss der natur gan, daz gůt ist vnd wandelber vnd gebresthaft ist. Da uon spriche ich me, daz uon natur gåt bekantniste, minne vnd warheit, aber die bekantnist vnd die minne, die ist gebresthaft. Vnd also halte ich es mit den lerern, die da sprechent, das dú sele uon nature als arme nit ist, si múge warheit vnd minne bekennen on gnade* (GDT Z. 561–568).

Aus diesem Grundsatz folgt, dass der Mensch, also auch die Nicht-Getauften, von Natur Gutes tun, einige Wahrheit erkennen und einigen Sünden widerstehen kann; aber er kann nicht ohne Gnadenhilfe das moralisch Gute, das die ewige Seligkeit verdient, tun, auch nicht die Offenbarungswahrheit erkennen sowie alle Sünden meiden. Zu all diesem fehlt ihm, dass er Gott und die Wahrheit mehr als sich selbst lieben kann (GDT Z. 571–576).

Die prinzipielle Übereinstimmung dieser Lehre zum Beispiel mit Thomas von Aquin kann in dessen Sentenzenkommentar (II, q. 28) sowie in der Summa Theologiae (I-II, q. 109) nachgeprüft werden. Aber wenn der Meister des Lehrgesprächs in diesem Punkt die übereinstimmende Meinung der Scholastiker vertritt, warum betont er dann, dass die Lehrer hierin nicht übereinstimmen (*missehellent*)? Steer, Kommentar, S. 169 f. führt für den rigorosen Standpunkt, der sich auf das Jesuswort »Ohne mich könnt ihr nichts tun« (Io 15,1) beruft, das auch der ›Gratia-Dei-Traktat‹ in seiner Einleitungspassage zitiert, einschlägige Stellen von Frühscholastikern an, zum Beispiel Anselm von Canterbury, Rupert von Deutz, Honorius Augustodunensis, Anselm von Laon, Bernhard von Clairvaux. Sollte also der ›Gratia-Dei-Traktat‹ hier wirklich die gemeinsame Lehre der Hochscholastiker mit derjenigen der Frühscholastiker konfrontieren, wenn er sagt, dass die Meister *missehellent*? Oder bezieht er sich nicht vielmehr auf Lehrdifferenzen seiner Zeitgenossen? Die zweite Frage ist zu bejahen; denn der gemäßigten Position der Scholastiker stand tatsächlich die strengere Auffassung der Augustinerschule des 14. Jahrhunderts gegenüber.[56]

Die Diskussion über das Unvermögen der rein natürlichen Kräfte in der Augustinerschule des 14. Jahrhunderts

Um ein genaueres Bild zu gewinnen, wie der Meister des Lehrgesprächs in die Theoriediskussion der Augustiner einzuordnen ist, müssen deren relevante Werke herangezogen werden. Gemäß unserer theologiegeschichtlichen Hypothese ist dazu im Vergleich mit dem Meister des Lehrgesprächs die jeweilige Position des Magisters Johannes Hiltalingen von Basel (in Paris 1365–1371)[57] sowie seiner Vorgänger im Magisteramt zu untersuchen. Infrage kommen zum Vergleich die Magister Gregor von Rimini (in Paris 1332–1345), Hugolin von Orvieto (in Paris 1348–1352) und Johannes Klenkok (in Oxford 1354–1359)[58].

Gregor von Rimini, der die strenge Gnadenlehre der Augustinerschule begründet, führt den Streit der Meister an, indem er sich mit den Franziskanern Johannes Duns Scotus, Wilhelm von Ockham und Adam Wodeham auseinandersetzt, ohne sie beim Namen zu nennen, aber mit einschlägigen Zitaten.[59] Er vertritt die Meinung, dass kein Mensch aus sich und seinen bloßen Naturkräften ohne eine besondere Gnadenhilfe etwas moralisch Gutes tun kann, dass er auch kein praktisches moralisches Richtmaß kennt und dass er nicht weiß, was er wollen oder nicht wollen bzw. tun und lassen soll, ferner dass er, selbst wenn er wüsste, was zu tun ist, nicht dementsprechend wollen und handeln könnte.[60] Konsequent gilt, dass kein Mensch ohne eine besondere Gnadenhilfe alle

---

56 Auch der Augustiner Luther, ›Disputatio contra scholasticam theologiam‹ wird die rigorose Gnadenlehre in Konfrontation mit gemäßigten Scholastikern vertreten; vgl. Witte, Augustinische Theologie bei deutsch schreibenden Autoren des 14. Jahrhunderts.

57 Marcolino, Einleitung, S. 23–29.

58 Angaben nach Zumkeller, Die Augustinerschule des Mittelalters, S. 175. Thomas von Straßburg (in Paris 1335–1337), der bei anderen Themen zu Rate gezogen wird, bleibt hier unberücksichtigt, weil er noch nicht zu den radikalen Meistern der Augustinerschule gehört und auch in seiner Stellungnahme keine Differenzierungen vorträgt, sondern nur allgemein die Gnadenhilfe voraussetzt; siehe Thomas de Argentina, In Sent. II, d. 28, q. 1, a. 1; ed. Genua 1589, fol. 187va.

59 Burger, Der Augustinschüler gegen die modernen Pelagianer, S. 211–217.

60 Gregorius Ariminensis, In Sent. II, d. 26–28, q. 1, a. 1; Bd. VI, S. 19,5–13: *Prima erit quod in statu isto nullum actum moraliter bonum homo potest agere ex se sive per sola naturalia*

Sünden meiden oder alle Gebote erfüllen kann, nicht einmal derjenige, der im Stande der heiligmachenden Gnade lebt.[61]

Der entscheidende Gegensatz zur gemäßigten Position, die auch der Meister des Lehrgesprächs vertritt, ist, dass Gregor von Rimini keinen Unterschied zwischen dem schlichten bürgerlichen oder rechtlich Guten und dem heilsnotwendigen Guten anerkennt.

> »Über die Kräfte des freien Willens und auch des besonderen Beistands der Gotteslehre hinaus sagt uns <die Lehre der Schrift>, eine Hilfe des Heiligen Geistes sei notwendig, mit der wir Gott lieben, und zwar seinetwegen, denn allein eine solche Liebe Gottes heißt Caritas, und aus dieser Liebe sollen wir handeln. Denn was immer ein Mensch tut, wenn er es nicht aus Gottesliebe tut, tut er es nicht auf rechte Weise, nicht tugendgemäß oder moralisch gut, da er nicht um Gottes willen handelt, und dazu auch nicht deswegen, weswegen man handeln soll; und darum sündigt er aufgrund dessen, was oben aus denselben Zitaten erwiesen wurde.«[62]

Die Folge dieser Beurteilung ist, dass die Nicht-Getauften nicht wirklich Wahrheit erkennen und Gutes tun können:

> »Und darum ist von den Heiden und schlechthin von den Ungläubigen, die angeblich solche <guten Werke> getan haben, zu sagen, wenn sie solche Werke getan haben, die an sich gut oder in Augustins Sprachgebrauch pflichtgemäß waren, dass sie auch dann letztlich jene Werke doch nicht um Gottes willen taten und dadurch letztendlich nicht,

---

cum communi tantum influentia dei, sed ad quodlibet huiusmodi peragendum indiget speciali auxilio dei. Secunda, quod homo secundum hunc statum ex se absque speciali auxilio dei non potest habere aliquod rectum dictamen practicum seu cognoscere quod sit volendum aut nolendum, agendum vel vitandum; et loquor semper de his quae pertinent ad vitam hominis bonam vel pravam moraliter. Tertia, quod, supposito quod homo habeat veram notitiam de agendo, adhuc sine speciali auxilio dei non potest conformiter velle et conformiter operari. (»Der erste <Grund> wird sein, dass in diesem Stand <nach der Erbsünde> der Mensch aus sich selbst oder aufgrund der reinen Naturkräfte zusammen mit dem allgemeinen Einfluss Gottes kein moralisch gutes Werk tun kann, sondern dass er, um ein Werk solcher Art auszuführen, einer speziellen Hilfe Gottes bedarf. Zweitens, dass der Mensch entsprechend diesem Stande aus sich ohne eine spezielle Hilfe Gottes keinerlei rechte Vorschrift haben oder erkennen kann, was zu wollen oder nicht zu wollen, zu handeln oder zu meiden ist. Und ich spreche immer über das, was sich auf das moralisch gute oder schlechte Leben des Menschen bezieht. Drittens, vorausgesetzt, der Mensch hätte eine wahre Kenntnis vom Handeln, könnte er weiterhin nicht ohne spezielle Hilfe Gottes dieser <Kenntnis> entsprechend wollen oder handeln.«)

61 Ebd., q. 2, concl. 1 u. 2; Bd. VI, S. 87–106; siehe auch Burger, Der Augustinschüler gegen die modernen Pelagianer, S. 204.

62 Gregorius Ariminensis, In Sent. II, d. 26–28, q. 1, a. 1; Bd. VI, S. 49,26–33: *Ex his apparet quod ultra vires liberi arbitrii et speciale etiam adiutorium doctrinae dei dicit nobis necessarium esse adiutorium spiritus sancti, quo deum diligamus scilicet propter se, nam sola talis dilectio dei caritas dicitur, et ex qua dilectione operemur. Nam quaecumque homo agat, si non ex dilectione dei agat, non recte nec virtuose seu bene moraliter agit, quia non propter deum agit, ac per hoc non propter id propter quod agere debet, et ideo peccat secundum quod superius ex eiusdem dictis est probatum.* Vgl. Burger, ebd., S. 211–217.

worum sie sie hätten tun sollen. Und deshalb handelten sie nicht tugendhaft, sondern schlecht und verkehrt, weshalb ihre Werke auch nicht moralisch gut waren.«[63]

Von dieser rigorosen Position setzt sich der Meister des Lehrgesprächs deutlich ab. Freilich hat sich die strenge Gnadenforderung Gregors auch in seinem Augustinerorden nicht ohne Abstriche durchgesetzt.[64] Der in unserem Zusammenhang wichtigste und, soviel ich sehe, unter den deutschen Augustinermagistern der erste Vertreter einer gemäßigteren Position ist Johannes von Basel, mit dem auch in diesem Punkt wiederum der Meister des Lehrgesprächs übereinstimmt.

In der Nachfolge Gregors hält sich Hugolin von Orvieto in den einschlägigen Distinktionen 25 und 26 des zweiten Sentenzenbuchs noch an die Vorgaben seines Vorgängers. Auch er wendet sich gegen den von Ockham vertretenen Satz, aus rein natürlicher Einsicht könne der Mensch darauf bestehen, Gott sei über alles zu lieben. Er stellt drei Regeln auf, denen die Liebe zu Gott gehorchen müsse. Diese fordern, dass (1) die Liebe Gottes den allerhöchsten, perfektesten, unvergleichlich wertvollen Gott, von dem alles abhängig ist, anerkennen müsse, und dies (2) aus Eifer und Liebe zur Gerechtigkeit, und (3) aus reiner wohlgefälliger Liebe zu Gott vor allen anderen Gütern, und seien sie unbegrenzt, falls es das gäbe.[65] Unter dem Leitfaden dieser Regeln stellt er dann seine Thesen auf:

»Aus rein natürlichen Kräften unter Ausschluss der besonderen Gnadenhilfe kann kein Erdenpilger irgendeiner Vorschrift aus einer oder allen drei vorher aufgestellten Regeln zustimmen. Diese These setze ich gegen jene allgemein akzeptierte These: Aus rein natürlichen Kräften kann der Mensch behaupten, Gott sei über alles zu lieben.«[66]

---

63 Gregorius Ariminensis, In Sent. II, d. 26–28, q. 1, a. 1; Bd. VI, S. 73,28–74,1: *Et ideo de gentilibus et simpliciter infidelibus qui dicuntur talia exercuisse dicendum quod, licet talia egerint quae erant bona ex genere vel ex officio iuxta modum loquendi Augustini, non tamen illa egerunt ultimate propter deum ac per hoc nec propter illud finaliter propter quod debuerunt, et ideo non virtuose sed male atque vitiose, quare nec ipsorum actus fuerunt moraliter boni.* Vgl. Burger, Der Augustinschüler gegen die modernen Pelagianer, S. 209.

64 Vgl. ohne für unseren Zusammenhang einschlägige Belege: Burger, Der Augustinschüler gegen die modernen Pelagianer, S. 226.

65 Hugolinus de Urbe Vetere, In Sent. II, d. 26, q. 1, a. 1; ed. Eckermann / Marcolino, Bd. III, S. 400,108–116: *Prima regula: Complacendum est, quod deus sit infinite perfectus, summe beatus, incomparabilis valoris, a quo velut omnipotente cuncta simpliciter dependent, et hoc respectu vel de infinite bono complacentia dictamini et rationi conforme. – Secunda regula est: Oboediendum est dei placito vel voluntate iustissimae immobiliter et efficaciter ex zelo vel amore iustitiae; et pro nullis aliis rebus, etiam pro infinitis, si essent, assequendis vel perdendis contemnendum est eius praeceptum. – Tertia regula est: Amore solo casto vel filiali sic delectabiliter deo inhaerendum est et in eius bonitate sic prae cunctis bonis, etiam prae infinitis, si essent, praeacceptative complacendum, ut et proprium esse et commodum omne nisi in ordine huius amoris ad deum vilescant.*

66 Ebd., S. 401,154–402,1: *Prima conclusio: Ex puris naturalibus excludendo auxilium speciale non potest viator dictamini alicui trium vel regulae de praedictis tribus assentire. Hanc pono*

Er kann ebenso wenig den Willen aufbringen, nach diesen Vorschriften zu handeln oder zu lieben,[67] noch kann er die diesen Forderungen entsprechende Liebe aufbringen.[68]

Damit fordert er, wie es in der Scholastik allgemein üblich ist, eine besondere Gnadenhilfe für die verdienstvollen ethischen Handlungen. Damit scheint aber noch nicht über die Differenzierung entschieden zu sein, die für die bürgerlich und rechtlich guten Handlungen und die religiös verdienstlichen eine verschiedene Motivation gelten lässt. Gerade diese Differenzierung hatte Gregor von Rimini abgelehnt. Hugolin von Orvieto folgt ihm in der Erläuterung zu seinen Conclusionen.

> »Hier kümmert es mich nicht, dass der Erdenpilger, sei es aus natürlichen Kräften, sei es mit göttlicher Hilfe und von der Gnade geprägt, diesen drei Regeln gegenüber zweierlei Willensformen aufbringen kann: indem er entweder nur den Willen haben kann, mit dem er Gott so über alles liebt und in ihm Wohlgefallen hat, wie es die erste Regel besagt, oder dass er tatsächlich in dieser Weise Gefallen hat und liebt.«[69]

Er kennt also durchaus die verschiedenen Motivationsformen, wie er in den Erläuterungen seiner These ausführt, zum Beispiel, der Mensch könne zwar anerkennen, dass Gott über alles verehrt und geliebt werden solle; jedoch könne er sich trotzdem darüber praktisch hinwegsetzen und sich über Gottes Gebote stellen, »indem er verschroben wollen könnte, dass Gott ihm gehorsam und untergeordnet, und so nicht Gott wäre«.[70] Er könne sogar Gefallen daran finden, dass Gott das unendliche Gut sei, und doch den Nächsten hassen, und so wolle er, »dass der Nächste nicht sei oder nicht ein Gottesfreund sei, und er beneide ihn um die Gnade Gottes«.[71] Diese Beispiele betreffen Hugolins oben genannte erste Regel, die Anerkennung Gottes als das höchste Gut. Das entscheidende Argument ist hier, dass auch das bloße Wollen der Gottesliebe ohne die Tat aus natürlichen Kräften nicht möglich ist, sondern die helfende Gnade braucht: »Wer nicht ohne Hilfe Gottes recht fragen, recht streben, recht anklopfen, recht beten (vgl. Mt 7,7) kann, der kann auch nicht recht lieben wollen,

---

contra illam propositionem communiter assumptam: ›Ex puris naturalibus potest homo dictare, quod deus est super omnia diligendus‹.

67 Ebd., S. 403,188–189: *Secunda conclusio: Ex puris naturalibus non potest viator elicere velle conformiter dictamini de praedictis operari seu diligere.*

68 Ebd., S. 403,207–208: *Tertia conclusio: Ex puris naturalibus non potest viator dilectionem elicere aliquam conformiter alicui dictarum regularum trium.*

69 Ebd., S. 401,132–137: *Alia distinctio, quod viator, sive ex naturalibus sive adiutus divinitus et informatus gratia non curo nunc, potest duplicis generis volitiones elicere secundum illas tres regulas, quia vel habendo velle solum, quo velit sic deum diligere super omnia et complacere in eo, ut dicit prima regula, vel quod actualiter sic complacet et diligit.*

70 Ebd., S. 404,234 f.: *qua pravus vellet, quod deus sibi esset oboediens et inferior, et tunc non esset deus.*

71 Ebd., S. 404,249 f.: *et proximum velit non esse vel non esse amicum dei et invideat sibi de gratia dei.*

wie es sein soll.« Darüber hinaus stimmt er der Meinung Gregors zu, »dass jede entschiedene Handlung des freien Willens eines Menschen, der in Todsünde existiert, schuldhaft ist«.[72] Dies zeigt also nochmals, dass Hugolin mit der strengen Gnadenforderung Gregors von Rimini übereinstimmt.[73]

Auch Johannes Klenkok darf man in die Gruppe der strengen Augustiner einreihen, zumindest was die Forderung der helfenden Gnade für jedes gute Werk des Menschen betrifft,[74] die der hier maßgebliche Vergleichspunkt ist. Allerdings distanziert er sich von der problematischen Auffassung Gregors von Rimini, die auch Hugolin unterstützt, alle, auch die nicht explizit sündhaften Werke des Sünders und Ungläubigen, seien Sünde.[75]

Johannes von Basel und der Meister des Lehrgesprächs zur Notwendigkeit der Gnadenhilfe

Abweichend von der Reihe der Magister der Augustinerschule des 14. Jahrhunderts vertritt Johannes von Basel eine gemäßigte Position in der Frage, was der Mensch aus seinen natürlichen Kräften heraus vermag, und stimmt darin mit dem Meister des Lehrgesprächs überein. Charakteristisch ist die Problemeröffnung im ›Gratia-Dei-Traktat‹.

> »*Der Meister:* <...> Wenn aber die Seele Wahrheit ohne Gnade erkennen kann, wären viele Juden und Heiden, die viel Wahrheit erkennen, in Gnaden. / *Der Schüler:* Daran habe ich nicht gedacht. Ich frage mich aber, ob alle, die die Gerechtigkeit begehren, in Gottes Gnade sind; denn man sieht manchmal, dass einige Menschen, die zwar in Todsünde leben, dennoch eine gewisse Liebe zur Gerechtigkeit haben.« – *Der M.: Jst aber, das dú sele* mag[76] *warheit bekennen on gnad, so wårent vil juden vnd haiden in gnaden, den vil warheit ist bekant. / Der J.: Jch hån dar an nit gedåcht. Jch han aber da uon wunder, ôb alle, die begirde hant der gerechtikait, siin in gnaden gottes, wan man sicht daz etwenne, das etliche menschen, die ioch in tǒdsúnden sint, etlicher gerechtikeit hand ain minne* (GDT Z.515–521).

Die grundlegende Aussage ist hier, dass Juden und Heiden viel Wahrheit erkennen und dass auch Todsünder Liebe zur Gerechtigkeit haben können. Die hypothetische Folgerung daraus ist, dass sie demnach in Gnaden sein müssten. Das stimmt gewiss nicht mit der Auffassung der strengen Augustiner überein.

---

72 Ebd., S.403,195–196: *Qui non potest sine auxilio dei recte quaerere, recte petere, recte pulsare, recte orare, non potest recte velle se diligere, sicut debet.* – In Sent. II, d.25, q.1, a.1; Bd.III, S.358,26–28: *quod omnis operatio deliberata liberi arbitrii existentis in peccato mortali est culpabilis. Hanc dixit Gregorius.*

73 Vgl. Burger, Freiheit zur Liebe ist Geschenk Gottes, S.28f.

74 Zumkeller, Johannes Klenkok OSA (†1374) im Kampf gegen den ›Pelagianismus‹ seiner Zeit, S.240–252.

75 Ebd., S.313.

76 In Steers Edition steht hier entsprechend der Handschrift *nit mag.* Diese Verneinung ist dem Satzsinn nach unlogisch, vermutlich ein Schreiberirrtum.

Es klingt aber an die Lehre des Johannes von Basel an. Dieser lehrt, dass die Vernunft des Erdenpilgers einen richtigen Akt der Willenszustimmung [zu den Forderungen des Gesetzes] aus rein natürlichen Kräften haben kann, jedoch nicht einen moralisch guten und verdienstlichen Akt.[77] In der nachfolgenden Begründung setzt er sich mit dem Standpunkt Gregors von Rimini und, diesem nachfolgend, Hugolins von Orvieto auseinander, die die göttliche Hilfe für jede Willenszustimmung gefordert hatten. Ihren angestammten Platz hat die Thematik im zweiten Sentenzenbuch, wo der Magister aus Basel die Frage in verschärfter Fassung nochmals zur Sprache bringt. Er konstatiert dort, dass zwar angesichts des allgemeinen Einflusses Gottes ohne die spezielle Hilfe Gottes niemand moralisch gut handeln kann, gleichwohl sei kein Werk, das außerhalb der Liebe geschieht, böse im Sinne lässlicher Schuld oder moralischen Lasters.[78] Im ersten Teil dieser These stimmt er mit den Scholastikern und auch mit den strengen Augustinern überein. Im zweiten Teil widerspricht er jedoch Gregor und Hugolin; denn Gregor hatte geschrieben, wenn einer nicht aus Gottesliebe handle, handle er nicht nach dem, was geboten ist, und darum sündige er, wie oben zitiert wurde. Genau denselben Text Gregors zitiert Johannes von Basel in seinen Vesperien.[79]

Die Lehrmeinung Gregors, auf die sich Johannes von Basel hier bezieht, erscheint dunkel; denn einerseits kennt Gregor dieselbe Differenzierung, dass ein Sünder und ein Ungläubiger die helfende Gnade haben könnten, obwohl

77 Iohannes de Basilea, In Sent. I, d. 47–48, q. 35, concl. 1, cor. 1; Bd. II, S. 411,1–3: *Quamvis rectus actus assensus ex viatoris ratione possit haberi ex mere naturalibus, non tamen ut est assensus moraliter bonus et meritorius.* (»Obwohl ein gerechter Akt der Zustimmung aus der Vernunft des Pilgers aus rein natürlichen Kräften gegeben sein kann, <kann er> dennoch nicht als moralisch gute und verdienstvolle Zustimmung <gegeben> sein.«) Vgl. zur Problematik Zumkeller, Der Augustinertheologe Johannes Hiltalingen von Basel, S. 121–125.

78 Iohannes de Basilea, In Sent. II, d. 27–28, q. 19, concl. 3; Bd. III, S. 287,12–14: *Licet nullus stante generali influentia Dei absque speciali auxilio Dei possit facere bene moraliter, non tamen omne opus extra caritatem factum est malum culpae venialis vel vitiosum moraliter.* (»Auch wenn unter dem allgemeinen Einfluss Gottes niemand ohne spezielle Hilfe Gottes moralisch gut handeln kann, ist dennoch nicht jedes Werk, das außerhalb der Caritas geschieht, böse im Sinne der lässlichen Schuld oder moralisch lasterhaft.«)

79 Text und Übers. siehe oben S. 313 u. Anm. 62, zit. Iohannes von Basel, Vesperiae, post concl. 8; M 395rb, zit. Zumkeller, Der Augustinertheologe Johannes Hiltalingen von Basel, S. 123 f., Anm. 104: *Nam quaecumque homo agit, si non dilectione Dei agat, nec recte nec virtuose seu bene moraliter agit, quia non propter Deum agit, ac per hoc non propter illud, propter quod agere debet: et ideo peccat.* (»Denn was immer ein Mensch tut, wenn er es nicht aus Gottesliebe tut, tut er es nicht auf rechte Weise, nicht tugendgemäß oder moralisch gut, da er nicht um Gottes willen handelt, und dazu auch nicht deswegen, weswegen man handeln soll; und darum sündigt er aufgrund dessen, was oben aus denselben Zitaten erwiesen wurde.«)

ihnen die heiligmachende Gnade fehlt, und trotzdem sagt er, dass sie sündigen, wenn sie nur pflichtgemäß, das heißt ohne Gottesliebe, handeln.[80]

Johannes von Basel bekräftigt seine These noch in einer dritten Formulierung: »Obwohl kein Sünder ohne Gnade die Sünde vermeiden kann, ist es dennoch weder notwendig noch wahr, dass dieser, solange er ohne heiligmachende Gnade ist, fortwährend sündigt.«[81] Dass der Meister des Lehrgesprächs mit dieser Ansicht übereinstimmt, ergibt sich klar aus der oben zitierten Feststellung, dass Heiden, Juden und Sünder Wahrheit erkennen und Gerechtigkeit lieben können. Wichtig ist, dass in diesem Punkt Johannes von Basel gegen seine Vorgänger Stellung bezieht. Das betrifft gerade die Sätze, die der menschlichen Natur ein gewisses Vermögen zuerkennen, wie es im Gegensatz zur rigorosen Augustinertheologie auch die Hochscholastik gelehrt hat.

Eine deutliche Übereinstimmung mit dieser Linie und im Kontext der Augustiner auch mit Johannes von Basel zeigt die Grundsatzerklärung des Meisters des Lehrgesprächs:

> »Darum sage ich weiter, dass aus der Natur Erkenntnis, Liebe und Wahrheit hervorgehen; aber die Erkenntnis und die Liebe sind mängelbehaftet.« – *Da von spriche ich me, daz von natur gåt bekantniste, minne vnd warheit, aber die bekantnist vnd die minne, die ist gebresthaft* (GDT Z. 564–566).

---

80 Gregorius Ariminensis, In Sent. II, d. 26–28, q. 1, a. 3; Bd. VI, S. 75,31–76,6: *Ad nonum, neganda est consequentia. Nec valet probatio, quia, licet quilibet talium careat gratia gratum faciente seu caritate quae est habitus infusus, non tamen caret omni gratia dei gratis data et ideo gratuita dei motione ad actum bonum, quinimmo multis talibus deus specialiter auxiliatur ad bene agendum. Non tamen negandum est multos homines eiusmodi actus ex officio seu ex genere bonos agendo peccare; peccant enim, cum non propter id et sic agunt propter quod et quemadmodum agere debent, sive sint infideles sive christiani. Nec tamen peccant praedicatores monentes eos ad illos actus recte et fine debito exercendos, si et ipsi actum suae praedicationis, quemadmodum et quo fine debent, exerceant.* (»Zum neunten <Einwand>: Die Konsequenz <dass den Sündern nicht gepredigt werden dürfe> muss verneint werden. Auch der Beweis ist nicht gültig, denn auch, wenn einer von solchen <Ungläubigen und Sündern> die heiligmachende Gnade bzw. die Liebe, die ein eingegossener Habitus ist, entbehrt, fehlt ihm doch nicht jede umsonst geschenkte Gnade Gottes und damit der geschenkte Bewegungsanstoß Gottes zu gutem Handeln. Ja, vielmehr hilft Gott solchen auf besondere Weise, gut zu handeln. Aber es ist dennoch nicht zu verneinen, dass viele Menschen sündigen, wenn sie solche von Amts wegen oder ihrer Art nach gute Handlungen vollbringen. Sie sündigen nämlich, wenn sie nicht deswegen und so handeln, weswegen und in welcher Art sie handeln sollen, ob sie nun Ungläubige oder Christen sind. Aber auch sündigen die Prediger nicht, die jene dazu ermahnen, die Handlungen recht und zum geforderten Ziel auszuüben, sofern sie selbst ihr Predigtamt so ausüben, wie und zu welchem Ziel sie es tun sollen.«)

81 Iohannes de Basilea, In Sent. II, d. 27–28, q. 19, concl. 3, cor. 3; Bd. III, S. 290,6–8: *Quamvis nullus peccator sine gratia possit peccatum vitare, non tamen est necesse nec verum ipsum, quamdiu sine gratia gratificante est, continue peccare.*

Dass hier die Erkenntnis und die Liebe zu Gott gemeint ist, zeigt die nachfolgende Auseinandersetzung:

»Aber was die Liebe angeht, wundert es mich: Denn vermag die Natur zu erkennen, dass die Wahrheit, die Gott und ein Gut über alles Gut hinaus ist, warum kann dann der Wille dies nicht über alles lieben?« – *Aber uon der minne wundret mich: wan mag die natur* <bekennen>[82]*, daz die warheit, die got ist vnd ain gůt über alles gůt ist, – warvmb mag es denne der wille nit über alles gůt minnen?* (GDT Z. 579–581)

Die Antwort ist, dass der Mensch ohne Gnade Gott und die Wahrheit nicht über alles, vor allem nicht mehr als sich selbst, lieben kann. Der Meister schließt den Gedanken ab mit dem Satz:

»Und darum: Was der Natur an Erkenntnis und Liebe fehlt, das erfüllt die Gnade Gottes, und das ist, was die alten Lehrer gelehrt haben.« – *Vnd da uon das der natur gebristet an bekantnússe vnd an minnen, das erfüllet die gnad gottes, vnd das ist, daz die alten lerer händ gesprochen* (Z. 585–587). Und noch formelhafter: »Den Anfang vollendet er mit seiner Gnade.« – *Den anvange er volbringt mit siner gnad* (GDT Z. 590).

Man kann hierin eine Anspielung auf den frühscholastischen Grundsatz erkennen: *Facienti quod in se est deus non denegat gratiam.* – »Demjenigen, der tut, was in ihm ist, versagt Gott die Gnade nicht.«[83] Das wäre dann vielleicht eine Bekräftigung der Entscheidung des Meisters des Lehrgesprächs gegen die ›Neuerer‹ seines Ordens. Die Lehre des Meisters des Lehrgesprächs wird zusammengefasst in dem Satz des Schülers:

»Jetzt sehe ich, dass nicht alle gerecht sind, die einige Gerechtigkeit lieben, und dass auch nicht alles gerechte Begehren schlichtweg von göttlicher Gnade kommt, die Gott der Seele zur Gerechtigkeit gibt. Und darum können Juden und Heiden manchmal gerechte Werke wirken.« – *Nvn siche ich wol, das die nit alle gerecht sint, die etlich gerechtikeit minnend, noch das alle gerechten begirden nit allweg koment von gǒtlichen gnaden, die got der sele gerechtikeit git. Vnd da uon so múgend juden vnd haiden etwenne wúrken gerechte werk* (GDT Z. 621–624).

In scholastischer Terminologie können wir diese Lehre auch bei Johannes von Basel in seiner abschließenden These der Quaestio 20 im zweiten Sentenzenbuch zusammengefasst finden:

»Dritte Conclusio: Obwohl niemand ohne besondere Gnade Gottes gerecht handeln noch Gott ursprünglich recht erstreben kann, kann er gleichwohl ohne solche Gnade manches seiner Werke nicht böse tun.
Erstes Corollarium: Ein Mensch in Todsünde unterlässt oder begeht nicht in jedem Handeln oder Unterlassen aktuell aufs Neue schuldhaft <eine Sünde>. / Zweites Corollarium: Obwohl jemand aus rein natürlichen Kräften fordern kann, Gott sei der Höchste und <er sei> unendlich zu lieben, kann er dennoch so nicht wissen, was gemäß

82 Der Satz ist in der Handschrift unvollständig.
83 Steer, Scholastische Gnadenlehre in mittelhochdeutscher Sprache, S. 4 f.

dem Weg der wahren Gerechtigkeit zu tun ist. / Drittes Corollarium: Es steht <als möglich> fest, dass die Forderung, Gott sei über alles zu lieben, <bei einem Menschen> zu Recht besteht und <er zugleich> keinerlei Zustimmung zum wahren Glauben hat.«[84]

Der Hiltalinger vermerkt ausdrücklich, dass sich die beiden Corollaria 2 und 3 gegen Hugolin von Orvieto richten.[85] Hier wird also, sowohl beim Augustinermagister wie beim Meister des Lehrgesprächs, den Ungläubigen wie den Sündern eine gewisse Möglichkeit Richtiges zu tun und sogar die Einsicht in die Forderung der Gottesliebe zugestanden. Allerdings wird ihnen die Möglichkeit wahrhaft ethischen, das heißt verdienstlichen Handelns und Liebens abgesprochen. Im ›Gratia-Dei-Traktat‹ werden mehrere Beispiele rechten Handelns besprochen, aber immer wird als Motivation Lob und Ehre der Welt und letztlich Eigenliebe unterstellt. Besonders herausgehoben wird die Frage nach der rechten Liebe, speziell wird die Frage diskutiert, ob die Juden, die für ihren Glauben sterben auch die rechte Liebe haben. Der Meister entscheidet, sie seien keine Märtyrer, da sie für den falschen Glauben stürben (GDT Z. 556 f.). Einen ähnlichen Standpunkt vertritt wiederum Johannes von Basel. Der folgende Satz sei nicht schlüssig: Jemand, der Gott über alles liebt, wolle deshalb auch Folter erleiden. Das sei deshalb nicht haltbar, weil diese Bereitschaft zum Martyrium nur zur vollkommenen Liebe gehöre.[86]

Dieser Lehrsatz gehört für den Hiltalinger in den Zusammenhang seiner Quaestio 20, die soeben schon zitiert wurde. Darin geht es darum, dass Adam durch die Sünde zwar die heiligmachende Gnade verloren habe, dass ihm aber gleichwohl die Fähigkeit erhalten blieb, Gott über alles zu lieben und manches seiner Werke nicht böse zu tun.[87] Diese Fähigkeit Adams ist auf die natürliche

---

84 Iohannes de Basilea, In Sent. II, d. 29–30, q. 20, concl. 3 u. cor. 1–3; Bd. III, S. 298,15–299,9: *Tertia conclusio: Quamvis nullus sine speciali Dei gratia possit iuste agere nec Deum recte principaliter intendere, potest tamen sine tali gratia aliquod opus suum non male facere. / Primum corollarium <…>: Peccator mortalis non in quolibet agere vel omittere actualiter omittit vel comittit de novo culpabiliter. / Secundum corollarium: Quamvis aliquis ex puris naturalibus possit dictare Deum fore summe et infinite diligibilem, non tamen potest sic scire, quid facere liceat <in> vera via iustitiae. / Tertium corollarium <…>: Stat dictamen de Deo super omnia diligendo esse rectum et nullum verae fidei habere assensum.*

85 Iohannes de Basilea, ebd., zu cor. 2 vgl. Hugolinus de Urbe Vetere, In Sent. II, d. 26, q. 1, a. 1; ed. Eckermann / Marcolino, Bd. III, S. 401,154–156); zu cor. 3 vgl. Hugolinus, ebd., S. 401,156–402,164. Der Text Hugolins ist oben zitiert: S. 314 f. u. Anm. 66–68.

86 Iohannes de Basilea, In Sent. II, d. 29–30, q. 20, concl. 2, cor. 2; Bd. III, S. 298,5–8: *Secundum corollarium contra Facinum: Non sequitur: Iste diligit Deum super omnia, igitur vult pro ipso sustinere tormenta. <…> Et confirmatur, nam hoc solum est amoris perfecti, igitur etc.*

87 Iohannes de Basilea, In Sent. II, d. 29–30, q. 20; Bd. III, S. 291,19–22: *Utrum Adam in poenam suae culpae sic perdiderit donum gratiae, quod in ipso remanserit naturale intrinsecum posse ad Deum super omnia diligere et aliquod suum opus non male facere.* (»Hat Adam in der Straffolge seiner Schuld das Geschenk der Gnade so verdorben, dass in ihm ein natürliches inneres Können verblieb, Gott über alles zu lieben und irgendein eigenes Werk nicht böse zu vollbringen?«) Ebd., concl. 2; Bd. III, S. 296,13–15: *Quamvis Adae non remansit, stante Dei generali influentia, posse servare divina mandata, tamen remansit ei*

Ausstattung des Menschen nach dem Sündenfall zu übertragen. Dementsprechend unterscheidet Johannes in der Begründung seiner These zwei Formen der Liebe zu Gott:

> »Gott über alles zu lieben kann zweifach verstanden werden, in einer Weise mit komplexer <natürlicher> Liebe in wohlwollend wertschätzendem Streben, in anderer Weise mit einfacher <reiner> Liebe in gemüthafter, freier und hinneigender Anziehung.«[88] Daraus folgt der Lehrsatz: »Obwohl ein der Gerechtigkeit Abtrünniger Gott mehr als sich lieben kann, <geschieht das> in wertschätzendem Streben, nicht aber frei, gemüthaft und hinneigend.«[89]

Diese Unterscheidung teilt Johannes von Basel mit anderen Scholastikern. In weniger personalistischer Formulierung findet sie sich auch bei Thomas von Aquin:

> »Man muss also sagen, dass man die Vorschriften des Gesetzes, und zwar das, was direkt unter <den Wortlaut der> Vorschrift fällt, aus freiem Willen ohne helfende oder heiligende Gnade erfüllen kann. Wenn jedoch die Gnade als ein eingegossener Habitus verstanden wird – <also> der Intention des Gesetzgebers entsprechend –, können sie ohne Gnade nicht erfüllt werden: denn die Gabe der Liebe (*caritas*) ist nicht aus uns selbst in uns, sondern sie ist von Gott eingegossen.«[90]

Der ›Gratia-Dei-Traktat‹ bringt dieselbe Regel, allerdings mit auf Augustin zurückgehenden Begriffen. Der Meister des Lehrgesprächs spricht wie der Augustinermagister von Handlungen der Sünder oder Ungetauften, in denen der Mensch die Wahrheit mehr zu lieben scheint als sich selbst, aber er tut es in Wirklichkeit um des Lobes und seiner Ehre willen. Der Meister unterscheidet:

> »Es gibt zweierlei Liebe. Die eine ist keusche Liebe, die andere ist lustvolle Liebe, und diese beiden Weisen der Liebe können ohneeinander bestehen und auch nebeneinander.« – *Es ist zwaigerley minne: Die ain ist kúnschi minne, die ander ain gelústigú minne, vnd die zwo minne mugent stǎn on enander vnd ouch by enander* (GDT Z. 681–683).

Die erste Form der Liebe wird von der Gnade geschenkt, sie liebt etwas nur um seiner selbst willen, weil es liebenswert ist, in die zweite Liebe mischen sich

---

posse naturale diligere Deum super omnia. (»Obwohl unter dem generellen Einfluss Gottes Adam nicht die Fähigkeit blieb, die göttlichen Gebote zu befolgen, blieb ihm dennoch ein natürliches Vermögen, Gott über alles zu lieben.«)

88 Ebd., post concl. 1, ad 1; Bd. III, S. 297,21–23: *Deum diligere super omnia potest dupliciter intelligi: Uno modo dilectione complexa complacenter appetendo appretiative, alio modo dilectione incomplexa affectionaliter eliciendo libere et inclinative.*

89 Ebd., cor. 1; Bd. III, S. 297,29–298,2: *Quamvis desertor iustitiae possit Deum plus quam se diligere, appetendo appretiative, non tamen libere affectionaliter inclinative.*

90 Thomas de Aquino, In Sent. II, d. 28, q. 1, a. 3 co: *Dicendum est ergo, quod praecepta legis, quantum ad id quod directe sub praecepto cadit, potest aliquis implere per liberum arbitrium sine gratia gratis data vel gratum faciente; si tamen gratia accipiatur pro aliquo habitu infuso: sed quantum ad intentionem legislatoris, sine gratia impleri non possunt: quia donum caritatis non inest nobis ex nobis, sed a Deo infusum.*

selbstbezogene Motive. Mit Blick auf die Juden, die um ihres Glaubens willen sterben, heißt es:

> »Was jeder für sich in seinem Herzen gemeint hat, das weiß wohl Gott. Einer mag eine alte Gewohnheit gemeint haben, der andere das Versprechen künftiger Lust, mancher Scham vor seinen Genossen und kurzum: Wer ohne Gnade wegen eines falschen Glaubens stirbt, den tötet seine Eigenliebe und nicht die keusche Liebe.« – *Was si dar jnn gemainent ieglicher in sinem herczen, das wais got wol. Ainer mag mainen alt gewonhait, der ander gelúpte kúnftiges lustes, etlicher scham vor sinen gnossen vnd kurczlich, wer on gnad stirbet vmb kain valschen globen, den to̊t sin aigen minne vnd nit die kúnsche minne* (GDT Z. 699–702).

Ob die Zurückhaltung des Urteils im ersten Satz beim Meister des Lehrgesprächs auch eine Spur jener Offenheit spiegelt, die Johannes von Basel auszeichnet, mag unentschieden bleiben. Dieser will jedenfalls mit Berufung auf Gottes absolut freie Entscheidungsmacht (*potentia absoluta*) auch dem Ungläubigen die Möglichkeit höchster Gottesschau und Rechtfertigung, also das Heil, zubilligen, auch wenn er keinen Glauben an die Trinität und keine Prägung durch die Gnade hat.[91] Auch für das Gerechtsein des Erdenpilgers ist im Rahmen der heilsgeschichtlichen Ordnung (*lex ordinata*) die geschaffene Gnade erforderlich, »nicht jedoch mit absoluter Notwendigkeit. Das ist begründet <...>, weil das geordnete <heilsgeschichtliche> Gesetz nicht schlechthin absolut notwendig ist«.[92] Gemäß seiner absoluten Entscheidungsfreiheit kann Gott auch akzeptieren, dass der Mensch ohne geschaffene Gnade gerecht und verdienstvoll handelt.[93]

---

91 Iohannes de Basilea, In Sent. I, princ. 1, q. unica, a. 2, ad 3; Bd. I, S. 147,11–14: *Possibile est aliquem esse optimum viatorem, et tamen nullam de Trinitate habentem fidem nec gratiae informationem. Patet, quia de potentia absoluta Deus sine habitu quocumque creato potest alicui dare claram sui visionem et iustificationem hic in via.* (»Es ist möglich, dass jemand ein sehr guter Erdenpilger ist und trotzdem keinen Glauben an die Dreifaltigkeit hat und keine Prägung durch die Gnade. Das ist offenkundig, weil Gott mit seiner absoluten Macht jemandem ohne irgendeinen geschaffenen Habitus eine klare Anschauung Gottes und eine Rechtfertigung hier in diesem Leben geben kann.«)

92 Iohannes de Basilea, In Sent. I, d. 17, p. 3, q. 18, concl. 3, cor. 1; Bd. II, S. 212,11–12: *Quamvis secundum legem ordinatam ad iustum esse requiratur gratia creata, non tamen necessitate absoluta. Probatur <...>, quia lex ordinata non est simpliciter necessaria.*

93 Ebd., cor. 2; Bd. II, S. 212,26–28: *Quamvis requiratur de lege ordinata gratia creata ad viatorem iustum esse, tamen nulla gratia creata requiritur ad iuste et meritorie operari.* (»Obwohl aufgrund des ordentlichen Gesetzes eine geschaffene Gnade erforderlich ist, damit der Pilger gerecht ist, ist dennoch zum gerechten und verdientvollen Handeln keine geschaffene Gnade erforderlich.«)

Die Gnade Christi

Wie der Meister am Schluss des Dialogs angibt, wird die Gnadenlehre unter drei Gesichtspunkten dargelegt, nämlich: in welchen verschiedenen Formen die Gnade auftritt, was das Wesen der Gnade ist und »wie Gnade aus der Quelle des lebendigen Wassers fließt«, *wie mengerley gnade sy, ze dem andren waz gnad si, vnd ze dem dritten wie gnade fliesse us dem brunnen des lebenden wassers* (GDT Z. 767–769). Der erste und der zweite Themenkomplex sind bereits erörtert worden. Demnach bleibt noch der dritte Punkt darzustellen, die Gnade Jesu Christi. Diese Ausführungen gliedern sich wiederum in drei Gesichtspunkte: der Ursprung, die Besonderheit der Gnade Christi und die Gnade der Vereinigung. Da Jesus Christus in seiner Menschheit Geschöpf ist, ist auch die persönliche Gnade, die ihn erfüllt und die er an die Menschen ausströmt, ein Geschöpf, wie bereits dargestellt wurde. In scholastischer Sprache wird diese Form der Gnade unter der Frage behandelt, ob Christus die habituelle Gnade hatte, mit anderen Worten, ob auch auf Christi Gnade die Eigenschaft zutrifft, dass sie ein Habitus sei, der die Tugend der Caritas ermöglicht. Das Problem der Gnadenausstattung Christi ist, dass die Gnade einerseits begrenzt sein muss, insofern sie dem endlichen Geschöpf angehört, dass sie aber andererseits aus dem göttlichen Wort unermesslich in Christus einströmt – so ist sie die Gnade der Vereinigung (*gratia unionis*) –, und dass sie als Gnade des Hauptes (*gratia capitis*) ohne Maß ausströmt. Der ›Gratia-Dei-Traktat‹ fasst dies in das Bild der Quelle oder des Brunnens. Indem er aber an die Stelle des ausströmenden Wassers das Licht setzt, das durch sein Ausströmen aus der Sonne die Menge des Lichtes im Ursprung nicht mindert, versucht er der unendlichen Fülle gerecht zu werden. Begrifflich wird die Aporie in der Frage zugespitzt, wie die Gnade als endliches Geschöpf den unendlichen Strom des göttlichen Heils fassen kann. Dieser Widerspruch wird im ›Gratia-Dei-Traktat‹ nicht eindeutig aufgelöst. Es bleibt die Doppelheit bestehen, dass die Gnade in Maßen aufnimmt, was von Gott unermesslich gewirkt wird.

> »Wie kann das sein, dass das Geschöpf Gott gleich ist und mit ihm vereint in einer Gnade, in der der Mensch Gott gleich ist und ein Geist mit Gott? Und daran erkenne, dass die Gnade die Menschheit Jesu Christi zur Unermesslichkeit des Geschöpfs formt, obwohl doch dieselbe Gnade im Maß des Geschöpfs verblieben ist.« – *Wie mag das sin, das die ture got glich ist vnd jm verainot ist in gnaden, in der gnade der mensche got glich ist vnd ain gaist mit got? Vnd da bi so merke, das die gnad die menschait Jhesu Christi in vnmåsshait der ture bildet, wie doch das die selbe gnad belib in der måsse der ture* (GDT Z. 330–333).

Als Gleichnis für eine solche Verbindung zweier ungleicher Dinge wählt der Meister das Schloss, dessen Wesensart, zum Beispiel Gold oder Eisen, für den Halt der Verbindung gleichgültig ist: Es kann in jeder Form die ungleichen Dinge zusammenspannen.

Bei den Scholastikern wird das Dilemma häufig behandelt. Zum Beispiel sagt Thomas von Aquin:

»Das geschaffene Gnadengeschenk Christi ist selbst die Gnade, durch die eigentlich die Seele Christi vollendet wurde. Und diese Gnade war in gewisser Weise endlich und in gewisser Weise unendlich. Denn dem <geschöpflichen> Wesen nach war sie endlich; aber in drei Weisen kann sie auch unendlich genannt werden.«[94]

Die erste Weise wird durch die hypostatische Union gebildet. Denn die geschöpfliche Gnade Jesu Christi gewinnt darin eine vorzügliche Beschaffenheit:

»In einer Weise aus der Verbindung mit der Göttlichkeit, insofern die <Gnade> mit dieser <Göttlichkeit> selbst zu einem und demselben Akt zusammengeht, sodass dieser Akt, durch die Gnade geprägt, nicht nur ein Akt des Menschen, sondern auch Gottes ist. <...> Und diese erste Weise betrifft die Gnade der Vereinigung.«[95]

Das stimmt in der Sache mit der Position des Meisters des Lehrgesprächs überein.

Auch Aegidius Romanus kennt die Unterscheidung, dass die Gnade als Geschöpf schlechthin endlich sei, aber zugleich einen Aspekt des Unendlichen habe, weil sie uns mit dem unendlich Guten verbindet. Im Hinblick auf die Vollkommenheit des Gnadenstandes gilt aber auch ein doppelter Aspekt. Denn einerseits ist Christus als Mensch schlechthin ein unendlich Gutes, und zwar aufgrund der gott-menschlichen Person. »Daher kann man schlicht sagen, es gebe nichts Besseres als den Menschen Christus; dennoch kann in gewisser Weise etwas besser sein als die Menschheit <Christi>, insofern sie ein Geschöpf ist.«[96]

Gregor von Rimini hat nur das erste und zweite Sentenzenbuch kommentiert und veröffentlicht, und Hugolin von Orvieto springt in seiner Besprechung des dritten Buchs des Lombarden von der ersten zur 18. Distinctio, lässt also die hier einschlägige Distinctio 13 aus.

---

94 Thomas de Aquino, In Sent. III, d. 13, q. 1, a. 2, qc. 2 co: *Creatum autem donum ejus est ipsa gratia, qua formaliter anima ejus perficiebatur: et haec quodam modo fuit finita, et quodam modo infinita: quia secundum essentiam finita fuit; sed tribus modis infinita dici potest.*

95 Thomas de Aquino, ebd.: *Uno modo ex conjunctione ad divinitatem inquantum concurrit ad eundem actum cum ipsa, ut actus gratia illa informatus non tantum sit actus hominis, sed etiam Dei. <...> Et primus <modus respicit> gratiam unionis.*

96 Aegidius Romanus, In Sent. III, d. 13, p. 1. q. 1 a. 2; ed. Roma 1623, S. 487b–488a: *Et gratia habet quandam rationem infinitatis, inquantum coniungit nos bono infinito. <...> Sed Christus homo est infinitum bonum secundum quandam comparationem simpliciter, inquantum est idem esse personale, et eadem persona Filii Dei et illius hominis, vnde quodammodo simpliciter concedere possumus Christo homine nihil posse esse melius; humanitate tamen Christi aliquo modo, ut in quantum est quaedam creatura, aliquid melius esse potest.* (»Die Gnade hat gewissermaßen die Weise der Unendlichkeit, insofern sie uns mit dem unendlich Guten verbindet. <...> Aber in einem gewissen Vergleich ist Christus als Mensch ein unendlich Gutes, schlicht, insofern es eine personale Identität gibt, und zwar dieselbe Person des Sohnes Gottes und dieses Menschen; dennoch kann etwas irgendwie besser sein als die Menschheit Christi, insofern sie irgendein Geschöpf ist.«)

Thomas von Straßburg bringt eine ähnliche Unterscheidung wie Aegidius. Er behandelt alle Teilfragen zweifach, nämlich hinsichtlich der Vereinigungsgnade (*gratia unionis*) und der Gnade als Habitus (*gratia habitualis*). Für die Vereinigungsgnade, die der Meister des Lehrgesprächs ja an der fraglichen Stelle anspricht, sagt er:

»Man muss wissen, dass die Vereinigungsgnade einerseits im aktiven Modus verstanden wird, und insofern ist sie ungeschaffen; denn sie ist selbst das göttliche Wohlgefallen oder Gottes Wille, wodurch es höchst dankenswert geschehen ist, dass die menschliche Natur zur Einheit in der göttlichen Person erhoben wurde. In anderer Weise versteht man sie <die *gratia unionis*> im passiven Modus, und so ist sie geschaffen; denn sie ist selbst die geschenkte Gnade, durch die die menschliche Natur höchst dankenswert mit der göttlichen Natur vereinigt wurde. Und dass sie unter diesem Aspekt geschaffen ist, leuchtet ein.«[97]

Die Ausführungen des Johannes von Basel zum Thema können verschleiert auf seine Identität mit dem Meister des Lehrgesprächs hinweisen. Auch wenn sie kein eindeutiges, sicheres Indiz bieten mögen, so ist die Übereinstimmung doch bemerkenswert. Zur Frage, ob die *gratia unionis* Christi ein Geschöpf sei, die der Meister des Lehrgesprächs stellt, aber nicht eindeutig beantwortet, hat der Hiltalinger eine eigenwillige offene Position: »Obwohl jegliche habituelle Gnade Christi eine zeitliche Ursache hat, kann man die passive Gnade der Vereinigung nicht eigentlich geschaffen nennen.«[98] Damit widerspricht er ausdrücklich der soeben zitierten These des Thomas von Straßburg.[99] Seine Begründung ist subtil: »Der zweite Teil <des Corollariums> versteht sich, weil eine solche Gnade selbst vereinigt ist; aber <zwei> Vereinigte (*unita*) sind nicht <ein> Geschaffenes (*creatum*).«[100] In dem letzten Satzteil sind grammatikalisch ein Plural und ein Singular verbunden. Zurückgewiesen wird damit eine zu erwartende Formulierung *unita non sunt creata.* »Die Vereinigten sind nicht geschaffen.« Aber er will sagen, dass die zwei Vereinigten weder ein einheitlich geschaffenes noch ein unendliches Seiendes bilden. Es sind zwei Naturen in einer Person vereinigt. Deshalb formuliert der Meister des Lehrgesprächs es

---

97 Thomas de Argentina, In Sent. III, d. 13, q. 1, a. 1; ed Genua 1589, S. 24va: *Quantum ad primum primi est sciendum, quod gratia unionis uno modo accipitur active, et tunc est increata: quia est ipsa divina complacentia sive voluntas, qua gratissime factum est ut humana natura ad divini suppositi unitatem assumeretur. Alio modo accipitur passive, et sic est creata: quia est ipsa unio gratuita, qua natura humana gratissime est unita divinae naturae. Et quod isto modo sit creata patet.*

98 Iohannes de Basilea, In Sent. III, d. 13–14, q. 6, concl. 2, cor. 2; Bd. IV, S. 79,7–9: *Quamvis omnis habitualis Christi gratia sit temporaliter causata, eius tamen gratia unionis passiva non dicitur proprie creata.*

99 Ebd., concl. 2, post cor. 2; Bd. IV, S. 79,10–11: *Secunda pars est contra Thomam de Argentina in ista 13 distinctione, articulo 1.*

100 Ebd., concl. 2, post cor. 2; Bd. IV, S. 79,12–13: *Secunda pars probatur, quia talis gratia est ipsa unita, sed unita non sunt creatum* (sic !), *igitur sequitur corollarium verum.*

so: »Darum soll man nicht darauf achten, dass die Vereinigung Geschöpf ist, sondern was die Dinge sind, die vereint werden, darauf soll man achten.« Dafür wählt er das Bild des Schlosses, das anderer Art ist als die Dinge, die das Schloss zusammenbindet. Das mündet in eine kryptische Erklärung des Meisters des Lehrgesprächs:

> »*Der Meister:* Was ist Vereinigung anderes, als dass zwei eins werden? Und die Vereinigung ist ein Band und ein Schloss für die zwei. / *Der Schüler:* Das ist wahr. / *Der Meister:* Nun sieh, dass ein Schloss zwei ganz ungleiche Dinge zusammenschließen kann, und doch ist das Schloss seiner Natur nach nichts anderes als ein Schloss. Nun schließt doch ein Schloss Gottes Leib zusammen. Ein Schloss schließt einen Menschen zusammen und ein anderes Gold und Silber. Und das goldene Schloss, das Gottes Leib zusammenschließt, ist nicht mehr Schloss als ein Schloss aus Eisen. / *Der Schüler:* Das ist wahr. / *Der Meister:* So ist auch die Vereinigung, die Gott und den Menschen in eins zusammenschließt; dadurch entsteht ein Christus. Darum soll man nicht darauf achten, dass die Vereinigung Geschöpf ist, sondern was die Dinge sind, die vereint werden, darauf soll man achten.« – *Der M.: Was ist verainunge denne da zwai ains werdent. Vnd die ainunge ist ain band vnd ain schlosse zwaier. / Der J.: Das ist war. / Der M.: Nvn siche, wie ain schlosse so vngelich ding mag beschliessen vnd doch das schloss nach siner natur nit anders ist denne ain schloss. Nvn mag ain schlosse guldin sin oder silbrin oder ynssin vnd ist doch ain schloss. Nvn beschlússet doch ain schloss gottes lichame. Ain schloss beschlússet ain menschen vnd ain anders silber vnd gold. Vnd daz guldin schloss, das da beschlússet gottes licham, ist nit me ain schloss denne das ynsinn ist. / Der Junger: Das ist war. / Der Maister: Also ist verainunge, die got vnd den menschen in ains verschlússet, da wirt ain Christus. Da uon sol man nit ansehen, das die verainunge ture ist, man sol ansechen, was die dinge sint, die da verainot werdent* (GDT Z. 336–348).

Der Vergleich soll die Vereinigung der zwei Naturen in der Person Christi erklären, also die Vereinigung einer ungeschaffenen göttlichen mit einer geschaffenen menschlichen Natur. Für diese Vereinigung in der Person will der Meister – im Bilde des Bandes oder Schlosses – eine vereinheitlichende Attribution »geschaffen« oder »ungeschaffen« ausschließen, was auch die erklärte Position des Johannes von Basel ist.

Das findet sich auch in einer ausführlichen Diskussion in dessen Werk wieder, die auch seine zuletzt zitierte ungewöhnliche Formulierung erklärt. In der entsprechenden Quaestio (In Sent. III, d. 5–6, q. 3) geht es um die Weise, in der die göttliche Natur mit der menschlichen Natur in der Person Christi vereinigt ist. Die These ist, dass die menschliche Natur durch die Vereinigung nicht vergöttlicht wird, sondern menschlich bleibt.[101] In der Argumentation des ›Gra-

---

101 Iohannes de Basilea, In Sent. III, d. 5–6, q. 3; Bd. IV, S. 39,3–7: *Utrum natura divina in supposito verbi naturae humanae unito sic sit incarnata, quod nulla ratio essentialis vel suppositalis eius naturae assumptae realiter et intrinsece et formaliter sit communicata.* (»Ist die göttliche Natur in der mit der menschlichen Natur vereinigten Hypostase <d. i. die Person> des Wortes so inkarniert, dass kein seinshaftes oder hypostatisches Prinzip [*ratio*] dieser <göttlichen Natur> an jene aufgenommene <menschliche> Natur wirklich, innerlich und formbestimmend weitergegeben wurde?«) Der als Frage formulierte Titel der Quaestio ist als die These der Diskussion zu lesen.

tia-Dei-Traktats‹ und in der zitierten Formulierung des Hiltalingers steht das Wesen der Vereinigung, nicht nur der vereinigten Naturen, in Frage. Tatsächlich nimmt Johannes von Basel auch in dieser Quaestio zum Problem Stellung: »Obwohl Aufnahme und Vereinigung nicht eigentlich dasselbe sind, ist diese Vereinigung nicht eine einzige geschaffene bzw. ungeschaffene Sache.«[102] Das ist der Sache nach dieselbe Aussage, die oben zitiert wurde, nach der die passive Vereinigungsgnade nicht eigentlich geschaffen genannt werden kann,[103] obwohl mit Blick auf den Vereinigungsvorgang hier auch noch die Ungeschaffenheit ausgeschlossen wird. Entscheidend ist ferner, dass hier ausdrücklich gesagt wird, dass die Vereinigung zweier »nicht eine einzige geschaffene bzw. ungeschaffene Sache« bildet, was oben als der Sinn der abgekürzten Formulierung verstanden wurde.[104]

In der zuvor zitierten Quaestio 3 (In Sent. III, d. 5–6) wird von der Fülle der Gnade Christi aus der Blick auf die Seele Christi geworfen. Die Frage ist, ob die Seele Jesu Christi die höchstmögliche Gnade und Tugend empfangen habe, das heißt, ob sie allmächtig sei, und wenn sie Weisheit ohne Maße bekommen hat, ob sie dann auch alle Dinge erkennen könne. Die Antwort ist, dass ein Unterschied zwischen dem göttlichen Wort und der geschaffenen Seele Jesu Christi bestehe. Die geschaffene Seele hat das Höchste bekommen, das einer Natur zu empfangen möglich ist. Eine solche Größe kann von keiner Kreatur überboten werden; aber gleichwohl ist sie nicht das absolut Höchste, das Gott selbst ist. Diese Stellungnahme ist uns auch im Zitat von Aegidius Romanus begegnet. Johannes von Basel beantwortet hier die Frage in derselben Weise: »Obwohl die Seele Christi das für Gott am höchsten Begnadigte im bejahenden und ausschließenden Sinn ist, ist es doch nicht das Höchste, was im ausschließenden Sinn überhaupt begnadet werden könnte.«[105] Das heißt: Christus ist wirklich das Geschöpf, das am meisten begnadet wurde (bejahend: *summum*

---

102 Iohannes de Basilea, In Sent. III, d. 5–6, q. 3, concl. 1, cor. 1; Bd. IV, S. 43,3–4: *Quamvis non sit idem formaliter assumptio et unio hypostatica, haec tamen unio non est res una creata vel increata.*

103 Iohannes de Basilea, In Sent. III, d. 13–14, q. 6, concl. 2, cor. 2; Bd. IV, S. 79,7–9: *Quamvis omnis habitualis Christi gratia sit temporaliter causata, eius tamen gratia unionis passiva non dicitur proprie creata.* (»Obwohl jegliche habituelle Gnade Christi eine zeitliche Ursache hat, kann man die passive Gnade der Vereinigung nicht eigentlich geschaffen nennen.«)

104 Iohannes de Basilea, In Sent. III, d. 13–14, q. 6, concl. 2, post cor. 2; Bd. IV, S. 79,12–13: *Secunda pars probatur, quia talis gratia est ipsa unita, sed unita non sunt creatum* (sic !), *igitur sequitur corollarium verum.* (»Der zweite Teil <des Corollariums> versteht sich, weil eine solche Gnade selbst vereinigt ist; aber <zwei> Vereinigte [*unita*] sind nicht <ein> Geschaffenes [*creatum*].«)

105 Iohannes de Basilea, In Sent. III, d. 13–14, q. 6, concl. 1, cor. 3; Bd. IV, S. 76,22–24: *Quamvis anima Christi sit Deo summum gratificatum tenendo ly ›summum‹ affirmative et negative, non est tamen summum gratificabile tenendo ly ›summum‹ negative.* Die Termini *summum negative* bzw. *positive* oder *affirmative* scheinen von Iohannes Duns Scotus, In

gratificatum affirmative), und kein Geschöpf wurde mehr begnadigt (ausschließend: *summum gratificatum negative*). Die Begnadigung war aber nicht die höchste in dem Sinne, dass nichts mehr begnadigt werden k ö n n t e (nicht in ausschließendem Sinne das Höchste: *non summum gratificabile negative*). Dieselbe Differenzierung des (affirmativen oder negativen) Maximums lesen wir in schlichterer Formulierung auch im ›Gratia-Dei-Traktat‹:

> »*Der Meister:* Wenn man in Wahrheit von der Seele Christi sagt, sie habe Tugend über alles Maß, meint man es so: Die Seele hat die dreifache Gnade, von der ich gesprochen habe, in solcher Vollkommenheit empfangen, dass Gott keinem Geschöpf mehr hätte geben können, noch hätte das Geschöpf mehr empfangen können. / *Der Schüler:* Das kann man leicht verstehen; denn wäre ein Mensch reicher als alle Menschen, dennoch wäre er nicht so reich wie Gott. So ist auch die Seele Jesu Christi reicher an Gnaden als jedes Geschöpf. Doch ist sie nicht so reich wie Gott; denn das hätte sie nicht empfangen können.« – *Der Maister: So man sprichet von der sele Christi, daz si tugent hab in warheit úber alle måsse, das mainet man also: won die sele, dú dryerlay gnad, von der ich gesprochen hån, enpfangen håt in sốlicher volkomenhait, das got nit me mốhte geben kainer ture noch die ture nit me mốcht enpfachen. / Der Junger: Daz ist gůt ze merkent. Wan wåre ain mensch richer denne alle menschen, dennocht wer er nit als rich als got. Also ist ouch die sele Jhesu Christi richer an gnaden denne kain creatur. Doh ist sú nit als rich als got, wan si mốchte sin nit enpfachen* (GDT Z. 361–368).

Abschließend ist zu sagen, dass die Darstellung der Gnade Christi bei Johannes von Basel wie beim Meister des Lehrgesprächs sich im allgemeinen Rahmen der scholastischen Lehre bewegt. Aber der Vorbehalt, das Subjekt der Vereinigung der göttlichen und der menschlichen Natur weder eindeutig geschaffen noch ungeschaffen zu nennen, ist bei Johannes von Basel im scholastischen Kontext anscheinend singulär. Die Erläuterungen des ›Gratia-Dei-Traktats‹ zu derselben Fragestellung zeigen damit eine auffällige Übereinstimmung.

Dass die empfangene Gnade Jesu Christi nicht schlechthin als geschaffen betrachtet wird, stimmt mit der Betonung des Bewegungsanstoßes durch den Heiligen Geist im ›Gratia-Dei-Traktat‹ und mit der allgemeinen Gnadenlehre des Johannes von Basel (In Sent. I, d. 17, q. 16) überein, in der ebenfalls die Aktuierung der habituellen Liebe durch den Heiligen Geist betont wird, obwohl der geschöpfliche Gnadenhabitus nicht geleugnet werden soll. Diese Zusammenhänge sind auch in der Interpretation des ›Traktats von der Minne‹ ausführlich besprochen. Die einzelnen Übereinstimmunen sind aussagekräftig, aber für sich jeweils nicht beweiskräftig. In der Fülle und in der theologischen Tendenz aber kommt ihnen viel Überzeugungskraft zu.

Sent. III, d. 4, q. 1, ad q. 1, n. 24; ed. minor, ed. LAURIOLA, Bd. III,2, S. 135, eingeführt worden zu sein.

6. ›Audi-filia-Dialog – Des moͤnschen adel, val vnd erloͤsunge‹

6.1 Textkonstitution

Colmar, Stadtbibliothek, Handschrift CPC 1945[1]

Einziger Text: Meister des Lehrgesprächs, Johannes Hiltalingen OESA, der ›Audi-filia-Dialog‹ in zwei Büchern

Papier · 131 Blätter · 290 x 210 mm · 210 x 155 mm · 2 Spalten

Sprache: Elsässisch (Colmar) · datiert 1442

Mehrzeilige dekorative Initialen in Rubrum, Buchstabenkörper mit Blattwerk in grauer Farbe belegt: fol. 1^{r}, 4^{v}, 12^{r}, 23^{r}, 32^{r}, 41^{r}, 51^{r}, 59^{v}, 69^{v}, 72^{r}, 74^{v}, 80^{v}, 86^{v}, 100^{r}, 104^{v}, 107^{v}, 111^{r}, 113^{r}, 116^{v} und fol. 119^{r}. Brauner Ledereinband

Schreiber: Petrus Hasenclow, fol. 1rb–129vb, Schreiberkolophon: *Anno domini M° cccc xlij° feria sexta post Udalrici episcopi finitus est liber iste per manus Pijtriij dicti Hjsijncliiijw* (fol. 129rb)[2]

2. Hand: Hans Schedelin, Zweimal dasselbe Register des Dialogs (unvollständig) auf Vorderspiegel und fol. $130^{r/v}$.

Handschriftenbeschreibung und Literatur

Bolchert, Paul, Catalogue de la Bibliothèque du Consistoire de l'Église de la Confession d'Augsbourg à Colmar, S. 14–37, hier S. 30, Nr. 36.

Samaran, Charles, und Robert Marichal, Catalogue des manuscrits en écriture latine portant des indications de date, de lieu ou de copiste, S. 147.

Witte, Karl Heinz, Der Meister des Lehrgesprächs und sein ›In-principio-Dialog‹, S. 148–161.

[Ausstellungskatalog] Église des Franciscains 1292 – Église Protestante Saint Matthieu, S. 66.

Nemes, Balázs J., Dis buch ist iohannes schedelin, S. 201.

Handschriftencensus, https://handschriftencensus.de/15883, 22.06.2020.

Schreibsprache

Die Handschrift CPC 1945 der Stadtbibliothek Colmar ist in einer sorgfältigen Bastarda geschrieben und am Schluss in einem Kolophon auf den 8. Juli

---

1 Die Handschriftenbeschreibung übernehme ich dankbar von Balázs J. Nemes, *Dis buch ist iohannes schedelin*, S. 201, mit freundlicher Genehmigung des Autors.

2 »Im Jahr des Herrn 1442, am Freitag <den 8. Juli> nach <dem Festtag> des Bischofs Ulrich <Montag, den 4. Juli> ist dieses Buch durch die Hände des Petrus Hasenclow vollendet worden.«

1442 datiert. Petrus Hasenclow war ein berufsmäßiger Schreiber aus Colmar.[3] Demnach ist der Dialekt elsässisch. Insofern ist eine differenziertere Dialektbestimmung hier nicht notwendig.

Aus dem dritten Kapitel des ersten Buchs wird ein längerer Abschnitt über das ›Bild und Gleichnis Gottes‹ (Z. 102–446) in den Kompilationstraktat ›Lehrsystem der deutschen Mystik‹ übernommen. Die Lesarten in der Übernahme dieses Abschnitts sind teilweise für die vorliegende Textkonstitution des ›Audi-filia-Dialogs‹ maßgeblich. Diese Varianten werden hier unten im Variantenapparat mit der Sigle *X gekennzeichnet und von der Leithandschrift C unterschieden. Nur in diesem Abschnitt wird die Colmarer Handschrift im Variantenapparat mit C bezeichnet. Die Siglen der maßgeblichen Handschriften des ›Lehrsystems‹ sind Sg (St. Gallen), M2 (München), Z (Zürich). Die Einzelheiten der Textkritik sind im Anhang unten dokumentiert.

Wie eine Untersuchung der Schreibweisen dieses Abschnitts in C und in den maßgeblichen Handschriften des ›Lehrsystems‹ ergibt, muss der Leithandschrift C dieser Edition eine Vorlage *Y vorausgehen, von der auch eine gemeinsame Vorlage *X der Handschriften (Sg, Z, M2) des ›Lehrsystems‹ abhängig ist.

Die Leithandschrift C muss eine sorgfältige Abschrift der Vorlage *Y sein, die dem Original nahegestanden hat. Es sind nur wenige Irrtümer oder Fehler erkennbar. Die folgende Edition gibt den Lautstand der Handschrift C genau wieder. Nur die üblichen Abkürzungen für *vnd* oder *-er* und *-nn* werden aufgelöst. Der Buchstabe *ß* gibt eine Ligatur aus *sz* wieder. Als diakritische Zeichen unterscheidet der Schreiber übergeschriebenes ^{e}, ^{o} und ^{a} sowie einen Akzentstrich ` für den Umlaut *ü* (ù, v̀). Häufig werden die diakritischen Zeichen durch zwei schräggestellten Punkte (˙˙) wiedergegeben. Sofern die Auflösung grammatikalisch eindeutig zu erkennen ist, werden die Punkte zu ^{a}, ^{e} oder ^{o} aufgelöst, ansonsten als Trema über den Vokalen realisiert.

Um das Verständnis des Textes zu erleichtern, werden eine interpretierende moderne Zeichensetzung sowie Zwischenüberschriften eingeführt.

---

3 Nemes, *Dis buch ist iohannes schedelin,* S. 165 f. u. 172, 187, 201, Abbildungen S. 207 u. 208 weist Petrus Hasenklaue als Colmarer Bürger aus und führt weitere Werke an, die dieser geschrieben hat.

6.2 Edition

<Erstes Buch>

[1ra] Avdi filia et vide et inclina aurem tuam quia concupiuit rex speciem tuam, et cetera.

<Einleitung>

<Voraussetzungen der Erleuchtung durch die Wahrheit>

Der gottes heilige geist der ruͦffet siner gemynnten tohter durch des propheten mund vnd sprichet: »Hoͤre, min tohter, vnd vernim, neige din ore; wån der kùng håt begert diner getzierde.«

Sich an disen worten, daz einem flijssigen moͤnschen drier dinge nöt ist, des geist mit dem liehte der worheit sol erlùhtet werden:

1. Daz erste ist ein luters ouge mit demuͦtiger gesiht in den spiegel der worheit, die cristenlicher gloube fuͦret vnd leret. Darvmb spricht daz wort: »Hoͤre, mÿn tohter, vnd vernÿm!« Wån der wissage sprichet: »Wer nùt glǒ*[1rb]*bet, dem wirt bekaͤntnisse nùt gegeben.«[4] Nu sprichet Paulus: »Der gloube kummet von gehoͤrde, vnd die gehoͤrde geschiht in dem gotez worte«. Darumb so hoͤre vnd vernÿm, min tohter, die wort vnd das bilde vnsers herren Ihesu Christi: »Daz ist daz lieht, daz alle moͤnschen erlùhtet håt, die kummen sint in dise welt.«

2. Das ander ist ein geuoͤlgiges suͤsses hertze, daz sich mit begiriger mÿnne der worheit geloͤsen vnd geneigen mag. Darumb spricht das wort: »Neige din ore«, daz ist din hertze. Es spricht Salomon: »Die wißheit ruͦffet durch die gassen vnd durch die stråssen«: Kumment alle heͤr, die min begerent vnd werdent rich von minem erbe; wån ich trage suͤsse mÿnne. Wån »langes, ewiges leben git mÿn gerehte hand, vnd uon miner lingken hand flùsset riches lop vnd hertzen wunne«. Darumb, min kint, so neige din hertze vor allen dingen vnd ob allen dingen zuͦ der wårheit.

3. Das dritte ist das kleit der tugende, vnder dem des libes vntugend vnd die vnståtigkeit vnd vngereͣhtigkeit des geistes sol verdecket werden, *[1va]* mit dem der moͤnsche sol danckbeͤr erschinen zuͦ der hochgetzit der gnáden, in der hochgetzit des ewigen gottes wort gemåhelt ist moͤnschlicher nature. Darumb spricht das wort: »Dem kùnge hät wol geuallen din getzierde.« Darumb so sint die mågde von gotte gelobet, die die ampellen irs libes hant getzieret innewen-

1 vierzeilige verzierte Initiale; Dispositionspunkte jeweils am Rande gezählt.

---

4 *Vgl. Is 7,9:* Nisi credideritis, non intelligetis *(»Glaubt ihr nicht, werdet ihr nicht erkennen.«), nach der Septuaginta. So auch durchwegs bei Augustinus, z. B.: De lib. arb. 1,4; CSEL Bd. LXXIIII, S. 6,7. Der Vulgatatext Is 7,9 lautet:* Si non credideritis, non permanebitis. *(»Glaubt ihr nicht, so bleibt ihr nicht.«)*

Übersetzung

<Erstes Buch>

Höre, Tochter, und sieh und neige dein Ohr, denn der König verlangt nach deiner Schönheit (Ps 45[44],11 f.).

<Einleitung>

<Voraussetzungen der Erleuchtung durch die Wahrheit>
Der Heilige Geist Gottes ruft seine geliebte Tochter durch den Mund des Propheten und spricht: »Höre, meine Tochter, und vernimm, neige dein Ohr; denn der König verlangt nach deiner Schönheit« (Ps 45[44],11 f.).

Sieh an diesen Worten, dass ein fleißiger Mensch, dessen Geist mit dem Licht der Wahrheit erleuchtet werden soll, drei Dinge nötig hat.

1. Das erste ist ein reines Auge mit demütigem Blick in den Spiegel der Wahrheit, die der christliche Glaube nährt und lehrt. Darum spricht das Wort: »Höre, meine Tochter, und vernimm!« Denn der Prophet sagt: »Wer nicht glaubt, dem wird keine Erkenntnis gegeben« (Is 7,9). Nun sagt Paulus: »Der Glaube kommt vom Hören, und das Hören geschieht im Wort Gottes« (Rm 10,17). Darum höre und vernimm, meine Tochter, die Worte und das Bild unseres Herrn Jesus Christus: »Das ist das Licht, das alle Menschen erleuchtet hat, die in diese Welt gekommen sind« (Io 1,9).

2. Das andere ist ein folgsames, süßes Herz, das sich mit begieriger Liebe für die Wahrheit frei und geneigt machen kann. Darum sagt das Wort: »Neige dein Ohr«, das heißt dein Herz. Es spricht Salomon: »Die Weisheit ruft durch die Gassen und durch die Straßen« (Prv 1,20): Kommt alle her, die mich begehren, und werdet reich durch mein Erbe; denn ich trage süße Liebe in mir. Denn »langes ewiges Leben gibt meine rechte Hand und von meiner linken Hand fließt reiches Lob und Herzenswonne« (Prv 3,16). Darum, mein Kind, neige dein Herz vor allen Dingen und um aller Dinge willen zur Wahrheit.

3. Das dritte ist das Kleid der Tugend, unter dem die Untugenden des Leibes und die Unruhe und Ungerechtigkeit des Geistes verdeckt werden, mit dem der Mensch dankbar zur Hochzeit der Gnaden erscheinen soll; in dieser Hochzeit des Wortes des ewigen Gottes vermählt er sich der menschlichen Natur. Darum sagt das Wort: »Dem König hat deine Schönheit gut gefallen.« Darum werden die Jungfrauen von Gott gelobt, die die Lampen ihres Leibes

dig mit dem o̊ͤley der sůͤssigkeit, daz vssewendig hät gelùhtet in den werken der gere̊ͣhtigkeit.

Dis wort hät die go̊ͤttliche wißheit in din hertz gesprochen, als ich getruwe siner gůͤti. Darumb so duncket mich, das ein begirde ist in dir entzùndet in der mynne der wo̊ͣrheit, die begirde ich vor gotte nùt erlo̊ͤschen getär, vnd doch so mag ich sù nùt vollebringen, des ich vo̊ͤrhte, als es din truwe ho̊ͤischet vnd vordert.

<Klage und Bereitschaft des Meisters>

Min kint, din begirde ho̊ͤischet, daz ich dir zů lere vnd zů bekåͤntnisse der worheit schribe, daz dir das beste sie, nåch dem alz ich dinen besten nutz bekenne. Die gůte begirde mich dick erschrecket hät vnd ouch etwenn erfro̊ͤwet. Ich fro̊ͤwe mich åne zwifel der gnade, die ich vß dir riechen sihe in der mynne *[1vb]* vnd gelust der wårheit, die der welt mynne in dir gemÿnret vnd betrůͤbet hät. Aber mich wundert vnd erschregket daz, das go̊ͤttliche gnåde an mich gevo̊ͤrdert hat; wån die wo̊ͣre ewige wißheit bekennet wol min gebresten vnd min blintheit. Wie sol ich dauon geschriben, daz ich nie geůͤbte noch empfant? Wie sol ich blinder den weg gewisen, den ich nie bekante? Es ist wol wo̊ͣr: So ich schribe, das ich kan und bin, vnd wolte daruß leren luter leben, so tůn ich als ein truncken mann von wine, der in siner trunckenheit vß betrogenen touben sinnen gelobet zů gebende grosse wite riche, der doch in allem sinen leben nie gewån weder lùte nach landt noch hus noch dorff noch nie riche wart.[5]

Sihe aber ich an die riche gnåde gottes, die sich in wunder zo̊ͤiget, die das kint Daniel zů einem rihter der alten mahte, die den hirten Dauid zů einem wissagen mahte, die den stummen mahte reden vnd durch Balaam kùndet die wårheit vnd Helÿ, den priester, durch daz kint Samuel stråffet, so vinde ich, daz ich in der mynne der wårheit schuldig bin, *[2ra]* das ich das anvåhe vnd versůche, das din begirde von mir so sicherlich getruwet vnd gloubet. Wån es geschiht gerne von go̊ͤttlicher gůͤte, daz demůͤtiger ernst und gůͤter gloube des ho̊ͤrers gnåde vnd wißheit dem lerer erwirbet. Darumb so wil ich getzo̊ͤgen werden mit den driufaltigen banden der mynne[6], die nùt lihtiglichen gebrochen mo̊ͤgent werden vff disen anevang.

Ein bant ist go̊ͤttliche zůͤversiht. Ich wil getruwen, die ewige worheit, die es durch dich an mich geuordert hät, die welle din begirde durch mich ein teil erfùllen. Das ander bant ist din gůͤtes getruwen dins grossen glouben. Ich getruw, gloube mo̊ͤge nùt valsch sin noch vnnùtze vnd åne werk bliben, darzů dich die

---

5 *Vgl. IPD Z. 8–11. Dort ›der törichte Bauherr‹ nach Lc 14,28–30.*

6 bande der mynne: *vgl. IPD Z. 25 u. 47.*

inwendig mit dem Öl der Süßigkeit (vgl. Mt 25,10) geschmückt haben, das auswendig in den Werken der Gerechtigkeit geleuchtet hat.

Dieses Wort hat die göttliche Weisheit in dein Herz gesprochen, wie ich es seiner Güte zutraue. Darum scheint mir, dass ein Begehren in dir in der Liebe zur Wahrheit entzündet wurde. Diese Begierde traue ich mich vor Gott nicht zu löschen und doch kann ich sie nicht erfüllen, das fürchte ich, wie es deine Treue fordert und verlangt.

<Klage und Bereitschaft des Meisters>

Mein Kind, dein Begehren fordert, dass ich dir zur Lehre und zur Erkenntnis der Wahrheit schreibe, was für dich das Beste ist, soweit ich deinen besten Nutzen erkenne. Dieses gute Begehren hat mich oft erschreckt und auch manchmal erfreut. Ich freue mich ohne Zweifel über die Gnade, die ich aus dir aufsteigen sehe in der Liebe und in der Lust an der Wahrheit, die die Liebe zur Welt in dir gemindert und gedämpft hat. Aber mich wundert und erschreckt, was göttliche Gnade von mir gefordert hat; denn die wahre ewige Weisheit erkennt wohl meine Schwächen und meine Blindheit. Wie soll ich von dem schreiben, was ich nie geübt noch empfunden habe? Wie soll ich Blinder den Weg weisen, den ich nie kannte? Es ist wohl wahr: Wenn ich schreibe, was ich verstehe und bin, und dadurch reines Leben lehren wollte, dann tue ich wie ein Mann, der vom Wein betrunken ist, der in seiner Trunkenheit aus betrogenen, tauben Sinnen gelobt, große und weite Reichtümer zu geben, der doch in seinem ganzen Leben nie Leute noch Land gewonnen hat noch Haus noch Dorf und niemals reich geworden ist.

Wenn ich aber die reiche Gnade Gottes betrachte, die sich in Wundern zeigt, die das Kind Daniel zu einem Richter der Alten machte (vgl. Dn 1,9), die den Hirten David zu einem Propheten machte (1 Sm 16), die den Stummen reden ließ (Mt 12,22) und durch Balaam die Wahrheit verkündete (Nm 23–24) und Heli, den Priester, durch das Kind Samuel tadelte (1 Sm 3,8–18), dann finde ich, was ich in der Liebe zur Wahrheit schuldig bin, dass ich das anfange und versuche, was mir dein Begehren zuversichtlich zutraut und glaubt. Denn es geschieht gerne von göttlicher Güte, dass demütiger Ernst und guter Glaube des Hörers dem Lehrer Gnade und Weisheit erwirbt. Darum will ich gezogen werden mit den dreifaltigen Fesseln der Liebe, die in diesem Anfang nicht leichthin gebrochen werden können.

Ein Band ist die göttliche Zuversicht. Ich will darauf vertrauen, die ewige Wahrheit, die es durch dich von mir gefordert hat, wolle dein Begehren durch mich zum Teil erfüllen. Das andere Band ist dein gutes Vertrauen eines großen Glaubens. Ich vertraue darauf, der Glaube kann nicht falsch sein noch unnütz

mynne der wårheit hät *geoͤrdent*[7] vnd geneiget. Das dritte bant ist din gebett. Ich getruw, das mir din reynes gebett erwerben sol das, des mich min vnnùtzes leben billich het beroubet.

<An den Leser>
Darvmb, wer dise lere liset, du oder ander moͤnsche: Ist, das dainne ùt ist, daz dir wol geuallet, daz gib gotte *[2rb]* vnd nùt mir; wån es sin, von dem alles gůt *flùsset*! Aber ist ùt hie an, daz stråffe wert duncket, daz besser vnd ker es zů dem besten! Gib es miner blintheit, nùt miner hochfart noch vermessenheit! Mynne sol mich entschuldigen, die schulde nùt hät, vnd gedencke: Valle ich hie in keine schulde: *triuwe,* die ich dir schuldig bin, mich in die schulde geworffen hät.

Daz aber dise lere dir deste bekåntlicher werde, so wil ich sù legen dar mit fråge vnd mit antwirte; wån die wise ist vngelerten lùten troͤstlich zů hoͤrende vnd zů lesen vnd ouch verståndlich. Darumb »A« daz fråget alz der junger, vnd daz »B« antwirtet alz der meister.[8]

<Eintritt in den Weg der Wahrheit>
Nu hoͤre, tohter, wie der kùng mynnet din getzierde!

A. Des han ich lange begert, daz mir gott von siner gnåde wolt offenen den weg der luteren wårheit.

B. Lobe gott! Gůte begirde der worheit ist ein weg vnd ein anefang der wårheit! *Wan* es ist ein wårheit, die in dem willen gebirt gůte begirde vnd das lieht in der vernunft. Vnd darumb, wer nùt empfangen hat begirde der wårheit als einen såmen, dem wùrt nùt geben *[2va]* daz lieht, das da ist ein blůme der begirde. Nåch der blůmen gåt die fruht, *die* do ist gerehtigkeit.

63 geoͤrdent] gehordent ***68*** flùsset] flùsset ist ***71*** triuwe] der truwen ***81*** Wan] waz ***84*** die] der die

7 gehordent *(Hs.): Unwahrscheinlich ist die Ableitung von* horden *sw. »einen Schatz sammeln« (*Lexer*); eher von* ordenen *swv., mit Gleitlaut.*

8 *Vgl. Anselmus Cantuariensis, CDH I, c. 1; Bd. II, S. 48,11–15:* Et quoniam ea quae per interrogationem et responsionem investigantur, multis et maxime tardioribus ingeniis magis patent et ideo plus placent, unum ex illis qui hoc flagitant <...> accipiam mecum disputantem, ut Boso quaerat et Anselmus respondeat hoc modo. *(Übers.* Schmitt*, S. 11: »Und weil das, was mittels Frage und Antwort erforscht wird, vielen, und namentlich langsameren Geistern, besser einleuchtet und deshalb mehr zusagt, so will ich einen aus denen, die das ungestüm verlangen, <...> zum Gesprächspartner nehmen, sodass auf folgende Art Boso fragt und Anselm antwortet.«)*

und ohne Werk bleiben, wozu dich die Liebe zur Wahrheit geordnet und geneigt hat. Das dritte Band ist dein Gebet. Ich vertraue, dass mir dein reines Gebet das erwerben wird, was mir mein unnützes Leben zu Recht geraubt hat.

<An den Leser>

Darum, wer diese Lehre liest, du oder ein anderer Mensch: Wenn etwas darin ist, das dir gut gefällt, das gib Gott und nicht mir; denn es ist sein, von dem alles Gute fließt! Aber ist hierin etwas, das tadelnswert erscheint, das verbessere und wende es zum Besten! Gib es meiner Blindheit, nicht meinem Hochmut oder meiner Vermessenheit! Liebe wird mich entschuldigen, die keine Schuld hat; und bedenke: Falle ich hier in eine Schuld, die Treue, die ich dir schuldig bin, hat mich in die Schuld geworfen.

Damit aber diese Lehre dir umso verständlicher wird, will ich sie in Frage und Antwort darlegen; denn diese Form ist für ungelehrte Leute ermutigend zu hören und zu lesen und auch verständlich. Darum »A«, das fragt der Jünger, und »B« antwortet als der Meister.

<Eintritt in den Weg der Wahrheit>

Nun höre, Tochter, wie der König deine Schönheit liebt!

A. Das habe ich lange gewünscht, dass mir Gott mit seiner Gnade den Weg der reinen Wahrheit eröffnen will.

B. Lobe Gott! Gutes Begehren der Wahrheit ist ein Weg und ein Anfang der Wahrheit! Denn es ist eine Wahrheit, die in dem Willen gutes Begehren gebiert und Licht in der Vernunft. Und darum, wer Begehren nach der Wahrheit als einen Samen nicht empfangen hat, dem wird das Licht nicht gegeben, das eine Blüte des Begehrens ist: Nach der Blüte kommt die Frucht, welche die Gerechtigkeit ist.

A. An dinen worten merk ich, daz nieman in der warheit wùrt gelert noch erlùhtet, daͤnn der in der wårheit ist[9], noch nieman sůchet die warheit, daͤn der ietze die wårheit hät. Vnd daz ist in mir ein wunder, warumb der die wårheit sůchet, der ietze die wårheit hät.

B. Du håst gar wol verstanden mine wort, des lob ich gott. Du merkest wol, das die fruht gåt nach der blůst, vnd der blůme gåt nåch dem såmen. Darumb sol dich nùt wunderen, das der die wårheit sůchet, der die wårheit hät; wån der die wårheit hat in dem såmen, der begert ir nåch der blůst vnd nåch der fruht.

A. Hieby merke ich, das die worheit ist irselbs ein anefang in allen den, die die wårheit mÿnnent oder sůchent.

B. Daz ist, daz ich von dir wolte, daz du bekantest den anvang der worheit in allen den, die die woͤrheit lerent vnd sůchent. Das dir iht gescheͤhe als einem vnwisen bůman, der gůten såmen nùt bekennet noch in nùt såyet. Darumb verlùret er dicke die årbeit sins *[2vb]* buwes. Darumb, min kint, sich an den såmen der wårheit! Wån ist der såme gůt, so habe gůt getruwen, nåch dem såmen der begirde werde kommende die blůst des liehts vnd die fruht der mÿnnen.

A. Min herre, das beger ich von der ewigen wårheit, daz sù mir geͤbe gůten såmen irselbes vnd dir den sůssen regen worer lere vnd betǒwe den såmen miner begirde, das er blůgende werde in bekåntnisse luterer wårheit vnd fruht gebe in sůsser mÿnne der gerehtigkeit.

B. Amen.

<Thema des ersten Buches: Schöpfung, Fall und Erlösung – Ermutigung zu glauben und zu verstehen>

Nu *fråg*! Ob du der wårheit begerest vnd ob du flissiglichen wilt vernemmen, so getruw ich, gott werde die begirde, die er in dich gesprochen hät, erfùllende mit dem liehte siner wårheit.

A. Die begirde, die ich han, die ist noch blint. Darumb so kan ich nùt frågen, du lerest mich denne vor wunderen. Blinder ernst[10], wie groß er ioch ist, der ist glich einem kinde, daz zůhant gloubet, waz man im seit; wån es kan die rede noch die worheit nùt gewegen noch gemessen.

B. Zwey ding gent wunder minem hertzen: Eins ist des moͤnschen val. Das ander ist des moͤnschen erloͤsunge. Des moͤnschen val ist darumb *[3ra]* wunderlich: Wån gott wissete alle ding, warumb wolte gott den moͤnschen geschaffen, von dem er bekante, daz er von im sich wolte keren? Des moͤnschen erloͤsung ist

107 fråg] fräg ich

---

9 *Die Passage erinnert an Eckhart, Pr. 52, DW II, S. 506, 1 f.:* Wan als lange der mensche niht glîch enist dirre wârheit, als lange ensol er dise rede niht verstân. *(Übers. S. 731: »Denn, solange der Mensch dieser Wahrheit nicht gleicht, so lange wird er diese Rede nicht verstehen.«)*

10 *Vgl.* verblinder ernst *IPD Z. 8.*

A. An diesen Worten merke ich, dass niemand in der Wahrheit gelehrt oder erleuchtet wird, als wer schon in der Wahrheit ist. Auch sucht niemand die Wahrheit, außer wer die Wahrheit jetzt schon hat. Und das verwundert mich, warum der die Wahrheit sucht, der die Wahrheit schon hat.

B. Du hast meine Worte ganz gut verstanden, dafür lobe ich Gott. Du merkst wohl, dass die Frucht nach der Blüte kommt und die Blüte nach dem Samen. Darum soll es dich nicht wundern, dass der die Wahrheit sucht, der die Wahrheit hat; denn wer die Wahrheit im Samen hat, der begehrt sie in der Blüte und in der Frucht.

A. Dabei merke ich, dass die Wahrheit für sie selbst ein Anfang ist in all denen, die die Wahrheit lieben und suchen.

B. Das ist, was ich von dir wollte, dass du den Anfang der Wahrheit in all denen erkennst, die die Wahrheit kennenlernen und suchen, damit es dir nicht einmal gehe wie einem unklugen Bauern, der guten Samen nicht kennt und nicht sät. Darum ist oft die Mühe seines Anbaus umsonst. Darum, mein Kind, schau auf den Samen der Wahrheit! Denn ist der Same gut, so habe gutes Vertrauen: Nach dem Samen des Begehrens wird die Blüte des Lichtes kommen und die Frucht der Liebe.

A. Mein Herr, das begehre ich von der ewigen Wahrheit, dass sie mir sich selbst als guten Samen gebe und dir denn süßen Regen wahrer Lehre, und betaue den Samen meines Begehrens, dass er in der Erkenntnis der lauteren Wahrheit blühen wird und Frucht bringt in süßer Liebe der Gerechtigkeit.

B. Amen

<Thema des ersten Buches: Schöpfung, Fall und Erlösung – Ermutigung zu glauben und zu verstehen >

Nun frag! Wenn du die Wahrheit begehrst und wenn du fleißig zuhören willst, so vertraue ich darauf: Gott wird das Begehren, das er in dich gesprochen hat, mit dem Licht seiner Wahrheit erfüllen.

A. Das Begehren, das ich habe, ist noch blind. Darum weiß ich nicht zu fragen, es sei denn, du lehrst mich vorher, mich zu wundern. Blinder Ernst, wie groß er auch ist, der gleicht einem Kinde, das sofort glaubt, was man ihm sagt; denn es kann die Rede und die Wahrheit nicht abwägen noch ermessen.

B. Zwei Dinge geben meinem Herzen zu denken: Eins ist des Menschen Fall. Das andere ist des Menschen Erlösung. Des Menschen Fall ist darum verwunderlich: Da Gott alle Dinge wusste, warum wollte Gott den Menschen schaffen, von dem er erkannte, dass er sich von ihm abwenden würde? Des Men-

darumb wunderlich: Warumb wolte gott buͤssen fùr den moͤnschen so hertiglichen, wån er alle sùnde vergeben moͤhte åne not mit einem gůten willen?

A. Daz ist, daz mich lange gewundert hat, då̃n daz ich es zů worte nùt kan bringen, vnd darumb: Duncket dich, daz es mir nùtze sie, so beger ich, daz du dauon redest vnd mich dainne lerest.

B. Mich duncket, daz es gar nùtze sie, wann es sint zwo sùlen vnd zwo colunpnen, daruff cristenlicher gloube ist gebuwen. Wer das mit vernunfft begriffet, daz ist daz lieht, daz das ouge des gloͤben, mit dem die wårheit in dirre zijt wùrt bekant, gelùtert wùrt vnd getzieret. Mich dunket, es sie ein sumnisse vnd ein trågheit, die stråffe wirdig ist, daz der moͤnsche sich nùt darzů vͤbet, daz er in der wårheit daz verstande, daz im in dem glouben ist bekant.[11] Dise bekåntnisse leret ouch, war an rehte tugende lit vnd waruß wåre gerehtigkeit flùsset. Dar*[3rb]*vmb so duncket mich, das es sie ein fundament vnd ein anefang vnd ein weg des liehtes luterer wårheit. Wer weiß des wassers art, der sinen vrsprung nùt bekennet? Wer buwet sicherlich, der nùt gråbet vntz vff das ertrich, daz dem buwe nùt entwichet?

A. Mich duncket, wie zůversiht ietz in mir sie gewahsen, sit daz ich merke diner truw vnd diner lere einen so sicheren anevang. Wann ich merke wol, das gůter woͤrer gloube gebirt steͤte zůversiht, die nùt mag bliben denn in der mynne. Darumb so ist das lieht wåres glouben aller tugenden ein weg vnd ein anvang.

B. Merke fùrbaß: So das lieht des glouben ie luterer schinet, so die zůversiht ie steͤter ist; vnd so wåre zůversiht ie steͤter vnd ie groͤsser wirt, so die minne ie luterer vnd ie gantzer wirt. Darumb alz gloub ist alles gůtes anvang alz ein lieht, also ist daz lieht ein wùrker vnd ein reinunge aller luterkeit. Vnd wilt du gůtes glouben sehen ein bilde, waz er vermag, so sih an mich. Wan ich sprich es fùr wår: Ich weiß nùt wol, weder du me*[3va]* diner truw vnd diner mynne genossen håst gegen mir vnd dins gůten glouben, den du in grosser zůversiht håst an mich geleit, daz ich dir zů troste vnd zů lere disen kumber han angefangen, sit daz gloube gegen dem moͤnschen so vil vermag, daz er den moͤnschen neiget zů gnåden vnd truwen vnd doch der moͤnsche gar nùt mag bekennen, wie vil mag denn gůter gloube vnd wåre zůversiht neigen gotte, dem alle hertzen sint bekant.

A. Ich begÿnne merken min alte blintheit. Ich wånde etwenne, daz ein steͤter ernst in gottes dienste, wie er geuͤbet wùrde, er fuͤrte vff vollekommenheit. Nu sih ich wol: Ist, das er oͤrdentlich nùt wùrt gefuͤret durch den weg der

---

11 *Vgl. Eckhart, In Ioh. n.361, LW III, S.307,1–5:* Sicut enim praesumptionis est et temeritatis non velle credere, nisi intellexeris, sic ignaviae est et desidiosum quod fide credis, rationibus naturalibus et similitudinibus non investigare. *(Übers. ebd.: »Denn wie es ein Anzeichen von Anmaßung und Unbesonnenheit ist, nur glauben zu wollen, wenn man eingesehen hat, ebenso ist es ein Anzeichen von Trägheit und nachlässig, das, was man im Glauben annimmt, nicht mit Vernunftgründen und Gleichnissen zu erforschen.«)*

schen Erlösung ist darum zu verwundern: Warum wollte Gott für den Menschen so hart büßen, da er alle Sünden ohne Not mit einem guten Willen vergeben konnte?

A. Das ist es, was mich lange verwundert hat, nur dass ich es nicht in Worte bringen konnte. Darum, wenn dir scheint, dass es mir nützlich ist, so bitte ich, dass du davon redest und mich darin belehrst.

B. Mir scheint, dass es gar nützlich ist; denn es sind zwei Säulen und Pfeiler, auf die der christliche Glaube gebaut ist. Wenn einer das mit Vernunft begreift, ist es das Licht, sodass das Auge des Glaubens, mit dem die Wahrheit in dieser Zeit erkannt wird, geläutert und geschmückt wird. Ich finde, es ist ein Versäumnis und eine Trägheit, die tadelnswert ist, wenn der Mensch sich nicht darin übt, in der Wahrheit zu verstehen, was ihm im Glauben bekannt ist. Diese Erkenntnis lehrt auch, woran rechte Tugend liegt und woraus wahre Gerechtigkeit fließt. Darum scheint mir, dass sie ein Fundament und ein Anfang und ein Weg des Lichtes reiner Wahrheit ist. Wer kennt die Qualität des Wassers, der seinen Ursprung nicht kennt? Wer baut sicher, wenn er nicht bis auf den Grund gräbt, sodass der Bau nicht nachgibt.

A. Mir scheint, dass die Zuversicht jetzt in mir gewachsen ist, seit ich einen so sicheren Anfang deiner Treue und deiner Lehre bemerke; denn ich merke wohl, dass guter wahrer Glaube stete Zuversicht gebiert, die nicht bleiben kann, außer in der Liebe. Darum ist das Licht des wahren Glaubens ein Weg und ein Anfang aller Tugend.

B. Merke weiterhin: Wenn das Licht des Glaubens je reiner erscheint, so ist die Zuversicht umso dauerhafter. Und wenn wahre Zuversicht je steter und je größer wird, so wird die Liebe umso reiner und umso umfassender. Darum, wie der Glaube ein Anfang alles Guten ist wie ein Licht, so ist das Licht ein Bewirker und eine Reinigung für alle Reinheit. Und willst du ein Bild guten Glaubens sehen, was er vermag, so sieh mich an. Denn ich sage in Wahrheit: Ich weiß nicht recht, ob du mehr deine <eigene> Treue zu mir und deine Liebe genossen hast und deinen guten Glauben, den du in großer Zuversicht auf mich gerichtet hast, sodass ich dir zu Trost und zur Lehre diese Mühsal angefangen habe, obwohl der Glaube zugunsten des Menschen so viel vermag, dass er den Menschen zur Gnade und Treue geneigt macht, auch wenn der Mensch gar nicht erkennen kann, wie viel denn der gute Glaube und die wahre Zuversicht Gott, dem alle Herzen bekannt sind, zugeneigt machen kann.

A. Ich beginne meine alte Blindheit zu bemerken. Ich glaubte zuweilen, dass ein steter Ernst im Dienst Gottes, wie immer er geübt würde, zur Vollkommenheit führen könnte. Nun sehe ich aber: Wenn er nicht ordentlich durch

wårheit, daz er blibet ån das lieht der wårheit vnd bringet etwenne grosse sweͤre vnd vnmůt vnd des lebens eine widerwertigkeit.

B. Der des empfunden hät, der sol sich dauor hůten. Ich gloube, daz du håst gesprochen, das sie wår. Es ist vil moͤnsche, die werdent in hertigkeit gevͤbet, alz die Juden in Egypten sweͤrlich dientent, sù trůgent hovw vnd *[3vb]* strouw vnd zieglen mit kranker spise vnd åne lon. Vnd were, das *sù* sich kertent vff ordenunge der wißheit vnd ir hertze gebent dem liehte der wårheit, der lon wùrde besser vnd die årbeit kleyne vnd die spise moͤnschliches trostes suͤsser vnd besser. Wer aber hät ein benůgen mit vsseren werken vnd nùt sůchet mit begirden bekantnisse der wårheit, der blibet in siner natùrlichen blintheit. Nåch blintheit gåt gerne betrogenheit. Nåch betrogenheit kommt gerne hochfart; wann alle hochfart ist nùt anders dånn ein betrogen wo̊n. Noch hochfart gaͤt hertigkeit vnd vnmilte. Nåch vnmilte gaͤt sweͤre vrteil über den nåhsten. Nåch swerem vrteil gåt goͤttliche gerehtigkeit. Vnd darumb so siht man dicke, daz die moͤnschen, die åne bekantnisse der wårheit herte starke werk vͤbent, daz sù blibent in vntugenden vnd in gebresten vntz vff ir ende, vnd das nåch groͤsser ist: daz die dicke nemment leyder ein boͤß ende.

A. We, we, wie was ich so nåhe gevallen in die grůbe, hette mich die ewige wårheit *[4ra]* nùtt fùrkommen mit dem såmen der begirde! Darumb min hertze vnd min sele sol ewiglich mynnen daz lieht der wårheit, wie es lùhtet in der geschoͤpfede vnd in dem valle des moͤnschen, vnd darnåch von der gnåde Ihesu Christi, in der der val ist widerbråht vnd der moͤnsche erloͤset.

<Disposition des ersten Buches>

B. Du hast gar wißlich nåch der gnåde gottes geuordert. Du hast aber min årbeit nùt bedåht. Ich håtte dir ein bůchlin gelobt zů schriben, daz ich gestillete ein wile din begirde. Nu vorderest du zwey, wann ietweder worheit ist gnůg zů einem bůche. Des moͤnschen val vnd sin beschoͤpfede bedarff wol eins sunder bůches.[12]

A. Ach, du redest nåch minem willen. Sprich froͤlich, gedenke, daz Paulus sprichet: »*Einen* milten geber vnd der froͤlich gibet, den mynnet gott«. Der keller sol nùt karg sin, do der herre milte ist. Gotte ist vil zů geben, als wening der es von im begeͤrt vnd es sůchet mit fliße vnd mit ernst, als er billichen sol.

B. Ich han dir vor geseit, daz ich getruw dinem gůten glouben vnd dinem gebette me dann miner kunst. Darumb so *[4rb]* tů du daz dine, so wil ich tůn, daz ich mag von der gnåde, die mir von gotte geben ist in bekåntnisse des glouben.

158 sù *fehlt* ***181*** Einen] einem

---

12 *Diese Aussage stimmt nicht ganz mit der Gliederung überein. Das erste Buch behandelt die Schöpfung und den Fall, das zweite Buch die Erlösung.*

den Weg der Wahrheit geführt wird, so bleibt er ohne das Licht der Wahrheit und bringt gelegentlich große Schwere und Verstimmung und Widerwärtigkeit des Lebens.

B. Der das empfunden hat, der wird sich davor hüten. Ich glaube, was du gesprochen hast, das ist wahr. Es gibt viele Menschen, die werden durch Härte geübt, wie die Juden in Ägypten schwer dienten, und sie trugen Heu und Stroh und Ziegel bei magerer Speise und ohne Lohn (vgl. Ex 1,12–14). Und hätten sie sich bekehrt zur Ordnung der Weisheit und hätten sie ihr Herz dem Licht der Wahrheit gegeben, der Lohn wäre besser geworden und die Mühe geringer und die Speise menschlichen Trostes süßer und besser. Wer sich aber begnügt mit äußeren Werken und nicht mit Sehnsucht die Erkenntnis der Wahrheit sucht, der bleibt in seiner natürlichen Blindheit. Nach Blindheit folgt gerne Täuschung. Nach Täuschung kommt gerne Hochmut; denn aller Hochmut ist nichts anderes als ein irrer Wahn. Nach Hochmut folgt Härte und Geiz. Nach Geiz folgt strenges Urteil über den Nächsten. Nach strengem Urteil folgt göttliche Gerechtigkeit. Und darum sieht man es oft, dass die Menschen, die ohne Erkenntnis der Wahrheit harte und schwere Werke üben, in Untugenden und in Fehlern bleiben bis an ihr Ende, und was noch größer ist: Diese nehmen leider oft ein böses Ende.

A. Weh, weh, wie wäre ich fast in die Grube gefallen, wäre mir die ewige Wahrheit nicht zuvorgekommen mit dem Samen des Begehrens! Darum, mein Herz und meine Seele sollen ewig das Licht der Wahrheit lieben, wie es in der Schöpfung und in dem Fall des Menschen leuchtet, und danach <leuchtet es> durch die Gnade Jesu Christi, in der der Fall wiedergutgemacht und der Mensch erlöst worden ist.

<Disposition des ersten Buches>

B. Du hast sehr weise die Gnade Gottes angefordert. Du hast aber meine Mühe nicht bedacht. Ich hatte dir versprochen, ein Büchlein zu schreiben, um eine Weile dein Begehren zu stillen. Nun forderst du zwei; denn jede Wahrheit ist für ein Buch genug, des Menschen Fall und Schöpfung braucht wohl ein besonderes Buch.

A. Ach. du redest nach meinem Willen. sprich fröhlich, bedenke, dass Paulus sagt: »Einen freiwilligen Geber, der fröhlich gibt, den liebt Gott (II Cor 9,7). Der Keller soll nicht dürftig sein, wo der Herr freigiebig ist. Gott steht es zu, viel zu geben, auch wenn einer wenig von ihm begehrt und es mit Fleiß und mit Ernst sucht, wie er zu Recht soll.

B. Ich habe dir zuvor gesagt, dass ich deinem guten Glauben und deinem Gebet mehr vertraue als meiner Kunst. Darum tu du das Deine, so will ich tun, was ich durch die Gnade kann, die mir von Gott in der Erkenntnis des Glaubens gegeben ist.

Das erste bůch, in dem ich reden wil von des moͤnschen geschoͤpfede vnd von sinem adel, das hat siben capittel:

1. Daz erst capittel ist, wie der moͤnsche geschaffen wart.

2. Daz ander, waz die wårheit ist, gerehtigkeit vnd flet.

3. Das dritte, warumb der moͤnsche geschaffen ist.

4. Daz vierde, wauon der moͤnsche geuallen ist.

5. Daz fùnffte ist, waz sùnde ist, in die der moͤnsche geuallen ist.

6. Daz seͤhste ist, warumb der moͤnsche mit eigener krafft nùt wider komen mag.

7. Daz sùbende, wie die sùnde vff alle moͤnschen geerbet hät.

A. Ich getruwe wol, woltest du das dine darzů tůn, gott gebe dir, daz du mich erfroͤtest vnd min begird erfùlletest. Wån din ordenunge, der du hast gedaht, die gevallet mir also wol, daz mich ietze duncket, wer das nùt enweis, der moͤge zů luterer worheit der bekåntnisse nùt kommen.

B. Der hoͤchste spiegel[13] in aller creature, die dem moͤnschen bekåntlich ist, der die wårheit zoͤiget, daz ist der *[4va]* moͤnsche, vnd darumb wer die wårheit sehen wil, der můß den moͤnschen bekennen. Wer aber den moͤnschen bekennen wil, der můß wissen, wie er geschaffen ist in dem adel siner nature, wie er von der sùnde ensmuket ist vnd waz er von gnåden ist vnd waz er in gnåden mag werden. Daz ist der rehte weg der wårheit. Darumb sprach Christus: »Ich bin der weg, die woͤrheit vnd das leben«. »Der dur mich ingåt, der wùrt behalten vnd vindet spise vnd weide des ewigen lebens«.

A. Sage mir uon dem ersten capittel: Wie wart der moͤnsche geschaffen?

B.

190 *Dispositionspunkte jeweils am Rande gezählt*

---

13 *Vgl. IPD Z. 80–114: Das Wort* spigel *wird dort ebenso verwendet. In ihm zeigt sich die Wahrheit.*

Das erste Buch, in dem ich von des Menschen Schöpfung und von seinem Adel sprechen will, hat sieben Kapitel:

1. Das erste Kapitel ist, wie der Mensch geschaffen wurde.
2. Das zweite, was Wahrheit, Gerechtigkeit und die Schönheit ist.
3. Das dritte, wozu der Mensch geschaffen ist.
4. Das vierte, wodurch der Mensch gefallen ist.
5. Das fünfte ist, was Sünde ist, in die der Mensch gefallen ist.
6. Das sechste ist, warum der Mensch mit eigener Kraft nicht zurückkommen kann.
7. Das siebte, wie die Sünde allen Menschen vererbt wurde.

A. Ich habe volles Vertrauen, wolltest du das Deine dazu tun, Gott gebe dir, dass du mich erfreust und mein Begehren erfüllst. Denn deine Ordnung, die du dir überlegt hast, gefällt mir so gut, dass mir jetzt scheint: Wer das nicht weiß, der kann zur reinen Wahrheit der Erkenntnis nicht kommen.

B. Der höchste Spiegel in aller Kreatur, die dem Menschen bekannt ist, der die Wahrheit offenbart, das ist der Mensch, und darum, wer die Wahrheit sehen will, der muss den Menschen erkennen. Wer aber den Menschen erkennen will, der muss wissen, wie er in dem Adel seiner Natur geschaffen ist, wie er durch die Sünde von seinem Schmuck entkleidet wurde und was er von Gnaden ist und was er in der Gnade werden kann. Das ist der rechte Weg der Wahrheit. Darum sprach Christus: »Ich bin der Weg, die Wahrheit und das Leben.« (Io 14,6). »Der durch mich eingeht, der wird behalten und findet Speise und die Weide des ewigen Lebens« (vgl. Io 10,9).

A. Sprich mir von dem ersten Kapitel: Wie wurde der Mensch geschaffen?

B.

Hie haͤbet sich an

Das erste capittel des ersten bůches:
Wie der moͤnsche geschaffen wart.

Gott sprach: »Wir soͤllent einen moͤnschen geschaffen, nåch vnserm bilde vnd nåch *[4vb]* vnsere glichnisse, der ein herre sol sin v̀ber alle tier der erden vnd v̀ber die vogel des lufftes.« Vnd daz geschach an dem sehsten tage nåch der geschoͤpfede aller liplicher creaturen. Dis seit vns die heilige geschrifft. Darumb wilt du den moͤnschen bekennen, so sih mit flisse in dis wort.

A. Darumbe bin ich hie, daz ich wil sehen vnd hoͤren, als vil ich mag.

B. An disen worten sint vier ding merklich.

<Disposition>

Das erst ist, daz der moͤnsche nåch allen creaturen dirre welte geschaffen wart.

Das ander, das er mit goͤttlichem råte geschaffen wart.

Daz dritte, daz er in glichnisse goͤttliches bildes geschaffen wart.

Das vierde, das er nackent vnd bloß aller weͣr geschaffen wart.

Dem vogel ist geben zů weͣr ein hùrnin snabel. Den tieren sint geben starke zeͣne vnd hùrnin klåwen. Der moͤnsche wùrt geborn åne alle wer.

A. Ach, dis sint minnenkliche wunder zů gedencken, wer sù verståt. Lere mich verstån, waz gott in diesen wundern hät gemeÿnet!

<Der Mensch ist als letztes Geschöpf geschaffen.>

B. An dem ersten, daz der moͤnsche die jungste creature waz, die gott in dirre welte geschůff, do solt du *[5ra]* wissen, das gott vns dabÿ gap zů kennen, daz der moͤnsche ein herre vnd ein kùnig dirre welte geschaffen wart,[14] vnd darumb so bereitet im gott himel vnd erden mit aller getzierde als ein hus, daz einem kùnge wol getzam, dem alle tiere dirre welte weͣrent vndertån als sine diener vnd sine kneͣhte. Vnd darumb da der moͤnsche erst geschaffen wart, do kament[15] zů im alle vogel vnd alle tiere alz zů irem herren. Den gab er allen nammen als sinen eigenen kneͣhten.

---

14 *Petrus Lombardus, Sent. II, d. 15, c. 5, n. 1; Bd. I,2, S. 402,3:* Novissime factus est homo, tamquam dominus et possessor. *(»Zuletzt ist der Mensch geschaffen worden, gleichsam als Herr und Besitzer.«) Hugo de Sancto Victore, De sacr. I, p. 1, c. 25; PL Bd. CLXXVI, Sp. 203A:* Homo autem novissimo die factus est <...> ad coelum et propter eum, qui fecit coelum et terram. Ergo factus est homo non quasi ornatus terrae, sed dominus et possessor. *(Übers.* Knauer, *S. 72: »Der Mensch aber wurde am letzten Tag geschaffen <...> für den Himmel und für den, der Himmel und Erde geschaffen hat. Also wurde der Mensch geschaffen, nicht wie als Ausschmückung der Erde, sondern als Herr und Besitzer.«)*

15 *In* koͤment *der Hs. ist das übergeschriebene* a *kein diakritisches Zeichen, sondern eine Korrektur* o > a, *um die Vergangenheitsform zu bestimmen. Das übergeschriebene* a *ist größer als üblich.*

Hier beginnt

Das erste Kapitel des ersten Buches
Wie der Mensch geschaffen wurde.

Gott sprach: »Wir wollen einen Menschen schaffen nach unserm Bild und nach unserm Gleichnis, der ein Herr über alle Tiere der Erde und über die Vögel der Luft sein soll« (Gn 1,26). Und das geschah am sechsten Tag nach der Erschaffung aller körperlichen Geschöpfe. Das sagt uns die Heilige Schrift. Darum, willst du den Menschen kennen, so betrachte eifrig dieses Wort.

A. Darum bin ich hier, um zu sehen und zu hören, soviel ich vermag.

B. An diesen Worten sind vier Punkte beachtenswert.

<Disposition>

Erstens, dass der Mensch nach allen Geschöpfen dieser Welt geschaffen wurde.

Zweitens, dass er mit göttlichem Ratschluss geschaffen wurde.

Drittens, dass er nach dem Gleichnis des göttlichen Bildes geschaffen wurde.

Viertens, dass er nackt und ohne jeden Schutz geschaffen wurde.

Dem Vogel wurde zum Schutz ein Schnabel aus Horn gegeben. Den Tieren wurden starke Zähne und Klauen aus Horn gegeben. Der Mensch wurde ohne jeden Schutz geboren.

A. Ach, das sind liebenswerte Fügungen, die es zu verstehen gilt. Lehre mich zu verstehen, was Gott mit diesen Fügungen im Sinn hatte!

<Der Mensch ist als letztes Geschöpf geschaffen.>

B. Zum ersten, dass der Mensch das letzte Geschöpf war, das Gott in dieser Welt schuf, dazu sollst du wissen, dass Gott uns dadurch zu erkennen gab, dass der Mensch als Herr und König dieser Welt geschaffen wurde; und darum bereitet ihm Gott den Himmel und die Erde mit aller Pracht als Haus, das zu einem König passte, dem alle Tiere dieser Welt untertan sein sollten als seine Diener und Knechte. Und darum, sobald der Mensch erst geschaffen war, da kamen alle Vögel und alle Tiere zu ihm als zu ihrem Herrn. Denen allen gab er Namen als seinen Leibeigenen.

A. Wie moͤhtent die vische zů im kommen vff truken landt, das sù nùt sturbent?

B. Es ist gloͤublich, das sù im fùrkoment in dem geiste, do er enzùgket wart in die oͤberste wårheit, in dem zuge Eua vnser můter wart von sim rippe gemachet.[16]

A. Nåch der rede so duncket mich, daz der moͤnsche edler sie daͤnn alle die welt.

B. Dich duncket gar wisßlich, gott wùrket oͤrdenlich in allen dingen. Nu were es nùt oͤrdenlich, daz der ein kùng were aller welte, der nùt edler were daͤnn alle die welt. Er ist besser daͤnn sunn oder mån oder kein gestirne vnd alles *[5rb]* daz, das die erde hät vnd gebirt.

A. Owe, grosse blintheit, der, wie das so vil zů erbarmen ist, daz der edel kùng, der ein herre dirre welte nåch håhem adel ist, sich machet vndertånig vnd dienet so gar lihten vneͣdlen dingen.

B. Das klagt sanctus Paulus vnd sprichet, das »sùnde dirre welte erblendet hät die wisen vnd die kùndigen, wån sù hant lieber gedienet der vnedlen creaturen daͤnn dem schoͤpfer aller welte«.

<Vor der Erschaffung des Menschen hielt Gott Rat.>

A. Nu sage mir fùrbas: Waz betùtet, das gott råt nam zů imselber, do er den moͤnschen geschaffen wolte, das er doch nùt tet in der geschoͤpfede anderer crcaturen?

B. An dem råte so merke, daz der moͤnsche als edel solte werden, daz er nùt allein ein herre werden solte der liplichen creaturen, er sol auch der ewigen wårheit riche werden, wån die soͤlt er empfåhen alz ein lieht vnd soͤlte sich in der wårheit bilden. Darumb wart im in siner geschoͤpfede geben die vernunfft vnd der wille, daz er mit vernunfft in sich bildete die ewige wårheit vnd sichselber

16 *Die Lehre vom mystischen Schlaf Adams bei der Erschaffung Evas geht zurück auf Augustinus, De gen. ad litt. IX, c. 19; CSEL Bd. XXVIII, 1, S. 295:* Ac per hoc etiam illa extasis, quam deus inmisit in Adam, ut soporatus obdormiret, recte intellegitur ad hoc inmissa, ut et ipsius mens per extasin particeps fieret tamquam angelicae curiae et intrans in sanctuarium dei intellegeret in novissima. *(»Und darum verstehen wir jene Entrückung, in die Gott Adam in seinen Schlaf fallen ließ, richtig, dass sie ihm auferlegt war, damit sein Geist durch die Entrückung teilhaftig würde mit dem Hof der Engel und in das Heiligtum Gottes eintretend in die letzten Dinge Einblick nehmen könnte.«) Zur Verknüpfung mit den Fischen siehe Augustinus, De gen. ad litt. IX, c. 12; CSEL Bd. XXVIII, 1, S. 282, 7–15:* Num igitur ullo modo credibile est, in eadem lingua nomina piscium non ab homine, sed divinitus instituta, quae deo docente homo postea disceret? Quod si ita etiam factum esset, quare ita factum esset, procul dubio mystica significatio resonaret. *(»Ist es nicht irgendwie glaubhaft, dass die Namen der Fische in derselben [Ur-]Sprache nicht vom Menschen, sondern von Gott gegeben wurden und dass der Mensch sie später durch die Belehrung Gottes lernte? Und wenn es so geschehen wäre, hätte der Grund für diese Vorgehensweise ohne Zweifel einen mystischen Beiklang.«)*

A. Wie konnten die Fische zu ihm aufs trockene Land kommen, ohne dass sie starben?

B. Es ist glaubhaft, dass sie ihm im Geist erschienen, als er in die oberste Wahrheit entrückt war, als Eva, unsere Mutter, aus seiner Rippe geschaffen wurde.

A. Nach dieser Erklärung scheint mir, dass der Mensch edler ist als die ganze Welt.

B. Das denkst du ganz klug. Gott wirkt in allen Dingen mit Ordnung. Nun wäre es nicht in Ordnung, wenn ein König aller Welt nicht edler wäre als alle Welt. Er ist besser als Sonne oder Mond oder jedes Gestirn und alles, was die Erde hat und gebiert.

A. O weh, große Blindheit, dass der edle König – obwohl es so viel Mitleid weckt –, nach seinem hohen Adelsstand ein Herr dieser Welt ist, sich so oberflächlichen unwürdigen Dingen untertan macht und ihnen dient.

B. Das beklagt auch der heilige Paulus, der sagt, dass die Sünde dieser Welt die Weisen und die Kundigen verblendet hat, denn sie haben lieber den unwürdigen Geschöpfen gedient als dem Schöpfer aller Welt (vgl. Rm 1,22–24).

<Vor der Erschaffung des Menschen hielt Gott Rat.>

A. Jetzt sage mir weiter: Was bedeutet es, dass Gott mit sich selbst Rat hielt, als er den Menschen schaffen wollte, was er ja bei der Erschaffung der anderen Geschöpfe nicht tat?

B. An diesem Ratschluss kannst du erkennen, dass der Mensch so edel werden sollte, dass er nicht allein Herr der körperlichen Geschöpfe werden sollte, er soll auch der ewigen Wahrheit teilhaftig werden, denn die sollte er als Licht empfangen, und er sollte sich in der Wahrheit fortbilden. Darum wurden ihm bei seiner Erschaffung die Vernunft und der Wille gegeben, sodass er mit

der waͦrheit glich machete in der woͦrheit[17], *[5va]* vnd in der worheit so moͤhte er vß der zijt getzogen werden in ewigkeit.

A. Waz meynet denn, das gott semlichen raͦt nùt zoͤiget, do er die engel geschuͦff, die ouch in der waͦrheit gebildet soͤltent werden?

B. Mich dunket, daz etwaz groͤssers were in des moͤnschen geschoͤpfede dann in des engels, vnd das zoͤiget der raͦt von dem moͤnschen.[18]

A. Waz mag das sin?

B. Gott bekant alle ding in siner ewigen wißheit, vnd darumb so sah er wol: Wùrde der moͤnsche geschaffen, so wurde der moͤnsche gott vnd gott moͤnsch[19]. Nu ist daz das allergroͤste werk vnd wunder, das got vermag. Darum weͤne ich, das gott zoͤiget den raͦt in des moͤnschen geschoͤpfede alz in dem hoͤhsten werke, daz got wolte vnd moͤhte gewùrken.

A. Mich duncket an disen worten: Were der moͤnsche nye geuallen, gott were doch moͤnsche worden.

B. Dich duncket, als mich ouch duncket; waͦnn es das allergroͤste hoͤhste wunder ist, so weͤne ich, das es nùt geordent wùrde von gotte vff ein werk der sùnden noch vff kein ander werk, das minre ist.[20] Ich weͤne vil e, daz die sùnde

---

17 *»Sich der Wahrheit gleich machen« erinnert an Eckharts Postulat, seine Rede sei nur zu verstehen, wenn die Zuhörer der Wahrheit gleich sind; siehe S. 338, Anm. 9.*

18 *Das Ziel der Erschaffung des Menschen ist demnach die Vergöttlichung des Menschen durch die Menschwerdung des Gottessohnes. Anselm von Canterbury hingegen sah es als Aufgabe der Schöpfung des Menschen an, die Zahl der gefallenen Engel zu ersetzen (CDH I, c. 18). Dass mit der Menschwerdung Gottes eine Rangerhöhung des Menschen über den Engel hinaus stattfindet, zeigt Albertus Magnus, In Sent. I, d. 3, a. 5; ed. Borgnet, Bd. XXV, S. 96:* Dicendum, quod homo consideratur tripliciter, scilicet reputatione divina, et in propria natura, et in fine quae est beatitudo aeterna. Reputatione divina dignissima creaturarum est, quia Deus tantum naturam suam reputavit, quod ipsam assumpsit. *(»Es ist zu sagen, dass man den Menschen in drei Hinsichten betrachten kann: nämlich hinsichtlich des Ansehens vor Gott, ferner in der eigenen Natur und schließlich im Blick auf das Ziel, das ist die ewige Seligkeit. Hinsichtlich des Ansehens vor Gott ist er das Würdigste der Geschöpfe, da Gott nur seine Natur ausersehen hat, sie anzunehmen.«)*

19 *Vorbild dieses Gedankens ist II Pt 1,4:* Nobis promissa donavit, ut per haec efficiamini divinae consortes naturae. *(»Durch sie sind uns die kostbaren und allergrößten Verheißungen geschenkt, damit ihr durch sie Anteil bekommt an der göttlichen Natur.«) Er wird aufgegriffen von Irenäus von Lyon, Adv. haer. III, c. 19, n. 1; ed. Brox, Fontes Christiani 8,5, S. 238, 9–12:* Propter hoc enim verbum dei homo; et qui filius dei est, filius hominis factus est, <ut homo>, commixtus verbo dei, et adoptionem percipiens fiat filius dei. *(Übers. Brox, S. 239: »Denn dazu ist das Wort Gottes Mensch und der Sohn Gottes Menschensohn geworden, dass der Mensch Sohn Gottes wird, indem er sich mit dem Sohn Gottes vermischt und an Sohnes statt angenommen wird.«) In der Theologie der Kirchenväter wird dieser Grundsatz häufig wiederholt. Vgl. Augustinus, De trin. I, c. 28; CCSL Bd. L, S. 69,6f. Ebenso Thomas de Aquino, In Sent. III, d. 4, q. 2, a. 2, arg. 2; Iohannes de Basilea, In Sent. III, d. 7–9, q. 4, in opp.; Bd. IV, S. 53,14f.; auch Eckhart, z. B. Pr. 46, DW II, S. 380,5–381,1.*

20 *Thomas de Aquino, In Sent. III, d. 1, q. 1, d. 3:* Utrum si homo non peccasset, deus fuisset incarnatus? *Dort lässt Thomas beide Möglichkeiten offen; ebenso Sth. III, q. 1, a. 3 co, wo er jedoch zu erkennen gibt, dass er mehr einem Nein zuneigt. Iohannes de Basilea, In Sent.*

Vernunft die ewige Wahrheit in sich ausformte und sich selbst in der Wahrheit der Wahrheit gleichmachte. Und in dieser Wahrheit hätte er aus der Zeit in die Ewigkeit gezogen werden können.

A. Was heißt es denn, dass Gott einen solchen Rat nicht hielt, als er die Engel schuf, die auch in der Wahrheit geformt werden sollten?

B. Ich meine, dass etwas Größeres in der Erschaffung des Menschen lag als in der des Engels, und das zeigt der Rat <vor der Erschaffung> des Menschen.

A. Was kann das sein?

B. Gott erkannte alles in seiner ewigen Weisheit, und darum sah er auch: Würde der Mensch geschaffen, so würde der Mensch Gott und Gott Mensch. Nun ist dies das allergrößte Werk und Wunder, das Gott vermag. Darum, denke ich, hielt Gott den Rat bei der Erschaffung des Menschen als in dem höchsten Werk, das Gott wirken wollte und vermochte.

A. Bei diesen Worten meine ich: Wäre der Mensch nicht gefallen, wäre Gott doch Mensch geworden.

B. Du meinst, was auch ich meine: Weil es das allergrößte Wunder ist, glaube ich, dass es nicht von Gott auf ein Werk der Sünde gebaut würde oder auf ein anderes geringeres Werk. Ich glaube viel eher, dass die Sünde, die vom

von gotte verhenget ist, die *[5vb]* von dem moͤnschen ist geschehen, daz die sùnde in dem hoͤhsten weͤrke vnd wunder also wùrde widerbraͦht vnd gebuͦsset, daz die gerehtigkeit der buͦsse besser wùrde, daͦn boͤse waz die schulde der sùnde.[21] Vnd daz sprichet sanctus Paulus: »Das leben ist genuhtsamlicher ingegangen in die welt, daͦn der tod sie ingegangen durch die sùnde«. Vnd darumb so sprach ich, das die geschoͤpfede des moͤnschen groͤsser waz daͦn die geschoͤpfede der engel. Waͦn zuͦ hant in dem willen, do gott den moͤnschen schoͤpfen wolte, in demselben willen wolt er ǒch moͤnsche werden.

A. Daz verstand ich noch nùt wol. Waͦn were der moͤnsche nùt geuallen, daz er erloͤsunge bedoͤrffte, warzuͦ were dann daz grosse werk geordent oder warzuͦ wer es notdurfftig oder guͦt gewesen? Sprichest du, daz gott dem moͤnschen hette sine mynne erzoͤiget, zuͦhant so wundert mich, warumb gott wolte dem moͤnschen soͤliche minne erzoͤigen vnd nùt dem engel.

B. Ich spriche nùt, das gott dem moͤnschen hette mynne erzoͤiget, daz er daumb wer moͤnsch worden. Wer der moͤnsche nùt gevallen, der moͤnsche von siner geschoͤpfede *[6ra]* waz geordent in gantze vollekommen seligkeit als der engel. Volle seligkeit ist daran, daz alle begirde sient erfùllet naͦch dem allerbesten. Nu haͦt der moͤnsche lipliche begirde vnd gaistliche. Die lipliche begirde naͦch den sinnen die moͤgent mit luternm geiste nùt erfùllet werden. Darumb soͤlte der moͤnsche volle seligkeit besitzen, so muͦste die begirde siner sinne in einem liplichen gegenwurffe erfùllet werden naͦch dem besten. Der gegenwurff moͤht nút anders sin daͦnn gott. Wann keine begirde mag volle ruͦwe niemer gewinnen daͦn in dem gegenwurffe, der alles in im besslùsset, das die begirde vordern mag vnd heischen. Vnd ist alleine gott, der alles guͦt aller gegenwúrffe naͦch dem besten in ÿme beslùsset.

III, d.4–9, q.4, concl. 1; Bd.IV, S.53,17f.: Primi parentis culpa nec fuit causa nec occasio, quare anima Christi fuit praedestinata. *(»Die Schuld der Stammeltern war weder die Ursache noch der Anlass für die Prädestination der Seele Christi.«) Ebd., cor. 2; Bd.IV, S.54,10–12:* Quamvis Verbum sit incarnatum ad delendum originale peccatum et propter nostram miseriam reparandam, non tamen tenendo ly ›propter‹ finalem et motivam causam. *(»Obwohl das Wort Gottes zur Tilgung der Ursünde und zur Wiedergutmachung unseres Elends inkarniert wurde, ist die Präposition ›zur‹ nicht als Zielursache oder als Motiv zu verstehen.«) Ebd., cor. 3; Bd.IV, S.54,18–20 (gegen Thomas von Straßburg):* Si homo in statu innocentiae permansisset, eadem natura quae nunc fuisset assumpta in unitatem personae. *(»Wenn der Mensch im Stand der Unschuld beharrt hätte, wäre dieselbe Natur [des Menschen] wie jetzt in die Einheit der Person [Christi] aufgenommen worden.«) Als Argument führt Hiltalingen wie der Meister des Lehrgesprächs an: Wenn die Inkarnation des Wortes nicht auch ohne Sünde des Menschen ewig geschehen wäre, hätte die Sünde ursächliche Kraft. Das Weitere im Kommentar unten S.839–844.*

21 *Vgl. Iohannes de Basilea, In Sent. II, d.31–32, q.21, concl. 2, cor. 3; Bd.III, S.307,13–15:* Quamvis per gratiam baptismalem non tollatur omnis effectus culpae originalis, tamen melior est gratia baptismalis, quam mala sit culpa originalis. *(»Obwohl durch die Taufgnade nicht jede Folge der Erbschuld aufgehoben wird, ist dennoch die Taufgnade besser als die Erbschuld böse ist.«)*

Menschen geschehen ist, von Gott verhängt wurde, damit die Sünde in dem höchsten Werk und Wunder wiedergutgemacht und gebüßt würde, sodass die Gerechtigkeit der Buße besser würde, als die Schuld der Sünde böse war. Und das sagt der heilige Paulus: »Das Leben ist reichlicher in die Welt eingegangen, als der Tod durch die Sünde in sie eingegangen ist« (vgl. Rm 5,12). Und darum habe ich gesagt, dass die Erschaffung des Menschen größer war als die Erschaffung der Engel. Denn in dem Willen, in dem Gott den Menschen schaffen wollte, wollte er zugleich auch Mensch werden.

A. Das verstehe ich noch nicht gut. Denn wäre der Mensch nicht gefallen, sodass er die Erlösung nötig hatte, wozu wäre dann das große Werk ausgerichtet gewesen oder wozu wäre es nötig oder gut gewesen? Wenn du sagst, dass Gott dem Menschen seine Liebe hätte erweisen wollen, frage ich mich sogleich, warum Gott dem Menschen solche Liebe erweisen wollte und nicht dem Engel.

B. Ich sage nicht, dass Gott darum Mensch geworden wäre, um dem Menschen Liebe zu beweisen. Wäre der Mensch nicht gefallen –, aufgrund seiner Erschaffung war er zu ganzer, vollkommener Seligkeit bestimmt wie der Engel. Allerdings hatte der Mensch leibliches und geistiges Begehren. Das leibliche Begehren, entsprechend den Sinnen, das kann mit reinem Geist nicht erfüllt werden. Wenn darum der Mensch volle Seligkeit besitzen sollte, so musste das Begehren seiner Sinne zum Besten durch ein leibliches Objekt erfüllt werden. Denn kein Begehren kann jemals volle Ruhe gewinnen, außer in dem Objekt, das alles in sich enthält, das das Begehren fordern und heischen kann. Und das ist allein Gott, der jedes Gut aller Objekte zum Besten in sich enthält.

A. Ich merke wol: Wolte gott den moͤnschen geschaffen zů ewiger seligkeit, do můst er sich des verwegen, daz er moͤnsche wùrde. Und wån der engel nuwån hät geistliche begirde, die gott erfùllen mag nåch der wise des geistes, do waz nùt not, wolt er den engel seͣ*[6rb]*lig machen, daz er ein engel wùrde.

B. Gelobet sie gott, daz er dir daz minnenkliche wunder, daz an dem goͤttlichen råte lit, mit dem er den moͤnschen geschůff, hät so schiere gegeben, daz so wening moͤnschen bekennent.[22]

<Bild und Gleichnis Gottes>

A. Nu gang fùrbas vnd sage, wie ich das soͤlle verstån, daz der moͤnsche gemachet ist nåch dem bilde vnd nåch der glichnisse gotts![23]

B. Da solt du flissiglichen hoͤren, wån daz ist ein grund goͤttlicher bekantnisse.

A. Ich wil vaste hoͤren.[24]

<Bild Gottes: Geist, der sich erkennt und liebt>

B. Gott ist ein lebender geist, der sichselber bekennet vnd mynnet in ewigkeit. Verståst du das?

A. Waz ist ein geist?

B. Der lip vnd der geist hänt ein solichen vnderscheit: Der lip ist groß vnd klein von sinen stùcken. Der lip ist groß, der zwey halbe teil hat. Der geist hät kein stùcke. Wån der lip stùcke hat, so mag er zerteilt werden. Wån der geist von stùcken nùt ist gemachet, so mag er geteilt nùt werden. Der lip, wån er von stùcken ist, so mag er zů- vnd abeneͤmen. Der geist mag groͤsser noch kleyner werden. Der lip, wån er *[6va]* groß ist vnd kleine, darumb bekùmbert er

111 halbe] gros *SG*, grose halb *Z M2*

---

22 *Dieser Hinweis deutet auf eine Sonderlehre, die von der gängigen Auffassung abweicht. Siehe dazu auch den theologischen Kommentar, unten S. 835f.*

23 *Im Folgenden wird die augustinische Seelenlehre nach De trin. I, c. 13 u. 14 entfaltet. Vgl.* Schmaus, *Die psychologische Trinitätslehre des heiligen Augustinus. Die Thematik wird in der Schule übermittelt durch Petrus Lombardus, Sent. II, d. 16, c. 3, n. 5; Bd. I,2, S. 408,12–18:* Factus est ergo homo ad imaginem dei et similitudinem secundum mentem, qua irrationabilibus antecellit; sed ad imaginem secundum memoriam, intelligentiam et dilectionem. *(»Der Mensch wurde also nach dem Bilde Gottes geschaffen und nach dessen Gleichnis gemäß dem Geist, durch den er die Vernunftlosen übertrifft; aber nach dem Gleichnis entsprechend dem Gedächtnis, der Vernunft und der Liebe.«)*

24 *Nach* hoͤren: *Einsatz des Textexzerpts im ›Lehrsystem‹, Hs. Z. fol. 1^{r}:* Die frage: Was ist gotte? / Die antwurt: Got ist ain lebender gaist, der sich bekennet vnd minnet in ewikait. *Die Varianten im Lehrsystem können dem zeilengenauen Vergleich der Hss. des ›Lehrsystems‹ mit dem ›Audi-filia-Dialog‹ im Anhang: Textvarianten im ›Lehrsystem der deutschen Mystik‹ entnommen werden. Im Variantenapparat dieser Edition werden nur die sinntragenden Abweichungen angezeigt, an denen man die Bearbeitungstendenz des Redaktors erkennen kann.*

A. Ich verstehe wohl: Wollte Gott den Menschen zur ewigen Seligkeit schaffen, musste er sich dazu entschließen, Mensch zu werden. Und da der Engel nur geistliche Bedürfnisse hat, die Gott in der Weise des Geistes erfüllen kann, war es nicht notwendig, dass er Engel wurde, wenn er den Engel selig machen wollte.

B. Gelobt sei Gott, dass er dir das liebenswerte Wunder, das in dem göttlichen Rat liegt, mit dem er den Menschen schuf, so schnell erschlossen hat; das erkennen so wenige Menschen.

<Bild und Gleichnis Gottes>

A. Jetzt geh weiter und sage, wie ich verstehen soll, dass der Mensch nach dem Bild und Gleichnis Gottes geschaffen ist.

B. Dann höre aufmerksam zu, denn es ist ein Grund der Erkenntnis Gottes.

A. Ich werde genau zuhören.

<Bild Gottes: Geist, der sich erkennt und liebt>

B. Gott ist ein lebendiger Geist, der sich selbst in Ewigkeit erkennt und liebt. Verstehst du das?

A. Was ist ein Geist?

B. Leib und Geist haben folgenden Unterschied. Der Leib besteht aus großen und kleinen Bestandteilen. Ein Leib ist groß, wenn er aus zwei Hälften besteht. Der Geist hat keine Bestandteile. Weil der Leib Bestandteile hat, kann er zerteilt werden. Weil der Geist nicht aus Bestandteilen besteht, kann er nicht geteilt werden. Weil der Leib aus Bestandteilen besteht, kann er zu- und abnehmen. Der Geist kann weder größer noch kleiner werden. Weil der Leib groß oder klein ist, bedeckt er eine größere Fläche, wenn er groß ist, als wenn

ein groͤsser stat, so er groß ist, dånn so er klein ist. Der geist bekùmbert keine statt, wån er weder groß noch klein ist.[25] *Aber der libe wan er grose vnd klaine ist,*[26] so empfåhet der lip varwe vnd figure. Der geist empfåhet weder varwe noch figure[27]. Vnd darum wiltu bilden in dir, was ein geist sie, so muͦst du låssen alle bildunge der fùnff sinne, wånn waz die sinne intragent, das hät groß vnd kleÿn vnd hät varw vnd figure vnd ist uon stùcken. Darumb so bekùmbert es die stat nåch siner grosse vnd kleine vnd hat varwe vnd figure, vnd darumb so ist es liplich, vnd so es der wise in diner bildunge ie me hät, so vil die bildung ie verrer ist von der wårheit des geistes.

A. Wie sol ich denne gedencken vnd bilden den geist, wann ich anders nùt wol gedencken kan, dån das in mich gebildet wùrt von den sinnen?

B. So man sprichet daz wort: »*Der der*[28] worheit lebet, der bedarff sich sins lebens nùt schåmen«, bekennest du, das dis wort wår ist?

A. Jå, gar wol.

B. Bekennest du, waz die wårheit ist vnd was schamm ist?

A. Ich bekeͤnne wol, waz schamm ist; aber *[6vb]* waz die woͦrheit ist, daz weiß ich nùt wol.

B. Merke, waz du vor spreͤche: Du bekantest wol, daz das wort wor waz, da ich sprach: »Der der worheit lebet, der bedarff sich sins lebens nùt schåmen.« Nu mag nieman kein rede bekeͤnnen noͦch woͦrheit, er verstande denne alle die wort, die in die rede vällent.

A. Ich merke wol, das ich vnreht antwùrte, wån verstuͤnd ich nùt, waz das wort betùtet »die worheit«, ich moͤhte nùt wissen, daz die rede wår ist, so du sprichest: »Wer der woͦrheit lebet, der bedarff sich sins lebens nùt schåmen.«

B. Darumb gedencke, waz daz wort betùte in dinem sinne!

A. Ich kan es anders nùt gebilden, denn daz *sy* sie als guͦt, daz do ist genant die wårheit, daz sich ir nieman schåmen sol, wån von ir komet ere.

B. Worheit betùtet etwaz.

A. Daz ist wår.

117 Aber der libe ... vnd klaine ist *X] *fehlt C* ***118–119*** Der geist empfåhet ... varwe noch figure *fehlt *X* ***120*** groß vnd kleÿn] groͤsi vnd klaine *X ***121*** vnd hät varw vnd figure *fehlt *X* ***125*** Wie] vnd sider das also ist vnd wie *X ***126*** sinnen] fúnf sinnen *X ***127*** Der der] der nach der *X ***128*** wort] wårt *C* ***132*** weiß] beckenne *X ***137*** Ich merke wol ... vnreht antwùrte, wån *fehlt *X* ***141*** sy *X] sin *C* ***142*** sol] mag *X

---

25 *›Von der edelkeit der sêle‹, Pf. II, 383,31f.:* Und alsô bekümbert diu einvaltige nâtûre der sêle keine stat. *(»Und darum bedeckt die einfache Natur der Seele keine Stätte.«)*

26 *Der Halbsatz fehlt in der Colmarer Handschrift aufgrund von Homoioteleuton.*

27 *Dieser Satz fehlt im ›Lehrsystem‹ wegen Homoioteleuton.*

28 *Konjektur nach den folgenden Wiederholungen des Satzes: Z. 134. Das ›Lehrsystem‹ hat* der nach der warheit lebt. *Bei den nachfolgenden Wiederholungen schreiben auch alle Hss. des ›LS‹ ebenfalls* der der wahrheit lebt *wie C.*

er klein ist. Der Geist bedeckt keine Fläche, weil er weder groß noch klein ist. Aber weil der Leib groß oder klein ist, erhält er Farbe und Figur. Der Geist erhält weder Farbe noch Figur. Und darum, willst du dir vorstellen, was ein Geist ist, musst du alle Formung der fünf Sinne lassen; denn was die Sinne einbringen, das ist groß oder klein und hat Farbe und Figur und ist zusammengesetzt. Darum bedeckt es die Fläche je nach Größe oder Kleinheit und hat Farbe und Figur, und darum ist es körperlich. Und je mehr von dieser Art in deiner Vorstellung ist, umso weiter ist diese Vorstellung von der Wahrheit des Geistes entfernt.

A. Wie soll ich denn den Geist denken und vorstellen, da ich ja nichts anderes denken kann, als was von den Sinnen in mich eingebildet wird?

B. Wenn man sagt: »Wer der Wahrheit lebt, braucht sich seines Lebens nicht zu schämen«, erkennst du, dass dieses Wort wahr ist?

A. Ja, ganz gewiss.

B. Erkennst du auch, was die Wahrheit und was die Scham ist?

A. Ich erkenne zwar, was Scham ist, aber was die Wahrheit ist, das weiß ich eher nicht.

B. Bedenke, was du zuvor gesagt hast: Du erkanntest wohl, dass das Wort wahr war, als ich sagte: »Wer der Wahrheit lebt, braucht sich seines Lebens nicht zu schämen.« Nun kann niemand die Wahrheit einer Aussage verstehen, wenn er nicht alle Worte versteht, die zu einer Aussage gehören.

A. Ich merke wohl, dass ich unrichtig geantwortet habe; denn verstünde ich nicht, was das Wort »Wahrheit« bedeutet, könnte ich nicht wissen, dass die Aussage wahr ist, wenn du sagst: »Wer der Wahrheit lebt, braucht sich seines Lebens nicht zu schämen.«

B. Darum überlege, was das Wort in deinem Verständnis bedeutet!

A. Ich kann es mir nicht anders vorstellen, als dass das, was Wahrheit heißt, so gut ist, dass sich ihrer niemand zu schämen braucht; denn von ihr kommt Ehre.

B. Wahrheit bedeutet etwas.

A. Das ist wahr.

B. Wie ist es gevär, das wårheit betùtet?

A. Es hat keine varwe.

B. Ist es groß oder kleÿne, wijt oder lang, kalt oder warm, suͤsse oder sure, herte oder weich?

A. Der keines vinde ich in dem, daz das wort betùtet der wårheit.

B. Daby merke, daz du etwaz verståst vnd bekennest, *[7ra]* daz nùt ist ein lip noch nùt hat kein lipliche wise. Also soltu gedencken nåch gotte vnd nåch dem geiste alz nåch der wårheit, daz ist nach dem das wort woͦrheit betùtet: du bekennest, daz das wort wårheit etwaz betùtet, daz du nùt gebilden maht nåch varwe, nåch figure noch nåch keiner liplichen wise; daz in ÿmselber gantz ist, wann es kein stùcke hat noch kein teil als ein lip, daz[29] zuͤnemen nùt enmag an siner nature, wan es ist vnwandelbeͤr, wån es mag kein ding halbes war sin, es ist entweders wor, daz wor ist, oder aber nùt wor. Es ist ouch ein worheit nùt me wor då̈nn die ander. Die worheit bekùmbert stunde noch stat. Also soltu gedencken noch eim geiste.

A. Hät der geist keÿne wise des libes, als du sprichest, warumb redent deͤnn die lerer uon den obersten geisten etwenne in der glichnisse des liehtes, etwenne in dem bilde des wortes vnd in måniger glichnisse, die liplich sint?

B. So die meister den geist glichent dem liehte vnd dem worte vnd andern liplichen dingen, so meÿnent sù nùt, daz der geist *[7rb]* sie glich dem liechte nåch varwe oder figure, nåch wijte oder nåch breite, nåch stat oder nåch stunde. Wan das sint die wise siner liplicheit. Sù meÿnent es nåch der wise siner geistlicheit.

A. Hät daz, das liplich ist, ouch geistliche wise?

B. Weistu nùt, daz die wise schǒwer vnd die goͦttliche contemplierer sint, die in der liplichen creature kuͤnnent daz nemmen, daz geistlich ist[30]?

A. Waz ist geistlich in dem natùrlichen liehte?

146 varwe] varwe oder gestalt *X ***153*** nùt gebilden] nit weder gebilden noch geformen *X, n. w. g. n. geformiren *Z* ***155*** daz] der *X nùt *fehlt* *X ***156*** nature] figure *X vnwandelbeͤr] wandelbere *X ***162*** måniger] meniger andern *X liplich] alle leiplich *X ***164*** dem liechte *fehlt* *X ***170*** geistlich ist] gaistlich ist vnd es schaiden von dem das da liplich ist *X

---

29 *Hier spricht der ganze Satz vom »Wort der Wahrheit«, das »unwandelbar« ist; im ›Lehrsystem‹ springt die Aussage auf den »Leib«* (leyp, der), *der »wandelbar« ist.*

30 *Das ›Lehrsystem‹ ergänzt hier:* vnd es schaiden von dem, das da liplich ist. *Dieser Halbsatz dürfte in *X zur Verdeutlichung und Vermeidung von Missverständnissen eingefügt sein. Die folgende Frage des Schülers knüpft – ohne die Ergänzung – unmittelbar an die Frage des Meisters an.*

B. Welche Farbe hat, was Wahrheit heißt?

A. Es hat keine Farbe.

B. Ist es groß oder klein, weit oder lang, kalt oder warm, süß oder sauer, hart oder weich?

A. Davon finde ich nichts in dem, was das Wort »Wahrheit« bedeutet.

B. Daran kannst du merken, dass du etwas verstehst und erkennst, das weder ein Körper ist noch von körperlicher Art ist. So sollst du denken, was Gott und den Geist betrifft sowie die Wahrheit, was das Wort »Wahrheit« bedeutet: Du erkennst, dass das Wort »Wahrheit« etwas bedeutet, das du nicht nach Farbe, nach Figur noch in körperlicher Weise vorstellen kannst, das in sich selbst ganz ist, da es keine Bestandteile hat wie ein Körper, das aufgrund seiner Natur nicht zunehmen kann; denn es ist nicht veränderbar. Denn kein Ding kann halb wahr sein. Was wahr ist, ist entweder wahr oder aber nicht wahr. Auch ist eine Wahrheit nicht wahrer als die andere. Die Wahrheit deckt weder Stunde noch Fläche ab. So sollst du vom Geist denken.

A. Wenn der Geist keine körperliche Weise hat, wie du sagst, warum reden dann die Lehrer von den höchsten Geistern manchmal im Gleichnis des Lichtes, manchmal im Bild des Wortes und in manchen Gleichnissen, die körperlich sind?

B. Wenn die Meister den Geist mit dem Licht und dem Wort und anderen körperlichen Dingen vergleichen, so meinen sie nicht, dass der Geist dem Licht gleich ist in Farbe oder Figur, in Weite oder Breite, in Stätte oder Stunde; denn das sind die Weisen der Körperlichkeit. Sie meinen es nach der Weise der Geistigkeit.

A. Hat das, was körperlich ist, auch geistige Weise?

B. Weißt du nicht, dass die weisen Seher und die göttlichen Kontemplierer in dem körperlichen Geschöpf das verstehen können, was geistlich ist?

A. Was ist geistlich an dem natürlichen Licht?

B. Daz lieht zoͤiget sich vnd alles, daz in im ist, daz ist ein angesicht[31] des geistes. Daz lieht ist in sinem vrsprunge in gemitsamikeit[32] vnd flùsset vß sinem vrsprunge in emsikeit vnd ist in dem lufft ein vnderscheit.

A. Daz betute mir.

B. Daz lieht ist also in sinem vrsprunge, wie vil liehtes vßgeflùsset, so ist deste minre in der sunnen nùt.[33] Daz ist nùt ein lipliche wise. Wie groß ein huff ist, der von liben ist gemachet, der wurt dester kleyner, der dauon nymmet. Darvmb so ist es ein geistliche wise. Wån wie vil rere[34] vß dem geiste flùsset, so ist die wißheit deste kleiner nùt. Daz lieht flùsset vß sinem vrsprung *[7va]* in ste̊te emsigkeit, vnd darumb alz balde der vrsprung ist, als balde so flùsset von im daz lieht. Dar vmb so ist der vrsprung nùt ålter nåch der zijt dån das lieht. Daz ist ein wise des geists; wån als bald der geist ist, als bald ist er vernùnfftig. Das lieht ist vngesùndert von dem luffte, daz meyn ich in aller inrekeit:[35] Do der lufft ist, då ist ouch daz lieht, vnd hät der lufft deste e̊nger nùt. Das ist ein wise des geists, wån so der geist ie me bekennet, so er doch deste enger nùt enwurt. Das ist, das ich vor sprach: Die worheit ist noch groß noch kleine. Darumb so bekùmbert sù kein stat. Als tůt ouch der geist. Vnd darvmb so sint dis geistliche wise. Darumb so bildet die geschrifft den geist in glichnisse des liehtes.

A. Wie hät das wort glichnisse des geistes? Daz hoͤrte ich gerne.

B. Daz gehoͤrt nùt in dise rede.[36] Wolt ich hier von allen dingen sagen, so kåme ich dis bůches niemer an ein ende. Ich han darumb von dem liehte geredt,

172 angesicht] aigenschaft **X* *173* gemitsamikeit] genuhtsamikait **X* *178* liben] liplichen dingen **X* *179* rere] lere *SG Z*, lerer *M2*

---

31 *Alle Handschriften des ›Lehrsystems‹ haben hier* aigenschaft. *Das klingt zunächst plausibel, jedoch wird hier keine Eigenschaft angesprochen.* Angesiht, *»Aussehen« (*Lexer*) ist die Lectio difficilior und ergibt einen metaphorischen Sinn: Wie das Licht, so zeigt der Geist sich und alles, was in ihm ist.* Angesiht *kommt beim Meister des Lehrgesprächs häufig vor,* vultus *ist ebenfalls ein Lieblingswort des Johannes von Basel.*

32 In gemitsamikeit *ist in Hs. C zweifelsfrei zu lesen. Das ›Lehrsystem‹ korrigiert in allen maßgeblichen Hss. zu* genuhtsamikeit, *das wiederum plausibler klingt. Gleichwohl ist* gemitsamikeit *die Lectio difficilior und dem Sinne nach korrekt. Es wäre dann eine Substantivbildung zu* mitsam, *präp. »zusammen« (*Lexer*). Der Sinn ist: Licht und Geist sind im Ursprung eine komplexe Einheit, sie strömen unmittelbar aus und zeigen sich in unterschiedenen Gestalten; auch macht das Licht durch die Luft Unterschiede sichtbar.*

33 *Vgl. GDT Z. 290 f.:* Du mainst, daz liecht fliesse von der sunnen vnd ist doch dester minder liechtes nit in der sunnen.

34 rêre *stf. »das Herab-, Niederfallen« (*Lexer*). Der Kompilator des ›Lehrsystems‹ scheint das Wort nicht zu kennen.*

35 *Auch Eckhart benutzt* innerkeit *ontologisch: Pr. 80, DW III, S. 383, 1 f. (Übers. S. 575):* Daz ander: daz er [*Gott*] einvaltic ist an sînem wesene, her umbe ist er diu innerkeit aller dinge. *(»Zum zweiten darin, dass er einfaltig in seinem Sein ist; deshalb ist er das Innerste aller Dinge.«)*

36 *Vgl. IPD Z. 664:* Ditz hort in dise red nit.

B. Das Licht zeigt sich und alles, was in ihm ist. Das ist ein Aspekt des Geistes. Das Licht ist in seinem Ursprung in Komplexität und fließt in Regsamkeit aus dem Ursprung und in der Luft zeigt es Unterschiede.

A. Das erkläre mir.

B. Das Licht ist in folgender Weise in seinem Ursprung: Wie viel Licht ausfließt, so ist doch nicht weniger Licht in der Sonne. Das ist keine körperliche Weise. Wie groß ein Haufen ist, der aus Körpern gemacht ist, der wird umso kleiner, wenn man davon etwas wegnimmt. Darum zeigt das Licht geistliche Weise; denn wie viel Ausstoß aus dem Geist ausfließt, so ist doch die Weisheit nicht umso kleiner. Das Licht fließt aus seinem Ursprung in ständiger Regsamkeit, und darum fließt das Licht aus, sobald es den Ursprung gibt. Darum ist der Ursprung zeitlich nicht älter als das Licht. Das ist eine Weise des Geistes, denn sobald es den Geist gibt, so bald ist er vernünftig. Das Licht ist von der Luft nicht getrennt; das meine ich in voller Immanenz. Wo die Luft ist, da ist auch das Licht, und dadurch wird es der Luft nicht enger. Das ist eine Weise des Geistes, je mehr der Geist erkennt, so wird es ihm doch nicht umso enger. Das ist, was ich zuvor sagte: Die Wahrheit ist weder groß noch klein. Darum nimmt sie keinen Raum ein. Ebenso tut es der Geist. Und darum sind diese <Beispiele> geistliche Weisen. Darum schildert die Schrift den Geist im Gleichnis der Lichtes.

A. Inwiefern ist das Wort ein Gleichnis des Geistes? Das möchte ich gerne hören.

B. Das gehört nicht in diese Rede. Wollte ich hier von allen Dingen sprechen, käme ich mit diesem Buch niemals an ein Ende. Ich habe darum vom

daz du måͤrketest, daz ein liplich ding hät zweyerley wise: ein *[7vb]* wise nach siner liplicheit, die ander wise nåch dem geiste, vnd das wißheit daran lit, daz der moͤnsche in geistlicher wise vnd liplicher nature kan schǒwen den geist der wårheit.

A. So sage fùrbas! Villiht git gott gnåde, das du etwenn schribende wurst ein lere von dem worte der woͤren gottheit.[37]

B. Sůche fùrbaß, waz ein lebender geist ist, daz ist dir nùtz, das du werdest bekennen daz bilde, das got nåch yme gebildet hät.

A. Waz ist des geistes leben?

B. Leben des geistes ist sinselbes empfinden, vnd das empfinden geschiht in bekaͤntnisse vnd in mynnen.

A. Warumb mag es anders nùt sin dån in bekantnùsse vnd in mynnen?

B. Der moͤnsche empfindet sinselbes vnd ander tier an bekaͤntnisse der vernunfft vnd der mynne. Wånn sù lebent, das geschiht in den sinnen, die liplich sint. Wån aber der geist sinne nùt enhät, darumb sol er sinselbes empfinden, daz můß geschehen in vernunfft vnd in mÿnnen.

A. Wie mag daz sin? Der moͤnsche der lebet doch, so er *[8ra]* slåffet, vnd in dem slåffe so hat er kein empfinden weder in bekantnisse noch in sinnen.

B. So der moͤnsche slåffet vnd er lebet, so hat die sele ein wùrken in dem libe vnd daz geschiht etwen nåch den inneren sinnen, etwen nåch der dowenden[38] kraft vnd nach der krafft der lebenden nature. Der geist aber, der in keinem libe ist, sol der leben vnd sinselbes empfinden, daz můß geschehen in vernunfft vnd in mynne. Vnd darumb slåff vnd muͤdi gåt der selen zů von dem libe. Der geist, der in dem libe nùt ist, der hät keinen slåff noch kein muͤdi.

A. Sit der geist nu lebet in vernunfft vnd in mÿnne, so merk ich wol, daz gott ist der hoͤhste geist, der lebet in vernunfft vnd in mynne.

B.[39] Sit daz gott ist ein geist vnd er den moͤnschen hat gebildet nåch sinem bilde, darumb so sich, daz der moͤnsche geschaffen ist ein geist, der leben sol in

195 vnd *fehlt *X* ***199*** daz ist dir nùtz *fehlt* **X* ***210*** in sinnen] in den sinnen **X* ***212*** den] dem **X* sinnen] sinne **X* ***212–213*** dowenden] tobender *SG*, toͤwenden *Z M2* ***213*** der krafft] den kreften **X*

---

37 *Man könnte meinen, der IPD würde diese Anspielung einlösen. Doch wird auch dort die Bitte um eine vollständige Belehrung über das Wort in der Gottheit abgewiesen: IPD Z. 664 f.:* Ditz hort in dise red nit. Ez gehort baz in daz vierd capitel, so man betevten sol, wie daz wort waz in got vnd daz got waz daz wort. *(»Das gehört nicht in diese Besprechung. Es gehört besser in das vierte Kapitel, wenn man ausdeuten wird, wie das Wort in Gott war und dass Gott das Wort war.«) Dieses »vierte Kapitel« wird allerdings im IPD nicht ausgeführt.*

38 töuwende, touwende *part. adj. (zu* töuwen, touwen*) mit dem Tode ringen (*Lexer*).*

39 *Im ›Lehrsystem‹ fehlt der Kommentar des Meisters. Der Passus ist dort eine Erläuterung des Schülers.*

Licht geredet, damit du merkst, dass ein körperliches Ding doppelte Weise hat: Eine Weise hat es nach seiner Körperlichkeit, die andere Weise hat es nach dem Geist und <damit du merkst>, dass Weisheit darin liegt, dass der Mensch in geistlicher Weise und leiblicher Natur den Geist der Wahrheit schauen kann.

A. So sprich weiter! Vielleicht gibt Gott Gnade, dass du irgendwann eine Lehre von dem Wort der wahren Gottheit schreiben wirst.

B. Suche weiter, was ein lebendiger Geist ist, das ist dir nützlich, damit du das Bild erkennst, das Gott nach sich selbst gestaltet hat.

A. Was ist das Leben des Geistes?

B. Leben des Geistes ist sich selbst empfinden, und dies Empfinden geschieht in Erkenntnis und in Liebe.

A. Warum kann es nicht anders sein als in Erkenntnis und in Liebe?

B. Der Mensch empfindet sich selbst und andere Tiere <auch> ohne Erkenntnis der Vernunft und der Liebe. Da sie leben, das geschieht in den Sinnen, die leiblich sind. Da aber der Geist keine Sinne hat, darum muss es in Vernunft und in Liebe geschehen, wenn er sich selbst empfinden soll.

A. Wie kann das sein? Der Mensch lebt doch, wenn er schläft, und in dem Schlaf hat er kein Empfinden weder in Erkenntnis noch in Sinnen.

B. Wenn der Mensch schläft und lebt, so hat die Seele ein Wirken in dem Leib, und das geschieht manchmal durch die inneren Sinne, manchmal durch die erschlaffende Kraft, und durch die Kraft der lebendigen Natur. Der Geist aber, der in keinem Leib ist, wenn der leben und sich selbst empfinden soll, muss das in Vernunft und in Liebe geschehen. Und darum kommen Schlaf und Müdigkeit der Seele von dem Leib zu. Der Geist, der nicht in dem Leib ist, kennt keinen Schlaf und keine Müdigkeit.

A. Da nun der Geist in Vernunft und in Liebe lebt, merke ich wohl, dass Gott der höchste Geist ist, der in Vernunft und in Liebe lebt.

B. Da Gott ein Geist ist und er den Menschen nach seinem Bilde geformt hat, darum sieh, dass der Mensch als ein Geist geschaffen ist, der in Vernunft

vernunfft vnd in mÿnne, vnd darumb so ist er ein bilde gottes, wån er ist ein lebender geist gottes.

A. Daz han ich *uon gottes* gnåden verstanden, daz der moͤnsche nåch der sele ist ein bilde[40]. *[8rb]*

<Gleichnis der Dreifaltigkeit>

Nu sage mir: Wie ist er ein glichnisse gottes, oder ist es eins: glichnisse und bilde?

B. Es ist nùt eins betùtet in dem bilde vnd in der glichnisse. Die sele ist ein bilde gottes nåch dem, als sù ein lebender geist ist. Sù ist aber ein glichnisse gottes an iren kraͤfften. In den kraͤfften sù glich ist der goͤttlichen drùfaltigkeit.[41]

A. Was sint ire kraͤffte, vnd wie ist sù glich der drùfaltigkeit?

B. Dis ist ein fråge, die mir gar zů swer ist, doch tůn ich, daz ich mag, wån es die mynne gebùtet. Merke: Gott ist ein lebender geist.

A. Daz han ich wol verstanden.

B. Er lebet in vernunfft vnd in mynnen sinselbes.

A. Daz ist wor.

B. Darumb gott ist in imselber vnd ist in vernunfft. *Wan vnd were er nit in imeselber, so were er nit in vernunft*[42]; wann waz nùt ist, daz ist nùt bekant. Darvmb waz keiner vernunfft ist bekant, das můß etwaz sin in imselber.[43] Gott ist auch in vernunfft. Wån were er nùt in siner vernunfft, so were er imselber nùt bekant, so were er nùt ein lebender geist.

A. Darumb so merk ich wol, daz wort: gott ist in imselber vnd *[8va]* ist in vernunfft.

223 uon gottes **X*] *fehlt C* ***224*** bilde] bilde gottes **X* ***230*** drùfaltigkeit] hailigen driualtikeit **X* ***236–237*** Wan vnd were ... nit in vernunft **X*] *fehlt C* ***238*** keiner] in **X* ***241*** A. *fehlt*

---

40 *Das ›Lehrsystem‹ hat hier* bilde gottes. *Die Lesart von C ist wahrscheinlicher, da der Schüler einen Gegensatz formuliert: Er hat das Bildsein (*imago Dei*) verstanden und fragt im nächsten Satz weiter nach dem* glichnisse gottes *(*similitudo*).*

41 *Die Unterscheidung, die hier vorgeschlagen wird, ist ungewöhnlich, Näheres siehe im theologischen Kommentar, S. 845–847.*

42 *Aus dem ›Lehrsystem‹ ergänzt, fehlt in C wegen Homoioteleuton in der Vorlage von C. Die Korrektur ist auch berechtigt, weil der Meister den Satz ähnlich unten (Z. 239 f.) wiederholt, ähnlich der Schüler Z. 248 f.:* Wån als ich sprach: ›Waz in der vernunfft ist, das můß vor sin in imselber.‹

43 *Vgl. IPD Z. 182–191, vor allem Z. 182–184:* Wa di natur ist lauterlich daz, daz si ist, do mag daz ist der natůr als wenig entweichen als die natur ir waren bekantlicheit. *(»Wo die Natur rein das ist, was sie ist, da kann das Ist der Natur ebenso wenig fehlen, wie der Natur ihre wahre Erkennbarkeit [fehlen kann].«)*

und in Liebe leben soll, und darum ist er ein Bild Gottes, weil er ein lebendiger Geist Gottes ist.

A. Das habe ich von Gottes Gnaden verstanden, dass der Mensch der Seele nach ein Bild ist.

<Gleichnis der Dreifaltigkeit>

Nun sage mir: Wie ist er ein Gleichnis Gottes, oder ist es eins: Gleichnis und Bild?

B. Es bedeutet nicht eins, das Bild und das Gleichnis. Die Seele ist ein Bild Gottes, insofern sie ein lebendiger Geist ist. Sie ist aber ein Gleichnis Gottes aufgrund ihrer Kräfte. In den Kräften ist sie der göttlichen Dreifaltigkeit gleich.

A. Was sind ihre Kräfte, und wie gleicht sie der Dreifaltigkeit?

B. Das ist eine Frage, die mir viel zu schwer ist; doch tue ich, was ich vermag; denn es gebietet die Liebe. Merke: Gott ist ein lebendiger Geist.

A. Das habe ich gut verstanden.

B. Er lebt in Vernunft und in Liebe seiner selbst.

A. Das ist wahr.

B. Darum ist Gott in sich selbst und ist in Vernunft. Denn wäre er nicht in ihm selbst, so wäre er nicht in Vernunft. Denn was nicht ist, das wird auch nicht erkannt. Darum muss, was einer Vernunft bekannt ist, etwas in sich selbst sein. Gott ist auch in Vernunft. Denn wäre er nicht in seiner Vernunft, so wäre er sich selbst nicht bekannt, so wäre er nicht ein lebendiger Geist.

<A.> Darum verstehe ich das Wort: Gott ist in ihm selbst und ist in Vernunft.

B. Gelobet sie gott, daz du so schiere hast verstanden daz wort, do so grosse wisßheit inne lit. Nu sage fùrbas,[44] weders ist dem andern ein anefang?

A. Waz meynestu?

B. Ich meine, daz gott ist in imselber oder daz gott ist in siner vernunfft[45].

A. Mich duncket, daz daz e ist vnd dem andern ein anefang ist,[46] das gott in imselber ist, e daz er sie in siner vernunfft. Wån als ich sprach: Waz in der vernunfft ist, das můß vor sin in imselber; wån were es nùt in imselber, so moͤht es nùt sin in keiner vernunfft.

B. Sage fùrbas[47]: Ist gott nùt in imselber vnd in vernunfft vnd in siner mynne?

A. Jo[48], minnet er sichselber nùt, so were er nùt ein lebender geist, der lebet in vernunfft vnd in mynne.

B. Nu sage[49]: Waz gåt då vor dem andern?

A. Daz ist gůt zů merken.[50] Wån nieman minnet, dån daz er bekennet. So sihe ich wol: Vor můß *gott* in imselber sin vnd in siner vernunfft, e er moͤhte sin in siner mynne.

B. Du *nåhest* vaste nåch minem willen. Nu sage[51]: Wie soͤllent wir heissen den *[8vb]* anefang, alz gott ist in ymselber, dauon kommen ist daz[52], daz gott ist in siner vernunfft?

A. Daz solt du sagen vnd ich hoͤren.

B. Mag es nùt wol heissen ein vrsprung vnd ein vatter, von dem geflossen ist gott in vernunfft?

A. Ach, wie moͤht es eigenlicher werden genant dån ein vrsprung der gottheit vnd ein vatter, von dem flùsset ein lebender geist in vernunfft!

246 daz gott ist ... in siner vernunfft] weders ist got ee in ime selber oder ee in siner (der *SG*) vernunft **X* ***249*** wån were es nùt in imselber] anders **X* ***251*** in siner] in **X* ***257*** gott **X*] *fehlt C* ***259*** Du nåhest vaste nåch minem willen *fehlt *X* nåhest] nåheste *C* ***260*** dauon kommen ist daz *fehlt *X*

---

44 *Im ›Lehrsystem‹ ist dies weiterhin die Frage des Schülers. Das hier vorausgehende Dialogelement fehlt dort.*

45 *Die Fassung in C dürfte die Vorlage korrekt wiedergeben: Der Meister erläutert seine Frage, was von diesen beiden dem andern ein* anefang *(Prinzip) ist. Im ›Lehrsystem‹ fragt der Schüler, welches früher ist.*

46 *Der Schüler antwortet auf die Frage nach dem Anfang; im ›Lehrsystem‹ antwortet der Meister auf die Frage nach der Priorität.*

47 *Das Dialogelement fehlt wieder im ›Lehrsystem‹, weil dort weiterhin der Schüler fragt.*

48 *Der Meister antwortet im ›Lehrsystem‹.*

49 *Im ›Lehrsystem‹ fragt der Schüler.*

50 *Weiterhin im ›Lehrsystem‹ Teil der Frage des Schülers. Insofern ist statt der Antwort des Schülers hier:* Daz ist gůt zů merken, *die Formel dort:* Das merk, *unlogisch.*

51 *Das vorausgehende Dialogelement fehlt im ›Lehrsystem‹. Dann folgt dort weiterhin eine Frage des Schülers.*

52 *Dadurch, dass dieser Satzteil im ›Lehrsystem‹ fehlt, ist die Aussage dort unverständlich.*

B. Gelobt sei Gott, dass du so schnell das Wort verstanden hast, in dem so große Weisheit liegt. Nun sage weiter, welches von den beiden ist dem anderen ein Anfang?

A. Was meinst du?

B. Ich meine, dass Gott in ihm selbst ist oder dass Gott in seiner Vernunft ist.

A. Mir scheint, dass das eher ist und dem andern ein Anfang ist, dass Gott in ihm selbst ist, bevor er in seiner Vernunft ist. Denn wie ich sagte: Was in der Vernunft ist, das muss zuvor in ihm selbst sein; denn wäre es nicht in ihm selbst, so könnte es in keiner Vernunft sein.

B. Sage weiter: Ist Gott nicht in ihm selbst und in Vernunft und in seiner Liebe?

A. Ja, liebte er sich selbst nicht, so wäre er nicht ein lebendiger Geist, der in Vernunft und in Liebe lebt.

B. Jetzt sag: Was geht da dem anderen voraus?

A. Das ist leicht zu verstehen; denn niemand liebt, außer was er erkennt. So sehe ich wohl: Vorher muss Gott in ihm selbst sein und in seiner Vernunft, bevor er in seiner Liebe sein könnte.

B. Du kommst <der Sache> nach meinem Willen schnell näher. Jetzt sag: Wie sollen wir den Anfang nennen, wenn Gott in ihm selbst ist, von dem es kommt, dass Gott in seiner Vernunft ist?

A. Das sollst du sagen und ich <will es> hören.

B. Kann es nicht gut ein Ursprung und Vater heißen, von dem Gott in die Vernunft geflossen ist?

A. Ach, wie könnte es eigentlicher genannt werden, außer ein Ursprung der Gottheit und ein Vater, von dem ein lebendiger Geist in die Vernunft fließt!

B. Wie wellent wir dåͤn heissen den lebenden geist, als er ist geboren in vernunfft, dåͤn ein wort vnd einen sun des vatters?

A. Du håͤst wo̊ͣr. Es heisset billich ein wort; wåͤn alles, das do kommet in die vernunfft, daz wurt zů einem worte als daz, daz do flùsset durch den mund.

B. Heisset daz nùt billich der lebende geist, als er ist in selbes mynne ein geist vnd ein mynne[53]? Der geist einet vnd bindet die bekantnisse zů irem vrsprunge.

A. We vnd iemer we! Wie hast du in so kurtzen worten so grosse wåͤrheit beslossen! Nu sih ich, wie ein lebender geist in imselber ist vnd wie *[9ra] er* ein vrsprung vnd ein vatter ist *demselben* lebenden geist, als er in sinselbes vernunfft als ein wort geboren ist; vnd wie uon demselben geiste, als er in imselber ist vnd als er in siner eigenen vernunfft wort worden ist, er in die mynne sinselbs geflossen ist,[54] vnd wie er ein lebender geist vnd gott ist vnd doch vatter vnd sun vnd heilig geist ein gott ist.

Nu sage, min herre, warumb dis von allen geisten nùt glich ist, daz ieglich geist werde drie personen, als es von dem oͤbersten geiste gesprochen ist.[55]

B. Min kint, darvmb han ich diese rede nùt angefangen, daz ich eine volle lere nu welle tůn von der heiligen goͤttlichen drùfaltigkeit. Ich han so vil dauon gesprochen nuzůmåͤle, daz du wùrdest merken, wie die sele ist ein glichnisse gottes nåͤch iren kråͤfften.

A. Gott welle, daz ich nùt sterbe, e ich von der gottheit empfåͤhe ein volle lere.[56] Vollebring nu, daz du håͤst angefangen!

<Kräfte der Seele als Bild der Dreifaltigkeit>

B. Daz ist, das du merkest, wie die sele ist ein glichnisse gottes an iren kråͤfften.

A. Waz sint ire kråͤffte, *[9rb]* daran sù ein glichnisse hät des vatters vnd des sunes vnd ires geistes?

267 wellent] so̊ͤllent **X* ***269*** Du håͤst wo̊ͣr] das ist war **X* ***271–272*** ein geist vnd ein mynne] ein wort *Z, fehlt SG M2* ***275*** er] er vnd wie er *C* ***276*** demselben **X*] denselben *C* ***278*** eigenen *fehlt* **X* ist, er] ist, vnd wie er **X*

---

53 *Handschrift Z des ›Lehrsystems‹ hat hier* wort *mit Bezug auf den vorangegangenen Satz. In SG und M2 fehlt* ein geist vnd ein mynne *(= C). Anscheinend fehlte die Aussage in *X (Z SG M2). Dann ist* wort *in Z eine singuläre Konjektur. C deutet hier richtig auf die nachfolgende Erläuterung voraus, die vom Heiligen Geist als der Liebe spricht.*

54 *Hs. C baut hier einen doppelt verschachtelten Nebensatz. In dessen Hauptstruktur sind zwei gleichgeordnete Nebensätze eingefügt:* wie uon demselben geiste [...] er in die mynne sinselbs geflossen ist. **X hat dieses Satzgefüge nicht durchschaut und fügt vor* er *ein wiederholendes* vnd wie *ein.*

55 *Im ›Vorsmak des ewigen lebennes‹ wird die Frage diskutiert:* Es ist ein vrage: Werent die verstanderinne, alse die meistere iren natvren wanden: ob in in were vsflus der personen als in gotte? *(B 122v, H 1rb; ed. Pfeiffer, S. 423).*

56 *Eine solche Lehre findet sich im IPD Z. 441–920.*

B. Wie wollen wir dann den lebendigen Geist nennen, wenn er in Vernunft geboren ist außer ein Wort und einen Sohn des Vaters?

A. Du hast recht. Es heißt mit Recht ein Wort; wie alles, das in die Vernunft kommt, das zu einem Wort wird wie das, das durch den Mund fließt.

B. Heißt das nicht mit Recht ein lebendiger Geist, wenn er in der Liebe seiner selbst ein Geist und eine Liebe ist? Der Geist eint und bindet die Erkenntnis an ihren Ursprung.

A. Weh und immer weh! Wie hast du in so kurzen Worten eine so große Wahrheit zusammengefasst! Jetzt sehe ich, wie ein lebendiger Geist in ihm selbst ist und wie er ein Ursprung und ein Vater für denselben lebendigen Geist ist, wenn er in der Vernunft seiner selbst als ein Wort geboren ist; und wie von demselben Geist, insofern er in ihm selbst ist und insofern er in seiner eigenen Vernunft Wort geworden ist, er in die Liebe seiner selbst geflossen ist; und wie er ein lebendiger Geist und Gott ist, und doch Vater und Sohn und Heiliger Geist ein Gott ist.

Nun sage, mein Herr, warum dies nicht bei allen Geistern gleich ist, sodass jeder Geist drei Personen wird, wie gerade von dem obersten Geist gesagt wurde.

B. Mein Kind, darum habe ich diese Erklärung nicht angefangen. dass ich jetzt eine volle Lehre von der heiligen göttlichen Dreifaltigkeit vorlegen wollte. Ich habe diesmal nur so viel davon gesagt, dass du merken solltest, wie die Seele nach ihren Kräften ein Gleichnis Gottes ist.

A. Gott wolle, dass ich nicht sterbe, bevor ich eine volle Lehre über die Gottheit empfangen habe. Vollende nun, was du angefangen hast.

<Kräfte der Seele als Bild der Dreifaltigkeit>

B. Das ist, dass du merkst, wie die Seele in ihren Kräften ein Gleichnis Gottes ist.

A. Was sind ihre Kräfte, in denen sie ein Gleichnis des Vaters, des Sohnes und ihres Geists ist?

B. Das ist gehùgnisse vnd vernunfft vnd wille.

A. Dis bescheide mich wol vnd lå dir dauon nùt not sin; wån mich beduncket, wer dis verståt wol, daz der hat einen anefang zů bekantnisse ewiger wårheit.

B. Es ist wår. Wer daz nùt bekennet, der mag die worheit goͤttliches liehtes niemer wol begriffen; wån es ist der hoͤhste vnd der nåhste spiegel dem moͤnschen, in dem er gott sehen mag.

A. Darumb sage, waz ist gehùgnisse, vnd wie sù glich sie dem vatter in der gottheit.

B. Gehùgnisse der sele ist die krafft, in der krafft die kùnfftigen gedencke ligent beslossen in der[57] zijt, so der moͤnsche můß gedencken.

A. Des gib mir ein glichnisse.

B.[58] So der moͤnsche wachet vnd etwaz hät gedåht in sinem hertzen, darnåch, so er slåffet, war köment denn die gedencke?

A. Sù vergånt, daz mich duncket.

B. So der moͤnsche erwachet, so nymmet er dieselben gedencke widerumb. Wannan komment sù denn? Wårent sù gar vergangen, *[9va]* so koͤnde der moͤnsche dieselben gedenke nùt herwider gewinnen.

A. Wå moͤhtent dånn die gedenke bliben? Mich[59] duncket, als lange sù blibent, also lange do gedeͤhte ich in dem gedencken. Wån ich nu nùtz gedeͤhte, do ich slieff, do wen ich, die gedencke werent mir gar vergangen.

B. Ich wuste wol, daz dich das wùrde triegende, wån du nùt bekantest den vnderscheit der gehùgnisse vnd der vernunfft. Du solt gar flißlich merken: So der moͤnsche wachet vnd etwaz gedencket, so sint die gedencke in siner vernunfft, vnd alle die wile die gedencke sint in der vernunfft, so gedencket er vnd wachet. So aber er entslåffet oder sich on daz von den gedencken keret, so gånt die gedencke vs der vernunfft in die gehùgnisse, vs der sù vor kåmen.[60]

297 Es ist wår *fehlt *X* ***300*** gehùgnisse] bekantnùsse **SG Z*, behùgnisse *M2* ***302*** Gehùgnisse] behúgnússe **X* in der] bis an die **X* ***310*** gewinnen] genemen **X*, geniemen *Z* ***315*** gehùgnisse] behúgnússe **X* ***319*** gehùgnisse] behúgnússe **X*

---

57 *Korrektur im ›Lehrsystem‹:* bis an die zit. *Das ist eine Verdeutlichung; jedoch: »in der Zeit, [d. h.] solange der Mensch denken muss« (= C) gibt einen Sinn.*

58 *Wieder eine Umstellung im ›Lehrsystem‹: Dort fragt der Schüler.*

59 *Im ›Lehrsystem‹ beginnt die Rede des Meisters erst hier als* antwurt *auf die vorausgegangene Frage.*

60 *Augustinus, De trin. XIV, c. 6, n. 8; CCSL Bd. L A, S. 432,45–50:* Nec ita sane gignit istam notitiam suam mens quando cogitando intellectam se conspicit tamquam sibi ante incognita fuerit, sed ita sibi nota erat quemadmodum notae sunt res quae memoria continentur etiamsi non cogitentur (quoniam dicimus hominem nosse litteras etiam cum de aliis rebus non de litteris cogitat). *(Übers. Kreuzer, S. 199: »Nicht so freilich zeugt der Geist diese seine Kenntnis, wenn er sich im Denken einsichtig erblickt, als wäre er sich vorher unbekannt gewesen. Er war sich vielmehr so bekannt, wie die Dinge, die in der Erinnerung enthalten sind, bekannt sind, auch wenn man nicht daran denkt [wie wir auch sagen, ein Mensch kenne die*

B. Das sind Gedächtnis und Vernunft und Wille.

A. Darüber gib mir nur Bescheid, bring dich dadurch nicht in Not; denn ich glaube: Wer dies versteht, der hat einen Anfang zur Erkenntnis der ewigen Wahrheit gefunden.

B. Es ist wahr. Wer das nicht erkennt, der kann die Wahrheit des göttlichen Lichtes niemals begreifen; denn es ist dem Menschen der höchste und passendste Spiegel, in dem er Gott sehen kann.

A. Darum sage: Was ist das Gedächtnis und wie gleicht es dem Vater in der Gottheit?

B. Das Gedächtnis der Seele ist die Kraft, in welcher die künftigen Gedanken verschlossen liegen in der Zeit, in der der Mensch denken muss.

A. Davon gib mir ein Beispiel.

B. Wenn der Mensch wach ist und etwas in seinem Herzen gedacht hat, wohin kommen dann die Gedanken?

A. Sie vergehen, scheint mir.

B. Wenn der Mensch erwacht, so nimmt er dieselben Gedanken wieder auf. Woher kommen sie dann? Wären sie ganz vergangen, so könnte der Mensch dieselben Gedanken nicht zurückgewinnen.

A. Wo könnten denn die Gedanken bleiben? Mir scheint, solange sie bleiben, so lange, denke ich, <sind sie> in dem Gedanken. Da ich dann nichts <mehr> dachte, als ich schlief, meine ich, die Gedanken wären mir ganz vergangen.

B. Ich wusste wohl, dass dich das täuschen würde, da du den Unterschied zwischen Gedächtnis und Vernunft nicht erkanntest. Du sollst aufmerksam beachten: Wenn der Mensch wach ist und etwas denkt, sind die Gedanken in seiner Vernunft, und solange die Gedanken in der Vernunft sind, denkt er und ist wach. Wenn er aber einschläft oder sich auf andere Weise von den Gedanken abwendet, gehen die Gedanken aus der Vernunft ins Gedächtnis, aus dem sie zuvor gekommen sind.

A. Wie koment aber die gedencke von ersten in die vernunfft?

B. Sù koment vs der gehùgnisse. Vnd merke, daz nihtzit ist in der vernunfft, dåͤn das vor gewesen ist in der gehùgnisse.

A. Wie komet es dåͤnn in die gehùgnisse?

B. Daz geschiht durch die fùnff *[9vb]* sinne, die tragent in die gehùgnisse die bilde der creature. Die bilde empfahet vnd behaltet die krafft der gehùgnisse. Vnd die gehùgnisse gebirt die bilde in der vernunfft, vnd do werdent sù gedencke vnd zů worten. Vnd darumb so ist gehùgnisse vnser selen glich dem vatter; wån als der vatter in der gottheit gebirt den lebendigen geist, daz er ist in imselber in siner vernunfft alz ein wort sinselbes, also vnser gehùgnisse gebirt die bilde, die sù in ir hät, in der vernunfft alz irselbs wort. Daz wort zoͤiget, waz die bilde sint, die in der gehùgnisse werdent beslossen.

A. Als du håst geseit von gehùgnisse vnd von der vernunfft, also sage mir, wie die krafft *des* willen glich sie dem heiligen geiste.

B. Daz in dem willen ist, daz ist in der mynne, wån mynne ist anders nùt dåͤn ein grosser wille. Nu fråg ich dich[61]: Ist ùt in dem willen, daz vor nùt gewesen ist in der vernunfft?

A. Neyn, waz der mo̊ͤnsche mynnet, dauon můß er ettlichen gedanck han. Der gedanck ist vor in der vernunfft, wån er were nùt ein gedanck, *[10ra]* er were dåͤn in der vernunfft.

B. Darumb so merke, wie die minne glich ist dem geiste gottes. Wån als der gedanck von der gehùgnisse wirt geborn in vernunfft vnd wùrt doinne ein wort, also flùsset dasselbe wort in die mynne des willen. Alz in der ewigen gottheit der lebende geist sprichet von imselber ein wort, also flùsset derselbe geist in sinselbes mynne, vnd daz ist der heilige geist.

A. An diesen worten so han ich gemerket[62], daz vnser *geist* ein bilde gottes ist, wån er ist ein lebender geist, vnd daz er hät ein glichnisse der drùfaltigkeit

320 von] an dem **X* ***321*** gehùgnisse] behúgnússe **X* ***322*** gehùgnisse] behúgnússe **X* ***323*** gehùgnisse] behúgnússe **X* ***324*** gehùgnisse] behúgnússe **X* ***325–326*** gehùgnisse] behúgnússe **X* ***326*** Vnd die gehùgnisse *fehlt *X* ***327*** gedencke] ze gedencken **X* ***328*** lebendigen] lebenden **X* ***331*** gehùgnisse werdent beslossen] behúgnússe warent beslossen *Z M2* beslossen *fehlt SG* ***333*** des **X*] der *C* ***338*** wån er] anders es **X* ***339*** dån] denn vor hin **X* ***345*** han ich gemerket] maht du mercken **X* geist **X*] geist der *C*

---

schönen Wissenschaften, auch wenn er an andere Dinge, nicht an die schönen Wissenschaften, denkt].«)

61 *Diese Frage stellt im ›Lehrsystem‹ wieder der Schüler und die Antwort gibt im nächsten Satz der Meister.*

62 *Weil im ›Lehrgespräch‹ weiterhin der Meister spricht, formuliert der Kompilator um:* an disen worten so maht du merken.

A. Wie kommen aber die Gedanken zuerst in die Vernunft?

B. Sie kommen aus dem Gedächtnis. Und merke dir: Nichts ist in der Vernunft, das nicht zuvor im Gedächtnis gewesen ist.

A. Wie kommt es denn ins Gedächtnis?

B. Das geschieht durch die fünf Sinne. Die tragen die Erkenntnisbilder der Geschöpfe ins Gedächtnis. Diese Bilder empfängt und behält die Kraft des Gedächtnisses. Und das Gedächtnis gebiert die Bilder in der Vernunft, und da werden sie zu Gedanken und zu Worten. Und darum gleicht das Gedächtnis unserer Seele dem Vater; denn wie der Vater in der Gottheit den lebendigen Geist gebiert, sodass er in ihm selbst in seiner Vernunft ist als ein Wort seiner selbst, so gebiert das Gedächtnis die Bilder, die es in sich hat, in der Vernunft als Wort seiner selbst. Das Wort zeigt, was die Bilder sind, die im Gedächtnis eingeschlossen sind.

A. Wie du es vom Gedächtnis dargelegt hast, so sage mir, wie die Kraft des Willens dem Heiligen Geist gleicht.

B. Was im Willen ist, das ist in der Liebe; denn Liebe ist nichts anderes als ein großer Wille. Nun frage ich dich: Ist etwas in dem Willen, das zuvor nicht in der Vernunft gewesen ist?

A. Nein, was der Mensch liebt, davon muss er irgendwelche Gedanken haben. Der Gedanke ist vorher in der Vernunft; denn er wäre kein Gedanke, wenn er nicht in der Vernunft wäre.

B. Darum merke, wie die Liebe dem Geist Gottes gleicht. Denn wie der Gedanke vom Gedächtnis in die Vernunft geboren wird und darin ein Wort wird, so fließt dasselbe Wort in die Liebe des Willens. Wie in der ewigen Gottheit der lebendige Geist ein Wort von sich selbst spricht, so fließt derselbe Geist in die Liebe seiner selbst, und das ist der Heilige Geist.

A. An diesen Worten habe ich gemerkt, dass unser Geist ein Bild Gottes ist; denn er ist ein lebendiger Geist, und dass ein Gleichnis der Dreifaltigkeit

an sinen kråͤfften; wån die gehùgnisse, die die bilde der gedencke in ÿme[63] hat, gebirt die gedencke der bilde in der vernunfft als ein wort, vnd die gedencke der bilde fliessent in den willen als ein geist der mynne.

B. Lobe die ewige wißheit, die ietze in dir geboren hät ein gůtes wort vnd eine gůͤte mynne.[64]

<Geburt des Wortes Gottes in der Seele und Geburt des Wortes der Seele>

A. Sage, min herre, ist ein wort besser, das der geist sprichet miner sele dåͤnn daz ander?

B. Jå, sù sint gar vnglich. *[10rb]*

A. Weles ist besser?

B. Daz worer ist dåͤn das ander.

A. Weles ist worer?

B. Das dem ewigen worte glicher ist.

A. Min herre, zùrne nùt, daz ich alz vil fråge. Der vnvernùnftig ist, der můß von allen dingen frågen, wil er verstån die lere. Nu sage mir, weles wort ist dem ewigen worte aller glichest, daz min sele gesprechen mag?

B. Diner wisen fråge sol ich gedultiglichen antwùrten. Es sint zwey wort, die aller vollekomenlichest zoͤigent daz ewige wort vnd ouch die mynne, die dauon flùsset, als der hohe lerer sprichet[65], sant Augustinus: Ein wort ist, wenn die sele sprichet daz ewige wort; das ander, wenn die sele spricht irselbes wort.

A. Nu sage: Wie spricht die sele das gottes wort?

B. Gott ist in allen dingen. Darumb ist gott in diner gehùgnisse. Wenn din sele daz bilde gottes, als es lit in der gehùgnisse, gebirt in *ir* vernunfft, do wùrt gott ein wort in[66] diner sele. Vnd wenn dånn dasselbe wort flùsset in den willen

347 ÿme] ir **X* *358* glicher] aller glichest **X* *364* als der hohe lerer sprichet *fehlt *X*
365 daz ewige wort ... die sele spricht *fehlt* *X *368* ir **X*] dir *C* *369* in *fehlt *X*

63 *Hs. C schreibt* ÿme, **X hat* ir. *Der Bezug geht in *X* gehùgnisse. *Das kann zwar nach* Lexer *auch ein Neutrum sein; in Hs. C wird es aber nur als Femininum gebraucht. Alle Hss. des ›Lehrsystems‹ haben* ir. *Es handelt sich in *X vermutlich um eine Umdeutung: ›Die gehúgnússe hat die Bilder in sich* (ir) *selbst.‹ Wenn C korrekt ist, heißt es: ›Die gehùgnisse hält die Bilder in dem Geist* (ÿme)*.‹*

64 *Dieses Dialogelement fällt im ›Lehrsystem‹ aus, ebenso der nachfolgende Kurzdialog.*

65 Der hohe lerer *fehlt in allen Handschriften des ›Lehrsystems‹. In unserm Text dürfte es ein Ausdruck der besonderen Verehrung sein, sofern der Autor ein Augustinereremit ist. Das ›Lehrsystem‹ ist im dominikanischen Umkreis kompiliert, der hohe Lehrer wäre dort Thomas von Aquin.*

66 *Das ›Lehrsystem‹ schreibt hier:* »ein Wort deiner Seele«. *Beides gibt einen guten Sinn. Die Version der Hs. C,* in diner sele, *verdient den Vorzug, da sie die Gottesgeburt besser repräsentiert. Demgegenüber ist* wort diner seele *eine Abschwächung.*

in seinen Kräften liegt; denn das Gedächtnis, das die Bilder der Gedanken in sich hat, gebiert die Gedanken der Bilder in der Vernunft als ein Wort, und die Gedanken der Bilder fließen in den Willen als Geist der Liebe.

B. Lobe die ewige Weisheit, die jetzt in dir ein gutes Wort und eine gute Liebe geboren hat.

<Geburt des Wortes Gottes in der Seele und Geburt des Wortes der Seele>

A. Sage mir, mein Herr, ist ein Wort besser, das der Geist meiner Seele spricht, als das andere?

B. Ja, sie sind ganz ungleich.

A. Welches ist besser?

B. Das wahrer ist als das andere.

A. Welches ist wahrer?

B. Das dem ewigen Wort mehr gleicht.

A. Mein Herr, zürne nicht, dass ich so viel frage: Wer unvernünftig ist, der muss von allen Dingen fragen, will er die Lehre verstehen. Nun sage mir, welches Wort, das meine Seele sprechen kann, gleicht dem ewigen Wort am allermeisten?

B. Auf deine kluge Frage will ich geduldig antworten. Es gibt zwei Worte, die am vollkommensten das ewige Wort zeigen und auch die Liebe, die daraus fließt, wie der hohe Lehrer sagt, der heilige Augustinus: Ein Wort ist, wenn die Seele das ewige Wort spricht, das andere ist, wenn die Seele das Wort ihrer selbst spricht.

A. Nun sag: Wie spricht die Seele das Wort Gottes?

B. Gott ist in allen Dingen. Darum ist Gott in deinem Gedächtnis. Wenn die Seele das Bild Gottes, wie es im Gedächtnis liegt, in ihre Vernunft gebiert, wird Gott ein Wort in deiner Seele. Und wenn dann dasselbe Wort in den

vnd doinne wùrt ein mynne, lůge *[10va]*, so ist gott vatter in der gehùgnisse vnd gott wort in der vernunfft vnd *gott*[67] geist *in* der mynne vnd ist ein gott.

A. Ist daz, dauon man gemeinlich sprichet, daz gott sin einiges wort sprichet in der sele?

B. Jå. Wån gott, als er spricht sin wort in imselber, do gewinnet das wort einen geworen vnderscheit an der personen. Wann aber vnser geist vß der gehùgnisse sprichet daz wort von gotte, do gewinnet daz wort, daz uon gott ist gesprochen, nùt einen wårlichen vnderscheit nåch wårheit der personen.[68] Es ist nůn ein glichnisse vnd ein bilder[69] des ewigen wortes.[70]

A. So in mir nu wùrt geboren ein wort, wer spricht das wort? Tůt es miner selen krafft, die do heisset gehùgnisse, wie ist dån wor, daz man spricht, gott spreche sin[71] wort in die[72] sele?[73]

B. Du wilt zů tieffe graben[74]. Ich han dir vor geseit, ich welle allen zwifel, der in dise rede geuallen mag, nùt in disem bůche vßrihten; doch wil ich dir

371 gott *X] ein *C* in$_{2}$ *fehlt C* *375* geist] herz *SG M2*, herre *Z* *378* bilder] bilde *X *379* wort$_{1}$] wort von got vnd *X *381* sin] ain *X die] der *X

67 *Hs. C hat hier* ein. *Die Variante* in *X *setzt mit* gott geist *die Reihe* gott vatter *und* gott wort *fort. Das nachfolgende* in *ist ebenfalls entsprechend der Reihung konjiziert.*

68 *Eine fast wörtliche Parallele bei Iohannes de Basilea, In Sent. I, d. 15, q. 14, concl. 3, cor. 3; Bd. II, S. 162,19–22:* Etsi memoria creata essentia divina ut specie possit respectu visionis Dei fore elevata, non tamen realiter nec intentionaliter potest ipsa per tale posse activum vere dicere Verbum increatum. *(»Auch wenn die geschaffene Memoria durch das göttliche Wesen im Hinblick auf die Schau Gottes erhoben werden kann, kann sie doch nicht wirklich oder intentional durch ein solches aktives Können wahrhaft das ungeschaffene Wort sprechen.«)*

69 *Das ›Lehrsystem‹ setzt* bilde. *Das ist scheinbar plausibel, doch* bilder *entspricht besser dem Kontext.* Bildaere *oder* bildnaere *stehen für »Vorbild, Muster«. Es repräsentiert* exemplar, *das auch »Urbild« bedeuten kann und die Idee des Dinges in Gott meint.*

70 *Iohannes de Basilea, In Sent. I, d. 15, q. 14, concl. 3, cor. 3; Bd. II, S. 162,19–22:* Etsi memoria creata essentia divina ut specie possit respectu visionis Dei fore elevata, non tamen realiter nec intentionaliter potest ipsa per tale posse activum vere dicere Verbum increatum. *(»Auch wenn die geschaffene Memoria durch die göttliche Wesenheit als Erkenntnisbild im Hinblick auf die Schau Gottes erhoben sein kann, kann sie doch weder real noch intentional durch ein solches aktives Können wirklich das ungeschaffene Wort sprechen.«) In der Quaestio ist dieser Satz direkt auf den Franziskaner Johannes von Ripa gemünzt, indirekt könnte er auch – dem Wortlaut nach – gegen Meister Eckhart gerichtet sein.*

71 *»Sein Wort« (C) entspricht dem Wortgebrauch Eckharts besser als »ein Wort« in *X.*

72 *Das ›Lehrsystem‹ schreibt* in der sele. *Das scheint eine Angleichung an den gewohnten Sprachgebrauch zu sein. Im Sinne Eckharts ist die Gottesgeburt in der Seele näherliegend. Zum Gedanken des Johannes von Basel passt die Formel* in die sele *besser. Darin könnte zugleich ein Abrücken von Eckhart liegen. Das ›Lehrsystem‹ ist hier also näher bei Eckhart als der ›Audi-filia-Dialog‹.*

73 *Hier wird nach einer Verdeutlichung der offenbar populär gewordenen Lehre Meister Eckharts gefragt. Die Antwort im folgenden Absatz ist gut augustinisch.*

74 *Vgl. GDT Z. 322:* Du grabest gar tieff.

Willen fließt und darin Liebe wird, schau: Dann ist Gott Vater im Gedächtnis und Gott Wort in der Vernunft und Gott Geist in der Liebe und ist ein Gott.

A. Ist es das, warum man allgemein sagt, dass Gott sein einziges Wort in der Seele spricht?

B. Ja. Denn wenn Gott sein Wort in ihm selbst spricht, gewinnt das Wort einen wahren Unterschied der Personen. Wenn aber unser Geist aus dem Gedächtnis das Wort von Gott spricht, gewinnt das Wort, das über Gott gesprochen wird, nicht einen wahren Unterschied entsprechend der Wahrheit der Personen. Es ist nur ein Gleichnis und ein Muster des ewigen Wortes.

A. Wenn in mir ein Wort geboren wird, wer spricht dieses Wort? Tut es meine Seelenkraft, die Gedächtnis heißt, wie ist es dann wahr, dass man sagt, Gott spreche sein Wort in die Seele?

B. Du willst zu tief graben. Ich habe dir vorher gesagt, ich wollte nicht alle Zweifel, die in diese Ausführungen fallen können, in diesem Buch auflösen;

darzů antwùrten. Wenn man sprichet: Gott sprichet sin wort in die sele, so hät man wår. So man spricht, die gehùgnisse der sele spricht daz *[10vb]* wort in der vernunfft, daz ist ouch wo̊r. Wån gott vnd mo̊nsche sprechent daz wort gottes miteinander in vnser sele. Vnd darumb do ich han gesprochen, daz die gehùgnisse sprichet das wort der vernunfft, do meÿn ich ein swanger gehùgnisse, wån die ist be̊rhafft. Reht als man sprichet: Ein frouw mag gebe̊ren ein kint, daz ist wo̊r; aber kein frowe gebirt, dån die vor swanger ist. Also ist der gehùgnisse, die můß vor berhafft vnd swanger werden.[75]

A. Wie wurt sù swanger vnd berhafft?

B. Wenn sù empfangen hat das bilde, dauon sù das wort wùrt sprechen.

A. Wie empfåhet sù das bilde?

B. Daz han ich dir vor geseit. Liplich bilde empfåhet sù durch die sinne. Geistlich bilde empfåhet sù in liplichen bilden nach ir geistlichen wise.

A. Wå hät die sele das bilde gottes empfangen?

B. In der glichnisse[76], in irselbes bilde vnd in den bilden ander creature nåch dem, als sù hant geistliche wise vnd eigenschafft.

A. We, wie bin ich so vnverstanden, daz ich nùt selber ko̊nde geme̊rken, daz gott darumb den mo̊nschen nåch *[11ra]* imselbe gebildet hat, daz der mo̊nsche hette daz bilde gottes in imselber, das bilde sin gehùgnisse[77] swanger mahte vnd be̊rhafft zů allen zijten, das bilde mit der krafft der sele sprechen mo̊hte daz wort gottes in der vernunfft, ob der mo̊nsche wolte.

B. Du håst die wårheit eben daran begriffen.

A. Nu sage mir von dem worte, daz die sele sprichet von irselber, do uon du vor seitest, es were das beste wort nåch dem worte gottes, das die sele gesprechen mag.

B. Die sele ist in irselbes gehùgnisse, vnd vs der gehùgnisse flùsset das wort von irselber vnd in der vernunfft, vnd dar nåch so flùsset sù in die mynne irs willen. Nu lůge, wie glich das ist den ewigen gottz flùssen. Hie ist ein sele vnd ein nature vnd ist ein be̊rhaffte gehùgnisse, alz ein vatter vnd ein wort, daz lebet glich dem sune, vnd ein lebende minne des willen glich dem heiligen geiste.

A. Wie mag die sele sin in irselbes gehùgnisse als ein bilde, daz die krafft swanger vnd berhafft machet?

398 glichnisse] gehùgnisse **X* *402* gehùgnisse] glichnùsse **X* *409* flùsset] sprichet sy **X*

---

75 *Hiermit korrespondiert die Dreigliederung des Willensbegriffs,* begirde, kraft, werke, *im GDT Z. 423–440 sowie GDT Z. 446f.:* Da uon so machet gnad den willen swanger gůter werke.

76 *Die* glichnisse *der Dreifaltigkeit ist die Bedingung der Möglichkeit, in der die Seele das Bild Gottes empfängt. Insofern wäre diese Lesart der Hs. C sinnvoll. Das ›Lehrsystem‹ hat* gehùgnisse; *das entspricht anderen Formulierungen (siehe Z. 293=9^{rv}, 300=9vb, 334=10ra, 336=10ra, 392=11ra).*

77 *Hier hat das ›Lehrsystem‹* gelichnússe, *Hs. C dagegen* gehùgnisse.

doch will ich dir dazu antworten. Wenn man sagt: Gott spricht sein Wort in die Seele, so ist das wahr. Wenn man sagt: Das Gedächtnis der Seele spricht das Wort in der Vernunft, das ist auch wahr. Denn Gott und Mensch sprechen das Wort Gottes miteinander in unsere Seele. Und darum, als ich gesagt habe, dass das Gedächtnis das Wort der Vernunft spricht, meine ich ein schwangeres Gedächtnis; denn das ist fruchtbar. Gerade wie man spricht: Eine Frau kann ein Kind gebären, das ist wahr, aber keine Frau gebiert, außer wenn sie zuvor schwanger ist. So ist es mit dem Gedächtnis, das muss vorher fruchtbar und schwanger werden.

A. Wie wird es schwanger und fruchtbar?

B. Wenn es das Bild empfangen hat, von dem es das Wort sprechen wird.

A. Wie empfängt es das Bild?

B. Das habe ich vorher gesagt: Leibliche Bilder empfängt es durch die Sinne. Geistliche Bilder empfängt es in leiblichen Bildern entsprechend der geistlichen Weise.

A. Wann hat die Seele das Bild Gottes empfangen?

B. In der Gleichheit, im Bild ihrer selbst und in Bildern anderer Geschöpfe, sofern sie geistliche Weise und Eigenschaft haben.

A. O weh, wie bin ich so unverstanden, dass ich nicht selbst verstehen konnte, dass Gott den Menschen nach sich selbst geschaffen hat, damit der Mensch das Bild Gottes in sich selbst hat. Das Bild macht zu allen Zeiten sein Gedächtnis schwanger und fruchtbar, sodass das Bild durch die Kraft der Seele das Wort Gottes in der Vernunft sprechen kann, wenn der der Mensch will.

B. Du hast die Wahrheit davon gerade begriffen.

A. Nun sage mir von dem Wort, das die Seele von sich selbst spricht, von dem du sagtest, es wäre das beste Wort nach dem Wort Gottes, das die Seele sprechen kann.

B. Die Seele ist in ihrem Gedächtnis, und aus dem Gedächtnis fließt das Wort von ihm selbst und in der Vernunft, und danach fließt es in die Liebe ihres Willens. Nun sieh, wie das den ewigen Flüssen Gottes gleicht. Hier ist eine Seele und eine Natur und ein fruchtbares Gedächtnis wie ein Vater und ein Wort, das lebt wie der Sohn, und eine lebendige Liebe des Willens gleich dem Heiligen Geist.

A. Wie kann die Seele als Bild im Gedächtnis ihrer selbst sein, das die Kraft schwanger und fruchtbar macht?

B. Ich gedåhte wol, daz dich daz wùrde wundern,[78] wie die sele sie in irselber alz ein bilde, daz sin*[11*^{rb}*]*selbes swanger ist. Vnd doch so ist es im also, als ich ouch sprach, daz gott in imselber ist. Din ouge, daz siht ein ander ouge vnd siht sichselber niht. Darumb so ist din ouge ein bilde einem andern ougen vnd nùt imselber.

A. Das ist ein wunder vnd ist doch wor.

B. Wenn ein ouge das ander siht, so ist ein ouge in dem andern.

A. Daz ist wor, wån das ouge, das daz ander siht, daz hät gantz ouges bilde in ymselbes.

B. In dem gese̊hen[79] ougen do sint zwey dinger: eins ist ein wor ouge, das ander ist ein bilde eins ougen.

A. Das ist wor.

B. Moͤhte ein ouge sichselber sehen, so gesche̊he daz, daz ein ouge zwey verwese, wån ich vor gesprochen han, das eins das ander siht.

A. Daz ist gůt zů merken; wån das ouge, das sichselber sehe, daz wer ein bilde in imselber, vnd were ouch ein ouge, wan es daz bilde se̊he. Vnd darumb so begÿnne ich merken, wie die sele in irselber ist als ein bilde in der gehùgnisse, als ein ouge, daz sich selber siht, vnd gott in imselber als ein lieht in dem liehte, daz sichselber zoͤiget.

B. Du håst *[11*^{va}*]* wol verstanden, wån als das lieht zoͤiget ander ding, also zoͤiget es vnd oͤiget sichselber; vnd darvmb so ist es ymselber ein lieht, wån es *oͤiget*[80], vnd ist ein bilde des liehtes, wån es wùrt getzoͤiget.

A. Ich frågte gerne, warumb das ouge sich nùt gesehen mag vnd die sele mag bekennen sichselber.

B. Waz gehoͤrt daz in dise rede? Lå dich benuͤgen, daz du weist, daz die sele sichselber se̊hen vnd bekennen mag.

A. Ich wolte gerne verstån das wunder, daz ich sihe vnd gloube.

B. Das ouge ist liplich. Darumb mag es sich vff sichselben nùt keren. Es ist nuwån empfenglich, daz das lieht vnd der vsser gegenwurff in es bildet. Aber

425 gese̊hen] gesehenden **X*   ***437*** oͤiget **X*] sich zoͤiget *C*   getzoͤiget *C Z*] gezoͤget vnd ist ain bilde *SG*, geoͤget *M2*

---

78 *Dieses Dialogelement fehlt im ›Lehrsystem‹. Dort steht letztmals* Die antwurt, *das heißt, dass dort der Rest dieser Abhandlung nur vom Meister gesprochen wird.*

79 Gese̊hen ougen = *»gesehenen Auge« (C). Das ›Lehrsystem‹ hat* gesehenden ovgen. *Beide Lesarten sind theoretisch möglich; denn im sehenden wie im gesehenen Auge sind das Auge und das Bild. Doch zuvor hieß es, dass das sehende Auge sich nicht sieht, das heißt, es hat kein Bild des eigenen Auges.*

80 *Die Hs. C hat* »sich zeiget«, *das ›Lehrsystem‹ schreibt* oͤget. *Beides ist möglich; aber nach dem vorausgehenden* zoͤiget vnd öiget sich *in der Hs. C, hat das ›Lehrsystem‹ hier die bessere Lesart:* oͤget vnd ist ein bilde des liechtes wan es wirt gezoͤget *(*geoͤget *M2). Das Licht sieht und wird gezeigt.*

B. Ich dachte mir schon, dass dich das wundern würde, wie die Seele in ihr selbst wie ein Bild ist, das mit sich selbst schwanger ist. Und doch ist es so, wie ich auch gesagt habe, dass Gott in ihm selbst ist. Dein Auge sieht ein anderes Auge und sieht sich selbst nicht. Darum ist dein Auge ein Bild für ein anderes Auge und nicht für sich selbst.

A. Das ist seltsam und doch wahr.

B. Wenn ein Auge das andere sieht, ist ein Auge in dem anderen.

A. Das ist wahr; denn das Auge, das das andere sieht, das hat das Bild des ganzen Auges in ihm selbst.

B. In dem gesehenen Auge sind zwei Sachen: eins ist ein wahres Auge, das andere ist ein Bild eines Auges.

A. Das ist wahr.

B. Könnte ein Auge sich selbst sehen, so geschähe es, dass ein Auge zwei verträte; da ich vorher gesagt habe, dass eins das andere sieht.

A. Das kann man gut verstehen; denn das Auge, das sich selbst sähe, wäre ein Bild in sich selbst und wäre auch ein Auge, wenn es das Bild sähe. Und darum beginne ich zu verstehen, wie die Seele in ihr selbst ist als ein Bild im Gedächtnis, wie ein Auge, das sich selbst sieht, und Gott ist in sich selbst als ein Licht im Lichte, das sich selbst zeigt.

B. Du hast es gut verstanden; denn wie das Licht andere Dinge zeigt, so zeigt es und sieht sich selbst, und darum ist es sich selbst ein Licht; denn es sieht und ist ein Bild des Lichtes; denn es wird gezeigt.

A. Ich fragte gerne, warum sich das Auge nicht sehen kann, aber die Seele kann sich selbst erkennen.

B. Wieso gehört das in diese Abhandlung? Lass es dir genügen, dass du weißt, dass die Seele sich selbst sehen und erkennen kann.

A. Ich wollte gerne das Wunder verstehen, das ich sehe und glaube.

B. Das Auge ist leibhaft. Darum kann es sich nicht auf sich selbst kehren. Es kann nur empfangen, was das Licht und der äußere Gegenstand in ihm ab-

die sele vnd ander geiste, wån sù geiste sint vnd vnliplich sint vnd lieht in inselber sint, so zoͤiget es sich imselber vnd keret sich vff sichselber.[81]

<Gerechtigkeit als Ziel des Menschen>

A. Nu rede fùrbaß von dem vierden stùcke; wån ich wil dich nu vngemuͤget låssen von dirre materie, die doch minem hertzen gar mynnenklich ist.

B. Daz tůst du in einer kùndigkeit gůter zůversiht, daz ich weͣne.

A. Weͣrlich, du *[11*^{vb}*]* håsts reht erråten.

B. Gott geschůff den moͤnschen one weͣr, der ein kùng waz vnd ein herre aller dirre welte. Daz wundert dich?

A. Daz ist billich. Wie solte der moͤnsche alle welt betzwingen åne wer, wie soͤlt er den starken loͤuwen getzeͣmen vnd ander grymme tiere, do er het kein wer? Moͤht er sù nùt getzwingen, wie moͤht er sin ein kùng vnd ein herre?

B. Do volle gerehtikeit waz, do bedoͤrffte man keiner weͣr.

A. Das verstån ich nùt.

B. Wå eim ieglichen dinge ist, alz im sol sin, wer sol das weren?

A. Nieman.

B. Do nieman weren sol, was bedarff man do deheiner weͣr? Wå aber vngerehtigkeit ist, do bedarff man wåffen der weͣr.[82]

A. Wie hastu das so kurtzlich vnd so mynnenklich mir getzoͤiget, daz mir vor waz so vnbekant! Wån wer der moͤnsche bliben gotte vndertaͤnig, als er solte, so weren dem moͤnschen vndertaͤnig bliben dise tiere dirre welte.

---

81 *Damit endet das Zitat aus dem ›Audi-filia-Dialog‹ im ›Lehrsystem‹. Der Schluss heißt: Hs. Z, fol. 19*^{r}*, Z. 2–5, ed. CADIGAN, S. 34:* Vnd also hast du kurtzlichen gemerket, wie der mensche nach dem goͤtlichen bilde geschaffen ist. *Es schließt sich dort unmittelbar ein Abschnitt aus Meister Eckhart, Pf. Pr. 127 ›Faciamus hominem ad imaginem et similitudinem nostram‹ an:* als got sprach: Wir machent den menschen nach vnserm bilde vnd gelichnùsse. vnd do gab er zuo verstånt das ir mer were denne >ainer< *(del. WITTE)* drige an den personen vnd ainer an dem wesen. Sant Augustinus do er das bilde wollte suochen in der sele vnd do suochte er es in dem vssern menschen. vnd do fande des bildes nit; *entsprechend Pf. S. 250,29–34, leicht abweichend. (»Als Gott sprach: ›Wir machen den Menschen nach unserm Bild und Gleichnis‹, und da gab er zu verstehen, dass sie mehr wären als drei hinsichtlich der Personen und einer hinsichtlich des Seins. Als Sankt Augustin das Bild in der Seele suchen wollte, und da suchte er es im äußeren Menschen; und da fand er nichts von dem Bild.«)*

82 *Diese Überlegung geht zurück auf Augustinus, De gen. ad litt. III, c. 15; CSEL Bd. XXVIII, 1, S. 81,16–18, wo am Beispiel des gerechten Daniel (Dn 6,23; 14,39) gezeigt wird, dass die giftigen und gefährlichen Tiere harmlos sein konnten, wenn es keinen Grund zur Bestrafung des gefallenen Menschen gäbe:* Potuerunt ergo ista etiam creata nihil nocere, si causa non exstitisset vel terrendorum puniendorumque vitiorum vel probandae perficiendaeque virtutis. *(»Diese Geschöpfe konnten also auch nicht schaden, wenn kein Grund bestanden hätte entweder für abzuschreckende und zu bestrafende Laster oder für eine zu erprobende und zu vollendende Tugend.«)*

bildet. Aber die Seele und andere Geister, da sie Geist und unkörperlich und Licht in sich selbst sind, so zeigen sie es sich selbst und kehren sich auf sich selbst.

<Gerechtigkeit als Ziel des Menschen>

A. Nun sprich weiter von dem vierten Punkt; denn ich will dich nun mit diesem Stoff in Ruhe lassen, der meinem Herzen dennoch ganz liebenswert ist.

B. Das tust du in einem Verständnis guter Zuversicht, wie ich vermute.

A. Wahrlich, du hast es gut erraten.

B. Gott schuf den Menschen ohne Waffen. Er war ein König und Herr der ganzen Welt. Das wundert dich?

A. Das mit Recht. Wie sollte der Mensch alle Welt ohne Waffen bezwingen, wie sollte er den starken Löwen zähmen und andere grimmige Tiere, wenn er keine Waffen hat? Könnte er sie aber nicht bezwingen, wie könnte er dann ein König und Herr sein?

B. Wo volle Gerechtigkeit wäre, da bräuchte man keine Waffen.

A. Das verstehe ich nicht.

B. Wo es für jeden so ist, wie es für ihn sein soll, wer soll das bestreiten?

A. Niemand.

B. Wo niemand streitet, wozu braucht man da eine Waffe? Wo aber Ungerechtigkeit herrscht, da braucht man Waffen zum Schutz.

A. Wie hast du mir das so kurz und liebenswert gezeigt, was mir zuvor so unbekannt war! Denn wäre der Mensch Gott untertan geblieben, wie er sollte, so wären die Tiere dieser Welt dem Menschen untertan geblieben.

B. Das ist wår, vnd nùt allein die tiere werent vndertaͤnig. Ich sprich: Ouch die elementen, wån daz ertrich hette ane alle aͤrbeit fruht braht, der der moͤnsche hette bedoͤrffet. Dasselbe *[12ra]* hette getån der lufft vnd das wasser.[83]

A. Warumb wart die wer den tieren gegeben?

B. Daz der moͤnsche sehe vnd bekante, wenn er nùt were vndertån gotte, vnd sich setzte wider in in *vngehorsamkeit,* daz die sin vndertån wårent, wùrden sich wider in setzende in hertikeit.

A. Hier merke ich, das der moͤnsche anders nùt bedoͤrffte, daͤnn der gerehtigkeit, daz er sinem herren wer gewesen vndertån, so het ÿm dise welt gedienet als irm kùnge, vnd solt er han geuo̊rhtet daz verlieren, die vorhte solt ÿm han bråht die starke wer der tieren.[84]

B. Ym ist also. Darumb sprach ich: Do gerehtikeit ist, da bedarff man keiner wer; vngerehtigkeit die bedarff wer.

A. Hie merke ich, das kein reht gewalt ist daͤn in gerehtigkeit.

B. Du håst ån zwifel wår. Der moͤnsche ist sinselbes nùt, der sich nùt halt in gerehtigkeit. Er ist ouch frÿ nùt, der sinselbes nùt hat gewalt.

A. Daz merke ich nùt wol.

B. Merkest du nùt, daz vngerehtigkeit die hat *[12rb]* wer. Dauon der sich hat in vngerehtigkeit, dem wurt gewert, das er sinselbes nùt gewaltig mag sin, als er wolte. Er mag ouch fry nùt sin, der ieman hät, der in zwinget darzů, daz er nùt enwil.

A. Waz zwinget dann den vngerehten?

B. Ach, verståst du daz nùt? Das sin die grymmen klåwen der begirde, die zeͤne der gelùsten.[85] Sihstu nùt, wie eine begirde vertribet die andern vnd ein gelust irret vnd fùrkomt den andern, daz der moͤnsche zů růwe nùt komen mag, die er doch in allen dingen sůchet.

A. Was ist denn, in dem der moͤnsche vindet růwe?

B. Daz ist wårheit, wån die wårheit ist gereͤhtigkeit. Gerehtigkeit hät friheit. Friheit heͤt kein vorhte. Darvmb sprach ich: Wo gerehtikeit ist, do ist kein wer.

A. Mir ist min begirde nåch der wårheit also entzùndet, daz ich beger, daz du disem capitel machest ein ende vnd anvahest das capitel von der wårheit. Wån dicke ge*[12va]*sprochen wùrt: Gott ist die wårheit, so wùste ich gerne, wie

470 vngehorsamkeit] gehorsamkeit *C*

---

83 *Zur Verderbnis der Elemente durch den Fall speziell der Engel siehe ebenfalls Augustinus, De gen. ad litt. III, c. 10; CSEL Bd. XXVIII, 1, S. 73,3–74,21.*

84 *Innerhalb der rechten Ordnung hätte ihm die starke Wehr der Tiere zunutze kommen können.*

85 *Augustinus, De lib. arb. I, c. 10; CSEL Bd. LXXIIII, S. 10,26–28:* Convenit enim inter nos omnia malefacta non ob aliud mala esse nisi quod libidine, id est improbanda cupiditate, fiunt. *(»Unter uns herrscht Übereinstimmung, dass jede Übeltat nur böse ist, weil sie wegen einer Begierde, das heißt einer unanständigen Lust geschieht.«)*

B. Das ist wahr, und nicht allein die Tiere wären untertan. Ich sage: Auch die Elemente; denn die Erde hätte ohne alle Arbeit Frucht gebracht, die der Mensch nötig hat. Dasselbe hätten Luft und Wasser getan.

A. Warum wurden den Tieren Waffen gegeben?

B. Der Mensch sollte sehen und erkennen: Wenn er nicht Gott untertan wäre, sondern sich ihm in Ungehorsam widersetzte, würden die, die ihm untertan sein sollten, sich ihm hart widersetzen.

A. Daran erkenne ich, dass der Mensch nichts anderes nötig hatte als Gerechtigkeit. Wäre er seinem Herrn untertan gewesen, hätte ihm diese Welt gedient als ihrem König, und sollte er gefürchtet haben, das zu verlieren, hätte die starke Wehrhaftigkeit der Tiere diese Furcht eingebracht.

B. So ist es. Darum sagte ich: Wo Gerechtigkeit herrscht, da braucht man keine Waffen, Ungerechtigkeit braucht die Wehrhaftigkeit.

A. Daran erkenne ich, dass es keine gerechte Gewalt gibt außer in Gerechtigkeit.

B. Du sagst ohne Zweifel die Wahrheit. Der Mensch gehört sich selbst nicht, der sich nicht in Gerechtigkeit hält. Er ist auch kein Freund, wenn er sich nicht in Gewalt hat.

A. Das verstehe ich nicht recht.

B. Merkst du nicht, dass Ungerechtigkeit wehrhaft ist? Darum wird dem, der sich in Ungerechtigkeit hält, verwehrt, dass er so seiner selbst gewaltig sein kann, wie er will. Der kann auch nicht frei sein, der jemand hat, der ihn zu etwas zwingt, das er nicht will.

A. Was zwingt denn den Ungerechten?

B. Ach, verstehst du das nicht? Das sind die grimmigen Klauen der Begierde, die Zähne der Lust. Siehst du nicht, wie eine Begierde die andere vertreibt und eine Lust, die andere hindert und übertrifft, sodass der Mensch nicht zur Ruhe kommen kann, die er doch in allen Dingen sucht.

A. Was ist es denn, worin der Mensch Ruhe findet?

B. Das ist Wahrheit; denn die Wahrheit ist Gerechtigkeit. Gerechtigkeit bringt Freiheit. Freiheit hat keine Furcht. Darum sagte ich: Wo Gerechtigkeit ist, da gibt es keine Waffen.

A. In mir ist das Begehren der Wahrheit so entzündet, dass ich wünsche, dass du dieses Kapitel zu Ende bringst und das Kapitel von der Wahrheit anfängst. Denn es wird oft gesprochen: Gott ist die Wahrheit. So wüsste ich gerne,

die wårheit gott vnd ob eine wårheit, die gott ist, were in allen dingen. Vnd das hät min hertze lange begert.

B. Daz wùste ich wol, da ich die rede anvieng. Darumb so wolt ich in dem andern capitel schriben von der worheit vnd gerehtigkeit, daz du dester baß wùrdest bekennende, wie der moͤnsche geschaffen wart in wårheit vnd in gerehtigkeit.

B.

wie die Wahrheit Gott ist und ob eine Wahrheit, die Gott ist, in allen Dingen ist. Und das hat mein Herz lange begehrt.

B. Das habe ich schon gewusst, als ich die Abhandlung anfing. Darum wollte ich im zweiten Kapitel von Wahrheit und Gerechtigkeit schreiben, damit du umso besser erkennen solltest, wie der Mensch in Wahrheit und Gerechtigkeit geschaffen wurde.

B.

Das ander capitel
Uon worheit vnd von gerehtikeit, wie der moͤnsche darinne geschaffen wart.

Merke drù dinge von der waͦrheit:

Das erste, was die stuͤle sint, in den die woͤrheit sitzet.

Daz ander, waz waͦrheit ist vnd wie ein worheit in allen woren *[12vb]* dingen ist; die worheit gott ist.

Das dritte, wie die worheit gerehtigkeit ist[86]

<Die fünf Felder der Wahrheit>

A. Ach, wunder v̀ber wunder! Waͦ ist dise lere verborgen gewesen, daz ich dise wise vnd ordenunge von der worheit nie me han gehoͤrt. Sage, waz sint die stuͤle, in den die worheit sitzet.

B. Der stuͤle der sint fùnfe in der creature. Der erste sint die zeichen. Der ander ist ein woͤn. Der drite ist ein friheit des willen. Der vierde ist das werk der nature. Der fùnfft ist daz wesen der creature.

<Die Wahrheit der Zeichen>

A. Wie sitzet waͦrheit vff den stuͤlen der zeichen?

B. Daz zeichen das ist woͤr, wenn es zeichent daz, das do ist, vnd daz nùt zeichent, daz nùt ist.

A. Dis gib mir ein glichnisse, daz ich es verstande.

B. Gerne. Es ist zweyerleÿ zeichen. Eins sint wort, die gesprochen werdent. Das ander sint natùrliche zeichen. Von welen zeichen wiltu ein glichnisse?[87]

A. Es ist besser von inen beden.

B. Ich sihe etwaz gaͦn vff dem velde vnd spriche: Ich sihe einen moͤnschen, der *[13^{r}/13^{v}/14ra]*[88] do gaͦt, so ist das zeichen wor des wortes. Ist es aber ein schaͦff, daz do gaͦt, so ist daz wort nùt woͤr, daz do spricht: Ich sih einen moͤnschen.

---

86 *Die Reihenfolge der Lehrstücke wird im Text umgestellt: 1. Die fünf Sitze der Wahrheit (12vb–16ra; auch hier 1). 2. Wahrheit ist Gerechtigkeit (16ra–17vb; hier 3). 3. In jeder Wahrheit und Gerechtigkeit ist die ewige Wahrheit und Gerechtigkeit (17vb–23ra; hier 2). In dieser Reihenfolge der Ausführung behandelt auch Anselm von Canterbury das Thema in De ver. c. 13; Bd. I, S. 196,27:* Quod una sit veritas in omnibus veris. *(Übers.* Enders, *S. 67: »Dass eine Wahrheit in allem Wahren ist.«)*

87 *In Anselmus Cantuariensis, De ver. kommen keine Beispiele vor.*

88 *Am unteren Rand von fol. 12^{v} steht der Reklamant:* do gat, *mit dem der Text auf fol. 14^{r} fortfährt. Die Vorder- und Rückseite von Blatt 13, dem letzten Blatt der Lage, sind leer. Der Text setzt sich auf Bl. 14^{r}, d. h. auf der neuen Lage, fort. Auf die leeren Seiten ist im unteren Fünftel geschrieben: [fol. 13^{r}]* Tu autem in nobis es domine et *[fol. 13^{v}]* nomen sanctum tuum inuocatum est super. *Als Abschnitt aus der Bindung sieht man im Falz auf fol. 13^{v} einen ca. 1,2 cm breiten Papierstreifen eines mittelhochdeutschen Textfragments von der Hand des P. Hasenclow, des Schreibers des gesamten Codex. Von diesem Text sind nur unzusammenhängende Zeichenfolgen übriggeblieben.*

Das zweite Kapitel
Von Wahrheit und Gerechtigkeit, wie der Mensch darin geschaffen wurde.

Beachte drei Punkte von der Wahrheit:

Erstens, auf welchen Feldern die Wahrheit gedeiht.[1]

Zweitens, was Wahrheit ist und wie eine Wahrheit in allen wahren Dingen ist; dass Gott die Wahrheit ist.

Drittens, inwiefern Wahrheit Gerechtigkeit ist.

<Die fünf Felder der Wahrheit>

A. Ach, Wunder über Wunder! Wo war diese Lehre verborgen, dass ich diese Eigenschaft und Ordnung der Wahrheit niemals gehört habe. Sag: Was sind die Felder, auf denen die Wahrheit gedeiht.

B. Es sind fünf Felder in der Schöpfung. Das erste sind die Zeichen. Das zweite ist die Vorstellung. Das dritte ist die Freiheit des Willens. Das vierte ist das Wirken der Natur. Das fünfte ist das Wesen des Geschöpfes.

<Die Wahrheit der Zeichen>

A. Wie blüht Wahrheit auf den Feldern der Zeichen?

B. Das Zeichen ist wahr, wenn es das bezeichnet, was da ist, und nicht bezeichnet, was nicht ist.

A. Davon gib mir ein Beispiel, damit ich es verstehe.

B. Gerne. Es gibt zweierlei Zeichen. Eins sind Worte, die gesprochen werden. Das andere sind natürliche Zeichen. Von welchen Zeichen willst du ein Beispiel?

A. Am besten von beiden.

B. Ich sehe etwas auf dem Feld gehen und sage: »Ich sehe einen Menschen, der da geht«, dann ist das Zeichen des Wortes wahr. Ist es aber ein Schaf, das da geht, so ist das Wort nicht wahr, das da sagt: »Ich sehe einen Menschen.«

---

1 Die Übersetzung führt diese Metapher (»Felder«) ein. Der Text spricht von Stühlen, auf denen die Wahrheit sitzt, was für den modernen Leser irritierend klingen dürfte. Wenn man sich der Vorstellung des Meisters des Lehrgesprächs nähern möchte, kann man an den Lehrstuhl als Ort der Wahrheit denken.

A. Warvmb machet daz schåff, daz das wort nùt wor ist?

B. Daz das wort moͤnsche nùt ist ein zeichen des schåffes; es ist nuwan ein zeichen des moͤnschen.

A. So merke ich wol: Es ist darumb valsch, wann es gegeben wùrt dem zů einem zeichen, des es nùt von rehte betùtet.

B. Du hast reht; wan ein ieglich wort ist wor, wån es betzeichent vnd wenn es dem gegeben wurt zů einem zeichen, das es von rehte bezeichen sol.[89]

A. Warumb mag das wort moͤnsche nùt also wol betuten vnd betzeichen das schåff alz den moͤnschen?

B. Do empfieng es sin betzeichenunge von dem, der allen worten ire betzeichenunge gab, daz es solt einen moͤnschen betùten vnd nùt ein schåff.

A. Also betùtet ein wort vnreht, wenn es kein ding betùtet, daz es zů betùten nùt empfangen hät. Vnd wenn es betùtet, daz es empfangen hät, so betùtet *[14rb]* es reht vnd ist wor.

B. Du nåhest vaste der worheit.

A. Gib mir nu ein bilde in natùrlichen zeichen.

B. Der rǒch betùtet naturlich das fùr. Der reiff betùtet veilen win in der taberne[90]. Der nu sehe den rǒch, da kein fùr were, so spreche man, es ist nùt ein wårer rǒch, es ist ein stǒp oder ein nebel; wån ein worer rǒch kommet nùt daͤnn von einem fùre. Also ist im ouch von dem reiffe, so er ståt vor einem huse, då kein veil win inne ist, so wùrt er ein valsch zeichen.

A. Dis ist ein wunder, so der reiff an einem leren vasse ist, ist es daͤn nùt ein valsch zeichen?

B. Neÿn er, wånn dem reiffe ist nùt gegeben, daz er an dem vasse ist ein zeichen des wines.[91] Er ist an dem vasse ein bant vnd nùt ein zeichen. Hie by merke, wie die worheit ist in dem zeichen.

---

89 *Anselmus Cantuariensis, De ver. c. 2; Bd. I, S. 178,8 f., 12:* M. Ad quid facta est affirmatio? / D. Ad significandum esse quod est. <…> Cum ergo significat esse quod est, significat quod debet. *(Übers.* ENDERS, *S. 13: »L.: Wozu ist die Bejahung geschaffen? / S.: Um anzuzeigen, dass [der Fall] ist, was [der Fall] ist. <…> Wenn sie also anzeigt, dass [der Fall] ist, was [der Fall] ist, zeigt sie an, was sie soll.«)*

90 *Vgl. Eckhart, In Eccli. n. 52, LW II, S. 280,11–281,1:* <U>rina <…> hoc solo dicitur urina sana quia significat illam sanitatem eandem numero, quae est in animali, sicut circulus vinum, qui nihil vini in se habet. *(Übers. ebd.: »<…> deshalb allein heißt der Harn gesund, weil er jene eine Gesundheit, welche im Sinneswesen ist, anzeigt, wie der Kranz, der nichts vom Wein in sich hat, den Wein.«) Eckhart, In Ex. n. 45; LW II, S. 58,11–14:* Sic urina dicitur sana non sanitate formaliter inhaerente, sed sola analogia et respectu ad ipsam sanitatem extra, quae proprie formaliter est in animali, quomodo et vinum est in circulo significante vinum esse in taberna et in vase. *(Übers. ebd.: »So wird der Harn nicht deshalb als gesund bezeichnet, weil ihm die Gesundheit als Form innewohnt, sondern allein in Analogie und im Hinblick auf die wirkliche Gesundheit, die eigentlich und als Form nur in einem Sinneswesen ist. Die Gesundheit ist nicht mehr im Harn als der Wein im Kranz, der anzeigt, dass Wein im Wirtshaus und im Fass ist.«) Vgl. Sermo 44,3, n. 446; LW IV,I, S. 283,1–6.*

91 *Diese Parallele zu Eckharts Analogiebeispiel kann einen Hinweis geben, dass auch bei Eckhart der* circulus *ein Reif ist und nicht ein Kranz (wie in der vorausgehenden Übersetzung); vgl.*

A. Warum bewirkt das Schaf, dass das Wort nicht wahr ist?

B. Weil das Wort »Mensch« kein Zeichen für das Schaf ist; es ist nur ein Zeichen für den Menschen.

A. So verstehe ich: Es ist deshalb falsch, weil es als Zeichen für einen Gegenstand gewählt wird, den es nicht zu Recht bedeutet.

B. Du hast recht; denn jedes Wort ist wahr, weil es das bezeichnet und wenn es als Zeichen für das gewählt wird, was es zu Recht bedeutet.

A. Warum kann das Wort »Mensch« nicht ebenso gut ein Schaf bedeuten und bezeichnen wie einen Menschen?

B. Weil es seine Bezeichnung von dem empfing, der allen Worten ihre Bezeichnung gab, und so sollte es einen Menschen bedeuten und nicht ein Schaf.

A. Also deutet ein Wort unrichtig, wenn es ein Ding bedeuten soll, das es zu bedeuten nicht empfangen hat. Und wenn es bedeutet, was es <zu bedeuten> empfangen hat, bedeutet es richtig und wahr.

B. Du näherst dich rasch der Wahrheit.

A. Gib mir ein Bild für natürliche Zeichen.

B. Rauch bedeutet auf natürliche Weise Feuer. Ein Reif bedeutet: In der Taverne ist Wein zu verkaufen. Wenn nun einer Rauch sähe, wo kein Feuer wäre, würde man sagen: »Es ist kein wahrer Rauch; es ist Staub oder Nebel«; denn wahrer Rauch kommt nur von Feuer. Ebenso verhält es sich auch mit dem Fassreifen: Wenn er vor einem Haus steht, in dem es keinen Wein zu verkaufen gibt, wird er ein falsches Zeichen.

A. Das ist seltsam. Wenn der Reifen an einem leeren Fass ist, ist er dann nicht ein falsches Zeichen?

B. Nein, weil es nicht zu dem Reifen gehört, dass er am Fass ein Zeichen des Weins ist. An dem Fass ist er ein Band und nicht ein Zeichen. Daran kannst du verstehen, auf welche Weise die Wahrheit im Zeichen besteht.

<Die Wahrheit der Vorstellung>

A. Sage, wie ist wårheit *in* bekantnisse vnd in dem wo̊ne?

B. Dine gedencke sint wo̊r, wenn die gedencke daz bedenckent, so es ist, vnd nùt bedenckent, so es nùt enist.[92]

A. Des gib mir ein bilde [14va] oder ein glichnisse.[93]

B. So du gedenckest von dinem *frùnde*, er meyne dich mit truwen, alle die wile er dich mit truwen meÿnet, so ist din gedanck wor. Wenn er aber sine truw ablåsset, so ist din gedanck nùt me wo̊r.

A. Ich merke wol, daz ein gedank, der wår ist, daz der mag valsch werden, vnd er doch vnuerwandelt blibet an imselber. Wo̊rumb ist aber der gedanck wår, so min frùnt truw gegen mir haltet?

B. Daz ist darumb, wån der gedanck, der von truwen in minem hertzen ståt, der hat daz uon nature, daz er truw bewiset vnd zoͤeiget vnd nùt vntruwe. Dauon, wenn er daz zoͤiget, daz im die nature gegeben hät zů zoͤigen vnd zů bewisen vnd das nùt ist, daz er zoͤiget, so ist er valsch in glicher wise, alz der rouch das fùr zoͤiget, do kein fùr ist.[94]

<Die Wahrheit des freien Willens>

A. Waz ist die wårheit des fryen willen?

B. Wenn der wille daz wil, darumb er empfangen hat den willen, so ist der wille wår. Wenn er aber daz wil, daz der wille nùt empfangen hät, so ist er valsch.[95] In glicher wise, alz daz wort wor ist, so es daz betùtet, daz im zů betùten [14vb] geben ist.

A. Waz ist, daz der wille empfangen haͤt, vnd warumb ist es im geben?

52 in] ein **56** frùnde] frùnden

Brunner, *L'analogie chez Maître Eckhart, hier S. 343 f. und* Ruh, *Meister Eckhart, S. 83: »Reifen«; Brunner, Geschichte der abendländischen Mystik, Bd. III, S. 304: »Reifen«.*

92 *Anselmus Cantuariensis, De ver. c. 3; Bd. I, S. 180,7 f.:* Cogitationem quoque dicimus veram, cum est quod aut ratione aut aliquo modo putamus esse; et falsam, cum non est. *(Übers.* Enders, *S. 19: »Auch einen Gedanken nennen wir wahr, wenn es [der Fall] ist, von dem wir entweder mit der Vernunft oder auf irgendeine [andere] Weise meinen, dass es [der Fall] ist.« Erg.* Witte: *»… und <wir nennen ihn> falsch, wenn es nicht [der Fall] ist.«)*

93 *Wieder fehlt in ›De veritate‹ das Beispiel.*

94 *Anselmus Cantuariensis, De ver. c. 3; Bd. I, S. 180,12–15:* Ad hoc namque nobis datum est posse cogitare esse vel non esse aliquid, ut cogitemus esse quod est, et non esse quod non est. Quapropter qui putat esse quod est, putat quod debet, atque ideo recta est cogitatio. *(Übers.* Enders, *S. 21: »Darum nämlich ist uns gegeben, denken zu können, dass etwas [der Fall] ist oder [dass etwas] nicht [der Fall] ist, damit wir denken, dass [der Fall] ist, was [der Fall] ist, und [denken,] dass nicht [der Fall] ist, was nicht [der Fall] ist. Wer deshalb meint, dass [der Fall] ist, meine, was er [meinen] soll, und daher ist der Gedanke recht.«)*

95 *Anselmus Cantuariensis, De ver. c. 4; Bd. I, S. 181,4–6:* Nam si, quamdiu voluit quod debuit, ad quod scilicet voluntatem acceperat, in rectitudine et in veritate fuit, et cum voluit quod non debuit, rectitudinem et veritatem deseruit: non aliud ibi potest intelligi veri-

<Die Wahrheit der Vorstellung>

A. Sag: Wie ist Wahrheit in der Erkenntnis und in der Vorstellung?

B. Deine Gedanken sind wahr, wenn sie etwas bedenken, wie es ist, und es nicht bedenken, wie es nicht ist.

A. Gib mir davon ein Bild oder ein Beispiel.

B. Wenn du von deinem Freund denkst, er sei dir in Treue zugetan, solange er dir <wirklich> in Treue zugetan ist, ist dein Denken wahr. Wenn er aber seine Treue aufgibt, ist dein Denken nicht mehr wahr.

A. Ich merke jetzt, dass ein Gedanke, der wahr ist, falsch werden kann, obwohl er an sich selbst unverändert bleibt. Warum ist aber der Gedanke wahr, wenn mein Freund mir die Treue hält?

B. Das liegt daran, dass der Gedanke von Treue, der in meinem Herzen ruht, von Natur darauf eingerichtet ist, Treue zu beweisen und anzuzeigen, und nicht Untreue. Darum, wenn er das anzeigt, das ihm die Natur anzuzeigen und zu beweisen mitgegeben hat, aber was er anzeigt dieses <natürlich Erwartete> nicht ist, dann ist er <der Freund> ebenso falsch wie der Rauch, der Feuer anzeigt, wo kein Feuer ist.

<Die Wahrheit des freien Willens>

A. Was ist die Wahrheit des freien Willens?

B. Wenn der Wille das will, um dessentwillen er das Wollen empfangen hat, ist der Wille wahr. Wenn er aber das will, das der Wille nicht empfangen hat, ist er falsch; in gleicher Weise wie das Wort wahr ist, wenn es das bedeutet, was es zu bedeuten empfangen hat.

A. Was ist es, das der Wille empfangen hat und um dessentwillen es ihm gegeben wurde?

B. Der wille haͤt gerehte mynne empfangen, vnd die mynne ist im geben durch der gerehtigkeit willen, vnd alle die wile er daz wil daz ist gerehtigkeit durch der gerehtigkeit willen, so ist er in der wårheit. Darumb sprach Christus von dem boͤsen geiste: »Von sinem anevang so ist er ein lieger gewesen vnd ist nùt gestanden in der wårheit«[96]. Hie meynet Christus, das der wille wo̊r wille ist, der wil, als er sol.[97] Vnd wån der boͤse geist nùt wolte, daz er solte, dauon viel er vs der wårheit des willen.

A. Ach, wie mynnenklich sich die wo̊rheit zoͤiget nùt alleÿn in worten, sù zoͤiget sich ouch in mÿnne vnd in willen.

<Die Wahrheit des natürlichen Werkes>

Nu sage, waz ist die wårheit des natùrlichen werkes.

B. Daz natùrliche werk, daz ist wor, wenn es ist, als es sol, als daz fùr daz brennet in der wårheit. Aber ein fùr in dem troͮme, daz brinnet nùt in der wårheit. Ein mo̊nsche, der isset in der wårheit, aber in dem troͮme so isset er nùt in der wo̊rheit; wån dem engel noch dem *[15ra]* slåffenden mo̊nschen hoͤret daz werk nùt zů: in der wårheit essen. Darumb sprach vnser herre in dem ewangelio: »Der wol tůt, der werke komment an daz lieht«[98]; da meynet er »in die wårheit«.

A. Daz betùte mir noch baß.

B. Wer gůte werk wùrket, der tůt, daz er sol. Wer tůt, daz er sol, der tůt, daz sinre nature zů tůnde geben ist. Wer tůt, daz im ze tůnde geben ist, der tůt

93 fùr *fehlt*

---

tas quam rectitudo, quoniam sive veritas sive rectitudo non aliud in eius voluntate fuit quam velle quod debuit. *(Übers.* E*NDERS*, *S. 21f.: »Denn wenn er, solange er wollte, was er [wollen] sollte, – wozu er ja den Willen empfangen hatte –, in Rechtheit und in Wahrheit war, und [wenn] er, als er wollte, was er nicht [wollen] sollte, die Rechtheit und Wahrheit verließ: so kann dort [sc. beim Willen] unter der Wahrheit nichts anderes verstanden werden als die Rechtheit, weil Wahrheit oder Rechtheit in seinem Willen nichts anderes war als zu wollen, was er [wollen] sollte.«)*

96 *Vgl. Io 8,44. Ebenfalls zitiert bei Anselmus Cantuariensis, De ver. c. 4; Bd. I, S. 180,21f.:* Sed et in voluntate dicit veritas ipsa veritatem esse, cum dicit diabolum non stetisse ›in veritate‹. *(Übers.* E*NDERS*, *S. 21: »Aber die Wahrheit selbst sagt, auch im Willen sei Wahrheit, wenn sie sagt, der Teufel ›habe nicht in der Wahrheit verharrt‹.«)*

97 *Vgl. GDT Z. 69–71:* Der wille ist gerecht, wenne er wol wil, als in got wil wellen. Vnd der selb wille ist ain bilde der warheit, so ist si ouch ain jnsigel der gerechtikait. *(»Der Wille ist gerecht, wenn er will, wie Gott ihn wollen will. Und derselbe Wille ist ein Bild der Wahrheit, so ist sie auch ein Siegel der Gerechtigkeit.«) Vgl. Anselmus Cantuariensis, De ver. c. 4; Bd. I, S. 181,4–6.*

98 *Io 3,21. Ebenfalls zitiert bei Anselmus Cantuariensis, De ver. c. 5; Bd. I, S. 181,20f.:* ›Qui facit veritatem, venit ad lucem‹. *(Übers.* E*NDERS*, *S. 23: »›Wer die Wahrheit tut, kommt an das Licht.‹«)*

B. Der Wille hat rechte Liebe empfangen, und die Liebe wurde ihm um der Gerechtigkeit willen gegeben und solange er das will, was Gerechtigkeit um der Gerechtigkeit willen ist, ist er in der Wahrheit. Darum sagte Christus vom bösen Geist: »Von seinem Anfang an ist er ein Lügner gewesen und nicht in der Wahrheit gestanden« (Io 8,44). Hier meint Christus, dass der Wille ein wahrer Wille ist, der will, wie er es soll. Und weil der böse Geist nicht wollte, was er sollte, darum fiel er aus der Wahrheit des Willens.

A. Ach, wie liebenswert zeigt sich die Wahrheit nicht allein in Worten; sie zeigt sich auch in Liebe und im Willen.

<Die Wahrheit des natürlichen Werkes>

Nun sag, was ist die Wahrheit des natürlichen Werkes?

B. Das natürliche Werk ist wahr, wenn es ist, wie es soll, zum Beispiel: Das Feuer brennt in Wahrheit. Aber ein Feuer im Traum brennt nicht in Wahrheit. Ein Mensch isst in Wahrheit, aber im Traum isst er nicht in Wahrheit; denn weder zum Engel noch zum schlafenden Menschen gehört die Tätigkeit, in Wahrheit zu essen. Darum sagte unser Herr im Evangelium: »Wer recht tut, dessen Werke kommen ans Licht (Io 3,21)«, damit meint er: »in die Wahrheit«.

A. Das erklär mir noch besser.

B. Wer gute Werke tut, tut, was er soll. Wer tut, was ihm zu tun gegeben ist, der handelt entsprechend der Wahrheit, zum Beispiel brennt das Feuer in

nåch der wårheit, alz daz *fu̍r*[99] brennet in der wårheit vnd der moͤnsche isset vnd slåffet nåch der wårheit; wån es ist siner nature geben, daz er daz tůt.

A. Nåch der rede so were dem moͤnschen nu̍t su̍nde, ob er ȇsse durch gelust des libes oder ob er zů vil slieffe; wån die werk, alz du gesprochen hast, die sint im geben. Wer nů tůt, daz im geben ist zů tůnde, des werk sint in der woͣrheit.[100]

B. Du hast die rede nu̍t wol verstanden. Zů der wårheit gehoͤrent zwey ding: eins, daz im daz gegeben sie ze tůnde, daz er tůt; das ander, daz es im darumb sie gegeben zů tůnde, darvmb es geschiht. Nu ist dem moͤnschen geben essen vnd slåffen, daz ist woͣr. Es ist im aber nu̍t geben durch des libes lust. *[15rb]* Es wart im geben durch notdurfft des libes gotte zů lobe, vnd wer es anders vͤbet, der wu̍rket nu̍t die werke, darumb er su̍ empfangen hat. Darumb so sint su̍ nu̍t in der worheit.

A. Mich duncket, daz sie gar nu̍tz vnd notdu̍rfftig zů wissende, daz du da gesprochen hast, der wol sol verstan der vorder.

<Die Wahrheit im Wesen der Geschöpfe>

Nu sage fu̍rbaß: Wie ist die worheit in dem wesen der creaturen alz in dem fu̍nfften stu̍cke?

B. Alles, das ist, daz ist daz, daz es hat empfangen; wån keÿn ding ist von imselber. Waz es aber empfangen hät, daz ist es in der wårheit. Dauon alles wesen der creature, daz ist, daz es ist, in der woͣrheit.

A. Daz betu̍te mir baß.

B. Merke: Ein ieglich ding ist ein solich wesen, als ym gegeben ist, daz es sie. Was nu ist daz, daz im gegeben ist zů sinde, daz ist, als es sol. Waz nu ist, als es sin sol, daz ist gereht. Waz gereht ist, daz ist wor. Darumb alles, daz ist, daz ist daz, daz es ist, in der wårheit.

A. Ich beginne dich merken. Wann *[15va]* man sprichet: Geverwet kupfer ist valsch gold, daz můß dauon kommen, wån das kupfer hat des kupfers wesen empfangen vnd sin nature, vnd nu̍t des goldes. Darumb so ist es wår kupfer vnd valsch gold.

B. Lobe Gott, du hast den wåren sin, den ich meyne. Wån rehte ie die nature, die ist woͣr in irselber vnd valsch in der andern, vnd darvmb reht, als das kupfer woͣr kupfer ist vnd valsch golt, also ist daz golt wår golt vnd valsch kupfer.

---

99 *Siehe oben Z. 83; vgl. Anselmus Cantuariensis, De ver. c. 5; Bd. I, S. 182,4 f.:* Igitur non video quae inconvenientia sit, ignem facere veritatem et rectitudinem, cum facit quod debet. *(Übers.* ENDERS, *S. 25: »Daher sehe ich keine Ungereimtheit darin, dass das Feuer die Wahrheit und die Rechtheit tut, wenn es tut, was es [tun] soll.«)*

100 *Der Schüler deutet die Lehre im Sinne der Beginen und Begarden; vgl.* GRUNDMANN, *Ketzergeschichte des Mittelalters, S. G55 f.*

Wahrheit und der Mensch isst und schläft entsprechend der Wahrheit; denn es ist seiner Natur gegeben, dass er das tut.

A. Nach dieser Erklärung wäre es für den Menschen keine Sünde, wenn er zur Lust des Leibes isst oder wenn er zu viel schläft; denn diese Tätigkeiten sind, wie du gesagt hast, ihm gegeben. Wer nun tut, was ihm zu tun gegeben ist, dessen Taten sind in der Wahrheit.

B. Du hast die Erklärung nicht richtig verstanden. Zur Wahrheit gehören zwei Dinge: Erstens, dass ihm zu tun gegeben ist, was er tut; zum anderen, dass es ihm zu dem Zweck zu tun gegeben ist, um dessentwillen es geschieht. Nun ist es dem Menschen gegeben, zu essen und zu schlafen, das ist wahr. Es wurde ihm aber nicht zur Lust seines Leibes gegeben. Es wurde ihm wegen der Notwendigkeit des Leibes zum Lobe Gottes gegeben, und wer es anders übt, der wirkt die Werke nicht, wozu er sie empfangen hat. Darum sind sie nicht in der Wahrheit.

A. Mir scheint, es ist ganz nützlich und notwendig zu wissen, was du da gesprochen hast, wenn man das Vorausgegangene recht verstehen soll.

<Die Wahrheit im Wesen der Geschöpfe>

Nun sag weiter: Wie ist Wahrheit im Wesen der Geschöpfe entsprechend deinem fünften Punkt?

B. Alles, was ist, ist das, was es empfangen hat, denn nichts ist von ihm selbst. Was es aber empfangen hat, das ist es in Wahrheit. Darum ist alles Sein der Geschöpfe, das ist, was es ist, in Wahrheit.

A. Das erkläre mir besser.

B. Beachte: Jedes Ding ist ein solches Seiendes, wie es ihm zu sein gegeben ist. Was ihm nur zu sein gegeben ist, das ist, wie es <sein> soll. Was nun ist, wie es sein soll, das ist recht. Was gerecht ist, ist wahr. Darum ist alles, das ist, was es ist, in der Wahrheit.

A. Ich beginne dich zu verstehen. Denn man sagt: Gefärbtes Kupfer ist falsches Gold, das muss davon kommen, dass das Kupfer das Wesen und die Natur des Kupfers empfangen hat und nicht die des Goldes. Darum ist es wahres Kupfer und falsches Gold.

B. Lobe Gott, du hast das wahre Verständnis, das ich meine. Denn die Natur <einer Sache> ist jeweils wahr für sich selbst und falsch für die andere <Natur>, wie das Kupfer wahres Kupfer und falsches Gold ist, so ist das Gold wahres Gold und falsches Kupfer.

A. Von diser rede han ich ein wunder. Wie moͤgent alle ding sin in der wårheit vnd gereht sin an irem wesen vnd an ir eigen nature? Man sprichet doch von månigen dingen, daz es boͤse sie, alz den moͤnschen toͤten åne schulde, sweren vnd reden åne not vnd liegen. Wie moͤgent die wort gereht sin an ir nature vnd die werke uon denen v̀bel koͤment?

B. Du hast kùndiglich gefråget. Gott well, daz ich dir wißlich antwùrte. Wissest, daz ein ding mag gůt vnd boͤse sin nåch zweÿerleÿ *[15vb]* wise: Nåch siner nature, so ist es gůt; aber nåch dem willen des, der es machet oder wùrket, so ist es boͤse.[101] Vnd darumb das wort, damit der moͤnsche lùget vnd trùget, daz ist gůt an siner nature; wån es ist dasselbe wort, do mit ein anderer wor seit. Aber dasselbe wort ist boͤse noͤch des willen, der liegen wil vnd triegen mit dem worte.

A. Hast du des kein ander glichnisse, do in ich såhe, wie ein ding sol sin vnd gůt ist nåch einer wise vnd dasselbe ding nùt sol sin noch nùt gůt ist nåch der andern wise?

B. Jå, sich an daz liden Ihesu Christi. Daz waz gůt vnd soͤlte sin. Es waz ouch nùt gůt vnd solte nùt sin; wån es soͤlte nieman tůn noch wùrken.[102] Sih me: Ein iserin spitzig nagel sol ein weiches fleisch snÿden vnd verwunden, daz ist sin nature; aber die spitzigen nagel soͤltent die hånde gottes vnd die fuͤsse nùt durchgraben; wån es solte nieman tůn noch wùrken.[103]

---

101 *Anselmus Cantuariensis, De ver. c. 8; Bd. I, S. 188,2–4:* Potest igitur contingere ut debeat esse secundum naturam actio vel passio quae secundum agentem vel patientem esse non debet, quoniam nec ille agere nec iste debet pati. *(Übers. Enders, S. 41: »Es kann also geschehen, dass der Natur nach ein Handeln oder Erleiden sein soll, welches im Hinblick auf den Handelnden oder den Erleidenden nicht sein soll, weil es weder jener tun noch dieser erleiden soll.«) Vgl. Augustinus, De lib. arb. I, c. 33; CSEL Bd. LXXIIII, S. 34,18–19:* Verissimum est non res ipsas, sed homines qui eis male utuntur esse culpandos. *(»Gänzlich wahr ist also, dass nicht die Sachen selbst, sondern die Menschen, die sie schlecht gebrauchen, zu beschuldigen sind.«)*

102 *Anselmus Cantuariensis, De ver. c. 8; Bd. I, S. 186,29–187,2:* Idem igitur debet esse et non esse. Debet enim esse, quia bene et sapienter ab eo, quo non permittente fieri non posset permittitur; et non debet esse quantum ad illum cuius iniqua voluntate concipitur. Hoc igitur modo dominus Iesus quia solus innocens erat, non debuit mortem pati, nec ullus eam illi debuit inferre; et tamen debuit eam pati, quia ipse sapienter et benigne et utiliter voluit eam sufferre. *(Übers. Enders, S. 37: »Dasselbe soll also sein und [soll] nicht sein. Es soll nämlich sein, weil es gut und weise von dem [sc. Gott] zugelassen wird, ohne dessen Zulassung es nicht geschehen könnte; und es soll nicht sein im Hinblick auf den, durch dessen bösen Willen es geplant wird. Auf diese Weise also sollte der Herr Jesus den Tod nicht erleiden, weil er allein unschuldig war, noch sollte ihn [sc. den Tod] jemand ihm [sc. dem Herrn Jesus] zufügen; und dennoch sollte er ihn erleiden, weil er selbst ihn weise, gütig und nutzbringend erdulden wollte.«)*

103 *Anselmus Cantuariensis, De ver. c. 8; Bd. I, S. 187,33–35:* Quid etiam si secundum rerum naturam consideres, ut cum clavi ferrei impressi sunt in corpus domini: an dices fragilem carnem non debuisse penetrari, aut acuto ferro penetratam non debuisse dolere? *(Übers. Enders, S. 41: »Was aber, wenn du der Natur der Dinge gemäß betrachtest, dass die*

A. Der Satz wundert mich. Wie können alle Dinge in der Wahrheit sein und gerecht in ihrem Wesen und in ihrer eigenen Natur? Man sagt doch von manchen Dingen, dass sie böse seien, zum Beispiel einen Menschen töten ohne Grund, fluchen und schwören ohne Not und lügen. Wie können die Worte und die Taten in ihrer Natur gerecht sein, von denen Übel kommen?

B. Du hast verständnisvoll gefragt. Gott wolle, dass ich dir klug antworten kann. Das sollst du wissen: Etwas kann gut oder böse sein in doppelter Hinsicht. Seiner Natur nach ist es gut; aber nach dem Willen dessen, der es macht oder tut, ist es böse. Und darum ist das Wort, mit dem der Mensch lügt oder betrügt, seiner Natur nach gut; denn es ist dasselbe Wort, mit dem ein anderer Wahres sagt. Aber dasselbe Wort ist böse im Willen dessen, der mit diesem Wort lügen und betrügen will.

A. Hast du noch ein anderes Beispiel, an dem ich sehen kann, wie eine Sache sein soll und in einer Weise gut ist und wie dieselbe Sache in einer anderen Weise nicht sein soll und nicht gut ist?

B. Ja, betrachte das Leiden Jesu Christi. Das war gut und sollte sein. Es war auch nicht gut und sollte nicht sein; dann das hätte niemand tun oder bewirken sollen. Sieh weiter: Ein spitzer eiserner Nagel soll weiches Fleisch durchschneiden und verwunden; das ist seine Natur; aber die spitzen Nägel hätten die Hände und Füße Gottes nicht durchdringen sollen; denn das sollte niemand tun oder bewirken.

A. Ich merke wol nu, daz alles wesen aller dinge guͤt ist nach dem, als es ist ein nature. Aber alz es von einem *[16ra]* boͤsen willen kommet vnd gewùrket wurt, darumb so heisset es boͤse.

B. Gelobet sie gott. Du hast den brunnen aller boßheit, daz ist ein boͤser wille.[104]

A. Waz ist ein boͤser wille?

B. Der nùt in der wo̊rheit ist vnd nùt gereht ist.

A. Du hast gar o̊rdenlich gesprochen, wie die worheit ist in allen dingen.

<Wahrheit ist Gerechtigkeit.>

Nu sage, waz die worheit ist.

B. Du hast die höhe fråge fùrgeleit, die Pylatus frågte. Nu gang nùt vs, als Pylatus tet, e du ein antwùrte gehoͤrest von der wårheit.

A. Neyn ich, ob gott wel. Ich sol min hertze also besliessen, daz mich der welte geschrey der antwirt iht irre.

B. Nu swig vnd hoͤre: Worheit ist gerehtigkeit, die vernunfft des gemuͤtes alleine mag begriffen.[105] Dis wo̊rtelin zoͤiget, waz der wårheit ist. Was nùt gereht ist, daz ist nùt wårheit, vnd daz merke in den voͤrdern stuͤlen der wårheit. Wån wenn daz wort oder daz zeichen nùt betùtet, alz es sol, so ist es nùt wor; wån der gedanck oder der wån *[16rb]* nùt daz weͤnet, daz er sol, so ist er nùt wor. Dasselb ist uon dem willen vnd von den werken der nature vnd ouch von dem wesen der creature. Wenn aber der iegliches betùtet, als es sol, so tůt es reht, vnd wenn es reht tůt, so ist es wor. Dauon so merke daz, daz worheit ist gerehtikeit.[106]

A. Warumb hast du gesprochen, daz die wo̊rheit alleine begriffen werden mag von vernunfft des gemuͤtes?

B. Do meyne ich, daz alles, daz die sinne moͤgent begriffen, als gereht einer růten vnd slehte eines weges, daz ist nùt die gerehtikeit, die do ist wo̊rheit; wån

---

eisernen Nägel in den Leib des Herrn eingedrückt wurden, wirst du sagen, [etwa] dass das zerbrechliche Fleisch nicht durchdrungen werden sollte, oder dass es, als es mit dem spitzen Eisen durchdrungen wurde, nicht Schmerz empfinden sollte?«)

104 *Vgl. Augustinus, De lib. arb. III, c.48; CSEL Bd. LXXIIII, S.130,12–13:* Cupiditas porro inproba voluntas est. ergo inproba voluntas malorum omnium causa est. *(»Die Begierde ist nun aber ein Wille, also ist der unziemliche Wille der Grund aller Übel.«) Der gesamte Traktat ›Vom Grunde aller Bosheit‹ ist eine Auslegung dieses Grundsatzes; vgl. Ruh, ^{2}VL Bd. III (2004), Sp.286 und Witte, ›Fundus omnis iniquitatis‹, ^{2}VL Bd. XI (2004), Sp.471f.*

105 *Anselmus Cantuariensis, De ver. c.11; Bd. I, S.191,18f.:* Possumus igitur, nisi fallor, definire quia veritas est rectitudo mente sola perceptibilis. *(Übers. Enders, S.51: »Wir können also, wenn ich mich nicht täusche, definieren, dass die Wahrheit ist: mit dem Geist allein erfassbare Rechtheit.«)*

106 *Vgl. GDT Z.70f.:* Vnd der selb wille ist ain bilde der warheit, so ist si ouch ain jnsigel der gerechtikait. *(»Und derselbe Wille ist ein Bild der Wahrheit, und ist so auch ein Siegel der Gerechtigkeit.«)*

A. Jetzt merke ich, dass das Wesen aller Dinge gut ist, insofern es eine Natur ist. Aber weil es von einem bösen Willen kommt und bewirkt wird, darum heißt es böse.

B. Gelobt sei Gott. Du hast die Quelle aller Bosheit <gefunden>, das ist ein böser Wille.

A. Was ist ein böser Wille?

B. Der nicht in der Wahrheit und nicht gerecht ist.

A. Du hast ganz ordnungsgemäß gesagt, wie Wahrheit in allen Dingen ist.

<Wahrheit ist Gerechtigkeit.>

Nun sag, was die Wahrheit ist.

B. Du hast <mir> die große Frage vorgelegt, die Pilatus gefragt hat (Io 18,38). Nun gib nicht auf, wie es Pilatus tat, bevor du eine Antwort von der Wahrheit gehört hast.

A. Nein. wenn Gott es will. Ich werde mein Herz so weit verschließen, dass mich das Geschrei der Welt nicht hindert, die Antwort zu hören.

B. Dann schweig und höre: Wahrheit ist Gerechtigkeit, die allein die Vernunft des Geistes verstehen kann. Dies kleine Wort zeigt, was Wahrheit ist. Was nicht recht ist, das ist nicht Wahrheit. Das merke an den zuvor genannten Feldern der Wahrheit. Denn wenn das Wort oder das Zeichen nicht das bezeichnet, was es soll, so ist es nicht wahr. Wenn der Gedanke oder die Vorstellung nicht das meinen, was sie sollen, sind sie nicht wahr. Dasselbe gilt vom Willen und dem Wirken der Natur und auch vom Wesen der Geschöpfe. Wenn aber jedes von ihnen bedeutet, was es soll, so tut es recht, und wenn es recht tut, so ist es wahr. Darum verstehe, dass Wahrheit Gerechtigkeit ist.

A. Warum hast du gesagt, dass die Wahrheit nur mit der Vernunft des Geistes verstanden werden kann?

B. Damit meine ich, dass alles, was die Sinne erfassen können, zum Beispiel die Geradheit einer Rute und die Ebenheit eines Weges, nicht die Gerechtigkeit ist, die <zugleich> Wahrheit ist; denn die Gerechtigkeit, die Wahrheit

die gerehtigkeit, die do ist wårheit, die mag alleine daz hertze bedencken.[107] Darumb sprach ich in dem ersten capittel: Wer nåch der wårheit gedencket, daz geschiht oͣne alle bildunge der liplicheit.[108]

A. Wån worheit ist gerehtikeit, so sage mir, waz ist gerehtigkeit, wilt du, daz ich wol merke die woͣrheit.

B. Du hast reht, wer es bekennen wil, der muͦß das ander wol merken: Es ist zweyerleÿ gerehtikeit, eins ist ein *[16va]* loͤbeliche gerehtikeit, die ander ist nùt loͤbelich.[109]

A. Weliche ist loͤbelich vnd welich ist vnloͤbelich?

B. Die gerehtigkeit ist nùt loͤbelich, so sù nùt ist bekant von dem, der die gerehtigkeit wùrket, als daz werk der nature, daz gereht ist vnd nùt von der nature wùrt bekennet.

A. Als wie?

B. Wån das fùr brennet, so wùrket es gereht, wån es tuͦt, daz es sol. Oder so der stein von der hoͤhi vållet, so tuͦt er, daz er sol.[110]

A. So merke ich ietze wol, daz lobeliche gerehtikeit wùrt bekånt von dem, der sù hät, oder sù were anders nùt loͤbelich.[111]

B. Du hast wor.

A. Ist[112] aber der gereht, der wirket, als er sol vnd daz bekennet?

B. Neÿn, der ist noch nùt loͤbelich gereͤht, wån man zwinget einen diep oder roͤyber, daz er widergit, daz er zuͦ vnreͤht hät genommen. Der tuͦt, daz er sol, vnd bekennet, daz er daz tuͦn sol.

A. Warumb ist der nùt gereht?

B. Do tuͦt er, daz er sol wider sinen willen; wån der in nùt zwùnge, so geb er es nùt wider.[113]

190 A. Ist *fehlt*

---

107 *Ebenso dem Sinne nach Anselmus Cantuariensis, De ver. c. 11; Bd. I, S. 191,6–18: [...]* rectitudo mente sola perceptibilis. *(Übers. Enders, S. 51: »[...] mit dem Geist allein erfassbare Rechtheit«.)*

108 *Siehe AFD I, c. 1; fol. 7ra–b; Z. 150–159.*

109 *Anselmus Cantuariensis, De ver. c. 12; Bd. I, S. 192,27:* Quaeris ut video definitionem iustitiae cui laus debetur; sicut contrario eius, sicut iniustitiae, debetur vituperatio. *(Übers. Enders, S. 55: »Du suchst, wie ich sehe, die Definition der Gerechtigkeit, der Lob geschuldet wird; wie ihrem Gegenteil, nämlich der Ungerechtigkeit, Tadel geschuldet wird.«)*

110 *Beide Beispiele bei Anselmus Cantuariensis, De ver. c. 12; Bd. I, S. 191,31 bzw. S. 192,11f. Die folgende Entwicklung der Definition der lobenswerten Gerechtigkeit entspricht in allen Punkten Anselmus Cantuariensis, De ver. c. 12; Bd. I, S. 192,30–194,26.*

111 *Anselmus Cantuariensis, De ver. c. 12; Bd. I, S. 192,32f.:* Velle autem illam <iustitiam> non valet qui nescit eam. *(Übers. Enders, S. 55: »Sie zu wollen, vermag aber nicht, wer sie nicht kennt.«)*

112 *Diese Konjektur versucht, eine Textlücke zu schließen. Es muss sich um eine Frage des Schülers handeln, die nach der Antwort des Meisters in Z. 185f. ergänzt wird.*

113 *Anselmus Cantuariensis, De ver. c. 12; Bd. I, S. 193,25f.:* Nam cum latro cogitur ablatam reddere pecuniam, palam est quia non vult se debere, quoniam ideo cogitur velle red-

ist, kann allein das Herz bedenken. Darum habe ich im ersten Kapitel gesagt: Wenn einer wahrheitsgemäß denkt, geschieht das ohne alle Formgebung der Körperlichkeit.

A. Da Wahrheit Gerechtigkeit ist, sage mir, was Gerechtigkeit ist, wenn du willst, dass ich Wahrheit richtig verstehe.

B. Du hast recht, wer eins erkennen will, der muss das andere recht verstehen: Es gibt zweierlei Gerechtigkeit, eine ist lobenswerte Gerechtigkeit, die andere ist nicht lobenswert.

A. Welche ist lobenswert und welche ist nicht lobenswert?

B. Die Gerechtigkeit ist nicht lobenswert, wenn sie dem, der die Gerechtigkeit wirkt, nicht bekannt ist, zum Beispiel das Wirken der Natur, das gerecht ist, aber von der Natur nicht erkannt wird.

A. Wieso?

B. Wenn das Feuer brennt, wirkt es recht, denn es tut, was es soll. Oder wenn der Stein von der Höhe herabfällt, tut er, was er soll.

A. Dann verstehe ich jetzt, dass lobenswerte Gerechtigkeit von dem erkannt wird, der sie hat, andernfalls wäre sie nicht lobenswert.

B. Das ist wahr.

A. Ist also der gerecht, der wirkt, wie er es soll, und das erkennt?

B. Nein, der ist noch nicht lobenswert gerecht; denn man zwingt einen Dieb oder Räuber, dass er zurückgibt, was er zu Unrecht genommen hat. Der tut, was er soll und erkennt, dass er es tun soll.

A. Warum ist der nicht gerecht?

B. Weil er gegen seinen Willen tut, was er soll; denn, wenn man ihn nicht zwänge, gäbe er es nicht zurück.

A. Ist aber der gereht, der wùrket, daz er sol, mit willen vnd bekennet, daz er daz wùrket?

B. *[16vb]* Neÿn, wer nùt bekennet, daz er also sol wùrken, wùrket er ioch williglich vnd tůt, daz er sol, vnd bekennet daz, daz er wùrket, der ist nùt reht lo̊ͤbelich.

A. Wie lit daz?

B. Gienge einer durch ein tùr vnd wer einer zů der thùr in gegangen, den man hette geiaget vff den tot, daz wùste der nùt, der zů der thùr vßgieng, der tåͤte die thùr nach im zů, vnd daz zůtůn, daz behůͤbe dem sin leben: der het getån, daz er so̊ͤlte, wån er tet die tùr zů vnd tet es mit willen, wan nieman zwang in dar zů, vnd bekante, daz er tet, wann er bekante, daz er die thùr håͤtte zůgetån; dauon der behůb sin leben, der do in gegangen waz, vnd tet doch nùt ein werk der gerehtigkeit, die lo̊ͤbelich ist.

A. Warumb ist daz?

B. Do tet er es von geschiht, vnd nùt darumb, daz jeͣner sin leben behůͤbe. Wån ich meÿne, daz er nùt wùste, daz einer durch die tùr geflohen waz.

A. So merk ich wol: Du meynest gerehtigkeit, die lo̊belich ist, die můß sin bekant vnd willig, vnd daz daz werk geordent *[17ra]* ist vff gereͣhtigkeit.[114]

B. Also meÿn ich.

A. Ist aber des noch gnůg?

B. Es ist noch damit nùt gnůg.

A. Warumb?

B. Ein diep git wider, das er sol, vnd wil es wider geben; wån er bekennet, daz er es sol; wån bekant er nùt, das er so̊ͤlte, er geb es nùt wider, vnd doch so hät er nùt gereht.

A. Du wùrffest mich in grossen zwifel; wån ich wonde, der were gar gereht, der williglichen gebe wider, daz er sol, vnbetzwungenlichen, vnd darumb, wån er bekennet daz, daz er schuldig ist.

B. Ach, wundert dich des! Sih, daz ein richer dicke git einem armen sin almůsen williglich. Der tůt, daz er sol, vnd bekennet, daz er also tůn sol. Doch tůt er es durch weltliches růmes willen, so ist daz werk vngereht.[115] Daby maht

---

dere, quia debet. *(Übers. ENDERS, S. 57: »Denn wenn ein Räuber gezwungen wird, das geraubte Geld zurückzugeben, [dann] ist es offenbar, dass er nicht will, dass er es [wollen] soll, da er ja deshalb gezwungen wird, zurückgeben zu wollen, weil er es [zurückgeben] soll.«)*

114 *Anselmus Cantuariensis, De ver. c. 12; Bd. I, S. 193,19 f.:* Si quis nesciens vult quod debet, ut cum vult claudere ostium contra illum, qui ipso nesciente vult in domo alium occidere <…>. *(Übers. ENDERS, S. 57: »Wenn jemand unwissentlich will, was er [wollen] soll – wie wenn er das Tor gegen den verschließen will, der ohne sein Wissen im Hause einen anderen töten will <…>.«) Ebd., S. 194,11 f.:* Bene intelligis haec duo esse necessaria voluntati ad iustitiam: velle scilicet quod debet, ac ideo quia debet. *(Übers. ENDERS, S. 57: »Du verstehst gut, dass diese zwei Dinge für den Willen zur Gerechtigkeit notwendig sind: nämlich das zu wollen, was er [wollen] soll, und es deshalb zu wollen, weil er es wollen soll.«)*

115 *Anselmus Cantuariensis, De ver. c. 12; Bd. I, S. 193,28–30:* Qui cibat pauperem esurientem propter inanem gloriam, vult se debere velle quod vult. Idcirco namque laudatur,

A. Ist dann der gerecht, der freiwillig tut, was er soll, und erkennt, dass er es tut?

B. Nein, wer nicht erkennt, dass er so handeln soll, handelt zwar willentlich und tut, was er soll, und erkennt, dass er handelt, der ist nicht wirklich lobenswert.

A. Woran liegt das?

B. Ginge einer durch eine Tür und wäre <zugleich> ein <anderer> durch die Tür hereingegangen, den man zu Tode gejagt hätte; aber das wüsste der nicht, der zur Tür hinausging und nach sich die Tür zumachte, und das Schließen der Tür rettete dem andern das Leben: der hätte getan, was er sollte, denn er machte die Tür zu und tat es willentlich, denn niemand zwang ihn dazu, und er wusste, was er tat, denn er erkannte, dass er die Tür zugemacht hatte: dadurch rettete er das Leben des anderen, der hereingegangen war, und doch tat er nicht ein Werk der Gerechtigkeit, die lobenswert ist.

A. Warum ist das so?

B. Weil er aus Zufall handelte und nicht deshalb, damit jener sein Leben behalten könnte. Weil ich meine, dass er nicht wusste, dass jemand durch die Tür geflohen war.

A. Dann verstehe ich es so: Du meinst, Gerechtigkeit, die lobenswert ist, muss bekannt und willentlich sein, und das Werk muss auf Gerechtigkeit ausgerichtet sein.

B. So meine ich es.

A. Ist das jetzt schon genug?

B. Damit ist es noch nicht genug.

A. Warum?

B. Ein Dieb gibt zurück, was er geben soll, und will es zurückgeben; denn er erkennt, dass er es geben soll; denn würde er nicht erkennen, dass er es geben soll, gäbe er es nicht zurück. Und doch ist er noch nicht gerecht.

A. Du wirfst mich in großen Zweifel; denn ich dachte, der wäre jetzt gerecht, der willentlich zurückgibt, was er soll, ohne Zwang und darum, weil er erkennt, dass er es schuldet.

B. Ach, wundert dich das? Sieh: ein Reicher gibt oft freiwillig einem Armen ein Almosen. Der tut, was er soll, und erkennt, dass er es so tun soll. Und doch tut er es um eines weltlichen Ruhmes willen. Dadurch ist das Werk un-

du merken, daz weder willen noch bekennen des, daz man tůn sol, ist gnůg zů gerehtigkeit.

A. Waz ist aber des gnůg zů lobelicher gerehtikeit?

B. Merke an disen worten, daz die gerehtigkeit nùt minre lit an dem, darumb *[17rb]* der mo̊nsche wil, denn an dem, daz der mo̊nsche wil. Wan der betzwungen, der wil, daz er sol, vnd wil es darumbe, wån er es sol wellen, vnd ist doch daran nùt gereht; wån er wil es nùt, darumb er es solte wellen. Dasselbe ist von denen, die dienent vmb lon.[116] Die dienent williglichen vnd darzuo tůnt sù es williglich, wann sù bekennent, daz sù es tůnt billich, die werdent nùt gelobet nåch gerehtigkeit; wån sù tůnt es nùt vmb gerehtigkeit.

A. Wer ist denn gereht?

B. Nu merke: Der ist gereht, der tůt, daz er sol, vnd daz bekennet, daz er tůt, vnd daz bekennet, daz er es tůn sol, vnd es tůt williglich vnd ǒch mynnet, das es also sol sin vnd durch der mynne willen: so tůt er, das er sol.

A. Darnåch so ist nieman gereht, då̊nn der die gerehtigkeit mÿnnet, vnd darumb so wùrket er die werk der gerehtigkeit.

B. Du seist die wårheit. Wiltu in einem worte wissen, waz die gerehtigkeit ist, die die worheit ist, die ouch alleÿne lobelich ist?

A. Owe, jå.

B. *[17va]* Gerehtigkeit ist wo̊rheit des willen, behalten vmb die gerehtigkeit.[117]

A. Also wer gerehte werk wùrket gewilliglich durch die mynne der gerehtigkeit, der ist alleyne gereht?

B. Du seist die worheit.

A. Der wùrket werk der vorhte oder zůversiht des lones oder sich hůtet vor sùnden vnd im do bÿ leit ist, daz daz werk der sùnde sùnde ist, oder dem leit ist, daz die werk der wårheit soͤlliche werk sint, der ist nùt gereht?

---

quia vult facere quod debet. *(Übers.* Enders, *S. 59: »Wer einen hungernden Armen um des eitlen Ruhmes willen speist, will, dass er wollen soll, was er will. Denn deshalb wird er gelobt, weil er tun will, was er [tun wollen] soll.«)*

116 *Hier geht der Meister über Anselm von Canterbury hinaus. Dass Lohn als Motiv der Gerechtigkeit ausgeschlossen wird, erinnert an Meister Eckhart, z. B. Pr. 1; DW I, S. 7,1–5:* Sehet, diz sint allez koufliute, die sich hüetent vor groben sünden und wæren gerne guote liute und tuont ir guoten werk gote ze êren, als vasten, wachen, beten und swaz des ist, aller hande guotiu werk, und tuont sie doch dar umbe, daz in unser herre etwaz dar umbe gebe, oder daz in got iht dar umbe tuo, daz in liep sî: diz sint allez koufliute. *(Übers. S. 429: »Seht, alle die sind Kaufleute, die sich hüten vor groben Sünden und wären gern gute Leute und tun ihre guten Werke Gott zu Ehren, wie Fasten, Wachen, Beten und was es dergleichen gibt, allerhand gute Werke, und tun sie doch darum, dass ihnen unser Herr etwas dafür gebe oder dass ihnen Gott etwas dafür tue, was ihnen lieb wäre: dies sind alles Kaufleute.«)*

117 *Anselmus Cantuariensis, De ver. c. 12; Bd. I, S. 194,26:* Iustitia igitur est rectitudo voluntatis propter se servata. *(Übers.* Enders, *S. 61: »Gerechtigkeit ist also Rechtheit des Willens, bewahrt um der Rechtheit selbst willen.«)*

gerecht. Daran kannst du merken, dass weder das Wollen noch das Erkennen dessen, was man tun soll, für die Gerechtigkeit genug ist.

A. Was ist aber genug zu lobenswerter Gerechtigkeit?

B. Merke an diesen Worten, dass die Gerechtigkeit nicht weniger an dem liegt, wozu der Mensch <es> will, als an dem, dass der Mensch will. Denn wer gezwungen wird, der will, was er soll, und will es darum, weil er es wollen soll, und doch ist er so nicht gerecht; denn er will es nicht um dessentwillen, worum er es wollen soll. Dasselbe gilt von denen, die um eines Lohnes willen dienen. Die dienen freiwillig, und sie tun es mit eigenem Willen; denn sie erkennen, dass sie es mit Recht tun. Sie werden nicht um der Gerechtigkeit willen gelobt, denn sie tun es nicht wegen der Gerechtigkeit.

A. Wer ist denn gerecht?

B. Also merke: Der ist gerecht, der tut, was er soll, und erkennt, was er tut, und er erkennt, dass er es tun soll, und wenn er es willentlich tut und auch gerne tut, weil es so sein soll und um der Liebe willen: dann tut er, was er soll.

A. Demnach ist niemand gerecht, außer der die Gerechtigkeit liebt und darum die Werke der Gerechtigkeit wirkt.

B. Du sagst die Wahrheit. Willst du mit einem Wort wissen, was die Gerechtigkeit ist, die die Wahrheit ist und die auch allein lobenswert ist?

A. O ja.

B. Gerechtigkeit ist die Wahrheit des Willens, die um der Gerechtigkeit willen bewahrt wird.

A. Also, wer willentlich um der Liebe zur Gerechtigkeit willen sein Werk tut, der ist allein gerecht?

B. Du sagst die Wahrheit.

A. Wer Werke der Furcht oder der Hoffnung auf Lohn wirkt oder wer sich vor Sünden hütet, wobei es ihm leid tut, dass das Werk der Sünde Sünde ist, dem es leid tut, dass die Werke der Wahrheit eben solche Werke sind, der ist nicht gerecht?

B. Nein, der keiner mag geheissen gereht; wan ir keiner wùrket in der mynne der gereͤhtigkeit.

A. We, daz ich nùt schrie uon leÿde vnd ouch von froͤiden! Wie ist min hertze so lange blint gewesen, daz ich nie verstůnd, waz daz betùte: gerehtikeit. Doch sol ich mich vnmåssiglichen froͤuwen, daz mir vor minem ende erschinen ist so vil der synne worer bekantnisse wårheit vnd gerehtigkeit. Du maht din lere fùrbaß låssen vnderwegen, ob du wilt. Mich duncket, das ich minem armem leben nu fùrbaß in disen kleynen worten lere gnůg vinde.

B. Diner trungkenen begirde sol ich nùt *[17vb]* volgen.

A. Bin ich denn truncken?

B. Jå. Dir geschiht, als der einen erner vß schicket snyden vff einen vollen acker, vnd so der kommet vff den acker, so sendet im der herre nåch eine sichel, do mit er das korn solte snÿden; wann der herre bekante wol, daz er der sichlen vergessen heͤtte, do mit er solte snyden. Sprach der: Ich wil nùt snyden, wån mir die sichel worden ist. Den moͤhte man wol truncken heissen. Wån wer er by imselber wol, er solte deste me begeren einen grossen vollen acker, wenn im die sichel ist worden.

<Die ewige Gerechtigkeit ist in jedem einzelnen Gerechten.>

A. Mir ist lieb din lere vnd ouch din getruwe stråffen. Sid es dir nu wol gefaͤllet, so sage fùrbaß von der warheit, die do ist gerehtikeit, daz dir dieselbe worheit git zů sprechen.

B. Fråge!

A. Ich kan nÿme frågen.

B. Dunket dich, daz das sie die ewige wårheit, dauon ich gesprochen hån?

A. Als wie?

B. Ich han gesprochen: Worheit ist gerehtigkeit, vnd gerehtigkeit ist rehter wille, gevͤbet durch die mynne der gerehtigkeit. *[18ra]*

<Eine Wahrheit ist in allen wahren Dingen; sie ändert sich nicht, wenn die Dinge sich ändern.>

A. Daz verstån ich nùt wol. Du sagest mir denn, ob ein gerehtikeit sie in aller gerehtigkeit.[118] Wån vnd ist daz wo̊r, so bego̊nde ich verstån, daz die gerehtigkeit gott were, der do ist die ewige worheit.

B. Wiltu dauon hoͤren, so vernÿm gar eben: Ich wil dir von gottes gnåde zoͤigen vnd wisen, wie ein gerehtigkeit ist in allen dingen vnd daz die gerehtigkeit gott ist.[119]

---

118 *Anselmus Cantuariensis, De ver. c. 13; Bd. I, S. 196,26f.:* Quod una sit veritas in omnibus veris. *(Übers. Enders, S. 67: »Dass eine Wahrheit in allem Wahren ist.«)*

119 *Die Transzendentalität jeder Wahrheit, die letztlich Gott ist, wird in Anselms ›De veritate‹ bereits im ersten Kapitel angesprochen: Anselmus Cantuariensis, De ver. c. 1; Bd. I, S. 176,4–7:* Quoniam deum veritatem esse credimus, et veritatem in multis aliis dicimus esse,

B. Nein, von denen kann keiner gerecht heißen; denn keiner von ihnen wirkt aus Liebe zur Gerechtigkeit.

A. Weh, dass ich nicht schreie vor Leid und auch vor Freude! Wie ist mein Herz so lange blind gewesen, dass ich niemals verstanden habe, was Gerechtigkeit bedeutet. Doch soll ich mich unermesslich freuen, dass mir vor meinem Ende so viel von der Bedeutung wahrer Erkenntnis der Wahrheit und der Gerechtigkeit erschienen ist. Du kannst des Weiteren deine Lehre sein lassen, wenn du willst. Mir scheint, dass ich in diesen kleinen Worten für mein armes Leben weiterhin genug Belehrung finde.

B. Deinem trunkenen Wunsch werde ich nicht folgen.

A. Bin ich denn betrunken?

B. Ja. Dir geschieht es, wie wenn einer einen Erntehelfer zum Mähen auf einen vollreifen Acker ausschickt. Und wenn der auf dem Acker ankommt, sendet ihm sein Herr eine Sichel nach, mit der er das Korn schneiden soll; denn der Herr hat wohl erkannt, dass er die Sichel vergessen hatte, mit der er schneiden sollte. Nun sprach der Erntehelfer: »Ich werde nicht schneiden; denn mir ist eine Sichel gegeben worden.« Den könnte man wohl betrunken nennen. Denn wer bei sich selbst ist, sollte sich umso mehr einen großen vollreifen Acker wünschen, da ihm ja die Sichel gegeben worden ist.

<Die ewige Gerechtigkeit ist in jedem einzelnen Gerechten.>

A. Mir ist deine Belehrung lieb und auch dein freundschaftlicher Tadel. Da es dir so gefällt, sprich weiter von der Wahrheit, die Gerechtigkeit ist, was dir dieselbe Wahrheit zu sprechen aufgibt.

B. Frage!

A. Ich kann nicht mehr fragen.

B. Meinst du, dass es die ewige Wahrheit ist, von der ich gesprochen habe?

A. Inwiefern?

B. Ich habe gesagt: Wahrheit ist Gerechtigkeit, und Gerechtigkeit ist rechter Wille um der Liebe zur Gerechtigkeit ausgeübt.

<Eine Wahrheit ist in allen wahren Dingen; sie ändert sich nicht, wenn die Dinge sich ändern.>

A. Das verstehe ich nicht recht, wenn du mir nicht sagst, ob eine Gerechtigkeit in jeder Gerechtigkeit ist. Denn wenn das wahr ist, beginne ich zu verstehen, dass die Gerechtigkeit Gott ist, der die ewige Wahrheit ist.

B. Willst du das hören, so vernimm: Ich will dir mit Gottes Gnade zeigen und erklären, wie eine Gerechtigkeit in allen Dingen ist und dass die Gerechtigkeit Gott ist.

A. Die ewige wårheit můß diu sele erfùllen mit gerehtikeit, vß der mir die worheit also mynneklichen lùhtet.

B. Merke drù wort. Das erste: Ist ein gerehtigkeit in allen gerehten dingen, so ist ouch nuwån ein wo̊rheit in allen woren dingen.

A. Daz wort merke ich wol; wån du hast mich bewiset, daz wo̊rheit nùt anders ist, dån gerehtigkeit, die alleÿn in vernunfft der bescheidenheit mag begriffen werden.[120]

B. Du hast gar wol verstanden, wån sù eins sint ane allen vnderscheit, wårheit vnd gerehtigkeit, dauon so mag eins nùt me denn daz *[18rb]* ander. Darumb ist nuwan ein gerehtigkeit, so ist nuwan ein worheit in allen dingen.

A. Daz sach ich an; dauon verstůnd ich daz wort, daz du mir fùrleitest. Nu sage, waz ist daz ander wort.

B. Daz ist, daz die gerehtigkeit wurt nùt gewandelt nåch der wandelunge der dinge, die gereht sint geheissen.[121]

A. Wie meynestu das?

B. Das wort heisset gereht, daz betùtet, als es betùten sol; vnd ist, daz das wort betùtet, daz es nùt betùten sol, so ist daz wort vngereht vnd valsch. Nu sih, daz daz wort vnd sin betùtunge die sint gewandelt; wån vor betute es, daz es solte, nu betùtet es nùt, das es solte.[122] Aber die gerehtikeit des wortes die

---

vellem scire an ubicumque veritas dicitur, deum eam esse fateri debeamus. Nam tu quoque in Monologio tuo per veritatem orationis probas summam veritatem non habere principium vel finem. *(Übers. Enders, S. 9: »Weil wir glauben, dass Gott die Wahrheit ist, und weil wir sagen, dass die Wahrheit in vielen anderen Dingen ist, möchte ich wissen, ob wir, wo immer Wahrheit ausgesagt wird, zugeben müssen, dass sie Gott [selbst] sei. Denn auch du beweist in deinem ›Monologion‹ durch die Wahrheit der Rede, dass die höchste Wahrheit weder Anfang noch Ende habe.«)*

120 *Anselmus Cantuariensis, De ver. c. 13; Bd. I, S. 196,28–30:* Redeamus ad rectitudinem seu veritatem, quibus duobus nominibus, quoniam de rectitudine mente sola perceptibili loquimur, una res significatur quae genus est iustitiae. *(Übers. Enders, S. 67: »Lasst uns zur Rechtheit oder Wahrheit zurückkehren, zwei Namen, mit denen eine Sache bezeichnet wird, die die Gattung der Gerechtigkeit darstellt, weil wir von der Rechtheit, die allein mit dem Geist erfasst werden kann, sprechen.«)*

121 *Anselmus Cantuariensis, De ver. c. 13; Bd. I, S. 198,18–20:* Rectitudo igitur, qua significatio recta dicitur, non habet esse aut aliquem motum per significationem, quomodocumque ipsa moveatur significatio. *(Übers. Enders, S. 73: »Die Rechtheit also, durch die die Anzeige recht genannt wird, hat nicht das Sein oder irgendeine Veränderung durch Anzeige, wie immer auch die Anzeige selbst sich verändert.«)*

122 *Anselmus Cantuariensis, De ver. c. 13; Bd. I, S. 197,19–24:* Cum enim significatur esse quod est, aut non esse quod non est, recta est significatio, et constat esse rectitudinem sine qua significatio recta nequit esse. Si vero significetur esse quod non est, vel non esse quod est, aut si nihil omnino significetur: nulla erit rectitudo significationis, quae non nisi in significatione est. Quapropter per significationem habet esse et per eam mutatur eius rectitudo. *(Übers. Enders, S. 89: »Denn wenn angezeigt wird, dass [der Fall] ist, was [der Fall] ist, oder dass nicht [der Fall] ist, was nicht [der Fall] ist, ist die Anzeige recht, und es steht fest, dass es die Rechtheit ist, ohne die die Anzeige nicht recht sein kann. Wenn aber*

A. Die ewige Wahrheit muss die Seele mit Gerechtigkeit erfüllen, aus der mir die Wahrheit so liebenswert entgegenleuchtet.

B. Beachte drei Worte. Erstens: Ist eine Gerechtigkeit in allen gerechten Dingen, so ist auch nur eine Wahrheit in allen wahren Dingen.

A. Dies Wort verstehe ich wohl; denn du hast mir aufgezeigt, dass Wahrheit nichts anderes ist als Gerechtigkeit, die nur in vernünftiger Unterscheidung begriffen werden kann.

B. Du hast es gut verstanden. Denn wenn sie ohne allen Unterschied eins sind, Wahrheit und Gerechtigkeit, dann vermag eins nicht mehr als das andere. Darum, wenn es nur eine Gerechtigkeit gibt, gibt es nur eine Wahrheit in allen Dingen.

A. Das habe ich gesehen; darum habe ich das Wort verstanden, das du mir vorgelegt hast.

Nun sag, was das zweite Wort ist.

B. Das ist, dass die Gerechtigkeit nicht verändert wird mit der Veränderung der Dinge, die gerecht heißen.

A. Wie meinst du das?

B. Das Wort heißt gerecht, das bedeutet, was es bedeuten soll; und falls das Wort bedeutet, was es nicht bedeuten soll, so ist das Wort ungerecht und falsch. Nun sieh, dass dieses Wort und seine Bedeutung sich verändert haben; denn erst bedeutet es, was es <bedeuten> sollte, dann bedeutet es nicht, was es sollte. Aber die Gerechtigkeit des Wortes hat sich nicht verändert; denn, obwohl

ist nùt gewandelt; wån so daz wort ioch nùt betùtet, daz es sol, nochdenn so ist reht, daz es betùte, daz es sol betùten.[123]

A. Du mů̂st es in glichnisse der bilde darlegen baß, wiltu, daz ich es verstande.

B. Es ist fùnfferley gerehtigkeit alz fùnferleÿ worheit. Von weler gerehtigkeit wiltu ein glichnisse?

A. Wån du hie redest *von der [18va]* gerehtigkeit, die loͤbelich ist, das ist die gerehtigkeit des willen, so gib mir von derselben ein bilde

B. Daz wil ich tůn. Doch wil ich dir vor geben ein glichnùsse in gerehtigkeit der zeichen, daz du das bilde in gerehtigkeit des willen deste baß merkest.

A. Du håst reht. *Wån* es geschiht dicke, daz man in einer glichnisse nùt merket, daz merket man in der andern, so sù ioch bede eine wörheit wellent bilden.

B. Nu merke: Were, das ich vff einem velde verre saͤhe stön einen man vnd wùrde ich gefraget von dir: Waz ist daz dört verre ståt?, so spreche ich: Es ist ein mann, so were daz wort wor, daz ich sprach: Es ist ein man, vnd wer gereht; wann daz wort man, daz betùtet, daz es billich sol betùten.

A. Daz merk ich wol.

B. Geschehe nu, daz ein frouwe stůnde an des mannes stat, vnd ich das nùt wùste, wùrde ich denn aber gefråget: Waz ståt dört? so sprech ich alz vor: Ein man, so were daz wort valsch vnd vngereͤht; wån das wort man betùtet do ein frǒwen, die es nùt sol betùten. *[18vb]* Hie ist ein wandelunge geschehen; wån daz dauor wor waz vnd gereht, daz ist nu valsch vnd vngereht.

A. Waran lit die wandelunge?

B. Da stöt an der statt ein frouwe, do vor stůnd ein man; vnd darumb so ist das wort man worden ein valsch zeichen.

A. Håt sich aber die wårheit iht verwandelt?

B. Neyn. Wann wie das wort ist worden ein valsch zeichen vnd vngereht, doch ist die worheit vnd gerehtikeit des wortes nùt gewandelt.

A. Daz wil ich gerne hoͤren.

B. Do das wort wor was, warumb waz es wor? Das sage mir.

312 von der *doppelt* *316* Wån *doppelt*

---

angezeigt wird, dass [der Fall] ist, was nicht [der Fall] ist, oder dass nicht [der Fall] ist, was [der Fall] ist, oder überhaupt nichts angezeigt wird: wird es keine Rechtheit der Anzeige geben, die nur in der Anzeige sein kann. Deshalb hat ihre [sc. der Anzeige] Rechtheit durch die Anzeige das Sein und wird durch sie verändert.«)

123 *Anselmus Cantuariensis, De ver. c. 13; Bd. I, S. 197,36 f.:* Ergo non existente significatione non perit rectitudo qua rectum est et qua exigitur, ut quod significandum est significetur. *(Übers.* Enders, *S. 71: »Wenn also die Anzeige nicht existiert, [dann] geht die Rechtheit, durch die es recht ist und durch die gefordert wird, dass angezeigt wird, was angezeigt werden soll, nicht zugrunde.«)*

das Wort nicht bedeutet, was es soll, bleibt es recht, dass es bedeutet, was es bedeuten soll.

A. Du musst es in einem bildlichen Gleichnis darlegen, wenn du willst, dass ich es verstehe.

B. Es gibt fünferlei Gerechtigkeit wie fünferlei Wahrheit. Von welcher Gerechtigkeit willst du ein Beispiel?

A. Da du jetzt von der Gerechtigkeit sprichst, die lobenswert ist, das ist die Rechtheit des Willens, so gib mir von ihr ein Beispiel.

B. Das will ich tun. Doch will ich dir zuvor ein Beispiel für die Rechtheit der Zeichen geben, damit du das Bild der Gerechtigkeit des Willens umso besser verstehst.

A. Du hast recht; denn es geschieht oft, was man in einem Beispiel nicht versteht, das versteht man in dem anderen, obwohl doch beide eine Wahrheit veranschaulichen wollen.

B. Also pass auf: Sähe ich in der Ferne auf dem Feld einen Mann stehen, und würde ich von dir gefragt: »Was ist das, was dort in der Ferne steht?«, so spräche ich: »Es ist ein Mann«, dann wäre das Wort wahr, das ich sprach: »Es ist ein Mann«, und es wäre recht; denn das Wort »Mann« bedeutet, was es zu Recht bedeuten soll.

A. Das verstehe ich gut.

B. Geschähe es nun, dass eine Frau anstelle des Mannes dort stünde und ich das nicht wüsste, würde ich dann wieder gefragt: »Was steht dort«, so spräche ich wie zuvor: »Ein Mann«, so wäre das Wort falsch und unrichtig; denn das Wort »Mann« deutete dann auf eine Frau, die es aber nicht bedeuten soll. Hier ist eine Veränderung geschehen; denn was vorher wahr und gerecht war, das ist jetzt falsch und ungerecht.

A. Worin liegt die Veränderung?

B. Jetzt steht eine Frau an der Stelle, wo vorher ein Mann stand; und darum ist das Wort »Mann« ein falsches Zeichen geworden.

A. Hat sich aber etwa auch die Wahrheit verändert?

B. Nein. Denn obwohl das Wort ein falsches Zeichen geworden ist und unrichtig, so ist doch die Wahrheit und Gerechtigkeit des Wortes nicht verändert.

A. Das möchte ich gerne hören.

B. Als das Wort wahr war, warum war es wahr? Das sage mir.

A. Do betùtet es, daz es zů rehte betùten soͤlte.

B. Ist das noch nùt reht, daz es *daz* selbe solte betùten?

A. Jo, es were reht; es tůt sin aber nùt.

B. Darumb ist es valsch vnd vngereht.

A. Daz ist war.

B. Wie mag es vngereht sin, es sie dann reht, daz es anders betùte! Vnd ist aber reht, daz es reht betùte, so ist die gerehtikeit bliben dem worte ioch in der zijt, so daz wort vngereht betzeichent vnd betùtet.

A. Ach, ich beginne dine wort erst ein wenig merken. Du meinest: So ein *[19ra]* wort wor ist vnd reht, so ist es darumb wor, wån gereht ist, daz es also sol betùten;[124] vnd wenn es nùt wor ist, doch so blibet die vorder gerehtigkeit; wån es sol, als gereht ist, betùten.

B. Du hast begriffen, daz ich wolte. Doch soltu wissen, daz daz ist von allen worten, mit den man wissentlichen oder vnwissentlichen seit vnwo̊r, alz ich es hie an einem worte han gebildet. Du solt dis noch baß merken, daz die worheit sich nùt wandelt, von der alle wort wor sint vnd valsch. Sih: Wer es also, daz nieman wolte kein wor wort sprechen, dennoch so were worheit vnd gerehtigkeit aller worte; wån es were wor vnd gereht, daz man solte wore wort sprechen.

A. An disen worten so verstån ich: Wenn sich die wo̊rheit nùt wandelt nach wandelbarkeit der zeichen, so ist daz nùt nöt, daz sù werde getzalt nach der zal der zeichen, daz ie daz wort vnd zeichen nùt bedarff, daz es habe ein sunder wårheit vnd gerehtigkeit.

B. Gelobet sie die worheit, der du nåhest *[19rb]* vnd sù dir.

A. Nu sage mir daz dritte wo̊rt, daz du mich hiesse wol merken von dem, wie ein worheit ist in allen woren dingen!

B. Wilt du denn daz ander bilde vnderwegen låssen von der worheit vnd gerehtigkeit des willen?

A. Ich vergihe dir, daz das bilde der worheit der zeichen des wortes mich also kråfftiglich bekùmbert hät, daz ich dis heͤtte vergessen.

<Der wahre Wille ändert sich nicht, wenn das Geliebte sich ändert.>

Nu sage dis! Sit ich sin bin vermant, so ho̊r ich es gerne.

B. Der mynnet sinen frùnd vnd sines frùndes truwe, ist, daz im sin frùnd ist getruwe, so ståt sin mynne in wo̊rheit, vnd darumb so ist sin mynne in wo̊rheit; wån es ist reht vnd billich, daz ein frùnd mynne sins frùndes truwe.

338 daz *fehlt* *356* A. *fehlt*

---

124 *Anselmus Cantuariensis, De ver. c. 13; Bd. I, S. 198,2–3:* Putasne cum significatur quod significari debet, significationem tunc esse rectam propter hanc et secundum hanc ipsam rectitudinem? *(Übers.* ENDERS, *S. 71: »Glaubst du, dass, wenn angezeigt wird, was angezeigt werden soll, die Anzeige dann recht ist wegen dieser und gemäß dieser selben Rechtheit [sc. die bestehen bleibt, auch wenn die Anzeige nicht existiert]?«)*

A. Es bedeutete, was es zu Recht bedeuten sollte.

B. Ist es aber immer noch recht, dass es dasselbe bedeuten sollte?

A. Ja, es wäre recht; es ist aber nicht mehr <recht>.

B. Darum ist es falsch und ungerecht.

A. Das ist wahr.

B. Wie kann es unrichtig sein, außer es wäre recht, dass es auf etwas Anderes hinweisen sollte! Sofern aber recht ist, was es richtig bedeuten soll, so ist die Rechtheit dem Worte auch dann geblieben, wenn das Wort unrichtig bezeichnet und bedeutet.

A. Ach, ich beginne, deine Worte erst ein wenig zu verstehen. Du meinst: Wenn ein Wort wahr und richtig ist, so ist es darum wahr, weil es recht ist, dass es so <wie es bestimmt ist>, Bedeutung haben soll. Und wenn es nicht wahr ist, dann bleibt die ursprüngliche Rechtheit trotzdem bestehen; denn es soll das bedeuten, was recht ist.

B. Du hast begriffen, was ich wollte. Doch sollst du wissen, dass das von allen Worten gilt, mit denen man wissentlich oder unwissentlich die Unwahrheit sagt, wie ich es hier an einem Wort vorgestellt habe. Du sollst dies noch besser verstehen, dass die Wahrheit sich nicht verändert, von der alle Worte wahr und falsch sind. Siehe: Wäre es so, dass niemand ein wahres Wort sagen wollte, dann wären die Wahrheit und Gerechtigkeit aller Worte trotzdem gegeben. Denn es wäre wahr und gerecht, dass man wahre Worte sprechen sollte.

A. Wenn sich die Wahrheit nicht mit der Veränderlichkeit der Zeichen verändert, so ist es nicht notwendig, dass sie von der Zahl der Zeichen bestimmt wird; und darum braucht nicht jedes Wort und Zeichen eine je eigene Wahrheit oder Richtigkeit.

B. Gelobt sei die Wahrheit, der du dich näherst und die sich dir nähert.

A. Nun sage mir das dritte Wort, das ich gut beachten sollte, wie du mir angekündigt hast, nämlich, wie eine Wahrheit in allen wahren Dingen ist!

B. Willst du denn die zweite Erklärung auslassen, von der Wahrheit und Gerechtigkeit des Willens?

A. Ich gestehe dir, dass das Bild der Wahrheit des Wortes mich so stark beschäftigt hat, dass ich dies vergessen hatte.

<Der wahre Wille ändert sich nicht, wenn das Geliebte sich ändert.>

Nun sage dies! Nachdem ich ermahnt bin, höre ich es gerne.

B. Wer seinen Freund und seines Freundes Treue liebt, dessen Liebe steht in der Wahrheit, wenn ihm sein Freund treu ist; und darum ist die Liebe in der Wahrheit, weil es recht und billig ist, dass ein Freund seines Freundes Treue liebt.

A. Daz ist alles wör.

B. We̊r aber, daz der frùnd abgienge siner truwen, daz es der ander nùt enwùste, vnd wenn er es nùt enwùste, so mynnet er sin truwe, als er vor tet: we̊r die mynne wor oder nùt?

A. Neÿn, sù were nùt wor noch gereht.

B. Waran bekennest du daz?

A. Do mynnet er truw, do keÿne ist, vnd ist nùt reht, daz ieman *[19va]* do truwe mynne, do keine ist.

B. Nu sage, waz hat sich hie gewandelt?

A. Das hat truwe in dem, der ein frùnd was. Aber die mynne, in der die truwe gemynnet wart, die ist vnverwandelt.

B. Wie mag daz gesin? Sù hieß vor gereht, do truwe do waz; nu heisset sù valsch vnd vngereht, wån sù truwe mynnet, da keine ist. Darumb so ist die mynne gewandelt?

A. Ich *enweiß*, was ich antwirten sol. Du solt sagen die wo̊rheit.

B. So hoͤre doch eben. Es ist wor, daz die mynne ist in ir selber bliben vnuerwandelt; aber an dem nammen so ist sù verwandelt; wån vor do hies sù gereht, nu heisset sù vngereht.

A. Wannan kommet die wandelunge des nammen?

B. Sù komet von der truwe; wån do die truwe was, do hies die mynne wor; wån sù mynnet truwe, die wor waz; do aber die truwe nùme waz, do wart die mynne nùt me wor; wån sù mynnet daz, daz nùt was.

A. Ich gloube, du meÿnest: So truw ist, so ist sù in wo̊rer mynne, vnd so sù nùt ist, so ist sù nùt in worer *[19vb]* mynne, also daz der wandel dirre worheit lit an der truwe vnd nùt an der mynne.

B. Jå, dem bin ich nåch gangen, daz du merketest daz wort, wie die wörheit vnwandelbår ist vnd wie die ding sich wandelent in der worheit one alle wandelunge der worheit. Recht als die truwe, von der ich gesprochen han: So sù ist, so ist sù in worer gerehtikeit mynne. So sù aber nùt ist, so ist sù nùt in worer gerehtigkeit mynne. Vnd daz geschihet åne allen wandel worer gerehter mynne; denn alleÿn, daz die mynne von der wandelunge der truwen einen andern nammen empfahet. Als ein můter, so sù hät ein kint, so ist sù ein můter. So daz kint stirbet, so ist sù nùme ein můter, do verlùret sù den nammen der můter åne alle wandelunge irselbes. Es geschiht von der wandelung des kindes. Also ist der mynne, so truw nùt ist, die sù mynnet, so heisset sù nùt wo̊r mynne, vnd daz ist darumb, wån truwe nùt ist in worer mynne.

A. Also merke ich wol: Wore mynne wùrt nùt geboren in *[20ra]* truwen; truwe wùrt geboren vnd stirbet in worer mynne.

B. Du hast wo̊r. Die worheit wurt geboren noch stirbet nùt, wån sù ewig ist. Die ding, die wor sint, die werdent geboren in die worheit, so sù wor sint, vnd sterbent der worheit, so sù nùme wor sint.

385 enweiß] weiß

A. Das ist alles wahr.

B. Angenommen aber, dass der Freund seine Treue verlöre, ohne dass der andere es wüsste, und solange dieser es nicht wüsste, liebte er weiterhin seines Freundes Treue wie zuvor: Wäre seine Liebe nun wahr oder nicht?

A. Nein, sie wäre nicht wahr und nicht gerecht.

B. Woran erkennst du das?

A. Weil er Treue lieben würde, wo keine ist, und es ist nicht recht, dass jemand dort Treue liebt, wo keine ist.

B. Nun sage: Was hat sich hier geändert?

A. Die Treue, in der der Freund war. Aber die Liebe, in der die Treue geliebt wurde, die blieb unverändert.

B. Wie kann das sein? Vorher hieß sie gerecht, als da Treue war; nun heißt sie falsch und ungerecht, da sie Treue liebt, wo keine ist. Darum hat sich die Liebe verändert?

A. Ich weiß nicht, was ich antworten soll. Du sollst mir die Wahrheit sagen.

B. So höre: Es ist wahr, dass die Liebe in ihr selbst unverändert geblieben ist; aber an ihrem Namen ist sie verändert; denn vorher hieß sie gerecht, jetzt aber heißt die Liebe ungerecht.

A. Woher kommt die Veränderung des Namens?

B. Sie kommt von der Treue; denn wo die Treue war, da hieß die Liebe wahr; da sie die Treue liebte, die wahr war; wo es aber die Treue nicht mehr gab, da wurde die Liebe nicht mehr wahr; denn sie liebt <jetzt> das, was nicht ist.

A. Ich glaube, du meinst: Wenn es Treue gibt, dann ist sie in wahrer Liebe, und wo es sie nicht gibt, da ist sie nicht in wahrer Liebe, also liegt die Veränderung dieser Wahrheit an der Treue und nicht an der Liebe.

B. Ja, dem bin ich nachgegangen, damit du das Wort verstehst, wie die Wahrheit unveränderbar ist und wie die Dinge sich verändern in der Wahrheit ohne jede Veränderung der Wahrheit. Gerade so, wie die Treue, von der ich gesprochen habe: Wenn es sie gibt, so ist sie in wahrer Gerechtigkeit Liebe. Wenn es sie aber nicht gibt, so ist sie nicht in wahrer Gerechtigkeit Liebe. Und das geschieht ohne jede Veränderung der wahren gerechten Liebe; außer allein, dass die Liebe von der Veränderung der Treue einen anderen Namen empfängt. Wie eine Mutter, wenn sie ein Kind hat, so ist sie Mutter. Wenn das Kind stirbt, so ist sie nicht mehr Mutter; da verliert sie den Namen Mutter ohne alle Veränderung ihrer selbst. Es geschieht von der Veränderung des Kindes. Ebenso ist es mit der Liebe: Wenn es die Treue nicht gibt, die sie liebt, so heißt sie nicht wahre Liebe, und das ist darum so, weil Treue nicht in wahrer Liebe ist.

A. So merke ich also: Wahre Liebe wird nicht in Treue geboren; Treue wird geboren und stirbt in wahrer Liebe.

B. Das ist wahr. Die Wahrheit wird weder geboren noch stirbt sie, denn sie ist ewig. Die Dinge, die wahr sind, werden in die Wahrheit geboren, wenn sie wahr sind, und sie sterben für die Wahrheit, wenn sie nicht mehr wahr sind.

A. Gelobet sie der almåhtige gott, daz ich an dise glichnisse der mynne ie gedåhte. Wån ich wil dir daz veriehen: Mich duncket dines sinnes an disen bilden vil haben verstanden.

<Die Wahrheit ist wahr, auch wenn es kein wahres Wort gibt.>
Nu sprich fùrbaz von dem dritten, als du es hattest angefangen.

B. Daz dritte wort ist daz: Wenn kein wores wort wor ist, so ist wor in der worheit vnd der gerehtigkeit: Die worheit ist, so kein wort ist oder keÿn wores wort ist.

A. Du håst do gar ein wunderliches wort gesprochen. Darumb låß dich nùt verdriessen, daz ich fro̊ge gar emsiglich, vntz ich es werde merken.

B. Der den andern leren wil, der sol alle frågen, sù sient endelich oder vnendelich, gůtlich empfåhen. *[20rb]*

A. Nu sage: Was ist die worheit der worte oder der zeichen, die ist, so kein wort ist oder so kein wor wort were?

B. Du håst o̊rdenlich angefangen; wån wer die worheit merket, der verstat, wie ein vnverwandelte worheit in allen woren dingen ist.

A. Dauon so sage, daz so gůt ist zů hoͤren.

B. Wer kein wort, daz die worheit spreche, wer daz nùt vnreht?

A. Jå, daz wer wol vnreht, wolte nieman wore wort sprechen.

B. Warumb wer es vnreht?

A. Do were reht, daz man die worheit mit worten so̊lte sprechen.

B. Du hast selber veriehen, daz ein gerehtigkeit der worten ist, so ioch kein wort ist oder so kein wor wort ist. Wån wer kein wor wort v̀beral, dennoch were reht, daz die *worheit*[125] mit woren worten *so̊lte* gesprochen werden.

A. Daz merk ich nu wol; wån daz wort der worheit daz wer nùt wor, so es wor ist, denn das es also betùtet, alz reht waz, e daz es wort wart, solte betùten.

B. Du hast es eben verstanden.

A. Nu sage *[20va]* me, wie alle ding wor sint in der worheit, die vor allen worten ist, sù sien wor oder nùt wor.

B. Du hast verstanden, daz ein gerehtigkeit ist vor allen woren gerehten dingen. Nu merke fùrbaß: Wer ein wort wor vnd gereht in einer andern gerehtigkeit, denn in der, die *vor*[126] allen worten ist, so moͤht daz wort wor sin åne die gerehtigkeit, die uor allen worten ist, so moͤht ein wort wor sin, daz doch nùt betute, daz es solte betùten. Vnd wån das vnmùglich ist, so můß das sin, daz die wort gereht sint in der gerehtigkeit, die uor allen worten ist.

A. Sage mir: Wie gienge daz zů?

434 worheit] wort so̊lte] so̊ltē **442** vor] waz

125 *Die Konjektur ist aus dem Zusammenhang zwingend.*

126 *Die Korrektur rechtfertigt sich aus der Formulierung in der nächsten Zeile.*

A. Gelobt sei der allmächtige Gott, dass ich an dieses Beispiel der Liebe je denken durfte. Denn ich will dir versichern: Mir scheint, dass ich an diesen Beispielen von deiner Meinung viel verstanden habe.

<Die Wahrheit ist wahr, auch wenn es kein wahres Wort gibt.>

Nun sprich weiter von dem dritten Wort, wie du es angefangen hattest.

B. Das dritte Wort ist das Folgende: Wenn kein wahres Wort wahr ist, so ist das Wahre in der Wahrheit und Gerechtigkeit: Die Wahrheit besteht auch, wenn es kein Wort gibt oder kein wahres Wort gibt.

A. Du hast jetzt ein gar seltsames Wort gesprochen. Darum lass dich nicht verdrießen, wenn ich eifrig frage, bis ich es verstanden habe.

B. Wer den anderen lehren will, der soll alle Fragen, sie seien endlich oder unendlich, in Güte annehmen.

A. Nun sage: Was ist die Wahrheit der Worte oder der Zeichen, die es gibt, wenn es kein Wort gibt oder wenn es kein wahres Wort gäbe?

B. Du hast ordnungsgemäß angefangen; denn wer die Wahrheit versteht, der versteht, wie eine unveränderte Wahrheit in allen wahren Dingen ist.

A. Darum sage, was so gut zu hören ist.

B. Gäbe es kein Wort, das die Wahrheit spräche, wäre das nicht unrecht?

A. Ja, das wäre wohl unrecht, wenn niemand wahre Worte sprechen wollte.

B. Warum wäre es unrecht?

A. Es wäre recht, dass man die Wahrheit mit wahren Worten sprechen würde.

B. Du hast selbst versichert, dass eine Gerechtigkeit der Worte besteht, auch wenn es doch kein Wort gibt oder wenn es kein wahres Wort gibt. Denn gäbe es überall kein wahres Wort, dann wäre es dennoch recht, dass die Wahrheit mit wahren Worten gesprochen werden sollte.

A. Das verstehe ich; denn das Wort der Wahrheit wäre nicht wahr, wenn es wahr ist; es sei denn, dass es dasselbe bedeutet, was es rechtmäßig bedeuten sollte, noch bevor es Wort wurde.

B. Du hast es eindeutig verstanden.

A. Nun sage mir, wie alle Dinge in der Wahrheit wahr sind, die vor allen Worten ist, sie seien wahr oder nicht wahr.

B. Du hast verstanden, dass es eine Gerechtigkeit vor allen wahren gerechten Dingen gibt. Nun verstehe weiterhin: Wäre ein Wort wahr und gerecht in einer anderen Gerechtigkeit als in der, die vor allen Worten ist, so könnte das Wort wahr sein ohne die Gerechtigkeit, die vor allen Worten ist. So könnte ein Wort wahr sein, das doch nicht das bedeutete, was es bedeuten soll. Und da das unmöglich ist, muss es sein, dass die Worte gerecht sind in der Gerechtigkeit, die vor allen Worten ist.

A. Sage mir: Wie ginge das zu?

B. Daz merke in einem bilde. Sage, waz ist gerehtigkeit, die vor allen gerehten worten ist?

A. Daz ist, als du gespro̊chen håst, daz gereht ist: wer ioch kein wort, daz die worheit von worten solte betzeichent werden.

B. Die gerehtigkeit wil ich heissen »A« vnd das wort »Wer redet, der lebet«, das wil ich heissen »B«. Nu fråge: Ist B wor in dem A, so ist B wor in der ge*[20vb]*rehtigkeit, die do ist vor allen worten. Ist aber es nùt wor in dem A, so ist es nùt wor; wån A ist gerehtigkeit, alz worheit von worten sol betùtet werden. Vnd darumb ist die worheit nùt betùtet worden, alz sù sol, von dem B, so ist daz B nùt wor. Hieby merke, daz alle wore gerehte ding, es sie an worten oder an werken, die sint wor vnd gereht in der worheit vnd in der gerehtigkeit; die worheit vnd gerehtigkeit ist vor allen dingen. Wån reht alz ich han gesprochen vnd gebildet von worheit der worte, also zů glicher wise ist es von gerehtigkeit der werke; wån wer kein werk, dennoch were reht, daz gerehte werk werent. Vnd wenn die gerehten werk sint, so sint sù darumb gereht, wån sù in der gerehtigkeit sint vnd nåch der gerehtigkeit, die do waz vor allen werken.[127]

A. O we, min herre vnd min gott! Bist du die wörheit, die min hertze hät gesůchet in allen woren dingen? Bist du die gerehtigkeit, die ich in aller gerehtigkeit han gemynnet? Ich han *[21ra]* dich lange gesehen vnd gemynnet. Ich wùste aber nùt, das du es were, wån ich lůgte verre, do stůnde du nåhe. Ich waz vsse, do were du inne. Ich sach an das, daz in dir waz, vnd v̀bersach, daz doinne waz. Ich sach wol, daz wort vnd werk in der gerehtigkeit vnd worheit woͣrent; ich sach aber nùt, wie worheit vnd gerehtigkeit waz, so ioch kein wort noch kein werk waz. Darumb bekant ich nùt, wie ein worheit vnd ein gerehtigkeit in allen woren dingen was vnd wie die ding vß vnd in giengen in die worheit oͣne alle wandelunge der wårheit. Dauon verstůnd ich nùt daz grosse lieht der wörheit, daz alle moͤnschen hät erlùhtet, die kummen sint in dise welt.

B. Hast du wol verstanden, was die wårheit ist, so lobe gott! Wann die verståntnisse ist dir kommen von der worheit. Gebristet dir aber ùt, so fråge fùrbaß.

A. Ich han noch zwey wunder, die frågte ich gerne, wolt es dich nùt verdriessen.

B. Wer vil geben wil, der sol daz grosse an einem kleinen nùt lassen ge*[21rb]*bresten. Dauon so fråge.

A. Ich wolte gerne verstån, wie daz werde getzoͤiget, daz die wörheit ewig ist vnd daz sù nùt mag geboren werden nach ersterben in den dingen, die wor sint. Vnd das machet mir das wunder, wan so der moͤnsche lebet, so ist er ein worer moͤnsch; so er aber stirbet, so ist er ein worer moͤnsche tot. Ist denn nùt die worheit des moͤnschen tot?

---

127 *Vgl. GDT Z. 438–440:* Also daz werk des willen, so es gerecht ist, machet nit den willen gerecht, me der gerecht wille gebirt daz gerecht werk. *(»[S]o macht auch das Werk des Willens, wenn es gerecht ist, nicht den Willen gerecht, sondern der gerechte Wille gebiert das gerechte Werk.«)*

B. Das kannst du an einem Beispiel verstehen. Sag: Was ist Gerechtigkeit, die vor allen gerechten Worten ist?

A. Das ist, wie du gesprochen hast, was gerecht ist: Gäbe es auch kein Wort, die Wahrheit sollte von Worten bezeichnet werden.

B. Die Gerechtigkeit will ich »A« nennen, und das Wort »Wer redet, der lebt«, will ich »B« nennen. Nun frage: Ist B wahr in A, so ist B wahr in der Gerechtigkeit, die vor allen Worten ist. Ist es aber nicht in A wahr, so ist es nicht wahr; denn A ist Gerechtigkeit, wie Wahrheit von den Worten bedeutet werden soll. Und darum, wenn die Wahrheit von dem B nicht bedeutet worden ist, wie sie es soll, so ist B nicht wahr. Hierbei verstehe, dass alle wahren gerechten Dinge, seien es Worte oder Werke, wahr und gerecht sind in der Wahrheit und in der Gerechtigkeit; Wahrheit und Gerechtigkeit sind vor allen Dingen. Denn gerade, wie ich es von der Wahrheit der Worte gesagt und vorgestellt habe, so ist es in gleicher Weise bei der Gerechtigkeit der Werke; denn gäbe es kein Werk, wäre es dennoch recht, dass es gerechte Werke gäbe. Und wenn es gerechte Werke gibt, so sind sie darum recht, weil sie in der Gerechtigkeit sind und der Gerechtigkeit entsprechen, die vor allen Werken war.

A. O weh, mein Herr und mein Gott! Bist du die Wahrheit, die mein Herz in allen wahren Dingen gesucht hat? Bist du die Gerechtigkeit, die ich in aller Gerechtigkeit geliebt habe? Ich habe dich lange gesehen und geliebt. Ich wusste aber nicht, dass du es warst; denn ich schaute in die Ferne, da standst du in der Nähe. Ich war draußen, da warst du drinnen. Ich sah das an, was in dir war, und übersah, dass du darin warst. Ich sah wohl, dass Wort und Werk in der Gerechtigkeit und Wahrheit waren; ich sah aber nicht, wie Wahrheit und Gerechtigkeit waren, wenn doch kein Wort noch ein Werk war. Darum erkannte ich nicht, wie eine Wahrheit und eine Gerechtigkeit in allen wahren Dingen war und wie die Dinge aus- und eingingen in die Wahrheit ohne alle Veränderung der Wahrheit. Darum verstand ich nicht das große Licht der Wahrheit, das alle Menschen erleuchtet hat, die in diese Welt gekommen sind.

B. Hast du gut verstanden, was die Wahrheit ist, so lobe Gott! Denn das Verständnis ist dir von der Wahrheit gekommen. Wenn dir aber etwas fehlt, so frage weiter.

A. Ich habe noch zwei Unklarheiten, über die würde ich gerne fragen, wenn es dich nicht verdrießt.

B. Wer viel geben will, der soll das Große wegen eines Kleinen nicht fehlen lassen. Darum frage.

A. Ich wollte gerne verstehen, wie das gezeigt werden kann, dass die Wahrheit ewig ist und dass sie in den Dingen, die wahr sind, nicht geboren werden noch sterben kann. Und das bringt mich zu der Frage, weil, wenn der Mensch lebt, so ist er ein wahrer Mensch; wenn er stirbt, so ist er als wahrer Mensch tot. Ist dann nicht die Wahrheit des Menschen tot?

B. Disen zwifel moͤhtest du wol han verstanden vor an minen worten: So der moͤnsche stirbet, so gåt er vß der wårheit des lebens in die worheit des todes; aber die worheit des lebens die blibet.

A. Wo blibet sù denne?

B. Do sù vor waz.

A. Wie mag daz sin? Sù waz vor in dem moͤnschen; nu ist sù one den moͤnschen.

<Die Wahrheit ist nicht im Menschen, sondern der Mensch in der Wahrheit.>

B. Daz ist nùt wor. Der moͤnsche waz in der worheit vnd nùt die worheit in dem moͤnschen. Du hast gar toͤrlich gefråget: Wo waz die worheit, so der moͤnsche nùt was in der worheit? Wån es ist reht dem glich, als der frågte: War kam das hus, do kein moͤnsche waz in dem huse?

A. We, wie sint mine sinne so stumpff, daz ich also *[21va]* balde hette vergessen, daz sich die worheit nùt wandelt vnd das sich die ding wandelent in der worheit ône alle wandelunge der wörheit.

B. Wilt du wissen mit einem worte, wie die worheit ewig ist vnd weder wùrt noch stùrbet?

A. Daz ist, daz ich wolte.

B. Wùrde die worheit geboren oder solte sù sterben, daz geschehe in ettlicher zijt des jåres oder des tages. Nu låß sin, daz daz zijt were an dem ersten tage des meygen vff mittentag, so die worheit solte geboren werden. Nu gedencke: Wer spreche zů mertzen: Die worheit ist noch nùt, sù sol zů meÿgen geborn werden, weder wer das wort wor, daz die worheit nùt ist oder sol geborn werden, oder wer es nùt wor? Sprichest du, daz es wor ist, so ist es wor in der worheit vnd ist wor in dem mertzen. Dauon so ist die worheit in dem mertzen vnd sol nùt geboren werden in dem meygen. Sprichest aber du, daz daz wort nùt wor ist, so ist daz valsch, daz die worheit *[21vb]* in dem mertzen nùt ist vnd sol in dem meygen geboren werden. Doby so merke: Wie man es darleit, so mag die worheit nùt geboren werden; wån sù můß sin vor aller zijt, in der sù moͤht geboren werden.[128]

A. Ist ym also an dem sterben?

B. Daz maht du an dirre glichnisse wol merken: Wån wer, daz die worheit in dem meÿgen soͤlte sterben vnd stùrbe, so spreͤche ich darnach in dem ougeste: Die woͤrheit ist tott. Weder het ich wor geseit oder nùt? Hette ich wor geseit, so lebet noch die worheit, an der min wort nùt moͤhte wor sin. Hette aber ich nùt wor geseit, so were die worheit nùt tot in dem meÿgen. Vnd das kommet dauon, wån die wårheit můß sin nåch aller zijt, in der die worheit moͤhte sterben.

---

128 *Diese Erläuterung ist eine konkretisierende Umsetzung eines Gedankens aus Anselmus Cantuariensis, Mon. 18; Bd. I, S. 33,11–22, die er selbst am Anfang von De ver. c. 1; Bd. I, S. 176,8–18 zitiert.*

B. Diesen Zweifel könntest du wohl aus meinen Worten aufgelöst haben: Wenn der Mensch stirbt, so geht er aus der Wahrheit des Lebens in die Wahrheit des Todes; aber die Wahrheit des Lebens bleibt.

A. Wo bleibt sie denn?

B. Wo sie zuvor war.

A. Wie kann das sein? Sie war zuvor in dem Menschen; jetzt ist sie ohne den Menschen.

<Die Wahrheit ist nicht im Menschen, sondern der Mensch in der Wahrheit.>

B. Das ist nicht wahr. Der Mensch war in der Wahrheit und nicht die Wahrheit im Menschen. Du hast recht törich gefragt: »Wo war die Wahrheit, wenn der Mensch nicht in der Wahrheit war?« Denn es gleicht genau dem, wenn man fragte: »Woher kam das Haus, als kein Mensch in dem Haus war?«

A. O weh, wie sind meine Sinne so stumpf, dass ich so schnell vergessen hatte, dass sich die Wahrheit nicht verändert und dass sich die Dinge in der Wahrheit verändern ohne Veränderung in der Wahrheit.

B. Willst du mit einem Wort wissen, wie die Wahrheit ewig ist und weder wird noch stirbt?

A. Das ist, was ich wollte.

B. Würde die Wahrheit geboren oder sollte sie sterben, geschähe das in einer Zeit des Jahres oder des Tages. Nun mag es sein, dass es die Zeit am ersten Tag des Mai zu Mittag wäre, wenn die Wahrheit geboren würde. Nun bedenke: Wer im März sagen würde: »Die Wahrheit ist noch nicht, sie wird im Mai geboren werden«, wäre das Wort wahr, dass die Wahrheit nicht ist oder geboren werden soll, oder wäre es nicht wahr? Sagst du, dass es wahr ist, so ist es in Wahrheit wahr und ist im März darum wahr, weil die Wahrheit im März ist und nicht im Mai geboren werden soll. Sagst du aber, dass das Wort nicht wahr ist, so ist es falsch, dass die Wahrheit im März nicht ist und im Mai geboren werden soll. Dabei verstehe: Wie man es auch darlegt, so kann die Wahrheit nicht geboren werden; denn sie muss vor aller Zeit sein, in der sie geboren werden könnte.

A. Ist es mit dem Sterben genauso?

B. Das kannst du wohl an diesem Beispiel verstehen: Denn wäre es so, dass die Wahrheit im Mai sterben sollte oder stürbe, so spräche ich danach im August: »Die Wahrheit ist tot.« Hätte ich wahr gesprochen oder nicht? Hätte ich wahr gesprochen, so lebte die Wahrheit noch <zu der Zeit>, in der mein Wort nicht wahr sein könnte. Hätte ich aber nicht wahr gesprochen, so wäre die Wahrheit im Mai nicht tot. Und das kommt davon, dass die Wahrheit <noch> nach aller Zeit sein muss, in der die Wahrheit sterben könnte.

A. Also merk ich, daz das ein eigenschafft ist der wo̊rheit, daz sù ist uor aller zijt vnd in aller zijt vnd nåch aller zijt. Dauon so ist sù ewig.

B. Sù ist nùt darvmb ewig, daz sù ist in aller *[22ra]* zijt; sù ist darumb ewig, daz die zijt ist in der worheit vnd die worheit nùt ist in der zijt. Wån die zijt vieng sich an der wårheit an.

A. Gelobet sie die vnbegriffenliche ewigkeit der worheit. Mich duncket ietze, wie alleyne die worheit gebe ewigkeit den hertzen, die blibent in wörheit.

B. Fråge fùrbaß, das wir dis capittels koment an ein ende.

A. Sid daz ich han gemeͤrket, daz ein worheit ist in allen woren dingen, so wundert mich, warumb man iedem dinge gebe sin sunder wo̊rheit vnd me vnd minre wo̊rheit, alz du selbs håst geredt von den fùnff stuͤlen der worheit vnd hast gesprochen, daz vnder den allen die worheit vnd gerehtigkeit des willen alleÿne loͤbelich ist. Nu ist in allen stuͤlen nùwan ein worheit, die irselber glich ist. Warumb ist sù nùt glich loͤbelich?

B. Du håst ein nùtz fråge getån. Du solt wissen, daz es ist vnglich gesprochen; wånn man sprichet: Des wor*[22rb]*heit vnd des wo̊rheit, als ein worheit sie der wort vnd ein ander sie der werke. Wån wort vnd werk sint in der worheit vnd nùt die worheit in den werken noch in den worten.[129]

A. Gib mir des ein glichnisse.

B. Alle ding sint in der zijt, vnd sprichet man doch: Daz waz des kùnges zijt, vnd das waz des herren zijt. Reht als ob ie der mo̊nsche heͤtte sin sunder zijt. Vnd als man sprichet: Daz waz ie des herren zijt; wann er waz in der zijt, die doch gemeyne waz allen den, die do in der zijt worent. Also ist ÿm glich von der worheit. Die worheit wurt genåmet nåch den dingen, die in der worheit sint.[130] Also wùrt ein huß geheissen nåch den, die in dem huse sint.

541 B. *fehlt*

129 *Anselmus Cantuariensis, De ver. c. 13; Bd. I, S. 199,12 f., 17–19:* Cur dicimus ›huius vel illius rei‹ veritatem? <...> Improprie ›huius vel illius rei‹ esse dicitur, quoniam illa non in ipsis rebus aut ex ipsis aut per ipsas in quibus esse dicitur habet suum esse. *(Übers. Enders, S. 75: »Warum sagen wir ›die Wahrheit dieses oder jenes Gegenstandes?‹ <...> Man sagt [nur] im uneigentlichen Sinne, sie sei [die Wahrheit] ›dieses oder jenes Gegenstandes‹, weil jene [Wahrheit] nicht in den Gegenständen selbst oder aus ihnen selbst oder durch sie selbst, von denen man sagt, dass sie in ihnen sei, ihr Sein hat.«)*

130 *Die Ausführungen erinnern an IPD Z. 261–263:* Aber ich wolt noch gern von dir horen, wie alle wesen in dem selben wezen seint, als zeitlich ding einer zeit zeitlich seint vnd alle worheit einer warheit war seint. *(»Aber ich wollte noch gern von dir hören, wie alle Seienden in demselben Sein sind, wie zeitliche Dinge in einer Zeit zeitlich sind und alle Wahrheiten in einer Wahrheit wahr sind.«) Die Frage des Schülers dort entspricht derjenigen des Meisters hier. Vgl. Anselmus Cantuariensis, De ver. c. 13; Bd. I, S. 199,20–25:* <...> tunc dicitur ›huius vel illius rei veritas‹, ut veritas voluntatis, actionis, quemadmodum dicitur ›tempus huius vel illius rei‹, cum unum et idem sit tempus omnium quae in eodem tempore simul sunt; et si non esset haec vel illa res, non minus esset idem tempus. Non enim ideo dicitur tempus huius vel illius rei, quia tempus est in ipsis rebus, sed quia

A. So merke ich, dass es eine Eigenschaft der Wahrheit ist, dass sie vor aller Zeit und in aller Zeit ist und nach aller Zeit. Darum ist sie ewig.

B. Sie ist nicht darum ewig, weil sie in aller Zeit ist; sie ist darum ewig, weil die Zeit in der Wahrheit ist und die Wahrheit nicht in der Zeit ist. Denn die Zeit fing mit der Wahrheit an.

A. Gelobt sei die unbegreifliche Ewigkeit der Wahrheit. Mir scheint jetzt, dass allein die Wahrheit den Herzen, die in der Wahrheit bleiben, Ewigkeit gibt.

B. Frage weiter, dass wir mit diesem Kapitel an ein Ende kommen.

A. Da ich gemerkt habe, dass eine Wahrheit in allen wahren Dingen ist, so wundert es mich, warum man jedem Ding seine besondere Wahrheit gibt und mehr oder weniger Wahrheit, wie du selbst von den fünf Feldern der Wahrheit gesprochen hast, und du hast gesagt, dass unter allen die Wahrheit und Gerechtigkeit des Willens allein lobenswert ist. Nun ist auf allen <anderen> Feldern <auch> nur eine Wahrheit, die ihr selbst gleich ist. Warum ist sie nicht ebenso lobenswert?

B. Du hast eine nützliche Frage gestellt. Du sollst wissen, dass es ungleich gesprochen ist; wenn man sagt: »Die Wahrheit dieser <Sache> und die Wahrheit jener <Sache>; als ob es eine Wahrheit der Worte gäbe und eine andere Wahrheit der Werke. Ein Wort oder Werk ist in der Wahrheit und die Wahrheit ist nicht in den Werken oder in den Worten.«

A. Gib mir ein Beispiel dafür.

B. Alle Dinge sind in der Zeit, und doch sagt man: »Das war des Königs Zeit, und das war des Herren Zeit.« Gerade als ob je der Mensch seine besondere Zeit hätte. Und wie man sagt: »Das war einmal des Herrn Zeit; denn er war in der Zeit, die doch allen denen gemein war, die damals in der Zeit waren.« Ebenso ist es in der Wahrheit. Die Wahrheit wird nach den Dingen genannt, die in der Wahrheit sind. So wird ein Haus nach denen genannt, die in dem Haus wohnen.

A. Dis ist gůt zů merken. Wannan kommet aber das, daz ein worheit lobelicher dån die ander ist vnd mynneklicher vnd doch nùwan ein worheit ist?

B. Du gåst mit geueͣrden mit mir vmb. So du fùrlegest ein fråge, so verbirgest du ein wort darin, daz me zwifels *[22va]* vnd wunders hät dann daz, dauon du frågest. Wan daz ist tieffer zů wissende dan das vorder, vnd doch spreche du, daz du nuwan hettest zwen zwifel.

A. Der sin ding kundiglich geschaffen kan, der wurt von gotte gelobet, als der meÿger, der sich fùrsach mit dem schaden sines herren.

B. Du hast daz wol verantwùrt. Hette ich soliche mynne als derselbe herre, der do lobte den kùndigen meiger! Wån der herre mohte sinen eigenen schaden liden, daz der kneht wùrde versehen.

A. Ich froͤe mich. Mag worheit nùt sterben noch vndergon, so mag ouch mynne nùt erwerden. Daruff han ich zůversiht.

B. Nu wolhin, din wille der werde. Die worheit des williglichen die ist darumb loͤbelich vnd die worheit der natùrlichen werke nùt loͤbelich, wån der wore gerehte wille ist loͤbelich in der worheit. Aber daz werk der nature ist nùt lobelich in der worheit. Dauon wùrt ein gerehtigkeit genant lobelich vnd nùt die ander.

A. Warumb ist der wille denn lobelich in der *[22vb]* worheit me denn daz werk der nature, so sù bede in der worheit sint?

B. Do hat der wille daz von imselber in ettlicher wise, daz er in der wörheit ist; daz hat das naturliche werk nùt von imselber.

A. Wie kummet daz?

B. Do mag der wille vngereht werden, vnd daz ståt an ime, so mag daz natùrliche werk nùt vngereht werden; wån es ståt nùt an ime.

A. Daz sage, wie der wille vngereht mag werden.

B. Můst du nùt vor wissen, waz ein gerehter wille ist, e daz du bewiset moͤgest werden, wie er vngereht mag werden?

A. Min begirde die ist zů snell, daz ich der ordenunge nùt enwår, als ich soͤlte. Waz mir ie daz erst ist in dem munde, dauon wolt ich gerne wissen. Darumb ist mir liep, daz du mich darinn stråffest.

B. Wilt du wissen, waz gerehter wille ist vnd wie er die gerehtigkeit mag verlieren vnd wie er dauon loͤbelich ist, daz er blibet in gerehtigkeit, so er sù wol moͤhte verlieren, so můst du wissen, warumb der moͤnsche geschäffen ist, *[23ra]* so vindest du, was gerehter wille ist, darumb er loblich ist, wån er in der

---

ipsae sunt in tempore. *(Übers.* Enders, *S. 75: »<...> dann sagt man ›die Wahrheit dieses oder jenes Gegenstandes‹, wie die Wahrheit des Willens, [die Wahrheit] des Handelns, so wie man sagt ›die Zeit dieses oder jenes Gegenstandes‹, obwohl es [doch] ein und dieselbe Zeit von allem ist, was in derselben Zeit zugleich ist; und wenn es nicht diesen oder jenen Gegenstand gäbe, [dann] wäre es nicht weniger dieselbe Zeit. Denn nicht deshalb sagt man ›die Zeit dieses oder jenes Gegenstandes‹, weil die Zeit in diesen Dingen, sondern weil sie in der Zeit sind.«)*

A. Das ist gut zu verstehen. Woher kommt es aber, dass eine Wahrheit lobenswerter ist als die andere und liebenswerter, und doch nur eine Wahrheit ist?

B. Du gehst hinterlistig mit mir um. Wenn du eine Frage vorschlägst, verbirgst du ein Wort darin, das mehr Zweifel und Rätsel enthält als das, nach dem du fragst. Denn das ist tiefer zu wissen als das vordere, und doch sagtest du, dass du nur zwei Zweifel hättest.

A. Wer seine Sache verständnisvoll anpacken kann, der wird von Gott gelobt, wie der Verwalter, der sich zum Schaden seines Herrn Vorteil verschaffte (vgl. Lc 26,1–8).

B. Das hast du gut beantwortet. Hätte ich eine solche Liebe wie der Herr in dem Gleichnis, der den schlauen Verwalter lobte! Denn der Herr konnte seinen eigenen Schaden dulden, sodass der Knecht den Nutzen hatte.

A. Ich freue mich. Kann die Wahrheit nicht sterben oder untergehen, so kann auch die Liebe nicht entstehen oder vergehen. Dazu habe ich Zuversicht.

B. Nun wohlan, dein Wille soll geschehen. Die Wahrheit dessen, der will, ist darum lobenswert und die Wahrheit der natürlichen Werke ist nicht lobenswert, weil der wahre gerechte Wille in der Wahrheit lobenswert ist. Aber das Werk der Natur ist nicht in der Wahrheit lobenswert. Darum wird die eine Gerechtigkeit lobenswert genannt und die andere nicht.

A. Warum ist der Wille denn in der Wahrheit lobenswerter als das Werk der Natur, wenn sie beide in der Wahrheit sind?

B. Der Wille hat das in gewisser Weise aus sich selbst, dass er in der Wahrheit ist; das hat das natürliche Werk nicht aus sich selbst.

A. Wie kommt das?

B. Der Wille kann ungerecht werden, das ist ihm eigen, aber das natürliche Werk kann nicht ungerecht werden, denn das ist ihm nicht eigen.

A. Sag, wie der Wille ungerecht werden kann.

B. Musst du nicht zuvor wissen, was ein gerechter Wille ist, bevor dir aufgezeigt werden kann, wie er ungerecht werden kann?

A. Mein Begehren ist zu schnell, sodass ich nicht in der Ordnung blieb, wie ich sollte. Was mir jeweils als das erste im Mund ist, davon will ich gerne etwas wissen. Darum ist es mir lieb, dass du mich dafür tadelst.

B. Willst du wissen, was ein gerechter Wille ist und wie er die Gerechtigkeit verlieren kann und wie er darum lobenswert ist, dass er in Gerechtigkeit bleibt, obwohl er sie verlieren könnte, so musst du wissen, warum der Mensch geschaffen wurde, so findest du, was gerechter Wille ist, warum er lobenswert

gerehtigkeit ist, dauon ouch die gerehtigket vnd worheit des willen loͤbelich genant ist.

A. Dauon, min herre, so beger ich, daz du daz dritte capittel anvahest, daz sagen wil, warumb der moͤnsche geschaffen ist.

ist, wenn er in der Gerechtigkeit bleibt, wovon auch die Gerechtigkeit und Wahrheit des Willens lobenswert genannt werden.

A. Darum, mein Herr, bitte ich, dass du das dritte Kapitel anfängst, das sagen will, wozu der Mensch geschaffen wurde.

Das dritte capittel
Warumb der moͤnsche geschaffen ist.

Das bilde des hoͤhsten geistes ist darumb bilde worden, daz es trag ein glichnisse des hoͤhsten geistes. Der oͤberste geist der lebet in vernunfft vnd in mÿnnen; wån in gott hät gebildet nåch ymselber, vnd gott lebet in der hoͤhsten vernunfft vnd in der hoͤhsten mynne. Also sol ein geist, der ein bilde gottes ist, leben in dem besten leben. *[23rb]* Das leben komet von der hoͤhsten vernunfft vnd in dem besten willen vnd mynne. Waz ist nu die hoͤhste vernunfft dån bekantnisse der wörheit, in der alle ding werdent gesehen. Was ist hohe mynne dann die mynne der ewigen worheit, in der alle ding stånt in gerehtigkeit. Daruß beslùß ich, daz der moͤnsche ist darumb geschaffen, daz er von allen sinen kråfften der vernunfft solte getzogen werden in die worheit vnd doinne bliben in ewigkeit.[131]

A. Gesegent sie die sele, der geist, daz hertze, der mundt, durch die die worheit so heimlich vnd so sůssiglich tǒwet. Mir ist uon disen worten ietze kommen ein smack, in dem min hertze ist gekråfftiget vnd erfroͤwet; wån mich duncket, wie ich mit krangken ougen durch kleÿne spålte såhe in das ewige leben. Nu ist aber vil in disen worten, dauon ich gerne wolte frågen.

B. So fråge, daz du wilt.

A. Ich heͤtte gerne dis capittels ein ordenunge, daz du mir seitest, waz die stùcke weͤrent, daran es lit, das ich koͤnde von jeglichem *[23va]* sunderlich vnd endelich gefrågen.

B. Min stråffen ist nùtz gewesen, daz merk ich; wån mir gevållet wol, das du an dem ersten von der ordenunge frågest.

<Disposition>

Das erste, darumb der moͤnsche geschaffen ist, daz ist gerehte mynne.[132]

Das ander vernunfft vnd bescheidenheit; wån nieman mynnen mag, daz er nùt bekennet.

Daz dritte sint die begirde, damit wir die mynne gewinnent vnd verlierent.

Das vierde ist frÿheit, domit die gerehte mynne wùrt besessen vnd behuͤtet.

A. Sih, die ordenunge machet, daz ich dauon frågen kan, vnd das ich es alles deste luterlicher wùrde verstånde.

B. Nu våh an vnd fråge, wå du wilt.

131 *Vgl. Thomas de Aquino, In Sent. I, prol., q. 1, a. 1 co:* Ad hujus evidentiam sciendum est, quod omnes qui recte senserunt posuerunt finem humanae vitae Dei contemplationem. *(»Um dies recht zu verstehen, muss man wissen, dass alle, die es richtig auffassten, als Ziel des menschlichen Lebens die Betrachtung Gottes angenommen haben.«)*

132 *Hier und im Folgenden steht die Liebe als Seelenkraft vor der Vernunft. Das ist ein deutliches Kennzeichen für die augustinische Theologie, siehe* Zumkeller, *Augustinerschule, S. 187, gegen die dominikanische Linie, siehe Thomas de Aquino, Sth. I, q. 82, a. 3 co.*

Das dritte Kapitel
Wozu der Mensch geschaffen ist.

B. Das Bild des höchsten Geistes ist darum Bild geworden, damit es ein Gleichnis des höchsten Geistes in sich trägt. Der oberste Geist lebt in Vernunft und Liebe; denn Gott hat ihn nach sich selbst geformt, und Gott lebt in der höchsten Vernunft und in der höchsten Liebe. So soll ein Geist, der ein Bild Gottes ist, in dem besten Leben leben. Das Leben kommt aus der höchsten Vernunft und <lebt> im besten Willen und Lieben. Was ist nun die höchste Vernunft anderes als Erkenntnis der Wahrheit, in der alle Dinge gesehen werden. Was ist die höchste Liebe anderes als die Liebe der ewigen Wahrheit, in der alle Dinge in Gerechtigkeit bestehen. Daraus folgere ich, dass der Mensch dazu geschaffen ist, dass er aus allen seinen Kräften der Vernunft in die Wahrheit gezogen werden sollte und darin in Ewigkeit bleiben soll.

A. Gesegnet sei die Seele, der Geist, das Herz, der Mund, durch die die Wahrheit so vertraut und so süß taut. Mir ist durch diese Worte jetzt ein Geschmack gekommen, in dem mein Herz gekräftigt und erfreut ist; denn mir scheint es, als ob ich mit meinen kranken Augen durch eine kleine Spalte das ewige Leben sähe. Nun ist aber vieles in diesen Worten, worüber ich gerne fragen wollte.

B. So frage, was du willst.

A. Ich hätte gerne eine Ordnung dieses Kapitels, dass du mir sagst, welche Stücke darin vorkommen, sodass ich von jedem besonders und zuverlässig fragen kann.

B. Mein Tadel ist nützlich gewesen, das merke ich; denn mir gefällt es gut, dass du zuerst nach der Ordnung fragst.

<Disposition>

Das erste: Wozu der Mensch geschaffen ist, das ist gerechte Liebe.

Das zweite: Vernunft und Verständigkeit; denn niemand kann etwas lieben, das er nicht kennt.

Das dritte ist das Begehren, mit dem wir die Liebe gewinnen und verlieren.

Das vierte ist Freiheit, mit der die gerechte Liebe besessen und behütet wird.

A. Sieh, die Ordnung macht, dass ich davon fragen kann und dass ich es alles besser verstehen werde.

B. Nun fang an und frage, was du willst.

<Die rechte Minne>

A. Was ist die mynne, darumb der moͤnsche geschaffen ist?

B. Daz ist die mynne, die gott mynnet.

A. Waz mÿnnet gott daran, das er die mynne, als er gemynnet wurt von dem geiste, ob allen dingen mynnet?

B. Er meÿnet sin selbes lob vnd ere.

A. Wie wurt denn gott gelobet in der mynne me dån in anderen kråff*[23vb]*ten?

B. Da vergiht mynne, daz gott der hoͤhste adel ist v̀ber alle ding, wån sù gott mynnet.

A. Als wie?

B. Mÿnne ist ein krafft des geistes, die den geist bildet in daz, daz der geist mynnet.[133] In dem daz die mynne den geist bildet in gott, so zoͤiget sù, daz gott ein groͤsser gůt ist denn alles daz, daz der geist nùt mÿnnet. Vnd daz ist wor. Darumb so zoͤiget die mynne gottes worheit vnd gerehtigkeit, vnd also wùrt gott gelobet, wenn er geahtet vnd getzoͤiget wirt von dem geiste als daz beste gůt, daz er ist in der wårheit.

A. Dasselbe tůt ouch die vernunfft, die zoͤiget, daz gott ist daz hoͤste gůt, vnd wùrt doch gott in bekantnisse der wårheit nùt gelobet vnd sunderlichen in den geisten, die in bekennent vnd nùt mynnent.

B. Es ist vnglich in bekantnisse vnd in mynne. Wån der gott bekennet vnd nùt mynnet, der ist glich einem, der den anderen spoͤttlich vnd valschlich lobet.

A. Des gib mir ein glichnisse.

B. Gerne. Spreͤche einer zů mir, ich were an allen sachen richer deͤnn er, so sprich *[24ra]* ich zů im: Ich wolte daz mine geben vmb daz dine. So sprech er, daz sine were im lieber denn daz mine. Daz wer ein zeichen, daz im nùt ernest waz, da er sprach, ich were richer denn er. Oder aber er mÿnnet gůt nùt nåch siner gůte; wån der gůtes begert nåch siner gůte, der neͤme ein groͤssers fùr ein kleyners, wån er bekante, daz es nach aller wise groͤsser were.

A. Vnd ob es beschehe, daz einer vnbetrogen hette daz kleiner gůt denn das groͤsser, wåvon kåme daz?

B. Dauon daz er sins eigenen willen me fùnde in dem minren, denn in dem merren. Vnd der wolte des groͤssern gůtes nùt verieͤhen gentzlich, er bekant es wol, vnd daz wer ein verieͤhen nach einem teil, nùt geͤntzlich. Die lobent in werlich, daz sint die in bekennent vnd mynnent, alz daz hoͤste gůt ob allem gůte.

A. Owe, wie ist das allen mÿnnern dirre welte so ein sweͤr wort, verieͤhent sù des als des hoͤhsten gůtes vnd lobent es als daz hoͤhste gůt, daz sù mynnent

133 *Vgl. Thomas de Aquino, In Sent. III, d. 27, q. 1, a. 1 co:* Unde amor nihil aliud est quam quaedam transformatio affectus in rem amatam. *(»Daher ist Liebe nichts anderes als eine gewisse Umwandlung des Affekts in die geliebte Sache.«)*

<Die rechte Liebe>

A. Was ist die Liebe, um derentwillen der Mensch geschaffen ist?

B. Das ist die Liebe, die Gott liebt.

A. Was liebt Gott daran, dass er die Liebe über alle Dinge liebt, wenn er von dem Geist geliebt wird?

B. Es geht ihm um sein eigenes Lob und seine Ehre.

A. Wieso wird denn Gott in der Liebe mehr als in anderen Kräften gelobt?

B. Weil die Liebe versichert, dass Gott der höchste Adel ist über alle Dinge hinaus, weil sie Gott liebt.

A. Wieso?

B. Liebe ist eine Kraft des Geistes, die den Geist umbildet in das, was der Geist liebt. Indem die Liebe den Geist in Gott umbildet, zeigt sie, dass Gott ein größeres Gut ist als alles, was der Geist nicht liebt. Und das ist wahr. Darum zeigt die Liebe Gottes Wahrheit und Gerechtigkeit, und so wird Gott gelobt, wenn er von dem Geist geachtet und erwiesen wird als das beste Gut, das er ja in der Wahrheit ist.

A. Dasselbe tut auch die Vernunft; sie zeigt, dass Gott das höchste Gut ist, und doch wird Gott in der Erkenntnis der Wahrheit nicht gelobt, und besonders bei den Geistern, die ihn erkennen und nicht lieben.

B. Bei Erkenntnis und Liebe ist es verschieden. Denn wer Gott erkennt und nicht liebt, gleicht einem, der den anderen zum Spott und aus Falschheit lobt.

A. Dafür gib mir ein Beispiel.

B. Gerne. Sagte einer zu mir, ich wäre in allem reicher als er und ich sagte zu ihm: »Ich wollte Meins im Tausch gegen Deins geben«, und sagte er nun, das Seine wäre ihm lieber als das Meine, das wäre ein Zeichen, dass es ihm nicht ernst war, als er sagte, ich wäre reicher als er. Oder aber er liebt das Gut nicht wegen seiner Güte; denn wer Gutes nach seiner Güte begehrt, der nähme ein Größeres anstelle eines Kleineren, denn er würde erkennen, dass es in jeder Hinsicht größer wäre.

A. Und wenn es geschähe, dass einer ohne Täuschung <lieber> das kleinere Gut hätte als das größere, woher käme das?

B. Davon, dass er seinen Eigenwillen mehr in dem Kleineren fände als in dem Größeren. Und der wollte das Größere nicht ganz anerkennen. Er erkennt es wohl, und das wäre ein Anerkennen nach einem Teil, nicht ganz und gar. Die ihn wahrhaftig loben, das sind die, die ihn erkennen und lieben als das höchste Gut über allem Gut.

A. O weh! Wie ist das Wort so schwer für alle, die diese Welt lieben, erkennen sie das als das höchste Gut an und loben es als das höchste Gut, das sie

ob allen dingen, waͤrlich, so ist ir vil abgoͤtte vnd der vil die, die goͤttliche wårheit småhent mit falschen *[24rb]* gotts nammen.

B. Es ist wor leider. Doch so ist es mynnenklich gott mynnenden hertzen. Wån die gott bekennent vnd mÿnnent, die lobent gott emseklich, ob sù ioch weder hånd noch fůß noch zungen moͤhtent geregen nåch keiner wise.

A. Nu beginne ich erst merken, daz allein die mynne des geistes gott mÿnnet von ir selber; vnd die vsseren werk, wie sù sind, die mynnet er alz der mynne kneht.

B. Du hast vil sinnes kùrtzlich begriffen, die dir nùtz moͤgen sin in vͤbunge vnd bekantnisse der tugende.

<Die Diener der Liebe: Vernunft, Wesen und Werke>

A. Sage fùrbaß, waz dienet der mynne?

B. Drù ding: vernunfft, daz wesen vnd alle werk aller kraͤffte des geistes.

A. Wie dienet die vernunfft?

B. Gott hät vernunfft der mynne zů dienste geben, daz die vernunfft sol geben einen vnderscheit vnd ein ordenunge in allen dingen. Wån als die vernunfft der bescheidenheit in den dingen sůchet gůt vnd me gůt vnd daz allerbeste, also sol sù die mÿnne mynnen. Wån daz ist wore mÿnne, die die ding mÿnnet, so vil *[24va]* sù gůt sint. Also ist vernunfft der mynne gegeben zů dienste. Was solte, daz der geist des moͤnschen oder des engels koͤnde begrifen in den dingen ein ordenunge vnd einen vnderscheit, es were denn geordent vff die mynne? Dauon so sol der moͤnsche mit der groͤssesten mynne gott mynnen, darumb ist er geschaffen.

A. Wie dienet daz wesen?

B. Daz ist gůt zů merken. Wån kein mynne sin mag åne wesen, als kein kraͤfft ône nature, dauon so ist der mynne die edelste nature gegeben, die vnder gott ist; wån sù ist die hoͤhste krafft der nature.

A. Waz ist ir wesen vnd ir nature?

B. Das ist vernùnfftige frie nature.

A. Wie dienent die werk der mynne?

B. Es sint etteliche kraͤffte in dem moͤnschen, die sint dem willen vndertan, als die werk der fùnff sÿnne vnd die werk der gedencken. Wån so wir wellent, so hoͤren wir, so gedencken wir, vnd so wir nùt wellent, so keren wir vns dauon. Die werk dienent dem willen; wån alz der wille wil vnd die mynne, also werdent die werk. Ist *[24vb]* die mynne gereht, so werdent die werk gereht. Ist die mynne nùt gereht, so werdent die werk vngereht. Dauon alle werk vnd alle kraͤffte åne den willen hant von inselben keine gerehtigkeit noch kein vngerehtigkeit. So sù sint gereht, daz ist dauon, daz sù sint vndertån eim gerehten willen. Sint sù ouch vngereht, daz ist dauon, daz sù sint vndertån einem vngerehten willen. Es sint ouch ander werk, die heissent werk der nature, als toͮwunge[134], sweͤre siech-

134 töuwen, touwen *swv. »mit dem Tode ringen, dahinsterben«* (LEXER).

über alles lieben, wahrlich, so gibt es viele Abgötter und Menschen, die die göttliche Wahrheit mit falschen Gottesnamen schmähen.

B. Das ist leider wahr. Doch es ist liebenswert für Herzen, die Gott lieben. Denn die Gott erkennen und lieben, loben eifrig Gott, auch wenn sie in keiner Weise Hand noch Fuß noch ihre Zunge regen können.

A. Jetzt beginne ich erst zu verstehen, dass allein die Liebe des Geistes Gott aus sich selbst liebt, aber die äußeren Werke, wie sie auch sind, die liebt er als Knecht der Liebe.

B. Du hast viel Bedeutungsvolles begriffen, das dir in der Übung und Erkenntnis der Tugenden nützlich sein kann.

<Die Diener der Liebe: Vernunft, Wesen und Werke>

A. Sprich weiter: Was dient der Liebe?

B. Drei Dinge: die Vernunft, das Wesen und alles Wirken aller Kräfte des Geistes.

A. Wie dient die Vernunft?

B. Gott hat der Liebe die Vernunft zu Dienst gegeben, damit die Vernunft Unterscheidung und Ordnung in allen Dingen beitragen soll. Denn wie die Vernunft der Unterscheidung in den Dingen Gutes, Besseres und das Allerbeste sucht, dementsprechend soll die Liebe lieben. Denn das ist wahre Liebe, wenn sie die Dinge liebt, soweit sie gut sind. Darum ist die Vernunft der Liebe zu Dienst gegeben. Wozu sonst sollte denn der Geist des Menschen oder des Engels in den Dingen eine Ordnung und eine Unterscheidung erkennen können als um der Rangordnung der Liebe willen? Darum soll der Mensch mit seiner größten Liebe Gott lieben, dazu ist er geschaffen.

A. Wie dient das Wesen?

B. Das lässt sich gut verstehen. Denn keine Liebe kann ohne Wesen sein, wie keine Kraft ohne Natur <sein kann>. Darum wurde der Liebe die edelste Natur gegeben, die unter Gott existiert; denn sie ist die höchste Kraft der Natur.

A. Was ist ihr Wesen und ihre Natur?

B. Das ist vernünftige, freie Natur.

A. Wie dienen die Werke der Liebe?

B. Manche Kräfte im Menschen sind dem Willen untertan, zum Beispiel die Werke der fünf Sinne und die Werke des Denkens. Denn wenn wir wollen, so hören wir, so denken wir, und wenn wir nicht wollen, wenden wir uns davon ab. Die Werke dienen dem Willen; denn wie der Wille und die Liebe wollen, so werden die Werke. Ist die Liebe recht, so werden die Werke gerecht. Ist die Liebe nicht recht, so werden die Werke ungerecht. Darum haben alle Vermögen und Werke ohne den Willen keine Gerechtigkeit noch Ungerechtigkeit. Wenn sie gerecht sind, kommt das davon, dass sie einem gerechten Willen untertan sind. Sind sie jedoch ungerecht, kommt das davon, dass sie einem ungerechten Willen untertan sind. Es gibt auch andere Wirkungen, die hei-

tagen, wahsen vnd swinden, die sint dem willen nùt vndertån; dauon werdent sù nùt geheissen gereht noch vngereht in dem moͤnschen.

A. Also merk ich: *Der* vrsprung der gerehtigkeit vnd der vngerehtigkeit ist in dem willen.

B. Daz ist wor. Dauon gerehte mynne ist, die gott mÿnnet ob allen dingen vnd alle ding nåch rehter ordenunge.

<Die rechte Ordnung>

A. Waz ist rehte ordenunge?

B. Daz daz minre dem merren sie vndertån vnd geordent vff das besser, vnd daz minre dem merren sie vndertån vnd nùt daz merre dem *[25ra] minren.*

A. Gib mir der ordenung ein bilde.

B. Gott ist daz hoͤheste, darnåch ein vernùnfftiger geist, darnåch ein moͤnschlicher lip, dårnach, daz der moͤnschliche lip lebet, darnåch die ding, die nùt zů der notdurfft gehoͤrent. Vnd ordenunge ståt also, daz das gold vnd ander gesmÿde daz ist geordent vff das, des der moͤnsche leben sol, daz man damitte sol ko̊ffen vnd verkouffen. So ist win vnd bråt vnd anders, des man lebet, geordent vff den lip. Der lib ist geordent vff den geist, der geist in gott. Vnd denn der iegliches hät sin ordenunge. Wann mynne ist geordent vff den geist, tugende sint geordent vff die mynne, gnåde vff tugende, gebett vnd vͤbunge vff gnåde.

A. Ich gedencke an daz wort gerehtigkeit, wie du håst gesprochen, daz gerehtigkeit *ist* worheit des willen *behalten* vmb die gerehtigkeit.[135] Dauon so merk ich wol, waz ist ein gerehte mynne, wenn der wille mynnet die gerehte wore ordenunge, alz daz minnre vff daz merrer ist geordent, vnd er denn ding *[25rb]* mÿnnet, die stånt vff der ordenunge vnd daz tůt durch der mynnen willen der gerehten ordenunge. Daz duncket mich, das sie gerehte mynne.

B. Mynne vnd lob daz wort »die bekantnisse des wortes gerehtigkeit«! Wån in dem worte so hast du also ådellich vnd sicherlichen begriffen, waz gerehte mynne ist, daz mich von eim vngeleͤrten moͤnschen wundert. Doch han ich missesprochen: Der ist nùt vngeleͤrt, dem die wißheit der worheit lùhtet. Lůge: Der gott mynnet ob allen dingen, der mynnet gott in der ordenunge, als er ståt, wån er ist daz hoͤhste gůt, zů dem alles gůt geordent ist vnd er zů keime. Vnd das tůt er durch der gerehten ordenunge willen. Davon mynnet er gott durch gottes willen.

A. Daz merke ich noch nùt wol.

B. Er mynnet gott alz daz hoͤhste gůt. Warumb? Darumb wan es ist reht, daz daz hoͤheste an dem adel sie daz hoͤhste an der mynne. Was ist gerehtigkeit anders denn gott? Dauon so mynnet er gott durch gott.

111 Der] den ***117*** minren *fehlt* ***128*** ist *fehlt* behalten] behalte

---

135 *Oben AFD I, c. 2; fol. 17va, Z. 247 f.:* Gerehtigkeit ist woͤrheit des willen, behalten vmb die gerehtigkeit.

ßen Wirkungen der Natur, zum Beispiel erschlaffen, schwere Krankheitstage, wachsen und vergehen, die sind dem Willen nicht untertan; darum werden sie im Menschen nicht gerecht oder ungerecht genannt.

A. Ich merke also: Der Ursprung der Gerechtigkeit und der Ungerechtigkeit liegt im Willen.

B. Das ist wahr. Darum ist Liebe gerecht, wenn sie Gott über alles liebt und alle Dinge in rechter Ordnung.

<Die rechte Ordnung>

A. Was ist rechte Ordnung?

B. Dass das Geringere dem Größeren untertan und auf das Bessere ausgerichtet ist und dass das Geringere dem Größeren untertan ist und nicht das Größere dem Geringeren.

A. Gib mir ein Bild von dieser Ordnung.

B. Gott ist das Höchste, danach ein vernünftiger Geist, danach ein menschlicher Leib, danach, dass der menschliche Leib lebt, danach die Dinge, die nicht zur Notwendigkeit gehören. Und Ordnung besteht darin, dass Gold und anderes Geschmeide auf das ausgerichtet ist, wodurch der Mensch leben soll, dass man damit kaufen und verkaufen soll. So ist Wein und Brot und anderes, von dem man lebt, auf den Leib ausgerichtet. Der Leib ist auf den Geist ausgerichtet, der Geist auf Gott. Und so hat denn jedes seine Ordnung. Denn Liebe ist auf den Geist gerichtet, Tugenden sind auf die Liebe gerichtet, Gnade auf Tugenden, Gebet und Übung auf Gnade.

A. Ich denke an das Wort »Gerechtigkeit«, wie du gesagt hast, dass Gerechtigkeit Wahrheit ist, bewahrt um der Gerechtigkeit willen. Darum verstehe ich wohl, was gerechte Liebe ist: Wenn der Wille gerechte, wahre Ordnung liebt, wie wenn das Geringere auf das Größere ausgerichtet ist, und wenn er Dinge liebt, die in der Ordnung stehen, und wenn er das um der Liebe zur gerechten Ordnung willen tut. Das, meine ich, ist gerechte Liebe.

B. Liebe und lobe das Wort »Erkenntnis des Wortes Gerechtigkeit«. Denn in dem Wort hast du vornehm und sicher begriffen, was gerechte Liebe ist, was mich von einem ungelehrten Menschen wundert. Doch das habe ich falsch gesagt: Der ist nicht ungelehrt, dem die Weisheit der Wahrheit leuchtet. Schau: Wer Gott über alles liebt, der liebt Gott in der Ordnung, wie sie besteht; denn er ist das höchste Gut, auf das alles hingeordnet ist, er aber auf nichts. Und das tut er um der gerechten Ordnung willen. Darum liebt er Gott um Gottes willen.

A. Das verstehe ich noch nicht recht.

B. Er liebt Gott als das höchste Gut. Warum? Darum, weil es recht ist, dass die höchste Edelkeit das Höchste an der Liebe ist. Was ist Gerechtigkeit anderes als Gott? Darum liebt er Gott um Gottes willen.

A. Dis han ich erst verstanden. *[25va]*
Nu gib mir ein glichnisse in ander gerehter mynne.

B. So der moͤnsche mÿnnet sich selber alz einen geist, der daz hoͤhste ist in der ordenunge nåch gotte an dem adel, so mynnet er sich nåch der ordenunge gotts. Die ordenunge geraͤht ist, wån der geist als ein minrers gůt geordent ist zů gotte. Vnd mynnet er die gerehten ordenunge vnd durch die mynne der gerehtigkeit so mynnet er sich selber in der gerehten ordenunge, so mynnet der geist sich selber in gott vnd zů gotte.

A. Dis ist v̀ber alle måsse nùtze mir ze wissende; wån sid alle tugende vnd gnåd vnd vͤbunge geordent wùrt vff gerehte mynne, so moͤht ich weder tugent noch gnåde noch vͤbung noch gerehtigkeit niemer verstån, ich wùste denn, waz gerehte mynne were nåch einem woren grunde.

B. We, du håst dis alles wißlichen angesehen, daz ich mich sin rehte von hertzen froͤuwe. Wån wer gott nùt mynnet in einer gerehten mynne, der mag sichselber nùt mit gerehter mynne mynnen. Wer *[25vb]* nùt håt gerehte mynne sinselbes, der mag nùt haben gerehte tugend. Wer nùt tugend håt nåch gerehtigkeit, der håt nùt wårer gnåde. Wå gnåde nùt ist, do ist nùt nùtz vͤben noch andaht.

A. Ach, miner blintheit! Ich gesach der ordenunge nÿeme also *an*. Ich wonde, in der vͤbunge gewunne ich gnåde vnd tugend vnd in tugenden rehte mynne minselbs vnd gotts.

B. Die blintheit håt månigen moͤnschen begriffen, die in geistlichem buwe wenent, die fruht sie daz erste vnd darnåch der bo̊m vnd daz iungste die wurtzel. Geraͤhte ordenunge ist daz ertrich, gůter wille vnd mynne die wurtzel, tugend die blåtter, gnåde der touw vnd der regen, gerehte werk von innan die fruht, vssere werk ein zeichen der gruͤnen.

A. Wùrd es nùt zů lang, so hort ich gerne von disen worten ein glichnisse, daz ich kåme zů besserer vernunfft. Nu merk ich wol, daz es dich zů verre truͤge vß der materien, die wir hant vor handen.

B. Ich moͤhte daz målen, daz dich *[26ra]* ettewen wolte benuͤgen. Wilt du hieuon wissen, so liß ein bůch von tugenden; do wurst du sin mit gottes hilffe bewiset. Zů dirre lere gehoͤrt nùt me, denn das du bekennest, was ein rehte mynne ist, durch der willen gott den moͤnschen hät geschaffen.

<Die rechte Vernunft>

A. Dauon so gang vff die ander vnd sage mir von der vernunfft.

B. Ich han dir vor geseit, wie die vernunfft der mynne dienet; wån gerehte mynne die moͤhte nùt sin åne gerehte vernunft.

A. Daz wil ich gerne hoͤren.

B. Gerehte mynne lit an rehter ordenunge, als ich han vor geseit.

A. Daz han ich wol verstanden.

163 an] åne

A. Das habe ich jetzt erst verstanden.

Nun gib mir ein Beispiel von anderer gerechter Liebe.

B. Wenn der Mensch sich selbst liebt als einen Geist, der das Höchste an Adel in der Ordnung ist nach Gott, so liebt er sich in der Ordnung Gottes. Diese Ordnung ist gerecht, weil der Geist als ein geringeres Gut auf Gott hin geordnet ist. Und liebt er die gerechte Ordnung, und um der Liebe zur Gerechtigkeit willen liebt er sich selbst in der gerechten Ordnung, so liebt der Geist sich selbst in Gott und zu Gott hin.

A. Dies zu wissen ist mir über alle Maßen nützlich; denn da alle Tugend, Gnade und Übung auf die gerechte Liebe hingeordnet ist, könnte ich weder Tugend noch Gnade noch Übung noch Gerechtigkeit je verstehen, wenn ich nicht den wahren Grund der gerechten Liebe kennen würde.

B. Weh, wie hast du das alles klug angesehen, sodass ich mich darüber recht von Herzen freue. Denn wer Gott nicht mit rechter Liebe liebt, kann sich selbst nicht mit rechter Liebe lieben. Wer nicht rechte Liebe seiner selbst hat, der kann nicht rechte Tugend haben. Wer nicht Tugend entsprechend der Gerechtigkeit hat, der hat nicht wahre Gnade. Wo keine Gnade ist, da sind Übung oder Andacht zu nichts nütze.

A. Ach, meine Blindheit! So habe ich die Ordnung noch nie angeschaut. Ich dachte, in der Übung gewänne ich Gnade und Tugend und in den Tugenden <gewänne ich> rechte Liebe meiner selbst und Gottes.

B. Diese Blindheit hat manche Menschen ergriffen, die im geistlichen Stande meinen, die Frucht sei das erste und danach der Baum und zuletzt die Wurzel. Gerechte Ordnung ist der Erdboden, guter Wille und Liebe sind die Wurzel, Tugenden die Blätter, Gnade der Tau und der Regen, rechte Werke aus dem Inneren die Frucht, äußere Werke sind Zeichen des grünen Lebens.

A. Wenn es nicht zu lang würde, hörte ich gerne ein Beispiel für diese Worte, damit ich zu besserer Vernunft käme. Nun merke ich aber, dass es dich zu weit von der Materie entfernen würde, die wir vor Augen haben.

B. Ich hätte es malen können, dass dich dies irgendwann plagen würde. Willst du davon etwas wissen, so lies ein Buch von den Tugenden; da wird es dir von Gottes Gnaden aufgezeigt. Zu dieser Lehre gehört nicht mehr, als dass du erkennst, was rechte Liebe ist, um derentwillen Gott den Menschen geschaffen hat.

<Die rechte Vernunft>

A. Darum geh zum zweiten Thema und sprich mir von der Vernunft.

B. Ich habe dir zuvor gesagt, wie Vernunft der Liebe dient; denn rechte Liebe könnte ohne rechte Vernunft nicht sein.

A. Das will ich gerne hören.

B. Rechte Liebe liegt an rechter Ordnung, wie ich zuvor gesagt habe.

A. Das habe ich wohl verstanden.

B. Ordenunge håt einen vnderscheit; wann in ordenunge ist eins das erste, eins daz ander, darnåch das dritte vntz vff das jùngste. Wån gienge eins nùt vor dem andern, so wer es nùt ein ordenunge.

A. Daz ist wor.

B. Dauon so můß gerehte mynne han ein krafft. Die krafft begriffe den vnderscheit der gerehten ordenunge. Die krafft heisset vernunfft nåch beschei*[26*[rb]*]*denheit.

A. We̊nn ist die vernunfft der bescheidenheit gereht?

B. Wenn sù die ding begriffet vnd ahtet, alz sù stånt in der ordenunge nåch wårheit, daz die vernunfft sprichet, daz ist daz erste vnd daz ander, daz ouch in der worheit daz erste vnd daz ander oder daz iungste ist.

A. Hieby merk ich wol, daz valsche vernunfft ist die, die von dem ersten vrteilet, es sie daz ander, vnd von dem andern, daz es sie das erste.

B. Du hast wo̊r.

A. Waz ist worheit der vernunfft anders dann wißheit?

B. Sù hant keinen vnderscheit; dauon da me wårheit ist in der vernunfft, da sprichet man, es sie me wißheit.

A. Ist wißheit wårheit vnd ist worheit gott, so ist ouch wißheit gott, daz mich duncket.

B. Du håst går eben beslossen, dauon sprach der wise man: »Nÿeman ist wol denn dem, der wonet in wißheit«[136]; wån der wonet in gotte.

A. Du håst ein wunder in mir erwecket, ob der moͤnsche in wißheit wùrde beschaffen.

B. Des wil ich antwirten, wie es nùt *[26*[va]*]* von nott gehoͤrt in dise rede. Der moͤnsche wart gereht geschaffen, als Salomon sprichet.[137] Darumb so wart im gegeben rehte mynne. Gerehte mynne mag nùt sin åne gerehte vernunfft. Gerehte vernunft ist wißheit. Daz ist nùt alleyne wor von dem moͤnschen, es ist wor von den verstossen engelen.[138] Da von sprichet der prophete von Lucifer: »Wie bist geuallen von dem luste des paradises, in dem du wùrde«. Also wart ouch der moͤnsche gesetzet in daz paradis des lustes. Wån nu nieman wol mag sin, dann dem, der in der wißheit wånet, dauon so zoͤiget die geschrifft in dem

---

136 *Vgl. Sap 7,28:* Neminem enim diligit Deus nisi eum qui cum sapientia inhabitat. *(Übers. Lutherbibel 2017: »Denn Gott liebt niemanden, er bleibe denn bei der Weisheit.«)*

137 *Vgl. Sap 2,23:* Quoniam Deus creavit hominem inexterminabilem et ad imaginem suae similitudinis fecit illum. *(»Denn Gott hat den Menschen zur Unvergänglichkeit geschaffen und ihn zum Abbild seines eigenen Wesens gemacht.« [Bibelwissenschaft.de]) Anselmus Cantuariensis, CDH II, c. 1; Bd. II, S. 97,4 f.:* Rationalem naturam a deo factam esse iustam, ut illo fruendo beata esset, dubitare non debet. *(Übers. Schmitt, S. 91: »Dass die vernünftige Natur von Gott gerecht erschaffen wurde, um in seinem Genusse selig zu werden, darf nicht bezweifelt werden.«)*

138 *Wie die gefallenen Engel ihre ursprüngliche Rechtheit verloren haben, ist Gegenstand des folgenden Kapitels, siehe AFD I, c. 4; fol. 33*[rb]*–35*[rb]*, Z. 42–162.*

B. Ordnung macht Unterschied; denn in Ordnung ist eins das erste, eins das zweite, danach das dritte bis auf das letzte. Denn ginge eins nicht vor dem zweiten, wäre es keine Ordnung.

A. Das ist wahr.

B. Darum muss die rechte Liebe ein Vermögen haben. Dies Vermögen soll den Unterschied der rechten Ordnung begreifen. Dies Vermögen heißt Vernunft der Unterscheidung.

A. Wann ist die Vernunft der Unterscheidung gerecht?

B. Wenn sie die Dinge begreift und achtet, wie sie wahrheitsgemäß in Ordnung stehen. Wenn die Vernunft sagt, dies ist das erste und das das zweite, sodass auch in Wahrheit das erste und das zweite oder das letzte <jeweils so> ist.

A. Daran erkenne ich, dass das falsche Vernunft ist, wenn sie vom ersten urteilt, es sei das zweite und vom zweiten, dass es das erste sei.

B. Du hast recht.

A. Was ist Wahrheit der Vernunft anderes als Weisheit?

B. Sie haben keinen Unterschied; darum, wo mehr Wahrheit in der Vernunft ist, da sagt man, es sei mehr Weisheit.

A. Ist Weisheit Wahrheit und ist Wahrheit Gott, so ist auch Weisheit Gott, wie mir scheint.

B. Du hast ganz richtig gefolgert; darum sagt das Buch der Weisheit: »Niemand geht es gut außer dem, der in Weisheit wohnt« (vgl. Sap 7,28); denn der wohnt in Gott.

A. Du hast eine Frage in mir erweckt, ob der Mensch in Weisheit geschaffen wurde.

B. Darauf will ich antworten, obwohl es nicht notwendig in diese Abhandlung gehört. Der Mensch wurde gerecht geschaffen, wie Salomon spricht (vgl. Sap 2,23). Darum wurde ihm rechte Liebe gegeben. Rechte Liebe kann nicht ohne rechte Vernunft sein. Rechte Vernunft ist Weisheit. Das ist nicht nur vom Menschen wahr; es ist auch von den verstoßenen Engeln wahr. Darum sagt der Prophet von Luzifer: »Wie bist du aus der Lust des Paradieses gefallen, in dem du entstanden bist« (Is 14,12). So wurde auch der Mensch in das Paradies der Wonnen gesetzt (vgl. Gn 2,15). Da es nun niemand gut gehen kann außer dem, der in der Weisheit wohnt, darum zeigt die Schrift mit dem

paradise, daz der engel vnd der moͤnsche wùrde geschoͤphet in wißheit vnd in gerehter mynne.[139]

A. Mag ein wiser toͤrlich tůn?

B. Ich merke wol, daz du meinest. Dich wundert, waͦrent sù wise geschaffen, warumb sù als balde toͤrliche taͤtent.

A. Du hast woͦr. Es ist lange in mir gestanden daz wunder; doch getorst ich es nùt gefraͦgen.

B. Nùt habe do von also grosse wunder, daz ein wiser mag toͤrlich tůn. Du *[26vb]* sihest doch wol, das ein tore mag wißlich tůn. Daz ist also groß wunder als das voͤrder.

A. Wenn tůt ein thore wißlich?

B. Wenn er sich keret von der thorheit zů der wißheit.

A. Der sich keret zů der wißheit, der duncket mich nùt ein thore.

B. Wer er wise, er kerte sich nùt; wan er bedoͤrffte keins keres. Dauon in dem, daz er sich keret, so ist er ein thore vnd tůt wißlich.

A. We, daz ich daz ane daz nÿe gedaͦhte, daz glich ist einem grossen wunder.

B. Ich sage dir me, daz dich mag wunderen. Der moͤnsche waz geschaffen vntoͤttlich, ob er blibe in gerehter mynne. Wie moͤht er wùrken do die werk, von den er můste sterben, vnd das bekant er in siner wißheit?

A. Das er die werk des todes moͤhte gewùrken in wißheit, daz wil mich nùt wunderen; waͦn ich sihe, das daz taͦglich geschiht, daz ettliche wisen wùrkent die werk des ewigen todes. Sage mir: Warumb waz er vntoͤdlich, het er nùt gesùndet?

B. Sih an gerehte mynne, wiltu verstaͦn, wie der moͤnsche vntoͤdlich wart geschaffen.

A. Daz *[27ra]* ist wor, alz du mich vor haͦst bewiset.

B. Wie lange duncket dich, daz gerehte mynne gott soͤlle mynnen?

A. Ich enweiß kein ende. Waͦn wolte gott sù nuwaͦn mynnen vnd wolt ettwenne ablaͦn, so were sù nùt ein gerehte mynne.

B. Daz ist wol gesprochen. Sol die mynne nu ewiglichen mynnen vnd haͦt sù gott also geschaffen, daz sù sie ein gerehte mynne, so ist ǒch das reht, daz ir nùt sol benommen werden daz, daz sù mynnet.[140]

226 B. *fehlt*

---

139 *Die* iustitia originalis *wird auch im ›Gratia-Dei-Traktat‹ gelehrt, GDT Z. 62–64:* Hăn ich es recht verstanden, so mainest du, genad si ain bilde, als daz bilde waz in Adam, do Adam uon got wart geschaffen. Daz bild waz glich goͤtlicher warheit vnd wisheit. *(»Wenn ich es richtig verstanden habe, meinst du, Gnade sei ein Bild, wie das Bild in Adam war, als Adam von Gott geschaffen wurde. Dieses Bild war der göttlichen Wahrheit und Weisheit gleich.«)*

140 *Zur Argumentation für die Unsterblichkeit vgl. Iohannes de Basilea, In Sent. II, d. 18–19, q. 13, concl. 2; Bd. III, S. 213,2–4:* Immortalitas primorum parentum in statu innocentiae

Paradies, dass der Engel und der Mensch in Weisheit und rechter Liebe geschaffen wurden.

A. Kann ein Weiser töricht handeln?

B. Ich merke schon, was du meinst. Dich wundert: Wären sie weise geschaffen, warum haben sie so bald töricht gehandelt?

A. Du hast recht. Diese Frage ist schon lange in mir gestanden; doch traute ich mich nicht zu fragen.

B. Du musst dich nicht so sehr wundern, dass ein Weiser töricht handeln kann. Du siehst doch wohl, dass ein Tor klug handeln kann. Das ist ein ebenso großes Wunder wie das vorherige.

A. Wann handelt ein Tor klug?

<B.> Wenn er sich von der Torheit zur Klugheit kehrt.

A. Wer sich zur Klugheit kehrt, der scheint mir kein Tor zu sein.

B. Wäre er klug, kehrte er sich nicht; denn er hätte keine Kehre nötig. Darum, indem er sich kehrt, ist er ein Tor und handelt klug.

A. Weh, dass ich das nie ohne die Erklärung bedacht habe, was doch einem großen Wunder gleicht.

B. Ich sage dir noch mehr, was dich wundern kann. Der Mensch war unsterblich geschaffen für den Fall, dass er in der rechten Liebe geblieben wäre. Wie konnte er da solche Taten begehen, von denen er sterben musste, und das wusste er in seiner Klugheit?

A. Dass er die Werke des Todes in seiner Klugheit wirken konnte, das will mich nicht wundern; denn ich sehe, dass das täglich geschieht, dass manche klugen Leute die Werke des ewigen Todes wirken. Sage mir: Warum wurde er unsterblich geschaffen, wenn er nicht gesündigt hätte?

B. Betrachte die rechte Liebe, wenn du verstehen willst, wie der Mensch unsterblich geschaffen wurde.

A. Das ist wahr, wie du mir zuvor gezeigt hast.

B. Wie lange, meinst du, hätte rechte Liebe Gott lieben sollen?

A. Ich weiß kein Ende. Denn wollte sie Gott nur irgendwann lieben und irgendwann davon ablassen, dann wäre sie keine rechte Liebe.

B. Das ist gut gesagt. Soll nun die Liebe ewig lieben und hat Gott sie so geschaffen, dass sie eine gerechte Liebe ist, so ist es auch recht, dass ihr das nicht genommen wird, was sie liebt.

A. We, du håst woͤr. Wie moͤhte der milte herre daz der mynne mit rehte genemmen åne ir schulde, daz er ir zů mynne håt gegeben åne ende?

B. Verlùre die mynne nu daz leben, so moͤhte sù nùme mynnen. Dauon goͤttliche gerehtigkeit moͤhte der mynne ir leben nùt benemmen, die wile sù daz mynnet, darzů sù ist geschåffen.

A. Daz ist minem hertzen v̀ber alle måsse mynnenklich zů gedencken, daz gerehter mynne ist gegeben ewig leben. Es duncket mich alz mùglich vnd als billich, *daz* gott nùt toͤte die mynne, die er imselber zů eren geschaf*[27rb]*fen håt, von der er ewiglichen åne vnderlaß wil gemynnet werden. Es ist ouch mùglich, daz sù gott vor aller kråfft vff enthalte, die sù moͤhte toͤten.

B. Ir ist domit noch nùt gelonet, daz sù sol ewiglich leben. Der brunne des lebens der git billich sichselber der mÿnne zů lone.

A. Ach, das ist suͤsse zů hoͤren.

B. Wie moͤhte der allergerehteste rehten lon verzihen gerehter mynne, der der mynne gab soliche nature vnd solichen adel. E daz sù wùrde mynnen, waz daz groß, daz der mynne wart gegeben, darumb daz sù moͤhte mynnen gott. Wie groß ist es denn billich, daz der mynne sol zů lone werden, so sù vollebringet alle sine gebott? Ist das groß, daz der mynne dienet, so ist es nùt wenig oͦne alle måsse, daz die mynne kroͤnet vnd zieret.

A. Gelobet sie die edel mynne, der ewig leben ist gegeben, die zů lone *den* erwirbet, den sù ob allen dingen mynnet. Wån verdienet die mynne, daz ir gelonet billich wurt mit dem, das sù mynnet, wåmit moͤhte dånn gott der mynne lonen *[27va]* dåⁿ mit imselber, die in ob allen dingen mynnet?

B. Merke, wie gewaltiglich der mynne reht goͤttliche almåhtigkeit zwinget; wån wurde ir gebotten zů lone der engel oder der moͤnsche oder gewalt der welte, so moͤhte sù sicherlich sprechen: »Herre, des lones ist nùt gnůg. Du solt mir geben daz, daz ich habe gemynnet, anders ich bin betrogen. Wån den engel noch den moͤnschen noch die welt han ich fùr dich gemÿnnet.«

A. Nu sage: Wie sint tugende vff mynne geordent vnd wie fliessent sù vß mynnen vnd wie ist der mÿnne art vnd vnderscheit?

B. Du gråbest darnåch, daz in dise rede nùt gehoͤret. Daz bedoͤrffte wol eins sundern bůches. Nÿm hie, was gerehte mynne ist, daz du wissest, waz der moͤnsche ist vnd warumb er ist geschaffen. Weͤr froͤmder materie nåchgåt, der sumet, daz er zů hande genommen håt, der sumet sich selber.

A. Daz dich gůt duncket, daz sol mir wol gefallen, alz ich nùt zwifel an dinen truwen, alz wening zwifel ich an diner bescheidenheit, du wissest, waz mir allerbast fuͤget.

255 daz] daz sù *267* den] dem

principaliter et maxime fuisset ex praeservatione voluntatis divinae. *(»Die Unsterblichkeit der Ureltern wäre grundsätzlich und am stärksten der Bewahrung des göttlichen Willens wegen veranlasst gewesen.«)*

A. O weh, du hast recht. Wie hätte der gütige Herr mit Recht der Liebe ohne ihre Schuld das genommen, was er ihr zur Liebe ohne Ende gegeben hatte.

B. Verlöre die Liebe nun das Leben, so könnte sie nicht mehr lieben. Darum hätte die göttliche Gerechtigkeit der Liebe ihr Leben nicht nehmen können, solange sie das geliebt hätte, zu dem sie geschaffen ist.

A. Das zu bedenken, ist meinem Herzen über alle Maßen liebenswert, dass rechter Liebe das ewige Leben gegeben wurde. Es scheint mir möglich und recht, dass Gott die Liebe nicht tötet, die er sich selbst zu Ehren geschaffen hat, von der er ewig ohne Unterlass geliebt werden will. Es ist auch möglich, dass Gott sie von aller Kraft fernhielte, die sie töten könnte.

B. Es ist noch kein voller Lohn, dass sie ewig lieben soll. Die Quelle des Lebens gibt sich mit Recht der Liebe selbst zum Lohn.

A. Ach, das ist süß zu hören.

B. Wie könnte der Allergerechteste der rechten Liebe den gerechten Lohn vorenthalten, der der Liebe solche Natur und solchen Adel gab. Bevor sie lieben würde, war das schon groß, was der Liebe dazu gegeben wurde, dass sie Gott lieben könnte. Wie groß ist denn zu Recht, was der Liebe zum Lohn werden soll, wenn sie alle seine Gebote vollbringt? Ist das groß, was der Liebe dient, so ist es nicht wenig ohne alles Maß, was die Liebe krönt und ziert.

A. Gelobt sei die edle Liebe, der ewiges Leben gegeben wurde, die den zum Lohn gewinnt, den sie über alles liebt. Denn wenn die Liebe verdient, was ihr zu Recht mit dem gelohnt wird, das sie liebt –, womit könnte denn Gott die Liebe belohnen außer mit sich selbst, da sie ihn über alles liebt?

B. Beachte, wie gewaltig das Recht der Liebe die göttliche Allmacht zwingt; denn würde ihr die Macht der Engel oder der Menschen oder der Welt zum Lohn angeboten, so könnte sie sicher sprechen: »Dieser Lohn ist mir nicht genug. Du sollst mir geben, was ich geliebt habe, sonst bin ich betrogen. Denn ich habe weder den Engel oder den Menschen noch die Welt an deiner Stelle geliebt.«

A. Nun sage: Wie sind die Tugenden auf Liebe hingeordnet und wie fließen sie aus Liebe, und wie ist die Art und der Unterschied der Liebe?

B. Du gräbst nach dem, was nicht in diese Abhandlung gehört. Dazu wäre wohl ein anderes Buch nötig. Nimm hier an, was rechte Liebe ist, damit du weißt, was der Mensch ist und wozu er geschaffen ist.

A. Was dich gut dünkt, das wird mir gut gefallen; wie ich deine Treue nicht bezweifle, so wenig zweifle ich an deinem Einblick, mit dem du weißt, was mir am allerbesten ansteht.

<Begehren der Seligkeit, Begehren der Gerechtigkeit>

B. Tů, alz ich gesprochen *[27vb]* han vnd laß vns fùrbaß von gerehter mynne sůchen, was me dar zů gehoͤre då̊nn gerehte vernunfft.

A. Mir ist ioch troͤstlich dauon zů frågen vnd zů hoͤren. Was ist me, daz zů gerehter mynne gehoͤrt?

B. Rehte mynne sol gesetzet werden in volle seligkeit.

A. Daz han ich gemerket.

B. Mag ieman selig werden, der siner seligkeit nùt begert?

A. Neÿn, nieman wurt erfroͤuwet in den dingen, der er nùt begert.

B. Dauon so hoͤrt begirde der seligkeit zů gerehter mÿnne, sol sù gesetzet werden yemer in volle froͤide der seligkeit.[141]

A. Im mag nùt anders sin.

B. Wie groß vnd wie kleÿn sol die begirde sin?

A. Sù sol gereht sin; wann wer sù nùt gereht, so moͤhte sù gerehter mynne ein begirde nùt sin.

B. Dauon so můß gerehte mynne han eine begirde der gerehtigkeit, sol sù gerehte mynne sin.

A. Daz mag nieman verwerffen, der gerehte sinne hat.

B. Also so bist du vnderwiset, daz gerehte mynne zwo begirden håt; eins ist ein begirde der seligkeit, das ander ein *[28ra]* begirde der gerehtigkeit.

A. Ach, wie einen gerehten orden gerehte mynne håt! Die begirde der seligkeit git ir, daz sù mag selig werden, vnd die begirde der gerehtigkeit git, daz sù billich sol selig werden.[142]

---

141 *Eine parallele Erörterung der folgenden Fragen findet sich im GDT Z. 422–678, bes. Z. 452–510. Vgl. auch Augustinus, De lib. arb. I, c. 30; CSEL Bd. LXXIIII, S. 30,22–29:* <…> nam illi qui beati sunt, quos etiam bonos esse oportet, non propterea sunt beati quia beate vivere voluerunt – nam hoc volunt etiam mali –, sed quia recte, quod mali nolunt. *(»<…> denn jene, die selig sind, die auch gut sein sollten, sind nicht deswegen selig, weil sie selig leben wollten – denn das wollen auch die Bösen –, sondern weil sie recht <leben wollten>, was die Bösen nicht wollen.«) Anselm entwickelt die Lehre von der* voluntas beatitudinis, *die durch die* voluntas rectitudinis *ihren Wert erhält, im Traktat ›De casu diaboli‹ c. 13 u. 14; Bd. I, S. 255–259 sowie in ›De concordia‹ II, c. 11–13; Bd. II, S. 278–287.*

142 *Vgl. GDT Z. 452–454:* Es ist zwaierlay begird: Ains ist begirde der sålikait, die ander ist ain begird der gerechtikait. Nvn ist die begirde der gerechtikait gnade, aber die begirde der sålikait ist nit gnade. *(»Es gibt zwei Weisen des Begehrens: Die eine ist das Begehren der Seligkeit, die andere ist das Begehren der Gerechtigkeit. Nun ist das Begehren der Gerechtigkeit Gnade, aber das Begehren der Seligkeit ist nicht Gnade.«) Vgl. Anselmus Cantuariensis, De concord. III, c. 11; Bd. II, S. 281,2–7:* Voluntas vero qua instrumentum illud afficitur, duplex est. <…> ita instrumentum volendi duas habet aptitudines, quas voco ›affectiones‹. Quarum una est ad volendum commoditatem, altera ad volendum rectitudinem. *(»Aber der Wille, durch den jenes Werkzeug angestoßen wird, ist zweierlei. <…> Auf diese Weise hat das Werkzeug des Willens zwei Fähigkeiten, die ich ›Affektionen‹ nenne. Eine davon dient zum Wollen des Angenehmen, die andere zum Wollen der Gerechtigkeit.«)*

<Begehren der Seligkeit, Begehren der Gerechtigkeit>

B. Tu, wie ich es gesagt habe, und lass uns weiter in der gerechten Liebe suchen, was noch dazugehört außer gerechte Vernunft.

A. Das gibt mir freilich Trost, davon zu fragen und zu hören: Was ist noch mehr, das zur rechten Liebe gehört?

B. Rechte Liebe soll in volle Gerechtigkeit gesetzt werden.

A. Das habe ich verstanden.

B. Kann jemand selig werden, der seine Seligkeit nicht begehrt?

A. Nein, niemand kann sich an Dingen erfreuen, die er nicht begehrt.

B. Darum gehört Begehren der Seligkeit zu rechter Liebe, wenn sie in volle Freude der Seligkeit gesetzt werden soll.

A. Es kann nicht anders sein.

B. Wie groß und wie klein soll das Begehren sein?

A. Es soll gerecht sein, denn wäre es nicht gerecht, könnte es nicht ein Begehren rechter Liebe sein.

B. Darum muss rechte Liebe ein Begehren der Gerechtigkeit haben, wenn sie gerechte Liebe sein soll.

A. Das kann niemand verwerfen, der rechten Verstand hat.

B. Also bist du belehrt, dass rechte Liebe zwei Formen des Begehrens hat; eins ist das Begehren der Seligkeit, das andere ist ein Begehren der Gerechtigkeit.

A. Ach, was für eine gerechte Ordnung hat gerechte Liebe! Das Begehren der Seligkeit gibt ihr, dass sie selig werden kann, und das Begehren der Gerechtigkeit gibt, dass sie zu Recht selig werden soll.

B. Du hast wol verstanden. Wån ån die begirde der seligkeit moͤhte die mynne seligkeit nut empfåhen, so solte ir die seligkeit niemer gegeben werden åne die begirde der gerehtigkeit. Es were gar ein vngefůge, daz ein gerehter herre sins gůtes ieman gebe, der sin vnuerdient vnd wider daz reht begerte.

A. An disen worten sol nieman zwifelen. Doch hant mich dise kurzte wort in einen wåg des wunders also tieff gefuͤret, werest du mir also nåhe nùt, ich verzagte an der wårheit. Ich voͤrht, ich moͤht es nùt begriffen.

B. Alz wie?

A. Do wundert mich an disen worten, warumb begirde der gerehtikeit nùt alleyn gnůg were åne die begirde der seligkeit, oder warumb die begirde der seligkeit nùt von irselber gereht were, *[28rb]* also daz der moͤnsche hette gehåpt[143] nuwan ein begirde, von der er nùt moͤhte sin gefallen vnd die doch gereht were gewesen.

B. Du ståst tieffer in dem wåge, dåͤn ich mich hette vorsehen. Dauon so mag ich dir nùt *gewisen*, ob du helff vnd trostes von mir begerst; wån du hast noch in kurzten worten mich tieffer gefuͤret, dåͤn ich dich.

A. Der wol sinnen kan, dem schadet nùt die tieffen des wåges. Des frouw ich mich: Ich getruw, du werdest mich mit dir leͤnden.

B. Ob gott wil. Nu sage vnd gedencke, waz ich vor gesprochen han. Waz ist lobeliche gerehtigkeit?[144]

A. Die frÿ vnd williglich ist åne alle getzwungnisse. Vnd dauon das werk der nature hat nùt loͤbelicher gerehtigkeit; wån es ist nùt frÿ noch williglich, daz der råuber widergit, das er sol, wån er sin wurt betzwungen.

B. Waz hoͤischet die fryheit?

A. Daz der moͤnsche also tůt, wolte er, das es nùt gescheͤhe.

B. Ietze hast du veriehen, daz die begirde, von dem du dich gewundert hast, die muͤssent *[28va]* frÿ sin, anders es were nùt ein loͤbeliche gerehtigkeit.

A. So meynest du, ir muͤssent zwo sin, anders sù moͤhtent nùt frÿ sin?

B. Du håst wor. Ir muͤssent zwo sin, daz der moͤnsche moͤge gån vsser einer in die ander. Wån moͤhte der moͤnsche wandelen sin begirde nùt, so blibe er in der begirde betzwungenlich vnd zoͤigete keyne frÿheit.

A. So bewise mich, wie daz zůgienge, hette der moͤnsche nuwån die begirde der seligkeit åne die begirde der gerehtigkeit, daz die begirde der seligkeit nùt loͤbelich gereht were, wån sù nùt frÿ were.

B. Nu merke: Keret sich der wille vff kein ding, daz er nùt begert?

321 gewisen] gewissen

143 Gehåpt, gehept: *Part. von haben,* hân *(*Martin*/*Lienhart*, Wörterbuch der elsässischen Mundart, S. 192). Siehe auch Woerterbuchnetz, Wörterbuch der elsässischen Mundarten, Lemma:* haben.

144 *Im Folgenden greift der Meister auf die Lehre zurück, die er oben AFD I, c. 2; fol. 16ra–17vb, Z. 154–271 ausgeführt hat.*

B. Du hast es gut verstanden. Denn ohne Begehren der Seligkeit könnte die Liebe keine Seligkeit empfangen, und ebenso sollte ihr die Seligkeit niemals ohne Begehren der Gerechtigkeit gegeben werden. Es wäre höchst unpassend, dass ein gerechter Herr sein Gut jemand gäbe, der es unverdient und gegen das Recht begehrte.

A. An diesen Worten wird niemand zweifeln. Doch haben mich diese knappen Worte so tief in eine Woge der Probleme geführt –, wärst du mir nicht so nahe, ich würde an der Wahrheit verzagen. Ich fürchte, ich könnte es nicht begreifen.

B. Wieso?

A. Es wundert mich an diesen Worten, warum das Begehren der Gerechtigkeit allein nicht genug wäre ohne das Begehren der Seligkeit, oder warum das Begehren der Seligkeit nicht aus sich selbst gerecht wäre, sodass der Mensch nur ein Begehren gehabt hätte, von dem er nicht abgefallen wäre, und das doch gerecht gewesen wäre.

B. Du stehst tiefer in der Woge, als ich es vorhergesehen hatte. Darum kann ich dich nicht belehren, wenn du Hilfe und Trost von mir begehrst; denn du selbst hast mich in knappen Worten tiefer hineingeführt als ich dich.

A. Der sich gut besinnen kann, dem schadet die Tiefe der Woge nicht. Ich freue mich. Ich vertraue darauf, dass du mich mit dir an Land bringen wirst.

B. Wenn Gott will. Nun sage und bedenke, was ich zuvor gesprochen habe: Was ist lobenswerte Gerechtigkeit?

A. Die frei und bereitwillig ist ohne jeden Zwang. Und darum gehört zum Wirken der Natur keine lobenswerte Gerechtigkeit; denn es ist nicht frei oder bereitwillig, wenn der Räuber zurückgibt, was er soll, denn er wird dazu gezwungen.

B. Was fordert die Freiheit?

A. Dass der Mensch so handelt, auch wenn er will, dass es nicht geschähe.

B. Jetzt hast du versichert, dass die zwei Formen des Begehrens, über die du dich gewundert hast, frei sein müssen, sonst wäre es keine lobenswerte Gerechtigkeit.

A. Du meinst also, es müssen zwei sein, sonst könnten sie nicht frei sein?

B. Du hast recht. Es müssen zwei sein, sodass der Mensch aus einem <Begehren> ins andere gehen kann. Denn könnte der Mensch sein Begehren nicht ändern, so bliebe er gezwungen in dem Begehren und zeigte keine Freiheit.

A. Dann zeige mir, wie das zuginge, dass das Begehren der Seligkeit nicht lobenswert gerecht wäre, wenn der Mensch nur das Begehren der Seligkeit hätte, weil sie dann nicht frei wäre.

B. Nun beachte: Wendet sich der Wille zu einem Ding, das er nicht begehrt?

A. Neÿn, waz der wille mynnet, daz můß er begeren, er het es anders nùt gemÿnnet.

B. Waz wolte der moͤnsche anders dånn sin seligkeit han gemÿnnet, hett er nuwan die begirde der seligkeit?

A. Er moͤhte kein ander ding han gemynnet. Wån het er ùt anders gemÿnnet, des muͤst er vor han gehaͤpt ein begirde. Nu håt er keÿn begirde dånn der seligkeit, alz es dar *[28vb]* ist geleit. Darumb duncket mich, daz er kein ander ding moͤhte mynnen.[145]

B. Wie duncket dich denn: Moͤht er nùt han gemynnet die ding, die hettent gehoͤrt zů siner seligkeit, so er es hette bekant?

A. Daz můß ich sprechen ån zwifel. Wer mynnet, daz sin hunger gespiset werde, der mag mynnen brot vnd win, domit der hunger wurt gespiset.

B. Wie groß håt der sin seligkeit gemynnet, daz du wenest?

A. Alz groß, als er sù håt bekeͤnnet. Wån der die spise mynnet, der mynnet alles, daz spise ist. Dauon so sint die gitigen vnbenuͤglich, wan sù mynnent die spise ir begirde, als vil ir ist, nåch witi vnd nåch groͤssi.

B. Hieby hast du veriehen, daz der moͤnsche moͤhte mynnen sine seligkeit, daz sù also groß were, als sù gott håt. Wån mag er sù also groß vnd wijt mynnen, als groß er sù bekennet, bekennet er dann die seligkeit gottes, so mag er ir begeren.

A. Het der moͤnsche nùn die begirde der seligkeit vnd mag sich dauon nùt keren vnd mag alles daz mÿnnen, daz zů selikgeit ge*[29ra]*hoͤret, so mag ich das nùt gloͮben, er moͤge sin seligkeit mynnen als groß vnd moͤg ir begeren nåch der wise vnd nåch der groͤsse, alz sù gott selber hat.

B. Die wårheit fuͤret dich, dar sù wil, nùt dar du wilt. Wån ietz maht du merken: Were nuwån ein begirde der seligkeit dem moͤnschen gegeben, die mynne der seligkeit die wer nùt gereht. Wån sù wolte, daz zů gerehter ordenunge nùt gehöret; wån sù muͤste wellen, daz sù gotte glich were.

A. Were sù aber v̀t vngereht?

B. Neÿn, sù were nùt vngereht; wån sù stuͤnde åne friheit. Wån ein moͤnsche moͤht sich von der vnmåssigen mynne nùt keren.

A. Daz zoͤige.

B. Solte sich der moͤnsche dauon keren, daz muͤst geschehen mit willen eins andern oder mit vnwillen der seligkeit; wån kein vnwille komet dan von eins andern willen. Dauon moͤht er sich in keine wise von der mynne, die v̀ber rehte måsse waz, han gekeret.

---

145 *Anselmus Cantuariensis, De casu c. 13; Bd. I, S. 256,22–24:* Qui ergo vult aliquid propter beatitudinem, non aliud vult quam beatitudinem. Quare potest et quod putat prodesse ad beatitudinem et solam beatitudinem velle. *(»Wer also etwas wegen des Glücks will, der will nichts anderes als Glück. Darum kann er, was er zum Glück für nützlich hält und nur das Glück allein wollen.«)*

A. Nein, was der Wille liebt, das muss er begehren, sonst hätte er es nicht geliebt.

B. Was wollte der Mensch denn anderes als seine Seligkeit geliebt haben, wenn er nur das Begehren der Seligkeit gehabt hätte?

A. Er könnte nichts anderes geliebt haben. Denn hätte er etwas anderes geliebt, müsste er zuvor dazu ein Begehren gehabt haben.

<B.> Wie findest du denn Folgendes: Könnte er nicht die Dinge geliebt haben, die zu seiner Seligkeit gehört hätten, wenn er es erkannt hätte?

A. Das muss ich sagen, ohne Zweifel. Wer es liebt, dass sein Hunger gestillt wird, der kann Brot und Wein lieben, mit denen der Hunger gestillt wird.

B. Wie stark hat der seine Seligkeit geliebt, was meinst du?

A. So stark, wie er sie erkannt hat. Denn wer Speise liebt, der liebt alles, was Speise ist. Darum sind die Gierigen ungenügsam, denn sie lieben die Befriedigung ihres Begehrens, so viel es der Weite und Größe nach ist.

B. Damit hast du zu erkennen gegeben, dass der Mensch seine Seligkeit so lieben könnte, dass sie ebenso groß wäre, wie Gott sie hat. Denn wenn er sie so sehr und weit lieben kann, wie er ihre Größe erkennen kann –, erkennt er dann die Seligkeit Gottes, so kann er sie begehren.

A. Hätte der Mensch nun das Begehren der Seligkeit und kann er sich davon nicht abwenden und kann er alles das lieben, was zur Seligkeit gehört, so kann ich nicht glauben, dass er seine Seligkeit so sehr lieben könnte und dass er sie in der Weise und Stärke lieben könnte, wie Gott selbst sie hat.

B. Die Wahrheit führt dich dahin, wohin sie will, nicht wohin du willst. Denn jetzt kannst du verstehen: Wäre dem Menschen nur ein Begehren der Seligkeit gegeben, wäre die Liebe der Seligkeit nicht gerecht. Denn sie wollte, was zu gerechter Ordnung nicht gehört; denn sie müsste wollen, dass sie Gott gleich wäre.

A. Wäre sie aber etwa ungerecht?

B. Nein, sie wäre nicht ungerecht; denn sie stünde ohne Freiheit. Denn ein Mensch könnte sich von der unmäßigen Liebe nicht abwenden.

A. Das zeige.

B. Sollte sich der Mensch davon abwenden, müsste das mit dem Willen eines anderen geschehen oder mit Nicht-Wollen der Seligkeit; denn ein Nicht-Wollen kommt nur vom Willen eines anderen. Darum könnte er sich in keiner Weise von der Liebe abgewendet haben, die über das rechte Maß hinaus wäre.

A. Ich merke wol, daz die mynne der seligkeit nùt solte sin åne die mÿnne der gereh*[29rb]*tigkeit; wån sù were nùt gereht gewesen, wån sù were geuallen in vnmåsse. Sù were ouch vnreht nùt gewesen; wån sù were gestanden ane friheit.[146]

Nu wolt ich ouch wissen, ob die mynne der gerehtigkeit nùt moͤhte gereht sin gewesen åne die begirde der seligkeit.[147]

B. Daz moͤhtest du an der begirde der seligkeit han gemerket.

A. Als wie?

B. Als die begirde der seligkeit vnmåssiglich begert, wer sù allein; vnd dauon so ist sù nùt gereht; also taͤte ouch die begirde der gerehtigkeit, stuͤnde sù alleÿne. Vnd also die begirde der seligkeit, so sù vnmaͤssig were, nùt were vngereht, wån sù mangelt der friheit, also were ouch die begirde der gerehtigkeit; die stuͤnde åne friheit vnd were nùt loͤbelich. Dauon so merke ein wise gerehte ordenunge gottes in dem, das er dem moͤnschen vnd ouch dem engel gab zwo begirden, eine der seligkeit, die in vnmåse moͤhte vallen, vnd darzů die begirde der gerehtigkeit, daz sù die vnmåsse *[29va]* an der begirde der seligkeit soͤlte absnÿden vnd wenden, vnd doch also, daz sù die mùglicheit zů der vnmåsse liesse bliben.[148]

A. Es ist mynnenklich also, wån nåch der wise så beståt den moͤnschen friheit, vnd dauon so wùrt lobelich sine gerehtigkeit.

---

146 *Vgl. GDT Z. 463–473:* Die begirde der gerechtikeit ist uon dem bild der warheit, aber die begirde der sålikait ist uon der natur des willen. <...> Also merke zwai ding in der nature des willen: Ains ist, daz si ain bilde gottes ist, vnd daz si ture ist. Von dem, das si ain bild gottes ist, so håt si ain bewegnist zu vnmåssiger begirde, won si ain bilde ist goͤtlicher vnmåssikeit; vnd wan si ture ist, da uon so mag si die begirde keren vff daz, das warer lust nit enist. Da uon die begirde zů der natur des willen die begirde <der sålikait, *cj. KHW*> ist vnd bewegte nit begirde der gerechtikait. *(»Das Begehren der Gerechtigkeit stammt vom Bild der Wahrheit, aber das Begehren der Seligkeit kommt aus der Natur des Willens. <...> So also beachte zweierlei in der Natur des Willens: Einmal, dass sie ein Bild Gottes ist, und <zweitens> dass sie Geschöpf ist. Dadurch, dass sie ein Bild Gottes ist, hat sie einen Bewegungsdrang zu unermesslichem Begehren, da sie ein Bild göttlicher Unermesslichkeit ist. Weil sie aber Geschöpf ist, darum kann sie das Begehren zu dem wenden, was nicht wahre Lust ist. Darum ist das Begehren zur Natur des Willens das Begehren der Seligkeit, und die bewegt nicht das Begehren der Gerechtigkeit.«)*

147 *Dieselbe Frage wird im ›Gratia-Dei-Traktat‹ Z. 511 f. gestellt. Dort führt die Antwort in das Problem, ob ohne Gerechtigkeit (z. B. von Juden und Heiden) einige Wahrheiten erkannt werden können. Dort wird die Problematik der Gnade und der Gerechtigkeit vertieft.*

148 *Anselmus Cantuariensis, De casu c. 14; Bd. I, S. 258,18–22:* Quoniam ergo nec solummodo volendo beatitudinem, nec solummodo volendo quod convenit, cum ex necessitate sic velit, iustus vel iniustus posset apellari, nec potest nec debet esse beatus nisi velit et nisi iuste velit: necesse est ut sic faciat deus utramque voluntatem in illo convenire, ut et beatus esse velit et iuste velit. *(»Da man weder gerecht oder ungerecht genannt werden kann, wenn man nur die Seligkeit will, noch, wenn man nur will, was sich gehört, weil man dies aus Notwendigkeit will; auch kann noch soll jemand selig sein, wenn er es nicht will und wenn er es nicht in gerechter Weise will; darum ist es notwendig, dass Gott bewirkt, dass der doppelte Wille darin übereinkommt, das er sowohl selig wie gerecht sein will.«)*

A. Ich merke wohl, dass die Liebe der Seligkeit nicht ohne die Liebe der Gerechtigkeit sein sollte; denn sie wäre nicht gerecht gewesen, denn sie wäre in Maßlosigkeit gefallen. Sie wäre trotzdem nicht unrecht gewesen, denn sie wäre ohne Freiheit dagestanden.

Nun wollte ich noch wissen, ob die Liebe der Gerechtigkeit nicht ohne das Begehren der Seligkeit gerecht gewesen sein könnte.

B. Das könntest du anhand des Begehrens der Seligkeit verstanden haben.

A. Wieso?

B. Wie das Begehren der Seligkeit unmäßig begehrte, wenn es allein wäre, und wie es darum nicht gerecht ist, so täte es auch das Begehren der Gerechtigkeit, wenn es allein dastünde. Und ebenso wie das Begehren der Seligkeit, wenn es maßlos wäre, nicht ungerecht wäre, weil ihm die Freiheit fehlte, so wäre es auch das Begehren der Gerechtigkeit: Es stünde ohne Freiheit und wäre nicht lobenswert. So entdecke eine weise, gerechte Ordnung Gottes in dem, dass er dem Menschen und auch dem Engel zwei Formen des Begehrens gab, eins nach Seligkeit, die in Unmäßigkeit fallen konnte, und dazu das Begehren der Gerechtigkeit, damit sie die Unmäßigkeit des Begehrens der Seligkeit beschneiden und abwenden sollte, und zwar so, dass sie die Möglichkeit zur Unmäßigkeit bestehen ließe.

A. So ist es liebenswert; denn in dieser Weise bleibt für den Menschen die Freiheit bestehen, und dadurch wird seine Gerechtigkeit lobenswert.

B. Die gerehtigkeit wùrt also loͤbelich, daz der moͤnsche verdienet mit der gerehtigkeit, die absnÿdet die vnmåsse der begirde eygens gemaches vnd eigener seligkeit, so sin der moͤnsche moͤhte begeren, daz die begirde der seligkeit sol erfùllet werden, also daz sù alles daz gewinnet, daz sù begeret.

A. Ach, ewige woͤrheit, wie ist der weg diner gerehtigkeit so mynnenklich geordent, das du dem moͤnschen wilt geben froͤyde vnd gemach in seligkeit åne måße, der hie froͤide vnd gemachs begert in rehter måsse!

B. Dunket dich, daz kein zwifel me lige an disen sachen?

A. Jå! Was ist die vnmåsse in der begirde der seligkeit?

B. Hast du vergessen, daz ich als kùrtzlichen han gesprochen: Stuͤnde die begirde der seligkeit alleÿne ane die regel gerehtigkeit, so begerte sù ir seligkeit nåch der wise vnd nåch der groͤsse *[29vb]* als gott seligkeit besitzet, vnd also wolt er gotte glich sin? Duncket dich das nùt vnmåsse?

A. Es were wårlich gråsse vnmåsse, vnd muͤget mich, das ich also stumpfe sinne han, daz ich das ietze hät vergessen. One dis so han ich noch einen zwifel von dem worte, daz gerehtigkeit nùt lobelich ist, sù stande dann in frÿheit.

B. Wauon zwifelst du dauon?

A. Do duncket mich, das du meynest, daz friheit sie die wandelunge, als sich der moͤnsche wandlen mag von einer begirde in die ander. Vnd wånn soliche wandelunge in den gerehten englen noch in den seligen nùt enist, wie mag deͣn ir gerehtigkeit loͤbelich sin? Dasselbe moͤht ich sprechen von vnserm herren vnd von vnser frouwen, die nùt sùnden moͤhtent. Moͤhtent sù nùt sùnden, wie wårent sù da frÿ? Woͤrent sù nùt frÿ, wie waz do ir gerehtigkeit loͤbelich?[149]

<Die richtige Freiheit>

B. Dis versach ich mich wol, dis wùrde dir invallend. Dauon sprach ich, ich wolte in dem vierden stùcke reden von des moͤnschen friheit vnd des engels. Wån waz man von der friheit gesagen kan, daz ist gemeÿn dem moͤnschen *[30ra]* vnd dem engel, reht als von den zweÿn begirden, von den ich han gesprochen.

---

149 *Petrus Lombardus, Sent. II, d.25, c.1; Bd. I,2, S.462,4–10*: Quod supra posita descriptio liberi arbitrii non convenit Deo, nec his qui glorificati sunt. <...> in his tantum videtur esse liberum arbitrium, qui voluntatem mutare et in contraria possunt deflectere, in quorum videlicet potestate est eligere bonum vel malum, et utrumlibet secundum electionem facere vel dimittere: secundum quod nec in deo, nec in his omnibus qui tanta beatitudinis gratia sunt roborati ut iam peccare nequeant, liberum arbitrium esse nequit. *(»Weil die oben genannte Beschreibung des freien Willens nicht auf Gott zutrifft, und auch nicht für die, die verherrlicht sind. <...> Bei denen [den Nicht-Seligen] scheint es den freien Willen insoweit zu geben, dass sie ihren Willen ändern und ins Gegenteil verkehren können, in deren Macht es nämlich liegt, Gutes oder Böses zu wählen und beides entsprechend ihrer Wahl zu tun oder zu lassen: Insofern kann es den freien Willen nicht geben weder in Gott noch in all denen, die durch die Gnade der Seligkeit so stark geworden sind, dass sie nicht mehr sündigen können.«)*

B. Die Gerechtigkeit wird so lobenswert, wie sie der Mensch für sich begehren könnte, dass der Mensch mit der Gerechtigkeit, die die Unmäßigkeit des Begehrens nach eigenem Wohlergehen und eigener Seligkeit beschneidet, dass das Begehren der Seligkeit erfüllt wird, sodass sie alles das gewinnt, was sie begehrt.

A. Ach, ewige Wahrheit, wie ist der Weg deiner Gerechtigkeit so liebenswert geordnet, dass du dem Menschen in der Seligkeit Freude und Wohlergehen ohne Maß geben willst, wenn er hier Freude und Wohlergehen in rechtem Maß begehrt.

B. Meinst du, dass noch ein Zweifel in diesen Sachen vorliegt?

A. Ja! Was ist das Unmaß in dem Begehren der Seligkeit?

B. Hast du vergessen, dass ich kürzlich gesagt habe: Stünde das Begehren der Seligkeit allein ohne die Regel der Gerechtigkeit, so begehrte es seine Seligkeit nach der Weise und Stärke, wie Gott sie besitzt und dass der Mensch so Gott gleich sein wollte? Findest du das nicht als Unmaß?

A. Es wäre wirklich große Unmäßigkeit, und es drückt mich, dass ich so stumpfsinnig bin, dass ich das schon vergessen hatte. Ohnehin habe ich noch einen Zweifel an dem Wort, dass Gerechtigkeit nur lobenswert ist, wenn sie in Freiheit dasteht.

B. Warum zweifelst du daran?

A. Es scheint mir, dass du meinst, Freiheit sei die Veränderung, wenn sich der Mensch von einem Begehren in das andere verändern kann. Und weil es solche Veränderung weder bei den gerechten Engeln noch bei den Seligen gibt, wie kann dann ihre Gerechtigkeit lobenswert sein? Dasselbe könnte ich von unserm Herrn sagen und von unserer Frau, die nicht sündigen können. Könnten sie nicht sündigen, wie wären sie dann frei? Wären sie nicht frei, wie wäre dann ihre Gerechtigkeit lobenswert?

<Die richtige Freiheit>

B. Das habe ich schon vorausgesehen, dass dir dies einfallen würde. Darum habe ich gesagt, ich wollte im vierten Punkt von des Menschen und des Engels Freiheit reden. Denn was man von der Freiheit sagen kann, das ist dem Menschen und dem Engel gemein, gerade wie bei den zwei Weisen des Begehrens, von denen ich gesprochen habe.

A. Der wol gesiht, der gesiht verre. Ich hette nùt gedåht an dem ersten, das die friheit als eben viele in die bekantnisse rehter mÿnne.

B. Wie moͤhte die mynne gereht sin åne gerehtigkeit? Wie moͤht gerehtigkeit loͤbelich sin åne fryheit?

A. Ich merke wol, daz ich swuͤmme in der tieffi. Aber åne dine helffe kônd ich noch zů lande nùt kommen. Wån waz die friheit sie, die gerehtigkeit lobelich machet, daz ist mir vnbekant. Wån ist ein moͤgen zu den sùnden fryheit, so wundert mich, wie gott frÿ ist vnd die heiligen engel, die nùt moͤgen sùnden.[150] Ist aber friheit nùt daz moͤgen, so wir denn sùnden, so sùnden wir nùt von friheit. Vnd sùnden wir nùt mit friheit des willen, wie ist denn sùnde sunde?[151] Wån man sprichet gemeinlich, daz alle sùnde ist willig.

<Die Wahlmöglichkeit, zu sündigen oder nicht zu sündigen, ist nicht Freiheit.>

B. Moͤgen sùnden ist nùt friheit noch kein teil der friheit.

A. Wie bewerest du daz?

B. Der håt, daz im wol fuͤget vnd ers håt also, daz ers niemer mag verlieren, *[30rb]* der ist frÿer dånn der, der vôrht verlieren.[152]

A. Du hast wor. Mich duncket, der engel vil frÿer dån der moͤnsche, wån sù ire seligkeit niemer vôrhtent verlieren.

B. Also dunket ouch mich. Dauon so ist daz moͤgen sùnden nùt ein krafft. Es ist ein mangel der friheit, die do ist ein wore vnkrafft.

A. So der moͤnsche oder der engel sùndet, sùndet er nùt darumb, wån er sùnden mag?

B. Er sùndet nùt darumb, wån er sùnden mag. Daz maht du daran merken, wån måniger sùndet nùt, der doch sùnden mag.

---

150 *Anselmus Cantuariensis, De lib. arb. c. 1; Bd. I, S. 207,11–13:* Libertatem arbitrii non puto esse potentiam peccandi et non peccandi. Quippe si haec eius esset definitio: nec deus nec angeli qui peccare nequeunt liberum haberent arbitrium; quod nefas est dicere. *(»Ich glaube nicht, dass der freie Wille die Möglichkeit zu sündigen oder nicht zu sündigen ist. Denn wenn dies dessen Definition wäre, hätten ja weder Gott noch die Engel, die nicht sündigen können, einen freien Willen. Doch das zu sagen ist Ruchlosigkeit.«)*

151 *Anselmus Cantuariensis, De lib. arb. c. 1; Bd. I, S. 207,8–10:* Si autem hoc non semper habemus: cur nobis imputatur peccatum, quando sine libero arbitrio peccamus? *(»Aber wenn wir dies <die Freiheit des Willens, zu sündigen oder nicht zu sündigen> nicht immer haben, warum wird es uns als Sünde angerechnet, wenn wir ohne freien Willen sündigen?«)*

152 *Anselmus Cantuariensis, De lib. arb. c. 1; Bd. I, S. 208,18–22:* M. An non vides quoniam qui sic habet quod decet et quod expedit, ut hoc amittere non queat, liberior est quam ille qui sic habet hoc ipsum, ut possit perdere et ad hoc quod dedecet et non expedit valeat adduci? / D. Nulli dubium hoc esse puto. *(»Der Meister: Siehst du nicht, dass einer, der hat, was sich schickt und was ihm nützt, sodass er es nicht verlieren kann, freier ist als der, der sich so verhält, dass er es verderben kann und dass er der Beschuldigung wert ist wegen dessen, was sich ziemen würde und was er nicht nützt? / Der Schüler: Ich denke, das wird niemand bezweifeln.«)*

A. Wer gut sieht, der sieht weit. Ich hatte zuerst nicht gedacht, dass die Freiheit ebenso in die Erkenntnis rechter Liebe fiele.

B. Wie könnte die Liebe ohne Gerechtigkeit gerecht sein? Wie könnte Gerechtigkeit ohne Freiheit lobenswert sein?

A. Ich merke wohl, dass ich in der Tiefe schwimme. Aber ohne deine Hilfe könnte ich nicht ans Land kommen. Denn was die Freiheit ist, die Gerechtigkeit lobenswert macht, das ist mir unbekannt. Denn ist ein Sündigen-Können Freiheit, so wundert mich, wie Gott frei ist und die heiligen Engel, die nicht sündigen können. Ist aber Freiheit nicht das Können, mit dem wir sündigen, so sündigen wir nicht aus Freiheit. Und sündigen wir nicht mit der Freiheit des Willens, wie ist dann Sünde Sünde? Denn man sagt allgemein, dass alle Sünde willentlich ist.

<Die Wahlmöglichkeit, zu sündigen oder nicht zu sündigen, ist nicht Freiheit.>

B. Sündigen-Können ist nicht Freiheit noch ein Teil der Freiheit.

A. Wie begründest du das?

B. Wer hat, was ihm recht zusteht, und es so hat, dass er es niemals verlieren kann, der ist freier als der, der fürchtet, es zu verlieren.

A. Du hast recht. Mir scheint der Engel viel freier als der Mensch; denn sie fürchten niemals, ihre Seligkeit zu verlieren.

B. Das scheint mir auch so. Darum ist das Sündigen-Können keine Kraft. Es ist ein Mangel an Freiheit, und der ist wahrlich eine Unkraft.

A. Wenn der Mensch oder der Engel sündigt, sündigt er nicht deshalb, weil er sündigen kann?

B. Er sündigt nicht deshalb, weil er sündigen kann. Das kannst du daran sehen, dass manch einer nicht sündigt, der doch sündigen kann.

A. Sùndet der moͤnsche denne nùt mit fryem willen, waz ist im deͣnn die sùnde zů *verwisende*?

B. Ich spriche, daz der moͤnsche sùndet von friheit sins willen vnd vß dem moͤgen, wån er mag sùnden. Doch ist das moͤgen sùnden nùt friheit.

A. Es ist not, das du mich des baß vnderwisest.

B. Fryer wille hat zwö kråffte in siner geschoͤpfede empfangen. Ein krafft ist, daz in nieman mag getzwingen. Die ander: Wil er williglichen, so mag er vndertånig werden den sùnden.[153] Die erste krafft *[30va]* die heisset friheit. Die ander heisset billicher ein vnkrafft. Vnd mit der andern vnkrafft sùndet der moͤnsche vnd ouch der engel. Dauon wenn man sprichet: Der moͤnsche sùndet vnd ist vndertånig den sùnden, daz geschiht von fryem willen vnd geschiht doch nùt von frÿheit. Wån der wille, den die fryheit gegeben heͣt, der sùndet, er sùndet aber nùt in der krafft, alz den willen nÿeman mag getzwingen. Es geschiht in der vnkrafft, die also ståt, ob der wille wil, daz er mag dienen vnd vndertånig werden den sùnden.[154]

A. We, wie wårent min gedencke so vnglich der worheit, als man die friheit sol bekennen. Ich wonde, friheit wer ein moͤgen åne tůn vnd åne låssen der werke der gerehtigkeit vnd ouch der sùnden.

B. Do were du gar verre von der worheit. Wån gnåde die hilffet vnd vollebringet die friheit; wer nu friheit daz moͤgen tůn vnd låssen, so hùlffe gnåde der friheit sùnden. Friheit ist ein moͤgen behalten die gerehtigkeit vnd ist nùt ein moͤgen låssen die gerehtig*[30vb]*keit.

A. Noch wundert mich me, wie die sùnde mag angesigen dem moͤnschen, daz ein moͤnsche wurt ein kneht der sùnde, also daz er von den *sùnden* wurt getzwungen alz ein kneht von sinem herren.

B. Warumb håstu daz wunder?

450 verwisende] verwissende ***472*** sùnden *fehlt*

---

153 *Anselmus Cantuariensis, De lib. arb. c. 2; Bd. I, S. 210, 2–4:* Per liberum arbitrium peccavit apostata angelus sive primus homo, quia per suum arbitrium peccavit, quod sic liberum erat, ut nulla alia re cogi posset ad peccandum. *(»Durch ihren freien Willen sündigten der gefallene Engel und der erste Mensch, denn sie sündigten durch ihre eigene Entscheidung, die so frei war, dass sie durch keine andere Sache zu sündigen gezwungen werden konnten.«)*

154 *Anselmus Cantuariensis, De lib. arb. c. 2; Bd. I, S. 210,6–10:* Peccavit autem per arbitrium suum quod erat liberum; sed non per hoc unde liberum erat, id est per potestatem qua poterat non peccare et peccato non servire, sed per potestatem quam habebat peccandi, qua nec ad non peccandi libertatem iuvabatur nec ad peccandi servitutem cogebatur. *(»Er sündigte aber durch seinen eigenen Willen, der frei war; aber er sündigte nicht durch <die Kraft>, durch die er frei war. Das heißt, <er sündigte nicht> durch die Kraft, durch die er nicht sündigen und nicht der Sünde dienen konnte, vielmehr <sündigte er> durch seine Kraft zu sündigen, durch die ihm aber nicht die Freiheit, nicht zu sündigen, befohlen wurde, durch die er aber auch nicht in den Dienst zu sündigen gezwungen wurde.«)*

A. Sündigt der Mensch nicht mit freiem Willen, wie ist ihm dann die Sünde vorzuwerfen?

B. Ich sage, dass der Mensch aus der Freiheit seines Willens und aus dem Können sündigt; denn er kann sündigen, doch ist das Sündigen-Können nicht Freiheit.

A. Es ist nötig, dass du mir das besser erklärst.

B. Freier Wille hat in seiner Schöpfung zwei Vermögen empfangen. Ein Vermögen ist, dass ihn niemand zwingen kann. Das andere: Will er es freiwillig, so kann er den Sünden untertan werden. Das erste Vermögen heißt Freiheit. Das andere heißt passender eine Unkraft. Mit dieser zweiten Unkraft sündigt der Mensch und auch der Engel. Darum, wenn man sagt: »Der Mensch sündigt und ist den Sünden untertan«, so geschieht das aus freiem Willen, es geschieht aber nicht aus Freiheit. Denn der Wille, den die Freiheit gegeben hat, der sündigt; er sündigt aber nicht in der Kraft, weil den Willen niemand zwingen kann. Es geschieht in der Unkraft, mit der es so steht: Wenn der Wille will, kann er dienen und den Sünden untertan werden.

A. O weh, wie waren meine Gedanken der Wahrheit so unzureichend, wenn man die Freiheit erkennen soll. Ich meinte, Freiheit wäre ein Können ohne Tun und ohne Lassen der Werke der Gerechtigkeit und auch der Sünden.

B. Da warst du von der Wahrheit weit entfernt. Denn Gnade hilft und vollendet die Freiheit; wäre nun Freiheit das Tun- und Lassen-Können, so hülfe Gnade der Freiheit zu sündigen. Freiheit ist die Gerechtigkeit-behalten-Können und ist nicht die Gerechtigkeit-lassen-Können.

A. Noch mehr wundert mich: Wie kann die Sünde den Menschen besiegen, dass ein Mensch ein Knecht der Sünde wird, sodass er von den Sünden gezwungen wird wie ein Knecht von seinem Herrn?

B. Warum hast du diese Frage?

A. Du hast gesprochen, der moͤnsche sùnde mit fryem willen. Frÿer wille ist nùt åne krafft der friheit. Fryheit ist, daz in nieman getzwingen mag. Dauon wie mag in denn die sùnde v̀berkommen vnd getzwingen?

B. Merke, wie der moͤnsche die friheit håt empfangen, vnd warumb; vnd tůstu daz, so zergåt din wunder.

A. Gerne.

B. Die krafft der fryheit wart dem willen gegeben, daz im kein gewalt moͤhte die begirde der gerehtigkeit benemmen wider sinen willen.

A. Das han ich wol verstanden.

B. Dauon so ist die frÿheit ein *hůte*[155] der gerehtigkeit.

A. Daz gloub ich.

B. Waz tůt der hůter, wenn daz verloren ist, daz er solte behuͤten?

A. Sù ist vnnùtze.

B. Dauon so die gerehtigkeit verloren ist, so ist die hůte der friheit åne allen nutz; doch blibet der wille, der die krafft *[31ra]* empfangen håt, domit er begirde der gerehtigkeit mag behuͤten, so er sù hat, vnd so er die begirde nùt håt, so mag er sù nùt behuͤten.[156] Vnd daz ist nùt der friheit schuld, daz er der begirde der gerehtigkeit mangelt.

A. Du meynest: Wån der moͤnsche sùndet mit dem willen, den die friheit håt, heͤtte er gerehtigkeit, daz er die moͤhte behuͤten; dauon sùndet er mit fryem willen. Wån aber die frÿheit dem willen darumb gegeben ist, daz der wille in der krafft gerehtigkeit mag vffenthalten vnd beschirmen, dauon er sùndet, daz geschiht nùt in der krafft der frÿheit. Wån fryheit were im darum nùt gegeben, daz er gerehtigkeit verlùre. Sù wart darumb gegeben, daz sù gerehtigkeit soͤlte behuͤten.[157]

B. Du håst es alles besloͤssen, daz ich meÿne. Dauon so lůge, wie in die frÿheit nùt geschirmen mag vor den sùnden.

A. Du meÿnest, gerehte begirde ist die regel, die vor den sùnden schirmet. So die gerehtigkeit wurt verloren, der die frÿheit solte warten vnd huͤten, *[31rb]*

484 hůte] hùtte

---

155 *Aus der Wortwahl in den folgenden Zeilen ist zu erschließen, dass das* hùtte *der Handschrift (statt* hůte*) hier ein Missverständnis des Schreibers ist.*

156 *Anselmus Cantuariensis, De lib. arb. c.3; Bd. I, S. 212,25–28:* Postquam autem illam deseruit: quomodo potest servare quod non habet? Absente ergo rectitudine quae servari possit, non est liberum arbitrium quod eam servare valeat. Non enim valet servare quod non habet. *(»Aber nachdem er sie verloren hat, wie kann er bewahren, was er nicht hat? Wenn also die Rechtheit, die bewahrt werden kann, fehlt, gibt es keinen freien Willen, der sie zu bewahren vermöchte. Es gilt also nichts zu bewahren, was man nicht hat.«)*

157 *Anselmus Cantuariensis, De lib. arb. c.3; Bd. I, S. 212,8f.:* Quapropter restat libertatem arbitrii datam esse rationali naturae ad servandam acceptam rectitudinem voluntatis. *(»Deshalb bleibt übrig, dass die Freiheit des Willens der vernünftigen Natur zur Bewahrung der empfangenen Gerechtigkeit des Willens gegeben wurde.«)*

A. Du hast gesagt, der Mensch sündige mit freiem Willen. Freier Wille ist nicht ohne Kraft der Freiheit. Freiheit ist, dass ihn niemand zwingen kann. Darum, wie kann ihn dann die Sünde überkommen und bezwingen?

B. Beachte, wie der Mensch die Freiheit empfangen hat, und tust du das, so zergeht dir deine Frage.

A. Gerne.

B. Die Kraft der Freiheit wurde dem Willen gegeben, damit keine Macht ihm das Begehren der Gerechtigkeit gegen seinen Willen nehmen könnte.

A. Das habe ich gut verstanden.

B. Darum ist die Freiheit ein Schutz der Gerechtigkeit.

A. Das glaube ich.

B. Was tut der Beschützer, wenn das verloren ist, das er beschützen sollte?

A. Er ist unnütz.

B. Darum, wenn die Gerechtigkeit verloren ist, so ist der Schutz der Freiheit ohne allen Nutzen. Doch bleibt der Wille, der die Kraft empfangen hat, mit der er das Begehren der Gerechtigkeit beschützen kann, wenn er es hat, und wenn er das Begehren nicht hat, kann er es nicht beschützen. Und das ist nicht die Schuld der Freiheit, dass ihm das Begehren der Gerechtigkeit fehlt.

A. Du meinst: Da der Mensch sündigt mit dem Willen, den die Freiheit hat, hätte er Gerechtigkeit, dann könnte er diese behüten; darum sündigt er mit freiem Willen. Da aber die Freiheit dem Willen dazu gegeben ist, dass der Wille in seiner Kraft Gerechtigkeit aufrecht erhalten und beschützen kann, darum, wenn er sündigt, geschieht das nicht in der Kraft der Freiheit. Denn Freiheit wäre ihm nicht dazu gegeben, dass er die Gerechtigkeit verlöre. Sie wurde ihm dazu gegeben, dass sie die Gerechtigkeit beschützen sollte.

B. Du hast alles erschlossen, was ich meine. Darum sieh, wie ihn die Freiheit nicht vor den Sünden beschützen kann.

A. Du meinst, gerechtes Begehren ist die Regel, die vor den Sünden schützt. Wenn die Gerechtigkeit verloren wird, auf die die Freiheit achten und

sö håt die frÿheit keine nùtze hůte. Dauon so mag sù den sùnden nùt widerstån. Dauon so der moͤnsche gerehtigkeit verloren håt, so wurt er getzwungen von den sùnden alz ein kneht von sinem herren. Do uor mag in die fryheit nùme geschirmen.

B. Du maht dich låssen benuͤgen, du håst es wol verstanden.

A. Ich låsse mich dinen truwen. So es gnůg ist, so heiß mich swigen.

B. Du weist wol, wenne dich die wunder engent. Dauon so rede vnd fråge, vntz das du zů růwen geͤntzlich wurst gesetzet.

A. Dis wort git mir ein getoͤrstikeit, daz ich noch me wil frågen. Mich wundert: Ist fryheit ein soliche krafft, daz ir kein krafft mag gerehtigkeit benemmen wider iren willen, nu siht man doch, das grosse anveͤhtungen v̀berwindet gerehten willen, so ym ioch leit ist, das er wurt v̀berwunden.

B. Were das wor, daz were ein groß wunder. Wån die lerer sprechent, daz die fryheit gott nùt moͤhte getzwingen wider den willen. Dauon so ist es nùt wo̊r, daz deheine anveͤhtunge, wie groß sù ioch ist, zwinge frÿ*[31*^{va}*]*heit des willen wider den willen, daz er gerehtigkeit låsse. Wån alle die gerehtigkeit låssent, die wellent sù låssen.[158]

A. Wie mag das sin? Es geschiht, daz einer etwenn lùget darumb, daz er sin leben iht verliere; wån lùge er nùt, er wùrde ertoͤtet. Dem ist leit, daz er můß liegen vnd die gerehtigkeit verlieren.

B. Du håst vnreht; er můß williglich liegen.[159]

A. Daz verstån ich nùt.

B. Er lùget vngern. Dauon sprichet man: Er můß liegen. Dauon so mynnet er die lùge nùt von irselber; er mynnet sù aber vff daz leben.[160] Dauon wùrt

---

158 *Anselmus Cantuariensis, De lib. arb. c. 5; Bd. I, S. 214,15–18:* Sed nunc quomodo est humanae voluntatis arbitrium hac potestate liberum, cum saepe rectam habens homo voluntatem ipsam rectitudinem invitus cogente tentatione deserat? / M. Nemo illam deserit nisi volendo. *(»Aber wie ist dann die Wahl des menschlichen Willens in dieser Kraft frei, da ein Mensch, der den rechten Willen hat, oft gegen seinen Willen, von der Anfechtung gezwungen, die Rechtheit verliert? / Der Meister: Niemand verliert sie außer mit seinem Willen.«)*

159 *Anselmus Cantuariensis, De lib. arb. c. 5; Bd. I, S. 214,24–26:* Quomodo ergo dicitur invitus mentiri, qui mentitur ne occidatur, cum hoc non nisi volens facit? Nam sicut invitus mentitur, sic invitus vult mentiri. Et qui invitus mentiri vult, nolens vult mentiri. *(»Wieso sagt man also, einer lüge gegen seinen Willen, wenn er lügt, damit er nicht ermordet wird, da er es nicht macht außer mit seinem Willen? Denn wie er gegen seinen Willen lügt, so will er gegen seinen Willen lügen. Und wer gegen seinen Willen lügt, will nicht wollend lügen.«)*

160 *Anselmus Cantuariensis, De lib. arb. c. 5; Bd. I, S. 214,27–215,24:* Ideo forsitan invitus mentiri dicitur, quia cum sic vult veritatem ut non mentiatur nisi propter vitam: et vult mendacium quia propter vitam, et non vult mendacium propter ipsum mendacium, quoniam vult veritatem. *(»Vielleicht sagt man, er lüge gegen seinen Willen, weil er so die Wahrheit will, dass er nur um seines Lebens willen lügt, und er will die Lüge um seines Lebens willen, und er will nicht die Lüge wegen der Lüge selbst, denn er will die Wahrheit.«)*

die sie beschützen sollte, dann hat die Freiheit keinen nützlichen Schutz. Darum kann sie den Sünden nicht widerstehen. Wenn darum der Mensch die Gerechtigkeit verloren hat, wird er von den Sünden gezwungen wie ein Knecht von seinem Herrn. Davor kann ihn die Freiheit nicht mehr beschützen.

B. Du kannst es damit genug sein lassen; du hast es gut verstanden.

A. Ich verlasse mich auf deine Treue. Wenn es genug ist, heiße mich schweigen.

B. Du weißt es selbst, wenn dich die Fragen bedrücken. Darum rede und frage, bis du ganz zur Ruhe gekommen bist.

A. Dies Wort gibt mir den Mut, dass ich noch mehr fragen will. Mich wundert: Ist Freiheit eine solche Kraft, dass ihr keine <andere> Kraft gegen ihren Willen die Gerechtigkeit nehmen kann –, nun sieht man doch, dass starke Anfechtungen den gerechten Willen überwinden, obwohl es ihm leid tut, dass er überwunden wird.

B. Wäre das wahr, wäre das ein großes Wunder. Denn die Lehrer sagen, dass nicht <einmal> Gott die Freiheit gegen den Willen zwingen könnte, die Gerechtigkeit zu lassen. Denn alle die, die die Gerechtigkeit lassen, wollen sie lassen.

A. Wie kann das sein? Es geschieht, dass einer gelegentlich darum lügt, dass er sein Leben nicht verliert; denn löge er nicht, würde er getötet. Dem tut es leid, dass er lügen und die Gerechtigkeit verlieren muss.

B. Du hast unrecht; er muss freiwillig lügen.

A. Das verstehe ich nicht.

B. Er lügt ungern. Darum sagt man: »Er muss lügen.« Darum liebt er die Lüge nicht un ihrer selbst willen; er liebt sie aber um sein Leben. Darum wird

er nùt getzwungen, daz er *liege*; wann er ist nùt getzwungen, daz er sin zijtlich leben me dåͤn die ewige wårheit mÿnne. Dauon wer sprichet: Anvehtunge hat mich v̀berwunden, der lùget vnd seit vnwår. Wån er wùrt v̀berwunden von sinem eigenen willen. Recht als man spricht: Ein krangker mag von einem starken v̀berwunden werden. Da lit es nùt an der krafft des krangken; es lit an der kråͤfft *[31vb]* des starken. Also ist ym, so man sprichet: Die anvehtunge mag den mo̊ͤnschen v̊ͤberwinden. Daz lit nùt an der krafft der anveͣhtunge; es lit an der krafft des willen, daz der wille wurt v̀berwunden.[161]

A. Waz meÿnet, daz der mo̊ͤnsche die gerehtigkeit låt in anveͣhtunge e denn die anveͣhtunge? Mag die anveͣhtunge den willen nùt v̀berwinden? Oder wannan kommt daz, daz der mo̊ͤnsche in der anveͣhtunge wurt v̀berwunden? Mich duncket oͮch, daz der *wille* so vil ståͤrker ist, so vil er mag der anveͣhtunge widerstån.[162]

B. Der wille ist nùt minre stark in einer v̊ͤbunge dåͤn in der andern.

A. Wie meÿnest du daz?

B. Ich meÿne, so der wille die anvehtunge v̀berwindet, so ist er nùt me ståͤrker an imselber, dann so er sich låt v̀berwinden.

A. Wie mo̊ͤhte daz gott gefůͤgen?

B. Ein man ist glich stark etwenn, so er kleÿne, lihte werk wùrket, als so er grosse wùrket. Wån trůͤg ein starker man ein bùschelin mit strouwe, er were nit minre stark, dåͤnn trůͤg er ein bùrdi mit steÿnen. *[32ra]*

A. Also meÿnest du, daz der wille an imselber nùt ståͤrker ist, so er die anveͣhtung v̀berwindet, dåͤn wenn er wurt v̀berwunden; wån wolt er, so wùrde er nùt v̀berwunden.

B. Jå, daz meÿn ich.

A. Warumb låt er sich denn v̀berwinden?

528 liege] liegen ***539*** wille *fehlt*

---

161 *Anselmus Cantuariensis, De lib. arb. c. 5; Bd. I, S. 217,1–6:* Quare nullatenus potest tentatio vincere rectam voluntatem; et cum dicitur, improprie dicitur. Non enim aliud intelligitur, quam quia voluntas potest se subicere tentationi, sicut e converso cum imbecillis dicitur posse vinci a forti, non sua potestate posse dicitur sed aliena; quoniam non significatur aliud nisi quia fortis habet potestatem vincendi imbecillem. *(»Darum kann keinesfalls die Anfechtung den rechten Willen bezwingen; und wenn es <anders> gesagt wird, wird es uneigentlich gesagt. Denn man kann nichts anderes einsehen, als dass der Wille sich der Anfechtung unterwirft, wie man ja auch umgekehrt sagt, ein Schwacher könne von einem Starken besiegt werden, dann spricht man vom Können nicht wegen der eigenen Kraft <des Schwachen>, sondern wegen einer fremden, weil ja nichts anderes gemeint ist, als dass der Starke die Kraft hat, den Schwachen zu besiegen.«)*

162 *Anselmus Cantuariensis, De lib. arb. c. 7; Bd. I, S. 218,17–19:* Nam si voluntas servandi rectitudinem fortior esset quam tentationis impetus, fortius illa volendo quod tenet resisteret quam illa insisteret. *(»Denn wenn der Wille, die Gerechtigkeit zu bewahren, stärker wäre als der Drang der Anfechtung, würde dieser Wille, indem er will, was er hat, stärker widerstehen, als jene <Anfechtung> drängen würde.«)*

er nicht gezwungen, dass er lügt; denn er ist nicht gezwungen, dass er sein zeitliches Leben mehr liebt als die ewige Wahrheit. Darum, wer sagt: »Die Anfechtung hat mich überwunden«, der lügt und sagt die Unwahrheit. Denn er wird von seinem eigenen Willen überwunden. Genau, wie man sagt: »Ein Schwacher kann von einem Starken überwunden werden.« Da liegt es nicht an der Kraft des Schwachen; es liegt an der Kraft des Starken. Ebenso ist es, wenn man sagt: »Die Anfechtung kann den Menschen überwinden.« Das liegt nicht an der Kraft der Anfechtung; es liegt an der Kraft des Willens, dass der Wille überwunden wird.

A. Was heißt die Meinung, dass der Mensch in der Anfechtung die Gerechtigkeit eher lässt als die Anfechtung?

B. Der Wille ist nicht weniger stark in der einen Übung als in der anderen.

A. Wie meinst du das?

B. Ich meine, wenn der Wille die Anfechtung überwindet, ist er an sich nicht stärker, als wenn er sich überwinden lässt.

A. Wie könnte Gott das zulassen?

B. Ein Mann ist gleich stark, wenn er einmal kleine, leichte Leistungen vollbringt, als wenn er große vollbringt. Denn trüge eine starker Mann ein Bündel Stroh, wäre er nicht weniger stark, als trüge er eine Bürde mit Steinen.

A. Also meinst du, dass der Wille an sich nicht stärker ist, wenn er die Anfechtung überwindet, als wenn er überwunden wird, denn wollte er es, so würde er nicht überwunden.

B. Ja, das meine ich.

A. Warum lässt er sich denn überwinden?

B. Do wil er nùt vaste, daz er doch vaste moͤhte wellen; waͣn die anveͣhtunge die neiget wol dem willen, sù mag *in* aber nùt zwingen.

A. Des gib mir ein glichnisse.

B. Were es, daz du gesehest einen starken man heͤben einen stier mit sinen hornen, daz er sich nùt moͤhte geregen, vnd zuͦhant huͦb er einen wider mit sinen hoͤrnen, vnd gesehest, daz sich der wider von sinen haͣnden breͣche, wùrdest du nu gefraget: Warumb ist der wider entrunnen vnd nùt der stier, waz woltest du antwirten?

A. Ich spreche: Im gebrast nùt krafft; er wolt den wider nùt alz vaste häben als den stier.[163]

B. Du hast gar woͣr. Alz ist oͮch dem willen, wenn der wille vaste wil gerehtigkeit, so mag sù die anveͣhtunge vsser *[32rb]* siner haͤnd nùt gebrechen. Wenn sù aber von siner hand gebrochen wurt, daz ist nùt von siner vnkrafft; es ist, das er wil nùt vaste gerehtigkeit behaben.[164] Dauon so geschiht dicke, daz der moͤnsche ein groß anvehtunge ỳberwindet vnd wirt von einer kleinen darnaͦch ỳberwunden.

A. Du zoͤigest es also luterlich, ob ich ioch wolte, ich moͤhte daran nùt zwifeln.

B. Luͦge, ist dir kein zwifel von keim wort, daz sage, vnd laͦß disem capittel machen ein ende; wann es ist laͦnger worden, daͦn ich hatte willen.

A. Ich han es wol fùr guͦt von gotte vnd dinen truwen. Doch hoͤrt ich gern ein erlùhtunge von dem worte, das du spreͣche: Die fryͮheit des willen were ein solliche krafft, daz sù ioch *got* nùt moͤhte zwingen.[165]

555 in] ir *576* got *fehlt*

---

163 *Anselmus Cantuariensis, De lib. arb. c. 7; Bd. I, S. 219,24–29:* M.: Si ergo scias virum ita fortem, ut eo tenente taurum indomitum, taurus non possit se movere, et videas eundum virum ita tenentem arietem, ut ipse aries sese de manibus eius excutiat: putabisne illum minus fortem in tenendo arietem quam in tenendo taurum? / D.: Illum quidem non dissimiliter fortem in utroque illo opere iudicabo, sed eum sua fortitudine non aequaliter uti fatebor. *(»Der Meister: Wenn du also einen so starken Mann kenntest, dass, wenn er einen wilden Stier festhielte, der Stier sich nicht bewegen könnte, und wenn du denselben Mann ebenso einen Widder halten sähest, sodass der Widder sich selbst aus dessen Händen freischüttelte, würdest du glauben, der Mann sei, wenn er den Widder hält, weniger stark, als wenn er den Stier hält? / Der Schüler: Ich würde seine Kraft nicht in beiden Handlungen verschieden einschätzen, sondern ich würde meinen, dass er seine Kraft nicht gleichermaßen gebraucht hätte.«)*

164 *Anselmus Cantuariensis, De lib. arb. c. 7; Bd. I, S. 220,7–9:* Vides igitur quia cum homo habitam rectitudinem voluntatis aliqua ingruente deserit tentatione, nulla vi aliena abstrahitur, sed ipsa se convertit ad id quod fortius vult. *(»Du siehst also, wenn ein Mensch die Rechtheit des Willens, die er besitzt, unter einer hereinbrechenden Anfechtung aufgibt, wird er von keiner fremden Kraft weggezogen, sondern er selbst wendet sich dem zu, was er stärker will.«)*

165 *Zur Konjektur siehe oben Z. 516:* Waͦn die lerer sprechent, daz die fryheit gott nùt moͤhte getzwingen wider den willen.

B. Weil er nicht stark genug will, was er doch stark wollen könnte; denn die Anfechtung macht wohl den Willen geneigt, aber sie kann ihn nicht zwingen.

A. Dafür gib mir ein Beispiel.

B. Angenommen, du sähest einen starken Mann einen Stier bei den Hörnern halten, sodass er sich nicht regen könnte, und bald darauf hielte er einen Widder an den Hörnern, und du sähest, dass sich der Widder aus seinen Händen losbräche –, würdest du nun gefragt: »Warum ist der Widder entlaufen und nicht der Stier?«, was wolltest du antworten?

A. Ich würde sagen: »Ihm fehlte nicht die Kraft; er wollte den Widder nicht so stark halten wie den Stier.«

B. Du hast völlig recht. So ist es auch mit dem Willen: Wenn der Wille die Gerechtigkeit festhalten will, kann die Anfechtung sie nicht aus seiner Hand losbrechen. Wenn sie ihm aber aus der Hand gebrochen wird, kommt das nicht von seiner Unkraft, es kommt davon, dass er die Gerechtigkeit nicht fest genug halten will. Dadurch geschieht es oft, dass der Mensch eine starke Anfechtung überwindet und danach von einer leichten überwunden wird.

A. Du zeigst es so klar, auch wenn ich wollte, könnte ich daran nicht zweifeln.

B. Schau, ob du noch einen Zweifel an einem Wort hast; dann sag es und lass uns dieses Kapitel zu Ende bringen; denn es ist länger geworden, als ich wollte.

A. Ich halte es wohl für gut, dank Gott und deiner Treue. Doch hätte ich gern eine Erläuterung des Wortes, das du sagst, die Freiheit des Willens wäre eine solche Kraft, dass auch Gott sie nicht zwingen könnte.

B. Ich moͤht wol wissen, ließ ich es an dich, daz dich nÿemer benuͦgte. Doch wil ich des antwùrten; wån es duncket mich nùtz zewissende. Nu sage: Waz ist gerehtigkeit des willen, die behuͤtet wurt mit frÿheit?

A. Wenn der wille wil daz, daz in gott wil wellen.[166]

B. Du hast *[32va]* wol gedåht. Wolte gott den willen zwingen, so muͤst er die gerehtigkeit nemmen dem willen wider sinen willen.[167]

A. Du håst wår.

B. Nu sage: Moͤhte gott wellen, daz der moͤnsche hett einen willen, der nùt vndertånig were sinem willen?

A. Neÿn, åne allen zwifell. Gott moͤhte daz nùt wellen, daz im kein wille nùt were vndertånig; wån daz wer wider reht ordenunge.

B. Mag es gott nu nùt wellen, wie mag er es denn gewùrken?

A. Noch mynre dån daz vorder. Wann waz gott wùrket, daz muͦß er vor wellen wùrken.

B. Also bist du gewiset, daz gott die fryheit des willen nùt betzwingen mag. Er moͤhte sù wol toͤten.[168]

A. Ach, wie håst du mich so kùrtziglich des zwifels in so guͦte ruͦwe gesetzet. Ich woͤnde, wenn gott alle ding vermùgen måg, darumb so moͤht er ouch die frÿheit zwingen.

Nu mache disem capittel ein ende. Ich getruw, han ich ioch hie ỳt vergessen, daz mir zuͦ diser bekantnisse not*[32vb]*dùrfftig were, gott gebe mir es zuͦ gedenckende in dem nåchgånden capittel, dainne du mich bewisen wilt von dem valle des engels vnd des moͤnschen.

---

166 *Rückgriff auf die Ausführungen im 2. Kapitel, fol. 14vb, Z. 67–69; ebenso bei Anselmus Cantuariensis, De lib. arb. c. 8; Bd. I, S. 220,18 f.:* Nulla autem est iusta voluntas, nisi quae vult quod deus vult illam velle. *(»Aber kein Wille ist gerecht, außer er will was Gott ihn wollen will.«) Siehe auch GDT Z. 69:* Der wille ist gerecht, wenne er wol wil, als in got wil wellen.

167 *Anselmus Cantuariensis, De lib. arb. c. 8; Bd. I, S. 221,5 f.:* Ergo si deus saepe fatam rectitudinem tollit ab aliquo, non vult eum velle quod vult eum velle. *(»Wenn also Gott jemand die oft besprochene Gerechtigkeit abnimmt, dann will er nicht, dass dieser will, was er selbst ihn wollen will.«)*

168 *Anselmus Cantuariensis, De lib. arb. c. 8; Bd. I, S. 220,13–15:* Totam quidem substantiam quam de nihilo fecit, potest redigere in nihilum, voluntate vero habente rectitudinem non valet illa separare. *(»Er kann zwar die gesamte Substanz, die er aus Nichts geschaffen hat, ins Nichts niedermachen, aber er kann jenen Willen nicht von der Rechtheit trennen, wenn er sie hat.«) Im Hintergrund steht hier die Frage, ob der Wille auch frei sein kann, wenn jedem guten Wollen ein Anstoß der Gnade vorausgeht. Die Frage wird hier unten im Kapitel 6 behandelt; ebenfalls GDT Z. 22–28.*

B. Ich hätte es wohl wissen können: Wenn ich es dir überließe, hättest du niemals genug. Doch will ich dir darauf antworten; denn ich halte es für nützlich zu wissen. Nun sage: Was ist Gerechtigkeit des Willens, die von Freiheit beschützt wird?

A. Wenn der Wille das will, was Gott ihn wollen will.

B. Du hast richtig gedacht. Wollte Gott den Willen zwingen, so müsste er dem Willen die Gerechtigkeit gegen seinen Willen wegnehmen.

A. Du hast recht.

B. Nun sage: Könnte Gott wollen, dass der Mensch einen Willen hat, der seinem Willen nicht untertan ist?

A. Nein, ohne allen Zweifel. Gott könnte das nicht wollen, dass ihm ein Wille nicht untertan wäre; denn das wäre gegen die rechte Ordnung.

B. Wenn Gott das nicht wollen kann, wie kann er es denn bewirken?

A. Noch weniger als das Vorausgehende. Denn was Gott wirkt, das muss er vorher wirken wollen.

B. Also bist du belehrt, dass Gott die Freiheit des Willens nicht bezwingen kann. Er könnte sie höchstens töten.

A. Ach, wie hast du mich so rasch aus dem Zweifel in gute Ruhe gebracht. Ich dachte, wenn Gott alle Dinge vermögen kann, dann könnte er auch die Freiheit zwingen.

Nun bring dieses Kapitel zu Ende. Ich vertraue, wenn ich jetzt etwas vergessen habe, das mir zu dieser Erkenntnis notwendig wäre, Gott gäbe es mir in dem nachfolgenden Kapitel zu bedenken, in dem du mich von dem Fall des Engels und des Menschen unterweisen willst.

Das vierde capitel
Von des engels vnd des moͤnschen ualle

A. Wår an mag män merken den vall des moͤnschen vnd des engels?

B. Des engels vall zoͤiget die geschrifft von sinem boͤsen råte, den er dem moͤnschen gab, das er solte vngehorsam sin sinem herren vnd das er gott *zihe*[169], er hette nùt woͤr geseit, då er sprach: »Welches tages ir der fruhte essent, so sterbent ir.« Disen valschen råt vnd rede moͤht er nùt han getån, were er nùt von der worheit geuallen.

A. Waran merket man denne des moͤnschen vall? *[33ra]*

B. Drù ding zoͤigent des moͤnschen vall: daz ist blintheit der vernunfft, årbeit vnd smertze des libes, widerwertigkeit vnd vngehoͤrsamkeit des geistes vnd des fleisches.

A. Als wie?

B. Dem moͤnschen wart gerehte mynne gegeben, gerehte mynne, gerehte vernunfft, gerehter vernunfft sÿnne åne allen smertzen, gerehte synne, gantzer fride des geistes mit den synnen gerehter ordenunge.[170] Gerehte ordenunge ist daz, das daz minre dem merren sie vndertån. Dauon håt der geist gantzen gewalt der sinnen.

A. Also merk ich wol, daz blintheit vnd smertze des libes vnd vngehorsamÿ des fleisches werent an den moͤnschen nùt geuallen, wer er von rehter mynne nùt geuallen.

B. Daz ist, daz ich meÿne. Dauon wo gerehte mynne ist, die wùrket noch nåch der wise der ersten gerehtigkeit. Sù sůchet die woͤrheit, daz die blintheit werde vertriben. Sù sůchet woͤre růwe, daz sù die smertzen der sinne ùt irrent an gerehter vernunfft vnd machet den lip dem geiste vndertånig, daz der geist *[33rb]* ùt werde geirret an gerehter mynne.

A. We, herre, der daz zů rehte ansehen kann, der merket, warus alle tugende fliessent nach ire vͤbunge vnd warzů sù sint geordent.

B. Sù sint alle dar vff geordent, daz sù den val widerbringent, alz der moͤnsche viel von gerehter mynne.

A. Ich merk nu wol, waran ich den val bekennen sol.
Nu sage, wie ergieng der val an dem engel vnd an dem moͤnschen?

B. Ich wil an dem ersten reden von des engels val; wån dainne so maht du merken ouch, wie sich der moͤnschliche geist vnd wille von der worheit vnd von gerehter mynne keret.

5 zihe] züge

---

169 *Die Schreibung* züge (ziugen *swv. zeugen, erzeugen) der Handschrift dürfte ein Lesefehler sein. Der Sinn des Satzes verlangt* zîhen *stv. »beschuldigen« (*Lexer*).*

170 *Die Einfügung und die Wiederholungen zeigen, dass sich hier Fehler eingeschlichen haben, die nicht zu verbessern sind.*

Das vierte Kapitel
<Vom Fall des Engels und des Menschen>

A. Woran kann man den Fall des Menschen und des Engels erkennen?

B. Den Fall des Engels zeigt die Schrift an seinem bösen Rat, den er dem Menschen gab, er solle seinem Herrn ungehorsam sein, und dass er Gott beschuldigte, er hätte nicht die Wahrheit gesagt, als er sprach: »An dem Tag, da ihr von der Frucht esst, werdet ihr sterben« (Gn 2,17). Diesen falschen Rat und diese Behauptung hätte er nicht erbringen können, wenn er nicht von der Wahrheit abgefallen wäre.

A. Woran erkennt man denn den Fall des Menschen?

B. Drei Dinge zeigen des Menschen Fall: Blindheit der Vernunft, Mühe und Schmerz des Leibes, Widersetzlichkeit und Ungehorsam des Geistes und des Fleisches.

A. Wieso?

B. Dem Menschen wurde gerechte Liebe gegeben, rechte Liebe, rechter Verstand der rechten Vernunft ohne jeden Schmerz, rechte Sinnlichkeit, voller Frieden des Geistes mit dem Sinn für rechte Ordnung. Rechte Ordnung heißt, dass das Geringere dem Größeren untertan sei. Darum hat der Geist die volle Macht über die Sinne.

A. So merke ich, dass Blindheit und Schmerzen des Leibes und Ungehorsam des Fleisches dem Menschen nicht zugestoßen wären, wenn er von der rechten Liebe nicht abgefallen wäre.

B. Das ist es, was ich meine. Darum, wo rechte Liebe ist, da wirkt sie immer noch nach der Art der ersten Gerechtigkeit. Sie sucht die Wahrheit, damit die Blindheit vertrieben wird. Sie sucht wahre Ruhe, damit die Schmerzen der Sinne die rechte Vernunft nicht verwirren, und sie macht den Leib dem Geiste untertan, damit der Geist nicht an der rechten Liebe gehindert wird.

A. O weh, Herr, wer das richtig betrachten kann, der merkt, woraus alle Tugenden in ihrer Übung fließen und woraufhin sie alle geordnet sind.

B. Sie sind alle darauf hingeordnet, dass sie den Fall wiedergutmachen, da der Mensch von der rechten Liebe abgefallen ist.

A. Jetzt merke ich, woran ich den Fall erkennen kann.
Nun sage: Wie geschah der Fall des Engels und des Menschen?

B. Ich will zuerst von dem Fall des Engels sprechen; denn daran kannst du auch sehen, wie sich der menschliche Geist und der Wille von der Wahrheit und von der rechten Liebe abwenden.

A. Daz ist min gůter wille.

B. So merk eben, wån dis capitel wùrt ligen an vier stùcken.

Das erste, wie er sich von gerehtigkeit kerte.

Das ander, warumb er sich kerte.

Das dritte, wer in zů einem boͤsen engel mahte.

Das vierde, waran des moͤnschen val glich sie des engels.

<Abkehr des bösen Engels von der Gerechtigkeit>

A. Ich han mich mit sunderigem flisse bereit, daz ich wil hoͤren gerne, wie daz geschach, daz der wise edel engel sich von *[33va]* gotte williglich vnd betrogenlich kerte, vnd vah an an dem ersten.

B. Der engel viel von der wårheit, wån er bleip nùt in der wårheit.

A. Ich weiß wol, were er nùt gefallen, er were bliben. Mich wundert als vil, warvmb er nùt blibe, als warumb er viel.

B. Darumb bleip er nùt in der worheit, wån er empfieng[171] es nùt von gotte sin bliben. Der gůte engel bleip in der worheit, wån gott gab im in der worheit ein bliben.[172]

A. Du hast mich ieze *gestecket*[173] in ein groß wunder. Bleip der gůt engel, wån im gott gap ein bliben in der worheit, also wer ouch der boͤse engel bliben, hette im gott geben sin bliben.[174]

B. Nåch der rede so were gott schuldig, daz der boͤse engel nùt in der worheit bleip. Wån gott gab es ime nùt, do moͤht er es nùt haben von im selber.[175]

51 gestecket] gestårket

---

171 *In mhd.* enphâhen *schwingt ein aktives Element stärker mit als im Nhd.; »an sich nehmen, aufnehmen« (*Lexer*). Die lateinische Entsprechung ist* accipere.

172 *Vgl. Anselmus Cantuariensis, De casu c. 2; Bd. I, S. 235,20–25:* Constat ergo quia ille angelus qui stetit in veritate, sicut ideo perseveravit quia perseverantiam habuit: ita ideo habuit perseverantiam quia accepit, et ideo accepit quia deus dedit. Consequens est igitur quia ille qui ›in veritate non stetit‹, quemadmodum ideo non perseveravit quia perseverantiam non habuit: sic ideo non habuit perseverantiam quia non accepit, et ideo non accepit quia deus non dedit. *(»Es steht also fest, wie jener Engel, der in der Wahrheit blieb, standhaft blieb, weil er die Standhaftigkeit hatte, so hatte er die Standhaftigkeit, weil er sie annahm, und also nahm er sie an, weil Gott sie gab. Es folgt also, dass derjenige, der ›in der Wahrheit nicht blieb‹, ebenso nicht standhaft blieb, weil er die Standhaftigkeit nicht hatte; so hatte er also auch die Standhaftigkeit nicht, weil er sie nicht annahm, und entsprechend nahm er sie nicht an, weil Gott sie nicht gab.«)*

173 Gestårket: *eindeutig zu lesen, wahrscheinlich ein Schreibfehler für* gestecket.

174 *Anselmus Cantuariensis, De casu c. 2; Bd. I, S. 236,1 f.:* Quia si bono angelo datio est causa acceptionis, puto non-dationem esse malo angelo causam non acceptionis. *(»Denn, wenn das Geben für den guten Engel der Grund des Empfangens ist, glaube ich, dass das Nicht-Geben für den bösen Engel der Grund des Nicht-Empfangens ist.«)*

175 *Diese These und deren Widerlegung diskutiert Augustinus, De lib. arb. I, c. 1; CSEL Bd. LXXIIII, S. 3,3:* E<vodius>: dic mihi, quaeso te, utrum deus non sit auctor mali. *(Evodius: Sag mir, ich bitte dich, warum Gott nicht der Urheber des Bösen ist.«)*

A. Das ist mir ganz recht.

B. So gib acht, denn dieses Kapitel wird in vier Punkten dargelegt.
Erstens: Wie er sich von Gerechtigkeit abwandte.
Zweitens: Warum er sich abwandte.
Drittens: Wer ihn zu einem bösen Engel machte.
Viertens: Worin der Fall des Menschen dem des Engels gleich ist.

<Abkehr des bösen Engels von der Gerechtigkeit>

A. Ich habe mich mit besonderem Eifer darauf vorbereitet. Das will ich gerne hören, wie es geschah, dass der weise Engel sich freiwillig und betrügerisch von Gott abwandte, und fang mit dem ersten Punkt an.

B. Der Engel fiel von der Wahrheit ab, denn er blieb nicht in der Wahrheit.

A. Ich weiß es wohl: Wäre er nicht gefallen, wäre er geblieben. Mich wundert es gleich stark, warum er nicht geblieben ist, wie, warum er gefallen ist.

B. Er ist darum nicht in der Wahrheit geblieben, weil er sein Bleiben nicht von Gott empfangen hat. Der gute Engel ist in der Wahrheit geblieben, weil Gott ihm ein Bleiben in der Wahrheit gab.

A. Du hast mich jetzt in ein großes Rätsel geworfen. Ist der Engel geblieben, weil ihm Gott das Bleiben in der Wahrheit gab, dann wäre auch der böse Engel geblieben, hätte ihm Gott das Bleiben gegeben.

B. Nach dieser Rede wäre Gott schuld, dass der böse Engel nicht in der Wahrheit blieb. Denn Gott gab es ihm nicht. Darum konnte er es nicht aus sich selbst haben.

A. Ich enweiß, waz ich antwirten sol daͦnn eins, daz ich wol weis, daz gott vnschuldig ist aller sùnden. Doby so duncket mich: Hette gott geben dem boͤsen engel, daz er dem gůten gab, sù weͤrent bliben *[33vb]* in der worheit vnd werent von der worheit nÿe geuallen, du wellest denne spreͤchen, daz der boͤse engel moͤhte sin bliben in der worheit von imselber.

B. Do sie gott vor, daz ich das spreche, daz keÿn engel oder kein moͤnsche moͤge von imselber bliben in der worheit. Waͦn bliben in der worheit ist ein gůt und ist ein groß gůt. Nu ist alles gůt von gotte und nùt von imselber.[176] Dauon so moͤhte der engel nùt bliben von imselber in der worheit.

A. Dauon so ist mir ein groß wunder: Het es der engel von ymselber nùt vnd moͤht es nùt han vnd gab es im gott nùt, wie moͤht er do bliben? Waͦn hett es gott den gůten engeln nùt geben, sù werent als wening bliben in waͦrheit als die boͤsen.

B. Merke! Ich han vnglich gesprochen von den gůten vnd von den boͤsen. Die gůten die blibent in waͦrheit, waͦn gott gab in *in* der worheit bliben. Die boͤsen engel die blibent nùt, waͦn sù empfiengent nùt bliben. Dauon so merke ein ordenunge vnder den zwein, zwùschen geben vnd nemmen oder empfaͦhen: we*[34ra]*ders gaͦt vor dem andern?

A. Mich duncket, geben sie uor vnd ein sache dem empfahen.

B. Warumb duncket dich das?

A. Der mir nùt geͤbe, so moͤht ich nùt empfahen. Darvmb man můß mir e geben, e daz ich moͤg empfaͦhen.

B. Also mag dir ouch nieman geben, du wellest denn empfaͦhen.[177]

A. Es ist wol wor. Geben und empfahen geschehent mitenander und ist eins ane das ander nùt. Doch duncket es mich vnglich; waͦn der git, an dem staͦt, daz er git, wenn er wil; der aber empfahet, an dem staͦt nùt, daz er empfahe, wenn er wil; waͦn er empfienge dicke gerne, so ÿm nieman git.

B. Du haͦst gar wor. Es ist vnglich, reht alz fùr vnd rouch sind nùt eins aͦne das ander. Doch komt der rouch von dem fùre vnd nùt daz fùr von dem rouche. Also ist ym in dirre sache, wenn einre git vnd der ander empfaͦhet, so ist daz

70 in *fehlt*

---

176 *Anselmus Cantuariensis, De casu c. 1; Bd. I, S. 233,8:* Nulla creatura habet aliquid a se. *(»Kein Geschöpf hat etwas aus sich selbst.«)*

177 *Anselmus Cantuariensis, De casu c. 3; Bd. I, S. 236,18–23:* M. Si ego porrigo tibi aliquid et tu accipis: non ideo do quia accipis, sed ideo accipis quia do, et est datio causa acceptionis. / D. Ita est. / M. Quid si idipsum porrigo alii et non accipit? Illene ideo non accipit quia ego non do? / D. Potius videtur quia tu ideo non das quia ille non accipit. *(»Meister: Wenn ich dir also etwas anbiete und du empfängst es, gebe ich es nicht, weil du es empfängst, sondern du empfängst es, weil ich es gebe und weil das Geben der Grund des Empfangens ist. / Schüler: So ist es. / Meister: Was aber, wenn ich dasselbe einem anderen gebe und er empfängt es nicht? Empfängt der es nicht, weil ich es nicht gebe? / Schüler: Eher scheint es, dass du nicht gibst, weil er es nicht empfängt <d. h. annimmt>.«)*

A. Ich weiß nicht, was ich antworten soll außer eines, dass ich wohl weiß, dass Gott unschuldig ist an allen Sünden. Darum scheint mir: Hätte Gott dem bösen Engel gegeben, was er dem guten gab, wären sie in der Wahrheit geblieben und wären niemals von der Wahrheit abgefallen, du wolltest denn sagen, dass der böse Engel aus sich selbst in der Wahrheit geblieben sein könnte.

B. Da sei Gott vor, dass ich sage, dass ein Engel oder ein Mensch aus sich selbst in der Wahrheit bleiben könnte. Denn in der Wahrheit bleiben ist ein Gut und ist ein großes Gut. Nun ist alles Gute von Gott und nicht aus sich selbst. Darum konnte der Engel nicht aus sich selbst in der Wahrheit bleiben.

A. Darum habe ich eine große Frage: Hatte es der Engel nicht aus sich selbst und konnte es nicht haben und gab es ihm Gott nicht, wie hätte er denn bleiben können? Denn hätte es Gott den guten Engeln nicht gegeben, so wären sie genauso wenig in der Wahrheit geblieben wie die bösen.

B. Gibt acht! Ich habe von den Guten und den Bösen ungleich gesprochen. Die Guten blieben in der Wahrheit, weil Gott ihnen das Bleiben in der Wahrheit gegeben hat. Die Bösen blieben nicht; denn sie empfingen ihr Bleiben nicht. Darum merke eine Ordnung unter diesen zwei Gesichtspunkten, zwischen Geben und Nehmen oder Empfangen:[2] Welches geht dem anderen voraus?

A. Mir scheint, Geben sei vorher und eine Ursache des Empfangens.

B. Warum meinst du das?

A. Wenn man mir nicht gäbe, so könnte ich nicht empfangen. Darum muss man mir zuerst geben, bevor ich empfangen könnte.

B. Ebenso kann dir auch niemand geben, wenn du es nicht empfangen willst?

A. Es ist wohl wahr. Geben und Empfangen geschehen miteinander, und eins ist nicht ohne das andere. Doch scheint es mir ungleich zu sein; denn wer gibt, dem steht es zu, zu geben, wenn er will; wer aber empfängt, dem steht es nicht zu, dass er empfängt, wenn er will; denn oft empfinge er gerne, wenn ihm niemand gibt.

B. Du hast ganz recht. Es ist ungleich, genau wie Feuer und Rauch, das eine ist nicht ohne das andere. Doch kommt der Rauch von dem Feuer und nicht das Feuer von dem Rauch. Ebenso ist es in dieser Sache. Wenn einer gibt

---

2 Das lateinische *accipere* und das mittelhochdeutsche *enphân* schwanken in der Bedeutung zwischen »empfangen« und »annehmen«. Diese Differenz wird im folgenden Text ebenso wie bei Anselm von Canterbury erörtert. In der Übersetzung soll diese Doppeldeutigkeit beibehalten werden; darum bleibt sie bei »empfangen«.

geben dem emphåhen ein sache alz daz fùr dem rouche. Dauon so man fråget: »Wauon rùchet es?«, so sprichet man: »Von dem fùre«. »Wåuon fùret es?«, so sprichet man nùt: »Uon dem rouche.«[178] Rechte also *[34rb]* ist der wårheit. so man sprichet: »Warumb hant die gůten engel bliben in worheit empfangen?« Daz ist dauon, das es in gott het geben, vnd håt es nùt darumb gegeben, wån sù es hant empfangen. Wån empfahen ist nùt ein sache dem geben, daz geben ist ein sache dem empfahen.

A. Dis han ich nu wol verstanden. Warumb ist es nu nùt glich von den bo̊sen englen, daz man sol sprechen: »Sù hant es nùt empfangen, wån gott hat es nùt geben«, als man von den gůten sprichet: »Sù hant es empfangen, wån gott hat es gegeben.«

B. Do ist es vnglich zwùschen empfåhen vnd geben vnd zwùschen nùt empfahen vnd nùt geben.

A. Waran lit daz?

B. Da ist geben ein sache vnd ein anvang dem empfåhen. Also ist widervmb nùt empfahen *ein sache vnd ein anfang dem*[179] nùt geben.

A. We, du hast wo̊r. Als an dem geber ståt gewalt, daz er git, so er will, vnd nùt an dem empfåher, also hat der den gewalt, der nùt empfahet, gegen dem, der nùt git. Wån månigem gåbe man gerne, der nùt empfåhen *[34va]* wil, der maghet, daz im nieman mag gegeben, der im ioch gerne ge̊be.

B. Du hast geseit, als im ist. Sich, dauon so gab gott den bo̊sen englen nùt bliben in worheit, wån er es nùt empfieng,[180] vnd sol man nùt sprechen: »Het es gott geben, so hett er es empfangen«; wån es ist nùt wor.

A. Du håst mir daz also rehte wol erlùhtett, daz ich ietze me wunders sihe in disen worten dån an den ersten.

B. Was sihst du?

101 ein sache vnd ein anfang dem *fehlt*

---

178 *Anselmus Cantuariensis, De casu c.3; Bd. I, S. 236,27–237,2:* Cum enim incendium non sit causa ignis, sed ignis incendii: positio tamen incendii semper causa est ut sequatur ignem esse. Si enim est incendium, necesse est ignem esse. *(»Da nämlich das Brennen nicht die Ursache des Feuers ist, sondern das Feuer die Ursache des Brennens, ist dennoch das Gegebensein des Brennens immer der Grund, zu folgern, dass da Feuer ist. Wenn da nämlich Brennen ist, muss da notwendig Feuer sein.«)*

179 *Die Konjektur ergibt sich notwendig aus dem Zusammenhang: Das Nicht-Annehmen ist die Ursache des Nicht-Gebens.*

180 *Anselmus Cantuariensis, De casu c.3; Bd. I, S. 237,8–10:* M.: An amplius dubitas quia <…> non stanti idcirco deus non dedit quia ille non accepit? *(»Meister: Zweifelst du, dass Gott <…> dem nicht Standhaften darum nicht gab, weil dieser nicht empfing?«) Die bejahende Antwort folgt nach dem Einschub desselben Problems, das sich im Folgenden auch hier stellt: Konnte oder wollte er es nicht annehmen?*

und der andere empfängt, so ist das Geben ein Grund für das Empfangen, wie das Feuer der Grund für den Rauch ist. Wenn man darum fragt: »Woher kommt der Rauch?«, so antwortet man: »Von dem Feuer.« »Warum brennt es?«, so sagt man nicht: »Von dem Rauch.« Gerade so ist es in Wahrheit, wenn man sagt: »Warum haben die guten Engel ein Bleiben in der Wahrheit empfangen?« Das kommt daher, dass Gott es ihnen gegeben hat, und er hat es ihnen nicht gegeben, weil sie es empfangen haben. Denn Empfangen ist nicht eine Ursache des Gebens, das Geben ist ein Grund des Empfangens.

A. Dieses habe ich nun gut verstanden. Warum ist es nun nicht bei den bösen Engeln ebenso, dass man sprechen kann: »Sie haben es nicht empfangen, weil Gott es nicht gegeben hat«, wie man von den guten Engeln sagt: ›Sie haben es empfangen, weil Gott es gegeben hat?«

B. Weil es ungleich ist zwischen Empfangen und Geben einerseits und zwischen Nicht-Empfangen und Nicht-Geben andererseits.

A. Woran liegt das?

B. Weil Geben eine Ursache und ein Anfang des Empfangens ist. So ist wiederum das Nicht-Empfangen eine Ursache und ein Anfang des Nicht-Gebens.

A. O weh, du hast recht. Wie der Geber die Macht hat, dass er gibt, wenn er will, und nicht der Empfänger, so hat derjenige, der nicht annimmt, die Macht dem gegenüber, der nicht gibt. Denn manchem gäbe man gerne, der es nicht empfangen <annehmen> will; der macht, dass ihm niemand geben kann, auch wenn man ihm gerne gäbe.

B. Du hast es gesagt, wie es ist. Siehe, darum gab Gott den bösen Engeln nicht ihr Bleiben in der Wahrheit, weil er es nicht annahm, und so soll man nicht sagen: »Hätte es Gott gegeben, so hätte er es empfangen«, denn es ist nicht wahr.

A. Du hast mir das jetzt so gut erläutert, dass ich jetzt in diesen Worten mehr Fragen finde als zuerst.

B. Was siehst du da?

A. Der boͤse engel der empfieng nùt sin bliben in worheit, waz daz dauon, daz ers nùt moͤht empfåhen oder nùt wolt empfåhen? Moht ers nùt, so waz er vnschuldig, wolt ers nùt, das meint, daz er den willen nùt håt empfangen.[181]

B. Du wilt nu gar nåhe twingen. Ich sprich, daz er gewalt vnd maht vnd willen von gott empfangen håt, zů empfåhen sin bliben.[182]

A. Do empfieng ers ouch.[183]

B. Daz ist wor.

A. Warumb bleip er do nùt in der worheit?

B. Do bleip er nùt in dem willen, in dem er empfieng sin bliben. Wån *[34*^{vb}*]* were der wille ste̊te beliben, so wer er in ste̊tem bliben gestanden.

A. Warumb bleip er nùt in dem willen?

B. Do wolt er nùt.

A. Warumb wolt er nùt?

B. Do volle wolt er nùt; reht als mir vnd dir etwen geschiht, daz ich anvah ein werk vnd han willen vnd krafft, daz ich es welle vollebringen, vnd doch so vollebring ich es nùt. Warumb? Då wil ich es nùt vollebringen. Warumb wil ich es nùt vollebringen? Do volle wil ich nùt in dem willen, in dem ich håt angefangen.[184]

A. Ließ er den willen, daz geschah darumb, daz er wolte den willen låssen. Wannan kam im der wille?

B. Er ließ den willen, e denn er den willen wolte låssen.

A. Wie mag das sin, wån waz der moͤnsche låt, das tůt er dauon, daz er sin nùt enwil.

---

181 *Anselmus Cantuariensis, De casu c.3; Bd. I, S. 237,14–15, 17–19:* Quaero cur non accepit: aut quia non potuit, aut quia non voluit. <...> Quare si non potuit habere potestatem aut voluntatem accipiendi perseverantiam nisi dante deo: quid peccavit, si non accepit quod deus illi non dedit posse aut velle accipere? *(»Ich frage: Warum nahm er es nicht an? Weil er es nicht konnte, oder weil er es nicht wollte? <...> Denn wenn er nicht das Vermögen oder den Willen haben konnte, Standhaftigkeit zu empfangen, wenn Gott sie nicht gab, was war dann seine Sünde, wenn er nicht annahm, weil Gott es ihm nicht gab, empfangen zu können oder zu wollen?«)*

182 *Anselmus Cantuariensis, De casu c.3; Bd. I, S. 237,20:* Deus dedit illi voluntatem et potestatem accipiendi perseverantiam. *(»Gott gab ihm <dem guten Engel> den Willen und die Kraft, die Standhaftigkeit zu empfangen.«)*

183 *Anselmus Cantuariensis, De casu c.3; Bd. I, S. 237,21:* Accepit igitur quod deus dedit, et habuit quod accepit. *(»Er empfing also, was Gott gab, und behielt, was er empfing.«)*

184 *Anselmus Cantuariensis, De casu c.3; Bd. I, S. 237,32–33, 238, 2 f., 10 f.:* M. Incepisti umquam aliquid cum voluntate et potestate perficiendi, quod tamen voluntate ante finem rei mutata non perfecisti? <...> / D. Volui utique, sed non perseveravi in voluntate, et ideo non perseveravi in actione. <...> quia perseverare volui, sed non perseveravi in hac voluntate. *(»Meister: Hast du schon mal etwas mit dem Willen und dem Vermögen, es zu vollenden, angefangen, was du dennoch nicht vollendet hast, weil sich der Wille vor dem Ziel verändert hat? / Schüler: Ich wollte durchaus, aber ich habe im Willen nicht ausgeharrt, und darum habe ich auch im Handeln nicht ausgeharrt. <...> weil ich ausharren wollte, aber in diesem Willen nicht beständig geblieben bin.«)*

A. Der böse Engel empfing nicht sein Bleiben in der Wahrheit, lag das daran, dass er es nicht empfangen konnte oder dass er es nicht empfangen wollte? Konnte er es nicht, so war er unschuldig, wollte er es nicht, bedeutet das, dass er den Willen nicht empfangen hat.

B. Du willst es nun ganz eng erzwingen. Ich sage, dass er Gewalt und Macht und Willen von Gott empfangen hat, sein Bleiben zu empfangen.

A. Dann empfing er es auch.

B. Das ist wahr.

A. Warum blieb er dann nicht in der Wahrheit?

B. Weil er nicht in dem Willen blieb, in dem er sein Bleiben empfangen hatte. Denn wäre der Wille beständig geblieben, so wäre er im standhaften Bleiben gestanden.

A. Warum blieb er nicht in dem Willen?

B. Weil er nicht wollte.

A. Warum wollte er nicht?

B. Weil er nicht vollständig wollte; gerade wie es mir und dir manchmal geschieht, dass ich eine Sache anfange und Willen und Kraft habe, es vollenden zu wollen, und doch vollende ich es nicht. Warum? Weil ich es nicht vollbringen will. Warum will ich es nicht vollbringen? Weil ich es nicht vollständig in dem Willen will, in dem ich angefangen hatte.

A. Wenn er von dem Willen abließ, dann geschah das darum, weil er den Willen loslassen wollte. Woher kam ihm der Wille?

B. Er ließ vom Willen ab, bevor er <eigentlich> den Willen lassen wollte.

A. Wie kann das sein? Denn was der Mensch lässt, das tut er darum, weil er etwas nicht will.

B. Daz ist nùt alle wegen wor. Wån der moͤnsche låt etwenn ein ding, e daz er sin nùt welle; etwen wil er des dinges nùt, darumb so låt er es.[185]

A. Des gib mir ein glichnisse.

B. Der gitige låt den pfenning, e daz er sin nùt welle, so er etwaz kouffet vmb den *[35ra]* pfenning, daz im notdùrfftig ist.[186] Der aber einem leit einen brinnenden koln in die handt, der wil des kolen nùt; darumb låt er in vallen.[187]

A. Ach, das moͤht ich an mir selber wol han gemerket. Wån mir ist etwenn ein gůt wille kommen, der in mir also vergieng, e daz ich iemer gedahte, daz ich des gůten willen nùme enwolte.

B. Du hast wår. Mir ist ouch also, vnd weͤne, das es vil moͤnschen hant empfunden, daz sù gůten willen hant verloͤn, e daz sù darzů keͣmen, daz sù gůtes willen nùme enwoltent. Also sprich ich, daz der boͤse engel den gůten willen e verließ, e daz er sin nùme wolte. Darnåch da kam er darzů, das er sin nùme wolte.[188]

A. Des bescheide mich baß, wie er gerehtigkeit verlor vnd wie er sich kerte vnd viel vß der worheit, do er verließ gůten willen.

B. Daz wil ich dir sagen in einem kurtzen sinne. Gott gab dem engel gerehte mynne vnd gab ym bliben in der mynne, als lange der engel wolte bliben in der *[35rb]* mynne, vnd gab im den willen, domitte er wolte sin bliben. Den willen ließ der engel. Dauon moͤht er nùm empfåhen sin bliben. Do er nùm moht empfåhen, dauon moͤht im gott nùm geben sin bliben. Do im gott nùm gab, do heͤt er nùm bliben: Do er nùm hett bliben, do viel er von der worheit in die schulde der sùnde. Also merke, daz das wort wor ist: »Der gůt engel

---

185 *Anselmus Cantuariensis, De casu c. 3; Bd. I, S. 240,4 f.:* Non ergo semper est prius non velle tenere quam velle deserere, sed aliquando prius est velle deserere. *(»Nicht immer geht das Nicht-behalten-Wollen dem Aufgeben-Wollen voraus, sondern manchmal ist das Aufgeben-Wollen früher.«)*

186 *Anselmus Cantuariensis, De casu c. 3; Bd. I, S. 239,30–32:* Avarus namque cum vult tenere nummum et mavult panem quem nequit habere nisi nummum det, prius vult dare, id est deserere nummum, quam non velit tenere. *(»Wenn ein Geiziger die Münze behalten will und das Brot lieber haben will, das er nicht haben kann, wenn er die Münze nicht hergibt, will er sie eher hergeben, das heißt die Münze <eher> aufgeben, als dass er sie nicht behalten will.«)*

187 *Anselmus Cantuariensis, De casu c. 3; Bd. I, 239,23:* <…> ut carbonem ignitum positum in nuda manu: tunc forsitan prius est non velle tenere quam velle deserere. *(»<…> dass eine angezündete Kohle in deine nackte Hand gelegt wird, dann ist vielleicht das Nicht-behalten-Wollen früher als das Aufgeben-Wollen.«)*

188 *Anselmus Cantuariensis, De casu c. 3; Bd. I, S. 240,7–9:* Dico ergo quia non ideo non voluit cum debuit et quod debuit, quia voluntas defecit deo dare deficiente, sed quia ipse volendo quod non debuit, bonam voluntatem expulit mala superveniente. *(»Ich sage also, <der Grund>, warum er <der böse Engel> nicht wollte, wenn und was er sollte, weil sein Wille einen Mangel hatte, indem einem mangelbehafteten Gott das Geben-Wollen fehlte, sondern weil er selbst wollte, was er nicht sollte, und den guten Willen ausstieß, indem das Böse die Oberhand gewann.«)*

B. Das ist nicht überall wahr. Denn der Mensch lässt manchmal etwas sein, bevor er es nicht mehr <haben> will; manchmal will er etwas nicht, darum lässt er es.

A. Dafür gib mir ein Beispiel.

B. Der Habgierige lässt von einem Pfennig ab, bevor er ihn nicht mehr <behalten> will, wenn er etwas für den Pfennig kauft, das ihm notwendig ist. Wenn man aber jemandem eine glühende Kohle in die Hand legen würde, will der die Kohle nicht, und darum lässt er sie fallen.

A. Ach, das könnte ich an mir selbst wohl bemerkt haben. Denn mir ist gelegentlich ein guter Wille gekommen, der in mir jedoch ebenso verging, bevor ich überhaupt dachte, dass ich den guten Willen nicht mehr wollte.

B. Du hast recht. Mir geht es auch so, und ich meine, dass viele Menschen es so erlebt haben, dass sie guten Willen verloren haben, bevor sie dazu kamen, dass sie den guten Willen nicht mehr wollten. So sage ich, dass der böse Engel den guten Willen eher verließ, bevor er ihn nicht mehr wollte. Danach kam er dazu, dass er ihn nicht mehr wollte.

A. Das erkläre mir besser, wie er die Gerechtigkeit verlor, und wie er sich davon abwandte und aus der Wahrheit fiel, als er den guten Willen verließ.

B. Das will ich dir mit einem kurzen Gedanken sagen. Gott gab dem Engel rechte Liebe und gab ihm das Bleiben in der Liebe, solange der Engel in der Liebe bleiben wollte, und er gab ihm den Willen, mit dem er sein Bleiben wollte. Diesen Willen ließ der Engel fallen. Darum konnte er sein Bleiben nicht länger empfangen. Da er nicht mehr empfangen konnte, darum konnte ihm Gott sein Bleiben nicht mehr geben. Als ihm Gott nicht mehr gab, da hatte er kein Bleiben mehr. Da er kein Bleiben mehr hatte, da fiel er aus der Wahrheit in die Schuld der Sünde. So merke, dass das Wort wahr ist: »Der gute Engel

gestůnd, wån gott gab im in der worheit bliben; der boͤse engel der viel, wån er empfieng von gotte nùt sin bliben in der worheit.«

A. Du hast gesprochen, daz er den willen ließ vnd darnåch geschach daz, das er des gůten willen nùme wolte. Wenn kam im der wille, vnd warumb wolt er nùm des gůten gerehten willen?

<Grund der Abkehr des bösen Engels von der Gerechtigkeit>

B. Daz ist das ander in disem capitel. Dauon so merke, daz im der boͤse wille, in dem er nùm wolte des gůten willen, der kam im von einem andern willen. Wann er wolt etwaz, das er nùt soͤlte wellen; recht als der kark man, der git einen pfenning vmb ein brott vnd *[35va]* hette doch gerne den pfenning. Wenn er aber siht, das er den pfenning nùt haben mag vnd das brot mitenander, so wil er e des pfennings mangeln daͤn des brotes.[189] Also geschach dem boͤsen engel. Er wolt etwaz, daz er nùt soͤlte wellen, vnd sach, das er daz nùt *hån* moͤhte mit dem gůten gerehten willen. Dauon so wolt er e den gůten gerehten willen låssen, e daz er das nùt wolte, daz er *låssen* solte.[190]

A. In der wise so gåt leider månig moͤnsche von gůtem willen. Wan so der moͤnsche etwaz wil, daz er nùt mynnen soͤlte, vnd bekennet, daz er daz mit gůtem, gerehtem willen nùt mag han, so wil er e gerehten willen låssen.

B. Im ist also. Ich weͤne, daz nieman sie, er moͤhte wol gůten willen mynnen an ym selber; e aber er låsse, daz er mit gůtem willen nùt haben mag, so wil er e gůten willen låssen. Also låt er die wårheit.

A. Nu sage, waz wolte der boͤse engel, daz er nùt soͤlte wellen, durch des willen er die ge*[35vb]*rehtigkeit ließ vnd ir nùme wolte.

B. Die geschrifft redet dauon oͤffenlichen mit dem, das er glich wolte sin dem oͤbersten.[191]

163 B. *fehlt* ***169*** hån] lån ***171*** låssen] nùt låssen

---

189 *Vgl. Eckhart, Pr. 59, DW II, S. 625,1 f.:* Dar umbe sie bitent, daz ist in lieber dan got – als der einen pfenninc gibet umbe ein brôt, der hât das brôt lieber dan den pfenninc; sie machent got ze irm knehte. *(Übers. S. 753: »Worum sie bitten, das ist ihnen lieber als Gott – wie wenn einer einen Pfennig für ein Brot gibt, der hat das Brot lieber als den Pfennig –; sie machen Gott zu ihrem Knecht.«)*

190 *Die Handschrift bietet eine eindeutige Schreibweise, die jedoch nicht logisch ist. Sie wurde vorsichtig entsprechend dem Sinn der umgebenden Sätze korrigiert. Vgl. Anselmus Cantuariensis, De casu c. 4; Bd. I, S. 240,19 f., 241,14 f.:* D. Prius ergo ostende quid voluit habere quod non habebat, ut vellet deserere quod tenebat, sicut in avaro monstrasti <...>. / M. Volendo igitur quod velle tunc non debebat, deseruit iustitiam, et sic peccavit. *(»Schüler: Zuvor zeige also, was er haben wollte, das er nicht hatte, um aufzugeben, was er hatte, wie du es am Beispiel des Geizigen gezeigt hast <...>. / Meister: Indem er also wollte, was er derzeit nicht sollte, gab er die Gerechtigkeit auf, und so sündigte er.«)*

191 *Der Meister weist diese allgemeine Lehre zurück. Er folgt damit Anselmus Cantuariensis, De casu c. 4; Bd. I, S. 241,10 f.:* Voluit igitur quod non habebat nec tunc velle debebat, sicut

blieb standhaft, weil Gott ihm das Bleiben in der Wahrheit gab; der böse Engel fiel, weil er von Gott sein Bleiben in der Wahrheit nicht empfing.«

A. Du hast gesagt, dass er den Willen ließ und danach geschah es, dass er den guten Willen nicht mehr wollte. Wo und wann kam ihm der Wille, und warum wollte er den guten, rechten Willen nicht mehr <haben>?

<Grund der Abkehr des bösen Engels von der Gerechtigkeit>

B. Das ist das zweite in diesem Kapitel. Darum beachte, dass der böse Wille, in dem er den guten Willen nicht mehr wollte, ihm von einem anderen Willen kam. Denn er wollte etwas, das er nicht wollen sollte; gerade wie der geizige Mann, der einen Pfennig für ein Brot gibt und er hätte doch gerne den Pfennig <behalten>. Wenn er aber sieht, dass er den Pfennig und das Brot nicht zusammen haben kann, so will er lieber den Pfennig entbehren als das Brot. So geschah es dem bösen Engel. Er wollte etwas, das er nicht wollen sollte, und sah, dass er das nicht mit dem guten, gerechten Willen haben konnte. Darum wollte er den guten gerechten Willen lassen, bevor er das nicht wollte, was er lassen sollte.

A. In dieser Weise geht es leider manchen Menschen mit dem guten Willen. Denn wenn der Mensch etwas will, das er nicht lieben sollte, und er erkennt, dass er es mit gutem, gerechtem Willen nicht haben kann, dann will er lieber den gerechten Willen lassen.

B. So ist es. Ich meine, dass es niemand gibt, der den guten Willen aus sich selbst lieben könnte; bevor er aber das lässt, was er mit gutem Willen nicht haben kann, will er eher den guten Willen lassen. Also lässt er die Wahrheit.

A. Nun sag, was wollte der böse Engel, das er nicht wollen sollte, um dessentwillen er die Gerechtigkeit verließ und sie nicht mehr wollte.

B. Die Schrift redet offenkundig davon, dass er dem Obersten gleich sein wollte.

A. Er gesach doch wol, daz es vnmùglich waz. Wie moht er sin do begeren, waz er wise?[192]

B. Er waz wise. Dauon so můssen wir sůchen dem wort einen rehten sinn, es were anders gar vnuerstandenlich, vnd des solt du mir helffen.

A. Owe, wie gerne, ob ich koͤnde.

B. Gott sol sin vnser geuerte in Emaus. Villihte brichet er vns daz brot der worheit, daz wir in werdent bekennen.

A. Amen.

B. Du gloubest, daz der engel sùndet?

A. Der gerehte gott hette in åne sùnde nie verstossen, daz sol ich billich wissen.

B. Hett er die gerehtigkeit behalten, moͦht er denn han gesùndet?

A. Daz duncket mich nùt, wånn wer die gerehtikeit håt vnd mynnet, der will nùt daͤn, daz er sol wellen, vnd låt, daz er sol låssen.

B. Dauon so můst er etwaz wellen, daz er nùt hette vnd daz er nùt soͤlte wellen.

A. Du håst gar wo̊r. *[36ra]* Waͤn hett er des nuwen begert, daz er het empfangen, daz waz gerehtigkeit, so het er nùt gesùndet. Dauon so merk ich wol, daz er etwaz můst begeren, daz er nùt håt, durch des willen daz er ließ, daz er hett.[193]

B. Du håst den rehten sinn begriffen. Waz duncket dich, daz das were, daz er begeret, daz er nùt heͤt?

A. Ich gedenck, es were die glichnisse gottes, daz er gotte wolte glich werden.[194]

B. Daz ist nùt wo̊r.

A. Waran bekennestu daz?

B. Die guͤten engel, do sù bestaͤtiget wurdent, do besåssen sù alles das, daz sù moͤhten han begert wider die gerehtigkeit; daz wart in gegeben zů lone. Nu

---

Eva voluit esse similis diis, priusquam deus hoc vellet. *(»Er wollte also, was er nicht hatte und zu dem Zeitpunkt nicht wollen sollte, gerade wie Eva den Göttern gleich sein wollte, bevor Gott das wollte.«) Petrus Lombardus, Sent. II, d. 6, c. 1; Bd. I, S. 355,7–13 überliefert die Überheblichkeit Luzifers und seinen Willen, Gott gleich zu sein.*

192 *Anselmus Cantuariensis, De casu c. 4; Bd. I, S. 241,32–242,2:* Quomodo potuit diabolus velle quod non potuit cogitare? Non enim ita obtunsae mentis erat, ut nihil aliud deo simile cogitari posse nesciret. *(»Wie konnte der Teufel wollen, was er nicht denken konnte? Denn sein Verstand war ja nicht so stumpf, dass er nicht wusste, dass nichts anderes als Gott gleich gedacht werden kann.«)*

193 *Anselmus Cantuariensis, De casu c. 4; Bd. I, S. 22 f.:* Cernis, ut puto, quia plus aliquid quam acceperat inordinate volendo voluntatem suam extra iustitiam extendit. *(»Du erkennst, glaube ich, dass er seinen Willen über die Gerechtigkeit hinaus ausdehnte, indem er gegen die Ordnung etwas mehr wollte, als er empfangen hatte.«)*

194 *Anselmus Cantuariensis, De casu c. 4; Bd. I, S. 241,29 f.:* At cum hoc voluit quod deus illum velle nolebat, voluit inordinate similis esse deo. *(»Aber, indem er wollte, was zu wollen Gott nicht wollte, wollte er gegen die Ordnung Gott gleich sein.«)*

A. Er sah doch wohl, dass das unmöglich war. Wie konnte er es dann begehren? Er war doch weise.

B. Er war klug. Darum müssen wir dem Wort einen rechten Sinn geben; anders wäre es ganz unverständlich und dabei sollst du mir helfen.

A. O weh, wie gerne, wenn ich könnte.

B. Gott soll unser Gefährte in Emmaus sein (vgl. Lc 24,30). Vielleicht bricht er uns das Brot der Wahrheit, sodass wir ihn erkennen werden.

A. Amen.

B. Du glaubst, dass der Engel sündigte?

A. Der gerechte Gott hätte ihn ohne Sünde nie verstoßen, das werde ich zu Recht wissen.

B. Hätte er die Gerechtigkeit behalten, hätte er dann sündigen können?

A. Das glaube ich nicht, denn wer die Gerechtigkeit hat und liebt, der will nichts, als was er wollen soll, und lässt, was er lassen soll.

A. Darum musste er etwas wollen, das er nicht hatte und das er nicht wollen sollte.

A. Du hast ganz recht. Denn hätte er nur das begehrt, was er empfangen hatte, das war Gerechtigkeit, so hätte er nicht gesündigt. Darum erkenne ich wohl, dass er etwas begehren musste, was er nicht hatte, um dessentwillen er das ließ, was er hatte.

B. Du hast die Sache richtig begriffen. Was meinst du, war es, was er begehrte und das er nicht hatte?

A. Ich denke, es wäre die Gleichheit mit Gott, dass er Gott gleich werden wollte.

B. Das ist nicht wahr.

A. Woran erkennst du das?

B. Als sie bestätigt wurden, besaßen die guten Engel alles, was sie gegen die Gerechtigkeit hätten begehren können, und das wurde ihnen zum Lohn

moͤhten die guͦten engel daz wol han begert, des die boͤsen begerten. Sid das die guͦten engel daz nùt empfangen hant, daz sù gotte glich sint, vnd hant doch alles daz empfangen, des die boͤsen begerten, daz ist ein zeichen, das die boͤsen nùt begerten, daz sù gotte glich wùrdent.

A. Ich enweis, waz ich antwùrten sol, ist daz nùt woͦr, daz ich han gesprochen; waͦn daz ist die gemeÿne rede der lere, daz der Lucifer sprach: »Ich wil vffgaͦn *[36rb]* in den himel vnd wùrde glich dem oͤbersten«, vnd dauon heisset man sin sùnde hochfart.

B. Die rede ist waͦr, der sù reht verstaͦt. Aber naͦch eim vssern sinne so ist sù nùt wor, alz ich dich han bewiset.

A. Sage den rehten sin.

B. Der engel het zwo begirde. In welicher wenest du, daz er sùndet?

A. Nùt in der begirde der gerehtigkeit. Es muͦste sin in der begirden der seligkeit.[195]

B. Dauon so waz es etwaz, daz zuͦ siner seligkeit gehorte, daz er begerte, vnd daz waz v̀ber die maͦsse der gerehtigkeit vnd wider gerehtigkeit. Waͦn het er begert naͦch rehter maͦsse, daz wer ein rehte begirde gewesen vnd het nùt gesùndet.

A. Waran lag die v̀bermaͦsse siner begirde?

B. Daran, als ich weͤne, daz er begerte, daz der lust siner seligkeit groͤsser were, denn im in gott wolte geben, vnd wolt in schierer haben, daͦn es goͤttliche wißheit haͦt geordent.[196]

A. Waz braͦht in zuͦ der vngeordenten begirde der vnmaͦsse?

B. Daz tett mynne sinselbes. Waͦn er me mynnete sichselber daͦn die gerehtigkeit, die gott selber ist. *[36va]* Dauon viel er in die begirde sins lustes, die die maͦsse nùt het der gerehtigkeit.[197]

---

195 *Der Meister des Lehrgesprächs kann hier auf die Unterscheidung zurückgreifen, die er zuvor im 3. Kapitel eingeführt hat. Anselm bringt die Unterscheidung in diesem Traktat erst an späterer Stelle, im 13. Kapitel, Bd. I, S. 255–258.*

196 *Anselmus Cantuariensis, De casu c. 4; Bd. I, S. 241,19 f.:* Peccavit ergo volendo aliquod commodum, quod nec habebat nec tunc velle debuit, quod tamen ad augmentum illi beatitudinis esse poterat. *(»Er sündigte also, indem er etwas Angenehmes wollte, was er weder hatte noch zu dem Zeitpunkt haben sollte, was ihm aber zur Vermehrung seines Glücks dienen konnte.«) Der Zeitbezug ist bei Anselm hier wie oben im dritten Kapitel nur durch das* tunc *angedeutet. Die eindeutigere Formulierung des Meisters des Lehrgesprächs dürfte mit seiner Idee vom Heilsplan zusammenhängen. Außerdem bereitet sie die zeitgenössische Anspielung auf die »Gelassenheit« (unten Z. 345 f.) vor.*

197 *Anselmus Cantuariensis, De casu c. 13; Bd. I, S. 257,16–20:* M. At eum qui beatitudinem solam, commoda tantum velle posuimus. / D. Ita est. / M. Si ergo ille qui nihil vellet nisi commoda non posset habere maiora et veriora: velletne minora quibuscumque uti posset? *(»Meister: Aber wir stellten fest, dass einer, der allein die Seligkeit will, nur das Angenehme will. / Schüler: So ist es. / Meister: Wenn also derjenige, der nichts als Angenehmes will, nichts Größeres und Wahreres haben könnte, will er dann nicht das Geringere, das er gebrauchen kann?«) Damit ist ein charakteristisches Thema der Augustinereremiten angesprochen,*

gegeben. Nun könnten die guten Engel das wohl begehrt haben, was die bösen begehrten. Weil die guten Engel es nicht empfangen hatten, dass sie Gott gleich sind, und sie haben doch alles empfangen, was die bösen begehrten, ist das ein Zeichen, dass die bösen nicht begehrten, Gott gleich zu werden.

A. Ich weiß nicht, was ich antworten soll, wenn das nicht wahr ist, was ich gesagt habe, denn das ist die allgemeine Lehre der Lehrer, dass Luzifer sprach: »Ich will hinaufgehen in den Himmel und werde dem Obersten gleich sein« (Is 14,13 f.), und darum nennt man seine Sünde Hochmut.

B. Diese Aussage ist wahr, wenn man sie richtig versteht. Aber in einem äußeren Sinn ist sie nicht wahr, wie ich dir gezeigt habe.

A. Sage den rechten Sinn.

B. Der Engel hatte zweierlei Begehren. In welchem, meinst du, sündigte er?

A. Nicht im Begehren der Gerechtigkeit. Es musste im Begehren der Seligkeit sein.

B. Darum war es etwas, das zu seiner Seligkeit gehörte, was er begehrte, und das war über das Maß der Gerechtigkeit hinaus und gegen die Gerechtigkeit. Denn hätte er nach dem rechten Maß begehrt, das wäre ein rechtes Begehren gewesen, und er hätte nicht gesündigt.

A. Worin lag das Übermaß seines Begehrens?

B. Daran, wie ich meine, dass er begehrte, dass die Lust seiner Seligkeit größer wäre, als Gott es ihm geben wollte, und er wollte es früher haben, als es die göttliche Weisheit geordnet hatte.

A. Was hat ihn zu der ungeordneten Begierde in der Maßlosigkeit gebracht?

B. Das hat die Selbstliebe getan. Denn da er sich selbst mehr liebte als die Gerechtigkeit, die Gott selbst ist, darum fiel er in das Begehren seiner Lust, das kein Maß der Gerechtigkeit hat.

A. Mich duncket, ich merke, daz eigen mynne ist ein anevang aller vntugende vnd boͤßheit, als du spreͤche, daz die mynne der worheit vnd gerehtigkeit ist ein vrsprung aller seligkeit.

B. Du håst reht. Wån von eigener mynne kam den boͤsen geisten vnmåssige begirde. Vnmåssige begirde die wùrket vngerehtigkeit. Darumb so keret sù von der woͦrheit.[198]

A. Nu sage: Wie wolt er goͤttlich sin, was daz er nun hette ein zů grosse vnmåssige begirde siner seligkeit?

B. Es waz ioch daz, daz er nùn begerte, daz sin seligkeit groͤsser were vnd frÿer wùrde, dåͤn gott wolte. Do wolt er gotte glich sin, ob er ioch nie begerte, daz sine seligkeit als groß were als gottes, daz ich wol glǒbe.[199]

A. Als wie?

B. Gottes wille ståt also, daz er keinem andern willen ist vndertån noch keinem andern willen bedarff volgen. Wer nu daz wil, daz gott nùt wil, der wil, daz sin wille alz fry sie *[36vb]* als gotts wille; wån er wil keynem willen sin vndertån noch keynem willen volgen. Dauon so wolt er gotte glich sin an fryheit sins willen. Also soltu verstån, daz der engel gotte wolte sin glich, wie kleÿne ioch daz was, daz er wolte wider gottes willen. Vnd wån er des vnzimlichen gewaltes begerte, daz er wolte wider gottes willen, dauon ist sine sunde geheissen hochfart. Dieselbe sùnde mag ouch heissen gitigkeit; wån er me begerte, dåͤn im zů rehte zůgehoͤrte. Sù mag ouch heissen vnkùscheit; wån er lustes vnoͤrdenlichen begerte. Also maht du merken, waz das waz, das der engel begerte, vnd wie er doinne gotte wolte glich sin; wån er wolte sinen willen keinem willen vndertånig machen. Er wolt ouch gotte nùt glich sin nach dem sinne, daz er begerte, daz er gott wùrde. Wån er waz wise geschaffen; dauon

---

so auch beim Meister des Lehrgesprächs, vgl. GDT Z. 492–494: Begirde der selikait ist die naigunge, als ein wille genaigot ist ze minnend sich selber, vss der naigunge, wenne si ståt on gnad, so wirt gesůchet aigner lust. *(»Das Begehren der Seligkeit ist die Neigung, in der der Wille geneigt ist, sich selbst zu lieben; aus dieser Neigung, wenn sie ohne Gnade besteht, wird die eigene Lust gesucht.«) Siehe dazu den Kommentar zur Gnadenlehre des ›Gratia-Dei-Traktats‹ und* Witte, *Der ›Traktat von der Minne‹, der Meister des Lehrgesprächs und Johannes Hiltalingen von Basel, hier S. 464.*

198 *Vgl. GDT Z. 505 f.:* Ach, ewiger got, wie ist das minen sinnen vnbekant gesin, das alle vntugent koment uon der begirde der selikait. *(»Ach, ewiger Gott, wie konnte das meinem Verstand unbekannt bleiben, dass alle Untugend aus dem Begehren der Seligkeit kommt.«)*

199 *Anselmus Cantuariensis, De casu c. 4; Bd. I, S. 242,3–6:* Etiamsi noluit omnino esse par dei, sed aliquid minus deo contra voluntatem dei: hoc ipso voluit esse inordinate similis deo, quia propria voluntate, quae nulli subdita fuit, voluit aliquid. Solius enim dei esse debet sic voluntate propria velle aliquid, ut superiorem non sequatur voluntatem. *(»Auch wenn er nicht gänzlich Gott gleich sein wollte, sondern etwas weniger als Gott gegen den Willen Gottes, wollte er gerade dadurch ordnungswidrig gleich Gott sein, da er mit seinem Eigenwillen, der niemandem untergeben war, etwas wollte. Es gehört sich aber, dass es allein Gottes <Eigenschaft> ist, so mit Eigenwillen etwas zu wollen, dass er keinem übergeordneten Willen folgt.«)*

A. Mir scheint, ich merke, dass die Selbstliebe ein Anfang aller Untugend und Bosheit ist, wie du <andererseits> gesagt hast, dass die Liebe zur Wahrheit und Gerechtigkeit ein Ursprung aller Seligkeit ist.

B. Du hast recht. Denn von Selbstliebe kam den bösen Geistern das maßlose Begehren. Maßloses Begehren bewirkt Ungerechtigkeit. Darum wendet es sich von der Wahrheit ab.

A. Nun sage: Wie wollte er denn göttlich sein, lag das daran, dass er jetzt ein zu großes maßloses Begehren seiner Seligkeit hatte?

B. Es war tatsächlich so, dass er nun begehrte, dass seine Seligkeit größer wäre und freier würde, als Gott es wollte. Dann wollte er Gott gleich sein, obwohl er wohl nie begehrte, dass seine Seligkeit so wäre wie die Gottes, das glaube ich.

A. Wieso?

B. Gottes Wille verhält sich so, dass er keinem anderen Willen untertan ist und auch keinem anderen Willen zu folgen braucht. Wer nun das will, was Gott nicht will, der will, dass sein Wille so frei ist wie Gottes Wille; denn er will keinem Willen untertan sein und keinem Willen folgen. Darum wollte er Gott gleich sein in der Freiheit seines Willens. So sollst du es verstehen, dass der Engel Gott gleich sein wollte, wie klein auch das sein mag, das er gegen Gottes Willen wollte. Und da er ungehörige Macht begehrte, indem er etwas gegen Gottes Willen wollte, darum heißt seine Sünde Hochmut. Dieselbe Sünde kann auch Habsucht heißen, da er mehr begehrte, als ihm rechtmäßig zustand. Sie kann auch Unkeuschheit heißen, da er gegen die Ordnung Lust begehrte. Also kannst du merken, was das war, das der Engel begehrte, und wie er darin Gott gleich sein wollte; denn er wollte seinen Willen keinem Willen untertan machen. Er wollte auch Gott nicht gleich sein in dem Sinne, dass er begehrte, Gott zu werden. Denn er war klug erschaffen; darum

so bekant er wol, daz es vnmùglich waz, daz er gott wùrde. Also sol man sin sùnde verstaͦn.

A. Nu fragt ich gerne vnd spreche: Waz *[37ra]* er wise, warumbe bekant er nùt, daz sin vngerehte begirde soͤlt also swaͤrlichen gebuͤsset werden, als geschach, daz sù wider gott nùt moͤht erfùllet werden?

B. Dis wunder het min sinne dicke bekùmbert. Waͦn waz er wise, wie moht er do nùt wissen, daz naͦch vngerehter begirden vnd willen got gerehte pine <...>[200] vnd mangel, des man vnmaͦssiglichen begert; waͦn kein mangel noch gebresten kommet daͦn von vnmaͦssiger begirde. Sach aber er daz wol, so wundert mich noch me, wie er daz moͤhte begeren, dauon er sach, daz im so groß mangel vnd aͦrbeit kommen solte.

A. Reht als du gesprochen hast, alz ist es in mir gestanden; daͦn daz ich es nùt also konde zuͦ worte bringen.

B. Gott gebe mir, zuͦ reden die worheit. Mich duncket, daz der engel wol wùste, daz gott moͤhte mit reht buͦssen sine begirde, die vngeordent waz. Daby so weͤne ich, daz er zwifelte daran, ob es gott tuͦn wolte: Waͦn ich weͤne, hette er fùr die worheit daz gesehen, daz er sinen willen *[37rb]* also wolte han gebuͤsset, er moͤhte die begirde, in der er viel, nie han gewunnen.[201]

A. Es ist mir gar gloͤblich. Wauon wenest du aber, daz er daran zwifelte, daz es gott nùt wolte tuͦn.

B. Daz laͦß dich nùt groͤsslichen wunderen. Sih das selb an maͦnigem wisen moͤnschen, der daz tuͦt, dauon in gott mit gerehtigkeit mag verdampnen, vnd daz bekennet er wol. Aber er getruwet nùt, das es gott welle tuͦn. Waͦn er gedencket: Die vrteil gottes sint grundeloß naͦch siner erbermde vnd naͦch gerehtigkeit.[202]

A. Es ist ioch noch wunderlicher an dem moͤnschen daͦn an dem engel; waͦn der engel gesach goͤttlicher gerehtigkeit vnd sines zornes nie kein bilde vor sinem välle.[203]

---

200 *Textlücke; zu ergänzen etwa: »verhängen würde«.*

201 *Anselmus Cantuariensis, De casu c.23; Bd. I, S.269,28f.:* Sicut certum est quia se debere puniri si peccaret ignorare non potuit, ita quia puniretur si peccaret scire non debuit. *(»Wie es sicher ist, dass er nicht nicht wissen konnte, dass er bestraft werden sollte, so gehörte es sich nicht, dass er wusste, dass er bestraft würde, wenn er sündigte.«)*

202 *Anselmus Cantuariensis, De casu c.23; Bd. I, S.270,5f.:* Sed quoniam ›iudicia‹ dei ›abyssus multa‹ <...> nequivit comprehendere an deus faceret quod iuste facere posset. *(»Aber weil die Urteile Gottes ein tiefer Abgrund sind, <...> konnte er nicht begreifen, ob Gott tun würde, was er zu Recht tun könnte.«) Anselm sagt dies vom gefallenen Engel, der Meister des Lehrgesprächs spricht von der Gewohnheit des Menschen, an Gottes Handeln zu zweifeln.*

203 *Anselmus Cantuariensis, De casu c.23; Bd. I, S.270,9:* [...] praesertim cum nullum exemplum iustitiae ulciscentis iniustitiam praecessisset. *(»<...> besonders, weil kein Beispiel einer das Unrecht rächenden Gerechtigkeit vorausgegangen wäre.«)*

wusste er wohl, dass es unmöglich war, Gott zu werden. So soll man seine Sünde verstehen.

A. Nun würde ich gerne fragen und sagen: Wenn er klug war, warum erkannte er nicht, dass sein unrechtes Begehren so schwer gebüßt werden würde, wie es geschah, und dass <sein Begehren> gegen Gott nicht erfüllt werden konnte?

B. Dieses Problem hat mich oft beschäftigt. Denn wenn er klug war, wie konnte er dann nicht wissen, dass nach seinem unberechtigten Begehren und Wollen Gott eine gerechte Pein <verhängen würde> und Verlust dessen, was man maßlos begehrt; denn Mangel und Gebrechen kommen nur von maßlosem Begehren. Wenn er das aber doch sah, dann wundert es mich noch mehr, wie er das begehren konnte, von dem er sah, dass ihm ein so großer Mangel und Mühsal folgen sollten.

A. Gerade, wie du es gesagt hast, so hatte es sich auch in mir gebildet, nur konnte ich es nicht so gut zu Worte bringen.

B. Gott gebe mir, die Wahrheit zu sprechen. Mir scheint, dass der Engel wohl wusste, dass Gott mit Recht sein Begehren büßen lassen könnte, das ungeordnet war. Dabei meine ich, dass er daran zweifelte, ob es Gott tun wollte; denn ich meine, hätte er in Wahrheit gesehen, dass Gott seinen Willen so hart büßen lassen wollte, dann hätte das Begehren, in das er fiel, nie so stark sein können,

A. Das kann ich gut glauben. Warum meinst du aber, dass er daran zweifelte, dass Gott es tun würde.

B. Das sollte dich nicht sehr wundern. Sieh dasselbe bei manchem klugen Menschen, der das tut, wofür ihn Gott in Gerechtigkeit verdammen kann, und er erkennt es wohl. Aber er traut es Gott nicht zu, dass er es tun will. Denn er denkt, dass die Urteile Gottes grundlos sind in ihrer Barmherzigkeit und Gerechtigkeit.

A. Es ist allerdings beim Menschen noch verwunderlicher als beim Engel; denn der Engel sah vor seinem Fall nie ein Bild der göttlichen Gerechtigkeit und seines Zornes.

B. Du hast gar wißlich geråten, daz es woͦnlich[204] ist, daz der engel zwifelte, ob es gott wolte rechen; wån er siner råche vor nie kein bilde gesach, vnd ouch darumb, wån er sichselber so edel an der nature sach. Do gedaht er, daz gott als ein edel creͤture nùt ewiglich verdampnete durch einer begirde willen, *[37va]* die vngeordent waz, alz ouch dicke gesprochen wùrt von dem moͤnschen.[205]

A. Weistu dis zwifels me keine sache?

B. Jå. Der engel sach, daz gott sù hette beschaffen einer rehten zal vnd ordenunge vnd bekante nùt: Were, daz der engel viele, daz gott den val mit moͤnschen wolte widerbringen.[206] Wån do der engel viel, noch denn waz der moͤnsche nùt geschaffen.

A. Du hast mich bråht in den wån, daz ich åne allen zwifel gloube, daz der engel wol gloubte, daz gott mit rehte sin sùnde moͤhte rechen; er gloͮbte aber nùt, daz er sù wolte rechen. Wån vil dinges moͤhte gott tuͦn mit reht, ob er wolte, daz er doch nùt tuͦt von erbeͤrmde. Doch wundert mich, warumb im gott nùt gab zuͦ wissende, daz er es wolte tuͦn vnd also rechen, als es geschach.[207]

B. Du suͦchest gar verre. Dich moͤhte benuͤgen, daz gott durch mich so vil gesprochen håt.

A. Wem gott ein gnâde tuͦt, der sol sich billich me versehen. Wån milte hånd, die git kein gabe allein.

B. Ich weͤne, got hab es durch dich gelåssen. *[37vb]*

A. Daz gloub ich. Aber waz das guͦt sie, daz kan ich nùt bekennen.

B. Hett es gewisset der engel, weder wenest du, das er were gefallen oder gestanden?

---

204 *Hier ist* wænlich, wânlich *adj. »glaublich, wahrscheinlich«, zu vermuten, nicht* wonlich *adj. »wohnlich, traulich, vertraut«.*

205 *Anselmus Cantuariensis, De casu c.23; Bd. I, S.270,7f.:* <…> quia nullatenus credere potuit deum creaturam suam propter eius culpam damnaturum, quam tanta sua bonitate fecerat. *(»<…> weil er keineswegs glauben konnte, dass Gott sein eigenes Geschöpf, das er mit seiner so großen Güte erschaffen hatte, wegen seiner Schuld verdammen würde.«)*

206 *Anselmus Cantuariensis, De casu c.23; Bd. I, S.270,10–13; 16–18:* Et certus esset numerum in quo illi facti erant qui deo frui deberent tanta sapientia esse praestitutum, ut sicut nihil habebat superfluum ita si minueretur imperfectus esset; nec tam praeclarum opus dei ex aliqua parte permansurum imperfectum, <…> si factus nondum erat homo, multo minus putare posset ad substitutionem alterius naturae illum esse faciendum. *(»Und er wäre sicher gewesen, dass die Anzahl derer, in der jene geschaffen waren, die Gott genießen sollten, in so großer Weisheit vorherbestimmt war, dass sie, da sie nichts Überflüssiges enthielt, so unvollkommen geblieben wäre, wenn sie gemindert würde; auch würde ein so hervorragendes Werk Gottes nicht in irgendeiner Hinsicht unvollkommen bleiben, <…> wenn der Mensch noch nicht geschaffen war, hätte er <der Engel> noch viel weniger glauben können, dass jener <Mensch> zum Ersatz der anderen Natur <nämlich der gefallenen Engel> geschaffen werden sollte.«)*

207 *Die Frage nach dem Vorherwissen der Engel geht auf Augustin, De gen. ad litt. II, c.18f. zurück und wird auch bei Petrus Lombardus, Sent. II, d.4; Bd. I,2, S.348–451 diskutiert. Johannes von Basel behandelt die Frage in In Sent. II, d.4–5, q.4. Seine Argumentation wird im theologiegeschichtlichen Kommentar erläutert.*

B. Du hast sehr klug überlegt, dass es glaubhaft ist, dass der Engel zweifelte, ob Gott es rächen wollte; denn er hatte vorher nie ein Bild seiner Rache gesehen; und auch darum, weil er sich selbst in seiner edlen Natur betrachtete. Dabei dachte er, dass Gott ein so edles Geschöpf nicht ewig verdammen würde wegen einer Begierde, die gegen die Ordnung war; was auch oft mit Blick auf den Menschen angeführt wird.

A. Kennst du noch einen weiteren Grund für den Zweifel?

B. Ja. Der Engel sah, dass Gott sie in einer bestimmten Zahl und Ordnung geschaffen hatte, aber er erkannte nicht, dass Gott, falls der Engel fiele, den Fall durch Menschen wiedergutmachen wollte. Denn als der Engel fiel, war der Mensch noch nicht geschaffen.

A. Du hast mich jetzt zu der Vorstellung gebracht, dass ich ohne jeden Zweifel glaube, dass der Engel glaubte, dass Gott mit Recht seine Sünde rächen könnte; er glaubte aber nicht, dass er sie rächen wollte. Denn Gott könnte mit Recht viele Dinge tun, wenn er wollte, was er aber aus Barmherzigkeit doch nicht tut. Doch wundert es mich, warum ihm Gott nicht zu wissen gab, dass er es tun wollte und dass er so rächen wollte, wie es geschah.

B. Du suchst sehr Fernliegendes. Dir könnte genügen, dass Gott durch mich so viel gesprochen hat.

A. Wem Gott eine Gnade gibt, der soll sich mit Recht auf mehr gefasst machen; denn eine freigiebige Hand gibt nicht nur eine einzige Gabe.

B. Ich denke, Gott hat es <das maßlose Fragen> deinetwegen zugelassen.

A. Das glaube ich. Aber wozu das <harte Strafen> gut war, das kann ich nicht erkennen.

B. Wenn es der Engel gewusst hätte, was meinst du, wäre er gefallen oder standhaft geblieben?

A. Ich wene, das er were von mynne nùt gestanden; wån hett er mynne der wårheit geheͣpt, daz het er åne daz wissen bewiset.[208] Ich gloub aber, daz er von vorhte were gestanden.

B. Daby maht du merken, daz im daz wissen keynen frommen hette bråht. Wån wer er gestanden von vorhten, so wer er nùt gereht worden.[209] Wer er aber geuallen, so were sin sùnde so vil deste swerer, so vil sin wissen groͤsser were gewesen. Es were ouch dem gůten engel nùt lobelich gewesen; wån ir gerehtigkeit ist so vil lobelicher, wån sù gestanden sint von mynne der gerehtigkeit alleÿne, denn hetten sù zů der mynne geheͣpt der pin ein vorhte.[210] Nu hant sù bede, die gůten vnd die boͤsen, gelernet, daz gott vngerehte begirde vnd willen bůssen wil, wån die boͤsen hant es an inselber empfunden, die gůten hant es gesehen an dem bilde *[38ra]* der boͤsen. Vnd als der boͤse wart verstossen, also das er nùme mag wider kommen zů der gerehtigkeit, die er versmåhte, also wurdent die gůten bestetiget in rehter begirde, daz sù nåch vnmåsse nùt moͤgent wellen.

A. Ach, wie eine mynnenkliche ordenunge der gerehtigtkeit! Wån die boͤsen engel me woltent, dån in gott hette gegeben – wån die zijt waz nùt kommen, daz sù me soltent han, dån sù hetten empfangen –, daz wart in von goͤttlicher gerehtigkeit billich verzigen, vnd dasselbe, daz sù hettent empfangen, daz wart in benommen, also daz sù muͤssen manglen alles gůten willen, den sù wider die gerehtigkeit williglich liessent.[211]

B. Noch mynnenklicher schinet die ordenunge an den gůten. Wån das die gůten versmåhten durch die mynne der gerehtigkeit, domit lonet in die gerehtigkeit, das sù daz beseͤssent; vnd dasselbe, das sù vor empfangen hattent, daz wart in beståtiget in ewiger sicherheit. Wån sù empfiengen *[38rb]* alles, daz ir

---

208 *Anselmus Cantuariensis, De casu c. 23; Bd. I, S. 271,9 f.:* Sed quoniam peccatum non cavisset solo amore iustitiae, ipso opere monstravit. *(»Aber durch die Tat selbst hat er gezeigt, dass er sich nicht allein aus Liebe zur Gerechtigkeit vor der Sünde gehütet hätte.«)*

209 *Anselmus Cantuariensis, De casu c. 24; Bd. I, S. 271,12:* Si vero timore cavisset, non esset iustus. *(»Wenn er sich jedoch aus Furcht gehütet hätte, wäre er nicht gerecht gewesen.«)*

210 *Anselmus Cantuariensis, De casu c. 24; Bd. I, S. 271,21 f., 24 f.:* Non tamen posset nec deberet contemnere poenam quam praescisset. <…> Sicut ergo solus amor iustitiae, ita solum odium poenae sufficeret ad non peccandum. *(»Er <der gute Engel> hätte die Strafe, die er vorhergesehen hätte, nicht verachten können noch sollen. <…> Wie allein schon die Liebe zur Gerechtigkeit, so hätte allein der Abscheu vor der Strafe genügt, nicht zu sündigen.«)*

211 *Anselmus Cantuariensis, De casu c. 6; Bd. I, S. 243,22–26:* Illi vero angeli qui maluerunt illud plus quod nondum deus illis dare volebat, quam stare in iustitia in qua facti erant: eadem iustitia iudicante et illud propter quod illam contempserunt nequaquam obtinuerunt, et quod tenebant bonum amiserunt. *(»Die Engel hingegen, die das lieber wollten, was Gott ihnen noch nicht geben wollte, als in der Gerechtigkeit zu bleiben, in der sie geschaffen waren, erhielten durch denselben Rechtsspruch keineswegs das, weswegen sie jene <Gerechtigkeit> verschmäht hatten, und sie verloren das Gute, das sie gehabt hatten.«) Der Meister des Lehrgesprächs hatte auf Anselms Kap. 23 vorausgegriffen; er springt hier wieder zurück zum sechsten Kapitel.*

A. Ich denke, dass er nicht aus Liebe standhaft gewesen wäre; denn hätte er Liebe zur Wahrheit gehabt, hätte er es ohne das Wissen beweisen können. Ich glaube aber, dass er aus Furcht standhaft geblieben wäre.

B. Daran kannst du erkennen, dass ihm das Wissen keinen Nutzen gebracht hätte. Denn wäre er aus Furcht standhaft geblieben, wäre er nicht gerecht geworden. Wäre er aber gefallen, wäre seine Sünde umso schwerer gewesen, je größer sein Wissen gewesen wäre. Es wäre auch für die guten Engel nicht lobenswert gewesen; denn ihre Gerechtigkeit ist so viel lobenswerter gewesen, da sie nur aus Liebe zur Gerechtigkeit standhaft waren, als wenn sie zur Liebe hinzu auch noch eine Furcht vor der Pein gehabt hätten. Nun haben sie beide, die Guten und die Bösen, gelernt, dass Gott ungerechtes Begehren und Wollen büßen lassen will; denn die Bösen haben es an sich selbst gespürt, die Guten haben es im Bild der Bösen gesehen. Und wie der Böse verstoßen wurde, sodass er niemals wieder zur Gerechtigkeit kommen kann, die er verschmäht hat, so wurden die Guten in dem rechten Begehren befestigt, sodass sie nicht im Unmaß wollen können.

A. Ach, was für eine liebenswürdige Ordnung der Gerechtigkeit! Da die Bösen mehr wollten, als ihnen Gott gegeben hatte – denn die Zeit war noch nicht gekommen, dass sie mehr haben sollten, als sie empfangen hatten –, das wurde von der göttlichen Gerechtigkeit zu Recht verzögert, und das, was sie empfangen hatten, wurde ihnen genommen, sodass ihnen jeder gute Wille fehlen muss, den sie gegen die Gerechtigkeit freiwillig ließen.

B. Noch liebevoller erscheint die Ordnung bei den Guten. Denn was die Guten um der Liebe zur Gerechtigkeit willen verschmähten, damit belohnt sie die Gerechtigkeit, sodass sie gerade das besäßen; und das, was sie zuvor empfangen hatten, darin wurden sie in ewiger Sicherheit befestigt. Denn sie

hertze moͤhte begeren; wån sù moͤgent nùt sehen noch bekennen, daz sù habent keinen mangel.[212]

A. Ich begÿnne erst merken, wie die guͦten engel wurdent beståtiget. Wån moͤgen sù nùt sehen noch bekennen, des sù mangel hant nåch luste vnd nach froͤide, so moͤgent sù keine begirde han der seligkeit nach vnmåsse der gerehtigkeit.

B. Du håst ein bluͦme begriffen. Darumb sih, wie die, die bestanden sint in der mynne der gerehtigkeit, keynen willen hant, dainne sù sich nùt froͤuwent; reht als die, die nùt mynnetent die gerehtigkeit, des sù nùt mangeltent. Luͦge, wie die lere der gelåssenheit hie vß lùhtet. Wie die gerehtigkeit fùr vatter vnd muͦter vnd fùr alles daz, des das hertze begeren mag, sol gemynnet werden, der den lon besitzen wil, damit gerehtigkeit in der worheit lonet.

A. Ich sol gerne danckbeͤr sin, daz ich von gotte han empfangen, vnd sol mich in der mynne der gerehtigkeit siner gnåde låssen benuͤgen, sid *[38va]* daz vnmåsse an die begirde gevallen mag der seligkeit. Ich soͤlte stetes begeren, daz ich in der begirde der worheit vnd gerehtigkeit wurde gesetzet vnd beståtiget. Den lon aber, der der mynne zuͦgehoͤret, den wil ich siner guͤte frilichen låssen. Wån wer sin gåbe git, wenn er wil vnd wem er wil, der sol ouch sine gnåde kroͤnen, wie er wil vnd wenne er wil vnd nùt, wie ich wil, es sie dån, daz ich denselben willen mynne.

<Das Wesen des bösen Willens>

B. Nu gang fùrbaß vnd låß vns suͦchen, was den engel boͤse habe gemachet.

A. Das håt mich dicke gewundert.

B. Daz sint zweÿ ding. Wån sùnde håt in boͤse gemacht vnd er sichselber; wån er håt sich in sùnde geworffen.

A. Sage, waz ist sùnde.

B. Daz gehoͤrt zuͦ dem fùnfften capitel. Davon fråge hie, wie er sichselber in sùnde håt geworffen.

A. Daz ist ioch ein wunder, daz der engel vnd ouch der moͤnsche mag sichselber boͤse gemachen vnd nùt guͦt.

B. Er mag sichselber guͦt vnd boͤse gemachen in ettlicher wise.

A. Wie? *[38vb]*

B. Gott gab allen engeln gerehtigkeit vnd moͤgen behalten vnd moͤgen verlieren.

---

212 *Anselmus Cantuariensis, De casu c. 6; Bd. I, S. 243,17–20:* Illi itaque angeli qui magis voluerunt iustitiam quam habebant, quam illud plus quod non habebant: bonum quod quasi propter iustitiam, quantum ad voluntatem pertinuit, perdiderunt, iustitia retribuente acceperunt, et de illo quod habebant in vera securitate permanserunt. (*»Jene Engel also, die mehr die Gerechtigkeit wollten, die sie hatten, als jenes Mehr, was sie nicht hatten, empfingen durch die wiedergutmachende Gerechtigkeit das Gute, das sie gleichsam um der Gerechtigkeit willen, soweit es um ihren Willen ging, verloren hatten; und sie verblieben, was jenes angeht, das sie hatten, in wahrer Sicherheit.«*)

empfingen alles, was ihr Herz begehren konnte; denn sie können nicht sehen oder erkennen, dass sie einen Mangel haben.

A. Ich beginne jetzt erst zu merken, wie die guten Engel bestätigt wurden. Denn wenn sie nichts sehen oder erkennen können, woran sie an Lust und Freude Mangel haben, so können sie kein Begehren der Seligkeit in Unmaß der Gerechtigkeit haben.

B. Du hast eine Blüte begriffen. Darum sieh, wie diejenigen, die in der Liebe der Gerechtigkeit standhaft sind, keinen Willen haben, in dem sie sich nicht freuen würden, gerade wie diejenigen, die die Gerechtigkeit nicht liebten, die ihnen doch nicht fehlte. Siehe, wie die Lehre der Gelassenheit hier hervorleuchtet, und zwar soll die Gerechtigkeit vor Vater und Mutter und vor allem, was das Herz begehren kann, geliebt werden, wenn man den Lohn besitzen will, mit dem die Gerechtigkeit in Wahrheit Lohn gibt.

A. Ich werde gerne dankbar sein für das, was ich von Gott empfangen habe, und werde mir in der Liebe zur Gerechtigkeit mit seiner Gnade genug sein lassen, da Unmäßigkeit in das Begehren der Seligkeit fallen kann. Ich sollte stets begehren, dass ich in dem Begehren der Wahrheit und Gerechtigkeit eingesetzt und bestätigt werde. Der Lohn aber, der zur Liebe gehört, den will ich seiner Güte freiwillig überlassen. Denn derjenige, der seine Gabe gibt, wenn er will und wem er will, der soll auch seiner Gnade die Krone aufsetzen, wie er will und wann er will, und nicht, wie ich will, es sei denn, dass ich denselben Willen liebe.

<Das Wesen des bösen Willens>

B. Nun gehe weiter und lass uns suchen, was den Engel böse gemacht hat.

A. Das habe ich mich oft gefragt.

B. Es sind zwei Dinge. Denn die Sünde hat ihn böse gemacht und er sich selbst, denn er hat sich in die Sünde geworfen.

A. Sag, was Sünde ist.

B. Das gehört in das fünfte Kapitel. Darum frage hier, wie er sich selbst in die Sünde geworfen hat.

A. Das ist wirklich ein Wunder, dass der Engel und auch der Mensch sich selbst böse machen kann und nicht gut.

B. Er kann sich in gewisser Weise selbst gut und böse machen.

A. Wie?

B. Gott gab allen Engeln Gerechtigkeit und Behalten-Können und Verlieren-Können.

A. Dis han ich vor wol verstanden.

B. Der ein ding behalt, so ers mag verlieren, der git es imselber nach ettlicher måssen.

A. Daz ist wår. Wån behielt ers nùt, so het er sin nùt.

B. Der es verlùret, so ers mag behalten, der nÿmmet es imselber.

A. Daz ist als wor, als das voͤrder. Wån behielt ers, so het ers, so er wolte.

B. Sih, daby merke, daz der guͦte engel der gab im selber gerehtigkeit; wån er behielt sù, do er sù moͤht verlieren.[213] Der boͤse engel nam imselber gerehtigkeit; wån er ließ gerehtigkeit, do er *sù* moͤhte behalten.[214]

A. Du hast vor gesprochen, der guͦt engel bleip in gerehtigkeit, wån gott gab im sin bliben. Nu sprichest du, daz er imselber gab gerehtigkeit.

B. Mir ist liep, das du mine wort so wol gedenckest. Hastu es aber wol verstanden, so merkest du wol, wie im gott håt geben ein bliben in woͤrheit vnd wie er imselber ouch håt geben *[39ra]* gerehtigkeit.

A. Dis hoͤrt ich gerne vnderscheiden.

B. Der ein ding behaltet, der muͦß es vor han. Wer ein ding git, das er hat, vnd ÿm git krafft vnd moͤgen, daz er es mag behalten, der git im ouch behalten. Dauon also het gott geben dem guͦten engel sin bliben in gerehtigkeit. In der wise het der engel imselber nùt geben gerehtigkeit nåch sin bliben. Er hät es ym selber also geben, daz er es nùt hat verlören, do er es moͤhte verlieren.

A. Gelobet sie gott! Nu merk ich, wie gott gnåd vnd tugende git dem, der su hät, vnd ouch, wie der tugenthaffte moͤnsche in ettlicher wise sù git imselber. Nu sage: Ist es glich, daz der boͤse nach der wise sichselber boͤse machet, als der guͦte sichselber guͦt machet?

B. Es ist gar vnglich. Wån der boͤse ist vil me sache siner boͤßheit dånn der guͦte siner guͦtheit.

378 sù] so

213 *Anselmus Cantuariensis, De casu c. 18; Bd. I, S. 263,9 f.:* Hoc itaque modo potuit ipse dare iustitiam sibi, quia potuit sibi auferre eam et potuit non auferre. *(»Auf diese Weise konnte er selbst <der böse Engel> sich die Gerechtigkeit geben, da er sie sich wegnehmen konnte und da er sie sich nicht wegnehmen konnte.«) Im Ablauf des Traktats ›De casu diaboli‹ springt Anselm hier wieder voraus auf das 18. Kapitel. Die hier zurückgelassenen Themen Anselms nimmt der Meister des Lehrgesprächs erst im Kapitel 5 wieder auf, insbesondere die Sünde als Nichtseiendes (Anselm Kap. 9).*

214 *Anselmus Cantuariensis, De casu c. 18; S. 263,26–29:* Aestimo quia animadvertis deum nullo modo posse facere iniustum, nisi iniustum non faciendo iustum cum possit. Nam ante acceptam iustitiam nullus est iustus vel iniustus, et nullus post acceptam iustitiam fit iniustus nisi sponte deserta iustitia. *(»Ich schätze, du bemerkst, dass Gott auf keine Weise jemand ungerecht machen kann, wenn nicht der Ungerechte [selbst es tut], indem er das Gerechte nicht tut, wenn er es könnte. Denn vor dem Empfang der Gerechtigkeit ist niemand gerecht oder ungerecht und nach dem Empfang der Gerechtigkeit wird niemand ungerecht, wenn er nicht willentlich die Gerechtigkeit verlässt.«)*

A. Dies habe ich vorher gut verstanden.

B. Wer ein Ding behält, obwohl er es verlieren kann, der gibt es sich gewissermaßen selbst.

A. Das ist wahr. Denn behielte er es nicht, so hätte er es nicht.

B. Wer es verliert, obwohl er es behalten kann, der nimmt es sich selbst.

A. Das ist ebenso wahr, wie das Vorhergegangene. Denn behielte er es, so hätte er es, wenn er es wollte.

B. Sieh, dabei kannst du merken, dass der gute Engel sich selbst Gerechtigkeit gab, weil er sie behielt, als er sie verlieren konnte. Der böse Engel nahm sich selbst die Gerechtigkeit; denn er ließ die Gerechtigkeit, als er sie behalten konnte.

A. Du hast zuvor gesagt, der gute Engel blieb in Gerechtigkeit, weil Gott ihm sein Bleiben gab. Nun sagst du, dass er sich selbst die Gerechtigkeit gab.

B. Mir ist es lieb, dass du meine Worte so gut beachtest. Hast du es aber gut verstanden, dann merkst du, wie Gott ihm das Bleiben in der Wahrheit gegeben hat, und wie er auch sich selbst die Gerechtigkeit gegeben hat.

A. Ich möchte gerne hören, wie sich das unterscheidet.

B. Wer ein Ding behält, muss es zuvor haben. Wer ein Ding hergibt, das er hat, und jenem Kraft und Vermögen gibt, es zu behalten, der gibt ihm auch das Behalten. Darum hat also Gott dem guten Engel sein Bleiben in Gerechtigkeit gegeben. In dieser Weise hat der Engel nicht sich selbst Gerechtigkeit gegeben und auch nicht sein Bleiben. Er hat es sich dadurch gegeben, dass er es nicht verloren hat, als er es verlieren konnte.

A. Gelobt sei Gott! Jetzt merke ich, wie Gott Gnade und Tugend dem gibt, der sie hat, und auch, wie der tugendhafte Mensch in gewisser Weise sie sich selbst gibt. Nun sag: Ist es das Gleiche, wenn der Böse in dieser Weise sich selbst böse macht, wie der Gute sich selbst gut macht?

B. Es ist ganz ungleich. Denn der Böse ist viel mehr die Ursache seiner Bosheit, als der Gute die Ursache seiner Gutheit ist.

A. Des bewise mich.

B. Waz bedoͤrffte der gůte engel, do er gerehtigkeit hette vnd sù mo̊ht behalten, daz er sù behielt?

A. Nùtz bedorfft er me, *[39rb]* daͤn das er also bleib.

B. Du seist wor. Es bedorffte keynes werkes, also gar het gott alles daz geben, das der engel kein werk doͤrffte darzů tůn. Dauon åne alles sin zůtůn bleip er in gerehtigkeit. Also åne alles sin tůn viel nùt der boͤse engel in boßheit. Wån er můst ein werk tůn, e er kaͤme in die sùnde.

A. Was waz daz werk?

B. Es waz ein ker zů dem, darzů er sich nùt soͤlte keren. Dauon åne alle sine werk waz der gůt engel gůt. Aber mit eigenen werken wart der boͤse engel boͤse. Dauon hatte der boͤse an siner boßheit me schulde vnd eigens daͤn der gůte an siner gůtheit.[215] Vnd von diser rede so maht du merken, daz der boͤse engel noch gotte als vil eren vnd danckberkeit schuldig ist alz der gůte.

A. Waran sol ich daz merken?

B. Gott gab den boͤsen vnd den gůten glich gerehtigkeit vnd also daz sù keines werkes darzů bedoͤrfften. Wan in gott glich geben hat gerehtigkeit vnd *[39va]* seligkeit, so soͤllent sù gotte glich *loben*; wån gott hat daran kein schulde, als der boͤse engel im selber sin seligkeit, die im gott geben hat, nam.

A. We, daz ich nùt schrÿe von fro̊iden vnd von wunder, daz ich daz nie verstůnd, daz der boͤse me eygens hät in der boßheit daͤn der gůte, vnd wie der boͤse gotte schuldig ist alles des, daz der gůte hät empfangen.

B. Es ist gůt zů wissende, der die worheit mynnet in worheit.

A. Wer ist ein worer mynner der worheit?

B. Der sù mynnet in demůtigkeit, der nùt gůtes git sinen werken, der alle gůte werk git der wårheit.

A. Nåch han ich ein wunder, nùt einen zwifel; wån dise rede gloub ich, als hette mir es gekùndet ein engel.[216]

B. Waz ist daz wunder?

A. Der boͤse wille, der den engel boͤse machet, wer gab im den?

B. Daz tett gott; wan alle nature ist von gotte.[217]

413 loben] leben

---

215 *Iohannes de Basilea, In Sent. II, d.3, q.3, concl. 2, cor. 3; Bd. III, S. 87,7–9:* Contra dominum Aegidium et illos de parte sua: Quamvis quilibet angelus habuerit habitum gratificantis doni, tamen mali libere fuerunt causa sui casus et delicti. *(»Gegen Aegidius Romanus und seine Gefolgsleute: Obwohl alle Engel den Habitus der heiligmachenden Gabe hatten, waren die bösen freiwillig die Ursache ihres Falles und Vergehens.«)*

216 *Möglicherweise eine erste Anspielung, der Verfasser könnte »Engel« genannt werden.*

217 *Anselmus Cantuariensis, De casu c.7; Bd. I, S. 244,15–18:* Non parum me movet unde ipsam inordinatam habuit voluntatem. Si enim bona fuit, propter bonam voluntatem cecidit de tanto bono in tantum malum. Item si bona fuit, deus eam illi dedit, quia non

A. Das beweise mir.

B. Was brauchte der gute Engel, da er Gerechtigkeit hatte und sie behalten konnte, noch dazu, dass er sie behielt?

A. Er brauchte nichts mehr, als dass er dabeiblieb.

B. Du sprichst wahr. Es bedurfte keiner <weiteren> Tat, so vollständig hat Gott alles gegeben, sodass der Engel nichts Weiteres dazu zu tun brauchte. Darum blieb er ohne all sein Zutun in der Gerechtigkeit. Ebenso, nicht ohne all sein Tun fiel der Böse in Bosheit. Denn er musste etwas dazu tun, bevor er in die Sünde kam.

A. Was war das?

B. Es war eine Hinwendung zu dem, wozu er sich nicht wenden sollte. Darum war der gute Engel ohne jedwede Tat gut. Aber mit seinem eigenen Tun wurde der böse Engel böse. Darum hatte der Böse an seiner Bosheit mehr Schuld und Eigenes als der Gute an seinem Gutsein. Und an dieser Erklärung kannst du merken, dass der böse Engel immer noch Gott ebenso viel Ehre und Dankbarkeit schuldig ist wie der gute.

A. Woran soll ich das merken?

B. Gott gab den Bösen und den Guten gleiche Gerechtigkeit, sodass sie also keine Tat zusätzlich brauchten. Da ihnen Gott gleiche Gerechtigkeit und Seligkeit gegeben hat, so sollten sie Gott gleich loben, denn Gott hat daran keine Schuld, wie der böse Engel sich selbst seine Seligkeit nahm, die Gott gegeben hatte.

A. O weh, dass ich nicht schreie vor Freude und vor Verwunderung, dass ich das nie verstanden habe, dass der Böse mehr Eigenes in seiner Bosheit hat als der Gute, und wie der Böse Gott alles das schuldig ist, was der Gute empfangen hat.

B. Es ist gut zu wissen, wenn man die Wahrheit in Wahrheit liebt.

A. Wer ist ein wahrer Liebender der Wahrheit?

B. Wer sie in Demut liebt, wer seinen Werken nichts Gutes zurechnet, wer alle guten Werke der Wahrheit zurechnet.

A. Noch habe ich ein Wunder, nicht einen Zweifel; denn diese Erklärung glaube ich, als hätte sie mir ein Engel verkündet.

B. Was ist das Wunder?

A. Der böse Wille, der den Engel böse macht, wer gab ihm den?

B. Das tat Gott; denn alle Natur ist von Gott.

A. Wie mag daͤn das sin, daz in gott nùt boͤse habe gemachet?

B. Dich wundert, *[39vb]* daz ich gesprochen han, das der boͤse wille kåm von gotte?

A. Ich vergihe dir, daz ich erschrack, do ich dasselbe wort von dir horte.

B. Ich getruwe, das wunder vnd vnbilde werde in dir gestillet in dem nåchgånden capitel. Doch gedaͤhtest du an das wort, das ich sprach: »Hett der engel oder der moͤnsche nuwan ein begirde, so were kein werk weder gereht noch vngereht«, so moͤhtest du wol merken, daz kein werk noch kein wille boͤse ist nåch der nature.[218]

A. Wie mag der wille gůt sin an der nature, der gotte glich wil sin?

B. Wer er an der nature nùt gůt, so wer ouch in Christo nùt gůt, wån der hät denselben willen. Vnd dauon so wissest, daz der wille vnd aller wille gůt ist an siner nature. Aber in dem engel do ist er nùt gůt; wån do ståt er ane gerehtigkeit. In Christo do ist er gůt; wån do ståt er mit gerehtigkeit; aber an der nature so ist er glich in Christo vnd in dem vnge*[40ra]*rehten engel. Dauon so gott git die nature des boͤsen willen, so git er, daz gůt ist.[219] So aber der moͤnsche oder der engel den willen hät åne gerehtigkeit, so wùrt im der wille boͤse. Reht als man sprichet: »Win ist gůt, war man in tůt.« Aber dem siechen, dem er nùt zymmet, dem wùrt er boͤse. Also ist es von allen werken vnd willen nåch ire nature.[220]

---

nisi nihil habuit a se. *(»Es kümmert mich nicht wenig, woher er diesen unordentlichen Willen hatte. Wenn er nämlich gut war, fiel er wegen eines guten Willens von so großem Gut in solches Böse. Ebenso wenn er gut war, gab Gott ihm diesen guten Willen, da er aus sich ja nur nichts hatte.«)*

218 *Anselmus Cantuariensis, De casu c. 14; Bd. I, S. 258,18–22:* Quoniam ergo nec solummodo volendo beatitudinem, nec solummodo volendo quod convenit cum ex necessitate sic velit, iustus vel iniustus potest appellari, nec potest nec debet esse beatus nisi velit et nisi iuste velit: necesse est ut sic faciat deus utramque voluntatem in illo convenire, ut et beatus esse velit et iuste velit. *(»Da er weder, wenn er nur die Seligkeit will noch wenn er nur will, was sich gehört, gerecht oder ungerecht genannt werden kann, weil er dies aus Notwendigkeit will, auch weil jemand weder selig sein kann noch soll, wenn er es nicht will und wenn er es nicht in gerechter Weise will, ist es notwendig, dass Gott bewirkt, dass der zweifache Wille darin übereinkommt, dass er sowohl selig wie gerecht sein will.«)*

219 *Anselmus Cantuariensis, De casu c. 19; Bd. I, S. 264,8–10, 11f.:* Nam si velle esse similem deo malum esset, filius dei non vellet esse similis patri. <...> Sed nec voluntas filii dei est mala quia est iusta, nec voluntas irrationalis mala dicitur quia non est iniusta. *(»Denn wenn Gott gleich sein wollen böse wäre, wollte der Sohn Gottes nicht Gott gleich sein. <...> Denn weder ist der Wille des Gottessohnes böse, weil er gerecht ist, noch wird der Wille eines Unvernünftigen böse genannt, weil er nicht ungerecht ist.«)*

220 *Anselmus Cantuariensis, De casu c. 19; Bd. I, S. 264,15–18:* Et quoniam nulla res dicitur mala nisi mala voluntas aut propter malam voluntatem – ut malus homo et mala actio –: nihil est apertius quam nullam rem esse malum, nec aliud esse malum quam absentiam iustitiae derelictae in voluntate, aut in aliqua re propter malam voluntatem. *(»Und weil kein Ding böse genannt wird außer ein böser Wille oder aufgrund eines bösen Willens – zum Beispiel ein böser Mensch und eine böse Handlung –, ist nichts offensichtlicher, als dass keine*

A. Wie kann es dann sein, dass Gott ihn nicht böse gemacht hat?

B. Dich wundert, dass ich gesprochen habe, dass der böse Wille von Gott kam?

A. Ich gebe zu, dass ich erschrak, als ich dieses Wort von dir hörte.

B. Ich vertraue darauf, dass dieses Wunder und das Ungeheuerliche im nachfolgenden Kapitel in dir gestillt werden. Doch dächtest du an das Wort, das ich gesagt habe: »Hätte der Engel oder der Mensch nur ein Begehren, so wäre ein Werk weder gerecht noch ungerecht«, so könntest du wohl verstehen, dass kein Werk noch kein Wille in seiner Natur böse ist.

A. Wie kann der Wille in seiner Natur gut sein, der Gott gleich sein will?

B. Wäre er in seiner Natur nicht gut, so wäre er auch in Christus nicht gut, da er denselben Willen hat. Und darum sollst du wissen, dass dieser Wille und jeder Wille in seiner Natur gut ist. Aber in dem Engel ist er nicht gut; denn da steht er ohne Gerechtigkeit da. In Christus ist er gut; denn da steht er in Gerechtigkeit; aber in der Natur ist er in Christus und in dem ungerechten Engel gleich. Darum wie Gott die Natur des bösen Willens gibt, so gibt er auch, dass er gut ist. Wenn aber der Mensch oder der Engel den Willen ohne Gerechtigkeit hat, so wird ihm der Wille böse. Gerade wie man sagt: »Wein ist gut, wohin man ihn tut«. Aber in dem Kranken, dem er nicht bekommt, für den wird er schlecht. Ebenso ist es bei allen Werken und allem Wollen ihrer Natur nach.

<Vergleich des Falles der Engel und des Menschen>

A. Vff din gůte gelùbde so wil ich beiten vntz vff das nåhste capitel, do getruw ich, ich werde aller zwifel, die mir moͤgen dauon ingefallen, voͤlliglichen verrihtet. Dauon wil ich dich diser rede låssen machen ein ende; wån wer sich mit zů vil worten v̀berlådet, der krånket etwenn sin sinne.

Nu sage, wie des moͤnschen val sie geschehen vnd wie er gliche dem val der engel.[221]

B. Als mir wol geuållet din gůt begirde, also mynne ich uon dir ein sittiges erbeiten. Wån gerehter, wiser ernest, wie groß er ioch ist, der voret ordenunge. Sih zů dem ersten, wåran des moͤnschen vnd des engels val sint vnglich, vnd darnåch ire gliche. *[40rb]*

A. Gar gerne.

B. Der engel viel åne allen råt. Der moͤnsche wart betroͤgen von dem råte des engels. Hie meÿn ich die fröuwe, nùt den man.

A. Weles ist vnder den zwein boͤser?

B. Vnbetrogene sùnde zoͤiget me hochfart vnd boßheit, aber vnberåten sùnde me vnwißheit. Der engel der begert me sùnden, dån er heͤtt; wån er schůff, daz der moͤnsche ouch sùndet. Dauon so sùndet er åne vorhte vnd åne schamm. Der moͤnsche sùndet mit vorhten vnd mit schamm. Wån nåch der sùnde verbarg er sich von schamm vor vnserem herren vnd sprach: »Herre, ich han dich geuoͤrhtet vnd hette gerne mine schäm verdecket«. Der engel sùndet in dem himel åne alles gebott, der moͤnsche in dem paradise *ån*[222] gottes gebott, daz in zů sùnden neiget. Wån der frouwen lag groß wunder daran, waz gott gemeÿnet heͤt, daz er in ein obs vnd nuwan eine fruht hette verbotten. Dauon der moͤnsche heͤt ettliche neygunge zů der sùnde. Der engel het kein neigunge; dån sinen eigenen willen.

A. Gelobet sie die goͤtt*[40va]*liche gereͤhtigkeit, die in des moͤnschen sùnde offen ließ einen weg der erbarmhertzigkeit.

Nu sage, waran lit ir glichnisse.

B. Der engel verließ gerehten gůten willen; wån er wolte etwaz, daz gott nùt wolte, daz er es begerte. Also tet der moͤnsche, der viel von gerehtem willen; wån er wolte, das im gött heͤt verbotten. Der engel wolte gotte glich sin, wån er wolte sinen willen gotte nùt vndertånig machen. Also wolt ouch der moͤnsche. Der engel begerte siner seligkeit åne die måsse der gerehtigkeit. Dässelbe tett oͮch der moͤnsche.

467 ån] åne

Sache ein Böses ist, auch dass Böses nichts anderes ist als die Abwesenheit der verlassenen Gerechtigkeit im Willen oder in einer anderen Sache wegen eines bösen Willens.«)

221 *Während der Meister im gesamten vorausgegangenen Lehrgehalt Anselms ›De casu diaboli‹ folgt, hat dieser letzte Abschnitt dort kein Vorbild.*

222 *Die Hs. hat* åne *[Korrekturpunkt über* a*].*

<Vergleich des Falls der Engel und des Menschen>

A. Auf dein gutes Versprechen hin will ich warten bis zum nächsten Kapitel. Ich vertraue darauf: Dort werde ich in allen Zweifeln, die mir dazu einfallen können, völlige Klarheit finden. Darum will ich dich mit dieser Erklärung zu einem Ende kommen lassen; denn wer sich mit zu vielen Worten überlädt, der schwächt irgendwann seinen Verstand.

Nun sage, wie des Menschen Fall geschehen ist, und wie er dem Fall der Engel gleicht.

B. Wie mir dein gutes Begehren gefällt, ebenso liebe ich an dir ein bescheidenes Warten. Denn gerechter, kluger Ernst, wie groß er auch ist, der fördert Ordnung. Sieh als erstes, worin des Menschen und des Engels Fall ungleich sind, und danach ihre Gleichheit.

A. Sehr gerne.

B. Der Engel fiel ohne jeden Rat. Der Mensch wurde von dem Rat des Engels betrogen. Hier meine ich die Frau, nicht den Mann.

A. Welches von den beiden ist böser?

B. Unbetrogene Sünde zeigt mehr Hochmut und Bosheit, aber Sünde ohne Rat mehr Unklugheit. Der Engel begehrte mehr Sünden als er <selbst> hatte; denn er bewirkte, dass auch der Mensch sündigte. Darum sündigte er ohne Furcht und ohne Scham. Der Mensch sündigte mit Furcht und mit Scham. Denn nach der Sünde verbarg er sich aus Scham vor unserem Herrn und sagte: »Herr, ich habe dich gefürchtet und hätte gerne meine Scham bedeckt« (Gn 3,10). Der Engel sündigte im Himmel ohne jedes Gebot, der Mensch in dem Paradiese sündigte gegen Gottes Gebot, das ihn zur Sünde geneigt machte. Denn die Frau wunderte sich sehr, was Gott gemeint hatte, als er ihnen eine Frucht und nur eine Frucht verbot. Darum hatte der Mensch eine gewisse Neigung zur Sünde. Der Engel hatte keine Neigung als seinen eigenen Willen.

A. Gelobt sei die göttliche Gerechtigkeit, die in des Menschen Sünde einen Weg der Barmherzigkeit offen ließ!

Nun sage, worin liegt ihre Gleichheit.

B. Der Engel verließ den gerechten, guten Willen, da er etwas wollte, von dem Gott nicht wollte, dass er es begehrte. Ebenso tat es der Mensch, der vom gerechten Willen abfiel, da er wollte, was ihm Gott verboten hatte. Der Engel wollte Gott gleich sein, denn er wollte seinen Willen Gott nicht untertan machen. Ebenso wollte es auch der Mensch. Der Engel begehrte seine Seligkeit ohne das Maß der Gerechtigkeit. Dasselbe tat auch der Mensch.

A. Des solt du mich baß vnderwisen.

B. Eua die sach, daz das obs schoͤne was vnd lustig den ougen vnd dem munde. Sù frågete, warumb es verbotten were. Ir seite der slang, es were darumb, wån es gåb goͤttliche kunst. Adam aß mit Euän; wån er wolte guͦt vnd v̀bel mit ire liden. Hie merk ein mynne eigens fleisches; wån Adam mynte Euam als sinen lip; wån sù waz sin rippe. Merk einen lust der synne; *[40vb]* wån Eua begerte der fruht; wån sù lustlich waz den ougen vnd dem munde. Merk ouch ein begirde goͤttlicher wißheit; wån Eua begerte der goͤttlichen kunst. Die dryerley begirde sint der seligkeit des moͤnschen; wån nieman mag selig heissen, dån der sichselber hät, wie er sinselbes begert vnd daz hat, daz sin synne nach aller ir begirde erfùllet vnd den geist setzet in vollekommen wißheit gotz, in der er bekennet vnd mynnet die wårheit. Dauon so begerten sù nùt anders dån nåch der begirde der seligkeit.

A. Daz ist merkelich. Warumb stuͦnd aber die begirde åne måsse der gerehtigkeit?

B. Daz ist wunder; merkest du daz nùt? Waz ist daz hoͤste in allen dingen?

A. Gott vnd sin wille.

B. Der daz mÿnre fùr daz merre mynnet, ist daz reht?

A. Neÿn, es ist vnreht.

B. Do Adam der frouwen zuͦ liebe aß daz verbotten obes wider gottes willen, weder zoͤigte er do me mynne gotte oder der frouwen?

A. Ich muͦß sprechen, daz er me mynne tzoͤiget der fröwen wän gotte; wån wer *[41ra]* einem wider den andern volget, der zoͤiget dem me mynnen dënn dem andern.

B. Noch sih, daz Adam sin fleisch me mynnet v̀ber die måsse der gerehtigkeit, vnd dasselbe daz nÿm von Euan; wån sù goͤttliche kunst vnd der sinne lust mynnet me dånn den goͤttlichen willen.

A. Also merk ich, ob mir reht ist, daz kein begirde noch kein gelust boͤse ist, er sie ioch des libes oder des geistes. Es ist nuwan boͤse, wenn es nùt die rehte måsse hät der gerehtigkeit.

B. Wie soͤlte daz boͤse sin, daz gott darumb geben hät, daz er es wil erfuͤllen, reht alz ich von dem engel sprach: »Waz der boͤse begerte, das wart dem guͦten geben zuͦ lone.« Also ist es oͦch von dem moͤnschen. Der moͤnsche, der sichselber mynnet vnd die gelùste der sÿnne vnd die ere lit an wißheit nach måsse der gerehtigkeit, dem lönet die gerehtigkeit, daz er daz wurt besitzen in vollen lùsten in ewiger seligkeit.

A. Owe, wie ist so månig moͤnsche, daz Adam noch ist glich, die daz mynnent, daz ir seligkeit gehöret åne die måsse der gerehtigkeit vnd sunderlichen eigen *[41rb]* gemach nåch luste der synne wider die wåre seligkeit.

B. Die werdent ouch dicke geslagen vnd gebuͤsset alz Adam.

A. Darüber solltest du mich besser belehren.

B. Eva sah, dass die Frucht schön war und den Augen und dem Mund lustvoll. Sie fragte, warum sie verboten sei. Ihr sagte die Schlange, es sei darum, weil sie göttliches Wissen verliehe (Gn 3,5 f.). Adam aß mit Eva; denn er wollte Gut und Übel mit ihr erleiden. Darin bemerke die Liebe des eigenen Fleisches; denn Adam liebte Eva wie sich selbst; denn sie war seine Rippe. Bemerke eine Sinneslust; denn Eva begehrte die Frucht; da sie den Augen und dem Mund lustvoll war. Bemerke auch ein Begehren der göttlichen Weisheit; denn Eva begehrte göttliches Wissen. Dieses dreifache Begehren gehört zur Seligkeit des Menschen; denn niemand kann selig heißen. als wer sich selbst hat, wie er sich selbst begehrt, und der hat, was seine Sinne nach all seinem Begehren erfüllt und was den Geist in vollkommene Weisheit Gottes versetzt, in der er die Wahrheit erkennt und liebt. Darum begehrten sie nichts anderes, als was dem Begehren der Seligkeit entspricht.

A. Das kann man erkennen. Warum war in ihnen aber das Begehren ohne Maß der Gerechtigkeit?

B. Das ist seltsam; verstehst du das nicht? Was ist das Höchste in allen Dingen?

A. Gott und sein Wille.

B. Wer das Geringere vor dem Größeren liebt, ist das recht?

A. Nein, es ist Unrecht.

B. Als Adam der Frau zuliebe die verbotene Frucht gegen Gottes Willen aß, zeigte er da mehr Liebe zu Gott oder zur Frau?

A. Ich muss sagen, dass er mehr Liebe zur Frau zeigte als zu Gott; denn wer dem einen folgt, und zwar gegen den anderen, der zeigt dem einen mehr Liebe als dem anderen.

B. Sieh noch, dass Adam über die Maße der Gerechtigkeit hinaus sein Fleisch mehr liebte, und dasselbe nimm auch bei Eva wahr, dass sie göttliches Wissen und Sinneslust mehr liebte als den göttlichen Willen.

A. So merke ich, wenn es mir recht ist, dass kein Begehren noch keine Lust böse ist, sei es Lust des Leibes oder des Geistes. Es ist nur böse, wenn es nicht das rechte Maß der Gerechtigkeit hat.

B. Wie sollte das böse sein, das Gott dazu gegeben hat, dass er es erfüllen will, gerade wie ich zuvor von dem Engel sprach: »Was der Böse begehrte, das wurde dem Guten als Lohn gegeben.« Ebenso ist es auch beim Menschen. Der Mensch, der sich selbst liebt und die Sinneslust und für den die Ehre an der Weisheit nach dem Maß der Gerechtigkeit liegt, den belohnt die Gerechtigkeit, sodass er es mit voller Lust in der ewigen Seligkeit besitzen wird.

A. O weh, wie sind so viele Menschen darin immer noch Adam gleich, die das lieben, was zu ihrer Seligkeit gehört ohne das Maß der Gerechtigkeit und die besonders das eigene Behagen lieben entsprechend der Lust der Sinne und nicht die wahre Seligkeit.

B. Die werden auch oft geschlagen und müssen büßen ebenso wie Adam.

A. Wie wart Adam geslagen?

B. Wån er mynnte wider gerehtigkeit sin fleisch, darumb wart im benommen gewalt sins libes, daz er der gelùste nùt hätte gewalt, von den er dicke wart gekeͣstiget. Wån die frouwe mynnet wider reht goͤttlich kunst, dauon wart ir benommen wore wißheit. Wån sù mynnet wider gottes gebott den lust der sinne, darumb machete sù gott vndertaͣnig dem mann, also daz sù wùrden den gelùsten vndertaͣnig, also daz sù die begirde der seligkeit zwang vnd keͣstiget als ein herre sinen knecht, wån sù die måsse der gerehtigkeit hetten verloren.

A. Ach, wie schinet der flůch noch so wol an dem moͤnschen. Der begirde nach luste der sinne ståt åne måsse. Sù werdent also blint, daz sù nùt sehent, so die begirde ie groͤsser wurt, daz der mangel ie me vnd ie me wahset. Sù werdent also bloͤde, daz *[41va]* sù sich der vnmåssigen begirde nùt erweren moͤgent, ob inen ioch gott zů bekennende git, daz in uon der begirde nùt anders dann we vnd vnrůwe wåhset. Der gelust der tobet etwen also groͤßlich in den selben moͤnschen, das sů gůtes, gerehtes willen nùt begerent, vnd moͤgent dauon nut hoͤren vnd hassent etwen die, die es mynnent vnd in der worheit haltent.

A.

A. Wie wurde Adam geschlagen?

B. Weil er sein Fleisch gegen die Gerechtigkeit liebte, wurde ihm die Gewalt über seinen Leib genommen, sodass er keine Gewalt über die Lust hatte, von der er oft gequält wurde. Da die Frau gegen das Recht das göttliche Wissen liebte, darum wurde ihr wahre Klugheit genommen. Da sie die Lust der Sinne gegen Gottes Gebot liebte, darum machte Gott sie dem Mann untertan, sodass sie <beide> den Lüsten untertan würden, sodass das Begehren der Seligkeit sie bezwang und quälte wie ein Herr seinen Knecht, da sie die Maße der Gerechtigkeit verloren hatten (vgl. Gn 3,10–23).

A. Ach, wie erscheint der Fluch noch so klar an dem Menschen. Das Begehren nach Lust der Sinne besteht ohne Maß. Sie werden so blind, dass sie nicht sehen, wenn die Begierde umso größer wird, dass der Mangel jeweils mehr und mehr wächst. Sie werden so blöde, dass sie sich der unmäßigen Begierde nicht erwehren können, auch wenn ihnen Gott zu erkennen gibt, dass ihnen von der Begierde nichts anderes als Weh und Unruhe erwächst. Die Lust tobt manchmal so stark in denselben Menschen, dass sie Gottes gerechten Willen nicht begehren, und sie können darum nicht hören, und sie hassen manchmal diejenigen, die es <den gerechten Willen> lieben und <sich> in der Wahrheit halten.

A.

Das fùnfte capitel
Seit, was sùnde ist.

Ach, ich han kume erbeitet, daz ich voͤlliglich verneͤme, waz sùnde sie. Dauon so vaͦh an daz capitel von den sùnden, als du vor hast gelobet zuͦ reden in dem fùnfften capitel.

B. Wilt du wol verstan, waz sùnde ist, so solt du merken:
waz sùnde nùt ist,
daz ander, waruß alle sùnde flùsset,
vnd waz sù ist.

A. Mir geuaͦllet wol die ordenunge, daz du mich bewisest an dem *[41vb]* ersten, waz sùnde nùt ist, daz ich iht betzihe vnd belùmde die creͤturen gottes, die guͦt ist, daz sù boͤse vnd sùnde sie, oder gott, daz er kein ding habe gemachet, daz sùnde sie. Dauon so sprich, daz sùnde nùt ist, an dem ersten.

<Was Sünde nicht ist.>

B. So merke mine wort eben; waͦn wer dise rede wil verstaͦn, der bedarff guͦtes flisses vnd guͦter sinne. Sùnde ist kein ding, daz ist[223]. Mit dem worte sie dir geͤntwirtet diner ersten fraͦge.

A. Du hast wor geseit, daz ich bedarff guͦtes flisses vnd guͦter sinne; waͦn din antwirt ist also kurtz, daz ich ir nùt verstaͦn, vnd daz kummet dauon, daz ich weͤne, waͦn mir zuͦ kurtz sint die sinne.

B. Werent dine sinne geuͤbet in der geschrifft, so were die antwùrt nùt zuͦ kurtz; waͦn dick ein kurtz wort beslùsset wite sinne.

A. Ich han nùt zwifel an dinen worten; dauon so vͤbe *myne* sinne, daz sù werden verstande dine antwùrte.

B. Des haͤt ich selber willen. Dauon sage mir, von wem ist alles daz komen, daz ist?

A. Von gotte, daz ich weͤne.

B. Sid alles, daz komen ist von gotte, were sùnde *[42ra]* der dinge keines, daz ist, so were sùnde von gotte kommen.

22 myne] mynne

---

223 *Anselmus Cantuariensis, De conceptu c. 5; Bd. II, S. 146,3:* Iniustitia autem omnino nihil est, sicut caecitas. *(»Die Ungerechtigkeit ist ganz und gar nichts, wie die Blindheit.«) Vgl. Augustinus, In Ioh. I, n. 13; CCSL Bd. XXXVI, S. 7,1–7:* ›Omnia per ipsum facta sunt, et sine ipso factum est nihil‹, videtis ne sic cogitetis quia nihil aliquid est. Solent enim multi male intelligentes ›sine ipsum factum est nihil‹, putare aliquid esse nihil. Peccatum nihil est, et nihil fiunt homines, cum peccant. *(»›Alles ist durch ihn geworden, und ohne ihn ist nichts geworden.‹ Seht und denkt bloß nicht, dass nichts etwas sei. Viele, die den Satz ›Das ohne ihn Gewordene ist nichts‹ falsch verstehen, pflegen nämlich zu denken, etwas sei nichts. Die Sünde ist nichts, und die Menschen schaffen nichts, wenn sie sündigen.«) Zitiert bei Petrus Lombardus, Sent. II, d. 35, c. 2, n. 1; Bd. I,2, S. 530,17–19.*

Das fünfte Kapitel
sagt, was Sünde ist.

Ach, ich habe es kaum erwartet, vollständig zu vernehmen, was Sünde ist. Darum fange das Kapitel von den Sünden an, wie du zuvor versprochen hast, davon im fünften Kapitel zu reden.

B. Willst du gut verstehen, was Sünde ist, so sollst du Folgendes beachten:
Was Sünde nicht ist,
zweitens, woraus alle Sünde fließt,
und was sie ist.

A. Mir gefällt die Ordnung gut, dass du mir zuerst aufzeigen willst, was Sünde nicht ist, sodass ich nicht etwa die Geschöpfe Gottes, die gut sind, beschuldige und sie verleumde, dass sie böse und Sünde seien, oder Gott, dass er irgendein Ding geschaffen habe, das Sünde ist. Darum sag zuerst, was Sünde nicht ist.

<Was Sünde nicht ist.>

B. So beachte meine Worte; denn wer diese Belehrung verstehen will, der braucht gute Aufmerksamkeit und guten Verstand. Sünde ist nicht etwas, das ist. Mit diesem Wort sei dir auf deine erste Frage geantwortet.

A. Du hast die Wahrheit gesagt, dass ich gute Aufmerksamkeit und guten Verstand brauche; denn deine Antwort ist so knapp, dass ich sie nicht verstehe, und das kommt daher, wie ich meine, weil mein Verstand zu kurz greift.

B. Wäre dein Verstand in der Schrift geübt, so wäre die Antwort nicht zu knapp, denn oft enthält ein knappes Wort einen weiten Sinn.

A. Ich habe keinen Zweifel an deinen Worten, darum übe meinen Verstand, dass er deine Antwort versteht.

B. Das hatte ich selbst vor. Darum sage mir, von wem ist alles gekommen, was es gibt?

A. Von Gott, wie ich meine.

B. Da alles von Gott gekommen ist, wäre eines der Dinge, das es gibt, Sünde, dann wäre die Sünde von Gott gekommen.

A. We, wie håst du mich so schiere gefangen mit worten, daz ich nùt wol kan furbaß antwirten. Wån sprich ich, daz alles, daz ist, kommen ist uon gott, so můß ich veriehen, daz sùnd ist uon gotte. Also belùmde ich den schoͤpfer aller gůter dinge. Sprich aber ich, daz alles, daz ist, nùt ist von gotte, so můß ich veriehen, daz gott nùt ist ein schoͤpfer aller creaturen vnd daz etwaz ist, das von imselber ist.[224]

B. Mir geuållet wol, daz du die stricke der wårheit merkest, wån daz ist ein zeichen gůter sinne. Wån veriehest du, daz sùnde were von gotte, so gloubetestu zwene gotte, einen, von dem alle gůte ding sint, den andern, von dem die sùnde sint; wån von eim gotte mag gůt vnd v̀bel nùt kommen. Verieͤhest du aber, daz etwaz ist, daz uon gotte nùt geschaffen ist; so gloubetest du, daz kein gott ist. Wån reht als ein ding moͤhte sin, daz uon imselber were vnd nùt von gotte komen, alz mùglich moͤht man sprechen, daz kein ding, daz ist, sie von gotte komen. Dauon *[42rb]* so můstest du veriehen, daz kein gott notdùrfftig were.[225]

A. Wån ich dise stricke meͤrkte, dauon wuste ich nùt, waz ich me soͤlte antwirten, ich spreche dann, daz etwaz der moͤnsche tåt vnd schoͤpfede, daz gott nùt tůt noch machet.

B. Daz soltu nùt sprechen; wån so gaͤbest du dem moͤnschen goͤttlichen gewalt. Der moͤnsche mag wol etwaz wùrken vnd geberen, er mag nichtez niht geschoͤpfen.

A. Waz vnderscheides ist zwùschent wùrken vnd schoͤpfen?

B. Daz ist ein nùtze fråge, wann darinne wirstu verstånde, daz alle die ding, die der moͤnsche wùrket, die wurket gott durch den moͤnschen, vnd ist derselben werk ein wùrker me då̈nn der moͤnsche. Dauon were sùnd ein werk oder ein nature, die geboren wùrde uon dem moͤnschen, so wùrde sù gewùrket vnd uon gotte geschoͤpfet.

---

224 *Anselmus Cantuariensis, De conceptu c. 4; Bd. II, S. 145,30 f.:* Denique omnis essentia est a deo, a quo nihil est iniustum. Quare nulla essentia est iniusta per se. *(»Schließlich ist jede Wesenheit von Gott, von dem nichts Ungerechtes kommt. Darum ist keine Wesenheit aus sich selbst ungerecht.«) Siehe auch Iohannes de Basilea, In Sent. II, q. 21, concl. 1; Bd. III, S. 302,3 f.:* Quamvis peccatum originale sit culpa et paena, non est tamen formaliter aliqua entitas vel res incomplexa. *(»Obwohl die Erbsünde Schuld und Strafe ist, ist sie dennoch nicht eigentlich ein Seiendes oder ein einfaches Ding.«)*

225 *Siehe auch Iohannes de Basilea, In Sent. II, d. 31–33, q. 21, concl. 1, probatio ultimae partis; Bd. III, S. 303,3–7:* Ultimam partem probo quia, si foret aliqua entitas incomplexa, ut dictum est, sequitur inevitabiliter de duobus unum: Vel quod Deus est causa partialis vel totalis culpae originalis, vel quod aliqua est entitas positiva, cuius Deus est nec partialis nec totalis causa effectiva; quorum utrumque est falsum. *(»Den letzten Teil <der Conclusio> begründe ich so: Wenn die Sünde irgendein einfaches Seiendes wäre, wie gesagt wurde, folgt unvermeidlich eine von den beiden <Thesen>: Entweder dass Gott teilweise oder ganz die Ursache der Erbsünde ist oder dass es ein positives Seiendes gibt, für das Gott weder teilweise noch ganz die Wirkursache ist. Doch beide Thesen sind falsch.«)*

A. O weh, wie hast du mich so schnell mit Worten gefangen, sodass ich nicht weiter antworten kann. Denn wenn ich sage, dass alles, was ist, von Gott gekommen ist, so muss ich behaupten, dass die Sünde von Gott ist. So verleumde ich den Schöpfer aller guten Dinge. Wenn ich aber sage, dass alles, was ist, nicht von Gott kommt, so muss ich behaupten, dass Gott nicht der Schöpfer aller Geschöpfe ist und dass es etwas gibt, das durch sich selbst ist.

B. Mir gefällt gut, dass du die Verstrickung der Wahrheit bemerkt hast, denn das ist ein Zeichen für guten Verstand. Denn behauptest du, dass die Sünde von Gott wäre, dann glaubtest du an zwei Götter, einen, von dem alle guten Dinge sind, und den anderen, von dem die Sünden sind, denn von einem Gott kann Gut und Böse nicht kommen. Würdest du aber behaupten, dass es etwas gibt, das nicht von Gott geschaffen ist, dann glaubtest du, dass kein Gott ist. Denn gerade, wie es ein Ding geben könnte, das durch sich selbst ist und nicht von Gott gekommen ist, ebenso gut könnte man sagen, dass kein Ding, das ist, von Gott gekommen sei. Darum so müsstest du zugeben, dass kein Gott notwendig wäre.

A. Da ich diese Verstrickung bemerkte, wusste ich nicht, was ich sonst antworten sollte, außer ich sagte, dass der Mensch etwas tut und schafft, das Gott nicht tut und schafft.

B. Das sollst du nicht sagen; denn damit gäbst du dem Menschen göttliche Macht. Der Mensch kann wohl etwas bewirken und erzeugen, er kann aber nichts erschaffen.

A. Was ist der Unterschied zwischen Wirken und Schaffen?

B. Das ist eine nützliche Frage, denn darin kannst du verstehen, dass alle Dinge, die der Mensch wirkt, zugleich Gott durch den Menschen bewirkt, und dass es für dasselbe Werk mehr Bewirker gibt als nur den Menschen. Darum, wenn die Sünde ein Werk oder eine Natur wäre, die von dem Menschen erzeugt würde, so würde sie gewirkt und von Gott geschaffen.

A. Gelobet sie gott, der mir daz gab zů frågende. Dauon so sage den vnderscheit!

B. Scho̊ͤpfen ist ein ding machen gåͤntzlich åne alle helffe aller dinge. Daz ist gott alleine mùglich. Aber wùrken oder geberen als der mo̊ͤnsche mag, daz ist ein nature machen mit helffe vnd mit stùre gottez, *[42va]* åne des helffe der mo̊ͤnsche nùt gewùrken noch gemachen mag.

A. Nu merk ich: Wer sùnde kein ding, daz ist, vnd wer daz uon dem mo̊ͤnschen gewùrket oder geboren, so were sù ǒch von gotte; wån der mo̊ͤnsche nùt geberen mag åne die helffe gotz. Sid ich nu kein antwùrt in mirselber kan vinden, daz sùnde etwaz sie, daz ist, – wann es von gotte nùt ist, daz sùnde ist, noch von dem engel noch uon dem mo̊ͤnschen oder von aller creature, das ist ouch von gotte –, darumb so bin ich getriben daruff, daz ich merke, das sùnde kein ding ist, daz ist.

B. Du hat den weg begriffen. Doch wiltu es wol verstån, so merke noch ein wort, daz ich dir sage, daz git dir bekantnisse miner antwirte.

A. Gar gerne.

B. Alles, daz ist, das ist uon gotte; vnd alles, daz nùt ist, daz ist von ymselber vnd ist nùt uon gotte.[226]

A. Ich schåͤme mich miner vnůͤrnùnffte; vnd dauon getar ich nùt uon allen worten frågen.

B. Ich merke wol, du verståst daz als wening als das vorder; dauon frågetest du gerne von dem worte, ob du geto̊ͤrstest.

A. Ich mů̊ß lachen, daz du alz wol kanst *[42vb]* råten; wån du gebest mir dåͤnn ein besser erlùhtunge, so duncket mich, das ich es minre merke dåͤn das vorder.

B. Alles, daz ist, daz ist antweder ein creature oder aber der scho̊ͤpfer. Nu ist die creature von irselber nut, sù ist uon dem scho̊ͤpfer. Dauon sprichet daz wort: »Alles, daz ist, daz ist antweder gott oder von gotte geschaffen.«

A. Daz merk ich wol. Aber wie ist daz nùt von gotte, daz nùt ist, vnd wie ist es von ymselber?

B. *Dez* merk ein glichnusse: Wer ein nackender mo̊ͤnsche, dem ich lùhe ein gewant, weder wer der mo̊ͤnsche nackent von ymselber oder von mir?[227]

86 Dez] daz

---

226 *Petrus Lombardus, Sent. II, d.35, c.2, n.5; Bd. I,2, S.531,23–26:* Augustinus in libro De 84 quaestionibus *<De div. quaest., q.21; CCSL Bd. XLIIII A, S.26,9–11>:* ›Deus boni tantummodo causa est: quo circa mali auctor non est, quia omnium quae sunt auctor est, quae in quantum sunt, in tantum bona sunt‹. *(»Augustinus <schreibt> im Buch ›84 Fragen‹: ›Gott ist insofern die Ursache des Guten, wie er hinsichtlich des Bösen nicht der Urheber ist, da er Urheber alles dessen ist, was, sofern es ist, gut ist.‹«)*

227 *Anselmus Cantuariensis, De casu c.1; Bd. I, S.234,26–28:* Si enim ab aliquo repetas tunicam, quam illi nudo sponte ad tempus praestiteras, non habet a te nuditatem, sed te

A. Gelobt sei Gott, der mir eingegeben hat, das zu fragen. Darum sage den Unterschied!

B. Schaffen heißt ein Ding ganz und gar machen ohne jedwede Hilfe. Das ist nur Gott möglich. Aber bewirken und erzeugen, wie es der Mensch tun kann, das heißt, eine Natur mit der Hilfe und Leitung Gottes machen, ohne dessen Hilfe der Mensch nicht wirken noch machen kann.

A. Jetzt verstehe ich: Wäre die Sünde irgendein Etwas, das ist, und wäre das vom Menschen bewirkt oder erzeugt, so wäre sie auch von Gott; denn der Mensch kann nichts ohne die Hilfe Gottes erzeugen. Da ich jetzt keine Antwort in mir selber finden kann, dass die Sünde etwas ist, das ist, – denn da von Gott nichts ist, was Sünde ist, noch von dem Engel noch von dem Menschen oder von irgendeinem Geschöpf, das auch von Gott ist –, darum bin ich jetzt dazu getrieben zu merken, dass die Sünde kein Etwas ist, das ist.

B. Du hast den Weg begriffen. Doch willst du es gut verstehen, so beachte noch ein Wort, das ich dir sage, das gibt dir eine Erkenntnis meiner Antwort.

A. Sehr gerne.

B. Alles, was ist, das ist von Gott; und alles, was nicht ist, das ist durch sich selbst und ist nicht von Gott.

A. Ich schäme mich meiner Unvernunft; und darum traue ich mich nicht, allen Worten nachzufragen.

B. Ich sehe wohl, du verstehst dieses so wenig wie das Vorherige, darum möchtest du gerne das Wort infrage stellen, wenn du dich trauen würdest.

A. Ich muss lachen, dass du so gut raten kannst; denn, wenn du mir nicht eine bessere Erleuchtung geben würdest, so meine ich, dass ich es noch weniger verstehen würde als das Vorhergegangene.

B. Alles, was ist, ist entweder ein Geschöpf oder aber der Schöpfer. Nun ist das Geschöpf nicht durch sich selbst, es ist von dem Schöpfer. Darum heißt das Wort: »Alles, was ist, ist entweder Gott oder von Gott geschaffen.«

A. Das verstehe ich wohl. Aber wie ist das nicht von Gott, was nicht ist; und wie ist es durch sich selbst?

B. Dazu nimm ein Gleichnis: Wenn ich einem nackten Menschen ein Gewand liehe, wäre dieser Mensch nackt durch sich selbst oder durch mich?

A. Er waz nackent uon imselber vnd ist bekleidet uon dir.

B. Dem moͤnschen hoͤisch ich wider das gewandt, daz ich ime hätte geluhen, so wùrt er bloß, als er vor waz, uon wem het er nu daz, das er bloß ist vnd nackent?

A. Als er es vor hette von imselber, also het er es aber von imselber; wån in dem, alz du im daz geluhen gewandt genommen håst, so ist er darzů kommen, daz er uon imselber waz.

B. Du hast wol gesprochen. *[43ra]* Also glicher wise die creature ist uon irselber nùt, e daz sù werde geschaffen. Vnd weͤnn sù geschaffen wurt, so wurt sù als ein nackender gekleidet mit dem, das sù ist. Vnd wenn denn gott zů im zùhet dasselbe, domit er die creature hät bekleidet, so nymmet er daz sine, so wurt die creature wider bloß vnd zů nùte, daz sù von irselber ist vnd waz, e daz sù wart geschoͤpfet. Vnd dauon, daz die creature ist, daz hat sù von gotte, vnd daz sù nùt ist, daz hät sù nùt uon gotte; sù heͤt es von ir selber.

A. Nu merk ich daz wort erst, daz du sprichest: »Alles, daz ist, daz ist von gotte, vnd daz nùt ist, daz ist nùt von gotte, es ist von imselber.« Wån daz nùt ist, das bedärff weder gottes noch der creaturen darzů, daz es nùt sie; waz aber ist etwaz, daz můß gottes bedoͤrffen, daz es daz sie vnd blibe, daz es ist.

B. Sid du daz wort nù hast begriffen, so kere dich vff daz erste vnd lůge, wie du es vsser disem worte verstandest.

A. Es ist mir nu worden merklich. Wån daz ander wort hät mich vnder*[43rb]*wiset, daz alles, daz ist, das ist von götte, vnd das nùt ist, daz ist nùt von götte, es ist von imselber. Daruß merk ich das erste wort, daz sùnde nùt ist kein ding, daz ist. Wån were sù dehein ding, daz ist, so were sù ouch von gotte, daz vnbillich zů redende ist.

B. Du hät den sinn der worte gar wol begriffen.

A. Daz ein treͤger ochse snelle gåt, daz geschihet, so er wurt wol gemeͤnet. Also geschihet mÿnen sinnen. Doch ist mir noch etwaz wunders bliben an dinen worten. Das sol dich nùt spoͤttlichen duncken, ob ich darnåch fråge. Wån ein treͤges rÿnd ståt dicke, wenn es nùt emsiglichen wurt gemeͤnet vnd getriben.

B. Waz ist din wunder?

A. Do duncket mich: Ist sùnde kein ding, daz ist, so ist ouch kein ding sùnde. Ist aber kein ding sùnde, warumb leret man denn, daz man nùt soͤlle wùrken sùnde vnd wie daz werk sie sùnde?

B. Ich han nùt gesprochen, daz kein *ding* sùnde sie. Ich han gesprochen, das sùnde kein ding ist, daz ist.

122 ding *fehlt*

---

quod tuum erat tollente redit in id quod erat, antequam a te indueretur. *(»Wenn du nämlich von jemand ein Gewand zurückforderst, das du ihm als er nackt war, freiwillig eine Zeit lang gewährt hast, hat er die Nacktheit nicht von dir, sondern, indem du nimmst, was dir gehört, kehrt er zurück in das, was er war, bevor er von dir bekleidet wurde.«)*

A. Er war durch sich selbst nackt und ist durch dich bekleidet.

B. Von diesem Menschen fordere ich das Gewand zurück, das ich ihm geliehen hatte, so wird er entblößt, wie er es zuvor war. Von wem hat er das nun, dass er entblößt und nackt ist?

A. Wie er es vorher durch sich selbst hatte, so hat er das wieder durch sich selbst; denn indem du ihm das geliehene Gewand weggenommen hast, ist er zu dem gekommen, was er durch sich selbst war.

B. Das hast du richtig gesagt. So ist in gleicher Weise auch das Geschöpf nicht durch sich selbst, bevor es geschaffen wird. Und wenn es geschaffen wird, so wird es wie ein Nackter mit dem bekleidet, was es ist. Und wenn Gott ihm dasselbe wieder entzieht, mit dem er das Geschöpf bekleidet hat, so nimmt er das Seine zurück und so wird das Geschöpf wieder entblößt und zu nichts. Das ist und war es durch sich selbst, bevor es geschaffen wurde. Und darum, was das Geschöpf ist, das hat es von Gott, und was es nicht ist, das hat es nicht von Gott; es hat es durch sich selbst.

A. Jetzt verstehe ich erst das Wort, das du sagst: »Alles, was ist, ist von Gott, und was nicht ist, das ist nicht von Gott, es ist durch sich selbst.« Denn was nicht ist, das braucht weder Gott noch das Geschöpf dazu, dass es nicht ist; aber was etwas ist, das muss Gott nötig haben, damit es ist und bleibt, was es ist.

B. Da du dies Wort nun verstanden hast, wende dich zurück auf das erste und schau zu, wie du das aufgrund dieses Wortes verstehst.

A. Es ist mir nun verständlich geworden. Denn das zweite Wort hat mich gelehrt, dass alles, was ist, von Gott ist, und was nicht ist, das ist nicht von Gott; es ist durch sich selbst. Dadurch verstehe ich das erste Wort, dass Sünde kein etwas ist, das ist. Denn wäre die Sünde ein Ding, das ist, so wäre sie auch von Gott, und das lässt sich nicht zu Recht sagen.

B. Du hast den Sinn der Worte ganz gut begriffen.

A. Dass ein träger Ochse schnell geht, das geschieht, weil er angetrieben wird. So geschieht es auch mit meinem Verstand. Doch ist mir noch etwas in deinen Worten fraglich geblieben. Es soll dir nicht lächerlich vorkommen, wenn ich dich danach frage. Denn ein träges Rind bleibt oft stehen, wenn es nicht eifrig angetrieben wird.

B. Was ist deine Frage?

A. Mir scheint: Wenn die Sünde kein Ding ist, das ist, so ist auch kein Ding Sünde. Ist aber kein Ding Sünde, warum lehrt man dann, dass man nicht Sünde tun soll, und wie kann das Werk Sünde sein?

B. Ich habe nicht gesagt, dass kein Ding Sünde sei. Ich habe gesagt, dass Sünde kein Ding ist, das ist.

A. Ich wånd, es were *[43va]* eins: sùnd ist kein ding, vnd kein ding ist sùnde.

B. Vngelerte moͤnschen werdent dick an worten betrogen. Dauon ist in vnsicher, vß eigenem sinne die wårheit suͤchen. So ich spriche: »Sùnde ist kein ding«, so meÿn ich, das sùnde kein creature noch kein nature ist, vnd das ist wor. So man aber sprichet: »Kein ding ist sùnde«, so meÿnet man, daz man alle werk vnd alle ding, die sint, moͤge geuͤben åne sùnde, daz ist valsch vnd vnwår. Dauon sint die zwey nùt eins: Sùnde ist kein ding, vnd: Kein ding ist sùnde.

A. Ist sùnde kein ding, so ist sùnde nùtz nùt; so richet gott nùtzit, so er die sùnde buͤsset.

B. Gott buͤsset nùt den sùnder vmb nùtzit, so er die sùnde richet, wie daz sie, daz die sùnde nùtzit ist.[228] Wenn er die sùnde buͤsset, das tůt er vmb die gerechtigkeit, der sù mangelt. Reht als der einen våhet vmb die schulde, die er nùt hät zů vergeltende, den våhet man vmb den mangel des giltes. Man vahet in nùt vmb daz gelt. Doch vinge man in nùt, were der man*[43vb]*gel des geltes reht. Also wurt der sùnder gefangen vmb die schulde, daz ist gerehtigkeit, die ist etwaz. Er wùrde aber nùt gefangen, hetti er nùt den mangel der gerehtigkeit; der mangel nùtzit ist.

A. Nu merk ich wol, wie die sùnde nùtzit ist; doch wurt der sùnder nùt vmb nùtzit gebuͤsset; wän er solte etwaz hån, des er mangelt.

<Was die Sünde ist.>

Du hast mich wol vnderwiset, waz sùnde nùt ist. Nu sage mir, waz sùnde ist vnd wåruß sù flùsset.

B. Håstu wol gemerket mÿne wort, so maht du von dir selber wol merken, waz sùnde ist.

A. Waran sol ich es merken?

B. Ich han dich vnderwiset, daz sùnde kein ding ist. Dainne maht du sehen, daz sùnde nùtzit ist. Ich han ǒch gesprochen: »So gott die sùnde zùrnet vnd richet, daz er nùt nùtzit richet vnd zùrnet; wån er zùrnet vmb ein schulde, die der sùnder nùt håt zů geltende.« Daby maht du sehen, daz sùnd ein mangel ist. Die zweÿ zoͤigent, daz sùnde kein ding ist; wån es ist ein mangel eins dinges, des gott von dem moͤnschen *[44ra]* begert als einer rehten schulde.

A. Ich muͤß der worheit veriehen: Ich han lange die nature vnd die creature gottes gelùmedet; wån ich woͤnde, daz ettliche ding sùnde werent, die in der

228 *Anselmus Cantuariensis, De conceptu c. 6; Bd II, S. 147,19–22:* Si itaque cum punit deus pro peccato, quod est absentia debitae iustitiae – quae nihil est – non omnino punit pro nihilo, et verum est quia nisi sit aliquid propter quod punire debeat, omnino non punit pro nihilo. *(»Also wenn <Gott> wegen einer Sünde straft, die die Abwesenheit der geschuldeten Gerechtigkeit ist – die nichts ist –, straft er keineswegs für nichts. Und das ist wahr; denn, wenn da auch kein Etwas ist, dessentwegen gestraft werden sollte, straft er keineswegs für nichts.«)*

A. Ich dachte, es wäre eins; Sünde ist kein Ding und kein Ding ist Sünde.

B. Ungelehrte Menschen täuschen sich oft in den Worten. Darum sind sie unsicher, wenn sie aus Eigensinn die Wahrheit suchen. Wenn ich sage: »Sünde ist kein Ding«, so meine ich, dass Sünde kein Geschöpf und keine Natur ist, und das ist wahr. Wenn man aber sagt: »Kein Ding ist Sünde«, so meint man, dass man alle Handlungen und alles, was ist, ohne Sünde ausüben könnte; das ist falsch und unwahr. Darum sind die zwei nicht eins: »Sünde ist kein Ding«, und »Kein Ding ist Sünde.«

A. Wenn die Sünde kein Ding ist, dann ist Sünde gar nichts; so bestraft Gott nichts, wenn er die Sünde büßen lässt?

B. Gott lässt den Sünder nicht für nichts büßen, wenn er die Sünde bestraft, obwohl es so ist, dass die Sünde nichts ist. Wenn er die Sünde büßen lässt, dann tut er es wegen der Gerechtigkeit, die ihr fehlt. Gerade so, wie man jemanden um seiner Schulden willen verhaftet, die er nicht zurückerstatten kann, den fängt man wegen des Mangels der Wiedergutmachung. Man verhaftet ihn nicht wegen der Wiedergutmachung. Doch finge man ihn nicht, wäre das Fehlen der Wiedergutmachung recht. So wird der Sünder gefangen wegen seiner Schuld, das ist die Gerechtigkeit, und die ist etwas. Er würde aber nicht gefangen, hätte er nicht das Fehlen der Gerechtigkeit, und dieser Mangel ist nichts.

A. Jetzt verstehe ich, wie die Sünde nichts ist; doch wird der Sünder nicht um nichts bestraft; denn er sollte etwas haben, das ihm fehlt.

<Was die Sünde ist.>

Du hast mich gut belehrt, was Sünde nicht ist; nun sage mir, was Sünde ist und woraus sie hervorfließt.

B. Wenn du meine Worte gut beachtet hast, kannst du selbst verstehen, was Sünde ist.

A. Woran soll ich es erkennen?

B. Ich habe dich belehrt, dass Sünde kein Ding ist. Daran kannst du sehen, dass Sünde nichts ist. Ich habe auch gesagt: Wenn Gott wegen der Sünde zürnt und straft, dass er nicht nichts bestraft und nicht über nichts erzürnt ist, denn er zürnt wegen einer Schuld, die wieder gut zu machen der Sünder nichts hat. Daran kannst du sehen, dass Sünde ein Mangel ist. Diese beiden Dinge zeigen, dass Sünde kein Ding ist, denn sie ist ein Mangel eines Etwas, das Gott von dem Menschen als eine gerechte Schuld haben möchte.

A. Ich muss wahrheitsgemäß gestehen: Ich habe lange die Natur und das Geschöpf Gottes verleumdet; denn ich meinte, dass manche Dinge Sünde seien,

woͣrheit sùnde nùt ensint. Ich han vntz heͤr nÿe verstanden, daz sùnde nuwan ist ein mangel guͦter dinge, vnd daz alle dinge in ire nature guͦt sint, waͦn alle ding von gotte sint, die ie wurdent oder sint. Nu ist maͤniger leye mangel. Dauon sage mir, welicher mangel sùnde sie.

B. Sage mir vor: Waz ist das ding, das den guͦten guͦt machet vnd von einem sùnder einen gereͤhten machet?

A. Daz ist gerehte mynne, ob ich reht gedencke diner worte in dem andern capitel.

B. Du hast wol gedaͦht. Dauon der gerehte mynne verlùret, waz wurt vß dem?

A. Ein sùnder.

B. Daby merke, daz sùnde ist ein mangel gerehter mynne. Waͦn als gerehte mynne machet einen gerehten moͤnschen, also machet mangel der gerehtikeit einen sùnder.[229]

A. Wie daz ich wol allen dinen worten gloube, *[44rb]* doch hoͤrt ich gerne, daz du mir dise rede in ettlicher glichnisse baß zoͤigetest vnd sù bewertest.

B. Womit sùndet der engel?

A. Mit vnmaͤssiger begirde siner seligkeit, als du vor haͦst geleret.

B. Waz die begird etwaz oder nùtzt oder der wille?

A. Es waz ein werk des engels vnd dauon so waz es etwaz.

B. Waͦuon kam der wille oder daz werk?

A. Du hast mich ietz geleret, daz alles, daz etwaz ist, daz ist uon gotte. Dauon muͦß ich sprechen, daz der wille kam von gotte.

B. Nu sage: Ist die begirde vnd der wille sùnde, die von gotte komen ist?

A. Neÿn, daz sol ich nùt sprechen.

B. Dauon so ist guͦter wille nùt daz, daz den engel gut machet, noch *boͤser* wille ist nùt daz, daz den engel boͤse machet. Waͦn der wille, der gotte vndertaͤnig nùt wil sin, der ist als wol ein werk vnd ein nature eins werkes, daz uon gotte komen ist, als der wille, der gotte gehorsam ist.[230]

A. Ich han dich nu wol verstanden. Du meÿnest: Waͤn alles, daz wesen vnd nature hat, uon gotte ist, dauon *[44va]* so mag kein werk noch kein wille noch ker an siner nature sùnde sin. Dauon so muͦß sùnde ein mangel der gerehtigkeit sin. Die gerehtigkeit machet guͦt den guͦten; der mangel machet boͤse den boͤsen.

182 boͤser] böse

---

229 *Petrus Lombardus, Sent. II, d.35, c.3, n.1; Bd. I,2, S.534,6f.:* Utrum malus actus in quantum peccatum est sit privatio vel corruptio boni. *(»Ist der böse Akt, sofern er Sünde ist, eine Beraubung oder Zerstörung eines Guten?«)*

230 *Petrus Lombardus, Sent. II, d.35, c.2, n.6; Bd. I,2, S.532,16–19:* Mala igitur voluntas sive actio, in quantum est, bonum est. Et in quantum voluntas est vel actio, bonum similiter est; sed ex vitio mala est: quod vitium a Deo non est, neque aliquid est. *(»Der böse Wille oder Akt, insofern er ist, ist gut. Und insofern er Wille oder Akt ist, ist er gleichfalls gut; aber aus dem Laster ist er böse; dieses Laster ist nicht von Gott und ist nicht etwas.«)*

die in Wahrheit nicht Sünde sind. Ich habe bisher nie verstanden, dass Sünde nur ein Mangel guter Dinge ist, und dass alle Dinge in ihrer Natur gut sind, da alle Dinge, die je wurden oder sind, von Gott sind. Nun gibt es mancherlei Mängel. Darum sage mir, welcher Mangel Sünde ist.

B. Sage mir zuvor: Was ist das Etwas, das den Guten gut macht und das aus einem Sünder einen Gerechten macht?

A. Das ist rechte Liebe, wenn ich an deine Worte aus dem zweiten Kapitel denke.

B. Daran hast du mit Recht gedacht. Darum, was wird aus dem, der die rechte Liebe verliert?

A. Ein Sünder.

B. Daran beachte, dass die Sünde ein Mangel rechter Liebe ist. Denn wie rechte Liebe einen Menschen gerecht macht, so macht der Mangel der Gerechtigkeit einen Sünder.

A. Obwohl ich alle deine Worte glaube, hörte ich doch gerne, dass du mir dies in Beispielen besser zeigen und begründen könntest.

B. Womit sündigt der Engel?

A. Mit maßlosem Begehren seiner Seligkeit, wie du vorher gelehrt hast.

B. War dieses Begehren etwas oder nichts oder ein Wille?

A. Es war eine Tat des Engels, und darum war es etwas.

B. Woher kam der Wille oder das Handeln?

A. Du hast mich jetzt belehrt, dass alles, was etwas ist, von Gott ist. Darum muss ich sagen, dass der Wille von Gott kam.

B. Nun sage: Sind das Begehren und der Wille Sünde, die von Gott gekommen sind?

A. Nein, das werde ich nicht sagen.

B. Darum ist der gute Wille nicht das, was den Engel gut macht, noch ist böser Wille das, was den Engel böse macht. Denn der Wille, der Gott nicht untertan sein will, der ist ebenso ein Tun und die Natur eines Tuns, das von Gott gekommen ist, wie der Wille, der Gott gehorsam ist.

A. Ich habe dich wohl verstanden. Du meinst, da alles, was Sein und Natur hat, von Gott ist, darum kann kein Tun und kein Wollen noch eine Hinwendung aus seiner Natur Sünde sein. Darum muss die Sünde ein Mangel der Gerechtigkeit sein. Die Gerechtigkeit macht den Guten gut und deren Mangel macht den Bösen böse.

B. Du hast, daz ich dir begere. Luͦge, daz keÿn zwifel dich irre.

A. Es ist mir von gottes gnaͤden als offen worden, daz ich nùt me zwifeln kan; daͤn daz mich wundert: Sid daz alle nature guͦt ist, warvmb sint daͤn soͤliche wort vnd werk, gedencke vnd wille verbotten?

B. Do mag die werk nieman wùrken, die verbotten sint, daͤn aͦne gerehtigkeit, ob er ietz in sùnden ist, oder aber er muͦß gerehtigkeit verlieren, ob er vor nùt waz in sùnden. Dauon so sint seͤmliche werk verbotten, von den der moͤnsche muͦß vallen in sùnde, daz ist vngerehtigkeit, die nùt anders ist deͤnn der gerehtigkeit mangeln.

A. Waͦuon kommet aber, daz man gerehtigkeit muͦß mangeln, der die werk tuͦt, die uon gotte verbotten sint?

B. Sich an daz capitel von gerehtigkeit *[44vb]* vnd gedenke, waz gerehtigkeit sie, so vindest du, das gerehtigkeit ist die ordenunge des willen, in der ordenunge der moͤnsche geschaffen wart. Die ordenunge waz daran, daz daz minre dem bessern soͤlte sin vndertaͤnig. Dauon solte des moͤnschen wille volgen vnd vndertaͤnig sin dem gottlichen willen. Wenn nu der moͤnsche tuͦt die werk, die gott verbotten hat, so mag er nùt bliben in der ordenunge, als er geschaffen wart. Dauon muͦß er gerehtigkeit verlieren.

<Das ewige Recht und die Ordnung der Gebote>

A. Du haͦst mich des wol vnderwiset. Doch wundert mich noch me, warumb gott wolte daz verbieten, daz an im selber guͦt ist, vnd daz er selber gehelffen vnd gewùrken wil mit dem moͤnschen.

B. Vs kleinem funcken waͦhset dick ein groß fùr. Also haͦst du mit lihten worten geruͤgelt[231] ein swere fraͤge, waz gott habe gemeÿnet in sinen gebotten, vnd wolt ich, so moͤht ich kùrtzlich antwirten vnd spreͤche: Gott wolte offenen die ordenunge der gerehtigkeit. Wie moͤhte der heissen ein kneht, der in keinen wer*[45ra]*ken erschine dem herren? Dauon wolte gott geben dem moͤnschen gebott, in den er wolte gebieten vnd verbieten, daz der moͤnsche wùrde ein gerehter kneht, ob er die gebott behielte, oder aber vngereht, ob er gottes gebott versmaͤhet.

A. Mir gefaͤllet wol die antwirte; doch wùste ich gerne besunder, waz gott sunderlich heͤt gemeÿnet in sinen gebotten. Mich duncket, es wer mir nùtz, ich bekante dester baß die sùnde vnd emphienge villihte der gebott ein dester groͤsser mynne, wie kurtz es ioch were, daz du dauon woltest reden.

B. Ich kan mich nùt so wol gehuͦten, du machest mir die rede laͤnger, daͤn ich hette gedaͤht. Doch so wil ich gnuͦg sin daran dinem willen. Alle gebott fliessent vß dem ewigen rehte.

A. Waz ist daz ewige reht?

---

231 rüegeln *swv., bei* LEXER *nicht belegt, jedoch* rugelen *swv. »sich rühren« (*LEXER*); siehe auch AFD II, c. 12; fol. 117va, Z. 62.*

B. Du hast, was ich von dir erwarte. Schau, dass kein Zweifel dich noch verwirrt.

A. Es ist mir von Gottes Gnaden so offenbar geworden, dass ich nicht mehr zweifeln kann, außer dass es mich wundert: Da jede Natur gut ist, warum sind dann solche Worte und Werke, Gedanken und Wollen verboten?

B. Weil diese Handlungen, die verboten sind, niemand bewirken kann außer ohne Gerechtigkeit, wenn er gerade in Sünden lebt, oder aber er muss Gerechtigkeit verlieren, wenn er zuvor nicht in Sünden war. Darum sind sämtliche Handlungen verboten, durch die der Mensch in Sünde fallen muss, das heißt in Ungerechtigkeit, die nichts anderes ist als das Fehlen der Gerechtigkeit.

A. Woher kommt es aber, dass einem die Gerechtigkeit fehlen muss, wenn man die Werke tut, die von Gott verboten sind?

B. Betrachte das Kapitel von der Gerechtigkeit und bedenke, was Gerechtigkeit ist, dann findest du, dass Gerechtigkeit die Ordnung des Willens ist, in der der Mensch geschaffen wurde. Diese Ordnung lag darin, dass das Geringere dem Besseren untertan sein sollte. Darum sollte des Menschen Wille dem göttlichen Willen folgen und ihm untertan sein. Wenn nun der Mensch die Werke tut, die Gott verboten hat, so kann er nicht in der Ordnung bleiben, in der er geschaffen wurde. Darum muss er die Gerechtigkeit verlieren.

<Das ewige Recht und die Ordnung der Gebote>

A. Du hast mich gut belehrt. Doch wundert es mich umso mehr, warum Gott das verbieten wollte, was an sich selbst gut ist und wozu er selbst dem Menschen helfen und das er mit dem Menschen wirken will.

B. Aus einem kleinen Funken erwächst oft ein großes Feuer. So hast du mit leichten Worten eine schwere Frage aufgerüttelt, was Gott mit seinen Geboten gemeint haben mag; und wollte ich, so könnte ich kurz antworten und sagen: Gott wollte die Ordnung der Gerechtigkeit offenbaren. Wie könnte der ein Diener heißen, der in keinem Werk dem Herrn als solcher erschiene? Darum wollte Gott dem Menschen Gebote geben, in denen er gebieten und verbieten wollte, damit der Mensch ein gerechter Diener würde, wenn er die Gebote hielte, oder aber ungerecht, wenn er Gottes Gebote verschmäht.

A. Mir gefällt die Antwort gut; doch wüsste ich gern gesondert, was Gott im Einzelnen mit seinen Geboten gemeint hat. Mir scheint, es wäre mir nützlich, wenn ich umso besser die Sünde erkennen würde und vielleicht eine größere Liebe zu den Geboten gewänne, wie wenig es auch sein mag, was du davon reden wolltest.

B. Ich kann mich nicht davor bewahren, dass du mir die Rede länger machst, als ich es gedacht hatte. Doch will ich deinem Willen genug tun. Alle Gebote fließen aus dem ewigen Recht.

A. Was ist das ewige Recht?

B. Daz alle ding soͤllent geordent sin vff daz allerbeste, daz heisset daz ewige reht, daz geschriben ist an dem bůche der ewigen worheit, von dem fliessent alle gebott vnd alle reht.

A. Nů zoͤyg mir ein *[45rb]* wening, wie die gebott daruß fliessent. Ich getruw, es werde dir liep; wån es ist mir gar lùstlich zů hoͤren.

B. Soͤllent alle ding vff daz beste geordent sin, so můß der moͤnsche zů gotte geordent sin vnd zů dem nåhsten, vnd daz nåch dem besten.

A. Zùrne nùt, daz ich dich mane: Du håst vergessen, daz der moͤnsche ouch můß sin geordent zů imselber.

B. Ich han sin nùt vergessen. Es ist vnglich gesprochen, daz der moͤnsche geordent sie zů imselber; wån ordenunge hät zweÿ: Eins ist vnder dem andern. Dauon daz der moͤnsche zů gotte geordent ist vnd zů dem nåhsten, der ist in demselben geordent in imselber.

A. Sprich fùrbaß, als du hast angefangen.

B. Die ordenung zů gotte vnd zů dem nåhsten die ist geboren in dem moͤnschen vnd ist geschriben.

A. Die zwey betùte.

B. In des moͤnschen hertze ist von siner geburt geschriben drù gebott: Der eins zoͤiget die ordenunge zů gotte, die zwey zuͤigent die ordenunge zů dem moͤnschen, vnd dis sint die gebott der nature; wån sù *[45va]* stånt geschriben von nature in der vernunfft des moͤnschen. Das erste gebott sprichet: Minne dinen schoͤpfer ob allen dingen. Daz ander: Was dir leit ist nåch bescheidenheit, des solt du dinem nåhsten erlåssen. Das dritte: Waz du woltest, daz dir din nåhster tåte, darzů soltu dich im ouch erbieten. Dise drù gebott zoͤiget vns die vernunfft moͤnschlicher nature, vnd dise gebott bewisent die ordenunge des moͤnschen.

A. Sid dise gebott der nature ordenent den moͤnschen zů gotte vnd zů dem nåhsten, warzů gab gott geschribene gebott, die den moͤnschen ordenten? Mich duncket, es were gnuͦg gewesen an den gebotten der nature, das sù getzoͤiget hetten gerehte ordenunge des moͤnschen.

B. Die gebott der nature zoͤigten, waz der moͤnsche wùrken soͤlte nåch rehter ordenunge. Sù zoͤigten aber nùt, wie es der moͤnsche wùrken soͤlte vnd warumb der moͤnsche die ordenunge behalten sol. Dauon gab gott geschribene gebott vnd bewisete den moͤnschen, wie er in mynnen soͤlte vnd warumb er in mynnen soͤlte vnd wie er sin myn*[45vb]*ne gegen dem nåhsten vͤben soͤlte vnd warumb.

A. Dis sint mynnenkliche ding. Nu sage, wie die geschribenen gebott geflossen sint vß dem ewigen rehte.

B. Nym wår die zal der gebotte vnd merke denn, wie die gebott zoͤigent vnd wisent gerehte ordenunge des moͤnschen.

A. Du håst reht. Dauon sage die zal der gebott

B. Dass alle Dinge auf das Allerhöchste hin geordnet sind, das heißt das ewige Recht, das in dem Buch der ewigen Wahrheit geschrieben ist, von dem fließen alle Gebote und alles Recht.

A. Nun zeige mir ein wenig, wie die Gebote daraus fließen. Ich vertraue darauf, es werde dir lieb sein, da es mir ganz lustvoll zu hören ist.

B. Wenn alle Dinge auf das Beste hin geordnet sein sollen, dann muss der Mensch auf Gott hin geordnet sein und auf den Nächsten, und das aufs Beste.

A. Zürne nicht, wenn ich dich ermahne: Du hast vergessen, dass der Mensch auch auf sich selbst ausgerichtet sein muss.

B. Ich habe das nicht vergessen. Es ist ungleich gesprochen, dass der Mensch <auch> auf sich selbst geordnet ist, denn die Ordnung hat zwei Merkmale: Eins steht unter dem anderen. Darum, dass der Mensch auf Gott und den Nächsten ausgerichtet ist, das bedeutet, dass er in demselben Schritt auf sich selbst hingeordnet ist.

A. Sprich weiter, wie du es begonnen hast.

B. Die Ordnung auf Gott und den Nächsten hin, die ist im Menschen geboren und geschrieben.

A. Diese beiden Worte erkläre mir.

B. In des Menschen Herz sind seit seiner Geburt drei Gebote geschrieben: Das eine zeigt die Ordnung auf Gott hin. Die zwei anderen zeigen die Hinordnung auf den Menschen, und dies sind die Gebote der Natur; denn sie sind von Natur in die Vernunft des Menschen geschrieben. Das erste Gebot sagt: Liebe deinen Schöpfer über alle Dinge. Das zweite: Was dir in rechtem Sinne leid tut, das sollst du auch deinem Nächsten ersparen. Das dritte: Was du willst, dass dir der Nächste tut, dazu sollst du dich auch deinem Nächsten gegenüber bereitfinden. Diese drei Gebote zeigen uns die Vernunft der menschlichen Natur, und diese Gebote erweisen die Ordnung des Menschen.

A. Da diese Gebote der Natur den Menschen auf Gott und auf den Nächsten ausrichten, wozu gab Gott dann geschriebene Gebote, die den Menschen ordnen? Ich meine, es wäre mit den Geboten der Natur genug gewesen, sodass sie die rechte Ordnung des Menschen gezeigt hätten.

B. Die Gebote der Natur zeigen, was der Mensch nach der rechten Ordnung bewirken sollte. Sie zeigen aber nicht, wie es der Mensch wirken sollte und warum der Mensch die Ordnung halten soll. Darum gab Gott geschriebene Gebote und zeigte dem Menschen, wie er ihn lieben sollte und warum er ihn lieben sollte und wie er seine Liebe zum Nächsten ausüben sollte und warum.

A. Das sind liebenswerte Dinge. Nun sage, wie die geschriebenen Gebote aus dem ewigen Recht geflossen sind.

B. Beachte die Zahl der Gebote und verstehe so, wie die Gebote die gerechte Ordnung des Menschen zeigen und erweisen.

A. Du hast recht. Darum sage mir die Zahl der Gebote.

B. Es sint ettliche gebott der versůchunge. Es sint ouch gebott goͤttlicher meynunge. Daz gebott, daz gott Adam gab in dem paradise, daz waz ein versůchen siner gehoͤrsamÿ. Das gebott, daz er Abraham gab, do er sprach: »Du solt mir dinen sun opferen«, daz waz ein versůchen sins vesten glouben. Das gebott, daz Christus gab dem blinden, den er gesåhende machte, daz er es nÿeman seite, daz waz ein versůchen siner danckbeͤrkeit; wån der danckbår, der mag daz lob gottes nùt verswigen. Dis heissent gebott der versůchunge; wån es lag kein ander nutz an disen gebotten dån die versůchunge. Die gebott der meÿnunge gottes, von *den* er wolte, daz sù wùrdent er*[46ra]*fùllet, die sint drÿerleÿ: Eins sint gebott der worheit als die zehen gebott der alten ee vnd ouch der nuwen vnd heissent darvmb gebott der wårheit, wån sù zoͤigent die ordenunge nåch der wårheit vnd nåch der notdurfft. Die andern gebott gånt vff moͤnschliche gerehtigkeit, vnd die sint geordent vff gůten friden der moͤnschen; wån sù zoͤigent, wie man die boͤsen bůssen sol vnd wie man die kriege vnd missehellunge der moͤnschen scheiden sol. Die dritten gebott gant darvff, wie sich der moͤnsche zů der ordenunge der woren gebott fuͤgen sol vnd bereiten, vnd daz sint die gebott von der kilchen, von dem gebett, von dem opfer, von fasten vnd von ander gůter ordenunge, als die juden heͤtten vnd ouch nu die cristenheit hat.

A. Nu ist zijt, daz ich fråge, wie dise gebott sint geflossen vß dem ersten rehte vnd wie sù zoͤigent die ordenunge der ersten gerehtigkeit.

B. Die zehen gebott der worheit, die zoͤigent gerehte ordenunge des moͤnschen, wie er gott eren vnd mynnen sol vnd sinen nähsten. Dauon sint sù geflossen *[46rb]* vß dem ersten rehte.

A. Dis vollebring!

B. Der moͤnsche ist sinem schoͤpfer etwaz schuldig vnd ist ouch etwaz schuldig sinem bilde.

A. Dis ist wor.

B. Gott het den moͤnschen geschoͤpfet, er hät in gebildet nåch imselber vnd hät in gemynnet. Dauon sol der moͤnsche gotte drùfaltig *eren*. Er sol in eren als sinen schoͤpfer, daz bewiset daz erste gebott, daz in heisset einen gott anbetten. Er sol in eren als einen woren bilder, daz zoͤiget daz ander gebott, daz dich heisset der worheit kein v̀ppig wort erbieten. Er sol in eren als sin mynne, die den moͤnschen gemynnet hat, daz zoͤiget daz dritte gebott, daz der moͤnsche an dem sunnentage sin hertze gotte mit mynnen vnd mit suͤsser begirde erbieten sol. Der moͤnsche ist eren schuldig dem goͤttlichen bilde, daz da schinet in dem nähsten; wän dem sol er hilffe erbieten vnd sol im an dem sinen nùt schaden. Vff die zweÿ sint die anderen gebott geordent.

A. Nu sage von den gebotten der gerehtigkeit moͤnschliches friden: Wie sint die vßgeflossen vnd waz *[46va]* ordenunge zoͤigent sù?

276 den] der ***296*** eren] ere

B. Es gibt manche Gebote zur Erprobung. Es gibt auch Gebote göttlicher Zielsetzung. Das Gebot, das Gott Adam im Paradies gab (Gn 2,17), war eine Erprobung seines Gehorsams. Das Gebot, das er Abraham gab, als er sprach: Du sollst mir deinen Sohn opfern (Gn 22,2), das war eine Erprobung seines festen Glaubens. Das Gebot, das Christus dem Blinden, den er sehend gemacht hatte, gab (Mt 9,30), dass er es niemandem weitersagen sollte, das war eine Erprobung seiner Dankbarkeit, denn wer dankbar ist, der kann das Lob Gottes nicht verschweigen. Diese heißen Gebote der Erprobung, denn es lag kein anderer Nutzen in diesen Geboten als die Erprobung. Die Gebote der Zielsetzung Gottes, von denen er wollte, dass sie erfüllt würden, sind dreierlei: Eins sind die Gebote der Wahrheit wie die zehn Gebote des alten Gesetzes und auch des neuen, und sie heißen darum Gebote der Wahrheit, weil sie die Ordnung entsprechend der Wahrheit und der Notwendigkeit zeigen. Die anderen Gebote zielen auf die menschliche Gerechtigkeit, und die sind auf den guten Frieden unter den Menschen gerichtet, denn sie zeigen, wie man die Bösen büßen lassen soll und wie man die Kriege und Streitigkeiten der Menschen schlichten soll. Die dritten Gebote zielen darauf, wie sich der Mensch in die Ordnung der wahren Gebote fügen und bereiten soll, und das sind die Gebote der Kirche vom Gebet, vom Opfer, vom Fasten und von anderen Einrichtungen, wie sie die Juden hatten und wie sie nun auch die Christenheit hat.

A. Nun ist es Zeit, dass ich frage, wie diese Gebote aus dem ersten Recht geflossen sind und wie sie die Ordnung der ersten Gerechtigkeit zeigen.

B. Die zehn Gebote der Wahrheit (Ex 20,1–17) zeigen die gerechte Ordnung des Menschen, wie er Gott und seinen Nächsten (Dt 5,6–22) ehren und lieben soll. Darum sind sie aus dem ersten Recht geflossen.

A. Das bringe zu Ende.

B. Der Mensch ist seinem Schöpfer etwas schuldig und er ist auch dessen Bild etwas schuldig.

A. Das ist wahr.

B. Gott hat den Menschen geschaffen, er hat ihn nach sich selbst geformt und hat ihn geliebt. Darum soll der Mensch Gott dreifach ehren. Er soll ihn als seinen Schöpfer ehren, darauf weist das erste Gebot hin, das ihn auffordert, <nur> einen Gott anzubeten. Er soll ihn als einen wahren Bildner ehren, das zeigt das zweite Gebot, das dich auffordert, der Wahrheit kein überflüssiges Wort zu widmen. Er soll ihn als seine Liebe ehren, die den Menschen geliebt hat, das zeigt das dritte Gebot, dass der Mensch am Sonntag sein Herz Gott mit Liebe und süßem Begehren widmen soll. Der Mensch schuldet es, das göttliche Bild zu ehren, das in dem Nächsten aufscheint; denn ihm soll er Hilfe bieten, und er soll ihm an dem Seinen nicht schaden. Auf diese zwei <Forderungen> sind die Gebote <der> zweiten <Gruppe> ausgerichtet.

A. Nun sprich von den Geboten der Gerechtigkeit menschlichen Friedens: Wie sind die ausgeflossen und welche Ordnung zeigen sie?

B. Du håst wol gehoͤret, daz der moͤnsche dem goͤttlichen bilde gottes schuldig ist ere vnd mynne von der mynne gottes. Wå nu vnfride ist, der zerstroͤwet mynne. Dauon so zoͤigent die gebott ordenunge der moͤnschen in friden, daz die ordenung der mynne iht werde zerstoͤret.

A. Wauon heissent die gebott nùt ouch gebott der worheit vnd der notdurfft als die zehen gebott?

B. Do ist nùt nödt, daz der moͤnsche nach den gebotten lebe; wånn der moͤnsche moͤht in mynnen bliben vnd in friden åne die gebott.

A. Als wie?

B. Moͤnschlich reht sprichet: Wer dem andern tůt wider reht, der sol sich weren mit reht. Wil im der moͤnsche, dem vnreht geschiht, so mag er es liden in gedult vnd mag daz reht vnderwegen låssen. Wil ouch der moͤnsche, so mag er mynne vnd friden tragen in vngerehtem liden. Dauon so sint die gebott nùt notdùrftig allen moͤnschen zů gerehter ordenunge. Sù sint wol nùtz vnd gůt vnd zůhelffe gegeben den kranken.

A. Nu betùte mir die *[46vb]* gebott der fuͤgunge vnd bereitung des moͤnschen zů der woren ordenunge goͤttlicher mynne.

B. Alle gebott vnd alle opfer von gebette, von vasten oder von werken, von ordenunge der diener gottes oder von dem goͤttlichen ampte oder von virren oder von andern gewonheiten der cristenheit, die sint alle darvff geordent, daz der moͤnsche werde geneÿget zů der ere vnd mynne gottes vnd zů dem dienste gottes. Vnd dauon, es sie gebet oder gesang, daz ist daruff geordent, daz das hertze in goͤttlicher mynne werd entzùndet. So ist opfer vnd gehorsamÿ darvff geordent, daz du dainne dins schoͤpfers veriehest vnd in bekennest; vnd kùrtzlich alle gebott nåch vssern werken sint darumb gebotten, das *du* darinne lernest dinen gott bekennen, mynnen vnd eren in dinem hertzen.

A. Wauon heissent dise gebott nùt gebott der worheit?

B. Das moͤhtest du an der voͤrdern fråge han verstanden; wån die gebott alle gånt vff *vssere* werk. Åne die werk der moͤnsche moͤhte haben bekantnisse vnd mynne. Dauon sint sù nùt *[47ra]* notdùrfftig von inselber. Sù sint nuwän notdùrfftig von vnsern gebresten. Vnd dauon were der moͤnsche in vnschulde bliben, so hett er der gebott keins empfangen. Die vͤbunge aller der gebott, die gåt ouch abe, wånn die bekantnisse gottes vollekommen wurt vnd sin mynne.[232]

A. Ich beginne erst merken, daz der fliß zů såmlichen gebotten wenig nùtzes bringet, es sie dån daz die gebott wùrkent bekantnisse vnd mynne gottes. Darumb sù sint vffgesetzet; wån sù an inselber keynen andern nutz hant noch bewisent.

331 du *fehlt* *335* vssere] ǹsere

---

232 *Eine These der Beginen und Begarden. Problematisch, da sie von Margareta Porete, Der Spiegel der einfachen Seelen, S. 92 vertreten und vom Konzil von Vienne verboten wurde (siehe* DENZINGER, *Nr. 895,6).*

B. Du hast gehört, dass der Mensch dem göttlichen Bilde Gottes Ehre und Liebe schuldet aus der Liebe Gottes. Wo nun Unfrieden herrscht, da löst man die Liebe auf. Darum zeigen die Gebote die Friedensordnung der Menschen, sodass die Ordnung der Liebe nicht zerstört wird.

A. Warum heißen die Gebote nicht auch Gebote der Wahrheit und der Notwendigkeit wie die zehn Gebote?

B. Weil es nicht notwendig ist, dass der Mensch nach diesen Geboten lebt; denn der Mensch könnte ohne Gebote in Liebe und in Frieden bleiben.

A. Wieso?

B. Das menschliche Recht sagt: Wenn einer gegen den anderen widerrechtlich handelt, soll dieser sich mit Recht wehren. Wenn der Mensch, dem Unrecht geschieht, es will, so kann er es in Geduld erleiden und kann das Recht bleiben lassen. Wenn der Mensch es will, dann kann er auch Liebe und Frieden in ungerechtem Leiden <in sich> tragen. Darum sind diese Gebote nicht allen Menschen zu einer gerechten Ordnung notwendig. Sie sind wohl nützlich und gut und den Schwachen zur Hilfe gegeben.

A. Nun erkläre mir die Gebote der Anpassung und Vorbereitung des Menschen auf die wahre Ordnung göttlicher Liebe.

B. Alle Gebote und alle Opfer – von Gebet, von Fasten, von Handlungen, von der Ordnung der Diener Gottes oder vom göttlichen Amt oder vom Begehen der Festtage oder von anderen Gebräuchen der Christenheit –, die sind alle darauf ausgerichtet, dass der Mensch zur Ehre und Liebe Gottes und zum Dienst für Gott geneigt wird. Und darum, sei es Gebet oder Gesang, das ist darauf ausgerichtet, dass das Herz in göttlicher Liebe entzündet wird. So sind Opfer und Gehorsam darauf gerichtet, dass du darin deinen Schöpfer anerkennst und ihn erkennst und, kurz gesagt, alle Gebote sind dazu geboten, dass du darin deinen Gott in deinem Herzen erkennen, lieben und ehren sollst.

A. Warum heißen diese Gebote nicht Gebote der Wahrheit?

B. Das könntest du anhand der vorausgegangenen Frage verstanden haben; denn alle Gebote gehen auf äußere Werke aus. Auch ohne diese Werke könnte der Mensch Erkenntnis und Liebe haben. Darum sind sie nicht an sich selbst notwendig. Sie sind nur notwendig wegen unserer Fehler. Und darum, wäre der Mensch in Unschuld geblieben, so hätte er keines dieser Gebote empfangen. Die Übung aller Gebote hört auch auf, wenn die Erkenntnis und die Liebe Gottes vollkommen werden.

A. Ich beginne jetzt erst zu verstehen, dass der Eifer zu sämtlichen Geboten wenig Nutzen bringt, es sei denn, dass die Gebote Erkenntnis und Liebe Gottes bewirken. Darum sind sie errichtet, denn sie haben oder erweisen an sich selbst keinen anderen Nutzen.

B. Du maht ouch merken: Wer ein moͤnsche, der sich in den gebotten nùt vil geuͤben koͤnde oder von krangheit nùt enmoͤhte, das er daran keÿnen schaden nemm, were daz die mynne gottes vnd bekantnisse in im wuͦhse.

A. Lieber meister, dise rede sol dich nùt ruwen. Ist, daz du mynnest min vernunfftige lere, wie moͤht ich iemer wol han verstanden, waz sùnd ist vnd wie kein werk sùnd ist, vnd doch, wie der sùndet, der wùrket die werk, die von gotte verbotten sint, du håttest mich *[47rb]* dån vnderwiset, wie die gebott zoͤigent die ordenunge der gerehtigkeit, vnd der nùt blibet in den gebotten, der blibet ouch nùt in der gerehtigkeit. Wer aber nùt blibet in gerehtigkeit, der vållet in den mangel der gerehtigkeit, daz ist die sùnde vnd nùt das werk.

B. Sid es soͤliche fruht hät bråht dinen sinnen, so sie gott gelobet, daz es nåch dinem willen ist ergangen.

<Die Quelle aller Sünden>

Nu kere din synne daruff, das du merkest, vß welichem brunnen fliessent alle sùnden, daz wir disem capitel machent ein ende.

A. Ich sol dir gerne volgen; wån mich wundert sere, warumb todsleͤge, stelen vnd ander sùnde, die verbotten sint, kommen.

B. Du meÿnest, ob die sùnde von irselber sùnde oder boͤse sint, vnd das sù dauon verbotten sint.

A. Jo, du hast wor. Ich meÿne, daz in minem wunder.

B. Nemen wir ein sùnde vnd suͦchent, was darinne ist vnd darumb es verbotten ist. Dasselbe daz werden wir merken von allen sùnden.

A. Du håst reht. Bewise mich sin in der sùnde valscher *[47va]* getzùgnisse, die von gotte verbotten ist; wån die sùnde von irselber boͤse ist.

B. Gerne. Was duncket dich boͤse in der sùnde, dauon die sùnde verbotten ist?

A. Mich duncket daz boͤse, daz mir leit were, daz man mir tåte.

B. Were denn, daz dir liep were mit gedinge, daz dich einer zige, daz nùt wor ist den worten, daz du in ouch moͤhtest anliegen, so wer dir vnd im liegen nùt sùnde.

A. Waz solt aber den moͤnschen darzuͦ bringen?

B. Daz moͤht vntugent, als etwenn geschehen ist, daz ein man sin eliche frouwe einem andern hät erlöubet, daz er im die sine ouch erloubte, wenest du, ob daz were åne sùnde?[233]

367 B. *fehlt*

---

233 *Zum Beispiel vom Ehebruch siehe auch Augustinus, De lib. arb. I, c. 6; CSEL Bd. LXXIIII, S. 7,21–28:* Quisquis autem alteri facit, quod sibi fieri non velit, male utique facit. *(»Wer aber einem anderen antut, was er selbst nicht erleiden will, handelt durchaus böse.«) Das Beispiel geht von da aus in die scholastische Literatur über, siehe Petrus Lombardus, Sent. II, d. 35, c. 2, n. 10; Bd. I,2, S. 543,12–18.*

B. Das kannst du auch daran merken: Gäbe es einen Menschen, der sich in den Geboten nicht sehr üben könnte oder es aus Schwäche nicht vermöchte, der würde dadurch keinen Schaden erleiden, falls die Liebe Gottes und die Erkenntnis in ihm wüchsen.

A. Lieber Meister, diese Erklärung soll dich nicht reuen. Wenn du meine vernünftige Belehrung liebst, wie könnte ich je verstanden haben, was Sünde ist und wie keine Tat Sünde ist, und wie dennoch der sündigt, der die Werke tut, die von Gott verboten sind, hättest du mich nicht belehrt, wie die Gebote die Ordnung der Gerechtigkeit zeigen und dass, wer nicht in den Geboten bleibt, auch nicht in der Gerechtigkeit bleibt. Wer aber nicht in der Gerechtigkeit bleibt, der fällt in den Mangel der Gerechtigkeit; das ist die Sünde, und nicht die Tat.

B. Da es deinem Verstand solche Frucht gebracht hat, so sei Gott gelobt, dass es nach deinem Willen ergangen ist.

<Die Quelle aller Sünden>

Nun wende deine Aufmerksamkeit darauf, dass du verstehst, aus welcher Quelle alle Sünden fließen, damit wir dieses Kapitel zu Ende bringen können.

A. Ich werde dir gerne folgen; denn mich wundert sehr, woher Totschlag, Stehlen und andere Sünden, die verboten sind, kommen.

B. Du meinst, ob die Sünden durch sich selbst Sünden oder böse sind, und dass sie darum verboten sind?

A. Ja, das ist wahr. Ich meine das in meiner Frage.

B. Nehmen wir uns eine Sünde vor und suchen, was darin liegt und warum es verboten ist. Dasselbe werden wir auch bei allen Sünden merken.

A. Ja, du hast recht. Zeige es mir aber an der Sünde falschen Zeugnisses auf, die von Gott verboten ist, da die Sünde durch sich selbst böse ist.

B. Gerne. Was dünkt dich böse an dieser Sünde, warum diese Sünde verboten ist?

A. Mir scheint das böse, was mir leid wäre, wenn man es mir antun würde.

B. Wäre es dir aber lieb unter der Bedingung, dass dich einer beschuldigte mit etwas, das nicht dem Wort nach wahr ist, wenn du ihn dann auch anlügen könntest, so wäre dir und ihm das Lügen nicht Sünde?

A. Was sollte aber einen Menschen dazu bringen?

B. Das könnte die Untugend bewirken, wie es manchmal geschehen ist, dass ein Mann seine Ehefrau einem anderen überließ, sofern dieser ihm die seine auch überließe, meinst du das wäre ohne Sünde?

A. Ich weiß wol, daz es ån sùnde nùt enwaz.

B. Nu tet doch keiner dem andern das er wolte, daz man in erliesse. Dauon so můst du ein ander regel sůchen der sùnde.

A. Ich enweiß nùt, waz ich dir antwirten sol, es sie dån, daz gelust ist daz boͤse, dauon sùnde flùsset.[234]

B. Wie mag das sin? Wer der sùnde willen hät, ob es ioch niemer komme zů den werken noch zů den gelùsten der werke, doch *[47vb]* ist er der sùnde schuldig.[235]

A. Ich weiß nùt me, daz ich koͤnde antwirten.

B. Daz geschiht dir dauon, wån du sůchest den brunnen der sùnden vssewendig in den werken; so ist er innewendig vor allen werken.

A. Dauon versprich mich vnd hilff mir vß disen noͤten.

B. Der brunne aller sùnde vnd vntugend ist ein gelùstige begirde.[236] Die begirde vållet etwen vff zijtlich gůt vnmåssiglich, so heisset sù gitigkeit, etwenn vff lust der eren, so heisset sù hochfart, etwenn vff gelust des fleisches, so heisset sù vnkùscheit; vnd das sint die ersten baͤche, die fliessent vß dem brunnen der vntugent.

A. Du sprichest: Alle sùnde fliessent vs dem brunnen gelùstiger begirde. Nu siht man doch, daz etwer sùndet von vorhten, als der sinen viend voͤrhtet vnd den toͤtet. Der hat keine gelùstige begirde in dem, daz er den toͤtet, den er voͤrhtet, vnd heisset doch ein todslag vnd ein sùnde.

B. Duncket dich, daz der sie åne begirde eins gelustes, den åne vorhte gelustet zů lebende? Wer den toͤtet, den er *[48ra]* voͤrhtet, der hät den gelust, wån er begert åne vorhte ze lebende.[237]

A. Der åne vorhte gerne lebet, der begert eins gůten. Oder håst du fùr ein kleÿnes gůt ane vorhte leben? Ist die begirde boͤse, so sint alle die boͤse, die keins gůten begerent, oder aber daz ist nùt sùnde, der einen moͤnschen toͤtet, daz er åne vorhte lebe.

---

234 *Vgl, Augustinus, De lib. arb. I, c. 8; CSEL Bd. LXXIIII, S. 8,28:* Fortassis ergo libido in adulterio malum est. *(»Vielleicht ist die Begierde im Ehebruch das Böse.«)*

235 *Fortsetzung des letzten Zitats, ebd., S. 8,21–23:* <...> sed dum tu foris in ipso facto, quod iam videri potest, malum quaeris, pateris angustias. *(»<...> aber während du draußen in der Handlung selbst, wie man schon sehen kann, Böses suchst, erleidest du Enge.«)*

236 *Augustinus, De lib. arb. I, c. 10; CSEL Bd. LXXIIII, S. 10,26–28:* Convenit enim inter nos omnia malefacta non ob aliud mala esse nisi quod libidine, id est improbanda cupiditate, fiunt. *(»Unter uns herrscht Übereinstimmung, dass jede Übeltat nur böse ist, weil sie wegen einer Begierde, das heißt einer unanständigen Lust geschieht.«) Vgl. GDT Z. 684–686:* Der Junger: Was ist gelústigú minne? / Der Maister: Wenne daz hercz des begert, das im lustig ist vnd allain dar vmb, won es jm lustig ist. *(»Der Schüler: Was ist lustvolle Liebe? / Der Meister: Wenn das Herz begehrt, was ihm lustvoll ist, und allein darum, weil es ihm lustvoll ist.«)*

237 *Vgl. Augustinus, De lib. arb. I, c. 9; CSEL Bd. LXXIIII, S. 9,16–17:* Nam qui metuens hominem occidit, cupit utique sine metu vivere. *(»Denn wer einen Menschen tötet, weil er ihn fürchtet, begehrt jedenfalls, ohne Furcht zu leben.«)*

A. Ich weiß wohl, dass es nicht ohne Sünde wäre.

B. Nun täte doch keiner dem anderen etwas, von dem er verschont bleiben wollte. Darum so musst du eine andere Regel für die Sünde suchen.

A. Ich weiß nicht, was ich dir antworten soll, es sei denn, dass die Lust das Böse ist, aus dem die Sünde fließt.

B. Wie kann das sein? Wer den Willen zur Sünde hat, auch wenn es niemals zur Tat kommt noch zur Lust an der Tat, wäre er nicht trotzdem der Sünde schuldig?

A. Ich weiß nicht mehr, was ich antworten könnte.

B. Das geschieht dir darum, weil du die Quelle der Sünde außen in den Taten suchst; dabei ist sie doch innen vor allen Taten.

A. Darum widerlege mich und hilf mir aus diesen Nöten.

B. Die Quelle aller Sünde und Untugend ist ein lustvolles Begehren. Manchmal fällt dieses Begehren unmäßig auf zeitliche Güter, so heißt es Habsucht, manchmal auf Lust an Ehren, so heißt es Hochmut, manchmal auf die Lust des Fleisches, so heißt es Unkeuschheit; und das sind die ersten Bäche, die aus der Quelle der Untugend fließen.

A. Du sagst: Alle Sünden fließen aus der Quelle lustvollen Begehrens. Nun sieht man doch, dass mancher aus Furcht sündigt wie einer, der seinen Feind fürchtet und ihn tötet. Der hat kein lustvolles Begehren daran, dass er den tötet, den er fürchtet, und es heißt doch Totschlag und ist eine Sünde.

B. Meinst du, dass der ohne Begehren einer Lust sei, der gerne ohne Furcht leben möchte? Wer den tötet, den er fürchtet, der hat die Lust, da er begehrt, ohne Furcht zu leben.

A. Wer gerne ohne Furcht lebt, der begehrt etwas Gutes. Oder hältst du es für ein kleines Gut, ohne Furcht zu leben? Ist das Begehren böse, so sind alle die böse, die nichts Gutes begehren, oder aber das ist nicht Sünde, wenn einer einen Menschen tötet, sodass er ohne Furcht leben kann.

B. Wissest, daz in allen sùnden loͤuffet ein lùstige begirde, die den willen boͤse machet, dauon alle sùnde flùsset. Dich sol daz nùt beweͤgen, daz du wenest, daz etwer von vorhten sùndet, als der uon vorhten lùget oder sinen viend toͤtet åne begirde des lustes. Wån wer sùndet von vorhten, der begeret, åne vorhte ze lebende. Nu sprichest du: åne vorhte zů lebende, das begerent nùt alleÿn die boͤsen, es begerent ouch die gůten. Daz ist wol woͣr; aber sie begerent es vnglich. Die gůten begerent frÿes lebens darumb, daz sù ir hertze vnd ir mynne keren von den dingen, die sù åne schaden nùt moͤgen besitzen. Die boͤsen begerent ouch fryes lebens åne vorhte darumb, daz sù mit sicherheit moͤgent vollebrin*[48rb]*gen ir lùstige begirde in zijtlichen dingen.[238] Darumb wer lůget, daz er daz leben behabe åne vorhte oder toͤtet sinen vieͣnd oder sinen herren, daz er ane vorhte moͤge leben, der mynnet darumb frÿ leben, das er an zijtlichen dingen sinen boͤsen willen sicherlich moͤge erfùllen.[239]

A. Gelobet sie der almåhtige gott vnd můsse mich vor sùnden behůten! Mir beginnet inne erlùhten; wån in den sùnden ane ze gesehende *ist*, waz daz boͤse in den sùnden ist, daz ist die begirde, die sich keret vff den lust der creature vnd durch der begirde willen låt gerehten willen vnd vß dem boͤsen wùrket die verbottenen werk der sùnde.

<Die Schwere der Sünden>

B. Du maht sehen me, daz sùnd in als kleynen lihten nùt geschiht, als man etwenn vnuerdåhtlich sprichet.[240] Wån sùnde můß sin wider die gebott gottes wissenklich mit bedåhtem můte vß einer lùstigen begirde der zergånglichen dingen gewegen, gegen der gerehtigkeit mit dem vall des gelustes vnd mit der versmåhte der gerehtigkeit *[48va]* vnd mit einer boͤsen meÿnunge.

419 ist] ist vnd

---

238 *Vgl. Augustinus, De lib. arb. I, c. 10; CSEL Bd. LXXIIII, S. 11,1–8:* Verum hoc interest, quod id boni appetunt avertendo amorem ab his rebus, quae sine amittendi periculo nequeunt haberi; mali autem, ut his fruendis cum securitate incubent, removere impedimenta conantur. *(»Aber den Guten liegt daran, dass sie das anstreben, um die Liebe von solchen Sachen abzuwenden, die sie ohne Gefahr des Verlustes nicht haben können; aber die Bösen versuchen, die Hindernisse zu beseitigen, um sich mit Sicherheit dabei aufzuhalten, wenn sie dies genießen.«)*

239 *Vgl. Eckhart, Pr. 63, DW III, S. 75,5–9:* Wann es ist chain mensch so vnsälig, das er dar vmb sünde tů durch der poshait willen; mer: er tůt sy důrch ainen mynneclichen lust. Ainer schlecht ainen zetode; das tůt er nit dar vmb, das er ṽbel tů; in duncket des, die wile iener leben<de> was, das er nimer zefride in im selber köme; dar vmb will er lust sůchen in fride, wann fride mynnicliche ist. *(Übers. S. 516: »Denn es ist kein Mensch so bösartig, dass er um der Bosheit willen Sünde tue; er tut sie vielmehr aus Liebeslust. Es schlägt einer [beispielsweise] jemanden tot: das tut er nicht, um Übles zu tun; es dünkt ihn [vielmehr], dass, solange jener am Leben sei, er [selbst] niemals zum Frieden komme in sich selbst; deshalb will er Lust im Frieden suchen, denn der Friede ist liebenswert.«)*

240 *An dieser Stelle verlässt der Autor den Gedankengang Augustins und verdeutlicht seine eigene zeitgenössische Lehre.*

B. Du sollst wissen, dass in allen Sünden ein lustvolles Begehren mitläuft, das den Willen böse macht, woraus jede Sünde fließt. Doch das soll dich nicht dazu bewegen zu meinen, dass mancher, der aus Furcht sündigt, wie der aus Furcht lügt oder seinen Feind ohne Begehren nach Lust tötet. Denn wer aus Furcht sündigt, der begehrt, ohne Furcht zu leben. Nun sagst du: Nicht allein die Bösen begehren, ohne Furcht zu leben, es begehren auch die Guten. Das ist wohl wahr, aber sie begehren es auf ungleiche Weise. Die Guten begehren freies Leben dazu, dass sie ihr Herz und ihre Liebe von den Dingen abwenden, die sie ohne Schaden nicht besitzen können. Die Bösen begehren auch freies Leben ohne Furcht dazu, damit sie mit Sicherheit ihr lustvolles Begehren in zeitlichen Dingen vollenden können. Darum, wer schaut, dass er das Leben ohne Furcht behält, oder wer seinen Feind oder seinen Herrn tötet, damit er ohne Furcht leben kann, der liebt das freie Leben dazu, dass er in zeitlichen Dingen seinen bösen Willen sicher erfüllen kann.

A. Gelobt sei der allmächtige Gott, und er möge mich vor Sünden bewahren! Mir beginnt es innerlich einzuleuchten; denn den Sünden ist es anzusehen, was das Böse an den Sünden ist, das ist die Begierde, die sich zur Lust der Geschöpfe wendet und wegen der Begierde den rechten Willen verlässt und aus dem bösen Willen die verbotenen Werke der Sünde wirkt.

<Die Schwere der Sünden>

B. Du kannst darüber hinaus sehen, dass Sünde nicht in so kleinen leichten Dingen geschieht, wie man manchmal unbedacht sagt. Denn die Sünde muss gegen die Gebote Gottes wissentlich sein mit klarem Verstand aus einem lustvollen Begehren vergänglicher Dinge, und zwar gegen die Gerechtigkeit zugunsten des Falls in die Lust und der Verachtung der Gerechtigkeit und mit einer bösen Absicht.

A. Gott sie din lon. Du håst mich hertziglich getroͤstet. Doch han ich noch ein begirde; were die vollebråht, so wolt ich diner lere mich in disem capitel låssen begnůgen.

B. Waz ist din begirde?

A. Ich bekante gerne, waran eine *sùnde groͤsser sie dån die ander.*[241]

<Kommentierender Einschub>
Merke: Es sint zweyerley todsùnde. Ettliche sint irselbes von art vntugend beschriben sùnde, als wider die zehen gebotte tůn. Ettliche sint nùt von art ir selbs todsùnde, mer von zůfall boͤser meynunge vnd versmåhte. Vnd von dem ersten mag man man wol wissen, welich werk ein todsùnd ist. *Aber* von dem anderen mag man es nùt wissen; wån wie uil boͤser meynunge oder versmåhte hoͤre zů einem werke oder begirde, daz es ein todsùnde werde, so es doch nùt von ymselber ein todsùnde ist; daz ist gott alleyn bekant. Es ist kuntlich, das einen moͤnschen sehen nùt ist von art des werkes ein todsùnde; aber die gesiht moͤhte geschehen mit seͤmlicher boͤser begirde oder meÿnunge, *[48vb]* das es ein todsùnde were. Wie vil aber die boͤse meynunge dazů vallen mùsse, das es gliches ein todsùnde sie, das ist dem moͤnschen verborgen. Harvmb spricht ouch der wise man: »Es weiß nieman, ob er hasses oder mynne wirdig sie«. Es ist ouch ze wissende, daz von den ersten todsùnden nyemer todsùnde geschiht noch von den andern dån mit betrahtem willen oder mit *uermùgenheit*[242], sich zů betrahtende. Wån die todsùnden, die do beschehent in *giudecheit*[243], so sich der moͤnsche nùt betrahtet sins werkes, alz so er in *giudecheit* einen moͤnschen toͤdtet, wie daz sie, daz er daz tůge vnbetrahtet, doch so ist es ein todsùnde, sid er vermùgenheit håt gehaͤpt, sich zů betrahten, vnd frÿen willen, daz werk vnderwegen zů låssende.

Vnd also ist der sin des bůches zů verstände, daz ein sùnde groͤsser ist dån die ander.[244]

432 sùnde groͤsser sie dån die ander *fehlt* ***436*** Aber] oder ***446*** uermùgenheit] vnuermùgentheit ***447*** giudecheit] goͤttheit ***448*** giudecheit] goͤttheit

241 *Die Frage muss gelautet haben: »Ich wüsste gerne, wodurch eine Sünde größer ist als die andere.« Das geht aus der Bemerkung des Kommentators hervor, die den Einschub beendet. In der Hs. ist hier eine Lücke von 1 cm, die die Frage des Schülers abschneidet.*

242 *Der nächste Satz zeigt, dass hier eine Fehlschreibung vorliegt. Kriterium ist nicht das Unvermögen, sondern die Vernachlässigung des Vermögens zur Selbstkritik.*

243 *Zu lesen ist zweimal* goͤttheit, *jeweils mit zur Korrektur übergeschriebenem* a *(kein diakritisches Zeichen). Der Sinn des Wortes wird im Nachsatz erläutert:* so sich der moͤnsche nùt betrahtet sins werkes. *Es müsste demnach so etwas wie »Unbedachtheit« oder »Gedankenlosigkeit« postuliert werden. Georg Steer, brieflich, vermutet* giudecheit *stf. von* giudec *adj.,* giuden *swv. »prahlen, großtun, verschwenden« (*Lexer*), was ich dankbar übernehme.*

244 *Ende des Kommentars zur Schwere der Sünde.*

A. Gott sei dein Lohn. Du hast mich im Herzen getröstet. Doch ich habe noch eine Bitte; wenn die gewährt ist, will ich es mir mit deiner Lehre in diesem Kapitel genug sein lassen.

B. Was ist dein Begehren?

A. Ich würde gerne erkennen, wodurch eine Sünde größer ist als die andere.

<Kommentierender Einschub>
Merke: Es gibt zweierlei Todsünden. Manche sind in ihrer Art selbst Untugenden; definierte Sünden, zum Beispiel gegen die zehn Gebote handeln. Manche sind nicht aufgrund ihrer eigenen Art selbst Todsünden, sondern durch das Hinzutreten böser Absicht und Verachtung. Und von den ersten kann man gut wissen, welche Tat eine Todsünde ist. Aber von den zweiten kann man es nicht wissen; denn wie viel böse Absicht oder Verachtung oder Begierde zu einer Tat gehört, sodass sie eine Todsünde ist, obwohl sie doch nicht durch das Tun selbst eine Todsünde ist, das ist Gott allein bekannt. Es ist einsichtig, dass einen Menschen zu sehen nicht durch die Art des Tuns eine Todsünde ist; aber das Sehen könnte mit irgendeiner bösen Begierde und Absicht geschehen, sodass es eine Todsünde wäre. Aber wie viel böse Absicht hinzukommen muss, damit es einer Todsünde gleich ist, das ist dem Menschen verborgen. Darum spricht auch das Buch der Weisheit: »Es weiß niemand, ob er des Hasses oder der Liebe würdig ist« (Ecl 9,1). Es ist auch zu wissen, dass von der ersten Art der Todsünde niemals eine Todsünde geschieht noch von der zweiten außer mit absichtsvollem Willen oder aus Unvermögen, sich selbst zu bedenken. Denn die Todsünden, die da großspurig geschehen, wenn der Mensch sich seines Handelns nicht bedenkt, zum Beispiel, wenn er großspurig einen Menschen tötet; obwohl er es unbedacht tut, so ist es doch eine Todsünde, da er das Vermögen gehabt hat, sich zu bedenken, und den freien Willen, das Werk bleiben zu lassen.

Und so ist die Meinung des Buches zu verstehen, dass eine Sünde größer ist als die andere.

B. Daz wunder ist dir dauon kommen; wån ich gesprochen han, sùnde ist ein mangel der gerehtigkeit, *[49ra]* vnd wån der mangel glich ist in allen todsùnden, so duncket dich alle sùnde sint glich.

A. Es hät mich lange bekùmbert.

B. So merke: In der sùnde sint zwey. Eins ist ein mangel des gůten, daz ander ein schulde der bůsse. Nu nim deß ersten den mangel des gůten. Der mangel ist zweyerley, als zweyerleÿ gůt ist, daz die sùnde roubet. Eins ist ein gůt der nature, das ander ein gůt der gnåden. Die sùnde die ist groͤsser, die den moͤnschen beroubet me gůter bescheidenheit, vernunfft vnd gůtes willen vnd meÿnunge zů dem gůten. Dauon kommet, daz etwenn nach der wise boͤse geselleschafft groͤsser sùnde ist dånn ein grosse heimliche sùnde. Die sùnde ist ouch groͤsser, die den moͤnschen beroubet grosser gnåden. Dauon so ist in *dem* weg eins gůten moͤnschen sùnde groͤsser dån eins andern, der nùt grosse gnåde hät. Wån der mangel wùrt danåch gemessen groß oder kleyn, als groß daz ist, des man mangelt. Da*[49rb]*von nÿd vnd haß ist boͤser dån vnkùscheit oder hochfart. Wån nÿd vnd vientschafft ist ein mangel der mÿnne; vnkùscheit ist ein mangel der kùscheit. Nu ist mynne besser dån kùscheit. Dauon ist der mangel der mynne boͤser dån der mangel der kùscheit oder der mangel der demůt; wån mynne ist besser dån demůt. Der aber gemeinlichen ansiht die gnåden, der die sùnd ein mangel ist, so sint alle todsùnde glich; wån alle todsùnde sint ein mangel aller gnåden gotts, die den moͤnschen gotte vndertånig machent. In der wise, als sùnde schudig ist der bůsse vnd der pine, so ist zweyerley pine der sùnde: Eins, daz sù mangeln můß der ewigen froͤiden; wån sù gerehtigkeit mangelt. In der wise so ist aber alle todsùnde glich; wån eine beroubet nùt me froͤyden dån die ander. Wån iegliche beroubet gåntzlich vnd gar die ewige froͤide. Die ander pin ist der helle pin. In der wise ist die eine *[49va]* sùnde groͤsser dån die ander. Wån ein sùnde wùrt pinlicher in der helle gekestiget dån die ander nach dem, als eine sùnde me wider gott vnd goͤttliche gerehtigkeit keret dån die ander.

A. Dis ist, daz ich allerliebste wùste, wele sùnde darane die groͤste were, vnd woby ich daz bekennen soͤlte, daz ein sùnde billicher groͤsser pine solte enpfahen dån die ander.

B. Wilt du daz merken, so můst du ansehen drù ding in einer ieglichen sùnde.

A. Waz sint die ding?

B. Eins ist ein widerker von dem ewigen gůte, daz gott ist vnd gerehtigkeit. Daz ander ist ein verlåssen eins bessern, daz geschäffen gůt ist. Das dritte ein *zůker* zů dem, das minre gůt vnd boͤser ist denn das, daz do ist verlåssen. Die drù ding sint in einer ieglichen todsùnde.

A. Daz bewise mich; wån ich han es nùt wol verstanden.

B. Der sùnder in hochfart, der wil gotte nùt geben ere; dauon keret er sich von gotte vnd von der gerehtigkeit. Das ist daz erste. Er låt demůt, die ein

465 dem] den ***490*** zůker] zucker

B. Die Frage kommt dir davon, dass ich gesprochen habe, Sünde ist ein Mangel der Gerechtigkeit, und da der Mangel in allen Todsünden gleich groß ist, so meinst du, alle Sünden seien gleich.

A. Das hat mich lange beschäftigt.

B. So gib acht: In der Sünde sind zwei Eigenschaften. Eine ist das Fehlen des Guten, die andere ist, eine Buße schuldig zu sein. Nun nimm zuerst das Fehlen des Guten. Dieser Mangel hat zwei Formen, weil es zweierlei Gutes ist, das die Sünde raubt. Eins ist ein Gut der Natur, das andere ein Gut der Gnade. Die Sünde ist größer, die dem Menschen mehr gute Einsicht, Vernunft, guten Willen und die gute Absicht raubt. Darum kommt es, dass in dieser Weise manchmal eine böse Gesellschaft eine größere Sünde ist als eine große heimliche Sünde. Die Sünde ist auch größer, die dem Menschen größere Gnaden raubt. Darum ist auf dem Weg eines guten Menschen die Sünde größer als die eines anderen, der keine große Gnade hat. Denn der Mangel wird in Größe oder Kleinheit danach gemessen, wie das ist, was einem fehlt. Darum sind Neid und Hass böser als Unkeuschheit oder Hochmut. Denn Neid und Feindschaft ist ein Fehlen der Liebe; Unkeuschheit ist ein Fehlen der Keuschheit. Nun ist Liebe besser als Keuschheit. Darum ist das Fehlen der Liebe böser als das Fehlen der Keuschheit – oder der Mangel der Demut; denn Liebe ist besser als Demut. Wenn man aber allgemein die Gnade anschaut, die in der Sünde fehlt, dann sind alle Todsünden gleich; denn alle Todsünden sind ein Mangel aller Gnaden Gottes, die den Menschen Gott untertan machen. Insofern die Sünde Buße und Strafe schuldet, gibt es zweierlei Schmerz der Sünde. Einer ist, dass sie die ewigen Freuden entbehren muss, da ihr die Gerechtigkeit fehlt. In dieser Weise aber sind alle Todsünden gleich; denn eine raubt nicht mehr Freude als die andere. Denn jede raubt die ewige Freude ganz und gar. Der andere Schmerz ist die Höllenpein. In dieser Weise ist die eine Sünde größer als die andere. Denn eine Sünde wird in der Hölle schmerzlicher gezüchtigt als die andere, je nachdem die eine Sünde sich mehr gegen Gott und die göttliche Gerechtigkeit wendet als die andere.

A. Das ist, was ich am allerliebsten wüsste, welche Sünde die größte wäre, und woran ich das erkennen könnte, dass eine Sünde mit Recht größere Strafe empfangen sollte als die andere.

B. Willst du das verstehen, so musst du drei Dinge in einer jeglichen Sünde ansehen.

A. Was sind diese drei Dinge?

B. Es ist die Abkehr von dem ewigen Gut, das Gott und Gerechtigkeit ist. Das andere ist das Verlassen eines Besseren, das ein geschaffenes Gut ist. Das dritte ist die Hinwendung zu dem, das weniger gut ist und böser ist als das, das verlassen wird. Diese drei Dinge sind in einer jeglichen Todsünde.

A. Das zeige mir, denn ich habe es nicht gut verstanden.

B. Der Sünder in Hochmut will Gott nicht Ehre geben; darum wendet er sich von Gott und von der Gerechtigkeit ab. Das ist das erste. Er lässt Demut,

tugend *[49vb]* ist vnd ein groß geschaffen gůt. Nu hast du daz ander. Er keret sich vff ere vnd lob der welte; daz ist ein zijtlich geschaffen gůt vnd ist mynre dåͤn daz gůt der demůt, daz er hät verlassen. Daz ist daz dritte. Also geschehent die drù in allen sùnden.

A. Ich han dich gemerket, sage fùrbaß.

B. Sihest du *ane* die drù vnd wigest sù eben, so sihest du groͤssi der sùnde.

A. Wie sol ich den widerker von groß oder kleyn bekennen?

B. Zwey ding machent die sùnde swåͤr vnd groß an dem widerker von gotte. Eins ist vndåͤnckbeͤrkeit goͤttliches gůtes. Daran so ist eins gloͤbigen moͤnschen sùnde groͤsser dåͤn eins vngloͤibigen; wäon wen gott hat erlùhtet mit sinen gnåden, der solte sich minre keren von gotte dåͤn der, dem er soliche gnåde nùt het erzoͤiget – wer er danckber gewesen. Vnd kurtzlich: So der moͤnsche ie besser ist gewesen von gottes gnåden, so sine sùnde ie groͤsser sint vnd groͤsser bůsse wirdig. Daz *[50ra]* ander ist freuel vnd versmåͤhte, daz die sùnde groß machet in dem abker von gotte. Dauon so sint die sùnde groͤsser, die von krangheit beschehent dåͤn die von torheit beschehent; vnd die von flisse geschehent, die sint groͤsser dåͤn die von krangheit geschehent; wåͤn sù hant me freuels vnd versmåͤhte gegen goͤttelicher gerehtigkeit dåͤn die ersten. Vnd dauon geschiht, daz etwenn kleÿne sùnde gar sweͤrlich gerochen werdent, die kleyne schinent an den werken, die sint aber sweͤr an dem freuel.

A. We, wie nùtz lere daz ist! Sage, wie sol ich ansehen daz ander?

B. Du solt ansehen den ker von dem bessern gůte, daz ioch geschaffen ist, drùfåͤltiglich. Wåͤn daz gůt, dauon sich der sùnder kert, ist daz groß, darnåch ist die sùnde groß. Ist sin vil, darnåch ist der sùnde vil. Ist sin der moͤnsche måͤnigualtiglich schuldig, darnåch ist die sùnde måͤnigualtig.

A. Des gib mir ein bilde.

B. Der mynne verlåt in nÿd vnd in hasse, der tůt groͤsser sùnde, dåͤn der måssigkeit oder *[50rb]* kùscheit oder dehein ander tugent verlåt. Wåͤn mynne ist groͤsser dåͤn ander tugend. Also der zůuersiht verlåt, der sùndet me dåͤn der demůͤtigkeit oder kùscheit verlùret; wåͤn zůversiht ist besser dåͤn demůt oder reinigkeit. Dar nåch sprich ich: Wer den rehten glouben verlåt in keͤtzerige oder in vnglouben, der sùndet me, dåͤn der mynne oder zůversiht verlùret. Wåͤn vngloͮbe keret sich von allen tugenden mit enander; vnd dauon, wåͤn vil ist, dauon er sich keret, dauon ist vil der sùnde. Darumb so ist die sùnde die aller groͤste, die ein cristenmoͤnsche getůn mag. Darnåch so ist eins geistlichen moͤnschen vnkùscheit groͤsser dåͤn eins weltlichen; wåͤn der geistliche moͤnsche ist zů der tugend zwifaltiglich gebunden. Darumb so sùndet er me, dåͤn der nuwan einest darzů ist gebunden, vnd alle die kein ding verlobent, daz sù ioch oͤn daz nùt soͤlten tůn, ist daz sù dawider tůnt, so groͤssert die gelùbde ir sùnde.

500 ane] äne

die eine Tugend ist und ein großes geschaffenes Gut. Nun folgt das zweite. Er kehrt sich auf Ehre und Lob der Welt; das ist ein zeitlich geschaffenes Gut und ist geringer als das Gut der Demut, das er verlassen hat. Das ist das dritte. So bestehen diese drei in allen Sünden.

A. Ich habe dich verstanden, sprich weiter.

B. Siehst du diese drei Dinge an und wägst sie ab, dann siehst du die Größe der Sünde.

A. Wie soll ich die Abkehr von groß oder klein erkennen?

B. Zwei Dinge machen die Sünde schwer bei der Abkehr von Gott. Eins ist Undankbarkeit gegen das göttliche Gut; darum ist eines gläubigen Menschen Sünde größer als die eines ungläubigen; denn wen Gott mit seinen Gnaden erleuchtet hat, der sollte sich weniger von Gott abkehren als der, dem er solche Gnade nicht erzeigt hat – falls er dankbar gewesen wäre. Und kurz gesagt: Wenn der Mensch jemals besser gewesen ist durch die Gnade Gottes, so ist seine Sünde größer und größerer Buße wert. Das zweite ist Frevel und Verachtung, was die Sünde in der Abkehr von Gott groß macht. Darum sind die Sünden größer, die aus Schwäche geschehen als die aus Torheit geschehen; und die mit Eifer geschehen, sind größer als die aus Schwäche geschehen; denn sie enthalten mehr Frevel und Verachtung gegen die göttliche Gerechtigkeit als die ersten. Und darum geschieht es, dass manchmal kleine Sünden schwer gerächt werden, die in der Handlung nur klein erscheinen, aber schwer sind an Frevel.

A. O weh, wie nützlich ist diese Lehre! Sag, wie soll ich das zweite ansehen?

B. Du sollst die Abkehr von dem besseren Gut, das geschaffen ist, dreifach erwägen. Denn wenn das Gute, von dem sich der Sünder abwendet, groß ist, dann ist die Sünde groß. Ist das vielfach, dann ist die Sünde vielfach. Ist aber der Mensch vielfältig schuldig, dann ist die Sünde vielfältig.

A. Davon gib mir ein Bild.

B. Wer die Liebe in Neid und in Hass verlässt, der tut größere Sünde, als wer Mäßigkeit oder Keuschheit oder eine andere Tugend verlässt. Denn die Liebe ist größer als andere Tugenden. Ebenso, wer die Zuversicht verlässt, der sündigt mehr als wer die Demut oder Keuschheit verliert; denn Zuversicht ist besser als Demut oder Reinheit. Ferner sage ich: Wer den rechten Glauben verlässt in Ketzerei oder Unglauben, der sündigt mehr als derjenige, der Liebe oder Zuversicht verliert; denn der Unglaube wendet sich von allen Tugenden zusammen ab; und darum, weil es viel ist, von dem er sich abwendet, darum ist es viel Sünde. Darum ist die Sünde die allergrößte, die ein Christenmensch tun kann. Demnach ist die Unkeuschheit eines geistlichen Menschen größer als die eines weltlichen; denn der geistliche Mensch ist an die Tugend doppelt gebunden. Darum sündigt er mehr, als wer nur in einer Weise daran gebunden ist, und alle die etwas geloben, das sie doch nicht tun werden; wenn sie nun dagegen handeln, dann vergrößert ihr Gelübde ihre Sünde.

A. Mir geuället daz stùcke nùt minre dån das erste. *[50va]* Nu sage von dem dritten.

B. Den ker zů dem minren, der in der sùnde geschiht, den solt du ansehen nåch dem luste der dainne lit; wån ist der lust groß, darnach ist die sùnde groß.

A. Ach, getoͤrst ich dich gefrågen, warvmb daz were, wån der moͤnsche mag sich nùt erweren, ob er ioch wolte, er muͤste in ettlichen dingen empfahen lust, ist daz er sich darzů keret.

B. Die sùnde, die wùrt groß von des lustes wegen, nùt daz der lust sùnde sie an imselber. Es ist darumb, wån der lust machet den willen boͤse. Dauon wenn der lust dem willen volgen wil vnd boͤse wùrt, so dån der lust ie groͤsser wirt, so der will ie boͤser wùrt vnd steͤrker. Dauon wird die sùnde gemessen nåch dem luste; wån als der lust groß ist, also wird ouch der wille boͤse.

A. Mir heͤt das kurtze wort also vil liehtes bråht, daz ich mich von hertzen froͤuwen. Nu gäng furbaß vnd sag, wie ich die måsse des lustes soͤlle merken.

B. Der gelust ist drùfåltig. Einer ist in dem hertzen, der *[50vb]* ander in den werken, der dritte in der gewånheit. Der gelust in dem hertzen der wurt gemeret in dem werke etwenn, vnd dauon so die sùnde zů den werken kommet, so ist sù etwenn groͤsser, dån ob sù alleÿne blibet in dem willen. Wenn aber die sùnde wurt zů einer gewånheit, so wurt der lust aller groͤst. Dauon so wurt die sùnde in der wise aller boͤste.

A. Noch wùste ich gerne eins, weles das allergroͤste were vnder den drien, von den du gesprochen håst: keren von gotte oder keren von tugenden oder keren zů dem luste der creaturen.

B. Wilt du mir friden låssen in disem capitel mit gedinge, so wil ich dir es sagen.

A. Mich duncket selber zijt, daz es sie ein ende, weͦnn du vollendest, daz ich han gefråget.

B. Merkest du nùt, daz lust der creature anders nùt boͤß ist dann darumb, daz er machet einen boͤsen willen?

A. Daz han ich wol gemerket.

B. Wie moͤhte der wille boͤse werden, er verlùre dån tugend?

A. Daz han ich ǒch *[51ra]* wol verstanden; wån tugende sint als wåffen, damit sich der wille weren soͤlte wider den gelust der sùnde. Dauon mag er nùt v̀berwunden werden, er habe dånn e diener verloren der tugent.

B. Hieby mäht du meͤrken, daz lust der sùnde von imselber nùt boͤse ist noch keren von tugenden von imselber boͤse ist. Alleyne boͤser wille der ist von imselber boͤse, vnd daz ist der wille, der sich von gotte williglich keret vnd sich dem luste vndertånig machet der sùnde. Dauon keren sich von gotte, daz ist daz erste vnd daz groͤste in der sùnde; wån dauon komet der ker von den tugenden vnd der ker zů dem luste vnoͤrdenlich.[245]

---

245 *Vgl. Augustinus, De lib. arb. I, c. 1,34; CSEL Bd. LXXIIII, S. 35,11–17:* Est ita ut dicis, et adsentior peccata omnia hoc uno genere contineri, cum quisque avertitur a divinis vere-

A. Mir gefällt dieses Stück nicht weniger als das erste. Nun spricht von dem dritten.

B. Die Hinwendung zu dem Geringeren, die in der Sünde geschieht, die kannst du nach der Lust ansehen, die darin liegt; denn, wenn die Lust groß ist, dann ist die Sünde groß.

A. Ach, wagte ich, dich zu fragen, warum das so ist: denn der Mensch kann sich nicht erwehren, wenn er es auch wollte; er muss in manchen Dingen Lust empfinden, wenn er sich ihnen zuwendet.

B. Die Sünde wird wegen der Lust groß, nicht dass die Lust an sich selbst Sünde ist. Es ist darum, weil die Lust den Willen böse macht. Darum, wenn die Lust dem Willen folgen will und böse wird, wenn dann die Lust je größer wird, so wird der Wille umso böser und stärker. Darum wird die Sünde an der Lust gemessen; denn je größer die Lust ist, desto böser wird auch der Wille.

A. Mir hat dieses kurze Wort so viel Licht gebracht, dass ich mich von Herzen freue. Nun geh weiter und sag, wie ich das Maß der Lust erkennen soll.

B. Die Lust ist dreifach. Das eine ist im Herzen, das andere ist in den Werken und das dritte liegt in der Gewohnheit. Die Lust in dem Herzen wird manchmal in dem Werk vermehrt; und darum, wenn die Sünde zur Tat kommt, so ist sie manchmal größer, als wenn sie allein im Willen beharrt. Wenn aber die Sünde zur Gewohnheit wird, so wird die Lust am allergrößten. Darum wird die Sünde in dieser Weise am allergrößten.

A. Eines wüsste ich noch gerne, welches das allergrößte unter diesen dreien ist, von denen du gesprochen hast: Abkehr von Gott oder Abkehr von der Tugend oder Hinwendung zu der Lust der Geschöpfe.

B. Willst du mir Frieden lassen mit diesem Kapitel; unter dieser Bedingung will ich es dir sagen.

A. Mir scheint es selber an der Zeit, dass dieses Kapitel zu Ende ist, wenn du vollendest, was ich dich gefragt habe.

B. Merkst du nicht, dass die Lust der Kreatur nur darum böse ist, weil sie einen bösen Willen macht?

A. Das habe ich wohl gemerkt.

B. Wie könnte der Wille böse werden, wenn er nicht die Tugend verlöre?

A. Das habe ich wohl verstanden; denn Tugenden sind wie Waffen, mit denen sich der Wille gegen die Lust der Sünde wehren sollte. Darum kann er nicht überwunden werden, wenn er nicht zuvor die Tugend als Diener verloren hat.

B. Hieran kannst du erkennen, dass die Lust der Sünde aus sich selbst nicht böse ist und dass auch das Abkehren von den Tugenden an sich selbst nicht böse ist. Allein der böse Wille ist aus sich selbst böse, und das ist der Wille, der sich freiwillig von Gott abwendet und sich der Lust der Sünde untertan macht. Darum, sich von Gott abwenden, das ist das erste und das größte in der Sünde; denn daher kommt die Abwendung von den Tugenden und die Hinwendung zur ungeordneten Lust.

A. Ach, iemer me, wie haͦstu so woͣr! Wer sich nùt kerte von gotte, dem moͤhte kein lust geschaden. Waͦn ich weͣne, daz nieman rehten lust empfaͦhe in dirre zijt ioch daͤn, der by gotte hät ein steͣte bliben. Nu hast du als gar alle wunder vnd zwifel in mir gesweiget, daz ich ioch nùme fraͦgen kan. Dauon so yle zuͦ *[51rb]* dem sehsten capitel vnd bewise, wie sùnde den moͤnschen hät gefangen.

B.

---

que manentibus et ad mutabilia atque incerta convertitur. Quae quamquam in ordine seu recte locata sint et suam quandam pulchritudinem peragant, perversi tamen animi est et inordinati eis sequendis subici quibus ad nutum suum ducendis potius divino ordine ac iure praelatus est. (*»Es ist, wie du sagst, und ich stimme zu, dass alle Sünden zu dieser einen Art gehören, indem sich jemand vom Göttlichen und wahrhaft Bleibenden abwendet und sich hinkehrt zum Veränderlichen und Ungewissen. Obwohl diese in Ordnung und recht platziert sind und eine gewisse eigene Schönheit entfalten, ist es dennoch die Sache eines verkehrten und ungeordneten Geistes, dem zu folgen und sich gerade solchen Dingen zu unterwerfen, die in ihre eigene Schwerkraft reißen, und denen statt der göttlichen Ordnung und dem Recht der Vorzug gegeben worden ist.«*)

A. Ach, weh und weh, wie hast du recht! Wer sich nicht von Gott abwendete, dem könnte keine Lust schaden. Denn ich meine, dass in dieser Zeit niemand Lust empfangen kann, außer wer bei Gott ein ständiges Bleiben hat. Nun hast du so vollständig alles Wundern und Zweifeln in mir zum Schweigen gebracht, dass ich auch nicht mehr fragen kann. Darum eile zum sechsten Kapitel und zeige, wie die Sünde den Menschen gefangen hält.

B.

Das sehste capitel
wiset, wie sùnde den moͤnschen hat gefangen.

Sv̇nde ist ein soͤllich bant, dauon sich nÿeman gelidigen mag, der da in gefaͤllet, weder moͤnsche noch engel. Dauon ist gesprochen: »Wer sùndet, der ist ein knecht der sùnde.«

A. Daz betùte baß, wie die sùnder glich sint dem kne̊hte.

B. Einem eigenen kne̊hte sint zwey ding vnmùglich: Eins, daz er sichselber nùt fryen mag, wån er kein eigen gůt hät; wån alles, daz er hät, daz ist one daz des herren. Das ander ist, daz er kein eigen werk geleisten mag; wån er hät keinen eigenen willen; wån sin rehter herre ist gewåltig alles sins *[51va]* willen. Also wùrt ein sùnder ein kneht der sùnde, also daz er sich von der sùnde nùt gelidigen mag vnd das er eigens nùtzit gewùrken mag. Wån die sùnde wurt gewaltig alles sins willen.[246]

A. Dise lere die ist gemeÿne; dauon han ich an ir keinen zwifel. Doch ist min vernunfft dainne als vngevͤbet, daz sù mir bringet grosse wunder, wie das moͤge sin, das sich der moͤnsche oder der engel von sùnden nùt keren mag, als er sich moͤhte zů den sùnden keren. Mir ist ouch wunder, daz du sprichest, die sùnde sie gewaltig des willen, dauon moͤge der sùnder kein werk gewùrken daͤnn daz werk der sùnde.

B. Wiltu begriffen mit vernunfft, des du håst einen gůten glouben, so ruͤff an den, des die welt hät begert, daz er sù loͤste von den sùnden. Wån moͤht der moͤnsche sichselber von den sùnden keren, so bedoͤrffte die welt keÿnes han begert, der sù hett erloͤset von den sùnden.

A. Ich sol gerne tůn, des du mich håst ermanet, wån *[51vb]* in dem worte håst du geste̊rket minen glouben; doch hast du nùt erloͤschet min begirde. Ich wolte gerne das verstån nåch dem grunde der wårheit, von dem ich wol sihe, daz nùt anders ist in der wårheit.

<Die Schuld, gerechten Willen zu haben>

B. So merke: E daz der engel oder der moͤnsche empfieng gerehten willen, daz er do schuldig was, das er hett gerehten willen.[247]

---

246 *Vgl. Eckhart, Pr. 6, DW III, S. 118,3–6 mit Bezug auf die Samaritanin, die keinen Mann hat (Io 14,16f.):* Daz was ir vrîer wille, der enwas ir niht, wan er was gebunden in tôtsünden, und si was sîn ungewaltic; und dar umbe enwas er ir niht: wan wes der mensche niht gewaltig enist, des enist sîn niht; ez ist mê des, der sîn gewaltic ist. *(Übers. ebd., S. 526: »Das war ihr freier Wille, der gehörte ihr nicht, denn er war gebunden in Todsünden, und sie hatte keine Gewalt über ihn; und darum gehörte er ihr nicht; denn, worüber der Mensch keine Gewalt hat, das gehört ihm nicht; es gehört vielmehr dem, der Gewalt darüber hat.«)*

247 *Anselmus Cantuariensis, De casu c. 16; Bd. I, S. 259,16f.:* Antequam acciperet hanc iustitiam: voluntas illa debebat velle et non velle secundum iustitiam? *(»Bevor er diese Gerechtigkeit empfing, schuldete jener Wille, gemäß der Gerechtigkeit zu wollen und nicht zu wol-*

Das sechste Kapitel
zeigt, wie die Sünde den Menschen gefangen hält.

Die Sünde ist eine solche Fessel, von der sich niemand befreien kann, der da hineingefallen ist, weder Mensch noch Engel. Darum heißt es: »Wer sündigt, ist ein Knecht der Sünde« (Io 8,34).

A. Erkläre mir besser, wie die Sünder dem Knechte gleichen.

B. Einem leibeigenen Knecht sind zwei Dinge unmöglich: Erstens, dass er sich selbst befreien kann, da er kein eigenes Gut hat, denn alles, das er hat, das gehört ohnehin dem Herrn. Das zweite ist, dass er kein eigenes Werk leisten kann; denn er hat keinen eigenen Willen; denn sein rechtmäßiger Herr hat Gewalt über seinen ganzen Willen. So wird ein Sünder zum Knecht der Sünde, sodass er sich von der Sünde nicht befreien kann und dass er nichts Eigenes wirken kann. Denn die Sünde hat Gewalt über all seinen Willen.

A. Diese Lehre gilt allgemein; darum habe ich an ihr keinen Zweifel. Doch ist meine Vernunft darin so ungeübt, dass sie mir große Rätsel bringt, wie das sein kann, dass sich der Mensch oder der Engel nicht von den Sünden abwenden kann, wie er sich zu den Sünden hinwenden könnte. Mir ist es auch seltsam, dass du sagst, die Sünde habe Gewalt über den Willen, darum könne der Sünder kein Werk tun außer das Werk der Sünde.

B. Willst du mit Vernunft das begreifen, wovon du einen guten Glauben hast, so rufe den an, den die Welt ersehnt hat, dass er sie von den Sünden befreite. Denn könnte der Mensch sich selbst von den Sünden abwenden, so hätte die Welt niemand ersehnen müssen, der sie von den Sünden erlöst hätte.

A. Ich werde gerne tun, wozu du mich ermahnt hast; denn in deinem Wort hast du meinen Glauben gestärkt; doch hast du mein Begehren nicht gelöscht. Ich wollte gern im Grunde der Wahrheit verstehen, von dem ich wohl sehe, dass es in der Wahrheit nichts anderes gibt.

<Die Schuld, gerechten Willen zu haben>

B. So gib acht: Bevor der Engel oder der Mensch gerechten Willen empfing, war er schon schuldig, gerechten Willen zu haben.

A. Wie moͤht ich das gesprechen? Waͤn wer er e schuldig gewesen der gerehtigkeit, e daz er gereht geschaffen wart, so were er ein sùnder gewesen, e daz er geschaffen wart. Wer ist als vnwise, der daz wolte spreͤchen![248]

B. Das ist wol gesprochen. Do im aber gerehter wille gegeben wart, waz er do ùt schuldig, zů haben gerehten willen?[249]

A. Daz dunket mich: Wån das gott den engel oder den moͤnschen also wißlich vnd als nùtzlich het gegeben, daz ist er schuldig zů behalten.[250]

B. Du håst woͤr. Gott hät die nature getzieret mit der schulde der gerehtigkeit, daz sù åne måsse edler ist dåͤn die nature, die gerehtigkeit nÿe empfieng noch ir nÿe wart schuldig zů habende noch zů behaltende.[251]

A. Dis wort kan *[52ra]* ich nùt wol begriffen, wie schulde die nature zieret.

B. Merkest du nùt, daz gerehtigkeit nåch ir verlåt ein zeichen ir getzierde; wånn gerehtigkeit ioch wurt verlåssen; wån die schulde, die nach gerehtigkeit blibet, die zoͤiget, daz die nature etwenn getzieret waz vnd daz sù soͤlte von gerehtigkeit getzieret werden. Dauon so ist schulde ein zeichen, daz gerehtigkeit nach ir låt ir getzierde.[252]

A. Sÿd denn schulde zoͤiget vnd zieret einen adel der nature, warumb ist dåͤn sùnd also boͤse, daz sù den engel vnd den moͤnschen machet zů einem kneͤchte vnd sù ir fryheit entsetzet, als du gesprochen håst: »Wer sùndet, der wurt ein kneht der sùnde?«

---

len?«) Hier und im Folgenden entsteht die Verwirrung dadurch, dass im Deutschen das Wort schult, schulden *gleichzeitig für* debere, debitum *und für* culpa *steht.*

248 *Anselmus Cantuariensis, De casu c. 16; Bd. I, S. 259,18:* Non debebat quod ideo non habebat, quia non acceperat. *(»Er schuldete nicht, was er demgemäß nicht hatte, weil er es nicht empfing.«)*

249 *Anselmus Cantuariensis, De casu c. 16; Bd. I, S. 259,19f.:* Postquam autem accepit non dubitas debere, nisi aliqua violentia amittat. *(»Nachdem er sie <die Gerechtigkeit> aber empfing, zweifelst du nicht, dass er sie schuldete, wenn er sie nicht durch irgendeine Gewalt verlor?«)*

250 *Anselmus Cantuariensis, De casu c. 16; Bd. I, S. 259,21f.:* Semper eam huic debito alligatam puto, sive teneat quod accepit sive sponte deserat. *(»Ich meine, er <der Wille> war durch diese Verpflichtung gebunden, ob er behielt, was er empfing oder ob er es freiwillig verriet.«)*

251 *Anselmus Cantuariensis, De casu c. 16; Bd. I, S. 260,5–7:* Et certe multum dignior natura probatur, quae vel aliquando habuisse et semper debere; ut habeat tam honestum bonum convincitur, quam quae hoc ipsum nec habere nec debere aliquando cognoscitur. *(»Und sicherlich wird die Natur würdiger befunden, die überführt wird, ein so ehrenvolles Gut einmal gehabt zu haben und immer zu schulden, als eine, von der man erkennt, dass sie dasselbe niemals hatte oder schuldete.«)*

252 *Anselmus Cantuariensis, De casu c. 16; Bd. I, S. 259,28–260,2:* Quoniam nihil aliud est additum quam iustitia, separata iustitia nihil aliud certum est remanere quam quod prius erat, nisi quia debitricem eam fecit accepta iustitia, et quasi quaedam pulchra vestigia sui reliquit derelicta eadem iustitia. *(»Da nichts anderes als Gerechtigkeit hinzugefügt wurde, bleibt gewiss nichts anderes übrig als, was vorher da war, wenn die Gerechtigkeit abgetrennt wurde, und wenn die Gerechtigkeit selbst verlassen wird, hinterlässt sie sozusagen gewisse schöne Spuren.«)*

A. Wie könnte ich das sagen? Denn wäre er der Gerechtigkeit schuldig gewesen, bevor er gerecht geschaffen wurde, so wäre er ein Sünder gewesen, bevor er geschaffen wurde. Wer ist so unklug, dass er das sagen wollte?

B. Das ist gut gesagt. Da ihm nun aber gerechter Wille gegeben wurde, war er dann nicht schuldig, gerechten Willen zu haben?

A. Das scheint mir so; denn was Gott dem Engel oder dem Menschen so klug und nützlich gegeben hat, das ist er schuldig zu behalten.

B. Du hast recht. Gott hat die Natur mit der Schuld der Gerechtigkeit geziert, sodass sie unendlich edler ist als die Natur, die nie Gerechtigkeit empfangen hat und auch nie schuldig wurde, sie zu haben oder zu behalten.

A. Dieses Wort kann ich nicht recht begreifen, wie Schuld die Natur ziert.

B. Merkst du nicht, dass Gerechtigkeit ein Zeichen ihrer Zierde hinter sich zurücklässt; denn Gerechtigkeit wird allerdings verlassen; denn die Schuld, die nach der Gerechtigkeit bleibt, die zeigt, dass die Natur einmal damit geziert war und dass sie durch Gerechtigkeit geziert werden sollte. Darum ist Schuld ein Zeichen, dass Gerechtigkeit eine Zierde hinterlässt.

A. Da nun Schuld einen Adel der Natur zeigt und ziert, warum ist dann die Sünde so böse, dass sie den Engel und den Menschen zu einem Knecht macht und sie ihrer Freiheit beraubt, wie du gesagt hast: »Wer sündigt, wird ein Knecht der Sünde?«

B. Schuldig sin der gerehtigkeit vnd sùnde sint gar vnglich. Dauon schulde der gerehtigkeit, so die die nature ie me zieret, so vil die sùnde die persone ie me entaͤdelt vnd boͤset.[253]

A. Waz heissest du denn sùnde anders dån schulde?

B. Ich mårkete zůhant, daz dich daz hette betrogen, daz du wo̊ndest, sùnde vnd schulde wer eins.

A. Du håst *[52rb]* wo̊r. Ich gedåhte nÿe anders.

B. Ist der moͤnsche vnd der engel nùt schuldig der gerehtigkeit zů allen zijten, nåch dem so er sù empfangen hät?

A. Das han ich doch vor gesprochen.

B. Dauon so ist er ir schuldig zů haben, so er sù hat als wol, als so er sù nùt hät. Daby so merke, daz sùnde nùt ist schulde; wån sùnde ståt nùt by der gerehtigkeit; aber schulde ståt by der gerehtigkeit.[254]

A. Nu begÿnne ich erst merken, daz schulde nùt sùnd ist. Aber waz sùnde sie, daz kan ich ietze nùt gedencken.

B. Daz ist ein wunder, daz du also schiere vergessen hast, dauon wir alz vil hant gesprochen. Sùnde ist ein mangel vnd ein nùt han, daz man schuldig ist. Vnd dauon sprich ich: So die schulde die nature ie me zieret, so vil der mangel die person ie me entschicket. Wån mangel gewilliglich der gerehtigkeit, daz were nùt sùnde, were daz gott die nature nùt hette gezieret mit der schulde von siner guͤti.

A. An disen worten merk ich wol, daz nùtz sùnde ist *[52va]* dån nùt haben, daz man schuldig ist, vnd daz nùt han dauon sùnde ist, wån haben schulde ist.[255]

B. Du håst den rehten sin begriffen; wån schuld vnd soͤllen han gerehtigkeit ist nùt der mangel der gerehtigkeit. Die schuld ist aber ein sache, daz der mangel der gerehtigkeit sùnde ist.

<Gerechter Wille wird allein von Gott gegeben: die Gnade.>

A. Gang fùrbas vnd bewise mich, warumb der moͤnsche sich nùt keren moͤge von sùnden! Wån ich han wol verstanden, daz schuld vnd sùnde nùt eins ist.

---

253 *Anselmus Cantuariensis, De casu c. 16; Bd. I, S. 260,8–10:* Bene consideras. Sed adde huic tuae sententiae, quia quanto natura quae hoc habuit et debet monstratur laudabilior: tanto persona quae non habet quod debet convincitur vituperabilior. *(»Du überlegst das gut. Aber füge diesem deinem Gedanken noch hinzu, dass je mehr eine Natur, die das hat und schuldet, sich als lobenswerter erweist, umso mehr wird eine Person als tadelnswerter befunden, die nicht hat, was sie schuldet.«)*

254 *Hier löst der Meister das Missverständnis auf.* Schulde *steht in diesem Satz für* debitum. *Bezeichnend, dass es hierfür bei Anselm keine Parallele gibt.*

255 *Anselmus Cantuariensis, De casu c. 16; Bd. I, S. 260,18 f.:* Non ergo reprehendis in ipsa voluntate quae non stetit in iustitia debere iustitiam, sed non habere iustitiam. *(»Also tadelst du bei jenem Willen, der nicht in Gerechtigkeit steht, nicht, dass er Gerechtigkeit schuldet, sondern dass er Gerechtigkeit nicht hat.«)*

B. Die Gerechtigkeit schulden und Sünde sind völlig ungleich. Darum, je mehr Gerechtigkeit zu schulden die Natur ziert, umso mehr entadelt und verschlechtert die Sünde die Person.

A. Was nennst du denn Sünde, wenn nicht Schuld?

B. Ich habe gleich gemerkt, dass es dich getäuscht hat, dass du meintest, Sünde und Schuld seien dasselbe.

A. Du hast recht. Ich dachte nie anders.

B. Schulden der Mensch wie der Engel nicht zu allen Zeiten Gerechtigkeit, nachdem er sie empfangen hat?

A. Das habe ich doch zuvor schon gesagt.

B. Darum schuldet er es, sie zu haben, sowohl wenn er sie hat, wie wenn er sie nicht hat. Daran merke, dass Sünde nicht Schuld ist; denn Sünde geht nicht mit der Gerechtigkeit zusammen, aber Schuld gehört zur Gerechtigkeit.

A. Jetzt beginne ich erst zu verstehen, dass Schuld nicht Sünde ist; aber was Sünde ist, kann ich jetzt noch nicht denken.

B. Das ist seltsam, dass du so schnell vergessen hast, wovon wir so viel gesprochen haben. Sünde ist ein Mangel und ein Nicht-Haben, was man schuldet. Und darum sage ich: Je mehr die Schuld die Natur ziert, umso mehr entstellt der Mangel die Person. Denn der willentliche Mangel der Gerechtigkeit wäre nicht Sünde, wenn Gott die Natur nicht aufgrund seiner Güte mit der Schuld geziert hätte.

A. An diesen Worten merke ich wohl; dass nichts Sünde ist als das Nicht-Haben dessen, was man schuldet, und das Nicht–Haben ist darum Sünde, weil Haben geschuldet ist.

B. Du hast die Sache richtig begriffen, denn Schuld und Gerechtigkeit-Haben-Sollen ist nicht der Mangel der Gerechtigkeit. Diese Schuld ist aber eine Ursache dafür, dass der Mangel der Gerechtigkeit Schuld ist.

<Gerechter Wille wird allein von Gott gegeben: die Gnade.>

A. Gehe weiter und zeige mir, warum der Mensch sich nicht von den Sünden abwenden kann. Denn ich habe wohl verstanden, dass Schuld und Sünde nicht eins sind.

B. So merke, als vor gesprochen ist: Gerehtigkeit ist etwaz, vnd alles, daz ist, so es ist, so ist es von gotte vnd nùt von ym selber.[256]

A. Ich gedencke noch wol der lere.

B. Vngerehtigkeit ist nùtzit; wån es ist nuwån ein mangel der gerehtigkeit.[257] Daz nu nùtzit ist, daz ist nùt von gotte; es ist von ymselber.

A. Daz ist als wor alz das vorder.

B. Dauon so maht du sehen, daz sich der moͤnsche von imselber nùt keren mag zů dem, daz ist, wan daz ist von gotte. Er mag sich aber keren zů dem, daz nùt ist, daz ist sùnde. Wån so der engel oder der moͤnsche ge*[52vb]*rehtigkeit verlùret, so komt er darzů, daz er vor waz, e er die gerehtigkeit hät empfangen; wån im ist nùtzit bliben von der gerehtigkeit dån die schulde, die den mangel sùnde machet. Vnd als wening er an dem ersten, e er die gerehtigkeit empfieng, moͤht haben gerehtigkeit von im selber, wer daz sù im gott nùt frilich heͤt gegeben, also wening mag er sù gewinnen, wenn er ir mangelt.[258]

A. Ich merke nu wol, daz er sich zů gerehtigkeit von siner krafft nùt mag keren. Doch bewise mich baß, wå er die krafft neͤme, daz er sich mag zů den sùnden keren.

B. Dir ist, als der gemeynde ist der welte. Die koͤnnen kume verstän, wie daz sie, daz der moͤnsche v̀bel tůn mag von im selber vnd daz gůte nùt. Sù duncket, es soͤlle glich sin in dem gůten vnd in dem boͤsen.[259]

---

256 *Anselmus Cantuariensis, De casu c. 17; Bd. I, S. 262,17f.:* Nullo igitur modo potest a se habere iustitiam cum non habet iustitiam, quia nec antequam eam accipiat nec postquam deserit. *(»In keiner Weise kann er aus sich selbst Gerechtigkeit haben, und zwar weder bevor er sie empfängt noch nachdem er sie verlassen hat.«)*

257 *Anselmus Cantuariensis, De casu c. 16; Bd. I, S. 261,4f.:* <…> palam est quia non aliud in illa est iniustitia aut esse iniustum, quam absentia iustitiae aut non habere iustitiam. *(»<…> es ist offensichtlich, dass in jenem Willen Ungerechtigkeit oder Ungerecht-Sein nichts anderes ist als die Abwesenheit der Gerechtigkeit oder Gerechtigkeit nicht haben.«)*

258 *Anselmus Cantuariensis, De casu c. 17; Bd. I, S. 262,12–16:* M.: An modo derelicta iustitia et remanente illa sola voluntate quae prius fuerat beatitudinis: potest idem desertor redire ad voluntatem iustitiae per se, ad quam non potuit antequam daretur venire? / D.: Sed modo multo minus. Tunc enim conditione naturae non poterat habere, nunc vero merito quoque culpae non debet habere. *(»Meister: Wenn nun die Gerechtigkeit verloren war und in ihm nur jener Wille zur Seligkeit, den er vorher hatte, zurückblieb, kann dann derselbe Abtrünnige zum Willen zur Gerechtigkeit aus sich zurückkehren, zu dem er nicht gelangen konnte, bevor er ihm gegeben wurde? / Schüler: Das <kann er> noch viel weniger. Damals konnte er ihn aufgrund seiner Naturverfassung nicht haben, aber jetzt sollte er ihn auch aufgrund der erworbenen Schuld nicht haben.«)*

259 *Der Hinweis auf die* gemeynde der welte *zeigt an, dass der Meister hier von der allgemeinen scholastischen Auffassung abweicht. Von hier an folgt er auch nicht mehr der Linie Anselms, sondern trägt eine spezifisch augustinische Lehre vor. Auffallend sind die zahlreichen Übereinstimmungen mit dem GDT. Vgl. Iohannes de Basilea, In Sent. II, d. 27–28, q. 19, concl. 3; Bd. III, S. 287,12–14:* Licet nullus stante generali influentia Dei absque speciali auxilio Dei possit facere bene moraliter, non tamen omne opus extra caritatem factum est malum culpae venialis vel vitiosum moraliter. *(»Mag auch niemand, trotz dem bestehenden*

B. So bedenke, was zuvor gesprochen wurde. Gerechtigkeit ist etwas, und alles, was ist, wie es ist, ist von Gott und nicht durch sich selbst.

A. Ich erinnere mich noch gut an diese Lehre.

B. Ungerechtigkeit ist nichts; denn es ist nur ein Mangel der Gerechtigkeit. Das, was aber nichts ist, das ist nicht von Gott, es ist durch sich selbst.

A. Das ist ebenso wahr wie das Vorhergegangene.

B. Daran kannst du sehen, dass sich der Mensch aus sich selbst nicht zu dem wenden kann, was ist, denn das ist von Gott. Er kann sich aber zu dem hinwenden, was nicht ist, das ist Sünde. Denn wenn der Engel oder der Mensch die Gerechtigkeit verliert, so kommt er zu dem, was er zuvor war, ehe er Gerechtigkeit empfangen hatte; denn ihm ist nichts von der Gerechtigkeit geblieben als die Schuld, die den Mangel zur Sünde macht. Und sowenig er zuerst, bevor er die Gerechtigkeit empfing, Gerechtigkeit durch sich selbst haben konnte, wenn sie ihm Gott nicht freiwillig gegeben hätte, ebenso wenig kann er sie gewinnen, wenn sie ihm fehlt.

A. Ich merke nun wohl, dass er sich zur Gerechtigkeit aus eigener Kraft nicht kehren kann. Doch zeige mir noch besser, wo er die Kraft hernähme, sich zur Sünde kehren zu können.

B. Dir geht es, wie allgemein der Welt. Die können kaum verstehen, wie das kommt, dass der Mensch Übles aus sich selbst tun kann und das Gute nicht. Sie meinen, es sollte gleich sein beim Guten wie beim Bösen.

A. Derselbe wån ist ǒch lang in mir gestanden vnd stuͤnde noch in mir, were ich sin von gotte durch dich nùt vnderwiset.

B. Sage, daz ich nùt kùnig bin, von wem han ich daz?[260]

A. Von nÿeman, wån nieman hät dir daz benommen, *[53ra]* wan du nie kùnig wùrde.

B. Han ich von nieman, daz ich nùt kùnig bin, so ist es min eigen vnd han es von mirselber.

A. Daz ist wo͞r.

B. Mit welicher kräft oder mit welicher kunst han ich daz zůbråht, daz ich nùt kùnig bin?

A. Du bedarfft darzů keyner krafft noch keiner kunst; wån werest du åne alle krafft vnd åne alle kunst, dannoch werest du als wenig kùnig als nu vnd werest ioch verrer dauon daͤn nu.

B. Also vergihest du, daz ich den mangel des kùngriches han von mir selber, vnd daz o͞ne alle mÿne krafft vnd åne alle mine werk. Also zů sùnden bedarff der moͤnsche keiner krafft noch keins werkes; wand sùnde ist nùt anders daͤn ein mangel der gerehtigkeit. Die gerehtigkeit ich schetz ein groß kùngrich.

A. Mich duncket die glichnisse nùt glich der sùnde; wån du gewùnne nie kein kùngrich, dauon hast du den mangel von dirselber åne alle krafft vnd åne alle werke. Der aber hät ein kùngrich, der mag *[53rb]* es nùt verlieren ane alle kråfft vnd åne alle sine werke; daz duncket mich.

B. Nu so låß sin, das ich habe ein kùngrich, so komment mÿne viͤnde vnd kriegent an min rich, so sitz ich stille vnd wer mich nùt; darumb so wurde ich beroubet des riches. Nu mangel ich aber des kùngriches als vor. Nu fråg ich, von wem han ich des riches mangel?

A. So sprich ich: von dinen viͤnden; wån dine viͤnde hant es genommen.

B. Wie mag das sin? Ich bin doch nuwan darzů komen, daz ich von mir selber hät, e ich ie kùnig wart. Vnd dauon als ich es vor nùt hät von minen viͤnden, alz wening han ich von minen viͤnden nu den mangel. Die viͤnde hant mich wol darzů bråht, daz ich kommen bin zů dem mangel, den ich han von mirselber.

112 B.] A.

---

allgemeinen Einfluss Gottes, ohne eine spezielle Hilfe Gottes moralisch gut handeln können, so ist dennoch nicht jedes Werk, das außerhalb der Liebe geschieht, böse im Sinne der lässlichen Schuld oder moralisch lasterhaft.«) Im ersten Teil dieses Satzes stimmt er mit Gregor von Rimini überein, der Mensch könne allein aus eigener Kraft nichts Gutes tun; im zweiten Teil weist er dessen Ansicht zurück. Siehe Zumkeller, *Der Augustinertheologe Johannes Hiltalingen von Basel, S. 104 f.*

260 *Diese Argumentation am Beispiel des Königseins folgt dem Beispiel des Nackten; siehe oben S. 514 f., Z. 86–94.*

A. Dieselbe Vorstellung habe ich auch lange in mir gehegt, und sie stünde noch in mir, wäre ich nicht von Gott durch dich besser belehrt worden.

B. Sag mir, dass ich nicht König bin, von wem habe ich das?

A. Von niemand, denn niemand hat dir das genommen, weil du nie König wurdest.

B. Wenn ich es von niemand habe, dass ich nicht König bin, so ist es mein Eigenes und ich habe es aus mir selbst.

A. Das ist wahr.

B. Mit welcher Kraft oder mit welcher Fertigkeit habe ich es dazu gebracht, dass ich nicht König bin?

A. Du brauchst dazu keine Kraft noch eine Fertigkeit; denn hättest du keine Kraft oder keine Fertigkeit, wärst du dennoch so wenig König wie jetzt und wärst sogar noch weiter davon entfernt als jetzt.

B. Also versicherst du, dass ich den Mangel des Königreiches von mir selbst habe, und das ohne alle meine Kraft und ohne all mein Handeln. So braucht der Mensch auch zum Sündigen keine Kraft und kein Tun, denn Sünde ist nichts anderes als ein Mangel der Gerechtigkeit. Die Gerechtigkeit schätze ich wie ein großes Königreich.

A. Mir scheint dieses Gleichnis nicht der Sünde zu gleichen, denn wenn du nie ein Königreich gewinnst, hast du davon durch dich selbst keinen Mangel ohne alle Kraft und ohne alles Handeln. Wer aber ein Königreich hat, der kann es nicht verlieren ohne Kraft und ohne alles Handeln, wie mir scheint.

B. So lass es bleiben, dass ich ein Königreich habe, und lass meine Feinde kommen und mein Reich bekriegen, und ich sitze still und wehre mich nicht; darum würde ich des Reiches beraubt. Jetzt fehlt mir aber das Königreich wie zuvor. Nun frage ich, von wem habe ich das Fehlen des Reiches?

A. So sage ich: von deinen Feinden; denn deine Feinde haben es dir genommen.

B. Wie kann das sein? Ich bin doch nur zu dem gekommen, was ich von mir selbst hatte, bevor ich je König wurde. Und darum, wie ich es zuvor nicht von meinen Feinden hatte, so wenig habe ich von meinen Feinden jetzt den Mangel. Die Feinde haben mich wohl dazu gebracht, dass ich zu dem Mangel gekommen bin, den ich von mir selbst habe.

A. Du håst wo̊r. Ich gedencke an die glichnisse von den nakenten, das der nackete von imselber nackent ist, vnd der im das kleit nympt, do mit *[53va]* er wart gekleidet, der git im nùt, das er nackent ist, er bringet in aber darzů, das er daz wurt, daz er von imselber ist.[261]

B. Du håst wol gedåht. Dauon so sih, das ich vor vnd nåch dem mangel des kùnigriches von mirselbes han vnd das ich darzů keiner krafft bedoͤrffte, vnd ouch wån mich mine vie̊nde darzů bringent, daz ich mangel des riches, do bedarff ich als wening keiner krafft, als ich bedoͤrffte zů dem mangel, e ich ie gewån das rich. Wån daz ich moͤge v̀berwunden werden von minen vienden, dazů bedarff ich keiner krafft; wån es fůget miner grossen vnkrafft.

A. Nu sih ich erst den kernen der wårheit vnd merke: Wer gůtes wùrken wil, der bedarff einer kräfft, mit der er wùrke. Wer aber sùnden wil, der bedarff darzů keiner kraft. Wån sùnde nuwan ist ein mangel des gůten. Dauon so ist der ker vnglich zů dem gůten vnd zů dem bo̊sen.

Nu zoͤige mir daz ander wunder. Waran lit daz, das der sùnder, so er in sùnden ist, kein gůt werk mag *[53vb]* gewùrken, dauon er als ein kneht dienen můß der sùnde vnd sich dauon nùt von den banden der gefångnisse erloͤsen mag.

B. Waz seit ich an dem anefange, do ich sprach: »Der eigen kneht, der hät kein eigen werk; wån er hät keinen eigen willen.« In dem worte wer dir geantwùrtet, ob du es wol verstůndest.

A. Daz wort ist zů kurtz minen treͤgen sÿnnen; vnd die vngevͤbet sint, die koͤnnent sich in kurtzen worten nùt wol gerihten.

B. So merk ein erlùhtunge dis wortes: »Der gůtes wùrken sol, der bedarff einer krafft, domit er wùrke«

A. Des hast du mich wol vnderwiset.

B. Der krafft nùt hät, damit er wùrken sol, waz mag der wurken?

A. Als wenig ein blinder sehen mag vnd ein loͤmer louffen, als wenig mag ieman o̊ne kräfft wùrken.[262]

B. Dauon sih, daz der sùnder, der in sùnden ist, die krafft hät verlorn, domit der mo̊nsche oder der engel mag gůte werk wùrken.

A. Lere mich die krafft bekennen, vnd wie sù werde verloren von den sùnden, *[54ra]* so getruw ich, ich werde denne die worheit merken.

---

261 *Vgl oben S. 514 f. Anselmus Cantuariensis, De casu c. 1; Bd. I, S. 234,26–28:* Si enim ab aliquo repetas tunicam, quam illi nudo sponte ad tempus praestiteras, non habet a te nuditatem, sed te quod tuum erat tollente redit in id quod erat, antequam a te indueretur. *(»Wenn du nämlich von jemand ein Gewand zurückforderst, das du ihm als er nackt war, freiwillig eine Zeit lang gewährt hast, hat er die Nacktheit nicht von dir, sondern, indem du nimmst, was dir gehört, kehrt er zurück in das, was er war, bevor er von dir bekleidet wurde.«)*

262 *Vgl. GDT Z. 398–400:* Mich dvnket das, das er sol wellen vnd daz der wille e gerecht si, e daz er wil, daz er solt wellen, recht ze glicher wis als der starke werk wúrket, der můs starke sin. *(»Ich meine, das, was der Mensch wollen soll und dass der Wille gerecht ist, das ist früher, als dass er will, was er wollen soll; genau wie einer, der schwere Sachen bewirkt, stark sein muss.«)*

A. Du hast recht. Ich denke an das Beispiel von dem Nackten, dass der Nackte durch sich selbst nackt ist, und wer ihm das Kleid nimmt, mit dem er bekleidet wurde, der gibt ihm nicht, dass er nackt ist, er bringt ihn aber dazu, dass er das wird, was er durch sich selbst ist.

B. Du hast richtig überlegt. Darum sieh, dass ich vorher und nachher den Mangel des Königreichs durch mich selbst habe und dass ich dazu keine Kraft brauche und, auch wenn mich meine Feinde dahin bringen, dass mir das Reich fehlt, brauche ich ebenso wenig eine Kraft, wie ich sie zu dem Mangel brauchte, bevor ich je das Königreich gewann; denn dass ich von meinen Feinden überwunden werden kann, dazu brauche ich keine Kraft; denn es passt zu meiner großen Unkraft.

A. Jetzt sehe ich erst den Kern der Wahrheit und merke: Wer Gutes wirken will, der braucht eine Kraft, mit der er wirkt. Wer aber sündigen will, der braucht dazu keine Kraft. Denn Sünde ist nur ein Mangel des Guten. Darum ist die Hinwendung zu dem Guten und zu dem Bösen verschieden.

Jetzt zeige mir das andere Problem. Woran liegt es, dass der Sünder, wenn er in Sünden ist, kein gutes Werk wirken kann, wodurch er als ein Knecht der Sünde dienen muss und wodurch er sich nicht von den Fesseln der Gefangenschaft befreien kann.

B. Wie sagte ich am Anfang, als ich sprach: »Der leibeigene Knecht hat kein eigenes Werk; denn er hat keinen eigenen Willen.« In diesem Wort würde dir geantwortet, wenn du es richtig verstündest.

A. Das Wort ist meinem trägen Verstand zu kurz, und die ungeübt sind, können sich mit kurzen Worten nicht gut zurechtfinden.

B. So beachte hier eine Erläuterung des Wortes: »Wer Gutes wirken soll, der bedarf einer Kraft, mit der er wirkt.«

A. Darüber hast du mich gut belehrt.

B. Wer keine Kraft hat, mit der er wirken könnte, was kann der wirken?

A. So wenig, wie ein Blinder sehen und ein Lahmer laufen kann, so wenig kann jemand ohne Kraft handeln.

B. Darum sieh, dass der Sünder, der in Sünden ist, die Kraft verloren hat, mit der der Mensch oder der Engel gute Werke wirken kann.

A. Lehre mich die Kraft erkennen, und wie sie durch die Sünde verlorengeht, so vertraue ich darauf, dass ich dann die Wahrheit verstehen werde.

B. Die krafft aller gůter werke ist ein gůter wille, oder waz duncket dich, daz es anders sie?

A. We, mich muͤget an michselber, daz ich daz selber nùt ensach vnd du so vil lere hast darzů gesprochen. Du hast dicke gesprochen: Gerechter wille ist die wurtzel vnd der stamm, dauon schiessent alle gerehte wort, werk vnd gedencke.

B. Gůter wille ist gerehter wille, vnd der ist der boͮm von dem Christus sprach: »Ein gůter boͮm mag nùt boͤse fruht getragen, noch kein boͤser boͮm mag gebeͣren goͤte fruht«. Dauon heisse ich gůten willen die krafft gůter werke. Dauon wer gůtes willen nùt enhat, der mag nùt han dehein gůt werk.

A. Ich bin kùrtzlich vnderwiset, waz die krafft ist, von dinen vnd von den goͤttlichen worten.

Nu sage: Wie wùrt der sùnder von den sùnden der krafft beroubet?

B. Der do sùndet, wämit sùndet der?

A. Mit einem boͤsen willen; waͦn were der wille gereht vnd gůt, so wolt er nùt *[54rb]* sùnden.

B. Also naͦch dinen worten, der sùndet, der hat einen boͤsen willen vnd enhät keinen gůten.

A. Daz ist woͣr.

B. Wolte sich der von den sùnden keren, weder taͦte er reht oder vnreht?

<...>[263]

B. Der reht tůt, mit welichem willen geschiht daz?

A. Mit einem gůten willen; waͦn nỳeman mag reht tůn mit einem boͤsen willen, als nieman wol sehen mag mit einem boͤsen ouge.

B. By dinen eigen worten so merke, daz nieman kein gůt werk mag wùrken, der wille sie denn gůt, vnd der sich keret von den sùnden oder hät einen willen, von sùnden zů kerende, der tůt reht. Darumb dauor so můß er haben einen gůten willen. Nach dem gůten willen fraͦg ich, wannan kam er naͦch dem boͤssen willen, mit dem er sùndet?[264]

A. Ich kan darzů nùt wol geantwirten, ich spreche denn: So der sùnder ietze einen boͤsen willen hat, den willen keret er wider vmb, wenn er gedencket williglich, daz tugent vnd gerehtigkeit myn*[54va]*nenklicher ist daͤn die sùnde.

B. Merke ernstlich daz wort vnd behalt es als einen schatz, der dirre worheit <...>,[265] daz vor allen gůten werken můß gaͦn ein gůt wille. Dauon vor allen gůten gedencken vnd vor allem widerker vnd widerstaͦn den sùnden můß gaͦn ein gůter wille. Waͦn gůte gedencke noch gůter raͦt, den der moͤnsche imselber git, daz er sich sol keren von den sùnden noch widerstaͦn den sùnden, die ma-

---

263 *Hier fehlt die Antwort des Schülers.*

264 *Vgl. GDT Z. 401f.:* Da uon solt du fraͦgen, was den willen gerecht mache, e das er kain gereht werk wúrke. *(»Darum solltest du fragen, was den Willen gerecht macht, bevor er gerecht handelt.«)*

265 *Das Verbum finitum fehlt.*

B. Die Kraft aller guten Werke ist ein guter Wille, oder was meinst du, was es sonst sein könnte?

A. O weh, es belastet mich selbst, dass ich das nicht selbst gesehen habe und du so viel Belehrung dazu gegeben hast. Du hast oft gesagt: Gerechter Wille ist die Wurzel und der Stamm, aus denen gerechte Worte, Werke und Gedanken hervorgehen.

B. Guter Wille ist gerechter Wille, und der ist der Baum, von dem Christus sprach: »Ein guter Baum kann nicht schlechte Früchte tragen, noch kann ein schlechter Baum gute Frucht gebären« (Mt 12,33). Darum nenne ich den guten Willen die Kraft guter Werke. Darum, wer guten Willen nicht hat, der kann keine guten Werke haben.

A. Ich bin durch deine und die göttlichen Worte kurz und knapp belehrt, was die Kraft ist.

Nun sag: Wie wird der Sünder durch die Sünden seiner Kraft beraubt?

B. Der da sündigt, womit sündigt der?

A. Mit einem bösen Willen; denn wäre der Wille gerecht und gut, so wollte er nicht sündigen.

B. Also hat nach deinen Worten, wer sündigt, einen bösen Willen und keinen guten.

A. Das ist wahr.

B. Wenn der sich von den Sünden abwenden wollte, täte er recht oder unrecht?

[...]

B. Wer recht tut, mit welchem Willen geschieht das?

A. Mit einem guten Willen; denn niemand kann recht tun mit einem schlechten Willen, wie niemand gut sehen kann mit einem schlechten Auge.

B. An deinen eigenen Worten kannst du erkennen, dass niemand ein gutes Werk vollbringen kann, wenn der Wille nicht gut ist, und wer sich von den Sünden abwendet oder einen Willen hat, sich von den Sünden abzuwenden, tut recht. Darum muss er zuvor einen guten Willen haben. Nach dem guten Willen frage ich, woher kam er nach dem bösen Willen, mit dem er gesündigt hat?

A. Ich kann dazu nicht recht antworten, ich sagte denn: Wenn der Sünder jetzt einen bösen Willen hat, wendet er diesen Willen wieder um, wenn er willentlich bedenkt, dass Tugend und Gerechtigkeit liebenswerter sind als die Sünde.

B. Beachte voller Ernst das Wort und behalte es als einen Schatz, der diese Wahrheit [...], dass vor allen guten Taten ein guter Wille vorausgehen muss. Darum muss vor allen guten Gedanken und vor aller Umkehr und allem Widerstand gegen die Sünden ein guter Wille vorausgehen. Denn gute Gedanken und guter Rat, den der Mensch sich selbst gibt, dass er sich von den Sünden abwenden und den Sünden widerstehen soll, die machen alle den Willen nicht gut.

chent alle den willen nùt gůt. Gůter wille machet die alle gůt; wån sù komment alle von gůtem willen.[266]

A. Nu merk ich wol, daz ich nùt gedencken sol, daz gůter wille dem sùnder komme von keinen sinen werken, es sient gedencke, willen, wort oder werck. Wån vor allen gůten gedencken, willen, worten oder werken můß der moͤnsche han einen gůten willen.[267]

B. Nu bist du komen vff die rehte spùr dirre worheit. Wån dise lere maht du merken von der glichnisse der worte Christi: »Ein gůter bǒm git gůte fruht«; wån der bǒm, der ist gůt. Die fruht het *[54vb]* es von dem bǒme, daz sù gůt ist, der bǒm hät es nùt von der fruht, daz er gůt ist.[268] Vnd dauon were ein bǒm boͤse gesin vnd were darnaͤch gůt worden, so bedoͤrffte nÿeman sprechen: Der bǒm ist dauon gůt worden von der gůten fruht, die er nu treit. Wån der bǒm můste vor gůt sin gemachet, e er gůte fruht moͤhte geberen.

A. Es ist mÿnem hertzen also luter worden, daz gůter wille dem sùnder, so er kommet, daz das nùt geschiht von keinen sinen werken – wolte ich gerne zwifeln, daz ich nùme zwifeln mag. Ich beginne ǒch smaͤcken von dirre worheit daz sůsse lieht der gnåden Ihesu Christi.[269]

B. By dem rouche merke daz fùr. Lůge, wie gefangen vnd wie vngewaltig der sùnder sinselbes ist, daz er kein gůt werk mag geleisten, wenn er gůtes willen nùt enhät. Es sie dånn, daz in daz fùr goͤttlicher mynne mit gnåden wider gůt mache.[270]

A. Du håst tieff gegraben nach dem brùnnelin, dauon ich minen durst ein wenig han erkůlet. Wån vntz an disen tag verstůnd ich nie reht: wie die sùnde den moͤnschen irselben eigent vnd in machet *[55ra]* zů einem eigenen kneͤhte, also daz alle sine werk woren der sùnde;[271] vnd wie die sùnde gewaltig ist alles

---

266 *Hier wird unterschieden zwischen dem guten Willen selbst, der ein Werk der Gnade ist, und den vorausgehenden Anmutungen, Gedanken und gutem Rat zur Umkehr, die später als der »Samen des Wortes« bezeichnet werden. Das hat eine Parallele bei Iohannes de Basilea, In Sent. II, d. 27–28, q. 19; Bd. III, S. 278; siehe dazu den Kommentar zu AFD II, Kap 3.*

267 *Vgl. GDT Z. 437–440:* Da by siche, als das kint die můter <vnd den vatter> nit gebirt, me es wirt uon in geborn. Also daz werk des willen, so es gerecht ist, machet nit den willen gerecht, me der gerecht wille gebirt daz gerecht werk. *(»Daran beachte: Wie das Kind nicht die Mutter <und den Vater> gebiert, sondern wie es von ihnen geboren wird, so macht auch das Werk des Willens, wenn es gerecht ist, nicht den Willen gerecht, sondern der gerechte Wille gebiert das gerechte Werk.«)*

268 *Iohannes de Basilea, In Sent. II, d. 37–38, q. 24, concl. 2; Bd. III, S. 340,3–4 benützt das Gleichnis vom Weinstock und den Reben (Io 15,4), um die vorausgehende Gnade zu erläutern.*

269 *Der GDT Z. 245–350 handelt ausführlich von der Gnade Christi, ebenso in seinem Abschlusskapitel Z. 723–771.*

270 *Hier wird die augustinische Lehre deutlich, dass der Sünder den böse gewordenen Willen nur durch Gnadenhilfe wieder in den guten Willen umkehren kann.*

271 *Diese Formulierung entspricht der radikal-augustinischen Position, die Gregor von Rimini zugeschrieben wurde (siehe* Zumkeller*, Der Augustinertheologe Johannes Hiltalingen von Basel, S. 120–125), die allerdings Iohannes de Basilea ausdrücklich bestreitet: In Sent. II,*

Guter Wille macht diese alle gut; denn sie kommen alle aus einem guten Willen.

A. Jetzt verstehe ich wohl, dass ich nicht denken soll, dass der gute Wille dem Sünder von seinen Werken kommt, es seien Gedanken, Wollen, Wort oder Werk. Denn vor allen guten Gedanken, Wollen, Worten oder Werken muss der Mensch einen guten Willen haben.

B. Nun bist du auf die richtige Spur dieser Wahrheit gekommen. Denn diese Lehre kannst du aus dem Gleichnis der Worte Christi verstehen: »Ein guter Baum gibt gute Frucht« (Mt 12,33); denn der Baum ist gut. Die Frucht hat es von dem Baum, dass sie gut ist, der Baum hat es nicht von der Frucht, dass er gut ist. Und darum, wäre ein Baum böse gewesen und wäre er danach gut geworden, so bräuchte niemand zu sagen: Der Baum ist dadurch gut geworden, nämlich von guten Früchten, die er nun trägt. Denn der Baum musste vorher gut gemacht worden sein, bevor er gute Frucht gebären konnte.

A. Es ist meinem Herzen so rein geworden, das guter Wille dem Sünder so kommt, dass es nicht geschieht von seinen Werken, dass ich nicht mehr zweifeln kann, selbst wenn ich gerne zweifeln wollte. Ich beginne auch von dieser Wahrheit das süße Licht der Gnade Jesu Christi zu schmecken.

B. An dem Rauch merkst du das Feuer. Schau, wie gefangen und wie ungewaltig der Sünder über sich selbst ist, dass er kein gutes Werk leisten kann, wenn er keinen guten Willen hat, es sei denn, dass ihn das Feuer göttlicher Liebe mit Gnade wieder gut macht.

A. Du hast tief nach der Quelle gegraben, von der ich meinen Durst ein wenig abgekühlt habe. Denn bis an diesen Tag habe ich nie recht verstanden, wie die Sünde sich selbst den Menschen zu eigen und ihn zu einem leibeigenen Knecht macht, sodass alle seine Werke der Sünde gehören, und wie die Sünde

sins willen, wån boͤser wille der ist eigen der sùnde; vnd wie der sùnder dauon nùt gelåssen mag, wån er nùt eÿgens hät an willen noch an werken, daz der sùnden nùt ensie als ein eigen sins herren. Vnd davon so merk ich erst reht, wie die gottes gnåde vnd mynne loͤset die vßerweͣlten von der gefaͤngnisse der sùnden. Doch hoͤrte ich gerne, wie die gnåde die bant der sùnde loͤse vnd wie sù mit dem fryen willen wùrke die werk der gerehtigkeit.

<Die Gnade>

B. Ich froͤuwte mich, da du spreͣche, din durst der were erkuͦlet; wån ich gedahte, du woltest dich låssen benuͤgen, dirre lere zuͦ disen capitel. Nu hast du zuͦ jungste begert vnd gefråget das, dez nùt vil mÿnre ist daͤn das voͤrder.

A. Weist du nùt, der nùt die vollnuge trincket, ist daz trank suͦsse vnd guͦt, des turst wurt dauon entzùndet? Also ist mir geschehen. Sid daz ich ersmaͤcket han den rouch der gnåden, *[55rb]* so ist min hunger vnd turst erwecket.

B. Wån ich dich keinest vinde åne weͣr guͦter begirde, des bin ich gegen dir entsetzet aller weͣr, daz ich din begirde mit begirde muͦß erfullen. Ich weͣne, die gnåde, die durch dich emsiglich durstet, die låsse mich ruͦwe nùt han, ich grabe denn vntz vff den quellenden vrsprùng der gnåden.

A. Ich han es gott lange gebetten. Dauon so tuͦ es froͤlich, so wurt es mir zuͦ liebe.

B. Weistu, warumb gnåde gnade ist genaͤmpt?

A. Du solt es sagen.

B. Darum heisset gnåde gnåde, wån sù nùt geben wurt von rehte; sù wurt åne allen dienst geben dem sùnder von luterem goͤttlichen willen. Dauon wùrde gnåde keinem werke zuͦ lone geben, so hiesse gnåde vnreht gnåde.

A. Ich merke wol, du meÿnest, daz gnåde, die den willen guͦt machet, die gåt vor allen werken, damit der moͤnsche mag gott geuallen oder gedienen. Dauon heisset sù gnåde vnd nùt lon.

B. Du redest, als ich meÿne. Dauon ist von gotte gesprochen: »Wer hät gotte vor gegeben, *[55va]* dem hät er gelonet«?[272] Do meynet Job, das nÿeman

---

d. 27–28, q. 19, concl. 3, cor. 3; Bd. III, S. 290,6–8: Quamvis nullus peccator sine gratia possit peccatum vitare, non tamen est necesse nec verum ipsum, quamdiu sine gratia gratificante est, continue peccare. *(»Obwohl kein Sünder ohne Gnade die Sünde vermeiden kann, ist es dennoch nicht nötig und wahr, dass dieser, solange er ohne heiligmachende Gnade ist, fortgesetzt sündigt.«) Auch der ›Meister des Lehrgesprächs‹ folgt der rigorosen Lehre nicht: GDT Z. 566–568:* Vnd also halte ich es mit den lerern, die da sprechent, das dú sele uon nature als arme nit ist, si moͤge warheit vnd minne bekennen on gnade. *(»Und darum halte ich es mit den Lehrern, die sagen, dass die Seele von Natur aus nicht so arm ist, dass sie vielmehr ohne Gnade Wahrheit und Liebe erkennen kann.«)*

272 *Ähnlich Iob 35,7:* Porro si iuste egeris quid donabis ei aut quid de manu tua accipiet, *(»Und wenn du gerecht wärst, was kannst du ihm geben oder was wird er von deinen Händen nehmen?«) vielleicht kombiniert mit Iob 1,21:* et dixit nudus egressus sum de utero matris meae et nudus revertar illuc. Dominus dedit Dominus abstulit sit nomen Domini be-

über seinen ganzen Willen Gewalt hat; denn böser Wille ist Eigentum der Sünde; und wie der Sünder davon nicht lassen kann, da er nichts Eigenes an Willen noch an Werken hat, was nicht der Sünde gehören würde als Eigentum seines Herrn. Und darum merke ich erst recht, wie die Gnade und die Liebe Gottes die Auserwählten aus der Gefangenschaft der Sünden befreit. Doch hörte ich gerne, wie die Gnade die Fesseln der Sünde löst und wie sie mit dem freien Willen die Werke der Gerechtigkeit wirkt.

<Die Gnade>

B. Ich freute mich, da du sagtest, dein Durst sei abgekühlt; denn ich dachte, du wolltest dich mit dieser Lehre in diesem Kapitel begnügen lassen. Jetzt hast du zuletzt gebeten und gefragt, was nicht viel geringer ist als das Vordere.

A. Weißt du nicht, wer nicht bis zur Genüge trinkt, dessen Durst wird dadurch erst entzündet, wenn der Trank süß und gut ist? So ist es mir geschehen. Seit ich den Duft der Gnade geschmeckt habe, sind mein Hunger und Durst erwacht.

B. Da ich dich keineswegs ohne den Schutz guten Begehrens finde, bin ich gegen dich aller Abwehrkraft beraubt, sodass ich dein Begehren mit meinem Begehren erfüllen muss. Ich meine, die Gnade, die durch dich so eifrig dürstet, die lässt mich keine Ruhe haben, wenn ich nicht bis auf den quellenden Ursprung der Gnade grabe.

A. Ich habe es lange von Gott erbeten. Darum tu es fröhlich, so wird es mir lieb sein.

B. Weißt du, warum Gnade Gnade heißt?

A. Das sollst du sagen.

B. Die Gnade heißt darum Gnade, weil sie nicht aufgrund von Recht gegeben wird, sie wird dem Sünder ohne jedes Verdienst aus reinem göttlichen Willen gegeben. Darum, würde Gnade einem Werk zum Lohn gegeben, so hieße Gnade zu Unrecht Gnade.

A. Ich merke wohl, du meinst, dass Gnade, die den Willen gut macht, gut ist vor allen Werken, mit denen der Mensch Gott gefallen oder dienen kann. Darum heißt sie Gnade und nicht Lohn.

B. Du redest, wie ich es meine. Darum hat Gott gesprochen: »Wer hat Gott zuvor <etwas> gegeben, sodass <Gott> ihm Lohn zurückgab?« (Vgl. Iob 35,7)

gotte uor geben mag, gott můß uor geben, sol der moͤnsche ùt han, daz er gotte wirdiglich erbiete. Vs dem synne sprach Paulus: »Es ist nùt an vnserm louffen noch an vnserm willen, es ist an gottes erbeͣrmde«. Do meÿnet Paulus, der moͤnsche hät der loͮffenden begirde nùt nåch den gůten willen, die gnåde gottes hät sù bede gegeben. Dauon so wùrt die gnade, die den willen gůt machet, mit keinen werken verdienet.[273]

A. Nu sprichet man doch, daz der moͤnsche gnåd empfåhet in den werken der heiligen sacramente vnd in andern gůten werken.

B. Der moͤnsche verdienet wol merunge der gnaden, vnd daz wùrket mit im die erste gnåde. Vnd dauon sprechent die lerer, daz merunge der gnåde vnd der gerehtigkeit vnd der lon ewiger seligkeit, daz sint die frùhte der ersten gnåde; wån die erste gnade machet den willen gůt. <...>[274] der gůte wille werk, in den die gnåde gemerret wurt vnd den werken gelo*[55*^{vb}*]*net wurt in ewiger seligkeit nåch der måsse der gnåde.

A. Ich han dis wol verstanden.

Nu bewise mich, wie machet die erste gnåde den willen gůt vnd wie wùrket sù mit dem moͤnschen die werk der gerehtigkeit.

B. Die lerer sprechen, daz zweyerleÿ gnåde ist genåmpt: Eins heisset ein fùrkomende gnåde. Die ander eine nåchgånde gnåde. Die fùrkomende gnåde machet den willen gůt. Die nåchgände gnåde wùrket mit dem willen.[275]

A. Sage an dem ersten, wie tůt die fùrkomende gnåde, so sù den willen an dem ersten machet gůt.

B. Sù tůt zwey ding. Sù wecket den willen mit gůten gedencken vnd git denn dem willen ein wolgefallen der gedencke, alz die moͤnschen dick empfindent, die in sùnden gewesen sint. Wån sù wurdent bekert von den sùnden,

---

nedictum. *(»und sprach: Ich bin nackt von meiner Mutter Leibe gekommen, nackt werde ich wieder dahinfahren. Der Herr hat's gegeben, der Herr hat's genommen; der Name des Herrn sei gelobt!«)*

273 *Hier wird (augustinisch) die Wirkung der Gnade auf den Willen, nicht der übernatürliche Gnadenstand betont. Vgl. Iohannes de Basilea, In Sent. III, d. 27–28, q. 19, concl. 2, cor. 1; Bd. III, S. 286,13–15:* Contra magistrum Thomam de Argentina: Carens gratia imputabiliter non potest mereri de congruo primam gratiam simpliciter. *(»Gegen den Magister Thomas von Straßburg: Wer anrechenbar die Gnade entbehrt, kann nicht schlechthin die erste Gnade dem Verdienst entsprechend verdienen.«) Ebenso cor. 2; Bd. III, S. 286,21–23. Zugleich wehrt Johannes von Basel aber die strikte Auffassung ab, jedes Handeln des Sünders sei Sünde: Ebd., concl. 3; Bd. III, S. 287,12–14, siehe oben S. 560, Anm. 271.*

274 *Textlücke.*

275 *Der GDT Z. 18 f. benennt drei Gnadenformen:* Es ist drier ley gnaͤd: Die erst haisset fúrkoment gnaͤd, die ander mitwúrkend gnaͤd, die dritte volbringet gnaͤd. *(»Es gibt dreierlei Gnaden. Die erste heißt zuvorkommende Gnade, die zweite mitwirkende Gnade, die dritte vollendende Gnade.«) Die* volbringet gnaͤd *ist nach der Erläuterung im GDT Z. 38–47 die wohlgefällige Annahme und beseligende Belohnung des Werkes, die allein Gott zusteht. Insofern ist sie identisch mit der* gratia praedestinationis, *siehe unten AFD II, Kap. 5; fol. 94*^{rb}*, Z. 443–467 und Kommentar S. 899–901.*

Damit meint Hiob, dass niemand Gott vorher geben kann, Gott muss vorher geben, wenn der Mensch etwas haben soll, das er Gott würdig darbieten kann. Aus diesem Grund sagte Paulus: »Es liegt nicht an unserem Lauf noch an unserm Willen, es liegt an Gottes Erbarmen« (Rm 9,16). Damit meint Paulus, der Mensch hat das Begehren zu laufen nicht aus seinem guten Willen, die Gnade Gottes hat sie beide <das Begehren und den Willen> gegeben. Darum wird die Gnade, die den Willen gut macht, mit keinem Werk verdient.

A. Nun sagt man doch, dass der Mensch Gnade in den Werken der heiligen Sakramente und in anderen guten Werken empfängt.

B. Der Mensch verdient wohl die Mehrung der Gnaden, und das wirkt in ihm die erste Gnade. Und darum sagen die Lehrer, dass Mehrung der Gnade und der Gerechtigkeit und der Lohn ewiger Seligkeit die Früchte der ersten Gnade sind; denn die erste Gnade macht den Willen gut. [...] die Werke des guten Willens, in denen die Gnade gemehrt wird und die Werke in ewiger Seligkeit nach dem Maß der Gnade belohnt werden.

A. Ich habe das gut verstanden.

Nun zeige mir, wie macht die erste Gnade den Willen gut und wie wirkt sie mit dem Menschen die Werke der Gerechtigkeit?

B. Die Lehrer sagen, dass zweierlei Gnaden genannt werden. Eine heißt zuvorkommende Gnade, die zweite heißt nachfolgende Gnade. Die zuvorkommende Gnade macht den Willen gut. Die nachfolgende Gnade wirkt mit dem Willen.

A. Sage zuerst, wie wirkt die zuvorkommende Gnade, wenn sie den Willen zuerst gut macht.

B. Sie tut zwei Dinge: Sie weckt den Willen mit guten Gedanken und gibt dann dem Willen ein Wohlgefallen an den Gedanken, wie die Menschen es oft empfinden, die in Sünden gewesen sind. Denn sie wurden von den Sünden

daz geschach also, daz in an dem ersten koment gůte gedencke, einem in der wise, dem andern in einer andern wise. So daz geschach, so gab denn der wille sinen gunst zů den gedencken, *[56ra]* daz er ioch wolte gedencken, wie er kåme von den sùnden. Daz wùrket alles die fùrkomende gnåde; wån sù wegket den slåffenden willen vnd den gefangenen willen.[276]

A. Moͤcht er die gedencke nùt han o̊ne den gunst des willen von imselber o̊ne dise gnåde?

B. Neÿn, daz maht du merken daby, daz ich vor gesprochen han. Wån als wening der moͤnsche die gedenke hät vnd den gunst des willen, do er ietze in den sùnden waz, als wening het er sù ÿemerme gewunnen, hetti es gott nùt geben.

A. Dis duncket mich wunder. Wån als der moͤnsche von imselber erwachet vs dem slåffe, wùrde er ioch von nyeman geweket, also gedenck ich, daz der moͤnsche von imselber moͤht zů gůten gedencken komen vß den sùnden.

B. Der moͤnsche, die wile er ist in den sùnden, der ist glicher einem toten daͤn einem slåffenden. Doch wer ein krut, daz hette die krafft, wenn es lege vff dem hertzen, daz der muͤste slåffen alz lang, vntz daz es von dem hertzen wùrde *[56rb]* genommen –, wer vnder dem krut entslieffe, der muͤste ewglichen sinenthalben entslåffen, er wurde denn von eÿnem froͤmden erwecket. Also ist es vmb die sùnde. Wån der lust der sùnde der einest den willen boͤse vnd slåffende hät gemachet, der leͤge ewiglich ob dem willen, er wùrde denn von der gnåde vertriben.

A. Wauon komet denn, daz manig moͤnsche in den sùnden gůte gedencke vnd gůten willen empfahet vnd doch vß den sùnden nùt erwachet, ist daz der gnåde schult, daz sù nùt gnůg kråfftig ist, oder ist es des willen schult?

B. Du trichest mir ie einen kolen zů, der me brennet dann der ander. Doch wissest, daz es nùt ist der gnåde schult; wån wem gott gnåde tůt oder bùtet, dem git er sù nùt als kleyn, daz ir zů wening sie; er git sù rilich vnd mit voller måsse. Es ist des willen schult, wån der wille verlåt die gnåde, als er och dicke tůt, so er sù lange heͤt besessen, vnd dauon bedarfft du nùt me *[56va]* wunders dauon haben, daz der moͤnsche nùt nÿmet die gnade, die im gott bùtet, denn daz er die besessen gnåde lange zijt williglich verlaͤsset vnd verlùret.

---

276 *Zwar kann die erste Gnade* (gratia gratificans) *nicht verdient werden; aber mithilfe der zuvorkommenden Gnade* (gratia gratis data) *kann der menschliche Wille sich auf die Gnade vorbereiten: Iohannes de Basilea, In Sent. II, d. 27–28, q. 19, concl. 1; Bd. III, S. 280,16–18:* Quamvis Deum mentem gratuite praevenire non sit in potestate voluntatis humanae immediate, causaliter et effective, est tamen in eius potestate mediate, libere et elective. *(»Obwohl es nicht in der Macht des menschlichen Willens steht, dass Gott gnadenhaft unmittelbar, ursächlich und wirksam dem Geist zuvorkommt, ist es dennoch mittelbar, freiwillig und durch Gnadenwahl in seiner Macht.«) Die Ausführung dieses Gedankens stützt der Meister auf den Topos »Samen des Wortes«, der wieder von Anselm ausgefaltet wird (siehe unten Kap. 6; fol. 57vb, Z. 354–369). Zum Thema siehe* Zumkeller, *Der Augustinertheologe Johannes Hiltalingen von Basel, S. 130–134.*

bekehrt; das geschah so, dass ihnen zuerst gute Gedanken kamen, einem in dieser Weise, einem anderen in einer anderen Weise. Wenn das geschah, so gab der Wille seine Gunst zu den Gedanken hinzu, dass er auch denken wollte, wie er selbst von den Sünden loskäme. Das alles wirkt die zuvorkommende Gnade, denn sie weckt den schlafenden Willen und den gefangenen Willen auf.

A. Könnte er diese Gedanken nicht ohne die Gunst des Willens aus sich selbst haben ohne die Gnade?

B. Nein, das kannst du an dem merken, was ich vorher gesprochen habe. Denn so wenig der Mensch die Gedanken von der Gunst des Willens hat, da er jetzt in Sünden war, so wenig hätte er sie jemals gewonnen, hätte es Gott ihm nicht gegeben.

A. Dies kommt mir seltsam vor. Denn wie der Mensch aus sich selbst aus dem Schlaf erwacht, auch wenn er von niemandem geweckt wird, so, denke ich, könnte der Mensch von sich selbst zu guten Gedanken kommen aus den Sünden.

B. Solange der Mensch in den Sünden ist, gleicht er einem Toten mehr als einem Schlafenden. Doch gäbe es ein Kraut, und das hätte die Kraft: Wenn es auf dem Herzen läge, dann müsste man so lange schlafen, bis es von dem Herzen genommen würde –, wer unter diesem Kraut einschliefe, der müsste deswegen ewig entschlafen, er würde denn von einem Fremden aufgeweckt. So steht es um die Sünde. Denn die Lust der Sünde, die einmal den Willen böse und schlafend gemacht hat, die läge ewig über dem Willen, wenn sie nicht von der Gnade vertrieben würde.

A. Woher kommt es denn, dass manche Menschen in den Sünden gute Gedanken und guten Willen empfangen und doch nicht aus den Sünden erwachen, ist das Schuld der Gnade, dass sie nicht kräftig genug ist, oder ist es Schuld des Willens?

B. Du schiebst mir jedes Mal eine Kohle zu, die mehr brennt als die andere. Doch sollst du wissen, dass es nicht die Schuld der Gnade ist, denn wenn Gott einem eine Gnade erweist oder anbietet, dann gibt er sie ihm nicht so gering, dass sie zu wenig ist; er gibt sie reichlich und in vollem Maße. Es ist die Schuld des Willens, denn der Wille verlässt die Gnade, wie er es auch oft tut, wenn er sie lange besessen hat, und darum brauchst du dich nicht weiter zu wundern, dass der Mensch die Gnade nicht annimmt, die ihm Gott anbietet, dass er vielmehr die Gnade, die er lange Zeit besessen hat, willentlich verlässt und verliert.

A. Het ich gedaht an der engel val, so bedo̊ͤrfft ich dis nùt han gefråͤget; doch han ich daz wort gerne geho̊ͤret, daz die gnåde, die gott git, in voller måsse wùrt gegeben.

B. Gnåde volget also ir gåbe nåch, daz sù die gnåde allzijt meret, ist daz die gnåde nùt wurt verlåssen.

A. Nu sage, waz die *mitwùrkende*[277] gnåde tůt vnd wie sù wùrket mit dem mo̊ͤnschen.

B. Die *mitwùrkende* gnåde, die man heisset die nåchgånde gnåde, die tůt drù ding. Deß ersten git sù dem willen ein behalten der gnåde; wån reht als der wille åne die fùrkomende gnåde gnåde nùt empfienge, also behielte der wille gnåde dehein wile, die nåchgånde gnåde ge̊be im denn, daz er sù behielte. Zů dem andern måle git sù dem willen ir krafft zů kerend vff daz gůt von dem bo̊ͤsen. Daz meyn ich nach innewendigem willen. Darnåch *[56vb]* zů dem dritten måle so wùrket sù daz vßgån des willen vff daz gůt vsser werke, ob es in vsseren sachen sol geůͤbet werden.

A. Nu wundert mich sere: Ist daz es die gnåde alles wùrket, waran wurt denn wille des mo̊ͤnschen gelobet vnd warumb wurt im gelonet vnd nùt der gnåde?

B. Die gnåde tůt es nùt alles; wån sù tůt es nùt åne den willen. Dauon so wùrket der wille mit der gnade; dauon wurt im gelonet.

A. Wem sol man dis werk der tugend me geben vnder der gnåde vnd vnder dem willen?

B. Sich uor ein glichnisse vnd antwirte denn dir selber. Der eim nacketen git ein kleit; der treit daz kleit, ob er wil, er treit es ouch nùt, ob er wil. Von wem ist er gekleidt, so er daz gewand treit.

A. Daz ist er von dem, der im daz gewandt håt geben vnd ouch von im selber; wån het er daz gewandt abgetzogen, so were er nùt bekleydet.

B. Daz er nu bekleydet ist, wem sol man daz me geben, dem, der im daz gewändt gab, oder imselber?

A. Mich duncket, daz *[57ra]*[278] das lob des me ist, der daz gewandt håt geben, dåͤn des, der es treit.

B. Were nu, daz der daz gewandt dem nackenden gab, ouch demselben hette krafft geben, daz er daz gewandt tragen mag, ob er wil, oder hinlegen, ob er wil, so̊ͤllte man dem nùt me eren geben in dem, so der nackende gekleidet ist, dåͤn dem nacketen, der das kleit treit?

314 mitwùrkende] wùrkende ***316*** mitwùrkende] wùrkende

277 *Hier ist* wùrkend *offensichtlich ein Irrtum, wie sich aus den Parallelen ergibt; siehe GDT Z.31:* Die ander ist mitwùrkend oder nachkomend gnǎd, *und Petrus Lombardus, Sent. II, d.5, c.4; Bd. I,2, S.352,21–353,6.*

278 *Die Handschrift zählt diese Seite irrtümlich nochmals als 56ra/b. Diese Edition folgt hier und im Folgenden der modernen, korrekten Zählung in arabischen Ziffern, die jeweils am oberen rechten Rand des Blatts über der mittelalterlichen römischen Ziffer eingetragen ist.*

A. Hätte ich an den Fall der Engel gedacht, so hätte ich dies nicht fragen müssen; doch habe ich das Wort gern gehört, dass die Gnade, die Gott gibt, in vollem Maße gegeben wird.

B. Die Folge der Gnadengabe besteht darin, dass sie die Gnade jederzeit vermehrt, wenn die Gnade nicht verlassen wird.

A. Nun sag, was die mitwirkende Gnade tut und wie sie mit dem Menschen wirkt.

B. Die mitwirkende Gnade, die man nachfolgende Gnade nennt, tut drei Dinge: Erstens gibt sie dem Willen ein Behalten der Gnade; denn gerade so wie der Wille ohne die zuvorkommende Gnade keine Gnade empfinge, so behielte der Wille keinen Augenblick die Gnade, wenn die nachfolgende Gnade ihm nicht gäbe, sie zu behalten. Zum zweiten gibt sie dem Willen ihre Kraft, sich auf das Gute hinzuwenden weg von dem Bösen. Damit meine ich den inneren Willen. Danach bewirkt sie zum dritten das Ausgehen des Willens auf das Gute äußerer Werke, wenn es in äußeren Sachen geübt werden soll.

A. Nun wundert mich sehr: Wenn die Gnade alles wirkt, warum wird dann der Wille des Menschen gelobt und warum wird ihm Lohn gegeben und nicht der Gnade?

B. Die Gnade tut nicht alles; denn sie tut es nicht ohne den Willen. Darum wirkt der Wille mit der Gnade, darum wird er belohnt.

A. Wem soll man das Werk der Tugend mehr anrechnen, der Gnade oder dem Willen?

B. Sieh zuvor ein Gleichnis und antworte dann dir selber. Wer einem Nackten ein Kleid gibt, trägt dieser das Kleid, wenn er will; er trägt es auch nicht, wenn er es will. Von wem ist er gekleidet, wenn er das Gewand trägt?

A. Von dem, der ihm das Gewand gegeben hat und auch von ihm selbst; denn hätte er das Gewand ausgezogen, so wäre er nicht bekleidet.

B. Dass er nun bekleidet ist, wem soll man das mehr anrechnen, dem, der ihm das Gewand gab, oder ihm selbst?

A. Mir scheint, dass das Lob mehr dem zusteht, der das Gewand gegeben hat, als dem, der es trägt.

B. Wenn nun der das Gewand dem Nackten gegeben hat, demselben auch die Kraft gegeben hätte, dass er das Gewand tragen kann, wenn er will, oder ablegen, wenn er will, sollte man dem nicht mehr die Ehre schenken, wenn der Nackte nun gekleidet ist, als dem Nackten, der das Kleid trägt?

A. Jo, billich vnd so vil me, wån er im ouch die krafft geben hat, daz er sù keren mag, wie er wil.

B. Darumb sih, wie billich wir gotte vnd siner gnåde geben so̊llent die werke der gerehtigkeit vnd der tugende; wån er hät vns geben daz kleit der tugend vnd der gnåde. Dauon ist es me an im då̊n an dem mo̊nschen, daz er mit gnåden bekleidet ist. Er hät ouch dem moͤnschen die krafft geben, daz er die gnåde behaltet, ob er wil, vnd daz er sù låt, ob er wil.

A. Ich sihe wol, daz die werke der tugende me sint der gnåde då̊n des willen. Nu wùste ich gerne, waz daz were, daz der wille eygens an den werken hät, dauon im wurt ge*[57rb]*lonet.

B. Waz hät der nackete eygens an dem, so er ist bekleydet?

A. Er hat daz, daz er das gewandt, daz im gegeben oder geluhen ist, wil tragen; wån wolt er daz gewandt nùt tragen, so blibe er nacket alz vor.

B. Sih, daz hät ouch der wille in den werken der tugende, waͤn er wil tugende tragen, die im gott geben hät: Wån wolt er ir nùt, so blibe er nackent, wie daz were, daz sù im gott heͤt geben. In dem so ist der wille lo̊belich vnd darumbe wurt im gelonet.

A. Nu ist min hertz erst zů růwe kommen. Mich hät dicke gewundert, so man sprach, daz gůte werk der tugende, die wùrkete gott vnd sin gnåde. Etwenn git man gůt werk dem mo̊nschen. So gedåht ich: Tůt es gott, so tůt es der moͤnsche nùt, tůt es der mo̊nsche nùt, wie wurt im denn zů rehte gelonet. Nu hast du mich vnderwiset, wie es gott tůt vnd wie es doch vnserme willen wurt zů rehte gelonet.

B. Der daz wort anesiht, daz Paulus sprichet, der merket disen sin.

A. Waz ist daz wort?

B. »Von gottes gnåden *[57va]* bin ich, daz ich bin, vnd sin gnåde ist můssig in mir nùt gewesen; sù hät ein steͤte bliben in mir«[279]. By dem ersten meynet er dise fùrkomende gnåde, von der het der mo̊nsche, daz er gereht ist. By dem andern, so er sprichet: »Gnåde ist in mir nùt muͤssig«, do meynt er die nachgånde gnåde, die ein wùrkerin ist. By dem dritten, so er sprichet: »Sù hät ein steͤte bliben«, so meynet er den lon rehter werke, vnd der lon der gerehtigkeit, daz sint die frùhte der ersten gnade.[280]

A. Ich were gar zů růwe kommen; wån daz mich von diser rede noch hat ein wunder bestanden.

B. So sage schier, waz es sie. Ich weiß wol, daz ich nùt růwe haben mag, du werdest denn vßgerihtet.

---

279 *Vgl. I Cor 15,10. Der Text ist gegenüber der Vulgata leicht verändert*: Gratia autem Dei sum id quod sum et gratia eius in me vacua non fuit, sed abundantius illis omnibus laboravi, non ego autem, sed gratia Dei mecum. *(»Und seine Gnade an mir ist nicht vergeblich gewesen, sondern ich habe viel mehr gearbeitet als sie alle; nicht aber ich, sondern Gottes Gnade, die mit mir ist.«)*

280 *Diese Frucht der Gnade nennt der GDT Z. 19* volbringet gnåd; *vgl. GDT Z. 38–47.*

A. Ja, mit Recht, und umso mehr, da er ihm auch die Kraft gegeben hat, dass er sie so anwenden kann, wie er will.

B. Darum sieh, wie wir zu Recht Gott und seiner Gnade die Werke der Gerechtigkeit und Tugend zurechnen sollen; denn er hat uns das Kleid der Tugend und der Gnade gegeben. Darum liegt es mehr an ihm als an dem Menschen, dass er mit Gnaden bekleidet ist. Er hat dem Menschen auch die Kraft gegeben, dass er die Gnade behält, wenn er will, und dass er sie lässt, wenn er will.

A. Ich sehe wohl, dass die Werke der Tugend mehr der Gnade gehören als dem Willen. Nun wüsste ich gerne, was das ist, was der Wille Eigenes an den Werken hat, weswegen ihm Lohn gegeben wird.

B. Was hat der Nackte Eigenes daran, dass er bekleidet ist?

A. Dass er das Gewand, das ihm gegeben oder geliehen wird, tragen will; denn wollte er das Gewand nicht tragen, bliebe er so nackt wie zuvor.

B. Sieh, so ist es auch bei dem Willen in den Werken der Tugend; wenn er die Tugenden tragen will, die ihm Gott gegeben hat. Denn wollte er sie nicht, so bliebe er nackt, obwohl sie ihm Gott gegeben hätte. Darin ist der Wille lobenswert und darum wird er belohnt.

A. Nun ist mein Herz erst zur Ruhe gekommen. Mich hat es oft gewundert, wenn man sprach, das gute Werk der Tugend wirke Gott und seine Gnade. Manchmal schreibt man gute Werke dem Menschen zu. So dachte ich: Tut es Gott, so tut es der Mensch nicht, tut es der Mensch nicht, wie wird ihm dann zu Recht Lohn gegeben. Nun hast du mich belehrt, wie es Gott tut und wie es doch unserem Willen mit Recht zum Lohn angerechnet wird.

B. Wer das Wort betrachtet, das Paulus sagt, der versteht diesen Sinn.

A. Was ist das Wort?

B. »Von Gottes Gnaden bin ich, was ich bin, und seine Gnade ist in mir nicht müßig geblieben, sie hat ein stetes Bleiben in mir« (vgl. I Cor 15,10). Mit dem ersten meint er diese zuvorkommende Gnade, von der der Mensch hat, dass er gerecht ist. Mit dem zweiten, wenn er spricht: »Gnade ist in mir nicht müßig«, meint er die nachfolgende Gnade, die eine Wirkerin ist. Mit dem dritten, wenn er sagt: »Sie hat ein stetes Bleiben«, so meint er den Lohn rechter Werke, und der Lohn der Gerechtigkeit sind die Früchte der ersten Gnade.

A. Ich wäre ganz zur Ruhe gekommen, wenn in mir durch diese Rede nicht eine weitere Verwunderung entstanden wäre.

B. So sage rasch, was es ist. Ich weiß wohl, dass ich keine Ruhe finden kann, wenn du nicht zufriedengestellt wirst.

A. Es ist vnrůwe, die hast du dirselber gemachet; wån du spreͣche an dem anefange: Wer lernen wil, der sol sich nùt schaͤmen, etwenn toͤrlich zů fragen. Mÿn wunder lit daran, daz die erste gnade nieman verdienen mag; gott git sù frilich, wem er sù git, vnd daz gereh*[57vb]*te werk vnd lon der werke sint frùhte der ersten gnåde. Syd daz es also ist, warumb leret man vnd stråffet den sùnder, daz er sich kere von den sùnden?

B. Du meynest: Wan er die gnåde nùt haben mag von imselber noch sù verdienen mag, waz hilffet denn, waz man in geleret? Wån git im sù gott nùt von imselber, so mag er die erste gnade in keiner wise von imselber verdienen.[281]

A. Rehte also ståt es in mir.

B. Du sihest wol, daz die nùtze fruht, der der moͤnsche leben sol vnd můß, die wahset nùt åne buw vnd åne såmen. Aber vnkrut, daz gat åne buw von imselber vff.[282]

A. Des hät mich dicke gewundert.

B. Also sprich ich uon gerehtigkeit, die gåt nùt vff in dem hertzen, daz hertze empfåhe vor iren såmen.

A. Waz ist daz såme der gerehtigkeit?

B. Daz ist daz gottz wort. Dauon spricht Paulus: »Der gloube komet von der lere; die lere lit an dem gottz worte«.[283]

A. Sù empfahent doch nùt alle rehten glouben, die do hoͤrent daz gottz wort.

---

281 *Anselmus Cantuariensis, De concord. III, c. 6; Bd. II, S. 270,11–14:* In his tamen in quibus videtur scriptura liberum arbitrium ad recte volendum et operandum invitare, quaeritur cur hominem invitat ad recte volendum, et quare arguit non oboedientem, cum ipsam rectitudinem nemo possit nisi gratia dante habere vel accipere. *(»In den Abschnitten jedoch, in denen die Schrift den freien Willen einlädt, recht zu wollen und zu handeln, fragt man, warum sie den Menschen zu rechtem Wollen einlädt, und warum sie tadelt, wenn er nicht gehorcht, da ja niemand die Gerechtigkeit selbst haben oder empfangen kann, wenn die Gnade sie nicht gibt.«)*

282 *Anselmus Cantuariensis, De concord. III, c. 6; Bd. II, S. 270,14–18:* Sciendum quia, sicut terra innumerabiles herbas et arbores, sine quibus humana natura alitur aut etiam quibus perimitur, sine omni hominis cura profert, illas vero, quae nobis ad vitam nutriendam maxime sunt necessariae, non sine magno labore atque cultore nec absque seminibus. *(»Man muss wissen, dass, so wie die Erde unzählige Pflanzen und Bäume ohne jede Pflege des Menschen hervorbringt, ohne die die menschliche Natur ernährt wird oder mit denen sie sogar vernichtet wird; diese aber, die uns als Lebensmittel höchst notwendig sind, nicht ohne große Mühe und ohne einen Bauern und auch nicht ohne Samen [bereitstellt].«)*

283 *Rm 10,17. Vgl. Anselmus Cantuariensis, De concord. III, c. 6; Bd. II, S. 270,23 f.:* Est autem semen huius agriculturae verbum dei, immo non verbum, sed sensus qui percipitur per verbum. *(»Der Samen dieses Anbaus ist aber das Wort Gottes, allerdings nicht das Wort, sondern ein Sinn, der durch ein Wort wahrgenommen wird.«)*

A. Es ist eine Unruhe, die du dir selbst gemacht hast; denn du hast am Anfang gesagt: Wer lernen will, der soll sich nicht schämen, gelegentlich töricht zu fragen. Meine Verwunderung liegt darin, dass niemand die erste Gnade verdienen kann – Gott gibt sie freiwillig, wem er sie gibt –, und dass gerechte Werke und Lohn der Werke die Früchte der ersten Gnade sind. Wenn es so ist, warum belehrt und tadelt man den Sünder, dass er sich von den Sünden abwendet?

B. Du meinst: Da er die Gnade nicht aus sich selbst haben noch verdienen kann, was hilft es dann, was man ihn lehrt? Denn wenn sie ihm Gott nicht aus sich selbst gibt, kann er die erste Gnade in keiner Weise aus sich selbst durch sich selbst verdienen.

A. Genauso denke ich es mir.

B. Du siehst wohl, dass die nützliche Frucht, von der der Mensch leben soll und muss, nicht ohne Anbau und ohne Samen wächst. Aber Unkraut geht ohne Anbau von selbst auf.

A. Das hat mich oft gewundert.

B. Ebenso spreche ich von der Gerechtigkeit, die geht nicht im Herzen auf, wenn das Herz nicht vorher ihren Samen empfangen hat.

A. Was ist das: Samen der Gerechtigkeit?

B. Das ist Gottes Wort. Darum sagt Paulus: »Der Glaube kommt von der Lehre, die Lehre liegt im Wort Gottes« (Rm 10,17).

A. Es empfangen doch nicht alle den rechten Glauben, die das Wort Gottes hören.

B. Ich meÿne *[58ra]* nùt daz, das gnåde allewege komme von dem såmen. Ich meÿne, daz gnåde nùt kommet åne den såmen.[284] Wån als der natùrliche såme verdirbet, so er geseyget wurt, ist daz der sunnen schin im vnderzogen wurt, oder ist daz ertrich boͤse vnd vngebuwen. Also geschicht dem gottz worte, daz verdirbet, es sie dann, daz gott dem såmen geͣb ein wahsen vnd ein zůnemen von sinen gnåden. Davon sprichet sanctus Paulus: »Der do empfahet vnd snydet, daz ist klein. Der aber daz zůnemen vnd daz wahsen git, daz ist gott alleyne«.

A. Gib mir ein glichnisse von disen worten.

B. Wenn der lerer růffet zů dem sùnder vnd sprichet: »Bekerent ùch, ir sùnder; wån gott ist erzùrnet v̀ber uwer sùnde, daz er sich swärlich rechen will«, daz wort ist der såme. Der såme der lit in dem hertzen vnd mag von imselber nùt wahsen. Gitt gott denn dem sùnder einen gerehten willen, daz er daz wort wil glouben vnd daz er den zorn gotts voͤrhten wil vnd daz er die sùnde mÿden wil, so wahset der *[58rb]* såme des wortes vnd ist es, daz er den willen nùt verlåt, so verlåt in nùt die goͤttliche gnåde, vntz das er fruht bringet.[285] Dainne sich, daz gnade nieman wurt geben, er habe dån vor den såmen etwen empfangen, daz ist daz gottz wort, vnd der såme blibet åne alle fruht, es were dån, daz gott gnåde gebe eins rehten willen, vnd dauon verdirbet vil såmen gůter leͤre, die die gnade gůtes willen nùt empfahent.

A. Der denn ietz gůten willen hät, der bittet gott, daz er in bekere, bittet der darvmb, daz er hat?

B. Wer gott bittet, daz er in bekeͤre von sinen sùnden, ist im ernst, so ist er ietz bekert. Doch bittet er gott nùt vmb, daz er hat. Er bittet gott vmb ein groͤsser bekerde, deͤnn er hät; wån die sint alleine bekert voͤlliglich, die keine sùnde ze tůnde nyemer me willen hant.[286]

---

284 *Anselmus Cantuariensis, De concord. III, c. 6; Bd. II, S. 271,16–19:* Ita quod mens ex auditu verbi concipit, est semen praedicantis, et rectitudo est ›incrementum‹, quod deus dat, sine quo ›neque qui plantat neque qui rigat est aliquid, sed qui incrementum dat deus‹ (I Cor. 3,7). *(»Was also der Geist aus dem Hören des Wortes begreift, ist der Samen des Predigers, und die Rechtheit ist das ›Wachstum‹, das Gott gibt, ohne das ›weder der pflanzt noch der bewässert, etwas ist, sondern Gott, der das Wachstum gibt‹.«)*

285 *Anselmus Cantuariensis, De concord. III, c. 6; Bd. II, S. 272,15–21:* Similiter cum dicit deus: ›convertimini ad me‹ *(Ioel 2,12)*, semen est sine germine, quamdiu hominis voluntatem non convertit deus ad volendum conversionem, quam cogitat cum audit ›convertimini‹, sine quo semine nullus potest velle converti. Dicitur etiam conversis: ›convertimini‹, aut ut magis convertantur, aut ut servent quod conversi sunt. *(»Ähnlich, wenn Gott sagt: ›Bekehrt euch zu mir‹, bleibt der Samen ohne Spross, solange Gott den Willen des Menschen nicht bekehrt, die Umkehr zu wollen, an die er denkt, wenn er hört: ›Bekehrt euch‹; ohne diesen Samen kann niemand sich bekehren wollen. Er spricht aber auch zu den Bekehrten: ›Bekehrt euch‹, damit sie sich mehr bekehren oder damit sie es aufrecht halten, dass sie bekehrt sind.«)*

286 *Anselmus Cantuariensis, De concord. III, c. 6; Bd. II, S. 272,21–24:* Qui vero dicunt: ›converte nos deus‹, iam aliquatenus conversi sunt, quia rectam voluntatem habent cum

B. Ich meine nicht, dass Gnade überall von dem Samen kommt. Ich meine, dass Gnade nicht ohne Samen kommt. Denn wie der natürliche Same verdirbt, wenn er gesät wird und ihm der Schein der Sonne entzogen wird oder wenn das Erdreich schlecht und nicht gepflügt ist. So geschieht es mit dem Wort Gottes, das verdirbt, es sei denn, dass Gott dem Samen durch seine Gnade Wachsen und Zunehmen gibt. Darum spricht der heilige Paulus: »Empfangen und Schneiden das ist gering, wer aber das Zunehmen und das Wachsen gibt, das ist Gott allein« (vgl. II Cor 9,6–10).

A. Gib mir ein Beispiel für diese Worte.

B. Wenn der Lehrer dem Sünder zuruft und sagt: »Bekehrt euch, ihr Sünder, denn Gott ist erzürnt über eure Sünde, sodass er sich schwer rächen will«, das Wort ist der Same. Der Same liegt in dem Herzen und kann von selbst nicht wachsen. Wenn Gott nun dem Sünder einen gerechten Willen gibt, sodass er das Wort glauben will und dass er den Zorn Gottes fürchten will und dass er die Sünde meiden will, dann wächst der Same des Wortes, und wenn er den Willen nicht verlässt, so verlässt ihn die göttliche Gnade nicht, bis er Frucht bringt. Darin sieh, dass niemandem Gnade gegeben wird, wenn er nicht zuvor einmal den Samen empfangen hat, das ist Gottes Wort, und der Same bleibt ohne jede Frucht, es sei denn, dass Gott die Gnade eines rechten Willens gibt, und darum verdirbt viel Samen guter Lehre bei denen, die die Gnade guten Willens nicht empfangen.

A. Wer denn jetzt guten Willen hat und Gott bittet, dass er ihn bekehre, bittet der um das, was er hat?

B. Wer Gott bittet, dass er ihn von seinen Sünden bekehre, und wenn es ihm ernst ist, so ist der bereits bekehrt. Doch bittet er Gott nicht um das, was er hat. Er bittet Gott um eine größere Bekehrung, als er sie hat; denn allein die sind völlig bekehrt, die niemals mehr den Willen haben, eine Sünde zu tun.

A. Nu sih ich wol, daz die gnåde gottz åne alle vͤbunge vnd årbeit nùt geben wurt; wån man můß buwen vnd såygen daz gottz wort, vnd doch so git gott sine gnåde gnådiglich åne alles ver*[58va]*dienen; wån der buw vnd der såme verdienet nùt das im gott gebe zůnemmen vnd wahsen; gott tůt es miltiglichen vnd von siner gůti.

B. Reht alz gott geschůff die erste fruht åne allen buw vnd åne allen såmen, vnd darnach keine fruht mähte åne såmen, also tet die gǒttliche wißheit, die gab an dem ersten den propheten vnd den zwelffbotten die worheit zů wissende åne allen såmen der lere. Syd aber er den såmen der wårheit het geschǒpfet, so wil er nach gemeynem lǒffe sine gnåde nieman geben dån dem, der den såmen der lere vor empfangen hät.[287]

A. Noch frågte ich gerne, wie die mit rehte schuldig werent oder mit rehte werdent sùnde getzigen, die den såmen nùt empfåhent. Wån sù mǒgent in empfahen nùt, gott gebe in denn gnade, das sù in empfiengent; wån sù mǒgent es von inselber nùt geleisten.

B. Du meynest juden vnd heiden, die rehte lere nùt wellent hǒren vnd dauon mǒgent *[58vb]* sù gnåde nùt empfahen; wån sù mangelt der gnaden såmen.

A. Ich meÿne nùt die alleyne. Ich meÿne ouch bǒse verrůchte cristen, die nùt die worheit wellent hǒren. Dauon so mǒgent sù gnåde nùt empfahen. Die mǒgent von inselben nùt daz han, das sù ioch leren wellent hǒren. Dauon git es in gott nùt, wie sint die denn von reht der sùnde schuldig?

B. Die fräge die ist swȇre. Doch solt du wissen, daz alle vnkrafft, die von den sùnden kumt, die entschuldiget nùt den mǒnschen, die wile die schulde der sùnde weret,[288] vnd dauon die kint, e sù werdent getouffet, die hant vnkrafft

---

volunt converti; sed orant per hoc quod iam acceperunt, ut augeatur eorum conversio. *(»Die aber rufen: ›Bekehre uns, Gott‹ [Ps 80(79),4], sind schon irgendwie bekehrt, da sie den rechten Willen haben, wenn sie bekehrt werden wollen; aber sie beten durch das, was sie bereits empfangen haben, dass ihre Bekehrung vermehrt wird.«)*

287 *Anselmus Cantuariensis, De concord. III, c.6; Bd. II, S. 271,20–26:* Sicut ergo deus in principio per miraculum fecit frumentum, et alia de terra nascentia ad alimentum hominum sine cultore et seminibus: ita sine humana doctrina mirabiliter fecit corda prophetarum et apostolorum necnon et evangelia, foecunda salutaribus seminibus, unde accipimus quidquid salubriter in ›agricultura dei‹ ad alimentum animarum seminamus, sicut non nisi de primis terrae seminibus habemus, quod ad nutrimentum corporum propagamus. *(»Wie also Gott im Anfang wunderbar das Getreide und andere Nahrungsmittel ohne Bauer und Samen zur Ernährung der Menschen gemacht hat, so hat er ohne menschliche Belehrung wunderbar die Herzen der Propheten und Apostel und auch die Evangelien mit heilbringenden Samen fruchtbar gemacht. Davon empfangen wir alles, was wir heilbringend ›im Ackerbau Gottes‹ zur Ernährung der Seelen säen, ebenso wie wir nur von den ersten Samen der Erde haben, was wir zur Ernährung der Körper aussäen.«)*

288 *Anselmus Cantuariensis, De concord. III, c.7; Bd. II, S. 273,12f.:* Notandum est quia impotentia, quae descendit ex culpa, non excusat impotentem culpa manente. *(»Es ist festzuhalten, dass das Unvermögen, das aus der Schuld kommt, den Unvermögenden nicht ent-*

A. Nun sehe ich wohl, dass die Gnade Gottes ohne alle Übung und Mühe nicht gegeben wird; denn man muss anbauen und das Wort Gottes säen, und doch gibt Gott seine Gnade gnädig ohne alles Verdienst; denn der Anbau und der Samen verdienen nicht, dass ihm Gott Zunehmen und Wachsen gibt; Gott gibt es freigiebig und aus seiner Güte.

B. Gerade wie Gott die erste Gnade ohne allen Anbau und ohne jeden Samen schuf und danach keine Frucht ohne Samen schuf, so tat es auch die göttliche Weisheit. Die gab zuerst den Propheten und den Aposteln die Wahrheit zu wissen ohne den Samen der Lehre. Seit er aber den Samen der Wahrheit geschaffen hat, will er nach dem gemeinen Lauf seine Gnade niemand geben außer dem, der den Samen der Lehre zuvor empfangen hat.

A. Ich fragte noch gerne, wie die mit Recht schuldig sind oder mit Recht der Sünde bezichtigt werden, die den Samen nicht empfangen. Denn sie können ihn nicht empfangen, wenn Gott ihnen nicht Gnade gibt, sodass sie ihn empfangen können; denn sie können es durch sich selbst nicht leisten.

B. Du meinst Juden und Heiden, die die rechte Lehre nicht hören wollen, und darum können sie die Gnade nicht empfangen; denn ihnen fehlt der Samen der Gnade.

A. Ich meine nicht nur die. Ich meine auch böse, verruchte Christen, die die Wahrheit nicht hören wollen. Darum können sie die Gnade nicht empfangen. Die können das nicht durch sich selbst haben, auch wenn sie die Lehre hören wollen. Darum, wenn es ihnen Gott nicht gibt, wie sind sie dann zu Recht der Sünde schuldig?

B. Die Frage ist schwer. Doch sollst du wissen, dass alle Schwäche, die von den Sünden kommt, den Menschen nicht entschuldigt, solange die Schuld der Sünde andauert. Und darum haben die Kinder, bevor sie getauft werden, ein

aller werke, vnd doch so sint sù schuldig der gerehtigkeit, die sù verlorn hant von der erbsùnde, vnd ir vnkrafft mag sù nùt entschuldigen.[289] Also sprich ich von den juden vnd von den heÿden, der mag sich nùt keren zů dem såmen des gottz worts, vnd doch so ist er nùt entschuldiget; wån die vnkrafft, daz er die lere nùt verståt noch hoͤren wil, die kumet von sùnden.[290] Noch billicher *[59ra]* ist daz von einem boͤsen cristen, der sich wissenklich mit sùnden der gewanheit darzů bringet, daz er die worheit nùt hoͤren wil noch mag wellen noch verstån, das den sin vnkrafft nùt entschuldige.[291] Ich spriche noch me, daz die vnkrafft vnd alle boͤserunge der nature alles sùnde ist, die an die nature one die sùnde nùt were gefallen, als krangheit, vnwißheit, vnrůwe der gedenke vnd willen;[292] vnd daz sprichet Paulus, das die gebresten der nature, die von der sùnde komen sint, die sint nùme sùnde, dån die in der gnåde Ihesu Christi erloͤset ist, daz sù iren willen darzů nùt gebent. Daby maht du merken, daz die gebresten alle den sùnd sint, wenn sù ir empfindent, die von der gnåde Christi von der ersten sùnde nùt sint erloͤset: als alle die den touff nùt hant empfangen, den ist sùnde, daz sù

---

schuldigt, solange die Schuld bestehen bleibt.«) Dieselbe Lehre vertritt Iohannes de Basilea, In Sent. II, d. 22–23, q. 15, concl. 2; Bd. III, S. 236,6–8: Quamvis Adam primo peccato non peccavit ex ignorantia, stat tamen aliquem peccare ex ignorantia, quae per se est culpa. *(»Obwohl Adam in seiner ersten Sünde nicht aus Unwissenheit sündigte, bleibt bestehen, dass mancher aus Unwissenheit sündigt, die durch sich Schuld ist.«)*

289 *Anselmus Cantuariensis, De concord. III, c. 7; Bd. II, S. 273,13–17:* Unde in infantibus, in quibus exigit deus a natura humana iustitiam, quam accepit in primis parentibus cum potestate servandi illam in omnem prolem suam, non excusat eam impotentia habendi iustitiam, quoniam propter culpam in hanc corruit impotentiam. *(»Daher, was die Kleinkinder angeht, in denen Gott von der menschlichen Natur die Gerechtigkeit einfordert, die sie – zusammen mit der Macht, sie in der ganzen Nachkommenschaft zu bewahren –, in den ersten Eltern empfangen hat, entschuldigt sie das Unvermögen, die Gerechtigkeit zu haben, nicht, da sie ja wegen der Schuld in dieses Unvermögen gestürzt ist.«)*

290 *Anselmus Cantuariensis, De concord. III, c. 7; Bd. II, S. 273,20–23:* Nec solum impotentia iustitiam habendi, sed etiam impotentia illam intelligendi similiter in non baptizatis imputatur ad peccatum, quoniam pariter descendit a peccato. *(»Nicht allein die Unfähigkeit, die Gerechtigkeit zu haben, sondern ebenso auch die Unfähigkeit, jene zu erkennen, wird in den Nicht-Getauften ebenfalls zur Sünde angerechnet, da sie sich ja in gleicher Weise von der Sünde ableitet.«)*

291 *Anselmus Cantuariensis, De concord. III, c. 8; Bd. II, S. 275,11 f.:* Postquam sponte cadit – ut de voluntariis peccatis tantum nunc loquar –: nullo modo potest resurgere nisi gratia relevetur. *(»Nachdem er aus eigenem Antrieb fällt – um jetzt nur von den freiwilligen Sünden zu sprechen –, kann er in keiner Weise wieder aufstehen, wenn ihn die Gnade nicht erhebt.«)*

292 *Anselmus Cantuariensis, De concord. III, c. 7; Bd. II, S. 273,23–25:* Possumus etiam rationabiliter asserere quia, quod a prima conditionis humanae dignitate ac fortitudine atque pulchritudine minorata et corrupta est, illi ad culpam imputatur. *(»Wir können auch vernünftigerweise behaupten, dass, was von der ursprünglichen Würde der menschlichen Kondition sowie ihrer Stärke und Schönheit erniedrigt und verdorben wurde, ihm als Schuld angerechnet wird.«)*

Unvermögen zu allen Werken, und doch sind sie der Gerechtigkeit schuldig, die sie durch die Erbsünde verloren haben, und ihre mangelnde Kraft kann sie nicht entschuldigen. Darum sage ich von den Juden und von den Heiden: Wer sich nicht zu dem Samen des Wortes Gottes wenden kann, ist doch nicht entschuldigt; denn die Schwäche, dass er die Lehre nicht versteht noch hören will, die kommt von den Sünden. Noch angemessener gilt das von einem bösen Christen, der sich wissentlich mit Sünden der Gewohnheit dazu bringt, dass er die Wahrheit nicht hören will noch wollen noch verstehen kann, dass ihn seine Schwäche nicht entschuldigt. Ich sage noch mehr, dass die Schwäche und alle Verschlimmerung der Natur ganz Sünde ist, die in die Natur ohne die Sünde nicht gefallen wäre, wie Krankheit, Unweisheit, Unruhe der Gedanken und des Willens; und das sagt Paulus (vgl. Rm 8,1 f.), dass die Gebrechen der Natur, die von der Sünde gekommen sind, nicht mehr Sünde sind; weil die <Sünde> in der Gnade Jesu Christi erlöst ist, sodass sie ihren Willen nicht dazu geben. Daran kannst du erkennen, dass die Gebrechen für alle die Sünde sind, wenn sie sie empfinden, die durch die Gnade Christi von der ersten Sünde nicht erlöst sind, wie alle die die Taufe nicht empfangen haben; denen ist es Sünde, dass sie

rehten glouben nùt hant, vnd darzů ist ein sùnde, daz sù in nùt moͤgen haben noch gewinnen von inselber.[293]

A. Nu hast du mich bewiset, daz vnmaht vnd vnkrafft den moͤnschen nùt entschuldiget, daz er den såmen der gnåden nùt empfähen *[59rb]* mag. Wån die vnkrafft ist von der ersten sùnde komen. Noch me von allen dingen wundert mich, wie daz mit goͤttlichem rehte moͤge gestån, das einer des andern sùnde als groͤßlich entgelten můß, den er nie gesach, noch keinen willen darzů gab noch gunst noch råt, daz er die sùnde taͤte. Dauon so yle zů dem sùbenden capittel vnd bescheide mich, wie es von goͤttlicher worheit sie geflossen, daz die sùnde Adam vnd Euam also sweͤrlich vff alle moͤnschen hät geerbet; wån das ist mir ein wunder v̀ber alle wunder.

---

293 *Anselmus Cantuariensis, De concord. III, c. 7; Bd. II, S. 274, 11–18:* Et cum Paulus de illis qui carnem, id est concupiscentias sentiunt nolentes, ait: ›nihil damnationis est iis qui sunt in Christo Iesu, qui non secundum carnem ambulant‹ (Rm 8, 1), hoc est non voluntate consentiunt: sine dubio significat eos qui non sunt in Christo sequi damnationem, quotiens sentiunt carnem, etiam si non secundum illam ambulant, quoniam sic factus est homo ut eam sentire, sicut de ira dixi, non deberet. Si quis igitur quae dixi diligenter considerat, nullatenus eos, qui propter culpam suam verbum dei nequeunt suscipere recte arguendos dubitat. *(»Und wie Paulus über diejenigen, die gegen ihren Willen das Fleisch, das ist die Begierlichkeit wahrnehmen, sagt: ›Es gibt keine Verdammnis für die, die in Christus Jesus sind, die nicht nach dem Fleische wandeln‹, das heißt, die nicht willentlich zustimmen. Ohne Zweifel kennzeichnet es die, die nicht in Christus sind, dass sie der Verdammnis folgen, sooft sie das Fleisch wahrnehmen, auch wenn sie nicht demgemäß wandeln, da der Mensch so geschaffen ist, dass er das Fleisch nicht wahrnehmen sollte, wie ich über den Zorn gesagt habe. Wenn also jemand das, was ich gesagt habe, eifrig erwägt, wird er keineswegs zweifeln, dass die zu Recht zu tadeln sind, die wegen ihrer Schuld das Wort Gottes nicht empfangen können.«)*

rechten Glauben nicht haben, und dazu ist es eine Sünde, dass sie ihn nicht haben können noch ihn aus sich selbst gewinnen können.

A. Nun hast du mir gezeigt, dass Ohnmacht und Unkraft den Menschen nicht entschuldigen, dass er den Samen der Gnade nicht empfangen kann. Denn die Unkraft ist von der ersten Sünde gekommen. Noch mehr wundert mich von all diesen Dingen, wie das mit dem göttlichen Recht vereinbar sein kann, dass einer des anderen Sünde so schwer vergelten muss, den er nie sah und wozu er nicht einwilligte noch Gunst noch Rat <dazu gab>, dass er die Sünde täte. Darum eile zu dem siebten Kapitel und erkläre mir, wie es aus der göttlichen Wahrheit geflossen ist, dass die Sünde Adams und Evas so schwer auf alle Menschen vererbt wurde; denn das ist mir ein Wunder über alle Wunder.

Das sùbende capitel
Wie uon gottlicher worheit ist geflossen, das die sùnde Adams vnd Eue uff alle moͤnschen hat geerbet. *[59va]*

Das sùbende capitel

B. Du tribest mich vnd mȧnest mich vff daz, das noch hoͤher ist. Dich moͤht etwenn daz geschriben ist also sere bekùmberen, daz du vergȇssest eine wile des nȧchgȧnden, daz noch zů redende ist. Dir geschiht alz den gitigen lùten, den wurt von dem ernste des gewinnes alz gȧch zů dem, das noch ir nùt ist, wie sù daz gewinnen, daz sù etwenn vergessent des, daz ir ist.

A. Ich wolte, daz ich der gitigkeit vil hetti, die mir brȇhte den ernst des geistlichen gewinnes. Aber min hertze ist darzů also trȇge. Wer, daz ich von dinen worten nùt wùrde etwenn erwecket, ich slieffe villichte den ȧbent zů dem morgen. Dauon zihest du mich, des du schuldiger bist dȧn ich selber.

B. Du kanst dich wol geweren. Dauon kan ich nùt an dir gewinnen. Min bestes ist, das ich tů, daz ich mag, ȧne wi*[59vb]*derrede; wȧn ich moͤht villiht nùt, daz ich von gotz gnȧden mag, wùrd es mit soͤlichem ernst an mich nùt geuordert vnd gesůchet. Wiltu nu dins wunders haben ein bekantnisse, so můst du an dem ersten wissen, waz erbesùnde ist vnd wo inne du sù solt sůchen.

<Was Erbsünde ist>

A. Da frȧg ich nȧch zů dem ersten: Waz ist erbesùnde?

B. Daz wil ich dich wisen in vier worten:
Daz erste ist, das Adam vnd Eva wurdent gereht von gotte gemachet.

A. Daz ist wor; wȧn die werk gottes moͤgent vngereht nùt gesin.

B. Daz ander wort: Hettent sù nùt gesùndet, so werent gerehte kint von inen geboren.[294]

A. Das ist mȇrklich; wȧn kint werdent geboren glich vatter vnd můter an der nature. Dauon hettent sù ein gerehte nature behalten, so werent ire kint gereht geboren.

B. Das dritte wort: Alle moͤnschen solten haben ein gerehte nature.

A. Das merke ich ouch wol; wȧn der moͤnsche soͤlte die nature behalten, die die almȧhtige wißheit gotts *[60ra]* geschůff von siner gůte.

B. Der das nùt hät, das er von goͤttlicher ordenunge soͤlte han, daz ist sùnde.

A. Dis wort moͤht ich ietze nùt verstän, hettest du mich vor alz durnnȇhtiglich nùt vnderwiset, waz sùnde were. Nu gedenck ich wol von derselben lere, daz sùnde nùt anders ist dȧn ein mangel der gerehtigkeit. Dauon verstȧnde ich wol das vierde wort, daz du hȧst gesprochen.

---

294 *Anselmus Cantuariensis, De conceptu c. 2; Bd. II, S. 141,8f.:* Ergo Adam et Eva si iustitiam servassent originalem: qui de illis nascerentur, originaliter sicut illi iusti essent. *(»Wenn also Adam und Eva die Urstandsgerechtigkeit bewahrt hätten, wären alle, die von ihnen geboren würden, im Ursprung wie jene gerecht gewesen.«)*

Das siebte Kapitel
Wie aus der göttlichen Wahrheit geflossen ist, dass die Sünde Adams und Evas an alle Menschen vererbt wurde.

Das siebte Kapitel

B. Du treibst und drängst mich auf das, was noch höher ist. Dich könnte einmal das, was schon geschrieben ist, so sehr beschäftigen, dass du eine Weile vergisst, was nachfolgt, das uns noch zu reden bleibt. Dir geht es wie den habsüchtigen Leuten, denen passiert es, dass sie aus Eifer, schnellstens zu gewinnen, was sie noch nicht haben, irgendwann vergessen, was sie schon haben.

A. Ich wollte, dass ich von dieser Habsucht so viel hätte, dass sie mir den Eifer des geistlichen Gewinns einbrächte. Aber dazu ist mein Herz allzu träge. Würde ich von deinen Worten nicht manchmal aufgeweckt, schliefe ich vielleicht vom Abend bis zum Morgen. Deshalb beschuldigst du mich, woran du schuldiger bist als ich.

B. Du weißt dich gut zu wehren. Darum kann ich nicht gegen dich gewinnen. Für mich ist das Beste, dass ich ohne Widerrede tue, was ich kann; denn ich könnte vielleicht nicht, was ich von Gottes Gnaden kann, wenn es nicht gesucht und mir nicht mit solchem Eifer abgefordert würde. Willst du zu deiner Frage eine Erkenntnis haben, musst du zuerst wissen, was die Erbsünde ist und worin du sie suchen sollst.

<Was Erbsünde ist.>

A. Dann frage ich zuerst: Was ist Erbsünde?

B. Das will ich dir in vier Worten zeigen.

Das erste ist, dass Adam und Eva von Gott gerecht geschaffen wurden.

A. Das ist wahr; denn die Werke Gottes können nicht ungerecht sein.

B. Das zweite Wort: Hätten sie nicht gesündigt, wären gerechte Kinder von ihnen geboren worden.

A. Das ist verständlich; denn Kinder werden der Natur des Vaters und der Mutter gleich geboren. Darum, hätten sie eine gerechte Natur behalten, würden ihre Kinder gerecht geboren.

B. Das dritte Wort: Alle Menschen sollten eine gerechte Natur haben.

A. Das verstehe ich auch gut; denn der Mensch sollte die Natur behalten, die die allmächtige Weisheit Gottes aus ihrer Güte erschuf.

B. Wenn einer das nicht hat, was er aufgrund der göttlichen Ordnung haben sollte, das ist Sünde.

A. Das könnte ich jetzt nicht verstehen, hättest du mich zuvor nicht so gründlich belehrt, was Sünde ist. Jetzt denke ich an diese Belehrung, dass Sünde nichts anderes ist als ein Fehlen der Gerechtigkeit. Darum verstehe ich das vierte Wort, das du gesagt hast.

B. Vs disen vier worten so beslùs vnd zoͤige ein bekantnisse des, was die erbsùnde sie.

A. Daz solt du tůn. Darumb daz ich die wort besunder verstande, dauon kan ich doch nùt sù zů einander gesamen vnd darvß einen sin gefleͤhten. Mir geschihet alz den krangken vff dem snÿtte, die snÿdent wol gantze handvollen, aber die doch nùt moͤgent gantze garben gebinden.

B. So nÿm die bùschelin der vier wort in eine garbe vnd merke, daz erbesùnde anders nùt ist den ein mangel gerehter nature, die gott gereht geschåffen hät, die wir billich soͤlten *[60rb]* haben; wän sù gott also hät geschäffen.

A. Nu merke ich, das die vier wort gåͤntzlich vnd gar in dise garbe sint gebunden; wån die vollen åͤher, die ich vor bysunder sach, die schinent in der garben.

B. Wo wiltu nu die sùnde sůchen? Wå ståt sù in dem moͤnschen?

A. Ich han etwenn gehoͤret, erbsùnde sie ein flecke vnd ein måse[295], mit der der moͤnsche werde geboren.

B. Wo inne duncket dich, daz der flecke sie? Ist er in dem libe oder in der sele oder in dem blůte oder in dem fleische?

A. Ich enweiß, waz ich antwirten sol. Es ist etwaz widerzême, dauon zů redende oder ioch zů gedenckende.

B. Daz ist den, die die wårheit nùt verstånt, die hånt einen argwån, daz erbsùnd komme von etlicher widerzzêmkeit, daz gar verre ist der wårheit.[296] Wissest an dem ersten, das erbsùnde kumet von keinem werke des moͤnschen; vnd das maht du daran merken, wån vatter vnd můter moͤgent sin gereht *[60va]* an allen iren werken, doch moͤgent sù kein kint geberen, es habe die erbsùnde.

A. Ich bin ein wening erfroͤet, daz ich die sùnde nùt sůchen bedarff in keinem werke der vngezemikeit; wån e wolt ich mich der bekåͤntnisse verwegen, e ich dauon wolte reden oder gedencken.

B. Paulus sprichet: »Alle ding sint reÿne in eynem reÿnen hertzen.« Dauon waz zů der bekantnisse hoͤrte der worheit, die als groß ist, daz sich da anvahet die verdampnisse der verflůchetten vnd *die erloͤsunge* der seligen vnd der vßerwelten, daz soltest du kein widerzemikeit heissen.

A. Mir ist liep, daz ich es mag v̀ber werden, daz ich die worheit begriffen mag mit kùschen reÿnen worten vnd gedencken.

65 die erloͤsunge *fehlt*

295 mâse *swf.* Wundmal, Narbe *(Lexer)*.

296 *Abweichung von der Lehre Augustins und der strengen Augustiner, für die die Erbsünde in der Begierlichkeit liegt; hingegen vgl. Iohannes de Basilea, In Sent. II, d.31–32, q.21; Bd. III, S.300,17–21:* Utrum originalis culpa, quae est lex membrorum, libidinosa concupiscentia, originalis iustitiae sit privatio et carentia, ad quam mens ex debito est obligata. *(»Ist die Urschuld, die das Gesetz der Glieder ist <und> die lustvolle Begierde, der Mangel und das Entbehren der Urstandsgerechtigkeit, zu welcher der Geist schuldhaft verpflichtet ist?«) Die Erbsünde ist also der Mangel der Urstandsgerechtigkeit.*

B. Nun ziehe aus diesen vier Worten einen Schluss und zeige deine Erkenntnis dessen, was die Erbsünde ist.

A. Das musst du tun. Deshalb, weil ich die Worte einzeln verstehe, kann ich sie doch nicht zueinander sammeln und daraus einen gemeinsamen Sinn flechten. Mir geht es wie den Schwachen bei der Ernte, die schneiden zwar ganze Handvoll <Halme>, aber sie können doch nicht ganze Garben binden.

B. So nimm die Büschel der vier Worte zu einer Garbe und beachte, dass Erbsünde nichts anderes ist als der Mangel gerechter Natur, die Gott gerecht geschaffen hat, die wir rechtens haben sollten; denn Gott hat sie so geschaffen.

A. Jetzt verstehe ich, dass diese vier Worte ganz und gar in diese Garbe gebunden sind; denn die vollen Ähren, die ich vorher einzeln sah, die zeigen sich in der Garbe.

B. Wo willst du die Sünde suchen? Wo findet sie sich im Menschen?

A. Ich habe gelegentlich gehört, Erbsünde sei ein Flecken und eine Narbe, mit denen der Mensch geboren wird.

B. Worin, meinst du, sollte der Fleck bestehen? Ist er im Leib oder in der Seele oder im Blut oder im Fleisch?

A. Ich weiß nicht, was ich antworten soll. Es ist etwas unziemlich, davon zu reden oder daran zu denken.

B. Das passt zu denen, die die Wahrheit nicht verstehen, die haben den Argwohn, die Erbsünde komme von irgendeiner Unziemlichkeit, was der Wahrheit ganz fern ist. Du sollst zuerst wissen, dass die Erbsünde von keinem Tun des Menschen kommt; und das kannst du daran erkennen, dass Vater und Mutter in all ihrem Tun gerecht sein können, und doch können sie kein Kind gebären, das die Erbsünde nicht hat.

A. Ich bin ein wenig erfreut, dass ich die Sünde nicht in einem Werk der Unziemlichkeit zu suchen brauche; denn eher wollte ich auf die Erkenntnis verzichten, bevor ich davon reden und denken wollte.

B. Paulus sagt: »Alle Dinge sind rein in einem reinen Herzen« (Tit 1,15). Darum, was zur Erkenntnis der Wahrheit gehört, die so groß ist, dass damit die Verdammnis der Verfluchten und die Erlösung der Seligen und Auserwählten beginnt, das solltest du nicht Unziemlichkeit nennen.

A. Mir ist es lieb, dass ich davon befreit bin, sodass ich die Wahrheit mit keuschen, reinen Worten und Gedanken begreifen kann.

B. Got goͤnne dirs, als ich dirs goͤnne. Amen. Wissest, daz der flecke nùt ist in dem *libe*[297] noch in dem blůte noch in keinem dinge, daz liplich ist, noch in keinem werke.

A. Das sie gott gelobet. Doch hoͦr ich gerne, daz du mir daz mit der worheit bewerest.

B. Woͦ inne ist loͤ*[60vb]*beliche gerehtigkeit?

A. Sù ist in dem willen, dez gedencke ich noch von der vordern lere.[298]

B. Wå ist der mangel der gerehtigkeit?

A. Ouch in dem willen; wan da vor gerehtikeit waz, da ist nu mangel.

B. Sich, dauon kein liplich ding – wån es gerehtikeit, die loͤbelich ist, nùt empfahen mag –, dauon mag es die sùnde nùt empfaͤhen, die ist der gerehtikeit ein mangel.[299]

A. Nu sih ich wol, daz vil lùtes hant einen betrogenen wån von der erbsùnde. Sù wenent, es sie der lipliche lust, der sich in dem blůte vnd in dem fleische zoͤiget. Nu sih ich, daz es anders nùt ist dann der mangel der ersten gerehtigkeit mit der schulde, sù ze hande[300].

B. Es ist also. Wer der worheit nùt rehten vrsprung sůchet vnd nach dem sinne des bůchstaben wenet, der ist etwenn verre von der worheit vnd wurt betroͤgenlich, der den rehten grund der worheit nùt merkett. Håst du in dirre rede noch keinen zwifel, daz sage; wån ein kleÿnes zwifel machet *[61ra]* etwenn ein gantz bekantnisse vnluter vnd trůbe.

<Die Weitergabe der Erbsünde>

A. Daz mag ich wol sprechen, wann ich han es dicke empfunden, wannan die schulde keme den moͤnschen, die Adam nie gesahen noch gehorten von im sagen. Were es din wille: Ich sihe daz wol, daz alle moͤnschen von ir geburt hant ein gebresthaffte nature; aber wannan die schulde kåme, daz der moͤnsche schuldig ist, daz er sù hette gereht, der sù doch nùt gehaben mag weder von dem moͤnschen noch von im selber.

70 libe] bilde

---

297 *Die Konjektur rechtfertigt sich, da »Bild« keinen Sinn ergibt, ferner aus dem folgenden Satz und der einleitenden Frage (Z. 78–80).*

298 *Oben AFD I, c. 2; fol. 17va, Z. 237f.:* Gerehtigkeit ist worheit des willen, behalten vmb die gerehtigkeit. *(»Gerechtigkeit ist Wahrheit, bewahrt um der Gerechtigkeit willen.«)*

299 *Anselmus Cantuariensis, De conceptu c. 3; Bd. II, S. 143,10f.:* Quare quoniam iniustitia non potest esse nisi ubi iustitia debet esse, originale peccatum quod est iniustitia, non est nisi in natura rationali. *(»Darum, weil Ungerechtigkeit nur sein kann, wo Gerechtigkeit geschuldet ist, ist die Erbsünde, die Ungerechtigkeit ist, nur in einer vernünftigen Natur.«)*

300 *Kontrahierte Form* hân *aus* ze habene; *die Gerundivform* hânde *statt des Infinitivs ist elsässisches Sprachmerkmal.*

B. Gott gönne dir's, wie ich es dir gönne. Amen. Du sollst wissen, dass der Fleck nicht im Leib noch im Blut noch in einer Sache, die leiblich ist, besteht, noch in einem Tun.

A. Dafür sei Gott gelobt. Doch höre ich gerne, dass du es mir mit der Wahrheit begründest.

B. Worin liegt lobenswerte Gerechtigkeit?

A. Sie liegt im Willen, daran denke ich nach deiner vorhergehenden Belehrung.

B. Wo liegt der Mangel der Gerechtigkeit?

A. Auch im Willen, denn wo zuvor die Gerechtigkeit war, da ist jetzt der Mangel.

B. Darum, weil keine leibliche Sache Gerechtigkeit, die lobenswert ist, empfangen kann, darum kann sie auch die Sünde nicht empfangen, die ein Mangel der Gerechtigkeit ist.

A. Jetzt sehe ich, dass viele Menschen eine falsche Vorstellung von der Erbsünde haben. Sie meinen, es sei die leibliche Lust, die sich im Blut und im Fleisch zeigt. Jetzt sehe ich, dass es nichts anderes ist als der Mangel der ersten Gerechtigkeit, die zu haben man schuldet.

B. So ist es. Wer nicht den richtigen Ursprung der Wahrheit sucht und wer im Sinne des Buchstabens vermutet, der ist manchmal weit von der Wahrheit entfernt und wird getäuscht, da er den rechten Grund der Wahrheit nicht erkennt. Wenn du in dieser Sache noch einen Zweifel hast, dann sag es; denn ein kleiner Zweifel macht manchmal eine vollständige Erkenntnis unsauber und trübe.

<Die Weitergabe der Erbsünde>

A. Das kann ich wohl sagen; denn ich habe es oft empfunden: Woher ist die Schuld zu den Menschen gekommen, die ja Adam nie sahen oder von ihm sprechen hörten. Wenn es dein Wille ist: Ich sehe wohl, dass alle Menschen seit ihrer Geburt eine fehlerhafte Natur haben; aber woher die Schuld kommt, dass der Mensch schuldig ist, eine gerechte Natur zu haben, da er sie doch weder von dem Menschen noch aus sich selbst haben kann.

B. Daz ist daz wunder, daz maͤnig hertze beweget vnd vngelerte sinne bekumbert, daz doch in der worheit gereht vnd wol geordent ist, der es ansiht mit gerehten lutern ougen.[301]

A. Daz ist, daz ich begerte, wie ich es ansehen soͤlle, daz ich in der schulde merke goͤttliche gerehtigkeit vnd ordenunge, daz ein kint, so es erst moͤnsche wurt, billich wurt besweͣret mit der schulde, die den mangel sùnde machet.

B. Wer sùndet an dem ersten?

A. Wer ist der, der daz nùt wisse, daz es tett Adam.

B. Dich wun*[61rb]*dert, daz ich dich alz kùnder dinge fraͦge. Nu sage fùrbaß: Do Adam sùndet, heͣt do der moͤnsche iht gesùndet?

A. Wer moͤhte des geloͤicken; waͦn Adam der was moͤnsch.

B. Weder machet Adam den moͤnschen zuͦ einem sùnder oder der moͤnsche Adam?

A. Dazuo kan ich nùt antwùrten; wan Adam vnd der moͤnsche sint eins.

B. Da Eua sùndet, do hette der moͤnsche gesùndet, vnd dennoch het Adam nùt gesùndet. Vnd dauon so ist der moͤnsche vnd Adam nùt eins; waͦn der moͤnsche hät gesùndet, do Adam nùt het gesùndet.

A. Sid daz ich merke, daz zwùschen Adam vnd dem moͤnschen ein ordenung ist, so enweiß ich, weles daz ander in sùnde het geworffen.

B. Daz Adam aß, waz braht in darzuo?

A. Es tet die nature; waͦn da es die nature nùt vordert, do ist kein essen, als in den englen vnd in andern dingen, die spise nùt bedoͤrffent.

B. Daz er aber daz verbotten obs aß, waz braͦht in darzuo?

A. Ich kan nùt anders gemerken darinne daͤn sinen eigen willen.

B. Also *[61va]* vergihest du, daz in Adam waz ein wille der nature der meͤnscheit – vß dem willen aß er; waͦn die nature die heisch es –, vnd doby ein ander wille, der waz sin eigen wille, vß dem aß er daz verbotten obs; vnd daz waz der wille Adams.

A. Es ist wor

B. Welicher wille vnder den zwein begie die sùnde?

A. Ich mag nùt sprechen, daz der wille der nature die sùnde teͣt, in dem daz es hiesch essen; anders aller wille, der essen begert, der were sùnde. Dauon so muͦst es der eigen wille tuͦn, der daz verbotten obs wolt essen.

B. Nu maht du die worheit nimer fraͦgen. Merke, daz Adam den moͤnschen het zuͦ einem sùnder gemachet vnd nùt der moͤnsche Adam; waͦn hie inne meÿn ich nùt anders, denn daz der wille Adams, der eigen sin wille waz, vß dem willen aß er das verbotten obs vnd nùt vß dem willen der nature.

---

301 *Die folgenden Ausführungen haben keinen Bezug zu Anselm. Der Hinweis auf* vngelerte sinne *deutet wieder an, dass ein weiteres problematisches Thema angeschnitten wird.*

B. Das ist die Frage, die manches Herz bewegt und manchen ungelehrten Verstand beschäftigt, was aber doch in der Wahrheit richtig und wohlgeordnet ist, wenn man es mit gerechten, reinen Augen anschaut.

A. Das ist, was ich begehrt habe, wie ich es betrachten sollte, dass ich in der Schuld die göttliche Gerechtigkeit und Ordnung erkenne, dass ein Kind, sobald es Mensch wird, mit Recht mit der Schuld beladen ist, die aus dem Mangel Sünde macht.

B. Wer sündigte zuerst?

A. Wer wüsste das nicht, dass es Adam war.

B. Dich wundert, dass ich dich nach so bekannten Dingen frage. Nun sprich weiter: Als Adam sündigte, hat da der Mensch irgendwie gesündigt?

A. Wer könnte das leugnen; denn Adam war ein Mensch.

B. Macht Adam den Menschen zu einem Sünder oder der Mensch Adam?

A. Darauf kann ich nicht antworten; denn Adam und der Mensch sind dasselbe.

B. Als Eva sündigte, hat der Mensch gesündigt, und dennoch hat Adam nicht gesündigt. Und darum sind der Mensch und Adam nicht eins; denn der Mensch hat gesündigt, als Adam nicht gesündigt hat.

A. Da ich merke, dass zwischen Adam und dem Menschen eine Ordnung besteht, so weiß ich nicht, welches von beiden das andere in die Sünde geworfen hat.

B. Dass Adam aß, was brachte ihn dazu?

A. Das machte die Natur; denn wo es die Natur nicht fordert, da gibt es kein Essen, wie bei den Engeln und bei anderen Dingen, die der Speise nicht bedürfen.

B. Dass er aber die verbotene Frucht aß, was brachte ihn dazu?

A. Ich kann nichts anderes darin erkennen als seinen eigenen Willen.

B. Also sagst du, dass es in Adam einen Willen der Menschennatur gab; aus dem Willen aß er; denn die Natur forderte es –; und daneben gab es einen zweiten Willen, das war sein eigener Wille; aus dem aß er die verbotene Frucht; und das war der Wille Adams.

A. Das ist wahr.

B. Welcher von den beiden Willen beging die Sünde?

A. Ich kann nicht sagen, dass der Wille der Natur die Sünde beging, indem er zu essen forderte; sonst wäre jeder Wille, der zu essen begehrt, Sünde. Darum muss es der eigene Wille getan haben, der die verbotene Frucht essen wollte.

B. Nun kannst du die Wahrheit nicht mehr fragen. Erkenne, dass Adam den Menschen zu einem Sünder gemacht hat und nicht der Mensch Adam; denn darin meine ich nichts anderes, als dass der Wille Adams, der sein eigener Wille war –, aus dem Willen aß er die verbotene Frucht und nicht aus dem Willen der Natur.

A. Nu beginne ich erst merken, waz du meÿnest. Aber mich wundert deste me: Sùndet die nature nùt der moͤnscheit, wie moͤhte do die sùnde ge*[61vb]*fallen an die nature.

B. Dauon so merke: Ist es mùglich vnd billich, das die sùnde gange vß dem persoͤnlichen willen in die nature, also billich ist ouch von der nature die sùnde gande in die persone.

A. Daz ist mir gar gloͤiplich. Mag die persone die nature sùndig gemachen, also mùglich ist, daz ein sùndige nature ein sùndige persone mache. Aber wie kumet die sùnde von der person in die nature? Das sage.

B. Adam sùndet mit sim eigen willen. Dauon so hat sin person gesùndet. Adam waz ein moͤnsch. Dauon do Adam gesùndet, do heͤt der moͤnsche gesùndet. Also kam von der person die sùnde in die nature.[302] Wån der do sùndet, der waz ein moͤnsch. Dauon alles, daz der person geeygent wurt von sùnden oder von tugenden, daz wurt ouch der moͤnscheit geeygent. Wan daz Adam tet, daz teͣtt ouch der moͤnsch.

A. Wauon ist daz?

B. Dauon wån sù sint eins in der worheit. Wån die person mag nùt åne moͤnscheit noch die moͤnscheit åne die person. Dauon waz eins tůt, daz tůt *[62ra]* ouch daz ander.

A. Dis gloub ich wol, daz die moͤnscheit, die in Adams person waz, daz die hät gesùndet, in dem daz Adam sùndet. Aber mich wundert, wie die nature vnd die moͤnscheit, die in mir vnd in dir vnd in allen moͤnschen ist, sie geuallen in die sùnde, e daz min person oder din habe gewùrket kein sùnde.

B. Du hast als lange gegraben, vntz daz du bist kummen vff den vrsprung des grossen wunders, wie die sùnde vnd der tod in dise welt ist ingangen von der einigen sùnde Adams vnd siner frouwen. Nu hab ich dich bewiset, daz Adam machet die moͤnscheit, die in im waz, zů einer sùnderin. Vnd dauon mag ich dich bewisen, daz alle moͤnscheit in Adam waz, do er sùndet, so maht du lihtiglich verstån, wie alle moͤnscheit, mÿne vnd dine vnd ander moͤnschen, in Adam ist gefallen.

A. Du seist wor. Wån daz wunder in diser sache daz lit mir daran, wån die moͤnscheit, die ich han vnd du vnd ander moͤnschen, die ist min vnd waz nùt Adams noch waz in ym, do er sùndet. Darumb wie moͤht *[62rb]* Adams sùnde myne nature vnd die dine mit sinen sùnden veruͤllen?

---

302 *Der Grundgedanke stammt von Anselmus Cantuariensis, De conceptu c. 2; Bd. II, S. 141,19–21:* Sicut itaque si non peccasset, qualis facta est a deo talis propagaretur; ita post peccatum qualem se peccando fecit, talis propagatur. *(»So also wie sie [die Natur] weitergegeben würde, wie sie von Gott geschaffen wurde, wenn sie nicht gesündigt hätte, so wurde sie nach der Sünde als die Gestalt, zu der sie sich durch die Sünde gemacht hat, weitergegeben.«) Die nachfolgende differenzierte Abhandlung über Person und Menschheit Adams ist eine spezielle Weiterentwicklung, die von Thomas de Aquinos Quaestio de malo, q. 4, a. 1 ausgeht.*

A. Jetzt beginne ich erst zu merken, was du meinst. Aber mich wundert umso mehr: Sündigt nicht die Natur der Menschheit, wie konnte dann die Sünde in die Natur fallen?

B. Darum gib acht: Ist es möglich und rechtens, dass die Sünde aus dem persönlichen Willen in die Natur ging, so ist es auch recht, dass die Sünde von der Natur in die Person ging.

A. Das kann ich glauben. Kann die Person die Natur sündig machen, so ist es auch möglich, dass eine sündige Natur eine sündige Person macht. Aber wie kommt die Sünde von der Person in die Natur? Das sage mir.

B. Adam sündigte mit seinem eigenen Willen. Darum hat seine Person gesündigt. Adam war ein Mensch. Darum, als Adam sündigte, da hat der Mensch gesündigt. So kam die Sünde von der Person in die Natur. Denn wer da sündigte, der war ein Mensch. Darum wird alles, was von der Sünde oder von Tugenden der Person zugeschrieben wird, das wird auch der Menschheit zugeschrieben. Denn was Adam tat, das tat auch der Mensch.

A. Woher kommt das?

B. Weil sie in Wahrheit eins sind. Denn die Person kann nicht ohne Menschheit sein noch die Menschheit ohne die Person. Darum, was das eine tut, das tut auch das andere.

A. Das glaube ich wohl, dass die Menschheit, die in Adams Person war, gesündigt hat, indem Adam sündigte. Aber mich wundert, wie die Natur und die Menschheit, die in mir und in dir und in allen Menschen ist, in die Sünde gefallen ist, bevor meine Person oder deine eine Sünde begangen haben könnten.

B. Du hast so lange gegraben, bis du auf den Ursprung des großen Wunders gekommen bist, wie die Sünde und der Tod in diese Welt eingegangen sind aus der einzigen Sünde Adams und seiner Frau. Nun habe ich dir erklärt, dass Adam die Menschheit, die in ihm war, zu einer Sünderin macht. Und darum, wenn ich dir beweisen kann, dass die ganze Menschheit in Adam war, als er sündigte, so kannst du leicht verstehen, wie die ganze Menschheit, meine und deine und die anderer Menschen, in Adam gefallen ist.

A. Du sprichst die Wahrheit. Denn das Wunder liegt in dieser Sache daran, dass die Menschheit, die ich und du und andere Menschen haben, meine ist und niemals Adams war, noch war sie in ihm, als er sündigte. Wie konnte darum Adams Sünde meine Natur und deine mit seinen Sünden zu Fall bringen?

B. Hie bist du betrogen. Wån alle moͤnscheit waz in Adam, do er sùndet. Alle moͤnscheit waz ouch Adams moͤnscheit. Dauon mÿn vnd din vnd aller welte moͤnscheit sùndet in Adam.

A. Ich bedarff wol, daz du mir daz wol erlùhtest, wie min moͤnscheit in Adam waz. Wan von dinen worten so han ich, daz, wo min moͤnscheit waz, do muͦst ouch sin min person; wån waz von der nature wores gesprochen wurt, des ist ouch teillhåfftig die persone.

B. Wiltu dis verstan, so merke, wie Adam geschaffen wart.

A. Daz hoͤr ich gerne.

B. Gott machte Adam einen moͤnschen, vnd do er in moͤnschen gemachete, do gab er im in ein geberende krafft; von der krafft, daz er moͤhte geberen daz, das er waz, vnd die krafft soͤlte vndertånig sin dem willen. Also wolt er, daz *er* moͤhte geberen daz, daz er waz, das ist die moͤnscheit, die er het vnd waz.

A. Du meynest: Wån im gott geben *[62va]* hät die krafft, von der er moͤhte geberen, ob er wolte, daz, das er waz, dauon so het er alle moͤnscheit in der krafft empfangen, vnd wån die krafft alz vndertånig waz dem willen, wolte er, daz er moͤhte geberen, wolte er, daz er nùt gebere, dauon so waz alle moͤnscheit, die von *im* kommen ist, also geeigent sinem willen, daz alle moͤnscheit sin eigen waz; wån sù beslossen waz in sinem willen.

B. Ich froͤuwe mich, daz du mÿne wort so schiere håst begriffen. Wån sid du dis begriffen håst, so mahtu wol merken, wie alle moͤnschen ein moͤnsche in Adam worent, vnd als Adam ein moͤnsche ist ein sùnder, also alle moͤnschen sint ein Adam vnd ein sùnder.

A. Daz merk ich daby, daz die berende krafft, die ym gott hat geben, also stuͦnd, daz er moͤhte geberen daz, daz er waz. Nu waz er Adam vnd waz ein sùnder. Darumb gebar er sine kint als einen Adam einen sùnder. Aber wie alle moͤnschen woren in der berenden krafft nåch worheit, daz *[62vb]* solt du mir betùten; wån myne sinne die hant also einen widerstoß daran, daz myne moͤnscheit gaͤntzlich nùt were in Adam noch in der worheit sin were, wie daz were in siner berenden krafft.

B. Waz die berende krafft in der worheit in Adam?

A. Jå, wån sù waz in siner nature, alz alle soͤlliche krafft ståt in der nature. Dauon so wurt ein vogel von einem vogel geboren vnd ein thier von einem thiere. Iegliches nach siner nature gebirt ymselben ein gliches nach siner nature.

B. Wie ist aber ein geburt in der krafft der nature?

A. Daz kan ich nùt verantwùrten; wån e daz ein ding wurt geboren, so ist es nùtzt. Dauon daz ioch nùt ist, wo sol ich daz suͦchen?

B. Ist aber die krafft v̀tzit, dauon etwaz mag geboren werden, e daz es ioch geboren wùrt?

A. Jä, die krafft ist etwaz. Wån were die krafft nùtzit, so gebere ein schåff als wening ein schåff als ein steÿn oder ein holtz.

178 er *fehlt* *184* im] in

B. Hier bist du getäuscht. Denn die ganze Menschheit war in Adam, als er sündigte. Die ganze Menschheit war auch Adams Menschheit. Darum hat meine und deine und die Menschheit aller Welt in Adam gesündigt.

A. Ich brauche es wohl, dass du mir das gut erklärst, wie meine Menschheit in Adam war. Denn von deinen Worten habe ich verstanden, dass, wo meine Menschheit war, auch meine Person sein musste; denn was von der Natur Wahres gesprochen wird, das gehört auch zur Person.

B. Willst du das verstehen, so erkenne, wie Adam geschaffen wurde.

A. Das höre ich gerne.

B. Gott machte Adam zu einem Menschen, und als er ihn zu einem Menschen machte, da gab er ihm eine gebärende Kraft;[3] von dieser Kraft konnte er das gebären, was er war, und diese Kraft sollte seinem Willen untertan sein. Also wollte er, dass er gebären konnte, was er war, das ist die Menschheit, die er hatte und war.

A. Du meinst: Da ihm Gott die Kraft gegeben hat, durch die er das, was er war, gebären konnte, wenn er wollte, dadurch hatte er die ganze Menschheit in dieser Kraft empfangen, und da die Kraft so dem Willen untertan war, sei es, dass er gebären wollte, was er konnte, sei es, dass er nicht gebären wollte, davon war die ganze Menschheit, die von ihm gekommen ist, ebenso seinem Willen zugeeignet, dass die ganze Menschheit sein Eigen war, da sie in seinem Willen beschlossen war.

B. Ich freue mich, dass du meine Worte so schnell begriffen hast. Denn da du dies begriffen hast, kannst du wohl verstehen, wie alle Menschen ein Mensch in Adam waren, und wie Adam ein Mensch ist als Sünder, so sind alle Menschen ein Adam und ein Sünder.

A. Das merke ich daran, dass die gebärende Kraft, die ihm Gott gegeben hat, so beschaffen war, dass er das gebären konnte, was er war. Nun war er Adam und war ein Sünder. Darum gebar er seine Kinder als einen Adam, einen Sünder. Aber wie in Wahrheit alle Menschen in der gebärenden Kraft waren, das sollst du mir ausdeuten; denn mein Verstand hat so einen Widerstand dagegen, dass meine Menschheit ganz in Adam sein sollte oder dass sie in Wahrheit seine wäre, obwohl das in seiner gebärenden Kraft lag.

B. War die gebärende Kraft in Wahrheit in Adam?

A. Ja, sie war in seiner Natur, wie jede solche Kraft in der Natur liegt. Darum wird ein Vogel von einem Vogel geboren und ein Tier von einem Tier. Jedes gebiert entsprechend seiner Natur ein ihm Gleiches seiner Natur nach.

B. Wie geschieht aber eine Geburt in der Kraft der Natur?

A. Das kann ich nicht beantworten; denn bevor ein Ding geboren wird, ist es nichts. Darum, wenn etwas noch nicht geboren ist, wo soll ich das suchen?

---

3 Traditionell wäre *berende kraft* als »Zeugungskraft« zu übersetzen. Der mittelhochdeutsche Wortlaut wird hier beibehalten, um zu betonen, dass der Meister des Lehrgesprächs hier die Terminologie Meister Eckharts benützt.

B. Waz ist aber die krafft, von der du sprichest, daz *[63ra]* sù etwaz ist?

A. Darzů wil ich dir nùt antwirten. Wann daz ich verstån, daz schaͤme ich mich zů reden.

B. Daz ist ein zeichen, daz du es nut verståst. Du spreͤche doch vor, die krafft were in der nature, vnd seitest wor. Dauon die krafft stat nùt me in dem libe noch in keinem, daz liplich ist, daͤn in der sele. Davon so ist dauon *schåmlichs* nùt zů reden noch zů gedenckende, der es reht verståt.

A. Syd daz im dene also ist, so låsse ich mÿne antwirte vnderwegen, vnd sage du, waz die krafft ist.

B. Berende krafft ist nùt anders daͤn dise geburt, als sù verholen vnd beslossen stat in irem vrsprunge, vnd dauon die krafft in Adam waz ich vnd du vnd alle moͤnschen, die von im kommen sint, als wir in im hettent ein verborgen wesen, daz vngesichtig waz liplichen ougen. Aber den ougen der geiste, die mit wißheit erlùhtet worent, den woren wir do gesihtig. Vnd dauon so hetten wir da ein geistlich wesen. Nu haben wir ein liplich vsser wesen, vnd die zwey wesen sint in einer nature.

A. Mich wundert nùt, *[63rb]* daz ich hie zů nùt konde antwùrten; wån mich duncket, daz ich von liplicher moͤnscheit tieffer nÿe hoͤrt ergrùnden, waz die berende krafft ist vnd wie die geburt dieselbe krafft ist nåch einem verborgenen wesen vnd wie die krafft in der nature ist. Vnd hettest du es also nùt ergrùndet, min hertze heͤt niemer verstanden, wie alle moͤnschen ein moͤnsche in Adam worent vnd das, daz Adam waz vnd ist.

B. Hastu es nu wol verstanden?

A. Des duncket mich. Wån daz ein rind ein schåff nùt geberen mag, daz kumt dauon, daz ein schåff nùt ist in eins rindes nature. Also sich ich wol, daz Adam keinen moͤnschen moht han geboren, het er den moͤnschen nùt gehåbt in siner nature.

B. Du bist vff dem rehten sinne. Davon der im die berende krafft gab in siner nature, der gab ym alle sine kint, die er moͤhte geberen in sinre nature. Wän hetti er sù nùt geheͤbet, e er sù gebar, er moͤht ir nùt han geboren in siner nature.

A. Mir geschiht als eim, der boͤse ougen hät, der von dem *[63va]* rouche ist getempfet. So der ioch lutern lufft schouwet, so wenet er, es sie rouch. Also weͤne ich, wå von man seit, dazů sich sùnde mùschet nåch vnkùscheit, es sie widerzeme einem reÿnen hertzen. Nu sihe ich wol, daz vnwise sinne gar gezeme reyne worheit etwenn gar vngetzemlich bildent. Also were mir geschehen, daz vergihe ich dir, solt ich åne din helffe von dirre worheit han betrahtet.

214 schåmlichs] såmlichs

B. Ist aber die Kraft etwas, von der etwas geboren werden kann, noch bevor es geboren wird?

A. Ja, die Kraft ist etwas. Denn wäre die Kraft nichts, so würde ein Schaf so wenig ein Schaf gebären wie ein Stein oder ein Holz.

B. Was ist aber die Kraft, von der du sagst, dass sie etwas ist?

A. Dazu will ich dir nicht antworten. Denn was ich verstehe, davon zu reden schäme ich mich.

B. Das ist ein Zeichen, dass du es nicht verstehst. Du sagtest doch zuvor, die Kraft sei in der Natur, und du sagtest die Wahrheit. Darum besteht die Kraft nicht mehr in dem Leib oder in etwas Leiblichem als in der Seele. Darum ist davon zu reden oder zu denken nichts Beschämendes, wenn man es recht versteht.

A. Da es denn so ist, lasse ich meine Antwort bleiben, und sage du, was die Kraft ist.

B. Die gebärende Kraft ist nichts anderes als diese Geburt, wie sie heimlich und verschlossen in ihrem Ursprung liegt, und darum war die Kraft in Adam ich und du und alle Menschen, die von ihm gekommen sind, wie wir in ihm ein verborgenes Sein hatten, das für leibliche Augen unsichtbar war. Aber für die Augen der Geister, die mit Weisheit erleuchtet waren, denen waren wir dort sichtbar. Und darum hatten wir dort ein geistliches Sein. Jetzt haben wir ein leibliches äußeres Sein, und die zwei Seinsweisen sind in einer Natur.

A. Mich wundert es nicht, dass ich dazu nicht antworten konnte; denn mir scheint, dass ich nie gehört habe, dass die leibliche Menschheit je tiefer ergründet wurde: was die gebärende Kraft ist und wie die Geburt dieselbe Kraft ist nach einer verborgenen Seinsweise und wie die Kraft in der Natur liegt. Und hättest du es nicht so ergründet, mein Herz hätte niemals verstanden, wie alle Menschen ein Mensch in Adam waren und <dass sie waren>, was Adam war und ist.

B. Hast du es jetzt wohl verstanden?

A. Das scheint mir so. Denn dass ein Rind nicht ein Schaf gebären kann, das kommt daher, dass ein Schaf nicht in der Natur eines Rindes ist. So sehe ich wohl, dass Adam keinen Menschen hätte gebären können, wenn er den Menschen nicht in seiner Natur gehabt hätte.

B. Du bist auf der rechten Spur. Darum, der ihm die gebärende Kraft in seiner Natur gegeben hat, der gab ihm alle seine Kinder, die er in seiner Natur gebären könnte. Denn hätte er sie nicht gehabt, bevor er sie gebar, er hätte sie in seiner Natur nicht gebären können.

A. Mir geschieht es wie jemandem, der schlechte Augen hat, weil er von dem Rauch gedämpft ist. Wenn er auch reine Luft sieht, so meint er, es sei Rauch. So meine ich, wo man von dem spricht, wozu sich Sünde in Unkeuschheit mischt, es sei einem reinen Herzen unziemlich. Jetzt sehe ich wohl, dass gelegentlich ein unkluger Verstand ganz ziemliche, reine Wahrheiten ganz unziemlich darstellt. So wäre es mir geschehen, das versichere ich dir, wenn ich ohne deine Hilfe über diese Wahrheit nachgedacht hätte.

B. Hast du nu wol gemerket, wie die sùnde von der persone Adams gieng in die moͤnscheit, wån do Adam sùndet, do sùndet der moͤnsche, vnd wie alle moͤnscheit waz in der berenden krafft Adams vnd wie die berende krafft ist der geburt ein verborgen wesen in dem vrsprunge der nature, so maht du luterlichen sehen, wie alle nature in Adam veruallen ist, alle die moͤnschen, die Adam moͤht mit willen vnd mit nature geberen.

A. Es mag nÿeman heran zwifeln, der es reht ansiht dån der, der williglich blint ist, oder der, der die gnåde der erloͤsunge *[63vb]* mit mynnen sůchen wil noch bekennen. Sid das nu die nature der moͤnscheit in Adam glich veruallen ist, ist die sùnde glich groß in vns, als sù waz in Adam?

B. Da sie gott vor! Adam der sùndet doch mit eigenem willen. Dauon waz es im ein todsùnde, so ist sù vns ein erbesùnde.

A. Waz vnderscheides hant die sùnde?

B. Ein todsùnde, die mit eigenem willen geschihet, die beroubet den moͤnschen der ewigen froͤiden vnd darzů wurt sù schuldig der helle pin. Aber die sùnde, die one eigenen willen geschihet als die erbsùnde, die ist nùt schuldig der helle pin; sù roubet aber die froͤide. Vnd der vnderscheit der kummet dauon, wån die sùnde gåt vnglich in.

A. Wie gåt sù denn in?

B. Adams sùnde die gieng von der person in sine nature; wån der wille der persone der aß daz verbotten obs vnd nùt der wille der nature. Dauon machet die person die nature ein sùnderin. Aber die erbesùnde gåt von der nature in die person. Dauon mÿn nature, die in Adam ein sùnderin worden *[64ra]* ist, die machet mich zů einem sùnder. Min persoͤnlich wille der hät mich nùt zů einem sùnder gemachet, wån e ich keinen willen ie gewùnne, do waz ich ein sùnder. Dauon min nature hät mich boͤse gemachet vnd ich nùt die nature. Dauon wån die erbesùnde in vns kommen ist von vnser nature åne vnsern eigenen willen, dauon ist die erbsùnde in vns vnglich der sùnde Adams, wie daz sie, das dieselbe sùnde vnd kein ander habe vff vns geerbet, wån sù vnglich ist ingegangen.

A. Gebe ein engel mir dise lere vnd vnderscheit in dirre worheit, ich solte mich låssen benůgen; wån in disem lichte ist mir daz geschehen, daz aller zwifel vnd alles wunder in mir ist gestillet vnd gesweiget, daz ich von goͤttlicher gerehtigkeit nùme wunderen mag an der moͤnschen valle. Wån one zwifel, als daz waz gereht, daz die person moͤhte die nature gůt behalten vnd gereht vnd boͤse gemachen, also ist daz mùgelich vnd gereht, daz ein boͤse nature, die gereht nùt *[64rb]* enist, ein vngerehte persone mache.

B. Sid dich nu benůget an disem liehte der worheit, so fråge fùrbaß, håst du in andern dingen me kein wunder.

A. Gerne, wiltu miner touben fråge nùt spotten.

B. Ich han es nùt willen.

B. Hast du nun wohl verstanden, wie die Sünde aus der Person Adams in die Menschheit gegangen ist; denn da Adam sündigte, sündigte der Mensch, und wie die ganze Menschheit in der gebärenden Kraft Adams war und wie die gebärende Kraft für die Geburt ein verborgenes Sein im Ursprung der Natur ist; so kannst du klar sehen, wie die ganze Natur in Adam gefallen ist, und zwar alle Menschen, die Adam mit Willen und in seiner Natur gebären konnte.

A. Daran kann niemand zweifeln, wenn er es richtig ansieht, außer der, der willentlich blind ist, oder der, der die Gnade der Erlösung mit Liebe nicht suchen noch erkennen will. Da nun die Natur der Menschheit in Adam in gleicher Weise gefallen ist, ist die Sünde gleich groß in uns, wie sie in Adam war?

B. Da sei Gott vor! Adam sündigte doch mit eigenem Willen. Darum war es für ihn eine Todsünde, aber für uns ist es eine Erbsünde.

A. Welchen Unterschied haben diese Sünden?

B. Eine Todsünde, die mit eigenem Willen geschieht, beraubt den Menschen der ewigen Freuden, und dazu wird sie der Höllenstrafe schuldig. Aber die Sünde, die ohne eigenen Willen geschieht wie die Erbsünde, die ist nicht der Höllenstrafe schuldig, sie raubt aber die Freude. Und dieser Unterschied kommt daher, dass die Sünden verschieden eindringen.

A. Wie dringen sie denn ein?

B. Adams Sünde ging von der Person in seine Natur; denn der Wille der Person aß die verbotene Frucht und nicht der Wille der Natur. Darum macht die Person die Natur zu einer Sünderin. Aber die Erbsünde geht von der Natur in die Person. Darum macht meine Natur, die in Adam eine Sünderin geworden ist, mich zu einem Sünder. Mein persönlicher Wille hat mich nicht zu einem Sünder gemacht; denn bevor ich je einen Willen gewonnen habe, war ich schon ein Sünder. Darum hat meine Natur mich böse gemacht und nicht ich die Natur. Darum, da die Erbsünde von unserer Natur ohne unseren eigenen Willen in uns gekommen ist, darum ist die Erbsünde in uns der Sünde Adams ungleich, obwohl wir dieselbe und keine andere geerbt haben; denn sie ist verschieden eingedrungen.

A. Gäbe mir ein Engel diese Lehre und Unterscheidung in dieser Wahrheit, würde ich mir's genug sein lassen; denn in diesem Lichte ist es mir geschehen, dass jeder Zweifel und jede Frage in mir gestillt und zum Schweigen gebracht sind, sodass ich, was des Menschen Fall betrifft, keine Frage mehr habe über die göttliche Gerechtigkeit. Denn ohne Zweifel, wie das gerecht war, dass die Person die Natur gut und gerecht bewahren oder auch böse machen konnte, so ist es möglich und gerecht, dass eine böse Natur, die nicht gerecht ist, eine Person ungerecht macht.

B. Da es dir nun von diesem Licht der Wahrheit genug ist, so frage weiter, wenn du in anderen Dingen noch eine Frage hast.

A. Gerne, wenn du meine dummen Fragen nicht verspotten willst.

B. Das will ich nicht.

A. Mich wundert, warumb Adams sùnde vff mich vnd dich me erbet denn mins vatter sùnde.

B. Din grosse schulde håst du das ein kleyne fråge, die jetz min hertze vnd min sinne het bekùmbert, waz ich welle nåch wôrheit antwùrten. Wån mich zwinget, daz ich sihe, daz ich in der berenden krafft waz myns vatters, alz ich waz in Adam. Warumb nu mins vatters sùnde nùt gienge in mÿne nature, als sù von Adam gieng in min nature, daz ist mir selber billich ein wunder.

A. Glǒbe mir: Ich hette es als tieffe nùt gedacht, då ich es frågte. Sid aber ich nu merke daz wunder, daz doinne ist, so bin ich frö, daz ich es han gefråget.

B. Daz ist von dir wunder. Du tůst reht, als were ich *[64va]* in der engel[303] schůle gewesen, do man aller wißheit wunder schöuwet vnd trinket. So die rede ye tieffer ist, so du mich ie lieber dauon frågest.

A. Wå du zů schůle siest gewesen, waz růchet mich des; åht mir die lere nach der engel wißheit småcket. Die worheit wurt nùt gelobet von der schůle; die schůle ist gůt von der worheit.

B. Kere dich vff das, daz du hast gefråget, vnd merke! Waz mag dem moͤnschen me benumen werden von der sùnde dånn gerehtigkeit?

A. Nùtz; wån sùnde nùtzit anders ist dån der mangel der gerehtigkeit.

B. So nu die nature aller gerehtigkeit ist berǒbet uon Adam, waz moͤht ir denn me genemmen die sùnde des vatters, der des moͤnschen eigen vatter ist?

A. Ich sihe wol: Wer die gerehtigkeit einest verlùret, der mag ir nùt me verlieren. Aber die sùnde mag dennoch groͤsser werden; wån der ein todsùnde tůt, der verlùret alle die gnåde, die er verlieren mag. Tůt er aber *[64vb]* darnach me todsùnde, so wurt sin sùnde deste groͤsser. Also moͤht ouch eins kindes sùnde deste groͤsser werden von der sùnde vatter vnd můter. Dauon fråg ich, ob ein kint me vnd tieffer verdampnet werde dån daz ander, die åne den tǒff sterbent, von der sùnde vatter vnd můter, ob eins vatter vnd můter sùndiger sint denn des andern.

B. Reht als der touff eins nùt gerehter machet dann daz ander, also ist die erbsùnde in einem nùt groͤsser denn in dem andern. Wån daz einer gerehter wurt dån der ander, daz můß komen von eigenem willen. Dauon daz kint, daz von Adam wùrt geboren vngereht, daz mag vngerehter nùt werden, es sie dån, daz es sich mache noch vnrehter mit sim eigen willen. Daz machet, daz vatter vnd můter sùnde vff vns nùt geerben mag; wån die sùnde Adams die hät vns genommen alles, daz wir verlieren moͤhtent åne vnsern eigenen willen. Dauon sprach vnser herre von sinen gnåden: »Daz kint sol nùt tragen die sùnde sins vatters.« Ieglicher *[65ra]* sol in sinen sùnden sterben.

---

303 *Ein Hinweis auf den Beinamen Johannes' von Basel »der Engel«?*

A. Mich wundert, warum Adams Sünde auf mich und dich vererbt wurde und nicht meines Vaters Sünde.

B. Mit deiner großen Schuld hältst du das für eine kleine Frage, die jetzt mein Herz und meinen Verstand beschäftigt, was ich dir denn in Wahrheit antworten will. Denn mich zwingt es, dass ich sehe, dass ich in der gebärenden Kraft meines Vaters war, wie ich in Adam war. Warum nun meines Vaters Sünde nicht in meine Natur überging, wie sie von Adam in meine Natur ging, das ist mir selbst mit Recht ein Wunder.

A. Glaube mir: Ich hatte es so tief nicht gedacht, als ich es fragte. Da ich aber nun das Wunder bemerke, das darin liegt, so bin ich froh, dass ich es gefragt habe.

B. Das wundert mich bei dir. Du tust gerade so, als wäre ich in der Engelschule gewesen, wo man aller Weisheit Wunder betrachtet und trinkt. Je tiefer die Sache ist, desto lieber fragst du mich danach.

A. Wo du in der Schule gewesen bist, was kümmert mich das; zu Recht schmeckt mir die Lehre nach der Weisheit der Engel. Die Wahrheit wird nicht aufgrund der Schule gelobt; die Schule ist gut aufgrund der Wahrheit.

B. Wende dich dem zu, was du gefragt hast, und gib acht! Was kann dem Menschen mehr genommen werden durch die Sünde als Gerechtigkeit?

A. Nichts; da die Sünde nichts anderes ist als der Mangel der Gerechtigkeit.

B. Da nun die Natur von Adam aller Gerechtigkeit beraubt ist, was könnte ihr dann die Sünde des Vaters, der des Menschen eigener Vater ist, noch mehr nehmen?

A. Ich sehe wohl: Wer die Gerechtigkeit einmal verliert, der kann sie nicht mehr verlieren. Aber die Sünde kann dennoch größer werden; denn wer eine Todsünde begeht, der verliert die ganze Gnade, die er verlieren kann. Tut er aber danach noch mehr Todsünden, so wird seine Sünde umso größer. Also könnte auch eines Kindes Sünde desto größer werden durch die Sünde von Vater und Mutter. Darum frage ich, ob ein Kind mehr und tiefer verdammt wird als das andere, wenn sie ohne die Taufe sterben aufgrund der Sünde des Vaters und der Mutter <und zwar dann>, wenn Vater und Mutter des einen mehr sündigen als die des anderen.

B. Gerade so wie die Taufe einen nicht gerechter macht als den anderen, so ist auch die Erbsünde in dem einen nicht größer als in dem anderen. Denn dass einer gerechter wird als der andere, das muss von seinem eigenen Willen kommen. Darum kann das Kind, das von Adam ungerecht geboren wird, nicht ungerechter werden, es sei denn, dass es sich mit seinem eigenen Willen noch ungerechter macht. Daraus folgt, dass die Sünde des Vaters und der Mutter nicht auf uns vererbt werden kann; denn die Sünde Adams hat uns alles genommen, was wir ohne unsern eigenen Willen verlieren konnten. Darum sprach unser Herr von seinen Gnaden: »Das Kind soll nicht die Sünde seines Vaters tragen« (Ez 18,20). Jeder soll in seinen Sünden sterben.

A. Wie sterbent denn die kint in iren sùnden, die in der erbesùnde sterbent? Sù sterbent in Adams sùnde vnd nùt in iren eigenen sùnden.

B. Sù sterbent in iren sùnden; wån sù manglent der ersten gerehtigkeit, die sù han so̊ltent. Dauon so ist es ir sùnde; zů der sùnde sù hat bråht Adams sùnde. Do die kint hant sùnde, die ir ist, die doch sùnde nÿe getåtent.

A. Warumb entschuldigent jugent vnd vnkraft die kint nåch dem toͮffe vnd nùt vor dem touffe an der gerehtigkeit gůtes willen vnd gůtes glouben?

B. Du meÿnest: Wån ich sprach in dem vo̊rdern capitel, daz vnkrafft ist ein sùnde, in *den* die in gnåden nùt ensint, warumb ist sù denn in den kinden nåch dem touffe ouch sùnde alz dauor.

A. Jo, das meyn ich.

B. Wannan ist vnkrafft kommen dem moͤnschen?

A. Von den sùnden.

B. So der touff nu abgenÿmet alle sùnde, so ståt die vnkräfft denn o̊n alle schulde. Dauon als lange vnkrafft, die von *[65rb]* den sùnden kommen ist, by der sùnde ståt, dauon sù kommen ist, so ist sù sùnde. Wån sù aber åne sùnde ståt, so ist die vnkrafft nùme sùntliche, die dem moͤnschen ist vnmùglich.

A. Von disen worten bin ich geuallen in ein noch gro̊sser wunder.

B. Was ist daz?

A. Du hast gesprochen, daz von der gnåde Christi so wurt der moͤnsche in dem touffe ledig aller schulde. Nu ist vnkrafft des libes vnd der nature von sùnde kommen, vnd dauon wurt sù vns getzålt zů einer sùnde vor dem touffe. Syd daz der touff nu abenymmet alle schulde vnd alle sùnde, warumb nÿmt er nùt ouch alle vnkrafft, die kumen ist von sùnden?[304]

B. Die lerer antwurten darzů wol in dryerleye wise.

A. Die wise sage mir sunderlich.

B. Sù sprechent, daz gott die vnkrafft, die von sùnden kommen ist, nùt abnÿmt in dem touffe, do er alle sùnde abnymt durch der vßerwålten willen, daz es den komme zů gůte.

A. Wie geschiht daz?

B. Were, daz nåch dem *[65va]* touffe der moͤnsche zůhant wùrde gesetzet in volle klårheit der nature, alz der moͤnsche in dem paradise were geboren, so gienge den vßerwålten abe gloube vnd zo̊versiht; wån sù se̊hent denn mit den liplichen ougen die gnåde Ihesu Christi, die sù nu gloubent mit den inneren ougen; vnd vff dem gůten glouben sù nu hant gůte zůversiht, daz he̊ttent sù denn begriffen.

A. Waz schadet in daz?

330 den] dem

304 *Anselmus Cantuariensis, De concord. III, c. 9; Bd. II, S. 276, 7–8:* Cur autem in hac vita perseveret poena peccati, deleto peccato, alia quaestio est. (*»Warum aber in diesem Leben die Sündenfolge bestehenbleibt, obwohl die Sünde getilgt ist, das ist eine andere Frage.«*)

A. Wie sterben denn die Kinder in ihren Sünden, die in der Erbsünde sterben? Sie sterben in Adams Sünde und nicht in ihren eigenen Sünden.

B. Sie sterben in ihren Sünden; denn ihnen fehlt die erste Gerechtigkeit, die sie haben sollten. Darum ist es ihre Sünde; zu dieser Sünde hat sie Adams Sünde gebracht. Darum haben <auch> die Kinder eine Sünde, die ihre ist, die doch nie eine Sünde taten.

A. Warum entschuldigen Jugend und Schwäche die Kinder nach der Taufe und nicht vor der Taufe im Hinblick auf die Gerechtigkeit des guten Willens und des guten Glaubens?

B. Du meinst: Da ich in dem vorherigen Kapitel sagte, dass die Schwäche eine Sünde ist bei denen, die nicht in Gnaden sind, warum ist sie dann für die Kinder nach der Taufe auch Sünde wie zuvor?

A. Ja, das meine ich.

B. Woher ist die Schwäche zu dem Menschen gekommen?

A. Von den Sünden.

B. Wie die Taufe nun jede Sünde wegnimmt, so bleibt die Schwäche denn ohne alle Schuld. Darum, solange die Schwäche, die von den Sünden gekommen ist, mit der Sünde zusammen besteht, von der sie gekommen ist, ist sie Sünde. Wenn sie aber ohne Sünde besteht, so ist die Schwäche nicht mehr Sünde, da sie dem Menschen unmöglich ist.

A. Durch diese Worte bin ich in ein noch größeres Wunder gefallen.

B. Was ist das?

A. Du hast gesagt, dass durch die Gnade Christi der Mensch in der Taufe von aller Schuld frei wird. Nun ist die Schwäche des Leibes und der Natur von der Sünde gekommen, und darum wird sie uns vor der Taufe als Sünde angerechnet. Da die Taufe nun alle Schuld und alle Sünde abnimmt, warum nimmt sie nicht auch alle Schwäche weg, die von den Sünden gekommen ist?

B. Die Lehrer antworten darauf in dreierlei Weise.

A. Diese drei Weisen erkläre mir gesondert.

B. Sie sagen, dass Gott die Schwäche, die von den Sünden gekommen ist, in der Taufe nicht wegnimmt, wenn er jede Sünde wegnimmt, um der Auserwählten willen, denen es zugutekommen soll.

A. Wie geschieht das?

B. Wenn nach der Taufe der Mensch sogleich in die volle Reinheit der Natur gesetzt würde, wie der Mensch im Paradies geboren war, so fehlten den Auserwählten der Glaube und die Hoffnung; denn sie sähen dann mit leiblichen Augen die Gnade Jesu Christi, die sie nun mit den inneren Augen glauben, und aufgrund des guten Glaubens haben sie jetzt gute Hoffnung, dass sie es dann begriffen.

A. Was schadet ihnen das?

B. In giengent zwene grosse schaden darnåch; wån sù mo̊ͤhtent keinen lon denn verdienen; wån o̊ne glouben vnd åne zo̊ͤversiht mag der mo̊ͤnsche nùt verdienen.[305]

A. Daz were ein grosser schäde.

B. Es gienge ouch darnåch, daz die zal erfùllet wùrde, e zijt, also daz die vßerwelten nùt mo̊ͤhtent alle behalten werden.

A. Wie kåͤme daz darzo̊ͤ?

B. Were es gesihtiglich den vßerwåͤlten ougen, daz alle, die den touff empfiengen, wùrdent zehant gesetzet in ein *vnto̊ͤdlich* leben, so empfiengent alle die den touff, die jetze vnglo̊ͤu*[65*^{vb}*]*big sint vnd vnglo̊ͤubig sint gewesen. Als were die zal erfùllet, vnd das geberen erwùnde nu lange. Domitte werent die vßerwåͤlten versumet, die nu vnd noch geboren werden so̊ͤllent,[306] vnd den sin, als ich wene, sprichet Paulus: »Die ve̊ͤtter, die in der alten e sint bewart in dem glouben vnd in gerehtigkeit, die hant den ban der gelùbde noch nùt empfangen, vnd daz hät gott gelåssen durch vnser bessers«.[307]

A. Den spruch sant Paulus solt du mir baß betùten.

B. Er meynet: Were, daz der mo̊ͤnsch zůhant wurde gesetzet in vnto̊ͤdlicheit des libes, daz ein gelùbde ist go̊ͤttlicher gnåde, so werent vnsere våͤtter geseliget åne vns, vnd dauon werent wir versùmet; wån die zal der gesegeneten were nu lange erfùllet. Dauon ist vns gůt, daz die gelùbde in dirre zijt nyeman hät empfangen, wie gereht er ioch waz. Also sih die erste sache, warumb gott die pin der sùnde nùt abenympt, so er die sùnde ioch mit sinen gnaden vertribet.[308]

367 vnto̊ͤdlich] vnto̊ͤlich

---

305 *Anselmus Cantuariensis, De concord. III, c. 9; Bd. II, S. 276,11–15:* Cum enim viderent homines eos, qui ad Christum converterentur, statim transire ad incorruptibilitatem: nullus esset qui saltem velle posset se subtrahere a tanta beatitudine quam videret. *(»Wenn aber die Menschen sehen würden, dass diejenigen, die sich zu Christus bekehrten, sofort in die Unzerstörbarkeit übergingen, wäre da niemand mehr, der sich von so großer Seligkeit, die er sähe, zurückziehen wollte.«)*

306 *Anselmus Cantuariensis, De concord. III, c. 9; Bd. II, S. 276,23–26:* Si ergo conversi ad Christum mox transirent in illam incorruptibilitatem, non essent homines de quibus colligi posset numerus ille, quoniam ad beatitudinem quam viderent, nullus posset non festinare. *(»Wenn also die zu Christus Bekehrten sofort in jene Unzerstörbarkeit übergegangen wären, gäbe es keine Menschen mehr, aus denen jene Zahl zusammengestellt würde, da niemand zu einer solchen Glückseligkeit, die sie sähen, eilen könnte.«)*

307 *Anselmus Cantuariensis, De concord. III, c. 9; Bd. II, S. 276,26–277,1:* Hoc puto esse quod dicit apostolus de illis, ›qui per fidem‹ ›operati sunt iustitiam‹. ›Et hi omnes‹ inquit ›testimonio fidei probati, non acceperunt repromissionem, deo pro nobis melius aliquid providente, ne sine nobis consummarentur‹. *(»Ich glaube, das ist, was der Apostel über die sagt, die ›durch den Glauben‹ ›Gerechtigkeit gewirkt haben‹. ›Und die alle‹, sagt er, ›durch das Zeugnis erprobte Männer, haben die Verheißung nicht empfangen, weil Gott für uns etwas Besseres vorgesehen hat, damit sie nicht ohne uns vollendet würden.‹«)*

308 *Anselmus Cantuariensis, De concord. III, c. 9, Bd. II, S. 277,4–10:* Si illis probatis non differetur promissa iustis beatitudo, periret meritum in illis, qui hoc non per fidem,

B. Sie hätten zwei große Schäden dadurch; denn sie könnten dann keinen Lohn verdienen; denn ohne Glauben und ohne Hoffnung kann der Mensch nicht verdienen.

A. Das wäre ein großer Schaden.

B. Es würde auch folgen, dass vor der Zeit die Zahl erfüllt würde; sodass die Auserwählten jetzt nicht mehr alle gerettet werden könnten.

A. Wie käme es dazu?

B. Wäre es den auserwählten Augen ansichtig, dass alle, die die Taufe empfingen, sogleich in ein unsterbliches Leben versetzt würden, so empfingen alle die die Taufe, die jetzt ungläubig sind und ungläubig gewesen sind. So wäre die Zahl erfüllt, und das Gebären hätte schon lange aufgehört. Dadurch würden die Auserwählten benachteiligt, die jetzt und in Zukunft geboren werden sollten, und diese Meinung spricht Paulus aus, wie ich glaube: »Die Väter, die im Alten Testament im Glauben und in Gerechtigkeit gerettet wurden, die haben den Weg der Verheißung noch nicht empfangen, und das hat Gott zu unserem Bessern unterlassen« (Hbr 11,39).

A. Diesen Spruch des heiligen Paulus sollst du mir besser erklären.

B. Er meint: Wenn der Mensch sogleich in die Unsterblichkeit des Leibes versetzt würde, was ein Versprechen der göttlichen Gnade ist, so wären unsere Väter ohne uns selig geworden, und darum wären wir vernachlässigt, da die Zahl der Gesegneten nun schon lange erfüllt wäre. Darum ist es für uns gut, dass die Verheißung in dieser Zeit niemand empfangen hat, obwohl es doch gerecht wäre. Darin sieh den ersten Grund, warum Gott die Strafe der Sünde nicht wegnimmt, wenn er die Sünde mit seiner Gnade vertreibt.

A. Ich han daz gerne vernommen.

Sage, waz sache *[66ra]* gebent die lerer me in dem selben wunder.

B. Die lerer sprechent ouch, daz es dem moͤnschen nùtz ist; wån sù ist dem moͤnschen ein vrsach des vͤbens der tugend. Wån het der moͤnsche in im selber keinen widerstrijt noch kein widerstån von den vntugenden, so tåte der moͤnsche keinen strijt. Wie wùrde er denn loͤbelich gekroͤnet? Vnd dauon daz der moͤnsche ùt blibe lewe vnd trege in den tugenden, so ist im bliben daz zeichen vnd die pin der sùnde, daz ist vnkrafft des gůten vnd neygunge zů dem boͤsen, daz er dainne vinde den strijt, daz er sinen ernst vnd sine kråft gevͤbe.

A. We, daz wort ist alß reht wor. Hette der moͤnsche keinen widersrtijt von den vntugenden, so blibe er lewe vnd treͤge in den tugenden. Wån man siht, daz an månigen moͤnschen, der ettliche tugend vnd nature hät, also daz er keynen widerstrijt doinne vindet, daz er die tugend als loͤbelich vͤbet, daz er sù selten zů einer vollekommenheit bringet.

B. Mir ist liep, daz du es håst gemerket. Davon siht man, daz ettliche moͤnschen *[66rb]* nåch grossem strijte vnd nach grossen sùnden etwenn zů grossem ernst koment, vnd daz die, die von nature kalt vnd treͤge sint zů allen dingen, die ioch der sùnde ouch nùt gelustet, die blibent gewoͤnlich in ir lewe, daz sù zů hohen tugenden nùt werdent gefůret. Vnd daz meynet vnser herre, do er sprach: »Werest du kalt oder warm, so bistu lewe; dauon so wurff ich dich vß minem munde.«

A. Ich merke wol, daz dise rede wor ist. Ioch merke daz an mir selber, were daz mich die vntugende nùt růrtent, oder hette ich ir nie empfunden, ich were villiht hochfertiger, deͤnn ich bin, vnd noch treger, dånn ich bin.

Nu sage: Hast du dis wunders kein ander sache?

B. Jä. Die meister sprechent: Were, daz gott din pin der sùnde hette abgenommen mit der sùnde, so were der moͤnsche vnbekeriger worden gegen gotte, were, daz er in kein sùnde wer gefallen. Vnd des gent sù ein glichnisse von dem valle der boͤsen geiste. Wån die geiste *[66va]* soͤlliche wurtzel der vntugent nùt hant in ir nature, alz der moͤnsche hät, dauon so sù einest gewunnent einen boͤsen willen, den willen woltent sù nyemer me gelåssen. Vnd alz ir nature snell ist vnd behende in iren gedencken, also ist sù stritig, iren willen ze vollebrin-

---

sed per experimentum cognoscerent. <…> Magnum itaque bonum nobis providit deus, cum sanctis ›testimonio fidei probatis‹ distulit acceptionem repromissionis, ut et nos propagaremur, et maneret fides, per quam cum illis repromissionem promereremur, et simul cum illis consummaremur. *(»Wenn für jene Erprobten die den Gerechten versprochene Glückseligkeit nicht hinausgezögert worden wäre, verginge das Verdienst für die, die dies nicht durch den Glauben, sondern durch Erfahrung erkannten. <…> Darum hat Gott für uns ein großes Gut bereitgestellt, wenn er den durch das Zeugnis des Glaubens erprobten Heiligen den Empfang der Verheißung verzögerte, damit auch wir als Nachkommen erzeugt würden und der Glauben bewahrt bliebe, durch den wir mit ihnen zusammen die Verheißung verdienten und zusammen mit ihnen vollendet würden.«) Auffallend ist, dass der Meister Anselms Fortpflanzungsthematik völlig übergeht.*

A. Das habe ich gerne vernommen.

Sag, welchen Grund führen die Lehrer in derselben Frage noch an.

B. Die Lehrer sagen auch, dass es dem Menschen nützlich ist, da sie <die Sündenfolge> für den Menschen ein Grund ist, die Tugend zu üben. Denn hätte der Mensch in sich selbst keine Zwietracht noch einen Widerstand aufgrund der Untugenden, so müsste der Mensch nicht kämpfen. Wie sollte er dann lobenswert gekrönt werden? Und weil darum der Mensch etwa lau und träge in den Tugenden bliebe, so ist ihm das Zeichen und die Folge der Sünde geblieben, das ist die Schwäche zum Guten und die Neigung zum Bösen, sodass er darin den Kampf findet, um seinen Eifer und seine Kräfte zu üben.

A. O weh, das Wort ist so völlig wahr. Hätte der Mensch kein Widerstreben aufgrund der Untugenden, so bliebe er lau und träge in den Tugenden. Denn das sieht man an manchem Menschen, der etliche Tugenden und Natur hat, sodass er kein Widerstreben darin findet, die Tugend so lobenswert zu üben, sodass er sie selten zur Vollkommenheit bringt.

B. Mir ist lieb, dass du es verstanden hast. Darum sieht man, dass manche Menschen nach starkem Kampf und nach großen Sünden manchmal zu großem Eifer kommen, und dass die, die von Natur kalt und träge zu allen Dingen sind, die auch nicht nach der Sünde gelüstet, die bleiben gewöhnlich in ihrem lauen Zustand, sodass sie nicht zu hohen Tugenden geführt werden. Und das meinte unser Herr, als er sprach: »Wärst du kalt oder warm, du bist aber lau; darum werfe ich dich aus meinem Munde« (Apc 3,16).

A. Ich merke wohl, dass diese Aussage wahr ist. Ich merke es auch an mir selbst, wenn mich die Untugenden nicht anrührten, oder wenn ich sie stärker empfunden hätte, wäre ich vielleicht hochmütiger, als ich bin, und noch träger, als ich bin.

Nun sag: Hast du in dieser Frage noch einen anderen Grund?

B. Ja. Die Meister sagen: Wenn Gott deine Sündenstrafen mit der Sünde zusammen weggenommen hätte, so wäre der Mensch schwerer zu Gott zu bekehren gewesen, falls er in eine Sünde gefallen wäre. Und dafür führen sie das Gleichnis vom Fall der bösen Geister an. Da die Geister eine solche Wurzel der Untugenden nicht in ihrer Natur hatten, wie sie der Mensch hat, wollten sie ihren Willen nie mehr sein lassen, als sie einmal einen bösen Willen gewonnen hatten. Und so schnell und geschickt, wie ihre Natur in Gedanken ist, so ist sie

gende. Dauon daz der moͤnsche deste vnstaͤter wurde in den sùnden vnd deste kreͤngker zů gotte naͦch den sùnden, so het got dem moͤnschen verlaͦssen torheit vnd vnstaͤtigkeit vnd krangheit, die do komen sint von den sùnden.

A. We, wie geuaͦllet mir die sache so rehte wol. Man mag es merken, daz die moͤnschen etwenn, so sù staͤter sint vnd ie vester an můte vnd an nature, ist, daz sù vallent in sùnde, so sù sich iemer kume dauon moͤgen gebrechen.

B. Im ist also. Dauon frouwen sint gewoͤnlich lihter zů bekerende denn man; waͦn sù an der nature nùt sint also veste, dauon sint sù nut als stritig, iren willen zů vollebringende.

A. Gelobet sie der almaͦhtige gott, der alle ding zů dem besten kan ordenen *[66vb]* vnd bringen! Wie ist mir daz so gar mynneklich, daz vnser krangheit vns zů sollichen gůten komen mag, die vns ouch zů den sùnden neyget.

B. Es ist billich mynnenklich anzůsehen, wie vß einem brunnen flùsset warmes vnd kaltes. Waͦn krangheit der nature, damit die erste sùnde geslagen wart, die ist den boͤsen ein anefang vnd ein vrsache der sùnde vnd ist den vßerweͤlten ein ker zů der gerehtigkeit. Dauon sprach sant Paulus: »Dem gott mynnenden koment alle ding zů gůte.«. Vnd daz ist daby wol schin, waͦn die wurtzel der sùnde, die in dem moͤnschen ist, die git dem boͤsen groͤsser boßheit vnd wurt den vßerwelten ein neygunge zů dem kere zů gotte, der do ist die gerehtigkeit. Dauon so doͤrfen die gott mynnenden nùt klagen, daz in die wurtzel der vntugend bliben ist naͦch der reynigunge der sùnde; waͦn daz komet in zů gůte. Sù doͤrffent ouch nùt wùnschen, daz die erste sùnde were verloren; waͦn alle die in dem paradise werent behalten, der wurt noch keiner *[67ra]* verlorn, vnd alle, die behalten werden, daz geschiht in groͤsser gnaͦde vnd mit groͤsserm lobe, daͦn were nye kein sùnde geschehen von keinem moͤnschen.

A. We, daz ich nùt lute schrye von froͤuden vnd von wunder! Daz mag ich han fùr ein wunder. Waz han ich tǒber gedencke verloren vnd touber wùnsche! Ich han erst nu gemerket, wie vnglich es ist, die gnaͦde, in der der moͤnsche, der vßerweͤlt ist, wùrt behalten nu naͦch den sùnden, gegen der gnaͦde, in der der moͤnsche geschaffen wart. Waͦn die erste gnaͦde Adams daz waz ein geschaffen gerehtigkeit; aber dise nachgaͦnde gnaͦde daz ist die gnaͦde Ihesu Christi. We, wie vnglich daz erbe ist, daz wir in Adam hant verloren, gegen dem erbe, daz vns mit dem woren gotts kinde ist gelobet, daz wir in yme vnd mit im soͤnt besitzen! We, wie vnglich wurt der vßerwelten lob, die die gerehtigkeit mit gottes gnaͦden in dirre zijt erstritent gegen dem, ob sù dieselben gerehtigkeit von irem vatter in naturlicher wise hettent geerbet.

B. Ich bedarff von disen dingen *[66rb]* nùt me reden; waͦn du hast es wol verstanden, daz ich getruwe, daz du der touben gedencke vnd wùnschen also verre entrunnen siest, daz du nu fùrbaß die wißheit gottz also in sinen werken

kampfbereit, ihren Willen zu vollenden. Darum, damit der Mensch desto unsteter in den Sünden würde und desto schwächer zu Gott nach den Sünden, so hat Gott dem Menschen die Torheit und Unbeständigkeit und Schwäche gelassen, die von den Sünden gekommen sind.

A. O weh, wie gefällt mir dieser Grund so richtig gut. Man kann es merken, dass die Menschen manchmal, wenn sie stetiger sind und fester in ihrem Gemüt und in ihrer Natur, wenn sie in Sünde fallen, dass sie sich dann kaum davon wieder lossagen können.

B. So ist es. Darum sind Frauen gewöhnlich leichter zu bekehren als Männer; da sie in ihrer Natur nicht so fest sind, darum sind sie nicht so kampfbereit, ihren Willen zu vollenden.

A. Gelobt sei der allmächtige Gott, der alle Dinge zum Besten ordnen und bringen kann! Wie ist mir das so liebenswert, dass unsere Schwäche uns so zugutekommen kann, die uns auch zu den Sünden geneigt macht.

B. Es ist mit Recht liebenswert anzusehen, wie aus einem Brunnen Warmes und Kaltes fließt. Denn die Schwäche der Natur, mit der die erste Sünde geschlagen wurde, die ist den Bösen ein Anfang und ein Grund zur Sünde und sie ist den Auserwählten eine Hinwendung zur Gerechtigkeit. Darum sagte Sankt Paulus: »Dem, der Gott liebt, kommen alle Dinge zugute« (Rm 8,28). Und das ist gut daran erkennbar, weil die Wurzel der Sünde, die in dem Menschen ist, dem Bösen größere Bosheit gibt, und sie wird den Auserwählten eine Neigung zur Bekehrung zu Gott, der die Gerechtigkeit ist. Darum sollten die Gottliebenden nicht klagen, dass ihnen nach der Reinigung von der Sünde die Wurzel der Untugend geblieben ist; denn das kommt ihnen zugute. Sie sollten auch nicht wünschen, dass die erste Sünde nicht geschehen wäre; denn alle, die in dem Paradies gerettet worden wären, von denen wäre keiner verloren, und alle die gerettet werden, das geschieht in größerer Gnade und mit größerem Lob, als wenn nie eine Sünde von keinem Menschen geschehen wäre.

A. O weh, dass ich nicht laut schreie vor Freuden und vor Verwunderung! Das kann ich für ein Wunder halten. Was habe ich für leere Gedanken und leere Wünsche verloren. Ich habe jetzt erst bemerkt, wie ungleich die Gnade ist, in der der Mensch, der auserwählt ist, nach der Sünde bewahrt wird, gegenüber der Gnade, in der der Mensch geschaffen wurde. Denn die erste Gnade Adams war eine geschaffene Gerechtigkeit; aber diese nachfolgende Gnade ist die Gnade Jesu Christi. Weh, wie ungleich das Erbe ist, das wir in Adam verloren haben, dem Erbe gegenüber, das uns mit dem wahren Gotteskind versprochen wurde, das wir in ihm und mit ihm besitzen werden! Weh, wie ungleich wird das Lob der Auserwählten, die die Gerechtigkeit mit Gottes Gnaden in dieser Zeit erstreiten, gegenüber dem, wenn sie dieselbe Gerechtigkeit von ihrem Vater in natürlicher Weise geerbt hätten.

B. Ich muss von diesen Dingen nicht mehr reden; denn du hast es gut verstanden, wie ich vertraue, dass du den leeren Gedanken und Wünschen so weit entronnen bist, dass du weiterhin nun die Weisheit Gottes so in seinen Taten

schouwest vnd sine ordenunge, daz dir keyn ding nyemer baß gefalle nåch dinem můte, dån als es von gotte geflossen ist.

A. Gott gebe, daz ich harinne geuolge; wån bin ich witzig, so mag ich wol sehen, daz gott alle ding zů dem besten ordent nåch sinem lobe vnd eren, vnd ob ich daz in allen dingen nùt gemerken kan, doch sol ich es billich glouben.

B. Hast du keyne fråge me, so låß vns dis bůch mit einem ende besliessen; wån die rede hät sich långer verzogen, dån ich hette gedåht an dem anefange.

A. Dauon sprach ich an dem ersten, daz du der gnåde nùt widerstůndest, so het ich keinen zwiůl, er erfulte myne begirde durch dich.

B. Ist daz beschehen, des sie gott gelobet; wå¨n als ich diner begirde nùt mag widerstån, also můß ich mich diner truwe *[67va]* froͤuwen.

A. Es ist noch ein kleynes, daz mich in diser materie wundert. Do Adam gefiel, warumb geschůff da gott nùt andere moͤnschen in der selben luterkeit alz Adam, waz geschaffen. Wån man siht daz in ettlichen werken gottes, so got einen vßerweͤlt, waz, daz der *sùndet*, so verwarf in gott vnd machet einen andern.

B. Du meynest daz bilde vnd den kùnig Saul, den het gott vßerwelt, vnd do er gesùndet, do verwarff in gott vnd hieß Dauid machen zů einem kùnige. Also meynest du, daz er Adam ouch soͤlte han getån?

A. Du håst wor, daz bilde der kùnig hat mich bråht zů dirre fråge.

B. Hette gott Adam verworffen vnd hette ander moͤnschen gemachet, so moͤht der moͤnsche han geweͤnet, gott hette nùt gewisset des moͤnschen val, e daz er in geschůffe, vnd dauon so můste gott die zal der gesegenten erfùllen in einer wise, wie er daz zůbreͤhte. Män moͤht ouch han gedåht, gott moͤht vß eim boͤsen nùt ein gůtes machen. Dauon daz der moͤnsche wisse, daz gott *[67vb]* aller dinge hat ein wissen, e daz sù geschehen, vnd daby bekante, das gott alle ding von mynnen vnd nùt von gerehtigkeit hat gewùrket, vnd daz er almåhtig ist, alle dinge gůt zemachen, dauon het got keinen andern Adam gemachet noch kein ander geslehte denn Adams kinde behalten von den sùnden.

A. Wåvon zoͤiget er daz ouch nùt an dem kùnge Saul, daz er sine kint het zů kùnigen erweͤlt, do man in *in* dem selben bilde keiner ruwe moͤhte getzihen.

B. Gott sol nùt in allen werken zoͤigen alle ding. Wån das vor ist getzoͤiget, daz bedarff er nùt aber zoͤigen. Nu hät gott in dem werke, dauon ich gesprochen han, gezoͤiget wißheit, also daz er keyne ruwe hat in Adamß geschoͤpfede. Nu zoͤiget er an den zweyn kùnigen sin gerehtigkeit, daz er Saul die ere nam, die er mit sùnden håt verwùrkett, vnd gab sù Dauid, daz der moͤnsche bekånte, daz gott also git vnd ordent sine gåbe nach gerehtigkeit, daz der moͤnsche mit sinen sùnden verlieren mag die gnåde gottes vnd *daz [68ra]* gott vor bekennet, ob er die gnåde wil verlieren.

466 sùndet] sùnder ***481*** in *fehlt* ***488*** daz *doppelt*

und in seiner Ordnung siehst, dass dir in deinem Gemüt kein Ding mehr besser gefällt, als es von Gott geflossen ist.

A. Gott gebe, dass ich hierin folge. Denn wenn ich klug genug bin, so kann ich wohl sehen, dass Gott alle Dinge zum Besten ordnet nach seinem Lob und seiner Ehre, und wenn ich das in allen Dingen nicht bemerken kann, dann werde ich es doch zu Recht glauben.

B. Hast du keine Frage mehr, so lass uns dieses Buch zu Ende beschließen; denn die Rede hat sich länger hingezogen, als ich es am Anfang gedacht hatte.

A. Darum sagte ich zuerst, dass du der Gnade nicht widerstehen solltest, und so hatte ich keinen Zweifel, er würde mein Begehren durch dich erfüllen.

B. Wenn das geschehen ist, sei Gott dafür gelobt. Denn wie ich deinem Begehren nicht widerstehen kann, so muss ich mich über deine Treue freuen.

A. Es gibt noch eine Kleinigkeit, die mich in dieser Materie wundert. Als Adam fiel, warum schuf da Gott nicht andere Menschen in derselben Reinheit, wie Adam geschaffen wurde. Denn man sieht das manchmal in den Werken Gottes, wenn Gott jemand auserwählt hat und der sündigte, so verwarf ihn Gott und wählte einen anderen.

B. Du meinst das Vorbild und den König Saul; den hatte Gott auserwählt, und als dieser sündigte, verwarf ihn Gott und hieß David zum König machen (I Sm 16,1). So meinst du, dass er es auch mit Adam hätte tun können?

A. Du hast recht, das Bild der Könige hat mich zu dieser Frage gebracht.

B. Hätte Gott Adam verworfen und einen anderen Menschen geschaffen, so könnte der Mensch gemeint haben, Gott hätte nicht des Menschen Fall vorhergewusst, bevor er ihn schuf, und darum hätte Gott die Zahl der Gesegneten in einer Weise, wie er es zustande bringen könnte, erfüllen müssen. Man hätte auch denken können, Gott könnte aus einem Bösen nicht ein Gutes machen. Darum, dass der Mensch wissen sollte, dass Gott von allen Dingen ein Wissen hat, bevor sie geschehen, und dass der Mensch dabei erkannte, dass Gott alle Dinge aus Liebe und nicht aus Gerechtigkeit gewirkt hat, und dass er allmächtig ist, alle Dinge gut zu machen, darum hat Gott keinen zweiten Adam geschaffen und auch kein anderes Geschlecht als Adams Kinder von den Sünden gerettet.

A. Warum bewies er das nicht auch an König Saul, dass er dessen Kinder zu Königen erwählte, als man ihnen in demselben Beispiel kein Fehlverhalten nachsagen konnte.

B. Gott wird nicht in allen Werken alle Dinge zeigen. Denn was er zuvor gezeigt hat, das braucht er nicht wieder zu zeigen. Nun hat Gott in dem Werke, von dem ich gesprochen habe, die Weisheit gezeigt, sodass er keine Reue hatte über Adams Schöpfung. Dann zeigte er an den beiden Königen seine Gerechtigkeit, dass er Saul die Ehre nahm, die dieser mit Sünden verwirkt hatte, und gab sie David, sodass der Mensch erkennen sollte, dass Gott so gibt und seine Gabe nach der Gerechtigkeit ordnet, nämlich dass der Mensch mit seinen Sünden die Gnade Gottes verlieren kann und dass Gott vorher erkennt, ob er die Gnade verlieren will.

A. Daz ist aber ein wunder. Warumb git gott dem gnåde, von dem er bekennet, daz er sù nùt wil behalten?

B. Daz gottes gerehtigkeit dem moͤnchen kùntlich werde; wån were, daz gott den versehen zů dem flůche kein gnåde hette getan, so moͤhten sù wenen, yemer me hette inen gott gnåd vnd ere getån, sù hetten es ouch behalten. Dauon daz sù sehen, wie billich verdampnisse ist vnd wie gereht gott ist, so gitt gott etwenn den ere vnd gnåde, den er es doch wider nemmen wil, wån dainne zoͤiget gott sine gerehtigkeit, als er in Adams widerbringe håt erzoͤiget wißheit, mynne vnd almåhtigkeit.

A. Du hast allem mynen wunder geben ein ende. Dauon so kere din hertze vnd din gemůte darvff, das du mir erlùhtest, wo alle sùnde der moͤnschen nimpt ein ende.

B. Wå stirbet die bitterkeit dån in der sůssi; wå verdirbet der frost dån in der hitze; wå endet der tod dån in dem leben? Dauon so kere dich zů der hönigfliessenden sůssi, die von himel *[68rb]* getouwet ist; gäng in des sumers hitze, die von der ewigen sunnen geboren ist; flùch zů dem lebenden brunnen, vß dem alle creature geflossen ist! Da vindest du alleyn den sůssen gesmack der gerehtigkeit; do lùhtet daz lieht der worheit; do ist daz wore leben der ewigkeit. Daz ist daz wort, daz gechùset ist, in dem alle wißheit gebildet ist, daz ist vnser wåre zůversiht, Ihesus Christus.

A. Waz hùlffe, daz du dem lammen zoͤigetest den brunnen oder den blinden den schin der liehten sunnen; als wenig mag ich ane din helffe begriffen der ewigen sunnen glantz, in dem die vinsternisse der sùnden wurt vertriben, vß dem brunnen die gerehtigkeit geflossen ist vnd daz leben der ewigkeit. Dauon so beger ich, daz du dine meynunge vollebringest, die du zoͤigtest in dem anefange dis bůches, da du gelobetest, du woltest von der widerbringunge vnd der erloͤsunge dirre welte ein bůch schriben. Nach dem so du disem bůche gebest ein ende, in dem du mich bewiset hast, wie kråͤfftig*[68va]*lich die welt in der sùnde gefangen lag, das die moͤnscheit gar aller gerehtigkeit waz beroͮbet, du hast der welte bant gar wißlich getzoͤiget; dauon so erlùhte min vernunfft, wie die bandt in der worheit sint entbunden.

B. Ich han dich kurtzlich gewiset zů der gnade Ihesu Christi, in dem spiegel maht du sehen an mine lere des, das du sůchest. Wån darzů besser vnd weger ist *demůͤtige* andaht denn geschribene meisterschafft. Dauon were villihte gůt, daz du mich dirre åͤrbeit vͤberhůͤbest; wån gott geͣbe villiht diner andaht des vnwirdig ist myn vnwise meisterschaft.

A. Din demůt sol min einfaltigkeit nùt betriegen, wå wore demůt ist, die mynnet worheit. Dauon so wise mich nùt in disem liehte vff min andaht. Wån wolte gott, so du getůst din bestes, das min andaht mir denoch gebe, daz ich es wirdiglich hoͤrte.

523 demůͤtige] demůge

A. Das ist wieder ein Wunder. Warum gibt Gott dem die Gnade, von dem er erkennt, dass er sie nicht behalten will?

B. Damit Gottes Gerechtigkeit dem Menschen bekannt wird; denn wenn Gott den zur Verdammnis Vorgesehenen eine Gnade geschenkt hätte, so könnten sie glauben, Gott hätte ihnen immer weiter die Gnade und Ehre gewährt, und sie hätten es auch so beibehalten. Darum, dass sie sehen, wie recht die Verdammnis ist und wie gerecht Gott ist, gibt Gott manchmal denen Ehre und Gnade, denen er sie doch wieder nehmen will, denn darin zeigt Gott seine Gerechtigkeit, wie er in Adams Wiedergutmachung Weisheit, Liebe und Allmacht erwiesen hat.

A. Du hast allen meinen Fragen ein Ende gegeben. Darum wende dein Herz und dein Gemüt dahin, dass du mir erläuterst, wo alle Sünde der Menschen ein Ende nimmt.

B. Wo stirbt die Bitterkeit anders als in der Süße; wo verdirbt der Frost anders als in der Hitze; wo endet der Tod <anders> als in dem Leben? Darum wende dich zu der honigfließenden Süße, die vom Himmel getaut ist, gehe in des Sommers Hitze, die aus der ewigen Sonne geboren ist; fliehe zu dem lebenden Quell, aus dem alle Geschöpfe geflossen sind! Da allein findest du den süßen Geschmack der Gerechtigkeit; da leuchtet das Licht der Wahrheit; da ist das wahre Leben der Ewigkeit. Das ist das Wort, das auserwählt ist, in dem alle Weisheit geformt wird, das ist unsere wahre Hoffnung, Jesus Christus.

A. Was könnte es helfen, dass du dem Lahmen den Brunnen zeigst oder dem Blinden den Schein der Sonne; ebenso wenig kann ich ohne deine Hilfe den Glanz der ewigen Sonne begreifen, in dem die Finsternis der Sünden vertrieben wird; aus diesem Quell ist die Gerechtigkeit und das Leben der Ewigkeit geflossen. Darum begehre ich, dass du deine Meinung vollendest, die du am Anfang dieses Buches gezeigt hast, als du versprochen hast, du wolltest von der Wiedergutmachung und der Erlösung dieser Welt ein Buch schreiben. Nachdem du diesem Buch ein Ende gibst, indem du mir gezeigt hast wie kräftig die Welt in der Sünde gefangen lag, dass die Menschheit aller Gerechtigkeit beraubt war, hast du die Fessel der Welt ganz klug dargestellt; darum erleuchte jetzt meine Vernunft, wie die Fesseln in der Wahrheit gelöst worden sind.

B. Ich habe dich kurz auf die Gnade Jesu Christi hingewiesen; in diesem Spiegel kannst du meine Belehrung darüber anschauen, was du suchst. Denn dazu ist demütige Aufmerksamkeit besser und vorteilhafter als geschriebene Meisterschaft. Darum wäre es vielleicht gut, dass du mir diese Mühe ersparst; denn Gott gäbe vielleicht deiner Aufmerksamkeit das, dessen meine unkluge Meisterschaft unwürdig ist.

A. Deine Demut wird meine Einfalt nicht täuschen. Wo wahre Demut ist, da liebt sie die Wahrheit. Darum verweise mich in diesem Lichte nicht auf meine Aufmerksamkeit. Denn wenn es Gott will und du dein Bestes tust, dann könnte meine Aufmerksamkeit mir dennoch geben, dass ich es in Würde hören könnte.

B. Ob ich denn in worheit vnbereit darzů bin, daz ich von so mynninklichen dingen der gnaͦden gottes koͤnne sagen oder reden, waͦn ich es in reh*[68vb]*ter mynnender andaht nye han empfunden noch gesůchet, waz wilt du mir denn fùrbaß muͤien? Hette ich es ioch thùre gelobet, so were ich es doch ledig, wie es were leider mit minem grossen schaden.

A. Mich duncket, als nyeman v̀ber sine krafft nùtzit schuldig ist, als ist nyeman siner gelùbde ledig, er habe denn vor sine krafft versůchet. Dauon so versůche dine krafft; waͦn die goͤttliche gůte sprichet zů den lerern: »Ich gibe ùch wißheit vnd den mund, dem die vinsternisse dirre welte nùt mag wider staͦn.« Ist, daz du daz tůst, so wil ich getruwen, der mir durch dich gezoͤiget haͦt die rigel vnd die sloß der sùnde, der werde mir aber vfftůnde die porte der gnaͦden, daz ich sehende werde den schatz vnd den hort, domit die welt ist erloͤset.

B. Ich mag mich diner beͤtte nùt erweren; waͦn ich sihe din groß getruwen, daz du zů goͤttlicher gůte hast. So gar vermessenlich, so gedenck ich: leg hin die zagheit vnd habe desselben ouch ein gůt getruwen; waͦn als vberige kùntheit schaͦdelich ist, die wùrken wil *[69ra]* v̀ber die krafft, also ist ouch zů grosse zagheit schaͦdelich, ob sù daz pfund verbergen wil goͤttlicher gnaͦden vnd sunderlich in der zijt des gewinnes.

A. Sid daz dich die waͦrheit des ermanet haͦt, daz man daz goͤttlich pfund nùt verbergen sol, man sol es legen vnd keren zů gewynne, so laͦß dich nùt bewegen, daz din lere kleyne fruht an mir bringet. Sih an, min herre, minen ernst vnd min vnrůwe vnd zeͦl dir daz zů eym gewunne, schaffest du ioch anders an mir nùt, daz du mich gedultiglichen lidest.

B. Ich moͤht gar geswigen gegen dir, wan mir verre ist, min zijt verlieren. Ich troͤste mich eins, ob ich kein toͤrliche vermessenheit heͤt in disen sachen, so zwinget mich darzů din demůtige begirde, von der gott, als ich weͤne, ouch wil getzwungen werden. Ich getruwe, gott mach es liehter in dir, vnd daz ist not, daͦn ich es mit ruhen worten vnd mit vnuernunfftigen sinnen koͤnde zů velde bringen.

A. Min vatter, mit vrlob sprich ich: Du sol*[69rb]*test miner krangheit wol baß mit vnuerdientem lobe der tugenden schonen, ob *ich* von dinen worten, so du mich lobest, on demůt erwecket wùrde zů der wurtzel der *hochfart*, daz ich wonde an mir han, daz die demůt vnd dine tugend in dir *sprichet*, nùt die myne; so moͤht ich schaden von minem glouben empfaͦhen, waͦn ich gloube dinen worten, die gott durch dich sprichet, alz ob mir es seite ein gottes engel.

B. Ich meyne nùt dinen schaden, daz sol gott wissen. Gelobete tugend wahset von dem lobe, da die tugend staͦt in woͤrheit. Waͦn tugend sol billiche mit lobe werden gekroͤnet, daͦ sù ist. Dauon so meyne ich, das die tugend von dem lobe wahsen sol vnd sich selber zů allen zijten hůten sol, daz sù die crone des

561 ich *fehlt* *562* hochfart] hochfart in dir *563* sprichet] sprichest

B. Wenn ich denn in Wahrheit nicht bereit bin zu dem, was ich von so liebenswerten Dingen der Gnade Gottes reden könnte, da ich es in rechter liebender Aufmerksamkeit nie empfunden noch gesucht habe, was willst du mich dann weiterhin damit bemühen? Hätte ich es auch teuer versprochen, so wäre ich doch davon befreit, obwohl es leider zu meinem großen Schaden wäre.

A. Mir scheint, wie niemand über seine Kraft hinaus etwas schuldet, so ist niemand von seinem Gelübde befreit, wenn er nicht zuvor seine Kraft versucht hat. Darum versuche deine Kraft, denn die göttliche Güte sagt zu den Lehrern: »Ich gebe euch Weisheit und den Mund, dem die Finsternis dieser Welt nicht widerstehen kann« (Lc 21,15). Wenn du das tust, so will ich darauf vertrauen, dass der mir durch dich die Riegel und Schlösser der Sünde gezeigt hat, der werde mir wiederum die Pforte der Gnade auftun, sodass ich den Schatz und den Hort sehen werde, durch den die Welt erlöst ist.

B. Ich kann mich deiner Bitte nicht erwehren, denn ich sehe dein großes Vertrauen, das du so ganz vermessen zu dieser göttlichen Güte hast. So denke ich: Lege deine Verzagtheit ab und habe auch ein gutes Vertrauen <auf die göttliche Güte>; denn wie übertriebene Klugheit schädlich ist, die über die Kraft hinaus wirken will, so ist auch zu große Verzagtheit schädlich, wenn sie das Pfund der göttlichen Gnade verstecken will und besonders in der Zeit des Gewinns.

A. Da dich die Wahrheit dazu ermahnt hat, dass man das göttliche Pfund nicht verstecken soll (Lc 19,23), man soll es zu dem Gewinn legen, so lass dich nicht dazu bewegen, dass deine Lehre in mir nur kleine Frucht trägt. Sieh an, mein Herr, meinen Eifer und meine Unruhe und rechne dir das zu einem Gewinn an, schaffst du auch nichts anderes mit mir, als dass du mich doch geduldig erträgst.

B. Ich könnte dir gegenüber völlig schweigen, da es mir fern liegt, meine Zeit zu verlieren. Ich tröste mich damit, wenn ich keine törichte Vermessenheit in diesen Sachen hätte, so zwingt mich dein demütiges Begehren dazu, von dem Gott, wie ich meine, auch bezwungen werden will. Ich vertraue darauf, Gott macht es in dir heller, und das ist notwendig, als ich es mit rauen Worten und mit unvernünftigem Verstand zu Wege bringen könnte.

A. Mein Vater, mit Verlaub sage ich: Du solltest meine Schwäche wohl besser mit unverdientem Lob der Tugend schonen, falls ich von deinen Worten, wenn du mich lobst, ohne Demut zur Wurzel des Hochmuts gereizt würde, sodass ich wähnen könnte, an mir zu haben, was die Demut und deine Tugend in dir spricht, nicht die meine; so könnte ich Schaden an meinem Glauben nehmen, denn ich glaube deinen Worten, die Gott durch dich spricht, als ob sie mir ein Engel Gottes sagte.

B. Ich meine nicht deinen Schaden, das soll Gott wissen. Gelobte Tugend wächst durch das Lob, wo die Tugend in Wahrheit steht. Denn Tugend soll zu Recht mit Lob gekrönt werden, wo sie ist. Darum meine ich, dass die Tugend durch das Lob wachsen wird und sich selbst zu allen Zeiten hüten soll, dass sie die Krone des Lobes nicht leichtfertig verliere. Ich bin bereit, mit Gottes

lobes ut v̀ppiglich verliere. Ich bin bereit mit gottes helffe vnd vff din gebett zů antwùrten, als vil ich mag, von dem hoͤhsten schatze: Wie der moͤnsche von der gefeͤngnisse der sùnde mit dem himel horde erloͤset ist *[69va]* vnd wie alle gnåde der welte durch in geflossen ist vnd wie der tod in im ertoͤtet ist vnd erkicket in ein nuwes leben.

Dauon so habe das erste bůch ein ende.
Sequitur secundus liber.

Hilfe und auf dein Gebet hin zu antworten, so gut ich kann, von dem höchsten Schatz: Wie der Mensch aus der Gefangenschaft der Sünde mit dem himmlischen Schatz erlöst wurde und wie alle Gnade der Welt durch ihn geflossen ist und wie der Tod in ihm getötet und in ein neues Leben erweckt wurde.

Darum so habe das Buch ein Ende.

Es folgt das zweite Buch.

<Zweites Buch>

[69va] Dis ist uon der hymelschen Jherusalem.

Vidi ciuitatem sanctam Iherusalem nouam descendentem de celo a deo paratam sicut sponsam ornatam viro suo.

<Einleitung>

B. Dis wort sprichet sanctus Johannes in dem bůche der toͮgeny vnd zoͤiget vnß die růwe vnd daz leben der ewigkeit, wie daz lit in der hymelschen Iherusalem beslossen. Dauon sprichet er: »Ich han gesehen die heilige statt Iherusalem, die nuw ist vnd ist herab von himel komen vnd ist von gotte bereit als ein gemahel gegen iren elichen liebe.«

A. Waz betùtet die nuwe Iherusalem vnd daz sù von himel *[69vb]* kommen ist?

B. Sù betùtet den goͤttlichen fryden, der ist nuwe, wån der zorn gottes håͤt vns vertriben vs dem paradise, von dem wir ellende sint gewesen wol fùnff tusent jår. Nu hät gott vns gesendet daz wort sins fryden. In dem friden wir werdent gefůͤret vnd wider in gesetzet in die statt der hymelschen froͤide.

A. Wie ist aber dise statt getzieret von gotte?

B. Do sint die porten entslossen, vnd die wege sint ernuwert, die vor vngevͤbet worent, vnd die porten sint gebuwen vff veste grùnde. Die muren vnd die porten lùhtent von allem gůten gesteyne.

A. Wie sint die porten entslossen, vnd waz betùtet die getzierde dirre statt?

B. Der engel, der do hůte des paradyses vnd werte den weg zů der lebenden fruht, der håͤt ein fùrin swert, daz waz die goͤttliche gerehtigkeit, nach der gieng der fùrin zorn siner gerihte. Der engel hät ingestossen daz swert vnd hät die porten entslossen, die wege zů dirre stätt, die gar vervallen woren. Daz ist in reÿnig*[70ra]*keit, in arenmůt vnd in gelåssenheit. Die grundfeste, daruff dise statt des friden ist gebuwen, daz sint zwelff worheite, darvff die gnåde ståͤt. Die zwellf thor sint zwelff stùck des glouben. Die muren vnd die getzierde daz ist der schirm der worheit; in dem schirme lùhtet goͤttlicher gewalt, mynne vnd gerehtigkeit. Daz ist daz wunder *von* der hymelschen stätt betùtet

A. Von dem glouben vnd von sinen stucken wil ich nu fùrbaß frågen nùt, noch von der zornigen gerehtigkeit; wån des bin ich in dem voͦrdern bůche wol bewiset. Mine begirde ståt daran, daz ich gerne horte dich reden von der grundfesti goͤttlicher gnåde, vnd darnach, wie die statt mit iren muren der woͦrheit beschirmet wùrt vor den vienden goͤttlicher gnåden.

B. Reht als du håst begeret, also hät ouch ich gedaht, daz ich dis bůch wolte ordenen. Wån es duncket mich ein grosser nutz, der sich setzet vff die grund-

1 Am Rande von der Hand J. Schedelins: Von der himelschen Ierusalem vnd het xiii capitel

29 von] vor *C*

<Zweites Buch>
Dies ist vom himmlischen Iherusalem.
Siehe die heilige Stadt, das neue Jerusalem, sie steigt vom Himmel herab, von Gott bereitet wie eine geschmückte Braut für ihren Mann (Apc 21,2).

<Einleitung>
B. Dieses Wort spricht Sankt Johannes im Buch der Geheimen Offenbarung und zeigt uns die Ruhe und das Leben der Ewigkeit, wie es im himmlischen Jerusalem beschlossen liegt. Darum sagt er: »Ich habe die heilige Stadt Jerusalem gesehen, die neu ist und vom Himmel herabgekommen ist, und sie ist von Gott wie eine Gemahlin für ihren eheliche Liebsten bereitet« (Apc 21,2).

A. Was bedeutet das neue Jerusalem und dass es vom Himmel gekommen ist?

B. Jerusalem bedeutet den göttlichen Frieden, der neu ist; denn der Zorn Gottes hat uns aus dem Paradies vertrieben, sodass wir an die 5000 Jahre heimatlos gewesen sind. Nun hat uns Gott das Wort seines Friedens gesandt. In diesem Frieden werden wir geführt und wieder in die Stadt der himmlischen Freude eingesetzt.

A. Wie ist aber diese Stadt von Gott geschmückt?

B. Die Tore sind aufgeschlossen, und die Wege sind erneuert, die zuvor ungenützt waren, und die Pforten sind auf festen Grund gebaut. Die Mauern und die Pforten strahlen von all dem guten Gestein.

A. Wie sind die Tore aufgeschlossen, und was bedeutet der Schmuck dieser Stadt?

B. Der Engel, der das Paradies bewachte und den Weg zur lebendigen Frucht versperrte, hat ein feuriges Schwert (vgl. Gn 3,24), das war die göttliche Gerechtigkeit, der der feurige Zorn seines Gerichtes folgte. Der Engel hat das Schwert hineingestoßen und hat die Tore aufgeschlossen, die Wege zu dieser Stadt, die ganz zerfallen waren. Das ist in Reinheit, in Armut und in Gelassenheit. Das Fundament, auf dem diese Stadt des Friedens gebaut ist (vgl. Apc 21,14), das sind zwölf Wahrheiten, auf denen die Gnade beruht. Die zwölf Tore sind die zwölf Stücke des Glaubens (vgl. Apc 21,12). Die Mauern und der Schmuck sind der Schutz der Wahrheit; in diesem Schutz leuchtet die göttliche Macht, die Liebe und Gerechtigkeit. Das ist, was das Wunder der himmlischen Stadt bedeutet.

A. Von diesem Glauben und von dessen Stücken will ich jetzt nicht weiter fragen noch von der zornigen Gerechtigkeit; denn darüber bin ich in dem vorhergegangenen Buch gut belehrt worden. Mein Begehren steht dazu, dass ich dich gerne über das Fundament der göttlichen Gnade berichten hörte, und danach, wie die Stadt mit ihren Mauern der Wahrheit vor den Feinden der göttlichen Gnade beschützt wird.

B. Gerade wie du es begehrt hast, so hatte auch ich gedacht, dass ich dieses Buch ordnen wollte. Denn es dünkt mich ein großer Nutzen, wenn einer sich

festi eins ieglichen buwes; wån wo daz fundament nùt gůt ist, da ist der buw soͤrglich. Dauon wer wißheit mynnet vnd bekantniß *[70rb]* der wårheit, der sol tieff graben vnd nùt erwinden, e er der vernunfft einen vesten grund vinde.

A. Sid dir das wol geuållet, so leg disem bůche einen grund vnd sage die ordenunge der capitel vnd die zal, vnd waz die capitel soͤllent besliessen.

B. Dis bůchelin sol haben dritzehen capitel; der soͤllent zwelfe bewisen, warumb gott sante sine gnåde in dise welt durch sinen eingebornen sun. Daz dritzehende capitel sol reden, wie die viende der worheit dise gnåde anvehtent vnd wie die mure der wißheit dise statt beschirmet mit rehter worer antwùrte.

Dis sint die capitel:

Das erste: Gott sol sin ere schirmen vor dem moͤnschen.

Das ander: Gott sol die sùnde nùt vergeben vngerochen.

Das dritte: Der moͤnsche mag sin sùnde nùt gebůssen.

Das vierde: Den moͤnschen mag sin arenmůt nùt entschuldigen.

Das fùnffte: Got můß vollebringen mit dem moͤnschen, daz er håt angefangen.

Das sehste: Daz es můste tůn gott vnd moͤnsche.

Daz sùbende: Daz eine můste sin worer gott vnd worer moͤnsche. *[70va]*

Das achteste: Er můste sin von dem geslehte Adams.

Daz nùnde: Er můste vntoͤdlich sin von eigener schulde.

Das zehende: Er můste toͤdlich sin von eigenem willen.

Das elffte: Sin tod můste groͤsser sin dån alle sùnde.

Daz zwelffte: Er håt moͤnschliche natur ane alle sùnde.

Daz dritzehende: Wie dise wise ist vmbgeben mit worheit vnd mit gerehtigkeit, die keÿn valscheit noch keyn krafft der viende mag erfallen noch erstùrmen.

A. Gelobet sie die våtterliche mynne vnd wißheit, die den friden der hymelschen Iherusalem vff so mynnenkliche veste grùnde håt gebuwen. Ich han so vil froͤiden ietz an disen kurzen worten gewunnen, daz ich wol merke, daz gar vnmässige froͤide den wurt gegeben, die es mit wisen ougen koͤnnent mynnenklich schouwen. Weͤrlich: Es ist der hymelhoͤrdt, in dem alle arenmůt wurt gerichet; vnd wån der hordt ist so wijt vnd so groß, darvmb so siest ouch du diner worte milte.

B. Ich bin milter an worten, dån ich solte. Mir ge*[70vb]*schihet, des ich voͤrhte, als den wilden bŏmen, die verbrent sich an den blåttern, daz sù die rehte fruht nùt moͤgen bringen. Dauon bitt gott, daz er mir daz gebe zů mynnen vnd mit truwen zů meynende, daz er mir git zů sprechende.

A. Amen. Wån des getruwte ich wol zů geniessende. Våch an das erste capitel; wån min hertze ist darzů also gar entzùndet, daz ich nùt wol långer beiten mag.

B.

42 B. *fehlt*

auf das Fundament eines jeden Baus stützt; denn wo das Fundament nicht gut ist, da macht der Bau Sorgen. Darum, wer die Weisheit und die Erkenntnis der Wahrheit liebt, der soll tief graben und nicht aufhören, bevor er einen festen Grund der Vernunft findet.

A. Da dir das gut gefällt, so lege einen Grund für dieses Buch und sag mir die Ordnung der Kapitel und deren Zahl, und was die Kapitel enthalten sollen.

B. Dies Büchlein soll dreizehn Kapitel haben; davon sollen zwölf aufzeigen, warum Gott seine Gnade durch seinen eingeborenen Sohn in diese Welt gesandt hat. Das dreizehnte Kapitel soll sagen, wie die Feinde der Wahrheit diese Gnade bekämpfen und wie die Mauer der Weisheit diese Stadt mit rechter wahrer Antwort beschützt.

Dies sind die Kapitel:

Das erste: Gott soll seine Ehre vor dem Menschen beschützen.

Das zweite: Gott soll die Sünde nicht ohne Strafe vergeben.

Das dritte: Der Mensch kann seine Sünde nicht büßen.

Das vierte: Den Menschen kann seine Armut nicht entschuldigen.

Das fünfte: Gott muss mit dem Menschen vollenden, was er angefangen hat.

Das sechste: Dass Gott und Mensch das tun mussten.

Das siebte: Dass wahrer Gott und wahrer Mensch eins sein mussten.

Das achte: Er musste vom Geschlecht Adams sein.

Das neunte: Er musste aufgrund seiner eigenen <Un->Schuld unsterblich sein.

Das zehnte: Er musste aus eigenem Willen sterblich sein.

Das elfte: Sein Tod musste größer sein als alle Sünde.

Das zwölfte: Er hat die menschliche Natur ohne jede Sünde <geschaffen>.

Das dreizehnte: Wie dieser Plan von Wahrheit und Gerechtigkeit umgeben ist, die keine Falschheit und keine Macht der Feinde zu Fall bringen oder überwinden kann.

A. Gelobt sei die väterliche Liebe und Weisheit, die den Frieden des himmlischen Jerusalem auf so liebevollen, festen Grund gebaut hat. Ich habe an diesen kurzen Worten so viel Freude gewonnen, dass ich wohl merke, dass ganz unermessliche Freude denen gegeben wird, die es mit klugen Augen liebevoll schauen können. Wahrlich: Es ist der himmlische Schatz, in dem alle Armut reich gemacht wird; und da der Schatz so weit und so groß ist, darum sei du auch großzügig mit deinen Worten.

B. Ich bin großzügiger mit Worten, als ich sollte. Mir geschieht es, das fürchte ich, wie den wilden Bäumen, deren Blätter verbrennen, sodass sie keine gute Frucht bringen können (vgl. Mt 12,33; Lc 6,43). Darum bitte Gott, dass er mir gebe, zu lieben und mit Treue anzustreben, was er mir zu sagen gibt.

A. Amen. Denn das glaube ich wohl genießen zu dürfen. Fange das erste Kapitel an; denn mein Herz ist dazu schon entflammt, dass ich nicht länger warten mag.

B.

Das erste capitel
Wie Gott sin ere sol schirmen. Wer sùnde hät, der můß die sùnde bůͤssen.[309]

A. Wauon ist daz?

B. Do můß gott sin ere schirmen. Wer sùndet, der tůt wider goͤttlich ere. Wer tůt wider goͤttlich ere, der tůt wider das reht. Nu ist gott schuldig, daz er schirme daz reht, vnd darumb wer sùnde hät, der můß gotte williglichen wider geben sin ere. Tůt er daz nùt, so můß gott *[71ra]* die sùnde wider des moͤnschen willen bůͤssen.

A. Ach, daz ist als wår! Waz moͤhte vnrehters sin in allen dingen, daͤn das der moͤnsche gotte neͤme sin ere vnd im die nùt wider gebe!

B. Waͤn vngerehters nùt enist, daͤnn gotte nemen sin ere vnd nùt wider geben, dauon so ist gerehters nùt, daͤn daz gott sin ere schirme,[310] also daz er widernemme von dem moͤnschen, des der moͤnsche mit vnreht gott het beroͮbet.

A. Wie nympt gott wider sin ere von dem moͤnschen, der selber nùt gelten wil?

B. Daz tůt er, so er die sùnde bůͤsset vnd stråffet vͮber des moͤnschen willen.

A. Daz verstån ich nùt wol, wie gotts ere lit in der pin der sùnde.

B. Daz du daz nùt verståst, daz meynet, daz du nùt merkest, wie die sùnde gott roubet siner ere.

A. Du maht wor hån; dauon so sage, wie im sie!

B. Gottes ere ist, daz der moͤnsche, der von gotte geschaffen ist, sie vndertaͤnig sym willen als sinem rehten herren. Der nu sùndet, der wil nùt vndertån sin dem goͤttlichen willen. Dauon so nympt er gott sin ere.

A. Daz merk ich wol. Wie wurt gotte nu sin ere wider, so *[71rb]* er die sùnde bůͤsset?

B. Do machet er im den sùnder vndertaͤnig sinem willen in der pin der bůͤsse, daz er vnwilliglichen gotte vndertaͤnig wurt. Vnd doinne so nÿmpt er im die friheit sins willen, die er im gegeben hät, vnd nÿmpt im nùt alleyn daz, das er im hät gegeben, er nÿmpt im ouch, daz er im wolte han gegeben, hette er in siner ere nùt beroubet. Also wurt gotte wider sin ere, wenn er den moͤnschen vnwilliglich piniget vmb die sùnde, die der moͤnsche williglichen nùt wolte bůͤssen.[311]

---

309 *Alle Kapitel fangen mit solchen Zusammenfassungen der folgenden Themen an. Im Dialog sind es die einleitenden Worte des Meisters, wie jeweils am Schluss der vorausgehenden Kapitel angezeigt wird.*

310 *Anselmus Cantuariensis, CDH I, c. 13; Bd. II, S. 71,7–8, 19:* Nihil minus tolerandum in rerum ordine, quam ut creatura creatori debitum honorem auferat et non solvat quod aufert. <…> Nihil ergo servat deus iustius quam suae dignitatis honorem. *(Übers. Schmitt, S. 45, 47: »Nichts ist in der Ordnung der Welt weniger zu ertragen, als dass das Geschöpf dem Schöpfer die schuldige Ehre nimmt und nicht abzahlt, was es nimmt. <…> Nichts also wahrt Gott gerechter als die Ehre seiner Würde.«)*

311 *Anselmus Cantuariensis, CDH I, c. 14; Bd. II, S. 72,8–12:* Aut enim peccator sponte solvit quod debet, aut deus ab invito accipit. Nam aut homo debitam subiectionem deo

Das erste Kapitel
Wie Gott seine Ehre schützen soll. Wer Sünde hat, der muss für die Sünde büßen.

A. Warum ist das so?

B. Weil Gott seine Ehre schützen muss. Wer sündigt, der handelt gegen Gottes Ehre. Wer gegen die göttliche Ehre handelt, der handelt gegen das Recht. Nun ist es Gott schuldig, dass er das Recht schützt, und darum muss, wer Sünden hat, Gott freiwillig seine Ehre zurückgeben. Wenn er das nicht tut, muss Gott die Sünde gegen den Willen des Menschen sühnen.

A. Ach, das ist so wahr! Was könnte unter allen Dingen größeres Unrecht sein, als dass der Mensch Gott seine Ehre nähme und sie ihm nicht zurückgäbe!

B. Da es nichts Ungerechteres gibt, als Gott seine Ehre zu nehmen und sie ihm nicht zurückzugeben, darum gibt es nichts Gerechteres, als dass Gott seine Ehre beschützt, sodass er das von dem Menschen zurücknimmt, was der Mensch Gott zu Unrecht geraubt hat.

A. Wie nimmt Gott seine Ehre von dem Menschen zurück, wenn der selbst nicht vergelten will?

B. Das tut er, wenn er die Sünde sühnt und straft über den Willen des Menschen hinweg.

A. Das verstehe ich nicht recht, wieso Gottes Ehre in der Strafe der Sünde liegt.

B. Dass du das nicht verstehst, das heißt, dass du nicht verstehst, wie die Sünde Gott seine Ehre raubt.

A. Du kannst Recht haben; darum sage, wie es ist!

B. Gottes Ehre ist, dass der Mensch, der von Gott geschaffen ist, seinem Willen untertan sei als seinem gerechten Herrn. Wer nun sündigt, der will seinem göttlichen Willen nicht untertan sein. Darum nimmt er Gott seine Ehre.

A. Das verstehe ich gut. Wie gewinnt nun Gott seine Ehre wieder, wenn er die Sünde büßt?

B. Indem er den Sünder durch die Strafe der Buße seinem Willen untertan macht, sodass dieser gegen seinen Willen Gott untertan wird. Und darin nimmt er ihm die Freiheit seines Willens, die er ihm gegeben hatte, und nimmt ihm nicht allein das, was er ihm gegeben hat, er nimmt ihm auch, was er ihm hätte geben wollen, hätte er ihm nicht seine Ehre geraubt. Also erhält Gott seine Ehre zurück, wenn er den Menschen gegen seinen Willen um der Sünde willen peinigt, da der Mensch freiwillig nicht büßen wollte.

A. Nu wundert mich eins an disen worten: Wån gereht ist, daz gott sin ere schirmen sol, dauon er die sùnde buͤsset, wie mag denn gott verheͣngen, daz sin ere yemer mit keiner sùnde werde geswaͤchert, sÿd daz die sùnde roubet goͤttlich ere?

B. Du solt daz wort reht merken, so man sprichet: Sùnde roubet gott siner ere. Wån in dem worte meÿnet man nùt die ere gottes, alz sù in gotte ist, werde beroͮbet oder gesweͣchet. Man meÿnet, daz die goͤttliche ere, *[71va]* als vil sù in dem moͤnschen soͤlte sin, wurt geroubet vnd geswaͤchet. Wån als vil es des sùndenden wille ist, als vil wil er gotte nùt sin vndertaͤnig; aber nåch der gottlichen krafft so můß er gotte sin vndertaͤnig.[312]

A. Daz ist wol merklich. Aber ich hette sin gerne ein glichnisse, ob du an keyn gedaͤhtest.

B. Jo, ich gedencke wol eine. Nÿm in dinem sinne, alz were daz ertrich sinselbes gewaltig vnd heͣt eigen willen vnd spreche denn die erde: Ich wil vnder dem himel nùt sin, davon so wil ich fliehen von der stat, an der ich bin. Were denn, daz sich daz ertrich an einem teile verrete von dem himel, also vil naͤhert es sich an einem andern ende zů dem hÿmel.[313]

---

sive non peccando sive quod peccat solvendo, voluntate spontanea exhibet, aut deus eum invitum sibi torquendo subicit et sic se dominum eius esse ostendit, quod ipse homo voluntate fateri recusat. *(Übers.* Schmitt, *S. 47: »Denn entweder zahlt der Sünder freiwillig, was er schuldet, oder Gott erhält es von ihm gegen seinen Willen. Entweder nämlich erzeigt der Mensch aus freiem Willen Gott die gebührende Unterwerfung – sei es, dass er nicht sündigt, sei es, dass er die Sünde wiedergutmacht –, oder Gott unterwirft ihn sich gegen seinen Willen, indem er ihn foltert, und zeigt so, dass er sein Herr ist, was der Mensch selber aus eigenem Willen zuzugeben sich widersetzt.«)*

312 *Anselmus Cantuariensis, CDH I, c. 15; Bd. II, S. 73,3–7, 9:* Quae <rationalis natura> cum vult quod debet, deum honorat; non quia illi aliquid confert, sed quia sponte se eius voluntati et dispositioni subdit, et in rerum universitate ordinem suum et eiusdem universitatis pulchritudinem, quantum in ipsa est, servat. Cum vero non vult quod debet, deum, quantum ad illam pertinet, inhonorat, <…> licet potestatem aut dignitatem dei nullatenus laedat aut decoloret. *(Übers.* Schmitt, *S. 49: »Will sie, was sie soll, ehrt sie Gott; nicht weil sie ihm etwas schenkt, sondern weil sie sich freiwillig seinem Willen und seiner Anordnung unterwirft und ihren Platz in der Dinge All und die Schönheit dieses Alls, soweit es an ihr liegt, wahrt. Will sie aber nicht, was sie soll, so entehrt sie Gott, soweit es an ihr liegt, <…> wenn sie auch die Macht und Würde Gottes nicht im Geringsten verletzt oder entstellt.«)*

313 *Anselmus Cantuariensis, CDH I, c. 15; Bd. II, S. 73,10–14:* Si enim ea quae caeli ambitu continentur, vellent non esse sub caelo aut elongari a caelo, nullatenus possent nisi sub caelo esse nec fugere caelum nisi appropinquando caelo. Nam et unde et quo et qua irent, sub caelo essent; et quanto magis a qualibet caeli parte elongarentur, tanto magis oppositae parti propinquarent. *(Übers.* Schmitt, *S. 49: »Denn wenn die Dinge, die vom Himmelsumfang eingeschlossen sind, nicht unter dem Himmel sein oder sich vom Himmel entfernen wollten, könnten sie auf keine Weise anders als unter dem Himmel sein noch dem Himmel entfliehen, ohne sich nicht dem Himmel zu nähern. Denn woher und wohin und auf welchem Wege sie auch gingen –, sie wären unter dem Himmel; und je mehr sie sich von irgendeiner Seite des Himmels entfernten, umso mehr würden sie sich der entgegengesetzten Seite nähern.«)*

A. Jetzt wundert mich an diesen Worten eins: Da es gerecht ist, dass Gott seine Ehre schützen soll, weswegen er die Sünde sühnt, wie kann es Gott dann zulassen, dass seine Ehre überhaupt mit einer Sünde geschwächt wird, da ihm die Sünde die göttliche Ehre raubt?

B. Du sollst das Wort recht verstehen, wenn man sagt: Sünde raubt Gott seine Ehre. Denn in diesem Wort meint man nicht die Ehre Gottes, wie sie in Gott ist, werde geraubt oder geschwächt. Man meint, dass die göttliche Ehre, wie sie in dem Menschen bestehen sollte, geraubt und geschwächt wird. Denn soviel der Wille des Sünders wirkt, so viel will er Gott nicht untertan sein; aber entsprechend der göttlichen Macht muss er Gott untertan sein.

A. Das ist gut zu verstehen. Aber ich hätte gern ein Beispiel dafür, wenn du an eins denkst.

B. Ja, ich denke wohl an eins. Stell dir vor, die Erde wäre ihrer selbst Herr und hätte einen eigenen Willen, und die Erde spräche darum: »Ich will nicht unter dem Himmel sein, darum will ich von der Stelle fliehen, an der ich bin.« Wäre es dann so, dass sich die Erde zu einem Teil vom Himmel entfernte, ebenso sehr würde sie sich am anderen Ende dem Himmel wieder annähern.

A. Daz merk ich wol. Do hat der hÿmel die erden zů allen enden vmbgeben als ein eygerschal den tutter vmbfangen hät. Dauon wo sù sich keret von einem orte, so gåt sù zů dem andern.

B. Reht alz ist dem willen gottes, der hät den moͤnschen vmbegeben zů allen orten. Vnd dauon *[71vb]* der sich uon einem orte keret goͤttliches willen, der gåt zů dem andern.

A. Waz heissest du die ort vnd die ende goͤttliches willen?

B. Ein ende des willen gotts ist der[314], do daz reht gebùtet. Daz ander ist der wille, der daz vnreht verhenget des moͤnschen willen. Das dritte ort vnd ende ist der wille gottes, der daz vnreht pinigett vnd bůsset. Vnd dauon wer sich keret vnd flùhet von dem willen, der daz reht da gebùtet, der gåt durch das mittel des willen, der daz vnreht verhenget, vnd kommet zů dem ende des willen, der die vngerehtigkeit piniget vnd bůsset.[315]

A. Nu han ich erst verstanden, wie goͤttlicher ere als vil ist in den sùnden, wenn sù werdent gebůsset vnd gepiniget als in den gerehter werken, so in wùrt mit gnåden vnd mit froͤiden gelonet. Wann der eine gottes wille wurt in inen beden vollebråht, der die gůten mit froͤiden kroͤnet vnd die boͤsen mit pin kestiget.

B. Du maht wol merken, wie die goͤttliche wißheit in einer mynenklichen ordenunge beslùsset vnd es zů dem besten keret. Doch *[72ra]* die sùnde, die der verkerte wille des moͤnschen, als es an yme ist, entordent vnd entschigket, dauon die goͤttlich ere, als sù in gott ist, die wurt nùt gemynret noch gesmaͤhet. Sin wißheit vnd gewalt, die alle ding ordenen kann vff ein gůtes, die wurt erhoͤhet dauon vnd getzieret.

A. Ich mag dise rede an keÿnen stùcken widersprechen. Mir ist daz erste wort nu wol erkant, daz do sprichet: Sùnde můß gebůsset werden.

B.

---

314 ende *stnm. »äußerster abgrenzender Punkt in Raum und Zeit: Ende, Ziel«, hier maskulin.*

315 *Anselmus Cantuariensis, CDH I, c. 15; Bd. II, S. 73,14–17:* Ita quamvis homo vel malus angelus divinae voluntati et ordinationi subiacere nolit, non tamen eam fugere valet, quia si vult fugere de<um> sub voluntate iubente, currit sub voluntatem punientem; et si quaeris qua transit: non nisi sub voluntate permittente. *(Übers. Schmitt, S. 49: »So vermag der Mensch oder der böse Engel, so sehr er dem göttlichen Willen und der göttlichen Ordnung nicht untertan sein wollte, dennoch nicht, ihnen zu entfliehen, weil er, sobald er dem befehlenden Willen entfliehen will, unter den strafenden Willen gerät; und wenn du frägst, auf welchem Wege er durchschreitet: auf keinem anderen als unter dem zulassenden Willen.«)*

A. Das verstehe ich gut. Denn der Himmel hat die Erde an allen Seiten umgeben wie eine Eierschale den Dotter umfangen hält. Darum, wohin sie sich von einem Ort abwendet, so geht sie an dem anderen wieder hin.

B. Gerade so ist es mit dem Willen Gottes; der hat den Menschen zu allen Orten umgeben. Und darum, wer sich von einem Ort des göttlichen Willens abwendet, der geht an dem anderen Ort wieder hin.

A. Was nennst du die Orte und die Enden des göttlichen Willens?

B. Ein Ende des Willens Gottes ist da, wo er das Recht gebietet. Das andere Ende ist der Wille, der das Unrecht des menschlichen Willens zulässt. Der dritte Ort und das dritte Ende ist der Wille Gottes, der das Unrecht bestraft und sühnt. Und darum, wer sich abwendet und vor dem Willen flieht, der das Recht gebietet, der geht durch das Mittel des Willens hindurch, der das Unrecht geschehen lässt, und kommt zu dem Ende des Willens, der die Ungerechtigkeit bestraft und sühnt.

A. Jetzt habe ich erst verstanden, wie die göttliche Ehre ebenso viel in den Sünden liegt, wenn sie gesühnt und bestraft werden, wie in den gerechten Werken, wenn ihnen mit Gnade und Freuden Lohn geschenkt wird. Denn der einzige Wille Gottes wird in beiden vollbracht, wenn er die Guten mit Freuden bekrönt und die Bösen mit Strafen kasteit.

B. Du kannst wohl merken, wie die göttliche Weisheit in einer liebevollen Ordnung beschlossen ist und wie sie es zum Besten wendet. Doch obwohl die Sünde mit dem verkehrten Willen des Menschen, insofern es an ihm liegt, Unordnung und Entstellung bringt, wird dadurch jedoch die göttliche Ehre, sofern sie in Gott liegt, nicht gemindert oder geschmäht. Seine Weisheit und Macht, die alle Dinge zu etwas Gutem ordnen kann, die wird davon erhöht und geziert.

A. Ich kann dieser Rede an keinem Stück widersprechen. Ich habe das erste Wort nun wohl verstanden, das da heißt: die Sünde muss gebüßt werden.

B.

Das ander capi<tel>
Gott mag die sùnde nùt vergeben, noch der moͤnsche mag nùt besitzen ewiges leben, die sùnde werde denn gebuͤsset.

A. We, daz ist ein herte wort. Ståt gnåde vff disem worte als vff einer grundfesti, so ståt sù vff einem herten grunde.

B. Daz sih nùt an als ein vnbilde, daz die gnåde, die alz mit grossen årbeiten gebuwen ist, ståt vff einem herten grunde. Doch ist dirre grund denen bil*[72rb]*lich herte, die der gnåde gottes nùt dangbeͣr wellent sin. Den wurt dis wort ein herter vells vnd eyn steÿn, daz die sùnde åne bůsse nùt mag vergeben werden.

A. Dis wortes solt du mich vnderwisen, warumb der moͤnsche ewiges leben nùt besitzen sol, sin sùnde sie dån vor gebuͤsset.

B. Warzů ist der moͤnsche geordent in der ewigkeit?

A. Daz er der engel val sol erfùllen[316] vnd der verstossenen engel lon besitzen.

B. Ist darumb nùt billich, daz die moͤnschen, die den lon besitzen soͤllent, sient in der luterkeit, als die engel werent gewesen, werent sù von iren sùnden nùt verstossen?[317]

A. Es ist billich.

B. Wie moͤht nu der moͤnsche, der sùnde hat gehåbt, ÿemer den reynen engeln glich werden, daz sùnde nùt gebuͤsset wùrde?

A. Es ist zemåle billich, das der reyne sie als der engel, der der engel lon sol besitzen.

B. Dasselbe maht du merken in einer glichnisse.

A. Wie ist die glichnisse?

B. Were ein richer mann, der in siner hand hetti einen edelen steyn, den er legen wolte in synen hoͤrt, were, daz er verhengete *[72va]* daz einer den steÿn slůge vß der hand, daz er viele in das boͤht, wenest du nùt, ob er in wùschete, e er in leyte vnd behielte by anderm gůten gesteyne sins hordes?

A. Ich han ioch keynen zwifel daran, er wùschete in vor reyne, e daz er in behielte, darvmb daz er die andern steyne iht entreynte vnd entsùferte.[318]

---

316 *Anselmus Cantuariensis, CDH I, c. 16; Bd. II, S. 74,12 f.:* Deum constat proposuisse, ut de humana natura quam fecit sine peccato, numerum angelorum qui ceciderant restitueret. *(Übers. Schmitt, S. 51: »Es steht fest, dass Gott beschlossen hat, aus der menschlichen Natur, die er sündelos geschaffen hat, die Zahl der gefallenen Engel zu ersetzen.«)*

317 *Anselmus Cantuariensis, CDH I, c. 19; Bd. II, S. 84,9–11:* Tales ergo oportet esse homines in illa civitate superna qui pro angelis in illam assumentur, quales ibi futuri erant illi pro quibus ibidem erunt, id est quales nunc sunt boni angeli. *(Übers. Schmitt, S. 67: »Es müssen also in jener himmlischen Stadt die Menschen, die an Stelle der Engel in sie aufgenommen werden, so sein, wie dort die hätten sein sollen, für die sie dort sein werden, das ist, wie jetzt die guten Engel sind.«)*

318 *Vgl. Anselmus Cantuariensis, CDH I, c. 19; Bd. II, S. 85,6–9, 11–14:* Ponamus divitem aliquem in manu tenere margaritam pretiosam. <...> Quid si ipse permittat eandem

Das zweite Kapitel
Gott kann die Sünde nur vergeben, und der Mensch kann das ewige Leben nur besitzen, wenn die Sünde gebüßt wird.

A. O weh, das ist ein hartes Wort. Steht Gnade auf diesem Wort wie auf einem Fundament, so steht sie auf einem harten Grund.

B. Das sieh nicht als ein Ungemach an, dass die Gnade, die mit so großer Mühe erbaut ist, auf einem harten Grund steht. Doch ist dieser Grund denen zu Recht hart, die der Gnade Gottes nicht dankbar sein wollen. Denen wird dieses Wort ein harter Fels und ein Stein, dass die Sünde ohne Buße nicht vergeben werden kann.

A. Über dieses Wort sollst du mich noch belehren, warum der Mensch ewiges Leben nicht besitzen wird, wenn seine Sünde nicht zuvor gebüßt ist.

B. Wozu ist der Mensch in der Ewigkeit ausgerichtet?

A. Dass er den Fall der Engel wiedergutmachen soll und den Lohn der verstoßenen Engel besitzen soll.

B. Ist es darum nicht recht, dass die Menschen, die den Lohn besitzen sollen, in der Reinheit sind, wie es die Engel gewesen wären, wenn sie wegen ihrer Sünden nicht verstoßen worden wären?

A. Es ist recht.

B. Wie könnte nun der Mensch, der die Sünde gehabt hat, je den reinen Engeln gleich werden, ohne dass die Sünde gebüßt würde?

A. Es ist ganz recht, dass er so rein ist wie der Engel, der den Lohn der Engel besitzen soll.

B. Dasselbe kannst du an einem Beispiel sehen.

A. Wie ist das Beispiel?

B. Gäbe es einen reichen Mann, der in seiner Hand einen edlen Stein hielte, den er in seinen Schatz legen wollte, und würde er nun geschehen lassen, dass einer ihm den Stein aus der Hand schlüge, sodass er in den Kot fiele, meinst du nicht, dass er ihn waschen würde, bevor er ihn legte und bei dem anderen guten Gestein seines Geschmeides aufbewahrte?

A. Ich habe daran keinen Zweifel, er würde ihn zuvor reinwaschen, bevor er ihn aufbewahrte, damit die anderen Steine nicht verschmutzt und verunreinigt würden.

B. Der riche man ist vnser herre. Der ließ im den edlen steÿn der moͤnscheit slahen vß der hand, daz er viel in daz boht der sùnden. Dauon so ist billich, e der moͤnsche werde geleit in den hymel hoͤrt, daz er vor werde von den sùnden geweschen.

A. Noch grosser wunder han ich dauon, das du sprichest, gott moͤge die sùnde nùt vergeben, sù werde denn gebůsset. Wån gott leret vns, daz wir vnsern schuldeneren soͤllent vergeben. Mag gott daz nùt tůn, daz er vns leret vnd heisset?[319]

B. Wie daz sie, daz gott vns gebiete, daz wir vegeben vnsern schuldeneren von miltigkeit, doch mag es gott nùt tůn, daz er die sùnde vergebe von iteler gnåde åne alle bůsse der sùnde. *[72vb]*

A. Daz ist ein wunder, daz ich gerne wolte verstån.

B. Dis wunder wil ich dir in vier worten zoͤigen. Das erste: Were, das gott die sùnde von gnåden vergebe åne alle bůsse, so were etwaz vngeordent in diser welte. Daz getzÿmet einem wisen herren nùt, daz er in sinem riche iht låsse vngeordent.[320]

A. Waz were aber daz, daz vngeordent were?

B. Daz were die sùnde; die mag reht geordent nÿemer werden dån in der pin der bůsse.

---

margaritam ab aliquo invido excuti de manu sua in caenum, cum prohibere possit, ac postea eam de caeno sumens pollutam et non lotam in aliquem suum mundum et carum locum, deinceps illa sic servaturus, recondat? *(Übers.* S*CHMITT*, *S. 69: Nehmen wir an, ein Reicher halte in seiner Hand eine kostbare Perle. <…> Was [würdest du sagen], wenn dieser gestattete, dass diese Perle von einem Neider aus seiner Hand in den Kot geworfen würde, obwohl er es verhindern könnte, und er sie nachher aus dem Kot aufhöbe und beschmutzt ungewaschen an einem Orte, der rein und ihm lieb ist, verbärge, um sie künftig so aufzubewahren?«)*

319 *Anselmus Cantuariensis, CDH I, c. 19; Bd. II, S. 86,1–5:* Sed quid est quod dicimus deo: ›dimitte nobis debita nostra‹ (Mt 6,12), et omnis gens orat deum quem credit, ut dimittat sibi peccata? Si enim solvimus quod debemus: cur oramus ut dimittat? Numquid deus iniustus est, ut iterum exigat quod solutum est? Si autem non solvimus: cur frustra oramus ut faciat, quod, quia non convenit, facere non potest? *(Übers. SCHMITT, S. 71: »Aber was ist es damit, dass wir zu Gott sprechen: ›vergib uns unsere Schulden‹, und jedes Volk den Gott, an den es glaubt, bittet, ihm seine Sünden zu verzeihen? Denn wenn wir bezahlen, was wir schulden: warum bitten wir, dass er vergebe? Ist Gott etwa ungerecht, dass er ein zweites Mal fordert, was bezahlt ist? Wenn wir aber nicht bezahlen: warum beten wir umsonst, dass er tue, was er nicht tun kann, weil es nicht geziemend ist?«)*

320 *Anselmus Cantuariensis, CDH I, c. 20; Bd. II, S. 86,19–22:* A. Hoc quoque non dubitabis, ut puto, quia secundum mensuram peccati oportet satisfactionem esse. / B. Aliter aliquatenus inordinatum maneret peccatum, quod esse non potest, si deus nihil relinquit inordinatum in regno suo. *(Übers. SCHMITT, S. 71: »A. Auch das wirst du nicht bezweifeln, wie ich annehme, dass sich nach dem Maße der Sünde die Genugtuung richten muss. / B. Andernfalls bliebe die Sünde irgendwie ungeordnet, was nicht sein kann, wenn Gott nichts in seinem Reiche ungeordnet belässt.«)*

B. Der reiche Mann ist unser Herr. Der ließ sich den edlen Stein der Menschheit aus der Hand schlagen, sodass er in den Kot der Sünden fiel. Darum ist es recht, dass der Mensch zuvor von den Sünden gewaschen wird, bevor er in den Himmelsschatz geleitet wird.

A. Noch größeres Wunder habe ich damit, dass du sagst, Gott könne die Sünde nicht vergeben, wenn sie nicht gebüßt würde. Denn Gott lehrt uns, dass wir unseren Schuldnern vergeben sollen (vgl. Mt 18,21–35, Lc 7,40–50). Kann Gott das nicht tun, was er uns lehrt und befiehlt?

B. Obwohl Gott uns gebietet, dass wir unseren Schuldnern aus Großmut vergeben, so kann Gott es doch nicht tun, dass er die Sünde aus bloßer Gnade ohne alle Buße der Sünde vergibt.

A. Das ist seltsam, das würde ich gerne verstehen.

B. Dies Wunder will ich dir in vier Worten erklären. Das erste: Könnte Gott die Sünde aus Gnade ohne jede Buße vergeben, so wäre etwas in dieser Welt ungeordnet. Das ziemt einem klugen Herrn nicht, dass er in seinem Reiche etwas ungeordnet ließe.

A. Was wäre das aber, was ungeordnet bliebe?

B. Das wäre die Sünde; die kann niemals zu Recht geordnet werden außer in der Strafe der Buße.

A. Du meynest, die sùnde muͤsse in gerehtigkeit geordent werden vnd nùt in gnåden? Dasselb ist mir ein wunder.

B. Wie mag gnåde ordenen sùnde, wån gnåde ordent gerehte werk? Were dann, das sù die sùnde ouch ordente, so were gerehtigkeit vnd sùnde glich geordent vnd glich gůt. Woltest du daz sprechen?

A. Da sie gott vor. Ich wil nu e glǒben vnd sprechen, daz gerehtigkeit alleÿne die sùnde ordenen mag vnd nùt die gnåde. Waz ist daz ander wort?

B. Were, das gott die sùnde von gnåde vergebe åne die bůsse, so were der gerehte vnd der vngerehte glich vor dem o̊bersten richter. Duncket dich daz mù*[73ra]*gelich?[321]

A. Von welichem richter ist gelobet gerehtigkeit, von dem můß ich glouben vnglicheit gegen dem rehten vnd gegen dem bo̊sen. Du solt mich aber baß bewisen, wie daz zů gienge, daz der vngerehte vor gotte alz gůt hette als der gůte, were, daz gott die sùnde ane alle bůsse vergebe.

B. Merkest du daz nùt? Daz ist ein wunder. Vergebe gött die sùnde åne bůsse dem sùnder vnd setzte in in ewige seligkeit vnd gebe dem gerehten ouch die seligkeit, so were dem sùnder alz vil worden vmb die sùnde alz dem gerehten vmb die gerehtigkeit. Dauon so hetti es der gerehte nùt besser gegen dem o̊bersten richter dån der sùnder.

A. Ich han dis wol gemerket. Sage daz dritte wort!

B. Vergebe gott die sùnde åne alle bůsse, so were sùnde fryer dån gerehtigkeit.

A. Wie gienge daz zů? Des bewise mich.

B. Gerehtigkeit ist beslossen vnder den gebotten gottes, vnd dauon wer gerehtigkeit mynnet, der můß vndertånig sin den gebotten. Were nu, daz keyn gerehtigkeit gienge nåch den sùnden, so were die *[73rb]* sùnde åne alle gebott. Dauon so were sù fryer dån gerehtigkeit.

A. Du meÿnest, wån gerehtikeit ist getzwungen in den gebotten, dauon so sie ouch billich, daz die sùnde werde gedrucket von den gebotten der gerehtigkeit, vnd duncket mich gar billich. Nu sage daz vierde wort!

B. Were sùnde nùt vndertånig der gerehtigkeit der bůsse, so were sùnde gotte glich in fryheit, daz ist vnmùglich zů redende vnd zů sprechende.

A. Es ist wol vnmùglich, das sùnde gotte glich sie. Wie keͤme es aber darzů? Des bewise mich, ob ioch die sùnde nÿemer wurde gebuͤsset.

---

321 *Anselmus Cantuariensis, CDH I, c. 12; Bd. II, S. 69,19 f.:* Est aliud quod sequitur, si peccatum sic impunitum dimittitur: quia similiter erit apud deum peccanti et non peccanti; quod deo non convenit. *(Übers.* SCHMITT*, S. 43: »Es ist noch etwas anderes, was folgt, wenn die Sünde so ungestraft gelassen wird: dass der Sünder nämlich bei Gott ähnlich stehen wird wie der, der nicht sündigt; was Gott nicht zukommt.«)*

A. Du meinst, die Sünde müsse in Gerechtigkeit geordnet werden und nicht in Gnade? Das ist mir aber ein Wunder.

B. Wie kann Gnade die Sünde ordnen, da Gnade <nur> gerechte Werke ordnet? Wäre es denn, dass sie auch die Sünde ordnete, so wären Gerechtigkeit und Sünde gleich geordnet und gleich gut. Wolltest du das so sagen?

A. Da sei Gott vor. Ich will nun eher glauben und sagen, dass allein die Gerechtigkeit die Sünde ordnen kann und nicht die Gnade. Was ist das zweite Wort?

B. Würde Gott die Sünde aus Gnade vergeben ohne die Buße, so wäre der Gerechte und der Ungerechte gleich vor dem obersten Richter. Scheint dir das möglich?

A. Wenn ein Richter Gerechtigkeit gelobt, von dem muss ich auch glauben, dass er ungleich über den Rechten und gegen den Bösen richtet. Du sollst mir aber besser erklären, wie das zuginge, dass der Ungerechte vor Gott so gut wäre wie der Gute, wenn Gott die Sünde ohne jede Buße vergeben würde.

B. Merkst du das nicht? Das ist ein Wunder. Wenn Gott die Sünde ohne Buße dem Sünder vergeben und ihn in die ewige Seligkeit setzen würde und wenn er auch dem Gerechten diese Seligkeit schenken würde, so wäre dem Sünder ebenso viel geworden um der Sünde willen wie dem Gerechten um der Gerechtigkeit willen. Darum hätte es der Gerechte vor dem obersten Richter nicht besser als der Sünder.

A. Ich habe das wohl verstanden. Sage das dritte Wort!

B. Würde Gott die Sünde ohne jede Buße vergeben, so wäre die Sünde freier als die Gerechtigkeit.

B. Wie ginge das zu? Das erkläre mir.

B. Gerechtigkeit ist unter den Geboten Gottes eingeschlossen, und darum, wer die Gerechtigkeit liebt, der muss den Geboten untertan sein. Wenn nun den Sünden keine Gerechtigkeit folgen würde, so wäre die Sünde ohne jedes Gebot. Darum wäre die Sünde freier als die Gerechtigkeit.

A. Du meinst, da Gerechtigkeit in den Geboten erzwungen wird, darum ist es auch recht, dass die Sünde von den Geboten der Gerechtigkeit bedrückt wird, und das finde ich ganz recht. Jetzt sage das vierte Wort!

B. Wäre die Sünde nicht der Gerechtigkeit der Buße untertan, so wäre die Sünde Gott gleich in Freiheit. Das kann man unmöglich sagen oder sprechen.

A. Das ist wohl unmöglich, dass die Sünde Gott gleich ist. Wie käme es aber dazu? Das zeige mir, wenn denn die Sünde niemals gebüßt würde.

B. Gott hät alleÿn die fryheit, daz er wùrket, wie er wil åne alle bant der gesetzde. Wùrde sùnde nu nùt gebuͤsset mit gerehtigkeit, so hetti sù keyn bandt der gesetzde, reht als gott. Dauon so were sù in frÿheite gotte glich.[322]

A. Dise wort die sint also kråfftig, daz ich nùme daran zwifel, daz mir vor waz ein wunder. Mich duhte dise grundfesti gar herte. Nu *[73va]* hast du sù mit sollichen banden vmbgeben vnd beslagen, daz ich wol sehen mag, das dirre herte steyn weder kleben mag noch spalten, daz gott die sùnde nùt vergeben mag von luterer gnåde, sù muͤsse werden gebuͤsset.

B. Die steÿne, die den buw tragen soͤllent, die sol man vieren vnd verwaren, das su nùt wichent, anders der buw viele mit einandern. Dauon das dir luterlich vnd steͦtiglich åne allen wanck vnd åne allen zwifel die gnade Ihesu Christi schine in diner bekantnisse, dauon so muͦß ich die worheit wol binden vnd besliessen, daruß dieselbe gnåde ist geflossen.

A. Es ist mir vnmåssen liep. Doch lit in mir daz wunder noch, warumb gott vns hät geleret, daz im nùt zÿmet ze wùrkende.

B. Gott het vns geheissen vergeben vnsern schuldeneren. Do meÿnet er nùt, daz ir schulde nùt werden soͤlle gebuͤsset. Er meÿnet, daz sich der moͤnsche nùt ane nemmen soͤlle, daz gotte zů gehoͤret. Gott ist ein gemeyner richter din vnd *[73vb]* dins viendes. Darumb solt du dem richter die buͦsse loͦssen[323]; wån nyeman in siner eigenen sache sol sinselbes richter sin. Dauon hät vnser herre gesprochen: »Vergebent uwerm schuldener vnd loͦssent mir daz gerihte vnd ouch die buͦsse.«

A. Noch wundert mich, warumb gott mit siner gnade nùt moͤge die sùnde vergeben åne alle buͦsse; wån er als frilich wùrket, daz er keiner gesetzde ist gebunden.[324]

---

322 *Anselmus Cantuariensis, CDH I, c. 12; Bd. II, S. 69,22 f., 25, 27–30:* Iustitiam hominum nemo nescit esse sub lege, ut secundum eius quantitatem mensura retributionis a deo recompensetur. <...> Liberior igitur est iniustitia, si sola misericordia dimittitur, quam iustitia; quod valde inconveniens videtur. Ad hoc etiam extenditur haec inconvenientia, ut iniustitiam deo similem faciat; quia sicut deus nullius legi subiacet, ita et iniustitia. *(Übers.* SCHMITT, *S. 43: »Jedermann weiß, dass die Gerechtigkeit der Mensehen unter dem Gesetze steht, dass nach ihrer Größe von Gott das Maß der Vergeltung bestimmt wird. <...> Somit ist also die Ungerechtigkeit freier, wenn sie durch bloßes Erbarmen nachgelassen wird, als die Gerechtigkeit; was sehr ungeziemend erscheint. Soweit sogar erstreckt sich diese Ungereimtheit, dass sie die Ungerechtigkeit Gott ähnlich macht; denn wie Gott niemandes Gesetz unterliegt, so auch die Ungerechtigkeit.«)*

323 *Anselmus Cantuariensis, CDH I, c. 12; Bd. II, S. 70,1–3:* Nulla in hoc est repugnantia, quia deus hoc nobis praecipit, ut non praesumamus quod solius dei est. Ad nullum enim pertinet vindictam facere, nisi ad illum qui dominus est omnium. *(Übers.* SCHMITT, *S. 43: »Darin liegt keinerlei Widerspruch, dass er uns vorschreibt, uns nicht anzumaßen, was Gottes allein ist. Denn niemandem steht es zu, Vergeltung zu üben, als dem, der der Herr aller ist.«)*

324 *Anselmus Cantuariensis, CDH I, c. 12; Bd. II, S. 70,6 f., 8 f.:* Nam cum deus sic sit liber ut nulli legi, nullius subiaceat iudicio, <...> mirum videtur si dicimus quia nullatenus vult

B. Gott hat allein die Freiheit, dass er wirkt, wie er will, ohne jedes Band der Gesetze. Würde die Sünde nun nicht mit der Gerechtigkeit gebüßt, so hätte sie keine Fessel der Gesetze, gerade so wie Gott. Darum wäre sie in Freiheit Gott gleich.

A. Diese Worte sind so kräftig, dass ich nicht mehr an dem zweifle, was mir zuvor ein Wunder war. Mir schien dieses Fundament gar hart. Nun hast du es mir mit solchen Fesseln umfangen und beschlagen, dass ich gut sehen kann, dass dieser harte Stein es weder kleben noch spalten kann, dass Gott die Sünde nicht aus lauterer Gnade vergeben kann, wenn sie nicht gebüßt wird.

B. Die Steine, die den Bau tragen sollen, die soll man vierkant schlagen und sichern, dass sie nicht weichen, sonst fiele der Bau in sich zusammen. Darum, damit dir in dieser Erkenntnis ohne jedes Schwanken und ohne jeden Zweifel die Gnade Jesu Christi lauter und stetig leuchtet, darum muss ich die Wahrheit, aus der dieselbe Gnade geflossen ist, festbinden und sicher verschließen.

A. Es ist mir unmäßig lieb. Doch besteht in mir noch das Wunder, warum Gott uns gelehrt hat, was zu tun ihm nicht ziemt.

B. Gott hat uns geheißen, unseren Schuldnern zu vergeben. Damit meinte er nicht, dass ihre Schulden nicht gebüßt werden sollen. Er meint, dass sich der Mensch nicht anmaßen sollte, was Gott gehört. Gott ist ein gemeinsamer Richter über dein und über deines Feindes <Sache>. Darum sollst du dem Richter die Buße überlassen, da niemand in seiner eigenen Sache Richter über sich selbst sein soll. Darum hat unser Herr gesagt: »Vergebt eurem Schuldner und lasst mir das Gericht und auch die Buße« (vgl. Rm 12,19).

A. Noch wundert mich, warum Gott mit seiner Gnade nicht die Sünde vergeben kann ohne jede Buße; da er so frei wirkt, dass er an kein Gesetz gebunden ist.

B. Wenn man sprichet: Gott mag daz von siner friheit, ob er wil, die friheit soltu allewegen verstån nåch bescheidenheit. Wån man sprichet: Alle ding woͤrent gůt, die er wolte, das ist wor. Wån waz er wil, das ist gůt. Wer aber der ist, der das wil, daz nùt gůt ist, von dem sprich ich: Der ist nùt gott, vnd dauon der wille, der liegen wil, das ist nùt gott. Wån des wille, der lùget, in dem ist nùt die worheit. Wie moͤhte der gott sin, der der worheit mangelt. Dauon so ist daz wor: Gott mag alle ding, vnd waz er mag, daz ist gůt. Wer aber mag, daz nùt gůt ist, der ist nùt gott.[325] Daby merke, daz *[74ra]* goͤttliche krafft noch sine gnåde daz nùt tůt noch mag, das nùt gůt noch gereht ist, daz die sùnde als vil rehtes habe vor einem rihter alz die gerehtigkeit. Davon so mag es gott nùt, der doch vermag alle ding, wån er almåͤhtig ist.

A. War ich mich kere, so vind ich anders nùt, dåͤn daz die sùnde zů rehte gebůͤsset můß werden, wån gottes ere daran lit, als in dem ersten capitel ist gesprochen, vnd ǒch wån es gereht ist, als du in disem capitel håst beweret vnd beslossen. Sid daz es also ist, warvmb soͤllent wir denn gott bitten, daz er vns vnser sùnde vergebe; wån můͤssen wir die sùnde bůͤssen, waz sol vns denn die bette? Ist aber daz gebett nùtz, so wundert mich, ob wir der bůsse nùt v̀ber werdent. Wån daz gebett kan ich anders nùt verstån, so ich bitte gott: Vergib mir mine sùnde, dann daz ich beger, daz gott mit siner gerehtigkeit nùt bůͤsse mÿne sùnde.

B. Du håst dis gebett reht verstanden. Aber doch ist daz wor, daz reht gebett ist nùtze; wån gott heͤt es anders nùt geleret, es were *[74rb]* dåͤn nùtze. Vnd der nutz lit daran, daz die sùnden mit gerehtigkeit nùt werdent gebůͤsset. Daby ist ouch daz wor, daz alle sùnde mit gerehtigkeit můß werden gebůͤsset.

A. Wie moͤgent die zwey byeinander gestån? Des solt du mich bewisen; wån dainne han ich noch einen zwifel vnd ein wunder.

B. Wustest du, waz ich hiesse ein reht gebett, du antwùrtest dir selber zů disem wunder.

A. So sage: Waz ist reht gebett?

B. Der giltet, daz er sol, des gebett ist gereht; wån wer bittet fùr sin sùnde, die er nùt gelten noch bůͤssen wil, der bittet vnnùtziglich; wån die bette ist vnreht.

---

aut non ei licet suam iniuriam dimittere. *(Übers.* SCHMITT, *S.43: »Nämlich, wenn Gott so frei ist, dass er keinem Gesetze, niemandes Urteil unterliegt, <...> so scheint es verwunderlich, wenn wir behaupten, er wolle durchaus nicht oder es sei ihm nicht gestattet, das ihm zugefügte Unrecht nachzulassen.«)*

325 *Anselmus Cantuariensis, CDH I, c.12; Bd.II, S.70,14–18:* Quod autem dicitur quia quod vult iustum est, et quod non vult non est iustum, non ita intelligendum est ut, si deus velit quodlibet inconveniens, iustum sit, quia ipse vult. Non enim sequitur: si deus vult mentiri, iustum esse mentiri; sed potius deum illum non esse. *(Übers.* SCHMITT, *S.45: »Wenn es aber heißt: Was er will, ist recht, und was er nicht will, ist nicht recht, so ist das nicht so zu verstehen, dass, wenn Gott irgendetwas Ungeziemendes wollte, es gerecht wäre, weil er es will. Es folgt nämlich nicht, dass, wenn Gott lügen will, lügen recht sei, sondern vielmehr, dass er dann nicht Gott sei.«)*

B. Wenn man sagt: Gott kann das aus seiner Freiheit, wenn er will, die Freiheit sollst du überall in Klugheit verstehen. Da man sagt: alle Dinge wären gut, die er wollte, das ist wahr. Denn was er will, das ist gut. Wenn aber einer das will, was nicht gut ist, von dem sage ich: Der ist nicht Gott, und darum ist der Wille, der lügen will, nicht von Gott, da, wenn einer lügen will, in dem ist nicht die Wahrheit. Wie könnte der Gott sein, dem die Wahrheit fehlt. Darum ist das wahr: Gott kann alle Dinge, und was er kann, das ist gut. Wer aber kann, was nicht gut ist, der ist nicht Gott. Daran merke, dass göttliche Kraft und seine Gnade das nicht tut noch kann, was nicht gut noch gerecht ist, nämlich, dass die Sünde vor einem Richter so viel Recht habe wie die Gerechtigkeit. Darum kann es Gott nicht, der doch alles kann, weil er allmächtig ist.

A. Wohin ich mich wende, finde ich nichts anderes, als dass die Sünde mit Recht gebüßt werden muss, da Gottes Ehre daran liegt, wie im ersten Kapitel gesagt wurde, und auch weil es gerecht ist, wie du in diesem Kapitel erläutert und erschlossen hast. Da es nun so ist, warum sollen wir dann Gott bitten, dass er uns unsere Sünde vergebe, denn wenn wir die Sünde büßen müssen, was soll uns dann diese Bitte? Ist aber das Gebet nützlich, so wundert mich, ob uns dann die Bußwerke nicht erlassen werden. Denn das Gebet kann ich nicht anders verstehen, wenn ich Gott bitte: Vergib mir meine Sünde, als dass ich begehre, dass Gott mit seiner Gerechtigkeit meine Sünde nicht sühne.

B. Du hast das Gebet richtig verstanden. Aber doch ist es wahr, dass ein rechtes Gebet nützlich ist; denn Gott hätte es anders gelehrt, wenn es nicht nützlich wäre. Und der Nutzen liegt darin, dass die Sünden mit Gerechtigkeit nicht gebüßt werden. Dabei ist auch das wahr, dass jede Sünde mit Gerechtigkeit gebüßt werden muss.

A. Wie können diese zwei Sätze beieinanderstehen? Das sollst du mir beweisen; denn darin habe ich noch einen Zweifel und ein Wunder.

B. Wüsstest du, was ich ein rechtes Gebet nenne, dann würdest du dir selbst zu diesem Wunder antworten.

A. So sage: Was ist ein rechtes Gebet?

B. Wer vergilt, was er soll, dessen Gebet ist gerecht; denn wer für seine Sünde bittet, die er nicht vergelten noch büßen will, der bittet unnütz; denn die Bitte ist unrecht.

A. Daz merk ich; wan bͤet ich einen, dem ich gelten sͤolte, daz er mirß varen liesse, vnd seÿte im darzů, hett ich es ioch wol, ich wolt im nùt gelten, ich wͤene, er hett min bette fùr einen spott. Der aber nùt hett, daz er vergelte, vnd gerne gùlte, ob er mͤohte, dem sͤolt vergeben werden.

B. Der gerne gùlte vnd nùt hat, duncket dich, daz der nùtz gelte?

A. Neÿn, wån er git sinen willen dar.

B. Der bittet fùr *[74va]* sine schulde vnd gerne gùlte, der git doch sin gebett dar.

A. Demůtig gebett vnd gůter wille ist ein teil des geltes, daz merk ich wol.

B. Dauon hät vns gott geheissen bitten, wån bitten mit gutem willen ist ein groß teil des geltes vnd der bůssen. Davon wer bittet fùr sin sùnde vnd nùt bůsset, des gebett ist nùt gereht. Wer aber bittet mit gerehtem willen, der bůsset in dem, daz er bittet.

A. Nu han ich erst gemerket, wie die sùnde můß gebůsset werden, wie es ergåt, vnd daz das gebett darumb nùt vnnùtz ist, wån gereht gebett ist ein stùck der bůsse. Dauon wer nùt bůsset, der hͤet rehtes gebettes nùt, vnd wer rehtes gebettes nùt enhät, der bůsset nùt. Darumb leret vnser herre den mͤonschen bitten fùr sin sùnde. Wån gebett gehͤoret zů der bůsse der sùnde.[326]

B. Gott ist die worheit, die dine sÿnne in disem zwiuel hät erlùhtet, die dir das gebett oͮch het geliebet.

A. Gott wùrket von siner liebe vnd gůte in mir wunder emsiglichen. Wån so ich ietz wͤene, daz ich ein wort *[74vb]* kume iemer mͤoge glouben, zehant wurt es also bekant mÿner vernunfft, daz ich nùt alleÿne es wurde gloubende; mich duncket, ich mͤoht es griffen mit der handt. Ich han an disem worte keynen zwifel me. Dauon, ob du wilt, so vah an daz dritte capitel.

B.

---

326 *Anselmus Cantuariensis, CDH I, c. 19; Bd. II, S. 86,6f.:* Qui non solvit, frustra dicit: dimitte. Qui autem solvit, supplicat, quoniam hoc ipsum pertinet ad solutionem ut supplicet. *(Übers. Schmitt, S. 71: »Wer nicht bezahlt, spricht vergebens: ›Vergib‹. Wer aber bezahlt, bittet, weil eben das zur Abzahlung gehört, dass er bitte.«)*

A. Das merke ich; denn bäte ich jemanden, dem ich vergelten sollte, dass er es mir erließe, und sagte ich ihm dazu, ich hätte es zwar, ich wollte es ihm aber nicht vergelten, ich denke, er hielte meine Bitte für Spott. Wer aber nichts hat, das er vergelten kann, und gerne vergelten würde, wenn er könnte, dem sollte vergeben werden.

B. Wer gerne vergilt, aber es nicht hat, dünkt dich, dass der nützlich vergilt?

A. Nein, denn er gibt seinen Willen dazu.

B. Wer für seine Schuld bittet und gerne vergelten würde, der gibt doch sein Gebet dazu.

A. Demütiges Gebet und guter Wille sind ein Teil des Vergeltens, das bemerke ich wohl.

B. Darum hat uns Gott geheißen zu bitten, denn mit gutem Willen bitten ist ein großer Teil der Vergeltung und der Buße. Darum, wer für seine Sünde bittet und nicht büßt, dessen Gebet ist nicht gerecht. Wer aber mit gerechtem Willen bittet, der büßt darin, dass er bittet.

A. Nun habe ich erst gemerkt, wie die Sünde gebüßt werden muss, wie es möglich ist, und dass das Gebet darum nicht unnütz ist, weil gerechtes Gebet ein Stück Buße ist. Darum, wer nicht büßt, der hat kein rechtes Gebet, und wer rechtes Gebet nicht hat, der büßt nicht. Darum lehrt unser Herr den Menschen für seine Sünde bitten. Denn Gebet gehört zur Buße der Sünde.

B. Gott ist die Wahrheit, die deinen Verstand in diesem Zweifel erleuchtet hat, die dir das Gebet auch lieb gemacht hat.

A. Gott wirkt aus seiner Liebe und Güte fleißig in mir. Denn da ich jetzt meine, dass ich ein Wort kaum je mehr glauben könnte, sogleich wird es so meiner Vernunft erkenntlich, dass ich es nicht allein glauben würde, mir scheint, ich könnte es mit der Hand greifen. Ich habe an diesem Wort keinen Zweifel mehr. Darum, wenn du willst, fange das dritte Kapitel an.

B.

Das dritte capitel
Der moͤnsche mag sin sùnde nùt gebůssen von eigen sinen kråften. Vff dirre worheit stât die gnåde Ihesu Christi als vff einer grundfesti.

A. Als wie dis wort sie mir aber herte vnd erschogkenlich, doch begere ich, daz du es wol erlùhtest.

B. Wiltu dis wort verstån, so můst du vor ahten, wie groß die schulde der sùnde ist, die der moͤnsche gelten sol fùr die sùnde, vnd ouch wie groß die bůsse wesen sol, do mit der moͤnsche gelten sol zů reht sin sùnde.

A. Ich wil dise zweÿ gerne sehen an, also daz du mir doinne siest beholffen.

B. Darumb han ich es angefangen, daz ich dir sie be*[75ra]*holffen.

A. Nu sage: Wie groß ist die schulde, die man fùr die sùnde gelten sol?

B. Reht alz groß das ist, darumb der moͤnsche zů reht nùt sol sùnden.

A. Wie groß ist das, darumb der moͤnsche nùt sol sùnden?

B. Weist du, waz sùnden ist, so kanst du geschetzen, wie groß das ist, darumb der moͤnsche nùt solte sùnden.

A. Han ich dine wort reht gemerket, so ist sùnden anders nùt denn gotte nùt geben, des der moͤnsche gotte schuldig ist.[327]

B. Weß ist aber der moͤnsche gotte schuldig?

A. Daz er dem goͤttlichen willen vndertånig sie[328].

B. Du hast gar reht geantwùrtet. Nu sage an: Wie groß schetzest du die sùnde, als der moͤnsche nùt wil gotte vndertånig sin williglich? Waz solte der moͤnsche nemmen nach rehter bescheidenheit, daz er gotte nùt wolte vndertånig sin?

A. Darzů kan ich kein zijtlich gůt gemessen; wån alles gůt, daz zijtlich ist, daz were ein kleiner soldt, daz ich mich wider gott soͤlte setzen, der mich vnd alles gůt dirre welte moͤht in einem ougenblick in die helle *[75rb]* versencken.

B. Werest du vor gottes antlitze vnd spreche gott: Sich mich an, vnd sih nùt vmb dich, waz nemest du, daz du wider gottes willen vmb dich einest sehest?[329]

A. Alle die welt die nåm ich nùt, solte sù ioch darumb verderben.

---

327 *Anselmus Cantuariensis, CDH I, c. 11; Bd. II, S. 68,10:* Non est itaque aliud peccare quam non reddere deo debitum. *(Übers.* S*CHMITT*, *S. 41: »Mithin ist sündigen nichts anderes als Gott das Geschuldete nicht leisten.«)*

328 *Anselmus Cantuariensis, CDH I, c. 11; Bd. II, S. 68,11 f.:* B. Quod est debitum quod deo debemus? / A. Omnis voluntas rationalis creaturae subiecta debet esse voluntati dei. *(Übers. SCHMITT, S. 41: »B. Was ist das Geschuldete, das wir Gott schulden? / A. Aller Wille der vernunftbegabten Schöpfung muss dem Willen Gottes unterworfen sein.«)*

329 *Anselmus Cantuariensis, CDH I, c. 21; Bd. II, S. 88,20–23:* Si videres te in conspectu dei, et aliquis tibi diceret: aspice illuc; et deus econtra: nullatenus volo ut aspicias: quaere tu ipse in corde tuo quid sit in omnibus quae sunt, pro quo contra voluntatem dei deberes illum aspectum facere. *(Übers. SCHMITT, S. 75: »Wenn du dich im Angesichte Gottes sähest und jemand sagte zu dir: ›Blicke dorthin‹, und Gott dagegen: ›Keineswegs will ich, dass du hin-*

Das dritte Kapitel
Der Mensch kann seine Sünde nicht aus eigenen Kräften büßen. Auf dieser Wahrheit beruht die Gnade Jesu Christi wie auf einem Fundament.

A. Obwohl dieses Wort für mich wieder hart und erschreckend ist, möchte ich doch, dass du es gründlich erläuterst.

B. Willst du dieses Wort verstehen, so musst du zuvor darauf achten, wie groß die Schuld der Sünde ist, die der Mensch für die Sünde erstatten soll, und auch, wie die Buße sein soll, mit der der Mensch erstatten soll und mit der der Mensch zu Recht vergelten soll.

A. Ich will diese zwei Dinge gerne ansehen, sofern du mir darin behilflich bist.

B. Darum habe ich es angefangen, dass ich dir behilflich bin.

A. Nun sage: Wie groß ist die Schuld, die man für die Sünde erstatten soll?

B. Gerade so groß, wie das ist, um dessentwillen der Mensch mit Recht nicht sündigen sollte.

A. Wie groß ist das, um dessentwillen der Mensch nicht sündigen soll?

B. Wenn du weißt, was sündigen ist, so kannst du abschätzen, wie groß das ist, um dessentwillen der Mensch nicht sündigen sollte.

A. Wenn ich deine Worte richtig verstanden habe, so ist sündigen nichts anderes als Gott nicht geben, was der Mensch Gott schuldet.

B. Was schuldet aber der Mensch Gott?

A. Dass er dem göttlichen Willen untertan ist.

B. Du hast ganz richtig geantwortet. Jetzt sage: Wie groß schätzt du die Sünde ein, wenn der Mensch Gott nicht aus freiem Willen untertan sein will? Was sollte der Mensch in rechter Einschätzung <als Gegengabe> dafür nehmen, dass er Gott nicht untertan sein will?

A. Dazu kann ich kein zeitliches Gut ermessen; denn alles Gut, das zeitlich ist, das wäre ein kleines Entgelt, wenn ich mich Gott widersetzen wollte, der mich und alles Gut dieser Welt in einem Augenblick in die Hölle versenken könnte.

B. Wärst du vor Gottes Antlitz und spräche Gott: »Sieh mich an und sieh dich nicht um«, was wolltest du <als Gegenwert> annehmen, um dich einmal gegen Gottes Willen umzusehen?

A. Die ganze Welt würde ich nicht nehmen, auch wenn sie darum zugrunde ginge.

B. Muͤstent aber alle engel verderben vnd zuͦ nùte werden, woltest du einen blick tuͦn wider gott von sinem antlitz?[330]

A. Ich wolt e alle engel vnd alle creaturen mit einander laͦssen verderben, moͤht es anders nùt sin, e daz ich mich einest wider gottes willen wolte von im keren, were ich vor sinen ougen.

B. Du hast wißlich vnd wol geantwùrtet. Es wurt etwenn *eim* moͤnschen liep, daz man tuͦt wider sinen willen; waͦn der wille, den er nu hät, der mag in danach geruwen. Daz bedarff nieman von gotte gedencken noch weͣnen, daz in sin wille iemer geruwe.[331] Darumb wer wider gottes willen tuͦt, der bedarff sich nùt froͤuwen, waz guͦtes dauon kaͦme. Waͦn *[75va]* waz guͦts dauon *kaͦme*, das hùlffe dazuͦ nùt, daz es iemer wùrde gottes wille. Waͦn keyn sin wille mag in geruwen nùt, vnd daz kommet von der vnmaͦssigen wißheit, in der er alle ding fùrsiht, waz darnach gaͦt vnd komen mag.

A. Ich merke wol, daz das woͤr ist. Waͦn ruwe kummt vns von vnbetrahten vnwisen sinnen. Ich voͤrhte, min antwurte wùrde dir nùt wol geuallen; waͦn ein frùnd lidet etwenn lieber einen kleynen schaden, daz sin frùnd eins grossen vngemaches v̀ber werde. Dauon zwiuelt ich, ob ich reht teͣte, daz ich alle creature, die gott mynnet, liesse verderben, e ich einen ougenblick *vor* gotte wider sinen willen teͣte.

B. Es ist gar vnglich von gott vnd von dem moͤnschen. Waͦn der moͤnsche der moͤht etwaz liden, daz er sinem frùnd schaden v̀berhuͤbe, den schaden er im nùt moͤhte aͦne sinen schaden wol gebuͤssen. Vnd dauon were, das alle creature dauon vndergiengen, daz du nùt woltest tuͦn einest wider gottes willen, daran neͣme vnser *[75vb]* herre keinen schaden. Den schaden, den sin frùnde daran neͣmen, den moͤht er wol aͦne allen schaden gebuͤssen, wän er almähtig ist. Vnd

36 eim] ein *40* kaͦme] kaͦme waͦn *48* vor] von

---

schaust‹, frage du selbst in deinem Herzen, was es unter allem, was da ist, gibt, wofür du gegen den Willen Gottes jenen Blick tun dürftest.«)

330 *Anselmus Cantuariensis, CDH I, c.21; Bd. II, S.89,1–3:* Quid si necesse esset aut totum mundum et quidquid deus non est perire et in nihilum redigi, aut te facere tam parvam rem contra voluntatem dei? *(Übers.* S*CHMITT, S.75: »Was dann, wenn es notwendig wäre, dass entweder die ganze Welt und alles, was nicht Gott ist, zugrunde gehe und ins Nichts versetzt werde, oder dass du eine so kleine Sache gegen den Willen Gottes tätest?«)*

331 *Anselmus Cantuariensis, CDH I, c.21; Bd. II, S.89,6–11:* Sed solemus aliquando facere contra voluntatem alicuius non reprehensibiliter, ut res eius serventur, quod postea illi placet contra cuius voluntatem facimus. Hoc fit homini qui aliquando non intelligit quid sibi sit utile, aut non potest quod perdit restaurare; sed deus nullo indiget et omnia si perirent posset, sicut ea fecit, restituere. *(Übers.* S*CHMITT, S.77: »Jedoch pflegen wir manchmal ohne Tadel gegen jemandes Willen – um sein Eigentum zu retten – zu tun, was nachher dem recht ist, gegen dessen Willen wir es tun. Das geschieht dem Menschen, der manchmal nicht erkennt, was ihm Nutzen ist, oder nicht ersetzen kann, was er verliert. Gott aber braucht niemanden, und wenn alles zugrunde ginge, könnte er es, so wie er es geschaffen, wieder herstellen.«)*

B. Müssten auch alle Engel verderben und zunichtewerden, wenn du gegen Gottes Willen vor seinem Antlitz einen Blick tun wolltest?

A. Ich wollte eher alle Engel und alle Geschöpfe miteinander verderben lassen, wenn es anders nicht sein könnte, bevor ich mich einmal gegen Gottes Willen von ihm abkehren wollte, wenn ich vor seinen Augen stünde.

B. Du hast klug und richtig geantwortet. Manchmal kann es einem Menschen lieb werden, dass man gegen seinen Willen handelt, denn der Wille, den er jetzt hat, der kann ihn später reuen. Das darf niemand von Gott denken oder verneinen, dass ihn sein Wille jemals reuen würde. Darum, wer gegen Gottes Willen handelt, der sollte sich nicht freuen, dass davon etwas Gutes käme. Denn was Gutes dadurch entstünde, das würde nicht dazu helfen, dass es je Gottes Wille würde. Denn sein Wille kann ihn nicht reuen, und das kommt aus der unmäßigen Weisheit, in der er alle Dinge vorhersieht, was immer nachträglich daraus hervorgeht und kommen kann.

A. Ich merke wohl, dass das wahr ist. Denn Reue kommt uns aus unbedachten und unklugen Meinungen. Ich fürchte, meine Antwort würde dir nicht gefallen, denn ein Freund leidet manchmal lieber einen kleinen Schaden, damit sein Freund ein großes Ungemach überwinden kann. Darum zweifelte ich, ob ich recht täte, wenn ich alle Geschöpfe, die Gott liebt, verderben ließe, bevor ich einen Augenblick vor Gott gegen seinen Willen handelte.

B. Es ist bei Gott und den Menschen völlig ungleich. Denn der Mensch könnte etwas geschehen lassen, sodass er über den Schaden seines Freundes hinwegsähe; diesen Schaden könnte er aber nicht ohne eigenen Schaden wiedergutmachen. Und darum, wenn alle Menschen dadurch untergingen, dass du nicht einmal gegen Gottes Willen handeln wolltest, daran nähme unser Herr keinen Schaden. Den Schaden, den seine Freunde dabei erlitten, den könnte er auch ohne allen eigenen Schaden wiedergutmachen; denn er ist allmächtig, und

dauon wolt er gerne die creature han, so sù verdorben were, daz moͤht er mit eim worte widerbringen.

A. Ich sihe wol, daz ich reht han geantwurt, vnd doch so ist es nùt komen von soͤllicher bekantnisse, als ich nu merke, daz sùnde kein gůt entschuldigen mag, waz darnåch mag gån. Ich han ouch nÿe reht angesehen, daz ein iegliche sùnde als groß ist, die geschihet wider gottes willen. Syd ich nu han gesehen, wie groß die sùnd ist, so bewise mich, wie groß die bůsse von reht soͤlle sin, damite die sùnde wurt gebuͤsset.

B. Daz solt du eben merken, wiltu das erste wort verstån, daz der moͤnsche sine sùnde nùt mag gebuͤssen.

A. Ich tůn daz beste, daz ich mag, wie ich eben hoͤre.

B. Wer bůssen wil eine schulde, der můß geben als vil fùr die schulde, vnd darzů so můß er etwaz me geben fùr den freuel vnd fùr die små̊hte, den der begangen hät an gotte in der schulde.[332]

A. We, wie bin ich *[76ra]* erschrogken von der bůsse. Der moͤnsche mag doch geleisten nùt, daz er zů rehter måsse soͤlte geben fùr die sùnde. Wån das můste als groß sin als alle creaturen vnd noch groͤsser. Wån were noch ein welt nåch dirre welte, die solte der moͤnsche nùt nemmen, daz er tåte keyne sùnde.[333] Vnd mag er daz geleisten nùt, wo neͤme er denn das v͗berige fùr den freuel vnd fùr die smeͤhte?

B. Es sol dich nùt kleyne duncken der freuel vnd die smähte, die der moͤnsche gott erbott in den sùnden. Wån es ist nùt gnůg, der eÿme daz sine freuellich nymmet vnd schåmelich beroͤbet sins gewandes, daz er im daz gewand wider git. Er sol im billich bůssen den freuel vnd die små̊hte zů dem, daz er im wider git daz sine.

A. Waz ist die gesmåhte, die gotte beschach von des moͤnschen sùnde?

B. Gott heͤt den moͤnschen gesetzet in daz paradis, das er dem boͤsen engel soͤlte widerstån, daz die gerehtigkeit gotes wùrde geeret vnd entschuldiget von des engels valle.

A. Als wie?

332 *Anselmus Cantuariensis, CDH I, c. 20; Bd. II, S. 86,19f.:* Hoc quoque non dubitabis, ut puto, quia secundum mensuram peccati oportet satisfactionem esse. *(Übers. Schmitt, S. 71: »Auch das wirst du nicht bezweifeln, wie ich annehme, dass sich nach dem Maße der Sünde die Genugtuung richten muss.«) Anselmus Cantuariensis, CDH I, c. 21; Bd. II, S. 89,27–28:* Non ergo satisfacis, si non reddis aliquid maius, quam sit id pro quo peccatum facere non debueras. *(Übers. Schmitt, S. 77: »Du tust also nicht genug, wenn du nicht etwas Größeres wiedererstattest, als das ist, um dessentwillen du die Sünde nicht hättest begehen dürfen.«)*

333 *Anselmus Cantuariensis, CDH I, c. 21; Bd. II, S. 89,12–14, 16:* Fateri me necesse est quia pro conservanda tota creatura nihil deberem facere contra voluntatem dei. Quid si plures essent mundi? <…> id ipsum responderem. *(Übers. Schmitt, S. 77: »Notgedrungen gestehe ich, dass ich um der Erhaltung der ganzen Schöpfung willen nichts gegen den Willen Gottes tun dürfte. Was, wenn es mehrere Welten gäbe? <…> Ich würde dasselbe antworten.«)*

darum, wenn er gerne das Geschöpf behalten wollte, wenn es verdorben wäre, könnte er das mit einem Wort wiederherstellen.

A. Ich sehe wohl, dass ich richtig geantwortet habe, und doch ist es nicht aus einer solchen Erkenntnis gekommen, wie ich jetzt bemerke, dass kein Gut die Sünde entschuldigen kann, das aus ihr folgen könnte. Ich habe auch nie richtig angesehen, dass eine jede Sünde so groß ist, die gegen Gottes Willen geschieht. Da ich aber nun gesehen habe, wie groß die Sünde ist, so zeige mir, wie groß die Wiedergutmachung rechtmäßig sein sollte, mit der die Sünde gebüßt wird.

B. Das wirst du rasch bemerken, wenn du das erste Wort verstehen willst, dass der Mensch seine Sünde nicht wiedergutmachen kann.

A. Ich tue mein Bestes, was ich kann, wenn ich es nur höre.

B. Wer eine Schuld wiedergutmachen will, der muss so viel für die Schuld hergeben, und dazu muss er noch etwas mehr für den Frevel und für die Schmach hergeben, die er an Gott durch die Schuld verursacht hat.

A. O weh, wie bin ich erschrocken von dieser Wiedergutmachung. Der Mensch kann doch nicht leisten, was er mit gerechtem Maß für die Sünde hergeben sollte. Denn das müsste so groß sein wie alle Geschöpfe und noch größer. Denn gäbe es noch eine Welt nach dieser Welt, die sollte der Mensch nicht hernehmen, um eine Sünde zu begehen. Und kann er das nicht leisten, woher nähme er dann das Zusätzliche für den Frevel und die Schmach?

B. Der Frevel und die Schmach sollen dich nicht gering dünken, die der Mensch Gott durch die Sünde angetan hat. Denn es ist nicht genug, wenn einer jemandem das Eigentum frevelhaft nimmt und wenn er ihm dazu schamvoll das Gewand raubt, dass er ihm nur das Gewand zurückgibt. Er soll ihm zu Recht den Frevel wiedergutmachen und die Schmach noch darüber hinaus, dass er ihm das Seine wiedergibt.

A. Was ist die Schmach, die Gott durch des Menschen Sünde angetan wurde?

B. Gott hat den Menschen in das Paradies gesetzt, damit er dem bösen Engel widerstehen sollte, sodass die Gerechtigkeit Gottes geehrt würde und von dem Fall des Engels entschuldigt würde

A. Inwiefern?

B. Die boͤsen engel beduhte, daz gott ir sùnde zů swere ge[*76*^{rb}]rochen hette vnd v̀ber reht. Were nu der moͤnsche in dem paradise nùt in die sùnde geuallen, so were schinbåͤr worden, daz gott der engel sùnde billich rach swåͤrlich. Wån daz der engel sùndet in dem hÿmel åne blo̊digkeit der nature vnd åne alle bekorunge, daz were im billich *verwisen,* do der moͤnsche vff ertrich in bloͤder nature vnd in bekorung der sùnde were gestanden. Daz were gott ein groß ere gewesen vnd siner gerehtigkeit vor den verstossenen geisten.[334]

A. Der daz reht wegen kan, der sol es nùt kleÿne ahten.

B. Dauon were der moͤnsche schuldig, das er also gott erete, daz er den tùfel v̀berwùnde gotte zů lobe, als er gotte zů småͤhte sich ließ den tùfel v̀berwinden.

A. Das ist alz wo̊r, daz ich nùt weiß, daz ich dawider ùt ko̊nde gesprechen. Ich sihe wol, daz der moͤnsche den freuel nùt gebůssen mag. Ich wil swigen der schulde.

B. Mag er daz nùt gebůssen, noch mynre mag er die rehte schulde gelten.

A. Waz were daz gelt der schulde?

B. Daz gott dem moͤnschen hät [*76*^{va}] geben vnd willen hat zů geben, daz so̊lte der moͤnsche gotte wider geben, wann er sin gott hät beroubet.[335]

A. Waz ist, daz gott dem moͤnschen hat geben vnd wolte geben?

B. Daz ist ein gerehte nature, die hät der moͤnsche empfangen, vnd ewige seligkeit,[336] die er hät empfangen. Die zwey hät der moͤnsche gotte benommen. Daz ist die schulde, die der moͤnsche sol gelten.

A. We, daz gelt ist ze groß! Der moͤnsche mag sin nùt vergelten. Wer mo̊ht sin nature machen gereht, oder wer mo̊ht imselber geben ewig leben? Daz ist verre v̀ber aller moͤnschen krafft. Dauon můß ich mit leidigem *herzen* veriehen, daz der moͤnsche sine sùnde nùt mag gebůssen; wån er weder die rehte schulde

90 verwisen] verwissen *109* herzen] herren

334 *Anselmus Cantuariensis, CDH I, c.22; Bd. II, S. 90,9–13:* Homo in paradiso sine peccato factus quasi positus est pro deo inter deum et diabolum, ut vinceret diabolum non consentiendo suadenti peccatum, ad excusationem et honorem dei et ad confusionem diaboli, cum ille infirmior in terra non peccaret eodem diabolo suadente, qui fortior peccavit in caelo nullo suadente. *(Übers. Schmitt, S. 79: »Der Mensch, im Paradies ohne Sünde erschaffen, wurde für Gott gleichsam zwischen Gott und Teufel gestellt, dass er den ihn zur Sünde verleitenden Teufel, indem er nicht zustimmte, überwände; und zwar zur Rechtfertigung und Verherrlichung Gottes und zur Beschämung des Teufels, da jener, der Schwächere, auf Erden nicht sündigte, obwohl von eben diesem Teufel verleitet, der, obgleich stärker und von niemandem verleitet, im Himmel sündigte.«)*

335 *Anselmus Cantuariensis, CDH I, c.23; Bd. II, S. 91,8:* Nonne abstulit deo, quidquid de humana natura facere proposuerat? *(Übers. Schmitt, S. 79: »Nahm er Gott nicht alles, was er mit der menschlichen Natur zu tun vorgenommen hatte?«)*

336 Hier wird die ewige Seligkeit zum Schöpfungsplan gezählt. Das fehlt bei Anselm, entspricht aber dem Heilsplan, wie er im ersten Kapitel des ›Audi-filia-Dialogs‹ I und bei Johannes von Basel entworfen wird.

B. Die bösen Engel glaubten, dass Gott ihre Sünde zu schwer gerächt hätte und gegen das Recht. Wäre nun der Mensch in dem Paradies nicht in die Sünde gefallen, so wäre offenbar geworden, dass Gott die Sünde der Engel zu Recht schwer gerächt hat. Denn dass der Engel in dem Himmel ohne Dummheit der Natur und ohne die Versuchung sündigte, das wäre ihm zu Recht getadelt worden. Wenn der Mensch auf der Erde in dummer Natur und in Versuchung der Sünde widerstanden hätte, wäre das für Gott eine größere Ehre gewesen und für seine Gerechtigkeit vor den verstoßenen Geistern.

A. Wer das richtig abwägen kann, der soll es nicht gering achten.

B. Darum wäre der Mensch schuldig gewesen, Gott so sehr zu ehren, dass er den Teufel Gott zum Lob überwunden hätte, anstatt dass er sich selbst Gott zur Schmach vom Teufel überwinden ließ.

A. Das ist ebenso wahr, dass ich nicht weiß, wie ich dagegensprechen könnte. Ich sehe wohl, dass der Mensch den Frevel nicht wiedergutmachen kann, ganz zu schweigen von der Schuld.

B. Kann er das nicht wiedergutmachen, dann kann er noch weniger die Schuld zu Recht erstatten.

A. Was wäre die Erstattung für die Schuld?

B. Was Gott dem Menschen gegeben hat und was zu geben er den Willen hatte, das sollte der Mensch zurückgeben, denn er hat Gott dessen beraubt.

A. Was ist es, das Gott dem Menschen gegeben hat und geben wollte?

B. Das ist eine gerechte Natur, die der Mensch empfangen hat, und die ewige Seligkeit, die er empfangen hat. Diese zwei Dinge hat der Mensch Gott genommen. Das ist die Schuld, die der Mensch erstatten sollte.

A. O weh, diese Vergeltung ist zu groß! Der Mensch kann es nicht erstatten. Wer könnte seine Natur gerecht machen, oder wer könnte sich selbst das ewige Leben geben? Das ist weit über die Kraft aller Menschen hinaus. Darum muss ich mit leidvollem Herzen bekennen, dass der Mensch seine Sünde nicht

vergelten mag noch den frevel vnd die småhte, die in den sùnden gotte wurt erbotten.

B. Ich bin fùr dich frŏ, daz du der bekanten wårheit nùt widerståst, wie daz sie, ob sù dich ioch drucket; wån wer der wårheit widerståt, dauon wån sù in růret, der tůt als ein sieche, der sich siner gesuntheit håt *[76vb]* verwegen, der des artzates nùt engert noch der artzenÿge.

A. Noch blibet mir ein zwiuel. Ich wonde etwenn, so der moͤnsche durch gott verschmåhte die froͤide der welte vnd mit strenger vͤbunge kestiget den gelust sins libes vnd so er in goͤttlicher mynne teilte mit den frùnden gotts sin gůt vnd so er sinen willen machet vndertaͤnig in gehorsame dem moͤnschen an gotts statt,[337] domitte bůste der moͤnsche sin sùnde, vnd daz sind die dinge, die man leret vnd brediget, daz die werk vnd sumelich gůt sint fùr die sùnde.[338]

B. Du hast mir fùr geworffen ein nùtze fråge. Dauon merke mÿn antwùrte.

A. Gerne.

B. Es ist ein vnderscheit zwùschent gelte vnd danckbeͤrkeit.[339]

A. Wie sol ich das verstan?

B. Gelte ist, das man eins git vmb daz ander, also daz nåch gemeyner wise eins ist alz wert vnd als gůt als daz ander. Also das einer dem andern nÿmet ein schåff, daz giltet er mit fùnff schilligen, ist, daz ein schåff nach gemeynem lŏffe nùt me giltet dån fùnff *[77ra]* schillinge.

A. Was ist danckberkeit?

B. Danckbeͤrkeit ist, so man eins tůt gegen dem andern von fryem willen. Daz můß nùt gemessen sin gegen dem werde vnd gegen der gůte der gåbe; als der dem andern geͤbe ein gewand oder etwaz anders, vnd darumb gebe danck mit worten oder mit gunste, der were danckbår vnd hette doch nùt daz geben, daz dem gewande glich geahtet were nåch werde. Wån nach gemeynem louffe so git man ein gewand nùt vmb luter wort oder vmb einen gemeynen gunst oder vmb keÿn soͤllich ding. Vnd dauon wer gäb empfahet, der ist schuldig danckber zůsinde, also daz er etwaz wider geͤbe, nùt als ein gelt, als ein danck. Der danck nùt gemessen wurt gegen dem werde der gåben.

---

337 *Anselmus Cantuariensis, CDH I, c.20; Bd. II, S. 86,28–87,2:* An non honoro deum, quando propter timorem eius et amorem in cordis contritione laetitiam temporalem abicio, in abstinentiis et laboribus delectationes et quietem huius vitae calco, in dando et dimittendo quae mea sunt largior, in oboedientia me ipsum illi subicio? *(Übers. Schmitt, S. 73: Ehre ich etwa Gott nicht, wenn ich aus Furcht vor ihm und aus Liebe zu ihm in der Zerknirschung des Herzens zeitliche Freude wegwerfe, in Enthaltungen und Kasteiungen die Genüsse und die Ruhe dieses Lebens mit Füßen trete, im Geben und Verzeihen das, was mir gehört, verschenke und im Gehorsam ihm mich selber unterwerfe?«)*

338 *Damit wird das Thema der Werkgerechtigkeit eingeführt, das bei Anselm fehlt.*

339 *Durch diese Unterscheidung, die bei Anselm fehlt, wird die später folgende zeitgenössische Unterscheidung von* meritum de congruo *und* meritum de condigno *vorbereitet.*

wiedergutmachen kann, da er weder die gerechte Schuld erstatten kann noch den Frevel und die Schmach, die in den Sünden Gott angetan wurde.

B. Ich bin für dich froh, dass du der offenbaren Wahrheit nicht widerstehst, obwohl sie dich doch bedrückt; denn wer der Wahrheit widersteht, weil sie ihn berührt, der tut wie ein Kranker, der seine Gesundheit aufs Spiel setzt, der den Arzt nicht haben will noch die Arznei.

A. Mir bleibt noch ein Zweifel. Ich dachte manchmal, wenn der Mensch um Gottes willen die Freude der Welt verschmäht und mit strenger Übung die Lust seines Leibes kasteit, und wenn er in göttlicher Liebe mit den Freunden Gottes sein Gut teilt und wenn er seinen Willen in Gehorsam dem Menschen an Gottes Stelle untertan macht, damit könnte der Mensch seine Sünde wiedergutmachen, und das sind die Dinge, die man lehrt und predigt, dass nämlich die Werke und manch <Anderes> für die Sünde gut sind.

B. Du hast mir eine nützliche Frage vorgelegt. Darum höre meine Antwort.

A. Gerne.

B. Es ist ein Unterschied zwischen der Vergeltung und der Dankbarkeit.

A. Wie soll ich das verstehen?

B. Vergeltung ist, dass man eins um das andere gibt, sodass nach üblicher Weise das eine so viel wert ist und so gut ist wie das andere, sodass einer dem anderen ein Schaf nimmt, das erstattet er mit fünf Schillingen, wenn ein Schaf nach der allgemeinen Regel nicht mehr wert ist als fünf Schillinge.

A. Was ist Dankbarkeit?

B. Dankbarkeit ist es, wenn man eins für den anderen aus freiem Willen tut. Das muss nicht gemessen werden an dem Wert und der Güte der Gabe; wenn einer dem anderen ein Gewand oder etwas anderes gibt, und dieser darum seinen Dank gibt mit Worten oder mit einer Gunst, der wäre dankbar und hätte doch nicht das gegeben, was dem Gewand an Wert gleich geschätzt würde. Denn gemeinhin gibt man ein Gewand nicht für bloße Worte her oder für eine gewöhnliche Gunst oder für solche Dinge. Und darum, wer eine Gabe empfängt, der ist schuldig, dankbar zu sein, sodass er etwas zurückgibt, nicht als Entschädigung, sondern als Dank. Der Dank wird nicht an dem Wert der Gabe gemessen.

A. Nu han ich disen vnderscheit wol gemerket. Nu sage, wie man sùnde moͤge bůssen, ist, daz man mit årbeit vnd mit kestigunge des libes, als vor gesprochen ist, die sùnde nùt mag gebůssen.

B. Rehte bůsse ist rehtes gelt; wån die bůsse wurt *[77rb]* gegen der schulde gemessen. Nu ist kein ding als gůt, daz der moͤnsche gelten mag, als daz waz, daz der moͤnsche williglich verloren hät. Dauon so mag der moͤnsche nùt bůssen.

A. Dis ist merklich.

B. So merke noch me: Waz der moͤnsche schuldig ist, ob er kein sùnde heͣt getån, git er daz fùr die sùnde, domitte giltet er nùt noch bůsset sine sùnde.[340]

A. Daz ist gar merklich. Were ich einem schuldig alter schulde einen schilling vnd kouffte vmb in etwaz, vmb einen schilling, geͣbe ich im einen schilling, so hetti ich im den kouff nùt vergolten; wån ich hetti erst die alte schulde gerihtet.

B. Also wissest, daz der moͤnsche gotte schuldig waz, e er gesùndete, daz er der welte froͤide versmåhte von der mynne vnd von der vorhte gottes.

A. Als wie?

B. Der moͤnsche solte danckber sin gotte, das er in zů der ewigen seligkeit hät geschaffen. Dauon soͤlt er gott mynnen vnd die gabe, *die* yme gott wolt geben, vnd die mynne soͤlt also groß sin, daz sù der welte mÿnne hetti ertoͤtet. Er solte sich ouch han geuoͤrhtet, wån er noch *[77va]* in der sicherheit nùt waz, daz in v̓tzit moͤhte irren. Die vorhte soͤlt ouch groß sin gewesen, daz sù der welte mynne hette ertoͤtet.[341]

A. Eya, nu sih ich erst, daz wir von danckberkeit gotte schuldig sint alles, daz wir vermoͤgent, werent wir ioch in sùnde nye geuallen.

B. Sih noch me, wie der moͤnsche sinen lib in zuht vnd in discipline soͤlte halten, were ioch sùnde nye geschehen. Wån des libes lust vnd růwe den moͤnschen irret an der růwe der worheit. Dauon so solte der moͤnsche die růwe

158 die *fehlt*

---

340 *Anselmus Cantuariensis, CDH I, c.20; Bd. II, S. 87,27–28:* Si me ipsum et quidquid possum, etiam quando non pecco, illi debeo ne peccem, nihil habeo quod pro peccato reddam. *(Übers. Schmitt, S. 73: »Wenn ich mich selber und alles, was ich kann, auch wenn ich nicht sündige, ihm schuldig bin, um nicht zu sündigen, dann habe ich nichts, was ich für die Sünde erstatten könnte.«)*

341 *Anselmus Cantuariensis, CDH I, c.20; Bd. II, S. 87,5–8:* Tantus enim debet esse in hac mortali vita amor, et – ad quod pertinet oratio – desiderium perveniendi ad id ad quod factus es, et dolor quia nondum ibi es, et timor ne non pervenias, ut nullam laetitiam sentire debeas, nisi de iis quae tibi aut auxilium aut spem dant perveniendi. *(Übers. Schmitt, S. 73: »Denn so groß muss in diesem sterblichen Leben die Liebe sein und – wozu das Gebet gehört – das Verlangen nach dem, wozu du geschaffen bist, und der Schmerz darüber, dass du noch nicht dort bist, und die Furcht, du möchtest nicht hingelangen: dass du keine Freude fühlen darfst, außer über das, was dir entweder eine Hilfe oder die Hoffnung gibt, dahin zu gelangen.«)*

A. Jetzt habe ich diesen Unterschied wohl verstanden. Nun sage, wie man die Sünde büßen kann, wenn man mit Mühsal und mit Kasteiung des Leibes, wie zuvor gesprochen wurde, die Sünde nicht büßen kann.

B. Rechte Buße ist rechte Entschädigung, wo das Entgelt an der Schuld gemessen wird. Nun ist nichts so gut, dass der Mensch <in derselben Weise> erstatten kann, wie das war, was der Mensch mit eigenem Willen verloren hat. Darum kann der Mensch nicht wiedergutmachen.

A. Das ist verständlich.

B. So merke noch das Folgende: Was der Mensch schuldig ist, wenn er keine Sünde getan hätte, gibt er das für die Sünde, damit vergilt er nicht noch büßt er damit seine Sünde.

A. Das ist gut zu verstehen. Schuldete ich jemandem aus einer alten Schuld einen Schilling und kaufte für ihn etwas für einen Schilling, dann gäbe ich ihm einen Schilling und hätte ihn mit dem Kauf nicht entschädigt, denn ich hätte erst die alte Schuld beglichen.

B. So sollst du wissen, dass der Mensch, bevor er sündigte, Gott schuldete, dass er aus Liebe und aus Furcht Gottes die Freude der Welt verschmähte.

A. Inwiefern?

B. Der Mensch sollte Gott dankbar sein, dass er ihn zur ewigen Seligkeit geschaffen hat. Darum sollte er Gott um dieser Gabe willen lieben, die ihm Gott geben wollte, und die Liebe sollte so groß sein, dass sie die Liebe zur Welt ertötet hätte. Er sollte sich auch gefürchtet haben, da er noch nicht in Sicherheit war, dass ihn etwas beirren könnte. Die Furcht sollte auch so groß gewesen sein, dass sie die Liebe zur Welt ertötet hätte.

A. Ach, jetzt sehe ich erst, dass wir aus Dankbarkeit Gott alles schuldig sind, was wir können, auch wenn wir nie in Sünde gefallen wären.

B. Sieh dazu noch, wie der Mensch seinen Leib in Zucht und Disziplin halten sollte, auch wenn die Sünde nie geschehen wäre. Denn des Leibes Lust und Ruhe behindert den Menschen an der Ruhe der Wahrheit. Darum sollte

vnd den lust begeben, der in der woren růwe mo̊ht geirren.[342] Dasselbe merke von dem almůsen. Were keÿn sùnde, dennoch soltest du teylen mit dem moͤnschen, daz gott ym zů troste vnd zů helffe geschaffen hat. Gott hät keÿn gůt, daz der moͤnsche bedarff, einem moͤnschen sunderlich geschaffen.[343] Dauon so ist das keyn gelt, daz du dem armen moͤnschen gist, daz im gott heͤt geschaffen. Dauon so sint die richen gitigen lùte betrogen; wän sù wenent haben eigenschafft von gotte in dem, daz gott der *[77vb]* gemeynde hät geschaffen.

A. Wie kummet es denn, daz alles gerihte der richen erteilent daz gůt, das er ioch v̀berig hat? Ist es von gotte nùt sin noch hatt dainne keyn eigenschafft, so felent alle gerihte, geistlich vnd weltlich.

B. Die gerihte vnd reht sehent an, waz moͤnschlichem friden nùtz ist. Dauon sprechent sù nÿeman sin gůt abe, daz er ioch v̀berflùssiglich hat. Wån dis were dem gemeynen fryden nùt gůt. Das aber daz gerihte daz nùt tůt, das meÿnet, das sin der moͤnsche selber sol sin ein teiler, vnd ob er daz noch bescheidenheit nùt tůt, denn so wurt er gerihtet von dem o̊bersten rihter. Darnåch, ob du dinen vienden vergist ire schulde, dainne tůst du nùtzit, dån daz du von rehte tůn soltest åne alle sùnde.

A. Das reht bewise mich.

B. Nyeman mag sinem herren sich selber benemmen.

A. Daz vergihe ich.

B. Als wenig mag es keyn ander getůn.

A. Das ist ouch wor.

B. Der sich nu richet an sinen vienden, das zùhet sinen viend in sinen gewalt. Nu bist du vnd *[78ra]* din viend vnsers herren. Reht als wening dich yeman gotte mag genemmen vnd dich sime gewalte mag eigenen, als wening mag ieman sich an sime viende mit rehte gerechen. Dauon der herre sol allen sinen schaden rechen.[344] Dasselbe sprich ich von gehorsami. Der git gotte

---

342 *Anselmus Cantuariensis, CDH I, c. 20; Bd. II, S. 87,11–13:* Ad quod etiam pertinet quietem et delectationes mundanas, quae animum ab illa vera quiete et delectatione revocant, fugere, nisi quantum ad intentionem illuc perveniendi cognoscis sufficere. *(Übers. Schmitt, S. 73: »Dazu gehört auch, die Ruhe und die weltlichen Genüsse, die den Geist von jener wahren Ruhe und Freude ablenken, zu fliehen, außer soweit du erkennst, dass sie für dein Streben, dorthin zu gelangen, hinreichen.«)*

343 *Anselmus Cantuariensis, CDH I, c. 20; Bd. II, S. 87,13–15:* Dationem vero ita considerare debes te facere ex debito, sicut intelligis quia quod das non a te habes, sed ab illo, cuius servus es tu et ille cui das. *(Übers. Schmitt, S. 73: »Das Schenken aber musst du so anschauen, dass du es aus Schuldigkeit tust, wie du einsiehst, dass du das, was du gibst, nicht von dir hast, sondern von dem, dessen Knecht sowohl du bist wie der, dem du gibst.«)*

344 *Anselmus Cantuariensis, CDH I, c. 20; Bd. II, S. 87,18–22:* De dimissione vero breviter dico quia nullatenus pertinet ad te vindicta, sicut supra diximus; quoniam nec tu tuus es, nec ille tuus aut suus qui tibi fecit iniuriam, sed unius domini servi facti ab illo de nihilo estis; et si de conservo tuo te vindicas, iudicium quod proprium domini et iudicis omnium est, super illum superbe praesumis. *(Übers. Schmitt, S. 73: »Über die Verzeihung jedoch sage ich nur kurz, dass die Rache keineswegs dir zusteht, wie wir oben bemerkt haben;*

der Mensch die Ruhe und die Lust hergeben, die ihn an der wahren Ruhe hindern könnten. Dasselbe beachte bei den Almosen. Gäbe es keine Sünde, solltest du dennoch mit dem Menschen teilen, was Gott ihm zu Trost und zur Hilfe geschaffen hat. Gott hat kein Gut, das der Mensch braucht, für einen Menschen gesondert geschaffen. Darum ist das keine Rückerstattung, wenn du dem armen Menschen gibst, was Gott für ihn geschaffen hat. Darum sind die reichen geizigen Leute betrogen; denn sie meinen, das Eigentum von Gott zu haben mit dem, was Gott für die Gemeinschaft geschaffen hat.

A. Wie kommt es dann, dass alle Gerichte den Reichen das Gut zuteilen, das sie doch übrighaben? Ist es von Gott her nicht seines und hat er daran kein Eigentum, so gehen alle Gerichte fehl, die geistlichen und die weltlichen.

B. Die Gerichte und das Recht sehen darauf, was dem menschlichen Frieden nützlich ist. Darum sprechen sie niemand sein Gut ab, auch wenn er es überflüssig hat. Denn das wäre für den allgemeinen Frieden nicht gut. Aber dass die Gerichte das nicht tun, das heißt, dass der Mensch selbst ein Teiler sein soll, und wenn er das nicht mit Klugheit tut, dann wird er vom Obersten Richter gerichtet. Danach, wenn du deinen Feinden ihre Schuld vergibst, dann tust du nichts, als was du mit Recht auch ohne jede Sünde tun solltest.

A. Zeige mir dieses Recht.

B. Niemand kann sich selbst seinem Herrn wegnehmen.

A. Das gebe ich zu.

B. Ebenso wenig kann es ein anderer tun.

A. Das ist auch wahr.

B. Wer sich nun an seinen Feinden rächt, der zieht seinen Feind in seine Gewalt. Nun gehörst du und auch dein Feind unserem Herrn. Ebenso wenig wie dich jemand Gott wegnehmen und dich in seine Gewalt nehmen kann, ebenso wenig kann jemand sich an seinem Feinde zu Recht rächen. Darum soll der Herr seinen ganzen Schaden rächen. Dasselbe sage ich vom Gehorsam. Der

v̀beriges nùt, der gotte alles des schuldig ist, das er vermag.[345] Nu sih, womitte der moͤnsche noch welle gelten.

A. Wer dine wort merket, der siht wol, daz der moͤnsche als arm ist, daz er nùtzit hat, damit er sine sùnde moͤge zů rehte gebůssen. Vnd dauon wust ich nùt die gnåde Ihesu Christi, ich moͤhte uon vorhten verzwifeln. Dauon wil ich von miner gerehtigkeit låssen vnd wil fliehen in daz lieht christenliches glouben.[346]

B. Wer daz tůt, der tůt wißlich. Wån were die sùnde nùt fùr vns gebůsset, so můsten wir ewiglich der sùnde gefangen sin; wån alle moͤnschen moͤhtent nùt eins moͤnschen sùnde gebůssen.

A. Das merk ich wol. Wån ist bůsse gelt, daz nåch der worheit gewegen wùrt gegen der *[78rb]* schulde, so moͤhtent aller moͤnschen werk nùt widerwegen die schulde eins ougenblickes wider gottes willen. Aber doch wundert mich: Ist, daz dise werk, von den hie vor gesprochen ist, moͤgen die keÿn sùnde gebůssen, wie moͤgen sù denn gnåde oder keinen lon verdienen der ewigkeit, vnd moͤgen sù keynen lon verdienen in ewigkeit, wie werdent sù denn genannt die werk der gerehtigkeit? Die gemeÿne lere die sprichet ouch, daz der moͤnsche sine sùnde bůsset mit gůten werken vnd sinen lon meret. Wie mag nu daz alles bestän mit der wårheit, die du hast gesprochen, daz der moͤnsche keÿne sùnde moͤge gebůssen?

B. Hast du wol gemerket den vnderscheit zwùschent gelten vnd danckberkeit?

A. Jä, daz wеͤne ich. Gelt ist ein gabe der schulde. Dauon můß daz gelt als gůt sin vnd als groß, als die schulde waz.[347] Danckberkeit ist ein gåbe der

---

denn weder gehörst du dir selber noch gehört jener, der dir Unrecht getan, dir oder sich selber, sondern ihr seid Knechte des einen Herrn, von ihm aus dem Nichts gemacht; und wenn du an deinem Mitknechte Rache nimmst, so maßest du dir hochmütig über ihn das Gericht an, das dem Herrn und Richter aller zusteht.«)

345 *Anselmus Cantuariensis, CDH I, c.20; Bd. II, S. 87,22 f.:* In oboedientia vero quid das deo quod non debes, cui iubenti totum quod es et quod habes et quod potes debes? *(Übers. Schmitt, S. 73: »Im Gehorsam aber was gibst du Gott, was du nicht schuldest, dem du, sobald er befiehlt, alles, was du bist und hast und kannst, schuldig bist?«)*

346 *Anselmus Cantuariensis, CDH I, c.20; Bd. II, S. 87,29–88,2:* Quomodo poteris salvus esse? Si rationes tuas considero, non video quomodo. Si autem ad fidem meam recurro: in fide Christiana, ›quae per dilectionem operatur‹ (Gal 5,6), spero me posse salvari, et quia legimus: ›si iniustus conversus fuerit ab iniustitia et fecerit iustitiam‹ (Ez 18,27), omnes iniustitias eius tradi oblivioni. *(Übers. Schmitt, S. 73–75: »Wie wirst du gerettet werden? Wenn ich deine Vernunftgründe erwäge, weiß ich nicht, wie. Wenn ich aber zu meinem Glauben Zuflucht nehme, hoffe ich, im christlichen Glauben, ›der durch die Liebe wirkt‹, gerettet werden zu können; und wir lesen ja, ›wenn sich der Ungerechte von seiner Ungerechtigkeit bekehrt und übt‹, werden alle seine Ungerechtigkeiten dem Vergessen anheimgegeben.«)*

347 *Thomas de Aquino, Sth. I-II, q. 114, a. 3, arg. 2:* Sed id quod ex condigno quis meretur, non ex miseratione, sed ex merito accipit, ergo videtur quod homo non possit per gratiam mereri vitam aeternam ex condigno. *(»Aber das, was einer aus angemessenem Wert*

gibt Gott nichts Überflüssiges, der Gott alles schuldet, was er kann. Nun sieh, womit der Mensch noch vergelten wollte.

A. Wer deine Worte versteht, der sieht wohl, dass der Mensch so arm ist, dass er nichts hat, womit er seine Sünde zu Recht büßen könnte. Und darum, wüsste ich nicht die Gnade Jesu Christi, könnte ich aus Furcht verzweifeln. Darum will ich von meiner Gerechtigkeit lassen und will in das Licht des christlichen Glaubens fliehen.

B. Wer das tut, der handelt klug. Denn wäre die Sünde nicht für uns gebüßt worden, so müssten wir ewig in der Sünde gefangen sein, denn alle Menschen könnten nicht die Sünde eines Menschen büßen.

A. Das verstehe ich gut. Denn wenn die Buße eine Entschädigung ist, die nach Wahrheit gegen die Schuld gewogen wird, so könnten die Werke aller Menschen nicht die Schuld eines Augenblicks gegen Gottes Willen aufwiegen. Aber doch wundert es mich: Wenn diese Werke, von denen hier zuvor gesprochen wurde, keine Sünde büßen können, wie können sie denn Gnade oder Lohn der Ewigkeit verdienen; und können sie in Ewigkeit keinen Lohn verdienen, warum werden sie dann die Werke der Gerechtigkeit genannt? Die allgemeine Lehre sagt auch, dass der Mensch seine Sünde mit guten Werken wiedergutmacht und dass er <so> seinen Lohn vermehrt. Wie kann das nun alles mit der Wahrheit zusammen bestehen, die du gelehrt hast, dass der Mensch keine Sünde büßen kann?

B. Hast du den Unterschied zwischen Wiedergutmachung und Dankbarkeit verstanden?

A. Ja, das denke ich. Wiedergutmachung ist eine Gabe für die Schuld. Darum muss die Erstattung so gut sein und so groß, wie die Schuld es war. Dank-

mynne. Dauon muͦß die gabe der danckbaͤrkeit nùt als groß sin als daz bandt *[78va]* der danckbarkeit.

B. Du hast daz gar wol verstanden. Nu merke: Ist keyn werk, daz wider wegen moͤge dem goͤttlichen zorne naͦch rehtem gelte oder das als guͦt moͤge sin an imselber als daz ewige leben in seligkeit?

A. Ist der werke keins, das mag keÿn luter moͤnsche erzùgen.

B. Dauon sprach ich: Als der moͤnsche keÿn sùnde nach der wise des geltes gebuͤssen mag, also mag er mit keynem werke weder gnaͦde noch lon der ewigkeit verdienen. Wan gnaͦde vnd ewiger lon die sint als guͦt, das sù keyn werk keins luteren moͤnschen mag verdienen. Aber nach der wise der danckberkeit also mag der moͤnsche wùrdig werden, daz gott die buͦsse der sùnden uon gnaden ÿm vergit, vnd die danckbaͤrkeit mag in wirdig machen, das gott sin gnaͦde vnd sine krone in ewigkeit meret.[348]

A. Dis gib mir, ob du maht, ein glichnisse.

B. Gerne. Were ein richer kùnig, dem von adel vnd uon gewalt wol getzeme grosse lehen zuͦ lihende vnd were in sime riche vil armer lùte vnd die werent alle *[78vb]* glich vnder sinem gewalte, daz sù im naͦch sinem willen muͦsten sin vndertan; der herre lùhe etliche guͦte lehen. Den die lehen wùrdent gelùhen, die mynneten den herren furbasser vnd werent deste williger in sime dienste. Alles, daz die dem herren zuͦ dienste taͦtent, damit gùltent sù nùt die lehen. Sù wùrdent aber der lehen als wùrdig, daz in der milte herre noch me lùhe vnd gebe vnd inen die lehen nùt me neͦme. Dauon der dienst der knehte hiesse nùt der lon noch ein gelt der lehen. Er hiesse ein danckberkeit der gaͦbe. Vnd das maht du daran merken: Waͦn keͤme einer, dem der herre kein lehen hette gegeben, vnd spreche: Herre, gib mir diner lehe eins zuͦ kouffende, so moͤhte der herre sprechen: Du redest als ein tore. Was bedarff ich, das ich min eigen verkouffen sol? Wer verkouffet, den zwinget arenmuͦt. Oder waz hast du, daz du min eigen moͤhtest vergelten? Spreche denn der kneht: Herre, ich wil dich mynnen vnd wil *[79ra]* dir dienen als die tuͦnt, den du dine lehen hast gelùhen, so moͤhte der kùnig wol antwùrten: Mit dim dienste maht du mine lehen nùt vergelten. Waͦn dinen dienst bistu mir ane daz schuldig vnd din mynne. Darzuͦ were ioch, das du dins dienstes nùt schuldig werest, dennoch were din dienst nùt wert miner lehen; waͦn du mir keynen dienst moͤhtest getuͦn daͦn von mÿnem lehen. Dauon bist du wol toreht, daz du wenest, mÿne lehen kouffen, waͦn ich guͦtes nùt bedarff vnd ouch du eigens nùt enhast; waͦn dasselbe, daz du hast, daz ist min eigen vnd nuwaͦn din lehen.

---

verdient, empfängt er nicht aus Erbarmen, sondern aus Verdienst, also scheint es, dass der Mensch nicht aus Gnade das ewige Leben durch angemessenen Wert verdienen kann.«)

348 *Thomas de Aquino, Sth. I-II, q. 114, a. 3 co:* Videtur enim congruum ut homini operanti secundum suam virtutem, Deus recompenset secundum excellentiam suae virtutis. *(»Es scheint nämlich angemessen, damit Gott dem aus seiner Tugend handelnden Menschen entsprechend seiner überragenden Tugend vergilt.«)*

barkeit ist eine Gabe der Liebe. Darum muss die Gabe der Dankbarkeit nicht so groß sein wie das Band der Dankbarkeit.

B. Du hast das ganz gut verstanden. Jetzt gib acht: Gibt es irgendein Werk, das den göttlichen Zorn durch gerechte Erstattung ausgleichen könnte oder das durch sich selbst so gut sein könnte wie das ewige Leben in Seligkeit?

A. Es gibt kein Werk, das ein reiner Mensch aufbringen könnte.

B. Darum sage ich: Wie der Mensch keine Sünde nach der Weise des Entgelts büßen kann, so kann er auch mit keinem Werk weder Gnade noch Lohn der Ewigkeit verdienen. Denn Gnade und ewiger Lohn sind so gut, dass sie kein Werk eines reinen Menschen verdienen kann. Aber in der Weise der Dankbarkeit kann der Mensch würdig werden, dass Gott die Buße für die Sünden aus Gnade ihm erlässt, und die Dankbarkeit kann ihn würdig machen, dass Gott seine Gnade und seine Krönung in Ewigkeit vermehrt.

A. Dafür gib mir, wenn du kannst, ein Beispiel.

B. Gerne. Gäbe es einen reichen König, dem aufgrund von Adel und Gewalt ganz große Lehen zu leihen anstünde und wären in seinem Reich viele arme Leute und die wären alle gleich unter seiner Gewalt, dass sie ihm nach seinem Willen untertan sein müssten, der Herr könnte manche gute Lehen vergeben. Denen die Lehen verliehen würden, die würden den Herrn weitgehender lieben und wären umso bereitwilliger in seinem Dienst. Alles, was die dem Herrn zu Dienste täten, damit erstatteten sie nicht die Lehen. Sie würden aber der Lehen so würdig, dass ihnen der großzügige Herr noch mehr zu Lehen gäbe und ihnen die Lehen nicht mehr wegnehmen würde. Darum hieße der Dienst dieser Knechte nicht Lohn noch ein Entgelt für die Lehen. Er hieße Dankbarkeit für die Gabe. Und das kannst du daran erkennen: Denn käme einer, dem der Herr kein Lehen gegeben hätte, und sagte: »Herr gib mir eins deiner Lehen zum Kauf«, so könnte der Herr sagen: »Du redest wie ein Tor. Was brauche ich, dass ich mein Eigentum verkaufen soll? Wer verkauft, den zwingt Armut. Oder was hast du, dass du mein Eigentum erstatten könntest?« Spräche dann der Knecht: »Herr ich will dich lieben und will dir dienen, wie es die tun, denen du deine Lehen verliehen hast«, so könnte der König wohl antworten: »Mit deinem Dienst kannst du meine Lehen nicht vergelten. Denn deinen Dienst und deine Liebe bist du mir ohnehin schuldig. Dazu würde auch gehören, wenn du deinen Dienst nicht schuldig wärst, wäre dennoch dein Dienst meine Lehen nicht wert; denn du könntest mir keinen Dienst tun als aufgrund meines Lehens. Darum bist du wohl töricht, wenn du meinst, meine Lehen zu kaufen, da ich nichts brauche und auch du nichts Eigenes hast; denn das, was du hast, das ist mein Eigentum und nur dein Lehen.«

A. We, iemer me we, wie bin ich etwenn gewesen in so touben sinnen! Ich wond, ich moͤhte min sùnde gebuͤssen mit den werken der gerehtigkeit vnd lon vnd gnade verdienen.

B. Ane zwiuel so waz dir als der meÿsten schar ist der welte, daz ich voͤrhte, die dasselbe wenent. Aber du solt wissen fùrbaß, daz du weder gnade noch ablåß *[79rb]* der sùnde noch lon in ewigkeit verdienen maht in der wise eins geltes oder eins lones. Du maht aber dichselben werd machen die gåbe, die du von lutern gnåden ietz empfangen hast in der wise eins armen danckes. Vnd dauon wer die sùnde buͤsset, der heͤt vor ablaß der sùnde, e daz er buͤsse. Wer gnåde von gotte erwirbet, der het vor gnåde, e daz er werbe. Wer kummet zů der seligkeit, dem ist uor gerůffet. Vnd kùrtzlich: Der moͤnsche hät keynen dienst gotte ze tůnde dån vß den goͤttlichen lehen. Gottes gaben můß uor gån, e daz der moͤnsche gotte moͤge keynen dienst erbieten. Vnd davon so heissent es die werke der gerehtigkeit, wån sù gånt vs gerehtigkeit, nùt daz sù gerehtigkeit verdienent oder machent. Sù zoͤigent eht, daz der moͤnsche werdt ist der goͤttlichen gåbe, vnd das heisset ouch ein gerehtigkeit.

A. Ich wonde alle min tage, so man sprach: Der moͤnsche ist der gnaden werdt, da meynte man, daz der moͤnsche gnåde håtte verdienet vnd dauon *[79va]* were er der gnåden werdt.

B. Da wondest du vnreht. Ein danckbeͤr moͤnsche ist der gnåden werdt, die von mÿnnen geben wurt. Das maht du merken: Der einem armen moͤnschen git ein gewandt von mynnen, ist, daz der arme moͤnsche anders nùt enmag widergeben, so wurt er doch der gåbe wert, ist, das er die gabe bekennet oder das er daz gewandt dem zů eren treit. Vnd daz bekennen vnd daz zů eren tragen hät daz gewandt nùt verdienet; wån das gewandt wart vor der bekantnisse gegeben. Daby merke, daz der moͤnsche in den werken der gerehtigkeit wùrt werdt der gnåde vnd verdienet doch die gnåde nùt mit den werken. Vnd das heisset sanctus Paulus ein gerehtigkeit, so er sprichet: »Mir ist die krone der gerehtigkeit behalten.« Do meynet er, die werk der gerehtigkeit hant in werdt gemachet der crone der seligkeit, vnd nùt, daz die werk haben die crone verdienet.

A. We, we, moͤnschliche hoffart! Wie bist du so betrogen, daz du *[79vb]* wenest, das du die gnåde gottes, es sie ablaß der sùnden oder guͤter wille, mùgest verdienen mit dinen werken vnd du daz aller mynneste werk der gerehtigkeit nùt moͤhtest erzùgen, du hettest denn vor diner sùnde ablaß vnd guͤten willen vnd růffen vnd ziehen zů der cron! Dauon weͤne ich, das ettliche erlùhte moͤnschen sprechen, sù gerent iren werken keÿnen lon in zijt noch in ewigkeit.[349]

---

349 *Eine weitere zeitgenössische Zuspitzung der Verdienstproblematik, vielleicht gegen Meister Eckhart gerichtet: Eckhart, Pr. 39, DW II, S. 253,5–254,3; Übers. S. 684.:* Dar umbe, wilt dû în- und übergebildet werden in die gerehticheit, sô enmeine niht in dînen werken und enbilde kein warumbe in dich, noch in zît noch in êwicheit, noch lôn noch sælicheit, noch diz noch daz; wan disiu werk sint alliu wærlîche tôt. *(»Darum, willst du eingebildet*

A. Weh, immer mehr weh, wie bin ich oft in so dummem Verstand gewesen! Ich meinte, ich könnte meine Sünde mit den Werken der Gerechtigkeit büßen und Lohn und Gnade verdienen.

B. Ohne Zweifel dachtest du wie die meisten in der Welt, so fürchte ich, die dasselbe meinen. Aber du sollst weiterhin wissen, dass du weder Gnade noch Nachlass der Sünde noch Lohn in Ewigkeit in der Weise der Vergeltung oder eines Lohnes verdienen kannst. Du kannst dich selbst aber der Gabe, die du aus lauter Gnade jetzt empfangen hast, in der Weise eines bescheidenen Dankes würdig machen. Und darum, wer die Sünde büßt, der hat zuvor Nachlass der Sünde, bevor er büßt. Wer Gnade von Gott erwirbt, der hat zuvor Gnade, bevor er erwirbt. Wer zur Seligkeit kommt, der ist zuvor gerufen. Und kurz: Der Mensch hat keinen Dienst Gott zu tun als aus dem göttlichen Lehen. Gottes Gabe muss vorausgehen, bevor der Mensch Gott irgendeinen Dienst bieten kann. Und darum heißen sie Werke der Gerechtigkeit, da sie aus der Gerechtigkeit hervorgehen, nicht dass sie Gerechtigkeit verdienen oder erstellen. Sie zeigen wirklich, dass der Mensch würdig ist der göttlichen Gabe, und das heißt auch Gerechtigkeit.

A. Ich dachte alle meine Tage, wenn man sagte: Der Mensch ist der Gnaden würdig, damit meinte man, dass der Mensch Gnade verdient hätte und darum wäre er der Gnade wert.

B. Das meintest du zu Unrecht. Ein dankbarer Mensch ist der Gnade wert, die aus Liebe gegeben wurde. Das kannst du daran erkennen: Wer einem armen Menschen ein Gewand aus Liebe gibt, wenn der arme Mensch auf andere Weise nichts dafür zurückgeben kann, so wird er doch der Gnade wert, wenn er die Gabe anerkennt oder wenn er das Gewand dem <Geber> zu Ehren trägt. Und das Anerkennen und das zu Ehren Tragen hat das Gewand nicht verdient; denn das Gewand wurde vor der Anerkennung gegeben. Dabei merke, dass der Mensch in den Werken der Gerechtigkeit der Gnade wert wird, und er verdient doch die Gnade nicht mit den Werken. Und das nennt der heilige Paulus Gerechtigkeit, wenn er spricht: »Mir ist die Krone der Gerechtigkeit bereitet« (Rm 13,8). Damit meint er, die Werke der Gerechtigkeit haben ihn würdig gemacht für die Krone der Seligkeit, und nicht dass die Werke die Krone verdient haben.

A. Weh, weh, menschlicher Dünkel! Wie bist du betrogen, dass du meinst, du könntest die Gnade Gottes, sei es Nachlass der Sünden oder guten Willen, mit deinen Werken verdienen! Könntest du doch nicht das allergeringste Werk der Gerechtigkeit vollbringen, wenn du nicht zuvor Nachlass der Sünden und guten Willen sowie die Berufung und das Gezogenwerden zur Krone <empfangen> hättest. Darum glaube ich, dass manche erleuchtete Menschen sagen, sie begehrten für ihre Werke keinen Lohn weder in der Zeit noch in Ewigkeit.

B. Daz wort ist vnreht gesprochen; wån die wårheit nùt reht ist verstanden.

A. Wie sol es reht werden verstanden vnd gesprochen?

B. Der moͤnsche sol also sprechen vnd meÿnen: Ich gere keins lones vmb alle myne werke in der wise, daz mine werk sint ein gelt der gnåde gottes, die in der zijt geben wurt, oder der froͤide, die in ewigkeit wurt besessen. Wån es zÿmmet dem herren nùt, daz er sine gåbe vmb keÿne werke gebe in kouffes wise.[350]

Er sol aber begeren des lones der werke nåch danckbe̊rkeit, das ist, das die werk den moͤnschen werdt machent goͤttlicher *[80ra]* gaben in zijt vnd in ewigkeit. Wån wer des lones nùt begerte von sinen werken, der hât nùt goͤttliche mynne; wån rehte mynne geret merunge goͤttlicher gnåden ymselber vnd andern moͤnschen. Nu ist daz die groͤste gnåde: werdt sin goͤttlicher gnåde.

A. Dis ist gůt zů wissende. Doch moͤht es ettliche moͤnschen reissen vff einen acker gůter werke; wån sù moͤhtent sprechen: Waz hilffet daͤn, das eins me gůter werke wùrket daͤn das ander?

B. Der in der nåht gåt vnd in der vinsternisse, der ståsset sich.

A. Waz meynest du an disem worte?

B. Ich meÿne: Der worer mynne nùt enhät, ob sich der irren lät vnd sich verwiset an der wårheit, daz ist nùt ein wunder; wer aber gåt in dem liehte goͤttlicher mynne, den reisset dise worheit zů gůten werken.

A. Als wie?

B. Wer von rehter mynne hät liep einen herren, der git dem herren sinen dienst in der wise, als er dem herren allererlichest ist.

A. Daz mag ich nùt gelouben.

B. Weder ist gott erlicher, daz er gebe sine gåbe oder daz er sù verkouffe? *[80rb]*

A. Es ist erlicher geben einem herren denn verkouffen.

B. Weder ist besser dienen als ein kint dem vatter oder als ein kneht?

A. Des kindes dienst ist mynnenklicher; wån der kneht dienet in den vorhten.

B. Sid es nu gott erlicher ist vnd der dienst edeler vnd mynnenklicher ist dienen in danckberkeit daͤn vmb lon, darumb wå die rehte mynne ist, die wurt billich getzieret zů den werken der danckberkeit; wå aber gottes mynne nùt enist, die lånt sich irren alle ding, wån sù die vorhte nùt zwinget. Vnd das sint die noch dienent vnder der alten e. *Wan* daz sù tůnd, daz wùrkent sù von

327 *Wan*] was

und überbildet werden in die Gerechtigkeit, so beabsichtige nichts mit deinen Werken und ziele auf kein Warum ab, weder in Zeit noch in Ewigkeit, weder auf Lohn noch auf Seligkeit noch auf dies oder das; denn solche Werke sind wahrlich alle tot.«) Ebenso Pr. 6, DW I, S. 100,1–7.

350 *Das erinnert an die Kaufleute in Meister Eckharts Predigt 1, ›Intravit Iesus in templum‹, DW I, S. 3,20.*

B. Das Wort ist unrecht gesprochen; denn die Wahrheit ist nicht recht verstanden.

A. Wie soll es recht verstanden und gesprochen werden?

B. Der Mensch soll wie folgt sprechen und denken: Ich begehre keinen Lohn für meine Werke in der Weise, dass meine Werke ein Entgelt für die Gnade Gottes sind, die in der Zeit gegeben wurde, oder für die Freude, die in Ewigkeit besessen wird. Denn es ziemt dem Herrn nicht, dass er seine Gnade um eines Werkes willen in der Weise eines Kaufes gibt. Er soll aber den Lohn für die Werke im Sinne der Dankbarkeit wünschen, das heißt, dass die Werke den Menschen der göttlichen Gaben in Zeit und Ewigkeit würdig machen. Denn wer den Lohn für seine Werke nicht begehrt, der hat keine göttliche Liebe; denn die rechte Liebe begehrt Mehrung der göttlichen Gnaden für sich selbst und für andere Menschen. Nun ist das die größte Gnade: wert zu sein der göttlichen Gnade.

A. Das ist gut zu wissen. Doch könnte es manchen Menschen auf einen Acker guter Werke reißen, denn sie könnten sagen: Was hilft es denn, dass einer mehr gute Werke wirkt als der andere?

B. Der in der Nacht und Finsternis geht, der stößt sich an.

A. Was meinst du mit diesem Worte?

B. Ich meine: Wer nicht wahre Liebe hat, wenn der sich beirren lässt und sich an der Wahrheit stößt, das ist kein Wunder; wer aber im Licht göttlicher Liebe wandert, den reißt diese Wahrheit zu guten Werken.

A. Inwiefern?

B. Wer aus rechter Liebe einen Herrn gern hat, der gibt dem Herrn seinen Dienst in der Weise, wie es dem Herrn höchst ehrenwert ist.

A. Das kann ich nicht glauben.

B. Was ist Gott mehr ehrenwert, dass er seine Gabe schenkt oder dass er sie verkauft?

A. Es ist ehrenwerter für einen Herrn, zu schenken als zu verkaufen.

B. Ist es besser, dem Vater wie ein Kind zu dienen oder wie ein Knecht?

A. Des Kindes Dienst ist liebenswerter; denn der Knecht dient in Furcht.

B. Da es Gott nun ehrenwerter ist und weil der Dienst edler und liebenswerter ist, aus Dankbarkeit zu dienen als um Lohn, darum, wo rechte Liebe ist, da wird sie rechtens geschmückt mit den Werken der Dankbarkeit; wo aber Gottes Liebe nicht ist, da lassen sich die Menschen von allem behindern, da sie die Furcht nicht zwingt. Und das sind die, die noch unter dem alten Gesetz dienen. Denn was sie tun, das wirken sie aus Furcht. Die aber Christus befreit hat, die wirken im Gesetz der Liebe (vgl. Rm 13,8), und das ist der Unterschied zwischen dem alten Gesetz und dem neuen.

A. Du hast mir diese Wahrheit so gut erläutert, dass ich daran keinen Zweifel mehr finde. Doch muss ich in meiner Vernunft gestehen: Ich sah es so an, als ob es mit Recht von dem Menschen verdient werden müsste, und darum

vorhte. Die aber Christus gefryet hät, die wùrkent in der gesetzde der mynne, vnd daz ist der vnderscheit zwùschent der alten e vnd der nùwen.

A. Du hast mir dise wårheit als wol erlùhtet, daz ich daran keinen zwiuel me vinde. Doch můß ich veriehen miner vnuernunfft: Ich såh es also an, als ob es mit rehte muͤste verdienet werden von dem moͤnschen, vnd dauon *[80va]* duhte mich, das der knehtliche dienst dem moͤnschen me rehtes gebe dån der kintliche. Dauon hät ich in disem stùcke ein groß wunder.

B. Ich gedåhte wol, daz dich der nebel hät erblendet. Nu maht du sehen, daz die werk der vorhte kein reht gebent ån goͤttliche gåbe, vnd davon beweret sanctus Paulus, daz die alte e kein nùtz was den, die in vorhten dienten; dauon ist sù verworffen. Aber die werk der mynne die gebent reht nåch danckbeͣrkeit; wån die mynne nùt daz ire sůchet. Das tůnd die werk der vorhte; die sůchent nùt das lob des herren.

A. Nu merke ich, das dise worheit ist ein steÿn, an den sich erstossent die, die das lieht der mynne nùt enhant. Derselbe steÿn ist die grundfesti vnd daz fundament, vff das die woren gottes mÿnner buwent, die vß danckberkeit wùrkent. Dis sint ouch die wandelunge in dem tage vnd in dem liehte.

B. Lobe gott, daz dir daz lieht hät erschinen, daz månigen moͤnschen lang ist verdecket.

A. Koͤnd ich daz wol, *[80vb]* daz were ich schuldig, das ich danckber were gotte siner fryen mynnerichen gåbe.

Nu sage fùrbas uon dem vierden grunde.

B.

schien es mir, dass der knechtliche Dienst dem Menschen mehr Recht gäbe als der kindliche. Darum hatte ich in diesem Thema so große Verwunderung.

B. Ich dachte mir wohl, dass dich dieser Nebel verblendet hat. Nun kannst du sehen, dass die Werke der Furcht ohne göttliche Gabe kein Recht geben, und darum sagt Sankt Paulus in Wahrheit, dass das alte Gesetz keinen Nutzen brachte für diejenigen, die in Furcht dienten, und darum ist es verworfen. Aber die Werke der Liebe geben Recht nach Dankbarkeit, denn die Liebe sucht nicht das Ihre (vgl. I Cor 13,5). Das tun die Werke der Furcht, die suchen nicht das Lob des Herrn.

A. Jetzt merke ich, dass diese Wahrheit ein Stein ist, an dem sich die stoßen, die das Licht der Liebe nicht haben. Derselbe Stein ist die Grundfeste und das Fundament, auf das die wahren Gottliebenden bauen, die aus Dankbarkeit wirken. Dies bedeutet auch das Wandeln am Tag und im Licht.

B. Lobe Gott, dass dir dieses Licht erschienen ist, das für viele Menschen lange verdeckt ist.

A. Könnte ich das wohl, dann wäre ich schuldig, dass ich Gott dankbar wäre für seine freie, liebevolle Gabe.

Nun sprich weiter von dem vierten Grunde.

B.

Das vierde capitel
Den moͤnschen mag gehelffen nùt, daz er nùt sine sùnde gebuͦssen mag, noch sine vnuermoͤgenÿ bringet im kein entschulden.[351]

A. Vnd getruwte ich nùt dirre woͤrheit ein guͦtes ende, ich erschreͤke als gar von disem worte, daz ich koͤnde weder antwùrten noch frågen. Nu han ich in andern stùcken das empfunden: Wie herte der anefang waz, so wart daz ende doch also mynnenklich, daz min hertze kam zuͦ ruͦwen. Vnd das git mir ein zuͦfersiht in disen worten.

B. Weist du nùt, das die worheit glichet ist einem boͤme, des wurtzel gar bitter ist, aber die fruht hat gesmack aller suͦssi? Vnd dauon geschicht es dicke, so der moͤnsche die wurtzel der worheit versuͦchet, daz er von der bitterin *[81ra]* des anefanges gewùnnet eine widerwertigkeit, das er der fruht mit årbeit *nicht* versuͦchet. Vnd denen geschihet alz den treͤgen, die die vische mynnent vnd die wasser fliehent.

A. Nu zùrne nùt, ob ich toͤrlich rede vnd fråge. Mag der moͤnsche gegen gotte siner arenmuͦt vnd siner vnkrafft nùt geniessen, daz er sich v̀ber in erbarme, daz er im sine schulde vergebe, wån er sù nùt mag gebuͦssen, so duncket mich, das ich me erbermde denn gott moͤhte geleisten.

B. Luoge, daz du dich nùt v̀bergebest.

A. Ich seÿte vor, ich wùrde toͤrlich redende, daz solt du nùt ahten. Ich tuͦn es durch miner lere willen.

B. In der wise ist toͤrliche rede ablåssig. Waran lit nu din erbermde, die groͤsser soͤlte sin dån gottes?

A. Hett ich einen schuldener, der nùt moͤhte vergelten, dem moͤht ich wol vergeben sin schulde, also daz mir leyd were, das er keÿn liden ÿemerme dauon gewùnne. Vnd wån daz gott nùt tuͦt nåch dinen worten, dauon meÿn ich, min erbermde v̀bertreffe gottes.

B. Dun*[81rb]*ket dich v̀t billich, daz din schuldener dir gerne gùlte, ob er moͤhte?

A. Jå, daz were billich.

B. Wolt er aber nùt tuͦn, daz billich were, waz woltest du denn tuͦn?

A. Ich wolt in zwingen, daz er tåte, daz er billich soͤlte tuͦn.

B. Dauon so woltest du in zwingen, ob du moͤhtest, daz er einen willen hette, dir zuͦ gelten, so er dir nùt gelten mag?

A. Daz meÿn ich nùt. Waz hùlffe mich sin guͦter wille, die wile er nùt het zuͦ gelten?

12 nicht] nach

351 *Anselmus Cantuariensis, CDH I, c. 24; Bd. II, S. 92,2–3:* Quod quamdiu non reddit deo quod debet, non possit esse beatus nec excusetur impotentia. *(Übers. SCHMITT, S. 81: »Dass er, solange er Gott nicht zurückerstattet, was er schuldig ist, nicht selig sein kann und dass Unfähigkeit ihn nicht entschuldigt.«)*

Das vierte Kapitel
Dem Menschen kann nicht helfen, dass er seine Sünden nicht büßen kann, auch seine Unfähigkeit bringt ihm keine Entschuldigung.

A. Hätte ich nicht das Vertrauen, dass diese Wahrheit ein gutes Ende nimmt, würde ich über dieses Wort sehr erschrecken, sodass ich weder antworten noch fragen könnte. Nun habe ich bei anderen Themen das erlebt: Wie hart der Anfang war, so wurde das Ende doch so liebenswert, sodass mein Herz zur Ruhe gekommen ist. Und das gibt mir Zuversicht in diesen Worten.

B. Weißt du nicht, dass die Wahrheit einem Baum gleicht, dessen Wurzel sehr bitter ist, aber die Frucht hat den Geschmack voller Süße? Und darum geschieht es oft, wenn der Mensch die Wurzel der Wahrheit probiert, dass er durch die Bitternis des Anfangs einen Abscheu gewinnt, sodass er die Frucht mit Anstrengung nicht kostet. Und denen geschieht es wie den trägen Menschen, die die Fische lieben und das Wasser meiden.

A. Nun zürne nicht, wenn ich töricht rede und frage: Kann der Mensch Gott gegenüber seine Armut und Unkraft nicht nützen, sodass der sich über ihn erbarmt, dass er ihm die Schuld vergibt. Da er sie nicht büßen kann, so scheint mir, dass ich mehr Mitleid aufbringen könnte als Gott.

B. Schau, dass du dich nicht überhebst.

A. Ich habe ja vorher gesagt, ich würde töricht reden; das sollst du nicht beachten. Ich tue es um meiner Belehrung willen.

B. In dieser Weise kann man die törichte Rede verzeihen. Worin liegt nun dein Mitleid, das größer sein sollte als Gottes?

A. Hätte ich einen Schuldner, der nicht erstatten könnte, dem könnte ich wohl seine Schuld vergeben, weil es mir leid wäre, dass er noch weiteres Leiden erleiden müsste. Und da Gott nach deinen Worten das nicht tut, darum meine ich, mein Mitleid übertreffe Gottes.

B. Findest du es etwa angemessen, dass dein Schuldner dir gerne zurückerstatten würde, wenn er könnte?

A. Ja, das wäre angemessen.

B. Wollte er aber nicht tun, was angemessen ist, was wolltest du dann tun?

A. Ich wollte ihn zwingen, das zu tun, was zu tun angemessen ist.

B. Darum wolltest du ihn zwingen, wenn du könntest, dass er den Willen hätte, dir zurückzuerstatten, wenn er dir nicht erstatten kann?

A. Das meine ich nicht. Was würde mir sein guter Wille helfen, solange er nichts zu erstatten hätte?

B. Du spreche, daz es were billich, daz er einen gůten willen hette.

A. Daz ist noch wor; wån als billich were, daz er gerne gùlte, so ers ioch nùt hat.

B. Dauon wenn ers hette, so woltest du in zwingen, das er gùlte; wån es billich were. Also solt du in zwingen, das er welle gelten, so er nùt gelten mag. Sihst du daz billich an?

A. Du håst wår. Seͣhe ich das billich an, so solt ich in als billich zwingen vmb einen gůten willen, so er des geltes nùt enhät, als vmb daz gelt, so er es hät.

B. Warumb woltest du daz nùt tůn?

A. Do sehe ich an, daz mir der *[81va]* wille zů gelten nùt nùtz were, die wile er mir nùt hette zů gelten.

B. Nu merke, daz din erbermde daran lit, daz du dich des maht verwegen, daz dir nùt werden mag oder das dir kein nùtz ist. Wån du verwigest dich des geltes, wån es mag dir werden nùt, vnd verwigest dich des gůten willen, wån er ist dir nùtze nùt.

A. Ich mag es nùt gelouben; wån es ist also.

B. Werest du nu als gewaltig, das du alle wegen wondest, von dinen schuldeneren, daz dir wùrde vergolten, vnd moͤht er dir nùt gelten, daz dir sin gůter wille moͤhte zů nutze komen? Vnd hetest dazů gesworen, das du in allen sachen soltest sin ein rehter richter, wie woltest du dinen schuldeneren handelen?

A. Hett ich gesworn, reht gerihte zů halten, so mueͤst ich mir selber reht tůn als einem froͤmden, so wolt ich in zwingen, das er mir gùlte, vnd were, das er nùt hette zů gelten, vnd het er nùt einen gůten willen, so wolt ich nemmen, waz ich fùnde, domit mir moͤh*[81vb]*te vergolten werden.

B. Warumb woltest du in pfenden vmb einen gůten willen?

A. Do wer er schuldig, das er gerne gùlte, ob er moͤhte. Vnd dauon wer nùt git, daz er åne allen schaden geben mag, daz ist ein gůter wille, noch minre geͣbe er, das er mit schaden mueͤste geben, daz ist das gelt der schulde.

B. Nu sih, daz gott ist die wåre gerehtigkeit, die sich vnd alle ding in gerehtigkeit sol schirmen vnd ordenen. Dauon můß er hoͤischen das gelt siner ere, vnd ist, daz der moͤnsche daz nùt hät, so můß er von reht begeren eins gůten willen, vnd hät des der moͤnsche nùt, so můß er nemmen, daz er vindet.

A. Waz ist, das er v̀beriges vindet, so weder gelt do ist noch gůter wille?

B. Daz ist die gnåde des ewigen lebens, die er im wolt han geben, vnd ist der eigen wille, den er wider den gůten willen hät, wån er wolte nùt gelten.

A. Wie nÿmt gott den eigen willen?

B. Du sagtest, dass es angemessen wäre, dass er einen guten Willen hätte.

A. Das ist noch wahr, weil es recht wäre, dass er gerne zurückerstatten würde, obwohl er es doch nicht hat.

B. Darum, wenn er es hätte, so wolltest du ihn zwingen, dass er zurückerstattet; da es recht wäre. Also wirst du ihn zwingen, dass er gelten will, wenn er auch nicht erstatten kann. Siehst du das als angemessen an?

A. Du hast recht. Sähe ich das als angemessen an, so sollte ich ihn ebenso angemessen zu einem guten Willen zwingen, wenn er nichts zu erstatten hat, ebenso zur Erstattung, wenn er es hat.

B. Warum wolltest du das nicht tun?

A. Weil ich sehe, dass mir der Wille zurückzuerstatten nichts nützen würde, solange er nichts zu erstatten hätte.

B. Nun sieh, dass dein Mitleid darin liegt, dass du auf das, was du nicht bekommen kannst oder was dir keinen Nutzen bringt, verzichten kannst. Denn du verzichtest auf die Rückerstattung, weil du sie nicht erhalten kannst, und du verzichtest auf den guten Willen, da er dir nicht nützt.

A. Ich kann es nicht glauben, denn so ist es.

B. Wärst du nun so mächtig, dass du immerzu glaubtest, dass dir von deinen Schuldnern zurückerstattet würde, und könnte er dir nicht zurückerstatten, könnte dir dann sein guter Wille zunutze kommen? Und hättest du dazu geschworen, dass du in allen Sachen ein gerechter Richter sein wolltest, wie wolltest du dann deine Schuldner behandeln?

A. Hätte ich geschworen, gerecht Gericht zu halten, so müsste ich mir selbst ebenso Recht tun wie einem Fremden, so wollte ich ihn zwingen, dass er mir erstattet, und wenn er nichts zu erstatten hätte und wenn er keinen guten Willen hätte, so würde ich nehmen, was ich fände, womit mir vergolten werden könnte.

B. Warum wolltest du ihn um einen guten Willen pfänden?

A. Weil er das schuldete, dass er gerne erstattete, wenn er könnte. Und darum, wer nicht gibt, was er ohne allen Schaden geben kann, das ist ein guter Wille, der gäbe noch weniger, was er nur mit Schaden geben müsste, das ist die Wiedergutmachung der Schuld.

B. Nun sieh, dass Gott die wahre Gerechtigkeit ist, die sich und alles in Gerechtigkeit beschützen und ordnen soll. Darum muss er die Wiedergutmachung seiner Ehre fordern, und wenn der Mensch das nicht hat, so muss er zu Recht einen guten Willen haben wollen, und hat der Mensch das nicht, so muss er nehmen, was er findet.

A. Was kann er denn noch zusätzlich finden, wenn weder die Erstattung da ist noch guter Wille?

B. Das ist die Gnade des ewigen Lebens, die er ihm hätte geben wollen, und das ist der Eigenwille, den er gegen den guten Willen hegt, wenn er nicht erstatten wollte.

A. Wie nimmt Gott den Eigenwillen?

B. Daz han ich doch vor geseit; wån sin eigen wille also ståt, daz er nùt gelten wil die ere gottes williglich, daz er sinen willen gotte mache vndertaͤ*[82ra]*nig in mynnen, so *nymmet* gott denselben willen vnd machet in vndertånig in dem betzwungenen liden der buͦsse. Also nymmet gott vmb sin rehte schulde, daz er vindet.

A. Nu merk ich erst, daz mÿn erbeͤrmde, die ich groß wag, die erbermde gottes nùt ṽbertriffet. Wån daz gott tuͦt, das tâte ouch ich gegen mynen schuldeneren, het ich gewalt vnd mynnte die gerehtigkeit. Wån heͤte min schuldener zuͦ geltende wol, so hiesch ich das gelt. Heͤtt er nùt, daz er moͤhte gelten, so hiesch ich einen guͦten willen, mir zuͦ geltende, so er moͤhte. Het er des guͦten willen nùt, ich neͤme, waz ich da fùnde. Wån het ich gedaht, im zuͦ lihende oder zuͦ gebende, daz neͤm ich wider, also daz ich yme me weder lùhe noch geͤbe; vnd darzuͦ ich zwùnge in, daz er muͤste dienen an sin gelte, daz er schuldig ist, wer, daz mir sin dienst nùtz were oder erlich. Noch sihe ich, daz mir einen zwiuel machet.

B. Waz ist daz?

A. Moͤhte er den guͦten willen aber als wenig von imselber han als daz gelt der *[82rb]* schulde, so duncket mich, ich solt in als wening pfenden vmb den willen als vmb die schulde.

B. Du meynest, wån nÿeman guͦten willen han mag, man gebe ym denn, dauon soͤlle gott den moͦnschen vmb einen guͦten willen nùt pfenden, so er in nùt hät.

A. Jä, das meÿn ich.

B. Der mangelt guͦtes willen, der in hingeworffen hät williglich; wån er sin nùt haben will, wie mag den der mangel entschuldigen?

A. Er sol in nùt entschuldigen, alz mich duncket.

B. Du hast wor. Er huffet sin sùnde vnd mÿnret sù nùt.

A. Das zoͤige mir in einer glichnisse eins bildes.

B. Ein herre gebùtet sinem knehte, daz er sol gån vff sinen acker snÿden, vnd warnet in vor einer gruͦben, die stuͤnd vff dem wege, vnd gebùtet im, daz er von der gruͦben gienge als verre, daz er dar in iht viele. Der kneht gedaht: Du wilt disen tag nùt snÿden vff dem acker; dauon so wil ich mich werffen in die gruͦben, daz ich ioch vß der gruͦben nùt moͤge komen, *[82va]* ob ich ioch gerne wolte snÿden. Sich, dirre kneht verlùret williglich sinen nùtzen willen; wån er wil, das er nùt moͤge snÿden, ob er ioch wolte, vnd dauon so leit er den willen williglich von ÿm, mit dem willen er des herren gebott soͤlt vnd moͤhte vollebringen.[352]

75 nymmet] mynnet

352 *Anselmus Cantuariensis, CDH I, c. 24; Bd. II, S. 92,12–17:* Nam si quis iniungat opus aliquod servo suo, et praecipiat illi ne se deiciat in foveam quam illi monstrat, unde nullatenus exire possit, et servus ille contemnens mandatum et monitionem domini sui sponte se in monstratam mittat foveam, ut nullatenus possit opus iniunctum efficere:

B. Das habe ich doch vorher gesagt, da sein Eigenwille so steht, dass er die Ehre Gottes nicht freiwillig wiedergutmachen will und dass er seinen Willen in Liebe Gott untertan macht, so nimmt Gott denselben Willen und macht ihn in dem erzwungenen Leiden der Buße untertan. So nimmt Gott um seiner gerechten Schuld willen, was er findet.

A. Jetzt merke ich erst, dass mein Mitleid, das ich für groß hielt, das Erbarmen Gottes nicht übertrifft. Denn was Gott tut, das täte ich auch gegen meinen Schuldner, wenn ich die Macht hätte und die Gerechtigkeit liebte. Denn wenn mein Schuldner etwas zu vergelten hätte, so würde ich die Erstattung fordern. Hätte er nichts, was er zurückerstatten könnte, so würde ich einen guten Willen fordern, mir zu vergelten, wenn er könnte. Hätte er den guten Willen nicht, nähme ich, was ich finden könnte. Denn hätte ich gedacht, ihm zu leihen oder zu geben, das nähme ich dann zurück, sodass ich ihm in Zukunft weder leihen noch schenken würde, und ferner würde ich ihn zwingen, dass er für seine Rückzahlung, die er schuldig ist, dienen müsste, wenn mir sein Dienst nützlich und ehrenhaft wäre. Jetzt sehe ich, was mir den Zweifel verursacht.

B. Was ist das?

A. Könnte er aber den guten Willen ebenso wenig aus sich selbst haben wie die Wiedergutmachung der Schuld, so scheint mir, ich sollte ihn ebenso wenig wegen des Willens pfänden wie wegen der Schuld.

B. Du meinst, da niemand guten Willen haben kann, wenn man ihn ihm nicht gibt, darum sollte Gott den Menschen wegen eines guten Willens nicht pfänden, wenn er ihn nicht hat.

A. Ja, das meine ich.

B. Dem fehlt guter Wille, wer ihn freiwillig weggeworfen hat; da er ihn nicht haben will, wie kann den der Mangel entschuldigen?

A. Er soll ihn nicht entschuldigen, wie mir scheint.

B. Du hast recht. Er häuft seine Sünde an und vermindert sie nicht.

A. Das zeige mir am Beispiel eines Bildes.

B. Ein Herr gebietet seinem Knecht, dass er auf seinen Acker zum Mähen gehen soll, und warnt ihn vor einer Grube, die auf dem Weg liege, und er gebietet ihm, dass er so weit von der Grube entfernt ginge, dass er nicht da hineinfiele. Der Knecht dachte: »Du willst heute auf dem Acker nicht mähen. Darum will ich mich in die Grube werfen, dass ich aus der Grube nicht herauskommen kann, wenn ich auch gerne mähen wollte.« Sieh, dieser Knecht verliert freiwillig seinen nützlichen Willen, da er will, dass er nicht mähen kann, wenn er auch wollte, und darum legt er den Willen freiwillig von sich ab, obwohl er mit dem Willen des Herren Gebot erfüllen sollte und vollenden könnte.

A. Das ist merklich; wån das er nùtzen willen nùt enhabe, daz ist sin wille; dauon hät er sin vnkrafft vnd sinen eigenen willen.

B. Wie duncket dich: Mag den gegen sinen herren sin vnkrafft ùt entschuldigen, vnd daz er, so er in die grůbe wurt geworffen, keinen nùtzen willen dem herren mag geleisten? Wån kaͤme ym ioch ein wille, daz er gerne wolte snÿden, der wille were vnnùtze dem herren, wån er moͤhte zů den werken nùt kommen.

A. Åne allen zwifel neyn; er sol in nùt entschuldigen. Wån wer williglichen eins dinges mangeln wil, den mangel sol nÿeman erbarmen. Es duncket mich ioch ein nuwe sùnde, daz er gůten willen nùt enwil.

B. Du hast daz gar reht angesehen. *[82vb]* Wån der kneht, der sich selber williglich in die grůbe wùrffet, der tůt in dem einigen werke zwo sùnden: eine sùnde, wån er vnderwegen låt, daz im gebotten ist, wån er gåt nùt snyden; die ander sùnde, wån er hat getån, das im verbotten was, daz er sich in die grůbe het geworffen.[353] Daby so merke, als daz schulde ist, der nùt enhät, daz er han sol, also ist ouch schulde, der do hat, das er nùt han sol. Vnd dauon, als das schuld ist: nùt haben einen gůten willen zů gelten, des der moͤnsche schuldig ist, also glich haben die vnkrafft ist ein schulde, von der der moͤnsche gůten willen nùt mag haben.[354]

A. We, ich woͣnd etwaz entschuldigung vinden an dem, daz der moͤnsche gůten willen nùt mag hän von imselber. Nu hast du mich bewiset, das dasselbe vnmùgen der sùnder schuld ist. Mir geschihet als dem, der vngerne giltet: der låt den wůcher etwenn als groß werden oder noch groͤsser dån die schulde.

---

putasne illi aliquatenus impotentiam istam ad excusationem valere, cur opus iniunctum non faciat? *(Übers.* SCHMITT, *S. 81–83: »Denn wenn jemand einem Knecht eine Arbeit auferlegt und ihm befiehlt, sich nicht in die Grube, die er ihm zeigt und aus der er keineswegs mehr herauskommen kann, zu stürzen, und dieser Knecht unter Missachtung des Befehls und der Warnung seines Herrn sich freiwillig in die bezeichnete Grube stürzt, sodass er die auferlegte Arbeit in keiner Weise ausführen kann: glaubst du, dieses Unvermögen diene ihm auch nur ein wenig zur Entschuldigung dafür, dass er die auferlegte Arbeit nicht ausführt?«)*

353 *Anselmus Cantuariensis, CDH I, c. 24; Bd. II, S. 92,18–20:* Nullo modo, sed potius ad augmentum culpae, quoniam ipse impotentiam illam sibi fecit. Dupliciter namque peccavit, quia et quod iussus est facere non fecit, et quod praeceptum est ne faceret, fecit. *(Übers.* SCHMITT, *S. 83: »Durchaus nicht, sondern eher zur Vermehrung der Schuld, weil er selber sich dieses Unvermögen geschaffen hat. Denn auf doppelte Art hat er gesündigt, weil er sowohl, was ihm zu tun aufgetragen wurde, nicht tat, als auch tat, was nicht zu tun ihm befohlen wurde.«)*

354 *Anselmus Cantuariensis, CDH I, c. 24; Bd. II, S. 92,24–26:* Ipsa namque impotentia culpa est, quia non debet eam habere, immo debet eam non habere. Nam sicut culpa est non habere quod habere debet, ita culpa est habere quod debet non habere. *(Übers.* SCHMITT, *S. 83: »Das Unvermögen selber nämlich ist eine Schuld, weil er es nicht haben darf, vielmehr schuldig ist, es nicht zu haben. Denn wie es eine Schuld ist nicht zu haben, was er haben muss, so ist es Schuld zu haben, was er nicht zu haben schuldig ist.«)*

A. Das ist verständlich; denn dass er keinen nützlichen Willen hat, das ist sein Wille; darum hat er seine Unkraft und seinen Eigenwillen.

B. Wie dünkt es dich: Kann den seine Unkraft irgendwie dem Herrn gegenüber entschuldigen, und dass er, wenn er in die Grube fällt, dem Herrn keinen Nutzen leisten kann? Denn käme ihm doch noch ein Wille, dass er gerne mähen wollte, der Wille wäre dem Herrn unnütz, denn er könnte nicht zur Arbeit kommen.

A. Ohne allen Zweifel nein; es soll ihn nicht entschuldigen. Denn wenn einer freiwillig ein Ding entbehren will, diesen Mangel soll niemand bedauern. Es scheint mir auch eine neue Sünde, dass er keinen guten Willen will.

B. Du hast es ganz richtig angesehen. Denn der Knecht, der sich selbst freiwillig in die Grube wirft, der tut in einer Handlung zwei Sünden: eine Sünde, da er bleiben lässt, was ihm aufgetragen wurde, denn er geht nicht mähen; die andere Sünde, da er getan hat, was ihm verboten war, dass er sich in die Grube geworfen hat. Daran merke, wie das Schuld ist, wenn einer nicht hat, was er haben soll, so ist es auch Schuld, wenn er hat, was er nicht haben soll. Und darum, wie es auch Schuld ist, den guten Willen zurückzuerstatten, was der Mensch schuldet, nicht zu haben, ebenso ist es eine Schuld, die Unfähigkeit zu haben, durch die der Mensch guten Willen nicht haben kann.

A. O weh, ich dachte etwas Entschuldigung darin zu finden, dass der Mensch nicht aus sich selbst guten Willen haben kann. Nun hast du mir gezeigt, dass gerade dieses Unvermögen die Schuld der Sünder ist. Mir geschieht es wie dem, der ungern wiedergutmacht: der lässt den Wucher vielleicht so groß werden oder noch größer als die Schuld.

B. Du hast gedåht an ein gůte glichnisse; wån es ist also in der wårheit. Wer sin schulde gegen gott ent*[83ra]*[355]schuldigen wil vnd nùt demͤůtiglich veriehen wil, des schulde komet mit wůcher; wån sin entschuldigen bringet wůcher der schulde.

A. Die grůbe, dauon du gesprochen hast, die bringet mir ein grusen. Wån ich sihe, das ich der gerehtigkeit mangel, die ich sͤolte han, daz ist schulde, vnd wån ich nùt haben mag, das ist der wůcher der schulde, vnd ist denn, das ich mich entschuldigen wil von miner vnkrafft vnd nùt veriehen wil der schuld vnd des wůchers, zůhant so můß ich von dem ersten wůcher geben andern wůcher. Also so wachset die schulde åne ende.

B. Daz hät gott gesprochen: Die hoffart der, die dich nùt mynnent, die wahset ewiglich.[356]

A. Von wem ist dis wort gesprochen?

B. Der vatter het es von sinem kinde Ihesu Christo gesprochen vnd meynt, daz alle die, die gnåde in Ihesu Christo nùt mynnent vnd bekennent, der hoffart wil die schulde nach wårheit nùt bekennen. Die hoffart wahset; wån sù entschuldigent ir schulde mit schulde; wån sù sprechent: Wenn *[83rb]* sù nùt baß von in selber mͤogent, so sient sù bessers, denn sù mͤogent nùt schuldig *sin*, also wurt der hoffart keyn ende. Vnd dauon das ich mache aller hoffart ein ende, so wissest, das sͤollen gelten vnd nùt geben, das ist sùnde, vnd sich damit entschuldigen, daz ist ouch sùnde. Dauon so můst du einen andern weg sůchen, das gott die sùnde vergebe dån die erbermde, daz gott die sùnd welle vergeben, wån sù der mͤonsche nùt mag gebůssen.

A. Dine wort måhtent mich zwifelend, wùst ich nùt, das die erbermde gottes grͤosser were, denn ich kͤonde gereden oder gedencken. Doch wundert mich noch, wåuon gottes ere daran nùt lege grͤoßlich, ob er dem mͤonschen sin sùnde vergebe darumb, wann er sù nùt kan gebůssen.

B. Des wil ich dich bewisen. Sage mir, wie lͤobelich ist, daz einre varen låt eine schulde darumb, wån sù im nÿme werden mag?

A. Tůt ers vmb keÿn ander sache dån vmb daz, daz *[83va]* sù im nùt werden mag, so ist es nùt lͤobelich; wän es williglich nùt enist.

B. So du sprichest, gott sol erbarmen sich v̀ber den, der sine schulde nùt mag gebůssen, waz ist das anders? Wån gott sol die schulde varen låssen von erbermde, wån sù im nùt werden mag.

A. Ich merke, daz an der erbermde gottes lobes nùt enist noch were, ob er sͤolliche erbermde ioch hette.

149 sin *fehlt*

---

355 *In der Hs. springt die Zählung von fol. 81 auf fol. 83. Damit wird die falsche Zählung wieder korrigiert. Die römische Ziffer und der moderne arabische Bleistifteintrag stimmen wieder überein.*

356 *Zitat nicht nachgewiesen.*

B. Du hast an ein gutes Beispiel gedacht; denn so ist es in Wahrheit. Wer seine Schuld gegen Gott entschuldigen will und nicht demütig zugeben will, dessen Schuld wuchert; denn seine Entschuldigung bringt Wucher der Schuld.

A. Die Grube, von der du gesprochen hast, bringt mir ein Grausen. Da ich sehe, dass mir die Gerechtigkeit fehlt, die ich haben sollte, das ist Schuld, und wenn ich sie nicht haben kann, ist das Wucher der Schuld; und wenn ich mich entschuldigen will aufgrund meiner Unfähigkeit und meine Schuld und den Wucher nicht gestehen will, so muss ich nach dem ersten Wucher einen zweiten Wucher zahlen. So wächst die Schuld ohne Ende.

B. Das hat Gott gesagt: Der Hochmut derer, die dich nicht lieben, wächst ewig.

A. Von wem wurde dieses Wort gesagt?

B. Der Vater hat es von seinem Sohn Jesus Christus gesprochen und es meint, dass alle die, die die Gnade in Jesus Christus nicht lieben und anerkennen, deren Hochmut will in Wahrheit die Schuld nicht anerkennen. Der Hochmut wächst; denn sie entschuldigen ihre Schuld mit Schuld; denn sie sagen: Wenn sie selbst es nicht besser können, so sind sie besser; denn sie können nicht schuldig sein. Also findet der Hochmut kein Ende. Und darum, um allem Hochmut ein Ende zu setzen, sollst du wissen, dass Erstatten-Sollen und nichts Hergeben, das ist Sünde, und sich damit entschuldigen ist auch Sünde. Darum musst du einen anderen Weg suchen, dass Gott die Sünde vergibt, als das Erbarmen, damit Gott die Sünde vergeben will, da der Mensch sie nicht büßen kann.

A. Deine Worte brächten mich in Zweifel, wüsste ich nicht, dass das Erbarmen Gottes größer ist, als ich reden oder denken könnte. Doch wundert mich noch, warum Gottes Ehre nicht hauptsächlich darin liegt, dass er dem Menschen seine Sünde darum vergibt, weil er sie nicht büßen kann.

B. Das will ich dir aufzeigen. Sage mir, wie lobenswert ist es, dass einer eine Schuld erlässt, weil sie ihm nie erstattet werden kann?

A. Tut er es aus keinem anderen Grund als darum, weil ihm die Schuld nicht beglichen werden kann, so ist es nicht lobenswert, denn es ist nicht freiwillig.

B. Wenn du sagst, Gott solle sich über den erbarmen, der seine Sünde nicht büßen kann, was ist das anderes? Denn Gott soll die Schuld aufgeben aus Erbarmen, da sie ihm nicht beglichen werden kann.

A. Ich merke, dass an diesem Erbarmen Gottes nichts zu loben ist oder wäre, wenn er denn solches Erbarmen hätte.

B. Duhte dich aber iht billich, das gott die sùnde vergaͤbe durch der sùnde willen?

A. Neÿn. Wer were als vnsinnig, der das spreche!

B. Dauon bedarff du nùt wenen, das gott die sùnde vergebe durch der vnkraft willen, vnd so der moͤnsche nùt mag gebuͤssen. Wån ich han dich bewiset, das dieselbe vnkrafft ist ein *sunder* sùnde.

A. Dis ist wor. Wån als wening gott dem moͤnschen durch siner sùnde willen sol geben himelrich, also wening sol gott die sùnde vergeben dur der sùnde willen. Wån ablåß der sùnden ist ein weg *[83*^{vb}*]* zů hÿmelrich.[357]

B. Noch sih me: Vergebe gott die schulde, die der moͤnsche nùt mag gelten, daz were in zweyerley wise: Ein wise, daz er dem vergebe, der gerne wolte gelten vnd nùt hette zů gelten; oder aber dem, der nùt wolte gelten vnd nùt moͤhte gelten. Der ietweders were vnbillich.

A. Wauon solt er dem nùt vergeben, der gerne wolte gelten vnd nùt hät?

B. Do were er arm. Wer arm ist, der hät mangel. Wer mangel hat, der sol nùt gesetzet werden in volle seligkeit.[358]

A. Ich gloube, du meynest: Wer in seligkeit der ewigkeit wurt gesetzet, der můß vor rich werden an tugende vnd an gnaden.

173 sunder] sùnder

---

357 *Anselmus Cantuariensis, CDH I, c. 24; Bd. II, S. 93,18–25:* Sed si dimittit quod sponte reddere debet homo, ideo quia reddere non potest, quid est aliud quam: dimittit deus quod habere non potest? Sed derisio est, ut talis misericordia deo attribuatur. At si dimittit quod invito erat ablaturus, propter impotentiam reddendi quod sponte reddere debet: relaxat deus poenam et facit beatum hominem propter peccatum, quia habet quod debet non habere. Nam ipsam impotentiam debet non habere, et idcirco, quamdiu illam habet sine satisfactione, peccatum est illi. *(Übers. Schmitt, S. 85: »Aber wenn er das, was der Mensch freiwillig leisten muss, deshalb nachlässt, weil er es nicht leisten kann: was ist das anderes als: Gott lässt nach, was er nicht haben kann? Es wäre aber eine Verhöhnung, wollte man Gott eine solche Barmherzigkeit zuschreiben. Wenn er aber das, das er ihm gegen seinen Willen wegnehmen wollte, nachlässt wegen seines Unvermögens zu erstatten, was er freiwillig erstatten muss: so lässt Gott die Strafe nach und macht den Menschen selig wegen der Sünde, weil er hat, was er schuldig ist, nicht zu haben. Denn das Unvermögen selber schuldet er nicht zu haben, und deshalb wird es ihm, solange er es ohne Genugtuung hat, zur Sünde.«)*

358 *Anselmus Cantuariensis, CDH I, c. 24; Bd. II, S. 93,30 f., 94,2 f., 94,5:* Verum esto: dimittit deus ei, qui non solvit quod debet, idcirco, quoniam non potest. <…> At quamdiu non reddet, aut volet reddere aut non volet. Sed si volet quod non poterit, indigens erit. Si vero non volet, iniustus erit. <…> Sive autem indigens sive iniustus sit, beatus non erit. *(Übers. Schmitt, S. 85: »Angenommen, es wäre wahr: Gott verzeiht dem, der nicht einlöst, was er schuldig ist, deshalb, weil er es nicht kann. <…> Aber solange er es nicht erstatten wird, wird er es erstatten wollen oder nicht wollen. Wenn er aber wollen wird, was er nicht können wird, wird er bedürftig sein. Wenn er aber nicht wollen wird, wird er ungerecht sein. <…> Ob er aber bedürftig oder ungerecht ist: selig wird er nicht sein.«)*

B. Erschiene es dir aber recht, dass Gott die Sünde um der Sünde willen vergeben würde?

A. Nein. Wer wäre so unsinnig, das zu sagen!

B. Darum brauchst du nicht zu meinen, dass Gott die Sünde wegen der Unfähigkeit vergeben würde, und wenn der Mensch nicht büßen kann. Denn ich habe dir gezeigt, dass dieselbe Unfähigkeit eine zusätzliche Sünde ist.

A. Das ist wahr. Denn ebenso wenig wie Gott dem Menschen wegen seiner Sünde das Himmelreich geben wird, ebenso wenig soll Gott die Sünde wegen der Sünde vergeben. Denn Nachlass der Sünden ist ein Weg zum Himmelreich.

B. Sieh auch noch Folgendes: Wenn Gott die Schuld vergeben würde, die der Mensch nicht begleichen könnte, das wäre auf zweierlei Weise: Eine Weise wäre, dass er dem vergibt, der gerne wiedergutmachen würde und nichts zu begleichen hätte; oder aber dem, der nicht wiedergutmachen wollte und nicht wiedergutmachen könnte. Beides wäre unangemessen.

A. Warum sollte er dem nicht vergeben, der gerne wiedergutmachen wollte und es nicht hat?

B. Dann wäre er arm. Wer arm ist, der hat Mangel. Wer Mangel hat, der soll nicht in die volle Seligkeit gesetzt werden.

A. Ich glaube, du meinst: Wer in die Seligkeit der Ewigkeit gesetzt wird, der muss zuvor reich werden an Tugend und an Gnaden.

B. Ich meyne dasselbe, wån es die warheit meynet in der geschrifft: Weist du, das der in dem armen boͤsen kleyde wart vertriben vß der hochzjt des kùnges? Do spricht Paulus: »Den gerůffet ist, die sint gereht worden, vnd *die* gereht gemachet sint, die sint gerichet vnd erhoͤhet«. Daby merk, daz die erbermde gottes die git nyman ewig leben dån dem, der *[84ra]* vor rich ist worden. Dauon wer nùt hat zů gelten, ob er ioch gůten willen hette, der moͤhte nùt geseliget werden, vnd davon so mag im ouch siner sùnde ablåß nùt werden.

A. Warvmb mag gott dem sùnde nùt vergeben, der gůten willen nùt enhat vnd ouch nùt mag gelten?

B. Das ist sleht. Do ist er vngereht. Nu sol keyn vngerehter ewige seligkeit besitzen. Dauon kere dich von der erbermde; wån die vindest du in gotte nùt, daz gott die sùnde vergebe, wån sù der moͤnsche nùt mag gebuͤssen.

A. Wie dis einem herten worte glich helle, doch sihe ich ein kleÿn fùnckelin goͤttlicher gnåde. Mich duncket, daz die erbermde lobelicher vnd groͤsser ist, die dem schuldener git das gůt, domit er sine schulde gelte vnd buͤsse vnd rich werde gemachet, dån die erbermde, die die schulde vergebe durch der schulde willen. Vnd dauon so wil ich volgen dinem råte vnd wil mich keren von der erbermde. Die touben synne buwent vff des moͤnschen vnkrafft, die in der worheit *[84rb]* sùnde ist, vnd wil mich keren zů der wåren erbermde, die in der gnåde des ewigen wortes von gotte geflossen ist.

B. Gelobet sie das wort, daz dise welt erlùhtet håt, daz din ouge so schiere mit sinem liehte geschossen hat, daz du merkest, daz goͤttlich erbermde vil mÿnnenklicher sich erzoͤiget hat, dann der toube moͤnsche wolte wùnschen, ob er wunschs hette gewalt.

A. Das fùncklin ist als kley¨ne, daz es ane dine helffe zů einem liehte kume moͤhte werden. Doch sol ich sin danckbeͤr; wån es hat myn hertze etwaz erfroͤuwet. Wån vnuernùnfftigen sinnen sint dine wort gar herte gewesen, daz der moͤnsche siner krangheit vnd siner arenmůt gegen gotte nùt moͤge geniessen. Dauon hån ich wol bedoͤrffet, daz mich die gottliche gnade habe doch ein wening angeschinen, daz min hertze wùrde getroͤstet.

B. Wil dich von disem capitel benuͤgen nåch sinen ersten worten?

A. Mich benuͤget, wenn du wilt. Doch stat in *[84va]* mir noch ein wunder.

B. Waz ist daz?

A. Alle moͤnschen werdent toub geboren. Darnåch ettliches kommet zů gantzer bekantnisse. Ettliches håt als stumpfe sinne, der ich leider eins bin, daz es ioch von gůter lere groß lieht nyemer empfahet. Mag die moͤnschen vnwißheit nùt entschuldigen gegen gotte? Daz ist mir vnd meͤnigem leider ein boͤse mere. Mag aber den moͤnschen blintheit entschuldigen, so git gott gnåde durch der sùnde willen. Wån blintheit ist ein sùnde, als du vor gesprochen håst von der krafft der moͤnscheit.

188 die *fehlt*

B. Ich meine es so, da es die Wahrheit in der Schrift meint: Weißt du, dass der in dem armen schlechten Kleid aus der Hochzeit des Königs vertrieben wurde? (Vgl. Mt 22,11f.) So spricht Paulus: »Die gerufen sind, die sind gerecht geworden, und die gerecht gemacht worden sind, die sind gerichtet und erhöht« (Rm 8,30). Daran merke, dass das Erbarmen Gottes niemandem das ewige Leben gibt außer dem, der zuvor reich geworden ist. Darum, wer nichts wiedergutzumachen hat, wenn er auch guten Willen hätte, könnte nicht selig werden, und darum kann er auch keinen Nachlass seiner Sünden bekommen.

A. Warum kann Gott denn die Sünde nicht dem vergeben, der guten Willen nicht hat und auch nicht wiedergutmachen kann?

B. Das ist einfach. Weil er ungerecht ist. Nun soll kein Ungerechter ewige Seligkeit besitzen. Darum kehre dich von dem Erbarmen fort; denn das findest du in Gott nicht, dass Gott die Sünde vergibt, da sie der Mensch nicht büßen kann.

A. Obwohl dies wie ein hartes Wort klingt, sehe ich ein kleines Fünklein der göttlichen Gnade. Mir scheint, dass das Erbarmen lobenswert und größer ist, das dem Schuldner das Gut gibt, mit dem er seine Schuld begleicht und büßt und reich gemacht wird, als das Erbarmen, das die Schuld um der Schuld willen vergibt. Und darum will ich deinem Rat folgen und will mich von dem Erbarmen abwenden. Die stumpfen Sinne bauen auf des Menschen Unfähigkeit, die in Wahrheit Sünde ist, und ich will mich zu dem wahren Erbarmen wenden, das in der Gnade des ewigen Wortes von Gott geflossen ist.

B. Gelobt sei das Wort, das diese Welt erleuchtet hat, das dein Auge so schnell mit seinem Licht erfüllt hat, sodass du merkst, dass das göttliche Erbarmen sich viel liebenswerter erwiesen hat als der stumpfe Mensch wünschen konnte, wenn er die Macht zu wünschen hätte.

A. Das Fünklein ist so klein, dass es ohne deine Hilfe kaum zu einem Licht werden kann. Doch soll ich dankbar sein, denn es hat mein Herz etwas erfreut. Denn unvernünftigem Verständnis sind deine Worte gar hart gewesen, dass der Mensch seine Krankheit und seine Armut Gott gegenüber nicht nützen könnte. Darum habe ich es wohl gebraucht, dass mich die göttliche Gnade doch ein wenig angeschienen hat, sodass mein Herz getröstet würde.

B. Will es dir genug sein von diesem Kapitel nach seinen ersten Worten?

A. Mir genügt es, wenn du willst. Doch gibt es in mir noch ein Wunder.

B. Was ist das?

A. Alle Menschen werden taub geboren. Danach kommen etliche zu voller Erkenntnis. Etliche haben so stumpfes Verständnis, von denen ich leider einer bin, dass sie auch durch große gute Lehre nie großes Licht empfangen. Kann diese Menschen die Unweisheit nicht entschuldigen gegen Gott? Das ist mir und manchen Menschen leider eine böse Geschichte. Kann aber Blindheit den Menschen entschuldigen, so gibt Gott Gnade um der Sünde willen. Denn Blindheit ist eine Sünde, wie du zuvor über die Kraft der Menschheit gesagt hast.

B. Hettest du wol besinnet, waz ich von der erbsùnde han geleret, so moͤhtest du dichselber verspreͤchen. Wån das ist gesprochen, daz arenmůt der nature vnd krangheit vnd blintheit, daz wurd denn gezelet zů sùnden, die mit Christo in dem tǒffe nùt erstorben sint vnd in den gnåden eins nuwen lebens erstanden. Aber allen, die getǒffet sint, den sint die gebresten nùme sùnde. Sù sint aber ein *[84vb]* pin der sùnde. Die pin dem moͤnschen etwenn ist ein weg zů tugende, etwenn zů den sùnden ein weg.

A. Ich bedarff nùt frågen, wie sù sint ein weg zů den vntugenden; wån daz ist leider mir wol bekant. Aber wie sù sint ein vrsach des gůten, das wolt ich gerne hoͤren.

B. Du hast reht. Es ist gůt zů wissen. In der pin der sùnde da schinet inne goͤttliche gnåde vnd gerehtigkeit, vnd die gnåde schinet groͤsser dån die gerehtigkeit.

A. Wie sol ich daz bekennen?

B. In vnwißheit leret gott wißheit. Dauon in moͤnschlicher torheit schinet me gnåden dån gerehtigkeit.

A. Wie leret der moͤnsche wißheit von siner eigen torheit?

B. Gott sach, daz der wise moͤnsche, Adam vnd Eua, wùrdent betrogen in einer sůssigkeit zijtlicher dinge. Dauon wolte gott, daz der moͤnsche wùrde gewarnet vnd gewitziget in der luterkeit der vnbekantnisse der oͤbern ewigen dinge. Vnd dauon lutern hertzen, die in dem touffe gereÿniget sint, den ist die moͤnsch*[85ra]*liche torheit ein anefang der vollekomenheit vnd ein manunge vnd ein warnunge zů dem wege der gerehtigkeit. Vnd dauon allen cristen moͤnschen ist die vnwißheit nùt sùnde, die sù hant vnwilliglich. Inen ist aber sùnde, daz sù die wißheit versument vnd sù nùt sůchent williglich. Der wißheit nùt hat vnd ir nùt begeret noch sù sůchet, der ist einem glich, der do ist verwund an sinen gelidern vnd sich dauon nùt geregen mag noch verwalten. Daz er sich nùt mag verwalten, daz bedarff im nyeman wijsen; wån es mag sin åne sin schulde. Ist aber, das ein artzat komet, der heilen kan vnd mag den smertzen siner wunden, wil er dem artzat nùt volgen noch die artznie liden, das mag im billich als ein schulde verkeret werden.

A. Noch hort ich gerne, wie die torheit den gůten ist ein anfang vnd ein fùrderunge zů der vollekomenheit.

B. Der nùt weiß, waz zů tůnde vnd zů låssend ist nåch wißheit, der hät wißheit noch nùt empfangen. Ist aber, daz *[85rb]* er daz wol anleit vnd es wol nùtzet, daz er empfangen heͤt, zůhant so wùrt im geben wißheit.

A. Was ist, daz er hat empfangen vor der wißheit?

B. Das ist einen willen der wißheit, der gåt vff in der torheit. Wån daz empfindet der moͤnsche gemeinlich, daz er ioch toreht ist; der wolte gerne sin wise. Der gůte wille der wißheit ist der tugende ein anefang.

B. Hättest du dich wohl besonnen, was ich von der Erbsünde gelehrt habe, so könntest du dich selbst belehren. Denn es ist gesprochen, dass Armut der Natur und Schwäche und Blindheit zu den Sünden gezählt wird für die, die mit Christus in der Taufe nicht gestorben sind und die <nicht> in den Gnaden eines neuen Lebens auferstanden sind. Aber allen, die getauft sind, denen sind die Gebrechen nicht mehr Sünde. Sie sind aber eine Strafe der Sünde. Diese Strafe ist dem Menschen manchmal ein Weg zur Tugend, manchmal ein Weg zu Sünden.

A. Ich brauche nicht zu fragen, wie sie ein Weg zu den Untugenden sind; denn das ist mir leider gut bekannt. Aber wie sie eine Ursache des Guten sind, das wollte ich gern hören.

B. Du hast recht. Es ist gut zu wissen. In der Sündenstrafe erscheint die göttliche Gnade und Gerechtigkeit, und die Gnade erscheint größer als die Gerechtigkeit.

A. Wie soll ich das erkennen?

B. In der Unweisheit lehrt Gott Weisheit. Darum erscheint in der menschlichen Torheit mehr Gnade als Gerechtigkeit.

A. Wie lernt der Mensch Weisheit von seiner eigenen Torheit?

B. Gott sah, dass der kluge Mensch, Adam und Eva, in einer Süßigkeit zeitlicher Dinge betrogen würde. Darum wollte Gott, dass der Mensch gewarnt und klug gemacht würde in der Reinheit der Unkenntnis der oberen ewigen Dinge. Und darum ist reinen Herzen, die in der Taufe gereinigt sind, die menschliche Torheit ein Anfang zur Vollkommenheit und eine Mahnung und eine Warnung zum Weg der Gerechtigkeit. Und darum ist allen Christenmenschen die Unklugheit nicht Sünde, die sie unfreiwillig haben. Ihnen ist es aber Sünde, dass sie die Klugheit versäumen und sie nicht freiwillig suchen. Wer keine Weisheit hat und sie nicht begehrt und nicht sucht, der gleicht jemandem, der an seinen Gliedern verwundet ist und sich darum nicht bewegen noch versorgen kann. Dass er sich nicht versorgen kann, das braucht ihm niemand vorzuwerfen, denn es kann ohne seine Schuld sein. Wenn aber ein Arzt kommt, der den Schmerz seiner Wunden zu heilen versteht und vermag, will er dem Arzt nicht folgen noch die Arzneien annehmen, das kann ihm zu Recht als eine Schuld angerechnet werden.

A. Ich hörte noch gern, wie die Torheit den Guten ein Anfang und eine Förderung zur Vollkommenheit ist.

B. Wer nicht weiß, was in Klugheit zu tun und zu lassen ist, der hat noch keine Weisheit empfangen. Wenn er das aber gut anpackt und wohl nützt, was er empfangen hat, wird ihm sogleich Weisheit gegeben.

A. Was ist es, das er vor der Weisheit empfangen hat?

B. Das ist ein Wille zur Weisheit, der folgt auf die Torheit. Denn das empfindet der Mensch gemeinhin, dass er ja töricht ist; der möchte gern klug sein. Der gute Wille zur Klugheit ist ein Anfang der Tugend.

A. Ach, mynniglicher gott! Wie hastu vff so einen dùrren stock getzwiget ein so gruͤnes schoß, das vß torheit wahset mynne vnd begirde der worheit. Die begirde in rehter worheit ist ein gruͤner berender anefang der waͦrheit. Waͦ ist daz minem herzten verborgen gewesen, daz ich nùt selber maͦrkte, das in vnser blintheit, damit gott die erste sùnde het gebuͦsset in gerehtigkeit, ouch schinet so vil gnaͦden vnd barmhertzikeit.

B. Dich hät wunder, daz ich weͤne, von dem worte, do ich sprach, das in der buͦsse der sùnde groͤsser schinet die *[85va]* gnaͦde daͤn die gerehtigkeit.

A. Das was sicherlich keÿn wunder an miner blintheit, daz ich wunder heͤtte an den worten; waͦn mir waz dennoch vnbekant, wie vß dem herten ertrich der gerehtigkeit vnd vß dem dùrren stam der torheit vssluͦg ein so gruͤnes berendes schoß der begirde der wißheit. Nu sihe ich: Wer dis sumerschoß nùt toͤtet noch verderbet, daz in der torheit staͦt, der wurt aͦne zwifel erfroͤuwet von der fruht der wißheit.

B. Dauon sprach ich: Wer das wol anleit, daz der tor empfangen hät, der wurt daz niessende, das der *wise* erbuwen hat.

A. Nu fraͦgte ich gerne, wie ich dis pflege vnd wol anlege, daz ich von der fruht werde erfroͤuwet.

B. Waz lere hoͦrt anders darzuͦ, daͤn das du gedenckest: Stuͤnd ein soͦllich zwig in dinem garten, das berende were die fruht des lebens, also daz die fruht alle siechtagen buͤste, vor dem tode schirmte vnd allen, die der fruht eͤssent, die *[85vb]* fruht gebe froͤliches ewiges leben, mit welichem flisse woltest du es behueten, verzùnen, tùngen vnd besnÿden! Also tuͦ der begirde der wißheit, wilt du ire fruht besitzen!

A. Ach, iemer me! Als vß der torheit das schoß wahset der wißheit, als by disem gruͤnen schosse gat vff das vnkrut der vnahtikeit vnd ablaͤssigkeit, daz das zwig leider dicke verteͤmet! Het ich in minem garten ein soͦllich zwig, als du gesprochen haͦst, wie were min ernst vnd min fliß so groß, wie turete mich so wenig zijt vnd stunde, die ich darzuͦ gaͤbe, wie weͤge ich allen kosten so kleÿne, der vff den buw gienge, wie liesse ich mich viende vnd frùnde so wenig irren, ich geͤbe dem zwige sin zijt von der mynne siner fruht!

B. Waͦn daz vnkrut wahset by dem gruͤnen zwige vnd das vß dem grunde der torheit, doby merke, daz die torheit ist ein vrsache vnd ein fùrderunge zuͦ vollen tugenden, als sù ist der wißheit anefang.

A. Des muͦst du mich baß bewisen. *[86ra]*

B. Der das vnkrut vßietten wil, der bedarff, das er gedultig sie; waͦn die nessellen brennent vnd die dorne kreͤtzend vnd stechent. Er bedarff, daz er vnuerdrossen sie vnd stetes muͦtes; waͦn das vnkrut wahset dicke wider. Er bedarff, daz er muͦssig sie; wan der vnkrut laͦt erwilden zuͦ lange, der mag es darnach kum eroͤsen.

281 wise] wiße

A. Ach, liebevoller Gott! Wie hast du einem so dürren Stock einen so grünen Spross aufgepfropft, sodass aus der Torheit Liebe und das Begehren nach der Wahrheit wächst. Das Begehren in rechter Wahrheit ist ein grüner tragender Anfang der Wahrheit. Wo ist das meinem Herzen so verborgen gewesen, dass ich nicht selbst gemerkt habe, was in unserer Blindheit, mit der Gott die erste Sünde in Gerechtigkeit bestraft hat, auch so viel Gnade und Barmherzigkeit erscheint.

B. Du wunderst dich, wie ich meine, über das Wort, als ich sagte, dass in der Buße der Sünde die Gnade größer erscheint als die Gerechtigkeit.

A. Das war sicher kein Wunder bei meiner Blindheit, dass ich mich wundern würde über diese Worte; denn mir war es doch unbekannt, wie aus dem harten Erdreich der Gerechtigkeit und aus dem dürren Stamm der Torheit ein so grüner tragender Spross der Begierde nach der Weisheit herausschaute. Nun sehe ich, wer diesen sommerlichen Spross nicht tötet oder verdirbt, was in der Torheit steht, der wird ohne Zweifel von der Frucht der Weisheit erfreut.

B. Darum habe ich gesagt: Wer das wohl anlegt, was der Tor empfangen hat, der wird genießen, was der Weise angebaut hat.

A. Nun fragte ich gerne, wie ich dies pflegen und gut anlegen kann, sodass ich von der Frucht erfreut werde.

B. Welche Lehre gehört sonst dazu, außer dass du daran denkst: Stünde ein solcher Zweig in deinem Garten, der die Frucht des Lebens trägt, sodass die Frucht alle Krankheitstage wettmachte, vor dem Tode schützte und dass die Frucht allen, die von der Frucht essen, fröhliches ewiges Leben gäbe; mit welchem Fleiß wolltest du den <Zweig> behüten, umzäunen, düngen und beschneiden! So mach es mit der Begierde der Weisheit, wenn du ihre Frucht besitzen willst!

A. Ach, immer mehr! Wie aus der Torheit der Spross der Weisheit wächst, so geht bei diesem grünen Spross das Unkraut der Unachtsamkeit und der Nachlässigkeit auf, sodass der Zweig leider oft erstickt. Hätte ich in meinem Garten einen solchen Zweig, wie du gesprochen hast, wie groß wären mein Ernst und mein Fleiß, wie wenig kümmerten mich Zeit und Stunde, die ich dafür geben müsste, wie schätzte ich alle Kosten so niedrig, die auf diesen Anbau gingen, wie wenig ließe ich mich von Feinden und Freunden beirren, ich gäbe dem Zweig seine Zeit aus der Liebe zu seiner Frucht.

B. Da das Unkraut bei dem grünen Zweig aus dem Grund der Torheit wächst, daran merke, dass die Torheit eine Ursache und eine Förderung zur vollen Tugend ist, wie sie ein Anfang der Weisheit ist.

A. Das musst du mir besser erklären.

B. Wer das Unkraut ausjäten will, der muss geduldig sein; denn die Nesseln brennen und die Dornen kratzen und stechen. Er braucht es, dass er unverdrossen und steten Mutes sei; denn das Unkraut wächst oft wieder. Er braucht es, dass er Zeit hat; denn wer das Unkraut zu lange verwildern lässt, der kann es danach kaum tilgen.

A. Ich merke nu dine meÿnunge. Du meÿnest: Wån der moͤnsche von imselber treͤge vnd vnståte ist vnd vngerůwig ist, gebe er im torheit das vnkrut nùt, daz im ist ein materie emsiger vͤbunge, so geschehe villichte, das der rost der můssigkeit me ergerte den moͤnschen vnsihtiglichen dån vnrůwe der vͤbunge.

B. Es ist wol wor, daz du gesprochen hast. Doch meyn ich es in ein ander wise. Wån so der moͤnsche siht sine torheit vnd merket, wie gar vil der stricke ist der vnwißheit vnd wie gar sweͤr vnd můgelich ist dem moͤnschen, sich doinne zů schirmen vnd zů behůten vor der vnsicherheit, so wurt er beweget, daz er sůchet gott *[86rb]* zů einem gehelffen vnd růffet in an als einen zůversihtigen helffer. Wan er hät gesehen, das er sines trostes ist gewesen ein anvaher vnd das ym gott so vil mynnenklicher werde, so vil der grund tieffer ist, daruß er in hat erhoͤhet, vnd darnach als vil in denn lieber hät, daz er ouch so vil steͤter in gotte blibe, vnd so vil er steͤter in gott ist, daz er die goͤttliche gůte so vil me froͤlicher niesse.

A. Ach, wie ist dis wort so mynnenklich vnd so troͤstlich, der es reht ansehen kän, wie vnser gebresten vns wisent zů gotte, wie zůversihtiglich wir moͤgen fliehen zů gotte. Wån es ist går wånlich, das der vnser helffer welle sin, der vns den anefang der helffe in den gebresten hät getzwiget. Er hät vns tieffe gelåssen in der torheit, daz sine helffe vns deste hoͤher ziehe vnd daz hohe ziehen grosse hohe mynne in vns erwerbe vnd entzùnde. Die mynne vns bringet in gotte woͤre růwe vnd stetigkeit, darvmb daz wir besitzent ewige *[86va]* froͤde vnd seligkeit.

B. Dauon so merke die wißheit gottes, wie sù vnser torheit hät geordent vff gerehtigkeit den, die in der blintheit weͤnent verderben, vnd vff grosse gnåde vnd erbarmhertzigkeit allen den, die sich kerent zů der gnaden goͤttlicher woͤrheit. Wån vnwißheit vnd ander krangheit, die der moͤnsche von sinen sùnden geerbet hät, die werdent ein crone den, die gott in mynnen sůchent vnd der worheit begerent. Vnd dieselben gebresten sint ein slag vnd ein wunde der gottlichen rache aller der, die sich zů der worheit nùt kerent noch die wißheit mit begirden sůchent.

A. Nu verstän ich erst, das der, der gott mynnet mit sins hertzen truwen, der bedarff nùt wùnschen noch begeren, das die blintheit vnd die vnwißheit an in nie were geuallen. Wån den geworen mynneren gottes weͤrdent die gebresten der nature ein krone ewiges lobes. Aber die verflůcheten, die gott nùt wellent mÿnnen me dån sich selber, *[86vb]* die soͤllent billich klagen. Wån dieselben gebresten sint inen hie bitter vnd in ewigkeit ein marter; wån sù sint ein slag vnd wunde ire sùnde, die in der zijt swirt zů einem ewigen smertzen. Domit sie dis capitel ein ende.

A. Ich verstehe nun deine Meinung. Du meinst: Da der Mensch aus sich selbst träge und unstet und unruhig ist, gäbe Er ihm die Torheit, das Unkraut, nicht, das ihm ein Stoff zu eifriger Übung ist, so geschähe es vielleicht, dass der Rost der Müßigkeit den Menschen unsichtbar mehr schädigte als die Unruhe der Übung.

B. Es ist wohl wahr, was du gesprochen hast. Doch mein ich es in einer anderen Weise. Denn wenn der Mensch seine Torheit sieht und bemerkt, wie viele Stricke der Unweisheit es gibt und wie schwer und mühsam es dem Menschen ist, sich darin vor der Unsicherheit zu schützen und zu behüten, so wird er bewegt, dass er Gott als einen Helfer sucht und ihn anruft als einen zuversichtlichen Gehilfen. Denn er hat gesehen, dass er ein Anfang seines Trostes gewesen ist und dass ihm Gott so viel liebenswerter wird, je tiefer der Grund ist, daraus er ihn erhöht hat, und dass er ihn danach umso lieber hatte, dass er auch umso stetiger in Gott bleibt und umso stetiger in Gott ist, sodass er die göttliche Güte umso fröhlicher genießt.

A. Ach, wie ist dieses Wort so liebevoll und so tröstlich für den, der es recht ansehen kann, wie unsere Gebrechen uns zu Gott hinweisen, wie zuversichtlich wir zu Gott fliehen können. Denn es ist sehr glaubhaft, dass der unser Helfer sein will, der uns den Anfang der Hilfe in unsern Gebrechen zugeteilt hat. Er hat uns tief in der Torheit gelassen, dass seine Hilfe uns umso höher zieht und das Hochziehen große hohe Liebe in uns erwirbt und entzündet. Die Liebe bringt uns in Gott wahre Ruhe und Stetigkeit, weil wir ewige Freude und Seligkeit besitzen

B. Darum bemerke, wie die Weisheit Gottes unsere Torheit auf Gerechtigkeit für die ausgerichtet hat, die in der Blindheit zu verderben meinen, und <ausgerichtet> auf große Gnade und Barmherzigkeit für alle, die sich an die Gnade göttlicher Wahrheit wenden. Denn Unweisheit und andere Schwäche, die der Mensch von seinen Sünden ererbt hat, die werden eine Krone für die, die Gott in Liebe suchen und die Wahrheit begehren. Und dieselben Gebrechen sind ein Schlag und eine Wunde der göttlichen Rache für alle, die sich zu der Wahrheit nicht bekehren noch die Weisheit mit Begehren suchen.

A. Jetzt verstehe ich erst, dass, wer Gott mit seiner Herzenstreue liebt, der braucht nicht zu wünschen noch zu begehren, dass die Blindheit und die Unweisheit nicht auf ihn gefallen wären. Denn den wahren Gottliebenden werden die Gebrechen der Natur eine Krone des ewigen Lobes. Aber die Verfluchten, die Gott nicht mehr als sich selbst lieben wollen, die sollen zu Recht klagen. Denn dieselben Gebrechen sind ihnen hier bitter und in Ewigkeit eine Marter; denn sie sind ein Schlag und eine Wunde ihrer Sünden, die in der Zeit zu einem ewigen Schmerz schwärt. Damit sei dieses Kapitel zu Ende.

Das fùnfte capitel
Gott muͦste vollebringen, daz er mit moͤnschlicher nature hät angefangen.[359]

A. Dis wort ist troͤstlich; doch ist es wunderlich. Es ist daran troͤstlich, das des moͤnschen val muͦß widerbraͦht werden. Es ist aber wunderlich, was gott darzuͦ zwinget, das er es muͦste vollebringen.

B. Wilt du merken, waz gott zwing, so kere din sinne darvff, warvmb der moͤnsche wùrde geschaffen, vnd gedenck, wie in dem ersten buͦche geschriben stät, daz der moͤnsche darumb wart von gotte geschaffen, das er gott soͤlte niessen in ewiger seligkeit, vnd daz gotte zuͦ lobe vnd zuͦ eren.

A. Ich gedencke wol *[87ra]* der rede.

B. So luͦge: Were der moͤnsche bliben ewiglich in den sùnden, so were er ewigliche von dem goͤttlichen liehte vnd von der suͤssen mynne gottes verschalten. Were er von gote ewiglich verloren, so were gott nyemer von dem moͤnschen gelobet, also hette gott sine geschoͤpfede verloren, die er imselber zuͦ lobe vnd zuͦ eren hät geschaffen.[360]

A. Das ist wor. Es were als gar vmb suß, als were der moͤnsche nie geschaffen.

B. Duncket dich mùglich vnd zimlich, das gott also sine geschoͤpfede verlùre, als were sù nie geschaffen?

A. Neyn. Es were doch einem wisen manne nùt zimlich, das er ein werk mahte vnd das werk denn miteinander zerwùrffe dur eins gebresten willen. Waͦn man moͤht wol sprechen: Were der man wise, er hette daz werk nùt angefangen, oder: Were er wise, er koͤnde den gebresten gebuͦssen.

B. Sid das es einem wisen man nùt getzeme, noch minre mag es gotte getzymen, daz er sin werk, daz ewiglich weren soͤlte im zuͦ lobem alz gar verwùrffe, daz es *[87rb]* zuͦ keyme nutze keͤme.

---

359 *Anselmus Cantuariensis, CDH II, c.4; Bd. II, S. 99,2:* Necesse est ergo, ut de humana natura <deus> quod incepit perficiet. *(Übers. Schmitt, S. 95: »Es ist also notwendig, dass er mit der menschlichen Natur vollende, was er begonnen hat.«)*

360 *Anselmus Cantuariensis, CDH II, c.4; Bd. II, S. 99,3–7:* Ex his est facile cognoscere quoniam aut hoc de humana perficiet deus natura quod incepit, aut in vanum fecit tam sublimem naturam ad tantum bonum. At si nihil pretiosius cognoscitur deus fecisse quam rationalem naturam ad gaudendum de se, valde alienum est ab eo, ut ullam rationalem naturam penitus perire sinat. *(Übers. Schmitt, S. 93–95: »Aus dem lässt sich leicht erkennen, dass Gott entweder mit der menschlichen Natur vollenden wird, was er begonnen, oder eine solch erhabene Natur vergebens zu einem solch hohen Gute erschaffen hat. Aber wenn erkannt wird, dass Gott nichts Kostbareres geschaffen hat als die vernünftige Natur, damit sie sich an ihm erfreue, so ist es mit ihm ganz unvereinbar, dass er eine vernünftige Natur völlig zugrunde gehen lasse.«)*

Das fünfte Kapitel
Gott musste vollenden, was er mit der menschlichen Natur angefangen hat.

A. Dies Wort ist tröstlich; und doch ist es seltsam. Tröstlich ist es darin, dass der Fall des Menschen wiedergutgemacht werden muss. Es ist aber seltsam, was Gott dazu zwingt, dass er es vollenden musste.

B. Willst du verstehen, was Gott zwingt, so wende deine Aufmerksamkeit darauf, warum der Mensch geschaffen wurde, und denk daran, wie in dem ersten Buch geschrieben steht, dass der Mensch darum von Gott geschaffen wurde, dass er Gott in ewiger Seligkeit genießen sollte, und zwar Gott zum Lob und zur Ehre.

A. Ich denke wohl an diese Erklärung.

B. So schau: Wäre der Mensch ewig in Sünden geblieben, so bliebe er ewig vom göttlichen Licht und der süßen Gottesliebe verstoßen. Wäre er für Gott ewig verloren, so würde Gott niemals vom Menschen gelobt, so hätte Gott seine Schöpfung verloren, die er sich selbst zum Lob und zur Ehre geschaffen hatte.

A. Das ist wahr. Es wäre so völlig umsonst, als wäre der Mensch nie geschaffen.

B. Hältst du es für möglich und geziemend, dass Gott so seine Schöpfung verlöre, als wäre sie nie geschaffen?

A. Nein. Es würde sich doch für einen klugen Mann nicht ziemen, dass er ein Werkstück machte und dieses dann ganz und gar wegen eines Mangels zerstörte. Denn man könnte sagen: Wäre der Mann klug, er hätte das Werk nicht angefangen, oder: Wäre er klug, er könnte den Mangel bessern.

B. Da es sich für einen klugen Mann nicht ziemen würde, kann es sich noch weniger für Gott ziemen, dass er sein Werk, das ewig ihm zum Lob bestehen sollte, so völlig aufgäbe, sodass es keinen Nutzen mehr brächte.

A. Daz ist wor. Als vil gottes wißheit v̇bertriffet, als vil me ist billich, das er in sinem werke zoͤige keine *riuwe* noch keynen gebresten, den er nùt koͦnde gebesseren.[361]

B. Sid daz es nu vnzimlich ist, so ist es ouch vnmùglich gotte zetuͦnde.

A. Dis ist wor. Dem alle ding mùglich sint, der mag doch kein vnzÿmlich ding, wån er mag nùt sùnden; wån nieman mag vnzimliche ding, dån der sùnden mag.

B. Du hast wor geseit. Doch wie verståst du gottes almåhtigkeit in dem, das er nùt mag sùnden? Daz wil ich von dir hoͤren.

A. Ich gedencke diner worte, die du spreche von den sùnden, wie der moͤnsche keyner krafft bedarff darzuͦ, daz er moͤge sùnden. Daby nÿm ich, das die sùnde geschiht nùt von krafft; sù geschiht von vnkrafft.[362] Und wån vnkrafft gehoͦrt zuͦ den sùnden, dauon so duncket mich, daz die goͦttliche almåhtigkeit, die keyn vnkrafft geleisten mag, die mag ouch nùt geleisten keÿn *[87va]* sùnde.

B. Din ernst vnd din fliß, die du zoͤigest, daz du mÿne wort also behaltest vnd ir gedenckest, machet, daz mich min årbeit gegen dir nùt rùwet, wer ir ioch vil; wån ich merke die fruht dins nutzes.

A. Es ist wol billich, das du der frùhte von mir wartest; wån du den boͮm mit flisse getzwiget håst vnd darzuͦ das wasser so emsiglich getragen hast vnd mit dinen eͤrbeiten so dicke håst begossen. Ich sol billich voͤrhten, ist, daz der boͮm dem hungerigen buwmann sin fruht verzihet, er hoͤwe in ab als einen dùrren ståm vnd lege in zuͦ dem fùre. Dauon so beger ich, daz du alz lange giessest zuͦ der wurtzlen, vndtz das er werde gruͤne. Gedencke, daz ein dùrrer grund vil regens bedarff vnd ein ertrich me dån das ander.

B. Vnd finde ich ander frùhte nùt me dån den durst vnd die dùrre, von der du seist, ich wolt mich låssen benuͤgen. Wån der ist in der worheit dùrre, der sich birget vor dem *[87vb]* touwe vnd vor dem regen; wen aber tùrstet, in dem zoͤiget sich das leben, das den turst wecket. Nu sage: Hast du das wort verstanden, daz gott muͦste vollebringen daz, das er mit moͤnschlicher nature hät angefangen?

A. Jå. Mich duncket also: Wån gotte vnmùgelich ist, daz vnzÿmlich ist, vnd daz vntzÿmlich were, das gott sine werk *verwùrffe* gar durch eins gebresten willen, den er wol kan vnd mag gebuͦssen, dannanvon moͤht es nùt sin, daz die

28 riuwe] ruwe ***58*** verwùrffe] werwùrffe

361 *Anselmus Cantuariensis, CDH II, c.4; Bd. II, S. 99,12f.:* Intelligo iam necesse esse, ut deus faciat quod incepit, ne aliter quam deceat videatur a suo incepto deficere. *(Übers. Schmitt, S. 95: »Ich sehe schon ein, dass es notwendig ist, dass Gott vollbringe, was er begonnen, damit es sonst nicht den Anschein erweckt, als ließe er anders, als es geziemend ist, vom begonnenen Werke ab.«)*

362 *Rückverweis auf AFD I, c.3; fol. 30rb, Z. 443f.:* Dauon so ist daz moͤgen sùnden nùt ein krafft. Es ist ein mangel der friheit, die do ist ein wore vnkrafft. *(»Darum ist das Sündigen-Können keine Kraft. Es ist ein Mangel an Freiheit, und der ist wahrlich eine Unkraft.«)*

A. Das ist wahr. So sehr Gottes Weisheit überragend ist, umso mehr ist es angemessen, dass er in seinem Werk keine Betrübnis und keinen Mangel zeigt, die er nicht bessern könnte.

B. Da es nun ungeziemend ist, ist es Gott auch unmöglich, dagegen zu handeln.

A. Das ist wahr. Der, dem alles möglich ist, kann doch nichts Ungeziemendes tun, denn er kann nicht sündigen; denn niemand kann Ungeziemendes tun, als wer sündigen kann.

B. Du hast die Wahrheit gesprochen. Doch wie verstehst du Gottes Allmacht, sofern er nicht sündigen kann? Das will ich von dir hören.

A. Ich denke daran, welche Worte du von den Sünden gesprochen hast; dass der Mensch zum Sündigen keine Kraft nötig hat. Daraus entnehme ich, dass die Sünde nicht aus Kraft geschieht, sie geschieht aus Unkraft. Und da Unvermögen zu den Sünden gehört, darum scheint mir, dass die göttliche Allmacht keine Sünde begehen kann, da sie kein Unvermögen erbringen kann.

B. Dein Ernst und dein Fleiß, die du darin erweist, dass du meine Worte so behältst und an sie denkst, machen, dass ich meine Mühsal mit dir nicht bereue, wenn sie auch groß wäre, denn ich merke die Frucht an deinem Nutzen.

A. Es ist schon recht, dass du auf meine Früchte achtest, da du den Baum mit Eifer gepfropft hast und auch das Wasser so fleißig herbeigetragen und mit deiner Anstrengung so oft begossen hast. Ich soll zu Recht fürchten, dass der Bauer, wenn der Baum ihm die Frucht vorenthält, ihn als einen dürren Stamm abhaut und zum Feuer legt. Darum bitte ich, dass du so lange die Wurzeln begießt, bis er grün wird. Bedenke, dass ein trockener Boden viel Regen braucht und dass ein Erdreich mehr braucht als das andere.

B. Und wenn ich keine anderen Früchte finde als den Durst und die Dürre, von der du sprichst, wollte ich mir's genug sein lassen. Denn der ist wahrhaftig dürr, der sich vor dem Tau und dem Regen verbirgt; wen aber dürstet, in dem zeigt sich das Leben, das den Durst weckt. Nun sag: Hast du das Wort verstanden, dass Gott vollenden musste, was er mit der menschlichen Natur angefangen hat?

A. Ja. Es scheint mir so: Da Gott das Unziemliche unmöglich ist, und weil es unziemlich wäre, dass Gott seine Werke verwirft wegen eines Mangels, den er zu bessern weiß und vermag, daher könnte es nicht sein, dass die Schöpfung

creature der moͤnscheit wùrde gar verlorn ewiglich. Vnd wån das nùt moͤht sin, dauon muͦste das sin, das gott dem moͤnschen in ettlicher wise braͤhte zuͦ der seligkeit, darzuͦ er in haͤt geschaffen.

B. Du hast mine wort vnd mine meynunge gar wol begriffen. Nu luͦge, ob du hieinne sehest kein wunder, dauon du wellest frågen.

A. Jo, gerne. Wån in disen worten alleÿne wundert mich: Ist, daz gott den moͤnschen muͦst erloͤsen, wan es nu nùt getzam, das er liesse den moͤnschen ewiglich vnd geͤntzlich verloren werden, so *[88ra]* duncket mich, das wir nùt sint schuldig gotte als grosse danckbaͤrkeit, als man spricht. Wån gott hat es nùt getån durch vnser mynne; er hat es getån durch sin selbes ere, wån im anders nùt getzam.[363]

B. Mich moͤht wundern von dinen wundern, wannan dir die wunder koment, die als tieff sint verborgen. Wissest, das alle ding, die gott ie getteͤt an geschoͤpfede oder in der erloͤsunge, die heͤt gott alle gewùrket durch sin selbs ere, vnd doch ståt daby, daz gott in denselben werken hät dem moͤnschen vnd dem engel getzoͤiget sine mynne.

A. Daz wolt ich gerne verstån, wie ein ding moͤge sin von mynnen vnd von willen, vnd doch vmb sinselbes ere, also daz die ere darzuͦ zwinget.

B. So merke, daz zweyerleÿ zwingen ist: eins, daz gåt vs nature, das ander vß mynnen.[364]

A. Des gib mir ein glichnisse.

B. So der moͤnsche vållet von einer hoͤhi, da er nicht me habens hat, so muͦß er vallen; wån darzuͦ zwinget in die sweͤri siner nature. *[88rb]* Also so der

---

363 *Anselmus Cantuariensis, CDH II, c. 5; Bd. II, S. 99,18–22:* Sed si ita est, videtur quasi cogi deus necessitate vitandi indecentiam, ut salutem procuret humanam. Quomodo ergo negari poterit plus hoc propter se facere quam propter nos? Aut si ita est: quam gratiam illi debemus pro eo quod facit propter se? Quomodo etiam imputabimus nostram salutem eius gratiae, si nos salvat necessitate? *(Übers.* SCHMITT, *S. 95: »Aber wenn es so ist, scheint es, als ob Gott aus der Notwendigkeit heraus, das Unziemliche zu vermeiden, gleichsam gezwungen werde, für das Heil der Menschen zu sorgen. Wie kann man also leugnen, dass er das mehr um seinet- als um unseretwillen tut? Oder wenn es so ist: welchen Dank schulden wir ihm für das, was er um seinetwillen tut? Wie auch werden wir unser Heil seiner Gnade zuschreiben, wenn er uns mit Notwendigkeit erlöst?«)*

364 *Vgl. ›Von der geburt des êwigen wortes in der sêle‹, Eckhart, Pf. II, Traktat 8, S. 479,31–40:* Wir nemen zweierhande nôtrede in got. Diu ein ist, dâ sich got mit minne unde mit pfliht verstricket unde gelobet hât zuo der sêle. <...> Ez ist ein ander nôtrede. Als ein ieglichiu guotiu sache gemeinsamet sich allen den, die sin enpfenclich sind, dar umbe sô wêre es wider gotes güeti, daz er sich uns vorhielte, so wir sîn enpfenclich wêren. Diu dritte nôtrede daz ist ein nôt einer gewalt oder einer nôtsache, unde diu enmag in got niht gevallen. *(»Wir kennzeichnen zweierlei Notwendigkeiten in Gott: Die eine ist, wenn sich Gott mit Liebe und Pflicht bindet und der Seele etwas gelobt hat. <...> Es gibt eine zweite Notwendigkeit: Da eine jede gute Sache sich all denen mitteilt, die dafür empfänglich sind, darum wäre es gegen Gottes Güte, dass er sich uns entzöge, obwohl wir für ihn empfänglich wären. Die dritte Notwendigkeit ist eine Notwendigkeit aufgrund einer Macht oder einer notwendigen Ursache, aber die kann in Gott nicht bestehen.«)*

der Menschheit völlig verloren würde. Und weil das nicht sein könnte, darum musste es sein, dass Gott den Menschen irgendwie zu der Seligkeit brachte, zu der er ihn geschaffen hat.

B. Du hast meine Worte und meine Absicht gut begriffen. Nun schau, ob du darin noch ein Rätsel siehst, zu dem du fragen willst.

A. Ja, gerne. Denn in diesen Worten wundert mich nur das: Wenn Gott den Menschen erlösen musste, da es nicht geziemend war, dass er den Menschen ewig und völlig verloren sein ließe, so scheint mir, dass wir Gott nicht so große Dankbarkeit schulden, wie man sagt. Denn Gott hat es nicht wegen unserer Liebe getan, er hat es wegen seiner eigenen Ehre getan, da es für ihn anders nicht geziemend war.

B. Ich könnte mich über deine Verwunderung wundern, woher dir die Verwunderungen kommen, die so tief verborgen sind. Du sollst wissen, dass alles, was Gott in Schöpfung oder Erlösung getan hat, das hat er alles wegen seiner eigenen Ehre getan, und doch bleibt dabei bestehen, dass Gott in denselben Werken dem Menschen und dem Engel seine Liebe erzeigt hat.

A. Das wollte ich gerne verstehen, wie eine Sache aus Liebe und freiwillig sein kann, und doch zugleich wegen der eigenen Ehre, sodass die Ehre ihn dazu zwingt.

B. So beachte, dass es zweierlei Zwingen gibt: Das eine entspringt aus der Natur, das andere aus der Liebe.

A. Dazu gib mir ein Beispiel.

B. Wenn der Mensch von einer Höhe herabfällt, wo er sich nicht mehr halten kann, muss er fallen, weil ihn dazu die Schwere seiner Natur zwingt.

moͤnsche wùrt verwundt in dem hertzen, so muͤß er sterben; darzů zwinget in der smertze siner nature. Vnd daz heisset ein muͤssen vnd ein zwingen der nature.

A. Daz ist wor.

B. Ist aber, daz der moͤnsche einem andern etwaz gelobet von truwen vnd von lieben, so ers gelobet, so muͤß ers geben, wån sin gelùbde hat in darzů getzwungen. Die gelùbde heisset ein zwingen der mynne.

A. Das ist wor. Wån hette er in nùt liep gehåbt, er hetti es nùt gelobet. Dauon het mynne die gelùbde geboren, die gelùbde ist ein zwingen.

B. Daby merke, das ein zwingen ist, das den danck mÿnret; wån wer in natùrlicher wise getzwungenlichen wùrket, daz bedarff man im nùt dancken. Es ist ouch ein zwingen, daz meret danckberkeit; wån wer von mynne getzwungenlich wùrket, dem sol man vil me dancken, so vil me die mynne hät getzwungen.[365]

A. Ach, das ist alles wor, daz nieman *[88va]* mag daran zwifeln, der dine wort verståt. Wån wer ich in einem tieffen wasser, da ich helffe bedoͤrffte, vnd stůnd einre vff einem stege, ob mir breche der steg, daz der zů mir viele, das bedoͤrfft ich ime nùt dancken; wån er getzwungen were zů dem valle. Wer aber einre vff dem stege, der von rehter liebe hät gesworn, sehe er mich in keinen noͤten, er wolte zů mir springen, viel der zů mir in das wasser, dem soͤlt ich billich dancken, vnd so vil me, so vil er sich darzů tùre hät verbunden, vnd so vil er vngerner sinen eyd wolte brechen.

B. Nu merke, daz die erloͤsunge, die gott hätt getan, getzwungen ist, vnd doch danckes wert ist; wån die getzwungnisse ist geboren von mynnen, vnd dauon so die getzwungnisse ie groͤsser vnd ie vester ist, so die mynne, vß der sù geboren ist, ie mynnenklicher schinet.

A. Daz betùte mir von gotte, wie daz billich, vß dem er die welt hät erloͤset, vß siner mynne *[88vb]* sie geboren vnd geflossen.

B. Gott geschuoff williglich den moͤnschen vnd bekant wol, daz der moͤnsche sterbende wart in den sùnden. Er bekant ouch wol, wùrde der moͤnsche geschaffen, der sich selben in den sùnden tote, daz sinen eren getzeͣme, das er den moͤnschen wider zuo leben breͣhte, also daz er es nùt moͤhte låssen vnderwe-

---

365 *Anselmus Cantuariensis, CDH II, c. 5; Bd. II, S. 99,23–100,3:* Est necessitas quae benefacienti gratiam aufert aut minuit, et est necessitas qua maior beneficio gratia debetur. Cum enim aliquis ea necessitate cui subiacet, invitus bene facit, aut nulla aut minor illi gratia debetur. Cum vero ipse sponte se necessitati benefaciendi subdit nec invitus eam sustinet, tunc utique maiorem beneficii gratiam meretur. *(Übers. Schmitt, S. 95: »Es gibt eine Notwendigkeit, die dem Wohltäter den Dank entzieht oder mindert, und es gibt eine Notwendigkeit, durch die für die Wohltat ein reichlicherer Dank gebührt. Denn wenn jemand aus der Notwendigkeit heraus, der er unterliegt, unfreiwillig Gutes tut, so gebührt ihm gar kein Dank oder ein geringerer. Wenn er sich aber freiwillig der Notwendigkeit, Gutes zu tun, unterwirft und sie nicht widerwillig erträgt, dann verdient er freilich einen größeren Dank für seine Wohltat.«)*

Ebenso, wenn der Mensch in seinem Herzen verwundet wird, muss er sterben; dazu zwingt ihn der Schmerz seiner Natur. Und das heißt ein Müssen und Zwang der Natur.

A. Das ist wahr.

B. Wenn aber der Mensch einem anderen aus Treue und Liebe etwas verspricht, wenn er es verspricht, so muss er es halten; denn sein Versprechen hat ihn dazu gezwungen. Das Versprechen heißt ein Zwang aus Liebe.

A. Das ist wahr. Denn hätte er ihn nicht liebgehabt, hätte er es nicht versprochen. Darum hat Liebe das Versprechen geboren; das Versprechen ist ein Zwang.

B. Daran erkenne, dass es einen Zwang gibt, der den Dank vermindert; denn wenn einer auf natürliche Weise gezwungen wirkt, braucht man es ihm nicht zu danken. Es gibt auch einen Zwang, der die Dankbarkeit vergrößert; denn wenn er aus Liebe gezwungen handelt, soll man ihm umso mehr danken, je mehr die Liebe ihn gezwungen hat.

A. Ach, das ist alles wahr, sodass niemand daran zweifeln kann, wenn er deine Worte versteht. Denn wäre ich in einem tiefen Wasser, wo ich Hilfe brauchte, und stünde jemand auf dem Steg, wenn mir nun der Steg bricht, sodass er zu mir hereinfällt, dann brauche ich ihm nicht zu danken; denn er war zu diesem Fall gezwungen. Wenn aber einer auf dem Steg stünde, der aus echter Liebe geschworen hat, zu mir herabzuspringen, wenn er mich in Not sähe, wenn der nun zu mir in das Wasser fiele, sollte ich ihm zu Recht danken, umso mehr, weil er sich dazu ernsthaft verpflichtet hat, und umso weniger seinen Eid brechen wollte.

B. Nun merke, dass die Erlösung, die Gott bewirkt hat, erzwungen ist, und doch ist sie dankenswert; denn der Zwang ist aus Liebe geboren; und darum ist der Zwang umso größer und stärker, wie die Liebe, aus der er geboren ist, liebevoller erscheint.

A. Das erkläre mir mit Blick auf Gott, wie die Angemessenheit, aus der er die Welt erlöst hat, aus seiner Liebe geboren und geflossen ist.

B. Gott schuf den Menschen freiwillig und erkannte wohl, dass der Mensch in Sünden sterben würde. Er wusste auch wohl: Wenn der Mensch geschaffen würde, der sich selbst in der Sünde töten würde, dann wäre es für seine Ehre geziemend, dass er den Menschen wieder ins Leben brächte, sodass

gen.[366] V̀ber daz do geschůff er den moͤnschen. Daby maht du sine mynne vnd truwe merken, vnd wie in die truw zů dem billich bråhte, von dem billich er vns erloͤset hät, vnd daz ist sin ere, das er wùrket vß dem billich.

A. Ich merk es nu wol. Wån er vns nu von grossen truwen mynnet, dauon wolt er vns schoͤpfen. Die geschoͤpfede in darzů zwang, das er den moͤnschen soͤlt erloͤsen, den er geschoͤpfet hät; wån daz waz sin ere. Dauon so ist sin mynne so vil mynnenklicher erschinen in vnser erloͤsunge, so vil in vnser geschoͤpfede hät getzwungen zů der erloͤsunge. Wån daz zwingen *zouget*, daz die mynne groß můß sin, die sich williglich git gefangen vnd sich zů *[89ra]* dienste verbindet.

B. Es ist der mynne art, daz sù ie me gezwungen wurt, so sù ie groͤsser ist. Dauon so sint die bandt allewege mynnenklich, die die mynne bindent, vnd so die bandt ie staͤrker sint, so die mynne ye gewaltiger zwinget.

A. Ich wolte gerne daz verstån, wie das kumet von der mynne art, das sù sich selber darzů bringet, daz sù sich zů dem werke bindet der truwen.

B. Es gehoͤrt nùt wol in diese rede; doch wil ich dir ein wile von der mynne antwirten. Wissest, daz vollekomen mynne hat drÿe eigenschaͤffte.

A. Weliche sint die?

B. Rehte mynne hät ståtigkeit, sù hät helffe vnd hät frye lùstikeit.

A. Sint dise drie eygenschafft, sage von dem ersten! Wie hat sù stetigkeit?

B. Wer in der worheit mynnet, des mynne wandelt sich nùt, weder in dem leben noch in dem tode noch in glùcke noch in vnglùcke.

A. Das ist wor.

B. Wån mynne hät steͤtigkeit, die von rehte mynne ir selbes stetigkeit.

A. Daz ist billich, daz *[89rb]* sù an einem andern mynnet, daz sù das noch me denn an dem froͤmden an ir selber mynne.

B. Syd das sù an ir selber denn mynnet steͤtigkeit, dauon so git sù sich in die bandt der steͤtigkeit, do sù von steͤtigkeit nùt kere, daz sù ùt verliere, daz sù mynnet.

A. Waz sint die bandt der steͤtigkeit?

B. Das ist, daz sù machet vß der mynne ein reht.

A. Wie wurt es vß der mynne ein reht?

B. Do verbindet sù sich darzů mit gelùbde oder mit einem andern zeichen, daz es fùrbas wurt ein reht, daz vor hieß ein mynne.

122 zouget] zůgät

---

366 *Anselmus Cantuariensis, CDH II, c. 5; Bd. II, S. 100,18–20:* Non enim illum latuit quid homo facturus erat, cum illum fecit, et tamen bonitate sua illum creando sponte se ut perficeret inceptum bonum quasi obligavit. *(Übers.* S*CHMITT*, *S. 97: »Denn ihm blieb, als er den Menschen schuf, nicht verborgen, was dieser tun würde, und dennoch hat er sich, indem er ihn aus seiner Güte heraus schuf, gleichsam freiwillig verpflichtet, das begonnene Werk zu vollenden.«) – Charakteristisch für den Meister des Lehrgesprächs ist, dass im Folgenden die Ausführungen über die Liebe viel breiter ausgestaltet werden als bei Anselm.*

er ihn nicht verlassen würde. In diesem Sinne schuf er den Menschen. Daran kannst du seine Liebe und Treue erkennen, und wie ihn die Treue zu der Angemessenheit brachte, aus welcher er uns erlöst hat; und das ist seine Ehre, dass er aus Angemessenheit wirkt.

A. Jetzt verstehe ich es wohl. Da er uns aus großer Treue liebt, wollte er uns erschaffen. Die Schöpfung zwang ihn dazu. dass er den Menschen erlösen sollte, den er geschaffen hatte; denn das war seine Ehre. Darum ist seine Liebe in unserer Erlösung so viel liebenswerter erschienen, wie ihn unsere Schöpfung zu dieser Erlösung gezwungen hat. Denn der Zwang zeigt, dass die Liebe groß sein muss, die sich freiwillig gefangen gibt und sich zum Dienst verpflichtet.

B. Es ist die Eigenart der Liebe, dass sie umso mehr gezwungen wird, je größer sie ist. Darum sind überall die Fesseln liebevoll, die die Liebe binden, und je stärker die Fesseln sind, umso gewaltiger zwingt die Liebe.

A. Das wollte ich gerne verstehen, woher das aus der Eigenart der Liebe kommt, dass sie sich selbst dazu bringt, sich zu dem Akt der Treue zu binden.

B. Das gehört nicht recht in diese Lehre; doch will ich dir eine Weile über die Liebe Antwort geben. Du sollst wissen, dass vollkommene Liebe drei Eigenschaften hat.

A. Welche sind das?

B. Rechte Liebe hat Beständigkeit, sie hat Hilfe und sie hat freie Lust.

A. Wenn es diese drei Eigenschaften gibt, dann sprich von der ersten, inwiefern hat sie Beständigkeit?

B. Wer in Wahrheit liebt, dessen Liebe verändert sich nicht, weder in diesem Leben noch im Tod noch im Glück noch im Unglück.

A. Das ist wahr.

B. Denn Liebe hat Beständigkeit, wenn sie zu Recht ihre eigene Beständigkeit liebt.

A. Das ist recht, dass sie das, was sie an einem anderen liebt, noch mehr an sich selbst liebt als an einem Fremden.

B. Da sie also an sich selbst die Beständigkeit liebt, darum gibt sie sich in die Fesseln der Beständigkeit, sodass sie sich nicht von der Beständigkeit abwendet, damit sie nicht verliert, was sie liebt.

A. Was sind die Fesseln der Beständigkeit?

B. Dass sie aus der Liebe ein Recht macht.

A. Wie wird aus der Liebe ein Recht?

B. Indem sie sich mit einem Gelübde dazu verpflichtet oder mit einem anderen Zeichen, dass nunmehr ein Recht wird, was zuvor Liebe hieß.

A. Also merke ich wol, das daz billich vnd das reht, so es vß mynnen flùsset, roubet nùt der mynne frÿheit.

B. Wer wenet, daz es roubet fryheit der mynne, der bekennet nùt friheit der mynne.

A. Als wie?

B. Der wenet, daz ein bandt der gelùbde roube der mynne friheit, das wenet er darumb, wån die gelùbde die bindet, daz der wille nùme mag wenken one sùnde. Were nu daz wor, so were stetigkeit ein *[89va]* roͤuberin der mynne; wån stetikeit tůt daz vnd wùrket, daz die mynne sich nùt verkere.

A. Ich merke das wol. So die mynne ÿe steͣter ist, so sù ÿe groͤsser vnd fryer ist. Ich han aber das nùt wol verstanden, wie die gelùbde nùt die fryheit roube des willen.

B. Das ist der zwifel, das vil lùte hat betrogen, das sù wonden, es were lobelicher, gotte dienen åne gehorsamÿ dån vnder den slossen der gehorsamÿ. Wån der gebunden ist in gehorsamÿ, der wùrket getzwungen, der aber nùt gebunden ist, der wùrket von frÿem willen: daz ist, daz sù betrùget.

A. Ich vergihe, daz mich derselbe sin dicke hät bekùmbert; vnd dauon beger ich, das du mich erlùhtest, warumb gehorsamÿ ist geheissen ein vollekommenheit der tugende, die gott als ein hohe tugend hat geråten.

B. Vil lùtes ist, die gloubent, daz gehorsamÿ ein grosse tugend ist; wån sù sehen, das alle oͤrden daruff sint gebuwen. Aber wening lùtes verståt, wie daz kommet, das sù ein vollekomenheit heisset. Dauon solt du merken, als steͣ*[89vb]*tigkeit die mynne nùt roubet an ir friheit, als wenig gehorsamy roubet fryheit. Wån gehorsamy ist geordent vff steͣtigkeit vnd ist nùt anders dån ein steͣtigkeit der mynne.

A. Daz beginne ich nu merken. Wån das bandt der gehorsamÿ vß mynne rÿnnet, so denn daz bandt ÿe groͤsser ist, so die mynne ie groͤsser schinet. Dauon so das reht ie groͤsser ist, darzů gehorsamÿ bindet, so die mynne ie groͤsser ist, daruß das reht rÿnnet. Nu sage: Warumb ist die tugend genant ein vollekommenheit, vff die alle oͤrden sint gebuwen?

B. Das vsser voller mynne flùsset vnd zů voller mynne ist geordent, heisset daz nùt billich ein vollekomenheit?

A. Joͦ, åne zwifel.

B. So lůge: Als stetigkeit flùsset vß voller mynne, also vß der mynne rÿnnet daß bandt der stetigkeit.

A. Dis ist merklich. Wie ordent es aber zů voller mynne?

B. Reht als stetigkeit.

A. Waz ist steͣtigkeit?

B. Ein innere kraͦfft der mynne. Reht als ein ieglich ding weret als lange, als lange sin krafft weret, in der krafft sin weren ståt; *[90ra]* also ist stetikeit die krafft der mynne. Wån als lang die steͣtigkeit weret, als lange weret die mynne.

A. So merke ich, dass das, was billig und recht ist, wenn es aus Liebe entspringt, nicht die Freiheit der Liebe raubt.

B. Wer meint, dass es die Freiheit der Liebe raubt, der kennt nicht die Freiheit der Liebe.

A. Inwiefern?

B. Wer meint, dass das Band des Gelübdes die Freiheit der Liebe raube, der meint das darum, weil das Gelübde bindet, sodass der Wille nicht mehr ohne Sünde schwanken kann. Wäre es aber wahr, so wäre die Beständigkeit eine Räuberin der Liebe; denn die Beständigkeit bewirkt, dass die Liebe sich nicht abwendet.

A. Ich verstehe das gut. Je beständiger die Liebe ist, umso größer und freier ist sie. Ich habe aber nicht recht verstanden, inwiefern das Gelübde nicht die Freiheit des Willens raubt.

B. Das ist der Zweifel, der viele Menschen getäuscht hat, sodass sie glaubten, es wäre lobenswerter, Gott ohne Gehorsam zu dienen als unter den Schlössern des Gehorsams. Denn wer im Gehorsam gebunden ist, der wirkt gezwungen, wer aber nicht gebunden ist, der wirkt aus freiem Willen, das ist es, was sie betrügt.

A. Ich versichere, dass mich dieselbe Meinung oft umgetrieben hat; und darum bitte ich, dass du mir erläuterst, warum Gehorsam Vollkommenheit der Tugend heißt, die Gott als eine hohe Tugend angeraten hat.

B. Viele Menschen glauben, dass Gehorsam eine große Tugend ist; denn sie sehen, dass alle Orden darauf aufgebaut sind. Aber wenige Menschen verstehen, wie es kommt, dass sie Vollkommenheit heißt. Darum sollst du verstehen: Wie die Beständigkeit nicht die Liebe ihrer Freiheit beraubt, so wenig raubt der Gehorsam die Freiheit. Denn der Gehorsam ist auf Freiheit ausgerichtet und ist nichts anderes als Beständigkeit der Liebe.

A. Das beginne ich nun zu verstehen. Da das Band des Gehorsams aus der Liebe entspringt, darum erscheint die Liebe umso größer, je größer das Band ist. Je größer darum das Recht ist, zu dem der Gehorsam bindet, desto größer ist die Liebe, aus der das Recht fließt. Nun sage: Warum heißt die Tugend eine Vollkommenheit, auf der alle Orden aufgebaut sind?

B. Was aus voller Liebe fließt und auf volle Liebe ausgerichtet ist, heißt das nicht zu Recht eine Vollkommenheit?

A. Ja, ohne Zweifel.

B. So schau: Wie Beständigkeit aus voller Liebe fließt. so fließt aus der Liebe das Band der Beständigkeit.

A. Das ist verständlich. Wie richtet es aber auf volle Liebe aus?

B. Gerade wie die Beständigkeit.

A. Was ist Beständigkeit?

B. Eine innere Kraft der Liebe. Genauso wie ein jegliches Ding so lange hält, wie seine Kraft andauert, in welcher sein Währen steht, so ist die Beständigkeit die Kraft der Liebe. Denn solange die Beständigkeit währt, so lange

Als nu ein moͤnsche vnd ein ieglich ding etwaz hät zů helffe, damit es sin krafft decket vnd schirmet, also tůt die mynne, die schirmet ire krafft der stetigkeit mit dem cleyde der gehorsami.

A. Der bǒm hät ein rinden, die tiere habent ruhe bålge, domit in ire krafft wurt geschirmet. Reht als der moͤnsche mit gewande sich decket vnd schirmet, also duncket mich, das die mynne sich vnd ire krafft der stetikeit mit der gelùbde decket.

B. Sih, wie eigenlich das ist gebildet an den bǒmen, die zů schirme hant ein herte rinden. Die rinde wurt geboren von der inneren krafft des bǒmes. Wån heͤt der bǒm der inneren krafft nùt, die rinde wůchse nùt. Dieselbe rinde ist geordent vff die innere krafft, das sù die bedecke, daz sù ùt verderbe. Also flùsset das bandt vnd das reht der gehorsamÿ vß der krafft der myn*[90rb]*ne, die krafft do heisset steͤtikeit; vnd dieselbe gehorsamÿ ist geordent zů einem schirme der stetikeit.

A. We, wie hat mich die glichnisse so wol erlùhtet! Nu sage mir: Warvmb sint alle oͤrden darvff gebuwen?

B. Waz meÿnent alle oͤrdent in ir ordenunge anders, dann daz der moͤnsche darzů kåme, darumb er ist geschaffen?

A. Du meynest gerehte mynne gottes?

B. Jå, das meÿn ich. Dauon weliche ordenunge geistliches lebens daruff nùt gienge, daz were nùt ein orden, es were ein verkeren. Wån nu alle oͤrden meÿnent volle mynne, dauon so sint alle oͤrden darvff gebuwen, daz sù fliessent vß voller mynne vnd ouch ordent zů voller mynne. Daz tůt gehorsamÿ und arenmůt vnd kùscheit.

A. Ich han von gottes gnåden wol gemerket, wie gehorsamÿ, die do ist ein bandt des rehten, flùsset vß voller mynne vnd geordent ist derselben mynne zů einem schirme. Dasselbe wolt ich gerne von luterkeit vnd von arenmůt wissen. *[90va]*

B. Es gehoͤrt nùt in dise rede. Hie han ich geseit von gehorsamÿ, das du sehest, wie daz reht, das da kommet von der gelùbde der gehorsamÿ, flùsset vsser voller mynne vnd zieret die mynne. Damit låß dich benuͤgen; wån es bedoͤrfte eins sundern bůches, der arenmůt vnd der kùscheit vnd ander tugende zů grunde wolte bekennen.

A. So wil ich tůn, daz du gebùtest; ÿedoch so můß ich noch eins sprechen, das mich duncket, das geistliche ordenunge sie meͤnnigen vnbekant, die doch den schÿn tragent, der ich leyder eins bin. Wån ist alle ordenunge geistliches lebens darzů alleÿne geordent, daz sù die mynne gottes zoͤige vnd behuͤte, der nu in der mynne nùt zůnymmet vnd die mynne nùt bewiset, waz sol dem alle vsser ordenunge?

B. Wissest in einem kurtzen worte, das die alle geistlicher ordenunge nùt enhant noch sù nùt verstånt, die alle ding nùt wissent zů låssende, von den die mynne mag betrůbet werden.

währt die Liebe. Wie nun ein Mensch und ein jedes Ding etwas zur Hilfe hat, mit dem es seine Kraft bedeckt und schützt, so tut es auch die Liebe, die schützt ihre Kraft der Beständigkeit mit dem Kleid des Gehorsams.

A. Der Baum hat eine Rinde, die Tiere haben raue Felle, mit denen ihre Kraft geschützt wird. Gerade wie ein Mensch sich mit einem Gewand bedeckt und schützt, so scheint mir, dass die Liebe sich und ihre Kraft der Beständigkeit mit dem Gelübde bedeckt.

B. Sieh, wie das eigentümlich an den Bäumen vorgebildet ist, die zu ihrem Schutz eine harte Rinde haben. Die Rinde wird von der inneren Kraft des Baumes geboren. Denn hätte der Baum die innere Kraft nicht, wüchse die Rinde nicht. Dieselbe Rinde ist auf die innere Kraft ausgerichtet, sodass sie die bedeckt, damit sie nicht verdirbt. Ebenso fließen das Band und das Recht des Gehorsams aus der Kraft der Liebe; diese Kraft heißt Beständigkeit und derselbe Gehorsam ist auf den Schutz der Beständigkeit ausgerichtet.

A. O weh, wie hat mich dieses Beispiel so gut belehrt! Jetzt sage mir: Warum sind alle Orden darauf aufgebaut?

B. Was beabsichtigen alle Orden in ihrer Ordnung anderes, als dass der Mensch zu dem kommt, um dessentwillen er geschaffen ist?

A. Du meinst gerechte Gottesliebe?

B. Ja, das meine ich. Darum, wenn eine Ordnung des geistlichen Lebens nicht darauf ausgerichtet wäre, das wäre kein Orden; es wäre etwas Verkehrtes. Denn da alle Orden volle Liebe im Sinn haben, darum sind alle Orden darauf gebaut, dass sie aus voller Liebe fließen und auch auf volle Liebe ausrichten. Das tun Gehorsam und Armut und Keuschheit.

A. Ich habe von Gottes Gnaden wohl verstanden, wie Gehorsam, der ein Band des Rechten ist, aus voller Liebe fließt und auf dieselbe Liebe zu seinem Schutz ausgerichtet ist. Dasselbe wollte ich gerne von Reinheit und Armut wissen.

B. Das gehört nicht in diese Lehre. Hier habe ich vom Gehorsam gesprochen, damit du siehst, wie das Recht, das aus dem Gelübde des Gehorsams kommt, aus voller Liebe fließt und die Liebe schmückt. Damit lass es dir genug sein; denn es bräuchte ein besonderes Buch, wenn man Armut und Keuschheit und andere Tugenden im Grunde erkennen wollte.

A. Ich will tun, was du gebietest; jedoch muss ich noch eins ansprechen, was mich dünkt, dass nämlich geistliche Ordnung manchen Menschen unbekannt ist, die jedoch den Schein tragen, von denen ich leider auch einer bin. Denn wenn alle Ordnung des geistlichen Lebens allein darauf ausgerichtet ist, dass sie die Liebe zu Gott zeige und behüte, wer nun in der Liebe nicht zunimmt und die Liebe nicht beweist, was soll dem alle äußere Ordnung?

B. Du sollst in einem kurzen Wort wissen, dass alle die keine geistliche Ordnung haben noch sie verstehen, die in allem nicht das zu lassen wissen, von dem die Liebe betrübt werden kann.

A. *[90vb]* We, das ich nùt schrie von leide vnd von wunder miner blintheit vnd miner genossen! Wie hat mir vasten, gebett, wachen vnd ander werk, die ich groß wag, mine mynne mit vnrůwen vnd mit vngedult so dick bekùmbert! Wie hant mich semliche werk so måniger sůsser mynne, die ich soͤlte han gezoͤiget den armen, den betrůbten beroubet! Ich *wond*, die mynne were vff die werk geoͤrdentt, nùt die werk vff die mynne.

B. Das ist, das gott hät gesprochen: Die sůsser rehter mynne nùt enhant vnd doch schinent diener gottes, die tůnt in iren werken einen vnnùtzen vmbgang; wan sù komment nùt zů dem rehten ende worer mÿnne.

A. Ich wil dich von diser rede låssen. Sage von der mynne art, wie sù sich in der helff erbiete!

B. Nach dem das mynne hät vnd mynnet steͤtikeit, darnåch mynnet sù, das ir liep von ir werde getroͤstet.

A. Daran mag nyeman zwiuelen; wån waz ich mit truwen mynnete, dem wùnschete ich, moͤht es sin nåch sinem nutze, min *liep* wol moͤh*[91ra]*te getroͤstet werden.

B. Da merke, daz mynne von der art allewege sůchet den nutz vnd den trost irs liebes. Was ist nu troͤstlicher den mynnenden dån sicherheit sins liebes. Dauon so git sich volle mynne mit sicherheit. Die sicherheit geschiht, wenn die gnåde wurt zů einem rehte.

A. Nu sage von der dritten art der mynne.

B. Wån mynne mÿnnet sicherheit, dauon wil mynne versůchet vnd bewert werden; wån mynne, e daz sù werde in noͤten bewert vnd versůcht, so treit sù einen zwifel von irem liebe.

A. Das ist woͤr. Wer mich liep hette vnd das in mynen årbeiten vnd noͤten zoͤigte, zů des liebe hette ich iemer me deste ein groͤsser getruwen.

B. Dauon das vns gott zoͤigte grosse truw vnd liebe, dauon wolt er vns sicher machen siner truw vnd liebe, in dem daz vnser sùnde sine mynne bant bewerte vnd versůchte; vnd wån vnser sùnde gottes mynne nùt moͤhte verlieren, dainne hant wir ein sicherheit siner truw vnd siner mynne.

A. Eÿa, min hertze vnd min sele, daz *[91rb]* sich mit mynnen das billich vnd reht, daz gott getzwungen hat, so gar mynnenklich zoͤiget sine minne! Wån do er den moͤnschen erst geschůff, do mahte er die gnåde siner mynne zů einem billich vnser seligkeit. Da er do moͤnschliche nature empfieng, do maht er daz billich zů einem rehte. Wån es wart reht, daz ein brůder sinen geswùsterden das erb sins vatters mitteilte. Daz billich vnd das reht heͤt mir mÿnnenklich gemacht sine mynne. Wån die mynne ist werlich mynnenklich, die sich git in stetigkeit. Die stetigkeit ist loͤbelich, die sù git mit sicherheit vnd zoͤiget: die sicherheit ist wunnenklich, die in rehten noͤten ist bewert vnd versůchet. Dauon

236 wond] wond uff **246** liep *fehlt*

A. O weh, dass ich nicht schreie vor Leid und vor Verwunderung über meine Blindheit und die meiner Genossen! Wie haben mir Fasten, Gebet, Wachen und andere Werke, die ich für groß hielt, meine Liebe mit Unruhe und mit Ungeduld so oft vertrieben! Wie haben mir manche Werke so manche süße Liebe gestohlen, die ich den Armen, den Betrübten erzeigt haben sollte! Ich dachte, die Liebe wäre auf die Werke ausgerichtet und nicht die Werke auf die Liebe.

B. Das ist es, was Gott gesagt hat: Die nicht süße rechte Liebe haben und doch Diener Gottes zu sein scheinen, die haben in ihren Werken einen unnützen Umgang; denn sie kommen nicht zum rechten Ziel wahrer Liebe.

A. Ich will dich aus dieser Belehrung entlassen. Sag mir von der Eigenart der Liebe, wie sie sich in der Hilfe darbietet!

B. Nachdem die Liebe Beständigkeit hat und liebt, danach liebt sie, dass ihr Liebster von ihr getröstet wird.

A. Daran kann niemand zweifeln; denn was ich mit Treue liebe, dem wünschte ich, wenn es zu seinem Nutzen sein könnte, er könnte wohl getröstet werden.

B. Daran merke, dass Liebe dieser Art überall den Nutzen und den Trost ihres Liebsten sucht. Was ist aber tröstlicher für den Liebenden als Sicherheit seines Liebsten. Darum gibt sich volle Liebe mit Sicherheit. Die Sicherheit geschieht, wenn die Gnade zu einem Recht wird.

A. Dann sprich von der dritten Eigenart der Liebe.

B. Da Liebe die Sicherheit liebt, darum will die Liebe auf die Probe gestellt und bewährt werden; denn, bevor die Liebe in Not auf die Probe gestellt und in Versuchung gebracht wird, trägt sie einen Zweifel an ihrem Liebsten in sich.

A. Das ist wahr. Wenn mich einer lieb hätte und das in meinen Mühen und Nöten zeigte, zu dessen Liebe hätte ich immerzu umso größeres Vertrauen.

B. Darum, weil uns Gott große Treue und Liebe gezeigt hat, darum wollte er uns seiner Treue und Liebe sicher machen, indem unsere Sünde das Band seiner Liebe als wahr erwies und auf die Probe stellte, und da unsere Sünde Gottes Liebe nicht verderben konnte, darin haben wir eine Sicherheit seiner Treue und seiner Liebe.

A. Ei, mein Herz und meine Seele, dass mit Liebe die Angemessenheit und das Recht, die Gott gezwungen haben, so liebevoll seine Liebe zeigen! Denn als er den Menschen zuerst erschaffen hat, da machte er die Gnade seiner Liebe zu einer Angemessenheit für unsere Seligkeit. Da er dort menschliche Natur angenommen hat, da machte er die Angemessenheit zu einem Recht. Denn es wurde recht, dass ein Bruder mit seinen Geschwistern das Erbe seines Vaters teilte. Die Angemessenheit und das Recht haben mir seine Liebe liebenswert gemacht. Denn die Liebe ist wahrlich liebenswert, die sich in Beständigkeit gibt. Die Beständigkeit ist lobenswert, die sie mit Sicherheit gibt und erweist: Die Sicherheit ist wonnevoll, die sich in der Not recht bewährt

hertzigliche mynne, ich sol dir billich *danckber* sin vmb daz, daz du mynne bist, vnd vmb daz du so von diner hohen art dich hast so mynnenklichen erzoͤiget.

B. Wer es ansiht, als mich duncket, daz dich sine mynne hät erlùhtet, der mag wol schouwen, wie die mynne gottes ein spiegel ist, *[91va]* der me der creaturen ein vrsprung ist vnd ein bilder spiegel[367]; wån alles, das in vnser mynne begirlich ist vnserm hertzen, das do rehte mynne begert, daz ist alles in der mÿnne gottes mynnenklich bewiset.

A. Die worheit dirre wort ist mir bekant åne allen zwifel. Doch muͦß ich reden von einem wunder, als ob es were ein zwifel.

B. Waz ist daz?

A. Sid die mynne gottes so groß vnd so rich ist, dauon sù ist so mynnenklich. Wie komet denn, das dieselbe mÿnne nùt alle moͤnschen behaltet, also das sù sint vßerwelt zuͦ dem leben der seligkeit? Wån es ir mùglich were zuͦ tuͦnde vnd were ouch erlich, als mich duncket.

B. Ich wene sicherlichen, vnd were *nùt* die mynne, von der du so tieffe gråbest, ich moͤht din tieffes graben vnd din nåhes suͦchen, daz du tuͦst, mit gedult kume empfåhen.

A. Kan mÿnne zùrnen, so zùrne; aber wån ich weiß, das mynne nùt zùrnet dån gegen vntugenden, dauon die fråge, die nùt gåt von vntugenden, die voͤrhtet *[91vb]* nùt din zùrnen.

B. Es ist wol wor: Ich mag die fråge, die vnbekanter worheit begert ein bekantnisse, als ein vntugend nùt verwerffen. Doch mag die worheit alz tieff verborgen sin vnd die fråge, das sù ioch einen wisen v̀berladet, das dar nåch muͦdi vnd zorn moͤhte volgen. Vnd wån daz einem wisen moͤhte geschehen, dauon so moͤht es dich an mir nùt groͤßlich årgeren, wån ich leyder vnwise bin vnd in soͤllichen sweren frågen gar vngevͤbet.

A. Ist die fråge also swer, daz enverstuͦnd ich nùt, syd das ich es aber merke, so ist min begirde deste groͤsser worden; wån ich zal es zuͦ einem sundern glùcke. Ich getruw ouch, daz gott durch mich als vnuernùnfftiglichen hät gefråget, er werde es durch dich wißlichen sprechen.

B. Sihst du nùt, wie swer die fråge ist, so man fråget: Warumb hat gott die moͤnsche geschaffen, die verloren soͤllent werden? Oder: Warumb sint alle

271 danckber] danckenber ***285*** nùt *fehlt*

367 bilder *stm.: »Bildner« (Lexer); bilder spiegel: ein Spiegel, der Urbilder im Ursprung zeigt. Die Passage erinnert an den Aufbau des ›In-principio-Dialogs‹ (Z. 80–98) in drei Kapiteln, die drei Spiegel sind, welche die Augen läutern und den Ursprung der geschöpflichen* pildung *aus dem reinen Sein, der Dreifaltigkeit und den Ideen in Gott zeigen sollen. Ferner IPD Z. 1036–1039:* [V]nd seint die spiegel, die in dem gotlich aug sehent aller creatur wesen, craft vnd alle ire werck in zeit vnd in ewikeit nach dem, als die creatur waz vnd ist vnd noch kuͦnftig ist. – *»[U]nd <die Urbilder> sind die Spiegel, die in dem göttlichen Auge aller Kreaturen Sein sehen, ihre Kraft und alle ihre Werke in Zeit und Ewigkeit, <sie sehen es> in der Weise, wie das Geschöpf war und ist und zukünftig noch sein wird.«*

und auf die Probe stellt. Darum, herzliche Liebe, ich soll dir zu Recht dankbar sein darum, weil du Liebe bist, und darum, weil du dich in deiner hohen Art so liebevoll erwiesen hast.

B. Wer es ansieht, wie es mich dünkt, dass dich seine Liebe erleuchtet hat, der kann wohl schauen, wie die Liebe Gottes ein Spiegel ist, der mehr ein Ursprung des Geschöpfes ist und ein Spiegel der Urbilder; denn alles, was in unserer Liebe unseren Herzen begehrenswert ist, was rechte Liebe begehrt, das ist alles in der Liebe Gottes liebevoll erwiesen.

A. Die Wahrheit dieser Worte ist mir ohne Zweifel bekannt. Doch muss ich von einem Problem reden, als ob es ein Zweifel wäre.

B. Was ist das?

A. Weil die Liebe Gottes so groß und so reich ist, darum ist sie so liebenswert. Wie kommt es dann, dass dieselbe Liebe nicht alle Menschen rettet, sodass sie zum Leben der Seligkeit auserwählt sind? Denn es wäre ihr möglich, das zu tun, und es wäre auch ehrenwert, wie mir scheint.

B. Ich glaube sicher, gäbe es die Liebe nicht, durch die du so tief gräbst, ich könnte dein tiefes Graben und dein dringendes Suchen, das du tust, kaum mit Geduld annehmen.

A. Kann Liebe zürnen, so zürne; aber da ich weiß, dass Liebe nicht zürnt außer gegen die Untugenden, darum fürchtet die Frage, die nicht aus Untugenden hervorgeht, nicht deinen Zorn.

B. Es ist wohl wahr. Ich kann die Frage, die eine Erkenntnis unbekannter Wahrheit begehrt, nicht als eine Untugend verwerfen. Doch können die Wahrheiten und die Frage so tief verborgen sein, dass sie sogar einen Weisen überfordern, sodass danach Müdigkeit und Zorn folgen könnten. Und da das einem Weisen geschehen könnte, darum könnte es dich an mir nicht sehr ärgern, da ich leider unweise bin und in solchen schweren Fragen ganz ungeübt.

A. Ist die Frage so schwer? Das habe ich nicht verstanden, da ich es aber nun merke, so ist mein Begehren desto größer geworden; denn ich zähle es zu einem besonderen Glück. Ich vertraue auch darauf, dass Gott durch mich so unvernünftig gefragt hat, er werde es durch dich weise in Worte bringen.

B. Siehst du nicht, wie schwer die Frage ist, wenn man fragt: Warum hat Gott die Menschen geschaffen, die verloren gehen sollen? Oder: Warum sind

moͤnschen, die geschaffen sint, nùt vßerwelt von der goͤttlichen mynne, also daz sù werdent behalten? Der sprichet: *[92ra]* Gott wolte nùt alle moͤnschen vßerwelen vnd behalten, zůhant so *zuhet* er die goͤttliche mynne, sù sie *vrbùnstig*[368] vnd gemùschet mit nÿde ane schulde des moͤnschen. Der aber sprichet, Gott moͤht es nùt getůn, zůhant der sprichet wider den gewalt siner almåhtigkeit. Dauon ist die fråge swer, wår man sich keret.

A. Nùt verzage von der fråge tieffi vnd sweri! Ich getruw, das die wißheit gottes, die hoh vnd tieff ist ane zal vnd ane ende, die werde dich fuͤrende vff den weg der worheit.

B. Des bitt gott mit ernste!

A. Ich han es vntz har nùt gespart.

B. Gott het alle ding gemachet gůt. Gott hät alle ding geordent zů dem besten. Dauon so sint alle ding nåch wùnsche eins bescheiden gerehten hertzen.

A. Ich merke wol das dritte wort, daz alle ding sint nach wùnsche, ist, das die zwey vordern wort wor sint, daz alle dinge gůt sint vnd das alle ding geordent sint vff das beste. Wån der gůte bescheidenheit hät vnd mynnet gerehtigkeit, waz *[92rb]* wolte der anders wùnschen, heͤt er ioch wùnsches gewalt, dån das alle ding werent gůt vnd geschigket nåch dem besten.

B. Do wilt du nùt zwifeln: Alle ding sint nåch wunsch eins besÿnntten hertzen, ist, daz ich dich bewisen mag, daz gott alle ding gůt gemachet hat vnd sù geordent nåch dem besten.

A. Ich mag daran zwifelen nùt; wån heͤt ich wùnsches gewalt, ich wolte nùt anders wùnschen.

B. Was bringet dir zwifel an dem ersten worte, das do spricht: Gott hät alle dinge gůt gemachet?

A. Daz die verdampneten vnd die in gottes gnåden nùt sint, die hät gott gemachet, vnd sint doch nùt gůt, daz mich duncket.

B. Wåuon dunckent sù dich nùt gůt?

A. Do sint sù der ewigen froͤiden beroubet.

B. Werent sù dauon nùt gůt, so were sunne vnd mone vnd himel vnd erde nùt gůt; wån die moͤgent die froͤide nùt gewùnnen.

A. Sunne vnd måne sint darzů nùt geordent noch geschigket. Der moͤnsche were aber darzů *[92va]* wol geschigket.[369]

305 zuhet] zoͤiget vrbùnstig] vrbrùstig

---

368 verbunst, vrbunst, urbunne *stf. »Missgunst« (Lexer); siehe auch unten fol. 93va, Z. 406 u. 410:* verbünstig, verbunst.

369 *Augustinus, De lib. arb. III, c. 24; CSEL Bd. LXXIIII, S. 110,24–28:* Velut si dicat: non esset luna, cum etiam lucernae claritatem longe inferiorem <…> utique laudabilem aut fateatur aut stultissime vel contentiose neget. *(Übers. Perl, S. 139: »Das ist genauso, wie wenn einer sagte, der Mond solle nicht sein, während er doch die bei weiterem geringere Helligkeit einer Öllampe als durchaus lobenswürdig anerkennt, <…> es sei denn, dass er all dies mit ebenso viel Dummheit wie Anstrengung ableugnen wollte.«)*

alle Menschen, die geschaffen wurden, nicht von der göttlichen Liebe auserwählt, sodass sie gerettet werden? Wer sagt: Gott wollte nicht alle Menschen auswählen und retten, sogleich beschuldigte er die göttliche Liebe, sie sei missgünstig und mit Neid vermischt ohne Schuld des Menschen. Wer aber sagt, Gott könnte es nicht tun, sogleich spricht er gegen die Macht seiner Allmächtigkeit. Darum ist die Frage schwer, wohin man sich auch wendet.

A. Verzage nicht an der Tiefe und Schwere der Frage! Ich vertraue darauf, dass die Weisheit Gottes, die hoch und tief ist ohne Zahl und ohne Ende, sie werde dich auf den Weg der Wahrheit führen.

B. Darum bitte Gott mit Ernst!

A. Ich habe daran bisher nicht gespart.

B. Gott hat alle Dinge gut gemacht. Gott hat alle Dinge zum Besten geordnet. Darum sind alle Dinge nach dem Wunsch eines verständigen gerechten Herzens.

A. Ich verstehe wohl das dritte Wort, dass alle Dinge nach Wunsch sind, falls die zwei vorausgehenden Worte wahr sind, dass alle Dinge gut sind und dass alle Dinge auf das Beste ausgerichtet sind. Denn wer gute Einsicht hat und Gerechtigkeit liebt, hätte er denn die Macht des Wunsches, was wollte der anderes wünschen, als dass alle Dinge gut und zum Besten tauglich wären.

B. Daran willst du nicht zweifeln: Alle Dinge sind nach Wunsch eines besonnenen Herzens, falls ich dir beweisen kann, dass Gott alle Dinge gut gemacht hat und er sie zum Besten geordnet hat.

A. Ich kann daran nicht zweifeln; denn hätte ich die Macht des Wünschens, ich wollte nichts anderes wünschen.

B. Was lässt dich an dem ersten Wort zweifeln, das da lautet: Gott hat alle Dinge gut gemacht?

A. Die Verdammten und die nicht in Gottes Gnaden sind, die hat Gott gemacht und sie sind doch nicht gut, wie mir scheint.

B. Warum scheinen sie dir nicht gut zu sein?

A. Weil sie der ewigen Freuden beraubt sind.

B. Wären sie darum nicht gut, so wären Sonne und Mond und Himmel und Erde nicht gut; denn auch diese können die Freude nicht gewinnen.

A. Sonne und Mond sind dazu nicht ausgerichtet noch tauglich. Der Mensch wäre aber wohl dazu imstande.

B. Duncket dich der moͤnsche dauon nùt guͦt, wenn er zuͦ einem guͦten ist geschicket? Du soltest billicher daruß nemen, das der ist guͦt, wån er zuͦ einem guͦten ist geschigket.

A. Mich duncket, der wån habe mich betrogen. Dauon so sage mir die worheit!

B. Daz ist die worheit, die als maͤningen moͤnschen hät betrogen an dinem woͤne; wån der moͤnsche, der verdampnet ist vnd sol werden, der ist guͦt.

A. Waz hät mich betrogen?

B. Das du wenest, die ding sient nùt guͦt, die einem besseren werdent glichet. Du glichest einen verdampneten gegen dem, der gerehtigkeit hät besessen mit gerehter mynne vnd gegen dem, so heisset er boͤse. Ist aber, daz du in glichetest gegen himel vnd gegen erden, so ist er bessser daͤn himel vnd erde von der edlen nature, die in ÿm ist.[370]

A. Ich sihe den nu allewege, der mich von der worheit wiset. Ich wånde, waz das beste in siner nature nùt waz, daz were zemåle nùt guͦt. Nu merk ich: Were der weg gereht, so wer der moͦn vnd die sternen nùt guͦt; wån *[92vb]* sù nùt als vil lichtes gent alz die sunne. Dauon wil ich mich keren von disen betrogenen sinnen. Ich wil wissen, daz alle ding sint guͦt, die gott gemachet hat, vnd daz etwaz heisset vnguͦt, das meÿnet, daz es einem bessern wurt glichet.

B. Ich bin frǒ, das du die worheit des wortes so schier hast begriffen. Wån als daz ertrich guͦt ist an ym selber vnd doch nùt guͦt schÿnet, so es dem hymel wurt glichet, also sint alle boͤse geiste guͦt an in selber; sù sint aber boͤse getzalt, wen sù den guͦten werdent glichet.

A. Nu sage, wie alle ding sint geordent zuͦ dem besten! Wan ich kan kume in ÿeme gemercken, wie die verdampneten sint zuͦ dem besten geordent.

B. Wilt du es daͤn merken, so luͦge an dem ersten, was ordenung ist!

A. Das sage, wån ich kan dauon nùt wol gesprechen!

B. Ordenung ist vnglicher dinge vnd glicher dinge ein vngliche satzunge.

---

370 *Augustinus, De lib. arb. III, c. 12; CSEL Bd. LXXIIII, S. 100,13–20:* Non te iam moveat quod vituperantur animae peccatrices, ut dicas in corde tuo melius fuisse si non essent. In sui enim comparatione vituperantur, dum cogitatur quales essent si peccare noluissent. Institutor tamen earum deus praeclarissime pro humana facultate laudandus est, non solum quoniam peccantes eas iuste ordinat, sed etiam quia tales instituit ut etiam peccatis sordidatae nullo modo lucis corporalis dignitate superentur, de qua tamen laudatur. *(Übers.* PERL*, S. 127: »Deshalb sollst du dich darüber nicht beunruhigen, weil sündhafte Seelen getadelt werden, sodass du in deinem Herzen sagst, es wäre besser, wenn sie überhaupt nicht wären. Sie werden ja nur zum Vergleich getadelt, um der Erwägung willen, wie sie wären, wenn sie nicht hätten sündigen wollen. Gott als ihrem Erschaffer aber gebührt trotzdem alles, was Menschen nur möglich ist, an äußerstem Lob, nicht bloß weil Er sie, die Sündigenden, so gerecht geordnet hat, sondern auch weil Er sie so erschuf, dass sie, selbst in ihrer sündhaften Befleckung, noch die Würde jedes Lichtes überragen, dessen Anblick doch mit so viel Recht das Preisen Gottes von uns fordert.«)*

B. Scheint dir der Mensch nicht deshalb gut, weil er zum Guten in der Lage ist? Du solltest besser daraus entnehmen, dass der gut ist, weil er zum Guten tauglich ist.

A. Mir scheint, diese Vorstellung hat mich getäuscht. Darum sage mir die Wahrheit!

B. Das ist die Wahrheit, die so manchen Menschen getäuscht hat in dieser Vorstellung; denn der Mensch, der verdammt ist und verdammt werden soll, der ist gut.

A. Was hat mich getäuscht?

B. Dass du meinst, die Dinge seien nicht gut, die mit einem Besseren verglichen werden. Du vergleichst einen Verdammten mit dem, der Gerechtigkeit mit gerechter Liebe besessen hat, und <im Vergleich> mit dem heißt er böse. Wenn du ihn aber mit dem Himmel und mit der Erde vergleichst, so ist der besser als Himmel und Erde aufgrund der edlen Natur, die in ihm ist.

A. Jetzt sehe ich überall den, der mich von der Wahrheit fort weist. Ich meinte, was nicht das Beste in seiner Natur ist, das wäre insgesamt nicht gut. Jetzt merke ich: Wenn dieser Weg gerecht wäre, so wären der Mond und die Sterne nicht gut; weil sie nicht so viel Licht geben wie die Sonne. Darum will ich mich von diesen betrogenen Vorstellungen abwenden. Ich will wissen, dass alle Dinge gut sind, die Gott gemacht hat, und dass etwas ungut heißt, das bedeutet, dass es mit einem Besseren verglichen wird.

B. Ich bin froh, das du die Wahrheit dieses Wortes so schnell begriffen hast. Denn wie die Erde an sich gut ist und doch nicht gut erscheint, wenn sie mit dem Himmel verglichen wird, so sind alle bösen Geister an sich selbst gut; sie werden aber zu den Bösen gezählt, wenn sie mit den Guten verglichen werden.

A. Jetzt sage, wie alle Dinge zum Besten geordnet sind! Denn ich kann darin kaum verstehen, wie die Verdammten zum Besten ausgerichtet sind.

B. Wenn du das verstehen willst, dann schau zuerst, was Ordnung ist!

A. Das sage du, denn ich kann nicht gut davon sprechen!

B. Ordnung ist eine ungleiche Stellung der ungleichen und der gleichen Dinge.

A. Du meÿnest, weͣne ich, daz die ding, die einander glich sint, die soͤllent glich sin gesetzet, vnd die vnglich sint, die soͤllent ouch vnglich werden gesetzet. *[93ra]*

B. Daz meÿn ich. Reht als das oͮge vnd der fůß, wån sù vnglich sint, dauon so stånt sù vnglich in dem moͤnschen, vnd wån die ougen glich einander sint, dauon so stånt sù gliche hohe in dem hoͮbet vnd die fuͤsse glich nider vff der erden.

A. Das sihe ich wol. Waz sol aber ich hieby merken?

B. Das die ordenunge die beste ist, wån vngliche ding werdent vngliche gesetzet vnd gliche ding glich gesetzet.

A. Das merke ich.[371]

B. So lůge, ob die glich sint einander, do einer *von* sinem fryen willen mynnet die zijt vnd daz leben der zijt, der ander der mynnet die ewigkeit vnd die mynne, die in geordent hät in ewigkeit.[372]

A. Neÿn, sù sint gar vnglich.

B. Was ist dån ir rehte ordenunge?

A. Die sol billich wesen vnglich; wån vngliche ding soͤllent billich vnglich gesetzet werden.

B. Dauon so werdent die zwene nach dem aller besten geordent, wån der mynner der ewigkeit wurt getzogen in ewiges leben, also das er von der mynne, die in darzů geordent hat, wurt ewiglich erfroͤuwet, vnd so der *[93rb]* mynner der zijt verlùret sin leben mit der zijt, die er håt gemynnet also, das er von der verlust der zijt, die er ob allen dingen gemynnet hät, wurt ewiglich betruͤbet.

A. Ich mag disen worten minen glouben nùt versagen. Es ist woͤr: Die allerbeste ordenunge aller dinge lit daran, das die vßerwelten sint geordent in ewige seligkeit, wån sù die ewigkeit mynnent; vnd die verflůcheten in aͣrbeit se-

375 von *fehlt*

371 *Der folgende Abschnitt AFD II, c. 5; fol. 93ra, Z. 375–386 wird im ›Lehrsystem der deutschen Mystik‹, ed.* Cadigan, *S. 394,6–395,6; Hs. Z, fol. 197^{v}–198^{r} zitiert. Siehe auch Anhang, S. 952.*

372 *Vgl. Augustinus, De lib. arb. I, c. 31; CSEL Bd. LXXIIII, S. 32,5–12:* A. Cum igitur manifestum sit alios esse homines amatores rerum aeternarum, alios temporalium, cumque leges duas esse conuenerit, unam aeternam, alium temporalem, si quid aequitatis sapis, quos istorum iudicas aeternae legi, quos temporali esse subdendos? / E. Puto in promptu esse quod quaeris, nam beatos illos ob amorem ipsorum aeternorum sub aeterna lege agere existimo, miseris uero temporalis imponitur. *(Übers.* Perl, *S. 40: »A.: Es offenbart sich also, dass es Menschen gibt, die ewige, und Menschen, die zeitliche Dinge lieben, und dass es zwei Gesetze gibt, ein ewiges und ein zeitliches. Wenn du nun nach Billigkeit verfahren willst, welche wirst du dem ewigen, welche dem zeitlichen Gesetz unterzuordnen haben? / E.: Die Frage ist leicht zu beantworten: nach meinem Urteil stehen die Glücklichen wegen ihrer Liebe zum Ewigen unter dem ewigen Gesetz, während den Elenden das zeitliche Gesetz auferlegt ist.«)*

A. Du meinst, glaube ich, dass die Dinge, die einander gleich sind, gleichgesetzt werden sollen, und die ungleich sind, die sollen auch ungleichgesetzt werden.

B. Das meine ich. Gerade wie das Auge und der Fuß, da sie ungleich sind, darum ungleich im Menschen stehen, und da die Augen einander gleich sind, darum stehen sie gleich hoch im Kopf, und die Füße sind gleich niedrig auf der Erde.

A. Das sehe ich wohl. Was soll ich aber dabei verstehen?

B. Dass die Ordnung die beste ist, wenn ungleiche Dinge ungleichgesetzt werden und gleiche gleichgesetzt werden

A. Das merke ich.

B. So schau, ob die einander gleich sind, wenn einer aus seinem freien Willen die Zeit und das Leben der Zeit liebt, der andere aber die Ewigkeit und die Liebe liebt, die ihn auf die Ewigkeit ausgerichtet hat.

A. Nein, sie sind ganz ungleich.

B. Was ist dann ihre richtige Ordnung?

A. Die sollen zu Recht ungleich sein; denn ungleiche Dinge sollen zu Recht ungleichgesetzt werden.

B. Darum werden die zwei am allerbesten geordnet, wenn, wer die Ewigkeit liebt, zum ewigen Leben gezogen wird, sodass er aus der Liebe, die ihn dahin ausgerichtet hat, ewiglich erfreut wird, und wenn, wer die Zeit liebt, sein Leben mit der Zeit verliert, die er geliebt hat, sodass er vom Verlust der Zeit, die er über alles geliebt hat, ewiglich betrübt wird.

A. Ich kann deinen Worten meinen Glauben nicht versagen. Es ist wahr: Die allerbeste Ordnung aller Dinge liegt darin, dass die Auserwählten auf die ewige Seligkeit ausgerichtet sind, dass sie die Ewigkeit lieben, und dass die Ver-

ligkeit, wån sù die vergangen zijt mynnent. Doch stât min wunder noch daran: Wån es gotte lihte were zů tůnde, daz er alle moͤnschen hette gemachet mynner der ewigkeit, warumb das sine mynne nùt entaͤte?

B. Woltest du nach gůter bescheidenheit, das es also were von gotte gemachet?

A. Mich duncket, ich soͤlt es mùglich wùnschen.

B. So woltest du, daz kein moͤnsche were geboren daͤn die vßerweͤlten. Wån gott hät als månig moͤnsche vßerwelt, als månigen mynner vnd diener er wolte han, die in lobeten ewiglich; v̀ber die zal hät er geschoͤpfet, die der zijt mynner sint. Ist dir daz leid?

A. Jo, mir *[93va]* ist leid, das dieselben ouch nùt mynner sint der ewigkeit.

B. Das ist ein toubheit. Wån woltest du, das dieselben ouch mynner werent der ewigkeit, die v̀ber die zal sint der vßerweͤlten, so woltest du, das die zale groͤsser were der mynner gottes, daͤnn sù gott haben wil, vnd das ist ein vnmåssiger wille. Woltest du aber, das sù nùt geboren werent, die v̀ber die zale sint der vserwelten, so verbandest du gůten dingen, daz sù sint ane dinen schaden, vnd der wille der were nidig vnd verbùnstig[373].

A. We, wie ist min hertze betrogen! Ich wånde, so ich wunschte, daz die verdampneten nie werent geboren oder aber das inen gott sine mynne hette geben, daz were ein grosse erbarmhertzikeit. Nu sih ich wol, daz der wunsch gåt vß vnmåssigem willen oder von nyde oder verbunst gůter dinge.

B. Du hast nu erst reht gesehen: Wån alle ding gůt sint geschaffen vnd vff das beste geordent, dauon solt du nùt wùnschen, daz keyn ding nùt sie, das geschaffen *[93vb]* ist, noch kein ding anders sie geordent, daͤn es ist. Wån der wille, der das wùnschet, der ist aͤntweders nydig oder aber vnmåssig. Wån der die clåre sunne sihet vnd den tunckelen månen vnd wùnschet aͤntweders, das der moͤne sie als die sunne oder aber daz kein måne sie, ist des wùnsch nùt toͤrlich?

A. Jå, werlich, er wùnschet toͤrlich, der zwo sunnen wolte hån; wan ein sunne git liehtes gnůg alleÿne. Wer aber wùnschet, daz der måne nùt sye, wån er nùt luter ist als die sunne, der wùnschet noch toͤrlicher; wån das die sunne luter ist, dauon ist der måne nùt deste vnnùtzer.

B. Ich merke din antwùrte diner fråge: Wån alle ding gůt sint, dauon ist ir wesen gůt, das sol in nieman verbånnen. Wån die ordenunge gottes die allerbeste ist, dauon soͤllent wir vns låssen benůgen an der zal der vßerweͤlten als an einer sunnen. Dauon so merk ouch, daz die mynne gottes nùt nidig ist, in dem das sù v̀ber die zal der vßerweͤlten hät geschaffen die verdampneten. Dieselbe *[94ra]* mÿne ist ouch dauon vnkråfftig nùt, das sù die vßerweͤlten hät gesetzet in ein zal, v̀ber die zal sù nieman geben wil mynne der ewigkeit vnd der seligkeit ein krone.

---

373 *»missgünstig«;* verbunst *stf. »Missgunst«, auch* urbunne *und* urbunst *(*Lexer*). Siehe oben Z. 305.*

fluchten die Seligkeit quält; denn sie lieben die vergangene Zeit. Doch bleibt meine Verwunderung noch bestehen: Da es Gott leicht zu tun wäre, dass er alle Menschen zu Liebenden der Ewigkeit gemacht hätte, warum hat es seine Liebe nicht getan?

B. Wolltest du nach guter Einsicht, dass es Gott so gemacht hätte?

A. Mir scheint, ich sollte es als möglich wünschen.

B. Dann wolltest du, dass kein anderer Mensch geboren wäre als die Auserwählten. Denn Gott hat so viele Menschen auserwählt, wie er Liebende und Diener haben wollte, die ihn ewig lobten; über die Zahl hinaus hat er solche geschaffen, die die Zeit lieben. Tut dir das leid?

A. Ja, mir tut leid, dass dieselben nicht auch Liebende der Ewigkeit sind.

B. Das ist eine Dummheit. Denn wolltest du, dass dieselben auch Liebende der Ewigkeit wären, die über die Zahl der Auserwählten hinaus sind, dann wolltest du, dass die Zahl der Gott Liebenden größer wäre, als Gott sie haben will, und das ist ein maßloser Wille. Wolltest du aber, dass sie nicht geboren wären, die über die Zahl der Auserwählten hinaus sind, so unterbindest du die guten Dinge, dass sie ohne deinen Schaden sind, und dieser Wille wäre neidvoll und missgünstig.

A. O weh, wie ist mein Herz betrogen! Ich meinte, wenn ich wünschte, dass die Verdammten nicht geboren wären oder aber dass Gott ihnen seine Liebe gegeben hätte, das wäre ein großes Mitleid. Jetzt sehe ich aber, dass der Wunsch aus einem maßlosen Willen kommt oder von Neid oder Missgunst der guten Dinge stammt.

B. Du hast jetzt erst richtig gesehen: Da alle Dinge gut geschaffen und zum Besten geordnet sind, darum sollst du nicht wünschen, dass ein Ding nicht sei, das geschaffen ist, noch dass ein Ding anders geordnet sei, als es ist. Denn der Wille, der das wünscht, ist entweder neidvoll oder unmäßig. Denn wer die helle Sonne sieht und den dunklen Mond und wünscht, entweder dass der Mond so sei wie die Sonne oder aber dass kein Mond sei, ist dessen Wunsch nicht töricht?

A. Ja, wahrlich, es wünscht töricht, wer zwei Sonnen haben wollte, da eine Sonne alleine genug Licht gibt. Wer aber wünscht, dass der Mond nicht sei, weil er nicht so hell ist wie die Sonne, der wünscht noch törichter, denn weil die Sonne hell ist, darum ist der Mond nicht umso unnützer.

B. Ich verstehe deine Antwort auf deine Frage. Da alle Dinge gut sind, darum ist ihr Sein gut, das soll ihnen niemand verbieten. Da die Ordnung Gottes die allerbeste ist, darum sollen wir uns genug sein lassen an der Zahl der Auserwählten wie an nur einer Sonne. Darum merke auch, dass die Liebe Gottes nicht neidvoll ist, indem sie über die Zahl der Auserwählten hinaus die Verdammten geschaffen hat. Dieselbe Liebe ist auch nicht deswegen unkräftig, weil sie die Auserwählten in einer Zahl begrenzt hat, über die hinaus niemand Liebe der Ewigkeit und der Seligkeit eine Krone geben will.

A. Du håst gestillet in mir das grosse wunder, daz du in so kurtzen worten håst ergrùndet ein so tieffes wunder; wån ich gedåhte, were ein engel[374] kommen von gotte, das er mich kume in so kurtzen worten moͤhte dis wunders als luterlichen han vnderwiset.

B. Die mynne gottes zoͤiget sich alz mynneklich in bruͦderlicher mynne, daz dicke geschiht, daz gnåde zweyer mynne wurt gegeben; die eine were tùre. Ich gib es gotte, als billich ist; wån wie sweͤr die frågen mir sint an dem anefange, doch werdent sù mir lihte, e das ich komme zuͦ einem ende.

A. Des lob ich billich gott, der minen guͦten glouben vnd getruwen in keyner miner fråge nie entwichen ist. Getoͤrst ich nu, so wolt ich gerne noch einest frågen: warumb die vßerwelten vßerwe̊let sint vnd die verdampneten *[94rb]* verlåssen?

B. Du meÿnest, warumb die verdampneten nùt sint in der zale der, die gott minner wolte machen der worheit?

A. Das meÿne ich: Warumb Judas wart in ewigkeit getzalt zuͦ den verfluͦchten vnd sant Peter zuͦ den gesegnoten?

B. Nu gesegen mich vnser herre! Wåmit komest du nu! Das ist doch das wunder, dauon sanctus Paulus erschreÿ, so er sprach: »Owe, du oͤberste hoͤhi der verborgenen kunst vnd wissheit gottes, wie sint dine vrteil so vnbegriffenlich vnd die wege so vnbekant!« Warumb einre ist vßerwelt vnd der ander verlåssen vnder den, die eine schulde hant der ersten sùnde, von der alle sùnde kommen ist.

A. Das der dauon gesprochen hät, daz sage mir, ob du wilt, nùt me sol ich dir *noͤten*. Ich voͤrhte doch, das ich zuͦ nåhe suͦche. Wån als sumniß der worheit schulde hät, also hät schulde ein freuellich suͦchen vnd sunderlich in der worheit, die in der tǒugenÿ gottes so tieffe ist verborgen.

B. Ich *[94va]* hoͤre gerne, das du dine begirde mit måssen zaͤmen kanst, so es bescheidenheit gebùtet, vnd deste gerner wil ich antwùrten zuͦ diner fråge, daz ich kan. So vil merke, das sù mit demuͦtiger einvaltigkeit ist bekleidet. Du solt wissen kurtzlich, das alle moͤnschen gliche sachen hant in verdampnisse, die guͦten vnd die boͤsen, vnd der gnuͦg ist nåch gerehtigkeit. Dauon werdent die verdampneten mit gerehtigkeit verdampnet. Die aber sint in der zal der gesegneten, die werdent von gnåden behalten. Warumb aber Judas von der gerehtigkeit wùrde verlåssen nåch sinen sùnden vnd sant Peter nach sinen sùnden getzogen in die gnåde, des ist kein ander sache dån der wille gottes.[375] Wer aber

452 noͤten] nuͦten

374 *Hier mutmaßlich wieder eine Anspielung auf den Beinamen des Johannes von Basel, »Engel«, wie im siebten Kapitel des ersten Buches.*

375 *Zur* gratia praedestinationis *siehe ›Gratia-Dei-Traktat‹ Z. 38–47 und Iohannes de Basilea, In Sent. I, d. 17, q. 16, concl. 1; Bd. II, S. 180,2 f.:* Sola gratia praedestinationis est ratio sufficienter meritoria cuiuscumque creatae dilectionis. *(»Allein die Gnade der Prädes-*

A. Du hast in mir das große Problem gelöst, indem du in so kurzen Worten ein so tiefes Wunder ergründet hast; denn ich dachte, wenn ein Engel von Gott gekommen wäre, dass er mich kaum in so kurzen Worten über dieses Wunder so klar hätte unterweisen können.

B. Die Liebe Gottes zeigt sich so liebevoll in brüderlicher Liebe, dass es oft geschieht, dass Gnade für die Liebe von zweien gegeben wird, wo eine wertvoll genug wäre. Ich überlasse es Gott, wie es recht ist; denn wie schwer die Fragen mir am Anfang sind, werden sie mir doch leicht, bevor ich zum Ende komme.

A. Dafür lobe ich zu Recht Gott, der meinen guten Glauben und mein Vertrauen in keiner meiner Frage je enttäuscht hat. Würde ich mich trauen, so wollte ich gerne noch eines fragen: warum die Auserwählten auserwählt sind und die Verdammten verlassen?

B. Du meinst, warum die Verdammten nicht in der Zahl derer sind, die Gott zu den Liebenden der Wahrheit machen wollte?

A. Das meine ich. Warum wurde Judas in Ewigkeit zu den Verfluchten gezählt und Sankt Peter zu den Gesegneten?

B. Nun segne mich unser Herr! Womit kommst du nun! Das ist doch das Wunder, von dem Sankt Paulus ausrief, als er sagte: »O weh, du oberste Höhe der verborgenen Kunst und Weisheit Gottes! Wie sind deine Urteile so unbegreiflich und deine Wege so unbekannt« (Rm 11,33)! Warum ist der eine auserwählt und der andere verlassen unter denen, die Schuld an der ersten Sünde haben, von der alle Sünde gekommen ist.

A. Was der darüber gesagt hat, das sage mir, wenn du willst, dann werde ich dich nicht mehr in Not bringen. Ich fürchte doch, dass ich zu aufdringlich suche. Denn wie das Versäumnis der Wahrheit Schuld ist, so ist auch ein frevelhaftes Suchen Schuld, und besonders in der Wahrheit, die im Geheimnis Gottes so tief verborgen ist.

B. Ich höre gerne, dass du dein Begehren maßvoll zähmen kannst, wenn es die Einsicht verlangt, und umso lieber will ich auf deine Frage antworten, was ich kann. So viel sollst du beachten, dass die Antwort mit demütiger Einfalt bekleidet ist. Du sollst in Kürze wissen, dass alle Menschen gleiche Ursache zur Verdammnis haben, die Guten und die Bösen, und dass es hinreichend nach Gerechtigkeit geht. Darum werden die Verdammten mit Gerechtigkeit verdammt. Die aber in der Zahl der Gesegneten sind, die werden aus Gnade gerettet. Warum aber Judas nach seinen Sünden von der Gerechtigkeit verlassen wurde und Sankt Peter nach seinen Sünden in die Gnade gezogen wurde, dafür gibt es keinen anderen Grund als den Willen Gottes. Wer aber fragt, warum er

fråget, warumb er das wolte, der fråget des ein sache, das keÿn sach ist. Wån der wille gottes der ist allen zittlichen dingen ein sache, aber er hät kein sache.[376] Dauon sprichet sanctus Paulus: »Der hafener hät gewalt, daz er vß einer materie machet ein faß der vngetze̊miket vnd ein vaß *[94vb]* der eren.«

A. Syd dis wunder in der wårheit gottes als verborgen ist als tieff, das daz vßerwelte faß[377] anders dauon nùt hat gesprochen, daͤn das der wille gottes, der almaͤhtig ist, also wil, dauon so wil ich mich dainne låssen vnd wil dem die ere geben, der mir zů siner mynne hat gerůffet, daz wol billich ist, daz er etwaz wùrke, v̀ber das, daz moͤnschliche synne moͤgen begriffen.

B. Wer das tůt, der tůt reht, wån do gott Helÿe erschein in dem *toͤglichen*[378] winde, so daͤckt er sin antlit mit sinem mantel vnd verbarg sich. Das betùtet, daz in der heimlichi gottes, die sich toͤigelichen zoͤiget als der wind, in der sol der moͤnsche den mantel creatùrlicher blintheit ziehen fùr die ougen, also daz er darin freuellich nùt sehen sol, er sol es demůtiglich mynnen.

A. Alle min begirde ist vollebråht von dem worte dis capitels, damit es anevieng, wie gott můß vollebringen, daz er hät angefangen vnd gedaht von dem moͤnschen.

Nu sage, was darnåch gåt.

B.

473 toͤglichen] toͤlichen

---

tination ist der hinreichende Grund des Verdienstes für jedwede geschaffene Liebe.«) Ferner Iohannes de Basilea, In Sent. I, d. 41, q. 31, concl. 3, cor. 1; Bd. II, S. 369,9–11: Sicut non datur causa, quare Petrus potius salvatur quam Iudas vel praedestinatur, nisi aetemalis, sic non datur causa, quare aliqui damnantur vel reprobantur et alii praedestinantur, generalis. *(»Wie es keinen Grund gibt außer einen ewigen, warum Petrus eher erlöst oder prädestiniert wird als Judas, so gibt es auch keinen allgemeinen Grund, warum einige verdammt und verworfen werden und andere [zur Seligkeit] prädestiniert werden.«)*

376 *Vgl. Iohannes de Basilea, In Sent. I, d. 41, q. 31, concl. 3; Bd. II, S. 368,20 f.:* Praedestinationis vel reprobationis aeternalis nulla est omnino causalis ratio temporalis. *(»Für die Prädestination oder Reprobation gibt es keinen zeitlichen ursächlichen Grund.«)*

377 *Paulus ist das »auserwählte Gefäß«, vgl. Act 9,15.*

378 *Vermutlich ein Schreibfehler für* tougenlîch *adj. »verborgen, geheim, heimlich« (Lexer), das auch dem Wort* toͤigelichen *zwei Zeilen weiter unten trotz der seltsamen Schreibweise zugrunde liegen dürfte.*

das wollte, der fragt nach einer Ursache für etwas, das keine Ursache hat. Denn der Wille Gottes ist für alle zeitlichen Dinge eine Ursache, aber er hat selbst keine Ursache. Darum spricht Sankt Paulus: »Der Töpfer hat die Macht, dass er aus einem Stoff ein Gefäß der Widrigkeit macht und ein Gefäß der Ehre (Rm 9,21).

A. Da dieses Wunder in der Wahrheit Gottes so tief verborgen ist, dass das auserwählte Gefäß nicht anders davon gesprochen hat, als dass der Wille Gottes, der allmächtig ist, es so will, darum will ich mich darin lassen und will dem die Ehre geben, der mich zu seiner Liebe gerufen hat; das ist wohl angemessen, dass er etwas über das hinaus wirkt, was menschlicher Verstand begreifen kann.

B. Wer das tut, der tut recht; denn als Gott Elias in dem sanften Wind erschien (I Sm 19,12 f.), bedeckte er sein Antlitz mit seinem Mantel und verbarg sich. Das bedeutet, dass der Mensch in dem Geheimnis Gottes, das sich heimlich zeigt wie der Wind, den Mantel der geschöpflichen Blindheit vor die Augen ziehen soll, sodass er nicht frevelhaft dahinein schauen soll, er soll es demütig lieben.

A. All mein Begehren zu dem Worte dieses Kapitels, mit dem es anfing, ist erfüllt, wie Gott vollenden muss, was er angefangen hat und was er mit dem Menschen vorhatte.

Nun sprich, was danach folgt.

B.

<Das sehste capitel>
Moͤnschliche seligkeit mag *[95ra]* nùt werden vollebråht denn von gotte vnd von dem moͤnschen nach dem valle des moͤnschen.

A. Syd das ich verstanden han in dem nåhsten capitel, das der val nùt bliben mag, gott muͦß in buͦssen durch siner ere willen, dauon so fråge ich nu sicherlich vnd mit troste mÿns hertzen, wer den val widerbringen soͤlt vnd moͤhte.

B. Das ist gott vnd moͤnsch.[379]

A. Der moͤnsche ist doch der gewesen, der do sùndet, warumb mag ouch der moͤnsche alleÿn ouch nùt gebuͦssen vnd gebesseren, daz er hat gesùndet?

B. Sihst du eben ane, was ich han gesprochen in dem dritten capitel, so vindest du, daz der moͤnsche sin schulde nùt mag gebuͦssen.

A. Es ist wol wor, daz du dauon wol gesprochen hast, doch bedarff ich, das du mich der rede ermanest.

B. Gerne. Der die schulde zuͦ reht gelten wil, waz muͦß der geben fùr die sùnde?

A. Als vil, alz groß die schuld ist.

B. Wie groß ist die schulde der sùnde?

A. Als groß ist die schulde der sùnde, als vil der moͤnsche nùt nemmen soͤlte, daz er tåte die sùnde.

B. Waz solte der moͤnsche nemen, *[95rb]* daz er tåt ein sùnde?

A. Er solte nùt nemen alles, das vnder gotte ist. Wån ich sprach do: Wer ich vor gottes anblick, ich wolt alle die welt e låssen vndergån, e daz ich wollte einen wanck tuͦn von gotte wider sinen willen, vnd die antwùrte geuiel dir wol. Dauon mag ich es nu sicherlichen sprechen.

B. Ist die schulde nu als groß der sùnde als alles, daz vnder gotte ist, wie mag daz der moͤnsche geleisten?

A. Er mag es nùt geleisten.

B. Nochdenn muͦß der me han dån alles, daz vnder gotte ist.[380]

A. Daz ist wor; wån er muͦß etwaz han fùr die versmåhte, die er gotte erbotten hat, daz er sich ließ den tùfel vͤberwinden gotte zuͦ småhte, als vor gesprochen ist.

3 A. *fehlt*

---

379 *Anselmus Cantuariensis, CDH II, c. 6; Bd. II, S. 101,2:* Quod satisfactionem per quam salvatur homo, non possit facere nisi deus-homo. *(Übers. Schmitt, S. 97: »Dass die Genugtuung, durch die der Mensch gerettet wird, nur ein Gott-Mensch leisten kann.«)*

380 *Anselmus Cantuariensis, CDH II, c. 6; Bd. II, S. 101,6–8:* Illum quoque qui de suo poterit deo dare aliquid, quod superest omne quod sub deo est, maiorem esse necesse est quam omne quod non est deus. *(Übers. Schmitt, S. 97: »Auch ist es notwendig, dass der, der aus seinem Eigenen Gott etwas wird geben können, das alles, was unter Gott steht, überragt, größer ist als alles, was Gott nicht ist.«)*

Das sechste Kapitel
Menschliche Seligkeit kann nach dem Fall des Menschen nur von Gott und von dem Menschen vollendet werden.

A. Da ich das im letzten Kapitel verstanden habe, dass der Fall nicht bleiben kann – Gott muss ihn um seiner Ehre willen bessern –, darum frage ich jetzt sicher und mit dem Trost meines Herzens, wer den Fall wiedergutmachen sollte und könnte.

B. Das ist Gott und Mensch.

A. Der Mensch ist doch der gewesen, der sündigt, warum kann nicht auch der Mensch allein büßen und bessern, was er gesündigt hat?

B. Wenn du eben das betrachtest, was ich im dritten Kapitel besprochen habe, findest du, dass der Mensch seine Schuld nicht büßen kann.

A. Es ist wohl wahr, dass du davon gesprochen hast, doch brauche ich es, dass du mich an die Ausführungen erinnerst.

B. Gerne. Wer die Schuld zu Recht erstatten will, was muss der für die Sünde geben?

A. So viel, wie die Schuld groß ist.

B. Wie groß ist die Schuld der Sünde?

A. Die Schuld ist so groß, wie das, was der Mensch ablehnen sollte, <wenn es ihm angeboten würde,> damit er die Sünde beginge.

B. Was sollte der Mensch annehmen, um die Sünde zu begehen?

A. Er sollte alles nicht annehmen, was unter Gott ist. Denn ich sprach damals:[4] Wäre ich vor Gottes Anblick, ich wollte eher die ganze Welt untergehen lassen, bevor ich gegen Gottes Willen einen Fußbreit von Gott weg tun würde, und die Antwort gefiel dir gut. Darum kann ich es jetzt sicher behaupten.

B. Wenn die Schuld der Sünde nun so groß ist wie alles, was unter Gott ist, wie kann der Mensch das leisten?

A. Er kann es nicht leisten.

B. Zudem muss er mehr haben als alles, was unter Gott ist.

A. Das ist wahr; denn er muss etwas für die Schmach haben, die er Gott angetan hat, dass er sich zur Schmach Gottes vom Teufel überwinden ließ, wie vorher gesagt wurde.

---

4 Oben AFD II, c. 3; fol. 75rb, Z. 28–35.

B. Wer mag daz geleisten, das groͤsser ist daͤnn alles das, daz vnder gotte ist?

A. Werlich, daz mag nieman geleisten dan der, der gott ist.[381]

B. Daby merke, daz der moͤnsche alleÿne sin sùnde nùt gebuͤssen mag, wann er das nùt geleisten mag, das groͤsser ist daͤn alles, daz vnder gotte ist.

A. Hettest du mir den mund nùt *[95va]* beslossen in dem vierden capitel, so spreche ich: So der moͤnsche geteͣte, das er moͤhte, so soͤlte gott das v̀berige von erbeͤrmde vergeben. Nu hast du mich da bewiset, das den moͤnschen nùt gehelffen mag sin arenmuͦt vnd der mangel des geltes. Dauon muͦß ich swigen.

B. Daz ist noch woͣr: Wer nùt git, daz er sol, der ist vngereht. Wer vngereht ist, der mag nùt geseliget werden. Dauon wenn der moͤnsche nùt hat, das er sol, vnd alle die wile er nùt geltet, so ist er vngereht, so mag er nùt behalten werden. Dauon sol er behalten werden, daz muͦß gott tuͦn, waͤn gott alleyne das hat, das groͤsser ist daͤn alles das, daz vnder gotte ist, vnd daz ist daz rehte gelt der schulde.

A. Dine rede hat mich getzwungen, daz ich nu verstaͤn, wie naͤch gerehtigkeit nieman die schulde des moͤnschen moͤhte gelten daͤn der, der gott ist. Nu wundert mich, warumb es gott aͤne den moͤnschen nùt moͤhte getuͦn, waͤn gott almåhtig ist.

B. Das wunder ist tieffer daͤnn das voͤrder. *[95vb]* Doch wer darin siht mit einem lutern mynnenden hertzen, der wurt wol bewiset, wie das sie, das gott almåhtig sy, doch moht es gott one den moͤnschen nùt gewùrken.

A. Dinen guͦten sin wil ich gerne dauon hoͤren.

B. Zwey ding getzyment wol der gerehtigkeit des geltes: Eins ist, daz der gelte, der die schulde gemachet hat; das ander, das er daz gebe, das dem herren erlich zuͦ nemende ist vnd dem schuldener mùgelich zuͦ geben.

A. Ich merke wol, das die zwey dinge wor sint. Waͤn so einer fùr den andern giltet, der es von reht nùt sol tuͦn, so wurt gelobet des gelters miltigkeit vnd nùt die gerehtigkeit des schuldeners. Dauon getzymmet wol voller gerehtigkeit, daz der gelte, der die schulde gemachet hät. Ich merke wol daz ander, das gerehtigkeit getzymmet, daz dem herren werde gegeben an der schulde, das sinen eren getzymmet zuͦ nemmen. Wer ein kùnig ertzùrnet, dem getzeme nùt, das er guͦt neme fùr sine småhte. Wän tete er daz, so wùrd er billich geheissen gitig. *[96ra]*

34 B. *fehlt*

---

381 *Anselmus Cantuariensis, CDH II, c. 6; Bd. II, S. 101,3 f., 10, 12:* Hoc autem fieri nequit, nisi sit qui solvat deo pro peccato hominis aliquid maius quam omne quod praeter deum est. <...> Nihil autem est supra omne quod deus non est, nisi deus. <...> Non ergo potest hanc satisfactionem facere nisi deus. *(Übers. SCHMITT, S. 97: »Das aber kann nicht geschehen, wenn es nicht jemanden gibt, der Gott für die Sünde des Menschen etwas Größeres gibt, als alles, was außerhalb Gottes existiert. <...> Nichts aber ist über allem, was Gott nicht ist, außer Gott. <...> Also kann diese Genugtuung nur Gott leisten.«)*

B. Wer kann das leisten, was größer ist als alles, was unter Gott ist?

A. Wahrlich, das kann niemand leisten als der, der Gott ist.

B. Daran merke, dass der Mensch allein seine Sünde nicht büßen kann, da er das nicht leisten kann, was größer ist als alles, was unter Gott ist.

A. Hättest du mir im vierten Kapitel den Mund nicht verschlossen, so würde ich sagen: Wenn der Mensch täte, was er kann, so sollte Gott das Übrige aus Erbarmen vergeben. Nun hast du mir gezeigt, dass dem Menschen seine Armut und der Mangel der Entgelts nicht helfen kann. Darum muss ich schweigen.

B. Das ist noch wahr: Wer nicht gibt, was er soll, der ist ungerecht. Wer ungerecht ist, der kann nicht selig werden. Darum, wenn der Mensch nicht hat, was er soll, und immerzu nicht zurückerstattet, so ist er ungerecht, so kann er nicht gerettet werden. Wenn er also gerettet werden soll, muss Gott das tun; denn Gott allein hat das, was größer ist als alles, was unter Gott ist, und das ist das richtige Entgelt für die Schuld.

A. Diese Erklärung hat mich gezwungen, dass ich jetzt verstehe, wie niemand der Gerechtigkeit gemäß die Schuld des Menschen vergelten könnte als der, der Gott ist. Nun wundert mich, warum es Gott nicht ohne den Menschen tun könnte, da Gott allmächtig ist.

B. Dieses Wunder ist tiefer als das vorhergegangene. Doch wer mit einem reinen liebenden Herzen da hineinschaut, der wird wohl überzeugt, wie das sein kann, dass Gott allmächtig ist und Gott es doch nicht ohne den Menschen bewirken konnte.

A. Deine gute Meinung darüber will ich gerne hören.

B. Zwei Dinge ziemen sich wohl für die Gerechtigkeit des Entgeltes: Eins ist, dass der erstattet, der die Schuld verursacht hat; das andere ist, dass er das gibt, was dem Herren zu empfangen der Ehre wert und dem Schuldner zu geben möglich ist.

A. Ich merke wohl, dass diese zwei Dinge wahr sind. Denn wenn einer für den anderen erstattet, der es rechtens nicht tun soll, so wird die Großzügigkeit dessen gelobt, der das Entgelt gibt, und nicht die Gerechtigkeit des Schuldners. Darum ist es wohl für die volle Gerechtigkeit geziemend, dass der erstattet, der die Schuld verursacht hat. Ich beachte aber auch das zweite, das für die Gerechtigkeit geziemend ist, dass dem Herren entsprechend der Schuld das gegeben wird, das zu nehmen seiner Ehre geziemt. Wenn ein König zornig wäre, würde es ihm nicht geziemen, dass er ein Gut für seine Schmach annähme. Denn täte er das, würde er mit Recht habgierig genannt.

B. Syd das dem nu also ist, als ich gesprochen han, vnd du wol hast verstanden, das gerehtigkeit das getzimmet, das der gelte, der die schulde hat gemachet, davon so můß der moͦnsche gelten die schulde, wån er die schulde gemachet hat. Wån aber der moͦnsche nùt hat, das er moͦge vergelten, dauon můste gott geben fùr den moͦnschen, das der moͦnsche nùt enhät.

A. Ach, ewige wißheit vnd gerehtigkeit vnd erbarmhertzkeit gottes, wie schinet in dem werke der mynne so hohe tieffe wißheit, wån der moͦnsch gelten sollte, daz er nùt enhatte, davon hast du funden den wisen fund,[382] das gott moͦnsche wurde, vmb das der moͦnsche das gewùnne, domit er die schulde vergelten mag. Sich zoͦiget gerehtigkeit, wån der můste gelten, der die schulde gemachet hat. Hie zoͦiget sich ouch die erbarmhertzigkeit; wan dem moͦnschen ist von gnaden geben, domit er vergolten hät, in dem das got moͦnsche wart.[383]

B. Sid dir ein lieht der worheit hat gelùhtet, das du die goͦttliche tugend in sinem werke ersehen håst, so lůge noch fùrbaß *[96rb]* in das werk der hohen mynne, daz sich kein zwifel in die winkel diner vinsternisse iht verberge.

A. Sid das du mich ermanet hast, so ist mir ingebildet ein wunder.

B. Waz ist daz?

A. Warvmb gott des moͦnschen sùnde nùt bůste one den moͦnschen vnd åne sine werke, als er den moͦnschen geschůff åne die werk vnd åne die helffe des moͦnschen.

B. Ich han dir doch ietz geseit ein sache: Wån der moͦnsche die schulde gemachet hät, dauon getzam der gerehtigkeit, das der moͦnsche ouch gùlte. Wån nu der moͦnsche vor dem, daz er geschaffen wart, kein sùnde hette getan, domit er verschuldet het, daz in gott nùt soͦlte schoͦpfen, dauon so bedoͦrffte des moͦnschen geschoͦpfede keiner gerehtigkeit an dem moͦnschen. Sù bedorffte nuwan luter gnåden gottes, daz der moͦnsche wurde geschoͦpfet. Dauon ist es vnglich: des moͦnschen geschoͦpfede vnd sin erloͦsunge. Das spricht sanctus Augustinus: »Der den moͦnschen hat geschaffen åne den moͦnschen, der hat den moͦnschen nùt erloͦset åne den moͦnschen.«[384]

A. Dis ist zů måle merklich vnd mynnenklich. Doch wuste ich gerne, ob du kein ander *[96va]* sache koͦndest gesagen, warumb gott nùt den moͦnschen åne den moͦnschen hät erloͦset.

---

382 *Vgl. IPD Z. 573:* do fant weisheit den funt, daz got got gebar. *(»Da fand die Weisheit den Fund, dass Gott Gott gebar.«)*

383 *Anselmus Cantuariensis, CDH II, c. 6; Bd. II, S. 101,15–19:* Si ergo, sicut constat, necesse est ut de hominibus perficiatur illa superna civitas, nec hoc esse valet, nisi fiat praedicta satisfactio, quam nec potest facere nisi deus nec debet nisi homo: necesse est ut eam faciat deus-homo. *(Übers. Schmitt, S. 97–99: »Wenn also, wie es feststeht, notwendig ist, dass aus den Menschen jene erwähnte Genugtuung erfolgt, die einerseits nur Gott leisten kann und andererseits nur der Mensch leisten darf: so ist es notwendig, dass sie ein Gott-Mensch leiste.«)*

384 *Augustinus, Sermo 169, c. 11; PL Bd. XXXVIII, S. 923,17–18:* Qui ergo fecit te sine te, non te iustificat sine te. *(»Der dich also gemacht hat ohne dich, rechtfertigt dich nicht ohne dich.«)*

B. Da es nun so ist, wie ich gesprochen habe, und du verstanden hast, dass es der Gerechtigkeit geziemt, dass der erstattet, der die Schuld verursacht hat, darum muss der Mensch die Schuld vergelten, da er die Schuld verursacht hat. Da aber der Mensch nicht das hat, was er vergelten könnte, darum muss Gott für den Menschen geben, was der Mensch nicht hat.

A. Ach, ewige Weisheit und Gerechtigkeit und Barmherzigkeit Gottes! Wie leuchtet in dem Werk der Liebe so hohe und tiefe Weisheit! Da der Mensch erstatten sollte, was er nicht hatte, darum hast du den weisen Fund gefunden, dass Gott Mensch wurde, damit der Mensch das gewinnen könnte, mit dem er die Schuld erstatten kann. So zeigt sich Gerechtigkeit, denn der musste erstatten, der die Schuld verursacht hat. Hier zeigt sich auch die Barmherzigkeit, da dem Menschen aus Gnade das gegeben wurde, womit er erstattet hat, indem Gott Mensch wurde.

B. Da dir ein Licht der Wahrheit geleuchtet hat, sodass du die göttliche Tugend in ihrem Werk gesehen hast, so schau noch weiter in das Werk der hohen Liebe, damit sich kein Zweifel in den Winkeln deiner Finsternis verbergen kann.

A. Seit du mich ermahnt hast, ist in mir eine Frage entstanden.

B. Was ist das?

A. Warum Gott die Sünde des Menschen nicht ohne den Menschen und ohne seine Werke gebüßt hat, wie er den Menschen ohne die Werke und ohne die Hilfe des Menschen geschaffen hat.

B. Ich habe dir doch jetzt einen Grund genannt! Da der Mensch die Schuld verursacht hat, darum war es für die Gerechtigkeit geziemend, dass der Mensch auch vergelte. Da nun der Mensch, bevor er geschaffen wurde, keine Sünde begangen hatte, mit der er verschuldet hätte, dass ihn Gott nicht hätte schaffen sollen, darum brauchte des Menschen Schöpfung keine Gerechtigkeit im Hinblick auf den Menschen. Sie brauchte nur die reine Gnade Gottes, damit der Mensch geschaffen wurde. Darum sind des Menschen Schöpfung und seine Erlösung ganz ungleich. Das spricht Sankt Augustinus: »Der den Menschen ohne den Menschen geschaffen hat, der hat den Menschen nicht ohne den Menschen erlöst.«

A. Das ist ganz verständlich und liebenswert. Doch wüsste ich gerne, ob du eine andere Begründung geben könntest, warum Gott den Menschen nicht ohne den Menschen erlöst hat.

B. Ich wene, der sache duncke dich nùt gnůg, die ich han geseit. Dauon frågest du nåch einer andern.

A. Es ist in der wise bose, mit dir reden; wån ich kan dir nùt verhelen, du wellest es råten. Es ist wor, das du hast gewenet.

B. Wauon duncket dich dirre sache nùt gnůg?

A. Do duncket mich, als gott luter gnåde hat getzoͤiget in der geschoͤpfede åne alle gerehtigkeit, also moͤht er han getån in der erloͤsunge des moͤnschen. Wån doch dieselbe gerehtigkeit, die sich in des moͤnschen erloͤsunge erzoiget hät, – wån der moͤnsche hat die schulde golten, die er gemachet hät –, dieselbe gerehtigkeit ist vß luter gnade gottes geflossen; wån åne alle werk vnd åne alles verdienen het gott den moͤnschen gott gemachet.

B. Du bist ein swerer schuͤler einem vnwisen meister. Du tringest alz nåhe vnd tieffe mit dinen worten, geͣbe es gott von sunder gnåde nùt, ich moͤhte verstum[96vb]men.

A. Der e gab, der muͤsse aber geben dir das selbe. Gib ǒch du, daz dir ist gegeben vß goͤttlicher mynne!

B. Sÿd dich die erst sache nùt hät zů růwen braht, so sag ich dir ein ander, vnd weliche dir dåͤn baß gewalle, die hab oder hab sù bede byeinander!

A. Zweÿn ding sint besser denn eins. Du tůst nåch minem willen.

B. Ich sprach vor, daz der gerehtigkeit getzeͣme, das fùr die schulde wùrde gegeben, daz dem herren were zimlich zů nemmen.

A. Daz hät ich da wol gemerket.

B. Nu sage: Hette gott fùr den moͤnschen sin schulde vergolten, waz moͤhte denn gott imselber han gegeben, das gotte mùgelich were zů gebende vnd gott erlich vnd zimlich were zů nemmen?

A. Ich weiß ein wort nùt darzů ze sprechen, ich wolte denn sprechen, das gott die sùnde soͤlte varen han gelåssen vnd golten. Des håst du mich bewiset in dem andern capitel, daz das vnmùglich was vnd vnbillich. Dauon kan ich nùt gesagen.

B. Bedencke dich vnd sage etwaz!

A. Waz sol ich gedencken? Waz moͤhte gott gotte geben, [97ra] daz vor gottes nùt enwas? Gezimmet gotte, von im zů geben, also das es nÿmme sie in sinem gewalte, dauon kan ich nùt gedencken, muͤste die schulde vergolten werden, wie gott imselber des moͤnschen schulde moͤht han vergolten.

B. Syd das es dir ist als vnbekant, wie gott one den moͤnschen des moͤnschen schulde moͤhte han vergolten, dauon so sůch einen andern weg, das die schulde werde vergolten!

A. Der weg ist funden von gotts gnåden; wån gott vnd moͤnsche hant die schulde vergolten; wauon es aber gott åne den moͤnschen nùt enteͣt, das sůch ich.

B. Ich vermute, die Begründung, die ich vorgetragen habe, dünkt dich nicht genug. Darum fragst du nach einer anderen.

A. In dieser Weise ist es schlecht, mit dir zu reden; denn ich kann dir nichts verbergen, du würdest es erraten. Es ist wahr, was du vermutet hast.

B. Warum findest du diese Begründung nicht genug?

A. Weil mir scheint, wie Gott reine Gnade in der Schöpfung ohne alle Gerechtigkeit gezeigt hat, so hätte er auch in der Erlösung des Menschen handeln können. Denn da doch dieselbe Gerechtigkeit, die sich in der Erlösung des Menschen gezeigt hat – da der Mensch die Schuld vergolten hat, die er verursacht hat –, dieselbe Gerechtigkeit ist aus reiner Gnade Gottes geflossen, denn ohne alle Werke und ohne alles Verdienen hat Gott den Menschen <Christus> zu Gott gemacht.

B. Du bist für einen unklugen Meister ein schwerer Schüler. Du dringst mit deinen Worten so eng und tief ein, gäbe es Gott mir nicht mit einer besonderen Gnade, könnte ich verstummen.

A. Der vorher gegeben hat, der muss dir wieder dasselbe geben. Gib auch du, was dir aus göttlicher Liebe gegeben wurde!

B. Nachdem dich die erste Begründung nicht zur Ruhe gebracht hat, so sage ich dir eine zweite, und welche dir davon besser gefällt, die behalte oder behalte sie beide miteinander!

A. Zwei Sachen sind besser als eine. Du handelst nach meinem Willen.

B. Ich habe vorher gesagt, dass es für die Gerechtigkeit ziemlich war, dass für die Schuld gegeben würde, was dem Herrn zu nehmen geziemend wäre.

A. Das hatte ich damals gut verstanden.

B. Nun sage: Hätte Gott für den Menschen die Schuld erstattet, was könnte denn Gott sich selbst gegeben haben, das Gott zu geben möglich wäre und Gott der Ehre wert und ziemlich zu empfangen wäre?

A. Ich weiß dazu kein Wort zu sagen, außer ich wollte sagen, dass Gott die Sünde hätte fahren lassen und vergolten haben sollen; aber du hast mir im zweiten Kapitel bewiesen, dass das unmöglich war und unangemessen. Darum kann ich nichts sagen.

B. Denk nach und sage etwas!

A. Was soll ich nachdenken? Was könnte Gott Gott geben, das nicht zuvor schon Gott gehört hätte? Wenn das Gott geziemt, von sich selbst etwas herzugeben, sodass es nicht mehr in seiner Macht steht, so kann ich nichts erdenken, durch das die Schuld erstattet werden müsste, obwohl Gott sich selber des Menschen Schuld hätte vergelten können.

B. Da es dir unbekannt ist, wie Gott ohne den Menschen die Schuld des Menschen hätte vergelten können, darum suche einen anderen Weg, wie die Schuld vergolten wird!

A. Der Weg ist aus Gottes Gnade gefunden; denn Gott und Mensch haben die Schuld vergolten; warum es aber Gott nicht ohne den Menschen getan hat, das suche ich.

B. Håst du nùt gemerket, daz es gott nùt enmoͤhte?

A. Es duncket mich wol. Ich getoͤrste sin aber nùt gesprechen.

B. Du kondest doch keinen weg gedencken, waz gott gotte gebe, das gotte mùgelich were zů geben vnd gotte zimmelich were zů nemmen.

A. Es ist wor. Nu sage, was ist gotte mùgelich vnd zimelich zů nemmen. Daby wurd ich villihte merken, ob es gotte mùgeliche *[97rb]* sie zů geben.

B. Gotte ist zÿmlich ze nemmen ein opfer fùr die schulde.

A. Daz verstån ich also: Als gott in der sùnde ist beroubet siner ere, also wurt er in opfer geeret.

B. Du håst es reht verstanden. Nu sage, wie sol das opfer sin, domit gott wurt geeret?

A. Mich duncket, es soͤlle sin ein opfer der gerehtigkeit.

B. Was heissest du ein opfer der gerehtigkeit?

A. Das ist das opfer der gerehten mynnen. Wån du hast mich bewiset in dem ersten bůche, das die gerehtigkeit des willen alleÿne lobelich ist.

B. Wie sol sich die mynne gotte ergeben zů einem opfer, das es gotte zÿmlich vnd erlich sie zů empfahende?

A. Mich duncket, daz das opfer einer gerehten mynne gott zÿmelich empfåhet, wenn sich der wille gotte vndertaͤnig machet in einer gehorsamÿ in der wise, als er in der sùnde vngehoͤrsam was gotte in sinem gebotte.

B. åne zwifel, du hast reht. Daz opfer gerehter mynne ist gehorsamer wille gotte zů *[97va]* lobe vnd zů ere, als der moͤnsche mit sim eigenen willen in vngehorsami gott heͤt enteret. Nu sage fùrbas: waran soͤlte die *gehorsami* getzoͤiget werden?

A. Das weiß ich anders nùt, dann in ettlicher gerehtigkeit, in der der wille als vestigliche solte stån vnd bliben, daz in der steti des willen getzoͤiget wùrde, daz der wille die gerehtigkeit me minnete daͤn sich selber.

B. Das ist wår; daͤn der moͤnsche dauon das goͤttliche gebott v̀berging, wån er sich selber me mynnete daͤn gott. Also sol das opfer fùr die sùnde bewisen me mynne gottes dann sinselbes. Nu lůge, wie die mynne moͤge bewiset werden.

A. Das mag ich anders nùt gemerken, dann das ein moͤnsche als steͣtiglichen mynnte die gerehtigkeit, daz er vmb die gerehtigkeit stùrbe.

B. Das ist wor; wån in dem als er williglich vmb die gerehtigkeit stùrbe gotte zů lobe vnd zů ere, do zoͤigte er, das er gott me mynnete dan sinselbes leben. Daz *[97vb]* ist das opfer, das gott erlich zů nemmen ist. Nu lůge vnd sůche, ob gott das opfer mùgelich zů gebende sie åne den moͤnschen.

A. Wie soͤlt ich das finden in gotte alleyne? Ich vinde wol in gott ein gerehte mynne sinselbes; ich vinde aber nùt, wie die mynne in gehoͤrsamÿ sich moͤge geben irselber; wån nÿeman mag imselber gehoͤrsam sin, eigenlich zů redende. Ich vinde wol in gotte den allerhoͤhsten willen vnd mynne sinselbes; ich kan aber vinden nùt, das er iht lieber moͤge haben dann sichselber. Nu můß

158 gehorsami] vngehorsami

B. Hast du nicht gemerkt, dass es Gott nicht konnte?

A. Es scheint mir wohl so. Ich traute mich aber nicht, es auszusprechen.

B. Du konntest doch keinen Weg erdenken, was Gott Gott geben könnte, was Gott zu geben möglich und Gott anzunehmen ziemlich wäre.

A. Es ist wahr. Nun sage, was ist Gott möglich und ziemlich anzunehmen. Dabei werde ich vielleicht merken, ob es Gott zu geben möglich ist.

B. Gott geziemt es, ein Opfer für die Schuld anzunehmen.

A. Das verstehe ich so: Wie Gott in der Sünde seine Ehre geraubt worden ist, so wird er in einem Opfer geehrt.

B. Du hast es richtig verstanden. Nun sage, wie soll das Opfer sein, mit dem Gott geehrt wird?

A. Mir scheint, es sollte ein Opfer der Gerechtigkeit sein.

B. Was nennst du ein Opfer der Gerechtigkeit?

A. Das ist das Opfer der gerechten Liebe. Denn du hast mich im ersten Buch unterrichtet, dass die Gerechtigkeit des Willens allein lobenswert ist.

B. Wie soll sich die Liebe Gott zum Opfer ergeben, dass es zu empfangen Gott geziemend und der Ehre wert ist?

A. Mir scheint, dass Gott das Opfer einer gerechten Liebe geziemend empfängt, wenn sich der Wille Gott in Gehorsam untertan macht in der Weise, wie er in der Sünde Gott in seinem Gebot ungehorsam war.

B. Ohne Zweifel, du hast recht. Das Opfer gerechter Liebe ist gehorsamer Wille Gott zum Lob und zur Ehre, wie der Mensch mit seinem Eigenwillen Gott im Ungehorsam entehrt hat. Nun sage weiter: Woran sollte der Gehorsam gezeigt werden?

A. Ich weiß dazu nichts anderes als in irgendeiner Gerechtigkeit, in der der Wille so fest stehen und bleiben sollte, dass in der Beständigkeit des Willens gezeigt würde, dass der Wille die Gerechtigkeit mehr liebt als sich selbst.

B. Das ist wahr, da der Mensch darum das göttliche Gebot übertrat, weil er sich mehr liebte als Gott. So soll das Opfer für die Sünde mehr Liebe zu Gott zeigen als zu sich selbst. Nun schau, wie diese Liebe bewiesen werden könnte.

A. Das kann ich nicht anders verstehen, als dass ein Mensch so beharrlich die Gerechtigkeit liebt, dass er wegen der Gerechtigkeit stirbt.

B. Das ist wahr; denn, indem er freiwillig wegen der Gerechtigkeit Gott zum Lob und zur Ehre stirbt, damit würde er zeigen, dass er Gott mehr liebt als sein eigenes Leben. Das ist das Opfer, das anzunehmen Gott ehrenwert ist. Nun schau und suche, ob es Gott möglich ist, das Opfer ohne den Menschen zu bringen.

A. Wie soll ich das in Gott allein herausfinden? Ich finde wohl in Gott eine gerechte Liebe seiner selbst; ich finde aber nicht, wie die Liebe in Gehorsam sich ihr selbst geben könnte, da niemand sich selbst in eigentlichem Sinn gehorsam sein kann. Ich finde wohl in Gott den allerhöchsten Willen und die Liebe seiner selbst; ich kann aber nicht finden, dass er etwas lieber haben könnte als

der wille, der gott ein opfer sol fùr die sùnde sin, groͤsser sin gegen gotte dån gegen imselber. Dauon kan ich nùt vinden, wie gotte mùgelich sie das opfer fùr die sùnde zů geben åne den moͤnschen.

B. Syd das du dann sihest, das gott kein ander gelt fùr die sùnde zimelich zů nemmende ist dån das opfer der gerehten mynne, die also getzoͤiget wurt, das sù gott me dan sichselber mynne vnd daz daz opfer åne den moͤnschen gott *[98ra]* nùt geleisten mag, wån er sich in gehorsamÿ nieman geben mag noch sterben mag – daz sterben ein zeichen ist der gehoͤrsamy gottes –, daruß so beslùß dise rede vnd sih, das gott oͤne den moͤnschen moͤnschlich heil nùt moͤhte vollebringen. Wån als der moͤnsche nùt moht åne gott vergelten, also het ouch gott nùt åne den moͤnschen das zů dem gelte gehoͤret, nåch dem, als es gotte getzam zů nemmde vnd siner goͤttlichen ere.

A. Mir geschiht als den lùten zů dem nùwen wine. Wån wenn der nuwe win kommet, so ahtet man des virnen deste minre, wie gůt er ioch gewesen ist. Die erste sach, die du gebe von dirre worheit, das gott vnd moͤnsche můsten des moͤnschen schulde gelten, die waz gůt in der worheit vnd als gůt, daz ich mich domit wol solte han låssen benůgen. Syd aber ich die ander sache han verstanden, die geuållet mir als wol, daz mir der gelust der ersten sach nåh vergangen ist.

B. Die virnen wine sint by den nuwen gůt. Sù sint luterer dann die nùwen; aber die nuwen die sint stårker. Also *[98rb]* ist die erste sache etwaz bekantlicher, aber die ander sache ist vester vnd stårker in der worheit. Dauon hab das luter by dem starcken!

A. Ich lobe des herbstes genuhtsamkeit vnd ouch des meygen wunne. Das ich den herbst lobe, domit schilte ich nùt den meÿgen; wån hette der meÿge sich nùt geoͤiget wol in der blůst, des herbstes genuht můste sin deste krångker. Also han ich billich zů loben die slehten vnd tieffen worheit. Wån were die slehte nùt der worheit, das ouge der bekantnisse wùrde nùt gefuret zů der tieffi.

B. Nu frage me, ob du wilt, daz wir disem capitel machent ein ende.

A. Ich frågte gerne, so enweiß ich waz, dann daz mich duncket nåch dirre rede, wie der engel val nùt moͤge widerbraht werden als wol als des moͤnschen, wolte ioch gott darzů tůn sine gůti.

B. Du solt nùt sprechen: Wolte gott tůn sine gůti; wån gott wil allewegen tůn nåch siner gůti, wo sine gůti mit sinen eren mag getei*[98va]*let werden, vnd dauon so kumet es von keinem vnwillen gottes, das er die verfallen engel nùt widerbringet als den moͤnschen.

A. Kumet es dann von groͤssi der sùnde, daz die engel also groͤßlich wider den moͤnschen hant gesùndet?

B. Neÿn, daz wene ich nùt. Wån des moͤnschen sùnd als groß ist, das sù nùt vergelten mag alles, das vnder gott ist, soͤlte dånn groͤssi der sùnde irren den weg der seligkeit, so were ein ieglich sùnde zů groß.

sich selbst. Nun muss der Wille, der Gott ein Opfer für die Sünde sein soll, größer sein gegen Gott als gegen sich selbst. Darum kann ich nicht finden, wie es Gott möglich ist, ohne den Menschen das Opfer für die Sünde zu bringen.

B. Nachdem du also siehst, dass für Gott kein anderes Entgelt anzunehmen geziemend ist als das Opfer der gerechten Liebe, die so gezeigt wird, dass sie Gott mehr als sich selbst liebt und dass Gott das Opfer ohne den Menschen nicht leisten kann, da er sich in Gehorsam niemand geben kann noch sterben kann – das Sterben ist ein Zeichen des Gehorsams gegen Gott –, darum beschließ diese Rede und sieh, dass Gott ohne den Menschen menschliches Heil nicht vollenden könnte. Denn wie der Mensch nicht ohne Gott erstatten konnte, so hat auch Gott nichts ohne den Menschen, das zum Entgelt gehört, in der Weise, wie es Gott und seiner göttlichen Ehre zu empfangen geziemte.

A. Mir geschieht es wie den Menschen mit dem neuen Wein. Denn wenn der neue Wein kommt, schätzt man den alten umso weniger, wie gut er auch gewesen ist. Die erste Begründung, die du von dieser Wahrheit gegeben hast, dass Gott und Mensch des Menschen Schuld vergelten mussten, die war in Wahrheit gut und so gut, dass ich's mir damit hätte genug sein lassen sollen. Nachdem ich aber diese zweite Begründung verstanden habe, gefällt sie mir ebenso gut, dass mir die Lust an der ersten Begründung beinahe vergangen ist.

B. Die alten Weine sind neben den neuen gut. Sie sind reiner als die neuen, aber die neuen sind stärker. So ist die erste Begründung etwas bekannter, aber die zweite Begründung ist fester und stärker in der Wahrheit. Darum behalte das Reine neben dem Starken!

A. Ich lobe des Herbstes Überfluss und auch die Wonne des Mai. Dass ich den Herbst lobe, damit schmähe ich nicht den Mai; denn hätte der Mai sich nicht in der vollen Blüte gezeigt, müsste des Herbstes Reichtum umso schwächer sein. So habe ich angemessen die einfachen und die tiefen Wahrheiten zu loben. Denn wären die einfachen Wahrheiten nicht, würde das Auge der Erkenntnis nicht in die Tiefe geführt.

B. Nun frage weiter, wenn du willst, dass wir diesem Kapitel ein Ende machen.

A. Ich fragte gerne, aber ich weiß nicht was, außer dass mir nach dieser Rede scheint, warum der Fall der Engel nicht wiedergutgemacht werden könnte wie des Menschen Fall, falls Gott dazu seine Güte geben wollte.

B. Du sollst nicht sagen: Wollte Gott seine Güte dazu geben; denn Gott will immerzu seiner Güte entsprechend handeln, wo seine Güte mit seiner Ehre geteilt werden kann, und darum kommt es von keinem Unwillen Gottes, dass er die gefallenen Engel nicht wiedergutmacht wie den Menschen.

A. Kommt es dann von der Größe der Sünde, dass die Engel so schwer im Vergleich mit dem Menschen gesündigt haben?

B. Nein, das meine ich nicht. Denn des Menschen Sünden sind so, dass alles sie nicht wiedergutmachen kann, was unter Gott ist, sollte dann die Größe der Sünde den Weg zur Seligkeit hindern, so wäre jegliche Sünde zu groß.

A. Blibet es nu nùt an der guͤti gottes, daz die boͤsen engel nùt behalten werdent, vnd ist ouch nùt von groͤssi irre sùnde, waz ist dann die sache, das sù nùt erloͤset werdent von iren sùnden als der moͤnsche von den sinen?

B. Du spreche doch, du merktest es an minem worte.

A. Es ist wor. Es duhte mich, aber es ist mir vergangen, daz ich dauon eigenlich nùt gedenken kan, des ich do heͤt ein weͤnen.

B. So wil ich dich manen daran. Ich sprach: Gott heͤt nùt zů geben åne den moͤnschen, daz gotte getzeͤm ze nemen fùr die sùnde; er hät es aber von der moͤnscheit, die er an *[98vb]* sich hät genommen. Nu lůg, ob gott mit dem engel moͤhte han, das er erlich solte nemen fùr der engel sùnde.

A. Du meynest, als wening gott hät åne den moͤnschen, daz zů dem opfer gehoͤret, daz gotte getzimet zenemen fùr des moͤnschen sùnde, also wenig hat gott, daz zů opfer gehoͤrt fùr der engel sùnde åne den engel?

B. Das meÿne ich vnd meÿne dennoch me, das du sehest: Als der moͤnsche in siner nature hät, daz zů dem opfer gehoͤrt, das gott getzymet, ob der engel ouch habe in siner nature, daz zů dem opfer gehoͤrt fùr sin sùnde?

A. Jå, daz duncket mich. Wån als die moͤnscheit, die gott an sich hät genommen ein wirdig opfer ist, also nemme gott einen engel an sich, der engel moͤht ein opfer sin fùr aller engel sùnde.

B. Beråte dich baß! Gedencke, wie der moͤnsche goͤttliche mynne groͤsser erzoͤigen mag, dånn die mynne sinselbes mit sinem tode!

A. We, min grosse schulde, daz ich als vnbetrahtet geantwirtet han! Ich håt nùt angesehen, daz der engel, wan er an siner nature vntoͤttlich ist, *groͤsser* *[99ra]* mynne dånn sinselbes gotte nùt moͤhte zů lobe vnd zů eren erzoͤigen, das die moͤnscheit mag, wån sù mag vmb die worheit sterben. Håt ich das angesehen, ich heͤtti nùt gesprochen, das der engel moͤht ein opfer sin fùr der engel sùnde als der moͤnsche fùr der moͤnschen sùnde.

B. Sid daz du nu gesehen hast, das es die nature der engel mangelt, daz sù nùt mag sin ein opfer fùr die sùnde, so zih es goͤttliche guͤti nùt noch groͤssi ire sùnde. Wån kein sùnde ist gegen der gnåde zů groß, sù moͤhte gebuͤsset werden. Vnd dauon so ist nyeman schuldig daran, das sù nùt werdent erloͤset dann der adel ir eigen nature.

A. Der nu frågte, warumb gott ire nature also geschaffen hat, daz sù nùt ein opfer moͤhte sin fùr ire schulde als wol als moͤnschliche nature, was soͤlte man darzů antwùrten?

B. Den soͤlte man wider frågen, warvmb gott geschaffen hat ein nature, die sùnden mag, vnd eine, die nùt sùnden mag. Also sol man etwenn ein v̀ppige *[99rb]* fråge mit einer andern v̀ppigen frage vertriben.

A. Sù dunket mich nùt v̀ppig, noch dine frage die ist v̀ppig; wån in dem das du fragest, warumb gott habe geschåffen ein nature, die nùt sùnden mag,

240 groͤsser *doppelt*

A. Bleibt es nun nicht bei der Güte Gottes, dass die bösen Engel nicht gerettet werden, und ist es auch nicht aufgrund der Größe ihrer Sünde, was ist dann der Grund, dass sie nicht von ihren Sünden erlöst werden wie der Mensch von seinen?

B. Du sagtest doch, du verstündest es durch mein Wort.

A. Es ist wahr. Es schien mir so, aber es ist mir vergangen, sodass ich nicht eigentlich darüber denken kann, von dem ich eine Ahnung hatte.

B. So will ich dich daran erinnern. Ich sprach: Gott hätte ohne den Menschen nichts zu geben, was Gott für die Sünde zu empfangen geziemen würde; er hat es aber aufgrund der Menschheit, die er angenommen hat. Jetzt schau, ob Gott mit dem Engel hätte tun können, was er ehrenwert für die Sünde der Engel hätte annehmen können.

A. Du meinst, so wenig Gott ohne den Menschen etwas hat, das zu dem Opfer gehört, das Gott für des Menschen Sünde anzunehmen ziemt, so wenig hat Gott, was als Opfer für die Sünde der Engel ohne den Engel geeignet ist?

B. Das meine ich und meine dennoch mehr, damit du siehst: Wie der Mensch in seiner Natur hat, was als Opfer, das Gott geziemt, geeignet ist –, hat der Engel auch in seiner Natur, was sich als Opfer für die Sünde eignet?

A. Ja, das dünket mich so. Denn wie die Menschheit, die Gott angenommen hat, ein würdiges Opfer ist, so nähme Gott einen Engel an, der Engel könnte ein Opfer für die Sünde aller Engel sein.

B. Denke besser nach! Bedenke, dass der Mensch mit seinem Tod die göttliche Liebe als größer beweisen kann als die Liebe seiner selbst!

A. O weh, meine große Schuld, dass ich so unbedacht geantwortet habe! Ich hatte nicht angesehen, dass der Engel, da er in seiner Natur unsterblich ist, Gott zum Lob und zur Ehre keine größere Liebe als seine Selbstliebe erweisen konnte; das aber kann die Menschheit, da sie um der Wahrheit willen sterben kann. Hätte ich das angesehen, ich hätte nicht gesagt, dass der Engel ein Opfer sein könnte für die Sünde der Engel wie der Mensch für die Sünde der Menschen.

B. Da du nun gesehen hast, dass es der Natur der Engel fehlt, sodass sie nicht ein Opfer für die Sünde sein kann, so beschuldige nicht die göttliche Güte noch die Größe ihrer Sünde. Denn keine Sünde ist für die Gnade zu groß, sie könnte doch gebessert werden. Und darum ist niemand schuld daran, dass sie nicht erlöst werden außer der Adel ihrer eigenen Natur.

A. Wenn nun einer fragte, warum Gott ihre Natur so geschaffen hat, dass sie nicht ein Opfer sein könnten für ihre Schuld so wie die Natur des Menschen, was sollte man darauf antworten?

B. Den sollte man zurückfragen, warum Gott eine Natur geschaffen hat, die sündigen kann, und eine, die nicht sündigen kann. So soll man manchmal eine eitle Frage mit einer anderen eitlen Frage vertreiben.

A. Die Frage dünkt mich nicht eitel, auch deine Frage ist nicht eitel; denn, indem du fragst, warum Gott eine Natur geschaffen hat, die nicht sündigen

vnd eine, die sùnden mag, wån in dem wùrd ich vßgerihtet der ersten fråge. Wån die nature, die sùnden mag, die ist nùt boͤse, sù ist dennoch besser dann die nature, die nùt sùnden mag. Also ist die nature nùt boͤse, die sùnden mag vnd nùt rùwen.

B. Du hast wor. Wån der engel nature, die sùnden mag vnd nùt bůssen, die ist besser dann moͤnschliche nature, die sùnden mag vnd bůssen. Vnd darumb bedarff der engel gott nùt zihen noch *verwisen*, daz er in nùt anders geschůff, also daz er sine sùnde moͤhte geruwen vnd gebůssen, als wenig der moͤnsche gott *verwisen* mag, daz er in nùt geschůff, daz er nùt moͤhte sùnden. Wån wie der moͤnsche sùnden mag, dennoch ist er besser dånn ein steyn oder ein vihe. Er wolt *[99va]* ouch sin weder steÿn noch holtz lieber dånn ein moͤnsche. Sih, daz der himel hät ein art, die besser ist dan *des* moͤnschen; wån der hymel ist ewig vnd der moͤnsche ist toͤttlich. Nu ist ewigkeit besser dann vnsteͤ̂ti der zijt. Sih herwidervmb, daz der moͤnsche ouch bessers hät dånn der hÿmel; vnd nùt alleÿne der moͤnsche. Ich meÿne ioch daz mynneste tÿer, das lebet, als ein mus. Wån die muß hat daz leben, das besser ist dann ewigkeit des himels.

A. Das ist wor. Wer wolt nu lieber leben in der zijt vnd nåch der zijt sterben, dann das er wolte sin eyn ewiger steÿn?

B. Also sih es an! Der engel nature, die gůt ist, die hät ewigkeit in worheit vnd in sùnde; vnd daz ist ein gůt art der nature. Der moͤnsche heͤt wandelunge in dem gůten vnd in dem boͤsen, vnd daz ist ein gůte art, vnd sunderlichen, daz er sich mag keren von dem boͤsen. Dauon weder engel noch moͤnsche bedarff von siner nature gott nùt *verwisen*; wån er sù gůt hät gemachet, *[99vb]* dem engel nåch ewigkeit vnd dem moͤnschen nach der wandelunge.

A. We, ewige wißheit! Wå bist du gewesen minem hertzen so lange verborgen! Ich han dine gůti dicke beweͤ̊net vnd getzigen, warumb du die ding also mit den gebresten hettest gemachet. Daz meynet, herre, daz die sunne dins liehtes nùt vffgangen waz in minem hertzen. Es waz zů frůge, da ich dich sůchte in dinen werken, oder villiht ich sůchte dich in einem troͮme. Wån ich in der worheit noch nÿe von dem bette der naht waz vffgestanden. Dauon gib abläs minen sùnden, wan ich vrteil vnwissende han getån, vnd gib daz licht, daz mich erlùhte, daz ich von der naht ùt me werde begriffen.

B. Leg wol an das lieht, das du hast, vntz das der tag wol erschÿne. Wån vor der lichten sunnen gåt daz morgen råt, daz ist scham der vnuerstandenheit gemùschet mit mynne der wißheit. Amen.

B.

264 verwisen] verwissen ***266*** verwisen] verwissen ***269*** des] das ***280*** verwisen] verwissen

kann, und eine, die sündigen kann, denn darin würde mir die erste Frage richtiggestellt. Denn die Natur, die sündigen kann, ist nicht böse, sie ist dennoch besser als die Natur, die nicht sündigen kann. Ebenso ist die Natur nicht böse, die sündigen und nicht bereuen kann.

B. Du hast recht. Denn die Natur der Engel, die sündigen und nicht wiedergutmachen kann, ist besser als die menschliche Natur, die sündigen und büßen kann. Und darum braucht der Engel Gott nicht anzuklagen und vorzuwerfen, dass er ihn nicht anders geschaffen hat, sodass er seine Sünde hätte bereuen und büßen können, so wenig wie der Mensch Gott vorwerfen kann, dass er ihn nicht geschaffen hat, sodass er nicht sündigen könnte. Denn obwohl der Mensch sündigen kann, ist er dennoch besser als ein Stein oder ein Tier. Er wollte auch nicht lieber Stein oder Holz sein als ein Mensch. Sieh, dass der Himmel eine Art hat, die besser ist als des Menschen Art; denn der Himmel ist ewig und der Mensch sterblich. Nun ist Ewigkeit besser als Unstetigkeit der Zeit. Sieh wiederum, dass der Mensch auch Besseres hat als der Himmel; und nicht allein der Mensch. Ich meine auch das geringste Tier, das lebt, zum Beispiel eine Maus. Denn die Maus hat das Leben, das besser ist als die Ewigkeit des Himmels.

A. Das ist wahr. Wer wollte nun lieber in der Zeit leben und nach der Zeit sterben, als dass er ein ewiger Stein sein wollte?

B. So sieh es an! Der Engel Natur, die gut ist, hat Ewigkeit in Wahrheit und in Sünde; und das ist eine gute Art der Natur. Der Mensch hat Veränderung im Guten und im Bösen, und das ist eine gute Art, und besonders, dass er sich von dem Bösen abwenden kann. Darum braucht weder der Engel noch der Mensch aufgrund seiner Natur Gott etwas vorzuwerfen, da er sie gut gemacht hat, den Engel mit Ewigkeit und den Menschen mit Veränderung.

A. Weh, ewige Weisheit! Wo bist du in meinem Herzen so lange verborgen gewesen! Ich habe deine Güte oft beargwöhnt und beschuldigt, warum du die Dinge so mit den Gebrechen gemacht hast. Das bedeutet, Herr, dass die Sonne deines Lichtes in meinem Herzen nicht aufgegangen war. Es war zu früh, da ich dich in deinen Werken suchte, oder vielleicht suchte ich dich in einem Traum. Da ich in Wahrheit noch nicht von dem Bett der Nacht aufgestanden war, darum gib meinen Sünden Nachlass, da ich unwissend geurteilt habe, und gib das Licht, das mich erleuchtet, damit ich von der Nacht nicht mehr festgehalten werde.

B. Lege nur das Licht an, das du hast, bis der Tag erscheint. Denn der hellen Sonne geht das Morgenrot voraus, das ist die Scham des Unverständnisses gemischt mit Liebe zur Weisheit. Amen.

B.

Das sibende capitel *[100ra]*
Gott vnd mͦnsche můsten werden ein person, das sù des mͦnschen schulde mͦhtent vergelten.

A. Ich gloube das wort, das du gesprochen hast, mit mynne mins hertzen. Ich wolt aber gerne verstån, daz ich sihe mit den ougen des glouben. Dauon so betùte mir das mͤssen!

B. Dich wundert, das ich in dis wort han geleit ein mͤssen, vnd daz tett ich mit willen, dir zů einem wunder.

A. Es ist wor. Wån ob gott vnd der mͦnsche mit enander hettent vergolten die schulde des mͦnschen, das duhte mich kein wunder, also das sù nùt werent vereÿnet oder aber das sù nùt werent worden ein person; wån sù mͦhtent sin vereynet als ein frùnd mit dem andern, vnd in der einigkeit mͦhtent sù die schulde han vergolten. Daz dunket mich.

B. So duncket dich vnreht. Wån du solt wissen, daz åne ein vereynunge die schulde nùt mͦht sin vergolten, vnd die eynunge gottes vnd des mͦnschen *[100rb]* mͦht anders nùt geschehen dån in einunge der persone.

A. Wån ich das gerne verstůnde, so sage, warumb es åne eÿnunge nùt mͦhte geschehen!

B. Daz merke. Were gott bliben vnvereÿnet, was denn gott hͤt getån, daz waz er nùt schuldig, wån er nùt mͦnsche waz, vnd waz der mͦnsche hät getån, daz waz nùt gnůg, wån er nùt gott waz. Dauon so were die schulde weder von gotte noch von dem mͦnschen vergolten noch von in beden noch der wille voller gerehtigkeit;[385] die gerehtigkeit daran lit, daz der die schulde bͤsse, der die schulde hät gemachet.

A. Ich han in dem vordern capitel wol gemerket, daz weder der mͦnsche noch gott sunderlichen die schulde mͦht vergelten. Warumb sù aber bede mit enander die schulde nùt mͦgen vergelten vnuereynet alz wol als vereynet, daz kan ich nùt wol gemerken.

---

385 *Anselmus Cantuariensis, CDH II, c. 7; Bd. II, S. 102,11–17:* Si autem ita quolibet modo coniungi dicuntur hae duae naturae integrae, ut tamen alius sit homo, alius deus, et non idem sit deus qui et homo: impossibile est, ut ambo faciant quod fieri necesse est. Nam deus non faciet, quia non debebit; et homo non faciet, quia non poterit. Ut ergo hoc faciat deus-homo, necesse est eundem ipsum esse perfectum deum et perfectum hominem, qui hanc satisfactionem facturus est; quoniam eam facere nec potest nisi verus deus, nec debet nisi verus homo. *(Übers. Schmitt, S. 99: »Wenn man aber sagt, diese zwei unversehrten Naturen würden auf irgendeine beliebige Art so vereinigt, dass jedoch ein anderer Mensch wäre und ein anderer Gott, und nicht derselbe Gott wäre, der auch Mensch ist: so wäre unmöglich, dass beide das leisten, was geleistet werden muss. Denn Gott wird es nicht leisten, weil er es nicht schuldet, und der Mensch wird es nicht leisten, weil er es nicht kann. Damit das also ein Gott-Mensch leiste, ist es notwendig, dass ein und derselbe, der die Genugtuung leisten soll, vollkommener Gott und vollkommener Mensch sei; denn sie kann nur ein wahrer Gott und darf nur ein wahrer Mensch leisten.«)*

Das siebte Kapitel
Gott und Mensch mussten eine Person werden, um des Menschen Schuld vergelten zu können.

A. Ich glaube das Wort, das du gesprochen hast, mit der Liebe meines Herzens. Ich wollte aber gerne verstehen, was ich mit den Augen des Glaubens sehe. Darum erkläre mir das »Müssen«!

B. Dich wundert, dass ich in diese Ankündigung ein »Müssen« eingefügt habe, und das tat ich mit Absicht, aber dich wundert es.

A. Es ist wahr. Denn dass Gott und der Mensch miteinander die Schuld des Menschen vergolten hätten, das dünkte mich kein Wunder, insofern sie nicht vereint werden oder aber insofern sie nicht eine Person geworden wären; denn sie könnten wie ein Freund mit dem anderen vereint sein, und in dieser Einigkeit könnten sie die Schuld vergolten haben. So scheint es mir.

B. So scheint es dir zu Unrecht. Denn du sollst wissen, dass ohne eine Vereinigung die Schuld nicht vergolten werden könnte, und die Einigung Gottes und des Menschen könnte nicht anders geschehen als in der Einung der Person.

A. Da ich das gerne verstünde, so sage, warum es ohne Einigung nicht geschehen könnte!

B. So gibt acht. Wäre Gott unvereint geblieben, was er dann getan hätte, das schuldete er nicht, da er nicht Mensch war, und was der Mensch getan hätte, das war nicht genug, weil er nicht Gott war. Darum wäre die Schuld weder von Gott noch von dem Menschen vergolten worden noch von ihnen beiden, auch der Wille wäre nicht voller Gerechtigkeit; denn die Gerechtigkeit liegt darin, dass der die Schuld büßt, der die Schuld verursacht hat.

A. Ich habe in dem vorangegangenen Kapitel wohl verstanden, dass weder der Mensch noch Gott für sich allein die Schuld vergelten könnten. Warum sie aber beide miteinander die Schuld nicht vergelten können, unvereint so gut wie vereint, das kann ich nicht verstehen.

B. So sù sint vereÿnet vnd die schulde geltent, so wurt das wor, daz der gùlte, der die schulde sol, wån er moͤnsche ist, vnd daz derselbe giltet, der zů geltend hät *[100va]* vnd mag, wån er gott ist; vnd das ist volle gerehtigkeit. Werent aber sù nùt vereynet, so were daz wor, das der gùlte, der nùt gelten sol, vnd das der gùlte, der nùt gelten mag, vnd daz were nùt die beste wise gottlicher gerehtigkeit.

A. Gelobet siest du, ewige gerehtigkeit, die gott gezwungen hät, das er sich einem moͤnschen můste vereynen! An disem stùcke mynne ich die gerehtigkeit fùr gnåde.

B. Du tůst alz sanctus Gregorius: »O wol dir, selige schulde, die einen soͤllichen loͤser hat erworben.« Ist die schulde selig geheissen vnd gemynnet, die nuwån ein vrsach ist der zůkunfft gottes, so maht du billich loben vnd mynnen die volle gerehtigkeit, die ein sache ist gewesen der goͤttlichen mahelschafft vnd des moͤnschen.

A. Ich merke wol, das sich gott můste mit dem moͤnschen vereÿnen, das die schulde wurde vergolten nåch voller gerehtigkeit. Nu sage: Was die vereynung der mynne nùt gnůg darzů, das sù werent vereÿnet als ein frùnd mit dem andern?

B. Neyn.

A. Warumb?

B. Die eynunge, die in der myn*[100vb]*ne geschihet, die hat nùt die krafft, daz sù einen frùnd mit sinem frùnde also mache, das sù werdent eins in der worheit. Nu můß der einer sin in der worheit, der schuldig ist des geltes vnd der giltet.[386]

A. Nu sprichet man doch, mynne sie ein vereinende krafft. Vereinet sù dån nùt in der worheit die hertzen, die enander mynnent, wie wùrt das wort gesprochen in der worheit: »Der in gotte blibet, der wurt ein geist mit gotte?«

B. Mynne vereinet in der worheit der mynne, daz ist war, vnd vereinet nùt in worheit der nature.

A. Waran lit der vnderscheit der zweÿer?

B. Eÿnunge der mynne machet glich an gedenken vnd in willen. By der glichnisse ståt, das sù zwey sint vnd zwey blibent an der nature, das sù sint. Eynunge der nature ist, so von zweyn dingen ein ding in der nature wurt als von einem *libe* vnd von einer sele wurt ein moͤnsche, der in der worheit ein moͤnsche ist vnd nùt zwey moͤnschen. Vnd dauon das wort, daz sprichet: »Der moͤnsche wurt ein geist mit gotte«, daz sol man verstån nach eynunge der mynne, also *[101ra]* das der moͤnsche wùrt gebildet nåch der worheit, die gott ist, an geden-

62 libe] bilde

386 *Der folgende Abschnitt AFD II, c. 7; fol. 100vb f., Z. 53–81 wird im ›Lehrsystem der deutschen Mystik‹, ed. CADIGAN, S. 425,19–428,22; Hs. Z, fol. 213^{r}–214^{v} zitiert. Siehe auch Anhang, S. 953 f.*

B. Wenn sie vereint sind und die Schuld vergelten, dann wird wahr, dass der vergilt, der die Schuld vergelten soll, da er Mensch ist, und da derselbe die Vergeltung leistet, der zu vergelten hat und kann, weil er Gott ist; und das ist volle Gerechtigkeit. Wären sie aber nicht vereint, so wäre das wahr, dass der vergilt, der nicht vergelten soll, und dass der vergilt, der nicht vergelten kann; und das wäre nicht die beste Art göttlicher Gerechtigkeit.

A. Gelobt seist du, ewige Gerechtigkeit, die Gott gezwungen hat, dass er sich mit einem Menschen vereinen musste! In diesem Punkt liebe ich die Gerechtigkeit vor der Gnade.

B. Du machst es wie Sankt Gregorius: »Wohl dir, selige Schuld, die einen solchen Erlöser erworben hat.« Wenn die Schuld selig genannt und geliebt wird, die nur eine Ursache für die Ankunft Gottes ist, so kannst du zu Recht die volle Gerechtigkeit loben und lieben, die eine Ursache für die Vermählung Gottes und des Menschen gewesen ist.

A. Ich verstehe wohl, dass sich Gott mit dem Menschen vereinen musste, damit die Schuld in voller Gerechtigkeit vergolten wurde. Nun sage: War die Vereinigung der Liebe dazu nicht genug, dass sie wie ein Freund mit dem anderen vereint wären?

B. Nein.

A. Warum?

B. Die Vereinigung, die in der Liebe geschieht, die hat nicht die Kraft, dass sie einen Freund mit seinem Freund so formt, dass sie in Wahrheit eins werden. Nun muss der in Wahrheit einer sein, der die Vergeltung schuldet und der sie leistet.

A. Nun sagt man doch, Liebe sei eine vereinende Kraft. Vereint sie denn nicht in Wahrheit die Herzen, die einander lieben, warum wird dann das Wort in Wahrheit gesprochen: »Wer in Gott bleibt, der wird ein Geist mit Gott?« (I Cor 6,17).

B. Liebe vereint in der Wahrheit der Liebe, das ist wahr, und sie vereint nicht in der Wahrheit der Natur.

A. Worin liegt der Unterschied dieser zwei?

B. Einigung der Liebe macht gleich im Denken und Wollen. Mit dieser Gleichheit steht es so, dass sie zwei sind und in der Natur zwei bleiben, was sie sind. Einigung der Natur ist es, wenn aus zwei Dingen in der Natur ein Ding wird, wie aus einem Leib und einer Seele ein Mensch wird, der in Wahrheit ein Mensch ist und nicht zwei Menschen. Und darum soll man das Wort, das sagt: »Der Mensch wird ein Geist mit Gott«, als Vereinigung der Liebe verstehen, sodass der Mensch in der Wahrheit, die Gott ist, gebildet wird im Denken und

cken vnd an willen, nùt das er an der nature werde das, das gott ist.[387] Vnd alle die wort, die werdent gesprochen von der einigkeit gottes mit der sele, die sol man alle in die wise verstån; wån als wenig ein steyn ein moͤnsche werden mag vnd doch blibet ein steÿn, als wenig mag keÿn geist gott werden in einigkeit der nature. Vnd merke, daz sunderlich ist gesprochen: »Er wurt ein geist mit gotte«, in dem geiste merke die mynne in der geschrifft. Dauon so meÿnet sù die vereynunge der mynne. Er spricht ouch: »mit gotte«, vnd sprichet nùt: »Er wurt ein geist, der gott ist«, zů einem zeichen, das die einunge, die die mynne tůt, die ståt also, das einer nùt der ander ist; sÿ tůt aber, das einer glich ist dem andern an gedencken, willen vnd werken.

A. Dis han ich gerne gehoͤret, wån es duncket mich ein nùtze lere einem vngelerten moͤnschen. Wån man sprichet dicke, der moͤnsche werde gebildet in gott vnd werde eins mit gotte. In den worten moͤhte man *[101rb]* vallen in einen gar valschen wån, daz man gedåhte, das die eynunge geschehe nåch der nature vnd nùt alleyne nach glichnisse des willen.

B. Der das gedåhte, der were gar verre von der worheit, die in gotte ist. Vnd *die* den vnderscheit nùt wissent von den dingen, die treffent wol dicke die worheit åne vernunfft, reht als do blinden schrement.[388]

A. Dise lere ist mir gar luter, dån daz mich noch eins enget.

B. Was ist das?

A. Du håst gesprochen, der einunge der mynne sie nùt gnůg zwùschent gott vnd der moͤnscheit, die ein opfer wesen sol fùr vnser sùnde; wån es můst einer sin, der das opfer waz vnd der den moͤnschen moͤhte gereht machen.

B. Das sprich ich noch.

A. Nu hät doch die moͤnscheit[389] keÿne schulde, die vnser schulde getragen hät. Wir sint ǒch mit im eins nach mynne vnd nùt nach nature. Dauon als der eÿnunge gnůg ist der mynne, darzů das Christus fùr vns hät golten, also

82 die *fehlt*

---

387 *Dies ist auch die Kernthese des ›Traktats von der Minne‹ gegen Meister Eckhart, vgl. TvdM Z. 164–169:* Zu dem dritten mall wil ich sagen, wie got muge vereint werden formlich mit vns als ein vernuft oder als mynne vnd nicht als ein wesen, vnd wie man es versten sulle nach des meisters synne, das got sey formlich wesen der creaturen. *(»Im dritten Teil will ich ausführen, wie Gott mit uns in formprägender Weise vereint werden kann als Vernunft oder als Liebe und nicht als Sein und wie man Meister <Eckharts> Satz verstehen soll, Gott sei das formgebende Sein <esse formale> der Geschöpfe.«) Vgl. GDT Z. 120–122:* Jch merke wol, ist gerechtikeit etwas vnd ist nit v̂nser nature vnd múgent wir one gerechtikeit nit verainot werden, so mu̍ssend wir in mittel vereingot werden. *(»Ich merke wohl: Ist Gerechtigkeit etwas und ist sie nicht unsere Natur und können wir ohne Gerechtigkeit nicht vereint werden, so müssen wir in einem Mittel vereinigt werden.«)*

388 schremen *swv. mit Assoziation zu* schrammen, *»ertasten«. Siehe dazu* Lexer: schraemen *swv. »schräge machen«, Findebuch: »drücken, stoßen«. Dt. Wb.: »anstreifen«, »schräge schneiden«.*

389 *Gemeint ist die Menschheit Jesu Christi.*

im Wollen, nicht dass er in der Natur das wird, was Gott ist. Und alle Worte, die von der Einigkeit Gottes mit der Seele gesprochen werden, soll man alle in dieser Weise verstehen; denn so wenig ein Stein ein Mensch werden kann und doch ein Stein bleibt, so wenig kann ein Geist in Einigkeit der Natur Gott werden. Und beachte, dass besonders gesagt wird: »Er wird ein Geist mit Gott«, unter diesem Geist verstehe die Liebe in der Schrift. Darum meint sie die Vereinigung in der Liebe. Es heißt auch »mit Gott«, und es heißt nicht: »Er wird ein Geist, der Gott ist«, zu einem Zeichen, dass die Einigung, die die Liebe bewirkt, darin besteht, dass einer nicht der andere ist; sie bewirkt aber, dass einer dem anderen gleich ist in Gedanken, Wollen und Werken.

A. Das habe ich gerne gehört, denn es scheint mir eine nützliche Lehre für einen ungelehrten Menschen. Denn man sagt oft, der Mensch werde in Gott gebildet und werde eins mit Gott. In diesen Worten könnte man in eine falsche Vorstellung verfallen, dass man meinte, die Einigung geschähe in der Natur und nicht allein in Gleichheit des Wollens.

B. Wer das denkt, der wäre fern der Wahrheit, die in Gott ist. Und die den Unterschied der Dinge nicht wissen, die treffen wohl oft die Wahrheit ohne Vernunft, genau wie Blinde etwas ertasten.

A. Diese Lehre ist mir sehr deutlich, außer dass mich noch eins bedrängt.

B. Was ist das?

A. Du hast gesagt, die Einigung der Liebe sei nicht genug zwischen Gott und der Menschheit, die ein Opfer sein soll für unsere Sünden; denn es muss einer sein, der das Opfer war und der den Menschen gerecht machen konnte.

B. Das sage ich immer noch.

A. Nun hat doch die Menschheit <Christi>, die unsere Schuld getragen hat, keine Schuld. Wir sind auch nicht mit ihm eins in Liebe und auch nicht in der Natur. Darum, wie die Vereinigung der Liebe dazu genug ist, dass Christus

moͤht es ouch gnůg sin gewesen *[101va]* an der eynunge der mynne zwùschen gott vnd dem moͤnschen.

B. Ich merke din meÿnunge baß denn dine wort. Du meynest: Gott vnd moͤnsche moͤhtent als wol den moͤnschen han erloͤset mit der eÿnunge irre mynne, als Christus sine werk getzoͤiget hät dem moͤnschen sine werk von siner mynne.

A. Jå, das meyn ich.

B. Sage: Hät Christus nùt ein eÿnunge mit vnser *nature*?

A. Jå. Er were anders nùt vnser bruͦder.

B. Daby merke, daz åne die vereynunge, die die mynne tůt, so ist me naturlicher eynunge tzwùschen Christo vnd dem moͤnschen denn zwùschen gott vnd dem moͤnschen. Wån reht als alle moͤnschen in Adam worent ein moͤnscheit, also werdent alle moͤnschen in Christo kinder gottes. Dauon alz zwùschent Christo vnd dem moͤnschen ist ein eÿnunge der nature, als[390] zwùschen gott vnd dem moͤnschen, der vns erloͤsen sol, můß sin eÿnunge der nature vnd der mynne.

A. Ach, du hast wor. Were die moͤnscheit mit gotte nùt vereinet in die wise, als die moͤnscheit ist vereynet zů der andern moͤnscheit, so were er nùt geheissen ein worer mitteler *[101vb]* zwùschen gott vnd dem moͤnschen. Wån ich aber das vorder nie angesach mit rehter vernunfft, davon ist mir das gewesen vnbekant, warumb er ist ein mitteler genant.

B. So merk es nu fùrbas, das die moͤnscheit gottes mit gotte ist vereynet in nature vnd in mynnen vnd ist ouch vereynet mit dem moͤnschen in nature vnd in mynnen. Dauon ist er worer weg vnd tor vnd der mitteler genant.

A. Ich sol mich låssen benuͤgen an diser rede, daz ich wol bekennen mag, das vnser erloͤsunge bedoͤrfft einer vereynunge tzwùschen gott vnd dem moͤnschen, durch den er vns wolt erloͤsen. Nu sag, ob du kanst, warumb die eynunge geschehen sie in einer person, alz daz gott vnd moͤnsche ist worden ein person vnd ein Christus.

B. Du meynest: Wån me vereynunge ist in der nature dann ein persoͤnlich eÿnunge, warumb hät die gott vßerwelt von dem andern?

A. Jå, daz ist min fråge. Aber ich beger darzů, daz du mir sagest von der persoͤnlichen eÿnunge etwaz, das ich sù baß werde verstånde.

B. So merke, daz vierley einunge ist *[102ra]* der nature: Eine heisset wandelunge, die ander vermùschvnge, die dritt ein samenunge, die vierde heisset eigenlich persoͤnliche eynunge. Wilt du nu wissen, warumb gott die jungste eynunge hät vßerwoͤlt vnd was die eynunge ist, so můst du die vier stùcke der eynunge bekennen vnd iren vnderscheit.

100 nature] nature. Jå

---

390 *Hier: »ebenso«.*

für uns vergolten hat, so könnte auch die Einigung der Liebe zwischen Gott und dem Menschen genug gewesen sein.

B. Ich verstehe deine Meinung besser als deine Worte. Du meinst: Gott und Mensch könnten ebenso gut den Menschen erlöst haben mit der Vereinigung ihrer Liebe, wie Christus seine Werke dem Menschen gezeigt hat, nämlich seine Werke aus seiner Liebe.

A. Ja, das meine ich.

B. Sprich: Hat Christus nicht eine Einigung mit unserer Natur?

A. Ja. Anders wäre er nicht unser Bruder.

B. Daran erkenne, dass abgesehen von der Vereinigung, die die Liebe stiftet, es mehr natürliche Vereinigung zwischen Christus und dem Menschen gibt als zwischen Gott und dem Menschen. Denn gerade, wie alle Menschen in Adam eine Menschheit waren, so werden alle Menschen in Christus Kinder Gottes. Darum, wie zwischen Christus und dem Menschen eine Vereinigung der Natur ist, so muss zwischen Gott und dem Menschen, der uns erlösen soll, eine Einigung der Natur und der Liebe sein.

A. Ach, du hast recht. Wäre die Menschheit mit Gott nicht vereint in der Weise, wie die Menschheit <Christi> vereint ist mit der übrigen Menschheit, so würde er nicht ein wahrer Mittler zwischen Gott und dem Menschen genannt. Da ich aber das Vorhergegangene nicht mit richtiger Vernunft angesehen habe, darum ist mir das unbekannt gewesen, warum er ein Mittler genannt wird.

B. So merke es nun weiterhin, dass die Menschheit Gottes mit Gott in Natur und in Liebe vereinigt ist, und sie ist auch mit dem Menschen in Natur und in Liebe vereint. Darum wird er ein wahrer Weg und ein Tor und der Mittler genannt.

A. Ich soll es mir an dieser Rede genug sein lassen, dass ich wohl erkennen kann, dass unsere Erlösung eine Vereinigung zwischen Gott und dem Menschen braucht, durch den er uns erlösen wollte. Nun sage, wenn du kannst, warum die Einigung in einer Person geschehen ist, wie Gott und Mensch eine Person geworden ist und ein Christus.

B. Du meinst: Da es mehr Vereinigungen in der Natur gibt als eine persönliche Vereinigung, warum hat Gott diese vor den anderen ausgewählt?

A. Ja, das ist meine Frage. Aber ich bitte ferner, dass du mir etwas von der persönlichen Einung sagst, damit ich sie besser verstehe.

B. So gib acht, dass es viererlei Vereinigungen der Natur gibt. Eine heißt Wandlung, die andere Vermischung, die dritte Sammlung, die vierte heißt eigentlich persönliche Einigung. Willst du nun wissen, warum Gott die letzte Einigung ausgewählt hat und was diese Einung ist, so musst du die vier Formen der Einung und ihren Unterschied kennen.

A. Das beger ich, das du mich von ieglichem sunderlich vnderwisest, waz es sie, das ich die vierde vereynunge, die persoͤnlich ist, deste baß werde bekennen. Nu sage von dem ersten: Was ist die eynunge der wandelunge?

B. So von fùre vnd von holtze wurt ein groß fùr, so wurt eins vß inen beden; wån daz holtz wurt verwandelt in das fùr, vnd so von wine vnd von essiche wurt ytel essich, so wurt der win verwandelt in essich, vnd kùrtzlich, wenn von zweyn eins wurt, also das eins wurt verwandelt in das ander, als der ein sůder wines oder me schutte in den rin, zů hant so wurde der win zů wasser.

A. Daz ist *[102*^{rb}*]* mergklich, wenn zweÿerley ding zů einem werdent, so sprichet man: Es ist eins darvß worden. Nu sage von dem andern.

B. Vermùschung die machet ouch ein eynunge zwùschent den, die werdent vermùschet. Vnd wenn esche vnd wasser werdent vermùschet, daruß wurt louge, vnd von mele vnd von wasser wurt teig, vnd von wasser vnd von ertrich werdent steyne vnd holtz, von wine vnd von spise wurt blůt vnd fleisch vnd beÿn.

A. Das merk ich ouch wol. Nu sage von dem dritten.

B. Daz dritte, das samenunge heisset, das ist die eynunge, als von vil steynen wurt ein huffe, vnd von holtz wurt ein buschelin, vnd der dinge ist, die vil tůnt einen huffen; so geschihet ein vereynunge in einer samenunge der dinge.

A. Nu sage, waz ist die vierde vereynunge, die do persoͤnlich ist.

B. Das ist, als lib vnd sele machent einen moͤnschen.

A. Waz ist nu die person des moͤnschen?

B. Das ist der lib nùt alleÿn, wån das ein person ist, do ist eine *[102*^{va}*]* vereynunge zweÿer dinge in eynem, das vernùnfftig ist. Nu ist der lip nuwan eins vnd ist ouch vernùnfftig nùt åne die sele. Dauon ist der lip nùt ein person.

A. Ist es aber die sele?

B. Neÿn. Die sele alleÿn ist nùt ein person; wån ein person ist, als ich han gesprochen, in dem zwey ding vereÿnet sint vnd das vernùnfftig ist. Vnd dauon, wie die sele vernùnfftig ist o̊ne den lib, wenn sù von dem libe ist ioch gescheiden, doch ist sù nùt ein persone, wan zwey ding sint in ir nùt vereinet.

A. Waz ist denn noch die person des moͤnschen?

B. Das ist der moͤnsche, in dem libe vnd sele vereynet sint.

A. Was ist das?

B. Ich kan dirs anders nùt gesagen dån also. Lůge: Ein moͤnsche, wer er ist, der ist also ein moͤnsche, daz er nùt zwey moͤnschen ist.

A. Das ist wor. Ich bin ein moͤnsche vnd nùt zwey, vnd ouch du bist ein moͤnsche vnd nùt zweÿ.

B. Sih: Nach dem als ein ieglich moͤnsche ein moͤnsche ist, nåch dem als er eins ist, darnach ist er ein person, vnd dauon wån lib vnd sele zwey *[102*^{vb}*]* sint, dauon ist weder lip noch sele mitenander die person des moͤnschen.

A. Das erbitte ich, dass du mir von jeglichem getrennt erklärst, was es ist, damit ich die vierte Vereinigung, die persönlich ist, umso besser erkennen werde. Nun sage von dem ersten: Was ist die Vereinigung der Wandlung?

B. Wenn von Feuer und Holz ein großes Feuer wird, so wird von ihnen beiden eines; denn das Holz wird in das Feuer verwandelt, und so wird aus Wein und aus Essig nur Essig; so wird der Wein in Essig verwandelt, und kurz gesprochen, wenn aus zweien eins wird, sodass eins in das andere verwandelt wird, wie wenn einer ein Fuder Wein oder mehr in den Rhein schüttet, wird der Wein sogleich zu Wasser.

A. Das ist verständlich, wenn zweierlei Dinge zu einem werden, so sagt man: Es ist eins daraus geworden. Nun sage mir von dem zweiten.

B. Vermischung macht auch eine Vereinigung zwischen denen, die vermischt werden. Und wenn Asche und Wasser vermischt werden, wird daraus Lauge, und von Mehl und Wasser wird Teig und von Wasser und Erde werden Steine und Holz, von Wein und von Speise wird Blut und Fleisch und Knochen.

A. Das verstehe ich wohl auch. Jetzt sage mir von dem dritten.

B. Das dritte, das Sammlung heißt, das ist die Einigung, wenn aus vielen Steinen ein Haufen wird, und von Holz wird ein Bündel, und es gibt Dinge, die, wenn sie viele sind, einen Haufen bilden; so geschieht eine Vereinigung in einer Sammlung der Dinge.

A. Nun sage, was ist die vierte Vereinigung, die persönlich ist.

B. Das ist, wie Leib und Seele einen Menschen bilden.

A. Was ist nun die Person des Menschen?

B. Das ist nicht allein der Leib; denn was eine Person ist, da ist die Vereinigung zweier Dinge in einem, das vernünftig ist. Nun ist der Leib nur eins und ist auch nicht vernünftig ohne die Seele. Darum ist der Leib nicht eine Person.

A. Ist es aber die Seele?

B. Nein. Die Seele allein ist keine Person; denn eine Person ist, wie ich gesagt habe, etwas, in dem zwei Dinge vereint sind und das vernünftig ist. Und darum, obwohl die Seele ohne den Leib vernünftig ist, auch wenn sie von dem Leib getrennt ist, ist sie doch keine Person; denn in ihr sind nicht zwei Dinge vereint.

A. Was ist denn weiterhin die Person des Menschen?

B. Das ist der Mensch, in dem Leib und Seele vereint sind.

A. Was ist das?

B. Ich kann es dir nicht anders sagen außer so. Schau: Ein Mensch, wer er auch ist, der ist so ein Mensch, dass er nicht zwei Menschen ist.

A. Das ist wahr. Ich bin ein Mensch und nicht zwei, und auch du bist ein Mensch und nicht zwei.

B. Sieh: Nach dem, wie ein jeder Mensch ein Mensch ist, insofern er eins ist, danach ist er eine Person, und dadurch, weil Leib und Seele zwei sind, darum ist weder Leib noch Seele miteinander die Person des Menschen.

A. Ich han nu erst verstanden das wort, das die person ist eins, in dem zweÿ ding sint vereÿnet vnd daz vernùnfftig ist.

B. Hast du es aber wol gemerket?

A. Daz wêͣne ich. Du meynest: Nåch dem als ein mo̊ͤnsche ein mo̊ͤnsche ist, daz heisset ein person, wån in der person lib vnd sele vereynet sint, also das sù ein mo̊ͤnsche sint vnd der mo̊ͤnsche vernùnfftig ist. Vnd dauon so ist die sele noch der lib sunderlich kein persone; wan zwey ding in der sele nùt vereynet sint noch in dem libe, sù heissent ouch bede nùt ein persone, wenn ir zwey sint vnd nùt eins.

B. Du hast daz von gottes gnåden wol verstanden. Daby maht du merken, das die sele noch der engel nùt personen sint; wan in der sele noch in dem engel zwey ding nùt vereynet sint, noch keyn vihe noch kein tier ist kein persone; wån wie das sie, das in dem vihe zwey ding vereynet sint, daz ist ein lip vnd ein sele, doch wån daz *[103ra]* vihe nùt vernùnfftig ist, dauon heisset es kein person.

A. Min wille ist nu vollebråht daran, das ich merke, was were ein person. Nu sage den vnderscheit zwùschen den vier eynungen der nature.

B. Daz mo̊ͤhtest du selber merken. Wån in der ersten eynunge, der wandelunge, do wurt eins von zweyen, also das eyme sin nature abgåt vnd in daz ander wurt verwandelt. Davon blibent sù bede nùt in ire nature, wenn sù vereynet werdent, also wenn vß dem holtze wurt das fùr.

A. Es ist also.

B. In der andern eynunge, die geschiht mit vermùschunge do blibent sù an ir nature, die do werdent vermùschet, aber sù blibent nùt gåntzlich noch vollekomenlich in ir nature luter. Als so von eschen vnd von wasser wurt louge, die zwey werdent vereÿnet in der louge, aber sù blibent nùt luter in ire nature, weder die esche noch daz wasser.

A. Das ist wor.

B. In der dritten eynunge, die do geschihet in einer samnunge, do blibent die ding gäntzlich *[103rb]* vnd luterlich in ire nature; sù werdent aber wårlich nùt vereÿnet. Wån in einem hufen steÿne do blibet ieder steÿn in der nature, als er vor waz, ein steÿn. Die eynunge machet aber nùt, das ein werde der ander.

A. Das ist wor. Wån wer ein huffe von bêͣrlin vnd von saphiren vnd von rehten steÿnen, so têͣte die eynunge des huffen das nùt, das man mohte mit worheit sprechen: Die drie steÿne sint ein steÿn. Man mo̊ͤht ouch nùt sprechen: Daz bêͣrlin ist ein saphire noch der saphire ist worden ein sandsteÿn.

B. Die vierde vereynunge der person die ståt also, das die ding die doinne werdent vereÿnet, die blibent in ire nature, des die erste eÿnunge mangelt. Sù blibet gantz vnd luter vnd clår in ire nature, des mangelt die vermùschunge. Sù werdent also vereynet in ire eynunge, das sù alles eins werdent genant; der mangelt die dritte vereynunge der sammenunge. Vnd des nÿm ein glichnisse von der person des mo̊ͤnschen. In dem mo̊ͤnschen werdent vereÿnet lip vnd sele,

A. Ich habe jetzt erst das Wort verstanden, dass die Person eins ist, in dem zwei Dinge vereint sind und das vernünftig ist.

B. Hast du es aber gut verstanden?

A. Das meine ich. Du meinst: Nach dem, wie ein Mensch ein Mensch ist, heißt er Person, weil in der Person Leib und Seele vereint sind, sodass sie ein Mensch sind und der Mensch vernünftig ist. Und darum ist weder die Seele noch der Leib für sich eine Person; da zwei Dinge weder in der Seele noch in dem Leib vereint sind, so heißen sie auch beide nicht Person, wenn sie zwei sind und nicht eins.

B. Du hast das von Gottes Gnaden gut verstanden. Dabei kannst du verstehen, dass die Seele und auch der Engel keine Personen sind; denn weder in der Seele noch in dem Engel sind zwei Dinge vereint, und auch ein Vieh oder ein Tier ist keine Person; denn obwohl in dem Tier zwei Dinge vereint sind, das ist ein Leib und eine Seele, doch weil das Vieh nicht vernünftig ist, darum heißt es nicht Person.

A. Mein Wille ist jetzt dadurch erfüllt, dass ich verstehe, was eine Person ist. Jetzt sage mir den Unterschied zwischen den vier Vereinigungen der Natur.

B. Das könntest du selbst merken. Denn in der ersten Vereinigung, der Wandlung, wird eins aus zwei, sodass das eine seine Natur verliert und in das andere verwandelt wird. Darum bleiben sie beide nicht in ihrer Natur, wenn sie vereint werden, so, wenn aus dem Holz das Feuer wird.

A. Es ist so.

B. In der zweiten Vereinigung, die als Vermischung geschieht, bleiben sie in ihrer Natur, die da vermischt werden, aber sie bleiben nicht gänzlich und vollkommen rein in ihrer Natur, so wie von Asche und Wasser Lauge wird; die zwei werden in der Lauge vereint, aber sie bleiben nicht rein in ihrer Natur, weder die Asche noch das Wasser.

A. Das ist wahr.

B. In der dritten Vereinigung, die in einer Sammlung geschieht, bleiben die Dinge ganz und rein in ihrer Natur; sie werden aber nicht wirklich vereint. Denn in einem Haufen Steine bleibt jeder Stein in der Natur, wie er zuvor war, ein Stein. Diese Vereinigung macht aber nicht, dass eins das andere wird.

A. Das ist wahr. Denn gäbe es einen Haufen aus Perlen und Saphiren und normalen Steinen, so bewirkte die Einigung des Haufens das nicht, dass man mit Wahrheit sagen könnte: »Die drei Steine sind ein Stein.« Man könnte auch nicht sagen: »Die Perle ist ein Saphir noch der Saphir ist ein Sandstein geworden.«

B. Die vierte Vereinigung der Person verhält sich so, dass die Dinge, die darin vereint werden, in ihrer Natur bleiben, was der ersten Form der Vereinigung fehlt. Sie bleiben ganz rein und klar in ihrer Natur; das fehlt der Vermischung. Sie werden so vereint in ihrer Vereinigung, dass sie ganz eins genannt werden. Das fehlt der dritten Vereinigung, der Sammlung. Und dazu nimm ein Beispiel von der Person des Menschen. In dem Menschen werden Leib und

[103va] vnd die bede muͦssent bliben, die wile die person des moͤnschen ist. Sù blibent ouch in ir nature vnd gantz; wån so die person edler ist, so vil muͦß lib vnd sele ÿe luterer sin; wån blibe lib vnd sele luter nùt, so were die persone edel nùt. Sù werent ouch also vereynet, das lib vnd sele sint eins; wån sù sint ein moͤnsch. Davon so luͦge vß disen vier eynungen, weliche gott solte allerbillichest vßerwålen, die sinen eren getzaͤme vnd der gerehtigkeit vnser erloͤsunge, in der eynunge er im den moͤnschen vereynte.

A. Die antwurt dirre fråge die ist mir nu gar sleht. Darzuͦ hat mich braht die wise vnderscheydunge vnd der vnderscheit, den du mir hast geben von der vereynunge der nature. Ich merke wol, das gott sich in der eynunge der wandelunge nùt mohte noch solte vereÿnen, wan er moͤhte sich in des moͤnschen nature nùt verwandelen noch den moͤnschen in sin nature. Were aber ioch das mùglich gewesen, dennoch were es nùt gefuͤget, wån gott vnd moͤnsche solten den *[103vb]* moͤnschen erloͤsen. Wer nu der moͤnsche in gott verwandelt als daz holtz in das fùr, so were gott alleyn bliben åne den moͤnschen.

B. Moͤht es aber in der andern wise sin gewesen, die do heisset vermùschunge?

A. Ach, neyn! Wie moͤhte der aller luterste geist, der gott ist, mit keyner geschaffener creaturen werden gemùschet vnd entlùtert? Als wening der sunnen schin wurt vermùschet mit dem hoͤrw[391] vnd mit dem stoube, noch minre mag keÿn gebreste vallen an das wort vnd an den glantz der ewigen sunnen.

B. Was haltest du denn von der dritten wise, die do heisset samenunge?

A. Du hast bewert, das er muͦst einer sin, der were geheissen nach worheit der nature einer. Were nu gott vnd moͤnsche in einer samenunge vereÿnet als ein steÿn in einem huffen, so were gott vnd moͤnsche nùt eins, als wening die steÿne, die in dem huffen sint, sint ein steÿn.

B. Ein wiser schuͤler ist ein ere vnd ein lob sins meisters. Dauon froͤw ich mich diner wisen verståͤndnisse, die mir ere vnd froͤide gebirt. Sihest *[104ra]* du nu, wie billich got hät vßerweͤlt die vereynung der person zwùschent im vnd dem moͤnschen? Wån kein ander darzuͦ gehorte noch getzam. Nu sih ouch, wie mynnenklich ist die vereynunge der person!

A. Ich merk es wol, das mich von gotte benuͤget. Doch hoͤr ich dich lieber reden dån michselber. Dauon so sprich ein wort dauon, wie mynnenklich die eynunge ståt gottes vnd des moͤnschen!

B. Gott hät behalten ietweder nature luter reÿnikeit in aller vollekommenheit ir nature, vnd die zwo nature sint vereynet in einer person; die person Christus ist, wån er ein Christus ist als lib vnd sele ein moͤnsch. Dauon wurt mit worheit gesprochen von Christo vnd vff in getzoͤiget: Der ist gott, der ist moͤnsch. Also ist moͤnsche vnd gott worden ein Christus in der vereynunge der

391 hor, horwes *stn.* *»Kot« (Lexer).*

Seele vereint, und die beiden müssen bleiben, solange die Person des Menschen besteht. Sie bleiben auch in ihrer Natur und ganz, denn je edler die Person ist, desto reiner müssen Leib und Seele sein; denn blieben Leib und Seele nicht rein, so wäre die Person nicht edel. Sie werden auch so vereint, dass Leib und Seele eins sind; denn sie sind ein Mensch. Darum schau, welche aus diesen vier Vereinigungen sollte Gott als die angemessenste auswählen, die seiner Ehre und der Gerechtigkeit unserer Erlösung ziemt, sich in dieser Einigung mit dem Menschen zu vereinen.

A. Die Antwort auf diese Frage ist mir nun ganz einfach. Dazu hat mich die kluge Unterscheidung und der Unterschied gebracht, die du mir von der Vereinigung der Natur gegeben hast. Ich verstehe nun, dass Gott sich in der Vereinigung der Wandlung nicht vereinen konnte noch sollte; denn er könnte sich in die Natur des Menschen nicht verwandeln noch den Menschen in seine Natur. Wäre es aber möglich gewesen, wäre es dennoch nicht zustande gekommen, denn Gott und Mensch sollten den Menschen erlösen. Wäre nun der Mensch in Gott verwandelt wie das Holz in das Feuer, so wäre Gott allein übrig geblieben ohne den Menschen.

B. Könnte es aber in der anderen Weise gewesen sein, die Vermischung heißt?

A. Ach, nein! Wie könnte der allerreinste Geist, der Gott ist, mit einer geschaffenen Kreatur vermischt und verunreinigt werden? So wenig der Sonnenschein mit dem Kot vermischt wird und mit dem Staub, noch weniger kann ein Gebrechen an das Wort fallen und an den Glanz der ewigen Sonne.

B. Was hältst du denn von der dritten Weise, die Sammlung heißt?

A. Du hast begründet, dass es einer sein musste, der gemäß der Wahrheit der Natur einer geheißen wird. Wäre nun Gott und Mensch in einer Sammlung vereint wie ein Stein in einem Haufen, so wären Gott und Mensch nicht eins, so wenig wie die Steine, die in dem Haufen sind, ein Stein sind.

B. Ein kluger Schüler ist eine Ehre und ein Lob seines Meisters. Darum freue ich mich über dein kluges Verständnis, das mir Ehre und Freude gebiert. Siehst du nun, wie angemessen Gott die Vereinigung der Person zwischen sich und dem Menschen ausgewählt hat? Denn kein anderes gehörte dazu noch ziemt es sich. Nun sieh auch, wie liebenswert die Vereinigung der Person ist!

A. Ich merke wohl, dass es mir durch Gott genug ist. Doch höre ich dich lieber reden als mich selbst. Darum sprich ein Wort davon, wie liebenswert die Einung Gottes und des Menschen ist!

B. Gott hat lautere Reinheit jeder Natur in aller Vollkommenheit ihrer Natur behalten, und die zwei Naturen sind in einer Person vereint; die Person ist Christus; denn er ist ein Christus wie Leib und Seele ein Mensch. Darum wird mit Wahrheit von Christus gesprochen und auf ihn gezeigt: »Der ist Gott, der ist Mensch.« So ist der Mensch und Gott ein Christus geworden in der

nature.[392] Darumb als das wort was gottes kint natùrlich, also daz der moͤnsche der einer waz mit dem worte, wurde gottes kint natùrlich. Dauon můß die eynunge noch nature geschehen vnd *[104rb]* nùt alleÿne nach mynne.

A. Kein zunge solte geswigen lobes, disem grossen sacramente, in dem sich hät getzoͤiget die ewige wißheit vnd ir suͤsse guͤti, in dem gott mit gerehtigkeit hat sinen viend zů einem frùnde gemachet. Er hat in gemachet sin natùrlich kint, daz in billich soͤlte mynnen. Vnd wån er ist vnser blůt vnd vnser fleisch vnd in der worheit vnser brůder, so werden wir von gotte in sinem natùrlichem kinde als sine geswùsterde vnd als die kint der mynne ouch gemynnet. Wann wer eins kindes natùrlicher vatter ist, der můß ein vatter sin siner natùrlichen brůder. Owe, lieblich selige wirdige vereynunge: Du den moͤnschen machest gott vnd gott den moͤnschen. Du vns machest gottes kint vnd sin gesleͣhte. Du vns machest reht erben des vätterlichen gůtes, wenn die schulde wurt vergolten.

B. Du hast geruͤret einen hùbschen sin vnwissende, alz ich weͣne, in dem worte: So die schulde wurt vergolten.

A. Ist kein sunder sin dainne? *[104va]* Daz han ich nùt bedåht. Waz ist der sin?

B. In dem ersten ougenblicke, do gott moͤnsche wart, do woren wir gottes kind worden vnd worent reht erben worden des gůtes, dauon Adam vnd Eua wurdent verstossen. Doch haͤt vns das geholffen nùt, das wir werent gesetzet in die selikeit, vnser brůder Christus hette daͤn fùr vns die schulde vergolten. Dauon worent wir erben worden von der gemahelschafft gottes vnd des moͤnschen. Wir werent aber in das erbe noch nùt in gewalt vnd in gewer gesetzet.

A. Was moͤht vns da irren vnsers rehten erbes?

B. Der erbet, sol der nùt gelten?

A. We, nu merk ich, was du meynest. Syd ich han verstanden, wie der moͤnsche gottes kint worden ist, so lere min hertze fùrbaß, wie in der worheit die schulde sie vergolten. Wån es were bitter minem hertzen, solt ich von schulden manglen mines erbes, daͤnn were ich des gůts nye rehter erbe worden.

B. So merke dis capitel!

A. Mit hertzenlichem flisse.

B. *[104vb]*

---

392 *Anselmus Cantuariensis, CDH II, c. 7; Bd. II, S. 102,17–21:* Quoniam ergo servata integritate utriusque naturae necesse est inveniri deum-hominem, non minus est necesse has duas naturas integras conveniri in unam personam – quemadmodum corpus et anima rationalis conveniunt in unum hominem –, quoniam aliter fieri nequit, ut idem ipse sit perfectus deus et perfectus homo. *(Übers. Schmitt, S. 99: »Weil es also notwendig ist, dass mit Wahrung der Unversehrbarkeit beider Naturen der Gott-Mensch gefunden werde, ist es nicht weniger notwendig, dass diese beiden unversehrten Naturen in einer Person zusammenkommen – wie Leib und vernünftige Seele in einem Menschen zusammenkommen –, weil es anders nicht geschehen kann, dass ein und derselbe vollkommener Gott und vollkommener Mensch ist.«)*

Vereinigung der Natur. Darum, wie das Wort Gottes natürliches Kind war, sodass der Mensch, der mit dem Wort einer war, Gottes natürliches Kind wurde. Darum muss die Einung nach der Natur geschehen und nicht allein nach Liebe.

A. Keine Zunge sollte mit Lob schweigen in diesem großen Geheimnis, in dem sich die ewige Weisheit gezeigt hat und ihre süße Güte, in dem Gott mit Gerechtigkeit seinen Feind zu einem Freund gemacht hat. Er hat ihn zu seinem natürlichen Kind gemacht, das ihn angemessen lieben sollte. Und da er unser Blut und unser Fleisch und in Wahrheit unser Bruder ist, so werden wir von Gott in seinem natürlichen Kind als seine Geschwister und als die Kinder der Liebe auch geliebt. Denn wer eines Kindes natürlicher Vater ist, der muss ein Vater seiner natürlichen Brüder sein. O weh, liebliche selige würdige Vereinigung: Du machst den Menschen zu Gott und Gott zum Menschen. Du machst uns zu Gottes Kindern und zu seinem Geschlecht. Du machst uns rechtens zu Erben des väterlichen Gutes, wenn die Schuld vergolten wird.

B. Du hast, ohne es zu wissen, wie ich glaube, einen hübschen Sinn berührt in dem Worte: »Wenn die Schuld vergolten wird.«

A. Ist ein besonderer Sinn darin? Das habe ich nicht bedacht. Was ist dieser Sinn?

B. In dem ersten Augenblick, da Gott Mensch wurde, da waren wir Gottes Kinder geworden und waren rechte Erben des Gutes geworden, von dem Adam und Eva verstoßen wurden. Doch hätte uns das nicht geholfen, dass wir in die Seligkeit gesetzt werden, wenn unser Bruder Christus nicht für uns die Schuld vergolten hätte. Darum waren wir Erben geworden durch die Vermählung Gottes und des Menschen. Wir werden aber noch nicht in Macht und in Amtswürde in das Erbe gesetzt.

A. Was könnte uns da an unserem rechten Erbe hindern?

B. Wer erbt, soll der nicht vergelten?

A. O weh, jetzt merke ich, was du meinst. Seit ich verstanden habe, wie der Mensch Gottes Kind geworden ist, so lehre mein Herz weiterhin, wie in der Wahrheit die Schuld vergolten wird. Denn es wäre meinem Herzen bitter, sollte mir wegen der Schuld mein Erbe fehlen, wäre ich nicht rechter Erbe des Gutes geworden.

B. So studiere dieses <folgende> Kapitel!

A. Mit herzlichem Fleiß.

B.

Das ahte capitel
Der moͤnsche, der gelten moͤhte vnser schulde, der muͦste nùt toͤttlich sin von sinen schulden, als alle moͤnschen toͤttlich sint von schulden.

A. Ich merke wol, das alle moͤnschen toͤttliche sint von der ersten schulde Adams. Wie aber der moͤnsche nùt toͤttlich sie als alle moͤnschen, daz muͦst du mich baß bewisen.

B. Daz der moͤnsche, der gott ist, hät der kein sùnde oder mag er sùnde han?

A. Solt ich waͤnen, das gott moͤhte sùnden?

B. Der moͤnsche, der die schulde gelten mag, der muͦß gott sin, das han ich ietz gesprochen.

A. Daz ist wår.

B. Ist er denn gott vnd mag sùnden nùt, so ist er ouch vntoͤttlich von der sùnde.

A. Ich merke wol: Ist der tod von den sùnden komen, der daͤnn sùnde nÿe gewån, der solte nùt sterben von schulde.

B. Adam were vntoͤdlich gewesen, were er nùt geuallen in die schulde der sùnden. Dauon so ist noch billicher, daz der nùt toͤttlich sie von schulde, der sùnde nùt alleÿne mangelt, *[105ra]* wån er luter vnd reÿn ist, der ioch sùnden nùt enmag, wån er gott ist.[393]

A. Ich merke nu gåntzlich, das es also von worheit ist, das der moͤnsche vntoͤdlich ist an schulde siner sùnde, der die sùnde sol buͦssen vnser schulde. Doch vß der bekanten worheit fliessent mir zwey wunder. Vnd das sol dich nùt bewaͤgen, ob ich wunderlichen wunder in disen worten; wann åne allen zwiuel, es ist alles an imselber wunderlich, dauon dise rede ist.

B. Dauon heisset es ein verborgen vnd ein tougen sacramente, wån es vns wunderlich ist. Waz sint aber dine wunder?

A. Moͤht der moͤnsche, von dem wir reden, sùnden, heͤt er getån, daz er wol moͤhte han getån, das wer ein wunder; heͤt er aber nùt gemoͤht, daz ich mag vnd alle moͤnschen, daz were auch ein wunder. Das ist daz erste wunder.[394]

B. Waz ist daz ander?

A. Moht er aber nùt sùnden, wie ist er dann dauon loͤbelich, daz er daz nùt tet, daz er nùt mohte. Daz ist mir als groß wunder als daz erste.

---

393 *Anselmus Cantuariensis, CDH II, c. 10; Bd. II, S. 106,14–16:* Sed si Adam moriturus non erat, si non peccasset: multo magis iste mortem pati non debebit, in quo peccatum esse non poterit, quia deus erit. *(Übers. Schmitt, S. 107: »Wenn jedoch Adam nicht hätte sterben sollen, wenn er nicht gesündigt hätte, so wird dieser umso weniger den Tod erleiden müssen, in dem keine Sünde wird sein können, weil er Gott sein wird.«)*

394 *Anselmus Cantuariensis, CDH II, c. 10; Bd. II, S. 106,17f.:* Sive enim dicatur posse sive non posse peccare, in utroque mihi non parva nascitur quaestio. *(Übers. Schmitt, S. 107: »Ob man nämlich sagt, er könne oder er könne nicht sündigen, so erwächst mir beide Male eine nicht geringfügige Frage.«)*

Das achte Kapitel
Der Mensch, der unsere Schuld erstatten könnte, durfte nicht aus seiner eigenen Schuld sterblich sein, wie alle Menschen wegen ihrer Schuld sterblich sind.

A. Ich verstehe wohl, dass alle Menschen aufgrund der ersten Schuld Adams sterblich sind. Wie aber der Mensch nicht sterblich ist wie alle Menschen, das musst du mir besser erklären.

B. Der Mensch, der Gott ist, hat der keine Sünde, oder kann er Sünde haben?

A. Sollte ich annehmen, dass Gott sündigen könnte?

B. Der Mensch, der die Schuld erstatten kann, der muss Gott sein, das habe ich gerade gesagt.

A. Das ist wahr.

B. Ist er also Gott und kann er nicht sündigen, so ist er auch nicht aufgrund der Sünde sterblich.

A. Ich verstehe wohl: Wenn der Tod von den Sünden gekommen ist, dann sollte der, der niemals eine Sünde beging, nicht aufgrund einer Schuld sterben.

B. Adam wäre unsterblich gewesen, wenn er nicht in die Schuld der Sünden gefallen wäre. Darum ist es noch angemessener, dass der nicht aufgrund einer Schuld sterblich ist, der nicht nur keine Sünde hat, da er lauter und rein ist, der auch nicht sündigen kann, weil er Gott ist.

A. Ich verstehe nun völlig, dass es in Wahrheit so ist, dass der Mensch nicht aufgrund der Schuld seiner Sünde sterblich ist, der die Schuld unserer Schuld büßen soll. Doch aus der erkannten Wahrheit entspringen mir zwei Probleme. Und es soll dich nicht kümmern, wenn ich mich in diesen Worten wundersam wundere; denn ohne allen Zweifel ist alles an sich schon wundersam, von dem hier die Rede ist.

B. Darum heißt es ein verborgenes und ein geheimes Geheimnis, da es uns wundersam ist. Was sind aber deine Probleme?

A. Könnte der Mensch, von dem wir reden, sündigen, hätte er getan, was er hätte tun können, wäre das ein Wunder; hätte er es aber nicht gekonnt, was ich und alle Menschen können, wäre das auch ein Wunder. Das ist das erste Problem.

B. Was ist das zweite?

A. Konnte er aber nicht sündigen, wieso ist er dann lobenswert, dass er das nicht tat, was er nicht konnte. Das ist mir ein ebenso großes Wunder wie das erste.

B. Es mag nÿeman wol zwey *[105rb]* ding mit enander wùrken. Dauon so reden wir von dem ersten wunder.

A. Es ist min wille.

B. Dich wundert, wie daz si, daz Christus nùt sùnden moͤhte, wån er etwaz moͤhte tůn, das sùnde ist, alz dich duncket.

A. Das ist wor. Mich duncket: Heͤt er gewellet, er hette wol vnwor geseit. Das ist ein werk der sùnde.

B. Erst gesegen mich! Wår hast du dine synne getån! Duncket dich, daz der moͤhte liegen, der gott ist, ob er wolte?

A. Ich han es also vnhofelichen nùt gesprochen, daz er moͤhte liegen. Ich meÿn, er moͤht vnwoͤr sagen, ob er wolte.

B. Der vnwoͤr seit wissentlichen, ist daz nùt gelogen?

A. Joͤ. Daz weͤn ich.

B. Mohte Christus nu vnwor sagen, weder teͤte er das wissentlichen oder vnwissentlichen?

A. Du erwindest nùt, das merk ich, du bringest es dann darzů, daz ich gott habe mùgelichen heissen gelogen in mÿnem wunder. Wån seite Christus ein vnworheit, daz tåte er wissent*[105va]*lich, wån er alle ding bekennet.

B. Du bedarfft die worheit bergen nùt. Sù zoͤiget sichselber. Nu sage: Waz mag Christus, daz vnwor ist gesprochen, als dich duncket?

A. Christus sprach: »Gihe ich, das ich den vatter nùt enkeͤnne, so lùge ich«. Nu fråge ich, ob Christus das wort sunderlichen moͤhte han gesprochen: »Ich bekenne den vatter nùt«, åne die wort, die dauor giengent, vnd åne die, die darnåch giengent. Moͤht er die wort sprechen, so moht er vnwor sagen; moͤht aber er der wort nùt gesprechen, das ist ein wunder, das er sù mit andern worten sprechen moht vnd nùt *sùnden*.[395]

B. Christus moͤht die wort sprechen besunder åne ander wort; aber er moͤht nùt vnwår sagen; wan er moͤht nùt wellen triegen.

A. Wie mag das sin, die wort die werent doch valsch, werent sù von Christo gesprochen. Der nu ein valsch wort sprechen mag, der mag ouch liegen vnd vnwor sagen, alz ich wene.

59 sùnden] sùnder

---

395 *Anselmus Cantuariensis, CDH II, c. 10; Bd. II, S. 106,23–28:* Cum enim dicat Iudaeis de patre: ›si dixero quia non scio eum, ero similis vobis mendax‹ (Io 8, 55), et inter haec verba dicat: ›non scio eum‹: quis eum dicet easdem tres nequivisse proferre dictiones sine aliis verbis, ut sic diceret: ›non scio eum‹? Quod si faceret, ut ipse ait, esset mendax, quod est esse peccatorem. Quare quoniam hoc potuit, peccare potuit. *(Übers. Schmitt, S. 107: »Denn wenn er zu den Juden von dem Vater sagt: ›Wenn ich sagte, ich kenne ihn nicht, werde ich gleich euch ein Lügner sein‹, und innerhalb dieser Worte spricht: ›Ich kenne ihn nicht‹: wer wird behaupten, dass er gerade diese vier Wörter ohne die anderen Wörter nicht hätte vorbringen können, sodass er so sagte: ›Ich kenne ihn nicht‹? Wenn er das täte, wäre er, wie er selber sagt, ein Lügner, das heißt ein Sünder. Weil er das also konnte, konnte er auch sündigen.«)*

B. Es kann niemand zwei Dinge zugleich tun. Darum reden wir von dem ersten Problem.

A. Das ist mein Wille.

B. Dich wundert, wie es sein kann, dass Christus nicht sündigen konnte, da er <doch> etwas tun konnte, das Sünde ist, wie dir scheint.

A. Das ist wahr. Mir scheint: Hätte er gewollt, hätte er wohl Unwahres gesagt. Das ist aber ein Werk der Sünde.

B. Nun segne mich! Wo hast du deinen Verstand gelassen! Meinst du, dass der lügen könnte, der Gott ist, wenn er wollte?

A. Ich habe es nicht so unhöflich gesagt, dass er lügen könnte. Ich meine, er hätte Unwahres sagen können, wenn er wollte.

B. Wer wissentlich Unwahres sagt, ist das nicht gelogen?

A. Ja, das meine ich.

B. Konnte Christus nun Unwahres sagen, täte er das wissentlich oder unwissentlich?

A. Du lässt nicht locker, das merke ich, bis du es dazu bringst, dass ich Gott in meinem Problem möglicherweise einen Lügner genannt habe. Denn wenn Christus eine Unwahrheit gesagt hat, tat er das wissentlich, da er ja alle Dinge kennt.

B. Du brauchst die Wahrheit nicht zu verbergen. Sie zeigt sich selbst. Jetzt sag: Was kann Christus sagen, das unwahr gesprochen ist, wie dir scheint?

A. Christus sagte: »Wenn ich sagen würde, dass ich den Vater nicht kenne, dann würde ich lügen« (Io 8,55). Jetzt frage ich, ob Christus dieses Wort einzeln hätte sprechen können: »Ich kenne den Vater nicht«, ohne die Worte, die vorausgingen, und ohne die, die danach folgten. Könnte er die Worte sagen, so könnte er Unwahres sagen; könnte er aber die Worte nicht sagen, ist das ein Wunder, dass er sie mit anderen Worten zusammen sagen konnte und <so> nicht sündigen <konnte>.

B. Christus könnte die Worte einzeln sagen ohne die anderen Worte, aber er könnte nichts Unwahres sagen, denn er könnte nicht betrügen wollen.

A. Wie kann das sein, die Worte wären doch falsch, wären sie von Christus gesprochen. Der nun ein falsches Wort sprechen kann, der kann auch lügen und Unwahres sagen, wie ich meine.

B. Du wenest vnreht. Waz ist moͤgen liegen?

A. Daz ist *[105vb]* wellen vnwor sagen vnd triegen.

B. Dauon wån Christus nùt mag wellen triegen, dauon so mag er nùt liegen.

A. Wie mag er denn sprechen das wort, das nùt wor ist, damit man wurt betrogen, der es hoͤrte.

B. Er mag die wort sprechen mit der krafft, die alle wort sprichet. Wån als er ander wort sprichet, alz hat er ein krafft vnd ein mugen, das er die wort sprechen mag. Er mag aber vnwor sagen nùt; wån er mag nùt wellen triegen.

A. Noch han ich es nùt wol verstanden, wie man ein lugen sagen mag vnd doch nùt liegen.

B. Der do lùget, der hät zwey moͤgen: Eins ist der nature, daz er ein soͤllichs wort, domit er trùget, in sinem munde vnd in sinem hertzen schoͤpfen mag. Das ander moͤgen ist in der worheit ein vnkrafft des willen. Wån der lieger mag varen låssen mit willen die worheit. Nu sprich ich: Christus hät daz erste moͤgen, daz natùrlich ist, die wort vnd alle wort zů sprechen. Er heͣt aber das ander moͤgen nùt, daz er die worheit wolte låssen.[396]

A. *[106ra]* Nu verstån ich erst, daz das wort nùt woͣr ist: Wer ein wort sprechen mag, das vnwor ist, das der mag liegen. Wån Christus mag das erste vnd nùt daz ander.

B. Nùt alleÿn Christus. Ich spriche ouch ander heiligen vnd gerehte hertzen, die moͤgent daz, das vnwor ist, sprechen vnd moͤgent doch nùt liegen.

A. Von diser rede so ist min ander zwiuel gestaͤrket. Wån mag Christus nùt wellen vnworheit, so můß er wellen die worheit; můß er nu bliben in der worheit, wie ist daͤn sin gerehtigkeit loͤbelich, wän er die gerehtigkeit můß halten?[397]

B. Nyeman ist lobelich an gerehtigkeit dauon, daz er mag sù verlieren. Wån es ist nùt gůte art noch ein gůte wise moͤgen verlieren. Wån der gerehtigkeit hät also, daz er sù nùt verlieren mag, der hat sù frilicher, daͤn ob er sù moͤhte verlieren.

---

396 *Anselmus Cantuariensis, CDH II, c. 10; Bd. II, S. 107,6–9:* Possumus itaque dicere de Christo quia potuit mentiri, si subauditur: si vellet. Et quoniam mentiri non potuit nolens nec potuit velle mentiri, non minus dici potest nequivisse mentiri. Sic itaque potuit et non potuit mentiri. *(Übers. Schmitt, S. 107: »Wir können daher von Christus sagen, dass er lügen konnte, wenn man mithört: ›Wenn er wollte‹. Und weil er nicht gegen seinen Willen lügen konnte noch lügen wollen konnte, so kann man nicht mit weniger Recht sagen, dass er nicht lügen konnte. So also konnte er und konnte er nicht lügen.«)*

397 *Anselmus Cantuariensis, CDH II, c. 10; Bd. II, S. 107,11–13:* Dico igitur: Si peccare non poterit, quia, sicut dicis, non poterit velle, ex necessitate servabit iustitiam. Quare non ex libertate arbitrii iustus erit. Quae igitur gratia illi pro iustitia sua debebitur? *(Übers. Schmitt, S. 109: »Ich sage also: wenn er nicht sündigen können wird, weil er, wie du behauptest, es nicht wird wollen können, wird er die Gerechtigkeit aus Notwendigkeit bewahren. Daher wird er nicht aus der Freiheit des Willens heraus gerecht sein.«)*

B. Du meinst das zu Unrecht. Was ist lügen können?

A. Das ist Unwahres sagen wollen und betrügen.

B. Darum, weil Christus nicht betrügen wollen kann, darum kann er auch nicht lügen.

A. Wie kann er denn das Wort sagen, das nicht wahr ist, mit dem man betrogen würde, wenn man es hörte.

B. Er kann die Worte mit der Kraft sprechen, die alle Worte spricht. Denn wenn er andere Worte sagt, so hat er eine Kraft und ein Können, sodass er die Worte sprechen kann. Er kann aber nichts Unwahres sagen; denn er kann nicht betrügen wollen.

A. Noch habe ich es nicht richtig verstanden, wie man eine Lüge sagen und doch nicht lügen kann.

B. Wer lügt, der hat zwei Vermögen: Eins ist das Vermögen der Natur, dass er ein solches Wort, mit dem er betrügt, in seinem Mund und in seinem Herzen bilden kann. Das andere Können ist in Wahrheit eine Unkraft des Willens. Denn der Lügner kann mit Willen die Wahrheit fallen lassen. Nun sage ich: Christus hat das erste Können, das natürlich ist, dieses Wort und alle Worte zu sprechen. Er hat aber das andere Können nicht, dass er die Wahrheit lassen wollte.

A. Jetzt verstehe ich erst, dass das Wort nicht wahr ist: Wer ein Wort sprechen kann, das unwahr ist, der kann lügen. Denn Christus kann das erste und das andere nicht.

B. Nicht allein Christus. Ich sage: Auch andere Heilige und gerechte Herzen können das, was unwahr ist, sagen und doch nicht lügen.

A. Aber durch diese Erklärung ist mein zweiter Zweifel verstärkt. Denn wenn Christus nicht die Unwahrheit wollen kann, so muss er die Wahrheit wollen; muss er nun in der Wahrheit bleiben, wie ist dann seine Gerechtigkeit lobenswert, da er die Gerechtigkeit behalten muss?

B. Niemand ist dadurch lobenswert in der Gerechtigkeit, dass er sie verlieren kann. Denn es ist nicht gute Art noch gute Weise, verlieren zu können. Denn der die Gerechtigkeit so hat, dass er sie nicht verlieren kann, der hat sie freier, als wenn er sie verlieren könnte.

A. Du hast dauon in dem ersten buͦche gesprochen. Nu sage, waran ist den der loͤbelich, der die gerehtigkeit hät also, das er sù nÿe mohte verlieren.

B. Reht alz gott ist lobelich an gerehtig*[106rb]*keit vnd sù doch nùt mag verlieren, also ist der moͤnsche ouch lobelich an gerehtigkeit, der gott ist.

A. So sage: Wie ist gott loͤbelich an gerehtigkeit, die er nye moͤhte verlieren?[398]

B. Es ist ein wunder, warumb du wenest me, das gott minre loͤbelich soͤlle sin an gerehtigkeit daͤn der engel oder der moͤnsche, der sù mag verlieren. Gott ist davon loͤbelich, das er die gerehtigkeit hat vnd ist vnd daz er sù von imselber hät vnd sù steͣtiglich behaltet von friheit sins willen.[399]

A. Ich merke wol das erste, das von gerehtigkeit nyeman lobelich ist, denn der sù hat oder ist. Wie ist aber er dauon lobelich, das er sù von imselber hat vnd sù steͣtiglich behaltet?

B. Wan kein nature die gerehtigkeit von irselber hat als gott, dauon so ist keyn creature als lobelich an gerehtigkeit als gott.

A. Ich merke wol: Du meÿnest, ein ding, das guͦt und lobelichen ist, das ist besser vnd lobelicher, so es eigen ist, daͦnn so es ist entlehent. Dauon waͦn gott von imselber gerehtigkeit ist, *[106va]* so ist er lobelicher, daͦn der entlehent hät gerehtigkeit.

B. Sih, also ist besser ein eigen, do man nùt verlieren mag, dann das man mag verlieren. Wann das man verlieren mag, *des* muͦß der werden v̀berwunden, der es hät besessen. Dauon der wille gottes der ist lobelicher vnd gerehter, der das eigen besitzet, das er es nùt verlieren mag; waͦn er nùt mag v̀berwunden werden als ein wille, der es verlieren mag.

A. Ich merke nu wol, das die drù gehoͤrent zuͦ lobelicher gerehtigkeit: haben gerehtigkeit, haben von imselber vnd nyemer moͤgen verlieren.

B. Daz ist, daz ich meÿne. Nu sih, ob die gerehtigkeit, die in Christo ist, ùt lobelich ist.

A. Jaͦ, ane zwiuel. Er hät die gerehtigkeit von imselber, wann er gott ist; er haltet sù in steͣtikeit, waͦn in nÿeman mag v̀berwinden, das er verliere die gereh-

115 des] das

398 *Anselmus Cantuariensis, CDH II, c. 10; Bd. II, S. 107,21–23:* Quid dicis de deo qui peccare non potest nec hoc meruit per potestatem peccandi qua non peccavit: nonne laudandus est pro iustitia sua? *(Übers. Schmitt, S. 109: »Was sagst du von Gott, der nicht sündigen kann und das nicht dadurch, dass er die Möglichkeit zu sündigen hatte und nicht sündigte, verdiente: ist er ob seiner Gerechtigkeit nicht zu loben?«)*

399 *Anselmus Cantuariensis, CDH II, c. 10; Bd. II, S. 108,6–8:* Quapropter quoniam deus perfecte habet a se quidquid habet, ille maxime laudandus est de bonis quae habet et servat, non ulla necessitate, <...> sed propria et aeterna immutabilitate. *(Übers. Schmitt, S. 109: »Deshalb, weil Gott vollkommen hat und bewahrt, nicht aus irgendeiner Notwendigkeit, sondern <...> durch die eigene und ewige Unveränderlichkeit.«)*

A. Davon hast du im ersten Buch gesprochen. Jetzt sage: Worin ist denn der lobenswert, der die Gerechtigkeit so hat, dass er sie nie verlieren konnte?

B. Gerade, wie Gott wegen seiner Gerechtigkeit lobenswert ist und sie doch nicht verlieren kann, so ist auch der Mensch wegen der Gerechtigkeit lobenswert, der Gott ist.

A. So sage: Wie ist Gott wegen der Gerechtigkeit lobenswert, die er nie verlieren könnte?

B. Es ist ein Wunder, warum du mehr glaubst, dass Gott wegen der Gerechtigkeit weniger lobenswert sein sollte als der Engel oder der Mensch, der sie verlieren kann. Gott ist dadurch lobenswert, dass er die Gerechtigkeit hat und ist und dass er sie durch sich selbst hat und sie stets aufgrund der Freiheit seines Willens behält.

A. Ich verstehe wohl das erste, dass wegen der Gerechtigkeit niemand lobenswert ist, außer wer sie hat oder ist. Wie ist er aber darum lobenswert, dass er sie durch sich selbst hat und sie stets behält?

B. Weil keine Natur die Gerechtigkeit durch sich selbst hat wie Gott, darum ist kein Geschöpf so lobenswert wegen der Gerechtigkeit wie Gott.

A. Ich verstehe es wohl. Du meinst, ein Ding, das gut und lobenswert ist, das ist besser und lobenswerter, wenn es eigen ist, als wenn es geliehen ist. Darum, weil Gott durch sich selbst Gerechtigkeit ist, so ist er lobenswerter als wer die Gerechtigkeit geliehen hat.

B. Sieh, so ist ein Eigentum besser, wenn man es nicht verlieren kann, als eins, das man verlieren kann. Denn was man verlieren kann, dessen muss man beraubt werden, wenn man es besessen hat. Darum ist der Wille Gottes lobenswerter und gerechter, der das als Eigentum besitzt, sodass er es nicht verlieren kann; denn er kann nicht überwunden werden wie ein Wille, der es verlieren kann.

A. Ich merke jetzt wohl, dass die drei Dinge zu lobenswerter Gerechtigkeit gehören: Gerechtigkeit haben und sie durch sich selbst haben und sie niemals verlieren können.

B. Das ist, was ich meine. Nun sieh, ob etwa die Gerechtigkeit, die in Christus ist, lobenswert ist.

A. Ja, ohne Zweifel. Er hat die Gerechtigkeit durch sich selbst, da er Gott ist; er behält sie stets; da ihn niemand überwinden kann, sodass er die Gerech-

tigkeit. Ob aber er selber wolte låssen die gerehtigkeit, also daz er nùt wùrde v̀berwunden von ye*[106vb]*mann, moͤht er das tůn?

B. Dis ist ein wunder: der die gerehtigkeit låt, wurt des wille nùt v̀berwunden?

A. Jo. Wùrde er v̀berwunden nùt mit ettlicher boͤser mynne, er liesse die gerehtigkeit nùt.

B. Also wer die gerehtigkeit mag låssen, der můß moͤgen werden v̀berwunden.

A. Nu bin ich erst komen zů worer bekantnisse. Ich merke nu, das kein creature mag haben als volle lobeliche gerehtigkeit als der moͤnsche, der gott ist. Wån der hät gerehtigkeit vnd hät sù von imselber vnd behaltet sù mit gantzer sicherheit, wån er nùt mag v̀berwunden werden; wån er die drù eigenlicher dån alle creaturen hat. Dauon so ist er billich loͤbelicher dån alle creature an ire gerehtigkeit.[400]

B. Du hast es erst verstanden, alz du gihest. Doch han ich dauon vor geschriben, wie die gůten engel gåben inselber die gerehtigkeit nåch ettlicher wise, vnd darumb wurden sù lobelich, nùt daran, das sù moͤhten sùnden, vnd dauon engel vnd moͤnsche werdent gelo*[107ra]*bet an gerehtigkeit in ire måssen an den drien stùcken, das die gerehten hant gerehtigkeit vnd hant sù in ettlicher wise von inselber, wån sù hant sù inselber geben vnd behalten sù in steͤtigkeit.[401]

A. Es ist wor. Du hast es vor gesprochen in dem ersten bůche. Doch mag ich aller worte nùt gedencken, ich werd ir denn ermanet. Ich merk nu wol, daz moͤgen verlieren machet nùt gerehtigkeit lobelich; wån der beståteten engel gerehtigkeit vnd besteͤten moͤnschen in gnåden, die ist loͤbelicher, dann sù were in der zijt, do sù moͤhten vallen; wån so sù besteͤtet sint, so werdent sù gesetzet in ein friheit des gewaltes, das sù nùme moͤgen v̀berwùnden werden.

B. Daz ist, das die geschrifft spricht vnd meynet: »Lobe dem moͤnschen, so er wurt gesetzet in sicherheit der gerehtigkeit«;[402] wän dann ist erst die gerehtigkeit lobelich worden.

A. Noch han ich einen wunsch vnd eine fråge, die dich lihte wurt toͤrlichen duncken.

---

400 *Anselmus Cantuariensis, CDH II, c. 10; Bd. II, S. 108,8–11:* Sic ergo homo ille qui idem ipse deus erit, quoniam omne bonum quod ipse habebit, a se habebit, non necessitate sed libertate, et a se ipso iustus et idcirco laudandus erit. *(Übers. Schmitt, S. 109: »So also wird jener Mensch, der eben selbst Gott sein wird, weil er alles Gute, das er haben wird, aus sich haben wird, nicht aus Notwendigkeit, sondern aus Freiheit und aus sich selber gerecht sein und deshalb lobenswürdig.«)*

401 *Anselmus Cantuariensis, CDH II, c. 10; Bd. II, S. 107,27–29:* Angeli non sunt laudandi de iustitia sua, quia peccare potuerunt, sed quia per hoc quodam modo a se habent quod peccare nequeunt; in quo aliquatenus similes sunt deo, qui a se habet quidquid habet. *(Übers. Schmitt, S. 109: »Die Engel sind ob ihrer Gerechtigkeit nicht zu loben, weil sie sündigen konnten, sondern weil sie dadurch in gewissem Maße aus sich haben, dass sie nicht sündigen können; hierin sind sie in etwa Gott ähnlich, der aus sich hat, was er hat.«)*

402 *Bibelstelle nicht nachgewiesen.*

tigkeit verlieren würde. Wenn er aber selbst die Gerechtigkeit lassen wollte, sodass er nicht von jemandem überwunden würde, könnte er das tun?

B. Das ist ein Wunder, wer die Gerechtigkeit lässt, wird dessen Wille nicht überwunden?

A. Ja, würde er nicht durch irgendeine böse Liebe überwunden, ließe er die Gerechtigkeit nicht.

B. Also, wer die Gerechtigkeit lassen kann, der muss überwunden werden können.

A. Jetzt bin ich erst zu wahrer Erkenntnis gekommen. Ich merke jetzt, dass kein Geschöpf so volle lobenswerte Gerechtigkeit haben kann wie der Mensch, der Gott ist. Denn der hat die Gerechtigkeit und er hat sie durch sich selbst und behält sie mit voller Sicherheit, da er nicht überwunden werden kann, da er die drei Eigenschaften eigentlicher hat als alle Geschöpfe. Darum ist er mit Recht lobenswerter als alle Geschöpfe wegen ihrer Gerechtigkeit.

B. Du hast es erst verstanden, wie du sagst. Doch habe ich davon zuvor schon geschrieben, wie die guten Engel sich selbst die Gerechtigkeit in gewisser Weise gegeben haben, und dadurch wurden sie lobenswert, nicht darum, weil sie sündigen konnten. Und darum werden Engel und Menschen in ihren Maßen wegen der Gerechtigkeit aus drei Gründen gelobt, dass die Gerechten die Gerechtigkeit in gewisser Weise durch sich selbst haben, da sie sich selbst die Gerechtigkeit gegeben haben und sie stets behalten haben.

A. Es ist wahr. Du hast vorher im ersten Buch davon gesprochen. Doch kann ich nicht an alle Worte denken, wenn ich nicht daran erinnert werde. Ich verstehe jetzt wohl, das Verlieren-Können macht die Gerechtigkeit nicht lobenswert; denn die Gerechtigkeit der in Gnade bestätigten Engel und der bestätigten Menschen ist lobenswerter, als sie in der Zeit wäre, als sie noch fallen könnten; denn da sie bestätigt sind, werden sie in eine Freiheit der Macht gesetzt, sodass sie nicht mehr überwunden werden können.

B. Das ist es, was die Schrift sagt und meint: Lob dem Menschen, wenn er in die Sicherheit der Gerechtigkeit gesetzt wird, denn dann ist erst die Gerechtigkeit lobenswert.

A. Jetzt habe ich noch einen Wunsch und eine Frage, die dir vielleicht töricht vorkommt.

B. Waz ist daz?

A. Ich han dicke gewùnschet, daz *[107rb]* gott den moͤnschen heͤtti geschaffen mit gerehtigkeit, daz er nùt moͤhte han gesùndet als Christus, vnd das doch er lobelich were gewesen an gerehtigkeit.

B. Wer wùnschet, der wùnschet toͤrlich; wån ein wunsch ist nùt besser dån der ander. Dauon wenn ein wiser tuͤt eins thoren werk, der tuͤt toͤrlichen.

A. Das versach ich mich wol. Doch zoͤige, woͦ lit die torheit in dem wunsche, so wurt mir der wunsch wise!

B. Wer des begert, das nùt sol sin vnd ouch nùt mag sin, daz heisse ich die torheit an dem wunsche.

A. Nu sage, warvmb es nùt soͤlte sin, das der moͤnsche also wùrde geschaffen.

B. Hast du gemaͤrket, warumb Christus hät die lobeliche gerehtikeit vnd doch nùt mohte sùnden?

A. Jå, wån er gott ist, davon hät er sù von imselber vnd mag sù ouch dauon nùt verlieren.

B. Dabÿ merke: Wolte gott die ersten moͤnschen also han geschaffen, daz sù werent gereht vnd die gerehtigkeit nùt moͤhten han verloren, so muͤste er sù gotte han ver*[107va]*eÿnet, als Christus mit gott vereynet waz. Nu fraͤge ich, ob dich dis zimlich duncke oder mùgelich.

A. Ich enweiß, hetti es gott gewellet, so were es villiht mùglich vnd zimlich.

B. Were zimlich, das gott me kinde hette dann einen natùrlichen sun, so were als zimlich, das er me worte hette denn eins in siner ewigkeit. Nu ist das vnmùglich, wån wå me worte ist dån eins, die sint vnfollekommen, wån ein volkomens verwiset alle wort, die vnvolkommen sint.[403]

A. Ist keyn ander sache, dauon es mùgelich sie?

B. Jå, were es also geschehen, so were die allergroͤste gnåde muͤssig gesin, das sù nùt erschinen were als gnåde; wån weren die ersten moͤnschen also geschaffen als Christus, so were keÿn sùnde gebuͤsset in der gnåde, vnd dauon so were sù nùt erschinen als gnåde; daz waz vnzimlich vnd vnbillich.

A. Dis ist merklich. Noch dunket mich, das man noch eine sache moͤhte geben, als du in dem vordern buͤche etwaz håst gesprochen. Es getzam gotte, *[107vb]* das er bewisete sine wißheit vnd sinen gewalt. Er hät getzoͤiget wißheit daran, daz er sine werk nùt anders hät gemaͤchet, dån sù sint angefangen. Wån wer sine werk anders machet, dan sù sint angefangen, den ruwet, das er sù also anvieng. Ruwe zoͤiget aber vnwißheit. Er hät o͗ch dainne getzoͤiget sinen gewalt, das er die sùnde baß hät widerbraht vnd gebessert denn das erste leben. Dauon billich, alz mich geduncket, hät er die ersten moͤnschen sùntlich gemachet. Damitt gib disem capitel ein ende.

B.

---

403 *Dieselbe Argumentation im IPD Z. 839–854: Es gibt nur einen Sohn in der Trinität, da er die vollkommene Liebe auf sich vereinigt.*

B. Was ist das?

A. Ich habe oft gewünscht, dass Gott den Menschen mit Gerechtigkeit geschaffen hätte, sodass er nicht gesündigt haben könnte wie Christus und dass er doch lobenswert gewesen wäre wegen der Gerechtigkeit.

B. Wer wünscht, der wünscht töricht, denn ein Wunsch ist nicht besser als der andere. Darum, wenn ein Weiser das Werk eines Toren tut, dann tut er es töricht.

A. Das habe ich wohl bedacht. Doch zeige: Wo liegt die Torheit in dem Wunsch? So wird mir der Wunsch weise.

B. Wenn einer das begehrt, was nicht sein soll und auch nicht sein kann, nenne ich es Torheit in dem Wunsch.

A. Nun sag, warum es nicht sein sollte, dass der Mensch so geschaffen wurde.

B. Hast du gemerkt, warum Christus die lobenswerte Gerechtigkeit hatte und doch nicht sündigen konnte?

A. Ja, weil er Gott ist, darum hat er sie durch sich selbst und kann sie darum auch nicht verlieren.

B. Dabei merke: Wollte Gott die ersten Menschen so geschaffen haben, dass sie gerecht wären und die Gerechtigkeit nicht hätten verlieren können, so hätte er sie mit Gott vereinen müssen, wie Christus mit Gott vereint war. Nun frage ich, ob dir dies ziemlich oder möglich erscheint.

A. Ich weiß nicht, wenn Gott es gewollt hätte, so wäre es vielleicht möglich und geziemend.

B. Wäre es geziemend, dass Gott mehr Kinder hätte als einen natürlichen Sohn, so wäre es ebenso geziemend, dass er mehr Worte hätte als eines in seiner Ewigkeit. Nun ist das unmöglich, denn wo mehr Worte sind als eines, da sind sie unvollkommen, denn ein vollkommenes Wort weist alle weiteren Worte ab, die unvollkommen sind.

A. Gibt es irgendeinen anderen Grund, dass es möglich wäre?

B. Ja, wäre es so geschehen, so wäre die allergrößte Gnade umsonst gewesen, sodass sie nicht als Gnade erschienen wäre; denn wären die ersten Menschen so geschaffen wie Christus, so wäre keine Sünde in der Gnade gebüßt worden, und darum wäre sie nicht als Gnade erschienen, das war ungeziemend und unangemessen.

A. Das ist verständlich. Mir scheint noch, dass man noch einen Grund angeben könnte, wie du in dem vorherigen Buch gesprochen hast. Es war für Gott geziemend, dass er seine Weisheit und seine Macht zeigte. Er hat Weisheit darin gezeigt, dass er seine Werke nicht anders geschaffen hat, als sie angefangen waren. Denn wer seine Werke anders macht, als sie angefangen sind, den reut es, dass er sie so anfing. Reue zeigt aber Unweisheit. Er hat auch darin seine Macht gezeigt, dass er die Sünde wiedergutgemacht und besser gemacht hat als das erste Leben. Darum ist es angemessen, wie mir scheint, dass er die ersten Menschen sündhaft gemacht. Damit sei dieses Kapitel zu Ende.

B.

Das nùnde capitel
Der moͤnsche, der gelten solte vnd moͤhte vnser schulde, der muͦste moͤgen sterben, ob er wollte, vnd moͤgen nùt sterben, ob er wolte.[404]

A. Dis wort solt du mir wol erlùhten.

B. Wilt du es wol verstån, wå vff es geordent ist, so muͦst du vor vier wort gär eben *[108ra]* merken; wån die vier wort bewisent, wauon das not waz, das er fùr vnser sùnde muͦste williglichen sterben, wolt er vnser sùnde buͦssen.

A. Was sint die vier wort, die wil ich gerne vnd flissiglich hoͤren?

B. Der buͦssen wil vnser sùnde vnd gelten, der muͦß etwaz gotte geben, das groͤsser ist dann alles, daz ist, das vnder gotte ist.[405] Das ist das erste.

A. Dis wort daz han ich von dem vordern capitel wol verstanden. Wån der moͤnsche nùt solte sùnden vmb alles, daz vnder gotte ist; dauon der sù zuͦ reht gelten wil, der muͦß gotte me geben denn alles, das vnder gotte ist.

B. Das groͤsser ist dån alles, daz vnder gotte ist, das mag nùt sin vssewendig des moͤnschen.[406] Das sie daz ander wort.

A. Das merk ich ouch von der vordern lere. Wån nÿeman mag das geleisten, daz groͤsser ist dann alles, daz vnder gotte ist, dån der gott ist. Dauon vssewendig des moͤnschen, der in der worheit gott ist, bedarff nyeman suͦchen das groͤssser dån alles, daz vnder gotte ist.

B. Es ist not, daz er sichselber gotte *[108rb]* gebe oder etwaz, das im ist, wil er die sùnde gelten.[407] Daz ist das dritte wort.

A. Dis wort merke ich von den zweyn vordern worten. Muͦß er etwaz gen daz grosser ist dann alles, daz vnder gotte ist, vnd ist das nùt vssewendig sinselbes, dauon so muͦß er sichselben geben oder aber etwaz vß imselber, wil er gelten.

14 B. *fehlt*

---

404 *Anselmus Cantuariensis, CDH II, c. 11; Bd. II, S. 110,7:* Si igitur voluerit permittere, poterit occidi; et si noluerit, non poterit. *(Übers.* S*CHMITT, S. 113: »Wenn er es also erlauben will, wird er getötet werden können; und wenn er es nicht will, wird er es nicht können.«)*

405 *Anselmus Cantuariensis, CDH II, c. 11; Bd. II, S. 110,9 f.:* Ratio quoque nos docuit quia oportet eum maius aliquid habere, quam quidquid sub deo est, quod sponte det et non ex debito deo. *(Übers.* S*CHMITT, S. 113: »Die Vernunft lehrt uns auch, dass er etwas Größeres als alles, was unter Gott steht, haben müsse, was er freiwillig und nicht aus Schuldigkeit gibt.«)*

406 *Anselmus Cantuariensis, CDH II, c. 11; Bd. II, S. 110,12:* Hoc autem <nec> sub illo nec extra illum inveniri potest. *(Übers.* S*CHMITT, S. 113:»Das aber kann weder unter ihm noch außer ihm gefunden werden.«)*

407 *Anselmus Cantuariensis, CDH II, c. 11; Bd. II, S. 110,22 f.:* Sic ergo intelligenda est haec datio, quia aliquo modo ponet se ad honorem dei aut aliquid de se, quomodo debitor non erit. *(Übers.* S*CHMITT, S. 113: »Mithin ist diese Gabe so zu verstehen, dass er sich selber oder etwas von sich zur Ehre Gottes auf eine Weise hingeben wird, durch die er nicht Schuldner werden wird.«)*

Das neunte Kapitel
Der Mensch, der unsere Schuld wiedergutmachen sollte und konnte, der musste sterben können, wenn er wollte, und nicht sterben können, wenn er wollte.

A. Dieses Wort sollst du mir gut erklären.

B. Willst du gut verstehen, worauf es aufgebaut ist, so musst du zuvor vier Worte verstehen, da diese vier Worte zeigen, warum es notwendig war, dass er für unsere Sünde freiwillig sterben musste, wenn er für unsere Sünde büßen wollte.

A. Was sind diese vier Worte, die will ich gerne und eifrig hören?

B. Wer unsere Sünde büßen und wiedergutmachen will, der muss Gott etwas geben, das größer ist als alles, was es gibt, was unter Gott ist. Das ist das erste.

A. Das Wort habe ich in dem vorigen Kapitel gut verstanden. Denn der Mensch sollte nicht sündigen, nicht um alles, was unter Gott ist; darum, wer zu Recht erstatten will, der muss Gott mehr geben als alles, was unter Gott ist.

B. Was größer ist als alles, das unter Gott ist, das kann nicht außerhalb des Menschen sein. Das ist das zweite Wort.

A. Das verstehe ich auch aufgrund der vorherigen Lehre. Da niemand das leisten kann, was größer ist als alles, das unter Gott ist, außer der selbst Gott ist. Darum braucht außerhalb des Menschen, der in Wahrheit Gott ist, niemand etwas zu suchen, das größer ist als alles, was unter Gott ist.

B. Es ist notwendig, dass er sich selbst Gott hingibt oder etwas, das ihm gehört, wenn er die Sünde wiedergutmachen will. Das ist das dritte Wort.

A. Dieses Wort verstehe ich aufgrund der beiden vorherigen Worte. Wenn er etwas geben muss, das größer ist als alles, das unter Gott ist, und wenn es nicht außerhalb seiner selbst ist, darum muss er sich selbst geben oder aber etwas aus ihm selbst, wenn er vergelten will.

B. Alles, das der moͤnsche hat vnd vermag, des ist er gotte schuldig åne alleÿn sins lebens, der fùr vns sol gelten.

A. Dis vierde wort merk ich nùt als wol als die vordern.

B. Ich han dich vor vnderwiset, das der moͤnsche sin schulde nùt mag vergelten; wån er åne die sùnde gotte alles das schuldig ist, das er vermag mit gůtem willen vnd mit werken.

A. Ich han das wol gedåht.

B. Dauon der gelten wil fùr die sùnde, der můß etwaz gen, das er ane daz nùt schuldig ist.

A. Daz ist wor.

B. Dauon der moͤnsche, der fùr vns gelten wil, der můß etwaz gen fur vnser schulde, daz er one daz nut schuldig ist; vnd dauon, wes er on daz von ymselber gotte schul*[108va]*dig ist, domit mag er nùt vnser schulde gelten.[408]

A. Waz ist Christus gotte schuldig?

B. Wes ist ein kint sinem einigen getruwen vatter schuldig?

A. Aller truw, aller mynne vnd aller ere.

B. Dauon weder mit truwe noch mit mynnen noch mit keynem werke goͤttlicher ere one sin leben moͤht er vnser sùnde gelten nùt; wan des waz er alles gott schuldig.

A. We, nu merk ich erst, waz du ietz in zweyn capiteln håst gemeynet: Wån Christus sùnde nÿe gewån, dauon ist er gotte keÿnes todes schuldig, vnd wån er one daz gotte schuldig ist aller gerehter mynne vnd alles, des er hat, můß er denn gelten domitte, des er gotte nùt schuldig ist. So ist åne zwiuel: Wil er gelten, so můß er mit sinem tode gelten.[409]

B. One daz, daz din flissiger ernst zů der worheit hat begriffen, so ist vil sach, die bewisent, daz es also zimlich ist. Wan es ordenlich ist, das vnser sùnde mit sinem tode wurde vergolten, wån als der moͤnsche sùndet mit sůssigkeit des lustes, also waz oͤrdenlich in der gerehtigkeit, *[108vb]* daz die sùnde mit bitterkeit des todes wùrde gebůsset;[410] vnd alz die sùnde nam vrsach an dem holtze

---

408 *Anselmus Cantuariensis, CDH II, c. 11; Bd. II, S. 110, 25; 26–28:* Si dicimus quia dabit se ipsum ad oboediendum deo, <...> non erit hoc dare quod deus ab illo non exigat ex debito. Omnis enim rationalis creatura debet hanc oboedientiam deo. *(Übers. SCHMITT, S. 113: »Wenn wir sagen: Er wird sich selber, um Gott zu gehorchen, hingeben, <...> so wird das nicht ein Geben bedeuten, das Gott von ihm nicht aus Schuldigkeit verlangte. Denn jedes vernünftige Geschöpf ist Gott diesen Gehorsam schuldig.«)*

409 *Anselmus Cantuariensis, CDH II, c. 11; Bd. II, S. 111,16–18:* Nihil autem asperius aut difficilius potest homo ad honorem dei sponte et non ex debito pati quam mortem, et nullatenus se ipsum potest homo dare magis deo, quam cum se morti tradit ad honorem illius. *(Übers. SCHMITT, S. 115: »Nichts Härteres aber und Schwereres kann der Mensch zur Ehre Gottes freiwillig und ohne Schuldigkeit erleiden als den Tod; und der Mensch kann sich selber in keiner Weise mehr Gott hingeben, als wenn er sich zu seiner Ehre dem Tode ausliefert.«)*

410 *Anselmus Cantuariensis, CDH II, c. 11; Bd. II, S. 111,8 f.:* Si homo per suavitatem peccavit: an non convenit ut per asperitatem satisfaciat? *(Übers. SCHMITT, S. 115: »Wenn*

B. Alles, was der Mensch hat und kann, das ist er Gott schuldig außer allein sein Leben, wenn er für uns vergelten soll.

A. Dies vierte Wort verstehe ich nicht so gut wie die vorherigen.

B. Ich habe dich vorher belehrt, dass der Mensch seine Schuld nicht vergelten kann; da er auch ohne die Sünde Gott alles schuldet, was er mit gutem Willen und mit Werken vermag.

A. Ich habe das wohl bedacht.

B. Darum, wer für die Sünde vergelten will, der muss etwas geben, das er ohnehin nicht schuldig ist.

A. Das ist wahr.

B. Darum muss der Mensch, der für uns vergelten will, etwas für unsere Schuld geben, was er ohnehin nicht schuldet; und darum, was er ohnehin aus sich selbst Gott schuldig ist, mit dem kann er unsere Schuld nicht vergelten.

A. Was ist Christus Gott schuldig?

B. Was ist ein Kind seinem einzigen treuen Vater schuldig?

A. Alle Treue, alle Liebe und alle Ehre.

B. Darum könnte er weder mit Treue noch mit Liebe noch mit irgendeinem Werk der göttlichen Ehre außer seinem Leben unsere Sünde vergelten, denn das alles war er Gott schuldig.

A. O weh, nun merke ich erst, was du jetzt in den zwei letzten Kapiteln gemeint hast. Denn da Christus nie eine Sünde tat, darum ist er Gott keines Todes schuldig, und da er ohnehin Gott alle gerechte Liebe und alles, was er hat, schuldet, muss er also damit vergelten, was er Gott nicht schuldet. So ist es ohne Zweifel: Wenn er vergelten will, so muss er mit seinem Tode vergelten.

B. Auch wenn dein eifriger Ernst die Wahrheit begriffen hat, gibt es viele Ursachen, die beweisen, dass es so geziemend ist. Denn es ist in Ordnung, dass unsere Sünde mit seinem Tod vergolten wurde, denn wie der Mensch mit der Süße der Lust gesündigt hat, so war es in der Ordnung der Gerechtigkeit, dass die Sünde mit der Bitterkeit des Todes gebüßt werde, und wie die Sünde an

des wissen gůtes vnd v̀bels, also nach rehter ordenunge solte die schulde an dem holtze des crùtzes vergolten werden, in dem der moͤnsche empfand, wie gůt gerehtigkeit ist vnd wie bitter vnd wie v̀bel die sùnde ist. Vnd als Eua an dem obs von dem raͦte des boͤsen geistes wart betrogen, also solte derselbe raͦt von bitterkeit des todes werden betrogen.

A. So ich ye me in das sacramente sihe, so ich ye me gerehtigkeit mynne vnd wißheit bekeͤnne. Waz moͤhte ioch gerehter, wiser, minnenklicher sin, dann das leben vmb leben wùrde gegeben vnd der tod in einem tode erstùrbe. Wir waͦren tod an gerehtigkeit, der tod ist in einem tode ertoͤdet, waͦn naͦch dem tode gaͦt das leben. Dauon nach dem, daz der tod ertoͤtet ist, dauon ist vnser leben in sinem leben erstanden vnd erkicket.

B. Die waͦrheit sprichet sichselber vß dir, wan reht alle moͤnschen heͤt empfangen in siner beͤrenden *[109ra]* krafft, die krafft sù geberen mag in goͤttlicher mynne vnd in gerehtigkeit, also daz alle moͤnschen moͤgen in im sterben vnd lebende werden. Dauon ist er tod, das die moͤnschen in im sterbent naͦch dem alten moͤnschen, der geboren ist in sùnden. Davon ist er aber erstanden, daz die moͤnschen, die in im tod sint, erstanden in einem nuwen leben der gerehigkeit, als der moͤnsche an dem ersten wart geschoͤpfet vnd nach gotte gebildet. Das betùtet vnd meynet der toͮff des moͤnschen.

A. Das sage mir: Wie betùtet es der toͮff?

B. Der moͤnsche wurt in dem toͮffe dristund vnder das wasser getrucket vnd wurt als dicke wider v̀ber das wasser getzùcket.

A. Daz han ich wol gesehen.

B. Daz er vnder daz wasser wurt getrucket, daz betùtet, daz der moͤnsche in dem tode Ihesu Christi tod ist naͦch dem alten moͤnschen; waͦn der *der* nature stirbet der wurt begraben vnder das ertrich. Also wurt der moͤnsche begraben vnder dem wasser zů einem zeichen, das er tod ist. So er aber vsser dem wasser wurt gehaͤbet vnd v̀ber das wasser, das betùtet, daz der moͤnsche in gott erstanden ist *[109rb]* vnd getzogen in ein nuwes leben. In dem leben die moͤnscheit geschaffen wart. Sù viel in daz wasser der sùnde vnd der aͦrbeit.

A. Waz betùtet aber, daz er dristund vnder das wasser wurt begraben vnd als dick daruß getzogen?

B. Das betůtet, daz der tod der sùnde drùfaltig waz. Waͦn er wider die drùfaltigkeit hät gesùndet, vnd dauon dem moͤnschen der vaͦtterliche gewalt benommen naͦch den sùnden. Er wart an der worheit des ewigen wortes erbleͤndet. Er wart an der mynne gottes, die vor gůt vnd gereht waz, verkert. Dauon wurt er dristund in dem wasser begraben, vnd als der tod was drùfaltig, also wurt das

79 der *fehlt*

---

der Mensch durch Weichlichkeit gesündigt hat: kommt es ihm dann nicht zu, durch Härte zu sühnen?«)

dem Holz des Wissens über Gut und Böse die Ursache nahm, so sollte die Schuld am Holz des Kreuzes vergolten werden, indem der Mensch empfand, wie gut Gerechtigkeit ist und wie bitter und wie übel die Sünde ist. Und wie Eva an dem Obst durch den Rat des bösen Geistes betrogen wurde, so sollte derselbe Rat von der Bitterkeit des Todes betrogen werden.

A. Je mehr ich in dieses Geheimnis sehe, desto mehr erkenne ich Gerechtigkeit, Liebe und Weisheit. Was könnte auch gerechter, weiser, liebevoller sein, als dass Leben um des Lebens willen gegeben wird und der Tod in einem Tode stirbt. Wir waren in der Gerechtigkeit tot, der Tod ist in einem Tod getötet; denn nach dem Tod folgt das Leben. Darum, nachdem der Tod getötet ist, darum ist unser Leben in seinem Leben auferstanden und neu belebt.

B. Die Wahrheit spricht sich selbst aus dir; denn gerade, wie alle Menschen in seiner gebärenden Kraft empfangen haben, die sie gebären kann in göttlicher Liebe und in Gerechtigkeit, sodass alle Menschen in ihm sterben und lebendig werden können. Darum ist er tot, dass die Menschen in ihm sterben nach dem alten Menschen, der in Sünden geboren ist. Darum ist er aber auferstanden, dass die Menschen, die in ihm tot sind, auferstanden sind in einem neuen Leben der Gerechtigkeit, wie der Mensch zuerst erschaffen und nach Gott gebildet wurde. Das bedeutet und meint die Taufe des Menschen.

A. Das erkläre mir: Inwiefern bedeutet es die Taufe?

B. Der Mensch wird in der Taufe dreimal unter das Wasser gedrückt und wird ebenso oft wieder über das Wasser emporgehoben.

A. Das habe ich gesehen.

B. Dass er unter das Wasser gedrückt wird, das bedeutet, dass der Mensch im Tod Jesu Christi tot ist nach dem alten Menschen; denn wer natürlich stirbt, der wird unter dem Erdreich begraben. So wird der Mensch unter dem Wasser begraben zu einem Zeichen, dass er tot ist. Wenn er aber aus dem Wasser und über das Wasser gehoben wird, das bedeutet, dass der Mensch in Gott auferstanden und in ein neues Leben gezogen ist. In diesem Leben wurde die Menschheit geschaffen. Sie fiel in das Wasser der Sünde und der Mühsal.

A. Was bedeutet aber, dass er dreimal unter das Wasser begraben wurde und ebenso oft herausgezogen wurde?

B. Das bedeutet, dass der Tod der Sünde dreifach war. Denn er hat gegen die Dreifaltigkeit gesündigt, und darum wurde dem Menschen aufgrund der Sünden die väterliche Macht genommen. Er wurde angesichts der Wahrheit des ewigen Wortes blind gemacht. Er wurde angesichts der Liebe Gottes, die zuvor gut und gerecht war, verkehrt. Darum wurde er dreimal in dem Wasser begraben, und wie der Tod dreifach war, so wird das Leben dreifach erquickt

leben drùfaltig erkicket nåch der bildunge der heiligen drùfaltigkeit. Wån die vnkrafft wurt erkicket in den tugenden vnd in der krafft Christi. Die blintheit des moͤnschen wurt erlùhtet mit dem ewigen worte der worheit, daz Christus. Die boͤse mynne des glustes wurt vertriben mit der woren mÿnne, die gereht ist gottes. Dauon wurt der [*109va*] moͤnsche dristund vffgehåbt vß dem touffe in dem namen der heiligen drùfaltigkeit zů einem zeichen, daz das bilde gottes, das da gebildet waz nach der heiligen drùfaltigkeit, vnd daz geschiht in dem gerehten gelte vnd opfer, das Christus ist.

A. Ach, wie rehte nùtze das ist zůwissende, waz das sacramente betùtet des toͮffes, das aller sacramente vnd aller gnåde ist ein anefang vnd ein tor cristenliches lebens.

B. Es ist wol nùtze zůwissende, vnd das maht du daby merken, daz es den als nùtz ist, die es ioch nùt verstånd, das sù dauon werdent behalten. Wie mag es dann den so wol nùtze sin, die es mit lutern ougen also sehent in der worheit, als es betùtet, vnd es nåch der worheit also mÿnnent, als sù es sehent. Wån die werdent gewiset zů dem brunnen, daruß alle sacramente sint geflossen. Vnd als in der cristenheit sint ettliche, die die sacramente empfåhent vnd nùt beruͤrent als die leÿen, ettliche die beruͤrent die sacramente bloß alz die priester, also sint in geist[*109vb*]licher wise die leÿen, die die sacramente empfahent wùrdiglich vnd nùt enwissent noch verstånd, in welicher mynne vnd wise sù sint vßgeflossen. Die aber wissent vnd sehent, wie vß dem brunnen aller gerehtigkeit vnd gnåde aller reÿnigunge der sacramente geflossen ist vnd wie alle tugenden vnd gnåde durch in geben ist, die moͤgent wol heissen die vßerwålten priester gottes, wån sù die worheit bloß handelent vnd ruͤrent.

A. Dine wort sint alles trostes vol. Gott gebe, das der min hertze vnd min sele wihe mit bekantnisse der worheit, der mich selber yme zů einem tempel hät gebuwen.

B. Amen! Nu fråge fùrbas, hast du me zů frågen!

A. An dem han ich nùt zwiuel, das Christus williglich fùr vnser sùnde wolt sterben, vnd dauon sprich ich wol williglich, wån er, ob er wolte, moͤhte nùt sterben, wån er die sach des todes nùt enhätte, daz ist die erbsùnde. Doch duncket es mich ein groß wunder, wie Christus moͤht [*110ra*] wellen sin toͤtlich.[411] Wån nÿeman mag ymselber keÿn v̀bel wellen.

B. Es ist wol wor, das nÿeman imselber v̀bels goͤnnen mag. Doch sprich ich, das Christus an sich nam, das vnser nature smertze vnd v̀bel ist, vnd doch dobÿ goͤnde er imselber keÿn v̀bels, als du hast gesprochen.

---

411 *Anselmus Cantuariensis, CDH II, c. 11; Bd. II, S. 111,20f.:* Talem igitur oportet eum esse qui pro peccato hominis satisfacere volet, ut mori possit si velit. *(Übers. SCHMITT, S. 115: »Also muss der, der für die Sünde wird genugtun wollen, so sein, dass er sterben kann, wenn er es will.«)*

durch die Formung der heiligen Dreifaltigkeit. Denn die Unkraft wird erfrischt in den Tugenden und in der Kraft Christi. Die Blindheit des Menschen wird erleuchtet mit dem ewigen Wort der Wahrheit, das Christus ist. Die böse Liebe der Lust wird vertrieben mit der wahren Liebe, die Gottes gerecht ist. Darum wird der Mensch dreimal herausgehoben aus der Taufe im Namen der heiligen Dreifaltigkeit zu einem Zeichen des Bildes Gottes, das nach der heiligen Dreifaltigkeit geformt war, und das geschieht in der gerechten Vergeltung und dem Opfer, das Christus ist.

A. Ach, wie recht nützlich das zu wissen ist, was das Sakrament der Taufe bedeutet, das aller Sakramente und aller Gnade ein Anfang und ein Tor zum christlichen Leben ist.

B. Es ist wohl nützlich, das zu wissen, und das kannst du daran erkennen, dass es denen so nützlich ist, auch wenn sie es nicht verstehen, dass sie dadurch gerettet werden. Wie kann es dann denen so nützlich sein, die es mit reinen Augen so in der Wahrheit sehen, wie und was es bedeutet, und es nach der Wahrheit so lieben, wie sie es sehen. Denn die werden zu dem Brunnen gewiesen, aus dem alle Sakramente geflossen sind. Und wie in der Christenheit einige sind, die die Sakramente empfangen und nicht berühren wie die Laien, so sind manche, die die Sakramente mit bloßen Händen berühren wie die Priester, so sind in geistlicher Weise die Laien, die die Sakramente würdig empfangen und nicht wissen noch verstehen, in welcher Liebe und in welcher Weise sie ausgeflossen sind. Die aber wissen und sehen, wie aus dem Brunnen aller Gerechtigkeit und Gnade alle Reinigung der Sakramente geflossen ist und wie alle Tugenden und Gnaden durch ihn gegeben wird, die können wohl die auserwählten Priester Gottes heißen, denn sie behandeln und berühren die Wahrheit rein und bloß.

A. Diese Worte sind voll jedes Trostes. Gott gebe, dass der mein Herz und meine Seele mit der Erkenntnis der Wahrheit segnet, der mich selbst für sich zu einem Tempel erbaut hat.

B. Amen! Nun frage weiter, wenn du noch Fragen hast.

A. Daran habe ich keinen Zweifel, dass Christus freiwillig für unsere Sünde sterben wollte, und darum sage ich »freiwillig«, weil er, wenn er wollte, nicht sterben konnte; denn er hatte die Ursache des Todes nicht, das ist die Erbsünde. Doch scheint es mir ein großes Wunder, wie Christus es wollen konnte, sterblich zu sein. Denn niemand kann für sich selbst ein Übel wollen.

B. Es ist wohl wahr, dass niemand sich selbst Übles wünschen will. Doch sage ich, dass Christus auf sich nahm, was Schmerz und Übel unserer Natur ist, und doch wünschte er sich selbst dabei kein Übel, wie du gesagt hast.

A. Wie moͦht das sin? Nam er an sich vnsern gebresten, die v̀bel sint, er muͦst imselber v̀bels goͤnnen.[412]

B. Gedencke, daz das nùt gehoͤret zuͦ seligkeit, daz der moͤnsche hät vnd sin nùt begeret.[413]

A. Ich gedencke wol, daz das me gesprochen ist vnd ouch wor ist.

B. Als billich heisset das nùt ein v̀bel, daz der moͤnsche mangelt vnd sin ouch nùt begeret.

A. Daz ist wor. Der ist nùt arm, der guͦtes nùt enhät vnd sin ouch nùt begeret. Der ist arm, der guͦtes mangelt vnd guͦtes begeret. Wån nùtzit machet den moͤnschen arm, dann vnmuͤssige begirde, als in dem ersten buͦche gesprochen ist.

B. Doby merke, daz Christus nùt arm wart in vnsern gebresten an sich zenemmen; wån er nam sù an sich *wißlich*[414] vnd willig*[110rb]*lich.

A. Ach, das ist woͤr, wer es reht merket. Wån in dem mangel oder in dem gebresten so ist anders v̀bel nùt dann mangeln, des man begert. Dauon wer mangel hät oder gebresten åne begirde, der hät mangel vnd gebresten oͦne allen gebresten vnd ane alles v̀bel der arenmuͦt.

B. Dauon wån Christus williglich an sich nam vnd truͦg vnsern gebresten, *dauon* gonde er imselber nut worer arenmuͦt ane allen mangel vnd v̀bels; wån er hät sù åne allen gebresten.

A. Nu sage: Waran lit daz, daz er vnser gebresten an sich nam gewilliglich, als du hast gesprochen?

B. Ein artzät, der einen siechen heilen wil, tuͦt er nùt wißlich, daz er den siechen nimpt in sin hus?

A. Joͦ. Er teͤte wißlich, so er in ye sicherlichest behaltet, so sich der sieche ye sicherlichest huͤtet, daz der artzät ùt betrogen werde.

B. Sih, also hat Christus wißlich getän als ein artzat. Er hät den siechen genummen in sin huß, das er die artzenÿe empfahe deste baß; vnd nùt alleyne

140 wißlich] witlich ***146*** dauon] dauon das

---

412 *Anselmus Cantuariensis, CDH II, c. 12; Bd. II, S. 112,7–9:* Omnia haec patenter ostendunt eum mortalem et incommodorum nostrorum esse participem oportere. Sed haec omnia miseriae nostrae sunt. Numquid ergo miser erit? *(Übers. Schmitt, S. 117: »All das beweist offenbar, dass er sterblich sein und an unseren Beschwerden teilhaben muss. Das alles aber gehört zu unserem Elende. Wird er also etwa unglücklich sein?«)*

413 *Anselmus Cantuariensis, CDH II, c. 12; Bd. II, S. 112,10–12:* Nequaquam. Nam sicut ad beatitudinem non pertinet commodum quod habet quis contra voluntatem, ita non est miseria apprehendere sapienter nulla necessitate aliquod incommodum secundum voluntatem. *(Übers. Schmitt, S. 117: »Keineswegs. Denn wie zur Seligkeit nicht das Angenehme gehört, das jemand wider seinen Willen erfährt, so ist es kein Unglück, weise, ohne Zwang, gewollte Beschwerden auf sich zu nehmen.«)*

414 *Die Handschrift hat* witlich, *das nicht belegt ist. Die Konjektur* wißlich (wizzelich, wizlich, *adj. »bewusst«,* Lexer*) kann aus dem bald folgenden Satz in Z. 154 begründet werden.*

A. Wie könnte das sein? Nahm er unsere Mängel auf sich, die übel sind, dann musste er sich selbst Übles wünschen!

B. Bedenke, dass das nicht zur Seligkeit gehört, was der Mensch hat und nicht begehrt.

A. Ich denke wohl daran, dass du es öfter gesagt hast und es auch wahr ist.

B. So ist es angemessen, dass das nicht Übel heißt, was dem Menschen fehlt und was er auch nicht begehrt.

A. Das ist wahr. Der ist nicht arm, der keinen Besitz hat und ihn auch nicht haben will. Der ist arm, dem Besitz fehlt und der Besitz begehrt. Denn nichts macht den Menschen arm außer umtriebige Begierde, wie im ersten Buch gesagt wurde.

B. Daran merke, dass Christus nicht arm wurde, als er unsere Gebrechen auf sich nahm, denn er hat wissentlich und freiwillig angenommen.

A. Ach, das ist wahr, wenn man es richtig versteht. Denn in dem Mangel oder in dem Gebrechen ist nichts anderes übel, als das Fehlen dessen, was man begehrt. Darum, wer Mangel hat oder Gebrechen ohne Begehren, der hat Mangel und Gebrechen ohne jedes Gebrechen und ohne alles Übel der Armut.

B. Darum, weil Christus freiwillig unsere Gebrechen angenommen und getragen hat, darum gönnte er es sich selbst mit wahrer Armut ohne allen Mangel und Übel, da er sie ohne alles Gebrechen hatte.

A. Nun sage: Woran liegt das, dass er freiwillig unsere Gebrechen angenommen hat, wie du gesagt hast?

B. Ein Arzt, der einen Kranken heilen will, tut er das nicht wissentlich, dass er den Kranken in sein Haus aufnimmt?

A. Ja. Er tut es wissentlich, wenn er in höchster Sicherheit behält, wenn sich der Kranke hütet, dass der Arzt nicht etwa betrogen wird.

B. Sieh, so hat Christus wissentlich wie ein Arzt gehandelt. Er hat den Kranken in sein Haus aufgenommen, damit er die Arznei umso besser erhalten

hät er den siechen genommen *[110va]* in sin huß, er hat den siechen genommen ansich, das er an imselber die gebresten des siechen ertoͤte.

A. We, mynnenklicher herre vnd wiser artzat! Ich was siech, dauon bist du kommen, das du mich woltest heilen. Du håst myne siechtagen genommen an dich, das du mynen siechtagen in dir bůstest vnd ertoͤtest. Wån ich moͤht nÿemer werden gesundt. Die gebresten mins siechtagen wurdent dann ertoͤtet. Vnd dauon, min hertzelieber artzatt, du håst mÿne gebresten in dir, nùt in mir ertoͤttet; wån die artznÿe was miner krangheit zů strenge vnd zů stark, das ich sù nùt moht erliden.

B. Der goͤttliche geist, der redet durch dich, der durch Ysayas mund ouch hät gesprochen: Er ist verwundet vmb vnser missetåt, weͤrlich »vnser smertzen hät er getragen« vnd vnser sùnde hät er gelitten in sinem libe. Dauon so sprach ich: Gott hät wißlich ansich genommen vnser gebresten.

A. Noch wundert mich: Syd gott hat wißlich ansich genommen vnser gebresten, warumb hät *[110vb]* er denn nùt ansich genommen alle vnser gebresten als vnwißheit vnd sùnde vnd vnkrafft?[415]

B. Diner fråge ist nyemer ende! Gott hät ansich genommen die gebresten, die ym nùt vnerlichen worent vnd die nùtze worent vnser erloͤsunge. Dauon so moht er sùnde ansich nùt nemmen, wan es were ym vnerlich gewesen, wann er gott waz, vnd vns vnnùtze, wan heͤt er sùnde geheͤpt, so můst er ouch ein opfer hån gehåpt fùr sine sùnde. Er moͤht ouch vnwißheit ansich nùt han genommen. Wie wolt er die allergroͤsten werk han gewùrket åne die allerhoͤhste wißheit?[416] Wån nÿeman gewùrken mag, daz er nùt bekennet, wån er můß vor mynnen, das er wùrken wil, vnd můß ouch vor bekennen, das er mynnet. Dauon so můst er alles gůt vnd alles v̀bel bekennen.[417]

A. Warzů was das gůt, das er alles v̀bel bekante?

B. Es mag nyeman daz gůt bekennen voͤlliglich, dann der daz gůte von dem boͤsen gesundern kan vnd vnderscheiden. Wer daz tůt, der můß gůt vnd

---

415 *Anselmus Cantuariensis, CDH II, c. 13; Bd. II, S. 112,16f.:* Verum in hac similitudine, quam habere debet cum hominibus, dic utrum ignorantiam quoque sicut alias infirmitates nostras habiturus sit. *(Übers. Schmitt, S. 117: »Jedoch sage mir, ob er bei dieser Ähnlichkeit, die er mit den Menschen haben muss, auch die Unwissenheit wie unsere anderen Schwächen haben wird?«)*

416 *Anselmus Cantuariensis, CDH II, c. 13; Bd. II, S. 112,24–26:* Ignorantia namque ad nihil illi utilis esset, sed ad multa noxia. Quomodo enim tot et tanta opera quae facturus est, faciet sine immensa sapientia? *(Übers. Schmitt, S. 117: »Denn die Unwissenheit wäre ihm zu nichts nützlich, aber für vieles schädlich. Wie nämlich wird er so viele und so erhabene Werke, die er vollbringen soll, ohne unermessliche Weisheit vollbringen?«)*

417 *Anselmus Cantuariensis, CDH II, c. 13; Bd. II, S. 112,28f.:* Deinde si nihil amatur nisi quod cognoscitur: sicut nihil erit boni quod non amet, ita nullum bonum erit quod ignoret. *(Übers. Schmitt, S. 117: »Ferner: Wenn man nichts liebt, außer was man kennt: wie es nichts Gutes geben wird, das er nicht liebt, so wird es nichts Gutes geben, das er nicht weiß.«)*

kann, und nicht nur hat er den Kranken in sein Haus aufgenommen, er hat den Kranken zu sich genommen, dass er an sich selbst die Gebrechen des Kranken getötet hat.

A. O weh, liebevoller Herr und weiser Arzt! Ich war krank, darum bist du gekommen, um mich zu heilen. Du hast mein Siechtum auf dich genommen, um mein Siechtum in dir zu büßen und zu töten. Denn ich könnte niemals gesund werden. Die Gebrechen meines Siechtums wurden dann getötet. Und darum, mein herzenslieber Arzt, du hast meine Gebrechen in dir, nicht in mir getötet; denn die Arznei war für meine Krankheit zu streng und zu stark, dass ich sie nicht ertragen konnte.

B. Der göttliche Geist redet durch dich, der durch Isaias Mund auch gesprochen hat: »Er ist verwundet wegen unserer Missetat; wahrlich unsere Schmerzen hat er getragen« (Is 53,4), und unsere Sünde hat er an seinem Leibe erlitten. Darum sagte ich: Gott hat wissentlich unsere Gebrechen auf sich genommen.

A. Noch wundert mich: Seit Gott wissentlich unsere Gebrechen auf sich genommen hat, warum hat er dann nicht alle unsere Gebrechen auf sich genommen, wie zum Beispiel Unweisheit und Sünde und Schwäche?

B. Deine Fragen gehen niemals zu Ende! Gott hat die Gebrechen auf sich genommen, die nicht gegen seine Ehre waren und die zu unserer Erlösung nützlich waren. Darum konnte er die Sünde nicht annehmen, da es gegen seine Ehre gewesen wäre; denn er war Gott, und es wäre für uns nutzlos gewesen; wenn er Sünde gehabt hätte, so hätte er auch ein Opfer für seine Sünde auf sich nehmen müssen. Er könnte auch Unweisheit nicht auf sich genommen haben. Wie hätte er die allergrößten Werke wirken wollen ohne die allerhöchste Weisheit? Denn niemand kann etwas bewirken, das er nicht kennt, denn er muss zuvor lieben, was er wirken will, und muss auch vorher kennen, was er liebt. Darum musste er alles Gute und alles Übel erkennen.

A. Wozu war das gut, dass er alles Übel erkannte?

B. Es kann niemand das Gute vollständig erkennen, außer dem, der das Gute von dem Bösen trennen und unterscheiden kann. Wer das tut, der muss

boͤse bekennen. *[111ra]* Dauon so hat er gemynnet alles guͦt vnd daby das boͤse bekennet.[418]

A. Nu sage: Maht er sich nu̇t vnkraͦftig, do er sich toͤtlich mahte mit sim eigen willen?

B. Neÿn. Waͦn toͤttlich sin vnd vntoͤttlich sin, die bede stuͦndent in sim willen vnd zoͤigent eine gliche krafft sins willen. Dauon der wille, der in toͤttlichen machet, der zoͤiget als wol sin almaͦhtigkeit als der wille, in dem er vntoͤttlich ewiglichen were bliben, het er sich von mynnen nu̇t geben zuͦsterbende.

A. Der es ioch reht merkete, so zoͤiget sin sterben me sine almeͦhtigkeit, daͦnn het er ewiglich gelebet. Waͦn hät er ewiglich gelebet, das were nu̇t groß von gotte gewesen. Das er aber mohte sterben, das waz groß. Waͦn goͤttlicher krafft ist mu̇glicher, nach vnser vernunfft, ewiges leben daͦnn williges sterben, wie das su̇ gotte bede sint mu̇gelich.

B. Dauon samen zuͦ samen dise dru̇ naͦhsten capitel vnd sih, daz der moͤnsche, der ein opfer fu̇r vnser schulde sol sin, der muͦß vntoͤttlich sin von schulde, waͦn er almaͦhtig ist vnd ein su̇nder *[111rb]* nu̇t ist noch mag werden. Er muͦß sterben, ob er wil, von mynnen; wan das ist notdu̇rfftig, daz er etwaz habe zuͦgebende gotte, das er gotte on daz nu̇t schuldig sie fu̇r vnser su̇nde. Wan vnser leben besser ist daͦn alle schulde.

A. Ist den sin leben besser deͦn die schulde?

B. Daz ist doch daz capitel, dauon ich nu wil sprechen.

A. Das tuͦ!

B.

---

418 *Anselmus Cantuariensis, CDH II, c. 13; Bd. II, S. 112,30–113, 1:* Bonum autem nemo perfecte novit, nisi qui illud a malo scit discernere. Hanc quoque discretionem nullus scit facere, qui malum ignorat. *(Übers. Schmitt, S. 119: »Das Gute aber kennt niemand vollkommen, außer wer es vom Bösen unterscheiden kann. Auch diese Unterscheidung weiß niemand zu machen, der das Böse nicht kennt.«)*

Gut und Böse erkennen. Darum hat er alles Gute geliebt und dabei das Böse erkannt.

A. Nun sage: Hat er sich nicht schwach gemacht, wenn er sich mit seinem eigenem Willen sterblich machte?

B. Nein. Denn sterblich sein und unsterblich sein, die standen beide in seinem Willen und zeigen eine gleiche Kraft seines Willens. Darum, der Wille, der ihn sterblich macht, der zeigt ebenso gut seine Allmacht wie der Wille, in dem er ewig unsterblich geblieben wäre, hätte er sich nicht aus Liebe zum Sterben gegeben.

A. Wenn man es recht verstehen würde, so zeigt sein Sterben mehr seine Allmacht, als wenn er ewig gelebt hätte. Denn hätte er ewig gelebt, das wäre für Gott nicht groß gewesen. Dass er aber sterben konnte, das war groß. Denn für göttliche Kraft ist nach unserer Vernunft ewiges Leben eher möglich als freiwilliges Sterben, obwohl für Gott beides möglich ist.

B. Darum sammle diese drei letzten Kapitel zusammen und sieh, dass der Mensch, der ein Opfer für unsere Schuld sein soll, der musste hinsichtlich einer Schuld unsterblich sein; denn er war allmächtig und ist kein Sünder und kann es auch nicht werden. Er muss aus Liebe sterben, wenn er will; denn das ist notwendig, dass er Gott etwas zu geben hat, was er Gott für unsere Sünde zu geben nicht schuldete. Da unser Leben besser ist als alle Schuld.

A. Ist denn sein Leben besser als die Schuld?

B. Das ist doch das Kapitel, von dem ich jetzt sprechen will.

A. Das tu!

B.

Das zehende capitel
Sin tod v̀berwindet alle sùnde aͦne zal vnd aͦne maͦsse naͦch worer gerehtigkeit.[419]

A. Der gelten wil, der muͦß me geben daͤn alles das ist, das vnder gotte ist. Dauon so ist not, wil er mit sinem leben gelten, das sin tod groͤsser sie dan alles, das vnder gotte ist.

B. Es ist wor. Die schulde die ist groß, noch groͤsser ist daz leben, das fùr die schulde wurt gegeben.

A. Wie ich nu daz schetzen soͤlle nach waͤrheit, daz bewise mich!

B. Der ein ding nach worheit schetzen wil, der *[111va]* sol es schetzen gegen sinen eigen mangel.

A. Wie meynest du daz?

B. Reht als ob du woltest schetzen, wie guͦt das buͦch ist, so sprechest du: Ich wolte sin nùt vmb so vil manglen. Dauon so schetzest du dis buͦch dagegen, darumb du sin nùt woltest manglen.

A. Ich merke dich nu wol, wie man dis ding sol schetzen.

B. Dauon so sich, daz das leben Ihesu Christi als guͦt ist, als boͤse sin mangel ist, der es zuͦ rehte schetzet.

A. Das ist wor. Wie wilt du nu beweren, das sin leben besser ist daͤn alle sùnde, mit dem das sin leben als guͦt ist, alz sin mangel boͤse ist?

B. Daz merke: Ist der mangel alz boͤse des lebens, als guͦt daz leben ist, so ist ouch daz leben als guͦt, als boͤß der mangel ist.[420]

A. Das merk ich wol. Wän eins gegen sinen mangel wurt geschetzet, do fùrtriffet eins das ander nùt. Das meÿn ich also: Das ding ist nùt besser, daͤn der mangel boͤß ist, noch der mangel boͤser, daͤn das ding guͦt ist.

B. Du hast noch reht verstanden. Nu *[111vb]* merke fùrbaß: Ist der mangel Jhesu Christi lebens groͤsser dan alle sùnde ist, so ist ouch daz leben groͤsser, dan alle sùnde ist.

A. Dis duncket mich gar verworren.

B. Der fùnff schillinge mangelt, do ist der mangel als groß, als fùnff schillinge guͦt sint. Ist nu der mangel fùnff schillinge groͤsser dan der mangel drier schillinge, so sint fùnff schillinge grosser dan der mangel drier schillinge.

---

419 *Anselmus Cantuariensis, CDH II, c. 14; Bd. II, S. 113,20:* Quomodo mors eius praevaleat numero et magnitudine peccatorum omnium. (*Übers.* Schmitt, *S. 119: »Wie sein Tod die Zahl und Größe aller Sünden überwiegt.«*)

420 *Anselmus Cantuariensis, CDH II, c. 14; Bd. II, S. 114,22–27:* Si omne bonum tam bonum est quam mala est eius destructio, plus est bonum incomparabiliter, quam sint ea peccata mala, quae sine aestimatione superat eius interemptio. <...> Unde sequitur quia vita haec plus est amabilis, quam sint peccata odibilia. (*Übers.* Schmitt, *S. 121: »Wenn alles Gute so gut ist, wie seine Zerstörung schlimm ist, ist es ein unvergleichlich höheres Gut, als die Sünden schlecht sind, die seine Vernichtung überwiegt. <...> Daraus folgt, dass dieses Leben mehr liebenswert ist als die Sünden hassenswert.«*)

Das zehnte Kapitel
Sein Tod überwindet in wahrer Gerechtigkeit jede Sünde ohne Zahl und ohne Maß.

A. Wer wiedergutmachen will, der muss mehr geben als alles, was es unter Gott gibt. Wenn er mit seinem Leben vergelten will, ist es darum notwendig, dass sein Tod größer ist als alles, was es unter Gott gibt.

B. Es ist wahr. Die Schuld ist groß, noch größer ist das Leben, das für die Schuld hingegeben wird.

A. Wie ich das nun wahrheitsgemäß schätzen soll, das erkläre mir!

B. Wer etwas wahrheitsgemäß schätzen will, der soll es im Vergleich mit dem Mangel derselben Sache schätzen.

A. Wie meinst du das?

B. Gerade, wie wenn du schätzen wolltest, wie gut dieses Buch ist, würdest du sagen: Ich wollte es nicht um so viel entbehren. Darum schätzt du dieses Buch im Vergleich damit, um dessentwillen du es nicht entbehren wolltest.

A. Jetzt verstehe ich dich wohl, wie man eine Sache einschätzen soll.

B. Darum sieh, dass das Leben Jesu Christi so gut ist, wie schlimm sein Mangel ist, wenn man es zu Recht einschätzt.

A. Das ist wahr. Wie willst du nun begründen, dass sein Leben besser ist als jede Sünde damit, dass sein Leben so gut ist, wie sein Mangel schlecht ist?

B. So gib acht: Wenn der Mangel des Lebens so schlecht ist, wie das Leben gut ist, so ist auch das Leben so gut, wie der Mangel schlecht ist.

A. Das verstehe ich. Wenn eins im Vergleich mit seinem Mangel eingeschätzt wird, übertrifft das eine das andere nicht. Das meine ich so: Das Ding ist nicht besser, als der Mangel schlecht ist, noch ist der Mangel schlimmer, als das Ding gut ist.

B. Das hast du richtig verstanden. Jetzt achte auf das Folgende: Wenn der Mangel des Lebens Jesu Christi größer ist als alle Sünde, so ist auch das Leben größer als alle Sünde.

A. Das scheint mir ziemlich verworren.

B. Wenn jemandem fünf Schillinge fehlen, dann ist der Mangel so groß, wie fünf Schillinge wert sind. Ist nun der Mangel von fünf Schillingen größer als der Mangel von drei Schillingen, so sind fünf Schillinge größer als der Mangel von drei Schillingen.

A. Ich merke dich erst. Wenn ein ding sinem mangel glich ist, ist denn der mangel groͤsser dann ein ander mangel, so ist das ding groͤsser dan jenre mangel.

B. Also meÿn ich. Wån daz leben Christi glich ist gegen sinem tode, der ein mangel des lebens ist, ist nu der tod groͤsser dåͤn alle sùnde ist, so ist ouch sin leben groͤsser dåͤn alle sùnde ist.

A. Das ist nu merklich. Wie bewisest du nu, daz der tod Ihesu Christi groͤsser dåͤn alle sùnde ist? Vnd wie nymest du do die groͤssi des todes?

B. Die groͤssi des todes nÿm ich *[112ra]* nåch schaden vnd nåch v̀bel, alz ich ouch die grossi nÿm der sùnde.

A. Heissest du sinen tod einen schaden vnd glichest den tod den sùnden? Lůge, das du ùt missesprochen habest!

B. Lůge, daz du reht verstanden habest! Hast du daz mynnenkliche leben des gesegneten moͤnschen nùt fùr ein groß vnmåͤssig gůt?

A. Jå ich, in der wårheit.

B. Beroͮbet der tod nùt das leben vnd schadet das leben als ein v̀bel?

A. Ich verstån nu wol, daz du reht hast geredt, wån sin tod ist sim leben schade gewesen, daz leben als mynnenklich waz als alle creature.

B. Dauon wilt du wissen, wie groß v̀bel der tod waz, daz das leben roubet, vnd wie es groͤsser waz dåͤn alle sùnde, so leg es also dar, daz der moͤnsche mit sinem leben vor dir lege gebunden vnd gefangen vnd soltest wissen, wer er were, so sprich ich zů dir: »Ertoͤte den moͤnschen, anders alle moͤnschen muͤssent verderben‹, was woltest du tůn?[421]

A. Gott sie dauor, daz ich in wolte toͤten. Ich wolte doch wider gottes willen nùt tůn einen blick, wer ich vor im. *[112rb]* Ich wolt e alle creature lån verderben, moͤht es anders nùt sin,[422] e ich gottes kint wolte toͤtten, jå, e ich ÿme wolte geben einen backenslag, jå, e ich im ein sleͣht wort wolte zůreden. Es muͤst e alle creature verderben.

B. Spreche aber ich: Alle sùnde můß vff dich vallen, du toͤtest dann den moͤnschen?[423]

---

421 *Anselmus Cantuariensis, CDH II, c. 14; Bd. II, S. 113,27–29:* Si esset praesens homo ille et quis esset scires, et diceretur tibi: nisi occideris hominem hunc, peribit mundus iste totus et quidquid deus non est: faceres hoc pro conservanda omni alia creatura? *(Übers. Schmitt, S. 119: »Wenn jener Mensch anwesend wäre und du wüsstest, wer er ist, und man sagte zu dir: ›Wenn du diesen Menschen nicht tötest, geht diese ganze Welt und alles, was nicht Gott ist, zugrunde‹, würdest du es tun, um die ganze Schöpfung zu erhalten?«)*

422 *Anselmus Cantuariensis, CDH II, c. 14; Bd. II, S. 113,30 f.:* ›Non facerem, etiam si infinitus mihi numerus mundorum obtenderetur‹. *(Übers. Schmitt, S. 121: »›Ich würde es nicht tun, selbst wenn mir eine unendliche Zahl von Welten entgegengehalten würde.‹«)*

423 *Anselmus Cantuariensis, CDH II, c. 14; Bd. II, S. 114,1 f.:* Quid si iterum tibi diceretur: ›aut eum occides, aut omnia peccata mundi venient super te?‹ *(Übers. Schmitt, S. 121: »Was, wenn man dir wiederum sagte: ›Entweder du wirst ihn töten, oder alle Sünden der Welt werden über dich kommen?‹«)*

A. Jetzt verstehe ich dich. Wenn ein Ding seinem Mangel gleich ist und ist auch der Mangel größer als ein anderer Mangel, so ist dies Ding größer als jener Mangel.

B. So meine ich's. Da das Leben Christi gleich ist im Vergleich mit seinem Tod, der ein Mangel des Lebens ist, und ist der Tod größer als alle Sünde, so ist auch sein Leben größer als alle Sünde.

A. Das ist jetzt verständlich. Wie beweist du nun, dass der Tod Jesu Christi schlimmer ist als alle Sünde? Und wie verstehst du dabei die Größe des Todes?

B. Die Größe des Todes nehme ich nach dem Schaden und nach dem Übel, wie ich auch die Größe der Sünde einschätze.

A. Nennst du seinen Tod einen Schaden und vergleichst du den Tod mit den Sünden? Schau, dass du dabei nicht falsch redest.

B. Schau, dass du es richtig verstanden hast! Hältst du das liebenswerte Leben des gesegneten Menschen nicht für ein großes und unermessliches Gut?

A. Ja, wahhaftig.

B. Raubt der Tod nicht das Leben und schädigt das Leben als ein Übel?

A. Ich verstehe jetzt wohl, dass du richtig geredet hast; denn sein Tod ist für sein Leben ein Schaden gewesen, das Leben, das so liebenswert war wie die ganze Schöpfung.

B. Darum, wenn du wissen willst, ein wie großes Übel der Tod war, welches das Leben raubt, und wie es größer war als jede Sünde, dann lege es so dar, dass der Mensch mit seinem Leben vor dir gefesselt und gefangen läge, und du solltest wissen, wer er ist, so sage ich zu dir: »Töte den Menschen, sonst müssten alle Menschen verderben«, was wolltest du dann tun?

A. Da sei Gott vor, dass ich ihn töten wollte. Ich wollte doch gegen Gottes Willen nicht einen Blick von ihm wenden, wenn ich vor ihm stünde. Ich wollte alle Geschöpfe verderben lassen. könnte es nicht anders sein, bevor ich Gottes Kind töten wollte. Ja, bevor ich ihm einen Backenstreich geben wollte; ja, bevor ich ihm ein böses Wort zusprechen wollte. Eher müsste die ganze Schöpfung verderben.

B. Spräche ich aber: Alle Sünde muss auf dich fallen, oder du tötest diesen Menschen?

A. Åne allen zwiuel, ich erwaͤlt e, das alle sùnde vff mich viele, die ie geschach oder yemer mag geschehen, e ich in wolte toͤten oder verwunden wider sinen willen.[424]

B. Warumb were es dir also sweͣr, das du in weltest toͤten?

A. Do schaͤtzte ich die sùnde groͤsser dann alle sùnde, die ye geschehent oder yemer me moͤhtent geschehen.[425]

B. Warumb duncket sù dich als groß?

A. Da ist das leben alz edel, das es alle creature mit enander nùt widerwegen mag. Dauon were min sùnde als groß, toͤt ich in, als guͦt ich sin leben schetzte.

B. Vß disen worten maht du sehen vnd besliessen, wie sin leben besser ist, daz er fùr vnser sùnde hät gegeben, daͤn groß sie die schulde *[112va]* vnser sùnde. Wan sin leben als guͦt ist, als boͤse sin tod ist, vnd sin tod ist also boͤse, das du lieber woltest vff dir haͤn alle sùnde dann die sùnde alleÿne, das du in toͤtest. Dauon sint wir voͤlliglich erloͤset, als der heilige geist hät gesprochen. Waͤn das Christus geben hät zuͦ losunge vnser schulde, daz ist groͤsser daͤn vnser schulde.[426]

A. Gelobt sie die genuhtsamkeit goͤttlicher milti, der sich der gerehtigkeit also hät erbotten, daz sù von vns nùt hät zuͦclagen, daz die sùnde sie zuͦ groß oder das sù nùt zuͦ volle sie vergolten! Ach, herre, noch eins bedarff ich, das ich ùt werde beklaget von der vndanckbeͣrkeit diner guͦte.

B. Du haͤst es reht angesehen. Waͤn als gerehtigkeit heisset die schulde der sùnde, e das sù werde vergolten, also heisset sù danckbeͣrkeit von den gnaͤden, domit die schulde wurt vergolten. Wan als die sùnde ir schulde hät, also hät ouch die mynne ir schulde. Doch sint die schulden vnglich; waͤn die schulde der sùnden, daz ist *[112vb]* pin; aber die schulde der mynne, das ist mynne. Nu hät Christus gebuͦsset die schulde der pin; aber die schulde der mynne hät er gemeret vnd entzùndet.

---

424 *Anselmus Cantuariensis, CDH II, c. 14; Bd. II, S. 114,3–7:* ›Responderem me potius alia omnia velle peccata suscipere, non solum huius mundi quae fuerunt et quae futura sunt, sed et quaecumque super haec cogitari possunt, quam istud solum.‹ Quod non solum de occisione eius, sed et de qualibet parva laesione quae illum tangeret, respondere me existimo debere. *(Übers. Schmitt, S. 121: »›Ich würde antworten, dass ich lieber alle andern Sünden auf mich nehmen wollte, nicht nur dieser Welt, die begangen wurden und werden, sondern auch die man sich zu diesen dazu denken könnte, als diese allein.‹ Das glaube ich nicht nur in Bezug auf seine Tötung, sondern in Bezug auf jede kleine Verletzung, die ihn träfe, antworten zu müssen.«)*

425 *Anselmus Cantuariensis, CDH II, c. 14; Bd. II, S. 114,11f.:* Quoniam peccatum quod in persona eius fit, incomparabiliter superat omnia illa, quae extra personam illius cogitari possunt. *(Übers. Schmitt, S. 121: »Weil die Sünde, die an seiner Person begangen wird, unvergleichlich alle anderen Sünden, die sich außer seiner Person denken lassen, überwiegt.«)*

426 *Anselmus Cantuariensis, CDH II, c. 14; Bd. II, S. 114,32f.:* Vides igitur quomodo vita haec vincat omnia peccata, si pro illis detur. *(Übers. Schmitt, S. 121: Du siehst also, wie dieses Leben alle Sünden überwiegt, wenn es für sie hingegeben wird.«)*

A. Ohne jeden Zweifel, ich würde eher wählen, dass alle Sünde, die je geschah oder je geschehen wird, auf mich fiele, bevor ich ihn töten wollte oder gegen seinen Willen verwunden wollte.

B. Warum wäre es dir so schwer, ihn zu töten?

A. Weil ich diese Sünde größer einschätze als alle Sünden, die je geschehen oder jemals geschehen könnten!

B. Warum hältst du die Sünde für so groß?

A. Weil das Leben so edel ist, dass die ganze Schöpfung zusammen es nicht aufwiegen kann. Darum wäre meine Sünde ebenso groß, wenn ich ihn töten würde, wie ich sein Leben für gut halte.

B. Aus diesen Worten kannst du sehen und den Schluss ziehen, wie viel besser sein Leben ist, das er für unsere Sünde gegeben hat, als die Schuld unserer Sünde. Da sein Leben so gut ist, wie sein Tod schlecht ist, und sein Tod so böse ist, dass du lieber alle Sünde auf dich laden würdest als diese eine Sünde, ihn zu töten. Darum sind wir vollständig erlöst, wie der Heilige Geist gesagt hat. Denn was Christus zur Erlösung unserer Schuld gegeben hat, das ist größer als unsere Schuld.

A. Gelobt sei der Reichtum der göttlichen Freigiebigkeit, der sich der Gerechtigkeit so geschenkt hat, dass sie unsertwegen nicht zu klagen braucht, dass die Sünde zu groß sei oder dass sie nicht vollständig vergolten wäre. Ach, Herr, ich brauche noch eins, damit ich nicht etwa wegen der Undankbarkeit deiner Güte gegenüber verklagt werde.

B. Du hast es richtig angesehen. Denn wie das, was die Sünde schuldet, Gerechtigkeit heißt, bevor sie vergolten wird, so heißt sie Dankbarkeit aus Gnade, mit der die Schuld vergolten wird. Denn wie die Sünde ihre Schuld hat, so hat auch die Liebe ihre Schuld. Doch sind die Schulden ungleich; denn die Schuld der Sünde, das ist Pein; aber die Schuld der Liebe, das ist Liebe. Nun hat Christus die Schuld der Pein gebüßt; aber die Schuld der Liebe hat er vermehrt und entzündet.

A. Noch ist mir bliben ein wunder von disen worten. Ist sin tod alz boͤse, als gůt sin leben was, wie moht da sin leben vergelten die sùnde der, die in toͤten vnschuldiglich?

B. Du meynest: Wån er die sùnde hat also rilich vergolten, daz er fuͤr die sùnde me gegeben hät, dån der schulde were, nu ist sin leben nùt besser dån sin tod boͤse ist; dauon wie moͤhtent die erloͤset werden, die an sime tode schuldig woren, daz wundert *dich*.[427]

A. Jå, ich meynte also. Ich kond es aber nùt also zů worte bringen.

B. Zů disem wunder antwirtet sanctus Paulus vnd sprichet: »Hettent sù den herren der glorie bekant, sù heͤttent in nÿe gecrùtziget.« Daby merke, das die sùnden, die wissentlich beschehent, die sint vnglich den, die vnwissentlich geschehen. Vnd dauon sprich ich: Wån sù in vnwissentlichen toͤten, daz meyn ich: sù wùsten nùt, daz er waz gottes kint, dauon wart *[113ra]* ir sùnd als kleÿne, das sù ablåssig wart. Heͤttent sù es aber wissentlich getän, das vnmùglich waz, so weͤrent sù gefallen in ein abgrùnde der sùnden, das sù der tod Christi nùt moͤhte han erloͤset.[428]

A. Dis ist etwaz troͤstlich einem vnwisen hertzen. Syd an dem tode gottes vnwissenheit die sùnde mÿnret, also soͤllent wir siner guͤti getruwen, vnser sùnde werde deste ablåssiger von vnser blintheit.

B. Daz soͤllent alle die wol getruwen, den die blintheit zů sùnden nùt worden ist; wån die huffent mit blintheit ire sùnde, als vor gesprochen ist. Wån sùnde mag mit sùnden nùt gemynret werden.

A. Selig ist der, dem sin vnwißheit nùt zůschulden wurt, also daz sù die schulde mynret, vnd selig sint alle die, den der fliß der worheit vnd die begirde der wißheit wurt ein tǒff ire sùnde. Nu sage fùrbaß!

B.

95 dich] mich

---

427 *Anselmus Cantuariensis, CDH II, c. 15; Bd. II, S. 115,7–9:* Nam si tam malum est eum occidere quam bona est vita eius: quomodo potest mors eius superare et delere peccata eorum qui eum occiderunt? *(Übers. Schmitt, S. 123: »Denn wenn ihn töten so schlimm ist, wie sein Leben gut ist: wie kann sein Tod die Sünden derer, die ihn töteten, überwiegen und tilgen?«)*

428 *Anselmus Cantuariensis, CDH II, c. 15; Bd. II, S. 115,13–18:* Tantum namque differunt scienter factum peccatum et quod per ignorantiam fit, ut malum quod numquam facere possent pro nimietate sua, si cognosceretur, veniale sit, quia ignoranter factum est. Deum enim occidere nullus homo umquam scienter saltem velle posset, et ideo qui illum occiderunt ignoranter, non in illud infinitum peccatum, cui nulla alia comparari peccata possunt, proruerunt. *(Übers. Schmitt, S. 123: »So sehr nämlich sind die wissentlich begangene Sünde und die, die aus Unwissenheit geschieht, verschieden, dass das Böse, das sie ob seines Übermaßes niemals tun könnten, wenn es erkannt würde, verzeihlich ist, weil es unwissentlich getan wurde. Denn Gott töten kann kein Mensch wissentlich auch nur wollen, und deshalb sind die, die ihn ohne Wissen töteten, nicht in jene unendlich große Sünde gefallen, der keine anderen Sünden verglichen werden können.«)*

A. Jetzt ist mir in deinen Worten noch ein Wunder übriggeblieben. Ist sein Tod so schlimm, wie sein Leben gut war, wie konnte dann sein Leben die Sünde derer vergelten, die ihn unschuldig töteten?

B. Du meinst: Denn er hat die Sünde so reichlich vergolten, dass er für die Sünde mehr gegeben hat, als geschuldet war. Nun ist sein Leben nicht besser, als sein Tod böse ist, wie konnten darum die erlöst werden, die an seinem Tod schuldig waren, das wundert dich.

A. Ja, das meine ich so. Ich konnte es aber nicht so in Worte fassen.

B. Auf diese Frage antwortet Sankt Paulus und spricht: »Hätten sie den Herrn der Ehre gekannt, so hätten sie ihn niemals gekreuzigt« (I Cor 2,8). Dabei verstehst du, dass die Sünden, die wissentlich geschehen ungleich sind denen, die unwissentlich geschehen. Und darum sage ich: Wenn sie ihn unwissentlich getötet haben, das meinte ich so: Sie wussten nicht, dass er Gottes Sohn war, darum war ihre Sünde so klein, dass sie vergeben werden konnte. Hätten sie es aber wissentlich getan, was unmöglich war, so wären sie in einen Abgrund der Sünde gefallen, dass sie der Tod Christi nicht hätte erlösen können.

A. Das ist meinem unweisen Herzen ein kleiner Trost. Da die Unwissenheit am Tode Gottes die Sünde vermindert, so sollen wir auf seine Güte vertrauen, dass unsere Sünde aufgrund unserer Blindheit umso eher nachgelassen wird.

B. Darauf sollten alle die vertrauen, denen die Blindheit nicht zur Sünde geworden ist; denn die <anderen> häufen mit Blindheit ihre Sünde an, wie zuvor gesprochen wurde. Denn Sünde kann mit Sünden nicht gemindert werden.

A. Selig ist der, dem seine Unweisheit nicht zur Schuld wurde, sodass sie die Schuld vermindert, und selig sind alle die, für die der Eifer zur Wahrheit und die Begierde zur Weisheit zur Taufe für ihre Sünden wurden. Nun sprich weiter!

B.

Das eilfte capitel
Der moͤnsche soͤlt vnd muͦste werden geboren von einer reynen muͦter.

A. Gelobet vnd gesegnet sie die muͦter gar ob allen froͤuwen, der reyner lib geboren hät den troͤster der mannen vnd ouch der froͤuwen! Wie solte der bluͦme aller luterkeit anders entspringen daͤn vß dem ertrich der kùscheit? Sù ist, als ich weͤne, die bluͦgende ruͦte von Yesse. Dauon so hät sù braht die fruht der seligkeit. Wån sù ist gewesen ein swanger ruͦte der gerehtigkeit. Nu entslùß mir dis mynnenkliche sacramente, daz min ouge gelùtert werden in dem liehte der wißheit; wån ich lange dise worheit han geschouwet durch den spiegel der einfaltigkeit des glouben.

B. Waz begerst du von disem worte me zuͦwissende daͤn das der, der sùnde nÿe geteͤt noch an den kein sùnde moͤht geerben noch geuallen, der hät billich eine reÿne muͦter?

A. Es ist åne allen zwiuel wor, daz du hast gesprochen. Wån er aber ein moͤnsche ist vnd ouch die muͦter, die in gebar, vnd wån er von Adams gesleht ist vnd alle moͤnscheit in Adam verfallen ist, alz du vor hast gesprochen, dauon wolt ich gerne wissen, wie er in Adam nùt verfallen ist, *[113va]* vnd wannan der reÿnen muͦter kummen sie ir reÿnikeit, in der sù hät geborn die gesegente fruht der mynne.

B. One zwiuel, du håst es gar wol besinnet, das dis sacramente beslossen ist mit wunder; wån die sloß vnd die wunder, die du fùr geworffen håst, die irrent mine sinne. Es ist das beslossen buͦch, das Johannes sach. Dauon so bitten wir den loͤwen von Juda, der dis buͦch beslossen hät, das er es vns entsliesse.

A. Amen!

B. So merke an dem ersten von dem rigel, wie er werde entslossen: das Christus was in Adam nåch der moͤnscheit vnd doch die moͤnscheit verfiel nùt in sùnde als alle moͤnscheit.

A. Ich sihe den rigel wol. Er duncket mich stark vnd wunderlich. Du solt den slùssel wisen.

B. Gedenck an die lere, die von der erbsùnde gesprochen ist; wån dainne lit der slùssel verborgen.

A. Du muͦst mich ermanen der worte, die darzuͦ guͦt sint; wån sù sint mir gegangen vß den sÿnnen.

B. *[113vb]* Wie hät Adam alle moͤnschen empfangen?

A. In der berenden krafft, also wart do gesprochen.

B. Wie ståt die berende krafft in Adam?

A. Sù ståt also, daz Adam von der krafft der nature vnd von sinem willen moͤhte moͤnschen geberen, ob er wolte.

B. Dauon die moͤnschen, die er empfangen hät in siner berenden krafft, die håt er in siner nature vnd in sinem willen.

Das elfte Kapitel
Der Mensch sollte und musste von einer reinen Mutter geboren werden.

A. Gelobt und gesegnet sei die Mutter über alle Frauen, deren reiner Leib den Tröster der Männer und auch der Frauen geboren hat! Wie sollte die Blume aller Reinheit anders entspringen als aus dem Erdreich der Keuschheit? Sie ist, wie ich meine, der blühende Zweig von Jesse (Is 11,1). Darum hat sie die Frucht der Seligkeit gebracht. Denn sie ist ein schwangerer Zweig der Gerechtigkeit gewesen. Nun schließe mir dieses liebenswerte Geheimnis auf, damit mein Auge im Licht der Weisheit geläutert wird; denn ich habe diese Wahrheit lange durch den Spiegel der Einfalt des Glaubens angeschaut.

B. Was begehrst du von diesem Worte mehr zu wissen, als dass der mit Recht eine reine Mutter hat, der nie eine Sünde beging und auf den keine Sünde vererbt oder fallen konnte?

A. Was du gesprochen hast, ist zweifellos wahr. Da er aber ein Mensch ist und auch die Mutter, die ihn gebar, und da er von Adams Geschlecht ist und die ganze Menschheit in Adam gefallen ist, wie du zuvor gesagt hast, darum wollte ich gerne wissen, inwiefern er in Adam nicht verfallen ist und woher der reinen Mutter ihre Reinheit gekommen ist, in der sie die gesegnete Frucht der Liebe geboren hat.

B. Ohne Zweifel, du hast es ganz gut bedacht, dass dieses Geheimnis mit einem Wunder verschlossen ist, denn das Schloss und die Wunder, die du vorgelegt hast, die verwirren auch meinen Verstand. Es ist das verschlossene Buch, das Johannes sah. Darum so bitten wir den Löwen von Juda, der dieses Buch verschlossen hat, dass er es uns aufschließe (Apc 5,5).

A. Amen!

B. So verstehe zuerst, wie der Riegel aufgeschlossen wird: Christus war seiner Menschheit nach in Adam und doch fiel seine Menschheit nicht in Sünde wie die sonstige Menschheit.

A. Diesen Riegel sehe ich wohl. Er erscheint mir stark und wundersam. Doch musst du mir noch den Schlüssel zeigen.

B. Denke an die Lehre, die von der Erbsünde gesprochen wurde; denn darin liegt der Schlüssel verborgen.

A. Du musst mich an die Worte erinnern, die dazu geeignet sind; denn sie sind mir aus der Erinnerung gefallen.

B. Wie hat Adam alle Menschen empfangen?

A. In der gebärenden Kraft, so wurde dort gesagt.

B. Wie befindet sich die gebärende Kraft in Adam?

A. Sie besteht darin, dass Adam aus der Kraft der Natur und seinem Willen Menschen gebären konnte, wenn er wollte.

B. Darum hat er die Menschen, die er in seiner gebärenden Kraft empfangen hat, in seiner Natur und in seinem Willen.

A. Jå. Die zweÿ gehorten darzů. Also das eins åne das ander von der geburt der moͤnschen nùt hät verfangen.

B. Dauon so moͤht er mit dem willen alleyne keinen moͤnschen han geboren.

A. Daz ist wor. Also wening ich mit mynem willen alleÿne moͤht han ein kint, tåte ich anders nùt darzů, als wenig moͤht es Adam han geboren.

B. So mag ouch kein kint one allen willen werden geboren?

A. Das weͤne ich.

B. Dauon so beslùß vß disen worten: Ist die moͤnscheit in Adam nuwan verfallen, die in siner berenden krafft was, vnd sint die moͤnschen gewesen in der berenden krafft alleÿne, die Adam mit nature vnd mit willen moͤhte geberen, *[114ra]* so lůg, ob Christus in Adam sie gewesen nåch der wise!

A. Neÿn er. Wan Christus ist geboren von einer frouwen åne man, die nature heͤt Adam nùt, das er einen moͤnschen moͤht geberen alleÿne oͦne froͤuwen.

B. Du hast wor. Weder nature noch wille was darzů gnůg, das Adam moͤht geberen ein kint von imselber, also das er magt were bliben, ob er sin ioch grossen willen heͤtti gehabt. Dauon wån er der meͤgde kint nùt hat empfangen in siner berenden krafft, dauon so ist die moͤnscheit desselben kindes nåch reht in Adam nùt verfallen. Wån in Adam sint die moͤnschen verfallen, die er zů geberende heͤt empfangen.

A. Ach, ewiges lieht! Wie toͧugen vnd wie heÿmlich din ingang ist! Wie hast du in diner wißheit dir selber gelåssen einen so heÿmlichen weg! So du alle moͤnschen gebe in die krafft Adams durch den weg du wùrken woltest erloͤsunge der, die in Adam sint geuallen.

B. Benuͤget dich an disem slùssel oder duncket dich, das dis sloß sie entslossen? *[114rb]*

A. Jå, mit worheit alle die werren des slosses sint also vffgetån, das eÿne nùme ruͤret. Die mågtliche geburt ist der slùssel, der die toͧgenÿ dis bůches hät entslossen.[429] Er ist der loͦuwe vnd das lamp, das sanctus Johannes sach, do im dasselbe bůch wart entslossen.

B. Lobe gott, vnd ere sine sacramente der toͧgenÿ; wån er dir hat geruͤffet vß der vinsterin in das lieht siner mynnenklichen wunder.

A. Ich were sin groͤßlich schuldig. Nu sage von der reynen můter! Wie wart sù gereÿniget von den sùnden, als sù in Adam verfallen waz, wån sù in der berenden krafft Adams waz als ander moͤnschen?

---

429 *Anselmus Cantuariensis, CDH II, c. 8; Bd. II, S. 104,8–11:* Utrum autem de virgine aut de non-virgine dignius hoc fiat, non est opus disputare, sed sine omni dubitatione asserendum est quia de virgine deum-hominem nasci oportet. *(Übers. Schmitt, S. 103: »Ob dies aber würdiger aus einer Jungfrau oder einer Nicht-Jungfrau geschehe, braucht nicht erörtert zu werden, sondern ohne jeden Zweifel muss man zugestehen, dass der Gott-Mensch aus einer Jungfrau geboren werden müsse.«)*

A. Ja. Die beiden Dinge gehörten dazu, sodass eines ohne das andere bei der Geburt der Menschen nichts gewonnen hat.

B. Darum hätte er mit dem Willen allein keinen Menschen gebären können.

A. Das ist wahr. Ebenso wenig wie ich mit meinem Willen allein ein Kind haben könnte, wenn ich nicht etwas anderes dazu gäbe, so wenig hätte es Adam gebären können.

B. So kann auch kein Kind ohne jeden Willen geboren werden?

A. Das denke ich.

B. Darum zieh aus diesen Worten den Schluss: Wenn nur die Menschheit in Adam verfallen ist, die in seiner gebärenden Kraft war, und wenn nur die Menschen in der gebärenden Kraft gewesen sind, die Adam mit Natur und mit Willen gebären konnte, so schau, ob Christus in dieser Weise in Adam gewesen ist.

A. Nein. Denn Christus ist von einer Frau ohne Mann geboren; aber Adam hatte nicht die Natur, dass er allein einen Menschen ohne Frau gebären konnte.

B. Du hast recht. Weder Natur noch der Wille waren dazu genug, dass Adam ein Kind aus sich selbst gebären konnte, sodass er Jungfrau geblieben wäre, auch wenn er dazu einen starken Willen gehabt hätte. Darum, weil er nicht das Kind der Jungfrau in seiner gebärenden Kraft empfangen hat, darum ist die Menschheit dieses Kindes zu Recht in Adam nicht gefallen. Denn in Adam sind die Menschen gefallen, die er zu gebären empfangen hat.

A. Ach, ewiges Licht! Wie verborgen und wie heimlich dein Eingang ist! Wie hast du in deiner Weisheit dir selbst einen so geheimen Weg gelassen, da du alle Menschen in die Kraft Adams gabst, weil du auf diesem Wege die Erlösung derer bewirken wolltest, die in Adam gefallen sind.

B. Genügt es dir mit diesem Schlüssel, oder scheint es dir, dass das Schloss aufgeschlossen ist?

A. Ja, alle Widerstände des Schlosses sind mit der Wahrheit so aufgeschlossen, dass sich keiner mehr rührt. Die jungfräuliche Geburt ist der Schlüssel, der das Geheimnis dieses Buches aufgeschlossen hat. Er ist der Löwe und das Lamm, das Sankt Johannes sah, da ihm dasselbe Buch aufgeschlossen wurde (Apc 5,6; 6, 1).

B. Lobe Gott und ehre die Geheimnisse der geheimen Offenbarung. Denn er hat dich aus der Finsternis in das Licht seines liebenswerten Wunders gerufen.

A. Ich wäre es sehr schuldig. Nun sprich von der reinen Mutter! Wie wurde sie von den Sünden gereinigt, als sie in Adam gefallen war, denn sie war in der gebärenden Kraft Adams wie die anderen Menschen?

B. Ob die můter gottes wùrde in erbsùnd empfangen oder nùt, do missehellent die lerer. Wie es aber darumb sie, das irret dise rede nùt. Wån were sù mit der sùnde empfangen, so wart sù doch dauon schiere gereÿniget. Wart sù aber nùt in der sùnd empfangen, daz geschach doch in einer gnåde. Die gnåde eine ist die fùrkomment, e das sù geschiht, vnd reÿ*[114va]*niget die sùnde, so sù geschiht.

A. Dauon so sage: Wie wurt sù gereÿniget von den sùnden, ob sù mit sùnden empfangen wart?

B. So merke drù wort, wilt du dis verstån! Das erste: Syd daz die welt geschaffen wart, do kam nÿe kein zijt, etwer were vff ertrich, der behalten solte werden.[430]

A. Wåby sol ich dis wort merken?

B. Gott heͤt den moͤnschen geschaffen durch siner seligkeit willen vnd hät himel vnd erde geschaffen durch des moͤnschen willen. Were nu ye keÿn zijt gewesen, in der kein moͤnsche were gewesen, der solte behalten werden, so were in der zijt himel vnd erde one einen gůten nùtz gewesen. Daz ist nùt woͤnlich, daz gott yemer kein ding åne gůte ordenunge låsse můssig werden.[431]

A. Das ist gar gloͤublich. Waz ist das ander wort?

B. Alle, die ie behalten wurdent oder yemer werdent, die sint behalten in der erloͤsunge vnd gnåde Christi.

A. Das verstån ich wol. Wån alle moͤnschen sint geuallen in die sùnde, dauon so bedoͤrffent die voͤrdern alz wol, *[114vb]* daz sù werdent erloͤset vnd gereÿniget von den sùnden als die nåchganden, soͤllent sù behalten werden. Waz ist das dritte wort?

B. Maria ist gewesen in der zal der, die von Christo sint behalten worden. Vnd daz meÿn ich: Heͤt sù erbsùnde, so wart sù gereÿniget von den sùnden in dem glouben vnd in der gnåde Ihesu Christi.[432] Håt aber sù nùt erbsùnde, das

---

430 *Die nachfolgende Erläuterung (Z. 78 f.) bestätigt, dass der Nebensatz hier ›exzipierend‹ konstruiert ist. Im Neuhochdeutschen muss demnach eine Verneinungspartikel hinzugefügt werden: »nicht irgendjemand«. Siehe dazu WEDDIGE, Mittelhochdeutsch, S. 75.*

431 *Anselmus Cantuariensis, CDH II, c. 16; Bd. II, S. 119,3–8:* Nec credendum est, ex quo factus est homo, ullum tempus fuisse quo mundus iste <...> sic vacuus fuisset, ut nullus esset in illo ex humano genere ad hoc pertinens, propter quod factus est homo. Videtur enim inconveniens quod deus vel uno momento permiserit humanum genus <...> quasi frustra extitisse. *(Übers. SCHMITT, S. 129: »Und man darf auch nicht glauben, dass es, seit die Menschen geschaffen wurden, eine Zeit gegeben habe, in der diese Welt mit ihren Geschöpfen, die zum Gebrauch der Menschen gemacht wurden, so leer gewesen wäre, dass es keinen aus dem Menschengeschlecht gäbe, der dazu gehört, wozu der Mensch geschaffen wurde. Denn es scheint unangemessen, dass Gott auch nur einen Moment erlaubt habe, dass das Menschengeschlecht <...> gleichsam umsonst existiert hätte.«)*

432 *Anselmus Cantuariensis, CDH II, c. 16; Bd. II, S. 116,20–24:* Nam licet ipsa hominis eiusdem conceptio munda sit et absque carnalis delectationis peccato, virgo tamen ipsa unde assumptus est, ›in iniquitatibus‹ concepta est, ›et in peccatis concepit‹ eam ›mater‹ eius (Ps 50,7), et cum originali peccato nata est, quoniam et ipsa in Adam peccavit, ›in

B. Ob die Mutter Gottes in Erbsünde empfangen wurde oder nicht, da sind die Lehrer uneins. Wie es aber damit steht, das hindert diese Rede nicht. Denn wäre sie mit der Sünde empfangen, so wurde sie doch umgehend davon gereinigt. Wurde sie aber nicht in der Sünde empfangen, dann geschah das doch in einer Gnade. Diese Gnade allein ist zuvorkommend, bevor sie so geschieht, und sie reinigt die Sünde, sobald sie geschieht.

A. Darum sage mir: Wie wurde sie von den Sünden gereinigt, wenn sie mit Sünde empfangen wurde?

B. So beachte drei Worte, wenn du das verstehen willst! Das erste: Seit die Welt geschaffen wurde, gab es nie eine Zeit, in der nicht irgendjemand auf der Erde war, der gerettet werden sollte.

A. Woran soll ich dieses Wort erkennen?

B. Gott hatte den Menschen geschaffen um seiner Seligkeit willen und hatte Himmel und Erde geschaffen um des Menschen willen. Wäre nun eine Zeit gewesen, in der kein Mensch gewesen wäre, der gerettet werden sollte, so wären in der Zeit Himmel und Erde ohne einen guten Nutzen gewesen. Das ist nicht zu glauben, dass Gott je ein Ding ohne gute Ordnung umsonst gelassen hätte.

A. Das ist sehr glaubhaft. Was ist das zweite Wort?

B. Alle, die je gerettet wurden oder jemals gerettet werden, sind in der Erlösung und Gnade Christi gerettet.

A. Das verstehe ich gut. Denn alle Menschen sind in die Sünde gefallen, darum brauchen es die Vorfahren ebenso, dass sie von den Sünden erlöst und gereinigt werden wie die Nachfolgenden, wenn sie gerettet werden sollen. Was ist das dritte Wort?

B. Maria ist in der Zahl derer gewesen, die von Christus gerettet wurden, und das meine ich so: Hätte sie die Erbsünde gehabt, so wurde sie im Glauben und in der Gnade Jesu Christi von den Sünden gereinigt. Hätte sie aber keine

geschach aber von der gnåde Ihesu Christi. Vnd dauon die mů̊ter was vor reÿne, e das er von ir wùrde empfangen vnd geboren.

A. Das ist gar mynnenklich, daz sin opfer vor sùnde håt vertriben, e das er in der zijt ein opfer fùr vnser sùnde wùrde.

B. Es ist wol merglich, das die patriarchen vnd die propheten vnd alle gerehten, die vor vnsers herren geburt behalten wurdent vnd gereht in cristenlichem glouben, reht als alle, die nach siner zůkunfft werden behalten.[433] Wån Abraham vnd Jacob vnd Moyses vnd die andern von der alten e, die gloubten an in, als er kùnfftig waz. Die gerehten aber von der nuwen e, *[115ra]* die gloubent, das er komen ist. Vnd der gloube hät die von der alten e vnd von der nuwen e behalten vnd hät sù gereÿniget von iren sùnden.

A. Nu sihe ich erst eigenlich, wie es mùglich ist, das der gloube, den Maria hät von irem kinde, sù macht reyne vnd gereht, e das er ye wurde geboren oder das er von ir wùrde empfangen. Vnd das ist als billich, alz das Abraham von dem glouben des, der darnach vil hundert jåre erst wart geboren, wart gereht geheissen.

B. Das dir nu dise worheit deste baß lùhte, wie die vo̊rdern vnd die nachgånden in einem glouben sint behalten, so nÿm ein glichnisse.

A. Des beger ich.

B. Were ein kùnig, der hät ein stått, vnd die statt alle gemeÿne, die se̊tzte sich wider den kùnig vnd wider sinen willen, also das sù alle nach rehtem vrteil wùrdent des todes schuldig. In der statt were einer, der bre̊che sin truwe nùt an dem kùnge, der eÿne te̊te dienst dem kùnige, der were als groß als alle die, *[115rb]* die in der statt werent oder yemer mo̊htent werden, ko̊nden getůn. Vnd den dienst tåte der darumb, das der kùnig sinen zorn abliesse gegen dem volke. Were nùt billich, das in die sůne wùrdent genommen nùt alleyn die denn gegenwùrtig werent in der statt, ouch die nùt gegenwùrtig werent; denn zůmal die wùrdent billichen versůnet, anders er were nùt ein milter sůner vnd were ǒch nùt ein volle sůne?[434]

---

quo omnes peccaverunt‹ (Rm 5,12). *(Übers.* SCHMITT*, S. 125: »Denn obwohl die Empfängnis dieses Menschen selber rein ist und ohne die Sünde fleischlicher Lust, wurde dennoch die Jungfrau selber, von der er genommen wurde, ›in Sünden‹ empfangen und ›in Sünden empfing‹ sie ›ihre Mutter‹, und mit der Erbsünde wurde sie geboren, weil auch sie in Adam gesündigt, ›in dem alle gesündigt haben‹.«)*

433 *Anselmus Cantuariensis, CDH II, c. 16; Bd. II, S. 118, 5f.:* Oportuit utique ut illa redemptio quam Christus fecit, prodesset non solum illis qui eo tempore fuerunt, sed etiam aliis. *(Übers.* SCHMITT*, S. 127: »Es war natürlich notwendig, dass jene Erlösung, die Christus vollbrachte, nicht nur denen, die zu jener Zeit lebten, sondern auch anderen zugute kam.«)*

434 *Anselmus Cantuariensis, CDH II, c. 16; Bd. II, S. 118,6–17:* Sit enim rex aliquis, cui totus populus suae cuiusdam civitatis sic peccavit, excepto uno solo, qui tamen de illorum est genere, ut nullus eorum facere possit unde mortis damnationem evadat. Ille autem qui solus est innocens, tantam apud regem habet gratiam ut possit, et tantam dilectionem erga reos ut velit omnes qui suo credent consilio reconciliare quodam servitio valde ipsi regi placituro, quod facturus est die secundum voluntatem regis statuto. Et quo-

Erbsünde gehabt, dann geschah das auch aus der Gnade Jesu Christi. Und darum war die Mutter zuvor schon rein, bevor er von ihr empfangen und geboren wurde.

A. Das ist sehr liebenswert, dass sein Opfer zuvor die Sünde vertrieben hatte, bevor er in der Zeit ein Opfer für unsere Sünden wurde.

B. Es ist wohl beachtenswert, dass die Patriarchen und die Propheten und alle Gerechten vor der Geburt unseres Herrn gerettet wurden und gerecht im christlichen Glauben waren, gerade wie alle, die nach seiner Ankunft gerettet werden. Denn Abraham und Jakob und Moses und die anderen aus dem Alten Testament, die glaubten an ihn, wie er zukünftig war. Die Gerechten aber aus dem Neuen Testament, die glauben, dass er gekommen ist. Und dieser Glaube hat die aus dem Alten Testament und die aus dem Neuen Testament gerettet und hat sie von ihren Sünden gereinigt.

A. Jetzt sehe ich erst eigentlich, wie es möglich ist, dass der Glaube, den Maria an ihr Kind hatte, sie rein und gerecht macht, bevor er überhaupt geboren oder bevor er von ihr empfangen wurde. Und das ist ebenso angemessen wie, dass Abraham gerecht genannt wurde aufgrund des Glaubens an den, der viele hundert Jahre später erst geboren wurde.

B. Damit dir diese Wahrheit umso besser einleuchtet, inwiefern die Vorläufer und die Nachkommenden in einem <und demselben> Glauben gerettet worden sind, nimm ein Gleichnis.

A. Das möchte ich gern.

B. Gäbe es einen König, der eine Stadt hat, und die ganze Stadt setzte sich gemeinsam gegen den König und seinen Willen, sodass sie alle nach gerechtem Urteil des Todes schuldig würden. In dieser Stadt gäbe es einen, der seine Treue zum König nicht bräche, der täte als einziger Dienst für den König. Dieser Dienst wäre so groß wie alle, die in der Stadt wohnten und je wohnen könnten, <gemeinsam dem König> Dienst leisten könnten. Und diesen Dienst leistete dieser eine darum, weil damit der König von seinem Zorn gegen das Volk abließe. Wäre es nicht angemessen, dass ihnen die Sühne abgenommen würde, nicht allein denen, die damals in der Stadt anwesend wären, sondern auch denen, die nicht anwesend wären; denn gerade die würden zu Recht versöhnt, weil er sonst nicht ein großzügiger Versöhner wäre und es auch nicht eine volle Sühne wäre?

A. Jå, es were billich, wan es getzeͣme wol einer vollen suͤne vnd einem gewaltigen suͤner, daz alle die wùrdent versuͤnet, die schuld ie gewunnent, sù werent kùnfftig oder gegenwùrtig oder vergangen, die die suͤne wolten steͣte haben vnd danckber sin dem suͤner.

B. Sih also: Ist Christus gewesen ein gewaltiger suͤner vnd der fride ist vollekomen, dauon so hät er erloͤset alle, die vor ym sint gewesen vnd gegenwùrtig woren in siner zijt vnd nach yme iemer me soͤllent geboren werden. Dauon alle die ie behalten wurdent, die *[115va]* sint in cristenlichem glouben behalten, in dem ouch sin muͦter ist gereÿniget.[435]

A. Du meÿnest: Die reÿnigkeit der muͦter sie von der reÿnigkeit des kindes.[436] Vnd die worheit ist mynem hertzen gar kuntlich. Doch gebirt sù in mir groß wunder.

B. Waz ist das?

A. Du hast gesprochen, Christus soͤlte noch mohte nùt geboren werden dån von einer reynen muͦter, die åne alle sùnde were. Die muͦter moͤhte reyne sin, dån in dem woren glouben der erloͤsunge ires kindes. Der gloube moͤhte nùt wor sin, er stùrbe dann in der worheit. Dauon so duncket mich, das er sterben muͦste, do er geboren wart. Wån wer er nùt gestorben, so were der gloube sins todes nùt wor gewesen in siner muͦter. Were der gloube nùt woͣr gewesen, so were sù nùt luter vnd reyne von allen sùnden. Were sù luter vnd reyne

---

niam non omnes possunt qui reconciliandi sunt ad diem illam convenire, concedit rex propter magnitudinem illius servitii, ut quicumque vel ante vel post diem illam confessi fuerint se velle per illud opus quod ea die fiet, veniam impetrare et ad pactum ibi constitutum accedere, ab omni culpa sint absoluti praeterita. *(Übers. Schmitt, S. 127: »Es sei zum Beispiel ein König, an dem sich die gesamte Bevölkerung einer seiner Städte – außer einem, der aber auch aus ihrem Geschlechte ist – so versündigte, dass keiner von ihnen etwas unternehmen konnte, wodurch er der Todesstrafe entginge. Der aber, der allein unschuldig ist, steht beim König so in Gnade, dass er es könnte, und er hat eine solche Liebe zu den Schuldigen, dass er es wollte, nämlich alle, die seinem Rate glauben, durch einen dem König sehr wohlgefälligen Dienst zu versöhnen; und zwar wird er das an einem nach dem Willen des Königs festgelegten Tage tun. Und weil nicht alle, die der Versöhnung bedürfen, an jenem Tage zusammenkommen können, gewährt der König um der Größe jenes Dienstes willen, dass alle, die vor oder nach jenem Tage bekennen, sie wollten durch jenes Werk, das an jenem Tage geschehen wird, Verzeihung erbitten und dem dort geschlossenen Vertrage beitreten, von aller vergangenen Schuld gelöst seien.«)*

435 *Anselmus Cantuariensis, CDH II, c. 16; Bd. II, S. 119,28–30:* Virgo autem illa de qua homo ille assumptus est, de quo loquimur, fuit de illis qui ante nativitatem eius per eum mundati sunt a peccatis, et in eius ipsa munditia de illa assumptus est. *(Übers. Schmitt, S. 129: »Jene Jungfrau aber, aus der jener Mensch, von dem wir sprechen, angenommen wurde, gehört zu denen, die vor seiner Geburt durch ihn von den Sünden gereinigt wurden, und in dieser ihrer Reinheit wurde er von ihr angenommen.«)*

436 *Anselmus Cantuariensis, CDH II, c. 16; Bd. II, S. 119,34 f.:* <...> sed quoniam matris munditia per quam mundus est, non fuit nisi ab illo, ipse quoque per se ipsum et a se mundus fuit. *(Übers. Schmitt, S. 131: »<...> sondern weil die Reinheit der Mutter, durch die er rein ist, nur von ihm stammte, so war er auch durch sich selbst und aus sich rein.«)*

A. Ja, das wäre angemessen, denn es wäre für eine volle Sühne und einen mächtigen Versöhner geziemend, dass alle, die versöhnt würden, die je Schuld auf sich luden, ob sie zukünftig oder gegenwärtig oder vergangen wären, die Sühne stets behalten und dem Versöhner dankbar sein wollten.

B. Sieh ebenso: Weil Christus ein mächtiger Versöhner gewesen ist und der Friede vollkommen ist, darum hat er alle erlöst, die vor ihm gewesen sind und die in seiner Zeit gegenwärtig waren und die nach ihm jemals geboren werden. Darum sind alle, die jemals gerettet wurden, im christlichen Glauben gerettet, in dem auch seine Mutter gereinigt worden ist.

A. Du meinst: Die Reinheit der Mutter sei von der Reinheit des Sohnes gekommen. Und diese Wahrheit ist meinem Herzen ganz offenkundig. Doch erzeugt sie in mir ein großes Problem.

B. Was ist das?

A. Du hast gesagt, Christus sollte und konnte nur von einer reinen Mutter, die ohne jede Sünde ist, geboren werden. Die Mutter könnte nur rein sein in dem wahren Glauben an die Erlösung durch ihren Sohn. Dieser Glaube könnte nicht wahr sein, wenn er nicht in Wahrheit stürbe. Darum scheint mir, dass er sterben musste, als er geboren wurde. Denn wäre er nicht gestorben, so wäre der Glaube an seinen Tod in seiner Mutter nicht wahr gewesen. Wäre der Glaube nicht wahr gewesen, so wäre sie nicht lauter und rein von allen Sünden.

nùt gewesen, so were er von ir nùt geboren.[437] Dauon so duncket mich, das er sterben můste, vnd daz ist wider das capitel, daz do sprichet: Er *[115vb]* můste williglich sterben fùr vnser sùnde.

B. Wå mit kumest du nu? Dis wunder ist als verworren, gott wise mich denn, ich mag es kume geslihten. Du meynest, als mich duncket: Als wenig Christus moht vngeboren sin, do er geboren was, als wenig moht er v̀berwerden, er můste sterben? Vnd dauon wundert dich, wie er williglich stùrbe? Das han ich an diner rede verstanden.

A. Es ist also.

B. Gedencke, wie ich seÿte von der lugen, wie zweyerley krafft darzů gehoͤret, daz man liege, eins: moͤgen sprechen ein wort, das ander: wellen triegen.[438]

A. Der rede gedenck ich wol.

B. Also hät Christus gewalt, sin leben zů behalten nåch dem, daz er waz geboren. Er hät sin aber keinen willen, noch moht in nùt han.

A. Warumb moht er den willen nùt han, sin leben zů behalten?

B. Do nam gott den moͤnschen an sich in der wise, das der moͤnsche einen vnwandelberen willen heͤtte des todes. Dauon moͤht er des willen nùt enhan, des todes v̀ber zů werden. Vnd das sin wille nùt *[116ra]* wandelbar ist, dauon ist er deste minre willig nùt noch deste minre fry.[439]

---

437 *Anselmus Cantuariensis, CDH II, c. 16; Bd. II, S. 120,2–8:* Diximus enim supra quia non necessitate moriturus erat, et nunc videmus quia mater eius per eius mortem futuram munda fuit, quod nisi illa fuisset, ipse de illa esse non potuisset. Quomodo ergo non necessitate mortuus est, qui non, nisi quia moriturus erat, potuit esse? Nam si moriturus non esset, virgo de qua assumptus est munda non fuisset, quoniam hoc nequaquam valuit esse nisi veram eius mortem credendo, nec ille de illa potuit aliter assumi. *(Übers. Schmitt, S. 131: »Wir sagten nämlich oben, dass er nicht mit Notwendigkeit sterben sollte, und jetzt sehen wir, dass seine Mutter durch seinen künftigen Tod rein war; wenn sie das nicht gewesen wäre, hätte er nicht aus ihr sein können. Inwiefern ist also der nicht mit Notwendigkeit gestorben, der nur, weil er sterben sollte, sein konnte? Denn wenn er nicht sterben sollte, wäre die Jungfrau, aus der er genommen war, nicht rein gewesen, weil sie das auf keinen Fall sein konnte außer durch ihren Glauben an seinen wahren Tod und weil er nicht anders aus ihr angenommen werden konnte.«)*

438 *Anselmus Cantuariensis, CDH II, c. 16; Bd. II, S. 120,15–18:* Nonne quando quaesivimus utrum ille mentiri potuerit, monstravimus in mentiendo duas esse potestates, unam videlicet volendi mentiri, alteram mentiendi? *(Übers. Schmitt, S. 131: »Haben wir nicht gezeigt, als wir untersuchten, ob jener lügen könne, dass im Lügen zwei Fähigkeiten zu unterscheiden sind, nämlich die eine des Lügenwollens, die andere des Lügens?«)*

439 *Anselmus Cantuariensis, CDH II, c. 16; Bd. II, S. 120,21–24:* Similiter est in servando vitam potestas volendi servare et potestas servandi. Cum ergo quaeritur utrum idem deus-homo potuerit servare vitam suam, ut numquam moreretur, dubitandum non est quia semper habuit potestatem servandi, quamvis nequiverit velle servare ut numquam moreretur. *(Übers. Schmitt, S. 131: »Ähnlich ist bei der Bewahrung des Lebens die Fähigkeit des Bewahrenwollens und die Fähigkeit des Bewahrens zu unterscheiden. Wenn also gefragt wird, ob dieser Gott-Mensch sein Leben bewahren konnte, sodass er niemals starb, ist*

Wäre sie nicht lauter und rein gewesen, so wäre er nicht von ihr geboren worden. Darum scheint mir, dass er sterben musste, und das ist gegen das <neunte> Kapitel, das besagt: Er musste freiwillig für unsere Sünde sterben.

B. Womit kommst du mir jetzt? Dieses Problem ist so verworren, wenn Gott mich nicht unterweist, kann ich es kaum schlichten. Du meinst, wie mich dünkt: So wenig Christus ungeboren sein konnte, als er geboren wurde, so wenig konnte er vermeiden, dass er sterben musste? Und darum wundert es dich, inwiefern er freiwillig sterben konnte? Das habe ich von deinen Worten verstanden.

A. So ist es.

B. Denk daran, wie ich von der Lüge gesagt habe, dass dazu zweierlei Kraft gehört, wenn man lügt, eine ist: ein Wort sprechen können, das andere: betrügen wollen.

A. An diese Worte denke ich wohl.

B. Also hatte Christus die Macht, sein Leben zu behalten, nachdem er geboren wurde. Er hatte aber keinen Willen dazu, noch konnte er ihn haben.

A. Warum konnte er nicht den Willen haben, sein Leben zu behalten?

B. Weil Gott in der Weise Mensch wurde, dass der Mensch einen unwandelbaren Willen zum Tode hatte. Darum konnte er den Willen nicht haben, den Tod zu vermeiden. Und weil sein Wille nicht veränderbar ist, darum ist er nicht weniger willentlich noch weniger frei.

A. Daz han ich vor wol verstanden, das stetigkeit des willen zoͤiget krafft vnd fryheit des willen. Vnd dauon, wie daz sie, das Christus heͤtte einen steͤten vnwandelbaren willen zů dem tode, doch ist er williglichen tod vnd so vil me williglicher, als vil sin will ist steͤter gewesen, also das in nyͤman des willen moͤhte gewenden.

B. Du håst als eigenlichen mÿnen sin verstanden, als saͤssest du in mynem herzten. Dauon låß dich benuͤgen.

A. Noch wùst ich gerne dinen sin von der reÿnen můter, ob sù in erbsùnde were empfangen oder nùt.

B. Ich sage dir wol kùrtzlich, waz ich dauon halte. Eins ist sicher, daz gott dainne hät getån daz allerbeste, daz im getzymet sinen eren vnd kintlicher truwe vnd der kùnigin hymel vnd erde. Ob aber nu erlicher sie, daz sù oͦne sùnde wùrd empfangen vnd von der gnade irs kùnfftigen kindes gereÿniget oder daz sù dieselbe gnåde also fùrkåme[440], daz die sùnde vff sù nùt *[116rb]* erbete, das ist nùt sicher. Ietweders ist aber gotte mùgelich gewesen. Wån das nùt sicher ist, dauon wil ich des veriehen ein vnwißheit, daz gott vor mir wolte verbergen; wån er es nùt hät geoffent in der geschrifft. Vnd die vnwißheit ist mir lieber dann ein freuel von einer sicherheit, do kein sicherheit ist oder da sù als vaste wiget vff ein teil als vff das ander. Es ist ouch sicher: Wart sù gereÿniget von der erbsùnde, daz geschach von der gnåde irs kindes. Wart sù ouch fùrkomen, das můst ouch geschehen von der selben gnåde. Dauon so duncket mich, daz gottes ere vnd ir lob nùt me lige an einem dån an dem andern.

A. Woffen! Das sich also grosse, wise lerer domit bekùmbrent, do eins als das ander ist nach gottes lobe vnd nach sinen eren, daz ist ein wunder. Nu wil ich mich in der sache vnd waz dem glich ist, yemer me dester gerner låssen.

Nu sage me.

B.

---

nicht zu zweifeln, dass er stets die Fähigkeit des Bewahrens hatte, obwohl er nicht bewahren wollen konnte, sodass er niemals stürbe.«)

440 Vürkomen *stv. »verhindernd zuvorkommen, sorgend verhüten, hindern« (*Lexer*).*

A. Das habe ich vorher gut verstanden, dass die Beständigkeit des Willens Kraft und Freiheit des Willens zeigt. Und darum, obwohl Christus einen standhaften unwandelbaren Willen zum Tode hatte, ist sein Wille dennoch freiwillig und umso freiwilliger, wie sein Wille beständig gewesen ist, sodass ihn niemand in diesem Willen umwenden konnte.

B. Du hast meinen Gedanken so eigentlich verstanden, als säßest du in meinem Herzen. Darum lass es dir genug sein.

A. Ich wüsste noch gerne deine Meinung über die reine Mutter, ob sie in Erbsünde empfangen wurde oder nicht.

B. Ich sage dir kurz, was ich davon halte. Eins ist sicher, dass Gott darin das Allerbeste getan hat, das ihm zu seiner Ehre und zur Treue des Sohnes und der Königin des Himmels und der Erde ziemt. Ob es aber nun ehrenwerter ist, dass sie ohne Sünde empfangen wurde und von der Gnade ihres zukünftigen Sohnes gereinigt wurde oder dass ihr dieselbe Gnade so zuvorkam, dass die Sünde auf sie nicht vererbt wurde, das ist nicht sicher. Beides ist aber Gott möglich gewesen. Weil das nicht sicher ist, darum will ich meine Unwissenheit über das bekennen, was Gott vor mir verbergen wollte; denn er hat es in der Schrift nicht offenbart. Und diese Unwissenheit ist mir lieber als der Frevel einer Sicherheit, wo keine Sicherheit ist oder wo sie in einem Teil so schwer wiegt wie im anderen. Es ist auch sicher: Wenn sie von der Erbsünde gereinigt wurde, geschah das durch die Gnade ihres Sohnes. Auch wenn ihr <die Gnade> zuvorgekommen ist, musste das auch durch dieselbe Gnade geschehen. Darum scheint mir, dass Gottes Ehre und ihr Lob nicht mehr an dem einen liegt als an dem anderen.

A. Wehe! Dass sich so große, weise Lehrer darüber Gedanken machen, wo eins wie das andere zu Gottes Lob und zu seiner Ehre ist, das ist ein Wunder. Jetzt will ich mich in dieser Sache und Ähnlichem künftig umso lieber begnügen.

Sprich weiter.

B.

Das zwelfte capitel *[116va]*
Die můter soͤlte sin, ein luter maget, geboren von Adams geslehte.[441]

A. Des sie die můter ewiglich gelobet, die vns hät geboren in gnåden, als wir von vnser můter Eua worent geboren *in* der sùnde! Wie getzam es goͤttlichen eren, daz sù were ein maget, von der der trost wolt werden geboren vnsers heiles?

B. Der ein schoͤpfer waz vnd ein widerbringer aller dinge, solte der nùt zoͤigen vnd bewisen in siner zůkunfft, daz er ein gewaltiger herre waz aller creature?

A. Nÿe kein ding wart als billich.

B. Dauon so wart er geboren von der mågde, daz er bewisete der welte, daz er der herre vnd der schoͤpfer was, dem die creature an aller wise vndertånig waz.

A. Wie wart das damit getzoͤiget, daz sin můter was ein maget?

B. Gott hät geschoͤpfet einen moͤnschen one man vnd åne froͤuwe. Daz waz Adam, der erste moͤnsch. Er het gemachet einen moͤnschen *[116vb]* von einem manne åne alle frouwen. Das was Eua. Gott hät die moͤnschen gemachet von mannen vnd von frouwen. Dauon so wolte gott machen einen moͤnschen von einer frouwen åne alle mann. Vnd domit hat er getzoͤiget, daz alle wise der nature ÿm ist vndertånig.[442]

A. Ach, mynnenklicher gott! Wie sint alle dine werk so mynnenklich gezieret mit der ordenunge diner wißheit! Als die ersten moͤnschen, Adam vnd Eua, eins von dem andern ist geboren als ein maget von einer reÿnen mågde, als ist der ander Adam, Christus, ein reÿne maget von einer reÿnen meͤgde, vnser můter Marien. Als Eua wart gemachet von dem gebein des slåffenden Adams, also ist Christus gemacht vß dem reynen blůte der kùschen mågt.[443] Vnd als

4 in *fehlt*

441 *Anselmus Cantuariensis, CDH II, c. 8; Bd. II, S. 104,24 f.:* Quod ex genere Adae et de virgine-femina deum opporteat assumere hominem. *(Übers. Schmitt, S. 101: »Dass Gott den Menschen aus dem Geschlechte Adams und aus einem jungfräulichen Weibe annehmen muss.«)*

442 *Anselmus Cantuariensis, CDH II, c. 8; Bd. II, S. 104,3–6:* Quattuor modis potest deus hominem facere. Videlicet aut de viro et femina, sicut assiduus monstrat usus; aut nec de viro nec de femina, sicut creavit Adam; aut de viro sine femina, sicut fecit Evam aut de femina sine viro, quod nondum fecit. *(Übers. Schmitt, S. 103: »Auf vierfache Weise kann Gott den Menschen schaffen. Nämlich entweder aus Mann und Weib, wie es der ständige Brauch beweist; oder weder aus einem Manne noch aus einem Weibe, wie er Adam geschaffen hat; oder aus einem Manne ohne Frau, wie er Eva gebildet hat; oder aus einem Weibe ohne Mann, was er noch nicht getan hat.«)*

443 *Anselmus Cantuariensis, CDH II, c. 8; Bd. II, S. 104,23–25:* Si mulier quam fecit deus de viro sine femina, facta est de virgine, convenit valde ut vir quoque, qui fiet de femina sine viro, fiat de virgine. *(Übers. Schmitt, S. 103: »Wenn das Weib, das Gott aus einem*

Das zwölfte Kapitel
Die Mutter sollte rein sein, eine reine Jungfrau, geboren aus Adams Geschlecht.

A. Dafür sei die Mutter ewig gelobt, die uns in Gnaden geboren hat, wie wir von unserer Mutter Eva in der Sünde geboren wurden! Wie geziemend war es für die göttliche Ehre, dass es eine Jungfrau wäre, von der der Trost unseres Heils geboren werden wollte.

B. Der ein Schöpfer war und ein Rückerstatter aller Dinge, sollte der in seiner Ankunft nicht zeigen und beweisen, dass er ein mächtiger Herr aller Geschöpfe war?

A. Nie war ein Ding so zutreffend.

B. Darum wurde er von der Jungfrau geboren, dass er der Welt beweisen sollte, dass er der Herr und Schöpfer war, dem die Schöpfung in jeder Weise untertan war.

A. Wie wurde das damit gezeigt, dass seine Mutter eine Jungfrau war?

B. Gott hat einen Menschen ohne Mann und ohne Frau geschaffen. Das war Adam, der erste Mensch. Er hat einen Menschen von einem Mann geschaffen ohne alle Frauen. Das war Eva. Gott hatte die Menschen von Männern und Frauen geschaffen. Darum wollte Gott einen Menschen allein von einer Frau schaffen ohne jeden Mann. Und damit hat er gezeigt, dass alle Arten der Natur ihm untertan sind.

A. Ach, liebenswerter Gott! Wie sind alle Werke so liebenswert geschmückt mit der Ordnung deiner Weisheit! Wie die ersten Menschen, Adam und Eva, eines von dem anderen geboren ist, wie eine Jungfrau von einer reinen Jungfrau, so ist der zweite Adam, Christus, eine reine Jungfrau von einer reinen Jungfrau, unserer Mutter Maria. Wie Eva von den Gebeinen des schlafenden Adam geschaffen wurde, so ist Christus aus dem reinen Blut der keuschen Jungfrau geschaffen. Und wie das Leben mehr an dem Blut liegt als an

daz leben me lit in dem blůte dånn in dem gebeyne, also ist die geburt von dem reynen blůte des lebens ein anefang, alz das toͤte rippe Adams waz ein bilde des todes. Vnd als von der sijte Adams wart gemachet ein můter der welte, *[117ra]* Eua, also wart von der sijte Christi die můter der heiligen cristenheit. Der slåff Adams waz in dem paradise des lustes nåch liplicher sůssigkeit. Der slåff Christi was an dem crùtze in des todes bitterkeit.

B. Die ordenunge, als du es hast gemerket, die ist zů måle mynnenklich; aber der meͤgde geburt die ist ouch wißlich. Gedencke daz, daz das opfer fùr die sùnde sol ane alle måsen vnd åne alle flecken sin der sùnde.

A. Das ist wor.

B. Des mohte der meͤgde geburt alleÿne lidig sin, ob du wol hast gedaht, waz er daruß sprach, das Christus die sùnde von Adam nùt geerbet hät von keÿnem rehte.

A. Du hast mich wol ermanet. Were Christus geboren nach der wise der nature von vatter vnd von můter, so were er gewesen in der berenden krafft Adams. Were er doinne gewesen, so were er in Adam verfallen. Dauon so merk ich wol, daz er von der meͤgde můste werden geboren, daz in die sùnde nùt begriffe.[444]

B. Daz ist, daz sanctus Johannes meÿnet in dem *[117rb]* ewangelio: In principio erat verbum. In dem worte: Qui non ex sanguinibus, do meynet er, daz zweyerley geburt ist: eine ist in sùnden von dem blůte vnd von dem willen des mannes. Die ander geburt ist von gotte ane sùnde.

A. Betùte mir dise wort! Daz beger ich.

B. Die berende krafft Adams die hät zwey dinge: Eins waz moͦnschlicher wille; daz ander waz natùrliche krafft des libes. Die zwey machent eine berende krafft. Vnd die geburt, die dauon kommet, die heisset ein geburt des blůtes. Daz betùtet sùnde. Dauon were Christus geboren von dem willen des moͦnschen vnd von der krafft des fleisches, so were er in sùnden geboren. Dauon so ist er åne Adams willen geboren; wån er von einer frouwen oͦne man ist geboren.

Manne ohne Frau bildete, aus einem jungfräulichen Manne geschaffen wurde, ziemt es sich sehr, dass auch der Mann, der aus einem Weibe ohne Mann herstammen wird, aus einer Jungfrau hervorgehe.«)

444 *Anselmus Cantuariensis, CDH II, c. 8; Bd. II, S. 104,17–21:* [...] dic quia valde convenit ut, quemadmodum hominis peccatum et causa nostrae damnationis principium sumpsit a femina, ita medicina peccati et causa nostrae salvationis nascatur de femina. Ac ne mulieres desperent se pertinere ad sortem beatorum, quoniam de femina tantum malum processit, oportet ut ad reformandam spem earum de muliere tantum bonum procedat. *(Übers. Schmitt, S. 103: »[...] und sage, dass es sehr angemessen ist, dass, gleichwie die Sünde des Menschen und die Ursache unserer Verdammnis ihren Anfang von einem Weibe nahm, so auch das Heilmittel für die Sünde und die Ursache unserer Rettung von einem Weibe geboren werde. Und damit die Frauen nicht verzweifeln, dass sie am Los der Seligen teilhaben, weil vom Weibe ein solches Übel ausgegangen ist, muss es sein, dass zur Wiederherstellung ihrer Hoffnung ein solches Gut vom Weibe ausgehe.«)*

dem Gebein, so ist die Geburt aus dem reinen Blut des Lebens ein Anfang, wie die tote Rippe Adams ein Bild des Todes war. Und wie von der Seite Adams eine Mutter der Welt gemacht wurde, Eva, so wurde aus der Seite Christi die Mutter der heiligen Christenheit. Der Schlaf Adams war in dem Paradies der Lust in leiblicher Süßigkeit. Der Schlaf Christi an dem Kreuze war in des Todes Bitterkeit.

B. Die Ordnung, wie du sie hier verstanden hast, die ist zumal liebenswert, aber die Geburt der Jungfrau ist auch gewiss. Bedenke, dass das Opfer für die Sünde ohne alle Maße und ohne alle Flecken der Sünde sein soll.

A. Das ist wahr.

B. Darum konnte die Geburt der Jungfrau allein frei sein, wenn du bedacht hast, was es bedeutete, dass Christus die Sünde von Adam nicht geerbt hatte, weil kein Recht es verlangt hätte.

A. Du hast mich mit Recht erinnert. Wäre Christus in der Weise der Natur von Vater und Mutter geboren, so wäre er in der gebärenden Kraft Adams gewesen. Wäre er darin gewesen, so wäre er in Adam gefallen. Darum verstehe ich wohl, dass er von der Jungfrau geboren werden musste, dass ihn die Sünde nicht ergriff.

B. Das ist, was Sankt Johannes in dem Evangelium meint: In principio erat verbum (Io 1,1). In dem Worte: Qui non ex sanguinibus (Io 1,13), meint er, dass es zweierlei Geburt gibt: Eine ist in den Sünden von Blut und dem Willen des Mannes; die andere Geburt ist von Gott ohne Sünde.

A. Erklär mir diese Worte! Darum bitte ich.

B. Die gebärende Kraft Adams hat zwei Dinge: Eins war menschlicher Wille, das andere war die natürliche Kraft des Leibes. Diese beiden machen eine gebärende Kraft. Und die Geburt, die daraus hervorgeht, heißt die Geburt des Blutes. Das bedeutet Sünde. Wäre darum Christus aus dem Willen des Menschen und aus der Kraft des Fleisches geboren, so wäre er in Sünden geboren. Darum ist er ohne Adams Willen geboren, da er von einer Frau ohne

Er ist ouch åne krafft des fleisches geboren; wån er von der krafft des geistes ist geschoͤpfet vnd geboren. Dauon ist er die geburt gottes, die åne sùnde ist. Dauon die geburt nach geistlicher wise, die der geburt glich ist, die sint gottes kint, die in Christo gebo*[117va]*ren werdent.

A. Nu sage fùrbaß: Warumb ků̊ste die reÿne maget sin von dem geslehte Adams?

B. Du růgelst[445] in dem worte gar vil mynnenklicher andaht vnd mynnezeichen vnßers herren. Da gott Euan geschůff, do zoͤugte er, daz alle moͤnschen, die yemer solten werden, von Adam můsten komen.

A. Waran zoͤugt er das, vnd warumb tet er das?

B. Wolte gott kein moͤnschen han gemachet, der Adams geslehte nùt enwere, so bedoͤrfft er Euan vsser sinen rippe nùt han gemachet. Wan die sippe was also wunderlich, wolt ers yemer me han getån, er hetti ouch Euan uon der erde gemachet, von der Adam geschaffen wart.

A. Das ist mir nu gloͤublich. Warumb ist aber, das alle moͤnschen můssent von Adam kommen?

B. Das goͤttliche gerehtigkeit vnd wißheit werde erfùllet. Wån alz das reht ist, daz fùr des moͤnschen schulde gelt ein moͤnsche, also ist ouch reht, das der do schulde hat vnd der do giltet, sient eins geslehtes, also das die sippe des geslehtes mach ein *[117vb]* billich vnd ein reht zwùschent dem schùldigen vnd zwùschent dem, der die schulde giltet.[446] Vnd noch me: Als die sùnde von Adam gieng in sine kint, also soͤlte die schulde von einem siner kinde werden gebůsset, also das einem moͤnschlichen geslehte wùrde gnåde funden als von einem des geslehtes gnåde wart verloren.[447] Vnd ouch wån Adam soͤlte sin gestanden åne die helffe aller creaturen, also můste sin kint bůssen åne helffe ander creaturen.

A. Gelobet sie gott, vmb daz er moͤnsche ist worden; aber gesegnet sie sin goͤttlich namm, daz er vnser brůder worden ist. Doch wundert mich, wie Christus moͤge geheissen ein kint Adams, sid daz in Adam nùt hät in der berenden krafft, also das er in moͤhte geberen von einer mågde.

B. Wie ist Eua Adam gesippe? Daz fråg ich.

---

445 rüegeln *swv. bei* Lexer *nicht belegt, jedoch* rugelen *swv. »sich rühren« (*Lexer*), siehe auch AFD I, c. 5, fol. 44vb, Z. 212.*

446 *Anselmus Cantuariensis, CDH II, c. 8; Bd. II, S. 103,1f.:* Sicut enim rectum est, ut pro culpa hominis homo satisfaciat, ita necesse est, ut satisfaciens idem sit qui peccator aut eiusdem generis. *(Übers.* Schmitt*, S. 101: »Wie es nämlich recht ist, dass für die Schuld des Menschen der Mensch Genugtuung leistet, so ist es notwendig, dass der, welcher Genugtuung leistet, derselbe sei wie der Sünder oder aus demselben Geschlechte.«)*

447 *Anselmus Cantuariensis, CDH II, c. 8; Bd. II, S. 103,3–5:* Ergo sicut de Adam et Eva peccatum in omnes homines propagatum est, ita nullus nisi vel ipsi vel qui de illis nascitur, pro peccato hominum satsifacere debet. *(Übers.* Schmitt*, S. 101: »Also wie von Adam und Eva die Sünde auf alle Menschen fortgepflanzt wurde, so darf niemand außer ihnen selber oder wer aus ihnen abstammt, für die Sünde der Menschen Genugtuung leisten.«)*

Mann geboren ist. Er ist auch ohne Kraft des Fleisches geboren, da er von der Kraft des Geistes geschaffen und geboren ist. Darum ist er die Geburt Gottes, die ohne Sünde ist. Darum, die Geburt nach geistlicher Weise, die dieser Geburt <Christi> gleich ist, die sind Gottes Kinder, die in Christus geboren werden.

A. Nun sage weiter: Warum musste die reine Jungfrau aus dem Geschlecht Adams sein?

B. In diesem Wort rührst du eine ganz liebenswerte Aufmerksamkeit und ein Liebeszeichen unseres Herrn an. Da Gott Eva schuf, zeigte er, dass alle Menschen, die je geboren werden sollten, aus Adam kommen mussten.

A. Woran zeigt er das, und warum tat er das?

B. Hätte Gott einen Menschen machen wollen, der nicht aus Adams Geschlecht wäre, so hätte er Eva nicht aus seiner Rippe machen müssen. Denn die Verwandtschaft war so verwunderlich, wollte er es je getan haben, er hätte auch Eva aus der Erde machen können, aus der Adam geschaffen war.

A. Das kann ich jetzt glauben. Warum ist es aber so, dass alle Menschen aus Adam kommen mussten?

B. Damit die göttliche Gerechtigkeit und Weisheit erfüllt würden. Denn wie das recht ist, dass für des Menschen Schuld ein Mensch vergilt, so ist es auch recht, dass, wer die Schuld hat und der vergilt, aus einem Geschlecht sind, sodass die Verwandtschaft des Geschlechts eine Angemessenheit und ein Recht zwischen dem Schuldigen und dem, der die Schuld vergilt, herstellt. Und noch mehr: Wie die Sünde von Adam in seine Kinder ging, sollte die Schuld von einem seiner Kinder gebüßt werden, sodass für ein menschliches Geschlecht Gnade gefunden würde, wie von einem aus dem Geschlecht die Gnade verloren wurde. Und auch da Adam ohne die Hilfe aller Geschöpfe hätte bestehen sollen, so musste sein Sohn auch büßen ohne die Hilfe anderer Geschöpfe.

A. Gelobt sei Gott dafür, dass er Mensch geworden ist, aber gesegnet sei sein göttlicher Name, dass er unser Bruder geworden ist. Doch wundert mich, wie Christus ein Sohn Adams heißen kann, nachdem er nicht in Adams gebärender Kraft war, sodass er ihn von einer Jungfrau gebären konnte.

B. Wie ist Eva aus dem Geschlecht Adams? Das frage ich.

A. Ich enweiß. Sù ist weder sin tohter noch sin swester, vnd doch ist sù von im kommen; wån sù ist von sinem rippe gemachet.

B. Also ist Christus ein kint siner muͦter, vnd die muͦter ist ein tohter Adams. Dauon ist Christus *[118ra]* genant Adams kint.

A. Ist er aber ein natùrlichs kint Adams als ander moͤnschen, so ist er in der worheit vnser bruͦder. Ist er aber nùt Adams kint, wie ist er denn vnser bruͦder von nature?

B. Du muͦgest mich åne alle måsse mit dim tieffen graben. Er ist Adams natùrlich kint vnd ist vnser natùrlich bruͦder vnd ist nåher vnser bruͦder dånn keyn ander moͤnsche moͤhte sin.

A. Wie mag das sin, daz wolt ich gerne wissen.

B. Ich frage dich: Wurde ein moͤnsche vß dinem hertzen gemachet vnd ein ander moͤnsche vß dinem hoͤre gemachet, weliches were dir nåher sippe?

A. Åne zwifel, das vß dem hertzen wùrde gemächet, wån das hertze ist miner nature nåher dån ein hor mins houbtes.

B. Nu ist das woͤr, das Christus was geschoͤpfet vß dem aller lutersten bluͦte, daz in dem reÿnen hertzen waz der kùschen mågde. Vnd dauon als vil das bluͦt nåher waz moͤnschlicher nature dann das, da von ander moͤnschen werdent geboren, als vil ist er vnser moͤnscheit me sippe; vnd wån das *[118rb]* bluͦt in Adam was als in dem ersten vrsprunge, dauon so ist er billich sùnderlich geheissen Adams kint vnd der mågde kint, me denn ander kint vnd ist ouch denn me vnser bruͦder. Vnd dauon so weͤn ich, das Eua Adam me sippe were, dann were sù gewesen sin muͦter oder sin swester oder sin tohter, wån sù gemachet wart von sinem rippe, das der nature nåher was.

A. Ach, gnåde v̀ber alle gnåde! Min herre Ihesu Christe, du bist min herre vnd min gott. Du bist min bruͦder. Du bist min fleisch vnd min bluͦt. Du bist geschoͤpfet vß dem hertzen bluͦte miner nature. Darumb als ich weͤne, daz du alle moͤnschliche hertzen besitzest als ein hertzliep mit diner mynne, du håst weͤrlich alles das versehen, das mich diner mynne moͤhte entziehen. Wil ich nemen sippe des bluͦtes: Du bist mir nåher dann vatter vnd muͦter, swester vnd bruͦder. Du bist der zarte bluͦme mins hertzen bluͦtes. Wil ich mynnen lob vnd ere, glùck vnd seligkeit: Du bist *[118va]* der hÿmelsche keÿser, dem alle rich geuallen sint von erbe. Wil ich mynnen ware truwe mit suͦsser mynne, so bist du die ewige worheit, die ir liep verwundet mit der mÿnne strål, mit den ougenblicken der erbarmhertzikeit. Du läst dich ouch suͦchen vnd vinden, våhen vnd binden, du läst dich verwunden vnd v̀berwinden das hertze, das din zuͦ liebe begeret. Wil ich aber mynnen kunst vnd wißheit, so bist du der spiegel goͤttlicher clårheit. Du bist das wort der ewigkeit vnd der ewigen sunnen glantz våtterlicher almåhtigkeit.

B. Wie ist dir geschehen, das du also von worten v̀berflùssest? Der summer der ist komen. Die zijt der wunne die ist hie. Wer buwen wil, der sol sich

A. Ich weiß es nicht. Sie ist weder seine Tochter noch seine Schwester, und doch ist sie aus ihm gekommen: denn sie ist aus seiner Rippe gemacht.

B. So ist Christus ein Kind seiner Mutter, und die Mutter ist eine Tochter Adams. Darum ist Christus ein Sohn Adams genannt.

A. Ist er aber ein natürlicher Sohn Adams wie andere Menschen, so ist er in Wahrheit unser Bruder. Ist er aber nicht Adams Sohn, wie ist er dann von Natur unser Bruder?

B. Du machst mir ohne alle Maßen Mühe mit deinem tiefen Graben. Er ist Adams natürlicher Sohn und ist unser natürlicher Bruder und ist enger unser Bruder als jeder andere Mensch sein könnte.

A. Wie kann das sein, das wollte ich gerne wissen.

B. Ich frage dich: Würde ein Mensch aus deinem Herzen gemacht und ein anderer Mensch aus deinem Haar, welcher wäre dir näher verwandt?

A. Ohne Zweifel, was aus dem Herzen gemacht würde; denn das Herz ist unserer Natur näher als ein Haar meines Hauptes.

B. Nun, ist es wahr, dass Christus aus dem allerreinsten Blut geschaffen wurde, das in dem reinen Herzen der keuschen Jungfrau war. Und darum, soviel das Blut <Jesu> der menschlichen Natur näher war als das, von dem andere Menschen geboren werden, umso mehr ist er unserer Menschheit verwandt; denn das Blut in Adam war wie in dem ersten Ursprung, darum wird er mit Recht besonders Adams Sohn und der Sohn der Jungfrau genannt, mehr als andere Kinder und ist auch mehr unser Bruder. Und darum meine ich, dass Eva Adam näher verwandt war, als wenn sie seine Mutter oder seine Schwester oder seine Tochter gewesen wäre; denn sie wurde von seiner Rippe gemacht, die der Natur näher war.

A. Ach, Gnade über Gnade! Mein Herr, Jesus Christus, du bist mein Herr und mein Gott. Du bist mein Bruder. Du bist mein Fleisch und mein Blut. Du bist geschaffen aus dem Herzblut meiner Natur. Darum, wie ich meine, weil du alle menschlichen Herzen mit deiner Liebe als ein Herzliebster besitzt, hast du wahrlich alles das abgewendet, was mich deiner Liebe entziehen könnte. Will ich die Verwandtschaft meines Blutes benennen: Du bist mir näher als Vater und Mutter, Schwester und Bruder. Du bist die zarte Blüte meines Herzbluts. Will ich Lob und Ehre, Glück und Seligkeit lieben: Du bist der himmlische Kaiser, dem alle Reiche als Erbe zugefallen sind. Will ich die wahre Treue mit süßer Liebe lieben, so bist du die ewige Wahrheit, die ihren Liebsten mit dem Strahl der Liebe verwundet, mit den Augenblicken der Barmherzigkeit. Du lässt dich auch suchen und finden, fangen und binden, du lässt dich verwunden und das Herz überwinden, das dich zum Entzücken begehrt. Will ich wiederum die Kunst und Weisheit lieben, so bist du der Spiegel der göttlichen Herrlichkeit. Du bist das Wort der Ewigkeit und der ewigen Sonne Glanz väterlicher Allmacht.

B. Wie ist dir geschehen, dass du so von Worten überfließt? Der Sommer ist gekommen. Die Zeit der Wonne ist hier. Wer bauen will, der soll sich nicht

nùt sumen. Die zwelff steÿne, die sint gehouwen vnd gevieret, vff die die hymelsche Iherusalem ist gesetzet. Da lůge, ob sù eben ligent, daz der frÿde gottes gegen dem moͤnschen stete vnd sicher verlibe. Duncket dich v̀tzit daran zů besserende, *[118vb]* das sprich, das vns v̀t gescheͤhe als dem vnwisen manne, der anvieng einen buw, den er nùt moͤht vollebringen.[448]

A. Die zwelff steÿne diser vesten die sint als vest vnd als stark, das ich nùt voͤrhte, daz inen moͤge geschaden noch wasser noch fùr noch keinerleye krafft. Der fryde, der darvff gebuwen ist, der sol vnd můß ewiglich bliben. Ach, wie edel das gesteyne ist, wie wol es gehouwen ist, wie eben es zůsammen gefuͤget: Gott sol weͣrlich sin ere schirmen. Wie wol zů dem steÿne fuͤget der ander: Gott mag die sùnde nùt vergeben, im werde denn vergolten. Nach dem steÿne gåt billich der dritte: Der moͤnsche mag sin schulde nùt vergelten, nach dem der moͤnsche sol siner arenmůt nùt geniessen, die er von sinen schulden hat. Darnåch gåt der edel ordsteÿn: Gott můste vollebringen, das er hat angefangen mit dem moͤnschen, wan es getzam im.[449] Darnach: es moͤht nÿeman vollebringen dån gott *[119ra]* vnd moͤnsche. Er můste sin ein persone, die gott vnd moͤnsche was, wolte er geben nåch voller gerehtigkeit.[450] Er solte sin vntoͤdlich von schulden. Er solte moͤgen sterben von mynnen, ob er wolte. Sin leben, das er gab fùr vnser schulde in den tod, v̀berwag alle sùnde.[451] Er solte geboren werden Adams kint in moͤnschlichem geslehte. Die steÿne sint bereit. Sù sint nach der woͤrheit behouwen vnd gefuͤget. Nu riht vff die muren, die die statt vmbgeͣben zů trost vnd zů sicherheit fùr alle vieͤnde goͤttlicher gnåde vnd cristenlicher woͤrheit!

B.

---

448 *Vgl. IPD Z. 9–11, Anspielung auf Lc 14,28–30.*

449 *Anselmus Cantuariensis, CDH II, c. 18; Bd. II, S. 126,26–29:* Ad quod tu multis et necessariis rationibus respondens ostendisti restaurationem humanae naturae non debuisse remanere, nec potuisse fieri, nisi solveret homo quod deo pro peccato debebat. *(Übers. Schmitt, S. 143: Worauf du in deiner Antwort mit vielen und zwingenden Gründen gezeigt hast, dass die Wiederherstellung der menschlichen Natur nicht unterbleiben durfte und dass sie nicht geschehen konnte, wenn der Mensch nicht einlöste, was er Gott für die Sünde schuldig war.«)*

450 *Anselmus Cantuariensis, CDH II, c. 18; Bd. II, S. 126,29–127,4:* Quod debitum tantum erat, ut illud solvere, cum non deberet nisi homo, non posset nisi deus, ita ut idem esset homo qui deus. Unde necesse erat, ut deus hominem assumeret in unitatem personae, quatenus qui in natura solvere debebat et non poterat, in persona esset qui posset. *(Übers. Schmitt, S. 143: »Diese Schuld war so groß, dass sie, obwohl sie nur der Mensch einlösen musste, es nur Gott konnte, sodass derselbe Mensch wie Gott war. Daher war es notwendig, dass Gott den Menschen in die Einheit der Person aufnahm, damit der, der der Natur nach einlösen musste und nicht konnte, der Person nach wäre, der es konnte.«)*

451 *Anselmus Cantuariensis, CDH II, c. 18; Bd. II, S. 127,6–8:* Vitam autem huius hominis tam sublimen, tam pretiosam apertissime probasti, ut sufficere possit ad solvendum quod pro peccatis totius mundi debetur, et plus in infinitum. *(Übers. Schmitt, S. 143: »Du hast aber aufs Klarste bewiesen, dass das Leben dieses Menschen so erhaben, so kostbar sei, dass es hinreichen kann zur Einlösung dessen, was für die Sünden der ganzen Welt geschuldet wird, und für noch unendlich mehr.«)*

säumen. Die zwölf Grundsteine, auf die das himmlische Jerusalem gebaut ist (Apc 21,14), sind behauen und vierkant gerichtet. Da schau zu, ob sie gerade liegen, damit der Friede Gottes gegen den Menschen stetig und sicher bleibe. Wenn dich etwas daran zu verbessern dünkt, dann sag es, damit es uns nicht wie dem unweisen Mann ergeht, der einen Bau anfing, den er nicht vollenden konnte.

A. Die zwölf Steine dieser Festung sind so fest und so stark, dass ich nicht fürchte, dass ihnen Wasser oder Feuer oder irgendeine Kraft schaden könnte. Der Friede, der darauf gebaut ist, der soll und muss ewig bleiben. Ach, wie edel das Gestein ist, wie gut es behauen ist, wie eben es zusammengefügt ist: Gott soll wahrlich seine Ehre beschützen. Wie wohl ein Stein <der zwölf Kapitel> sich zum anderen fügt: Gott kann die Sünde nicht vergeben, wenn ihm nicht vergolten wird. Nach dem Stein folgt passend der dritte: Der Mensch kann seine Schuld nicht vergelten, nachdem der Mensch keinen Nutzen aus seiner Armut ziehen kann, die er durch seine Schuld hat. Danach folgt der edle Eckstein: Gott musste vollenden, was er mit dem Menschen angefangen hat, denn es ziemte sich für ihn. Danach: Es konnte niemand vollbringen als Gott und Mensch. Er musste eine Person sein, die Gott und Mensch war, wenn er <sich> in voller Gerechtigkeit geben wollte. Er sollte nicht aufgrund von Schuld sterblich sein. Er sollte sterben können aus Liebe, wenn er wollte. Sein Leben, das er für unsere Schuld in den Tod gab, übertraf alle Sünde. Er sollte als Sohn Adams in menschlichem Geschlecht geboren werden. Diese Steine sind bereit. Sie sind in der Wahrheit behauen und gefügt. Nun richte die Mauern auf, die die Stadt zu Trost und Sicherheit umgeben gegen alle Feinde der göttlichen Gnade und der christlichen Wahrheit.

B.

Das drizehende capitel
Worheit vnd gerehtigkeit, gnåd vnd erbarmhertzigkeit hant die hymelsche Iheruslem vmbgeben als ein veste mure.

A. Daz ist, das ich lange han begeret, das ich sehe vnd bekante, wie dise statt wùrde beslossen in eine *[119rb]* mure vnd wie die mure wùrde beschirmet vor den viënden. Dauon so sage an dem ersten, wie sich worheit vnd erbarmhertzigkeit hant erzoͤiget in dem werke vnser erloͤsunge.

B. Wer eyme git, daz man im sol, der tuͦt im gnuͦg nach der wårheit vnd nåch gerehtigkeit. Wer ouch eyme git, das er im nùt ensol, der tuͦd gnåd vnd erbarmhertzikeit.

A. Die bede sint woͤr.

B. Christus hät dem vatter geben vnd golten, das im der moͤnsche solte. Dauon ist dem hÿmelschen vatter worheit beschehen. Christus git dem moͤnschen, das er im nùt solte. Dauon ist dem moͤnschen geschehen gnåde vnd erbarmhertzigkeit.

A. Waz hät Christus dem vatter gegeben, daz im der moͤnsche solte?

B. Der moͤnsche von siner geschoͤpfede solte dem schoͤpfer lob vnd ere in gerehter mynne *geben*. Daß lob vnd die ere mit rehter mynne hat Christus dem vatter ergeben, wån er hät also die worheit, die gott ist, gemynnet vnd hät sù behalten, daz er vmb die worheit tod ist, daz ist daz *[119va]* allergroste lob vnd die ere gottes, das die creature gotte erbieten mag.

A. Du meynest: Wån er durch gerehtigkeit willen tod ist, domit habe er gotte geben, daz im der moͤnsche solte? Waz er nu schuldig von ymselber, das er die worheit mynnen soͤlte vnd eren, wie moht er denn fùr den moͤnschen gelten mit dem, das er selber schuldig waz?

B. Du solt zweÿ merken: das erste, das er gott keynes todes schuldig was; das ander, wie edel sin leben was. Er was gotte schuldig lobes vnd mynne vnd ere. Er was aber nùt schuldig, das er durch der mynne willen oder durch der worheit willen verlùre sin leben.[452] Dauon in dem das er die worheit leͤrte vnd fuͦrte von so gantzer vnd steter mynne der worheit, vntz das er sin leben darumb verlor, do gab er der worheit die ere vnd die mynne, die er nùt schuldig was von im selber. Ich spriche noch me: Er waz nùt schuldig, daz er durch der

18 geben *fehlt*

---

452 *Anselmus Cantuariensis, CDH II, c. 18; Bd. II, S. 127,27–30:* Nullus umquam homo moriendo praeter illum deo dedit quod aliquando necessitate perditurus non erat, aut solvit quod non debebat. Ille vero sponte patri obtulit quod nulla necessitate umquam amissurus erat, et solvit pro peccatoribus quod pro se non debebat. *(Übers.* SCHMITT, *S. 145: »Kein Mensch außer ihm hat jemals durch sein Sterben Gott gegeben, was er nicht einst mit Notwendigkeit verlieren sollte, oder eingelöst, was er nicht schuldete. Jener aber opferte dem Vater freiwillig, was er durch keine Notwendigkeit jemals verlieren sollte, und löste für die Sünder ein, was er für sich nicht schuldig war.«)*

Das dreizehnte Kapitel
Wahrheit und Gerechtigkeit, Gnade und Barmherzigkeit haben das himmlische Jerusalem umgeben wie eine feste Mauer.

A. Das ist, was ich lange zu sehen und zu erkennen begehrt habe, wie diese Stadt umschlossen wurde von einer Mauer und wie diese Mauer geschützt wurde vor den Feinden. Darum sage zum ersten, wie sich Wahrheit und Barmherzigkeit in dem Werk unserer Erlösung gezeigt haben.

B. Wer einem gibt, was man ihm geben soll, der tut ihm in der Wahrheit und Gerechtigkeit genug. Wer zudem einem gibt, was er ihm nicht geben soll, der erweist Gnade und Barmherzigkeit.

A. Beide <Worte> sind wahr.

B. Christus hat dem Vater gegeben und vergolten, was ihm der Mensch hätte geben sollen. Darum ist dem himmlischen Vater Wahrheit geschehen. Christus gibt dem Menschen, was er ihm nicht geben sollte. Darum ist Menschen Gnade und Barmherzigkeit geschehen.

A. Was hat Christus dem Vater gegeben, was ihm der Mensch geben sollte?

B. Der Mensch sollte aufgrund seiner Schöpfung dem Schöpfer Lob und Ehre in gerechter Liebe geben. Das Lob und die Ehre hat Christus mit rechter Liebe dem Vater gegeben, denn er hat so die Wahrheit, die Gott ist, geliebt und hat sie behalten, dass er um der Wahrheit willen gestorben ist, das ist das allergrößte Lob und die Ehre Gottes, die das Geschöpf Gott bieten kann.

A. Du meinst: Da er um der Gerechtigkeit willen gestorben ist, damit habe er Gott gegeben, was ihm der Mensch geben sollte? Wenn er nun aus sich selbst schuldete, die Wahrheit zu lieben und zu ehren, wie konnte er dann für den Menschen vergelten mit dem, was er selbst schuldete?

B. Du sollst zwei Dinge beachten: Das erste, dass er Gott keinen Tod schuldete; das zweite: wie edel sein Leben war. Er war Gott Lob und Liebe und Ehre schuldig. Er war aber nicht schuldig, dass er um der Liebe willen oder um der Wahrheit willen sein Leben verlöre. Darum, indem er aus so voller und stetiger Liebe zur Wahrheit die Wahrheit lehrte und verbreitete, bis er sein Leben deshalb verlor, gab er der Wahrheit die Ehre und die Liebe, die er aus sich selbst nicht schuldete. Ich sage aber noch mehr: Er schuldete nicht, dass er um

worheit willen *[119*^{vb}*]* keinen smertzen solte empfåhen noch das allermynnste wort, domit er wart gescholten vnd gesmåhet, wån er kein schulde me gewan keins smertzen, wån er gott waz.

A. Ach, mynnenkliches lieb! Wie hast du dann so vil vm vnser schulde geben, das du nùt schuldig were! Was hast du ellendes getragen! Was hast du můdi, hunger vnd turst gelitten! Du hast hitz vnd frost geduldet. Was hast du scham vnd småhte von den juden empfangen! Du hast das crùtz getragen. Du wùrde der schåcher genoß. Du hast din mynnenkliche sele dem tod ergeben. Alles åne dine schulde. Dauon hät dich der vatter billich erhoͤret an dem crùtze, do du mit grossem grymme geschreÿen vnd mit weÿnenden ougen beͤte fùr den sùnder. Sih vnd wig, wie edel das mynnenkliche leben was! Daz minste, das er ie geleit von der mynne der worheit, daz waz gotte me lob vnd ere dånn alle sùnde, die alle moͤnschen hetten getån, håtte gott enteret, vnd doch so wil er also *[120*^{ra}*]* rilich vnd also voͤlliglich vnser schulde gelten, das er allen smertzen vnd alles we wolte liden, das keÿn moͤnsche ÿe empfandt, vmb das der boͤse vieånt vnser seligkeit nùt murmlen moͤhte wider den moͤnschen vnd wider goͤttliche gerehtigkeit, daz die schulde nùt gar vnd gantz were vergolten, vnd ouch, das er dem moͤnschen gebe ein bilde vnd einen spiegel voller mynne der gerehtigkeit.

A. Weͤrlich, nu verstån ich das wort des propheten: »By gotte ist erbermde vnd by im ist volle erloͤsunge«.[453] Wån die måsse des geltes die ist getrucket vnd gehuffet, also daz sù verre v̀berflùsset. Ach mynnenklicher herre! Die sùnde der welte die hät doch zal vnd måsse, aber diner mynne zeichen in liden vnd in smertzen hätten weder zal noch måsse. Du bist der mynne der worheit ein worer sunderlicher spiegel. Wån wie das sie, daz ettliche propheten stùrbent vmb die worheit alz Ysayas vnd Jeremÿas vnd Johannes der tǒffer, doch gebent sù nùt ein vol*[120*^{rb}*]*les bilde der mynne. Wån daz sù stùrbent vmb die worheit, die on daz toͤttliche worent vnd von schulde der nature můstent tod sin, daz waz nùt ein groß wunder. Das aber Christus starb vmb die worheit, der vntoͤdlich waz vnd ån ende moͤht han gelebet, das waz ein groß zeichen der mynne vnd ein wunder. Dauon alle, die ye gesturbent åne Christum, die gebent der mynne der gerehtigkeit nùt ein volle bilde, wån sù worent toͤttlich. Wån gerehte mynne die mynnet vntz in den tod, were sù ioch vntoͤttlich.

A.[454] We, arme moͤnscheit! Wie schinent dine gebresten dar! Ir kan nyeman wor nach worheit. Wie ist der moͤnschen laÿder so wenig, die ein kurtz leben, das toͤttlich ist, froͤlich moͤgen geben vnd låssen durch die gerehtigkeit! Vnd ist der wenig, wie mag dann der so lùtzel sin, die also mynnent die worheit, soͤltent sù ioch ewiglich leben, die dennoch ir leben geͤbent vmb die worheit!

---

453 *Zitat unklar, vielleicht Jer 42,12:* Et dabo vobis misericordias, et miserebor vestri, et habitare vos faciam in terra vestra *(Vulgata), »Ich will euch Barmherzigkeit erzeigen und mich über euch erbarmen und euch wieder in euer Land bringen« (Lutherbibel).*

454 *Schon zuvor spricht der Schüler. Ein gedanklicher Abschnitt, bei dem der Meister beginnen könnte, ist nicht zu erkennen. Darum ist das »A.« hier wohl pleonastisch.*

der Wahrheit willen Schmerz leiden sollte noch das allergeringste Wort, mit dem er gescholten und geschmäht wurde, denn er erwarb nie eine Schuld für einen Schmerz; denn er war Gott.

A. Ach, liebenswerte Liebe! Wie hast du dann so viel wegen unserer Schuld gegeben, dass du nicht schuldig warst! Wie hast du Elend ertragen! Was hast du Müdigkeit, Hunger und Durst gelitten! Du hast Hitze und Frost geduldet. Wie hast du Scham und Schmach von den Juden empfangen! Du hast das Kreuz getragen. Du wurdest der Genosse der Schächer. Du hast deine liebenswerte Seele dem Tod ergeben. Alles ohne deine Schuld. Darum hat dich der Vater zu Recht an dem Kreuz erhört, als du mit lautem, wildem Schrei und mit weinenden Augen für den Sünder batest. Sieh und erwäge, wie edel das liebe Leben war! Das Geringste, das er je durch die Liebe zur Wahrheit erlitt, war Gott mehr Lob und Ehre als alle Sünden, die alle Menschen getan hätten, Gott hätte entehren können, und doch will er so reich und so völlig unsere Schuld vergelten, dass er jeden Schmerz und alles Weh leiden wollte, das je ein Mensch empfand, damit der böse Feind unsere Seligkeit nicht gegen den Menschen und gegen die göttliche Gerechtigkeit schlecht reden könnte, <nämlich> dass die Schuld nicht ganz und gar vergolten wäre, und vielmehr, dass er dem Menschen ein Bild und einen Spiegel voller Liebe zur Gerechtigkeit gab.

A. Wahrlich, jetzt verstehe ich das Wort des Propheten: »Bei Gott ist Erbarmen und bei ihm ist volle Erlösung« (vgl Jer 42,12). Denn die Größe des Entgelts ist gedrängt und gehäuft, sodass sie weithin überfließt. Ach, liebenswerter Herr! Die Sünde der Welt hat doch Zahl und Maß, aber die Zeichen deiner Liebe in Leiden und Schmerzen hatten weder Zahl noch Maß. Du bist der Liebe zur Wahrheit ein besonderer wahrer Spiegel. Denn obwohl manche Propheten um der Wahrheit willen gestorben sind, wie Isaias und Jeremias und Johannes der Täufer, geben sie doch kein volles Bild der Liebe. Denn dass sie um der Wahrheit willen starben, die ohnehin sterblich waren und aufgrund der Schuld ihrer Natur sterben mussten, das war kein großes Wunder. Dass aber Christus starb um der Wahrheit willen, der unsterblich war und ohne Ende gelebt haben könnte, das war ein großes Zeichen der Liebe und ein Wunder. Darum, alle, die gestorben sind außer Christus, die geben kein volles Bild der Liebe zur Gerechtigkeit, denn sie waren sterblich. Denn gerechte Liebe liebt bis in den Tod, wäre sie auch unsterblich.

A. Weh, arme Menschheit! Wie erscheinen da deine Gebrechen! Ihr kann niemand wahrheitsgemäß gerecht werden. Wie wenige Menschen gibt es leider, die ein kurzes Leben, das sterblich ist, um der Gerechtigkeit willen fröhlich hingeben und lassen. Und wenn es davon so wenige gibt, wie kann es dann von denen so wenige geben, die die Wahrheit so lieben, dass sie, auch wenn sie ewig leben würden, dennoch ihr Leben um der Wahrheit willen hingäben!

B. Nu lůge: Die *[120va]* mure ist vffgerihtet der wo̊rheit vnd der gerehtigkeit; wån dem vatter ist vergolten die schulde, die der moͤnsche solte.

A. Sù ståt zů måle mynneklich. Doch hanget sù an einem orte in mÿnem sinne. Das solt du baß vffrihten.

B. Waz ist daz ort?

A. Mich duncket, Christus were schuldig des allerbesten, des er bekante, daz gotte von ÿme geuiele. Nu bekante Christus, das dem vatter baß geuiel, daz er stùrbe fùr den moͤnschen, dann daz er es vnderwegen liesse. Waz er nu des besten schuldig, so was er schuldig, das er stùrbe vmb die worheit, vnd waz er des todes schuldig, so ist das ort noch nùt vff reht gesetzet.

B. Stůnde die mure nùt vff reht an dem orte, daz můste dauon komen, daz der grundsteÿn in dem fundamente were entwichen, der also lit, das gott Christus nùt toͤttlich was von schulden. Nu sih ich, das der steÿn noch gantz vnuerseret lijt an siner stått. Dauon so bist du betrogen von dem ougen.

A. Zoͤige, wie mich min ouge håt *[120vb]* betrogen.

B. So man sprichet: »Der tůt, das er sol«, das wort hät zwen synne. Ein sin ståt also: Er tůt, daz er von rehte schuldig, vnd tůt, daz reht ist. Der ander sin: Er tůt, daz er sol, daz ist, er tůt, daz reht ist. Dauon der tůt, das gebotten ist, der tůt, das er sol, wan er tůt, das reht ist vnd das er schuldig ist zůtůnde. Der aber tůt, daz geråten ist, der tůt, das er sol, wån er tůt, das reht ist; er tůt es aber nùt von rehte. Als der kùscheit gelobet, der tůt, das reht ist; er tůt es aber nùt von rehte. Wer aber ein ding tůt nùt von rehte, ob ioch reht ist, daz er tůt, der ist nùt schuldig des zetůnde. Vnd dauon es was reht, das Christus tett des vatters allerliebsten willen; er tet es aber nùt von rehte, wån es stůnd in sinem willen, daz er stùrbe, ob er wolte, vnd nùt enstùrbe, ob er nùt enwolte. Reht zů glichnisse: Die e vnd magettům sint zwey gůt, vnd magettům ist besser dann die e. Der zů der e griffet, der tůt, das er sol, wån er tůt daz reht ist. Der *[121ra]* magettům gelobet, der tůt, daz er sol, wån er tůt, das reht ist. Er tůt aber entweders von rehte. Als Christus, weders er hette getån, so het er getan, das reht waz, vnd tett doch entweders von rehte.[455]

A. Selig sie die mure vnd ouch der murer. Die mure der gerehtigkeit vnd der wårheit die ståt als vffreht vnd als veste, daz ich der statt nùt vo̊rhte an dem ende goͤttliches zornes, wån die schulde so vo̊lliglich vergolten ist.

Nu rihte vff die ander mure der gnade vnd der erbermde, daz ich bekenne, wie die erlo̊sunge in die moͤnschen geflossen ist von gnåden vnd von erbarmhertzigkeit.

---

455 *Anselmus Cantuariensis, CDH II, c. 18; Bd. II, S. 128,17–20:* Nam cum virginitas melior sit coniugio, neutrum tamen ab homine determinate exigitur, sed qui coniugio uti et qui virginitatem servare mavult, quod facit debere facere dicitur. *(Übers. Schmitt, S. 145: »Obwohl nämlich die Jungfräulichkeit besser ist als die Ehe, wird dennoch keines von beiden vom Menschen bestimmt verlangt, sondern von dem, der von der Ehe Gebrauch macht, und von dem, der es vorzieht, die Jungfräulichkeit zu bewahren, heißt es, dass er tun muss, was er tut.«)*

B. Nun schau: Die Mauer der Wahrheit und der Gerechtigkeit ist aufgerichtet; denn dem Vater ist die Schuld vergolten, die der Mensch <vergelten> sollte.

A. Sie steht ganz liebreizend da. Doch hängt sie an einer Stelle, wie ich meine. Das sollst du aufrichten.

B. Was ist diese Stelle?

A. Mir scheint, Christus wäre das Allerbeste schuldig, das er kannte, was Gott von ihm gefallen könnte. Nun erkannte Christus, dass dem Vater besser gefiel, dass er stürbe für den Menschen, als dass er es hätte bleiben lassen. War er nun des Besten schuldig, so war er schuldig, dass er um der Wahrheit willen stürbe. Und war er des Todes schuldig, so ist diese Stelle <der Mauer> noch nicht richtig aufgebaut.

B. Stünde die Mauer nicht aufrecht an diesem Ort, müsste davon das kommen, dass der Grundstein in dem Fundament abgewichen wäre, der so liegt, dass Gott Christus nicht aufgrund von Schuld sterblich war. Nun sehe ich, dass der Stein noch ganz unversehrt an seiner Stelle liegt. Darum bist du durch dein Auge betrogen.

A. Zeige, wie mich mein Auge betrogen hat.

B. Wenn man sagt: »Der tut, was er soll«, hat das Wort zwei Bedeutungen. Die eine Bedeutung besagt: Er tut, was er zu Recht schuldet, und er tut, was recht ist. Der andere Sinn: Er tut, was er soll, das heißt: Er tut, was recht ist. Wer darum tut, was geboten ist, der tut, was er soll, denn er tut, was recht ist und was er zu tun schuldet. Der aber tut, was geraten ist, der tut, was er soll, denn er tut, was recht ist; er tut es aber nicht von Rechts wegen. Zum Beispiel: Wer Keuschheit gelobt, der tut, was recht ist; er tut es aber nicht aufgrund des Rechts. Wer aber etwas nicht aufgrund des Rechts tut, obwohl recht ist, was er tut, der schuldet nicht, das zu tun. Und darum war es recht, dass Christus den Willen des allerliebsten Vaters tat; er tat es aber nicht aufgrund des Rechts, denn es lag in seinem eigenen Willen, dass er stürbe, wenn er wollte, und nicht stürbe, wenn er nicht wollte. Gerade so wie im Beispiel: Die Ehe und die Jungfräulichkeit sind zwei Güter, und Jungfräulichkeit ist besser als die Ehe. Wer zur Ehe greift, der tut, was er soll; denn er tut was recht ist. Wer Jungfräulichkeit gelobt, der tut, was er soll, denn er tut, was recht ist. Er tut aber beides aufgrund des Rechts. Wie Christus, wenn er eines von beiden getan hätte, so hätte er getan, was recht war, und doch tat er keines der beiden aufgrund des Rechts.

A. Selig sei die Mauer und auch der Maurer. Die Mauer der Gerechtigkeit und der Wahrheit steht so aufrecht und fest, dass ich für die Stadt nichts fürchte am Ende des göttlichen Zornes, denn die Schuld ist so völlig vergolten.

Nun richte die zweite Mauer der Gnade und der Barmherzigkeit auf, dass ich erkenne, wie die Erlösung in die Menschen aus Gnade und Barmherzigkeit geflossen ist.

B. Eine mure ist gůt vor der andern. Dauon nåch der muren der gerehtigkeit ståt billich die mure der gnåden; wån vor gnade gåt gerehtigkeit als vor dem bache der brunne.

A. Nu sage: Wie rùnnet gnåde vnßer erloͤsunge von der gerehtikeit Ihesu Christi.

B. Das soͤlt du hoͤren flissiglich, wån es ist troͤstlich vnd myn[*121rb*]nenklich.

A. Gerne.

B. Grosser dienst sol åne grossen lon nùt bliben.

A. Es ist wor. Zů grossem dienste gehoͤret richer sold.

B. Dauon der hymelsche vatter sol billich geben richen soldt sinem eynigen kinde. Das kint alz groͤßlich sinen vatter geeret hat, das es sich dem vatter zů eren vnd zů lobe hät gegeben in den tod.

A. Das ist åne allen zwifel billich. Wån wolte der vatter sinem kinde des dienstes nùt dancken, wie moͤht er dann sin gereht? Moͤht aber er sin nùt gedancken, wo were dann sin almåhtigkeit? Dauon so merk ich, das dem dienste můß gelonet werden.

B. Sid das der vatter lonen můß dem kinde, waz wolt er im dann geben vmb sinen dienst, das du wenest?

A. Du hast mich in der fråge gestecket in not. Wån ich kan nùt finden, waz er im moͤge geben vmb sinen grossen dienst. Wån er mag im nùt geben abläß der schulde, wån er schulde nÿe gewån. Er mag im nùt geben tugende [*121va*] vnd wißheit, wån er in siner můter libe erfùllet waz mit dem heiligen geiste. Er mag im nùt geben froͤide vnd seligkeit, wån er waz gesetzet in alle genuhtsamkeit vnd wore seligkeit des vatters, wån er gott waz. Dauon enweiß ich, wie er im des groͤsten werkes koͤnd vnd moͤht gedancken.

B. Koͤnd vnd moͤht es im gott nùt gedancken, do wart das werk v̀ppig, das Christus dem vatter toͤtt zů lob vnd zů eren. Wån wenn ein werk rehtes lones nùt enhät noch haben mag, so wurt es billich v̀ppig geheissen. Waz were ouch goͤttliche wißheit vnd sin almåhtigkeit, moͤht er einem gerehten werke nùt gelonen.

A. Dise rede die zwinget mich, das ich můß von woͤrheit sprechen, daz der vatter sinem kinde lonen můß vmb das grosse werk, des das kint dem vatter von rehte nùt was gebunden. Ich sihe daby, daz das kint keinen lon moͤhte von dem vatter empfåhen; wån waz der vatter hät, [*121vb*] das waz vor dem kinde geeÿkgent, e das er das werk vollebrahte. Dauon so kan ich nùt me dauon gesprechen. Loͤse mich vß disen banden vnd sage, wie dem kinde sins dienstes sye von dem vatter gedancket!

B. Der ein reht hat, des er nùt bedarff, mag der sin reht nùt geben einem andern, der sin notdùrfftig ist, ob in truw vnd mynne darzů neyget?

A. Warumb des nùt, ist es sin eigen, vnd sunderlich nåch bescheidenheit, vnd so es die mynne gebùtet?

B. Eine Mauer ist gut vor der anderen. Darum nach der Mauer der Gerechtigkeit steht mit Recht die Mauer der Gnade, denn vor der Gnade kommt die Gerechtigkeit wie vor dem Bach die Quelle kommt.

A. Nun sage: Wie rinnt die Gnade unserer Erlösung aus der Gerechtigkeit Jesu Christi.?

B. Das sollst du fleißig hören, denn es ist tröstlich und liebenswert.

A. Gerne.

B. Großer Dienst soll nicht ohne großen Lohn bleiben.

A. Das ist wahr. Zu großem Dienst gehört reicher Sold.

B. Darum soll der himmlische Vater seinem einzigen Kinde mit Recht reichen Sold geben. Das Kind hat seinen Vater so sehr geehrt, dass er sich dem Vater zur Ehre und zum Lob in den Tod gegeben hat.

A. Das ist ohne allen Zweifel angemessen. Denn wollte der Vater seinem Sohn für den Dienst nicht danken, wie könnte er dann gerecht sein? Könnte er aber nicht daran denken, wo wäre dann seine Allmacht? Darum merke ich, dass der Dienst belohnt werden muss.

B. Da der Vater dem Kind lohnen muss, was wollte er ihm denn für seinen Dienst geben, was meinst du?

A. Du hast mich mit dieser Frage in Not gebracht. Denn ich kann nichts finden, was er ihm für seinen großen Dienst geben könnte. Denn er kann ihm nicht Nachlass der Schuld geben, da er nie Schuld erwarb. Er kann ihm auch nicht Tugend und Weisheit geben, denn er war in seiner Mutter Leib erfüllt vom Heiligen Geist. Er kann ihm nicht Freude und Seligkeit geben, denn er war in allen Reichtum und in wahre Seligkeit des Vaters gesetzt, da er Gott war. Darum weiß ich nicht, wie er ihm für das große Werk zu danken wüsste und könnte.

B. Wüsste und könnte ihm Gott das nicht danken, dann wäre das Werk eitel, das Christus dem Vater zu Lob und zu Ehren tat. Denn wenn ein Werk rechten Lohn nicht erhält noch erhalten kann, wird es mit Recht eitel genannt. Was wäre auch göttliche Weisheit und seine Allmacht, könnte er ein gerechtes Werk nicht belohnen.

A. Diese Rede zwingt mich, dass ich wahrhaftig sagen muss, dass der Vater sein Kind für das große Werk belohnen muss, zu dem das Kind dem Vater von Rechts wegen nicht verpflichtet war. Ich sehe daran, dass das Kind keinen Lohn von dem Vater empfangen könnte; denn was der Vater hatte, das war vorher schon dem Kinde eigen, bevor er das Werk vollbrachte. Darum kann ich nicht mehr davon sprechen. Befreie mich aus diesen Fesseln und sage, wie dem Kind vom Vater sein Dienst gedankt wird!

B. Wer ein Recht hat, dessen er nicht bedarf, kann der sein Recht nicht einem anderen geben, der es notwendig braucht, wenn er in Treue und Liebe dazu neigt?

A. Warum denn nicht, wenn es sein Eigen ist, und besonders aufgrund der Einsicht, und wenn es die Liebe gebietet?

B. Dauon dem das kint git das reht sins dienstes, ist nùt billich, daz der vatter dem gebe den lon, den daz kint hät mit sinem werke verdienet?

A. Jå, waͤrlich, es ist billich, daz der vatter dem gebe den lon, dem sin kint das gän, das den lon hät verdienet, anders der vatter der were nùt gereht vnd almaͤhtig, noch das kint were nùt milte vnd erbarmhertzig.[456]

B. Du hast reht verstanden. Wån were, das daz kint sin reht nÿeman geͣbe vnd das sinem [*122*^{ra}] dienste blibe vngelonet vmb das, daz es des lones nùt bedarff, åne zwifel so moͤht er billicher heissen vnbrùnstig, dann milte vnd erbarmhertzig.

A. Sid das es nu getzÿmet des kindes miltigkeit, das er das reht gebe denen, die es bedoͤrffent, wån er sin nùt bedarff, so sage, wem hat er nach reht sine werk ergeben vnd geeygent?

B. Wer sol billicher erben Christum dann sin fleisch vnd sin bluͦt? Wer ist im nåher sippe gewesen von aller creature dann der moͤnsche? Dauon die fruht sines todes vnd aller siner werke, in den er gott geeret hät, wer sol die billicher erben vnd besitzen daͤnn der moͤnsche, durch den er moͤnsche worden ist vnd dur den er ein spiegel der gerehtigkeit geben ist?

A. We, was hat min hertze grosser froͤyden empfangen vnd zuͦfersiht von disem flusse der gnåde! Mich dunket der bach der gnåde sie ietz in min sele geflossen. Wie mag der hymelsche vatter keynen moͤnschen vertriben von sinen [*122*^{rb}] hulden vnd von sinen gnåden, dem der ewige gottes sun ergeben hat sin reht an der fruht sins mynnenklichen lebens vnd aller siner werke vnd die mynne sins todes? Waz mag mir sùnde geschaden! Sù mag mich geirren nùt, wan sù so rilich ist vergolten! Die werk, die mir von Christo geeygent sint, hant alle sùnde v̀berwogen vnd erloͤschet als das volle mer einem kolen tuͦt. Was mag mir geschaden der alte fluͦch vnd die wunden miner alten gebresten, wån ich dem alten moͤnschen tod bin vnd ein nuwer moͤnsche erstanden bin in der mynne Ihesu Christi! Vnd waz mag mir arenmuͦt an tugenden geschaden, der tugenden ich beroͮbet wart in Adam, dem ersten moͤnschen, sid das ich geerbet han die tugend vnd die mynne werk Ihesu Christi!

B. Du hast es reht angesehen. Welich moͤnsche ingat durch den suͤssen namen Ihesu Christi vnd ingåt, als er sol, dem mag nùt verzigen werden, sins herzen [*122*^{va}] begirde werde erfùllet. Wån begeret er ablaß siner sùnde, so ist die schulde vergolten; begert er mynne vnd tugend vnd wißheit, so wurt im alle tugent vnd gnade vnd gerehter mynne werk geoͤyget in Christo.

A. Wie sol der moͤnsche zuͦ reht ingoͦn durch Ihesum Christum?

---

456 *Anselmus Cantuariensis, CDH II, c. 19; Bd. II, S. 130,25–27:* Immo et iustum et necessarium intelligo, ut cui voluerit dare filius, a patre reddatur; quia et filio quod suum est dare licet, et pater quod debet non nisi alii reddere potest. *(Übers.* Schmitt, *S. 151: »Im Gegenteil erkenne ich als gerecht und notwendig, dass es dem, welchem der Sohn es geben will, vom Vater erstattet werde; weil es sowohl dem Sohne erlaubt ist zu geben, was sein ist, als auch der Vater nur einem anderen erstatten kann, was er schuldet.«)*

B. Darum, wenn das Kind jemandem das Recht seines Dienstes weitergibt, ist es nicht angemessen, dass der Vater dem den Lohn gibt, den das Kind mit seinem Werk verdient hat?

A. Ja, wahrlich, es ist angemessen, dass der Vater dem den Lohn gibt, dem das Kind das gönnt, das den Lohn verdient hat, sonst wäre der Vater nicht gerecht und allmächtig noch wäre das Kind nicht großzügig und barmherzig.

B. Du hast richtig verstanden. Denn wenn das Kind sein Recht niemandem gäbe und dadurch sein Dienst unbelohnt bliebe, weil es den Lohn nicht braucht, dann könnte er <der Vater> ohne Zweifel mit mehr Recht missgünstig heißen als großherzig und barmherzig.

A. Nachdem es nun des Kindes Großzügigkeit ziemt, dass er das Recht denen gibt, die es brauchen, da er es nicht braucht, so sage, wem hat er rechtens sein Werk gegeben und zugeeignet?

B. Wer soll angemessener Christus beerben als sein Fleisch und sein Blut? Wer von allen Geschöpfen ist ihm näher verwandt gewesen als der Mensch? Wer soll darum die Frucht seines Todes und aller seiner Werke, in denen er Gott geehrt hat, eher erben und besitzen als der Mensch, um dessentwillen er Mensch geworden ist und für den er als ein Spiegel der Gerechtigkeit hingegeben worden ist?

A. O weh, wann hat mein Herz von diesem Fluss der Gnade größere Freude und Zuversicht empfangen! Mir scheint der Bach der Gnade sei jetzt in meine Seele geflossen. Wie kann der himmlische Vater einen Menschen aus seiner Huld und von seiner Gnade vertreiben, dem der ewige Sohn Gottes sein Recht an der Frucht seines liebevollen Lebens und aller seiner Werke und die Liebe seines Todes gegeben hat? Was kann mir die Sünde schaden! Sie kann mich nicht beirren. da sie so reich vergolten ist! Die Werke, die mir von Christus zugeeignet sind, haben alle Sünde übertroffen und ausgelöscht wie das weite Meer eine Kohle löscht. Was kann mir der alte Fluch und die Wunden meiner alten Gebrechen schaden; denn ich bin dem alten Menschen gestorben und als ein neuer Mensch auferstanden in der Liebe Jesu Christi! Und was können mir die Armut an Tugenden schaden! Ich wurde der Tugenden in Adam, dem ersten Menschen, beraubt, nachdem ich die Tugend und die Liebeswerke Jesu Christi geerbt habe!

B. Du hast es richtig angesehen. Wenn ein Mensch eintritt durch den süßen Namen Jesu Christi und <so> eintritt, wie er soll, dem kann nicht versagt werden, dass seines Herzens Begierde erfüllt wird. Denn begehrt er Nachlass seiner Sünde, so ist die Schuld vergolten; begehrt er Liebe und Tugend und Weisheit, so werden ihm alle Tugend und Gnade und Werke gerechter Liebe in Christus zugeeignet.

A. Wie soll der Mensch zu Recht eintreten durch Jesus Christus?

B. Daz er mynne gerehtigkeit, in der gerehtigkeit Christus dem vatter hat vergolten, vnd das er mynne vnd ere Christi erbarmhertzigkeit, in der Christus sinen dienst vnd sine werke geoͤiget vns hat, nach dem lone sichselber angesehen mit demuͤtigkeit, das der moͤnsche von imselber weder sùnde buͤsset noch kein guͤt wùrket noch aller gerehtigkeit nùt enhät, denn die ÿm von Ihesu Christo zuͤflùsset.

A. Owe, betrogene hochffart mines hertzen! Wie hast du das ouge miner sele so gar erbleͤndet, do ich woͤnde, ich moͤhte mine sùnde mit minen werken gebuͤssen! Ich wonde, ich moͤhte tugend verdienen vnd gnåde. Ich moͤht mich wol han gelåssen benuͤgen, daz ich tugend hetti gewùrket oͤne *[122vb]* verdienen der tugend vnd gnåde. Ich wonde ettwenn, min blinder ernst were mÿn gerehtigkeit. Ach, herre, da bekant ich nùt, daz volle gerehtigkeit me hiesche vmb die sùnde, denn ich vnd alle die welt moͤhte geleisten. Ich verstuͤnd nùt, das daz cleÿt der tugende, daz cleyt gerehter werken min nùt waz, daz es entlehent waz von Ihesu Christo, der es von luteren sinen gnaden vnd erbarmhertzigkeit vns gegeben nach dancke des lones, den lon er vmb sinen vatter verdienet hät. Mynne, min sele, die gerehtigkeit, als das kint dem vatter nach reht dine schulde hat vergolten vnd darzuͤ tugent vnd ewige seligkeit verdient hat! Ach, hertzigliche sele, biß ob allen dingen dangbeͤr dem, der dir gegeben hät daz reht an den werken siner mynne!

B. Mit gottes helffe so sint die muren bede bereit vnd vffgerihtet, die den goͤttlichen friden vmbgeben hant vnd die statt Iherusalem hant beslossen. Die muren stånt veste vnd gereht. Sù sint gebuwen nåch ewigkeit. Wån inen die zwelff fundamente nÿemer moͤgent entwichen. *[123ra]* Inen kan fùr noch wasser nùt geschaden noch regen noch wind mag sù bewegen. Dauon so ruͤwent alle sicherlich, die in Christo sint entslåffen.

A. Ich gån vmb diese mure vnd luͤge emsiglich, ob ich sehe keinen spalt oder keynen gebresten vnd kan nùt gesehen keynen schaden. Sù sint nåch wùnsche vollebråht. Dauon muͤß ich mit dem propheten sprechen: »Die wege gottes sint alle vol gnåden vnd erbarmhertzigkeit, worheit vnd gerehtigkeit«. Wie moͤht kein hertze groͤsser gnåde gedencken dån die gnåde ist, die zuͤ dem gefangen moͤnschen sprichet vß des vatters munde: Nÿm min einiges kint vnd loͤse dich, vnd daz das kint ruͤffet: Nÿm mich vnd gib mich dem vatter fùr dine schulde. Wo wart do ye groͤsser vnd mynnenklicher gerehtigkeit, dån das der vatter alle schulde låsse vnd vergebe des moͤnschen sùnde, dem fùr die sùnde das worden ist, daz besser ist vnd v̇berwiget alle schulde!

B. Syd das die muren sint bereit, so ist nu zijt, daz wir soͤllent reden da von, wie die muren vnd die statt vor den vieͤnden wurt geschirmet vnd *[123rb]* angeuohten vnd waz die wåffen sint vnd die schilte, domit die statt wurt erwert von allen iren vieͤnden.

A. Ich vergihe in worheit, daz ich es kume han erbeytet, daz es darzuͤ kommen ist, das ich dauon hoͤren sol vnd du sprechen. Dauon sage: Wer sint die vieͤnde?

B. Indem er die Gerechtigkeit liebt, in der Christus dem Vater vergolten hat, und indem er Christi Barmherzigkeit liebt und ehrt, in der Christus seinen Dienst und seine Werke uns zugeeignet hat, indem er sich selbst im Blick auf den Lohn mit Demut betrachtet, <wissend>, dass der Mensch aus sich selbst weder Sünde büßt noch irgendetwas Gutes bewirkt noch keinerlei Gerechtigkeit hat, außer die von Jesus Christus zufließt.

A. O weh, betrogene Hoffart meines Herzens! Wie hast du das Auge meiner Seele so verblendet, als ich wähnte, ich könnte meine Sünde mit meinen Werken büßen! Ich meinte, ich könnte Tugend und Gnade verdienen. Ich könnte mir genug sein lassen, dass ich ohne Verdienst der Tugend und Gnade Tugend gewirkt hätte. Ich meinte irgendwann, mein blinder Ernst wäre meine Gerechtigkeit. Ach, Herr, da erkannte ich nicht, dass volle Gerechtigkeit mehr für die Sünde fordert, als ich und all die Welt leisten könnten. Ich verstand nicht, dass das Kleid der Tugend, das Kleid gerechter Werke mir nicht gehörte, dass es von Jesus Christus geliehen war, der es aus seiner reinen Gnade und Barmherzigkeit uns als Dank des Lohnes gegeben hat, den er für seinen Vater verdient hat. Liebe, meine Seele, die Gerechtigkeit, wie das Kind dem Vater zu Recht deine Schuld vergolten hat und dazu Tugend und ewige Seligkeit verdient hat! Ach, herzige Seele, sei für alle Dinge dem dankbar, der dir das Recht an den Werken seiner Liebe gegeben hat!

B. Mit Gottes Hilfe sind beide Mauern bereit und aufgerichtet, die den göttlichen Frieden umgeben haben und die Stadt Jerusalem umschlossen haben. Die Mauern stehen fest und gerade. Sie sind für die Ewigkeit gebaut. Denn ihnen können die zwölf Fundamente nimmermehr verlorengehen. Ihnen kann Feuer oder Wasser nicht schaden noch Regen noch Wind kann sie bewegen. Darum ruhen alle sicher, die in Christus entschlafen sind.

A. Ich gehe um diese Mauer und schaue eifrig, ob ich einen Spalt sehe oder einen Mangel und kann keinen Schaden sehen. Sie ist wunschgemäß vollendet. Darum muss ich mit dem Propheten sprechen: »Die Wege Gottes sind alle voll Gnade und Barmherzigkeit, Wahrheit und Gerechtigkeit« (vgl. Ps 25,10) Wie könnte ein Herz größere Gnade erdenken als die Gnade ist, die zu dem gefangenen Menschen spricht aus des Vaters Mund: »Nimm mein einziges Kind und erlöse dich«; und das Kind ruft: »Nimm mich und gib mich dem Vater für deine Schuld.« Wo gab es je eine größere und liebenswürdigere Gerechtigkeit, als dass der Vater die ganze Schuld erlässt und des Menschen Sünde vergibt, dem für die Sünde das geworden ist, was besser ist und alle Schuld übertrifft!

B. Nachdem die Mauern bereit sind, ist nun Zeit, dass wir davon reden sollen, wie die Mauern und die Stadt vor den Feinden beschützt und angegriffen werden und was die Waffen und die Schilde sind, mit denen die Stadt gegen alle ihre Feinde verteidigt wird.

A. Ich versichere in Wahrheit, dass ich es kaum erwartet habe, dass es dazu gekommen ist, dass ich davon hören und du davon sprechen sollst. Darum sag: Wer sind die Feinde?

B. Alle, die nùt mÿnnent den nammen Ihesu Christi. Vnd dauon das blůt vnd fleisch richset mit gewalt in juden vnd in heiden, in allen vngloͤibigen vnd versteyneten hertzen.

A. Nu sage: Wie stùrment sù an dise hymelsche Iherusalem?

B. Sù schiessent brennende schoß vß dem bagen einer gifftigen zungen, die der alte slange vergifftet hät, der den ersten moͤnschen ouch mit siner gifft boͤses rätes hät vergifftet vnd ertoͤttet. Von dem spricht der heilige geist durch den wissagen: Sù hant gespannen ire boͤgen vnd ligent verborgen in der låge vnd vorent[457], wie sù moͤgent verwunden goͤttliche hertzen.

A. Herre, vor den behuͤte mich! Nu sage: Waz sint ire schoß?

B. Das erste schoß, das gifftig ist vnd brennet als das fùr die nùt gewarnet sint noch ge*[123va]*wåffent sint mit dem schilte der worheit. Ist, das sù sprechent: Es sie gotte vnerlich, das wir von im gloubent vnd sprechent, das er von einer frouwen sie geboren, daz er hunger vnd turst vnd den tod hät erlitten, vnd dauon iehent sù, wir småhent gott, in dem das wir die werck der krangheit vnd die gebresten der moͤnscheit geben siner mynne.

A. Ich smaͤck ietz den rouch vnd den swebel des vergifften pfiles. Nu sage: Waz ist das ander?

B. Sù sprechent, wir gebent gotte vnkrafft vnd vnwißheit in den werken vnser erloͤsunge, in dem das wir glouben vnd veriehent, daz vns gott von dem tode hät erloͤset vnd von der gefangnisse des tùfels. Sù iehent: Werent ir in des tùfels gewalt, also das gott hät keynen gewalt v̀ber ùch, so nement ir gott sin almåhtigkeit, wån damit veriehent ir, daz gott nùt heͤt gewalt aller dinge vnd das der tùfel etwenn me gewaltes dann gott heͤt v̀ber den moͤnschen. Ist aber, das wir sprechen, das der tùfel vnd der moͤnsche allewegen *[123vb]* worent in gottes gewalt, so iehen sù, wir zihent gott vnwißheit. Was nu der moͤnsche vnd der tùfel in gottes gewalt, so moͤhte gott åne alle not vnd arbeit dem tùfel han den moͤnschen benommen; wån ein herre billich tůt mit sinen knehten, das er wil, do die knehte alle sint sin eigen.

A. We, daz schoß ist noch gifftiger dann daz vorder. Doch ist gůt darzuo antwùrten; wån wir moͤgen wol sprechen, das gott damitte, das er mit sollichen årbeiten den moͤnschen hät erloͤset, hät dem moͤnschen getzoͤiget sine grosse mynne.

B. Zů der antwùrt sprechent sù zůhant: Hät gott sine mynne in den werken erzoͤiget dem moͤnschen, so were es ein zeichen, daz er die gůten engel nÿe lieb gewån, wån er keÿn sollich werk durch sù nÿe gewùrket.

A. Daz fleisch vnd das blůt ist mir zů kùndig vnd zů wise; ich kan es nùt gesweygen; daz merk ich wol. Dauon sage mir, von dem dritten schosse!

457 våren *swv. »feindlich trachten nach, nachstellen, Böses im Sinne haben« (*Lexer*).*

B. Alle, die den Namen Jesu Christi nicht lieben. Und darum regiert das Blut und das Fleisch mit Macht in Juden und in Heiden, in allen Ungläubigen und versteinerten Herzen.

A. Nun sag: Wie stürmen sie gegen dieses himmlische Jerusalem an?

B. Sie schießen brennende Geschosse aus dem Zank einer giftigen Zunge, die die alte Schlange vergiftet hat, die den ersten Menschen auch mit ihrem Gift des bösen Rates vergiftet und getötet hat. Von dem sagt der Heilige Geist durch den Propheten: »Sie haben ihre Bogen gespannt und liegen verborgen im Hinterhalt und hecken aus, wie sie die göttlichen Herzen verwunden können« (vgl. Ps 11,2).

A. Herr, vor denen behüte mich! Nun sag: Was sind ihre Geschosse?

B. Das erste Geschoss, das giftig ist, es verbrennt wie Feuer alle, die nicht gewarnt sind noch mit dem Schild der Wahrheit bewaffnet sind. Wenn sie sprechen, es sei für Gott unehrenhaft, dass wir von ihm glauben und sagen, dass er von einer Frau geboren sei, dass er Hunger und Durst und den Tod erlitten hat, und darum beteuern sie, wir schmähten Gott, in dem wir die Werke der Schwäche und die Gebrechen der Menschheit seiner Liebe zurechnen.

A. Ich schmecke jetzt schon den Rauch und den Schwefel des vergifteten Pfeiles. Nun sage: Was ist das zweite?

B. Sie sagen, wir geben Gott Schwäche und Unweisheit in den Werken unserer Erlösung, indem wir glauben und bekennen, dass uns Gott von dem Tod erlöst hat und aus der Gefangenschaft des Teufels. Sie versichern: Wenn ihr in des Teufels Gewalt wäret, sodass Gott keine Gewalt über euch hätte, so nähmt ihr Gott seine Allmacht; denn damit bekennt ihr, dass Gott keine Gewalt hätte über alle Dinge und dass der Teufel manchmal mehr Macht über den Menschen hat als Gott. Wenn wir aber sprechen, dass der Teufel und der Mensch überall in Gottes Gewalt waren, so sagen sie, wir beschuldigten Gott der Unweisheit. Wenn nun der Mensch und der Teufel in Gottes Gewalt wären, so könnte Gott ohne alle Not und Mühe dem Teufel den Menschen abgenommen haben; denn ein Herr tut zu Recht mit seinen Knechten, was er will, wo die Knechte alle sein Eigen sind.

A. O weh, dieses Geschoss ist noch giftiger als das vorige. Doch ist es gut dazu zu antworten, denn wir können wohl sagen, dass Gott damit, dass er mit solcher Mühsal den Menschen erlöst hat, dem Menschen seine große Liebe gezeigt hat.

B. Zu dieser Antwort sprechen sie sogleich: Hätte Gott dem Menschen in diesen Werken seine Liebe erzeigt, so wäre es ein Zeichen, dass er die guten Engel nie lieb gewann, da er für sie nie ein solches Werk um ihretwegen gewirkt hat.

A. Das Fleisch und das Blut ist mir zu listig und zu klug; ich kann es nicht verschweigen; das merke ich wohl. Darum sag mir von dem dritten Geschoss!

B. Sù sprechen, wir *zihent*[458] gotte vngerehtigkeit in den werken siner mynne.

A. Wie bringent sù das zů?

B. Sù iehent also: Ir gloubet, gott *[124ra]* moͤge alle ding vnd gloͮbent, gott wolt den moͤnschen nùt erloͤsen noch wolte yme sine sùnde vergeben dann durch eins vnschuldigen moͤnschen todes willen. Wie ist nu der gerehte, der eins vnschuldigen moͤnschen todes begeret? Wie ist der gereht, der die sùnde nùt vergeben wil, es geschehe dann noch groͤsser sùnde, daͤnn geschehen ist, in eins vnschuldigen moͤnschen tode? Wie ist daz gereht, daz ir sprechent, es sie gottes wille gewesen, daz ein gerehter vmb die vngerehten muͤste sterben; waͤn ist daz nùt reht, daz ein *vnschuldiger* einen sùnder stùrbe! Das sint die schoß vnd die werk aller der, die gotte siner mynne werke nùt danckber wellent sin noch bekennen. Vnd das ist die wißheit des bluͤtes vnd des fleisches, in dem das bluͤt vnd das fleisch richset.

A. We yemer! Wie ist so not, das die huͤter vnd waͤhter munder sient, die die statt behuͤtent vnd beschirment vor den viënden! Wie ist so not, daz die schilte veste vnd guͤt sient, die die schoß empfahen soͤllent, die do bren*[124rb]*nent in vergifft. Waͤn ich sihe, wie wor es ist, daz der boͤse geist dusent listig ist, der allzijt laͤget, waͤ er die mure cristenlicher worheit vndergrabe vnd geuaͤlle.

B. Die stryͤter vnd die veͤhter die sint aller eren wert. Sù sint billicher engel geheissen daͤn moͤnschen. Daz sint die heiligen leͤrer, der fliß vnd ernest ist naht vnd tag, wie sù vmbgangen die statt goͤttlicher worheit, also das sù der burger hertze, die in der statt gesessen sint, entzùndent in mynne vnd erlùhtent in worheit vnd dieselbe statt behuͤten vnd beschirment vor der laͤge der valscheit. Sù waͤffenent sich mit den schilten der wißheit, an den schilten die hymelsche Iherusalem rich vnd wol getzieret ist. Die schilte sicherlichen schirment vnd bedeckent vor allen böltzen. Selig sint die, die mit den schilten wol bewarnet sint!

A. Sage, min herre, etwaz von disen schilten!

B. Waz sol ich anders dauon sprechen, daͤnn der mynner Christus in der mynne buͤch sin *[124va]* liep gelobet hät. Er glichet die sele, die mit worheit erlùhtet ist, einem turne vnd einer vesti, vnd dauon sprach er: »Sù ist mit tusent schilten vmbhangen vnd vmbgeben, domit die kuͤnen vnd die starcken werdent gewäffent«.

A. Waz sint die tusent schilte?

B. Tusent ist die grosse zal vnd betùtet, daz alleyͤn goͤttliche wißheit alle kunst vnd alle sinne vollebringet vnd ouch alle weltliche wißheit v͛berwiget vnd sù blendet. Vnd dauon so merke, wie die goͤttliche wißheit empfahet die drù

265 zihent] zoͤigent *275* vnschuldiger] schuldiger

458 *In der Hs.* zoigen, zöugen *swv. »vor Augen bringen«, wahrscheinlich eine Verwechslung mit* zihen *stv. »zeihen, beschuldigen« wie zuvor in Z. 252 und öfter.*

B. Sie sagen, wir beschuldigten Gott der Ungerechtigkeit in den Werken seiner Liebe.

A. Wie bringen sie das zusammen?

B. Sie sagen so: Ihr glaubt, Gott könne alles und ihr glaubt, Gott wollte den Menschen nicht erlösen noch wollte er ihm seine Sünde vergeben außer durch den Todeswillen eines unschuldigen Menschen. Wie ist nun der gerecht, der eines unschuldigen Menschen Tod begehrt? Wie ist der gerecht, der die Sünde nicht vergeben will, es geschähe denn noch größere Sünde, wie es im Tod eines unschuldigen Menschen geschehen ist? Wie ist das gerecht, dass ihr sagt, es sei Gottes Wille gewesen, dass ein Gerechter wegen der Ungerechten sterben musste; denn das ist nicht recht, dass ein Unschuldiger für einen Sünder stürbe! Das sind die Geschosse und die Werke all derer, die Gott für seine Liebeswerke nicht dankbar sein noch anerkennen wollen. Und das ist die Weisheit des Blutes und des Fleisches, in dem das Blut und das Fleisch regieren.

A. O weh, immerzu! Wie ist es so notwendig, dass die Hüter und Wächter munter sind, die die Stadt vor den Feinden behüten und beschützen! Wie ist es so notwendig, dass die Schilde fest und gut sind, die die Geschosse auffangen sollen, die im Gift brennen. Denn ich sehe, wie wahr es ist, dass der böse Geist tausendfach listig ist, der alle Zeit im Hinterhalt liegt, wo er die Mauer der christlichen Wahrheit untergräbt und zu Fall bringt.

B. Die Streiter und die Kämpfer sind aller Ehren wert. Sie könnten besser Engel heißen als Menschen. Das sind die heiligen Lehrer, deren Fleiß und Ernst ist es Nacht und Tag, wie sie die Stadt der göttlichen Wahrheit umkreisen, sodass sie die Herzen der Bürger, die in der Stadt wohnen, in Liebe entzünden und in Wahrheit erleuchten, und wie sie dieselbe Stadt behüten und beschützen vor dem Hinterhalt der Falschheit. Sie bewaffnen sich mit den Schilden der Weisheit, mit denen das himmlische Jerusalem reich und wohl geziert ist. Diese Schilde schützen sicher und wehren alle Bolzen ab. Selig sind die, die mit den Schilden wohl versehen sind.

A. Sage mein Herr, etwas von diesen Schilden!

B. Was soll ich davon anderes sprechen, als was der liebende Christus im Buch der Liebe seiner Liebsten gelobt hat. Er vergleicht die Seele, die mit der Wahrheit erleuchtet ist, mit einem Turm und einer Festung, und dann sagte er: »Sie ist mit tausend Schilden behangen und umgeben, mit denen die Kühnen und die Starken bewaffnet werden« (Ct 4,4).

A. Was sind die tausend Schilde?

B. Tausend ist die große Zahl und bedeutet, dass allein göttliche Weisheit alle Fertigkeit und jeden Verstand aufbringt und auch alle weltliche Weisheit übertrifft und sie blendet. Und darum merke, wie die göttliche Weisheit mit

schoß an einem schilte vnd wie von irem glantze der welte wißheit erstarret vnd erblendet!

A. Dis ist gůt zů wissen, wie die ewige worheit dise schoß empfahet.

B. Das erste schoß, das do sprichet, wir bieten gotte småcheit, daz wir glouben, daz goͤttlicher nature vnerlich ist, in dem daz wir sprechen, er sie geboren vnd tod nåch moͤnschlicher nature, das schoß empfahet die wårheit vnd bewiset, daz *[124vb]* es valsch ist vnd vnwor. Wån das ist gotte nùt vnerlich, der lobet sine mynne vnd wißheit vnd die ordenunge siner gerehtikeit. Wånn gottes mynne vnd wißheit heischet, das daz werk werde vollebråht, das gott hat angefangen. Ordenunge der gerehtigkeit hoͤischet, alz der tod ingieng durch den moͤnschen in vngehorsamigkeit, also soͤlte das leben ingån in gehorsami eins moͤnschen, der můste vnschuldig sin, solt er alle schulde bůssen. Dauon můst er gott sin, geboren von einer mågde, daz in die sùnde nùt růrte. In der vereynunge ist die goͤttliche nature nùt genidert. Moͤnschliche nature ist erhoͤhet. Wer nu oͦne schaden dem andern gůtes verbån, der oͤyget nyd vnd haß. Das ist daz eigen swert der valscheit, mit dem sù wurt ertoͤtet.

A. Gelobet siest du, ewiger schrein der worheit! Wie ist daz gifftige schoß so schier in dir erloͤschen! Nyd vnd haß hät valscheit geoffent vnd vermeͣret. Wån wer nùt nÿdig ist vnd verbùnstig, der gän gotte wol der eren vnd *[125ra]* dem moͤnschen des nutzes, daz gott in mynne vnd in wißheit åne allen sinen schaden den moͤnschen heͤt ansich genommen, darumb daz der moͤnsche erhoͤhet wùrde vnd in ewige seligkeit gesetzet.

B. Das ander schoß des vieͣndes wurt also von der worheit åne allen schaden empfangen.

A. Das wise mich!

B. Sù sprechent, wir gebent gotte vnkrafft oder aber vnwißheit. Die sint bede komen von der můter der valscheit vnd von vinstern sinnen. Wån falscheit flùhet das lieht. Der moͤnsche was allewegen in gotts gewalt vnd was doch domitte reht in des tùfels gewalt besessen; aber der tùfel hät in mit keÿme rehte besessen. Daby merke, das gott waz almåhtig, wån er allewegen den moͤnschen vnd den tùfel hät in sinem gewalte. Er zoͤigte ouch nùt vnwißheit, daz er den mit reht erloste vnd nùt mit gewalt, der mit reht[459] von dem tùfel waz besessen. Dauon so zoͤiget daz werk vnser erloͤsunge wißheit vnd almehtigkeit.

A. Es ist åne allen zwifel wor, was der moͤnsche mit rehte besessen, do solt *[125rb]* er ouch mit reht erloͤset werden vnd nùt mit gewalte. Wie moͤht er aber sin in des tùfels gewalt vnd in gottes gewalt mit enander? Das wundert mich.

---

459 *Siehe dazu die Erklärung unten Z. 354–359:* Der moͤnsche was mit rehte des tùfels gefangen, wån er hätte sich williglichen gemachet sinen kneht. Der tùfel het in aber nùt mit rehte besessen; wån der moͤnsche mohte nyemans eigen sin dån alleyn gottes. Vnd dauon des tùfels gewalt waz vnreht v̀ber den moͤnschen; aber der moͤnsche waz von rehte des tùfels gefangen. *(»Der Teufel hat ihn aber nicht mit Recht besessen; denn der Mensch konnte niemandes eigen sein als allein Gottes. Und darum war des Teufels Gewalt Unrecht über den Menschen; aber der Mensch war zu Recht des Teufels Gefangener.«)*

einem Schild die drei Geschosse auffängt und wie von ihrem Glanz die Weisheit der Welt erstarrt und erblindet!

A. Dies ist gut zu wissen, wie die ewige Wahrheit diese Geschosse auffängt.

B. Das erste Geschoss, das da sagt, wir böten Gott Schmach, indem wir glauben, dass es für die göttliche Natur unehrenhaft ist, indem wir sprechen, er sei geboren und verstorben entsprechend der menschlichen Natur. Dieses Geschoss fängt die Wahrheit auf und beweist, dass es falsch und unwahr ist. Denn das ist Gott nicht unehrenhaft, wenn einer seine Liebe und Weisheit lobt und die Ordnung seiner Gerechtigkeit. Denn Gottes Liebe und Weisheit fordert, dass das Werk vollbracht wird, das Gott angefangen hat. Ordnung der Gerechtigkeit fordert, wie der Tod in Ungehorsam einging durch den Menschen, so sollte das Leben im Gehorsam eines Menschen eingehen; der musste unschuldig sein, wenn er alle Schuld büßen sollte. Darum musste er Gott sein, geboren von einer Jungfrau, dass ihn die Sünde nicht berührte. In der Vereinigung ist die göttliche Natur nicht erniedrigt. Die menschliche Natur ist erhöht. Wer nun ohne eigenen Schaden dem anderen Gutes vorenthält, der zeigt Neid und Hass. Das ist das eigene Schwert der Falschheit, mit dem sie getötet wird.

A. Gelobt seist du, ewiger Schrein der Wahrheit! Wie ist das giftige Geschoss so schnell in dir erloschen! Neid und Hass haben die Falschheit offenbart und vermehrt. Denn wer nicht neidvoll ist und missgünstig, der gönnt Gott wohl die Ehre und dem Menschen den Nutzen, dass Gott ihn liebt und in Weisheit ohne allen eigenen Schaden Mensch geworden ist, damit der Mensch erhöht und in ewige Seligkeit gesetzt würde.

B. Das andere Geschoss des Feindes wird ebenso von der Wahrheit ohne allen Schaden aufgefangen.

A. Das zeige mir!

B. Sie sagen, wir geben Gott Schwäche oder aber Unweisheit. Die sind beide aus der Mutter der Falschheit gekommen und aus finsteren Gedanken. Denn Falschheit flieht das Licht. Der Mensch war überall in Gottes Gewalt und saß damit dennoch recht in des Teufels Gewalt, aber der Teufel hat ihn mit keinem Recht besessen. Daran merke, dass Gott allmächtig war, denn er hatte überall den Menschen und den Teufel in seiner Gewalt. Er zeigte auch nicht Unweisheit, dass er den <Menschen>, der mit Recht von dem Teufel besessen war, mit Recht erlöste und nicht mit Gewalt. Darum zeigt das Werk unserer Erlösung Weisheit und Allmacht.

A. Es ist ohne allen Zweifel wahr, was der Mensch mit Recht besessen hat, da sollte er auch mit Recht erlöst werden und nicht mit Gewalt. Wie könnte er aber in des Teufels Gewalt sein und zugleich in Gottes Gewalt? Das wundert mich.

B. Wie daz sie, daz der moͤnsche were in des tùfels gewalt, doch het der tùfel v̀ber den moͤnschen keinen rehten gewalt. Gott hät alleyn rehten gewalt v̀ber den moͤnschen vnd v̀ber den tùfel.

A. Das duncket mich noch groͤsser wunder dån daz vorder. Wie mohte daz sin, das der moͤnsche were in des tùfels gewalt von rehte vnd doch der tùfel hät keÿnen rehten gewalt v̀ber den gefangen moͤnschen?

B. Wilt du das merken, so nÿm ein glichnisse: Der einen vnschuldigen slåht, ist, das sich der richet vnd der wider slåht, so wurt der widerslag gereht vnd vngereht.

A. Als wie?

B. Der slag wurt gereht. Wån wer einen vnschuldigen slåht, der sol billich werden geslagen. Dauon ist der widerslag gereht. Vnd er ist ouch vngereht. Wån wer den andern slåhet åne eins rihters vrteil, der tůt vnreht. Dauon ist der widerslag vnreht.

A. Also merk ich wol: *[125va]* Der den widerslag empfåhet, der hat in zů rehte, der in aber tůt, der tůt in mit vnrehte.

B. Du håst mÿne meÿnunge gar wol verstanden. Als sprich ich: Der moͤnsche was mit rehte des tùfels gefangen, wån er hätte sich williglichen gemachet sinen kneht. Der tùfel het in aber nùt mit rehte besessen; wån der moͤnsche mohte nyemans eigen sin dån alleyn gottes. Vnd dauon des tùfels gewalt waz vnreht v̀ber den moͤnschen; aber der moͤnsche waz von rehte des tùfels gefangen.

A. Ach, ewige goͤttliche almåhtigkeit vnd tieffe wißheit! Wie schinent ir so loͤbelich in dem werke moͤnschlicher demůtigkeit! Ach, ewiger sunnenglantz der wißheit! Wie hast du mit rehte vnd nùt mit gewalt erloͤset den, der mit rehte gefangen lag! Ach, goͤttliche hohe almåhtigkeit! Wie hast du den dinen rehten gewalt alleÿne gehalten, die der tùfel mit vnreht gefangen hät! Wo sint nu uwer schoß, ir vieͤnde der worheit? Ir můssent sehen vnd liden, daz *[125vb]* die guldine schilte zerstoͤrent alle uwer gerùste vnd gedihte der valscheit. Ir heisseren hunde, was bellent ir! Die wårheit hät hohe gehuset; sù voͤrhtett uwer bellen nùt noch die schoß uwer valschen zungen. Uwer wort vnd uwer schoß die sint gegen der worheit als ein windt; wån sù koment vß eÿnem geswollenen hertzen, das der windt der hochfart geblåyet hät als vß einem winde.

B. Du wilt nùt alleÿn ein burger sin in dirre statt der hymelschen Iherusalem, du wilt ein wåhter vnd ein strÿter sin, als mich duncket. Du machest dich vff der muren zÿnnen.

A. Ach, dine schulde, das du mynes ernestes spottest! Weist du nùt, das etwenn geschihet, daz in dem strijt ein man zů einer frouwen wurt vnd ein frouw zů einem manne?

B. Were es nùt wor, daz du gesprochen hast, die mynnende sele spreche nùt: »Ich wil vffstän vnd wil die statt vmbgån vnd wil sůchen min liep vff den stråssen vnd in den gassen«. Dauon gang vff *[126ra]* hůte wol; das ist min wille.

B. Obwohl der Mensch in Teufelsgewalt war, hatte doch der Teufel über den Menschen keine rechte Gewalt. Gott hatte allein die rechte Gewalt über den Menschen und über den Teufel.

A. Das erscheint mir ein noch größeres Wunder als das vorherige. Wie konnte das sein, dass der Mensch zu Recht in des Teufels Gewalt war und doch der Teufel keine rechte Gewalt über den gefangenen Menschen hatte?

B. Willst du das verstehen, so nimm ein Gleichnis. Wer einen Unschuldigen schlägt und der sich rächt und zurückschlägt, so ist der Gegenschlag gerecht und ungerecht.

A. Wieso?

B. Der Schlag wird gerecht; denn wer einen Unschuldigen schlägt, der soll zu Recht geschlagen werden. Darum ist der Gegenschlag gerecht. Und er ist doch ungerecht; denn wer den anderen ohne das Urteil eines Richters schlägt, der tut Unrecht. Darum ist der Gegenschlag Unrecht.

A. So merke ich wohl: Der den Gegenschlag empfängt, der erhält ihn zu Recht, aber er tut ihn mit Unrecht.

B. Du hast meine Meinung ganz gut verstanden. Also sage ich: Der Mensch war zu Recht des Teufels Gefangener; denn er hatte sich freiwillig zu seinem Knecht gemacht. Der Teufel hat ihn aber nicht mit Recht besessen; denn der Mensch konnte niemandes eigen sein als allein Gottes. Und darum war des Teufels Gewalt Unrecht über den Menschen; aber der Mensch war zu Recht des Teufels Gefangener.

A. Ach, ewige göttliche Allmacht und tiefe Weisheit! Wie scheint ihr so lobenswert in dem Werk der menschlichen Demut! Ach, ewiger Sonnenglanz der Weisheit! Wie hast du mit Recht und nicht mit Gewalt den erlöst, der zu Recht gefangen lag! Ach, göttliche hohe Allmacht! Wie hast du die Deinen allein in rechter Gewalt gehalten, die der Teufel mit Unrecht gefangen hielt! Wo sind nun eure Geschosse, ihr Feinde der Wahrheit? Ihr müsst sehen und erleiden, dass die goldenen Schilde all euer Rüstzeug und Erdichtungen der Falschheit zerstören. Ihr heiseren Hunde, was bellt ihr! Die Wahrheit hat ihr Haus hoch errichtet, sie fürchtet euer Bellen nicht noch die Geschosse eurer falschen Zungen. Euer Wort und euer Geschoss sind gegen die Wahrheit wie ein Wind; denn sie kommen aus einem geschwollenen Herzen, das der Wind des Hochmuts aufgeblasen hat wie mit einem Wind.

B. Du willst nicht allein ein Bürger in dieser Stadt des himmlischen Jerusalem sein, du willst ein Wächter und ein Streiter sein, wie mir scheint. Du stellst dich auf die Zinnen der Mauern.

A. Ach, deine Schuld, dass du über meinen Ernst spottest! Weißt du nicht, dass es manchmal geschieht, dass in dem Streit ein Mann zu einer Frau wird und eine Frau zu einem Mann?

B. Wäre es nicht wahr, was du gesprochen hast, die liebende Seele spräche nicht: »Ich will aufstehen und will die Stadt umgehen und will meinen Liebsten suchen auf den Straßen und in den Gassen« (Ct 3,2). Darum gehe auf die Wacht, das ist mein Wille.

A. Nu sage, wie das dritte schoß vnd der strål der valscheit von der worheit werde empfangen!

B. Der strål ist noch nùtzer dånn die vordern worent. Sù sprechen, wir zihent gott vngerehtigkeit, wån wir gloubent, daz der vatter alle sùnde habe vergeben durch des todes willen eins vnschuldigen moͤnschen. Das schoß empfahet also die worheit, das wor ist, das in dem tode alle sùnde vergeben ist; aber das ist valsch vnd vnwor, das gott wolt einen vnschuldigen moͤnschen oͣne reht sterben, das wir daz gloubetent oder sprechent.

A. Daz můst du mir baß betùten. Staͤt vnser gloube nùt also, das der vatter von hymelriche sinen sun fùr vns wolte geben in den tod vnd wolte, das er fùr vns stùrbe? Ist er nùt in der gehorsamÿ tod des vatters? Wie ist dann vnser vngehorsamÿ nåch rehte gebůͤsset? Christus sprach doch, do er gieng in den tod: »Vatter nùt min wille, din wille werde vollebråht«. Das wort zoͤiget, das des *[126rb]* vatters wille was, das er stùrbe.

B. Es ist wol wor: Der worte ist vil in der geschriffte, die also hellent, das es des vatters wille were der tod sines kindes. Aber es ist nùt wor nåch den synnen, als man es gemeÿnlich verstät, daz ich weͣne. Wie moͤhte ein gerehter wille des vatters wellen vnd gebieten einem vnschuldigen tod oͦne reht vnd åne alle schulde, der den flůch des todes gab dem moͤnschen vmb sine schulde? Es ist ouch vor bewert, daz Christus von schulde nùt toͤdlich ist. Dauon sprich ich: Es ist nùt wor, daz gott gebùtt oder wolte sins vnschuldgen kindes tod nach der wise, als hie gesprochen ist.

A. Nu sage: Wie sol ich es verstån, so man sprichet, gott wolte, daz sin kint fùr vns stùrbe? Das bedarff ich wol, wån zů den beden orten wurd ich getrungen von der worheit. Ich gesihe wol, das ein gerehter wille eins vnschuldigen todes nùt begert. Ich sihe ouch dabÿ, wer es des vatters wille nùt gewesen, *[126va]* Christus were nùt tod; wån Christus wider sins vatters willen nÿe keyn ding getet; wån er moͤhte nùt han gehabt vngerehten willen.

B. Du håst den pfijl der vieͣnde gar wol gefidert. Doch mag es der worheit nùt geschaden; wån sù sich zů schirme da fùr bùtet.

A. Das han ich nùt gemeÿnet, daz die vieͣnde von minen zwifel werdent gesteͣrket. Ich meÿne, das ich vor den schossen deste baß koͤnde gewencken vnd mich schirmen mit der worheit; wån nÿeman kan sich vor schaden wol gewarnen, dån der alle gernde sins viendes wol kan gemerken.

B. Ich wil wol glouben, daz du gůte meynunge håst. Dauon merke, daz die zwey wort hant nùt einen sin, so man sprichet: Der stirbet in gehorsamÿ. Also ist nùt ein sin, so man sprichet: Der stirbet in gottes willen, vnd: Der stirbet von gottes willen, vnd den vnderscheit můst du wissen, wilt du nach worheit bekennen, wie gott der vatter nùt wolte sins kindes vnschuldigen *[126vb]* tod vnd wie er in wolte.

A. Nun sage, wie das dritte Geschoss und der Strahl der Falschheit von der Wahrheit aufgefangen wird!

B. Dieser Strahl ist noch nützlicher als die vorhergehenden waren. Sie sprechen, wir beschuldigten Gott der Ungerechtigkeit, denn wir glauben, dass der Vater alle Sünde um des Todes eines unschuldigen Menschen willen vergeben hat. Dieses Geschoss fängt die Wahrheit so auf, dass es wahr ist, dass in dem Tod alle Sünde vergeben ist; aber das ist falsch und unwahr, dass Gott einen unschuldigen Menschen ohne Recht sterben lassen wollte und dass wir das glauben oder sagen.

A. Das musst du mir besser erklären. Steht unser Glaube nicht so, dass der Vater aus dem Himmelreich seinen Sohn für uns in den Tod geben wollte, sodass er für uns stürbe? Ist er nicht in dem Gehorsam des Vaters gestorben? Wie ist dann unser Ungehorsam rechtens gebüßt? Christus sagte doch, als er in seinen Tod ging: »Vater nicht mein Wille, dein Wille werde vollbracht« (Lc 22,42). Das Wort zeigt, dass des Vaters Wille war, dass er sterbe.

B. Es ist wohl wahr: Solche Worte gibt es viele in der Schrift, die so klingen, dass der Tod seines Kindes des Vaters Wille wäre. Aber es ist nicht wahr in dem Sinn, wie man es gemeinhin versteht, so glaube ich. Wie könnte ein gerechter Wille des Vaters ohne Recht und ohne alle Schuld einem Unschuldigen den Tod wollen oder gebieten, der den Fluch des Todes dem Menschen wegen seiner Schuld auferlegte? Es ist auch vorher begründet, dass Christus nicht aus Schuld sterblich ist. Darum sage ich: Es ist nicht wahr, dass Gott den Tod seines unschuldigen Kindes in der Weise gebot oder wollte, wie hier gesprochen wurde.

A. Nun sag: Wie soll ich es verstehen, wenn man sagt, Gott wollte, dass sein Kind für uns stürbe? Das brauche ich wohl, denn zu diesen beiden Orten wurde ich durch die Wahrheit gezwungen. Ich sehe wohl, dass ein gerechter Wille einen unschuldigen Tod nicht begehrt. Ich sehe auch darin, wäre es nicht des Vaters Wille gewesen, Christus wäre nicht gestorben; denn Christus tat nichts gegen den Willen seines Vaters; denn er konnte keinen ungerechten Willen gehabt haben.

B. Du hast den Pfeil der Feinde gut mit Federn versetzt. Doch kann es der Wahrheit nicht schaden, denn sie bietet sich zum Schirm dafür.

A. Das habe ich nicht gemeint, dass die Feinde von meinem Zweifel gestärkt werden. Ich meine, dass ich vor den Geschossen umso besser ausweichen könnte und mich mit der Wahrheit schützen könnte, denn niemand kann sich vor Schaden wohl bewahren, außer der alle Ziele seines Feindes merken kann.

B. Ich will wohl glauben, dass du gute Absichten hast. Darum beachte, dass die zwei Worte nicht einen einzigen Sinn haben, wenn man sagt: »Der stirbt in Gehorsam.« Ebenso ist es nicht derselbe Sinn, wenn man sagt: »Der stirbt in Gottes Willen« und: »Der stirbt durch Gottes Willen.« Und den Unterschied musst du kennen, wenn du in Wahrheit erkennen willst, wie Gott der Vater nicht den unschuldigen Tod seines Sohnes wollte und wie er ihn doch wollte.

A. Den vnderscheit wil ich gerne hoͤren.

B. Der in gehorsamy lebet, der stirbet in gehorsamÿ, wie er ioch stirbet. Es geschehe an dem bette oder ob er sich erviele oder ob er wùrde ermoͤrdet von boͤsen lùten, so ist wor, das er in gehorsamÿ tod ist, vnd ist doch nùt wor, das er von gehorsamÿ tod sie; wån im kein gehorsamÿ gebott, daz er stùrbe, weder an bette noch das er sich erviele noch das er wùrde ermoͤrdet.

A. Das ist merklich.

B. Der aber in gehorsamÿ lebet vnd im die gehorsamÿ gebùtet arenmůt vnd kùscheit, der lidet arenmůt vnd haltet kùscheit nut alleÿn in gehorsamy, er tůt es ouch von gehorsamÿ, wån es die gehorsamÿ gebùtet. Wån er were in der worheit nùt gehoͤrsam, teͤte er nùt, das yme gehorsamÿ gebùtet.

A. Das han ich wol verstanden.

B. Reht also ist zweÿerley wille. Wån einer ist in des andern wille, was er denn tůt, so sprichet man, er tet das in des willen. Der *[127ra]* ander wille ist, wenn einer von dem andern wurt ein ding geheissen.

A. Ich merke nu gaͤntzlich den vnderscheit, waz das betùtet, so man sprichet: »Das ist geschehen in gehorsamy«, vnd »Das ist geschehen von gehorsamÿ«, vnd »Das ist in des willen geschehen«, vnd »Daz ist von des willen geschehen.«

B. Syd das du daz merkest, so wissest, das Christus ist tod in des vatters gehorsamÿ vnd von siner gehorsamÿ nùt, vnd ist tod in des vatters willen vnd nùt von des vatters willen.

A. Das erlùhte mir noch baß, des bitt ich dich.

B. Christus ist tod in des vatters gehorsamÿ. Das meyn ich also: Wån Christus gehorsam waz dem våtterlichen willen in mynne der worheit vnd lere vnd in behalten der worheit, daz waz im von dem vatter gebotten, als er selber sprach: »Den willen des vatters den behalt ich alle stunde in gehorsamÿ.« Vnd darumb, das er die gehorsamÿ vollebråhte, darumb wart er getoͤtet. Vnd dauon so ist wor, daz Christus in der gehorsamÿ des vatters vnd vmb die gehorsamÿ starb, wån er wart getoͤtet vmb die lere vnd *[127rb]* vmb das leben der worheit. Die lere vnd das leben was in gehorsamÿ gebotten. Wån im aber nùt gebotten waz by gehorsamÿ, das er solte sterben, dauon so ist wor, das Christus nùt starb von gehorsamÿ des vatters, wån er starb von eigenem willen.

A. Also merk ich nu wol, das Christus starb in des vatters willen vnd vmb sinen willen, wån er wart getoͤtet vmb sin gerehtes leben vnd vmb gerehte lere. Das leben vnd die lere gottes wille waz. Er starb aber nùt von gottes willen, wån sin tod des vatters wille nùt waz.

B. Nu hast du erst den sin zů rehte verstanden. Dabÿ merke, wie das schoß der viënde gåt vsser einem valschen munde vnd vß valschen sÿnnen. Wir

A. Den Unterschied möchte ich gerne hören.

B. Der in Gehorsam lebt, der stirbt in Gehorsam, wie er auch sterben mag. Es geschähe im Bett oder wenn er zu Tode fällt oder wenn er von bösen Leuten ermordet wird, so ist es wahr, dass er in Gehorsam gestorben ist, und es ist doch nicht wahr, dass er aus Gehorsam gestorben ist; denn kein Gehorsam gebot ihm, dass er stürbe, weder im Bett noch dass er sich zu Tode fiele noch dass er ermordet würde.

A. Das ist verständlich.

B. Der aber in Gehorsam lebt und ihm der Gehorsam Armut und Keuschheit gebietet, der erleidet Armut und hält Keuschheit nicht allein in Gehorsam, er tut es auch aus Gehorsam, da es der Gehorsam gebietet. Denn er wäre in Wahrheit nicht gehorsam, wenn er es nicht täte, was ihm der Gehorsam gebietet.

A. Das habe ich gut verstanden.

B. Gerade so ist es zweierlei Wille: Wenn einer in des anderen Willen lebt, was er denn tut, so sagt man: Er tat das in dessen Willen. Der andere Wille ist es, wenn einem von dem anderen ein Ding befohlen wird.

A. Ich merke nun gänzlich den Unterschied, was das bedeutet, wenn man sagt: »Das ist in Gehorsam geschehen«, und »Das ist aus Gehorsam geschehen«, und »Das ist in dessen Willen geschehen« und »Das ist aus dem Willen geschehen«.

B. Nachdem du das verstehst, so sollst du wissen, dass Christus in des Vaters Gehorsam gestorben ist und nicht aus seinem Gehorsam und dass der Tod in des Vaters Willen und nicht aus des Vaters Willen geschah.

A. Das erkläre mir noch besser, darum bitte ich dich.

B. Christus ist im Gehorsam des Vaters gestorben. Das meine ich so: Da Christus dem väterlichen Willen gehorsam war in der Liebe zur Wahrheit und Lehre und im Behalten der Wahrheit, das war ihm vom Vater geboten, wie er selber sagte: »Den Willen des Vaters behalte ich zu jeder Stunde in Gehorsam« (vgl. Io 15,10). Und darum, weil er Gehorsam leistete, darum wurde er getötet. Und darum ist es wahr, dass Christus im Gehorsam dem Vater gegenüber und um des Gehorsams willen starb, denn er wurde wegen der Lehre und wegen des Lebens der Wahrheit getötet. Die Lehre und das Leben waren in Gehorsam geboten. Da ihm aber nicht im Gehorsam geboten war, dass er sterben sollte, darum so ist es wahr, dass Christus nicht aus Gehorsam dem Vater gegenüber starb, denn er starb aus eigenem Willen.

A. So merke ich nun wohl, dass Christus im Willen und wegen seines eigenen Willens starb; denn er wurde wegen seines gerechten Lebens und wegen der gerechten Lehre getötet. Das Leben und die Lehre waren Gottes Wille. Er starb aber nicht aus Gottes Willen, denn sein Tod war nicht der Wille des Vaters.

B. Nun hast du erst den Sinn richtig verstanden. Daran bemerke, wie das Geschoss der Feinde aus einem falschen Mund hervorkommt und aus einem

zihent gott nùt, das er begerte eins vnschuldigen moͤnschen todes oder das er ein sùnde vmb die ander wolte vergeben oder das er wolte, daz ein vnschuldiger fùr die sùnder stùrbe. Er wolt eins vnschuldigen moͤnschen gerehtigkeit an lere vnd an leben der worheit, der die worheit also groͤßlichen erte mit dem dienste der gereh[*127va*]tigkeit, das die worheit, die gott ist, von dem moͤnschen als groͤsslichen wùrde geeret, als sù von Adam vnd von allen sùndern wart enteret. Darzů wolte sich Christus von mynnen erbieten vnd fůrte die worheit mit leben vnd mit mynnen also vesteklich, das er vmb die selbe worheit verlor sin mynnenkliches leben. In dem tode die worheit als groͤßlich geeret wart, als kostbår sin edel leben was. Das leben er e wolte verlieren, e er die worheit wolte låssen. Das ist der schilt der worheit, der alle schoß der viende åne schaden empfohen kan vnd den frÿden der goͤttlichen Iherusalem kan schirmen vnd bedecken.

A. Ach, froͤuwe dich, Iherusalem, diner starken grundfesti! Froͤuwe dich diner hohen muren! Froͤuwe dich besunder der wer vnd der woffen diner guldinen schilte! Wie lùhten sù, wie glentzen sù, das berg vnd tal von inen ein lieht empfahent! Sù glesten in der viende ougen. Sù blendent der welte kùndigkeit. Sù zoͤigent des fleisches vnd des blůtes [*127vb*] valscheit. Dauon so geschwigent alle viende der worheit. Wån stårker dån der kùnig vnd stårker dån der win vnd stårker dån alle wijb ist der schilt der worheit. Vwer kùnig ist die valscheit; der win der welte betrogenheit; die wijp sint ein verzagter můt an goͤttlicher gerehtigkeit. Dauon kerent wider vnd sehent, wie die ewige worheit richset in hymel vnd in erden mit reht vnd mit erbarmhertzigkeit. Wir hant die gnade funden, daz lieht hat vns betaget. Ir soͤllent fliehen in uwer hùli, als die vͮlle tůt vor dem tage, die der edlen sunnen glantz mit iren boͤsen ougen nùt mag erliden. Eya, war sint sù komen, die dich anvehtent, die goͤttliche statt? Sù sint verswunden als der stoͮb vnd als der nebel. Wån ire werk vnd ir geschùtze ist anders nùt gewesen dån ein spott, den sù gegen der worheit werdent messen.

B. Syd daz die viende sint vertriben vnd ire schoß zů spotte worden, so kere dich zů dirselber [*128ra*] vnd lůg, ob du von disem bůche iht me begerest, das wil ich machen ein ende.

A. Es sol dich nùt wunderen, daz mir als ernst ist gewesen, es wurt etwenn ein zage kůne, so er die viende siht fliehen, doch sid ich minselbes bin ermanet, so beger ich, das du mir ettlich wort betùtest von der geschrifft, die vff den sin hellent, wie der vatter sinen sun habe gegeben in den tod, also das er von des vatters willen tod sie.

B. Der wort ist vil, die also hellent, doch wil ich dir drie betùten, in den maht du merken, wie man sol verstan daz ander.

A. Mich sol benůgen.

falschen Denken. Wir beschuldigen Gott nicht, dass er eines unschuldigen Menschen Tod wollte oder dass er eine Sünde wegen der anderen vergeben wollte oder dass er wollte, dass ein Unschuldiger für die Sünder stürbe. Er wollte eines unschuldigen Menschen Gerechtigkeit in Lehre und im Leben der Wahrheit, der die Wahrheit mit dem Dienst der Gerechtigkeit so sehr verehrte, dass die Wahrheit, die Gott ist, von diesem Menschen ebenso sehr geehrt würde, wie sie von Adam und von allen Sündern entehrt wurde. Dazu wollte sich Christus aus Liebe erbieten und stärkte die Wahrheit mit Leben und mit Liebe so fest, dass er wegen derselben Wahrheit sein liebenswertes Leben verlor. In diesem Tod wurde die Wahrheit so sehr geehrt, wie sein edles Leben kostbar war. Er wollte eher das Leben verlieren, bevor er die Wahrheit lassen wollte. Das ist der Schild der Wahrheit, der alle Geschosse der Feinde ohne Schaden abfangen kann und der den Frieden des göttlichen Jerusalem beschützen und bewahren kann.

A. Ach, freue dich, Jerusalem, deiner starken Grundfeste! Freue dich deiner hohen Mauern! Freue dich besonders der Wehr und der Waffen deiner goldenen Schilde! Wie leuchten sie, wie glänzen sie, dass Berg und Tal von ihnen ein Licht empfangen! Sie glänzen in den Augen der Feinde. Sie blenden die Schlauheit der Welt. Sie zeigen die Falschheit des Fleisches und des Blutes. Darum schweigen alle Feinde der Wahrheit. Denn stärker als der König und stärker als der Wein und stärker als alle Frauen ist der Schild der Wahrheit. Euer König ist die Falschheit; der Wein der Welt Betrogenheit; die Frauen sind ein verzagter Mut der göttlichen Gerechtigkeit gegenüber. Darum kehrt zurück und seht, wie die ewige Wahrheit im Himmel und auf Erden mit Recht und mit Barmherzigkeit regiert. Wir haben die Gnade gefunden, das Licht hat uns geschienen. Ihr sollt in eure Höhle fliehen, wie die Eule es vor dem Tag tut, die den edlen Glanz der Sonne mit ihren schlechten Augen nicht erleiden kann. Ei, woher sind sie gekommen, die dich, die göttliche Stadt, anfechten? Sie sind verschwunden wie der Staub und wie der Nebel. Denn ihre Werke und ihre Geschütze sind nichts anderes gewesen als ein Spott, den sie gegen die Wahrheit messen werden.

B. Nachdem die Feinde vertrieben sind und ihre Geschosse zum Spott wurden, kehre dich zu dir selber und schau, ob du von diesem Buche noch mehr begehrst; das will ich zu einem Ende bringen.

A. Es wird dich nicht wundern, dass mir's so ernst gewesen ist: Es wird manchmal ein Zaghafter zum König, wenn er die Feinde fliehen sieht, doch nachdem ich an mich selbst erinnert worden bin, so bitte ich, dass du mir manche Worte aus der Schrift erklärst, die auf diesen Sinn anspielen, wie der Vater seinen Sohn in den Tod gegeben hat, sodass er aus dem Willen des Vaters gestorben sei.

B. Solche Worte gibt es viele, die so klingen, doch will ich dir drei erklären, in denen kannst du merken, wie man das übrige verstehen soll.

A. Mir soll's genügen.

B. Christus sprach zů Petro: »Sol ich daz trank nùt tringken, daz mir der vatter hät gegeben.« Er sprach ouch an dem gebett, do er den vatter batt, daz er in der marter vͤber huͤbe: »Vatter, din wille werde erfùllet.« Das wort hillet, also im der vatter hette gebotten, daz er stùrbe.

A. Ich weͤne, das es noch vil lùte also verstanden.

B. Du solt es also verstån, alz ob Christus hab gesprochen: Vatter, du wilt die sùnde nùt ver*[128rb]*geben dann in eim als grossen werke der gerehtigkeit, daz den tod vͤberwindet. Vnd wån das nyeman mag geleisten wån ich, dauon so wilt du minen tod. Reht in der wise, als soͤlte dir min frùnd gelten, vnd woltest du im das gelt nùt varen lassen, vnd heͤt er nùt zů gelten vnd hät ouch nùt anders dånn einen rock, so spreche ich wol mit worheit: Du wilt mich mines rockes berouben vnd entsetzen; wån ich mag minen frùnd nut låssen våhen vnd kestigen vmb daz gelt, so hat er nùt, das er gelten moͤge. So het er ouch keynen andern frùnd dann mich, der ime moͤge gehelffen, vnd han ich ouch anders nùt dann disen rock. Weͤnn ich den fùr sine schulde wil geben, dauon mit dem, das du im die schulde nùt wilt vergeben, domitte wilt du minen rock.

A. Ach, mynnenklicher herre! Es ist werlich die worheit, das dich die mynne dinselbes hät berǒbet vnd nùt der wille noch daz gebott des vatters.

B. Reht in dem sinne hät ouch gott gesprochen durch einen *[128va]* propheten: »Gott hät sinem einigen kinde nùt vertragen, er hat in in den tod gegeben fùr vns alle.«

A. Du meynest: Er hät in also in den tod gegeben, wån er die schulde nùt anders wolte vergeben daͤn nach voller gerehtigkeit. Die gerehtigkeit nyeman moͤht erzùgen daͤn sin eigen kint, das vns von sinen truwen nùt mohte gelåssen.

B. Es sprichet ouch sanctus Paulus: »Christus ist gehorsam gewesen vntz in den tod.« Do meynet er nùt, das im der tod in gehorsamÿ wùrde gebotten. Er meynet, das er in der gehorsamy rehter truwe vnd rehter mynne, die ÿm was gebotten, wart ertoͤtet vnd vmb die gehorsamÿ der mynne vnd der gerehtigkeit. Hieby maht du merken, wie man alle wort betùten sol, die daruff hellent.

A. Koͤnd ich mich von hertzen frǒuwen, so solt ich billich wesen frǒ, das ich nach miner begirde dis bůches sihe ein gůt ende. Die mynner dirre welte die froͤwent sich gůtes vnd ere, land vnd lùte, bùrge vnd steͤtte, eigen vnd erbe. Aber min sele solte sich froͤuwen *[128vb]* des besten gůtes, des besten hordes vnd schatzes, des mynnenklichesten kleynötes, das mÿn ougen ye gesåhen. Waz ist vor der hymelschen Iherusalem? Sù ist din erbe; sù ist din steͤte wonunge; sù ist din wore vatter heymůt. Du solt dise statt dick vmbgån. Schouw ire getzierde! Sůche dinen herren vnd din liep vff der stråsse vnd in den gassen! Sih vff die wite stråsse, warvmb dich gott hat geschaffen, wie er dich gebildet hat!

B. Christus sprach zu Petrus: »Soll ich den Trank nicht trinken, den mir der Vater gegeben hat?« (Io 18,11) Er sprach auch in dem Gebet, in dem er den Vater bat, dass er ihn vor der Marter verschone: »Vater, dein Wille werde erfüllt« (Mt 26,39). Dieses Wort klingt, als ob ihm der Vater geboten hätte zu sterben.

A. Ich meine, dass noch viele Menschen es so verstehen.

B. Du sollst es so verstehen, als ob Christus gesprochen hätte: »Vater, ich will die Sünde nicht vergeben außer in einem ebenso großen Werk der Gerechtigkeit, das den Tod überwindet. Und da das niemand leisten kann als ich, darum willst du meinen Tod. Gerade in der Weise, als sollte dir mein Freund vergelten, und wolltest du ihm das Entgelt nicht erlassen, und hätte er nichts zu vergelten und hätte er auch nichts anderes als einen Rock, so spräche ich wohl mit Wahrheit: Du willst mir meinen Rock rauben und wegnehmen; denn da ich meinen Freund nicht frei lassen kann und nicht quälen kann um das Entgelt, so hat er nichts, das er erstatten könnte. So hat er auch keinen anderen Freund als mich, der ihm helfen könnte, und habe ich auch nichts anderes als diesen Rock. Wenn ich den für seine Schuld geben will, darum, indem du ihm die Schuld nicht vergeben willst, willst du meinen Rock.«

A. Ach, liebenswerter Herr! Das ist wahrlich die Wahrheit, dass dich die Liebe dich selbst beraubt hat und nicht der Wille noch das Gebot des Vaters.

B. Gerade in dem Sinn hat auch Gott gesprochen durch einen Propheten: »Gott hat seinen einzigen Sohn nicht verschont, er hat ihn in den Tod für uns alle gegeben« (Rm 8,32).

A. Du meinst: Er hat ihn so in den Tod gegeben, denn er wollte die Schuld nicht anders vergeben als nach voller Gerechtigkeit. Die Gerechtigkeit könnte niemand anders beweisen als an seinem eigenen Kind, das uns aus seiner Treue nicht verlassen konnte.

B. Es sagt auch Sankt Paulus: »Christus ist gehorsam gewesen bis in den Tod« (Phil 2,8). Damit meinte er nicht, dass ihm der Tod in Gehorsam geboten wurde. Er meint, dass er in dem Gehorsam zu rechter Treue und rechter Liebe, die ihm geboten war, getötet wurde um des Gehorsams in der Liebe und der Gerechtigkeit willen. Hieran kannst du merken, wie man alle Worte deuten soll, die daran anklingen.

A. Könnte ich mich von Herzen freuen, so sollte ich wirklich froh sein, dass ich nach meinem Wunsche ein gutes Ende dieses Buches sehe. Die Liebhaber dieser Welt freuen sich an Gut und Ehre, an Land und Leuten, Burgen und Städten, Eigenem und Geerbtem. Aber meine Seele sollte sich freuen über das beste Gute, den besten Hort und Schatz, das liebenswerteste Kleinod, das meine Augen je gesehen haben. Was ist besser als das himmlische Jerusalem? Sie ist dein Erbe, sie ist deine stete Wohnung, sie ist dein wahres Vaterland. Du sollst diese Stadt oft umwandern. Sieh ihre Zierden! Suche deinen Herrn und dein Liebstes auf der Straße und in den Gassen! Sieh auf die weite Straße, warum dich Gott geschaffen hat, wie er dich gebildet hat! Schau, wie weit und

Lůge, wie wijt vnd wie schoͤne die stråsse gebuwen ist mit worheit vnd gerehtigkeit vnd mit fryheit! Sůche ouch mit demůt in den gassen, wie daz bilde entschoͤpfet[460] ist von der sùnde, wie gar der moͤnsche entsetzet ist aller krafft vnd aller getzierde von den sùnden! Sih hin fùrbaß vnd lůge, wie die bandt der sùnde gottes erbermde erwecket hant, wie die sùnde vff alle moͤnschen geerbet hat vnd doch das erbe einen offenen weg gelåssen hat, wie die statt vff reht vnd vff gnåde gebuwen stat! Daz mynne, min sele, das sie din kurtzwile, das sie din geuerte vff dem wege, *[129ra]* vntz das du komest in das gesegenote landt, das von milche vnd von honige flùsset. In dem hymellande die statt nåch worheit getzieret ståt als ein gemahel gegen irem rehten herren.

B. Die zijt, die ich disem bůche geben han, die mag mich ruwen nùt, sid ich dins trostes als vil dainne bekenne. Ich bitte gott, das er dir gebe den woren gesmack vnd das lieht dirre worheit, also das es sie sin lob vnd sin ere vnd bitte dich vnd mane dich der goͤttlichen mynne: Ist, das dir gott iemer zů bekennende git, das ich habe in keynen worten missesprochen, das du es besserest vnd stråffest, daz ich von vnwisen synnen gesprochen han. Wån ich wil lieber von einem frùnde gestråffet werden frùntlich daͤn von mynen vieͣnden gelobet werden betrögenlich. Er ist ioch in der worheit nùt min frùnd, der die worheit mir zů liebe wolte sparen vnd v̀bersehen.

Davon alle, die dis buͤchelin lesent vnd es besserent, domitte daz sù stråffent, das ich vnrehtes han geseit, die wil ich han als mÿ*[129rb]*ne frùnde, wån sù der worheit frùnde sint. Doch von mÿnnen warne ich alle, die iemer dis lesent oder hoͤrent lesen, das sù nùt sient snell vrteiler. Sù soͤllent sin wise versůcher der worheit. Dauon e das sù vrteil geben v̀ber myne lere vnd antwurte in disem bůche, so soͤllent sù lesen sant Anßhelmus bůch vnd sant Augustinus bůch ›Von dem fryen willen‹, vnd wo sù denn vindent, daz ich den zwein han vnglich gesprochen, so sollent sù gotte zů lobe vnd der worheit zů eren besseren vnd stråffen mine gebresten. Ich bin ein moͤnsche vnd nùt ein engel. Dauon so hab es nyemann vnbillich, ob ein moͤnsche kleyner kunst vnd krangker synne tůt moͤnschlich.

A. Ich sol dich nùt loben, die wile du es hoͤrest. Der flijß diner truw vnd diner mynne, die du mir in gotte getzoͤiget håst, der můsse dir ablåß von gotte aller diner schulde erwerben. Gott, der aller gerehter werke ein wùrker ist, der můsse din truwe mit tugenden vnd mit gnåden kroͤnen. Gott geb ouch mir, daz ich ime *[129va]* danckbeͤr werde, der gnåde, die er mir durch dich hät gefůget, das ich ùt verliere, das ich han empfangen, vnd das ich von sinen gnaden noch empfahen mag. Wan ich getruwe, die milte hand sye noch vnbeslossen.

Nu wùste ich gerne von dir, wie ich dis bůch soͤlte nemmen nach gůter eigenschafft der lere.

B. Dis bůchelin redet von dem geistlichen buwe der hÿmelschen stätt Iherusalem; wån Iherusalem ist gesprochen nåch dem nammen »ein gesiht

460 entschepfen *swv. »entstellen, hässlich machen, vernichten«* (Lexer).

wie schön die Straße gebaut ist mit Wahrheit und Gerechtigkeit und mit Freiheit! Suche auch mit Demut in den Gassen, wie das Bild befreit ist von der Sünde, wie völlig der Mensch beraubt ist aller Kraft und aller Zierde durch die Sünden! Sieh weiterhin und schau, wie die Fesseln der Sünde Gottes Erbarmen geweckt haben, wie die Sünde auf alle Menschen vererbt wurde und doch das Erbe einen Weg offengelassen hat, wie die Stadt aufrecht und auf Gnade gebaut steht. Das liebe, meine Seele, das sei deine Kurzweil, das sei dein Gefährte auf dem Wege, bis du in das gesegnete Land kommst, das von Milch und von Honig fließt. In dem Land des Himmels steht die Stadt in Wahrheit geschmückt wie eine Braut für ihren rechten Herrn.

B. Die Zeit, die ich diesem Buch gegeben habe, die kann mich nicht reuen, nachdem ich so viel Trost für dich darin erkenne. Ich bitte Gott, dass er dir den wahren Geschmack und das Licht dieser Wahrheit gebe, sodass es sein Lob und seine Ehre sei, und ich bitte dich und ermahne dich zur göttlichen Liebe: Wenn dir Gott jemals zu erkennen gibt, dass ich in irgendeinem Wort falsch gesprochen habe, dass du es verbesserst und tadelst, dass ich aus unweisem Verstand gesprochen habe. Denn ich will lieber von einem Freund freundlich getadelt werden, als von meinen Feinden trügerisch gelobt werden. Es ist jedoch in Wahrheit nicht mein Freund, wer die Wahrheit mir zuliebe zurückhalten und übersehen wollte.

Darum, alle, die dieses Büchlein lesen und es verbessern, um zu tadeln, dass ich Unrechtes gesagt habe, die will ich zu meinen liebenden Freunden haben, denn sie sind Freunde der Wahrheit. Doch aus Liebe warne ich alle, die jemals dieses lesen oder lesen hören, dass sie nicht schnelle Verurteiler sind. Sie sollen kluge Verkoster der Wahrheit sein. Darum bevor sie ein Urteil über meine Lehre und Antworten in diesem Buch abgeben, sollen sie Sankt Anselms Buch und Sankt Augustins Buch ›Von dem freien Willen‹ lesen, und wo sie denn finden, dass ich diesen zweien ungleich gesprochen habe, sollen sie Gott zum Lob und der Wahrheit zur Ehre verbessern und meine Fehler tadeln. Ich bin ein Mensch und nicht ein Engel; darum halte es niemand für unrecht, wenn ein Mensch geringen Wissens und schwachen Verstandes menschlich handelt.

A. Ich werde dich nicht loben, solange du es hörst. Der Fleiß deiner Treue und deiner Liebe, die du mir in Gott gezeigt hast, die soll dir Nachlass aller deiner Schuld von Gott erwerben. Gott, der ein Bewirker aller gerechten Werke ist, der muss deine Treue mit Tugenden und Gnaden krönen. Gott gebe auch mir, dass ich ihm dankbar werde für die Gnade, die er mir durch dich geschenkt hat, dass ich nimmer verlieren werde, was ich empfangen habe und was ich von seinen Gnaden noch empfangen kann. Denn ich vertraue darauf, dass die milde Hand noch unverschlossen ist.

Nun wüsste ich gerne von dir, wie ich dieses Buch nach guter Eigenschaft dieser Lehre nennen sollte.

B. Dieses Büchlein redet von dem geistlichen Bau der himmlischen Stadt Jerusalem, denn der Name Jerusalem heißt »ein Anblick des Friedens«. Nun

des friden«. Nu ist dise lere von dem friden, den Christus gemachet hät zwùschent gott vnd dem moͤnschen. Dauon von eigenschafft der materie, dauon dis buͤchlin redet vnd von eigenschafft des nammen Iherusalem, so heisset dis buͤchelin billich ›Iherusalem als ein gesiht des fryden‹. Zů dem ewigen steͤten fryden vnd zů der gesiht dirre statt muͤsse mich vnd dich fuͤren in gnaden, der den frÿden hät braht vff erden. Amen. *[129vb]*

Anno domini m^{o} cccc xlij^{o} feria sexta post Vͦdalrici episcopi finitus est liber iste per manus Petri pijtriij dicti Hasenclauw hjsijncliiijw.

entspringt diese Lehre aus dem Frieden, den Christus zwischen Gott und dem Menschen gestiftet hat. Darum, aufgrund der Eigenschaft dieser Materie, über die dieses Büchlein redet, und aufgrund der Eigenschaft des Namens Jerusalem heißt dies Büchlein mit Recht: »Jerusalem als ein Anblick des Friedens«. Zu dem ewigen steten Frieden und zu dem Anblick dieser Stadt soll mich und dich in Gnaden führen, der den Frieden auf Erden gebracht hat. Amen!

Im Jahr des Herrn 1442, am Freitag <den 8. Juli> nach <dem Festtag> des Bischofs Ulrich <Montag, den 4. Juli> ist dieses Buch durch die Hände des Petrus Hasenclow vollendet worden.

6.3 Kommentar

6.3.1 Erstes Buch

Der Autor des ›Audi-filia-Dialogs‹ verweist selbst auf zwei Quellen, die den Inhalt des Werkes maßgeblich bestimmen. Am Schluss seines Werkes mahnt er nämlich die Leser und Hörer dieses Buches:

> »Doch aus Liebe warne ich alle, die jemals dieses lesen oder lesen hören, dass sie nicht schnelle Urteiler sind. Sie sollen kluge Prüfer der Wahrheit sein. Darum, bevor sie über meine Lehre und die Antworten in diesem Buche ein Urteil fällen, sollen sie Sankt Anselms Buch und Sankt Augustins Buch ›Vom freien Willen‹ lesen, und wo sie finden, dass ich anders gesprochen habe als diese beiden, sollen sie <es> Gott zu Lob und der Wahrheit zu Ehren verbessern und meine Fehler tadeln.«[1] – *Doch von mÿnnen warne ich alle, die iemer dis lesent oder hȫrent lesen, das sù nùt sient snell vrteiler. Sù sȫllent sin wise versůcher der worheit. Dauon e das sù vrteil geben ỳber myne lere vnd antwurte in disem bůche, so sȫllent sù lesen sant Anßhelmus bůch vnd sant Augustinus bůch ›Von dem fryen willen‹, vnd wo sù denn vindent, daz ich den zwein han vnglich gesprochen, so sollent sù gotte zů lobe vnd der worheit zů eren besseren vnd strȧffen mine gebresten* (AFD II, c. 13; fol. 129rb, Z. 556–562).

Da der gesamte Dialog sich in seinem Grundaufbau und in zahlreichen Lehrentfaltungen weitgehend auf die Werke des Anselm von Canterbury stützt, werden diese Parallelen jeweils in den Fußnoten vermerkt. Sie müssen quellenkritisch nicht weiter diskutiert werden. Auch Gedanken, die aus Augustins ›De libero arbitrio‹ entnommen sind, werden in den Fußnoten dokumentiert. Eine differenziertere Betrachtung verdienen vor allem die Passagen, in denen der Meister des Lehrgesprächs vom Gedankengang Anselms, sei es durch Ergänzungen, sei es durch theologische Alternativen, abweicht. Das sind insbesondere Themen, die den Augustinertheologen kennzeichnen. Diese Themen werden in dem vorliegenden theologiegeschichtlichen Kommentar erläutert. Der Kommentar greift aus den Kapiteln des Dialogs vor allem die Themen heraus, die von der Sententia communis abweichen, insbesondere augustinische Besonderheiten. Das findet auch darin eine Bestätigung, dass der Meister, wenn er seine eigenen Ansichten darstellt, sich häufig von der *gemeinen ler* absetzt.

---

1 Wenn nichts anderes vermerkt ist, sind alle Übersetzungen aus dem Mittelhochdeutschen und Lateinischen vom Verfasser. Wenn Übersetzungen übernommen werden, werden der Autor und der Fundort genannt.

1. Kapitel
Bestimmung des Menschen: Die Menschwerdung Gottes

Das erste Kapitel widmet sich der Frage, wie der Mensch geschaffen wurde. Der Meister legt dazu vier Bestimmungen des biblischen Schöpfungsberichtes aus. Dass der Mensch als letztes der Geschöpfe geschaffen wurde und dass er nackt und wehrlos war, wird nur kurz erwähnt. Der Mensch sollte über alle anderen Geschöpfe herrschen und hätte dazu keine Waffen gebraucht, wenn er in der rechten Ordnung geblieben wäre. Die umfangreichste Auslegung wird dem Satz gewidmet: »Gott schuf den Menschen nach seinem Bild und Gleichnis« (Gn 1,27). Damit sei die Geistigkeit des Menschen und die Ebenbildlichkeit der Seelenkräfte in Analogie zur göttlichen Trinität gemeint. Diese Themen gehören zum allgemeinen Lehrgut der mittelalterlichen Theologie und geben keine Auskunft über die Schulzugehörigkeit.[2] Anders ist es jedoch bei der Frage nach dem Ziel der Erschaffung des Menschen. Die Frage wird diskutiert: Was bedeutet es, dass der Schöpfungsbericht eigens erwähnt, dass vor dem Schöpfungsakt selbst Gott »Rat« hielt: »Lasset uns den Menschen machen« (Gn 1,26)?

Das Ziel der Erschaffung des Menschen

Gott wäre auch Mensch geworden, wenn Adam nicht gesündigt hätte.

Der Meister legt die folgenden Gedanken vor: Vernunft und Wille sind dem Menschen gegeben, damit er sich der höchsten Wahrheit angleichen könnte. Das aber hätte ihn aus der zeitlichen Bedingtheit in die ewige Vollkommenheit ziehen müssen (AFD I, c. 1; fol. 5rb, Z. 48–54). Dass Gott bei der Erschaffung der Engel keinen solchen Rat hielt, zeigt eine besondere Schöpfungsabsicht in Bezug auf den Menschen, nämlich dass Gott Mensch würde und der Mensch Gott.

> »Ich meine, dass etwas Größeres in der Erschaffung des Menschen lag als in der des Engels, und das zeigt der Rat <vor der Erschaffung> des Menschen.« – *Mich dunket, daz etwaz groͦssers were in des moͦnschen geschoͦpfede dann in des engels, vnd das zoͦiget der råt von dem moͦnschen* (AFD I, c. 1; fol. 5va, Z. 57 f.).[3]

---

2 Solche allgemeinen Nachweise werden nur in den Fußnoten der Edition mitgeteilt.

3 Das Ziel der Erschaffung der Menschen ist demnach die Vergöttlichung des Menschen durch die Menschwerdung des Gottessohnes. Anselm von Canterbury (CDH I, c. 18) hingegen sah es als Aufgabe der Schöpfung des Menschen an, die Zahl der gefallenen Engel zu ersetzen. Er hält es aber auch für möglich, dass es mehr auserwählte Menschen als gefallene Engel gibt.

Dazu passt ein Hinweis von Albertus Magnus: Der Mensch sei unter dem Gesichtspunkt seines Ansehens vor Gott wegen der Inkarnation das Würdigste aller Geschöpfe.[4]

Der Mensch sollte mit Geist und Leib vollkommen beseligt werden. Da der Engel als rein geistiges Wesen durch seine Ähnlichkeit mit Gott direkt selig ist, brauchte Gott nicht Engel zu werden, um die Engel zu erheben. Des Menschen leibliche Seligkeit musste aber durch die Verleiblichung Gottes bewirkt werden. Gott wäre also auch Mensch geworden, wenn Adam und Eva nicht gesündigt hätten. Mit dieser These weicht der Meister von der Lehre des Anselm von Canterbury ab und reiht sich in eine Traditionslinie ein, die gegen den Hauptstrom der Theologie ihr eigenes Profil hat.

Der Mensch sollte sich mithilfe seiner Vernunft der Wahrheit gleichmachen und aus der Zeit in die Ewigkeit gezogen werden.[5]

In dieser These klingt eine heilsgeschichtliche Zielsetzung an. Sie muss mit der Einleitung des Kapitels über die Erbsünde (Kap. 7) zusammengesehen werden. Dort werden vier Thesen an den Anfang gestellt:

1. Adam und Eva wurden von Gott gerecht geschaffen. 2. Hätten sie nicht gesündigt, so hätten sie gerechte Kinder geboren. 3. Alle Menschen sollten eine gerechte Natur haben. 4. Wer nicht hat, was er nach göttlicher Ordnung haben sollte, ist in Sünde (AFD I, c. 7; fol. 59vb, Z. 21–35).

In präziser Zusammenfassung nimmt Heinrich Köster diese Lehre Anselms von der *iustitia originalis* zum Ausgangspunkt seiner dogmengeschichtlichen Studie ›Urstand, Fall und Erbsünde in der Scholastik‹[6], aus der sich auch ein Überblick über die Positionen in dieser Problematik gewinnen lässt. In der weiteren Entwicklung nach Anselm wird die Qualität der Urstandsgnade verschieden definiert, bis Alexander von Hales als erster »eine übernatürliche

---

4 Albertus Magnus, In Sent. I, d. 3, a. 5; ed. Borgnet, Bd. XXV, S. 96: *Dicendum, quod homo consideratur tripliciter, scilicet reputatione divina, et in propria natura, et in fine quae est beatitudo aeterna. Reputatione divina dignissima creaturarum est, quia Deus tantum naturam suam reputavit, quod ipsam assumpsit.* (»Es ist zu sagen, dass man den Menschen in drei Hinsichten betrachten kann: nämlich hinsichtlich des Ansehens vor Gott, ferner in der eigenen Natur und schließlich im Blick auf das Ziel, das ist die ewige Seligkeit. Hinsichtlich des Ansehens vor Gott ist er das Würdigste der Geschöpfe, da Gott nur seine Natur ausersehen hat, um sie anzunehmen.«)

5 AFD I, c. 1; fol. 5rb, Z. 51–54: *Darumb wart im in siner geschôpfede geben die vernunfft vnd der wille, daz er mit vernunfft in sich bildete die ewige wârheit vnd sichselber der wârheit glich machete in der wôrheit, vnd in der worheit so môhte er vß der zijt getzogen werden in ewigkeit.* (»Darum wurden ihm bei seiner Erschaffung die Vernunft und der Wille gegeben, sodass er mit Vernunft die ewige Wahrheit in sich ausformte und sich selbst in der Wahrheit der Wahrheit gleichmachte. Und in dieser Wahrheit hätte er aus der Zeit in die Ewigkeit gezogen werden können.«)

6 Köster, Urstand, Fall und Erbsünde in der Scholastik.

Gnade klar erarbeitet und den Stammeltern vor dem Falle zugesprochen« hat.[7] Als Anhänger dieser Richtung nennt KÖSTER die Hauptvertreter der Hochscholastik: Bonaventura OFM, Thomas von Aquin OP, Odo Rigaldi OFM, Petrus von Tarantasia OP, Ulrich von Straßburg OP, Wilhelm de la Mare OFM, Richard von Mediavilla OFM und weitere Theologen des 14. Jahrhunderts, die diesen folgen.[8] Eine andere Richtung geht aber davon aus, dass die Stammeltern die heiligmachende Gnade nicht besaßen. Zu dieser Gruppe, die Adam nur eine Urstands-, nicht aber die heiligmachende Gnade zusprechen, gehören nach KÖSTER auch Johannes Duns Scotus und in dessen Nachfolge Wilhelm von Ockham und Marsilius von Inghen. Für unseren Zusammenhang ist bedeutend, dass in dieser Gruppe der späteren Theologen, die eine heiligmachende Gnade Adams ablehnen, als erster Aegidius Romanus OESA genannt wird.[9] In dessen Nachfolge werden Vertreter der Augustinerschule aufgezählt: Thomas von Straßburg, Johannes von Retz, Johannes von Dorsten, Bartholomäus Arnoldi von Usingen. Hugolin von Orvieto wird in dieser Reihe eine Ausnahmestellung zugewiesen. Dessen Position kann als eine Vorbereitung der Lehre des Johannes von Basel betrachtet werden, die sich auch im ›Audi-filia-Dialog‹ widerspiegelt. Für Hugolin ist die Urstandsgerechtigkeit eine Wirkungsweise Gottes, die zwischen den reinen Naturkräften und der Gnade steht.[10] Den Sinn dieser Zwischenstellung erläutert Hugolin so: Die Urstandsgnade Adams war einerseits noch nicht die heiligmachende Gnade, aber andererseits war sie hinreichend dazu, dass Gott durch einen Anstoß der helfenden Gnade den freien Willen bewegen konnte, entsprechend der rechten Vernunft zu handeln (*gratiose actuante liberum arbitrium ad agendum conformiter rectae rationi*). Ferner war Adam das Vermögen zu tugendhaften moralischen Handlungen gegeben, gleichsam in einem rechten und quasi natürlichen Affekt (*opera virtuosa moraliter affectione quadam recta quasi naturali*). Aber drittens konnte er in diesem Stand der Urgerechtigkeit noch keine verdienstlichen Werke tun, denn dazu fehlte ihm, dass er die Gnade empfinge und dass Gott ihm auf andere Weise mit seiner geschenkten Hilfe beigestanden hätte (*ut acciperet gratiam ac quod deus aliter suo gratioso auxilio adiuvaret*).[11] In diesen Bestimmungen sind Bestandteile enthalten, die anderswo zur heiligmachenden Gnade gerechnet werden; Hugolin aber spricht sie Adam wegen des Sündenfalls ab. In dieser

---

7 Ebd., S. 18.

8 Ebd., S. 19.

9 Ebd., S. 20, v. a. Anm. 91.

10 Hugolinus de Urbe Vetere, In Sent. III, d. 30–33, q. 2, a. 1; ed. ECKERMANN / MARCOLINO, Bd. III, S. 481,58–60: *Erat enim immediate deus actuans quodammodo medio inter esse gratiae et esse praecise naturae purae. Et hoc donum dicitur donum originale.* (»Gott wirkte nämlich unmittelbar in gewisser Weise zwischen dem Sein der Gnade und dem Sein genau der reinen Natur. Und diese Gabe heißt Originalgabe.«) Vgl. ZUMKELLER, Hugolin von Orvieto († 1373) über Urstand und Erbsünde, S. 39.

11 Ebd., S. 482,75–81.

Bestimmung sehen wir einen heilsgeschichtlichen Aspekt. Die Urstandsgerechtigkeit machte den ersten Menschen zwar Gott wohlgefällig, aber sie sollte durch eine höhere Gnadenform überboten werden, die mit der Menschwerdung des Gottessohnes verbunden ist. Andererseits deutet sich hier ein wesentliches Kennzeichen der Gnadentheologie der Augustiner des 14. Jahrhunderts an: die besondere Betonung des aktuierenden Gnadenimpulses. Es wird sich zeigen, wie Johannes von Basel diese Elemente aufgreift und verdeutlicht.

Auch Johannes Duns Scotus[12] gehört in die Gruppe derer, die Adam nicht die heiligmachende Gnade zusprechen wollen. Auch er führt dazu heilsgeschichtliche Gründe an, die er an einem Argument festmacht, das auch Johannes Hiltalingen ebenso wie der Meister des Lehrgesprächs vertreten: Der Gottessohn wäre auch Mensch geworden, wenn Adam nicht gesündigt hätte. Die Begründung soll ausführlich zitiert werden, da sie ein prägnantes Beispiel für die Argumentationsweise des Scotus ist.

> »Vielmehr scheint Gott nicht allein aus diesem Grund <nämlich der Erlösung von der Erbsünde> jene Seele zu so großem Heil vorherbestimmt zu haben, da jene Erlösung beziehungsweise das Heil der zu erlösenden Seele kein so großes Gut ist wie das Heil der Seele Christi. Es ist auch nicht wahrscheinlich, dass ein so großes Gut in den Seienden nur bedingt ist, nämlich aufgrund eines geringeren Gutes. Auch ist es nicht wahrscheinlich, dass Gott Adam früher zu einem so großen Gut bestimmt hätte als Christus, was allerdings folgen würde; ja sogar würde darüber hinaus noch das Absurdere folgen, nämlich dass Gott, indem er Adam zum Heil vorherbestimmte, vorausgesehen hätte, dass dieser in Sünde fallen würde, noch bevor er Christus zum Heil vorbestimmt hätte, falls die Vorherbestimmung jener Seele <Christi> nur zur Erlösung der anderen bestimmt wäre, da ja dann die Erlösung nicht geschehen wäre, falls der Fall und das Vergehen nicht vorausgegangen wären.«[13]

Mit dieser Stellungnahme setzt Duns Scotus zwei Argumentationslinien, die wir in der Theologie der Augustiner wiederfinden: erstens die Berufung auf die Prädestination Jesu Christi, der Sohn Gottes zu sein. Diese Vorherbestimmung muss von Ewigkeit her entworfen sein, und dementsprechend kann zweitens die Menschwerdung Christi keine zeitliche Ursache haben. Das aber

---

12 Dettloff, Die christozentrische Konzeption des Johannes Duns Sotus, S. 187f.: Matthäus von Aquasparta und Wilhelm von Ware folgend lehrt Duns Scotus, dass der Sündenfall nicht »der notwendige Grund für die Menschwerdung des Gottessohnes sei«.

13 Iohannes Duns Scotus, In Sent. III, d. 7, q. 3, n. 65; ed. minor, ed. Lauriola, Bd. III, 2, S. 93: *Sed non propter solam istam causam videtur Deus praedestinavisse illam animam ad tantam gloriam, cum illa redemptio sive gloria animae redimendae non sit tantum bonum, quantum est illa gloria animae Christi; nec est verisimile tam summum bonum in entibus, esse tantum occasionatum, scilicet propter minus bonum; nec est verisimile Deum prius praeordinasse Adam ad tantum bonum quam Christum, quod tamen sequeretur; imo ulterius sequeretur absurdius, scilicet quod Deus praedestinando Adam ad gloriam, prius praevidisset ipsum casurum in peccatum quam praedestinasset Christum ad gloriam, si praedestinatio illius animae tantum esset pro redemptione aliorum, quia redemptio non fuisset, nisi casus et delictum praecessisset.*

wäre ja der Sündenfall Adams, wenn dieser der eigentliche Grund der Menschwerdung wäre.

Gott wäre auch Mensch geworden, wenn Adam nicht gesündigt hätte.

Diese dogmengeschichtliche Sachlage macht es sinnvoll, zur Bestimmung der Position unseres Autors vor allem die Diskussion dieses Themas bei den Augustinertheologen in den Blick zu nehmen. Der angestammte Ort dieser Frage ist am Anfang des dritten Buches der Sentenzenkommentare: In der ersten Distinctio wird traditionell nach der Inkarnation gefragt,[14] während die siebte Distinctio die Prädestination Jesu, der Sohn Gottes zu sein, behandelt;[15] ein Thema, das auch in der Distinctio 10 diskutiert werden kann, die traditionell dem Personsein Christi gewidmet ist.[16]

Bonaventura zählt viele Gründe auf, warum Gott auch Mensch geworden wäre, wenn der Mensch nicht gesündigt hätte. Trotzdem entscheidet er sich dafür, der Hauptgrund der Inkarnation sei die Erlösung, weil dies mit den biblischen Texten besser übereinstimmt.[17] Mit derselben Begründung, nämlich, dass die Schriftzeugnisse dies besser bestätigen, bevorzugt auch Thomas von Aquin die Ansicht, dass Gott nicht Mensch geworden wäre, wenn Adam nicht gesündigt hätte, obwohl er zugibt, dass auch das gegenteilige Argument möglich sei.[18]

Aegidius Romanus behandelt zwar die Frage nach der Prädestination Christi, geht aber auf das spezifische Problem des Motivs der Inkarnation nicht ein.[19]

Johannes von Basel über die Inkarnation

Hiltalingen setzt seine Fragestellung in einen heilsgeschichtlichen und christologisch-anthropologischen Horizont: »Kann man wahrhaft sagen: Aufgrund der Vereinigung, in der das Wort zu unserer Erlösung inkarniert wurde, ist Gott Mensch geworden und aus der Jungfrau geboren?«[20]

---

14 Entsprechend Petrus Lombardus, Sent. III, d. 7, c. 1–3; Bd. II,1, S. 59,6–23.

15 Petrus Lombardus, Sent. III, d. 7, c. 1; Bd. II,1, S. 59,8–12: *Deus factus homo et homo factus Deus, <…> unde recte dicitur Christus in quantum homo praedestinatus esse Filius Dei.* (»Gott wurde Mensch und der Mensch wurde Gott, <…> darum wird zu Recht gesagt, Christus sei, sofern er Mensch war, vorherbestimmt, der Sohn Gottes zu sein.«) Vgl. Thomas de Aquino, In Sent. III, d. 1, q. 3, a. 1: *Utrum homo Christus sit praedestinaturus filius Dei?* (»Ist Christus als Mensch der vorherzubestimmende Sohn Gottes?«)

16 Vgl. Thomas de Aquino, In Sent. III, d. 10, q. 1, a. 2: *Utrum Christus, secundum quod homo, sit persona?* (»Ist Christus, insofern er Mensch ist, Person?«)

17 Bonaventura, In Sent. III, d. 1, a. 2, q. 2; ed. Qu., Bd. III, S. 23–25.

18 Thomas de Aquino, In Sent. III, d. 1, q. 1, a. 3 co und Sth. III, q. 1, a. 3 co.

19 Aegidius Romanus, In Sent. III, d. 10, p. 3, q. 1, a. 1 und a. 2; ed. Roma 1623, S. 437–451.

20 Iohannes de Basilea, In Sent. III, d. 7–9, q. 4; Bd. IV, S. 52,3–5: *Utrum ex unione, qua verbum pro nostra redemptione est incarnatum, verum sit dicere Deum hominem factum et de virgine natum.*

Die in der Frage enthaltene These sagt also, der Grund der Inkarnation sei die »Vereinigung, durch die das Wort zu unserer Erlösung inkarniert worden ist«. Dazu, und zwar zum zweiten Satzabschnitt der These, stellt die Argumentation im ›Quod non‹ die Gegenthese auf, das Wort sei nicht zu unserer Erlösung inkarniert worden. Obwohl dieser Einwand sich gegen die Hauptthese der Quaestio richtet, wird die Argumentation der Conclusiones mit leichten Abwandlungen genau diesen Einwand bekräftigen. In der Begründung dieses Einwands finden wir Gedanken wieder, die schon bei Johannes Duns Scotus zu lesen sind: Wenn Adam nicht gesündigt hätte, wäre das Wort nicht inkarniert worden. Das sei falsch. Ferner, wenn die Sünde Adams der Grund der Inkarnation wäre, dann wäre die Seele Christi nicht absolut sicher von Ewigkeit her prädestiniert gewesen, sondern nur ursächlich. Auch das sei falsch. Drittens wäre dann ein Zeitliches die Ursache eines Ewigen, und das sei wiederum falsch, denn die Prädestination ist ewig. Wenn also unsere Erlösung der Grund der Menschwerdung wäre, würde folgen, dass die These der Quaestio, die Vereinigung der göttlichen und menschlichen Natur in Christus sei der Grund der Inkarnation, falsch ist. Das ist jedoch widerlegt: Es ist also falsch, dass die Menschwerdung des Gottessohnes [hauptsächlich] zu unserer Erlösung geschehen ist.[21]

Als Motto des Beweisgangs der Quaestio wird nach den prinzipiellen Einwänden ein Augustinuszitat vorgetragen (*in oppositum*): »Es ist eine solche Vereinigung, dass sie Gott zum Menschen und den Menschen zu Gott machte.«[22] Dieser patristische Grundsatz leitet auch die Belehrung des Meisters im ›Audi-filia-Dialog‹ ein. Hier wird die Zielsetzung allerdings schon als Schöpfungsabsicht aufgefasst:

---

21 Iohannes de Basilea, In Sent. III, q. 4, arg. 1; Bd. IV, S. 52,6–14: *Et videtur primo quod non: Quia verbum non est incarnatum pro nostra redemptione, igitur quaestio falsa. Consequentia tenet. Et antecedens probatur. Tum prima, quia sequitur, quod, si Adam non peccasset, Verbum incarnatum non fuisset, quod est falsum. Tum secundo sequitur, quod anima Christi non absolute certitudinaliter ab aeterno fuisset praedestinata, sed casualiter, quod falsum est. Tum tertio, quia sequitur, quod aliquod temporale alicuius aeterni fuisset causa; quod est falsum. Et consequentia patet, quia praedestinatio est aeterna, igitur, si nostra redemptio illius fuit causa, sequitur propositum.* (»Und es scheint erstens, dass die These nicht richtig ist, weil das Wort nicht zu unserer Erlösung inkarniert wurde. Also ist die Frage falsch. Die Konsequenz steht fest, und die Prämisse lässt sich beweisen: Denn dann folgt erstens: Wenn Adam nicht gesündigt hätte, wäre das Wort nicht inkarniert worden. Das ist falsch. Ferner folgt zweitens: Die Seele Christi wäre nicht absolut sicher von Ewigkeit her prädestiniert, sondern nur aufgrund einer Ursache, was falsch ist. Ferner drittens, weil dann folgt, dass etwas Zeitliches Ursache für etwas Ewiges wäre, was falsch ist. Die Folgerung ist offenkundig, weil die Prädestination ewig ist. Also: Wenn unsere Erlösung der Grund für jene <Inkarnation> war, folgt die These <des Einwands>.«)

22 Iohannes de Basilea, In Sent. III, d. 7–9, q. 4, in opp.; Bd. IV, S. 53,14 f.: *Talis est ista unio, ut Deum faceret hominem et hominem Deum.* Augustinus, De trin. I, c. 28; CCSL Bd. L, S. 69,6–7: *Talis enim erat illa susceptio quae Deum hominem faceret et hominem Deum.*

»Gott erkannte alles in seiner ewigen Weisheit, und darum sah er auch: Würde der Mensch geschaffen, so würde der Mensch Gott und Gott Mensch.« *Gott bekant alle ding in siner ewigen wißheit, vnd darumb so sah er wol: Würde der moͤnsche geschaffen, so würde der moͤnsche gott vnd gott moͤnsch* (AFD I, c. 1; fol. 5va, Z. 60–62).

Als erster Komplex in Hiltalingens Argumentation wird derselbe Grundgedanke angeführt wie im deutschen Dialog: Das größte Wunder, die Inkarnation, kann nicht auf die Sünde ausgerichtet sein:

»Du meinst, was auch ich meine: Weil es das allergrößte Wunder ist, glaube ich, dass es nicht von Gott auf ein Werk der Sünde gebaut würde oder auf ein anderes geringeres Werk.« – *Dich duncket, als mich ouch duncket; waͤnn es das allergroͤste hoͤhste wunder ist, so weͤne ich, das es nüt geordent würde von gotte vff ein werk der sünden noch vff kein ander werk, das minre ist* (AFD I, c. 1; fol. 5va, Z. 67–69).

Dem entspricht die erste These dieser Quaestio des Hiltalingers: »Die Schuld des Stammvaters war weder die Ursache noch der Anlass für die Prädestination der Seele Christi.«[23] Diese These (*conclusio 1*) wird in den nachfolgenden Differenzierungen (*corollaria 1–3*) erläutert:

»1. Der Endeffekt unserer Erlösung war nicht eine Begleitursache der Inkarnation des Wortes und der hypostatischen Union. / 2. Obwohl das Wort Gottes zur Tilgung der Ursünde und zur Wiedergutmachung unseres Elends inkarniert wurde, ist die Präposition ›zur‹ nicht als Zielursache oder als Motiv zu verstehen. / 3. Obwohl das Geheimnis dem Erdenpilger unerklärlich bleibt, kann man dennoch getrost glauben und ist es höchst wahrscheinlich: Wenn der Mensch im Stand der Unschuld beharrt hätte, wäre dieselbe Natur <des Menschen> wie jetzt in die Einheit der Person <Christi> aufgenommen worden.«[24]

Das heißt, der Mensch hätte auch ohne die Sünde Adams die Gnade Christi gewonnen. Diese letzte These richtet sich gegen das Argument des Thomas von Straßburg, ohne die Sünde der Stammeltern wäre der Mensch im Stand der Urgerechtigkeit geblieben, und so wäre keine Erlösung notwendig gewesen.[25]

---

23 Iohannes de Basilea, In Sent. III, d. 7–9, q. 4, concl. 1; Bd. IV, S. 53,17 f.: *Primi parentis culpa nec fuit causa nec occasio, quare anima Christi fuit praedestinata.*

24 Iohannes de Basilea, In Sent. III, d. 7–9, q. 4, concl. 1, cor. 1–3; Bd. IV, S. 54,3–20: *Corollarium primum: Effectus nostrae redemptionis non fuit concausa Verbi incarnationis et huiusmodi suppositalis unionis. / Secundum corollarium: Quamvis Verbum sit incarnatum ad delendum originale peccatum et propter nostram miseriam reparandam, non tamen tenendo ly ›propter‹ finalem et motivam causam. / Corollarium tertium: Quamvis hoc sacramentum viatori sit inexplicabile, pie tamen credi potest et est verisimile, si homo in statu innocentiae permansisset, eadem natura quae nunc fuisset assumpta in unitatem personae.*

25 Thomas de Argentina, In Sent. III, d. 1, q. 1, a. 4, ad 1; ed. Genua 1589, pars 3, fol. 4rb: *Et quia iste ordo non fuisset interruptus, si non fuisset peccatum: ideo quamvis posset dici, quod dominica incarnatio, qua talis ordo fuit reparatus, sit de perfectione universi post peccatum hominis: tamen ante peccatum non fuisset de universi perfectione.* (»Und weil diese Ordnung nicht unterbrochen worden wäre, wenn es keine Sünde gegeben hätte, darum, obwohl man sagen könnte, dass die Inkarnation des Herrn, durch die eine solche Ordnung repariert

Sowohl Johannes Hiltalingen wie der Dialog-Meister aber widersprechen diesem Standpunkt des älteren Augustiners, Thomas von Straßburg. Ihnen geht es ausdrücklich um eine Vervollkommnung des Menschen, die das Vollendungsziel der Schöpfung über die Urstandsgerechtigkeit hinaus gewesen sei. Vielmehr ist das Ziel der Inkarnation die Erlösung sowie die Erhebung in einen Gnadenstand, der größer ist als Adams Urstand vor der Sünde.

»Ich glaube viel eher, dass die Sünde, die vom Menschen geschehen ist, von Gott verhängt wurde, damit die Sünde in dem höchsten Werk und Wunder wiedergutgemacht und gebüßt würde, sodass die Gerechtigkeit der Buße besser würde, als die Schuld der Sünde böse war.« – *Ich wēne vil e, daz die sùnde von gotte verhenget ist, die von dem mönschen ist geschehen, daz die sùnde in dem hőhsten wērke vnd wunder also wùrde widerbråht vnd gebůsset, daz die gerehtigkeit der bůsse besser wùrde, dån bőse waz die schulde der sùnde* (AFD I, c. 1; fol. 5vb, Z. 69–73).

Im ›Audi-filia-Dialog‹ ist dieser Gedanke schon in dem zitierten Satz angedeutet, dass die Wiedergutmachung dem Menschen eine bessere Gerechtigkeit schenke, als der Mangel der Urstandsgerechtigkeit schaden konnte. Im Kapitel 7, in dem es um die Wirkung der Sünde und der Gnade geht, wird diese heilsgeschichtliche Stufenlehre noch offenkundiger, wenn der Stand der Erlösung dem der Urgerechtigkeit eindeutig vorgezogen wird.

»Ich habe jetzt erst bemerkt, wie ungleich die Gnade ist, in der der Mensch, der auserwählt ist, nach der Sünde bewahrt wird, gegenüber der Gnade, in der der Mensch geschaffen wurde. Denn die erste Gnade Adams war eine geschaffene Gerechtigkeit; aber diese nachfolgende Gnade ist die Gnade Jesu Christi. Weh, wie ungleich das Erbe ist, das wir in Adam verloren haben, dem Erbe gegenüber, das uns mit dem wahren Gotteskind versprochen wurde, das wir in ihm und mit ihm besitzen werden!« – *Ich han erst nu gemerket, wie vnglich es ist, die gnåde, in der der mőnsch, der vßerwēlt ist, wùrt behalten nu nåch den sùnden, gegen der gnåde, in der der mőnsch geschaffen wart. Wån die erste gnåde Adams daz waz ein geschaffen gerehtigkeit; aber dise nachgånde gnåde daz ist die gnåde Ihesu Christi. We, wie vnglich daz erbe ist, daz wir in Adam hant verloren, gegen dem erbe, daz vns mit dem woren gotts kinde ist gelobet, daz wir in yme vnd mit im sőnt besitzen!* (AFD I, c. 7; fol. 67ra, Z. 440–446).

Das stimmt beinahe wörtlich mit der Lehre des Johannes von Basel überein: »Obwohl durch die Taufgnade nicht jede Folge der Erbschuld aufgehoben wird, ist dennoch die Taufgnade besser, als die Erbschuld böse ist.«[26] Hiltalingen spricht zwar Adam vor dem Sündenfall eine heiligmachende Gnade zu, aber nicht die Beständigkeit im Gnadenstand.[27] Von Adams Gnadenstand spricht

---

wurde, nach der Sünde des Menschen zur Vervollkommnung des Universums ist, wäre sie dennoch vor der Sünde nicht zur Vervollkommnung des Universums gewesen.«)

26 Iohannes de Basilea, In Sent. II, d. 31–32, q. 21, concl. 2, cor. 3; Bd. III, S. 307,12–15: *Quamvis per gratiam baptismalem non tollatur omnis effectus culpae originalis, tamen melior est gratia baptismalis, quam mala sit culpa originalis.*

27 Iohannes de Basilea, In Sent. II, d. 29–30, q. 20, concl. 1; Bd. III, S. 293,2–5: *Quamvis non sit alia res mentis creatae in bono perseverantia, quam eius gratificans gratia, tamen Adam*

der Meister des Lehrgesprächs hier nicht. Es wird sich aber bei der Diskussion des Sündenfalls der Engel zeigen, dass er implizit dieselbe Lehre vertritt wie Johannes von Basel, auch wenn er den Begriff Gnade in diesem Zusammenhang meidet. Dass Hiltalingen gegen Aegidius Romanus und die meisten Zeitgenossen seines Ordens Adam die heiligmachende Gnade zuspricht, folgt aus seiner spezifischen Gnadenlehre, die weiter unten zu besprechen ist. Er bejaht ausdrücklich die Meinung, die auch der Meister des Lehrgesprächs vertritt, dass die Menschen in der Kraft des Verdienstes Christi im gegenwärtigen Stand preiswürdiger sind (*melius merentur*) als in jenem Stand der paradiesischen Unschuld.[28] Dieser Standesunterschied zwischen Adam und dem erlösten Christen ist nach Thomas von Straßburg dem gnädigen Rettungswillen Christi zu verdanken, der die Menschen aus der Gefangenschaft in der Sünde befreien wollte. Hiltalingen hingegen sieht im Heilswerk das Gelingen einer ursprünglichen Schöpfungsidee, wie aus der Argumentation gegen Thomas von Straßburg zu erschließen ist.[29] Dies ist wiederum auch die Lehre des Meisters des Lehrgesprächs, wie bereits zitiert wurde: »<...> dass die Gerechtigkeit der Buße besser würde, als die Schuld der Sünde böse war«.

Hiltalingen wie der Meister des Lehrgesprächs lehnen trotz Übereinstimmung in der generellen heilsgeschichtlichen Linie die Argumente des Thomas von Straßburg zum Grund der Inkarnation ab. Dieser hatte sich auch gegen die

---

ante lapsum sic habuit gratificantem gratiam, quod non habuit in bono gratiae perseverantiam. (»Obwohl die Beharrlichkeit des geschaffenen Geistes im Guten nichts anderes ist als die heiligmachende Gnade, hatte Adam nach dem Fall die heiligmachende Gnade so, dass er nicht die Beharrlichkeit der Gnade im Guten hatte.«)

28 Iohannes de Basilea, In Sent. II, d. 29–30, q. 20, post concl. 1, ad 3; Bd. III, S. 295,3–10: *Ratio est, quia* nunc [*ed.* MARCOLINO *und Hss.*: non, *Schreiberirrtum*] *ratione fidei, sacramentorum, meriti et passionis Christi et potestate ipsius ecclesiae militantis melius merentur homines istius status quam status illius. Et hoc voluit Augustinus, et bene.* <...> *Augustinus* <Quaest. vet. et novi test., c. 123; PL Bd. XXXV, S. 2369> *non reprobat, quod Adam habuit Spiritum Sanctum, sed reprobat, quod ipsum sic habuit, sicut modo datur credentibus expresse in Christum. Et hoc est verum, nec oppositum dico.* (»Der Sinn ist, dass jetzt aufgrund des Glaubens, der Sakramente, der Verdienste und des Leidens Christi und durch die Gewalt der kämpfenden Kirche die Menschen dieses [erlösten] Standes ein besseres Verdienst gewinnen als die jenes Standes <vor der Sünde>. Und das wollte Augustinus, und gut so. <...> Augustinus hat nicht verworfen, dass Adam den Heiligen Geist hatte, sondern er hat verworfen, dass er ihn so hatte, wie er nur den Gläubigen gegeben wird, ausdrücklich auf Christus hin; und das ist wahr, und ich sage nichts Gegensätzliches.«) Vgl. ZUMKELLER, Der Augustinertheologe Johannes Hiltalingen von Basel, S. 66–70, bes. S. 69, Anm. 18.

29 Siehe Iohannes de Basilea, In Sent. III, d. 7–9, q. 4, concl. 1, cor. 1–3; Bd. IV, S. 54,3–20, zitiert oben S. 841, Anm. 24; ferner Iohannes de Basilea, In Sent. III, d. 7–9, q. 4, concl. 1, post cor. 3; Bd. IV, S. 55,4–6: *Confirmo hoc corollarium: si non foret verum, sequeretur quod beata Virgo et illa natura Christi non fuissent aeternaliter praedestinati ad omne praemium suum et meritum; quod est falsum.* (»Ich bekräftige dieses Corollarium. Wenn es nicht wahr wäre, würde folgen, dass die selige Jungfrau und jene Natur Christi nicht ewig vorherbestimmt wären zu ihrem ganzen Lohn und Verdienst, was falsch ist.«)

These gewendet, der Sohn Gottes wäre Mensch geworden, wenn Adam nicht gesündigt hätte, die Hiltalingen und der Meister des Lehrgesprächs in großer Ähnlichkeit vertreten.[30] So erklärt sich auch, warum meine erste Zuordnung des Meisters des Lehrgesprächs zur Augustinertheologie zu dem Schluss kommen musste, dass er nicht mit Thomas von Straßburg identifiziert werden könne.[31] Andererseits zeigen die angeführten Argumente, dass die Aussagen des ›Audi-filia-Dialogs‹ den Gedanken des Johannes von Basel gerade in diesem Lehrstück sehr nahestehen.

Nur ein Argument des Dialogtraktats im Zusammenhang mit der Menschwerdung Gottes kann ich bei Hiltalingen nicht belegen. Das ist die Lehre, dass zur Vollendung des Menschen durch die Menschwerdung Gottes nicht nur die Vervollkommnung des Geistes, sondern auch die der sinnlichen Kräfte gehöre. Doch ist dieser Topos so weit verbreitet, dass er über die theologiegeschichtliche Zuordnung keine Auskunft geben kann. Er geht auf die Augustin zugeschriebene Schrift ›De spiritu et anima‹[32] zurück und wird in der Scholastik immer wieder zitiert, z. B. von Thomas von Aquin und Thomas von Straßburg; aber auch von Meister Eckhart und Marquard von Lindau.[33]

---

30 Thomas de Argentina, In Sent. III, d. 1, q. 1, a. 4, arg. 1; ed. Genua 1589, pars 3, fol. 4ra: *Ideo, quamvis aliqui solemnes doctores teneant oppositum, tamen ad praesens dico, quod si homo non peccasset, filius Dei incarnatus non fuisset. Quod probo sic: cessante causa, cessat effectus. Sed super illo verbo, Apost<oli, Ad Timotheum 1,15>: Christus venit in hoc mundum, ut peccatores salvos faceret, dico <cum> glo<ssa>: Nulla causa veniendi fuit Christo, nisi peccatores salvos facere. Dicit glossa: Tolle morbos, tolle vulnera, nulla est causa medicinae.* (»Also: Obwohl einige verehrte Doktoren das Gegenteil festhalten, sage ich trotzdem für jetzt: Wenn der Mensch nicht gesündigt hätte, wäre der Sohn Gottes nicht inkarniert worden. Das beweise ich so: Wo eine Ursache fehlt, fehlt auch die Wirkung. Darüber hinaus mit dem Wort des Apostels, <I Tim 1,15>: ›Christus ist in die Welt gekommen, um die Sünder selig zu machen.‹ Ich sage mit der Glosse: ›Christus hatte keinen Grund zu kommen, außer um die Sünder selig zu machen.‹ Die Glosse sagt: ›Nimm die Krankheiten weg, nimm die Wunden weg: Es gibt keinen Grund für die Medizin.‹«)

31 Witte, Der Meister des Lehrgesprächs und sein ›In-principio-Dialog‹, S. 202.

32 [Pseudo-]Augustinus, De spiritu et anima c. 9; PL Bd. XL, S. 785A: *Propterea enim deus homo factus est, ut totum hominem in se beatificaret, et tota conversio hominis esset ad ipsum, et tota dilectio esset in ipso, cum a sensu carnis videretur per carnem, cum a sensu mentis videretur per divinitatis contemplationem.* (»Darum ist nämlich Gott Mensch geworden, um den ganzen Menschen in sich glückselig zu machen und damit es eine vollständige Umkehr des Menschen zu ihm gäbe und volle Liebe zu ihm, da er <Gott> vom Sinn des Fleisches durch das Fleisch angeschaut würde, da er vom Sinn des Geistes durch die Betrachtung der Gottheit geschaut wird.«) Vgl. auch Augustinus, De trin. XIII, c. 25; CCSL Bd. L A, S. 417,11–13: *Necessaria est ergo fides ut beatitudinem consequamur omnibus humanae naturae bonis, id est et anima et corpus.* (»Notwendig ist also der Glaube, damit wir durch alle Güter der menschlichen Natur, das ist sowohl die Seele wie der Leib, die Seligkeit erlangen.«)

33 Thomas de Aquino, Sth. III, q. 1, a. 2 co: *Ipsa autem natura dei est bonitas. <...> unde ad rationem summi boni pertinet, quod summo modo se creaturae communicet. Quod quidem maxime fit per hoc quod naturam creatam sic sibi coniungit ut una persona fiat ex tribus, verbo,*

Bild und Gleichnis Gottes

Dieses Kapitel des Dialogtraktats dürfte durch seine Aufnahme in das ›Lehrsystem der deutschen Mystik‹[34] beim mittelalterlichen Publikum eine größere Verbreitung gefunden haben als der Traktat selbst, der ja nur in einer Handschrift überliefert ist.

Das Thema leitet sich ab aus dem sogenannten Ratschluss im biblischen Schöpfungsbericht »Lasset uns den Menschen machen nach unserm Bild und Gleichnis« (Gn 1,26) und wurde theologisch durch die Seelenlehre Augustins begründet.[35] Inhaltlich geht die Lehre des Meisters nicht über die Ausführungen Augustins in ›De trinitate‹, vor allem in den Büchern 10, 14 und 15, hinaus. Es handelt sich seit Petrus Lombardus[36] um scholastisches Gemeingut. Zu den differenzierenden Fragen der Scholastiker (zum Beispiel, ob der Engel

---

anima et carne, sicut dicit Augustinus xiii de trin. unde manifestum est quod conveniens fuit Deum incarnari. (»Gottes Natur selbst ist die Güte. <...> Daher gehört es zum Wesen des höchsten Guten, dass es sich der Kreatur im höchsten Maße mitteilt. Das geschieht freilich insbesondere, indem es sich der geschaffenen Natur so verbindet, dass eine Person aus dreien entsteht, dem Wort, der Seele und dem Fleisch, wie Augustinus im 13. Buch von ›De trinitate‹ sagt, dass es darum offenkundig ist, dass es angemessen war, dass Gott inkarniert wurde.«) – Thomas de Argentina, In Sent. III, d. 1, q. 1, a. 4, opp. 2; Genua 1589, pars 3, fol. 4ra: *Praeterea non minus debet beatificari vita sensitiva, quae numquam fuit nocens quam ea, quae post delictum est poenitens: sed sensus poenitentis hominis beatitudinem suam habebunt in humanitate Christi: sensus autem innocentis hominis, si deus humanam naturam non assumpsisset, nullam reciperent beatitudinem a Deo, quia nullum obiectum haberent in eo: ergo etc.* (»Außerdem soll das sinnliche Leben, das jetzt nach dem Vergehen verderblich geworden ist, nicht weniger beseligt werden als das, was nach dem Vergehen reuevoll ist. Aber die Sinne des reuevollen Menschen werden ihre Seligkeit in der Menschheit Christi haben. Wenn Gott die menschliche Natur nicht angenommen hätte, würden die Sinne des unschuldigen Menschen keine Glückseligkeit von Gott empfangen, da sie in ihm kein Objekt hätten. Also etc.«) – Eckhart, Pr. 67, DW III, S. 133,85–134,2: *Diz [diu blôze isticheit] ist diu hœchste volkomenheit des geistes, dâ zuo man komen mac in disem lebene nâch geistes art. Aber ez enist niht diu beste volkomenheit, die wir iemer besitzen suln mit lîbe und mit sêle.* (Übers. S. 529 f.: »Dies <das reine Sein> ist die höchste Vollkommenheit des Geistes, zu der man in diesem <irdischen> Leben zu gelangen vermag auf geistige Weise. Aber dies ist nicht die beste Vollkommenheit, die wir auf immer <= im Jenseits> mit Leib und mit Seele so besitzen werden.«) Ebd., S. 134,19–20: *Her umbe sô enmac der geist niemer volkomen werden, lîp und sêle enwerden volbrâht.*(Übers. ebd.: »Deshalb vermag der Geist niemals vollkommen zu werden, wenn nicht Leib und Seele vollendet werden.«) – Die Augustinus-Stelle aus ›De spiritu et anima‹ (Anm. 32) wird zitiert von Marquard von Lindau OFM, ›De reparatione hominis‹, c. 19; ed. May, S. 93,19–25 sowie Marquard von Lindau, Deutsche Predigten, Pr. 1; ed. Blumrich, S. 5,77–84.

34 Cadigan, The compilatio mystica (Greith's Traktat) in the original, S. 1–37.

35 Siehe Schmaus, Die psychologische Trinitätslehre des heiligen Augustinus.

36 Petrus Lombardus, Sent. I, d. 3, c. 1–3; Bd. I,2, S. 68–76 und Sent. II, d. 16; Bd. I,2, S. 406–409.

oder der Mensch ausgezeichneter ein Bild Gottes sei oder wie Mann und Frau das Bild Gottes verwirklichen oder ob das Bild der Dreieinigkeit, das in den Potenzen der Seele liegt, mehr den Habitus oder die Akte des Bewusstseins bestimmt und welches Verhältnis der Intellectus agens zum Bild Gottes hat) gibt der Text keine Hinweise. Andererseits sind in den Ausführungen des Meisters auch keine Eigenlehren erkennbar, die auf eine besondere theologiegeschichtliche Position schließen lassen. Zunächst wird die *imago Dei* im Wesen des menschlichen Geistes erläutert: Der lebendige Geist erkennt und liebt sich selbst (AFD I, c. 1; fol. 6rb–9ra, Z. 106–288). Danach wird das *glichnisse gottes nâch iren krâften* erläutert. Dass zwischen Bild und Gleichnis, *imago* und *similitudo*, ein Unterschied besteht, steht ebenfalls seit Augustinus fest.[37] Wie dieser Unterschied allerdings bestimmt wird, sehen die Doctores differenziert. Petrus Lombardus zählt verschiedene Verständnismöglichkeiten auf: *Imago* betrifft die Kräfte der Seele als Bild der Trinität: Gedächtnis, Erkenntnis, Liebe. Für die *similitudo* stehen Unschuld und Gerechtigkeit. Oder: *Imago* meint »Denken der Wahrheit«, *similitudo* hingegen »Liebe der Tugend«. Oder das Bild findet sich »in allem anderen, das Gleichnis hingegen im Wesen, da es unsterblich und unteilbar ist«.[38] Wenn diese Bestimmungen des Lombarden richtungsweisend sind,[39] dann steht unser Meister quer dazu. Seine Festlegung ist ungewöhnlich:

> »Die Seele ist ein Bild Gottes, insofern sie ein liebender Geist ist. Sie ist aber ein Gleichnis Gottes in ihren Kräften. In den Kräften ist sie gleich der göttlichen Dreifaltigkeit.« – *Die sele ist ein bilde gottes nâch dem, als sù ein lebender geist ist. Sù ist aber ein glichnisse gottes an iren krâfften. In den krâfften sù glich ist der gôttlichen drùfaltigkeit* (AFD I, c. 1; fol. 8rb, Z. 227–229).

Eine Parallele hierzu habe ich in den Sentenzenkommentaren nicht gefunden. Für die Gruppe der Augustiner kann Aegidius Romanus gegen den Meister des Lehrgesprächs angeführt werden. Er betrachtet die bloße Natur der Seele, abgesehen von ihren Kräften, als *similitudo*, da sie unsterblich und unteilbar ist wie Gott; aber wenn man die Seelenvermögen hinzunimmt, Gedächtnis, Vernunft und Willen, »dann könnte die Seele ein Bild Gottes sein, weil so der dreifaltige Gott repräsentiert wird, insofern er eine Natur in drei Personen ist«.[40] Gregor von Rimini, Hugolin von Orvieto, Thomas von Straßburg und

---

37 Augustinus, De div. quaest. q. 51, n. 4; CSEL Bd. XLIIII A, S. 81,73–75: *Sunt etiam qui non frustra intelligant duo dicta esse ad imaginem et similitudinem. Cum si una res esset, unum nomen sufficere potuisse adserunt.* (»Es gibt einige, die nicht umsonst erkennen, dass es sich um zwei Ausdrücke handelt, ›nach dem Bild und Gleichnis‹. Wenn es nur eine Sache wäre, könnte ein Name genügen, versichern sie.«)

38 Petrus Lombardus, Sent. II, d. 16, c. 3, n. 5; Bd. I,2, S. 408,12–18.

39 Thomas de Aquino, In Sent. II, d. 16, q. 1, a. 4 co z. B. stimmt mit Petrus Lombardus überein. Gleichfalls in größerer Ausführlichkeit in Sth. I, q. 93, bes. a. 8 co und a. 9 co.

40 Aegidius Romanus, In Sent. II, d. 16, q. 1, a. 3; ed. Venetiis 1581, Bd. II, S. 13: *In ipsa ergo sola natura animae absque potentiis et viribus eius: non consistit imago Dei. Sed potest ibi consistere quaedam similitudo Dei: prout natura et essentia animae est immortalis et indivisibilis*

Johannes von Basel scheinen zur Differenz von *imago* und *similitudo* nicht Stellung genommen zu haben.

2. Kapitel
Wahrheit und Gerechtigkeit

Das zweite Kapitel folgt genau dem Aufbau des Meister-Schüler-Dialogs ›De veritate‹ von Anselm von Canterbury. Die Parallelen sind im Einzelnen in den Anmerkungen zum Text dokumentiert. Zunächst wird die Wahrheit der Zeichen besprochen, nämlich die Wahrheit der Aussage und die Wahrheit des Zeichens: Das entspricht Anselms Kapitel ›De significationis veritate et de duabus veritatibus enuntiationis‹. Es wird in beiden Texten konstatiert, dass das Wort und ein sachliches Zeichen dann wahr und recht sind, wenn das Wort oder das Ding das darstellt, was ist oder was nicht ist. Auch die beiden folgenden Abschnitte übernehmen die Gedanken aus ›De veritate‹, und zwar aus den Kapiteln ›De opinionis veritate‹ und ›De voluntatis veritate‹. Der vierte Abschnitt behandelt das natürliche Geschehen und das Handeln des Menschen entsprechend dem Kapitel ›De actionis naturalis et non naturalis veritate‹. Hier allerdings ergreift der Meister des Lehrgesprächs die Gelegenheit, Anselms Ausführung, dass es keine Sünde sei, wenn der Mensch tue, was ihm von Natur zu tun gegeben ist (AFD I, c. 2; fol. 15ra, Z. 95–98), auf eine aktuelle Problemlage zuzuspitzen. Er erklärt, manche Handlungen des Menschen entsprächen seiner Natur:

> »Wer tut, was ihm zu tun aufgegeben ist, der handelt entsprechend der Wahrheit, wie das Feuer in Wahrheit brennt und der Mensch in Wahrheit isst und schläft; denn es ist seiner Natur mitgegeben, dass er das tut.« – *Wer tůt, daz im ze tůnde geben ist, der tůt nåch der wårheit, alz daz fúr brennet in der wårheit vnd der mōnsche isset vnd slåffet nåch der wårheit; wån es ist siner nature geben, daz er daz tůt* (AFD I, c. 2; fol. 15ra, Z. 92–94).

---

sicut Deus, sed si isti naturae superaddantur potentiae sive vires eius quasi quaedam lineamenta: sicut sunt memoria, intelligentia et voluntas, tunc erit imago Dei, quia repraesentabitur ibi Deus Trinus ut sicut est ibi una natura in tribus personis: ita et haec una natura animae in tribus potentiis: sive in tribus viribus secundum ergo hunc modum imago, quae consistit in potentiis, erit perfectio similitudinis quae consistit in ipsa natura sicut potentiae animae sunt perfectio naturae eius. (»In der einen Natur der Seele selbst ohne ihre Potenzen und Kräfte besteht das Bild Gottes nicht. Aber es kann darin ein gewisses Gleichnis Gottes bestehen, insofern die Natur und das Wesen der Seele unsterblich und unteilbar sind wie Gott, aber wenn dieser Natur ihre Potenzen oder Kräfte hinzugefügt werden, gleichsam wie deren Konturen, wie Gedächtnis, Vernunft und Wille es sind, dann könnte es ein Bild Gottes sein, weil dort der dreifaltige Gott repräsentiert wird. So, wie er dort eine Natur in drei Personen ist, so ist ja auch dieses Bild eine Natur der Seele in drei Potenzen oder in drei Kräften. Entsprechend diesem Modus könnte das Bild, das in drei Potenzen besteht, die Vervollkommnung des Gleichnisses sein, das in der Natur selbst besteht, wie die Potenzen der Seele die Vervollkommnung ihrer Natur sind.«)

Der Schüler leitet daraus ab, wenn dies aus der Natur des Menschen folge, sei es keine Sünde, um der Leibeslust willen zu essen und zu viel zu schlafen. Das klingt, als ob der Schüler die Belehrung des Meisters im Sinne einer These der Beginen und Begarden deuten würde.[41]

Anselms sechstes Kapitel ›De sensuum veritate‹ wird im ›Audi-filia-Dialog‹ nicht rezipiert. Die Parallele setzt wieder ein mit der Frage des Schülers nach der Wahrheit im Wesen der Geschöpfe (AFD I, c. 2; fol. 15rb, Z. 108 f.). Das entspricht Anselms siebtem Kapitel ›De veritate essentiae rerum‹. Es wird dargelegt, dass die Dinge wahr und recht sind, wenn sie das sind, was ihnen gegeben ist zu sein. Die Ausweitung auf das Kupfer, das »falsches Gold« und »wahres Kupfer« ist (AFD I, c. 2; fol. 15va, Z. 120 f.), führt zur Unterscheidung dessen, was Gott zulässt, sodass etwas sein soll und gut ist und zugleich nicht sein soll und nicht gut sein kann, wie das Leiden Jesu und die Schärfe des Nagels, der sich ins Fleisch bohrt (AFD I, c. 2; fol. 15vb, Z. 131–145). Damit sind schon Gedanken aus Anselms achtem Kapitel ›De diversis intellectibus debere et non debere, posse et non posse‹ sowie dem neunten Kapitel ›Quod omnis actio significet verum aut falsum‹ hier eingefügt. Es zeigt sich zugleich, dass Anselms Ausführungen umfangreicher und differenzierter sind. Der Meister des Lehrgesprächs strafft die Gedankenführung, fügt aber auf Bitten des Schülers hin konkrete Beispiele ein.

In den nächsten beiden Abschnitten, in denen es um die Definition der Wahrheit und der Gerechtigkeit geht, folgt der Meister des Lehrgesprächs weiter Anselms ›De veritate‹, und zwar zunächst dem 11. Kapitel ›De definitione veritatis‹ mit der Definition »Wahrheit ist Rechtheit (lat. *rectitudo*, mhd. *gerehtigkeit*), die nur von der Vernunft wahrgenommen werden kann« (AFD I, c. 2; 16ra, Z. 159). Anschließend wird das 12. Kapitel ›De iustitiae definitione‹ erläutert. Hier werden die Kriterien der Gerechtigkeit, die Lob verdient, referiert. Die einzelnen Schritte des Audi-filia-Dialogs entsprechen der Entwicklung von ›De veritate‹ bis hin zur Definition: »Gerechtigkeit ist die Wahrheit des Willens, die um der Gerechtigkeit willen bewahrt wird.« *Gerehtigkeit ist wȏrheit des willen, behalten vmb die gerehtigkeit* (fol. 17va, Z. 247 f.), in Anselms Worten: *Iustitia igitur est rectitudo voluntatis propter se servata* (De ver. c. 12; Bd. I, S. 194,26). Eine Konsequenz, die der Meister des Lehrgesprächs aus dieser Definition zieht, wird allerdings in ›De veritate‹ nicht formuliert, das ist der Ausschluss jedes Strebens nach Lohn oder Meidung der Sünde aus Furcht:

»A. Wer Werke der Furcht oder der Hoffnung auf Lohn wirkt oder wer sich vor Sünden hütet, wobei es ihm leidtut, dass das Werk der Sünde Sünde ist, oder wem es leidtut, dass die Werke der Wahrheit eben solche Werke sind, der ist nicht gerecht? / B. Nein, von denen kann keiner gerecht heißen; denn keiner von ihnen wirkt aus Liebe zur Gerechtigkeit.« – *A. Der wùrket werk der vorhte oder zůversiht des lones oder sich hůtet vor sùnden vnd im do bÿ leit ist, daz daz werk der sùnde sùnde ist, oder dem leit ist, daz die werk der*

41 Vgl. Grundmann, Ketzergeschichte des Mittelalters, S. G55 f.

wårheit sålliche werk sint, der ist nùt gereht? / B. Nein, der keiner mag geheissen gereht; wan ir keiner wùrket in der mynne der gerēhtigkeit (AFD I, c. 2; fol. 17va, Z. 252–256).

Das entspricht Eckharts Ablehnung der Lohnerwartung, zum Beispiel in Predigt 1, ›Intravit Jesus in templum‹:

> *»Seht, alle die sind Kaufleute, die sich hüten vor groben Sünden und wären gern gute Leute und tun ihre guten Werke Gott zu Ehren, wie Fasten, Wachen, Beten und was es dergleichen gibt, allerhand gute Werke, und tun sie doch darum, dass ihnen unser Herr etwas dafür gebe oder dass ihnen Gott etwas dafür tue, was ihnen lieb wäre: dies sind alles Kaufleute.«*[42]

Der letzte Abschnitt orientiert sich an Anselms Kapitel 13 von ›De veritate‹: ›Quod una sit veritas in omnibus veris.‹ (Übers. ENDERS, S. 67: »Dass eine Wahrheit in allem Wahren ist.«) Der Gedankengang des Meisters des Lehrgesprächs folgt in der Grobstruktur Anselm, doch in der Ausführung der einzelnen Themen geht er eigene Wege. Er vertieft und erweitert die Gesichtspunkte eigenständig. Der gedankliche Aufbau der beiden Texte ist aus der folgenden Tabelle zu entnehmen:

Struktur von ›De veritate‹, c. 13	›Audi-filia-Dialog‹ I, c. 2, Abschn. 3
Gerechtigkeit und Wahrheit sind dasselbe.	Die eine Gerechtigkeit in allen Dingen ist die ewige Wahrheit, die Gott ist. Wenn eine Gerechtigkeit in allen Dingen ist, ist auch nur eine Wahrheit in allen Dingen.
Die Richtigkeit der Bezeichnung ändert sich nicht, wenn verschiedene Dinge sachgemäß bezeichnet werden.	Die Gerechtigkeit der Dinge ändert sich nicht mit der Änderung der Dinge, die recht heißen. Beispiel: fünferlei Gerechtigkeit und fünferlei Wahrheit. Die Rechtheit der Zeichen: Wenn das Wort einen Mann nennt, der dort steht, ist es richtig; aber nicht, wenn da eine Frau steht.
Dass etwas richtig bezeichnet werden soll, geht nicht unter, wenn die Bezeichnung fehlgeht. Die Rechtheit bleibt unwandelbar, unabhängig von der Seinsweise der Dinge.	Wenn ein Wort etwas falsch bezeichnet, so bleibt doch die Rechtheit bestehen in dem, was es bezeichnen soll.

42 Eckhart, Pr. 1, DW I, S. 7,1–5 (Übers. S. 429): *Sehet, diz sint allez koufliute, die sich hüetent vor groben sünden und wæren gerne guote liute und tuont ir guoten werk gote ze êren, als vasten, wachen, beten und swaz des ist, aller hande guotiu werk, und tuont sie doch dar umbe, daz in unser herre etwaz dar umbe gebe, oder daz in got iht dar umbe tuo, daz in liep sî: diz sint allez koufliute.*

	Auch wenn niemand ein wahres Wort sprechen würde, bliebe die Wahrheit des Wortes, denn man sollte wahre Worte sprechen. Die Wahrheit und Rechtheit des Willens: Wenn ein Freund die Treue des Freundes liebt, so ist es rechte Liebe, wenn der andere treu ist. Wenn er aber untreu wird, ändert sich der Name, aber rechte Minne bleibt, was sie ist. Wahre Liebe wird nicht geboren in Treue, sondern Treue wird geboren und stirbt in wahrer Liebe. Wahrheit wird nicht geboren und stirbt nicht, weil sie ewig ist.
Die Rechtheit aller Dinge ist eine und dieselbe. Auch die Wahrheit ist eine in allen Dingen.	Die Wahrheit ist, auch wenn kein wahres Wort gesprochen wird. Die Wahrheit besteht darin, dass wahre Worte gesprochen werden sollten. Eine Wahrheit ist in allen wahren Dingen, sie ist vor den Dingen. Ebenso die Rechtheit. Wieso ist die Wahrheit ewig?
Man spricht nur uneigentlich von der Wahrheit dieses oder jenes Dinges. Wir sprechen uneigentlich von der Zeit dieses oder jenes Dinges. Aber die Zeit ist nicht in den Dingen, sondern die Dinge sind in der Zeit.	Man spricht nur uneigentlich von der Wahrheit des einen oder anderen. Auch gibt es nicht die Zeit dieses oder jenes Menschen. Die Menschen sind nicht in der Zeit, sondern die Zeit in den Menschen. Es gibt eine lobwürdige und eine nicht lobwürdige Gerechtigkeit. Die Dinge sind nicht lobwürdig, menschliche Gerechtigkeit kann lobwürdig sein. Das liegt an dem lobwürdigen Willen, der auch verloren gehen kann. Die Wahrheit ist zeitlos, nicht im Mai oder März. Sie ist nicht in der Zeit, sondern die Zeit ist in der Wahrheit.

Eine theologiegeschichtliche Analyse dieses Kapitels erübrigt sich in den Abschnitten, in denen sich der Meister des Lehrgesprächs an die Themen Anselms von Canterbury hält. Auch der letzte Abschnitt, ›Die ewige Gerechtigkeit ist in jedem einzelnen Gerechten‹, enthält wenig theologisches Sondergut. Insgesamt geht es um die Transzendentalität der Wahrheit und der Gerechtigkeit. Die ergänzenden Erläuterungen im letzten Abschnitt, die über Anselm hinausgehen, sind auch Hauptthemen in Meister Eckharts ›Opus tripartitum‹:

»Das erste ist dies: Die Allgemeinbegriffe, zum Beispiel Sein, Einheit, Wahrheit, Weisheit, Güte und dergleichen darf man sich nicht vorstellen oder beurteilen nach der Seinsweise und Natur der Akzidentien. Denn diese empfangen ihr Sein in einem Träger und durch einen Träger und durch dessen Veränderung, sind also (ihrer Natur nach) später als er und empfangen ihr Sein als Sein an etwas. Deshalb empfangen sie auch ihre Zahl und Einteilung nach dem (Verhältnis zum) Träger, in dem Maße, dass er in die Begriffsbestimmung derartiger Akzidentien eingeht, sofern sie Sein haben. Völlig anders aber verhält es sich mit den genannten Allgemeinbegriffen. Denn das Sein selbst und was mit ihm bis zur Vertauschbarkeit identisch ist, kommt nicht wie etwas Späteres zu den Dingen hinzu, sondern ist früher als alles andere in den Dingen. Denn das Sein selbst empfängt sein Sein nicht an etwas noch von etwas noch durch etwas noch kommt es (von außen) herbei noch zu etwas hinzu, sondern es geht voraus und ist früher als alles.«[43]

3. Kapitel
Zu welchem Ziel der Mensch geschaffen ist.

Das dritte Kapitel fragt nach dem Ziel der Erschaffung des Menschen. Es teilt sich in vier Abschnitte: 1. Die rechte Minne, 2. Die rechte Vernunft, 3. Das Begehren der Seligkeit und der Gerechtigkeit, 4. Die rechte Freiheit. – Der dritte und der vierte Abschnitt lehnen sich an Anselm von Canterbury an, und zwar folgt der Meister zunächst der Schrift ›De concordia praescientiae et praedestinationis et gratiae dei cum libero arbitrio‹ und dann ›De libertate arbitrii‹.

Die ersten zwei Abschnitte enthalten allgemein-scholastische Grundauffassungen. Da Gott die höchste Wahrheit und das größte Gut ist, soll der Mensch in Vernunft und Liebe dieses Wesen Gottes erfassen. So legt es der Eingang des Kapitels fest. Damit stimmt die Scholastik allgemein überein. Der Unterschied der Schultheologen betrifft aber den Vorrang der Vernunft oder der Liebe, die beide hier genannt sind. Als charakteristisch können die Ansichten des Franziskaners Bonaventura und des Dominikaners Thomas von Aquin betrachtet werden. Für Bonaventura ist der Genuss Gottes Freude und Ruhe, und als solche hat er das Wesen der Liebe, die wiederum eine Form des Willens ist. Und darum ist die Seligkeit dem Wesen nach ein Akt des Willens.[44]

---

43 Eckhart, Prol. gen. n. 8, LW I,1, S. 152,8–153,4 (Übers. ebd.): *Primum est quod de terminis generalibus, puta esse, unitate, veritate, sapientia, bonitate et similibus nequaquam est imaginandum vel iudicandum secundum modum et naturam accidentium, quae accipiunt esse in subiecto et per subiectum et per ipsius transmutationem et sunt posteriora ipso et inhaerendo esse accipiunt. Propter quod et numerum et divisionem accipiunt in ipso subiecto in tantum, ut subiectum cadat in diffinitione accidentium huiusmodi in ratione qua esse habent. Secus autem omnino se habet omnino de praemissis generalibus. Non enim ipsum esse et quae cum ipso convertibiliter idem sunt, superveniunt rebus tamquam posteriora, sed sunt priora omnibus in rebus. Ipsum enim esse non accipit quod sit in aliquo nec ab aliquo nec per aliquid, nec advenit nec supervenit alicui, sed praevenit et prius est omnium.*

44 Bonaventura, In Sent. I, d. 1, a. 2, q. 1; ed. Qu., Bd. I, S. 36b: *Quia ergo frui secundum omnem acceptionem dicit delectationem vel quietem vel utrumque, et omne tale habet rationem*

Dagegen sieht Thomas von Aquin das Ziel des menschlichen Lebens in der Betrachtung Gottes. Das höchste Glück des Menschen bestehe darum in der Betätigung des höchsten Vermögens, das ist der Intellekt, der Gott zum edelsten Objekt hat.[45]

Beide erkennen aber in sekundärer Funktion das jeweils andere Seelenvermögen als Bestandteil der Seligkeit an.

Die rechte Liebe

Das erste, um dessentwillen der Mensch geschaffen ist, sei »rechte Liebe«, in der Gott als das höchste Gut anerkannt und geliebt wird, sagt der Meister des Lehrgesprächs:

> »Liebe ist eine Kraft des Geistes, die den Geist umbildet in das, was der Geist liebt. Indem die Liebe den Geist umbildet in Gott, zeigt sie, dass Gott ein größeres Gut ist als alles, was der Geist nicht liebt.« – *Mÿnne ist ein krafft des geistes, die den geist bildet in daz, daz der geist mynnet. In dem daz die mynne den geist bildet in gott, so zôiget sù, daz gott ein grôsser gůt ist denn alles daz, daz der geist nùt mÿnnet* (AFD I, c. 3; fol. 23vb, Z. 43–45).

Dies ist eine traditionelle Bestimmung, die Thomas von Aquin auf Dionysius Areopagita, ›De divinis nominibus‹ (c. 4, § 13) zurückführt.[46]

Im ›Audi-filia-Dialog‹ steht die Liebe unter den Kräften, die Gott dienen, an der ersten Stelle, vor der Vernunft, die der Liebe zu dienen habe. In der Frage nach dem Vorrang der Seelenkräfte haben die Augustiner dieselbe Position wie die Franziskaner.[47] An der Spitze der Augustinertheologie des 14. Jahrhunderts steht Gregor von Rimini. Er hält die letztmögliche Gottesgemeinschaft, die *fruitio*, ausschließlich für einen Akt des Willens; denn nur der Wille kann Liebe oder Hass in sich aufnehmen.[48]

---

boni, et hoc est obiectum voluntatis: ideo loquendo essentialiter, frui est actus voluntatis. (»*Weil Genießen, allgemein akzeptiert, Freude und Ruhe bedeutet oder beides und alles dieser Art den Charakter des Guten hat und dieses der Gegenstand des Willens ist, darum ist, wesentlich gesprochen, Genießen ein Akt des Willens.*«)

45 Thomas de Aquino, In Sent. I, prol., q. 1, a. 1 co: *Ad hujus evidentiam sciendum est, quod omnes qui recte senserunt posuerunt finem humanae vitae Dei contemplationem.* (»Um dies recht zu verstehen, muss man wissen, dass alle, die es richtig auffassten, als Ziel des menschlichen Lebens die Betrachtung Gottes angenommen haben.«)

46 Thomas de Aquino, In Sent. III, d. 27, q. 1, a. 1 co: *Dionysius* [...] *ponit enim ipsam unionem amantis ad amatum, quae est facta per transformationem affectus amantis in amatum, in hoc quod dicit amorem esse unitivam et concretivam virtutem.* (»Dionysius fasst nämlich die Vereinigung selbst des Liebenden zum Geliebten, die durch die Umwandlung des Affekts des Liebenden in den Geliebten geschieht, in die Formulierung, die Liebe sei eine vereinigende und verschmelzende Tugend.«)

47 Zumkeller, Die Augustinerschule des Mittelalters, S. 187.

48 Gregorius Ariminensis, In Sent. I, d. 1, q. 2, a. 3; ed. Trapp / Marcolino, Bd. I, S. 240: *Prima <conclusio> est quod omnis fruitio est actus sive operatio solius voluntatis.* (»Erste Conclusio: Jedes Genießen ist ein Akt oder ein Wirken des Willens.«) Ebd., ad opp.; Bd. I,

Im ›Vorsmak des êwigen lebennes‹ findet sich ein Abschnitt, der die Argumente der Schulen nebeneinanderstellt, als seine eigene Position aber betont, das letzte Ziel der Seligkeit liege in der Liebe.[49] Dies könnte ein Hinweis darauf sein, dass auch dieses Werk von einem Augustinertheologen stammt; es weicht aber in vielen Thesen von Johannes von Basel ab und folgt Thomas von Aquin. Doch das ist bei den Augustinern nicht ungewöhnlich.[50]

Eine charakteristische Übereinstimmung zwischen dem ›Audi-filia-Dialog‹ und der ›Lectura‹ des Johannes von Basel betrifft die Begründung der Unsterblichkeit der ersten Menschen, die nicht wirklich ist, sondern nur möglich gewesen wäre, wenn die Menschen nicht gesündigt hätten. Das Ziel wäre gewesen, dass sie ewig in der Liebe Gottes beständig bleiben sollten.

> »Der Mensch war unsterblich geschaffen für den Fall, dass er in der rechten Liebe geblieben wäre.« – *Der mőnsche waz geschaffen vntőttlich, ob er blibe in gerehter mynne* (AFD I, c. 3; fol. 26vb, Z. 232 f.).
>
> »Darum hätte die göttliche Gerechtigkeit der Liebe ihr Leben nicht nehmen können, solange sie das geliebt hätte, zu dem sie geschaffen ist.« – *Dauon gőttliche gerehtigkeit mőhte der mynne ir leben nùt benemmen, die wile sù daz mynnet, darzů sù ist geschåffen* (ebd., fol. 27ra, Z. 250–252).

Ebenso bei Johannes von Basel: Der einzige Grund für die Unsterblichkeit, den er gelten lässt, wäre gewesen, dass durch die Unsterblichkeit des Menschen der göttliche Wille andauernd Bestand gehabt hätte. »Die Unsterblichkeit der Ureltern wäre grundsätzlich und am stärksten der Bewahrung des göttlichen Willens wegen veranlasst gewesen.«[51] In den anschließenden Corollarien 1–3 werden andere Gründe, zum Beispiel der übernatürliche Gnadenhabitus oder die Urstandsgerechtigkeit des Menschen, als unzureichend abgetan.

Begehren der Seligkeit, Begehren der Gerechtigkeit

Der Eingangssatz dieses Kapitels zeigt nochmals, dass die vorausgehenden Bestimmungen die rechte Vernunft als die Dienerin der Liebe ansehen: »Lass uns weiter für die gerechte Liebe suchen, was noch dazugehört außer gerechte Vernunft.« *Laß vns fùrbaß von gerehter mynne sůchen, was me dar zů gehőre dånn gerehte vernunfft* (AFD I, c. 3; fol. 27vb, Z. 285). Die gerechte Liebe soll in volle Seligkeit gesetzt werden. Diese aber muss gerecht sein. Damit gehören zur

S. 209: *Omnis amor est actus solius voluntatis, omnis fruitio est amor, ergo omnis fruitio est actus solius voluntatis.* (»Jede Liebe ist allein ein Akt des Willens, jedes Genießen ist Liebe, also ist alles Genießen ein Akt des Willens allein.«)

49 Witte, Vorsmak des êwigen lebennes, S. 446–449.

50 Zumkeller, Die Augustinerschule des Mittelalters, S. 176–216.

51 Iohannes de Basilea, In Sent. II, d. 18–19, q. 13, concl. 2; Bd. III, S. 213, 2–4: *Immortalitas primorum parentum in statu innocentiae principaliter et maxime fuisset ex praeservatione voluntatis divinae.*

rechten Liebe die Begierde der Seligkeit sowie die Begierde der Gerechtigkeit. Die Ausführungen gehen hier parallel mit dem ›Gratia-Dei-Traktat‹.

»Es gibt zweierlei Begehren: Eines ist das Begehren nach Seligkeit, das andere ist ein Begehren nach Gerechtigkeit. Nun ist das Begehren nach Gerechtigkeit Gnade, aber das Begehren nach Seligkeit ist nicht Gnade.« – *Es ist zwaierlay begird: Ains ist begirde der sålikait, die ander ist ain begird der gerechtikeit. Nvn ist die begirde der gerechtikait gnade, aber die begirde der sålikait ist nit gnade* (GDT Z. 452–454).

Anselm entwickelt die Lehre von der *voluntas beatitudinis*, die durch die *voluntas rectitudinis* ihren Wert erhält, im Traktat ›De casu diaboli‹ (Kap. 13 u. 14; Bd. I, S. 255–259) sowie in ›De concordia III‹ (c. 11–13; Bd. II, S. 278–287).[52]

In beiden mittelhochdeutschen Traktaten stehen die Ausführungen über die zwei *begirden* unter dem Aspekt des rechten Willens. Im ›Audi-filia-Dialog‹ wird der Wille zur Gerechtigkeit unter dem Gesichtspunkt der Wesensbestimmung des Menschen erörtert. Entsprechend wird hier das Thema mit der Frage nach dem freien Willen fortgesetzt. Im ›Gratia-Dei-Traktat‹ steht der Gesichtspunkt im Vordergrund, dass der gefallene Mensch aus sich heraus nichts Gerechtes wollen kann, wie schon das Eingangszitat besagt: »Da der Mensch aus eigener Natur ohne die Gnade Gottes kein gutes Werk vollbringen kann.« *Sid daz der mensche uon aigner natur nút vermag kain gůt werke volbringen on die gnâd gottes.* (GDT Z. 4 f.). Darum wird dort die Lehre vom rechten Willen und von dessen zweierlei *begirden* im Rahmen der Gnadenlehre abgehandelt.

Das Streben nach Seligkeit ist eine natürliche Kraft. Es strebt darum ausschließlich nach Befriedigung, und zwar in höchstem Maße. So lehrt es Anselm: »Wer also etwas wegen des Glücks will, will nichts anderes als das Glück. Darum kann er auch nur das, was er zum Glück nützlich glaubt, und allein die Glückseligkeit wollen.«[53] So lehrt es auch der ›Audi-filia-Dialog‹:

»Damit hast du zu erkennen gegeben, dass der Mensch seine Seligkeit so lieben könnte, dass sie ebenso groß wäre, wie Gott sie hat.« – *Hieby hast du veriehen, daz der mȯnsche mȯhte mynnen sine seligkeit, daz sù also groß were, als sù gott håt* (AFD I, c. 3; fol. 28vb, Z. 358 f.).

So auch der ›Gratia-Dei-Traktat‹:

»So also beachte zweierlei in der Natur des Willens: Einmal, dass sie ein Bild Gottes ist, und <zweitens> dass sie Geschöpf ist. Dadurch, dass sie ein Bild Gottes ist, hat sie einen

---

52 Vgl. Anselmus Cantuariensis, De concord. III, c. 11; Bd. II, S. 281,2–7: *Voluntas vero qua instrumentum illud afficitur, duplex est. <...> Ita instrumentum volendi duas habet aptitudines, quas voco ›affectiones‹. Quarum una est ad volendum commoditatem, altera ad volendum rectitudinem.* (»Aber der Wille, durch den jenes Werkzeug angestoßen wird, ist zweierlei. <...> Auf diese Weise hat das Werkzeug des Willens zwei Fähigkeiten, die ich ›Affektionen‹ nenne. Eine davon dient zum Wollen des Angenehmen, die andere zum Wollen der Gerechtigkeit.«)

53 Anselmus Cantuariensis, De casu c. 13; Bd. I, S. 256,22–24: *Qui ergo vult aliquid propter beatitudinem, non aliud vult quam beatitudinem. Quare potest et quod putat prodesse ad beatitudinem et solam beatitudinem velle.*

Bewegungsdrang zu unermesslichem Begehren, da sie ein Bild göttlicher Unermesslichkeit ist; weil sie aber Geschöpf ist, darum kann sie das Begehren zu dem wenden, was nicht wahre Lust ist.« – *Also merke zwai ding in der nature des willen: Ains ist, daz si ain bilde gottes ist, vnd daz si ture ist. Von dem, das si ain bild gottes ist, so hât si ain bewegnist zu vnmâssiger begirde, won si ain bilde ist gôtlicher vnmâssikeit, vnd wan si ture ist, da uon so mag si die begirde keren vff daz, das warer lust nit enist* (GDT Z. 467–471).

Die *begirde der selikeit* ist von Natur, also auch von Gott gegeben. Sie wäre demnach nicht sündhaft, wie man an den wilden Tieren erkennen kann (GDT Z. 478), wenn dem Menschen nicht ein anderes Ziel gesetzt wäre. Das lehrt auch Anselm.[54] Aber auch der Wille zur Gerechtigkeit wäre nicht genug, wenn er die einzige Triebkraft des Menschen wäre; dann wäre der Wille nämlich nicht frei und lobenswert. Darum sagt der ›Audi-filia-Dialog‹:

»Und ebenso wie das Begehren der Seligkeit, wenn es maßlos wäre, nicht ungerecht wäre, weil ihm die Freiheit fehlte, so wäre es auch das Begehren der Gerechtigkeit: Es stünde ohne Freiheit und wäre nicht lobenswert.« – *Vnd also die begirde der seligkeit, so sù vnmâssig were, nùt were vngereht, wân sù mangelt der friheit, also were ouch die begirde der gerehtigkeit; die stûnde âne friheit vnd were nùt lôbelich* (AFD I, c. 3; fol. 29rb, Z. 388–390).

Die Weiterführung der Willensthematik in der Gnadenlehre des ›Gratia-Dei-Traktats‹ wird parallel zum ›Audi-filia-Dialog‹ unten im sechsten Kapitel besprochen.

Die rechte Freiheit

An der besprochenen Stelle im ›Audi-filia-Dialog‹ führt die Postulierung der zwei Willensrichtungen zur Erkenntnis der Freiheit des Willens, der zwischen dem Streben nach Seligkeit und dem nach Gerechtigkeit wählen kann. Daran schließt sich die Frage des Schülers an, wie es denn mit der Freiheit des Willens bei den guten Engeln sowie bei Maria und Christus bestellt sei, die ja nicht sündigen können und darum keine Wahlfreiheit zu besitzen scheinen. Das ist dasselbe Dilemma, mit dem auch die Distinctio 25 über den freien Willen des zweiten Sentenzenbuches bei Petrus Lombardus eröffnet wird: Es scheint nämlich, dass eine freie Willensentscheidung zum Guten oder Bösen sich nicht in Gott oder den Seligen finden lasse, sondern nur bei denen, die den Willen ändern oder ins Gegenteil wenden könnten. Aber wer so in der Seligkeit be-

---

54 Anselmus Cantuariensis, De concord. III, c. 13; Bd. II, S. 278,18–21: *Appetitos vero, quos omnes vocet apostulus ›carnem‹ et ›concupiscentiam‹. Inquantum sunt, non sunt mali vel iniusti; sed quia sunt in rationali natura, ubi non debent esse, dicuntur iniusti. In brutis siquidem animalibus non sunt mali vel iniusti, quia ibi debent esse.* (»Begierden freilich, die der Apostel insgesamt ›Fleisch‹ und ›Begehrlichkeit‹ nennt: Insofern sie sind, sind sie nicht böse oder ungerecht; sondern weil sie in der vernünftigen Natur sind, wo sie nicht sein sollten, heißen sie ungerecht. In den wilden Tieren allerdings sind sie nicht böse oder ungerecht, da sie dort sein sollen.«)

stärkt ist, dass er nicht mehr sündigen kann, habe keinen freien Willen.[55] Konsequent wirft darum Anselm von Canterbury die Frage nach der Definition des freien Willens auf:

> »Ich glaube nicht, dass der freie Wille die Möglichkeit zu sündigen oder nicht zu sündigen ist. Denn wenn dies dessen Definition wäre, hätten ja weder Gott noch die Engel, die nicht sündigen können, einen freien Willen. Doch das zu sagen ist Ruchlosigkeit.«[56]

Der Meister des Lehrgesprächs folgt genauestens Anselm, wie die Belege in den Fußnoten der Textausgabe zeigen:

> »Wenn man sagt: ›Der Mensch sündigt und ist den Sünden untertan‹, so geschieht das aus freiem Willen, es geschieht aber nicht aus Freiheit.« – *Dauon wenn man sprichet: ›Der mônsche sùndet vnd ist vndertânig den sùnden‹, daz geschiht von fryem willen vnd geschiht doch nùt von frÿheit.* (AFD I, c. 3; fol. 30va, Z. 458–460).

Die ganze Thematik war aber schon von Augustinus eingeführt und in dessen ›De libero arbitrio‹ breit ausgeführt worden.[57]

---

55 Petrus Lombardus, Sent. II, d. 25, c. 1; Bd. I, S. 462,4–10: *Quod supra posita descriptio liberi arbitrii non convenit Deo, nec his qui glorificati sunt. <...> in his tantum videtur esse liberum arbitrium, qui voluntatem mutare et in contraria possunt deflectere, in quorum videlicet potestate est eligere bonum vel malum, et utrumlibet secundum electionem facere vel dimittere: secundum quod nec in deo, nec in his omnibus qui tanta beatitudinis gratia sunt roborati ut iam peccare nequeant, liberum arbitrium esse nequit.* (»Weil die oben genannte Beschreibung des freien Willens nicht auf Gott zutrifft, und auch nicht auf die, die verherrlicht sind. <...> Bei denen [den Nicht-Seligen] scheint es den freien Willen insoweit zu geben, dass sie ihren Willen ändern und ins Gegenteil verkehren können, in deren Macht es nämlich liegt, Gutes oder Böses zu wählen und beides entsprechend ihrer Wahl zu tun oder zu lassen: Insofern kann es den freien Willen nicht geben weder in Gott noch in all denen, die durch die Gnade der Seligkeit so stark geworden sind, dass sie nicht mehr sündigen können.«)

56 Anselmus Cantuariensis, De lib. arb. c. 1; Bd. I, S. 207,11–13: Libertatem arbitrii non puto esse potentiam peccandi et non peccandi. Quippe si haec eius esset definitio: nec deus nec angeli qui peccare nequeunt liberum haberent arbitrium; quod nefas est dicere.

57 Zum Beispiel Augustinus, De lib. arb. II, c. 3; CSEL Bd. LXXIII, S. 38,9–19: Plane si haec ita sunt, soluta quaestio est quam proposuisti. Si enim homo aliquod bonum est et non posset, nisi cum vellet, recte facere, debuit habere liberam voluntatem, sine qua recte facere non posset. Non enim quia per illa etiam peccatur, ad hoc eam deum dedisse credendum est. Satis ergo causae est cur dari debuerit, quoniam sine illa homo recte non potest vivere. Ad hoc autem datam vel hinc intellegi potest, quia si quis ea usus fuerit ad peccandum, divinitus in eum vindicatur. Quod iniuste fieret, si non solum ut recte viveretur, sed etiam ut peccaretur, libera esset voluntas data. (»Wenn das alles so ist, dann ist die Frage, die du gestellt hast, beantwortet. Wenn nämlich der Mensch etwas Gutes ist und nur recht handeln kann, wenn er will, sollte er freien Willen haben, ohne den er nicht richtig handeln könnte. Zwar kann damit auch gesündigt werden, aber man sollte nicht glauben, dass Gott den freien Willen dazu gegeben hätte. Es ist Grund genug, ihn zu geben, da ja der Mensch ohne ihn nicht recht leben könnte. Dass er dazu gegeben ist, kann auch daran erkannt werden: Wenn jemand den freien Willen zum Sündigen gebrauchen würde, würde er von Gott bestraft. Das aber geschähe ungerecht, wenn der

4. Kapitel
Fall des Engels und des Menschen

Die Einleitung dieses Kapitels stellt die Merkmale der ursprünglichen Gerechtigkeit des Menschen zusammen und betont, dass alle Anstrengungen des guten Willens dazu dienen sollen, diese Ursprungsgerechtigkeit wieder zu erlangen. Das ist Gemeingut der Lehrer. Im ›Audi-filia-Dialog‹ sind die Kennzeichen der *iustitia originalis*: rechte Liebe, rechte Vernunft, rechte Ordnung der Sinne ohne jeden Schmerz, voller Friede des Geistes (AFD I, c.4; fol. 33ra, Z. 14–16); ferner die Möglichkeit und der Auftrag, sich in die ewige Wahrheit zu vertiefen und sich der Wahrheit gleich zu machen (ebd., [Einl.]; fol. 33vb, Z. 70–77).

Der erste Sündenfall wird zunächst am Beispiel des Falles der Engel abgehandelt. Das ganze vierte Kapitel ist nach dem Vorbild von Anselms ›De casu diaboli‹ aufgebaut. Die Belege sind den Fußnoten der Textausgabe zu entnehmen. Den Grundsatz dieser Lehre entlehnt der Meister des Lehrgesprächs von Anselm von Canterbury:

> »Es steht also fest: Weil jener Engel, der in der Wahrheit blieb –, wie er also standhaft blieb, weil er die Standhaftigkeit hatte –, so hatte er die Standhaftigkeit, weil er sie empfing, und also empfing er sie, weil Gott sie gab.«[58]

Ist die Urstandsgerechtigkeit die heiligmachende Gnade?

Johannes von Basel trägt im Wesentlichen dieselbe Lehre vor. Insofern ist die Abhängigkeit von Anselm kein Indiz weder für noch gegen einen Einfluss des Hiltalingers. Theologiegeschichtlich beachtlich ist allerdings, dass der Augustinermagister die Frage im Lichte der zeitgenössischen Problemstellung diskutiert. Dabei nimmt, wie oben bereits erwähnt,[59] Johannnes von Basel eine Sonderstellung in der Frage ein, ob die Engel im Stande der Gnade erschaffen waren, und entsprechend, ob auch Adam die heiligmachende Gnade hatte, und wenn ja, in welchem Umfang. Dazu nimmt der Meister des Lehrgesprächs an dieser Stelle nicht in der Gnadenterminologie Stellung. Das Problem ist aber mit der Frage berührt, wie der Engel und der Mensch die Gerechtigkeit behalten oder verlieren konnten. Behalten konnte der Engel sie, weil Gott sie gab und er sie annahm (lat. *accepit*, mhd. *empfieng*).

> »Darum blieb er <der böse Engel> nicht in der Wahrheit; denn er empfing sein Bleiben nicht von Gott. Der gute Engel blieb in der Wahrheit; denn Gott gab ihm ein Bleiben

---

freie Wille nicht nur zum rechten Leben, sondern auch zum Sündigen gegeben worden wäre.«)

58 Anselmus Cantuariensis, De casu c.2; Bd. I, S. 235,20–22: *Constat ergo quia ille angelus qui stetit in veritate, sicut ideo perseveravit quia perseverantiam habuit: ita ideo habuit perseverantiam quia accepit, et ideo accepit quia deus dedit.*

59 Oben S. 842–844.

in der Wahrheit.« *Darumb bleip er nùt in der worheit, wån er empfieng es nùt von gotte sin bliben. Der gůte engel bleip in der worheit, wån gott gab im in der worheit ein bliben* (AFD I, c. 4; fol. 33va, Z. 48–50).

Da der böse Engel und Adam die Gabe des Bleibens nicht annahmen, konnte Gott sie nicht geben. Das ist die Lehre Anselms. Da Adam aber vor dem Fall vor Gott gerecht war und er sich der Wahrheit gleichmachen sollte, war ihm nach Ansicht des Meisters des Lehrgesprächs mit der Urstandsgerechtigkeit eine besondere Auszeichnung gegeben. Diese Auszeichnung nennt Johannes von Basel *gratia gratificans,* die angenehm machende oder heiligmachende Gnade. Diese hatten ursprünglich sowohl der gute wie der böse Engel.[60] Dass der böse Engel anfangs auch die Gnade hatte, dieser aber selbst den Verlust der Gnade bewirkte, behauptet Hiltalingen gegen Aegidius Romanus und seine Gefolgsleute: »Obwohl alle Engel den Habitus der heiligmachenden Gabe hatten, waren die bösen freiwillig die Ursache ihres Falles und Vergehens.«[61] Das stimmt mit der Haltung des Meisters des Lehrgesprächs überein, auch wenn dieser in der Terminologie Anselms vom Bleiben in der Wahrheit und nicht von der Gnade spricht. Das ist aber in der Sache dasselbe.

»Die guten <Engel> blieben in der Wahrheit, denn Gott gab ihnen, in der Wahrheit zu bleiben. Die bösen Engel blieben nicht, denn sie empfingen nicht das Bleiben«. – *Die gůten die blibent in wȏrheit, wån gott gab in <in> der worheit bliben. Die bȏsen engel die blibent nùt, wån sù empfiengent nùt bliben* (AFD I, c. 4; fol. 33vb, Z. 70 f.).

Dass die bösen Engel das Bleiben nicht »empfingen«, heißt: Sie nahmen das Bleiben nicht an. Das Gerechtsein vor Gott, die *iustitia originalis,* ist demnach Gnade. Das wird den guten Engeln weiter durch die Gnadengabe des Bleibens (*perseverantia*) bestätigt. Diese Gnade fehlte aber sowohl den bösen Engeln als auch dem ersten Menschen. So formuliert es Johannes von Basel: »Obwohl das Bleiben im Guten für den geschaffenen Geist nichts anderes ist als die heiligmachende Gnade, hatte Adam dennoch die heiligmachende Gnade vor dem Fall so, dass er nicht das Bleiben im Gut der Gnade hatte.«[62] Dass Adam die

---

60 Iohannes de Basilea, In Sent. II, d. 3, q. 3, concl. 2, cor. 1; Bd. III, S. 86,16–18: *Etsi est falsum angelos malos non habuisse gratiae gratificantis donum, non tamen est error vel erroneum.* (»Auch wenn es falsch ist <zu sagen>, die bösen Engel hätten nicht das Geschenk der heiligmachenden Gnade gehabt, ist das doch nicht ein Irrtum oder irrtümlich.«) Ebd., cor. 2, S. 86,21–22: *Omnes angeli habuerunt tale donum gratiae, quo divinae legi potuissent finaliter obedisse.* (»Alle Engel hatten eine solche Gabe der Gnade, mit der sie dem göttlichen Gesetz letztlich hätten gehorsam sein können.«)

61 Iohannes de Basilea, In Sent. II, d. 3, q. 3, concl. 2, cor. 3; Bd. III. S. 87,7–9: *Contra Dominum Aegidium et illos de parte sua: Quamvis quilibet angelus habuerit habitum gratificantis doni, tamen mali libere fuerunt causa sui casus et delicti.*

62 Iohannes de Basilea, In Sent. II, d. 29–30, q. 20, concl. 1; Bd. III, S. 283,2–5: *Quamvis non sit alia res mentis creatae in bono perseverantia, quam eius gratificans gratia, tamen Adam ante lapsum sic habuit gratificantem gratiam quod non habuit in bono gratiae perseverantiam.*

heiligmachende Gnade hatte, ist gegen Thomas von Straßburg gerichtet.[63] Er bestimmt also den ursprünglichen Heilszustand wie Hugolin von Orvieto, indem er einen nicht vollendeten Gnadenzustand annimmt. Um die sachliche Übereinstimmung des Meisters des Lehrgesprächs mit Johannes von Basel trotz verschiedener Begriffe zu erweisen, ist ein Blick voraus aufschlussreich: Die erste Gabe und das Bleiben in der Gerechtigkeit sind nämlich zwei verschiedene Formen der Gnade, die im ›Audi-filia-Dialog‹ im Kapitel 6 besprochen werden. Es heißt dort:

> »Die mitwirkende Gnade, die man nachfolgende Gnade nennt, tut drei Dinge: Erstens gibt sie dem Willen ein Behalten der Gnade; denn geradeso wie der Wille ohne die zuvorkommende Gnade keine Gnade empfinge, so behielte der Wille keinen Augenblick die Gnade, wenn die nachfolgende Gnade ihm nicht gäbe, sie zu behalten.« – *Die mitwürkende gnâde, die man heisset die nâchgânde gnâde, die tůt drù ding. Deß ersten git sù dem willen ein behalten der gnâde; wân reht als der wille âne die fùrkomende gnâde gnâde nùt empfienge, also behielte der wille gnâde dehein wile, die nâchgânde gnâde gēbe im denn, daz er sù behielte* (AFD I, c. 6; fol. 56va, Z. 316–319).

Hier steht der Begriff Gnade anstelle von Wahrheit oder Gerechtigkeit. Damit stimmt der ›Gratia-Dei-Traktat‹ überein. Auf die Frage, was die Gnade sei, ist dort die Antwort, sie sei ein Bild und Siegel der Wahrheit und Gerechtigkeit, wie sie Adam im Anfang gegeben wurde. Der Schüler fasst diese Belehrung wie folgt zusammen:

> »Wenn ich es richtig verstanden habe, so meinst du, Gnade sei ein Bild, wie das Bild in Adam war, als Adam von Gott geschaffen wurde. Dies Bild war der göttlichen Wahrheit und Weisheit gleich.« – *Hân ich es recht verstanden, so mainest du, genad si ain bilde, als daz bilde waz in Adam, do Adam uon got wart geschaffen. Daz bild waz glich gǒtlicher warheit vnd wisheit* (GDT Z. 62–64).

Bei der Sammlung von theologischen Parallelen zwischen dem Meister des Lehrgesprächs und Johannes von Basel ergibt sich also, dass beide die Urstandsgerechtigkeit Adams als heiligmachende Gnade bezeichnen, und das innerhalb des Augustinerordens gegen Aegidius Romanus und Thomas von Straßburg. Dabei ist weiter beachtlich, dass beide, obwohl sie Adam die Gnade zusprechen, noch eine Differenz des ursprünglichen Gnadenstands und der Erlösungsgnade festhalten, wie oben bereits gezeigt wurde. Weitere Details sowie die Parallelen zum ›Gratia-Dei-Traktat‹ werden unten im Zusammenhang der Gnadenlehre erläutert.

Die Sünde der Engel und die Sünde der Stammeltern

Der letzte Abschnitt des vierten Kapitels vergleicht die Sünde der Engel mit derjenigen Adams und Evas. Für diese Ausführungen kann ich keine unmittel-

---

63 Ebd., post concl. 1, Bd. III, S. 293,14 f.: *Secundam partem probo, quae est contra magistrum Thomam de Argentina* <…>.

bare Quelle angeben. Der Gedankengang folgt aber allgemein-scholastischer Lehre, wie sie bei Petrus Lombardus entfaltet wird, und zwar im zweiten Buch, Distinctio 21, in der der Charakter der Versuchung und die Verzeihbarkeit der Schuld dargelegt werden, sowie in Distinctio 22, die unter anderem diskutiert, ob die Sünde Evas oder Adams schwerer wiegt.

Auch der ›Audi-filia-Dialog‹ betont die Ungleichheit zwischen der Sünde der Engel und der des Menschen. Der Engel fiel ohne Verführung und ohne Anreiz zur Übertretung, anders als der Mensch. In diesen Begleitumständen der Sünde Evas und Adams liegt zugleich der Grund für die Verzeihbarkeit. Gleich sind die Sünden in dem Ungehorsam gegen Gottes Willen sowie darin, dass sowohl der Engel wie die Menschen ihr Glück (*selikeit*) ohne Maß anstrebten, das heißt, sich gegen die *begirde der gerehtikeit* versündigten. Darin tritt wiederum die Linie Anselms zutage. Die Sünden Adams und Evas werden qualifiziert als *mynne eigens fleisches*, als *lust der synne* sowie als *begirde gȯttlicher wißheit*, denn *Eua begerte der gȯttlichen kunst* (AFD I, c. 4; fol. 40va f., Z. 485–488). Aber der Meister äußert sich nicht darüber, wer von beiden schwerer gesündigt habe, sondern subsumiert diese Sünden als Ausdruck der *begirde der seligkeit*, die an sich nicht sündhaft wären, wenn sie den Willen zur Gerechtigkeit, das ist hier den Gehorsam gegen Gottes Vorschrift, einschlössen (ebd., fol. 41ra, Z. 505–510).

Dieser Standpunkt geht mit der Ansicht des Johannes von Basel zusammen, der zwar Eva die größere Sünde zurechnet, und zwar mit Berufung auf die Sentenzen des Magisters (Buch II, Distinctio 21), wie oben angeführt, und mit »allen Lehrern«: Evas Sünde »war schwerer«, »obwohl Adam einige schwerer wiegende Umstände hatte als Eva, hat er doch nicht schlechthin schwerer gesündigt«.[64] Auch in der folgenden Schlussfolgerung stimmt der Augustinermagister mit dem Meister des ›Audi-filia-Dialogs‹ überein: »Obwohl Eva und nicht Adam die Gleichheit mit Gott angestrebt hat, hat dennoch jeder von ihnen sich mit mehrfachen Sünden gegen das Gebot des Gehorsams verunstaltet.«[65] Diese Parallele ist natürlich nicht beweiskräftig für eine Abhängigkeit, sie ist aber ein Indiz, welches eine Beeinflussung des ›Audi-filia-Dialogs‹ durch Johannes von Basel nicht ausschließt.

---

64 Iohannes de Basilea, In Sent. II, d. 20–21, q. 14, post concl. 1, ad 1; Bd. III, S. 223,14–17: *Illis tamen non obstantibus omnibus simul pensatis peccatum Evae communiter a doctoribus dicitur fuisse magis grave, quamvis aliquas circumstantias Adam habuerit peiores quam Eva, non tamen simpliciter gravius peccavit.*

65 Iohannes de Basilea, In Sent. II, d. 20–21, q. 14, concl. 1, cor. 3; Bd. III, S. 225,3–5: *Quamvis Eva, non Adam, aequalitatem divinam appetierit, tamen uterque eorum pluribus peccatis scienter se praecepto disciplinae difformavit.*

5. Kapitel
Was die Sünde ist.

Das fünfte capitel seit, was sùnde ist. Das ist dieselbe Überschrift, die auch die Distinctio 35 des zweiten Sentenzenbuchs von Petrus Lombardus trägt: *Quid sit peccatum,* und der Meister folgt auch ausführlich den Themen des Lombarden, die sich stark an Augustinus anlehnen.

Die Sünde ist nichts Seiendes.

Der erste Abschnitt stellt dar, dass die Sünde nichts bzw. *kein ding* ist. Im Textteil ist dieser Satz durch ein Zitat von Anselm von Canterbury belegt.[66] Es handelt sich um einen Grundsatz aus der platonischen Tradition, der auch in den ›Sentenzen‹ des Petrus Lombardus breit ausgeführt wird. Dieser zitiert unter anderem Augustinus: »›Alles ist durch ihn geworden, und ohne ihn ist nichts geworden‹, es ist die Sünde, die nichts ist; und die Menschen schaffen nichts, wenn sie sündigen.«[67] Mit Bezug auf diese Definition wird der Grundsatz bei allen Scholastikern diskutiert.

Johannes von Basel stimmt mit dieser Definition überein: Er hält fest, dass die Erbsünde, stellvertretend für jede aktuelle Sünde, Schuld und Strafe sei, aber dennoch sei sie nicht eigentlich ein Seiendes oder eine einfache Sache (*res incomplexa*).[68] In der anschließenden Begründung dieser These führt er wie der Meister des Lehrgesprächs an, wenn die Sünde ein Seiendes wäre, so wäre Gott teilweise oder völlig die Ursache der Urschuld, oder es gäbe ein reales Seiendes, für das Gott nicht die Wirkursache wäre. Beides sei falsch.[69]

Nach einer Begriffsbestimmung des Machens und des Erschaffens führt der Meister breit aus, dass alles, was ist, von Gott geschaffen ist, aber was nicht ist,

---

66 Anselmus Cantuariensis, De conceptu c. 5; Bd. II, S. 146,3: *Iniustitia autem omnino nihil est, sicut caecitas.* (»Die Ungerechtigkeit aber ist ganz und gar nichts, wie die Blindheit.«)

67 Petrus Lombardus, Sent. II, d. 35, c. 2, n. 1; Bd. I,2, S. 530,17–19: *<U>t ait Augustinus, Super Ioannem: ›Omnia per ipsum facta sunt, et sine ipso factum est nihil‹, id est peccatum, quod nihil est; et nihil fiunt homines cum peccant.* Augustinus, In Ioh. I, c. 13; CCSL Bd. XXXVI, S. 7,2–7.

68 Iohannes de Basilea, In Sent. II, d. 31–32, q. 21, concl. 1; Bd. III, S. 302,3–4: *Quamvis peccatum originale sit culpa et poena, non est tamen formaliter aliqua entitas vel res incomplexa.*

69 Iohannes de Basilea, In Sent. II, d. 31–32, q. 21, post concl. 1, probatio ultimae partis; Bd. III, S. 303,3–7: *Ultimam partem probo, quia, si foret aliqua entitas incomplexa, ut dictum est, sequitur inevitabiliter de duobus unum: Vel quod Deus est causa partialis vel totalis culpae originalis, vel quod est aliqua entitas positiva, cuius Deus est nec partialis nec totalis causa effectiva; quorum utrumque est falsum.* (»Wenn die Sünde irgendein einfaches Seiendes wäre, wie gesagt wurde, folgt unvermeidlich eine von den beiden <Thesen>: Entweder dass Gott teilweise oder ganz die Ursache der Erbsünde ist oder dass es ein positives Seiendes gibt, für das Gott weder teilweise noch ganz die Wirkursache ist. Doch beide Thesen sind falsch.«)

stamme aus sich selbst. Das entspricht einer Ausführung von Petrus Lombardus in Anlehnung an Augustinus.[70] Das Beispiel, das der Meister als Begründung dafür bringt, dass das Nicht-Seiende aus sich selbst bestehe, entnimmt er wiederum Anselm: »Wenn du nämlich von jemand ein Gewand zurückforderst, das du ihm, als er nackt war, freiwillig eine Zeit lang gewährt hast, hat er die Nacktheit nicht von dir, sondern, indem du nimmst, was dir gehört, kehrt er zurück in das, was er war, bevor er von dir bekleidet wurde.«[71]

Dass aber nichts Sünde wäre, ist falsch.

Der Schüler kehrt die These, die Sünde sei nichts, um, als sei dann auch nichts Sünde. Damit greift er eine zeitgenössische Diskussion auf, die von den Brüdern und Schwestern des freien Geistes aufgeworfen worden war, der Vollkommene kenne keine Sünde. Zum Beispiel: »Nichts sei Sünde außer, was man <selbst> als Sünde ansehe«[72] oder »Der Mensch könne so mit Gott vereinigt werden, dass er im Übrigen nicht sündigt, was er auch tun mag«[73].

Zur Lösung dieses Problems greift der Meister wieder auf Anselm zurück, der sagt, Gott strafe den Sünder nicht »für nichts«, sondern wegen des Mangels der Gerechtigkeit bzw. der Liebe, die Adam sowie auch seine Nachkommen dem Schöpfer schulden.[74]

Sünde ist zugleich Privatio und Fehlverhalten.

Damit ist das Problem der Sünde und des Bösen als Mangel des Guten (*privatio boni*) angesprochen. Das wird wiederum von Petrus Lombardus im Anschluss

---

70 Petrus Lombardus, Sent. II, d. 35, c. 2, n. 5; Bd. I,2, S. 531,23–26: *Augustinus in libro De 84 quaestionibus* <De div. quaest., q. 21; CCSL Bd. XLIIII A, S. 26,9–11>: *›Deus boni tantummodo causa est: quo circa mali auctor non est, quia omnium quae sunt auctor est, quae in quantum sunt, in tantum bona sunt‹.* (»Augustinus <...>: ›Gott ist insoweit Ursache des Guten, wie er hinsichtlich des Bösen nicht der Urheber ist, da er Urheber alles dessen ist, was, sofern es ist, gut ist‹.«)

71 Anselmus Cantuariensis, De casu c. 1; Bd. I, S. 234,26–28: *Si enim ab aliquo repetas tunicam, quam illi nudo sponte ad tempus praestiteras, non habet a te nuditatem, sed te quod tuum erat tollente redit in id quod erat, antequam a te indueretur.*

72 Albertus Magnus, Compilatio de novo spiritu, Nr. 61, S. 466. Weitere Sätze über die Sünde: Nr. 21, 24, 63, 94, 100 (= Der Passauer Anonymus, Nr. 4).

73 Ebd., Nr. 100, S. 469 (= Der Passauer Anonymus, Nr. 4). Zum Ganzen auch SENNER, Meister Eckhart und der ›Freie Geist‹.

74 Anselmus Cantuariensis, De conceptu c. 6; Bd. II, S. 147,19–22: *Sic itaque cum punit deus pro peccato, quod est absentia debitae iustitiae – quae nihil est –, non omnino punit pro nihilo, et verum est quia nisi sit aliquid propter quod punire debeat, onmino non punit pro nihilo.* (»Also wenn <Gott> wegen einer Sünde straft, die die Abwesenheit der geschuldeten Gerechtigkeit ist – die nichts ist –, straft er keineswegs für nichts. Und das ist wahr; denn, wenn da auch kein Etwas ist, dessentwegen gestraft werden sollte, straft er keineswegs für nichts.«)

an Augustinus diskutiert. Die damit verbundene Schwierigkeit kündigt sich schon im genannten Augustinus-Zitat an, wenn er sagt, dem Bösen fehle jedes Gute, aber sein Modus sei etwas am Guten.[75] Mit anderen Worten: Die Sünde als nichts Seiendes zu bezeichnen, also als *privatio,* kommt in Konflikt mit der Tatsache, dass sie in Willensakten und Handlungen begangen wird. Diese sind aber gut, wie der Meister des Lehrgesprächs ausführt:

> »Denn der Wille, der Gott nicht untertan sein will, der ist gleichwohl ein Werk und hat die Natur eines Werkes, das von Gott gekommen ist, ebenso wie der Wille, der Gott gehorsam ist.« – *Wân der wille, der gotte vndertânig nùt wil sin, der ist als wol ein werk vnd ein nature eins werkes, daz uon gotte komen ist, als der wille, der gotte gehorsam ist* (AFD I, c. 5; fol. 44rb, Z. 183–185).

Das ist wiederum auch bei Petrus Lombardus und Anselm zu lesen.[76] Die Sünde ist also nicht nur ein Mangel des Seienden, nämlich der Gerechtigkeit, sondern auch ein Fehlverhalten, ein Verstoß gegen die Gebote Gottes.

Diese Position hält auch Johannes von Basel in einigen Thesen. Im Kommentar zur Distinctio 35, in der auch Petrus Lombardus die erläuterten Gedanken darlegt, widmet der Augustiner eine eigene Quaestio der Feststellung: »In jeder aktuellen Sünde handelt man gegen Gott, übertritt das göttliche Gesetz und zieht eine entsprechende Strafe auf sich.«[77] Damit ist die Sünde nicht nur Privatio im engeren Sinne. Hiltalingen präzisiert, die Sünde sei ein Fehlverhalten: »Gleichwohl ist die Schuld nicht im eigentlichen, sondern nur im weiteren Sinne ein Handeln«, zum Beispiel in der Unterlassungssünde, »und doch ist nicht jede Schuld schlechthin eine Privatio«.[78] Aber weiterhin findet er es auch notwendig, diese Feststellung wiederum einzuschränken: »Obwohl ›Mangel der Gnade‹ [der Meister sagt ›Mangel der Gerechtigkeit‹] nicht das eigentliche

---

75 Petrus Lombardus, Sent. II, d. 35, c. 3, n. 1; Bd. I,2, S. 534,6 f.: *Utrum malus actus in quantum peccatum est sit privatio vel corruptio boni.* (»Ist der böse Akt, sofern er Sünde ist, eine Beraubung oder Zerstörung eines Guten?«) Petrus Lombardus, Sent. II, d. 35, c. 2, n. 2; Bd. I,2, S. 530,21–23: *Quod <Augustinus> etiam in libro 84 quaestionum 7* [richtig 6] *ait: ›Summum malum nullum modum habet: caret enim omni bono, at modus aliquid boni est‹* <De div. quaest., q. 6; CCSL Bd. XLIIII A, S. 14,6>. (»Was Augustinus <...> sagt: Das höchste Böse hat keine Weise, es fehlt ihm nämlich jedes Gute, aber seine Weise ist: etwas am Guten.«)

76 Petrus Lombardus, Sent. II, d. 35, c. 2, n. 6; Bd. I,2, S. 532,16–19: *Mala igitur voluntas sive actio, in quantum est, bonum est. Et in quantum voluntas est vel actio, bonum similiter est; sed ex vitio mala est: quod vitium a Deo non est, neque aliquid est.* (»Der böse Wille oder Akt, insofern er ist, ist gut. Und insofern er Wille oder Akt ist, ist er gleichfalls gut; aber aus dem Laster ist er böse; dieses Laster ist nicht von Gott, und ist nicht etwas.«)

77 Iohannes de Basilea, In Sent. II, d. 35–36, q. 23, Bd. III, S. 322,19–21: *Utrum in omni peccato actuali contra Deum agatur, lex divina transgrediatur et poena condigna contrahatur.* In der Übersetzung oben als These formuliert.

78 Iohannes de Basilea, In Sent. II, d. 35–36, q. 23, concl. 1, cor. 1; Bd. III, S. 328,9–10: *Quamvis non in omni culpa sit agere proprie sed large, non tamen omnis culpa est privatio praecise.*

Wesen der Schuld ist, ist es dennoch nicht möglich, dass jemand sündigt und seine Sünde keine Privatio und nichts Mangelndes impliziert.«[79]

Der Meister des Lehrgesprächs knüpft an die allgemeine Bestimmung der Sünde eine Differenzierung an: Die Gewichtung des Fehlverhaltens erfordere eine genauere Kenntnis der Gebote, das heißt der ersten und zweiten Tafel des Dekalogs sowie der Gebote der Kirche.

Verankerung der Gebote in der ersten Gerechtigkeit

Diese Darstellung mündet in die Frage, wie die verschiedenen Gebote aus dem ersten Gesetz ausgeflossen sind und wie sie die »Ordnung der ersten Gerechtigkeit«, das heißt Gottes selbst, zeigen (AFD I, c. 5; fol. 46ra, Z. 286 f.).

Dieser Zusammenhang ist wiederum Johannes von Basel wichtig, und zwar so maßgeblich, dass er ihn schon im ersten ›Principium‹ zum Buch I seines ›Sentenzenkommentars‹ entfaltet. In dieser Grundsatzerklärung war es ihm ein Anliegen, eine ontologische Verbindung zwischen dem innergöttlichen und dem geschöpflichen Sein aufzuzeigen: Eine jede Sache sei vom Ersten Antlitz erblickt und insofern sei dieses auch in ihm als Wurzel <der Dinge> enthalten.[80] Daraus folgt auch die innere Verbindung und Verpflichtung der geschöpflichen, besonders auch der moralischen Ordnung auf das ursprüngliche Gesetz Gottes.[81] Und daraus folgt wiederum die Verpflichtung aller Nachkommen Adams auf die göttliche Ordnung, die dem ersten Menschen in der Urstandsgerechtigkeit geschenkt war.[82] Der Meister des Lehrgesprächs sieht die gesellschaftliche Friedensordnung in der ursprünglichen göttlichen und geschöpflichen Ordnung begründet.

> »Wo nun Unfrieden herrscht, da löst man die Liebe auf. Darum zeigen die Gebote die Friedensordnung der Menschen, sodass die Ordnung der Liebe nicht zerstört wird.«

---

79 Iohannes de Basilea, In Sent. II, d. 35–36, q. 23, concl. 1, cor. 2; Bd. III, S. 328,19–21: *Quamvis privatio gratiae non sit formalis ratio culpae, tamen est impossibile aliquem peccare et suum peccatum nullam privationem vel nullum privativum includere.*

80 Iohannes de Basilea, In Sent. I, princ 1, q. unica, a. 1, concl. 3; Bd. I, S. 141,14–16: *Impossibile est aliquam rem esse et hanc primum vultum in speculo suae naturae non intueri ac etiam in ipso formaliter vel supereminenter vel radicaliter non contineri.* (»Es ist unmöglich, dass irgendetwas ist und dass das Erste Antlitz dieses im Spiegel seiner Natur nicht anschaut und auch dass es nicht in diesem <Antlitz> formbestimmend oder über alles herausragend oder wurzelhaft enthalten ist.«)

81 Iohannes de Basilea, In Sent. I, princ. 1, q. unica, a. 1, concl. 3, p. 1, cor. 1; Bd. I, S. 142,6–7: *Unica est lex omnium naturarum, a qua devians nulli naturae legi rationabiliter se potest conformare.* (»Es gibt ein einziges Gesetz für alle Naturen; wer von diesem abweicht, kann sich keinem Naturgesetz vernunftgemäß angleichen.«)

82 Iohannes de Basilea, In Sent. I, princ. 1, q. unica, a. 1, concl. 3, p. 1, cor. 2; Bd. I, S. 142,24–25: *Quilibet homo ad hanc legem obligatur et qui non servat hanc legem, negat Deum summum esse regem.* (»Jeder Mensch ist auf dieses Gesetz verpflichtet, und wer diesem Gesetz nicht dient, verneint, dass Gott der höchste König sei.«)

Wå nu vnfride ist, der zerstrówet mynne. Dauon so zóigent die gebott ordenunge der mónschen in friden, daz die ordenung der mynne iht werde zerstóret (AFD I, c. 5; fol. 46va, Z. 308–310).

So auch Johannes Hiltalingen von Basel: »Ohne Befolgung dieses <ewigen> Gesetzes kann es keine bürgerliche Staatsverfassung geben.«[83]

Die Schwere der Sünde

Nach der differenzierten Aufreihung der Gebote und der damit möglichen Übertretungen stellt sich im ›Audi-filia-Dialog‹ die Frage nach der Schwere der Sünde. Sind alle Übertretungen der Gebote als Todsünden gleich schlimm oder unterscheiden sie sich? Das ist die Frage nach dem Eigengewicht der Sünde als Fehlverhalten. Hier schließt sich der Augustiner dem heiligen Augustinus an: »Die Quelle aller Sünde und Untugend ist lustvolles Begehren.« *Der brunne aller sùnde vnd vntugend ist ein gelùstige begirde* (AFD I, c. 5; fol. 47vb, Z. 389).[84] Auch das Beispiel dafür, dass eine Sünde, die aus Furcht begangen wird, einen ungerechtfertigten Wunsch in sich enthält, wie man am Mord oder an der Lüge erkennen kann, ist aus Augustins ›De libero arbitrio‹ in die scholastische Literatur eingegangen.[85]

83 Iohannes de Basilea, In Sent. I, princ. 1, concl. 3, p. 1, cor. 3; Bd. I, S. 142,28–142,1: *Sine huius legis observantia non potest esse civilis politia.*

84 Augustinus, De lib. arb. I, c. 10; CSEL Bd. LXXIIII, S. 10,26–28: Convenit enim inter nos omnia malefacta non ob aliud mala esse nisi quod libidine, id est improbanda cupiditate, fiunt. (»Unter uns herrscht Übereinstimmung, dass jede Übeltat nur böse ist, weil sie wegen einer Begierde, das heißt einer unanständigen Lust geschieht.«) Vgl. GDT Z. 684–686: *Der Junger: Was ist gelústigú minne? / Der Maister: Wenne daz hercz des begert, das im lustig ist vnd allain dar vmb, won es jm lustig ist.* (»Der Schüler: Was ist lustvolle Liebe? / Der Meister: Wenn das Herz begehrt, was ihm lustvoll ist, und allein darum, weil es ihm lustvoll ist.«)

85 Augustinus, De lib. arb. I, c. 10; CSEL Bd. LXXIIII, S. 10,22–25 : *Cum ergo ista cupiditate* <sc. *sine metu vivere*> *a servo dominus interimitur, non illa culpabili cupiditate interimitur?* (»Wenn also der Herr aus jener Begierde <nl. ohne Furcht zu leben> vom Knecht umgebracht wird, wird er dann nicht aus schuldhaftem Begehren umgebracht?«) Ebd., S. 11,2–3 : *Considerares utrum ille servus propter satiandas libidines suas metu domini carere cupiverat.* (»Du magst überlegen, ob jener Diener, um sein Begehren zu stillen, wünscht, die Furcht vor dem Herrn loszuwerden.«) Vgl. Eckhart, Pr. 63, DW III, S. 75,5–9: *Wann es ist chain mensch so vnsälig, das er dar vmb sünde tů durch der poshait willen; mer: er tůt sy důrch ainen mynneclichen lust. Ainer schlecht ainen zetode; das tůt er nit dar vmb, das er ѷbel tů; in duncket des, die wile iener leben<de> was, das er nimer zefride in im selber kóme; dar vmb will er lust sůchen in fride, wann fride mynniclliche ist.* (Übers. S. 516: »Denn es ist kein Mensch so bösartig, dass er um der Bosheit willen Sünde tue; er tut sie vielmehr aus Liebeslust. Es schlägt einer [beispielsweise] jemanden tot: das tut er nicht, um Übles zu tun; es dünkt ihn [vielmehr], dass, solange jener am Leben sei, er [selbst] niemals zum Frieden komme in sich selbst; deshalb will er Lust im Frieden suchen, denn der Friede ist liebenswert.«)

Es folgt eine Zusammenfassung, aus der der Meister seine Ausführungen über die Schwere einer Todsünde ableiten wird. Er zählt acht Bedingungen auf, die gegeben sein müssen, damit es sich um eine Todsünde handelt:

> »Denn die Sünde muss (1) gegen die Gebote Gottes sein, und zwar (2) wissentlich, (3) mit Bedacht, (4) aus einem lustvollen Begehren vergänglicher Dinge, (5) gegen die Gerechtigkeit, (6) mit der Befriedigung der Lust, (7) mit dem Verrat der Gerechtigkeit und (8) einer bösen Absicht.« – *Wån sünde můß sin wider die gebott gottes wissenklich mit bedåhtem můte vß einer lüstigen begirde der zergånglichen dingen gewegen, gegen der gerehtigkeit mit dem vall des gelustes vnd mit der versmåhte der gerehtigkeit vnd mit einer bősen meÿnunge* (AFD I, c. 5; fol. 48rb f., Z. 424–427).

Das erinnert an die Bedingungen der lobenswerten Gerechtigkeit im zweiten Kapitel (AFD I, c. 2; fol. 16ra–17va, Z. 177–241), die aus Anselms ›De veritate‹ geschöpft wurden.

Der Schüler knüpft an diese Belehrung die Frage an, inwiefern die eine Sünde größer ist als eine andere. Der Meister stellt diese Erwägung in einen Horizont: Sie sei dadurch provoziert, dass die Definition gesagt habe:

> »Sünde ist ein Mangel der Gerechtigkeit, und weil der Mangel in allen Todsünden gleich ist, darum meinst du alle Sünden seien gleich.« *Sünde ist ein mangel der gerehtigkeit, vnd wån der mangel glich ist in allen todsünden, so duncket dich alle sünde sint glich* (AFD I, c. 5; fol. 48vb, Z. 454–456).

Danach hebt er zu einer differenzierenden Erläuterung über die Verschiedenheiten der Sünden an.

Kommentierender Einschub

Aber noch vor diesen Erläuterungen wird in der Colmarer Handschrift der Gesprächsfluss unterbrochen. Einem besorgten Leser des ›Audi-filia-Dialogs‹ scheint diese anspruchsvolle Bedingungslage zu lax oder zu kompliziert gewesen zu sein; denn noch bevor der Schüler seine Frage nach der Schwere der Sündenschuld stellen kann, wird hier ein interpretierender Kommentar eingeschoben, der den Dialog mit dem Aufruf *Merke!* unterbricht, und der mit dem Hinweis endet: »Und so muss man die Aussage des Buches verstehen, dass eine Sünde größer sei als eine andere.« *Vnd also ist der sin des bůches zů verstånde, daz ein sünde grősser ist dån die ander* (AFD I, c. 5; fol. 48vb, Z. 452 f.).

Dieser Kommentator reduziert die Todsünden auf zwei Formen: Die ersten sind »an sich« (*von art ir selbes*) Sünden, nämlich Handlungen gegen die zehn Gebote. Diese werden wissentlich und willentlich getan. Die anderen sind »nicht durch sich selbst Todsünden« (*nüt von art ir selbs todsünde*). Sie werden akzidentell (*von zůvalle*) durch die sie begleitende böse Absicht oder Geringschätzung der Gebote Gottes zu Todsünden. Zum Beispiel ist jemanden zu sehen nicht von sich aus Todsünde, aber eine das Sehen begleitende Begierde oder Absicht könnte es zur Todsünde machen. Von dieser zweiten Gruppe von Fehlhandlungen weiß man nicht, ob sie Todsünden sind, denn nur Gott kennt die begleitenden Absichten. Todsünden setzen aber selbstbewussten Willen oder das Vermögen zur Selbstbeurteilung voraus. Sie geschehen aber auch, wenn man das Vermögen zur gebotenen Selbstreflexion vernachlässigt.

> »Denn die Todsünden, die da großspurig geschehen, wenn der Mensch sich seines Handelns nicht bedenkt, zum Beispiel, wenn er großspurig einen Menschen tötet, obwohl er es unbedacht tut, so ist es doch eine Todsünde, da er das Vermögen gehabt hat, sich zu bedenken, und den freien Willen, das Werk bleiben zu lassen.« – *Wån die todsùnden, die do beschehent in giudecheit so sich der mônsche nùt betrahtet sins werkes, alz so er in giudecheit einen mônschen tôdtet, wie daz sie, daz er daz tûge vnbetrahtet, doch so ist es ein todsùnde, sid er vermùgenheit hät gehåpt, sich zů betrahten, vnd frÿen willen, daz werk vnderwegen zů låssende* (AFD I, c. 5; fol. 48vb, Z. 447–451)

Diese kurze Stellungnahme eines unbekannten Kommentators trifft allerdings nicht die Lehre des Meisters, die später darzulegen ist. Der Kommentator scheint ein Dominikaner zu sein; denn er vertritt in sehr abgekürzter Weise die Lehrmeinung des Thomas von Aquin. Dieser spricht häufig von der Sünde, die durch die Art ihres Handelns selbst (*ex suo genere*)[86] Todsünde ist. Das ist jede Handlung, die gegen die Liebe zu Gott und den Nächsten gerichtet ist oder auch gegen die Ehrfurcht Gott gegenüber sowie gegen die Grundlagen des menschlichen Zusammenlebens.

> »So findet man auch in den menschlichen Handlungen etwas, das von sich aus der Liebe zu Gott und dem Nächsten entgegensteht, solche Dinge nämlich, wodurch die Unterordnung und die Verehrung des Menschen Gott gegenüber aufgehoben wird, wie Gotteslästerung, Abgötterei und dergleichen, und auch diejenigen Dinge, die das Zusammenleben der menschlichen Gesellschaft aufheben, wie Diebstahl, Mord und dergleichen. Die Menschen können nämlich nicht miteinander leben, wo diese überall und unterschiedslos begangen werden. Und diese sind der Gattung nach Todsünden, mit welcher Absicht oder welchem Willen auch immer sie geschehen mögen.«[87]

Der Kommentator zum ›Audi-filia-Dialog‹ nennt dies Todsünden *von art ir selbes*. Übereinstimmend mit Thomas spricht er andererseits auch von Sünden, deren Gewicht durch die Umstände (*per accidens; von zůfall bôser meynunge vnd versmåhte*)[88] bestimmt wird. Thomas sagt:

---

86 Der Index Thomisticus (Busa, Bernot, Alarcón, Index Thomisticus.) weist unter dem Stichwort *mortale ex suo genere* 16 Belege nach.

87 Thomas de Aquino, De malo q. 7, a. 1 co: *Etiam ita in actibus humanis aliquid invenitur quod de se contrariatur caritati Dei et proximi; illa scilicet per quae tollitur subiectio et reverentia hominis ad Deum, ut blasphemia, idololatria et huiusmodi, et etiam ea quae tollunt convictum societatis humanae, sicut furtum, homicidium et huiusmodi; non enim possent homines convivere ad invicem, ubi passim et indifferenter ista perpetrarentur; et ista sunt peccata mortalia ex suo genere, quacumque intentione vel voluntate fiant.*

88 AFD I, c. 5; fol. 48va, Z. 435; vgl. zum Beispiel Thomas de Aquino, In Sent. II, d. 24, q. 3, a. 4 co; AFD I, c. 5; fol. 48va, Z. 437: (aufgrund der hinzukommenden bösen Absicht und der Verachtung der Gebote).

»Es gibt aber auch Dinge, die zwar eine Unordnung enthalten, dennoch nicht direkt das zweite der oben genannten Dinge <die Liebe zum Menschen> ausschließen, zum Beispiel mag ein Mensch eine Lüge aussprechen, nicht unter Eid und auch nicht, um seinem Nächsten zu schaden, sondern um zu erfreuen oder zu helfen, oder wenn jemand in Speise oder Trank unmäßig ist und dergleichen mehr. Daher sind diese ihrer Gattung nach lässliche Sünden.«[89]

Es scheint dem Kommentator aber darum zu gehen, eine Abschwächung des Gewichts der Sünde zu meiden, da er sagt, nur Gott könne die im Gemüt verborgene Intention bemessen, und da er vor allem fordert, der Sünder solle sich sein Handeln bewusst machen.

Zurück zu den Ausführungen des Meisters des Lehrgesprächs, die durch den Kommentar unterbrochen werden. Wir stellen fest, dass der Meister eine differenzierte Systematik der Schwere der Sünde vorlegt. Zugleich löst er das Dilemma der Definition der Sünde auf. Im Rückgriff auf Anselms Sichtweise, in der die Sünde im »Mangel der Gerechtigkeit« besteht oder auf Thomas von Aquin, der die Sünde in der »Abkehr von Gott« oder »von dem unveränderlichen Gut« sieht[90], benennt er, was für die Scholastiker die formale Definition der Sünde ist. Unter diesem Aspekt sind alle Todsünden gleich und ziehen als Strafe den Entzug des »ewigen Friedens« nach sich, und in diesem Sinne ist auch die Strafe für alle Todsünden gleich. Als Handlung oder Unterlassung ist die Sünde aber materialiter zugleich die »Hinwendung zu einem wandelbaren Gut«, oder, wie es der Meister im Sinne Anselms häufig formuliert, die Wahl des geringeren Gutes anstelle des besseren:

»A. Und wenn es geschähe, dass einer ohne Täuschung <lieber> das kleinere Gut hätte als das größere, woher käme das? / B. Davon, dass er seinen Eigenwillen mehr in dem Kleineren fände als in dem Größeren.« – *A. Vnd ob es beschehe, daz einer vnbetrogen hette daz kleiner gůt denn das gro̊sser, wåvon kåme daz? / B. Dauon daz er sins eigenen willen me fünde in dem minren denn in dem merren* (AFD I, c. 3; fol. 24ra, Z. 61–64).

---

89 Fortsetzung des Zitats aus Anm. 87, Thomas de Aquino, De malo q. 7, a. 1 co: *Quaedam autem sunt, quae licet inordinationem aliquam contineant, non tamen directe excludunt alterum praedictorum: sicut quod homo dicat mendacium non in fide, neque ad nocendum proximo, sed ad delectandum, vel etiam ad iuvandum; vel si quis excedat in cibo vel potu et alia huiusmodi. Unde ista sunt venialia peccata ex suo genere.* Ich danke Christian Jung für einen Hinweis zur Übersetzung.

90 Thomas de Aquino, Sth. II-II, q. 10, a. 3 co: *Omne peccatum formaliter consistit in aversione a Deo.* (»Jede Sünde besteht formell in einer Abkehr von Gott.«) Ebd., q. 162, a. 6 co: *In peccato duo attenduntur, scilicet conversio ad commutabile bonum, quae materialiter se habet in peccato, et aversio a bono incommutabili, quae est formalis et completiva ratio peccati.* (»In jeder Sünde bemerkt man zweierlei, nämlich die Hinwendung zu einem veränderlichen Gut, welche materiell in der Sünde vorliegt, und die Abkehr von einem unveränderlichen Gut, welche formell und umfassend das Wesen der Sünde ist.«)

Hinsichtlich dieser materialen Seite der Sünde gilt der Grundsatz, die Sünde sei größer, die den höheren Wert oder das größere Gut aufhebt. Dass dieses Prinzip im Augustinerorden gängig war, zeigen die Frage und deren Beantwortung in der entsprechenden Distinctio des Aegidius Romanus: »Ist die größere Sünde diejenige, die das größere Gut aufhebt?«[91] Die Systematik und die Beispiele der Antwort sind im Umlauf, wie die Ausführungen des Aegidius, aber auch des Thomas von Aquin zeigen. Die Größe der Sünde misst sich an dem Gegenstand, gegen den die Sünde gerichtet ist, Gott, die Würde des Menschen selbst und die des Nächsten, sie richtet sich nach der Motivation des Sünders und auch nach der Gnadenauszeichnung, die durch die Sünde verdorben wird. Darum ist die Sünde eines Fürsten oder Geistlichen größer (AFD I, c. 5; fol. 49ra, Z. 465 f. u. 503 f.).[92] Neid und Hass sind größere Sünden als Unkeuschheit und Hochmut, da sie den höheren Wert der Liebe verderben (ebd., Z. 468–479 u. 521–525). Insgesamt sind die Kataloge bei Thomas und Aegidius ähnlich wie beim Meister des Lehrgesprächs, aber dieser baut seine Beispiele logischer auf und begründet sie eigenständig.

6. Kapitel
Wie die Sünde den Menschen gefangen hält.

Der Titel bezieht sich auf den ersten Teil des sechsten Kapitels und bestimmt die negative Voraussetzung der Erlösungslehre. Im zweiten Teil wird die Antwort Gottes auf den Mangelzustand des Menschen dargestellt: die Gnade.

Die Schuld (*debitum*), den gerechten Willen zu haben

Die Ausgangsthese ist, der sündige Mensch sei Leibeigener der Sünde, das heißt, er habe keinen eigenen Willen und keine eigene Kraft, sich von der Sünde loszusagen. Wieder folgt der ›Audi-filia-Dialog‹ der Vorlage Anselms, hier dem Traktat ›De casu diaboli‹, mit folgenden Themen:

Der Mensch ist es der Gerechtigkeit schuldig (*debet*), einen gerechten Willen und damit die Urstandsgerechtigkeit zu haben. Diese Art des Schuldens ist sein Schmuck; doch, wenn das Geschuldete fehlt, ist es seine Schuld (*culpa*) und zugleich seine Strafe.

Zu dem, was ist, kann der Mensch nichts tun, denn es kommt von Gott. Er verursacht vielmehr, dass etwas nicht ist, sei es, dass er das Gnadengeschenk nicht annimmt oder es aufgibt, wie zuvor im vierten Kapitel am Beispiel der

---

91 Aegidius Romanus, In Sent. II, d. 35, q. 2, a. 3; ed. Venetiis 1581, Bd. II, S. 526–528: *An sit maius peccatum, quod tollit maius bonum?* (»Ist die größere Sünde das, was das größere Gut aufhebt?«)

92 Vgl. Thomas de Aquino, Sth. I-II, q. 73, a. 10 co.

Engel erklärt wurde, sei es, dass ihm aufgrund der Missachtung des göttlichen Willens die natürliche Kraft fehlt, zum Beispiel durch Nichtwissen oder durch Nichtkönnen als Folgen der Sünde. Wieder wird Anselms Beispiel des von Natur Nackten beigezogen.

Die Ausführungen münden in eine allgemeine Stellungnahme:

> »Dir geht es wie allgemein der Welt. Die können kaum verstehen, wie das kommt, dass der Mensch Übles aus sich selbst tun kann und das Gute nicht. Es scheint ihnen, es sollte gleich sein beim Guten wie beim Bösen.« – *Dir ist als der gemeynde ist der welte. Die kõnnen kume verstän, wie daz sie, daz der mõnsche ṽbel tůn mag von im selber vnd daz gůte nùt. Sù duncket, es sõlle glich sin in dem gůten vnd in dem bõsen* (AFD I, c. 6; fol. 52vb, Z. 96–98).

Der Hinweis auf die *gemeynde der welte*, die glaubt, der Mensch könne aus eigener Kraft Böses wie Gutes tun, zeigt an, dass der Meister in diesem Punkt von der allgemeinen scholastischen Auffassung abweicht und eine spezifisch augustinische Lehre vorträgt. Er folgt bei diesen Erörterungen auch nicht weiter Anselm, sondern einer eigenen Linie.

Gerechter Wille wird allein von Gott gegeben: die Gnade.

Zur Gerechtigkeit kann sich der Mensch nicht kehren, denn sie ist von Gott. Erst recht kann der Sünder nicht die Gerechtigkeit anstreben; denn dazu hätte er eine Kraft nötig, die er nicht hat: den gerechten Willen. Den guten Willen hat er verloren, weil er sich mit einem bösen Willen zu einem Bösen entschieden hat.

> »Darum muss vor allen guten Gedanken und vor aller Umkehr und allem Widerstand gegen die Sünden ein guter Wille vorausgehen. Denn gute Gedanken und guter Rat, den der Mensch sich selbst gibt, dass er sich von den Sünden abwenden und den Sünden widerstehen soll, die machen alle den Willen nicht gut. Guter Wille macht diese alle gut; denn sie kommen alle aus einem guten Willen.« – *Dauon vor allen gůten gedencken vnd vor allem widerker vnd widerstän den sùnden můß gän ein gůter wille. Wän gůte gedencke noch gůter rät, den der mõnsche imselber git, daz er sich sol keren von den sùnden noch widerstän den sùnden, die machent alle den willen nùt gůt. Gůter wille machet die alle gůt; wän sù komment alle von gůtem willen* (AFD I, c. 6; fol. 54va, Z. 195–200).

Hinter dieser Aussage steht die Meinung, dass der Mensch aus eigener Kraft die erste Gnade nicht erwirken noch verdienen kann. Und wenn vor der eigentlichen Bekehrung der Wunsch und Vorsatz, sich vom Verderblichen abzuwenden, und die Suche nach einer Umkehr stehen, so sind auch diese Anregungen Frucht der helfenden Gnade, die der Mensch nicht erzeugt, mit der er aber zusammenwirken kann.

Die Gnade

Nachdem so die Bekehrung des Willens zum Guten als Werk der Gnade identifiziert ist, kann genauer nach dem Wirken der Gnade und der Mitwirkung des Willens gefragt werden (AFD I, c. 6; fol. 55ra, Z. 231 f.).

Es wird ausgeführt, dass die Gnade umsonst gegeben wird, ohne Verdienst, eine Werkgerechtigkeit wird abgelehnt. Die zuvorkommende und die nachfolgende Gnade werden unterschieden (AFD I, c. 6; fol. 55rb–56ra, Z. 269–271).

Dabei heißt es, dass die zuvorkommende Gnade immer reichlich gegeben wird und nur ausbleibt, wenn der Mensch sie verlässt. Die Mitwirkung des Menschen wird wieder mit dem Beispiel des Nackten anschaulich gemacht, der ein Kleid von dem Geber erhält und dessen Mitwirkung darin besteht, dass er das Kleid annimmt und trägt (AFD I, c. 6; fol. 56vb, Z. 331–339).

Ein neues Lehrstück wird durch die Frage eingeleitet, warum man den Sünder oder Ungläubigen tadelt und ermahnt, sich von den Sünden abzuwenden, da doch die Wende und Begnadigung allein Gottes Werk ist (›Audi-filia-Dialog‹ II, c. 6; fol. 57[va–b], Z. 382–385).

Die Antwort führt den »Samen der Gerechtigkeit« ein. »Das ist das Wort Gottes« (AFD I, c. 6; fol. 57vb, Z. 397 f.). Das entspricht wieder Anselms Lehre: Der Samen der Predigt und Ermahnung wird dem Sünder gegeben wie auch das Wachsen, aber wenn der Same auf steinigen Grund, das ist ein hartes Herz, fällt oder wenn der Sünder den guten Willen aufgibt, kann die Gerechtigkeit nicht wachsen und Frucht bringen.

Die Belehrung mündet in die Anerkennung der Wahrheit durch den Schüler:

> »Nun sehe ich wohl, dass die Gnade Gottes ohne alle Übung und Mühe nicht gegeben wird; denn man muss anbauen und das Wort Gottes säen, und doch gibt Gott seine Gnade gnädig ohne alles Verdienst; denn der Anbau und der Samen verdienen nicht, dass ihm Gott Zunahme und Wachsen gibt; Gott gibt es freigiebig und aus seiner Güte.« – *Nu sih ich wol, daz die gnâde gottz âne alle ůbunge vnd ârbeit nùt geben wurt; wân man můß buwen vnd sêygen daz gottz wort, vnd doch so git gott sine gnâde gnâdiglich âne alles verdienen; wân der buw vnd der sâme verdienet nùt das im gott gebe zůnemmen vnd wahsen; gott tůt es miltiglichen vnd von siner gůti* (AFD I, c. 6; fol. 58rb, Z. 428–432).

In diesem Zusammenhang erhebt sich die Frage, warum diejenigen Schuld tragen, die das Wort Gottes nicht hören können oder nicht hören wollen. Die empfangen den Samen des Wortes nicht und entsprechend wird ihnen auch die Gnade vorenthalten. Dieses Problem berührt auch die Frage der Schuld bei Schwäche und Unkenntnis. Grundsätzlich gilt, dass die Schwäche und Unkenntnis auch Schuld sind, wenn sie Folgen des Verlustes der paradiesischen Urgerechtigkeit sind. Wie die Parallelen in den Fußnoten der Textausgabe zeigen, ist diese Lehre bei Anselm von Canterbury fest verankert. Aber auch die Lehrdifferenzen der Augustinertheologie spiegeln sich in manchen Thesen.

Allgemein gilt, dass die Merkmale der Gnadenlehre, die im ›Audi-filia-Dialog‹ des Meisters des Lehrgesprächs behandelt werden, den Grundbestand der scholastischen Gnadenlehre wiedergeben und in allen Lehrbüchern ähnlich behandelt werden. Insofern ist im ›Audi-filia-Dialog‹ keine weitere Spezifität auszumachen. Die speziellen Gesichtspunkte der Gnadenlehre sind im ›Gratia-Dei-Traktat‹ ausgeführt und dort auch kommentiert worden.

7. Kapitel
Erbsünde

Das letzte Kapitel des ersten Buches des ›Audi-filia-Dialogs‹ ist dem Problem der Erbsünde gewidmet. Auf die Frage, was die Erbsünde sei, antwortet der Meister zunächst mit der Aufzählung von vier Voraussetzungen:

1. Adam und Eva besaßen die Urstandsgerechtigkeit.
2. Hätten die Ureltern nicht gesündigt, wären gerechte Kinder von ihnen geboren worden.
3. Alle Menschen sind Gott gegenüber verpflichtet, eine gerechte Natur zu haben.
4. Wenn einer nicht hat, was er haben soll, ist das Sünde (AFD I, c. 7; fol. 59vb, Z. 21–35).

Alle vier hier zusammengestellten Definitionsbestandteile sind in den vorausgegangenen Kapiteln schon diskutiert worden. Sie entsprechen genau der Lehre Anselms, für den die Erbsünde das »Fehlen der geschuldeten Natur« (*absentia iustitiae debitae*) ist.[93] Zusammenfassend definiert der Meister:

> »Beachte, dass Erbsünde nichts anderes ist als der Mangel gerechter Natur, die Gott gerecht geschaffen hat, die wir rechtens haben sollten, denn Gott hat sie so geschaffen.« – *Merke, daz erbesùnde anders nùt ist den ein mangel gerehter nature, die gott gereht geschåffen håt, die wir billich sôlten haben; wån sù gott also håt geschåffen* (AFD I, c. 7; fol. 60^{ra-b}, Z. 42–44).

Der Mangel der geschuldeten Gerechtigkeit ist Sünde, wie der Meister im 6. Kapitel (fol. 52ra–52rb) mithilfe der Lehrmeinungen Anselms von Canterbury ausgeführt hatte. Daraus ergeben sich für das siebte Kapitel zwei Hauptfragen: Was ist das Wesen der Erbsünde, und wie wird die Ursünde Adams auf die Menschen vererbt?

Das Wesen der Erbsünde

In der Hochscholastik steht die Definition Anselms in Spannung mit der Auffassung Augustins, für den das entscheidende Merkmal der Erbsünde die Konkupiszenz ist, insofern der Mensch durch den Verlust der Urstandsgerechtig-

---

93 Anselmus Cantuariensis, De conceptu c. 3; Bd. II, S. 143,4. Vgl. dazu KÖSTER, Urstand, Fall und Erbsünde in der Scholastik, S. 129.

keit auch die Unterordnung des Leibes und seiner Regungen unter den Geist verloren hat.[94] Über Petrus Lombardus wird diese Bestimmung der Erbsünde an die Scholastik weitergegeben. »Die Erbsünde heißt der Nährboden der Sünde, nämlich das Begehren oder die Begierlichkeit, die das Gesetz der Glieder heißt oder die Erschlaffung der Natur oder der Tyrann, der in unseren Gliedern ist, oder das Gesetz des Fleisches.«[95] Über Alexander von Hales, Bonaventura und Thomas von Aquin kam es zu einer Verschmelzung der augustinischen und anselmischen Linie.[96] Der Mangel der Gerechtigkeit gilt Thomas von Aquin als das Wesen, die Konkupiszenz als die Materie der Erbsünde.[97] Diese Zusammenführung und Unterscheidung in der Definition der Erbsünde wird zum Standard bei den Spätscholastikern.[98]

Um die Position des Meisters des Lehrgesprächs zu charakterisieren, ist wiederum seine Lehrmeinung mit den Lehren seines augustinischen Umfelds zu vergleichen, das heißt mit Johannes von Basel und dessen Stellungnahme zu seinen rigorosen Vorgängern.[99] Dass der Mangel der Urstandsgerechtigkeit für den Meister des Lehrgesprächs das Wesen der Erbsünde ausmacht, wurde bereits aufgezeigt. Eigenwillig ist die Weise, wie dieser zur Konkupiszenz Stellung nimmt. Die hinführende Frage lautet: »Wo willst du die Sünde suchen? Wo steht sie in dem Menschen?« *Wo wiltu nu die sùnde sůchen? Wå ståt sù in dem mônschen?* (AFD I, c. 7; fol. 60rb, Z. 48), und weiter, wo der Fleck oder das Wundmal der Erbsünde liege, *in dem libe oder in der sele oder in dem blůte oder in dem fleische* (ebd., Z. 51 f.). Mit der Antwort zögert der Schüler, aus einer Verlegenheit heraus, weil er die Erbsünde in einer Unziemlichkeit (*widerzêmikeit*) vermutet (ebd., Z. 53 f.). Diese Irrmeinung wird entschieden zurückgewiesen, weil einem reinen Herzen alles rein ist (Tit 1,15).

> »Du sollst wissen, dass der Fleck nicht im Leib noch im Blut noch in einer Sache, die leiblich ist, besteht, noch in einem Tun.« – *Wissest, daz der flecke nùt ist in dem lîbe noch in dem blůte noch in keinem dinge, daz liplich ist, noch in keinem werke* (ebd., fol. 60va, Z. 69–71).

---

94 Siehe Köster, Urstand, Fall und Erbsünde in der Scholastik, S. 125.

95 Petrus Lombardus, Sent. II, d. 30, c. 8, n. 2; Bd. I,2, S. 500,4–6: *Originale peccatum dicitur fomes peccati, scilicet concupiscentia vel concupiscibilitas, quae dicitur lex membrorum, sive languor naturae, sive tyrannus qui est in membris nostris, sive lex carnis.*

96 Vgl. Köster, Urstand, Fall und Erbsünde in der Scholastik, S. 130–133.

97 Thomas de Aquino, Sth. I-II, q. 82, a. 3 co: *Et ita peccatum originale materialiter quidem est concupiscentia; formaliter vero defectus originalis iustitiae.* (»Und so ist die Erbsünde materiell sicherlich die Konkupiszenz, formal jedoch der Mangel der Urstandsgerechtigkeit.«)

98 Köster, Urstand, Fall und Erbsünde in der Scholastik, S. 133–140. Er nennt (S. 138) folgende Augustiner, die den Mangel der Gerechtigkeit als Wesen der Erbsünde betrachten: Aegidius Romanus, Thomas von Straßburg, Hugolin von Orvieto, Dionysius von Montina, Johannes von Retz und Johannes von Dorsten.

99 Zur Erbsündenlehre des Johannes von Basel siehe besonders Zumkeller, Der Augustinertheologe Johannes Hiltalingen von Basel, S. 71–81.

Die Konfrontation mit der verbreiteten Meinung kommt in der abschließenden Erleichterung des Schülers zur Sprache:

> »Jetzt sehe ich, dass viele Menschen eine falsche Vorstellung von der Erbsünde haben. Sie meinen, es sei die leibliche Lust, die sich im Blut und im Fleisch zeigt. Jetzt sehe ich, dass es nichts anderes ist als der Mangel der ersten Gerechtigkeit, die zu haben man schuldet.« – *Nu sih ich wol, daz vil lùtes hant einen betrogenen wån von der erbsùnde. Sù wenent, es sie der lipliche lust, der sich in dem blůte vnd in dem fleische zőiget. Nu sih ich, daz es anders nùt ist dann der mangel der ersten gerehtigkeit mit der schulde, sù ze hande* (AFD I, c. 4; fol. 60vb, Z. 81–84).

Die Zurückweisung der Begierlichkeit als Wesen der Erbsünde und damit einer weit verbreiteten sexuellen Konnotation wird also in Gegensatz gebracht zu einem »*betrogenen wån*« vieler Leute. Das ist ein besonderes Merkmal der Lehre des Meisters des Lehrgesprächs und eine kräftige Distanzierung von einer weit verbreiteten Meinung. Prägnant tritt die grundsätzliche Übereinstimmung des Meisters des Lehrgesprächs mit der Position des Johannes von Basel in der Grundthese der einschlägigen Quaestio hervor: »Die Urschuld, die das Gesetz der Glieder ist, <nämlich> die lustvolle Begierde, ist der Mangel und das Entbehren der Urstandsgerechtigkeit, zu welcher der Geist schuldhaft verpflichtet ist.«[100] Die Hauptaussage dieser These steht in Übereinstimmung mit dem ›Audi-filia-Dialog‹, dem Mangel der Urgerechtigkeit als Wesen der Erbsünde. Ebenso wird hier als ›Ort‹ der Erbsünde der Geist (*mens*) genannt.

Da in der zitierten Hauptthese die Konkupiszenz genannt ist, von der der Meister des Lehrgesprächs abrückt, ist zu untersuchen, in welchem Kontext Johannes von Basel die Konkupiszenz sieht. Seine erste Conclusio konstatiert: »Obwohl die Ursünde Schuld und Strafe ist, ist sie dennoch im eigentlichen Sinne nicht irgendein Seiendes (*entitas*) oder eine bestimmte Sache.«[101] Hier wird klar betont, dass das Wesen der Ur- und Erbsünde nicht mit körperlichen und geistigen Einschränkungen und Misslichkeiten gleichzusetzen ist, die der Meister des Lehrgesprächs, »Flecken« und »Unziemlichkeiten« nennt; denn dann wäre sie ein gegebenes Seiendes. Gleichwohl wird eingeräumt, dass sie Strafe (*poena*) sei. Das ist jedoch so zu verstehen, dass die leiblichen Unzulänglichkeiten und Widernisse Folgen der Erbsünde sind. In diese Erklärung ist eingeschlossen, dass die Erbsünde wie jede aktuelle Sünde ein Nichts ist, wie es der Meister in seiner allgemeinen Sündenlehre formuliert hat (siehe oben S. 861; AFD I, c. 5; fol. 41vb, Z. 15). Johannes von Basel expliziert dieses hier

---

100 Iohannes de Basilea, In Sent. II, d. 31–32, q. 21; Bd. III, S. 300,18–21: *Utrum originalis culpa, quae est lex membrorum, libidinosa concupiscentia, originalis iustitiae sit privatio et carentia, ad quam mens ex debito est obligata.* (Im Text oben als These formuliert.)

101 Iohannes de Basilea, In Sent. II, d. 31–32, q. 21, concl. 1; Bd. III, S. 302,3–4: *Quamvis peccatum originale sit culpa et poena, non est tamen formaliter aliqua entitas vel res incomplexa.* Vgl. ZUMKELLER, Der Augustinertheologe Johannes Hiltalingen von Basel, S. 71, Anm. 30.

im Zusammenhang der Erbsündenlehre. Nochmals deutlicher wird im ersten Corollarium zur ersten Conclusio dieser Quaestio ausgesprochen, dass die Erbsünde wesentlich nicht in der Konkupiszenz besteht. Der Hinweis ist besonders signifikant, da er sich ausdrücklich gegen Gregor von Rimini richtet: »Keine Eigenschaft oder eine habituelle positive Konkupiszenz ist im strikten Sinn die Urschuld, noch kann sie es sein.«[102] Das ist der Sache nach die gleiche Aussage wie die Formulierung, die Sünde sei nichts Seiendes, die der Meister des Lehrgesprächs bringt.

Der Meister des Lehrgesprächs steht also mit Johannes von Basel zusammen bei der Bestimmung des Wesens der Erbsünde und in der Zurückdrängung der Konkupiszenz gegen seine Vorgänger. Gregor von Rimini hatte zunächst die Definition Anselms (Mangel der Gerechtigkeit) und Augustins (Konkupiszenz) nebeneinander gestellt und dann zahlreiche Gründe aus den Schriften Augustins angeführt, die in den Satz münden: »Die Konkupiszenz ist die Erbsünde.«[103] In seiner Stellungnahme entscheidet er sich für die Version Augustins.[104] Seine Begründung lautet:

> »Und trotzdem leugne ich nicht, dass auch der Mensch die Urgerechtigkeit entbehrt, die er vor der Taufe schuldet. Aber einen solchen Mangel nenne ich nicht die Erbsünde, sondern eher eine Auswirkung der Ursünde. Wie der Entzug der Gnade eine Auswirkung der aktuellen Todsünde ist, das heißt, wie dem Menschen wegen der Todsünde die Gnade entzogen wird, so gießt Gott <auch> wegen der Ursünde der Seele die Urgerechtigkeit nicht ein.«[105]

Hugolin von Orvieto formuliert seine Erbsündenlehre in acht Conclusionen.[106] Er lehnt Anselms Meinung ab, die Erbsünde sei ein Mangel. Er meint, sie bestehe nicht eigentlich in der Schuld, die Urgerechtigkeit zu besitzen.[107] Zu-

---

102 Iohannes de Basilea, In Sent. II, d.31–32, q.21, concl. 1, cor. 1; Bd. III, S. 306,3–6: [C]*ontra Gregorium supra distinctione 30 quaestione 1 articulo 1* <...>: *Nulla qualitas vel habitualis positiva concupiscentia est vel esse potest formaliter originalis culpa.* Vgl. Zumkeller, Der Augustinertheologe Johannes Hiltalingen von Basel, S. 74, Anm. 42.

103 Gregorius Ariminensis, In Sent. II, d.30–34, q.1, a.2; Bd. VI, S. 182 f. und S. 183,7–8: *Et ibidem etiam expresse dicitur quod ›concupiscentia est originale peccatum‹.* (»Und dort heißt es ausdrücklich: ›Die Konkupiszenz ist die Erbsünde‹.«)

104 Ebd., S. 183,14–17: *Et ego* [...] *sequor tamen eandem sententiam tum propter auctoritatem Augustini, tum quia magis consona videtur verbis Apostoli.* (»Ich folge dennoch derselben These einerseits wegen der Autorität Augustins, andererseits weil sie mehr mit den Worten des Apostels übereinzustimmen scheint.«)

105 Ebd., S. 184,7–12: *Nec tamen nego quin etiam homo careat originali iustitia, cuius est debitor, ante baptismum. Sed huiusmodi carentiam non dico esse originale peccatum, sed potius effectum originalis peccati, quemadmodum privatio gratiae effectus est actualis peccati mortalis, id est quod propter mortale peccatum privatur homo gratia, ita propter originale peccatum non infundit deus animae originalem iustitiam.*

106 Zumkeller, Hugolin von Orvieto († 1373) über Urstand und Erbsünde, S. 48–50.

107 Hugolinus de Urbe Vetere, In Sent. II, d.30–33, q.2, a.2, concl. 1; ed. Eckermann / Marcolino, Bd. VI, S. 484,131 f.: *Originale peccatum non est formaliter et convertibiliter*

sammenfassend gibt er seine formale Definition der Erbsünde in der achten Conclusio:

»Dass der Mensch, der durch Adam zur Urgerechtigkeit erblich verpflichtet ist, sich von Gott abwendet mit seinem Geist, der <dadurch> gefangen ist, dem Leib mit den Lüsten des Fleisches zu dienen, der <seinerseits> aufgrund der Sünde Adams zum Sterben verurteilt ist –, so zu sein, das ist eigentlich die Erbsünde.«[108]

Auch wenn hier die Konkupiszenz nicht als Wesensbestandteil der Erbsünde genannt wird, so ist darin doch deren Ursache zum Kern der Definition erhoben.

Johannes von Basel hingegen betont wie der Meister des Lehrgesprächs, dass die habituelle Konkupiszenz nicht dem Wesen nach die Erbsünde ist. Es sei nämlich möglich, dass jemand die habituelle Neigung der Konkupiszenz habe und ihm zugleich die Erbsünde fehle und dass umgekehrt jemand mit der Erbschuld infiziert ist und trotzdem keinen Habitus der Konkupiszenz habe; denn das eine schließe das andere *formaliter* nicht ein.[109]

Gleichwohl zeigt Johannes von Basel, dass er in der zeitgenössischen augustinischen Tradition steht, denn er gibt zusammenfassend eine »Beschreibung« (*descriptio*) der Erbsünde, die er »von anderen Männern zusammengestellt hat« (*ex aliis viris collecta*), und zwar, wie er angibt, nach Augustin, Anselm, Hugo von St. Viktor und Aegidius:

»Die Erbsünde ist die habituelle Abkehr des Geistes von Gott zusammen mit dem Schulden der Urgerechtigkeit, die der Geist zu haben gehalten ist, die er aber nicht hat. Aufgrund der Verbindung des Geistes mit dem Körper durch die wollüstige Fortpflanzung aufgrund der Nachkommenschaft Adams hält sie sich den Geist gefangen und bringt ihn dazu, entgegen dem Wollen Gottes gewohnheitsmäßig den Gelüsten des Fleisches zu dienen.«[110]

Vielleicht ist es bezeichnend, dass Johannes von Basel hier Gregor von Rimini und Hugolin von Orvieto nicht nennt, obwohl die oben angeführten Zitate

---

privatio vel esse privatum. (»Die Erbsünde ist nicht eigentlich eine Privatio oder ein beraubtes Sein, auch nicht umgekehrt.«) Ebd., concl. 2; Bd. VI, S. 484,146–147: *Peccatum originale non est formaliter debitum habendi originalem iustitiam.* (»Die Erbsünde ist nicht eigentlich die Schuld, die Urstandsgerechtigkeit zu haben.«)

108 Ebd., concl. 8; Bd. VI, S. 490,320–323: *Hominem ex Adam ad originalem iustitiam hereditarie obligatum secundum mentem averti a deo captivatam administrare corpus ex peccato Adae moribundum secundum desideria carnis: hoc sic esse est formaliter peccatum originale.*

109 Iohannes de Basilea, In Sent. II, d. 31–32, q. 21, concl. 1, cor. 3; Bd. III, S. 306,13–16: *Stat aliquem habitum concupiscentiae inclinativum habere et peccato originali carere, et aliquem culpa originali fore infectum et nullum habere concupiscentiae habitum. Patet, quia unum formaliter aliud non includit.*

110 Iohannes de Basilea, In Sent. II, d. 31–32, q. 21, concl. 3; Bd. III, S. 307,22–26: *Peccatum originale est habitualis aversio mentis a Deo cum originalis iustitiae debito, quam animus habere tenetur et non habet, ex coniunctione spiritus corpori <per> propagationem libidinosam ex posteritate Adae descendentis, captivans spiritum sibi et faciens ipsum habitu desideriis carnis contra Dei velle servire.*

ähnlich klingen. Ausschlaggebend dürfte aber sein, dass für diese der Mangel der Urstandsgerechtigkeit nicht die Erbsünde ist, sondern nur als deren Folge gilt, während Johannes von Basel im ersten Satz der *descriptio* gerade dies in die Definition aufnimmt.

Die Quintessenz seiner Definition der Erbsünde lautet »In jeder Erbsünde gelingt es, eine kranke Qualität als materialen Aspekt und einen Mangel der Urstandsgerechtigkeit bei gleichzeitiger Verpflichtung des Geistes, sie zu besitzen, als formalen Aspekt zu finden und nachzuweisen.« Diese Definition »führt sozusagen die gesamte Redeweise unseres Lehrers Dominus Aegidius mit sich, wie an zahlreichen Stellen oben belegt wurde.«[111] Mit dieser Referenz auf das Schulhaupt der Augustiner bringt Johannes von Basel zugleich die vorherrschende Lehre der Scholastiker gegen die modernen rigorosen Augustinertheologen in Stellung. Diese Sonderstellung in seinem zeitgenössischen Umkreis zeigt auch der Meister des Lehrgesprächs, wie in seiner Besprechung des Wesens der Erbsünde zum Ausdruck kommt, und noch stärker im folgenden Abschnitt, wenn der Meister scharf gegen die sexuelle Konnotation bei der Weitergabe der Erbsünde polemisiert.

Die Weitergabe der Erbsünde

Um zu verdeutlichen, in welcher Beziehung der Meister des Lehrgesprächs und auch Johannes von Basel einerseits zur Sententia communis der Scholastik und andererseits zur Position der rigorosen Augustinereremiten stehen, sollen zunächst die wesentlichen Problemstellungen in der Frage der Weitergabe der Erbsünde besprochen werden. Wie in der Frage des Wesens der Erbsünde die Lehre Anselms von Canterbury derjenigen des Augustinus, die maßgeblich durch Petrus Lombardus an die Scholastiker vermittelt wurde, gegenübersteht,[112] so ergeben sich auch in der Frage der Weitergabe der Erbsünde für beide Linien verschiedene Problemstellungen.

Die augustinische Erbsündenlehre wird durch Petrus Lombardus allen Sententiariern der Hoch- und Spätscholastik vermittelt und zur Kommentierung auferlegt. Das wird in der zutreffenden Distinctio (In Sent. II, d. 30) nach Abwehr ketzerischer Meinungen als Grundaussage zitiert: »Und jene Erbsünde ist es, wie Augustinus offenkundig bezeugt, die durch Adam in alle übergeht, die durch dessen lasterhaft gewordenes Fleisch mittels der Begierde gezeugt sind.«[113] Hieran anschließend müssen die Theologen, die das Wesen der Erb-

---

111 Ebd., concl. 3, cor. 3; Bd. III, S. 308,15–21: *In quolibet peccato originali qualitatem morbidam pro materiali, privationem iustitiae originalis cum obligatione mentis ad eam pro formali contingit vere reperiri et assignari.* [...] *Portat secum quasi totum modum loquendi doctoris nostri domini Aegidii in multis locis superius assignatis.*

112 Köster, Urstand, Fall und Erbsünde in der Scholastik, S. 125.

113 Petrus Lombardus, Sent. II, d. 30, c. 5; Bd. I,2, S. 497,24–27: *Et est illud peccatum originale, ut aperte Augustinus testatur, quod per Adam transivit in omnes per eius carnem vi-*

sünde in der Konkupiszenz sehen, die Übertragung der Erbsünde dem Fleisch zurechnen; denn »alles, was auf natürliche Weise in den menschlichen Körpern ist, war inhaltlich und ursächlich im ersten Menschen und ist vom Urvater nach dem Gesetz der Fortpflanzung <auf die Nachkommen> herabgestiegen«[114]. Die Frage stellt sich demnach, wie die Erbsünde ursächlich im Körper wohnt und wie die Seele davon infiziert wird. Denjenigen Theologen, die das Wesen der Erbsünde im Mangel der Urstandsgerechtigkeit sehen, stellt sich die Frage, in welcher Weise die Seele die Erbsünde trägt, noch problematischer.

Die rigorosen Augustiner

Zuerst ein Blick auf die rigorosen Augustiner, mit denen Johannes von Basel sowie unvermeidlich auch der Meister des Lehrgesprächs sich auseinandersetzen mussten.

Gregor von Rimini folgt Augustinus auch in der Frage nach der Weitergabe der Erbsünde. Diese ist die Konkupiszenz, wie oben zitiert wurde, »freilich nicht als begierlicher Akt, sondern als Laster (*vitium*), das auch Fleischlichkeit heißt und Schlaffheit und Nährboden und Gesetz der Glieder, das den Knaben zur Begierlichkeit geschickt macht, den Erwachsenen aber zum Begehrlichen macht«.[115] Ausführlich wird diskutiert, wie die Konkupiszenz als *qualitas* des Leibes in der Seele wirkt; dabei findet sich die Bestimmung:

> »Man muss sagen, dass solches Laster in der Seele aus dem Laster des Fleisches oder einer krankhaften Qualität verursacht wird, die das Fleisch des Kindes aus der libidinösen Begehrlichkeit der zusammenkommenden Eltern übernimmt, während es empfangen wird; und das behauptet ausdrücklich der Magister <Petrus Lombardus> in <Sent. II> Distinctio 31 <c.5>.«[116]

---

tiatam concupiscentialiter generatos. Diese Definition wird anschließend noch zweimal wiederholt. Ebd., d.30, c.7, n.4; Bd.I,2, S.499,17f.: *Peccatum itaque originale culpa est, quam omnes concupiscentialiter concepti trahunt.* (»Die Erbsünde ist also die Schuld, die alle, die in Begehrlichkeit empfangen sind, tragen.«) Ebd., S.499,22–24: *His aliisque auctoritatibus evidenter ostenditur peccatum originale culpam esse, et in omnibus concupiscentialiter genitis trahi a parentibus.* (»Durch diese und andere Autoritäten wird einsichtig gezeigt, dass die Erbsünde eine Schuld ist und dass sie in allen in Begehrlichkeit Gezeugten von den Eltern bezogen wird.«)

114 Ebd., d.30, c.14, n.2; Bd.I,2, S.504,7–9: *Quibus responderi potest quod materialiter atque causaliter, non formaliter, dicitur fuisse in primo homine omne, quod in humanis corporibus naturaliter est; descenditque a primo parente lege propagationis.*

115 Gregorius Ariminensis, In Sent. II, d.30–33, q.1, a.2; Bd.VI, S.183,31–184,4: *Satis apparet quod Apostolus ipsam concupiscentiam intelligit esse originale peccatum, non quidem per concupiscentiam intelligendo actum concupiscendi, sed vitium quod etiam dicitur calamitas et languor et fomes lexque membrorum, quae parvulum habilem concupiscentiae facit, adultum autem concupiscentem reddit.*

116 Ebd., a.2, solutio dubii, n.3; Bd.VI, S.185,23–26: *Dicendum quod tale vitium causatur in anima ex vitio carnis seu quadam morbida qualitate, quam ex libidinosa concupiscentia*

Es ist hinlänglich deutlich, dass einer solchen These im ›Audi-filia-Dialog‹ widersprochen wird und dass sie unter das Verdikt fällt, »dass gelegentlich ein unkluger Verstand ganz ziemliche, reine Wahrheiten ganz unziemlich darstellt«; *daz vnwise sinne gar gezeme reyne worheit etwenn gar vngetzemlich bildent* (AFD I, c. 7; fol. 63va, Z. 242 f.).

Hugolin von Orvieto weicht in Einzelheiten von Gregor von Rimini ab, vertritt aber unter dem hier vorherrschenden Gesichtspunkt dieselbe auf die Konkupiszenz gestützte Fortpflanzungskonzeption.[117] Als Träger der Erbsünde ist bei ihm die offenkundig sexuelle Wirkung Gregor gegenüber abgeschwächt, da er in der Abwendung von Gott, die den Menschen dem Tod ausliefert, das eigentliche Wesen der Erbsünde sieht, wie aus der oben zitierten Begriffsbestimmung hervorgeht. Darum »ist es zur Weitergabe der Erbsünde nicht notwendig, dass das Kind in der Weise der Begierde von den Eltern fortgezeugt wird, weil ja von dem aufgrund der Sünde Adams Todgeweihten <wiederum> ein Todgeweihtes erzeugt wird <...>. Und daraus wird die Begierde verursacht, durch die es gefangen wird und alles weitere.«[118] Die sinnliche Begierde wird also nicht in der Zeugung weitergegeben, sondern durch den todgeweihten Körper wird die Seele der Nachkommen angesteckt und gefangengenommen, der Libido zu dienen.[119]

Johannes von Basel (1)

Signifikant ist nun, dass die entsprechende Quaestio des Johannes von Basel diese Argumentation aufgreift. Seine Quaestio 22 des zweiten Buchs legt in ihrem ersten Teil dar, dass es der göttlichen Gerechtigkeit nicht widerspricht, dass die Sünde der ersten und der nächsten Eltern den Kindern angerechnet wird.[120] Der Horizont dieser Lehrthese ist in den grundsätzlichen Einwän-

---

coeuntium parentum caro prolis contrahit dum concipitur, et hoc expresse ponit Magister in <Sent. II>, distinctione 31 c. <5>.

117 Siehe Zumkeller, Hugolin von Orvieto († 1373) über Urstand und Erbsünde, S. 46–57.

118 Hugolinus de Urbe Vetere, In Sent. II, d. 30–33, q. 2, a. 2, concl. 7; ed. Eckermann / Marcolino, Bd. III, S. 489,295–299: *Non est necessarium ad contrahendum originale, quod proles concupiscentialiter a parentibus sit procreata, sed quia de moribundo ex peccato, scilicet Adae, moribundum seminatur <...>. Et ex hoc causatur cupiditas habitualis, qua et captivatur et cetera.*

119 Ebd., q. 3, dubium 1, ad 4; Bd. III, S. 493,96–98: *Ad quartum dico, quod Adam potuit inficere prolem corpus moribundum seminando cum tali infectione, qua anima captivaretur servire libidini.* (»Zum vierten sage ich, dass Adam seinen Nachkommen, indem er den kranken Körper inseminierte, mit einer solchen Ansteckung infizieren konnte, dass die Seele gefangen wurde, der Begierde zu dienen.«)

120 Iohannes de Basilea, In Sent. II, d. 33–34, q. 22; Bd. III, S. 310,18–21: *Utrum sicut divinae aequitati non repugnat peccatum primorum et proximorum parentum pueris imputari, sic non repugnat eius bonitati malum a bonis causari et in bonis subiective fundari.* (»Wie es der göttlichen Gerechtigkeit nicht widerspricht, dass die Sünde der ersten und der nächsten

den gegen die Quaestio und gegen die erste Conclusio zu erkennen. In diesem Sinne werden darin Argumente gegen die Annahme zusammengestellt, die Erbsünde sei durch die Seele vererbt.

Das geschieht zunächst in den Eingangsargumenten des *Quod non*. Dort heißt es, die Sünde des Urvaters könne nicht angerechnet werden; »denn, wenn die Ursünde der Ureltern auf die Kinder vererbt wird, folgt, dass die Seele des Kindes auch aus dem Erbe der Eltern gebildet würde. Das ist aber falsch.«[121] In anderer Formulierung wäre dies auch ein Argument, das aus der Stellungnahme des Meisters des Lehrgesprächs folgen könnte, wenn er sagt, die Erbsünde sei nicht mehr im Körper als in der Seele.[122] Ein weiteres Gegenargument gegen die Anrechnung der Ursünde lautet in den prinzipiellen Einwänden: »Dann folgt, dass der Körper auf die Seele einwirkt; <...> denn <in diesem Fall> zieht die Seele aufgrund der Vereinigung mit dem Körper jene Qualität auf sich, in der inhaltlich (*materialiter*) die Sünde besteht.«[123] Das ist die Argumentation für die Konkupiszenz, die der ›Audi-filia-Dialog‹ ausdrücklich vermeidet, die aber dann einspringt, wenn der Mangel der Urstandsgerechtigkeit seelisch nicht vererbbar ist.

Gegen diese Einwände, die die gesamte Argumentation der Quaestio 22 verneinen sollen, formuliert der Augustinermagister seine erste Conclusio, in der er der Weitergabe der Seele widerspricht und die klassische Formulierung der Vererbung der Erbsünde – freilich ohne ausdrücklichen Hinweis auf die Rolle des Körpers – in Kraft setzt: »Obwohl die Seele des Kindes nicht aus Fortpflanzung hervorgeht noch hervorgebracht wird, wird dennoch wegen des Vergehens der Ureltern die Erbsünde durch die nächsten Eltern auf die Nachkommenschaft weitergegeben und ihr angerechnet.«[124]

Obwohl der Magister versichert, »dass es für einen katholischen Gläubigen daran keine Zweifel geben sollte«,[125] geht das Für und Wider der Argumentation weiter. Nach einigen Autoritätsbelegen wird gegen diese Conclusio ein Sachargument des Johannes von Damaskus angeführt: »Gott gab dem Men-

---

Eltern den Kindern angerechnet wird, so widerspricht es auch nicht seiner Güte, dass Schlechtes von Guten verursacht wird und dass es in Guten subjektiv gegründet wird.«)

121 Iohannes de Basilea, In Sent. II, d. 33–34, q. 22, quod non 1; Bd. III, S. 310,24–26: *Tum primo, quia, si peccatum originale primorum parentum in pueros traducitur, sequitur, quod anima pueri etiam ex traduce parentum formetur; quod est falsum.*

122 Siehe oben S. 873 f.

123 Iohannes de Basilea, In Sent. II, d. 33–34, q. 22, quod non 1; Bd. III, S. 311,3–6: *Tum tertio sequitur, quod corpus ageret in spiritum; <...> quia anima ex coniunctione corporis contrahit qualitatem illam, in qua materialiter consistit peccatum.*

124 Iohannes de Basilea, In Sent. II, d. 33–34, q. 22, concl. 1, Bd. III, S. 312,2–4: *Quamvis anima pueri ex traduce non educatur vel producatur, tamen propter delictum primorum parentum per parentes proximos peccatum originale in prolem traducitur et ei imputatur.*

125 Iohannes de Basilea, In Sent. II, d. 33–34, q. 22, post concl. 1; Bd. III, S. 312,11–12: *nec debet esse dubia alicui catholico fideli.*

schen die Macht, ein ihm Gleiches zu zeugen; aber das geschähe nicht, wenn die Seele nicht mitzeugte.«[126] Dieses und weitere Argumente zielen darauf, es handle sich nicht um eine echte Zeugung (*generatio univoca*), wenn der Mensch nicht mit Leib und Seele einen Menschen zeuge. Die Widerlegung des Johannes von Basel argumentiert, echte Zeugung gebe dem Erzeugten die artspezifische Form weiter, also der Mensch gebe das Menschsein weiter, der Vogel das Vogelsein oder das Schaf das Schafsein, wie auch im ›Audi-filia-Dialog‹ gesagt wird (AFD I, c. 7; fol. 62vb, Z. 199 u. 206 f.). Aber, so fährt Johannes fort, eine echte Zeugung setze nicht immer die unmittelbare materielle Einprägung (*inductio*) der Form voraus – die würde durch die Zeugung mit Leib und Seele geschehen –, sondern hinlänglich sei auch eine Disposition, die für die endgültige Einprägung der Form ausreicht.[127] Im biologischen Fortpflanzungsprozess kann man dies so verstehen, dass auch die Erzeugung des Eies, das zur Hervorbringung des Vogels hinreichend disponiert, eine echte Zeugung (*generatio univoca*) ist. Wahrscheinlich muss man annehmen, dass hier mit der Disposition für die Endgestalt der Weitergabe die bloß körperliche Fortpflanzung gemeint ist, die durch die spätere Einformung der Seele und deren Infektion vollendet wird. Die Anwendung dieses Gegenarguments auf den Menschen bleibt im Text des Hiltalingers aber nur formal. Hiltalingen sagt nur, diese *dispositio* »treffe auf den Menschen zu, und deshalb zeuge der Mensch einen Menschen, wie der Herr Albertus Magnus im ersten Traktat von ›De <natura et de> origine animae‹, Kapitel 5 lehrt«.[128] In diesem Kapitel[129] setzt Albert der Große auseinander, wie der reine Intellekt die Potenzen des Leibes, den sinnlichen und den vegetativen Bereich, durchformt, sodass einzig jener die Mate-

---

126 Iohannes de Basilea, In Sent. II, d. 33–34, q. 22, post concl. 1; Bd. III, S. 312,19–21: *Item Damascenus in fine libri sui, qui dicitur ›Centum haereses‹, vult, quod Deus dedit potentiam homini generandi sibi simile; sed hoc non fieret, si anima non congeneraretur.* (»Dasselbe will Johannes von Damaskus am Ende seines Buches, das ›Hundert Häresien‹ heißt, dass Gott dem Menschen die Macht gab, ein ihm Ähnliches zu erzeugen; aber das würde nicht geschehen, wenn die Seele nicht mitzeugen würde.«)

127 Iohannes de Basilea, In Sent. II, d. 33–34, q. 22, concl. 1, ad 1; Bd. III, S. 313,27–314,5: *Potest tamen aliter dici, quod in omni generatione univoca generans dat speciem generato vel inductive vel dispositive. <...> Ubi vero hoc <sc. inductio ultimae formae> non est, sufficit dispositio sufficiens ad inductionem.* (»Aber man kann auch anders sagen, dass bei jeder echten Zeugung der Zeugende die Artprägung dem Gezeugten weitergibt, und zwar entweder durch Einprägung oder durch Disposition. <...> Wo aber dies <nämlich die Einprägung der endgültigen Form> nicht geschieht, genügt eine Bereitstellung, die zur Einprägung ausreicht.«)

128 Iohannes de Basilea, In Sent. II, d. 33–34, q. 22, concl. 1, ad 1; Bd. III, S. 314,5–7: *Et quia ista competit homini, ideo dicitur homo hominem generare, secundum quod dicit dominus Albertus in tractatu primo De origine animae capitulo 5.*

129 Albertus Magnus, Liber de natura et origine animae – Über die Natur und den Ursprung der Seele tr. 1, c. 5; ed. ANZULEWICZ, S. 84–91.

rie formt. Es wird aber nachdrücklich gezeigt, dass die Seele und der Intellekt nicht aus dem Materiellen und Körperlichen hervorgehen.

Bis zu diesem Punkt der Argumentation ist festzuhalten, dass Johannes von Basel in der zutreffenden Quaestio nur begründet, dass die Erbsünde nicht durch eine Fortpflanzung der Seele weitergegeben wird. Das ist die Nebenthese der Conclusio 1 der Quästio 22 (»Obwohl die Seele des Kindes nicht aus Fortpflanzung hervorgeht noch hervorgebracht wird …«). Die Hauptthese besagt dann, die Ursünde der Stammeltern werde durch die leiblichen Eltern des Kindes weitergegeben.[130] Hierfür wird an dieser Stelle kein Argument angeführt, sondern nur auf die Begründungen der vorausgehenden Quaestio 21 verwiesen. Dort ist aber von der fleischlichen Vererbung auch nicht die Rede, sondern nur von der Bestimmung des Wesens der Erbsünde als Mangel der geschuldeten Gerechtigkeit, und von einer todbringenden Qualität (*qualitas morbida*) als materialem Anteil.

›Audi-filia-Dialog‹

Nachdem der Schüler das Thema der Vererbung angeschnitten hat, fragt der Meister nach dem Subjekt der Sünde zurück. Durch Adams Willen zu sündigen ging die Sünde in die Menschheit über. Das wirft wiederum die Frage auf, wie die Sünde durch Adam in meine und deine Natur kommen konnte, bevor wir existierten. Die Lösung liegt im Begriff der *geberende<n> krafft* (AFD I, c. 7; fol. 62rb, Z. 177), was für »Zeugungskraft« (*vis* oder *potentia generativa*) stehen kann, wie bei Thomas von Aquin[131] und Meister Eckhart[132] belegt ist. Zu beachten ist jedoch, dass für den Meister des Lehrgesprächs wie für Meister Eckhart die mittelhochdeutsche Entsprechung für das lateinische *generare, gignere, generativus* und ähnliche vom Wortstamm *bern, gebern* gebildet wird. Darum wird in der Übersetzung der Terminus »gebärende Kraft« gewählt. Mit dieser Kraft war es Adam gegeben, alle Menschen mit seiner eigenen Menschheit zu gebären. »Nun war er Adam und er war ein Sünder. Darum gebar er seine Kinder als einen Adam, einen Sünder.« *Nu waz er Adam vnd waz ein sùnder. Darumb gebar er sine kint als einen Adam, einen sùnder* (ebd., fol. 62va, Z. 191 f.).

Einen vorbereitenden Ansatz zu der Lehre von der *berenden kraft*, die der Meister des Lehrgesprächs vorträgt, kann man bei Thomas von Aquin finden,

---

130 Iohannes de Basilea, In Sent. II, d. 33–34, q. 22, concl. 1; Bd. III, S. 312,2–4: *Quamvis anima pueri ex traduce non educatur vel producatur, tamen propter delictum primorum parentum per parentes proximos peccatum originale in prolem traducitur et ei imputatur.* (»Obwohl die Seele des Kindes nicht aus Fortpflanzung hervorgeht noch hervorgebracht wird, wird dennoch wegen des Vergehens der Ureltern die Erbsünde durch die nächsten Eltern auf die Nachkommenschaft weitergegeben und ihr angerechnet.«)

131 Zum Beispiel Thomas de Aquino, Scg. II, c. 89, n. 8 und Sth. I, q. 78 a. 2 co.

132 Eckhart, In Ioh. n. 197, LW III, S. 167,3.

was ein Indiz dafür ist, dass dieses Lehrstück bei den Scholastikern bekannt war und ausgestaltet wurde.

> »Die Antwort: Es ist zu sagen, dass die Wahrheit dieser Frage <Was ist die Ursünde?> akzeptiert werden kann aus dem, was oben gesagt worden ist. Es wurde nämlich oben gesagt, dass die Erbsünde zu dieser oder jener Person gehört, sofern man sie als einen gewissen Teil jener von Adam abgestammten Menge betrachtet, und zwar wie wenn diese Person ein Glied eines einzigen Menschen wäre. Es wurde auch gesagt, dass sie eine einzige Sünde eines sündigenden Menschen ist, entsprechend dem, was sich <in dessen Sünde> auf das Ganze und auf das erste Prinzip des Sündigens bezieht, auch wenn die Ausübung der Sünde durch verschiedene Glieder geschieht. So ist also die Erbsünde in diesem oder jenem Menschen nichts anderes als das, was durch den Ursprung zum Einzelnen aus der Sünde der ersten Eltern gelangt.«[133]

Die Frage, was diese Kraft sei, die entsprechend der Menschheit Adams alle Menschen gebiert, führt den Meister des Lehrgesprächs zu einem besonderen Lehrstück, das im Text auch als ein eigener Höhepunkt herausgestellt wird. Der Schüler verweigert zunächst die Antwort, da er sich schämt, von dem zu sprechen, was diese Zeugungskraft sei. Der Meister rückt das Missverständnis gerade: Diese Kraft liege in der Natur des Menschen, und darum liege sie ebenso in der Seele wie im Leibe oder in etwas, das zum Leib gehört. Daraus leitet der Meister folgende Klärung ab:

> »Die gebärende Kraft ist nichts anderes als diese Geburt, wie sie heimlich und verschlossen in ihrem Ursprung liegt, und darum war die Kraft in Adam ich und du und alle Menschen, die von ihm gekommen sind, wie wir in ihm ein verborgenes Sein hatten, das für leibliche Augen unsichtbar war. Aber für die Augen der Geister, die mit Weisheit erleuchtet waren, denen waren wir dort sichtbar. Und darum hatten wir dort ein geistliches Sein. Jetzt haben wir ein leibliches äußeres Sein, und die zwei Seinsweisen sind in einer Natur.« – *Berende krafft ist nùt anders dån dise geburt, als sù verholen vnd beslossen stat in irem vrsprunge, vnd dauon die krafft in Adam waz ich vnd du vnd alle mönschen, die von im kommen sint, als wir in im hettent ein verborgen wesen, daz vngesichtig waz liplichen ougen. Aber den ougen der geiste, die mit wißheit erlùhtet worent, den woren wir do gesihtig. Vnd dauon so hetten wir da ein geistlich wesen. Nu haben wir ein liplich vsser wesen, vnd die zwey wesen sint in einer nature* (AFD I, c. 7; fol. 63ra, Z. 217–223).

Das Bemerkenswerte dieser Aussage liegt darin, dass die Person der Menschen, »ich und du«, ein unsichtbares, verborgenes, virtuelles Sein in Adam hatte oder, wenn man so sagen kann, eine Idee der Person, also nicht eine vorhandene materiale sinnliche Neigung des Körpers, die durch die lustvolle Weitergabe (*libi-*

---

133 Thomas de Aquino, Qu. de malo q. 4, a. 2 co.: *Respondeo. Dicendum quod veritas huius quaestionis accipi potest ex his quae supra dicta sunt. Dictum est enim supra, quod peccatum originale est huius personae vel illius, prout consideratur ut pars quaedam multitudinis ab Adam derivatae, ac si esset quoddam membrum unius hominis. Dictum est etiam quod unius hominis peccantis est unum peccatum, secundum quod ad totum refertur et ad primum peccandi principium, licet executio peccati fiat per diversa membra. Sic ergo peccatum originale in isto homine vel in illo nihil est aliud quam id quod ad ipsum pervenit per originem ex peccato primi parentis.*

dinosa propagatio) in der Kette der neugeborenen Körper fortgepflanzt wird. Die in diesen Formulierungen implizierten Schwierigkeiten müssen alsbald erörtert werden. Damit rückt zugleich die theologiegeschichtliche Position des Meisters des Lehrgesprächs in den Blick.

Zuvor aber soll die Weiterführung der Gedanken im ›Audi-filia-Dialog‹ skizziert werden. Die nachfolgenden Gesprächsthemen von Meister und Schüler differenzieren die Gedanken über die Übertragung der Erbsünde als Wesenseigenschaft des gefallenen Menschen weiter: Durch die virtuelle Anwesenheit der Natur aller Menschen in Adam ist die ganze Natur aller Menschen verfallen, die Adam gebären sollte. Jedoch war die Sünde in Adam größer als die Erbsünde in den Nachgeborenen; denn er beging willentlich eine Todsünde, die Nachkommen übernahmen aber durch ihre Geburt den Sündenstand ohne ihren Willen. Beide Sünden rauben die Freude der ewigen Seligkeit. Die willentliche Todsünde wird aber zusätzlich mit der Höllenpein bestraft. Die persönlichen Sünden der leiblichen Väter werden aber nicht auf die Nachgeborenen übertragen, da Gegenstand der Erbschuld nur das Fehlen der Urgerechtigkeit ist, nicht aber die zufällige Mehrung der Sündenschuld durch die unmittelbaren Eltern. Diese Weiterungen sind allgemeine Überzeugungen aller Theologen. Das Besondere der Darlegungen des Meisters des Lehrgesprächs liegt aber in der Aufstellung einer quasi ontologischen virtuellen Erbsündentheorie, die die gesamte Person betrifft.

Dass damit ein Höhepunkt erreicht ist, gibt der Autor dadurch zu erkennen, dass er den Schüler ausdrücken lässt, wie außergewöhnlich bewegt er von der Belehrung ist:

> »Mir scheint, dass ich nie gehört habe, dass die leibliche Menschheit je tiefer ergründet wurde, was die gebärende Kraft ist und wie die Geburt dieselbe Kraft ist nach einer verborgenen Seinsweise und wie die Kraft in der Natur liegt.« – *Mich duncket, daz ich von liplicher mönscheit tieffer nÿe hört ergründen, waz die berende krafft ist vnd wie die geburt dieselbe krafft ist näch einem verborgenen wesen vnd wie die krafft in der nature ist* (AFD I, c. 7; fol. 63rb, Z. 225–227).

Solche Wertungen innerhalb des Textes sind zugleich auch versteckte Selbstwerbungen, die den Rang und die Originalität des Traktats andeuten wollen. Dieser versteckte Hinweis, den der Autor dem Leser gibt, wird wenige Zeilen später noch durch eine Verdeutlichung der Lehrposition verstärkt. Der Schüler sagt, wessen Augen vom Rauch getrübt seien, den könne vielleicht dünken, dass die reine Luft vor ihm von Rauch verschleiert sei. So sei es dem Schüler im Blick auf die sexuellen Implikationen der Erbsündenlehre gegangen:

> »So meine ich, wo man von dem spricht, wozu sich Sünde in Unkeuschheit mischt, es sei einem reinen Herzen unziemlich. Jetzt sehe ich wohl, dass gelegentlich ein unkluger Verstand ganz ziemliche, reine Wahrheiten ganz unziemlich darstellt. So wäre es mir geschehen, das versichere ich dir, wenn ich ohne deine Hilfe über diese Wahrheit nachgedacht hätte.« – *Also wēne ich, wå von man seit, dazů sich sünde müschet näch vnküscheit, es sie widerzeme einem reÿnen hertzen. Nu sihe ich wol, daz vnwise sinne gar gezeme reyne worheit*

etwenn gar vngetzemlich bildent. Also were mir geschehen, daz vergihe ich dir, solt ich âne din helffe von dirre worheit han betrahtet (AFD I, c. 7; fol. 63va, Z. 240–244).

Das ist nicht nur ein persönliches Bekenntnis der Erleichterung des Schülers, sondern zugleich ein Abrücken von einer vorherrschenden Tendenz der augustinischen Erbsündenlehre, die aber auch den allgemeinen scholastischen Lehrbüchern nicht fremd war. Das ist wiederum ein Hinweis darauf, dass der Autor dem Leser nahelegt, das Außergewöhnliche der Darlegungen nicht zu verkennen.

Es ist die Frage, ob eine solche Sonderstellung des Augustinermeisters auch im ›Audi-filia-Dialog‹ erkennbar ist. Wenn die Erwähnung des »Engels« dort als eine versteckte Selbstreferenz gelten darf, ist zu fragen, ob sich eine solche Selbsthervorhebung des Werkes, speziell in der Erbsündenlehre, auch inhaltlich theologiegeschichtlich bestätigen lässt. Dazu ist zu sagen, dass vom Standpunkt der augustinischen Tradition aus das Besondere zunächst in dem besteht, was der ›Audi-filia-Dialog‹ auslässt, nämlich die typisch augustinische Betonung der Konkupiszenz mit deren antisexueller Konnotation. Das Abrücken von der strengen Linie Gregors von Rimini bringt die Verstärkung einer personalen Auffassung der Erbsünde mit sich.

Eine zweite Linie in der radikal-augustinischen Begründung der Weitergabe der Erbsünde verankert ZUMKELLER in Augustins Lehre von der »Einheit des Menschengeschlechts«, wie sie im Stammvater Adam zum Ausdruck kam.[134] Diese Ausprägung der Erbsündenlehre ist maßgeblich veranlasst durch das Pauluszitat: »Denn wie durch den Ungehorsam des einen Menschen die Vielen zu Sündern geworden sind, so werden auch durch den Gehorsam des Einen die Vielen zu Gerechten (Rm 5,19).«[135] Der Gedanke kommt auch bei Anselm von Canterbury vor, für den die Erbsünde der schuldhafte Mangel der Urstandsgerechtigkeit ist: »Die menschliche Natur war ganz in den ersten Eltern enthalten.«[136] In der Tat ist diese Linie häufig mit der anderen, die die Konkupiszenz stärker berücksichtigt, eng verbunden, wie sich schon bei dem Lombarden zeigt. Er fasst die Idee des einen Menschen in einem Satz zusammen: »Auf diese Weise ist für alle, die sorgfältig und klarsichtig denken, offenkundig, dass hinsichtlich des Körpers alle nach Maßgabe der Befruchtung in Adam gewesen sind und dass sie aus ihm nach dem Gesetz der Fortpflanzung abstammen.«[137]

---

134 ZUMKELLER, Hugolin von Orvieto (†1373) über Urstand und Erbsünde, S. 51.

135 Übers. Lutherbibel; Vulgata: *Sicut enim per inoboedientiam unius hominis, peccatores constituti sunt multi: ita et per unius oboeditionem, justi constituentur multi.*

136 Anselmus Cantuariensis, CDH I, c. 18; Bd. II, S. 81,24: *Nam quemadmodum, quoniam humana natura tota erat in primis parentibus,* <…>. (Übers. SCHMITT, S. 63: »Denn wie die Menschennatur, weil sie in den ersten Menschen ganz enthalten war, <…>.«)

137 Petrus Lombardus, Sent. II, d. 30, c. 14,3; Bd. I,2, S. 504,20–23: *Itaque diligenter ac perspicue intelligentibus patet omnes secundum corpora in Adam fuisse per seminalem rationem, et ex eo descendisse propagationis lege.*

Natürlich vererben die Väter der Scholastik das Problem an die nachfolgenden Kommentatoren.[138]

Mit dem Problem der Übertragung der Erbsünde ist die Frage verbunden, wo sie ihren Sitz haben mag. Als Träger der Erbsünde im Zeugungsvorgang kommt nur das Fleisch oder der Körper infrage, da die Seele nicht vererbt, sondern in jedem Individuum neu geschaffen wird. Aber die Sünd- und Schuldhaftigkeit kann keine Qualität des Fleisches, sondern nur eine Qualität der Seele sein, und zwar – je nach individueller Interpretation der Theologen – das Wesen der Seele oder die Seelenkräfte und, vor allem bei den Anselm zugeneigten Autoren, der Wille. Der Körper ist durch seine Korruptheit nur die Ursache der Erbsünde. Die Seele muss also nach oder im Akt der Zeugung von dem verdorbenen Fleisch infiziert werden.[139] Der Sache nach ergibt sich für die Konzeption der Erbsünde als dem Mangel der Gerechtigkeit die Schwierigkeit, dass dieser Stand der Seele nicht vererbbar ist und dass darum durch die fleischliche Fortpflanzung die Weitergabe der Erbsünde immer ein Element der Konkupiszenz, also der Lustbereitschaft, in sich aufnimmt. Es ist zwar gegenüber dem Diskussionsstand der Scholastiker eine Vereinfachung, aber theologisch konsequent, dass der Meister des Lehrgesprächs im ›Audi-filia-Dialog‹ überhaupt keine differenzierende Aussage über den materiellen Aspekt der Weitergabe der Erbsünde macht. Das ist aber keine Unachtsamkeit, sondern feste Absicht, wie zuvor schon erörtert,[140] wenn betont wird, dass die Erbsünde nichts Beschämendes ist, sondern dass sie in gleicher Weise im Körper wie in der Seele ruht.

> »Du sagtest doch zuvor, die <gebärende> Kraft sei in der Natur, und du sagtest die Wahrheit. Darum besteht die Kraft nicht mehr im Leib oder in etwas Leiblichem als in der Seele.« – *Du sprêche doch vor, die krafft were in der nature, vnd seitest wor. Dauon die krafft stat nüt me in dem libe noch in keinem, daz liplich ist, dån in der sele* (AFD I, c. 7; fol. 63ra, Z. 211–213).

Ohne Differenzierung entspricht dies nicht dem Diskussionsstand der Scholastiker; denn nach ihnen ist die Erbsünde auf je verschiedene Weise im Leib und in der Seele. Der Meister des Lehrgesprächs verortet die Zeugungskraft in der verborgenen Natur aller Menschen, die in Adam repräsentiert ist (AFD I, c. 7; fol. 63ra, Z. 217–223, oben S. 882).

Das Rätselhafte dieser Aussage ist, dass die erbsündige Natur des Menschen in Adam virtuell präexistent sein soll. Dieser Natur wird ein »geistiges Sein« zugesprochen, dem in der Realexistenz ein leibliches Sein hinzugefügt wird, das mit Form und Materie eine einheitliche Substanz bildet. Es ist also hier nicht von der eigenständigen körperlichen Fortpflanzung die Rede, der durch

138 Im Einzelnen dargestellt bei KÖSTER, Urstand, Fall und Erbsünde in der Scholastik, S. 146–169.

139 Siehe KÖSTER, Urstand, Fall und Erbsünde in der Scholastik, S. 146–153.

140 Oben S. 873 f.

Neuerschaffung die Seele hinzugefügt wird. Es fragt sich, ob diese sprachlich sicherlich karge Fassung tragfähig genug ist, eine lehrinhaltliche Differenz anzuzeigen. Das kann nicht schlüssig erwiesen werden; doch entsprechend der hier verfolgten Argumentationslinie kann wiederum ein Indiz vorgestellt und erläutert werden, das eine Verbindung auch dieser Lehreigentümlichkeit des ›Audi-filia-Dialogs‹ mit den entsprechenden Ausführungen des Johannes Hiltalingen von Basel als möglich erscheinen lässt.

Der Kernpunkt der Aussage des Meisters des Lehrgesprächs ist, dass die originale Natur des Menschen in Adam geistigen Wesens ist, das könnte in scholastischer Argumentation zur Folgerung führen, die Erbsünde sei durch die Weitergabe der Seele vermittelt. Das sagt der Meister des Lehrgesprächs nicht, es widerspräche auch der generellen Sprachregelung der Theologie, da die Seele nicht weitergegeben, sondern in jedem Individuum neu geschaffen wird, wie der seit der Hochscholastik verbindliche Kreationismus lehrt. Was in der Stellungnahme des Meisters des Lehrgesprächs enthalten ist, kann man so zusammenfassen: Die Ursünde ist ein Status der Person. Die sich anschließende Frage muss heißen: Wie kommt die Erbsünde bei den Nachkommen von der Person Adams in die Natur der Menschen und wiederum in die Person der Kinder? Genau dieser Frage widmet der Meister des Lehrgesprächs eine ausführliche Erörterung. Diese wird durch die Frage eingeleitet, ob der Mensch Adam zum Sünder gemacht hat oder Adam den Menschen. Die Antwort legt fest, dass zwar die Natur des Menschen die Sünde begehrt hat, aber dass die Sünde im eigenen Willen Adams lag. Also hat die Person Adams den Menschen zum Sünder, das heißt dessen Natur sündig gemacht. Das Problem verschärft sich, indem die Nachkommenschaft ins Spiel kommt.

> Der Schüler: »Das glaube ich wohl, dass die Menschheit, die in Adams Person war, gesündigt hat, indem Adam sündigte. Aber mich wundert, wie die Natur und die Menschheit, die in mir und in dir und in allen Menschen ist, in die Sünde gefallen ist, bevor meine oder deine Person eine Sünde begangen haben könnten.« – *Dis gloub ich wol, daz die mônscheit, die in Adams person waz, daz die hät gesündet, in dem daz Adam sündet. Aber mich wundert, wie die nature vnd die mônscheit, die in mir vnd in dir vnd in allen mônschen ist, sie geuallen in die sünde, e daz min person oder din habe gewürket kein sünde* (AFD I, c. 7; fol. 62ra, Z. 152–155).

Der Meister betont, dass der Schüler damit endlich zum Grund des Problems gelangt sei.

> »Du hast so lange gegraben, bis du auf den Ursprung des großen Wunders gekommen bist, wie die Sünde und der Tod in diese Welt eingegangen sind aus der einzigen Sünde Adams und seiner Frau.«. *Du hast als lange gegraben, vntz daz du bist kummen vff den vrsprung des grossen wunders; wie die sünde vnd der tod in dise welt ist ingangen von der einigen sünde Adams vnd siner frouwen* (AFD I, c. 7; fol. 62ra; Z. 156–158).

Und er kündigt an, dass er, um die Frage des Schülers zu beantworten, warum nicht nur Adam, sondern die ganze Menschheit in Sünde gefallen ist, beweisen müsse, dass die ganze Menschheit in Adam war, als er sündigte (ebd., Z. 160).

Dieser Beweis ist die oben zitierte Lehre, dass Adam eine *berende kraft* hatte, in der die ganze Menschheit im Voraus versammelt war, »ich und du und alle Menschen«.

Diese Erläuterung zeichnet sich dadurch aus, dass Adams Sünde sich auf die Person in ihrer leib-seelischen Natur vererbt hat, und nicht allein auf den todgeweihten libidinösen Leib übergegangen ist, der dann die unschuldig geschaffene Seele infiziert haben soll. Der Befund wirft die Frage auf, ob in der zeitgenössischen Theologie eine ähnliche protopersonalistische Auffassung der Weitergabe der Erbsünde zu finden ist. Wie die Betrachtung der frühen Augustinertheologie des 14. Jahrhunderts gezeigt hat, bleiben die strengen Vorläufer des Johannes von Basel mehr oder weniger bei der traditionellen augustinischen Vererbungstheorie, wie sie im Wesentlichen auch bei Petrus Lombardus repräsentiert war.

Johannes von Basel (2) und die Spätscholatiker

Johannes von Basel folgt hier, wie schon öfter erwähnt, einer eigenständigen Linie. Wie oben gezeigt, wehrt er den Gedanken einer Entstehung der Seele aus dem Körper ab, besteht aber auf einer Weitergabe (*traducitur*) der Erbschuld durch die Eltern. Die Art und Weise dieser Weitergabe beschreibt er aber nicht. Er greift also die Differenzierung des personalen und des natürlichen Anteils (Leib und Seele) bei der Weitergabe, die der Meister des Lehrgesprächs im ›Audi-filia-Dialog‹ andeutet, nicht auf. Es gibt allerdings einen Hinweis, der in die Richtung der These des Meisters des Lehrgesprächs deutet. Seine Conclusio, die das Problem der Weitergabe der Erbsünde behandelt, lautet, wie oben zitiert: »Obwohl die Seele des Kindes nicht aus Fortpflanzung hervorgeht noch hervorgebracht wird, wird dennoch wegen des Vergehens der Ureltern die Erbsünde durch die nächsten Eltern auf die Nachkommenschaft weitergegeben und ihr angerechnet.«[141] Gegen den Einwand, der Körper könne nicht auf die Seele einwirken und sie so mit der Sünde infizieren, führt er als drittes Argument eine Erklärung des Johannes Duns Scotus zum vorliegenden Problem an.

> »Die Seele zieht sich <die Sünde> durch Vermittlung des Fleisches zu, nicht so, dass das Fleisch sozusagen durch eine verursachte Qualität in ihr die Erbsünde verursacht, sondern dadurch, dass das Fleisch inseminiert wird (*seminatur*) und aus ihm ein organischer Körper geformt wird, dem die Seele eingegossen wird, indem sie die Person konstituiert, die der natürliche Sohn Adams ist. und so schuldet sie <die Person> die Urstandsgerechtigkeit, die ihr fehlt; und darum hat sie die Erbsünde.«[142]

---

141 Iohannes de Basilea, In Sent. II, d. 33–34, q. 22, concl. 1, Bd. III, S. 312,2–4: *Quamvis anima pueri ex traduce non educatur vel producatur, tamen propter delictum primorum parentum per parentes proximos peccatum originale in prolem traducitur et ei imputatur.* Siehe oben Anm. 124 und 130.

142 Iohannes de Basilea, In Sent. II, d. 33–34, q. 22, concl. 1, ad 3; Bd. III, S. 314,21–26: *Anima contrahit mediante carne, non ita quod caro quasi per qualitatem quamdam ›quasi causa-*

Das ist nun eine Formulierung, die dem Ansatz des Meisters des Lehrgesprächs nahekommen könnte. Johannes von Basel entfernt aus dem Zitat des Duns Scotus den Hinweis auf die begierliche Fortpflanzung. Ferner schränkt er die Gültigkeit des Arguments, das er von Duns Scotus übernimmt, nachträglich ein: »Aber aus den Ausführungen in der vorliegenden Quaestio ergibt sich, dass dieses Argument zugunsten des zweiten Teils <der Conclusio, welche die Weitergabe durch die Eltern betrifft> insgesamt nicht hinreichend ist.«[143] Was immer Johannes von Basel bewogen haben mag, diese vorsichtigen Einschränkungen zu machen, er muss das Original gekannt haben, und darum enthält sein Zitat einen ernstzunehmenden Hinweis auf die Person als Träger der Erbsünde. Und damit kommt er den Ausführungen im ›Audi-filia-Dialog‹ nahe. Insgesamt darf man schließen, dass die Ausführungen zur Erbsünde im ›Audi-filia-Dialog‹ und bei Johanns von Basel deutlich für eine identische Autorschaft sprechen.

Die restlichen Ausführungen des siebten Kapitels und damit des ersten Buches werden für den theologiegeschichtlichen Kommentar nicht herangezogen, da sie im Wesentlichen aus Anselm geschöpft sind und keine schulspezifischen Thesen enthalten, die über die Belege hinausgehen, die in den Anmerkungen zitiert sind.

---

tam in ea‹ causet istud peccatum originale, sed ex hoc, quod caro concupiscentialiter seminatur et ex ipsa formatur corpus organicum, cui infunditur anima, constituens personam, quae est ›filius Adae‹. Ista ergo persona, quia filius naturalis Adae, et ideo debitrix est iustitiae originalis datae a Deo ipsi Adae pro omnibus filiis et caret ea, ideo ergo habet peccatum originale. (Hervorhebung in der Übers. vom Verfasser). Das Zitat findet sich bei Iohannes Duns Scotus, In Sent. II / Ordinatio II, d. 32, q. 1, n. 12; ed. minor, ed. Lauriola, Bd. III,1, S. 1211,46.

143 Iohannes de Basilea, In Sent. II, d. 33–34, q. 22, concl. 1, ad 3; Bd. III, S. 314,26–28: *Sed ex dictis in praecedenti quaestione patet, quod ratio haec pro secunda parte non est sufficiens ex toto.*

6.3.2 Zweites Buch

1. Kapitel
Gott muss seine Ehre beschützen.

In diesem Kapitel folgt der Meister des Lehrgesprächs in allem Anselm von Canterburys Werk ›Cur deus homo‹. Aber seine innere Freiheit zeigt sich darin, dass er seinem eigenen Plan folgt und souverän die Gedankenschritte, die er von Anselm übernimmt, aus den geeigneten Kapiteln auswählt. Der Meister des Lehrgesprächs legt folgende Thesen vor:

Wer sündigt, handelt wider Gottes Ehre und damit wider das Recht, dem Gott selbst verpflichtet ist. Wenn der Mensch Gott nicht freiwillig seine Ehre zurückgibt, muss Gott gegen den Willen des Menschen Buße verhängen. Dadurch wird die Gerechtigkeit wiederhergestellt.

Wer sündigt, will Gott nicht untertänig sein, damit raubt er ihm seine Ehre. Gott erlangt seine Ehre zurück, wenn er den Menschen, der gesündigt hat, peinigt durch die Buße, indem er ihm alles wieder nimmt, was er ihm gegeben hat oder geben wollte.

Wenn es heißt, die Sünde raube Gott seine Ehre, so ist nicht die Ehre in Gott selbst gemeint, sondern die Ehre, die der Mensch Gott gegenüber hegen und zeigen sollte. Der Verpflichtung zur Buße kann der Mensch nicht entgehen, so, wie die Erde dem Himmel nicht entfliehen kann, da dieser sie von allen Seiten umgibt.

Gottes Wille und seine Ehre wird in beiden Haltungen vollbracht, in der Verwirklichung des Guten mit der dazugehörenden Freude, Gnade und dem Lohn; aber auch in der Bestrafung des Ungehorsams der Sünde.

Die Themen berühren die Gedanken aus dem 10., 12., 13.–15. Kapitel, sind aber eigenständig zusammengestellt. Die wichtigsten Parallelen werden in den Anmerkungen der Textausgabe angezeigt. Es ist aber zu bemerken, dass der Meister des Lehrgesprächs viel weniger die Überlegungen betont, die eher als Rache aufgefasst werden könnten, in denen sich Gott durch Strafen und gar Quälen (*torquendo*) des Sünders seine Ehre zurückholt.

2. Kapitel
Gott kann die Sünde nur vergeben und der Mensch kann ewiges Leben nur erlangen, wenn die Sünde gebüßt wird.

Der Grund, warum der Mensch die Seligkeit nicht erlangen kann, wird hier, anders als im ersten Kapitel des ersten Buches, ganz anselmisch ausgelegt: Der Mensch hätte, wäre er ohne Sünde geblieben, wie er geschaffen wurde, dieselbe Reinheit besitzen sollen, die die bösen Engel gehabt hätten, wenn sie nicht gefallen wären, und welche die guten Engel erlangt haben.

Wenn einem reichen Mann ein edler Stein aus der Hand geschlagen würde, sodass er in den Schmutz fiele, so würde er wollen, dass er gereinigt wäre, bevor er in die Schatzkammer aufgenommen würde. So wünscht der Herr, dass der Mensch vom Schmutz der Sünde gereinigt würde, bevor er in den Himmel geleitet werden kann.

Aber wie die Menschen gemahnt werden, den Schuldnern zu vergeben, so könnte man erwarten, dass auch Gott den Schuldnern aus reiner Gnade vergibt, ohne dass sie zuvor Buße tun. Frage: Wenn Gott uns lehrt, dass wir unseren Schuldigern verzeihen sollen, warum tut er es dann nicht selbst?

Die Antwort erfolgt mit vier Gründen:

1. Würde Gott aus Gnade ohne Buße die Sünde vergeben, so wäre Unordnung in der Welt, die einem weisen Herrn nicht geziemt; denn dann wären die Sünde und die guten Werke gleich geordnet und gleich gut.

2. Würde Gott die Sünde ohne Buße nur aus Gnade vergeben, so wären der Gerechte und der Ungerechte vor Gott ähnlich: Der Sünder bekäme dann für seine Sünde ebenso viel wie der Gerechte für seine Gerechtigkeit.

3. Die Sünde wäre dann freier als die Gerechtigkeit, denn diese steht unter Gottes Gebot, so sollte auch die Sünde von den Geboten der Gerechtigkeit gedrückt werden.

4. Wäre die Sünde nicht der Gerechtigkeit der Buße untertänig, so wäre die Sünde Gott in der Freiheit gleich; jedoch soll nur Gott alle Freiheit haben ohne die Fessel der Gesetze.

Die Frage wird nochmals gestellt, warum soll der Mensch ohne Buße die Schuld vergeben, aber nicht Gott?

Gott ist der gemeinsame Richter aller, ihm allein soll man das Gericht überlassen.

Warum vergibt Gott nicht die Sünde ohne Buße, da er doch an kein Gesetz gebunden ist?

Gott tut, was er will, und das ist das Gute. Würde er aber Böses oder Ungerechtes wollen oder tun, wäre er nicht Gott.

Warum sollen wir Gott um Vergebung der Sünde bitten, wenn wir doch die Sünde büßen müssen. Wozu also das Gebet?

Das rechte Gebet um Vergebung der Sünden setzt voraus, dass der Sünder bereit ist, Buße zu tun, wenn er nur könnte. Insofern ist rechtes Gebet ein Teil der Buße. Darum lehrt unser Herr den Menschen für seine Sünden zu bitten.

Wiederum strafft der Meister des Lehrgesprächs seinen Gedankengang, ohne über Anselm hinauszugehen, indem er Themen aus dem 12., dem 19. und dem 20. Kapitel von ›Cur deus homo‹ herausgreift.

3. Kapitel
Der Mensch kann die Sünde nicht aus eigenen Kräften büßen; darauf gründet sich die Gnade Christi.

Auch dieses Kapitel folgt dem Konzept Anselms, wie in den Fußnoten der Textausgabe dokumentiert wird. Überblicksweise sind die folgenden Aussagen zu notieren:

Schuld und Sünde ist, Gott nicht zu geben, was der Mensch schuldig ist, nämlich Gottes Willen untertänig zu sein.

Kein zeitliches Gut kann gegen Gottes Willen gesetzt werden. Deshalb müsste man die ganze Welt, die Engel und Menschen verderben lassen und könnte immer noch nicht Gottes Willen aufwiegen. Wie groß müsste dann die Buße sein, damit sie die Sünde entgelten könnte? Die Größe der Buße muss der Schwere der Sünde entsprechen, und sie muss darüber hinaus mehr geben wegen des Frevels und der Schmach, die an Gott begangen wurden. Doch eine solche Buße könnte der Mensch niemals leisten, da sie ja noch größer sein müsste als alle Geschöpfe.

Was ist die Schmach, die der Mensch Gott durch die Sünde angetan hat? Gott setzte den Menschen in das Paradies, damit er dem bösen Engel widerstünde, sodass dadurch Gottes Gerechtigkeit geehrt würde, die durch den Fall der Engel geschmäht worden war. Hätte der Mensch in seiner beschränkten Natur und trotz der Versuchung auf Erden nicht gesündigt, so wäre erwiesen gewesen, dass die Engel, die ohne geistige Beschränkung und ohne Versuchung sündigten, zu Recht bestraft wurden. Aber, statt den Teufel zu überwinden, ließ sich der Mensch vom Teufel überwinden. Diese Schmach und diesen Frevel kann der Mensch nicht büßen.

Ein rechtes Entgelt wäre es gewesen, wenn der Mensch Gott zurückgeben könnte, was er ihm genommen hat, und zwar gerade das, was Gott dem Menschen hätte geben wollen, wenn dieser der Versuchung widerstanden hätte. Das wäre nichts Geringeres als die gerechte Natur und die ewige Seligkeit. Das aber vermag der Mensch nicht zu leisten. Er kann sich auch seine Bußwerke und die Gabe von Almosen nicht als Wiedergutmachung anrechnen; denn das alles hätte er selbstverständlich als Gottes Gabe zurückgeben müssen. Auch dass der Mensch seinen Schuldnern vergibt, ist kein Bußwerk, sondern Bescheidenheit vor dem Herrn.

So weit sind alle Positionen des Meisters bei Anselm von Canterbury zu finden. Auch die Zuflucht zur verheißenen Gnade Jesu Christi, wenn es denn keine gerechte Vergeltung der Sünde geben kann, ist bei Anselm vorgegeben. Im Gesprächsablauf des ›Audi-filia-Dialogs‹ ist diese Wendung aber ein Anlass zum Einstieg in eine zeitgenössische Problematik. Wiederum findet sich das Signal für die Eigenlehre des Meisters in der Frage des Schülers:

»Die allgemeine Lehre sagt auch, dass der Mensch seine Sünde mit guten Werken wiedergutmacht und dass er <so> seinen Lohn vermehrt. Wie kann das nun alles mit der Wahrheit zusammen bestehen, die du gelehrt hast, dass der Mensch keine Sünde büßen kann?« – *Die gemeÿne lere die sprichet ouch, daz der mônsche sine sùnde bůsset mit gůten werken vnd sinen lon meret. Wie mag nu daz alles bestän mit der wårheit, die du hast gesprochen, daz der mônsche keÿne sùnde môge gebůssen?* (AFD II, c. 3; fol. 78rb, Z. 211–214)

In der Antwort entfaltet der Meister die in der Hochscholastik allgemein verbreitete Lehre vom gleichwertigen Verdienst (*meritum ex condigno*) und dem angemessenen Verdienst (*meritum ex congruo*). In des Meisters Worten: »Hast du auch den Unterschied zwischen Entgelt und Dankbarkeit beachtet?« *Hast du wol gemerket den vnderscheit zwùschent gelten vnd danckberkeit?*(AFD II, c. 3; fol. 78rb, Z. 215 f.) Und darauf folgt die Definition des Meisters:

»Wie der Mensch keine Sünde nach der Weise des Entgelts büßen kann, so kann er auch mit keinem Werk weder Gnade noch Lohn der Ewigkeit verdienen. Denn Gnade und ewiger Lohn sind so gut, dass sie kein Werk eines reinen Menschen verdienen kann. Aber in der Weise der Dankbarkeit kann der Mensch würdig werden, dass Gott die Buße für die Sünden aus Gnade ihm erlässt, und die Dankbarkeit kann ihn würdig machen, dass Gott seine Gnade und seine Krönung in Ewigkeit vermehrt.« – *Als der mônsche keÿn sùnde nach der wise des geltes gebůssen mag, also mag er mit keynem werke weder gnåde noch lon der ewigkeit verdienen. Wan gnåde vnd ewiger lon die sint als gůt, das sù keyn werk keins luteren mônschen mag verdienen. Aber nach der wise der danckberkeit also mag der mônsche wùrdig werden, daz gott die bůsse der sùnden uon gnaden ÿm vergit, vnd die danckbêrkeit mag in wirdig machen, das gott sin gnåde vnd sine krone in ewigkeit meret* (AFD II, c. 3; fol. 78va, Z. 225–231).

Das ist nun der Grundbestand der scholastischen Theologie des Verdienstes, die schon von Petrus Lombardus begründet wurde und in der Scholastik Definitions- und Begriffsvarianten nach sich zog, ohne den Grundbestand aufzugeben.[144] Andererseits lässt der Hinweis des Schülers auf die »allgemeine Lehre« vielleicht erkennen, dass in der zweiten Hälfte des 14. Jahrhunderts in der Seelsorge die Ermahnung zur Werkgerechtigkeit bereits populär war. Insofern kann die Lehrmeinung des Meisters des ›Audi-filia-Dialogs‹ hier nicht als Indiz der Schulzugehörigkeit dienen. Die Unterscheidung findet sich in demselben Sinne bei Thomas von Aquin, der betont, entsprechend dem Wesen des Handelns und des freien Willens, könne es aufgrund der Ungleichheit keine gleichgewichtige Würdigkeit zwischen dem Tugendhandeln und dem ewigen Lohn geben. »Aber es gibt eine Angemessenheit wegen der Gleichheit der Beziehungsweise; es scheint nämlich angemessen, dass Gott entsprechend der Großartigkeit seiner Tugend dem entsprechend seiner Tugend handelnden Menschen vergilt.«[145]

---

144 AUER, Die Entwicklung der Gnadenlehre in der Hochscholastik, S. 77–80.

145 Thomas de Aquino, Sth. I-II, q. 114, a. 3 co: *Si consideretur secundum substantiam operis, et secundum quod procedit ex libero arbitrio, sic non potest ibi esse condignitas, propter maximam inaequalitatem. Sed est ibi congruitas, propter quandam aequalitatem proportionis,*

Schon aufgrund der im ersten Buch hervorgehobenen unabdingbaren Wirkung der Prädestinationsgnade muss es ausgeschlossen sein, dass Johannes von Basel dem Menschen ein Verdienst der Gnade und der ewigen Seligkeit zugestehen könnte. Entsprechend lehrt er:

»Obwohl es von der Freiheit des Erdenpilgers abhängt, dass sein Handeln gerecht oder ungerecht ist, des Lobes oder des Tadels wert, besagt das dennoch nicht, dass er das ewige Leben verdienen oder verwirken könnte. Der erste Teil <dieser These> ist klar, weil sonst der Mensch nicht schuldfähig wäre. Der zweite Teil leuchtet ein, weil dies allein von der Annahme durch Gott abhängt. Und daraus erklärt sich die Einmütigkeit der Lehrer hinsichtlich der verdienstlichen Güte des Handelns, indem man nämlich das zur Ewigkeit ausgezeichnete und das nicht ausgezeichnete zeitliche Verdienst unterscheidet.«[146]

Das entspricht bei Johannes von Basel dem *meritum ex condigno* und dem *meritum ex congruo.* Eine interessante Erläuterung zu dem hier erwähnten zeitlichen Verdienst findet sich an einer vorausgehenden Stelle, in der auch das zugehörige Begriffsschema angewandt wird. In der Conclusio wird bekräftigt, dass niemand die erste Gabe, das ist die rechtfertigende Gnade, verdienen kann, aber es wird eine Einschränkung angefügt, die die geschaffene Gabe betrifft, das sind die helfenden Gnadengaben sowie die Tugenden und moralischen Akte. Diese Gnadengabe macht den Geist des Menschen im eigentlichen Sinne und von innen her Gott wohlgefällig. Diese geschaffene Gnade kann der Mensch in gewisser Weise verdienen,[147] insofern der freie Wille hier mit der Gnade zusammenwirkt. In einer nachfolgenden Begründung dieser These sagt der Hiltalinger: »Man könnte drittens sagen, dass Gnade und angemessenes Verdienst (*meritum de congruo*) sich vertragen, allerdings gewiss nicht das gleichwertige Verdienst (*meritum de condigno*). Eine solche <Gnade> wird eben nur *de congruo* verdient, nicht *de condigno.*«[148]

In der Sprache des Meisters des Lehrgesprächs findet sich genau dieselbe Unterscheidung bezeichnenderweise wieder mit dem Hinweis auf die »all-

---

videtur enim congruum ut homini operanti secundum suam virtutem, Deus recompenset secundum excellentiam suae virtutis.

146 Iohannes de Basilea, In Sent. II, d. 37–38, q. 24, concl. 2, cor. 1; Bd. III, S. 341,22–342,1: *Primum corollarium: Quamvis in libertate viatoris sit, ut suus actus sit iustus vel iniustus, laude vel vituperio dignus, non tamen ut sit vitae aeternae meritorius vel demeritorius. – Prima pars patet, quia aliter homo non esset culpandus. Secunda pars patet, quia hoc solum dependet ex acceptatione divina. Et sic patet concordia doctorum de bonitate meritoria actus per distinctionem meriti distincti aeterni et non distincti temporalis.*

147 Iohannes de Basilea, In Sent. II, d. 27–28, q. 19, concl. 2; Bd. III, S. 284,2–4: *Secunda conclusio est ista: Quamvis nullus possit mereri primum donum Dei, tamen aliquis potest mereri primum donum creatum mentis formaliter et intrinsece gratificativum.*

148 Iohannes de Basilea, In Sent. II, d. 27–28, q. 19, post concl. 2, ad 3; Bd. III, S. 286,3–5: *Posset tertio dici, quod gratia et meritum de congruo se compatiuntur, licet forte non de condigno. Modo talis tantum meretur de congruo et non de condigno.*

gemeine Lehre«. Der Schüler: »Ich meinte, ich könnte meine Sünde mit den Werken der Gerechtigkeit büßen und Lohn und Gnade verdienen.« *Ich wond, ich mőhte min sůnde gebůssen mit den werken der gerehtigkeit vnd lon vnd gnade verdienen* (AFD II, c. 3; fol. 79ra, Z. 255–257). Darauf antwortet der Meister:

»Ohne Zweifel dachtest du wie die meisten in der Welt, so fürchte ich, die dasselbe meinen. Aber du sollst weiterhin wissen, dass du weder Gnade noch Nachlass der Sünde noch Lohn in Ewigkeit verdienen kannst in der Weise der Vergeltung oder eines Lohnes. Du kannst dich selbst aber der Gabe, die du aus lauter Gnade jetzt empfangen hast, in der Weise eines bescheidenen Dankes würdig machen.« – *Ane zwiuel so waz dir als der meÿsten schar ist der welte, daz ich vőrhte, die dasselbe wenent. Aber du solt wissen fůrbaß, daz du weder gnade noch ablåß der sůnde noch lon in ewigkeit verdienen maht in der wise eins geltes oder eins lones. Du maht aber dichselben werd machen die gåbe, die du von lutern gnåden ietz empfangen hast in der wise eins armen danckes* (AFD II, c. 3; fol. 79ra f., Z. 258–262).

Es ist weiterhin zu beachten, dass die zitierte Abgrenzung beim Meister des Lehrgesprächs sich gegen die Werkgerechtigkeit der gemeinen Lehre ausspricht, aber dass das parallele Corollarium, in dem Johannes von Basel das Verdienst *de congruo* bei geschaffenen Gaben anerkennt, darüber hinaus gegen Hugolin von Orvieto, den Vertreter des strengen Augustinismus, gerichtet ist. Und der Basler Augustinermagister führt drei Stellen an, an denen er die Meinung Hugolins, die zugleich diejenige Gregors von Rimini ist, widerlegt habe.[149] Im Wesentlichen handelt es sich bei diesen Gegenargumenten um die Zurückweisung der radikalen These, eine moralische Handlung eines Ungerechten, die nicht von der heiligmachenden Gnade gestiftet ist, sei selbst Sünde.

Die diskutierte Stellungnahme des Meisters des Lehrgesprächs spricht also ebenso wie Johannes von Basel einerseits im Sinne der strengen Augustinerschule gegen die Möglichkeit einer Werkgerechtigkeit und nimmt damit in gewisser Weise schon Luthers reformatorische Position vorweg; aber andererseits spricht er dem Vermögen des Menschen auch nicht jede Kraft und jeden Wert vor Gott ab. Diese Zwischenposition wird in der Antwort auf eine Bemerkung des Schülers deutlich, der von der Verzweiflung darüber, nichts durch gute Werke bewirken zu können, in die radikale Haltung springt, völlig auf das Begehren des Lohnes für seine Werke verzichten zu wollen.

»Weh, weh, menschlicher Dünkel! Wie bist du betrogen, dass du meinst, du könntest die Gnade Gottes, sei es Nachlass der Sünden oder guten Willen, mit deinen Werken

---

149 Iohannes de Basilea, In Sent. II, d. 27–28, q. 19, post concl. 2, arg. 2; Bd. III, S. 284,9–13: *Secunda pars, quae est contra <...> magistrum Hugolinum in isto Secundo distinctione 25 quaestione 3 articulo 3 prima et 3 conclusionibus, probatur, sicut probata est in principio quaestionis, et probavi eam in primo Principio in quinto principali et in Quolibet in 5 quaestione.* (»Der zweite Teil <der Conclusio>, der gegen <...> Magister Hugolinus gerichtet ist in diesem zweiten Buch, d. 25, q. 3, a. 3, concl. 1 und 3 begründet, wie es am Anfang [dieser] Quaestio bewiesen ist, und ich habe ihn [diesen ersten Teil] im ersten Principium im fünften Anfangseinwand und im Quolibet in der fünften Quaestio erwiesen.«)

verdienen! Könntest du doch nicht das allergeringste Werk der Gerechtigkeit vollbringen, wenn du nicht zuvor Nachlass der Sünden und guten Willen sowie die Berufung und das Gezogenwerden zur Krone <empfangen> hättest. Darum <ist es>, glaube ich, dass manche erleuchtete Menschen sagen, sie begehrten für ihre Werke keinen Lohn weder in der Zeit noch in Ewigkeit.« – *We, we, moͤnschliche hoffart! Wie bist du so betrogen, daz du wenest, das du die gnåde gottes, es sie ablaß der sùnden oder gůter wille, mùgest verdienen mit dinen werken vnd du daz aller mynneste werk der gerehtigkeit nùt moͤhtest erzùgen, du hettest denn vor diner sùnde ablaß vnd gůten willen vnd růffen vnd ziehen zů der cron! Dauon weͤne ich, das ettliche erlùhte moͤnschen sprechen, sù gerent iren werken keÿnen lon in zijt noch in ewigkeit*« (AFD II, c. 3; fol. 79va–b, Z. 285–291).

Nun kann die letzte Bemerkung, dass erleuchtete Menschen nicht nach ewigem Lohn streben wollten, eine Anspielung auf radikale Frömmigkeitsbewegungen in Beginen- oder Freigeisterkreisen sein. Solche Hinweise finden sich zum Beispiel im Brief gegen die Ketzer von Straßburg des Bischofs Johann von Zürich (1317),[150] ebenfalls in ›Schwester Katrei‹.[151] Es ist aber auch nicht auszuschließen, dass Meister Eckhart direkt angesprochen ist; denn manche seiner Bemerkungen können schon in dem verkürzten Sinn verstanden werden, in dem der Schüler sie vorträgt, so sagt Eckhart zum Beispiel:

»Darum, willst du eingebildet und überbildet werden in die Gerechtigkeit, so beabsichtige nichts mit deinen Werken und ziele auf kein Warum ab, weder in Zeit noch in Ewigkeit, weder auf Lohn noch auf Seligkeit noch auf dies oder das; denn solche Werke sind wahrlich alle tot.« – *Dar umbe, wilt dû în- und übergebildet werden in die gerehticheit, sô enmeine niht in dînen werken und enbilde kein warumbe in dich, noch in zît noch in êwicheit, noch lôn noch sælicheit, noch diz noch daz; wan disiu werk sint alliu wærliche tôt.*[152]

Ein direkter Bezug des Meisters des Lehrgesprächs auf Meister Eckhart würde auch dazu passen, dass Johannes von Basel selbst in seinem Werk öfter auf Meister Eckhart Bezug nimmt.[153]

Die angeführten Parallelen sind wiederum keine Beweise, aber – im Zusammenhang der Lehrentwicklung – weitere zusammenklingende Indizien.

---

150 Schweitzer, Der Freiheitsbegriff der deutschen Mystik, S. 114.

151 ›Schwester Katrei‹, S. 329, Z. 13–18.

152 Eckhart, Pr. 39, DW II, S. 253,5–254,3 (Übers. S. 684). Ebenso Pr. 6, DW I, S. 100,1–7.

153 Witte, Die Rezeption der Lehre Meister Eckharts durch Johannes Hiltalingen von Basel.

4. Kapitel
Das Unvermögen des Menschen, die Sünde zu büßen, gewährt ihm keine Hilfe, aber auch keine Entschuldigung.

Das Kapitel stützt sich wiederum im Kern auf Anselms ›Cur deus homo‹ (I, c. 24), das einen ähnlichen Titel trägt: »Dass er, solange er Gott nicht zurückerstattet, was er schuldig ist, nicht selig sein kann und dass Unfähigkeit ihn nicht entschuldigt.«[154]

Am Anfang dreht sich das Gespräch ausführlich darum, ob es angemessen wäre, einen Schuldner, der nicht zurückzahlen kann, zu zwingen, dass er wenigstens zurückzahlen will, selbst wenn er nicht kann. Andernfalls müsste der Gläubiger nehmen, was er bekommen kann.

Auf Gott angewandt heißt das: Dem, der weder geben kann noch will, nimmt Gott die Gnade des ewigen Lebens und den Eigenwillen, indem er ihn zur Buße leiden lässt. Gott kann den guten Willen vom Menschen mit Recht einfordern, weil dieser ihn willkürlich verworfen hat. Hier setzt der Meister ein Beispiel ein, das Anselm schon zu Anfang des Kapitels vorträgt. Ein Bauer schickt seinen Knecht zum Ährenschneiden auf den Acker und warnt ihn davor, in eine Grube zu fallen, aus der er allein nicht herausfinden kann. Der Knecht aber lässt sich freiwillig in die Grube fallen, um nicht schneiden zu müssen und es nicht zu können. So wird, Anselm folgend, klar: Dass der Sünder nicht büßen kann, ist seine Schuld, und wenn er sich auf sein selbstverschuldetes Nicht-Können beruft, ist er doppelt schuldig.

Diesen Anselmschen Kerngedanken führt der Meister des Lehrgesprächs noch fort, indem er daran erinnert, dass im Kapitel über die Sünde (AFD I, c. 6; fol. 58vb, Z. 450–469) gelehrt worden war, dass Unkenntnis und Unvermögen, die als Folge der Ursünde die Menschen bedrückt, den Gläubigen nicht mehr als Schuld angerechnet wird, den Ungetauften hingegen wohl. Das hatte Anselm in ›De concordia praescientiae et praedestinationis et gratiae dei cum libero arbitrio‹ ausgeführt. Dieselbe Problematik wird auch im Erbsündenkapitel behandelt (AFD I, c. 7; fol. 65^{ra-b}, Z. 322–350). Dort schließen sich Gedanken an, auf die auch im gegenwärtigen Kapitel (AFD II, c. 4) angespielt wird, nämlich warum die Folgen der Sünde, Unvermögen und Anfälligkeit, nicht zusammen mit der Sündenschuld aufgehoben wurden.

So wird auch gegen Ende dieses vierten Kapitels eine Reihe von Gründen der Lebensertüchtigung angeführt, die von der Torheit in die Weisheit führen soll.

---

154 Anselmus Cantuariensis, CDH I, c. 24; Bd. II, S. 92,2–3: *Quod quamdiu non reddit deo quod debet, non possit esse beatus nec excusetur impotentia.* (Übers. Schmitt, S. 81: »Dass er, solange er Gott nicht zurückerstattet, was er schuldig ist, nicht selig sein kann und dass Unfähigkeit ihn nicht entschuldigt.«)

5. Kapitel
Gott musste vollenden, was er mit der menschlichen Natur angefangen hatte.

Die gleichlautende Überschrift zeigt wiederum die Anlehnung an Anselms ›Cur deus homo‹.[155] Hier eine kurze Inhaltsangabe:

Wäre der Mensch in Sünden geblieben, hätte er die Seligkeit verfehlt und Gott wäre vonseiten des Menschen ohne Lob und Ehre geblieben. Das aber ziemt sich nicht für die Weisheit Gottes. Wenn aber Gott aufgrund seiner eigenen Schöpfungsidee gezwungen war, den Menschen zu erlösen, würde ihm, so scheint es, kein Dank gebühren. Es ist aber zu unterscheiden zwischen einer zwingenden Notwendigkeit aufgrund der Natur und einer Notwendigkeit aufgrund eines Versprechens aus Liebe, die mehr Dank schuldet. Dieser zweiten Art des ›Zwingens‹ unterlag Gott, der vorhersah, dass der Mensch fallen würde, aber bei seiner Zuwendung blieb. Diese Unterscheidung behandelt auch Anselm im vorliegenden Kapitel. Aber damit endet auch schon die Übereinstimmung mit Anselm. Der Meister schließt eine längere Ausführung über das »Band der Liebe« an, das, wie er sagt, eigentlich nicht hierhergehört, aber dem Schüler gegönnt wird.

Die vollkommene Liebe hat drei Eigenschaften: Stetigkeit, Hilfe und Sicherheit. Die Stetigkeit macht aus der Liebe ein Recht, indem sich die Liebe bindet. Trotzdem wird die Freiheit der Liebe nicht geraubt, da die Beständigkeit ein Wanken der Liebe verhindert. Wenn sich Liebe auf Gehorsam gründet, geht die Freiheit ebenfalls nicht verloren, da sich auch der Gehorsam aus der Beständigkeit der Liebe ergibt. So ist der Gehorsam ein Gelübde zum Schutz der Liebe in allen Orden. Darum hat die Liebe in allen Werken des Fastens, Betens, Almosen-Gebens usw. immer den Vorrang.

Da Liebe dem Geliebten alles Gute und allen Trost wünscht, ist sie bereit, Hilfe zu geben, vor allem dadurch, dass sie Sicherheit bietet. Darum ist sie bereit, sich in Versuchungen und Not zu bewähren.

Die Erkenntnis, dass alle Schöpfung aus der Liebe entspringt, löst im Schüler eine Frage aus, deren besondere Schwere sich schon darin andeutet, dass der Meister vor seiner Antwort größte Schwierigkeiten voraussieht: Warum hat Gott Menschen geschaffen, die verloren sind? Wenn er nicht alle auserwählen wollte, trifft ihn der Verdacht der Missgunst oder der Zweifel an der Allmacht, wenn er es nicht konnte.

Die Antwort: Gott hat alles gut geschaffen und geordnet. Auch die Verdammten sind ihrer Natur nach gut. Sie sind weniger gut, wenn man sie mit den Erwählten vergleicht, aber besser als Mond, Sonne, Himmel und Erde. Ordnung besteht darin, dass das Gleiche gleich und das Ungleiche ungleich gestaltet wird.

---

155 Anselmus Cantuariensis, CDH II, c. 4; Bd. II, S. 99,2: *Necesse est ergo, ut de humana natura <deus> quod incepit perficiet.* (Übers. Schmitt, S. 95: »Es ist also notwendig, dass er mit der menschlichen Natur vollende, was er begonnen hat.«)

Diese Erklärung übernimmt der Meister des Lehrgesprächs aus Augustins ›De libero arbitrio‹, wie es in den Fußnoten der Textausgabe angegeben ist.

Die Diskussion über die Liebe als Grund der Schöpfung und die Angemessenheit, dass auch das Geringere, sogar dass die Verdammten, sein sollen, mündet in die Frage, warum denn die einen auserwählt, die anderen aber verdammt werden, wie das Beispiel von Petrus und Judas zeigt. Die Antwort, das sei der unbegreifliche Wille Gottes, der keine Ursache habe, spielt auf die unbedingte Prädestination an, die hier ausführlich erläutert wird.

Die Prädestination wird im ›Gratia-Dei-Traktat‹ unter dem Titel *volbringe<n>t gnâd,* »vollendende Gnade« behandelt. Es wird dort gezeigt, dass die endgültige Annahme der Tugendwerke des Menschen gänzlich ungeschuldet ist; darum ist die Prädestination als endgültige Erwählung eine ungeschaffene Gnade. Darin liegt eine Übereinstimmung mit der Gnadenlehre des Johannes von Basel, die freilich nicht im ›Gratia-Dei-Traktat‹, sondern im ›Traktat von der Minne‹ ausgestaltet wird. Hier im ›Audi-filia-Dialog‹ wird die Prädestination ohne den Gnadenaspekt angesprochen. Er steht allerdings im Hintergrund, insofern das Kapitel ja unter der Überschrift steht: »Gott musste vollenden, was er mit der menschlichen Natur begonnen hatte.« – *Gott můste vollebringen, daz er mit mo̊nschlicher nature hät angefangen* (AFD II, c. 5; fol. 86vb, Z. 2). Hier wird gezeigt, dass der Grund der Schöpfung die Liebe Gottes ist. Diese Betrachtung löst allerdings eine Frage aus, die in die gegensätzliche Richtung führt: »Warum die Auserwählten auserwählt sind und die Verdammten verworfen.« – *Warumb die vßerwelten vßerwe̊let sint vnd die verdampneten verlåssen?* (AFD II, c. 5; fol. 94ra, Z. 439 f.), am Beispiel des Petrus und des Judas: Warum wurde der eine trotz seiner Sünde angenommen, der andere aber verworfen? Zur Antwort wird auf das Geheimnis der Gnadenwahl verwiesen, für das kein anderer Grund angeführt werden kann als der Wille Gottes:

> »Warum aber Judas nach seinen Sünden von der Gerechtigkeit verlassen wurde und Sankt Peter nach seinen Sünden in die Gnade gezogen wurde, dafür gibt es keinen anderen Grund als den Willen Gottes. Wer aber fragte, warum er das wollte, der fragt nach einer Ursache für etwas, das keine Ursache hat. Denn der Wille Gottes ist für alle zeitlichen Dinge eine Ursache, aber er hat selbst keine Ursache. Darum spricht Sankt Paulus: ›Der Töpfer hat die Macht, dass er aus einer Materie ein Gefäß der Widrigkeit und ein Gefäß der Ehren macht‹« (Rm 9,21). – *Warumb aber Judas von der gerehtigkeit wùrde verlåssen nåch sinen sùnden vnd sant Peter nach sinen sùnden getzogen in die gnåde, des ist kein ander sache dån der wille gottes. Wer aber fråget, warumb er das wolte, der fråget des ein sache, das keÿn sach ist. Wån der wille gottes der ist allen zittlichen dingen ein sache, aber er hät kein sache. Dauon sprichet sanctus Paulus: ›Der hafener hät gewalt, daz er vß einer materie machet ein faß der vngetze̊miket vnd ein vaß der eren‹* (AFD II c. 5; fol. 94va, Z. 461–467).

Hier treten die beiden Seiten des Augustinismus ins Licht, hier sowohl beim Meister des Lehrgesprächs wie auch bei Johannes von Basel. Die eigentlich neue und verheißungsvolle Seite ist die Gründung der Gottesbeziehung auf die Liebe, die von Gott ausgeht. Diese Grundfeste der Theologie unseres Autors müsste in einer Studie zu Johannes von Basel ausgelegt werden. Daneben steht unversöhnt die strenge, rein auf der Willkür Gottes basierte Lehre von der

Verwerfung, die auf Augustinus zurückgeht. In diesem Zusammenhang sind die beinahe wörtlichen Übereinstimmungen hervorzuheben, mit denen der Augustinermagister ebenso wie der ›Audi-filia-Dialog‹ betont, dass es keine zeitliche Ursache der ewigen Prädestination wie der Reprobation geben könne, und wie beide Texte dies mit dem Beispiel von Petrus und Judas belegen: »Für die Prädestination wie für die ewige Verwerfung gibt es keinerlei zeitlichen ursächlichen Grund.«[156] Diese Schlussthese, es gebe keinen zeitlichen Grund für die Erwählung oder Verwerfung, wird von Johannes von Basel mit drei Präzisierungen (*corollaria*) ergänzt, von denen die erste gegen Thomas von Aquin und Aegidius gerichtet ist: »Wie es nur eine ewige Ursache gibt, warum Petrus eher gerettet oder vorherbestimmt wurde als Judas, so gibt es auch keine allgemeine Ursache, warum einige verdammt oder reprobiert wurden und andere vorher auserwählt.«[157] Ausschlaggebend ist, dass diese Zitate in einem zeitgenössischen Argumentationszusammenhang stehen, der die Sonderstellung des Johannes von Basel erkennen lässt. Thomas lehrt dort, dass es zwar keinen Grund für den Willen Gottes zur Vorherbestimmung geben kann, aus der Wirkung der Prädestination könne man aber einen Grund ableiten.[158] »Aus der Güte Gottes selbst kann ein Grund entnommen werden für die Prädestination des einen und die Reprobation des anderen.«[159] Aegidius Romanus wiederholt und bejaht die Argumentation des Aquinaten.[160] Das zweite Corollarium des Johannes von Basel richtet sich mit derselben Tendenz gegen Heinrich von Gent, der eine Conditio sine qua non als Ursache der Prädestination angenommen hatte.[161] Das dritte Corollarium spricht gegen Thomas von Straßburg und

---

156 Iohannes de Basilea, In Sent. I, d. 41, q. 31, concl. 3; Bd. II, S. 368,20–21: *Praedestinationis vel reprobationis aeternalis nulla est omnino causalis ratio temporalis.*

157 Iohannes de Basilea, In Sent. I, d. 41, q. 31, concl. 3, cor. 1; Bd. II, S. 369,8–11: *<C>ontra sanctum Thomam et Aegidium, ubi supra est dictum: Sicut non datur causa, quare Petrus potius salvatur quam Judas vel praedestinatur, nisi aeternalis, sic non datur causa, quare aliqui damnantur vel reprobantur et alii praedestinantur, generalis.*

158 Thomas de Aquino, Sth. I, q. 23, a. 5 co: *Respondeo dicendum quod, cum praedestinatio includat voluntatem, ut supra dictum est, sic inquirenda est ratio praedestinationis, sicut inquiritur ratio divinae voluntatis. Dictum est autem supra quod non est assignare causam divinae voluntatis ex parte actus volendi; sed potest assignari ratio ex parte volitorum, inquantum scilicet Deus vult esse aliquid propter aliud.* (»Antwort: Man muss sagen, dass, da die Prädestination den Willen einschließt, wie oben gesagt wurde, nach einem Grund für die Prädestination zu fragen, heißt ebenso nach einem Grund für den göttlichen Willen zu fragen. Es wurde aber oben gesagt, dass man vonseiten des Willensaktes keinen Grund für den göttlichen Willen zuordnen kann, aber man kann einen Grund zuweisen vonseiten der gewollten <Ziele>, insofern nämlich Gott etwas wegen etwas will.«)

159 Thomas de Aquino, Sth. I, q. 23, a. 5, ad 3: *Ad tertium dicendum quod ex ipsa bonitate divina ratio sumi potest praedestinationis aliquorum, et reprobationis aliorum.*

160 Aegidius Romanus, In Sent. I, d. 41, q. 2, a. 1; ed. Corduba 1699, S. 779b.

161 Iohannes de Basilea, In Sent. I, d. 41, q. 31, concl. 3, cor. 2; Bd. II, S. 370,5–7: *<C>ontra Doctorem sollemnem <...>: Nulla est causa sine qua non ex parte creaturae praedestinationis vel reprobationis aeternae.* (»Gegen den feierlichen Doktor <Heinrich von Gent> <...>:

Richard Kilvington (ca. 1305–1361), die einen guten bzw. schlechten Gebrauch des freien Willens als Grund der Erwählung oder Verwerfung behaupteten.[162] Kurz: Allen genannten Scholastikern wird widersprochen. Diese kritischen Bezüge auf maßgebliche Gewährsmänner des Augustinermagisters zeigen, dass sich die These im ›Audi-filia-Dialog‹ wie bei Johannes von Basel gegen eine verbreitete Tendenz richtet, den strengen Standpunkt der Prädestinationslehre Augustins, die im Übrigen auch in der entsprechenden Distinctio des Petrus Lombardus zitiert wird, durch Rücksicht auf Verdienst- oder Strafwürdigkeit des Menschen aufzuweichen. Diese Aufweichungstendenz fand Johannes von Basel also auch bei dem Begründer der Augustinerschule Aegidius und bei Thomas von Straßburg angedeutet, dem Vorgänger Gregors und Hugolins, der strengen Augustiner auf dem Pariser Augustiner-Lehrstuhl. Erwähnt sei, dass auch Gregor von Rimini sich ebenfalls gegen die Versuche »einiger« (*quidam, aliqui*) wendet, gute Werke oder den Gebrauch des freien Willens als Ursachen der Prädestination anzuführen. In den Fußnoten der Edition werden dafür Thomas von Straßburg, Heinrich von Gent und Petrus Aureoli benannt.[163]

Beachtenswert ist also, dass die Werke des Meisters des Lehrgesprächs ebenso wie die des Johannes von Basel im Bereich der doppelten Prädestination den strengen Augustinismus vertreten, während sie zum Beispiel in der Frage der Fähigkeit des Menschen, aus rein natürlichen Kräften Gutes zu tun, die im ›Gratia-Dei-Traktat‹ diskutiert wird, die mildere Lehre der allgemeinen Scholastik vorziehen. Diese gemeinsame Aufteilung der Stellungnahmen für und gegen Positionen der zeitgenössischen Augustinertheologie ist zwar kein eindeutiges, aber doch ein gewichtiges Argument für die Identität des Autors. Eine weiterführende Diskussion des Problems findet sich oben im Einführungskapitel über die Theologie des Johannes von Basel.[164]

Es gibt aufseiten des Geschöpfs keine unabdingbare Voraussetzung für die Prädestination oder ewige Verwerfung.«)

162 Iohannes de Basilea, In Sent. I, d. 41, q. 31, concl. 3, cor. 3; Bd. II, S. 370,9–11: <C>*ontra Thomam de Argentina* <…>, *contra Clientonem* <…>: *Nullus liberi arbitrii bonus vel malus usus est causa sine qua non, quare aliquis elective aeternaliter est praedestinatus.* (»Gegen Thomas von Straßburg <…> und gegen Kilvington <…>: Kein guter oder schlechter Gebrauch des freien Willens ist die unabdingbare Voraussetzung, warum jemand ewig erwählt und vorherbestimmt ist.«) Vgl. Thomas de Argentina, In Sent. I, d. 41, q. 1, a. 1; ed. Genua 1589, fol. 115ra: *Quantum ad adultos causa reprobationis dici potest malus usus liberi arbitrii usque ad finem vitae in ipsis duraturus, ab aeterno a deo praescitus.* (»Was die Erwachsenen angeht: Man kann sagen, dass die Ursache der Verwerfung der schlechte Gebrauch des freien Willens ist, der in ihnen bis zum Ende des Lebens andauert und so von Ewigkeit her von Gott vorhergesehen ist.«)

163 Gregorius Ariminensis, In Sent. I, d. 40 et 41, q. 1, a. 2; ed. Trapp / Marcolino, Bd. III, S. 325, Anm. 8–11.

164 Siehe oben S. 26–35.

6. Kapitel
Nach dem Sündenfall kann menschliche Seligkeit nur von Gott und Mensch vollbracht werden.

Wiederum zeigt die Überschrift die Anlehnung an Anselm von Canterbury.[165] Anselm schreitet in raschen, kurzen Schritten voran zu zeigen, dass nur ein Gott-Mensch die Wiedergutmachung leisten kann, wenn der Mensch zur Rückzahlung verpflichtet bleibt, ohne es jedoch leisten zu können. Dabei fällt ein Formulierungsunterschied auf: Anselm benennt den Stand der hypostatischen Union »Gott-Mensch«, während der Meister des Lehrgesprächs den heilsgeschichtlichen Blickpunkt wählt. Der Schüler spricht die ewige Weisheit an: »Darum hast du den weisen Fund gefunden, dass Gott Mensch wurde.« – *Davon hast du funden den wisen fund,*[166] *das gott mönsche wurde* (AFD II, c. 6; fol. 96ra, Z. 72).

Auch im gegenwärtigen Kapitel holt der Meister viel weiter aus als Anselm. Dass der Mensch nicht allein die Wiedergutmachung leisten konnte, wurde schon im dritten Kapitel erklärt. Darauf greift der Meister hier zurück. Aber er diskutiert auch ausführlicher als Anselm die Frage, warum auch Gott allein die Wiedergutmachung nicht leisten konnte, obwohl er allmächtig ist (Z. 48 f.). Der Schüler meint, Gott hätte auf die Leistung des Menschen verzichten können, er habe ja in der Schöpfung dem ersten Menschen auch ohne Hilfe eines Menschen die Urstandsgerechtigkeit geschenkt. So könnte er ihm doch auch die Erlösung ohne Hilfe eines Menschen schenken (Z. 82–84). Der Einwand wird natürlich zurückgewiesen, weil die Sünde eben durch den Menschen geschehen ist. Darum sagt Augustinus: »Der den Menschen ohne den Menschen geschaffen hat, der hat den Menschen nicht ohne den Menschen erlöst.« – *Der den mönschen hat geschaffen âne den mönschen, der hat den mönschen nùt erlöset âne den mönschen* (AFD II, c. 6; fol. 96rb, Z. 92 f.).[167]

Mit dieser Fragestellung greift der ›Audi-filia-Dialog‹ dasselbe Thema auf, mit dem der ›Gratia-Dei-Traktat‹ die Abhandlung beendet. Der letzte Abschnitt dort erklärt, wie die Fülle der Gnade aus Christus, dem Haupt der Kirche fließt. Daran schließt sich, ähnlich wie im ›Audi-filia-Dialog‹, die Frage des Schülers an, warum die Erlösungsgnade durch einen Menschen, Jesus Christus, geschenkt worden ist, obwohl doch die Urstandsgerechtigkeit Adam in der Geburt ohne menschliche Hilfe gegeben wurde (GDT Z. 732–735). Die Antwort folgt im Gnadentraktat dem paulinischen Parallelismus: Wie es durch den Un-

---

165 Anselmus Cantuariensis, CDH II, c. 6; Bd. II, S. 101,2: *Quod satisfactionem per quam salvatur homo, non possit facere nisi deus-homo.* (Übers. Schmitt, S. 97: »Dass die Genugtuung, durch die der Mensch gerettet wird, nur ein Gott-Mensch leisten kann.«)

166 Vgl. IPD Z. 573: *do fant weisheit den funt, daz got got gebar.*

167 Augustinus, Sermo 169, c. 11; PL Bd. XXXVIII, S. 923,17–18: *Qui ergo fecit te sine te, non te iustificat sine te.*

gehorsam eines Menschen zur Verurteilung kam, so kam es durch einen Einzigen zur Wiederherstellung der Gerechtigkeit (vgl. Rm 5,18; GDT Z. 747–752). Das ist auch – hier mit dem Augustinuszitat – die Antwort des Meisters im ›Audi-filia-Dialog‹ (II, c. 6, Z. 92 f.).

Doch hier gibt sich der Schüler damit nicht zufrieden. Er sagt:

> »Das ist ganz verständlich und liebenswert. Doch wüsste ich gerne, ob du eine andere Begründung geben könntest, warum Gott den Menschen nicht ohne den Menschen erlöst hat.« – *Dis ist zů måle merklich vnd mynnenklich. Doch wuste ich gerne, ob du kein ander sache kôndest gesagen, warumb gott nùt den mônschen âne den mônschen hät erlôset* (AFD II, c. 6; fol. 96rb, Z. 94–96).

Diese zweite Begründung im ›Audi-filia-Dialog‹ bedient sich der schon erwähnten Gedanken Anselms, aber sie sind in derselben Ausführung bei Anselm nicht zu finden. Nach der Einführung der Notwendigkeit, ein Gott-Mensch müsse die Wiedergutmachung leisten, bleibt Anselm weiterhin bei der Erläuterung der Konstitution des Gott-Menschen, zunächst bei der Weise der Vereinigung der göttlichen und der menschlichen Natur, die der ›Audi-filia-Dialog‹ im nachfolgenden siebten Kapitel erörtert. Anschließend bespricht Anselm die Genealogie des Gott-Menschen mit der Frage, ob er durch seine Mutter aus dem Geschlecht Adams stamme, die der ›Audi-filia-Dialog‹ erst im elften Kapitel aufgreifen wird.

Die zweite Antwort im ›Audi-filia-Dialog‹ auf die Frage, warum Gott nicht allein für die Sünde des Menschen büßen konnte, dreht sich um die Möglichkeit, ob Gott ein Opfer zur Tilgung der Schuld und der Schmach annehmen könnte. Da die Sünde im Ungehorsam bestand, könnte ein gerechtes Liebesopfer die freiwillige Untertänigkeit sein, die bereit ist, für Gott zu sterben; das würde zeigen, dass der Sterbende Gott mehr liebt als sich selbst. Gott kann aber sich selbst nicht untertänig sein und sich nicht für sich selbst opfern. Darum ist der Schluss: Wie der Mensch allein keine gerechte Buße tun kann, so kann auch Gott allein keine Genugtuung leisten (Z. 186–188). Der ›Audi-filia-Dialog‹ setzt also eigenständig und ausführlich die Diskussion der Grundannahme des ›Cur deus homo‹ fort, Gott stünde wegen der Schmähung über die Genugtuung hinaus ein Mehr der Wiedergutmachung zu, das nicht durch Gott allein, sondern nur im freiwilligen Opfer des Gott-Menschen Jesu Christi geleistet werden kann.

Bevor das Kapitel über die Erlösung durch den Gott-Menschen abgeschlossen wird, ergibt sich noch die Frage des Schülers, ob nicht Gott auch den Engel hätte erlösen können, indem er sich mit einem Engel vereinigt, um des Engels Sünde in einer ähnlichen Weise zu büßen, wie er die Sünde des Menschen gebüßt hat. Das Hauptargument, warum das dem Engel keine Erlösung bringen konnte, ist, dass dieser nicht durch den Tod büßen konnte, da er von Natur unsterblich ist.

Die Überlegungen münden in den Schluss, dass Mensch und Engel so, wie ihre Natur ist, gut geschaffen wurden, sei es, dass sie sündigen und bereuen können wie der Mensch, sei es, dass sie sündigen und nicht büßen können wie die Engel.

Es bleibt zu fragen, welche Tradition das Argument hat, Gott hätte kein Engel werden können, um die gefallenen Engel zu erlösen. Es ist in den Sentenzenkommentaren sehr gebräuchlich, zu fragen, ob die Natur des Engels geeignet gewesen wäre, von Gott zur Vereinigung angenommen zu werden (*assumptabilis*). Die Frage wird durchwegs verneint.

Thomas von Aquin sagt, zur Aufnahme des Engels in die Vereinigung habe keine Notwendigkeit bestanden; außerdem sei deren Sünde nicht heilbar (*irremediabile*).[168] Ähnlich argumentiert Bonaventura gegen die Angemessenheit der Aufnahme des Engels. Die Unsterblichkeit des Engels wird bei beiden nicht erwähnt.[169]

Dass die Unsterblichkeit der Engel als Argument gegen die Aufnahme des Engels in der Union mit Gott in der Augustinertheologie angeführt wurde, belegt Aegidius Romanus. Er argumentiert: Während Christus durch seinen Tod uns mit dem Vater versöhnen wollte, hätte er die gefallenen Engel nicht versöhnen können, wenn er ein Engel geworden wäre; denn der Engel könne weder übernatürlich noch natürlich sterben, obwohl er vernichtet werden könnte.[170] Bei Thomas von Straßburg und Hugolin von Orvieto wird diese Frage in ihren Sentenzenkommentaren übergangen.

Bei Johannes von Basel taucht die Engels-Frage in abstrakter Form auf, nämlich »ob das Wort, das ja die reine menschliche Natur annimmt, in gleicher Weise auch eine unvernünftige oder eine engelhafte Natur annehmen könne, sei sie gut oder böse«.[171] Doch die Ausführung der Quaestio enthält keine Parallele zu dem infrage stehenden Gedanken des Meisters des Lehrgesprächs. Zwar wird »absolut« zugestanden, dass Gott eine rein geistige Kreatur in personaler Weise annehmen könne[172], aber das Problem der Erlösung der gefallenen Engel wird gar nicht berührt.

Insofern ist im sechsten Kapitel des zweiten Buches kein Indiz für eine Übereinstimmung des Meisters des Lehrgesprächs mit Johannes von Basel nachzuweisen.

---

168 Thomas de Aquino, Sth. III, q. 4, a. 1 co und ad 3.

169 Bonaventura, In Sent. III, d. 2, a. 1, q. 2; Bd. III, S. 39.

170 Aegidius Romanus, In Sent. III, d. 2, p. 1, q. 1, a. 3, n. 4; ed. Roma 1623, S. 64b: *Voluit enim Christus dei filius fieri homo, ut pro nobis moriens, reconciliaret nos Deo Patri: sed hoc non potuisset facere, si fuisset factus angelus, ut pro nobis moriens, reconciliaret Deo Patri angelos peccatores, quia angelus licet possit supernaturaliter pati, tamen nec naturaliter, nec supernaturaliter potest mori, licet possit annihilari.*

171 Iohannes de Basilea, In Sent. III, d. 3–4, q. 2; Bd. IV, S. 303–5: *Utrum verbum naturam humanam assumens mundam posset similiter assumere naturam irrationalem vel angelicam sive bonam sive malam.*

172 Iohannes de Basilea, In Sent. II, d. 3–4, q. 2, concl. 2, cor. 2; Bd. IV, S. 36,27 f.: *Creaturam pure spiritualem Deum personaliter posse assumere est concedendum absolute.*

7. Kapitel
Gott und Mensch müssen eine Person werden.

Dieses Kapitel hält sich im Wesentlichen an die Vorgaben Anselms von Canterbury, geht aber in der Ausführung auch eigene Wege.

Wiederum sei der Inhalt kurz zusammengefasst.

Gott und Mensch müssen eine Person werden; sie müssen es, weil keiner von ihnen allein die Erlösung hätte vollenden können, wie im vorausgehenden Kapitel erklärt wurde. Aus diesem Müssen folgt die Freude über die Gerechtigkeit, die *selige schulde*, die hier Gregor dem Großen zugeschrieben wird. Die notwendige Vereinigung ist nicht nur Übereinstimmung wie bei zwei Freunden. Sie ist auch nicht die Vereinigung in der Liebe; denn diese ist die Übereinstimmung des Denkens und Wollens. Davon ist die Vereinigung in der Natur zu unterscheiden. Wenn es also heißt: »Der Mensch wird ein Geist mit Gott«, so soll man das als Vereinigung in der Liebe verstehen, also im Denken und Wollen, nicht als Vereinigung in der Natur, als »würde der Mensch, was Gott ist« (AFD II, c. 7; fol. 100vb–101ra, Z. 63–66).

Diese Unterscheidung wird durch die Erleichterung des Schülers unterstrichen, der die Rede, »der Mensch werde gebildet in Gott und er werde eins mit Gott«, kennt und vor der irrigen Vorstellung warnt, diese Einigung könnte als Einigung in der Natur verstanden werden. Diese Anspielungen dürften sich direkt auf Meister Eckhart beziehen, der in der Tat annähernd wörtlich so gesprochen hat, zum Beispiel:

> »Und wenn sich daher der Mensch ganz zu Gott fügt, wird er entbildet und eingebildet und überbildet in der göttlichen Einförmigkeit, in der er mit Gott eins ist«[173]

oder auch:

> »Wir werden völlig in Gott transformiert und verwandelt. Vernimm ein Gleichnis! Ganz so, wie wenn im Sakramente Brot in unseres Herrn Leib verwandelt wird: wieviel der Brote es auch wären, so wird doch nur ein Leib. <...> Ganz so werde ich in ihn verwandelt, dass er mich als sein Sein wirkt, als eines, nicht als gleiches; beim lebendigen Gotte ist es wahr, dass es da keinerlei Unterschied gibt.«[174]

Dieses letzte Zitat bekommt dadurch ein besonderes Gewicht, dass dieser Satz mit seiner Ergänzung, die diese Verwandlung mit der Transsubstantiation des

173 Eckhart. Pr. 40, DW II, S. 278,5 f. (Übers. S. 688): *Als sich der mensche mit minne ze gote blôz vüegende ist, sô wirt er entbildet und îngebildet und überbildet in der götlîchen einförmicheit, in der er mit gote ein ist.*

174 Eckhart, Pr. 6, DW I, S. 110,8–111,7 (Übers. S. 454 f.): *Wir werden alzemâle transformieret in got und verwandelt. Merke ein glîchnisse. Ze glîcher wîse, als an dem sacramente verwandelt wirt brôt in unsers herren lîchamen, swie vil der brôte were, sô wirt doch ein lîchame.* <...> *Alsô wirde ich gewandelt in in, daz er würket mich sîn wesen ein unglîch; bi dem lebenden got sô ist daz wâr, daz kein underscheit enist«*

Brotes vergleicht, sowohl im ›Votum Avenionense‹[175] als auch in der Bulle ›In agro dominico‹[176] angeführt wird. Johannes von Basel zitiert sie aus dem Gutachten des Kardinals Fournier.[177] Mit diesem sowie dem ›Votum‹ der Avignoner Theologen‹ lehnt der Hiltalinger die Wesenseinheit zwischen dem trinitarischen Sohn Gottes und den Adoptivsöhnen ab, die dann ausgesagt würde, wenn man diese Umwandlung und Gleichbildung (1.) als die Wesensform bestimmend (*formaliter*), (2.) als wesenseigenen Habitus (*intrinsece habitualiter*) oder (3.) als einwohnende Vollkommenheit (*perfective inhaerenter*) verstehen würde. Diese Umschreibungen meinen eine ontologische Wesenseinheit zwischen Gott und Mensch. Man könnte aber, fügt der Augustiner an, Eckharts Einheits-Formulierungen in einem guten Sinne beibehalten, wenn man sie in Übereinstimmung mit »unserem«, also mit dem augustinischen Verständnis auslegt, und das heißt, wenn die Formulierungen Eckharts (4.) eine unwandelbare Teilhabe [am Göttlichen] oder (5.) eine gnadenhafte endgültige Beseligung meinen würden.[178] Die beiden letzten Qualifizierungen bezeichnen eine personale gnadenhafte Gotterfülltheit. Von dieser Stellungnahme des Johannes

---

175 Votum Ave. art. 20, n. 74, Acta n. 59, LW V, S. 582,6–9.

176 Bulle art. 10, Acta n. 65, LW V, S. 598,43–46.

177 Iohannes de Basilea, Resp. q. 1, concl. 1, post cor. 3, n. 4; ed. WITTE, S. 361,598–605 (Übers. ebd.): *Quarta contra vicesimum articulum, quo dixit: »Nos transformamur totaliter in deo et convertimur in eum, sicut in sacramento panis convertitur in corpus Christi, sic ego convertor in eum, quod ipse operatur me suum esse unum non simile. Per viventem deum verum est quod ibi est nulla distinctio.«* (»Viertens gegen Art. 20, wo er gesagt hat: ›Wir werden alle umgeformt in Gott und wir werden verwandelt in ihn. Wie im Sakrament das Brot in den Leib Christi verwandelt wird, so werde ich in ihn verwandelt, was er wirkt, dass ich mit ihm eins bin, nicht nur ähnlich. Durch den lebendigen Gott ist wahr, dass dort kein Unterschied ist.‹«) Ebenso Vot. dom. Ben., ed. STURLESE, S. 564,117–122.

178 Iohannes de Basilea, Resp. q. 1, concl. 1, post cor. 3, not; ed. Witte, S. 364,697–715 (Übers. ebd.): *Notandum tamen est pro intellectu istorum in vicesimo primo et vicesimo tertio articulis, quod totum hoc ›quod est Christo datum‹ vel ›quod est proprium naturae divinae‹, ›deus homini iusto‹ vel ›esse proprium sibi‹ multipliciter posset accipi, uno modo formaliter, alio modo intrinsece habitualiter, tertio modo perfective inhaerenter, quarto modo participative immutabiliter, quinto modo obiective beatifice gratuite et finaliter. In tribus primis sensibus videntur sensisse cum dicebat: ›Nihil excipio etc.‹ Quarto et quinto modo possent dicta ad bonum intellectum teneri, non tamen simpliciter, sed secundum congruentiam nobis convertentem.* (Übers. ebd.: »Man muss aber zum Verständnis dieser Thesen im 21. und 23. Artikel anmerken, dass das Ganze, ›was Christus gegeben worden ist‹ oder ›was der göttlichen Natur eigen ist‹, ›Gott dem gerechten Menschen‹ oder ›ihm eigen sein‹ vielfältig verstanden werden könnte: nämlich 1. als Formprinzip, 2. als aus dem inneren Wesen heraus habituell, 3. als innewohnend und Vollkommenheit stiftend, 4. als unveränderlich teilhabend, 5. als objektiv beseligend, ungeschuldet und endgültig. In den drei erstgenannten Bedeutungen scheint er es verstanden zu haben, wenn er sagte: ›Ich nehme nichts aus usw.‹ In der vierten und fünften Weise könnten die Worte in einem guten Verständnis aufrechterhalten werden; freilich nicht schlechthin, sondern allein, wenn sie für uns <mit unserer Position> in Übereinstimmung gebracht werden.«) Ebenso Vot. dom. Ben., ed. STURLESE, S. 566,179–192.

von Basel führt eine Brücke zum ›Traktat von der Minne‹, wie im Kommentar oben ausgeführt wurde. Als Beweisziel dieser Minne-Quaestio gibt der Autor an: »Drittens werde ich darlegen, wie Gott mit dem Menschen als Liebe vereinigt wird und nicht als Sein.« – *Zu dem dritten mall wil ich sprechen, wie got mit dem menschen wirt vereint als minne, nicht als wesen* (TvdM Z. 33 f.). Diese Ankündigung wird in der Argumentation zur abschließenden These mit ausdrücklichem Bezug auf Meister Eckhart eingeleitet:

> »Zum dritten will ich ausführen, wie Gott mit uns förmlich [*formaliter*] vereint werden kann als Vernunft oder als Minne, nicht als Sein [*wesen*], und wie man Meister Eckharts Satz verstehen soll, Gott sei das formgebende Sein [*esse formale*] der Geschöpfe.« – *Zu dem dritten mall wil ich sagen, wie got muge vereint werden formlich mit vns als ein vernuft oder als mynne vnd nicht als ein wesen, vnd wie man es versten sulle nach des meisters synne, das got sey formlich wesen der creaturen* (TvdM Z. 164–169).

Diese Klammer, die den ›Audi-filia-Dialog‹ mit dem ›Traktat von der Minne‹ und der Stellungnahme des Johannes von Basel zu Meister Eckhart in den ›Responsiones‹ verbindet, ist ein starkes Indiz für die Zusammengehörigkeit der vier mittelhochdeutschen Werke mit den scholastischen Schriften des Johannes von Basel.

Im ›Audi-filia-Dialog‹ wird die Verbindung von Gott und Mensch weiter differenziert. Dass in Christus die Gottheit und die Menschheit ebenso wie die Menschheit Christi mit unser aller Menschheit in Liebe vereint sind, ist selbstverständlich. Wesentlich ist aber die Einheit der (göttlichen) Natur im Gottmenschen Christus mit der Einheit der (menschlichen) Natur in uns und in Christus, unserm Bruder.

> »Dabei erkenne, dass abgesehen von der Vereinigung, die die Liebe stiftet, es mehr natürliche Einung zwischen Christus und dem Menschen gibt als zwischen Gott und dem Menschen. Denn gerade, wie alle Menschen in Adam eine Menschheit waren, so werden alle Menschen in Christus Kinder Gottes. Darum, wie zwischen Christus und dem Menschen eine Einung der Natur ist, so muss zwischen Gott und dem Menschen, der uns erlösen soll, Einung der Natur und der Liebe sein.« – *Daby merke, daz âne die vereynunge, die die mynne tůt, so ist me naturlicher eynunge tzwùschen Christo vnd dem mônschen denn zwùschen gott vnd dem mônschen. Wân reht als alle mônschen in Adam worent ein mônscheit, also werdent alle mônschen in Christo kinder gottes. Dauon alz zwùschent Christo vnd dem mônschen ist ein eÿnunge der nature, als zwùschen gott vnd dem mônschen, der vns erlôsen sol, mûß sin eÿnunge der nature vnd der mynne* (AFD II, c. 7; fol. 101va, Z. 192–208).

Damit wird die Frage nach dem Unterschied von Vereinigung in Liebe oder in der Natur verlassen, und das Gespräch wendet sich der Frage zu, was die Vereinigung als Person bedeutet, die eine besondere Form der Vereinigung in der Natur ist. Um die Besonderheit der Vereinigung in der Person zu erfassen, werden drei weitere Arten der Vereinigung erklärt. Diese Ausführungen über die verschiedenen Formen der Vereinigung und die Vereinigung der Person dienen dazu, zu bestimmen, wie die Natureinheit beschaffen sein muss, die eine Erlösung des Menschen von seiner Schuld bewirken kann:

1. Die Verwandlung – Darin wird eins aus zweien, eins geht im andern auf.
2. Die Vermischung – Darin werden die zwei zu einem Neuen, einem Dritten.
3. Die Sammlung – Darin werden gleiche oder verschiedene Dinge gebündelt oder zusammengehäuft.

4.1 Die persönliche Vereinigung – Eine Person ist die Vereinigung zweier Dinge in einem, das vernünftig ist. Beim Menschen ist es die Vereinigung von Leib und Seele in der vernünftigen Person, wohingegen weder der Leib noch die Seele je für sich eine Person ist. Ein Tier ist zwar eine Vereinigung von Leib und Seele, aber keine Person, weil es nicht vernünftig ist. Ein Engel hingegen ist eine vernünftige Seele, aber keine Person, weil sie keinen Leib hat.

4.2 Weiterhin wird noch das Kriterium bestimmt, das den Menschen zu einer Person macht. Es ist, modern gesprochen, die Identität. Dieses Einzigsein des Menschen, nicht allein die Vereinigung von Leib und Seele, macht ihn zur Person.

»Insofern er eins ist, darum ist er eine Person, und dadurch, weil Leib und Seele zwei sind, darum sind weder Leib noch Seele miteinander die Person des Menschen.« – *Nåch dem als er eins ist, darnach ist er ein person, vnd dauon wån lib vnd sele zwey sint, dauon ist weder lip noch sele mitenander die person des mȏnschen* (AFD II, c. 7; fol. 102va, Z. 168–170).

Die Art und Weise der Vereinigung scheint dem Meister besonders wichtig zu sein; denn er geht genauestens die möglichen Vereinigungsformen durch und zeigt, warum die Einheit Gottes und des Menschen keine Verwandlung, keine Vermischung und keine Sammlung sein könnte. Bei Anselm findet sich schon eine rudimentäre Reflexion über die Weise der Vereinigung, wenn er kurz die Vermischung und Verwandlung und die Vereinigung von Leib und Seele diskutiert.[179] Zwar ist diese Unterscheidung ein Topos, der in der scholastischen Literatur breite Ausgestaltung erfährt, jedoch findet sich ein besonders ausführlicher Beleg dafür auch bei Johannes von Basel, und zwar außerhalb seines Sentenzenkommentars, in einer eigenen Quaestio disputata: »Ist die Vereinigung in einer Person der gegenseitig notwendige Bestimmungsgrund für die kommunikative Vereinigung aller Wesensvollkommenheiten?«[180] Die hier als Frage formulierte These ist auch wörtlich der Hauptpunkt der Auseinandersetzung im ›Audi-filia-Dialog‹. Johannes von Basel stellt fest, dass eine Ansammlung von vielen Dingen und eine Zusammenstellung keine wahre Einheit stiftet.[181]

---

179 Anselmus Cantuariensis, CDH II, c. 7; Bd. II, S. 101,24–102,21.

180 Iohannes de Basilea, Resp. q. 2; F fol. 37ra, M fol. 218ra: *Utrum unio suppositalis omnium essentialium perfectionum unitarum sit mutua necessaria communicativa ratio formalis.*

181 Iohannes de Basilea, Resp. q. 2, not. 2; F fol. 37va; M fol. 218ra: *Cum sit una collectio multorum turbam faciens et compositionem partium massam formans et similiter pluralitatem*

Er führt dieses Argument auf Hugo von St. Viktor zurück.[182] Auch die weiteren Formen der Vereinigung, die der Meister des Lehrgesprächs anführt, werden vom Hiltalinger diskutiert, so die Vereinigung durch Einprägung und Umwandlung, Vermischung und gegenseitige Unterstützung.[183] Ferner heißt es, die Vereinigung von Materie und Form wie Leib und Seele genüge nicht, dass das Kompositum ein Mensch werde.[184] Vielmehr wird aufgezeigt, dass eine Person nicht allein durch die vernünftige Substanz konstituiert wird, sondern, wie oben auch aus dem ›Audi-filia-Dialog‹ zitiert wurde, durch die selbstständige Existenz, durch die er eins ist, auch wenn er aus zwei Naturen besteht.[185] Besonders die beiden letzten Bestimmungen sind nahe beim Meister des Lehrgesprächs, in dessen ›Audi-filia-Dialog‹ es zusammenfassend heißt: »Darum sind weder Leib noch Seele miteinander die Person des Menschen« – *[D]auon ist weder lip noch sele mitenander die person des moͤnschen*. Dies lässt jedoch aufhorchen, da ja gerade diese Vereinigung das Wesen der Person bestimmen soll. Der Satz des Johannes von Basel sagt dasselbe, aber er gibt auch Aufschluss: »Die Einheit <von Leib und Seele> genügt vollständig und an sich nicht, dass das aus ihnen Vereinigte Mensch genannt wird.« Also das Vereinigte an sich

---

superfluam vel singularitatem inperfectam demonstrans, non tamen est his unitas vera. (»Da eine Sammlung vieler, die eine Menge macht, und eine Zusammenfügung von Teilen, die eine Masse bilden, und in gleicher Weise eine überfließende Vielzahl oder eine unvollkommene Einfachheit zeigt, so ist sie doch nicht für diese <Teile> eine wirkliche Einheit.«)

182 Ebd.: *Haec omnia sunt Hugonis lib. 1, De sacramentis, parte 3, cap. 12.* Hugo de Sancto Victore, De sacramentis Christianae fidei, I, p. 3 ›Quod vere et summe unus‹; ed. Berndt, S. 78,6–16; Hugo von Sankt Viktor, Über die Heiltümer des christlichen Glaubens, Übers. Knauer, S. 98.

183 Iohannes de Basilea, Resp. q. 2, not. 3; F fol. 37va; M fol. 218ra: *Unio suppositalis non potest fieri per informationem nec per conversionem nec per mixtionem nec <per> solam ydempticam operationem nec constitutivam compositionem nec per suppositi et suppositi ad invicem sustentationem nec per naturae ad naturam sustentativam et terminativam unionem.* (»Eine Einheit der Träger <= der Person> kann nicht durch Einprägung oder eine Verwandlung noch durch eine Vermischung noch durch eine einzige identische Handlung noch durch eine konstitutive Zusammenfügung noch durch eine gegenseitige Stützung von einem Bestandteil für den anderen noch durch die Einheit der Natur zu einer stützenden und begrenzten Natur entstehen.«)

184 Iohannes de Basilea, Resp. q. 2, not. 4; F fol. 37vb; M fol. 218va: *Unio materiae, quae est corpus, et formae, quae est anima intellectiva, non sufficit complete et per se ad hoc, quod compositum ex ipsis homo dicatur.* (»Die Einheit der Materie, das heißt des Körpers, und der Form, das heißt der erkennenden Seele, genügt vollständig und an sich <allein> nicht dazu, dass das aus ihnen Vereinigte Mensch genannt wird.«)

185 Iohannes de Basilea, Resp. q. 2, not. 5; F fol. 37vb; M fol. 218va: *Non quodlibet individuum substantiae rationalis in genere substantiae habet rationem personae, sed solum illud, quod per se existit, non autem illud, quod existit in alio <supposito> perfectionis.* (»Nicht jegliches vernünftige Individuum aus der Gattung der Substanz hat die Seinsweise der Person, sondern allein dasjenige, was durch sich existiert, aber nicht dasjenige, was in einem anderen Träger seiner Vollkommenheit existiert.«)

ist nicht die Person, sondern, wie der nächste Satz sagt, nur wenn dieses Vereinigte selbstständig, und nicht in einem anderen Träger existiert; »sondern allein dasjenige, was durch sich existiert, aber nicht dasjenige, was in einem anderen Träger seiner Vollkommenheit existiert«.[186] Diese Bestimmung der Person, die beim Meister des Lehrgesprächs wie bei Johannes von Basel vorkommt, ist in der Tat subtil und entspricht nicht den gängigen Definitionen der Person.[187] Es gibt Anklänge an die Lehre des Richard von St. Viktor, aber keinesfalls eine Übereinstimmung. Ob es in der Literatur ähnliche Bestimmungen des Wesens der Person wie bei Johannes von Basel gibt, kann ich derzeit nicht belegen.

Obwohl also in diesem Punkte eine deutliche Übereinstimmung zwischen dem Meister des Lehrgesprächs und Johannes von Basel besteht, ist dies kein eindeutiges, aber doch ein bemerkenswertes Indiz für die Autorschaft. Dass auch im Augustinerorden dieselben Unterscheidungen möglicher Vereinigung gebräuchlich waren, zeigt Aegidius Romanus.[188] Jedoch beziehen sich diese Bemerkungen nicht auf die Definition der Person.

Indem der Meister des Lehrgesprächs aufzeigt, dass in der Person Christi die beiden Naturen, die göttliche und die menschliche, vereinigt sind und rein erhalten bleiben, ist er wieder bei dem Beweisziel Anselms angekommen: »Weil es also notwendig ist, dass mit Wahrung der Unversehrbarkeit beider Naturen der Gott-Mensch gefunden werde, ist es nicht weniger notwendig, dass diese beiden unversehrten Naturen in einer Person zusammenkommen – wie Leib und vernünftige Seele in einem Menschen zusammenkommen –. weil es anders nicht geschehen kann, dass ein und derselbe vollkommene Gott und vollkommener Mensch ist.«[189]

---

186 Siehe die vorausgehende Anmerkung.

187 Vgl. Kible, Person.

188 Aegidius Romanus, In Sent. III, d. 6, pars 1, q. 1, art. 2; ed. Roma 1632, S. 233a: *Respondeo dicendum, quod in Christo non dicitur facta esse unio in natura, quia non est in Christo una sola natura: Nam natura humana non est una et eadem cum natura divina: nec per conversionem, sicut natura cibi in naturam cibati: nec per mixtionem, sicut ex quatuor elementis sit vera natura mixti; nec per informationem sicut ex materia et forma fit una natura tertia totius compositi.* (»Die Antwort lautet: Es heißt nicht, dass in Christus die Vereinigung in der Natur geschehen sei, da es in Christus nicht nur eine Natur gibt. Denn die menschliche Natur ist nicht eine und dieselbe wie die göttliche Natur, weder durch Verwandlung, wie die Natur der Speise in die Natur des Gespeisten [umgewandelt wird], noch durch Vermischung, wie aus vier Elementen eine Natur des Gemischten [entsteht], noch durch Einprägung, wie aus der Materie und der Form eine dritte Natur des gesamten Zusammengesetzten wird.«)

189 Anselmus Cantuariensis, CDH II, c. 7; Bd. II, S. 102,17–21 (Übers. Schmitt, S. 99): *Quoniam ergo servata integritate utriusque naturae necesse est inveniri deum-hominem, non minus est necesse has duas naturas integras conveniri in unam personam – quemadmodum corpus et anima rationalis conveniunt in unum hominem –, quoniam aliter fieri nequit, ut idem ipse sit perfectus deus et perfectus homo.*

Die Betrachtung der Einheit durch die Inkarnation drängt aber weiter; denn die Vereinigung bringt noch nicht die Erlösung, sondern die vollendet sich erst durch die die Bußtat unseres Bruders Christus. Das ist das Thema der beiden folgenden Kapitel.

8. Kapitel
Der Erlöser darf nicht aus eigener Schuld sterblich sein wie die Menschen.

Die Frage, ob Christus sündigen konnte, lehnt sich eng an Anselms von Canterbury ›Cur deus homo‹ (II, c. 10) an. Der Meister führt auch das Beispiel Anselms an, das zeigt, dass nur die willentliche Absicht zu täuschen, eine Unwahrheit zur Lüge macht. Auch die Auseinandersetzung darüber, dass Gott, der Gottessohn und die Engel lobenswert sind, obwohl sie nicht sündigen können, folgt der Argumentation Anselms, die größere Freiheit liege in dem, was man nicht verlieren kann.

9. Kapitel
Er musste sterben können, wenn er wollte, und nicht sterben, wenn er nicht wollte.

Das Kapitel folgt in der Argumentation wiederum inhaltlich genau, jedoch gestrafft den Gedanken Anselms (CDH II, c. 11–13): Der Gott-Mensch gab freiwillig, was er zu geben nicht schuldete; denn er war ohne Sünde. Und er gab mehr als Liebe, Treue und Ehre, die das Kind dem Vater schuldet: Er gab sich selbst in seinen Tod.

Nachdem so die Begründung der Erlösungstat Anselm folgend vorgetragen ist, fügt der Meister des Lehrgesprächs eigenständig einen kurzen heilsgeschichtlichen Abschnitt entsprechend der paulinischen Theologie ein: Der Erlöser ist gestorben und auferstanden, so ist der Mensch durch die Taufe der Sünde gestorben und zum Leben befreit. Die Getauften werden dreimal unters Wasser getaucht und herausgehoben, um zu zeigen, dass die Schwäche durch die Tugend und Kraft Christi ausgeglichen, die Blindheit durch die Wahrheit und die böse Lust durch die Liebe zur Gerechtigkeit vertrieben wird.

Hieran schließt sich eine weitere Unterscheidung an: Das Sakrament der Taufe schenkt die Gerechtigkeit allen, auch denen, die es nicht verstehen, wie viel mehr aber noch denen, die die Wahrheit mit reinen Augen sehen und lieben (*die es mit lutern ougen also sehent in der worheit, als es betùtet, vnd es nâch der worheit also mÿnnent, als sù es sehent.* [AFD II, c. 9; fol. 109va, Z. 105 f.]). Die ersten sind die Laien, die die Sakramente empfangen, aber nicht berühren, die anderen die Priester, die die Sakramente berühren und den Ursprung des Heils aus Christus verstehen. Diese »können wohl die auserwählten Priester Gottes heißen; denn sie betasten und berühren unverhüllt die Wahrheit« – *Die môgent wol heissen die vßerwâlten priester gottes, wân sù die worheit bloß handelent vnd rûrent* (AFD II, c. 9; fol. 109vb, Z. 114 f.).

Im Anschluss daran folgt der Meister wiederum Anselm (CDH II, c. 12 und 13), indem er begründet, warum Christus Elend, Schwäche und Tod auf sich nahm, ohne das Elend zu erleiden, da er es ja freiwillig tat; dass er aber Unwissenheit nicht erlitt, da er zur Erlösungstat Weisheit und Klugheit brauchte.

10. Kapitel
Sein Tod überwindet alle Sünde durch wahre Gerechtigkeit.

Dieses Kapitel entspricht in allem dem 14. Kapitel aus ›Cur deus homo‹: »Wie sein Tod die Zahl und Größe aller Sünden überwiegt.«[190] Der Wert des Lebens Christi wird abgewogen gegen dessen Mangel, nämlich, um welchen Preis einer bereit sein könnte, Gott zu vernichten. Die Frage, wie denen vergeben werden könnte, die den Gott-Menschen getötet haben, wird entsprechend dem 15. Kapitel des ›Cur deus homo‹ beantwortet: Die Täter wussten nicht, dass sie Gott töteten.

11. Kapitel
Er musste von einer reinen Mutter geboren werden.

Das Problem wird vom Schüler am Anfang des Kapitels ganz im Sinne Anselms (CDH II, c. 8) formuliert, jedoch statt der umständlichen Ausführungen in der lateinischen Vorlage folgt hier eine präzise Zusammenfassung.

> »Was du gesprochen hast, ist zweifellos wahr. Da er aber ein Mensch ist und auch die Mutter, die ihn gebar, und da er von Adams Geschlecht ist und die ganze Menschheit in Adam gefallen ist, wie du zuvor gesagt hast, darum wollte ich gerne wissen, inwiefern er in Adam nicht verfallen ist und woher der reinen Mutter ihre Reinheit gekommen ist, in der sie die gesegnete Frucht der Liebe geboren hat« – *Es ist âne allen zwiuel wor, daz du hast gesprochen. Wân er aber ein mônsche ist vnd ouch die mûter, die in gebar, vnd wân er von Adams gesleht ist vnd alle mônscheit in Adam verfallen ist, alz du vor hast gesprochen, dauon wolt ich gerne wissen, wie er in Adam nùt verfallen ist, vnd wannan der reÿnen mûter kummen sie ir reÿnikeit, in der sù hât geborn die gesegente fruht der mynne* (AFD II, c. 11; fol. 113^{rb-va}, Z. 14–19).

Um zu erklären, dass Jesus zwar aus Adams Geschlecht stammt, aber der Sünde nicht verfallen ist, greift der Meister zurück auf die Lehre von der Erbsünde, in der es geheißen hatte, die Nachkommen der Ureltern seien zuvor in

190 Anselmus Cantuariensis, CDH II, c. 14; Bd. II, S. 113,20 (Übers. Schmitt, S. 119): *Quomodo mors eius praevaleat numero et magnitudine peccatorum omnium.*

der Zeugungskraft (*berende kraft*) Adams gewesen. Da der Erlöser aber aus der jungfräulichen Mutter Maria geboren wurde, stammt er nicht aus der Zeugungskraft Adams, die ihn mit allen Menschen der Erbsünde ausgeliefert hätte. Dieser Rückgriff auf die Zeugungskraft findet sich bei Anselm nicht. Er zieht vielmehr eine Parallele zwischen der jungfräulichen Eva, aus der die Sünde ihren Anfang nahm, und der jungfräulichen Maria, aus der das Heil hervorging. Da aber Maria aus der *berenden kraft* Adams empfangen wurde, folgt im ›Audi-filia-Dialog‹ die Frage, wie sie reine Mutter sein kann, das heißt, ob sie ohne Erbsünde ist.

Bevor der Meister auf die Frage eingeht, worin Marias Freiheit von der Erbsünde begründet sei, hebt er hervor, dass die Lehrer uneinig seien, ob Maria selbst ohne Erbsünde empfangen worden sei oder erst nach ihrer Empfängnis gereinigt wurde. Damit weist er auf ein Problem der zeitgenössischen Schuldiskussionen hin. Aber ohne auf die Lösung der Frage an dieser Stelle einzugehen, versichert er, dass beide Möglichkeiten die anstehende Bedingung nicht beeinträchtigen würden; denn in jedem Fall musste Jesus von einer reinen Jungfrau geboren werden:

> »Denn wäre sie mit der Sünde empfangen, so wurde sie doch umgehend davon gereinigt. Wurde sie aber nicht in der Sünde empfangen, dann geschah das doch in einer Gnade. Diese Gnade allein ist zuvorkommend, bevor sie so geschieht, und sie reinigt die Sünde, sobald sie geschieht.« – *Wån were sù mit der sùnde empfangen, so wart sù doch dauon schiere gereÿniget. Wart sù aber nùt in der sùnd empfangen, daz geschach doch in einer gnåde. Die gnåde eine ist die fùrkomment, e das sù geschiht, vnd reÿniget die sùnde, so sù geschiht* (AFD II, c.11; fol. 114^{rb-va}, Z.77–81).

Demnach wird zuerst die Frage diskutiert, wie Maria von der Erbsünde befreit wurde, wenn sie in der Sünde empfangen wurde. Mit Anselm argumentiert auch der Meister des Lehrgesprächs, dass auch alle, die vor der Geburt Jesu an den Messias geglaubt haben, zum Beispiel Abraham, Moses und Jakob, gerettet werden sollten, und so ist auch Maria vor der Geburt ihres Sohnes durch ihren Glauben an ihn zuvor gereinigt worden. Zum Verständnis führt der Meister des Lehrgesprächs ein Gleichnis an, das auch bei Anselm steht: Wenn in einer Stadt alle dem König untreu geworden wären außer einem, der ihm Treue und Dienst bewahrt hätte, könnte der König auf die Bitte dieses einen Treuen hin alle, die in der Stadt leben, von seinem Zorn verschonen, aber auch diejenigen, die nicht in der Stadt anwesend waren.

Weiterhin schließt sich eine Zweifelsfrage an, die der ›Audi-filia-Dialog‹ ebenfalls aus Anselms ›Cur deus homo‹ (II, c.16) entnommen haben mag. Wenn es vorbestimmt war, dass alle Gerechten durch den Tod Christi erlöst werden sollten, so musste er sterben; das Opfer des Lebens war dann vielleicht nicht freiwillig. Wiederum führt der Meister zusammen mit Anselm an, was zuvor bei der Frage, ob Jesus hätte lügen können, gesagt wurde: Er hätte die Fähigkeit gehabt, Worte zu sagen, die nicht wahr sind, aber er hätte sie nicht in der Absicht sagen können, zu täuschen und dadurch zu lügen.

»Also hatte Christus die Macht, sein Leben zu behalten, nachdem er geboren wurde. Er hatte aber keinen Willen dazu, noch konnte er ihn haben.« – *Also hät Christus gewalt, sin leben zů behalten nǎch dem, daz er waz geboren. Er hät sin aber keinen willen, noch moht in nùt han* (AFD II, c. 11; fol. 115vb, Z. 165 f.).

Insofern nahm Christus den Erlösungstod freiwillig und nicht gezwungenermaßen auf sich.

Die unbefleckte Empfängnis Marias

Das elfte Kapitel folgt demnach in allen Punkten Anselm außer mit dem Hinweis auf die unbefleckte Empfängnis Mariens. In dieser Frage wird im ›Audi-filia-Dialog‹ zunächst die klassische Lehre vertreten, nach der auch Maria bei ihrer Geburt der Erbsünde unterlag, die zum Beispiel auch Thomas von Aquin vertritt.[191] Diese Position herrscht zunächst auch im Augustinerorden vor. Zumkeller[192] gibt folgenden Überblick:

»Ägidius Romanus hatte unter Berufung auf Röm. 5, 12 gelehrt, dass auch Maria in der Erbsünde empfangen wurde; doch sei sie sofort (*quasi statim*) nach der Empfängnis von der Erbsünde gereinigt worden. Ihm schlossen sich viele der älteren Augustinertheologen an, wie Augustinus von Ancona, Heinrich von Friemar der Ältere, Simon von Cascia, Gregor von Rimini, Jordan von Quedlinburg und Facinus von Asti.«

Die ersten Augustinermagister, die die unbefleckte Empfängnis bejahten, waren Hermann von Schildesche[193] und Thomas von Straßburg, »der in seinem Sentenzenkommentar Mariens Präservation vor der Erbsünde behauptete und nach der bekannten Formel *potuit, decuit, ergo fecit* (›er konnte es, es ziemte sich, also hat er es gemacht‹) ausführlich begründete«.[194]

Johannes von Basel schließt die Möglichkeit einer Freiheit Marias von der Erbsünde in ihrer Empfängnis nicht aus; aber er legt sich nicht fest. Angesichts der uneinheitlichen Stellungnahmen seiner Ordenskollegen ist die teils

---

191 Thomas de Aquino, Sth. III, q. 27, a. 2 co: *Culpa autem non potest emundari nisi per gratiam, cuius subiectum est sola creatura rationalis. Et ideo ante infusionem animae rationalis beata virgo sanctificata non fuit. Secundo quia, cum sola creatura rationalis sit susceptiva culpae, ante infusionem animae rationalis proles concepta non est culpae obnoxia. Et sic, quocumque modo ante animationem beata virgo sanctificata fuisset, nunquam incurrisset maculam originalis culpae, et ita non indiguisset redemptione et salute quae est per Christum.* (»Die Schuld aber konnte keine Reinigung finden außer durch die Gnade, die nur ein vernünftiges Geschöpf empfangen kann. Und so, auf welche Weise auch immer die selige Jungfrau vor ihrer Beseelung geheiligt worden wäre, wäre sie niemals dem Makel der Urschuld verfallen, und so hätte sie nicht der Erlösung und des Heils bedurft, das durch Christus erfolgt.«) Siehe auch HORST, Dogma und Theologie, S. 7–14.

192 ZUMKELLER, Die Augustinerschule des Mittelalters, S. 191.

193 Hermann von Schildesche, Der Traktat des Hermann von Schildesche OESA ›De conceptione gloriosae Virginis Mariae‹.

194 ZUMKELLER, Die Augustinerschule des Mittelalters, S. 191. Bei Thomas von Straßburg, In Sent. III, d. 3, q. 1, a. 1; ed. Genua 1589, fol. 8vb–10rb.

befürwortende, teils kritische Stellungnahme des Johannes von Basel ein beachtliches Indiz für seine Identität mit dem Meister des Lehrgesprächs. Dieser folgt zwar in diesem Punkte wie gewohnt der allgemeinen Linie des Anselm von Canterbury; wo er aber darüber hinausgeht, stimmt er genau mit Johannes von Basel überein. Hiltalingen führt dieselbe Position an wie der Meister des Lehrgesprächs im ›Audi-filia-Dialog‹, indem dieser nämlich die Frage im Sinne Anselms so diskutiert, dass Maria, wenn sie in der Erbsünde empfangen wurde, bald aufgrund der Erlösungsgnade Christi im Voraus gerettet wurde und so den Sohn als reine Magd gebären konnte. Doch der Schüler beharrt darauf, die Stellungnahme des Meisters bzw., wenn unsere Hypothese gilt, des Johannes von Basel, zum Problem der unbefleckten Empfängnis zu erfahren: »Ich wüsste noch gerne deine Meinung über die reine Mutter, ob sie in Erbsünde empfangen wurde oder nicht.« *Noch wúst ich gerne dinen sin von der reÿnen můter, ob sù in erbsùnde were empfangen oder nùt* (AFD II, c. 11; fol. 116ra, Z. 179 f.).

Die Antwort ist zunächst kurz: Gott hat das getan, was für seine Ehre, für seinen Sohn und dessen Mutter das Allerbeste war.

> »Ob es aber nun ehrenwerter ist, dass sie ohne Sünde empfangen wurde und von der Gnade ihres zukünftigen Sohnes gereinigt wurde oder dass ihr dieselbe Gnade so zuvorkam, dass die Sünde auf sie nicht vererbt wurde, das ist nicht sicher.« – *Ob aber nu erlicher sie, daz sù ône sùnde wùrd empfangen vnd von der gnade irs kùnfftigen kindes gereÿniget oder daz sù dieselbe gnâde also fùrkâme, daz die sùnde vff sù nùt erbete, das ist nùt sicher* (AFD II, c. 11; fol. 116^{ra-b}, Z. 183–186).

Gott war beides möglich. Aber was unsicher ist, darüber bleibt Unwissenheit; denn Gott hat es nicht offenbart. Aber diese Unwissenheit ist besser als frevelhafte Sicherheit, wo keine Sicherheit ist oder wo die Möglichkeiten gleichgewichtig sind. Jedenfalls ist sicher, dass Maria durch die Gnade ihres Sohnes gereinigt wurde, ob sie nun von der empfangenen Erbsünde befreit wurde oder ob sie ohne Erbsünde empfangen wurde. Gottes Ehre und Lob ist weder in dem einen noch dem anderen Fall größer. Zum Abschluss wundert sich der Schüler, dass sich »große, kluge Lehrer« darum bekümmern, wo das eine wie das andere gleicher Weise Gottes Lob und Ehre dient. Diese Ansicht des Meisters des Lehrgesprächs ist genau diejenige des Johannes von Basel.

Die Frage nach der unbefleckten Empfängnis Marias hat ihren festen Ort in der dritten Distinctio des dritten Buches der Sentenzen des Lombarden. An der entsprechenden Stelle hat Johannes von Basel die Frage: »Kann man mit Recht sagen, dass aus der Einheit, in der das Wort für unsere Erlösung inkarniert worden ist, Gott Mensch geworden ist, geboren aus der Jungfrau?«[195] Jedoch geht er an dieser Stelle auf die unbefleckte Empfängnis nicht näher ein. Das tut

195 Iohannes de Basilea, In Sent. III, d. 7–9, q. 4; Bd. IV, S. 52,3–5: *Utrum ex unione, qua verbum pro nostra redemptione est incarnatum, verum sit dicere Deum hominem factum et de virgine natum.*

er jedoch in der ersten Quaestio der Disputationensammlung, der ›Responsiones‹.[196]

Die erste Abhandlung hat schon durch die originelle Kombination der Leitbegriffe programmatischen Charakter: »Ist der Sohn Gottes und der reinsten Jungfrau Maria auf Grund irgendeiner Würde seiner Vollkommenheit im eigentlichen Sinne (*formaliter*) unendlich?«[197] Gott ist unendlich, der Mensch ist endlich; ist der Sohn Gottes und der Marias unendlich? Was soll für diese Frage der Beiname »reinste Jungfrau« besagen? In welcher Auszeichnung liegt die Vollkommenheit schlechthin des Gottmenschen? Gründet sich diese Auszeichnung der Vollkommenheit auf das zweifache Sohnsein? In welcher Weise ist der Sohn *formaliter* unendlich? Kennzeichnet die Unendlichkeit sein eigentliches Wesen, oder gehört sie ihm nur im uneigentlichen Sinne, zum Beispiel: vergleichsweise, bildlich, affektiv oder als Ehrenbezeichnung gesprochen? Das sind Überlegungen, welche die Quaestio über Marias Reinheit und die Unendlichkeit Jesu Christi erörtert. Diese Auseinandersetzung wurde im ›Traktat von der Minne‹ ausführlich besprochen. In der Kombination des mariologischen und des christologischen Themas liegt hier die individuelle Note dieser Abhandlung Hiltalingens.

Die Hauptthese des Meisters des Lehrgesprächs ist: Ob die Jungfrau mit oder ohne Erbsünde empfangen wurde, in jedem Fall ist sie durch die Gnade ihres Sohnes von der Erbsünde befreit worden. Das ist auch die These des Augustinermagisters. Das Fazit seiner Argumentation im ersten Teil der genannten Quaestio lautet: »Sowohl wenn Gott die Jungfrau, seine Mutter, von der Sünde bewahrt hat wie wenn sie darin empfangen wurde, so existiert dennoch ihr vollkommener Erlöser und versöhnender Mittler, und sie war ein Teil von ihm.«[198] Aber auch die klassische Lösung, die der Meister des Lehrgesprächs mit Anselm vorträgt, findet bei Johannes von Basel Zustimmung: »Wenn die Jungfrau Maria in der Erbsünde empfangen worden wäre, wäre sie nach den ewigen Gesetzen nicht weniger würdig gewesen.«[199]

Der Augustinermagister äußert aber auch denselben Vorbehalt gegen die These von der unbefleckten Empfängnis Marias: »Obwohl die Jungfrau als die

---

196 Siehe dazu MARCOLINO, Einleitung, S. 41–43.

197 Iohannes de Basilea, Resp. q. 1; F fol. 34va; M fol. 214ra; W fol. 2^{r}: *Utrum dei et purissimae Mariae virginis filius qualibet dignitate simpliciter perfectionis formaliter sit immensus?* KOCH, Kardinal Fournier als Gutachter, S. 371 f., zitiert diesen und ähnliche Texte, um »einen kleinen Geschmack von der geschraubten Sprache des Augustiners zu geben <…>. Sie beruht auf dem Streben, alles möglichst exakt auszudrücken, erschwert aber die Lektüre in nicht geringem Maß.«

198 Iohannes de Basilea, Resp. q. I, concl. 1, cor. 4; F fol. 35va; M fol. 215va: *Sive Deus virginem matrem suam a culpa praeservaverit sive ipsa in ea concepta sit, eius tamen perfectus redemptor et reconcilians mediator existit et ipsa eius membrum fuit.*

199 Iohannes de Basilea, Resp. q. 1, concl. 1, cor. 3; F fol. 35va; M fol. 215rb: *Si virgo Maria in culpa originali concepta fuisset, tamen secundum leges aeternas non minus digna fuisset.*

reinste empfangen und ohne Erbschuld sein mag, so kann das doch jemandem, der es verneint, aus der Schrift nicht bewiesen werden.«[200] In der Argumentation für den ersten Teil dieser These, also für die unbefleckte Empfängnis, sagt er: »Diesen Teil <der These> behaupte ich mehr mit frommen Worten als mit unschlagbaren Argumenten.«[201] Dass die Meister über die Frage der unbefleckten Empfängnis Mariens *missehellent* (AFD II c.11; fol.114rb, Z.76), obwohl doch für die Erlösungslehre beide Positionen indifferent sind, wird ebenfalls in beiden Werken übereinstimmend kommentiert. Hiltalingen sagt, es gebe »viele Argumente in dieser Sache, die nichts wert sind, mit denen manche sich zu beweisen bemühen, dass Maria nicht in der Erbsünde empfangen sei«[202], und etwas später ergänzt er, es würden »viele Argumente für beide Seiten vorgebracht, die er nicht anführen wolle«.[203]

Das sind im Ganzen doch erstaunlich viele und genaue Übereinstimmungen.

12. Kapitel
Die Mutter sollte eine reine Magd sein, geboren aus Adams Geschlecht.

Wie schon zuvor das elfte Kapitel greift auch das zwölfte wieder auf ›Cur deus homo‹ (II, c.8) zurück. Mit Anselm führt der Meister des Lehrgesprächs die Geburt Jesu aus einer Jungfrau auf eine Parallele zur Entstehung der Menschen im Paradies zurück: Adam wurde von Gott ohne Zutun eines Mannes und einer Frau geschaffen, Eva hingegen nur aus einem Mann, nämlich aus der Rippe Adams, so sollte Jesus ohne Zutun eines Mannes allein aus einer Frau hervorgehen. Dieser Konstellation gibt der Meister des Lehrgesprächs aber eine geistliche Vertiefung. Die Geburt aus Adams Zeugungskraft wäre eine Geburt aus Fleisch und Blut, das heißt aus der Sünde gewesen. Die Geburt Christi aus dem Geist macht, dass die in Christus Geborenen aus dem Geist geborene Kinder Gottes sind. Gleichwohl ist aber Christus aus dem Geschlecht Adams, da er aus Maria geboren wurde, die aus Adams Zeugungskraft entstammt. So konnte ein Mensch, der aus dem Geschlecht Adams stammt und zugleich von Sünden rein ist, die Schuld derer büßen, die aus dem Geschlecht Adams stammen und von diesem die Sünde geerbt haben, wie der Meister des Lehrgesprächs wiederum mit Anselm ausführt.

Den Abschluss bildet ein Rückblick auf das zweite Buch unter der Analogie der Bausteine, die festgefügt sind. Die Bausteine sind die Themen der zwölf

200 Ebd.: *Quamvis virgo purissima concepta fuerit et sit sine originali culpa, hoc tamen non est probabile neganti ex sacra scriptura.*

201 Ebd.: *Quam partem magis persuadeo devotis verbis quam convincentibus argumentis.*

202 Ebd.: *Ex quo patet quod plures sunt rationes in materia ista quae nihil valent, quibus aliqui nituntur probare eam non fuisse in culpa originali conceptam.*

203 Ebd.: *qui plures pro utraque parte fuerunt rationes, quas hic non intendo adducere.*

Kapitel des zweiten Buches, die die Fundierung und den Bau der Erlösung darstellen.

Insgesamt weitet also das zwölfte Kapitel die Gedanken Anselms spirituell-meditativ aus, geht aber nicht über dessen Lehrgehalt hinaus.

13. Kapitel
Wahrheit und Gerechtigkeit, Gnade und Barmherzigkeit sind die Mauern des himmlischen Jerusalem.

Das Schlusskapitel bringt keinen neuen theologischen Inhalt, sondern zieht die Bilanz des gesamten zweiten Buches unter dem Bild der Mauern des himmlischen Jerusalem, der Angriffe gegen sie und deren Abwehr. Wiederum folgt die Argumentation im Wesentlichen Anselms ›Cur deus homo‹ (II, c. 16–19), während jedoch die Struktur des Kapitels, das heißt die Allegorese der Mauern Jerusalem, vom Autor selbst stammt. Darin und auch in der sprachlichen und dramaturgischen Gestaltung des Dialogs, besonders in den meditativ-hymnischen Zuspitzungen, zeigt sich hier – gerade im Unterschied zur Vorlage – wiederum die literarische Kunstfertigkeit des ›Audi-filia-Dialogs‹.

Indem Christus dem Vater gab, was nicht er, sondern der Mensch diesem schuldete, vollzog er Wahrheit und Gerechtigkeit, und zwar durch den Gehorsam bis zum Tode. Dagegen richtet sich aber ein Einwand, den auch Anselm vorträgt:

> »War er nun des Besten schuldig, so war er schuldig, dass er um der Wahrheit willen stürbe. Und war er des Todes schuldig, so ist diese Stelle <der Mauer> nicht richtig aufgebaut.« – *Waz er nu des besten schuldig, so was er schuldig, das er stùrbe vmb die worheit; vnd waz er des todes schuldig, so ist das ort noch nùt vff reht gesetzet* (AFD II, c. 13; fol. 120va, Z. 77–79).[204]

Die Lösung besteht darin, dass zwischen einer zwingenden und einer nicht zwingenden Notwendigkeit unterschieden wird. Die komplizierten Auseinandersetzungen Anselms vereinfacht der Meister des Lehrgesprächs durch die Unterscheidung zwischen einem Gebot, welches ein Handeln von Rechts wegen setzt, und einem Rat, dem ein Handeln folgt, das recht ist, aber nicht geschuldet:

> »Wer darum tut, was geboten ist, der tut, was er soll, denn er tut, was recht ist und was er zu tun schuldet. Der aber tut, was geraten ist, der tut, was er soll, denn er tut, was recht ist; er tut es aber nicht von Rechts wegen.« – *Dauon der tůt, das gebotten ist, der tůt, das er sol, wan er tůt, das reht ist vnd das er schuldig ist zůtůnde. Der aber tůt, daz gerâten ist,*

204 Vgl. Anselmus Cantuariensis, CDH II, c. 16; Bd. II, S. 122,14 f.: *Sed quaecumque fuerit causa, verum est tamen quia non potuit non mori et necesse fuit illum mori.* (Übers. Schmitt, S. 135: »Aber was immer die Ursache gewesen sein mag, so ist es doch wahr, dass er nicht nicht sterben konnte und dass es notwendig war, dass er starb.«)

der tůt, das er sol, wån er tůt, das reht ist; er tůt es aber nùt von rehte (AFD II, c. 13; fol. 120vb, Z. 87–90).

Sowohl Anselm als auch der Meister des Lehrgesprächs führen als Beispiel Ehe oder Jungfräulichkeit an. Die Wahl jeder der beiden Lebensformen wäre »recht«, aber keine von beiden wäre »von Rechts wegen« (*von rehte*) geboten (ebd., Z. 90). Daraus ergibt sich für beide Autoren, dass Christi Weg in den Tod auf keinerlei Verpflichtung, sondern nur auf seinem freien Willen beruhte.

Nachdem so Wahrheit und Gerechtigkeit als Fundament des neuen Jerusalem begründet sind, werden Gnade und Barmherzigkeit aus dem Strom der Gnade Christi abgeleitet. Beide Autoren argumentieren, dass die Tat Christi vom Vater belohnt werden müsse; aber da dem Sohn Gottes nichts gegeben werden konnte, das er nicht schon hatte, war es geziemend, dass der Vater es denen zuwendet, die Christi Fleisch und Blut sind und denen er es zuwenden wollte.

Damit ist der argumentative Teil, der Anselm von Canterbury folgt, abgeschlossen. Jedoch fügt der Meister, der Allegorie entsprechend, noch einen Abschnitt an, in dem begründet wird, wie die Angriffe, mit denen die Feinde des Glaubens gegen die Mauern des himmlischen Jerusalem anrennen, zurückgewiesen werden. Diese Verteidigungslinien gründen sich auf die zuvor im zweiten Buch dargelegten anselmianischen Argumente aus »Cur deus homo«. Die Erlösung sei auf den weisen Rat zurückzuführen, 1. dass Gott den ins Wanken geratenen Schöpfungsplan wiederherstellen wollte und so dem Menschen ein größeres Heil gewährte, als es allein die Schöpfungsgerechtigkeit war, 2. dass die Erlösung nicht auf Willkür, sondern auf Recht beruhen sollte und 3. dass die Erlösung nicht auf einer ungerechten Forderung Gottes beruhe. Denn wenn der Erlösungslehre vorgeworfen wird, sie beruhe darauf, dass Gott den Tod eines Unschuldigen gewollt habe, argumentiert der Meister wie zuvor beim Problem der Notwendigkeit und der Freiheit des Willens. Christus habe aus eigenem Willen sterben wollen und nicht müssen; dass darum sein Tod zwar mit dem Willen des Vater geschehen, aber nicht aufgrund des unfehlbaren Wollens Gottes.

In der Linie der Hypothese, der Meister des Lehrgesprächs sei Johannes Hiltalingen von Basel, der wie erwähnt in Straßburg »der Engel« hieß, soll nochmals auf die beachtenswerte Kuriosität hingewiesen werden, dass man am Schluss des zweiten Buches, genauer im Schlusskommentar des Gesamtwerkes, wiederum eine versteckte Selbstenthüllung des Autors finden kann. Während im letzten Kapitel des ersten Buches der Autor in der Rolle des Dialogmeisters mehrmals »Engel«, also mit dem Beinamen des Johannes von Basel, genannt wird, spricht der Autor am Ende des zweiten Buches mit Blick auf das Gesamtwerk von sich selbst als Autor. Er mahnt zur Vorsicht bei der Lektüre des Buches und bittet um freundliche Belehrung, wenn der Leser etwas falsch findet.

Nachdem er sich auf die Autorität Augustins und Anselms als Gewährsmänner der Orthodoxie seines Werkes berufen hat, fügt er eine Bescheidenheitsformel an, in der er sich – wiederum versteckt – als Johannes von Basel zu erkennen geben könnte, falls man die Hypothese dieser Untersuchung als berechtigt erkennt. Er sagt:

> »Ich bin ein Mensch und nicht ein Engel. Darum so halte es niemand für unrecht, wenn ein Mensch geringen Wissens und schwachen Verstandes menschlich handelt.« – *Ich bin ein mǒnsche vnd nùt ein engel. Dauon so hab es nyemann vnbillich, ob ein mǒnsche kleyner kunst vnd krangker synne tůt mǒnschlich* (AFD II, c. 13; fol. 129rb, Z. 562–564).

Es ist doch ungewöhnlich, dass der Autor eines Buches in einer Captatio benevolentiae anführen sollte, dass er kein Engel ist. Metaphorisch steht der Engel eher für sittliche Reinheit[205] als für wissenschaftliche Gelehrsamkeit. Eher würde man erwarten, dass ein Autor sich darauf beriefe, er sei kein fehlerloser, autoritativer oder auch kein heiliger Kirchenlehrer. Würde der Meister des Lehrgesprächs als Johannes von Basel aber auf seinen eigenen Beinamen anspielen, ergäbe der Hinweis einen guten Sinn.

Abschließend kann gesagt werden, dass das zweite Buch des ›Audi-filia-Dialogs‹ nur in den erwähnten und analysierten Passagen überzeugende Indizien dafür bietet, dass Johannes von Basel der Autor auch dieses Werks ist. Aber wiederum ist das Spiel mit dem mutmaßlichen Engelsnamen des Autors zusammen mit den besonderen Lehrinhalten ein gewichtiges Argument für die These.

---

205 Das ist auch aus einer vergleichbaren metaphorischen Wendung in ›Schwester Katrei‹ und im Kurzdialog ›Meister Eckharts Tochter‹ zu entnehmen. Siehe dazu Hopf, Mystische Kurzdialoge, S. 105–110. Tönsing, Johannes Malkaw aus Preußen, S. 398 vermutet, Johannes von Basel habe den Beinamen bei einer Friedensmission nach Florenz 1377 erworben. Doch das Sendschreiben, zit. in Pastor, Die Geschichte der Päpste seit dem Ausgang des Mittelalters, Bd. I, S. 802 f. (»aus dem Florentiner Stadtarchiv«, ohne genauere Quellenangabe), auf das er verweist, gibt dafür keinen Anhalt.

Anhang

Textvarianten im ›Lehrsystem der deutschen Mystik‹ mit Bezug auf den ›Audi-filia-Dialog‹

Die Redaktion des Abschnitts ›Bild und Gleichnis Gottes‹ im ›Lehrsystem der deutschen Mystik‹

Der Abschnitt ›Bild und Gleichnis Gottes‹ aus dem ersten Kapitel des ›Audi-filia-Dialogs‹ (AFD I, c. 1; fol. 6rb–11va, Z. 102–445) wurde vollständig in das ›Lehrsystem der deutschen Mystik‹ übernommen.[1] Der Kompilator hat dieses Kapitel an den Anfang seines Werkes gestellt. Dort findet es sich auch in allen Handschriften des ›Lehrsystems‹, sodass bei der Beurteilung der Abhängigkeiten die weiteren Gliederungs- und Umstellungsgesichtspunkte, die zur Erstellung eines kritischen Textes des ›Lehrsystems‹ maßgeblich sind, hier nicht berücksichtigt werden müssen.

Das Exzerpt im ›Lehrsystem‹ ist zwar insgesamt unzuverlässiger als die Colmarer Handschrift, aber an einigen Stellen gewinnt es dennoch den Wert eines Textzeugen, der als Korrektiv für Irrtümer der Colmarer Überlieferung eintreten kann. Zur Erstellung der Varianten habe ich die Handschriften des ›Lehrsystems‹ neu überprüft. In deren Beschreibung und Analyse folge ich der Ausgabe von Rosemary Cadigan, The compilatio mystica (Greith's Traktat) in the original: An edition of Ms. C 108b Zürich with references to four other parallel manuscripts. Diss. University of North Carolina at Chapel Hill 1983.

Der Mosaiktraktat lehnt sich mit seinem Incipit *Nun hôre vn verniem* (ed. Cadigan 1^r, Z. 1) an den ›Audi-filia-Dialog‹ an: *Hôre, min tohter, vnd vernim* (AFD I, fol. 1ra, Z. 5). Das Schriftwort wird aber nicht wie in der Einleitung des ›Audi-filia-Dialogs‹ vollständig zitiert, der Satz geht vielmehr nach einem Aufruf zur Aufmerksamkeit weiter mit dem Schriftwort, welches auch das erste Kapitel des ›Audi-filia-Dialogs‹ einleitet: *Nun hôre und vernieme, wie die hailig driualtikeit gesprochen hat jn dem ersten bůche moisy, also: ›Wir sôllent machen einen mônschen nach vnserm bilde vnd gelichnùsse‹* (LS fol. 1^r, Z. 2–8).[2]

Der Kompilator des ›Lehrsystems‹ schließt einen Gedanken des Richard von St. Viktor aus der Trinitätslehre an:

> *Vnd dis merke eben, wan es ist ain grunde gôtlicher bekantnùsse. Wan es sprichet Richardus in sinem bůche der driualtikeit: Der das wesen vnd die bildunge, die got also in die sele getruket hat, wol verstat, der mag an gôtlicher bekantnùsse nit verirren* (LS fol. 1^r, Z. 8–17).

---

1 Honemann, Volker, Lehrgespräch der deutschen Mystik.

2 Allgemeine Zitate aus dem ›Lehrsystem‹ werden aus der Edition von Cadigan entnommen, die (ab S. 1) einen diplomatischen Abdruck der HS Zürich (Z) mit Folien- und Zeilenzählung bietet.

Danach folgt: *Die frage Was ist gotte?* (fol. 1ʳ, Z. 18) Mit der Antwort darauf setzt dann das Textzitat aus dem ›Audi-filia-Dialog‹ ein: *Die antwurt: Got ist ain lebender gaist, der sich bekennet vnd minnet in ewikeit. Die frag: Was ist ein geist?* (fol. 1ʳ, Z. 19–fol. 1ᵛ, Z. 1). Der Vergleich mit dem Wortlaut des ›Audi-filia-Dialogs‹ zeigt, wie der Kompilator den Text umformt: *B. Gott ist ein lebender geist, der sich selber bekennet vnd mynnet in ewigkeit. Verståst du das? A. Was ist ein geist?* (AFD I, c. 1; fol. 6ʳᵇ, Z. 107 f.).

Allgemein ist zu bemerken, dass der Kompilator die Gesprächspartner (*A/B*) nicht bezeichnet. Nicht regelmäßig, aber meistens schiebt er *Die frage/ Die antwurt* ein. Nicht immer ist der Redetext dem Schüler oder dem Meister entsprechend der Vorlage aus dem ›Audi-filia-Dialog‹ zugeordnet. Der Kompilator des ›Lehrsystems‹ macht vielmehr manche Frage des Meisters zu einer Frage des Schülers und umgekehrt. Er musste umfangreiche Texteingriffe vornehmen. Vor allem hat er die Dialogstruktur des Originals auf ein Minimum reduziert. Zwar bleiben formal noch die Gliederungselemente »Die Frage« und »Die Antwort« bestehen, werden aber auch oft übergangen. Alle szenischen Dialogelemente des ›Audi-filia-Dialogs‹, zum Beispiel die Bitten um Erläuterung, Weigerungen und Zögern, Lob und Tadel, werden in das ›Lehrsystem‹ nicht aufgenommen. Aber auch weitere Änderungen, die der Erleichterung des Verständnisses dienen sollen, werden vom Kompilator vorgenommen. Textlich bevorzugt er aufgeschwellte Satzverbindungen durch »und«, »aber«, »weder – noch«, »auch« und ähnliche.

Textkritik

Zu untersuchen ist hier, in welchem Verhältnis die Überlieferung des ›Lehrsystems‹ zum ›Audi-filia-Dialog‹ steht. Schon die Umgestaltung des Frage-Antwort-Spiels und die Tatsache, dass der Dialogtraktat zahlreiche Plusstellen gegenüber allen Handschriften des ›Lehrsystems‹ aufweist, lässt annehmen, dass eine Vorstufe des ›Lehrsystems‹ (*LS) existiert hat, eine dem Original des ›Audi-filia-Dialogs‹ nahe Fassung. Die Version der Colmarer Handschrift (C) war aber nicht die Vorlage des Redaktors des ›Lehrsystems‹.

Die meisten Plusstücke in C sind nicht textkritisch relevant, da sie durch Auslassungen des ›Lehrsystem‹-Redaktors zustande gekommen sind oder sein können, entweder aus stilistischen Gründen oder als Resultat des Strukturumbaus vom Dialog zum Traktat. Sie sind aber Hinweise zum Textverständnis und können so Anlass zu einer Verifikation des Textes von C durch *LS sein. Solche Auslassungen sind unten in der Paralleledition (*LS neben AFD) dieses Kapitels als Bestätigung des AFD-Textes augenfällig; zum Beispiel AFD fol. 9ᵛᵃ, S. 372,321 f. und unten S. 943,504:

nihtzit ist in der vernunfft, dån das vor gewesen ist in der gehùgnisse] *in der vernunfft* fehlt *LS.

Oder AFD fol. 10rb, S. 374,368 f., Anm. 66 und unten S. 946,613 f.:

do wùrt gott ein wort in diner sele] *in* fehlt *LS.

Auch offensichtliche Lücken in *LS, zum Beispiel auf Grund von Homöoteleuton, können keinen Aufschluss darüber geben, ob Hs C des Dialogtraktats oder ein anderer Textzeuge die Vorlage von *LS war.

Auch die Auslassungen in C gegenüber *LS können nicht selten als stilistische Erweiterungen durch den Redaktor verstanden werden. Sie sind dann ebenfalls in den Fußnoten dokumentiert und interpretiert. Einige Minusstücke im ›Audi-filia-Dialog‹ sind aber eindeutig Fehler des Schreibers der Handschrift C, während *LS den vollständigen Text hat. So sind sie Indizien dafür, dass die Hs. C dem Redaktor nicht als Vorlage gedient haben kann, zum Beispiel AFD fol. 6va, S. 356,116 f., Anm. 26 und unten S. 832,26 f.:

Der geist bekùmbert keine statt, wän er weder groß noch klein ist. A b e r d e r l i b e w a n e r g r o s e v n d k l a i n e i s t, so empfâhet der lip varwe vnd figure *LS] *Aber* bis *klaine ist* fehlt C aufgrund von Homöoteleuton.

Ähnlich AFD fol. 8rb, S. 364,236 f., Anm. 42 und unten S. 939,310–314:

Darumb gott ist in imselber vnd ist in vernunfft. Wän vnd were er nit in imeselber, so were er nit in vernunft, wan waz nùt ist, daz ist nùt bekant. *LS] *Wän* bis *vernunft* fehlt C (Homöoteleuton).

Solche Varianten können den Text der Colmarer Handschrift verbessern. Zweifel sind aber zum Beispiel angebracht in AFD fol. 7rb, S. 35,168–170, Anm. 39 und unten S. 935,148–155:

A. Hät daz, das liplich ist, ouch geistliche wise? / B. Weistu nùt, daz die wise schöwer vnd die göttliche contemplierer sint, die in der liplichen creature kúnent daz nemmen, daz geistlich ist v n d e s s c h a i d e n v o n d e m, d a s d a l i p l i c h i s t? *LS] *vnd* bis *liplich ist* fehlt C.

Handelt es sich um Auslassung in C oder um einen ergänzenden Kommentar in *LS? Solche Entscheidungsfragen werden im Text des ›Audi-filia-Dialogs‹ in den Fußnoten diskutiert.

Es kann nicht Aufgabe dieser Arbeit sein, die textkritische Untersuchung des ›Lehrsystems‹ von CADIGAN zu überprüfen oder zu ergänzen. Die Colmarer Version des ›Audi-filia-Dialogs‹ (C) gibt hierzu auch keine Anhaltspunkte, da der mitgeteilte schmale Befund zeigt, dass die Handschrift C unabhängig und wahrscheinlich älter ist als die greifbare Überlieferung des ›Lehrsystems‹.

In den folgenden Gegenüberstellungen der Hss. des ›Lehrsystems‹ mit der Hs. C des ›Audi-filia-Traktats‹ werden den Zitaten jeweils zwei Zeilenangaben vorangestellt: Die erste verweist auf die Zeilen der Edition des Kapitels ›Bild und Gleichnis‹ im AFD in diesem Bande S. 354–382, die zweite verweist auf die Paralleledition der Hs. C des AFD gegen *LS unten S. 931–950.

Die Handschriftenlage

Die Überlieferung des ›Lehrsystems‹ wurde von ROSEMARY CADIGAN[3] untersucht. In ihrer Dissertation beschreibt sie sechs Handschriften:

SG St. Gallen Stiftsbibliothek 1917,[4] ›Lehrsystem‹ S. 1–342, Abschnitt ›Bild und Gleichnis‹ des ›Audi-filia-Dialogs‹ S. 1–28.

M2 München, Bayerische Staatsbibliothek, cgm 5233,[5] ›Lehrsystem‹ fol. 1ʳ–104ᵛ, Abschnitt ›Bild und Gleichnis‹ des ›Audi-filia-Dialogs‹ fol. 1–10ʳ.

Z Zürich, Zentralbibliothek, Ms C 108b,[6] Abschnitt ›Bild und Gleichnis‹ des ›Audi-filia-Dialogs‹ S. 1–37.

M1 München, Bayerische Staatsbibliothek, cgm 4373,[7] ›Lehrsystem‹ fol. 2ʳ–146ᵛ.

H Hamburg, Staats- und Universitätsbibliothek, Cod. theol. 1886,[8] ›Lehrsystem‹ S. 3–30.

Zu den bei CADIGAN ausgewerteten Handschriften kommt eine später aufgefundene hinzu:

Ko Konstanz, Heinrich-Suso-Gymnasium, Nr. 37 (alt 27),[9] ›Lehrsystem‹ fol. 1ʳ–102ᵛ, Abschnitt ›Bild und Gleichnis‹ des ›Audi-filia-Dialogs‹ fol. 1ʳ–13ᵛ.

Die Handschrift Ko

Da CADIGAN die Konstanzer Handschrift (Ko) noch nicht kannte, ist zuvor zu klären, zu welchem Überlieferungszweig des ›Lehrsystems‹ diese Handschrift gehört und ob sie Einfluss auf die Gestaltung des ›Audi-filia-Dialogs‹ nehmen konnte. Das ist nicht der Fall. Die Handschrift Ko gehört zur Überlieferungs-

---

3 CADIGAN, The compilatio mystica, S. XII–LXXXVIII. Eine genauere Hss.-Beschreibung bietet MAURIÈGE, Die dominikanische Prägung des ›Lehrsystems‹, S. 227–233.

4 Ebd., S. XII–XVI. SCARPATETTI, Die Handschriften der Stiftsbibliothek St. Gallen, S. 197–199.

5 Ebd., S. XVII–XIX. SCHNEIDER, Die deutschen Handschriften der Bayerischen Staatsbibliothek München, S. 552–554.

6 CADIGAN, The compilatio mystica (Greith's Traktat) in the original, S. XX–XXIII. MOHLBERG, LEO C., Mittelalterliche Handschriften, S. 56 f., 361 (Nr. 140).

7 Cadigan, The compilatio mystica (Greith's Traktat) in the original, S. XXIV–XXVII; SCHNEIDER, Die deutschen Handschriften der Bayerischen Staatsbibliothek München, S. 93–96.

8 CADIGAN, The compilatio mystica (Greith's Traktat) in the original, S. XXVIII–XXXV. KRÜGER, Die theologischen Handschriften der Staats- und Universitätsbibliothek Hamburg.

9 HONEMANN, Lehrgespräch der deutschen Mystik, Sp. 676.

gruppe der Handschrift Z, von der sie wahrscheinlich abhängig ist, wie die folgende Zusammenstellung der Lesarten zeigt. Sie müsste darum zwar eine Rolle in der Konstitution eines kritischen Textes des ›Lehrsystems‹ spielen. Für die Konstitution des ›Audi-filia-Dialogs‹ spielt sie aber keine Rolle.

Liste Ko mit Z gegen SG M2 sowie Vergleich mit C

111 11f. *zwai grose halb taile* Z Ko] *zway gros tail* SG *zway grosse halb tail* M2] *zwei halbe teil* C

125 47 *nit wol anders* Z Ko] *nit anders wol* SG M2 *anders nùt wol* C

131 60 [Lücke] Z Ko] *Ich beckenn wol was schame ist* SG M2 *Ich bekeͣnne wol waz schamm ist* C

133 63 *merkest aber du* Z] *merckest du aber* Ko *merckest du* SG M2 *merke* C

149 105 *merkest* Z Ko] *vermerck* SG *merke* M2 *merke* C

151 110 *nach der warheit das ist nach der warheit dz ist nach* Z Ko] *nach der warhait das ist nach* SG M2 *nåch der wårheit daz ist nach* C

157 123 *Es ist ŏch kain warheit nit me* Z Ko] *Es ist ouch ain warhait nit mer* SG M2 *Es ist ouch ein worheit nùt me* C

194 211 *die ander nach dem geist* Z Ko] *die ander wise nach dem gaist* SG M2 *die ander wise nåch dem geiste* C

219 270 *Sider dz got ist der ho̊hste gaist* Z Ko] *syder das got ist ain gaist* SG M2 *Sit daz gott ist ein geist* C

236 310 *vnd dar vmbe ist got in ime selber* Z Ko M2] *vnd darumb so ist got in mynne in im selber* SG *darumb gott ist in im selber* C

271 390 *er ist in sin selbes minne ein wort* Z Ko] *er ist in sin selbes minne* SG M2 *er ist in selbes mynne ein geist vnd ein mynne* C

346 563 *ain gelichnússe der driualtikeit wan die gelichnússe* Z Ko] *ain gelichnûsse der driualtikait an sinen kreften wan die gehugnûsse* SG M2 *ein glichnisse der drùfaltigkeit an sinen kråfften; wän die gehùgnisse* C

Auswertung

Z und Ko haben eindeutig die meisten Gemeinsamkeiten, sogar gemeinsame Fehler. Sie stehen gegen die Gruppe SG M2. Ein Vergleich von Z gegen Ko müsste das ganze ›Lehrsystem‹ erfassen. Die Varianten des hier zu untersuchenden Textabschnittes geben keine Entscheidungshilfe. Deshalb bleibt offen, ob Z Ko eine gemeinsame Vorlage haben oder ob Ko von Z abhängig ist. Für die Konstitution des Textes des ›Audi-filia-Dialogs‹ spielt die Handschrift Ko keine Rolle.

Die Dokumentation der Textvarianten

Cadigan erstellt keinen kritischen Text des ›Lehrsystems‹, sondern legt eine durch Satzzeichen gegliederte Transkription der Handschrift Z vor, ergänzt durch die Lesarten der anderen Handschriften. Sie führt die Handschriften SG und M2, die miteinander einen Überlieferungszweig bilden, auf eine gemeinsame Vorlage »alpha« zurück. Aus dieser hat nach Cadigan auch Z geschöpft. Die Hs. Z begründet einen eigenen Überlieferungszweig, zu dem M1 sowie H gehören. Dadurch ergibt sich ihr das untenstehende Stemma (Zu ermitteln bleibt die Position von Ko.):

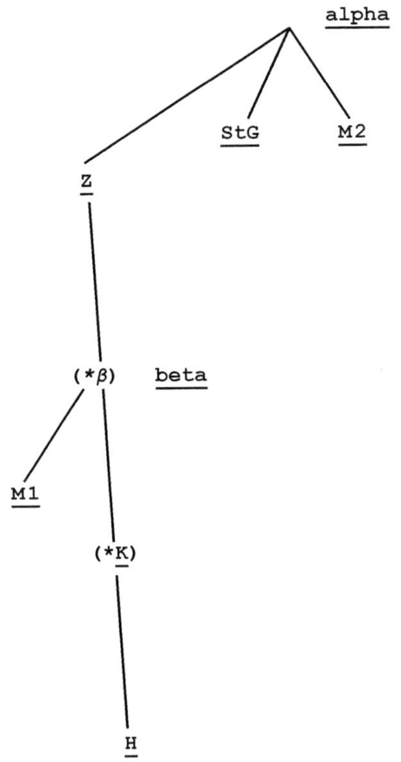

Abbildung 1: Stemma der Hss. des ›Lehrsystems‹ nach Cadigan

Aus dieser Sachlage ergibt sich für die vorliegende Untersuchung die Aufgabe, die Handschrift C des ›Audi-filia-Dialogs‹ mit den Handschriften des ›Lehrsystems‹ zu vergleichen, um einen gemeinsamen Vorläufer zu rekonstruieren und Textbesserungen für C zu gewinnen. Die Analyse der Handschriften erlaubt einen Blick auf einen möglichen Ursprungstext des ›Lehrsystems‹. Die Überlieferungsverhältnisse werden unten durch eine Gegenüberstellung der

Edition des ›Audi-filia-Dialogs‹ aus der Handschrift C neben der Handschrift SG des ›Lehrsystems‹ mit den Varianten aus M2 und Z anschaulich gemacht.

Rekonstruktion eines Urtextes des ›Lehrsystems‹ *X

Cadigan wählt die Handschrift Z zu ihrer »Leithandschrift«, während die Übersetzung der ›Compilatio Mystica‹ von Carl Greith[10] nur die Handschrift SG als Vorlage hatte. Bei ihrer Wahl der Leithandschrift lässt sich Cadigan vor allem vom Inhalt und der Ordnung der aufgenommenen Exzerpte leiten.[11] Um beurteilen zu können, in welcher Form eine Vorläuferfassung von C anzusetzen ist, muss zunächst aus den vorliegenden Handschriften eine Urform des ›Lehrsystems‹ (*X) rekonstruiert werden. Das entspricht der Handschriftengruppe SG M2 Z. Dazu wähle mit Carl Greith ich als Ausgangshandschrift die Version aus Sankt Gallen SG, da sie den zuverlässigsten Text hat. Die Handschrift M2 ist mit SG eng verwandt, aber selbstständig. Dasselbe gilt für Z, wie individuelle Abweichungen in den Handschriften nahelegen. Jede der drei Handschriften der Gruppe SG M2 Z weist individuelle Fehler, aber auch sinnvolle Korrekturen oder Ergänzungen auf.

Individuelle Varianten in den Handschriften SG, M2 und Z

SG gegen M2 Z C

186	194	*der geist <…> enger nùt enwurt* C M2 Z] *der gaist <…> nùt en wirt* SG
212	255	*doͦwenden* Z M2] *dowenden* C *tobender* SG
248	339f.	*gott in imselber ist e daz er sie in siner vernunfft* C] *Got ist ee in ime selber ee das er sige in siner vernunft* Z M2 fehlt SG
310	472	*dieselben gedenke* M2 Z C] *die selben gedåchtnúsz vnd gedenke* SG
326	524	*gehùgnisse gebirt* C] *behúgnússe gebirt* M2 Z *gebirt* SG
331	527f.	*in der gehùgnisse werdent beslossen* C] *in der behúgnússe warent beschlossen* Z M2 *in der behúgnússe warent* SG
388	657f.	*Das maynte ich* SG] *das meine ich* M2 Z C
437	772	*vnd ist ain bilde* SG] fehlt M2 Z C
445f.	791	*vnd lieht in inselber sint* M2 Z C] fehlt SG

Es handelt sich um individuelle Abweichungen, Auslassungen, unbekannte Wörter und stilistische Änderungen, die nicht von einer Vorlage abhängen.

10 Das Lehrsystem der deutschen Mystik.

11 Cadigan, The compilatio mystica (Greith's Traktat) in the original, S. LXXX–LXXXIII.

M2 gegen SG Z C

180	180	*dem vrsprung* M2] *sinem vrsprung* SG Z C
271	389	*haisset denn nit billich der lebend gaist* SG Z C] *haisset denn der lebend gaist* M2
292	433	*ires gaistes* SG Z C] *des hailig gaistes* M2
293	435	*das ist gehúgnisse* SG Z C] *das ist gelichnusse* M2
318	496	*so gant* SG Z C] *so hand* M2
335	539	*ist ı̇̀t in dem willen das vor* SG Z C] *ob in dem willen si das vor* M2
420	734	*vnd nit im selber* SG Z C] *vnd jme selber* M2
422	739	*vnd wenne ain og das ander sicht so ist es ain og in dem andern* SG Z C] fehlt M2
437	772f.	*es wirt gezo̊get* SG Z C] *es wirt geo̊get* M2

Auch hier kann man Schreibereigentümlichkeiten vermuten, die einen abweichenden Wortgebrauch bevorzugen, keine systematischen, vorlagebedingten Varianten.

Z gegen SG M2 C

131	60	*Ich beckenn wol was schame ist* SG M2 C] fehlt Z
150	105	*vermerk* SG *merke* M2 C] *merkest du* Z
163	111	*nåch der wårheit* SG M2 C] *nach der warheit das ist nach der warheit* Z
194	211	*die ander wise* M2 SG C] *die ander* Z
216	264	*der junger* SG M2 *A.* C] *der junge* Z
219	270	*got ist ain gaist* SG M2 C] *got ist der hȯhste gaist* Z
271f.	390	*er ist in sin selbes minne* SG M2] *er ist in selbes mynne ein geist vnd ein mynne* C *er ist in sin selbes minne ein wort* Z
311	475	*die gedencke* SG M2 C] *die selben gedencke* Z
313	482f.	*mir gar vergangen* SG M2 C] *gar vergangen* Z
347	565	*wån die gehùgnisse* SG M2 C] *wan die gelichnússe* Z
375	629f.	*vnser geist* C] *vnser herz* SG M2 *vnser herre* Z
414	721f.	*ir selbes gehúgnússe* SG M2 C] *gelichnússe* Z

Wiederum handelt es sich um individuelle Ergänzungen oder Änderungen, die im Schreibprozess auftreten, ohne von einer Vorlage bedingt zu sein.

Über mögliche Vorstufen könnten Gruppenbildungen dieser individuellen Handschriften mit C Aufschluss geben. Sowohl SG hat Gemeinsamkeiten mit C gegen M2 Z als auch einmal M2 mit C gegen SG Z. Aber in beiden Paarbildungen ist das Textmaterial dieses Kapitels zu schmal, sodass man keine Aussagen für das gesamte ›Lehrsystem‹ machen kann.

SG C gegen M2 Z

140	80	*gedenck* SG C] *bedenke* M2 Z
152	110f.	*nach dem das wort* SG C] *nach dem das daz wort* M2 Z
153	114	*geformen* M2 Z fehlt C *geformiren* SG
200	224	*nach im hat gebildet* SG C] *nach im selber hât gebildet* M2 Z

M2 C gegen SG Z

300	451	*waz ist gehùgnisse* C M2] *beckantnús* SG Z

Textkonstitution des ›Audi-filia-Dialogs‹

Das Verhältnis von *X (SG M2 Z) gegenüber C: Die Arbeit des Kompilators

Cadigan zeigt, dass SG und M2 zusammen gegenüber Z selbstständig sind, sie sind auch nicht Abschriften der einen von der anderen Handschrift.[12] Sie müssen beide auf eine gemeinsame Vorlage zurückgehen, die Cadigan »alpha« nennt.[13] Auch Z hat diese Vorlage für ihren Text benützt.[14] Als Vorlage für die Handschriften des ›Lehrsystems‹ ist also mit Cadigan »alpha« (hier Sigel *X) zu postulieren. Bei Cadigan wird diese repräsentiert durch Gemeinsamkeiten der Handschriften SG M2 Z. Diese Vorlage zeigt die mutmaßliche Arbeit des Kompilators, sie ist abhängig von einer Version des ›Audi-filia-Dialogs‹, einer Vorstufe von C (Sigel *Y), die aus den Gemeinsamkeiten von C mit der zu postulierenden Vorlage des ›Lehrsystems‹, *X (SG M2 Z), zu rekonstruieren ist. Maßgeblich sind insbesondere zwei Stellen, in denen *X einen korrekten Text hat, der in C wegen Zeilensprungs aufgrund von Homöoteleuton ausgefallen ist. Diese Stellen werden in der Liste der Auswertungen des Variantenvergleichs weiter unten angezeigt. Diese Übereinstimmungen mit C können aber nicht sicherstellen, dass *X die direkte Ableitung von *Y ist; denn der Kompilator ändert nicht nur die Dialogform, sondern verdeutlicht auch durch Änderungen und Ergänzungen den Text des ›Audi-filia-Dialogs‹. Es ist nicht zu entscheiden, ob zwischen den hier postulierten Vorläufern von *Y und *X Zwischenstufen existiert haben. Die Ergebnisse können im folgenden Stemma veranschaulicht werden.

12 Cadigan, The compilatio mystica (Greith's Traktat) in the original, S. LXV–LXX.
13 Cadigan, The compilatio mystica (Greith's Traktat) in the original, S. LXX.
14 Cadigan, The compilatio mystica (Greith's Traktat) in the original, S. LXXI.

Ein gemeinsames Stemma des ›Audi-filia-Dialogs‹ und des ›Lehrsystems‹

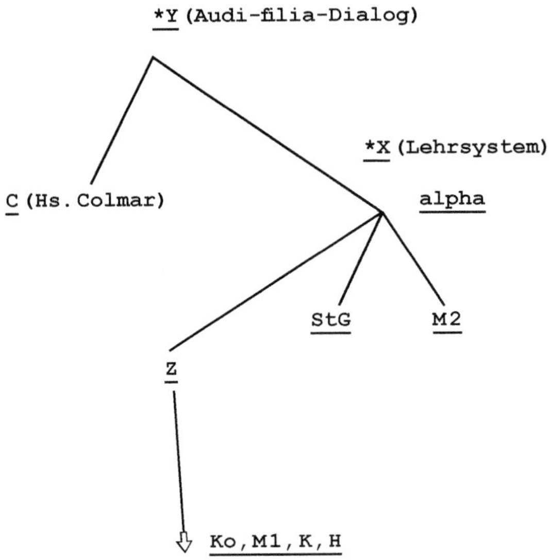

Abbildung 2: Stemma für den ›Audi-filia-Dialog‹ und das ›Lehrsystem‹

Wie das Stemma CADIGANS für ›alpha‹ bereits zeigt, löst sich diese Gruppe *X (SG M2 Z) in der Weiterentwicklung der Überlieferung des ›Lehrsystems‹ auf. Die Handschriften dieser Gruppe nehmen eine eigene Entwicklung. Auch in den Fällen, in denen Gemeinsamkeiten mit C bestehen bleiben, können individuell jeweils Z, SG oder M2 eigene Lesarten bieten. Auch unter diesem Aspekt erweist sich, dass für den Text des ›Audi-filia-Dialogs‹ relevante Aussagen nur getroffen werden können, wenn Z, SG und M2 übereinstimmen. Da die individuellen Abweichungen keinen Einfluss auf die Textkonstitution des ›Audi-filia-Dialogs‹ haben, werden sie hier nicht dokumentiert.

Für die Konstitution des Textes des ›Audi-filia-Dialogs‹ ist also ein Vergleich der Handschrift C mit CADIGANS ›alpha-Gruppe‹, *X (SG M2 Z), notwendig.

Textvergleich ›Audi-filia-Dialog‹ und ›Lehrsystem‹
Kapitel ›Bild und Gleichnis‹

Die Unterschiede zwischen dem ›Audi-filia-Dialog‹ nach der Hs. C und dem ›Lehrsystem‹ nach der Handschrift SG werden im Folgenden durch die Zeilensynopse deutlich gemacht. Zusätzlich sind im Variantenapparat individuelle Abweichungen der Handschriften aus der Gruppe aus *X (SG M2 Z) angezeigt.[1]

Um die Auffindbarkeit der Textstellen zu erleichtern, sind in den Text des ›Audi-filia-Dialogs‹ in Fünfer-Schritten die fortlaufenden Zeilen der Edition in diesem Bande zwischen Schrägstrichen /###/ angegeben. In die Teiledition des ›Lehrsystems der deutschen Mystik‹ ist die Paginierung der Handschrift SG eingefügt.

---

1 Ich danke Georg Steer für beratende Hinweise.

›Audi-filia-Dialog‹ Hs. C	›Lehrsystem‹ Hs. SG
	[1ʳ] Die frag was ist got
/107/ B. Gott ist ein lebender geist,	die anttwurt Got ist ain lebender gaist
der *sich selber* bekennet vnd mynnet	der *sich* beckennet vnd mynet
in ewigkeit.	in ewigkait
Verståst du das?	
A.	die frag
Waz ist ein geist?	*[2]* was ist ayn gaist
B.	die antwurt das merck
/110/ Der lip vnd der geist hänt ein	der leib vnd der gaist dye hand ain
solichen vnderscheit: Der lip ist	sólh vnderschaid wann der leib ist
groß vnd klein von sinen stùcken.	gros vnd klain von synen stucken
Der lip ist groß, der zwey *halbe*	der leib ist gros der zway *gros*[3]
teil hat. Der geist hät kein	tail hat aber der gaist hat kain
stùcke. Wån der lip stùcke hat,	stuck vnd wan der leib stuck hat
so mag er zerteilt werden.	vnd darumb so mag er zertailet werden
Wån der geist von stùcken nùt	aber wan der gaist von stucken nit
ist gemachet, so mag	gemacht ist vnd darumb so enmag
er geteilt nùt werden. Der lip,	er nit getailet werden aber der leib
wån er von stùcken ist, so	wan er von stucken ist vnd darumb so
mag er zů- vnd abene̊men. Der	mag er zu vnd abnemen aber der
geist mag gre̊sser noch /115/ kleyner	gaist mag weder grósser noch klayner
werden. Der lip, wån er groß	nit werden aber der leib wann er grosz
ist vnd kleine, darumb	ist vnd klayn vnd darumb so
bekùmbert er ein gre̊sser stat, so	beckúmert er ain grósser statt so
er groß ist, dånn so er *klein* ist.	er grosz[4] ist denn so er *klain*[5] ist.
Der geist bekùmbert keine statt, wån	der gaist beckúmert kain stat wann
er weder groß noch klein ist.	er weder grosz noch klayn ist
<*aber der leib wann er grosz vnd klain*	aber der leib wann er grosz *[3]* vnd klain
ist>[2] so empfåhet *der lip*	ist vnd darumb so endpfahet *er*
varwe vnd figure.	farbe vnd figur
Der geist empfåhet	
weder varwe noch figure.	
Vnd *darum* wiltu bilden in dir, was	vnd *hierumb* wildu in dir bilden was
ein geist sie, so můst du låssen alle	ayn gaist sige so must du lassen alle
/120/ bildunge der fùnff sinne, wånn waz	pildung der fúnf synne wan was
die sinne intragent, das hät *groß*	die fúnff synne in tragent das hat *grósse*
vnd *kleÿn* vnd hät varw vnd figure	vnd *klayne* vnd
vnd ist uon stùcken. Darumb so	von stucken. vnd dar vmb so
bekùmbert *es* die stat nåch siner	beckumert *er* dy stat nach seyner
grosse vnd kleine vnd hat varwe vnd	grósse vnd klayne vnd hat farbe vnd
figure, vnd darumb so ist es liplich, vnd	figur. vnd darvmb so ist es leyplich vnd

2 *Cj aus *X:* aber der leib wann er grosz vnd klain ist
3 halbe *C*] gros *SG* grose halb *M2 Z*
4 grosz *C SG Z*] grosser *M2*
5 klain *C SG Z*] kleiner *M2*

›Audi-filia-Dialog‹ Hs. C	›Lehrsystem‹ Hs. SG
so es der wise in diner bildunge ie me	so es diser wisz in deiner pildung ye mer
hät, so vil die bildung ie verrer ist von	hat so die bildung ye ferrer ist von
der wårheit des geistes.	der wahrhait des gaists
/125/ A.	die frag vnd sider das also ist vnd
Wie sol ich denne gedencken vnd	wie sol ich aber denn gedencken vnd
bilden den geist, wann ich anders	bilden den gaist wann ich nit anders
nùt wol gedencken kan, dån das in	wol gedencken kan denn das in
mich gebildet wùrt von den sinnen?	mich bepildet wirt von den fúnff synnen?
B. So man sprichet daz wort:	vnd so man spricht das wort
Der <der>[6] worheit lebet, der	der nach der warheit lebt der
bedarff sich sins lebens nùt	bedorff sich seines lebens nit
schåmen‹, bekennest du, das dis	beschemen. vnd bekennest *[4]* du das disz
wort wår ist?	wort war ist
A.	die anttwurt
Jå, gar wol.	Ja wol
/130/ B. Bekennest du, waz die	vnd bekennest aber du was dy
wårheit ist vnd was schamm ist?	warheit ist vnd was schame ist
A.	die antwurt
Ich beke̊nne wol, waz schamm ist;	Ich beckenn wol was schame ist[7]
aber waz die wo̊rheit ist, daz *weiß*	aber was die warhait ist das *beckenne*
ich nùt wol.	ich nut wol
B. *Merke,* waz du vor spre̊che: Du	Merckest du was du vor sprecht du
bekantest wol, daz das wort wor *waz,*	beckanttest wol das wort war *were*
da ich sprach: ›Der der worheit lebet, der	do ich sprach der der warheit lebet
bedarff sich sins lebens nùt	der bedorff sich seins lebens nit
schåmen.‹ /135/ Nu mag nieman kein rede	schamen. Nun mag nyeman kayn red
beke̊nnen no̊ch wo̊rheit, er	beckennen noch warhait er
verstande denne alle die wort, die in die	verstande denn alle die wort die in die
rede vällent.	red vallent
A.	die antwurt:
Ich merke wol, das ich vnreht antwùrte,	
wån verstůnd ich nùt, waz das	*vnd* verstúnde ich[8] nit was das
wort betùtet ›die worheit‹, ich mo̊hte	wort bedúti die warhait Ich mo̊hte
nùt wissen, daz die rede wår ist, so	nit wyssen das die red war ist So
du sprichest: ›Wer der wo̊rheit lebet,	du sprichst wer der warheit lebt
der bedarff sich sins lebens nùt	der bedarff sich sins lebens nit
schåmen.‹	schemen
/140/ B.	
Darumbe gedencke, waz daz wort	darumb gedenck[9] was das wort
betùte in *dinem sinne*!	bedutti in *deinen synnen*

6 *Cj.* der der *C*

7 Ich bekenn wol waz scham ist *C SG M2*] *fehlt Z*

8 ich *C Z M2*] ist *SG*

9 gedenck *SG C*] bedenke *M2 Z*

›Audi-filia-Dialog‹ Hs. C	›Lehrsystem‹ Hs. SG
A.	die antwurt
Ich kan es anders nùt gebilden, denn daz	ich kann es anders nit gebilden *[5]* denn das
sin[10] sie als gůt, daz do ist genant die	*sy* sige als gut das do ist genant
wårheit, daz sich ir nieman	warhait das sich ir nymant
schåmen *sol,* wån von ir komet ere.	schemen *mag* wann von ir kumet ere
B.	
Worheit betùtet etwaz.	warhait das[11] bedüttet ettwas
A.	
Daz ist wår.	das ist war
/145/ B.	die frag
Wie ist es gevär, das wårheit	wie ist es geuare das warhait[12]
betùtet?	bedúttet
A.	die anttwurt
Es hat keine varwe.	Es hat kain farb
	oder gestallt[13]
B.	
Ist es groß oder kleÿne,	*weder ob sige* es gros oder klain oder
wijt oder lang, kalt oder warm, sůsse	witte oder lang kalt oder warm sússe
oder sure, herte oder weich?	oder sur hertte oder waich
A.	vnd
Der keines vinde ich in dem, daz das	der enkaines vynde ich in dem das das
wort betùtet der wårheit.	wort bedúttet der warhait
/150/ B.	vnd
Daby *merke,* daz du etwaz	da by merck[14] das du etwas
verståst vnd bekennest, daz nùt ist	verstandest vnd beckennest das nit ist
ein lip noch nùt hat kein lipliche	ain leib noch nit hat kain leipplich
wise. Also soltu gedencken nåch	wisz vnd also soltu gedencken nach
gotte vnd nåch dem geiste alz nåch	got vnd nach dem gaist als nach
der wårheit , daz ist nach dem	der warhait selbest[15] das ist nach dem
das wort wôrheit betùtet:	das[16] wort warhait bedúttet vnd *hierumb*
du bekennest, daz das wort wårheit	*so* beckennest *du* das das wort warhait
etwaz betùtet daz du nùt gebilden	ettwas bedúttet das du nit beder gebilden
maht nåch	noch geformiren[17] macht weder nach
varwe, nåch figure noch nåch	farb *[6]* noch figure noch nach
keiner liplichen wise; *daz* in	kayner leiblicher weise wann *es* in
ÿmselber gantz ist, /155/ *wann* es kein	im selber gantz ist *vnd* kain
stùcke hat noch kein teil als ein	stuck hat noch kaynen tayle vnd ist ain
lip; *daz* zůnemen *nùt enmag* an siner	leyb *der* zú nemen *mag* an seiner

10 *Cj.* sy
11 das *SG*
12 warhait *C, M2, Z*] ware *SG*
13 varwe oder gestalt **X*] varwe *C*
14 merke *C M2*] vermerck *SG* merkest *Z*
15 nåch der wårheit *C Sg M2*] nach der warheit das ist nach der warheit Z
16 das *C SG*] das daz *Z M2*
17 geformiren *SG* geformen *M2 Z*] *fehlt C*

›Audi-filia-Dialog‹ Hs. C	›Lehrsystem‹ Hs. SG
nature, wan es ist *vnwandelbe̊r*,	*figure* wann es *wandelbere* ist
wån es mag kein ding halbes war	wann es mag kain ding halbs war
sin, es ist entweders wor, daz wor	sin. wann es ist aintweder war das war
ist, oder aber nùt wor. Es ist ouch ein	ist oder aber nit war Es ist ouch ain
worheit nùt me wor dånn die ander.	warhait nit mer war denn die ander
Die worheit bekùmbert stunde	die warheit die beckumert weder stunt
noch stat. Also soltu gedencken	noch stat vnd also soltu gedencken
noch eim geiste.	nach einem gaist.
/160/ A.	die frag
Hät der geist keÿne wise des libes,	hat der gaist kain weisz des leibs
als du sprichest, warumb redent	als du sprichest vnd war vmb redent
dånn die lerer uon den obersten	denn die lerer von dem óbristen
geisten etwenne in der glichnisse des	gaiste Ettwann in der gelichnúsz des
liehtes, etwenne in dem bilde	liechtes vnd ettwann in dem bild
des wortes vnd in måniger	des wortes vnd in menig andern
glichnisse, die liplich sint?	geleichnússen die alle leiblich sind
B.	die anttwurt das merck
So die meister den geist glichent	*das* die maister den gaist geleichnent
dem liehte vnd dem worte vnd andern	dem liecht vnd dem wort vnd andern[18]
liplichen dingen, so meÿnent sù nùt,	*[7]* liplichen dingen So maynent sy nit
daz der geist sie glich dem	das der gaist sige geleich
liechte /165/ nåch varwe oder	*weder* nach farb oder nach
figure, nåch wijte oder nåch	figur oder nach wytti oder nach
breite, nåch stat oder nåch	braitti oder nach stat oder nach
stunde. Wan das sint die wise siner	stund wann das sind die wisen seiner
liplicheit. Sù meÿnent es	liplichhait *sunder* sy maynent es
nåch der wise siner geistlicheit.	*sey* nach der wyse seiner gaistlichait.
A.	die frage
Hät daz, das liplich ist, ouch	hat das das *do* liplich ist ouch
geistliche wise?	gaistliche weis
B.	die antwurt
Weistu nùt, daz die wise scho̊wer vnd	waist du nit das die wisen schówer vnd
die go̊ttliche contemplierer sint /170/ die	die go̊ttlichen contemplirer die
in *der* liplichen creature kůnnent daz	in *dir* liplichen creature das kúnnent
nemmen daz geistlich ist	nemen das gaistlich ist
A.	vnd es schaiden von dem das da
Waz ist geistlich in dem natùrlichen liehte?	lipplich ist
	die frage
	was ist gaistlichs in dem natúrlichen
	liecht
B.	die anttwurt
Daz lieht zo̊iget sich vnd alles, daz in	das liecht zoget sich vnd alles das in
im ist, daz ist ein *angesicht* des	im ist vnd das ist ain *aigentschafft* des
geistes. Daz lieht ist in sinem vrsprunge	gaistes das liecht ist in seinem vrsprung

18 andern *C *X*] anderm *SG*

›Audi-filia-Dialog‹ Hs. C	›Lehrsystem‹ Hs. SG
in *gemitsamikeit* vnd flùsset vß	in *genúgsamigkait* vnd flússet vsz
sinem vrsprunge in emsikeit vnd	synem vrsprung in embsigkait vnd
ist in dem lufft ein vnderscheit.	ist in dem luffte ain vnderschaid
/175/ A.	*[8]* dy frag
Daz betute mir.	das bedútte mir
B.	Die anttwurt
Daz lieht ist also in sinem vrsprunge,	das liecht ist also in sinem vrsprung
wie vil liehtes vßgeflùsset, so ist	wie vil liechtes vsz geflússet So ist doch
deste minre in der sunnen nùt. Daz	dester mynder in der sunnen nit vnd das
ist nùt ein lipliche wise. Wie groß	ist nit ain lieppliche wyse wann wie gros
ein huff ist, der von *liben*	ain huffe ist der von *leipplichen dingen*
ist gemachet , der wurt dester kleyner,	*gemachtet* ist der wirt des der klayner
der dauon nymmet. Darvmb so ist	*so man* da von nymet vnd darumb so ist
es ein geistliche wise. Wån wie vil	es ain gaistliche wise wann wie vil
rere vß dem geiste flùsset, /180/ so ist	*lere*[19] usz dem gaist flússet so ist doch
die wißheit deste kleiner nùt. Daz lieht	dy wishait des der clayner nit das liecht
flùsset vß sinem vrsprung in steͣte	flússet usz synem[20] vrsprung in státter
emsigkeit, vnd darumb alz balde der	embsigkait vnd darumb als bald der
vrsprung ist, als balde so flùsset von im	vrsprung ist also pald flússet von im
daz lieht. Dar vmb so ist der	das liecht vnd darumb so ist der
vrsprung nùt åͤlter nåch der zijt	vrsprung nit ellter nach der zeyt
dåͤn das lieht. Daz ist ein wise des	denn das liecht vnd das ist ain wise des
geists; wån als bald der geist ist, als	gaists wann als bald der gaist ist als
bald ist er vernùnfftig. Das lieht ist	bald ist er vernúfftig das liecht ist
vngesùndert von dem luffte daz	vngesúndert von dem lufft vnd das
meyn ich in aller inrekeit: Do der	*maynte* ich in aller innerkayt da der
/185/ lufft ist, då ist ouch daz lieht, vnd hät	lufft ist do ist ouch das liecht *[9]* vnd hat
der lufft deste eͣnger nùt. Das ist	doch der lufft dester enger nit vnd das ist
ein wise des geists, wån so der geist	ain wise des gaists wann so der gaist
ie me bekennet, so er doch deste	ye mer beckennet so er doch dester
enger nùt enwurt. Das ist, das ich vor	*enger nit* en wirt vnd das ist das ich vor
sprach: Die worheit ist *noch* groß noch	sprach dye warhait ist *weder* gros noch
kleine. Darumb so bekùmbert sù	klain vnd dar vmb so beckúmert sy
kein stat. Als tůt ouch der geist.	enkain stat vnd also tůt ouch der gaist
Vnd darvmb so sint dis geistliche wise.	vnd dar vmb so sind disz gaistliche wise
Darumb so bildet die geschrifft den	vnd *hierumb* so pildet die geschrifft den
geist in glichnisse des liehtes.	gaist in geleichnúsz des liechtes
/190/ A.	
Wie hät das wort glichnisse des	
geistes? Daz ho̊ͤrte ich gerne.	
B.	
Daz geho̊ͤrt nùt in dise rede. Wolt ich	
hier von allen dingen sagen, so kåͤme	
ich dis bůches niemer an ein ende. Ich	
han darumb von dem liehte geredt,	

19 rere *C*] lere *SG Z* lerer *M2*

20 synem *SG Z C*] dem *M2*

›Audi-filia-Dialog‹ Hs. C	›Lehrsystem‹ Hs. SG
daz du mårketest, daz ein liplich	*vnd also hastu gemercket* das ain liplich
ding hät zweyerley wise: ein wise	ding hat zwayerlay wise die ain wis
nach siner liplicheit, die ander wise	ist nach syner liplichait die ander wise[21]
nåch dem geiste, vnd das wißheit	nach dem gaist vnd das wishait
daran lit, daz /195/ der mőnsche in	daran lyt das der mensch in
geistlicher wise *vnd* liplicher nature	gaistlicher wise *in*[22] liplicher natur
kan schǒwen den geist der wårheit.	kann schowen den gaist der warhait
A.	
So sage fùrbas! Villiht git gott gnåde,	
das du etwenn schribende wurst ein lere	
von dem worte der wőren gottheit.	
B.	
Sůche fùrbaß, waz ein lebender	Nun so sůch fúrbas was ain lebender
geist *ist,* daz ist dir nùtz,	gaist *sige*
das du werdest /200/ *bekennen* daz	das du dester pas werdest *erckennen* das
bilde, das got nåch yme	bilde das got selber nach im hat
gebildet hät.	gebildet *[10]*
A.	die frage
Waz ist des geistes leben?	was ist des gaistes leben
B.	die antwurt
Leben des geistes ist sin selbes	leben des gaistes ist sin selbs
empfinden, vnd das empfinden	ain endpfinden vnd das endpfinden
geschiht in bekåntnisse vnd in	*beschicht* in beckantnúsz vnd in
mynnen.	mynne
A.	die frag
Warumb mag es anders nùt sin dån in	warumb mag es anders nit sin denne in
bekantnùsse vnd in mynnen?	beckantnusz vnd in mynne
/205/ B.	die anttwurt
Der mőnsche empfindet sin selbes	der mensch endpfindet sin selbs
vnd ander tier an bekåntnisse der	vnd andere tier an bekantnúsz der
vernunfft vnd der mynne. Wånn sù	vernufft vnd der mynne wan sy
lebent, das geschiht in den sinnen, die	lebend das geschicht in den synnen die
liplich sint. Wån aber der geist sinne	liplich sind wann aber der gaist synne
nùt enhät, darumb sol er sinselbes	nit enhat vnd darumb sol er syn selbs
empfinden, daz můß geschehen in	endfinden das můs geschehen in
vernunfft vnd in mŷnnen.	vernufft vnd in mynne
A.	die frag
Wie mag daz sin? Der mőnsche	wie mag das gesin wann der mensch
der lebet doch, so er slåffet, vnd in	lebet doch so er schlaffet vnd in
/210/ dem slåffe so hat er kein empfinden	dem schlaff so hat er kain endpfinden
weder in bekantnisse noch in sinnen.	weder in beckantnús noch in *den* synnen
B.	die antwurt
So der mőnsche slåffet vnd er lebet,	so der mensch schlaffet vnd er lebet
so hat die sele ein wùrken in dem libe	so hat die sel ain wúrcken in dem leib

21 wise *SG M2 C] fehlt Z*

22 in **X*] vnd *C (rot übergeschrieben)*

›Audi-filia-Dialog‹ Hs. C	›Lehrsystem‹ Hs. SG
vnd daz geschiht etwen nåch *den*	vnd das geschicht ettwen nach *dem*
inneren *sinnen*, etwen nåch der	inren *synne* vnd ettwen nach der
dowenden kraft vnd nach *der krafft*	*tobender*[23] *[11]* krafft vnd nach *den krefften*
der lebenden nature. Der geist aber,	lebender natur aber der gaist
der in keinem libe ist, sol der leben vnd	der in kaynem leib ist sol der leben vnd
sin selbes empfinden, daz můß	sin selbs endpfinden das můs
geschehen in ver/215/nunfft vnd in mynne.	geschehen in vernuft vnd in mynne
Vnd darumb slåff vnd můdi gåt	vnd darumb schlaffe vnd múde gat
der selen zů von dem libe. Der	der sele zů von dem libe aber der
geist, der in dem libe nùt ist, der håt	gaist der in dem lip nit enist der hat
keinen slåff noch kein můdi.	kainen schlaffe noch kain můde.
A.	der junger spricht[24]
Sit der geist nu lebet in vernunfft vnd	sider der gaist nun lebet in uernufft vnd
in mÿnne, so merk ich wol, daz gott	in mynne So merck ich wol das got
ist der ho̊hste geist, der lebet in	ist der hochst gaist der lebet in
vernunfft vnd in mynne.	vernufft vnd in myne
B.	
Sit daz gott ist ein geist vnd er den	Syder das got ist ain gaist[25] vnd er den
mo̊nschen hat gebildet nåch	menschen gepildet hat nach
sinem /220/ bilde, darumb so sich, daz	sinem bilde vnd darumb so sich das
der mo̊nsche geschaffen ist ein geist, der	der mensch geschaffen ist ain gaist der
leben sol in vernunfft vnd in mÿnne,	leben sol in vernufft vnd in mynne
vnd darumb so ist er ein bilde gottes,	vnd darumb so ist er ein[26] bilde gottes
wån er ist ein lebender geist gottes.	wann er ist ain lebender gaiste gottes
A.	
Daz han ich uon gnåden	vnd das han ich von *gottes* genaden wol
verstanden, daz der mo̊nsche nåch	verstanden das der mensch nach
der sele ist ein *bilde.*	der sele ist ain *bilde gottes.*
	die frag
/225/ Nu sage mir: Wie ist er ein glichnisse	Nun sag mir wie ist er ain *[12]* gelichnúsz
gottes, oder ist *es* eins, glichnisse vnd	gottes oder ist *er*[27] ains gelichnusz vnd
bilde?	bilde
B.	die antwurt
Es ist nùt eins betùtet in dem bilde vnd	es ist nit ains bedútten in dem bilde vnd
in der glichnisse.	in der gelichnúsz.
	Nu merck hier mit vlisz wie das
Die sele ist ein bilde gottes nåch dem, als	die sel ist ain pilde gottes nach dem
sù ein lebender geist ist. Sù ist aber ein	als sy lebender gaist ist[28] Si ist aber
glichnisse gottes an iren kråfften.	ain gelichnúsz gottes an iren kreffen
In den kråfften sù glich ist der	in den krefften sy geliche ist der
go̊ttlichen drùfaltigkeit.	götlichen driualtigkait

23 to̊wenden *Z M2* dowenden *C*] tobender *SG*
24 A. *C*] der junger spricht *SG Z* der junge spricht *M2*
25 ain geist *C *X*] der ho̊hste geist *Z*
26 ein *C Z M2*] *fehlt SG*
27 ist es *C*] ist er *M2 Z* ist *SG*
28 ist *M2 Z C*] *fehlt SG*

›Audi-filia-Dialog‹ Hs. C	›Lehrsystem‹ Hs. SG
/230/ *A.*	*Nun frage ich*
Was sint ire kråffte, vnd wie ist sù	was sint ir kreffte vnd wie ist sy
glich der *drùfaltigkeit?*	geleich der heyligen driualtigkait
B.	die anttwurt
Dis ist ein fråge, die mir gar zů	
swer ist, doch tůn ich, daz ich mag,	
wån es die mynne gebùtet. Merke:	
Gott ist ein lebender geist.	got ist ain lebender gaiste
A.	
Daz han ich wol	
verstanden.	
B.	
Er lebet in vernunfft vnd in mynnen	der lebet in vernufft vnd in mynne
sinselbes.	sin selbs
/235/ A. Daz ist wor.	
B.	
Darumb gott ist in imselber	vnd darumb so ist got in mynne in im
vnd ist in vernunfft.	selber vnd in vernufft
<wann vnd were er nit in im selber so	wann vnd were er nit in im selber so were
were er nit in vernufft>;[29]	er nit in vernufft
wann waz nùt ist, daz ist nùt	wann was nit ist das ist ouch nit
bekant. Darvmb waz *keiner* vernunfft	beckannt vnd darumb was *in* vernufft
ist bekant, das můß etwaz sin in	ist beckant das můs ettwas sin in
imselber. Gott ist auch in vernunfft.	im selber Got ist ouch in vernufft
Wån were er nùt in siner vernunfft,	wann vnd were er nit in vernufft
so were er imselber /240/ nùt bekant, so	So were er im selber nit beckant vnd so
were er nùt ein lebender geist.	were er nit ain lebender gaist *[13]*
<A.>	
Darumb so merk ich wol, daz wort:	vnd also
gott ist in imselber vnd ist in	ist got in imselber vnd ist in
vernunfft.	vernuffte
B.	
Gelobet sie gott, daz du	
so schiere hast verstanden	
daz wort, do so grosse wisßheit	
inne lit.	
Nu *sage fùrbas,* weders ist dem andern	Nun *fragen ich* weders ist dem anderm
ein anefang?	ain anfang
/245/ A. Waz meynestu?	
B. Ich meine, daz	weder ist
gott ist in im selber oder daz gott ist	got in im ee selber oder ee
in *siner* vernunfft.	in *der* vernufft
A.	
Mich duncket, daz daz e	
ist vnd dem andern ein	

29 _Cj. aus *X:_ wann vnd were bis in vernufft

›Audi-filia-Dialog‹ Hs. C	›Lehrsystem‹ Hs. SG
anefang ist, das gott in imselber	< *Got ist ee in ime selber*
ist, e daz er sie in siner vernunfft.	*ee das er sige in siner vernunft*>[31]
Wån als ich sprach:	wann
Waz in der vernunfft ist, das můß vor	was in der vernufft ist das můsz vor
sin in imselber; *wån were es nùt*	sin
in imselber, so mőht /250/ es nùt	in im selber *anders* es móhte nit
sin in keiner vernunfft.	sein in kayner vernufft
B. Sage fùrbas:	die frage
Ist gott nùt in imselber vnd in vernunfft	ist got nit im selber vnd in vernufft
vnd *in siner* mynne?	vnd *in* mynne
A.	die antwurt
Jo, minnet er sichselber nùt, so were er	Ja mynnet er sich selber nit So were er
nùt ein lebender geist, der lebet in	nit ein lebender gaist der lebet in
vernunfft vnd in mynne.	vernufft vnd in mynne
/255/ B. Nu sage:	die frage
Waz gåt då vor dem andern?	was gat do vor dem andern
A. Daz *ist gůt zů merken.*	*das mercke*
Wån nieman minnet, dån daz er	nymant mynnet den das
bekennet. So sihe ich *wol*:	beckennet *vnd*
Vor můß <*got*>[30]	dar umb so můsz got
in imselber sin vnd in siner	vor in im selber sin vnd in siner
vernunfft, e er mőhte sin in siner	vernufft ee er móhte sin in syner
mynne.	mynne
B.	
Du nåhest vaste nåch minem	
willen. *Nu sage*: Wie sőllent wir	*Nun fragen ich* wie súllent wir
heissen /260/ den anefang, alz gott ist in	haissen den anfang als got in
ymselber , dauon kommen ist daz,	im selber ist
daz gott ist in siner vernunfft?	das got ist in siner vernunfft
A.	
Daz solt du sagen vnd ich hőren.	
B.	
Mag es nùt wol heissen ein vrsprung	vnd mag es nit wol haissen ain vrsprung
vnd ein vatter, von dem geflossen ist	vnd ain vater von dem geflossen ist
gott in vernunfft?	got in vernufft *[14]*
/265/ A.	die antwurt
Ach, wie mőht es eigenlicher	wie móhte es werden aigenlicher
werden genant dån ein vrsprung der	genant denn ain vrsprung der
gottheit vnd ein vatter, von dem flùsset	gothait vnd ain vater von dem flússet
ein lebender geist in vernunfft!	ain lebender gaist in vernufft
B.	die frage
Wie *wellent* wir dån heissen den	wie *súllent* wir denn haissen den
lebenden geist, als er ist geboren	lebenden gaist als er ist geborn
in vernunfft, dån ein wort vnd einen	in vernufft denn ain wort vnd ainen
sun des vatters?	sun des vaters

30 *Cj aus *X;* got *fehlt C.*

31 Got *bis* vernunft *Z M2*] *fehlt SG*

›Audi-filia-Dialog‹ Hs. C	›Lehrsystem‹ Hs. SG
A.	*die antwurt*
Du håst wőr. Es heisset billich ein wort; wån alles, das do kommet in /270/ die vernunfft, daz wurt zů einem worte als daz, daz do flùsset durch den mund.	*das ist war* es haisset billich ain wort wann alles das das do kumet in die vernufft das wirt zů ainem wort als das das da flússet durch den mund
B.	
Heisset *daz* nùt billich der lebende geist, als er ist in selbes mynne ein geist vnd ein mynne?	vnd haisset *denn* nit billich der lebend gaist als er ist in sin selbes mynne[32]
Der geist einet vnd bindet die bekantnisse zů irem vrsprunge.	vnd der gaist ainet vnd bindet die bekantnús zu irem vrsprung
A.	
We vnd iemer we! Wie hast du in so kurtzen worten so grosse wårheit /275/ beslossen!	
Nu sih ich,	*vnd hier umb so mercke*
wie ein lebender geist in imselber ist vnd wie er ein vrsprung vnd ein vatter ist *denselben* lebenden geist, als er in *sin*selbes vernunfft als ein wort geboren ist, vnd wie uon demselben geiste, als er in imselber ist vnd als er in siner eigenen vernunfft wort worden ist, er in die mynne sinselbs geflossen ist, vnd wie er ein lebender geist vnd gott ist vnd doch vatter vnd sun /280/ vnd heilig geist ein gott ist.	wye ain lebender gaist in im selber ist vnd wie er[33] ain vrsprung vnd ain vater ist *dem selben* lebenden gaist als er in *im* selbs vernufft als ain wort geborn ist vnd wie von dem selben gaist als er in im selber ist vnd als er ist in siner vernufft wort worden *vnd wie* er in die *[15]* mynne sin selbst geflossen ist vnd wie er ain lebender gaist vnd got ist vnd doch vater vnd sun vnd heyliger gaist ain got ist
Nu sage, min herre, warumb dis von allen geisten nùt glich ist, daz ieglich geist werde drie personen, als es von dem ŏbersten geiste gesprochen ist.	
B.	
Min kint, darvmb han ich diese rede nùt angefangen, daz ich eine volle lere nu welle tůn von der heiligen gŏttlichen drùfaltigkeit. Ich han so vil dauon /285/ gesprochen nuzůmåle, daz du wùrdest merken, wie die sele ist ein glichnisse gottes nåch iren kråfften.	
A.	
Gott welle, daz ich nùt sterbe, e ich von der Gottheit empfåhe ein volle lere. Vollebring nu, daz du håst angefangen!	

32 minne *C SG M2*] minne ein wort *Z*

33 vnd wie er vnd wie er *C*

›Audi-filia-Dialog‹ Hs. C	›Lehrsystem‹ Hs. SG
B.	
Daz ist, das du merkest, wie die sele ist	*Nun hie nach so merck* wie die sel ist
ein glichnisse gottes an iren /290 kråfften.	ain gelichnúsz gottes an iren krefften
A.	die frag
Waz sint ire kråffte, daran sù ein	was sint ir krefft dar an sy ain
glichnisse hät des vatters vnd des	gelichnúsz hat[34] des vaters vnd des
sunes vnd ires geistes?	suns vnd ires[35] gaists
B.	die antwurt
Das ist gehùgnisse vnd vernunfft vnd	das ist *gehúgnússe*[36] vnd vernufft vnd
wille.	wille
A.	
Dis bescheide mich wol vnd lå dir	
dauon nùt not sin; wån mich	
be/295/duncket, wer dis *verståt wol,*	vnd wer das *verstatt*
daz der hat einen anefang zů	der hat wol ainen anfang ze
bekantnisse *ewiger* wårheit.	beckantnúsz *der ewigen* wahrhait
B.	
Es ist wår.	
Wer *daz* nùt bekennet, der mag die	vnd wer *des* nit beckennet der mag die
worheit *goͤttliches liehtes* niemer wol	warhait *gottes liechte*[37] neymer wol
begriffen; wån es *ist* der	begriffen wann es *ist dem menschen* der
hoͤhste vnd der nåhste spiegel *dem*	hóchste vnd der náchste spiegel
moͤnschen, in dem er gott sehen mag.	in dem er got sehen mag
/300/ A. *Darumb sage,*	die frag
waz ist *gehùgnisse,* vnd wie sù	was ist *beckantnús*[38] vnd wie ist sy
glich sie dem vatter in der gottheit.	geleich dem vater in der gothait
B.	die anttwurt
Gehùgnisse der sele ist die krafft, in der	*Behúgnússe* der sele ist dy krafft in der
krafft die kùnfftigen gedencke ligent	kraft[39] die kúnfftigen gedencke ligent
beslossen *in der* zijt, *so* der	beschlossen *bis an die* zeyt *das* der
moͤnsche můß gedencken.	mensch můs bedencken
A.	
Des gib mir ein glichnisse.	
/305/ B.	die frag
So der moͤnsche wachet vnd etwaz	so der mensch wachet vnd *[16]* ettwas
hät gedåht in sinem hertzen,	hat gedacht in synem herzen vnd
darnåch, so er slåffet, war	darnach so er slaffet war
köment denn die gedencke?	kument denn die gedenck
A. Sù vergånt, *daz* mich duncket.	Si vergant *des* mich gedúncket[40]

34 hat *fehlt SG*
35 ihres *C SG Z*] des heilig *M2*
36 gehúgússe *C SG Z*] gelichnusse *M2*
37 liechte *C M2 Z*] leichte *SG*
38 gehùgnisse *C*] bekantnùsse *SG Z* behùgnusse *M2*
39 in der kraft *C M2 Z*] dar innen (*am Rand nachgetragen*) *SG*
40 duncket *C Z*] gedúncket *SG M2*

›Audi-filia-Dialog‹ Hs. C	›Lehrsystem‹ Hs. SG
B.	
So der mo̊nsche erwachet, so	vnd so der mensch erwachet so
nymmet er dieselben gedencke	nymet er die selben gedenck
widerumb. Wannan komment sù	wider vmb vnd wannent kument sy
denn? Wårent sù gar	denne wann vnd werent sy
vergangen, so ko̊nde der /310/ mo̊nsche	vergangen so kúnde der mensch
dieselben gedenke nùt herwider	die selben gedenke[41] nit her wider
gewinnen.	*genemen*
A.	
Wå mo̊htent de̊nn die gedenke	wo mo̊htent denne die[42] gedencke
bliben?	beleiben
	die antwurt
Mich duncket, als lange sù blibent, also	mich gedúncket als lang sy beliben als
lange do gede̊hte ich in *dem*	lang do[43] gedachte ich in *den*
gedencken. Wån ich nu nùtz	gedencken vnd aber wann ich nu nůtz
gede̊hte, do ich slieff, do *wen* ich,	gedacht do ich schlieff do *wannde* ich
die gedencke werent mir gar	die gedåncke werint mir[44] gar
vergangen.	vergangen
B.	
Ich wuste wol, daz dich	
das wùrde triegende,	
wån *du* nùt *bekantest* den /315/ vnderscheit	wann *ich* nit *beckantte* die vnderschaid
der *gehùgnisse* vnd der vernunfft.	der *behúgnússe* vnd der vernunfft
Du solt gar flißlich merken: So der	wann darumb so *mercke* so der
mo̊nsche wachet vnd etwaz	mensch wachet *vnd er* ettwas
gedencket, so sint die gedencke in siner	gedencket So sind die gedenck in seiner
vernunfft, vnd alle die wile die	vernufft vnd alle dy wylle die
gedencke sint in der vernunfft, so	gedencke sint in der vernufft so
gedencket er vnd wachet. *So aber* er	gedenckt er vnd wachet *vnd* so *er aber*
entslåffet oder sich on daz von den	endschlaffet oder sich an das von den
gedencken keret, so gånt die	*[17]* gedencken keret So gant[45] die
gedencke vs der vernunfft in die	gedenck usz der vernufft in die
gehùgnisse, vs der sù vor kåmen.	*gehúgnússe* usz der sy vor kament
/320/ A.	die frage
Wie *koment* aber die gedencke *von*	wie *kament* aber die gedenck *an dem*
ersten in die vernunfft?	ersten in dy vernufft
B.	die antwurt
Sù *koment* vs der *gehùgnisse*. Vnd	Si *kament* usz der *behúgnússe* vnd
merke, daz nihtzit ist in der vernunfft,	merck das nútz ist
dån das vor gewesen ist in der	denne das vor gewesen ist in der
gehùgnisse.	*behůgnússe*

41 gedenke *C M2 Z*] gedåchtnúsz vnd gedenke *SG*
42 die *SG M2 C*] dieselben *Z*
43 do] *fehlt SG*
44 mir *SG Z C*] *fehlt M2*
45 gant *SG Z C*] hant *M2*

›Audi-filia-Dialog‹ Hs. C	›Lehrsystem‹ Hs. SG
A.	die frage
Wie komet es dånn in die	wie kumbt es denn in die
gehùgnisse?	*behúgnússe*
B.	die antwurt
Daz geschiht durch die fùnff sinne, die	das geschicht durch die fúnff synne die
tragent in die *gehùgnisse* /325/ die bilde der	tragent in die *behúgnússe* die bilde der
creature. Die bilde empfahet vnd	creaturen vnd die bilde enpfahet vnd
behaltet die krafft der *gehùgnisse*.	behaltet die krafft der *behúgnússe*
Vnd die gehùgnisse	
gebirt die bilde in der vernunfft, vnd do	gepirt die bilde in der vernufft vnd do
werdent sù gedencke vnd zů	*werdent sy ze* gedencken vnd ze
worten. Vnd darumb so ist *gehùgnisse*	worten vnd darumb so ist *gehúgnússe*
vnser selen glich dem vatter;	vnser sele gelich dem vater in der
wån als der *vatter* in der	gothait wann als der *vater*
gottheit gebirt den *lebendigen* geist, daz	gebirt den *lebenden* gaist das
er ist in imselber in siner vernunfft alz	er ist in im selber in syner vernufft als
ein wort sinselbes, also vnser	ain wort sin selbs also vnser
gehùgnisse gebirt /330/ die bilde, die	gehúgnússe die gebirt die bild die
sù in ir håt, in der vernunfft alz irselbs	*[18]* sy in ir hat in der vernufft als ir selbers
wort. Daz wort zoͤiget, waz die	wort vnd das wort zaiget was die
bilde sint, die in der *gehùgnisse werdent*	bilde sint die in der *behúgnússe warent*[46]
beslossen	
A.	<d>ie frag
Als du håst geseit von	als du nun haist gesait von der
gehùgnisse vnd von der vernunfft,	gehúgnusz vnd von der vernufft
also sage nir, wie die krafft *der*	also so sag mir nu wie die krafft des
willen glich sie dem heiligen geiste.	willen geliche syge dem heiligen gaist
B.	die anttwurt das merck
Daz in dem willen ist, daz ist in der	das in dem willen ist das ist in der
mynne, wån mynne ist anders nùt	mynne wann mynne ist anders nit
/335/ dån ein grosser wille.	denn ain grosser wille
Nu fråg ich dich:	*die frag*[47]
Ist ùt in dem willen, daz vor nùt	ist vt in dem willen[48] das vor nit
gewesen *ist* in der vernunfft?	gewesen *syge* in der vernufft
A.	die anttwurt
Neyn, *waz* der moͤnsche mynnet,	nain *wann* was der mensch mynnet
dauon můß er ettlichen	da von můs er *vor hin han etlich*
gedanck han. Der gedanck ist *vor*	*gedencke* vnd der gedanck ist *vor*
in der vernunfft, *wån er* were nùt	*hin* in der vernufft *anders es* ware nit
ein gedanck, er were dån in	ain gedanck er[49] were denn vor hin in
der vernunfft.	der vernufft

46 beslossen *fehlt SG*

47 nu fråg ich dich *C*] die frag *SG Z* die frage ist *M2*

48 ist *bis* willen *C SG Z*] ob in dem willen si *M2*

49 es *SG*

›Audi-filia-Dialog‹ Hs. C	›Lehrsystem‹ Hs. SG
/340/ B.	
Darumb so merke, wie die minne glich ist dem geiste gottes. Wån als der gedanck von der gehùgnisse wirt geborn in vernunfft vnd wùrt doinne ein wort, also flùsset dasselbe wort in die mynne des willen. Alz in der ewigen gottheit der lebende geist sprichet von imselber ein wort, also flùsset der selbe geist in sinselbes mynne, vnd daz ist der heilige geist.	vnd darumb so merck wie die mynne geliche ist dem gaist gottes wann als der gedanck von der ge*[19]*húgnússe wirt geborn in vernufft vnd wirt darinne ain wort also flússet das selb wort in die mynne des willens als in der ewigen gotthait der lebent gaist sprichet von im selber ain wort vnd also flússet der selb gaist in sin selbs mynne vnd das ist der heylig gaist
/345/ A.	
An diesen worten so *han ich gemerket,* daz vnser geist der ein bilde gottes ist, wån er ist ein lebender geist, vnd daz er hät ein glichnisse der drùfaltigkeit an sinen kråfften; wån die gehùgnisse, die die bilde der gedencke in *ÿme* hat, gebirt die gedencke der bilde in der vernunfft als ein wort, vnd die gedencke der bilde fliessent in den willen als ein geist der mynne.	vnd an diese worten so *macht du mercken* das vnser gaist ain bilde gottes ist wann er ist ain lebender gaist vnd das er hat ain gelichnússe der driualtigkait an sinen krefften wann die gehúgnússe[50] die die bilde der gedencke in *ir* hat die gebirt die gedenck der bilde in der vernufft als ain wort vnd die gedencke der bilde die fliessent in den willen als ain gaist der mynne
/350/ B. Lobe die ewige wißheit, die ietze in dir geboren hät ein goͤtes wort vnd eine guͤte mynne.	
A.	die frag
Sage, min herre, ist ein wort besser, das der geist sprichet miner sele dånn daz ander?	*vnd* ist ain wort besser das der gaist spricht myner sele denn das ander
B.	die antwurt
Jå, sù sint gar vnglich.	ja si sint gar vngelich
/355/ A.	die frage
Weles ist besser?	welhes ist besser
B.	die antwurt
Daz worer ist dån das ander.	*das ist das das* warer ist *[20]* denn das ander
A.	die frage
Weles ist worer?	welhes ist warer
B.	die antwurt
Das dem ewigen worte *glicher* ist.	das ist das das dem ewigen wort *aller gelichest* ist
A.	die frage
Min herre, zùrne nùt, daz ich alz vil fråge. Der vnvernùnftig ist, der /360/ můß von allen dingen frågen, wil er verstån die lere. Nu sage mir, weles	welhes

50 gehúgnússe *C SG M2*] gelichnússe *Z*

›Audi-filia-Dialog‹ Hs. C	›Lehrsystem‹ Hs. SG
wort ist dem ewigen worte aller	wort ist dem ewigen wort aller
glichest, daz min sele gesprechen mag?	gelichest das myn sele gesprechen mag
B.	die antwurt
Diner wisen frâge sol ich	
gedultiglichen antwùrten.	
Es sint zwey wort, die aller	Es sint zway wort die aller
vollekomenlichest zoͤigent daz ewige	volkumlichist zoͤgent das ewig
wort vnd ouch die mynne, die dauon	wort vnd ouch dy mynne die da von
flùsset, als der hohe lerer sprichet, sant	flússet als sand
Augustinus: Ein wort ist, wenn /365/ die	augustinus sprichet ain wort ist
sele sprichet daz ewige wort; das ander,	
wenn die sele spricht irselbes wort.	wenn die sel sprichet ir selbs wort
A.	die frage
Nu sage: Wie spricht die sele das gottes	wie spricht die sele das gottes
wort?	wort
B.	die anttwurt das merck
Gott ist in allen dingen. Darumb ist	Got ist in allen dingen vnd darumb so ist
gott in diner gehùgnisse. Wenn *din*	got in diner gehúgnússe vnd wenn *die*
sele daz bilde gottes, als es lit in der	sele das bilde gottes als es lyt in der
gehùgnisse, gebirt in *dir* vernunfft, do	gehúgnússe gebirt in *ir* vernufft do
wùrt gott ein *wort in* diner sele. Vnd	wirt got ain *wort* deiner sele vnd
wenn dånn dasselbe wort flùsset in	wenn denn das selb wort flússet in
den willen /370/ vnd doinne wùrt ein	den willen vnd dar inne wirt ain
mynne, lůge, so ist gott vatter	mynne Nun lůge so ist gott vater
in der gehùgnisse vnd gott	in der gehúgnússe vnd got
wort in *der* vernunfft vnd *ein* geist	wort in *deiner* vernufft vnd got gaist
der mynne vnd *ist* ein gott.	*[21] in der* mynne vnd ain got
A.	die frag *vnd*
Ist *daz,* dauon man gemeinlich sprichet,	ist *es* da von man gemainlichen sprichet
daz gott sin einiges wort sprichet in der	das got sin aynigs wort sprichet in der
sele?	sele
B.	die antwurt
Jå. Wån gott, als er spricht sin wort in im	Ja wann got als er sprichet sin wort in im
selber, do gewinnet das wort /375/ einen	selber da gewynnet das wort ain
geworen vnderscheit an der personen.	ware vnderschaid an der person vnd
Wann aber vnser *geist* vß der	wenne aber vnser *herz*[51] usz der
gehùgnisse sprichet daz wort von gotte, do	gehúgnúsz spricht das wort von got
gewinnet daz wort, daz uon gott ist	do gewynnet das wort das von got ist
gesprochen, nùt einen wårlichen	gesprochen nit ain warliche
vnderscheit nåch wårheit der	vnderschaide nach warhait der
personen. Es ist nůn ein glichnisse vnd ein	personen Es in nun ain gelichnúsz
bilder des ewigen wortes.	vnd ain *bilde* des ewigen wortes
A.	die frage
So in *mir* nu wùrt geboren ein *wort,*	so in *im* nun wirt geborn ayn wort von
wer spricht das wort? Tůt es miner	got vnd wer sprichet das wort vnd[52] tut

51 geist *C*] herz *SG M2* herre *Z*
52 vnd *SG Z*] *fehlt C M2*

›Audi-filia-Dialog‹ Hs. C	›Lehrsystem‹ Hs. SG
/380/ selen krafft, die do heisset	es myner sele krafft die do haisset
gehùgnisse, wie ist dån wor, daz	gehúgnusse vnd wie ist denn war das
man spricht, gott spreche *sin* wort in	man sprichet Got sprichet *ain* wort in
die sele?	*der* sele
B.	die antwurt
Du wilt zů tieffe graben. Ich han dir	
vor geseit, ich welle allen zwifel, der in	
dise rede geuallen mag, nùt in disem	
bůche vßrihten; doch will ich dir	
darzů antwùrten. Wenn man sprichet:	wenne man sprichet
Gott sprichet sin wort in *die* sele, so	Got sprichet sin *[22]* wort in *der* sele so
hät /385/ man wår. So man spricht, die	hat man war *vnd* so man spricht die
gehùgnisse der sele spricht daz wort in	gehúgnússe der sele spricht das wort yn
der vernunfft, daz ist ouch wőr.	der vernufft vnd das ist ouch war
Wån gott vnd mőnsche sprechent	*vnd* got vnd mensch die sprechent
daz wort gottes miteinander in vnser	das wort gottes mit ain ander in vnser
sele. Vnd darumb do ich han	*leben* vnd dar umb da ich han
gesprochen, daz die gehùgnisse sprichet	gesprochen das die gehúgnúsz sprichet das
das wort der vernunfft, do *meÿn* ich	wort der vernufft vnd da *maynte* ich
ein swanger gehùgnisse, wån die ist	ein swanger gehugnúsz wan die ist
bẽrhafft. Reht als man sprichet: Ein	berhafft vnd recht als man sprichet ain
frouw mag gebẽren ein kint, *daz ist*	frow die mag gebern ain kint
/390/ *wőr*; aber kein frowe gebirt, dån	aber kain frow die gebirt denn
die vor *swanger* ist. Also ist	die vor *kindes swanger* vnd also ist
der gehùgnisse, die můß vor	der gehúgnúsz *wann* die músz vor
berhafft vnd swanger werden.	berhafft vnd swanger werden
A.	die frage
Wie wurt *sù* swanger vnd	wie wirt *die gehúgnúsz* swanger vnd
berhafft?	berhaft
B.	die antwurt
Wenn sù empfangen hat das bilde,	*das ist wenn* sy endpfangen hat das bilde
dauon sù das wort wùrt sprechen.	davon sy das wort wirt sprechen
A.	dy frage
Wie empfåhet sù das bilde?	wie enphahet sy das bilde *[23]*
/395/ B.	dy antwurt
Daz han ich dir vor geseit.	*das merke*
Liplich bilde empfåhet sù durch die	lipliche pilde endphahet sy durch die
sinne. Geistlich bilde empfåhet sù	synne vnd gaistliche pilde enpfaht sy
in liplichen bilden nach ir geistlichen	in liplichen pilden nach ir gaistlichen
wise.	wise
A.	dy frage
Wå hät die sele das bilde gottes	wa hat die sele das bilde gottes
empfangen?	enpfangen
B.	die anttwurt
In der *glichnisse, in ir* selbes	*das ist in* der *gehúgnússe* ir selbes
bilde vnd in *den bilden* ander creature	bilde vnd in *dem bilde* ander creaturen
nåch dem, als sù hant geistliche wise	nach dem als sy hant gaistliche wyse
vnd eigenschafft.	vnd aigenschafft

›Audi-filia-Dialog‹ Hs. C	›Lehrsystem‹ Hs. SG
/400/ A.	
We, wie bin ich so vnverstanden, daz	
ich *nùt selber ko̊nde geme̊rken,* daz gott	*vnd hierumb so merke* das
darumb den mo̊nschen nåch	got den menschen darvmb nach
imselbe gebildet hat, daz der	im selber gebildet hat das der
mo̊nsche hette daz bilde gottes in	mensch hette das bilde gottes in
imselber, das bilde sin *gehùgnisse*	im selber vnd das bilde sin *gelichnúsz*
swanger mahte vnd be̊rhafft zů	*swanger* machete vnd berhafft zů
allen zijten, *das bilde* mit der krafft	allen zyten *vnd das das* mit der krafft
der sele sprechen mo̊hte daz wort	der sele sprechen mochte das wort
gottes in der vernunfft, ob der	gottes in der vernufft ob der
mo̊nsche wolte.	mensch wollte
/405/ B.	
Du håst die wårheit eben daran	
begriffen.	
A.	die frag
Nu sage mir von dem worte, daz die sele	nun sag mir von dem wort das die sele
sprichet von irselber, do uon du vor	sprichet von ir selber da von du vor
seitest, es were das beste wort nåch	saitest Es wáre das besste wort nach
dem worte gottes, das die sele	dem wort gottes *[24]* das die sele
gesprechen mag.	gesprechen mag
B.	die antwurt merke
Die sele ist in irselbes gehùgnisse, vnd	die sel ist in ir selbs gehúgnúsz vnd
vs der gehùgnisse *flùsset* das /410/ wort	usz der gehúgnúsz *sprichet sy* das wort
von irselber vnd *in* der vernunfft, vnd	von ir selber *in* der vernufft vnd
dar nåch so flùsset sù in die mynne *irs*	dar nach so flússet sy in die mynne *des*
willen. Nu lůge, wie glich *das ist*	wyllen Nun lůge wie gelich *ist das*
den ewigen gottz flùssen. Hie ist	den ewygen gottes flússen vnd hie ist
ein sele vnd ein nature vnd ist ein	ain sele vnd ain natur vnd ist ain
be̊rhaffte gehùgnisse, alz ein vatter	berhaft gehúgnússe als ain vater
vnd ein wort, daz lebet glich dem sune,	vnd ain wort das lebet gelich dem sun
vnd ein lebende minne des willen	vnd ain lebende mynne des wyllen
glich dem heiligen geiste.	geliche dem haylgen gaist
A.	die frage
Wie mag die sele sin in irselbes	wy mag die sele gesin in ir selbes
gehùgnisse als ein bilde, daz die krafft	gehúgnússe[53] als ain bilde das die krafft
/415/ swanger vnd berhafft machet?	swanger vnd berhafft machet
B.	die anttwurt
Ich gedåhte wol, daz	
dich *daz wùrde* wundern wie die sele	disz *sol dich nit* wundern wye die sele
sie in irselber alz ein bilde, daz sinselbes	sige in ir selber als ain bilde das sin selbs
swanger ist. *Vnd* doch so ist es im also, als	swanger ist *vnd wie*
ich ouch sprach, daz gott in	das got in
imselber ist.	im selber ist *vnd das merck da by*
Din ouge, daz siht ein ander ouge vnd siht	din og das sicht ain ander og vnd
sich selber niht. Darumb so	sicht sich selber nit vnd darumb so

53 gehúgnússe *C SG M2*] glichnússe *Z*

›Audi-filia-Dialog‹ Hs. C	›Lehrsystem‹ Hs. SG
ist *din ouge* ein bilde einem andern	ist *oug*[55] ain bilde ainem anderen *[25]*
ougen vnd /420/ nùt imselber.	ougen vnd *nit*[56] im selber
A.	vnd
Das ist ein wunder vnd ist doch wor.	das ist ain wunder vnd ist doch war
B.	vnd
Wenn ein ouge das ander siht, so ist	wenne ain das ander sicht so ist es
ein ouge in dem andern.	ain og in dem andern
A.	vnd
Daz ist wor, wån das ouge, das daz	das ist war wann daz og das da das
ander siht, daz hät gantz ouges bilde	ander sicht das hat gantz ogen bilde
in ymselbes.	in im selber
/425/ B.	wann
In dem *gese̊hen* ougen do sint zwey	an dem *gesehenden* ogen So sint zway
dinger: eins ist ein wor ouge, das ander	ains ist ain ware og das ander
ist ein bilde eins ougen.	ist ain bilde ains ogen
A.	
Das ist wor.	das ist war
B.	vnd
Mo̊hte ein ouge sich selber sehen, so	móhte ain og sich selber gesehen So
gesche̊he *daz*, daz ein ouge zwey	geschehe *es* das ain zway
verwese, *wån* ich vor gesprochen	verwese vnd *als* ich vor gesprochen
han, das eins das ander siht.	han das ain das ander sicht
/430/ A.	
Daz ist gůt zů merken; wån das	das ist gůt zu merckent wan das
ouge, das sich selber sehe, daz wer ein	og das sich selber sáhe das wáre ain
bilde in imselber, vnd were ouch ein	pild in im selber vnd wáre ouch ain
ouge, wan es daz bilde se̊he. Vnd	og wann es das bilde sehe vnd
darumb so *begÿnne ich* merken, wie	darumb so *soltu* mercken wie
die sele in irselber ist als ein bilde in *der*	die sele in ir selber ist ain[57] bilde in *ir*
gehùgnisse, als ein ouge, daz sich selber	gehúgnusse als ain og das sich selber
siht, vnd gott in imselber als ein lieht	sicht vnd got in im selber als ain liecht
in dem liehte, daz sich selber zo̊iget.	in dem liecht das sich selber zóiget
/435/ B.	
Du håst wol verstanden,	
wån als das lieht zo̊iget ander ding,	wann als das liecht zóiget andre *[26]* ding
also zo̊iget es vnd o̊iget sichselber;	also zo̊get es vnd óget sich selber
vnd darvmb so ist es ymselber ein	vnd darumb so ist es in im selber ain
lieht, wån es *o̊iget*[54] vnd ist ein	liecht wann es *o̊get* vnd ist ain
bilde des liehtes, wån es wùrt	bilde des liechtes wann es wirt
getzo̊iget.	*gezo̊get*[58] *vnd ist ain bilde*[59]

54 o̊iget **X*] sich zo̊iget *C*
55 din ôge *C Z M2*] oug *SG*
56 nit *C SG Z*] *fehlt M2*
57 als ain *C Z M2*] ain *SG*
58 gezo̊get *C SG Z*] geo̊get *M2*
59 vnd ist ain bilde *SG*] *fehlt M2 Z C*

›Audi-filia-Dialog‹ Hs. C	›Lehrsystem‹ Hs. SG
A.	
Ich frågte gerne, warumb das ouge	Nu fragen ich warumb das og
sich nùt gesehen mag vnd die	sich selber nit gesehen mag vnd die
sele mag bekennen sichselber .	sele sich selber mag beckennen
/440/ B.	
Waz gehoͤrt daz in dise rede? Lå	
dich benuͤgen, daz du weist, daz die	
sele sichselber seͣhen vnd bekennen mag.	
A.	
Ich wolte gerne verstån das wunder,	
daz ich sihe vnd gloube.	
B.	die antwurt
Das ouge ist liplich. *Darumb* mag es	das oge ist liplich vnd *da von* mag es
sich vff sichselben nùt keren.	sich uff sich selber nit gekeren Sunder
Es ist *nuwån* empfenglich, daz das	es ist *nun* endpfengklich das das
lieht vnd der vsser gegenwurff in es	liecht und der usser gegenwurff in es
bildet. /445/ Aber die sele vnd *ander geiste,*	pildet aber *dy* sele vnd *der* gaist
wån sù geiste sint vnd vnliplich sint	wann sy gaist sind vnd vnliplich sint
vnd lieht in inselber sint,	
so zoͤiget es sich imselber vnd keret	So zoͤget es sich im selber vnd keret
sich vff sichselber.	sich uff sich selber
	Vnd also hast du kurtzlichen gemerket,
	wie der moͤnsche nach dem
	goͤtlichen bilde geschaffen ist, als got
	sprach: Wir machent den moͤnschen
	nach vnserm bilde vnd gelichnùsse.
	vnd do gab er zoͤ verstaͮn das ir mer
	were denne ainer drige an den personen
	vnd ainer an dem wesen. *[27]*

*Auswertung der Varianten von C gegen *X (SG M2 Z)*

Es werden wiederum nur Beispiele angezeigt, die eine deutliche redaktionelle Veränderung des Textes aus dem ›Audi-filia-Dialog‹ erkennen lassen.

Zeilensprung wegen Homöoteleuton erzeugt eine Lücke in C, die durch *X korrigiert werden kann. Zugleich ein sicherer Hinweis auf eine gemeinsame Vorlage.

117 28f. *Aber der leib wan er grose vnd klaine ist* X2] fehlt C
236f. 312 *Wan vnd were er nit in imeselber, so were er nit in vernunft* *X] fehlt C

Homöoteleuton bedingt eine Lücke in *X

118f. 31f. *Der geist empfåhet weder varwe noch figure* C] fehlt *X
121 35 *vnd hät varw vnd figure* C] fehlt *X

Kompositionserfordernisse: Es gibt zahlreiche Auslassungen und Umformulierungen, die dem Kompilator notwendig erschienen, um den Meister-Jünger-Dialog in einen Traktat umzuwandeln. Sie gehen aus der Paralleldokumentation hervor. An wenigen Stellen setzt das ›Lehrsystem‹ auch eigene Akzente. Es handelt sich durchwegs um Straffungen des Textes, die die lebendige Dialogform aufheben, zum Beispiel:

199 222 *daz ist dir nùtz* C] fehlt *X
260 365 *dauon kommen ist daz* C] fehlt *X

Verdeutlichungen und sprachliche Anpassungen, die das Verständnis erleichtern sollen, sind die häufigsten Eingriffe. Sie klären manchmal den Text, nicht selten bringen sie aber auch Abweichungen vom ursprünglichen Sinn. Erläuterungen dazu finden sich auch oben im Editionsteil als Fußnoten zu den Varianten.

120 36f. *groß vnd kleÿn* C] *grôsi vnd klaine* *X
126 49 *sinnen* C] *fúnff sinnen* *X
127 51 *der worheit* C] *der nach der warheit* *X
114 62 *weiß* C] *beckenne* *X
142 85f. *daz sich ir nieman schåmen sol* C] *das sich ir nymant schemen mag* *X
146 95f. *varwe* C] *varwe oder gestalt* *X
153 113f. *nùt gebilden maht* C] *nit weder gebilden noch geformen* (*geformiren* Z) *maht* *X
172 162 *angesicht* C] *aigenschaft* *X
173 164 *gemitsamikeit* C] *genuhtsamikait* *X
179 178 *rere* C] *lere* Z SG *lerer* M2
303 456 *in der zijt* C] *bis an die zeyt* *X
233 315f. waz *keiner vernunfft ist bekant* C] *was in vernufft ist beckant* *X
249 343f. *wån were es nùt in imselber* C] *anders* *X
267 379 *wellent* C] *sôllent* *X
310 472f. *gedenke nùt herwider gewinnen* C] *gedenke nùt her wider genemen* (*geniemen* Z) *X
375 629 *geist* C] *herz* SG M2 *herre* Z
425 745 *in dem gesêhen ougen* C] *an dem gesehenden ogen* *X
409 710 *flùsset* C] *sprichet sy* *X
437 770 *ôiget* *X] *sich zôiget* C

Abschwächungen, Umdeutungen

155 118f. _als ein lip; daz zůnemen nùt enmag an siner nature wan es ist vnwandelbe̊r_ C] _vnd ist ain leyb der zúnemen mag an seiner figure wann es wandelbere ist_ *X

170 144 _geistlich ist_ C] _gaistlich ist vnd es schaiden von dem das da liplich ist_ *X

246 334f. _daz gott ist in imselber oder daz gott ist in siner vernunfft_ *C] _weder ist got in im ee selber oder ee in der vernufft_ *X

347 565f. _die bilde der gedencke in ÿme_ C] _die bilde der gedencke in ir_ *X

364 602f. _als der hohe lerer sprichet sant Augustinus_ C] _sand augustinus sprichet_ *X

364f. 603–5 _Ein wort ist, wenn die sele sprichet daz ewige wort; das ander, wenn die sele spricht irselbes wort._ C] _ain wort ist wenn die sel sprichet ir selbs wort_ *X

369 614 _do wùrt gott ein wort in diner sele_ C] _do wirt got ain wort deiner sele_ *X

378 635 _bilder_ C] _bilde_ *X

380f. 641f. _gott spreche sin wort in die sele_ C] _got sprichet ain wort in der sele_ *X

Zwei weitere Exzerpte aus dem ›Audi-filia-Dialog‹ im ›Lehrsystem‹

Audi-filia-Dialog II, c. 5; fol. 93ra, Z. 375–386	CADIGAN, Compilatio mystica, S. 394,6–395,6; Hs. Z, fol. 197v–198r
B. So lůge, ob die glich sint einander,	Nun sprichet ain maister:
do einer von sinen fryen willen mynnet	Da einer von sinem frigem willen minnet
die zijt vnd daz leben der zijt,	die zit vnd das leben der zit,
der ander der mynnet die ewigkeit	vnd der minnet die ewikeit
vnd die mynne, die in geordent hät in	vnd die minne, die in geordnet het in
ewigkeit.	ewikeit:
A. Nein, sù sint gar vnglich.	Die sint ain ander gar vngeliche.
B. Was ist dän ir rehte ordenunge?	Vnd dar vmbe ir rechte ordnunge,
A. Die sol billich wesen vnglich;	die sol ŏch billich sin vngeliche.
wän vngliche ding söllent billich vnglich	
gesetzet werden.	
B. Dauon so werdent die zwene nach dem	
aller besten geordent,	
wän der mynner der ewigkeit wurt	Wan der minner der ewikeit wirt
getzogen in ewiges leben, also das er von	gezogen in ewikeit also, das er von
der mynne, die in darzů geordent hat,	der minne, die in dar zů geordnet het,
wurt ewiglich erfrŏuwet, vnd so der	wirt ewenklichen erfrŏwet vnd so der
mynner der zijt verlùret sin leben mit der	minner der zit verluret sin leben mit der
zijt, die er håt gemynnet also, das	zit, die er hat geminnet, vnd also, das
er von der verlust der zijt, die er ob allen	er von der verlurst der zit, die er ob allen
dingen gemynnet hät, wurt ewiglich	dingen geminnet hat, wirt ewenklichen
betrůbet.	betrübet.

Audi-filia-Dialog II, c. 7; Z. 53–81; Hs. C fol. 100vb,12–101rb,7	Cadigan, Compilatio mystica, S. 425,19–428,22; Hs. Z, fol. 213^{r}–214^{v} [60]
A. Nu sprichet man	[N]un sprichet sant Paulus:
doch, mynne sie ein vereinende krafft.	
Vereinet sù dån nùt in der worheit die	
hertzen, die enander mynnent, wie wùrt	
das wort gesprochen in der worheit:	
»Der in gotte blibet, der wurt ein geist mit	»Wer got an haftet, der wirt ain gaist mit
gotte?« (*I Cor 6,17*)	got«,
B.	vnd das *[*213^{r}*]*
	geschiht durch die minne, wan
Mynne vereinet in der worheit	minne verainet in warheit
der mynne, daz ist war, vnd vereinet	
nùt in worheit	
der nature.	der nature.
A.	Vnd
Waran lit der vnderscheit der	war an lit aber der vnderschaide der
zweÿer?	zwaiger?
B.	Dz merke:
Eÿnunge der mynne machet glich an	Ainunge der minne machet gelich an
gedenken vnd in willen. By der	gedenken vnd an willen, vnd bi der
glichnisse ståt , das sù	gelichnússe so verstast du, das si
zwey sint vnd zwey blibent an der	zwai sint vnd zwai belibent in der
nature, das sù sint.	nature.
Eynunge der nature ist, so von zweyn	Ainunge der nature ist, so von zwain
dingen ein ding in der nature wurt als	dingen ain dinge jn der nature wirt, als
von einem libe vnd von einer sele wurt	von ainem libe vnd von ainer sele
ein moͤnsche, der in der *worheit* ein	ain mensche wirt, der in der *nature* ain
moͤnsche ist vnd nùt zwey	mensche ist vnd nit zwai
moͤnschen. Vnd dauon das wort, daz	menschen. Vnd da von das wort, dz
sprichet: Der moͤnsche wurt ein geist	da sprichet: Der mensche werde ain gaist
mit gotte, daz sol man verstån nach	mit got, vnd dz sol man verstǎn nach
eynunge der mynne, also *[*101ra*]* das der	ainung der minne, *[*214^{r}*]* also das der
moͤnsche wùrt gebildet nåch der	mensche werde gebildet nach der
worheit, die gott ist, an gedencken vnd an	warheit, die got ist, an gedenken vnd an
willen, nùt das er an der nature werde	willen, vnd nit das er an der natur werde
das, das gott ist. Vnd alle die wort,	dz, das da got ist.Wan alle wort,
die werdent gesprochen von der	die da gesprochen werdent von der
einigkeit gottes mit der sele, die sol	ainikeit gottes mit der sele, die sol
man alle in die wise verstån; wån als	man alle in der wise verstǎn wan als
wenig ein steyn ein moͤnsche werden	wenig ain stain ain mensche werden
mag vnd doch blibet ein steÿn, als	mag vnd doch belibe ain stain, als
wenig mag keÿn geist gott werden in	wenig mag kain gaist got werden in
einigkeit der nature. Vnd merke, daz	ainikeit der nature. Vnd merk, das
sunderlich ist gesprochen: Er wurt ein	sunderlich ist gesprochen: Er wirt ain
geist mit gotte, in dem geiste merke	gaist mit got; vnd bi dem gaist so merk

60 Für den Hinweis auf diese Parallele danke ich Maxime Mauriège, Köln.

die mynne in der geschrifft. Dauon so	die minne in der geschrift; vnd da von so
meÿnet sù die vereynunge der mynne.	mainet si die verainunge der minne
Er spricht ouch: »mit gotte«,	[*214*^{v}] vnd sprichet ǒch: Mit got,
vnd sprichet nùt: »Er wurt ein geist, der	vnd sprichet nit: Er wirt ain gaist, der
gott ist«, zů einem zeichen, das die	got ist –zů ainen zaichen, das die
einunge, die die *mynne* tůt, die	ainunge, die die *sinne* tůt, die
ståt also, das einer nùt der ander ist; sÿ tůt	stat also das ainer nit der ander ist;
aber, das einer glich ist dem	si tůt aber, dz ainer geliche ist dem
andern an gedencken, willen vnd	andern an gedenken vnd willen vnd
werken.	werken.
A.	Vnd
Dis han ich gerne gehoͤret, wån es duncket mich	dis ist
ein nùtze lere einem vngelerten	ain nútze lere ain em vngelerten
moͤnschen. Wån man sprichet dicke,	menschen. Wan man sprichet dike:
der moͤnsche werde gebildet in gott vnd	Der mensche werdet verbildet in got, vnd
werde eins mit gotte. In den worten	werde ains mit got. Vnd in den worten
moͤhte man [*101*^{rb}] vallen in einen gar	moͤhti man vallen gar in ainen
valschen wån, daz man gedåhte, das	valschen wǎn, dz man gedechti,
die eynunge geschehe nåch der nature	die ainunge geschehe nach der nature
vnd nùt alleyne nach glichnisse des	vnd nit allein nach gelichnússe des
willen.	willen;
B.	wan
Der das gedåhte, der were gar verre	der das gedechti, der were gar verre
von der worheit, die in gotte ist.	von der warheit.

Abkürzungsverzeichnis

Ausgaben der Werke Meister Eckharts

Werkausgaben

DW I	Meister Eckhart. Die deutschen und lateinischen Werke, hg. i. A. der Deutschen Forschungsgemeinschaft. Die deutschen Werke. 1. Band: Meister Eckharts Predigten (Pr. 1–24), hg. und übers. von JOSEF QUINT, Stuttgart 1957.
DW II	Meister Eckhart. Die deutschen und lateinischen Werke, hg. i. A. der Deutschen Forschungsgemeinschaft. Die deutschen Werke. 2. Band: Meister Eckharts Predigten (Pr. 25–59), hg. und übers. von JOSEF QUINT, Stuttgart 1971.
DW III	Meister Eckhart. Die deutschen und lateinischen Werke, hg. i. A. der Deutschen Forschungsgemeinschaft. Die deutschen Werke. 3. Band: Meister Eckharts Predigten (Pr. 60–86), hg. und übers. von JOSEF QUINT, Stuttgart 1976.
DW IV,1	Meister Eckhart. Die deutschen und lateinischen Werke, hg. i. A. der Deutschen Forschungsgemeinschaft. Die deutschen Werke. 4. Band, Teilband IV,1: Meister Eckharts Predigten (Pr. 87–105), hg. und übers. von GEORG STEER unter Mitarbeit von WOLFGANG KLIMANEK und FREIMUT LÖSER, Stuttgart 2003.
DW IV,2	Meister Eckhart. Die deutschen und lateinischen Werke, hg. i. A. der Deutschen Forschungsgemeinschaft. Die deutschen Werke. 4. Band, Teilband IV,2: Meister Eckharts Predigten (Pr. 106–117), hg. und übers. von GEORG STEER unter Mitarbeit von WOLFGANG KLIMANEK und HEIDEMARIE VOGL, Stuttgart 2003 ff.
DW V	Meister Eckhart. Die deutschen und lateinischen Werke, hg. i. A. der Deutschen Forschungsgemeinschaft. Die deutschen Werke. 5. Band: Meister Eckharts Traktate, hg. und übers. von JOSEF QUINT, Stuttgart 1963.
LW I	Meister Eckhart. Die deutschen und lateinischen Werke, hg. i. A. der Deutschen Forschungsgemeinschaft. Die lateinischen Werke. 1. Band, erster Hauptteil: I. Magistri Echardi Prologi in Opus tripartitum. Expositio Libri Genesis. Expositio Libri Exodi secundum recensionem cod. Amploniani Fol. 181 [E]. II. Magistri Eckhardi Prologi in

Opus tripartitum et Expositio libri Genesis cum Tabulis secundum recensionem Codicis Cusani 21 (C) et Codicis Treverensis 72/1056 (T). III. Liber parabolarum Genesis cum Prologo et Tabula, hg. und übers. von KONRAD WEIß, Stuttgart 1964.

LW I,2 — Meister Eckhart. Die deutschen und lateinischen Werke, hg. i. A. der Deutschen Forschungsgemeinschaft. Die lateinischen Werke. 1. Band, zweiter Hauptteil: II. Magistri Echardi Prologi in Opus tripartitum et Expositio Libri Genesis secundum recensionem cod. Oxoniensis Bodleiani Laud misc. 222 (L). Adiectae sunt recensiones cod. Amploniani Fol. 181 (E) ac codd. Cusani 21 et Treverensis 72/1056 (CT) denuo recognitae, hg. von LORIS STURLESE, Stuttgart 2015.

LW II — Meister Eckhart. Die deutschen und lateinischen Werke, hg. i. A. der Deutschen Forschungsgemeinschaft. Die lateinischen Werke. 2. Band: I. Expositio Libri Exodi, hg. und übers. von KONRAD WEIß. II. Sermones et Lectiones super Ecclesiastici c. 24,23–31. III. Expositio Libri Sapientiae. IV. Expositio Cantici Canticorum quae supersunt, hg. und übers. von JOSEF KOCH und HERIBERT FISCHER, Stuttgart 1964.

LW III — Meister Eckhart. Die deutschen und lateinischen Werke, hg. i. A. der Deutschen Forschungsgemeinschaft. Die lateinischen Werke. 3. Band: Magistri Echardi Expositio sancti Evangelii secundum Iohannem, hg. und übers. von KARL CHRIST, BRUNO DECKER, JOSEF KOCH, HERIBERT FISCHER, LORIS STURLESE und ALBERT ZIMMERMANN, Stuttgart 1994.

LW IV — Meister Eckhart. Die deutschen und lateinischen Werke, hg. i. A. der Deutschen Forschungsgemeinschaft. Die lateinischen Werke. 4. Band: Magistri Echardi Sermones, hg. und übers. von ERNST BENZ, BRUNO DECKER und JOSEF KOCH, Stuttgart 1956.

LW V — Meister Eckhart. Die deutschen und lateinischen Werke, hg. i. A. der Deutschen Forschungsgemeinschaft. Die lateinischen Werke. 5. Band: Opera Parisiensia. Tractatus super oratione dominica, hg. und übers. von BERNHARD GEYER, JOSEF KOCH und ERICH SEEBERG. Responsio ad articulos sibi impositos de scriptis et dictis suis. Acta Echardiana, hg. und kommentiert von LORIS STURLESE, Stuttgart 2007.

Weitere Editionen

EW I	Meister Eckhart. Werke I: Predigten, hg. und komment. von NIKLAUS LARGIER, Frankfurt a. M. 1993 (Bibliothek des Mittelalters 20).
EW II	Meister Eckhart. Werke II: Predigten, Traktate, lateinische Werke, hg. und komment. von NIKLAUS LARGIER, Frankfurt a. M. 1993 (Bibliothek des Mittelalters 21).
GW I	Meister Eckhart, The German Works. 64 Homilies for the Liturgical Year. 1. »De tempore«. Introduction, Translation, and Notes by LORIS STURLESE and MARKUS VINZENT, Löwen [usw.] 2019 (Eckhart: Text and Studies 9).
GW II	Meister Eckhart, The German Works. 56 Homilies for the Liturgical Year. 2. »De sanctis«. Introduction, Translation, and Notes by LORIS STURLESE and MARKUS VINZENT, Löwen [usw.] 2020 (Eckhart: Text and Studies 12).
JUNDT	AUGUSTE JUNDT, Histoire du panthéisme populaire au moyen âge et au seizième siècle (suivie de pièces inédites concernant les Frères du libre esprit, maître Eckhart, les libertins spirituels, etc.), Paris 1875, Nachdr. Frankfurt a. M. 1964.
LE I	Lectura Eckhardi. Predigten Meister Eckharts von Fachgelehrten gelesen und gedeutet, Bd. I, hg. von GEORG STEER und LORIS STURLESE, koordiniert von DAGMAR GOTTSCHALL, Stuttgart [usw.] 1998.
LE II	Lectura Eckhardi. Predigten Meister Eckharts von Fachgelehrten gelesen und gedeutet, Bd. II, hg. von GEORG STEER und LORIS STURLESE, koordiniert von DAGMAR GOTTSCHALL, Stuttgart 2003.
LE III	Lectura Eckhardi. Predigten Meister Eckharts von Fachgelehrten gelesen und gedeutet, Bd. III, hg. von GEORG STEER und LORIS STURLESE, koordiniert von DAGMAR GOTTSCHALL, Stuttgart 2009.
LE IV	Lectura Eckhardi. Predigten Meister Eckharts von Fachgelehrten gelesen und gedeutet, Bd. IV, hg. von GEORG STEER und LORIS STURLESE, koordiniert von DAGMAR GOTTSCHALL, Stuttgart 2016.
LWSE 1	Meister Eckhart: Studienausgabe der Lateinischen Werke. Bd. 1: Prologi in Opus tripartitum, Expositio Libri Genesis, Liber Parabolarum Genesis, hg. von LORIS STURLESE und ELISA RUBINO, Stuttgart 2016 (Magistri Echardi Opera Latina. Vol. 1. Editio minor [= ed. STURLESE / RUBINO]).

LWSE 2	Meister Eckhart: Studienausgabe der Lateinischen Werke. Bd. 2: Expositio Libri Exodi, Sermones et Lectiones super Ecclesiastici cap. 24, Expositio Libri Sapientiae, Expositio Cantici Canticorum (fragm.), hg. von Loris Sturlese, Stuttgart 2018 (Magistri Echardi Opera Latina. Vol. 2. Editio minor [= ed. Sturlese]).
Pf. = Pfeiffer	Meister Eckhart, hg. von Franz Pfeiffer, Erste Abtheilung: Predigten und Traktate, Leipzig 1857, Nachdr. Aalen 1962; 1991 (Deutsche Mystiker des vierzehnten Jahrhunderts, Bd. 2).
Stu 1 = Sturlese 1	Meister Eckhart. Le 64 prediche sul tempo liturgico. Testo alto-tedesco medio a fronte, hg. von Loris Sturlese, Mailand 2014 (Il Pensiero Occidentale).
Stu 2 = Sturlese 2	Meister Eckhart. Le 55 prediche tedesche sui santi [im Druck].

Sonstige Abkürzungen[1]

a.	articulus
arg.	argumentum
c.	caput
concl.	conclusio
cor.	corollarium
d.	distinctio
Dt. Wb.	Deutsches Wörterbuch von Jacob und Wilhelm Grimm. Digitalisierte Fassung im Wörterbuchnetz des Trier Center for Digital Humanities. Version 01/23, https://www.woerterbuchnetz.de/DWB, 23. 02. 2023
Ed. Qu.	Ad Claras Aquas (Quaracchi)
Lexer	Mittelhochdeutsches Handwörterbuch von Matthias Lexer, digitalisierte Fassung im Wörterbuchnetz des Trier Center for Digital Humanities, Version 01/21, https://www.woerterbuchnetz.de/Lexer, 23. 10. 2022.
HSS	Kleiber, Wolfgang, Konrad Dunze und Heinrich Löffler, Historischer Südwestdeutscher Sprachatlas. Aufgrund von Urbaren des 13. bis 15. Jahrhunderts. Band 1. Text, Einleitung, Kommentare und Dokumentationen, Bern / München 1979.

1 Für weitere, hier nicht gelistete Abkürzungen siehe das Verfasserlexikon ([2]VL).

HWPh	Historisches Wörterbuch der Philosophie, hg. von JOACHIM RITTER und KARLFRIED GRÜNDER, Darmstadt 1971–2007.
MEJb	Meister-Eckhart-Jahrbuch
n.	numerus
not.	Notabile
op.	In oppositum
p.	pars
PL	Patrologia Latina
Pr.	Predigt
princ.	principium, principale
prol.	prologus
prop.	propositio
q.	quaestio
qc.	quaestiunculum
sol.	solutio
Spr.	Spruch
STEER, Kommentar	STEER, GEORG, Scholastische Gnadenlehre in mittelhochdeutscher Sprache, München 1966 (MTU 14), Kommentar zum ›Gratia-Dei-Traktat‹, S. 139–178.
t.	tomus
tr.	tractatus
Tr.	Traktat
VETTER	Die Predigten Taulers, aus der Engelberger und der Freiburger Handschrift sowie aus Schmidts Abschriften der ehemaligen Straßburger Handschriften, hg. von FERDINAND VETTER, Berlin 1910, Nachdr. Dublin / Zürich 1968 (DTM 11).
^{2}VL	Die deutsche Literatur des Mittelalters. Verfasserlexikon. 2., völlig neu bearbeitete Auflage, hg. von KURT RUH, BURGHART WACHINGER und FRANZ JOSEF WORSTBROCK, redigiert von CHRISTINE STÖLLINGER-LÖSER, Band I–XIV, Berlin / New York 1978–2008.

Handschriftenverzeichnis

Marquard von Lindau

Auslegung zu Joh. 1,1–14, München, Staatsbibliothek, Cgm 215, fol. 1ra–70rb.

Meister des Lehrgesprächs

TvdM	A	Augsburg, Universitätsbibliothek, Cod. III 1 4° 41, fol. 215^{r}–220^{r}.
	N	Nürnberg, Stadtbibliothek, Cent. VI, 46^{h}, fol. 48^{v}–56^{v}.
IPD	M	München, Staatsbibliothek, Cgm 129, fol. 1^{r}–93^{r}.
GDT	Z	Zürich, Zentralbibliothek, Ms. C 127, S. 67–125.
AFD	C	Colmar, Stadtbibliothek, Handschrift CPC 1945.

Iohannes de Basilea

In Sent. IV

M	München, Staatsbibliothek, Clm 26711, fol. 328ra–386rb.
T	Toulouse, Bibliothèque Municipale, Ms 248, fol. 70ra–114rb.

›Responsiones‹

F	Fribourg, Bibliothèque des Cordeliers, Ms. 26, fol. 34^{r}–79^{v}.
M	München, Staatsbibliothek, Clm 26711, fol. 214ra–301ra.
W	Wien, Nationalbibliothek, Ms. 4319, fol. 1^{r}–136^{v}.

›Lehrsystem deutscher Mystik‹

SG	St. Gallen, Stiftsbibliothek, Ms. 1917, S. 1–26.
Z	Zürich, Zentralbibliothek, Ms. 108b, fol. 1^{r}–221^{r}.
M2	München, Staatsbibliothek, Cgm 5233, fol. 14^{r}–104^{v}.
Ko	Konstanz, Heinrich-Suso-Gymnasium, Nr. 37 (alt 27), fol. 1^{r}–102^{v}.

›Vom Grunde der Bosheit‹

B	Berlin, Ms. germ. quart. 149, fol. 71^{r}–75^{r}.
Ka	Karlsruhe, Cod. Lichtenthal Ms. 87, fol. 198^{r}–203^{v}.
Beu	Beuron, Stiftsbibliothek, Cod. 8° 42, fol. 51vb–56va.
K	Köln, Stadtarchiv, GB 4° 32, fol. 89^{r}–94^{r}.

›Vorsmak des êwigen lebennes‹

H	Heidelberg, Universitätsbibliothek, Cod. Pal. germ. 641, fol. 1^{r}–63^{r}.
B	Berlin, Staatsbibliothek – Preußischer Kulturbesitz, Ms. germ. quart. 1132, fol. 122^{r}–164^{r}.

Literaturverzeichnis

Handschriftenbeschreibungen

BOLCHERT, PAUL, Catalogue de la Bibliothèque du Consistoire de l'Église de la Confession d'Augsbourg à Colmar. Première partie. Les Manuscrits, in: Annuaire de la Société Historique et Littéraire de Colmar 5 (1955), S. 14–37.

Catalogue général des Manuscrits des Bibliothèques Publiques des Départements. Bd. VII, Toulouse / Nîmes 1885.

DEGERING, HERMANN, Kurzes Verzeichnis der germanischen Handschriften der Preußischen Staatsbibliothek. II. Die Handschriften in Quartformat, Leipzig 1926 (Mitteilungen aus der Preußischen Staatsbibliothek VIII); Nachdruck Graz 1970.

Église des Franciscains 1292 – Église Protestante Saint Matthieu. 700 ans de vie spirituelle d'art et d'histoire. La Bibliothèque du Consistoire Protestant de Colmar, Colmar 1992 [Ausstellungskatalog].

KALNING, PAMELA, MATTHIAS MILLER und KARIN ZIMMERMANN unter Mitarbeit von LENNART GÜNTZEL, Die Codices Palatini germanici in der Universitätsbibliothek Heidelberg (Cod. Pal. germ. 496–670), Wiesbaden 2014 (Kataloge der Universitätsbibliothek Heidelberg XI).

KRÜGER, NILÜFER, Die theologischen Handschriften der Staats- und Universitätsbibliothek Hamburg. Teil 4. Nachträge (Cod. theol. 1002–2256), Stuttgart 1993 (Katalog der Handschriften der Staats- und Universitätsbibliothek Hamburg 2,4).

MAURIÈGE, MAXIME, Die dominikanische Prägung des ›Lehrsystems‹ der deutschen Mystik, in: Die deutschen Dominikaner und Dominikanerinnen im Mittelalter, hg. von SABINE HEUSINGER, ELIAS H. FÜLLENBACH, WALTER SENNER und KLAUS-BERNWARD SPRINGER, Berlin 2016 (Quellen und Forschungen zur Geschichte des Dominikanerordens), S. 225–259.

MOHLBERG, LEO CUNIBERT, Mittelalterliche Handschriften, Zürich 1932–1952 (Katalog der Handschriften der Zentralbibliothek Zürich I).

SCARPATETTI, BEAT MATTHIAS VON, Die Handschriften der Stiftsbibliothek St. Gallen. Beschreibendes Verzeichnis. Codices 1726–1984 (14.–19. Jahrhundert). Mit einer Einleitung zur Geschichte der Katalogisierung von JOHANNES DUFT, St. Gallen 1983.

SCARPATETTI, BEAT MATTHIAS VON, Katalog der datierten Handschriften in der Schweiz in lateinischer Schrift vom Anfang des Mittelalters bis 1550. Bd. 3. Die Handschriften der Bibliotheken St. Gallen / Zürich. Text- und Abbildungsband, Dietikon-Zürich 1991.

SCHMIDTKE, DIETRICH, Eine Beuroner Mystikerhandschrift, in: Scriptorium 34 (1980), S. 278–287.

SCHNEIDER, KARIN, Die deutschen mittelalterlichen Handschriften, Wiesbaden 1965 (Die Handschriften der Stadtbibliothek Nürnberg I).

SCHNEIDER, KARIN, Die Bibliothek des Katharinenklosters in Nürnberg und die städtische Gesellschaft, in: Studien zum städtischen Bildungswesen des späten Mittelalters und der frühen Neuzeit. Bericht über Kolloquien der Kommission zur Erforschung der Kultur des Spätmittelalters 1978 bis 1981, hg. von BERND MOELLER, HANS PATZE und KARL STACKMANN, Göttingen 1983 (Abhandlungen der Akademie der Wissenschaften in Göttingen, phil.-hist. Klasse III,137), S. 70–82.

SCHNEIDER, KARIN, Deutsche mittelalterliche Handschriften der Universitätsbibliothek Augsburg. Die Signaturengruppen Cod. I.3 und Cod. III.1, Wiesbaden 1988 (Die Handschriften der Universitätsbibliothek Augsburg).

SCHNEIDER, KARIN, Die datierten Handschriften der Bayerischen Staatsbibliothek München. Teil 1. Die deutschen Handschriften bis 1450, Stuttgart 1994 (Datierte Handschriften in Bibliotheken der Bundesrepublik Deutschland IV,1).

SCHNEIDER, KARIN, Die deutschen Handschriften der Bayerischen Staatsbibliothek München. Die mittelalterlichen Handschriften aus Cgm 4001–5247. Editio altera, Wiesbaden 1996.

SEPP, FLORIAN, BETTINA WAGNER und STEPHAN KELLNER, Handschriften und Inkunabeln aus süddeutschen Frauenklöstern in der Bayerischen Staatsbibliothek München, in: Nonnen, Kanonissen und Mystikerinnen. Religiöse Frauengemeinschaften in Süddeutschland, hg. von EVA SCHLOTHEUBER und HELMUT FLACHENECKER, Göttingen 2008, S. 317–372.

Tabulae codicum manuscriptorum praeter Graecos et orientales in Bibliotheca Palatina Vindobonensi asservatorum. Bd. 3. Cod. 3501–5000, Wien 1869.

Textausgaben mit Siglen der Werke antiker und mittelalterlicher Autoren

Aegidius Romanus

In Sent. II   Aegidius Romanus, In Secundum Librum Sententiarum Quaestiones, hg. von ANGELUS ROCHENSIS, Venetiis 1581.

In Sent. III   Aegidius Romanus, In Tertium Librum Sententiarum Commentaria, hg. von FULGENZIO GALLUCCI, Roma 1623.

De eccl. pot.   Aegidius Romanus, On ecclesiastical power – De ecclesiastica potestate. A medieval theory of world government. A critical edition and translation, hg. von ROBERT W. DYSON, New York 2004 (Records of Western civilization).

Albertus Magnus

Compilatio de novo spiritu   Albertus Magnus, Compilatio de novo spiritu, in: PREGER, WILHELM, Geschichte der deutschen Mystik im Mittelalter. Bd. 1. Geschichte der deutschen Mystik bis zum Tode Meister Eckhart's, Leipzig 1874, S. 461–471.

Liber de natura et origine animae   Albertus Magnus, Liber de natura et origine animae – Über die Natur und den Ursprung der Seele. Lateinisch – Deutsch, hg. von HENRYK ANZULEWICZ, Freiburg 2006 (Herders Bibliothek der Philosophie des Mittelalters 10).

In Sent., ed. BORGNET   Albertus Magnus, Commentarii in Primum Sententiarum, Opera omnia. Bd. XXV, hg. von AUGUSTE BORGNET, Paris 1809–1899, http://www.arts.uwaterloo.ca/~albertus/, 23. 10. 2022.

Sth   Albertus Magnus, Summa theologiae. Secunda pars. Opera omnia, Bd. XXXII, hg. von AUGUSTE BORGNET, Paris 1895, http://albertusmagnus.uwaterloo.ca/Downloading.html, 20. 04. 2023.

Anselm von Canterbury

Anselmi Cantuariensis Opera omnia. 4 Bde., hg. von FRANCISCUS SALESIUS SCHMITT, Edinburgh 1946.

CDH   Cur Deus homo, in: Anselmi Cantuariensis Opera omnia, ed. SCHMITT, Bd. II, S. 37–138.

Anselm von Canterbury, Cur deus homo – Warum Gott Mensch geworden, hg. und übers. von Franciscus Salesius Schmitt, München [5]1993.

De casu De casu diaboli, in: Anselmi Cantuariensis Opera omnia, ed. Schmitt, Bd. I, S. 227–276.

De conceptu De conceptu originali et de originali peccato, in: Anselmi Cantuariensis Opera omnia, ed. Schmitt, Bd. II, S. 135–173.

De concord. De concordia praescientiae et praedestinationis et gratiae dei cum libero arbitrio, in: Anselmi Cantuariensis Opera omnia, ed. Schmitt, Bd. II, S. 243–288.

De lib. arb. De libertate arbitrii, in: Anselmi Cantuariensis Opera omnia, ed. Schmitt, Bd. I, S. 201–226.

De ver. De veritate, in: Anselmi Cantuariensis Opera omnia, ed. Schmitt, Bd. I, S. 169–199.

Anselm von Canterbury, De veritate – Über die Wahrheit. Lateinisch – deutsch, übers., mit einer Einleitung hg. von Markus Enders, Hamburg 2001 (Philosophische Bibliothek 535).

Monol. Monologion, in: Anselmi Cantuariensis Opera omnia, ed. Schmitt, Bd. I, S. 1–87.
Anselm von Canterbury, Monologion. Lateinisch-deutsche Ausgabe, hg. und übers. von Franciscus Salesius Schmitt, Stuttgart-Bad Cannstatt 1964.

Proslogion Proslogion, in: Anselmi Cantuariensis Opera omnia, ed. Schmitt, Bd. I, S. 89–139.

Aristoteles

ALD Aristoteles Latinus Database – online. www.brepols.net/Pages/BrowseBySeries.aspx?TreeSeries=ALD-O, 26. 07. 2021.

De anima Aristoteles, Über die Seele. Nach der Übersetzung von Willy Theiler bearb. von Horst Seidl, in: Aristoteles, Philosophische Schriften in 6 Bänden, Bd. VI, Darmstadt 1995, S. 1–100.

Nik. Eth. Aristoteles, Nikomachische Ethik. Nach der Übersetzung von Eugen Rolfes bearb. von Günther Bien, in: Aristoteles, Philosophische Schriften in 6 Bänden. Bd. III, Darmstadt 1995.

Augustinus, Aurelius

Contra Max. Contra Maximinum Arrianum, in: Scripta Arriana Latina 2. Sancti Aurelii Augustini contra Arrianos opera. Sermo Arrianorum Anonymus contra sermonem Arrianorum conlatio cum Maximino contra Maximinum libri duo, hg. von Roger Gryson, Turnhout 2009 (CCSL Bd. LXXXVIIA).

De civ. De civitate dei, hg. von Bernhard Dombart und Alfons Kalb, Turnhout 1955 (CCSL XLVII, 1 u. 2).

De div. quaest. De diversis quaestionibus octoginta tribus, hg. von Luc Verheijen und Almut Mutzenbecher, Turnhout 1975 (Augustini opera 13,2, CCSL Bd. XLIIIIA).

De duab. an. De duabus animabus liber unus, in: De utilitate credendi. De duabus animabus contra Fortunatum. Contra Adimantum. Contra epistulam Fundamenti. Contra Faustum, hg. von Michael Petschenig und Alois Goldbacher, Wien 1891 (Augustini opera 6,1, CSEL Bd. XXV,1).

De gen. ad litt. De genesi ad litteram libri duodecim, hg. von Michael Petschenig, Alois Goldbacher und Josef Zycha, Wien 1894 (Augustini opera 3.2, CSEL Bd. XXVIII,3).
Augustinus, Aurelius, The literal meaning of Genesis, hg. von John H. Taylor, New York, NY 1982 (Ancient Christian writers).

De lib. arb. De libero arbitrio, hg. von Michael Petschenig, Alois Goldbacher und Josef Zycha, Wien 1956 (Augustini opera 6,3, CSEL Bd. LXXIIII).
Augustinus, Der freie Wille, übertragen von Carl Johann Perl, Paderborn 1947 (Aurelius Augustinus. Werke in deutscher Sprache).

De spiritu et anima (Ps-)Augustinus, De spiritu et anima, PL Bd. XL, Sp. 779–848.

De trin. De trinitate libri quindecim, hg. von Luc Verheijen und Almut Mutzenbecher, Turnhout 1968 (Augustini opera 16,1.2, CCSL Bd. L u. LA).
Augustinus, Aurelius, De trinitate. Bücher VIII–XI, XIV–XV, Anhang: Buch V. Lateinisch – deutsch, übers. und mit Einl. hg. von Johann Kreuzer, Hamburg 2001 (Philosophische Bibliothek 523).

Enarr. in Ps. 101 Enarrationes in Psalmos 101–150, hg. von Luc Verheijen und Almut Mutzenbecher, Turnhout 1956 (Augustini opera 10,3, CCSL Bd. XL).

In Ioh. In Iohannis evangelium tractatus CXXIV, hg. von François Glorie und Gert Partoens, Turnhout 1954 (Augustini opera 8, CCSL Bd. XXXVI).

Quaest. vet. et novi test. Augustinus, Quaestiones veteris et novi testamenti, PL XXXV, S. 2213–2416.

Soliloquia Soliloquiorum libri duo, hg. von Michael Petschenig und Alois Goldbacher, Wien 1986 (Augustini opera 1,4, CSEL Bd. LXXXVIIII).

Avicenna

Met. Avicenna latinus, Liber de prima philosophia sive scientia divina V–X, hg. von Simone van Riet, Löwen 1980 (Avicenna Latinus 2).

›Blume der Schauung‹

Die ›Blume der Schauung‹. in: Preger, Wilhelm, Geschichte der deutschen Mystik im Mittelalter. II. Teil. Ältere und neuere Mystik in der ersten Hälfte des 14. Jahrhunderts. Heinrich Seuse, Leipzig 1881, Anhang: S. 126–434.
Ruh, Kurt, Die ›Blume der Schauung‹, München 1991 (Kleine deutsche Prosadenkmäler des Mittelalters 16).

Bonaventura

In Sent. I–IV Bonaventura, Opera omnia. Commentaria in quattros libros sententiarum. Tomi I–IV. In primum, secundum, tertium, quartum librum Sententiarum, Ad Claras Aquas (Quaracchi) 1882–1889, https://archive.org/details/operaomnia01bona, 24. 10. 2022.

Breviloqu. Breviloquium, in: Bonaventura, Opera omnia. Tomus V. Opuscula varia theologica, Ad Claras Aquas (Quaracchi) 1891, S. 199–292, https://archive.org/details/doctorisseraphic05bona, 24. 10. 2022.

Hexaem. Collationes de Hexaemeron, in: Bonaventura, Opera omnia. Tomus V. Opuscula varia theologica, Ad Claras Aquas (Quaracchi) 1891, S. 327–454, https://archive.org/details/doctorisseraphic05bona, 24. 10. 2022.

Itinerarium Bonaventura, Itinerarium mentis in Deum, in: Bonaventura, Opera omnia. Tomus V. Opuscula varia theologica, Ad Claras Aquas (Quaracchi) 1891, S. 293–316, https://archive.org/details/doctorisseraphic05bona, 24.10. 2022.
Bonaventura, Itinerarium mentis in Deum – Pilgerbuch der Seele zu Gott. De reductione artium ad theologiam – Die Zurückführung der Künste auf die Theologie, eingel., übers. und hg. von Julian Kaup, München 1961.

Qu. de trin. Quaestiones disputatae [...] de mysterio Ss. Trinitatis, in: Bonaventura, Opera omnia. Tomus V. Opuscula varia theologica, Ad Claras Aquas (Quaracchi) 1891, S. 46–115, https://archive.org/details/doctorisseraphic05bona, 24. 10. 2022.

›Buch vom Grunde der Bosheit‹
ed. Franz Pfeiffer, Predigten und Tractate deutscher Mystiker, in: ZfdA 8 (1851), S. 452–464.

›Bullarium‹
Bullarium Ordinis Sancti Augustini. Regesta. II. 1362–1415, hg. von Carolus Alonso, Roma 1997 (Fontes Historiae Ordinis Sancti Augustini Series III).

Dietrich von Freiberg
De vis. Theodoricus de Friberch – Dietrich von Freiberg, Tractatus der visione beatifica – Abhandlung über die beseligende Schau. Lateinisch – Deutsch, übers. und hg. von Burkhard Mojsisch, Tiflis 2003.

Dionysius van Rijkel, der Kartäuser
In Sent. I Dionysius Cartusianus, Commentaria in IV Libros Sententiarum. In primum librum, hg. cura et labore Monachorum sacri ordinis Cartusiensis, Turnhout 1902–1903 (Opera Omnia 19 u. 20).

Eckhart von Hochheim
Acta Acta Echardiana (= 1. Acta et regesta vitam magistri Echardi illustrantia; 2. Processus contra magistrum Echardum), hg. von Loris Sturlese, in: LW V, S. 149–617.
In Eccli. Sermones et Lectiones super Ecclesiastici c. 24,23–31, hg. von Josef Koch und Heribert Fischer, in: LW II, S. 229–300.
In Gen. I Expositio Libri Genesis, hg. von Konrad Weiß, in: LW I,1, S. 185–444 (Rec. CT).
In Gen. II Liber parabolarum Genesis, hg. von Konrad Weiß, in: LW I,1, S. 445–702.
In Ioh. Expositio sancti Evangelii secundum Iohannem, hg. von Karl Christ, Bruno Decker, Heribert Fischer, Josef Koch, Albert Zimmermann und Loris Sturlese (= LW III).
In Sap. Expositio Libri Sapientiae, hg. von Josef Koch und Heribert Fischer, in: LW II, S. 301–634.
Pr. 1–24 Deutsche Predigten 1–24 DW I: Meister Eckhart. Die deutschen und lateinischen Werke, hg. i. A. der Deutschen Forschungsgemeinschaft. Die deutschen Werke. Band I. Meister Eckharts Predigten, hg. und übers. von Josef Quint, Stuttgart 1957.
Pr. 25–59 Deutsche Predigten 25–59 DW II: Meister Eckhart. Die deutschen und lateinischen Werke, hg. i. A. der Deutschen Forschungsgemeinschaft. Die deutschen Werke. Band II. Meister Eckharts Predigten, hg. und übers. von Josef Quint, Stuttgart 1971.
Pr. 60–86 Deutsche Predigten 60–86 DW III: Meister Eckhart. Die deutschen und lateinischen Werke, hg. i. A. der Deutschen Forschungsgemeinschaft. Die deutschen Werke. Band III. Meister Eckharts Predigten, hg. und übers. von Josef Quint, Stuttgart 1976.
Pr. 87–105 Deutsche Predigten 87–105 DW IV,1: Meister Eckhart. Die deutschen und lateinischen Werke, hg. i. A. der Deutschen Forschungsgemeinschaft. Die deutschen Werke. Band IV. Teilband IV,1. Meister Eckharts Predigten, hg. und übers. von Georg Steer unter Mitarbeit von Wolfgang Klimanek und Freimut Löser, Stuttgart 2003.
Pr. 106–117 Deutsche Predigten 106–117 DW IV,2: Meister Eckhart. Die deutschen und lateinischen Werke, hg. i. A. der Deutschen Forschungsgemeinschaft. Die deutschen Werke. Band IV. Teilband IV,2. Meister Eckharts Predigten, hg. und übers. von

Georg Steer unter Mitarbeit von Wolfgang Klimanek und Heidemarie Vogl, Stuttgart 2003–2021.
Pr. Pf. Deutsche Predigten, in: Meister Eckhart, hg. von Franz Pfeiffer, Leipzig 1857 (Deutsche Mystiker des vierzehnten Jahrhunderts 2).
Proc. Col. I Processus Coloniensis I, in: Acta Echardiana, Mag. Echardi Responsio ad articulos sibi impositos de scriptis et dictis suis I, hg. von Loris Sturlese, in: LW V, S. 197–317.
Prol. gen. Prologus generalis in Opus tripartitum, hg. von Konrad Weiß, in: LW I,1, S. 148–165 (Rec. CT).
Prol. op. prop. Prologus in Opus propositionum, hg. von Konrad Weiß, in: LW I,1, S. 166–182 (Rec. CT).
Quaest. Paris. Quaestiones Parisienses, hg. von Bernhard Geyer, in: LW V, S. 27–83.
Von abegesch. ›Von abegescheidenheit‹, hg. von Josef Quint, in: DW V, 177–468.
Vot. dom. Ben., ed. Sturlese Votum domini Benedicti, in: Acta Echardiana n. 58, hg. von Loris Sturlese, in: LW V, S. 560–567.
–, ed. Witte Die Rezeption der Lehre Meister Eckharts durch Johannes Hiltalingen von Basel. Untersuchung und Textausgabe, hg. von Karl Heinz Witte, in: Recherches de Théologie et Philosophie médievales 71 (2004), S. 342–371.
Votum Ave., ed. Sturlese Votum Theologorum Avenionensium, in: Acta Echardiana n. 59, hg. von Loris Sturlese, in: LW V, S. 568–590.

›Franckforter‹
Der Franckforter, hg. von Wolfgang von Hinten, München 1982 (MTU 78).

Denzinger
Denzinger, Heinrich, Enchiridion symbolorum, definitionum et declarationum de rebus fidei et morum – Kompendium der Glaubensbekenntnisse und kirchlichen Lehrentscheidungen. Verbessert, erweitert, ins Deutsche übertragen und unter Mitarbeit von Helmut Hoping hg. von Peter Hünermann, Freiburg [usw.] [45]2017.

›Feigenbaumpredigt‹
Die ›Feigenbaumpredigt‹ eines Straßburger Augustinereremiten. Mit einer Vorbemerkung zum deutschsprachigen Schrifttum der Straßburger Augustinereremiten im 14. Jahrhundert, hg. von Dietrich Schmidtke, in: ZfdA 108 (1979), S. 137–157.

›Gaesdonckse Traktaat‹ Nr. 5.
›Iherusalem staet op in die hoecht‹, in: Het Gaesdonckse-traktatenhandschrift, Olim, hs. Gaesdonck, Collegium Augustinianum, ms. 16, Diplomatische editie, hg. von Marinus van den Berg, Hilversum 2005, S. 131–143 (Middeleeuwse verzamelhandschriften uit de Nederlanden 9).

›Geistbuch‹
Gottschall, Dagmar, Das Geistbuch. Ein Traktat zur Vollkommenheit aus dem Umkreis Meister Eckharts, Leiden / Boston 2012 (Studies in the history of Christian traditions 160).

Giselher von Slatheim
Pr. 25. *Conturbati discipuli existimabant se spiritum videre*, in: Paradisus anime intelligentis (Paradis der fornuftigen sele). Aus der Oxforder Handschrift Cod. Laud. Misc. 479

nach E. Sievers' Abschrift, hg. von Philipp Strauch, Berlin 1919 (Deutsche Texte des Mittelalters 30), S. 88–92.

›Gratia-Dei-Traktat‹
Siehe Meister des Lehrgesprächs.

Gregor der Große
Gregorius I Papa, Homiliae in evangelia, PL Bd. LXXVI, S. 1075–1311.

Gregor von Rimini
In Sent. I et II Gregorii Ariminensis OESA Lectura super primum et secundum Sententiarum, hg. von Damasus Trapp und Venício Marcolino. 6 Bde, Berlin / New York 1979–1987.

Heinrich von Gent
Quodl. VI Henricus de Gandavo, Quodlibeta Magistri Henrici Goethals a Gandavo, hg. von Jodocus Badius, Paris 1518.
Quodl. IX Henrici de Gandavo opera omnia. Bd. XIII. Quodlibet 9, hg. von Raymond Macken, Löwen 1983.
Quodl. X Henrici de Gandavo opera omnia. Bd. XIIII. Quodlibet 10, hg. von Raymond Macken, Löwen 1981.
Summa I Henrici de Gandavo opera omnia. Bd. XXI. Summa (Quaestiones ordinariae) art. I–V, hg. von Raymond Macken, Löwen 2005.

Hermann von Schildesche
Der Traktat des Hermann von Schildesche OESA ›De conceptione gloriosae Virginis Mariae‹. Die älteste in Deutschland verfasste Schrift über die Unbefleckte Empfängnis, geschrieben in Würzburg um 1350, hg. von Adolar Zumkeller, Würzburg 1960 (Würzburger Diözesanblätter 22), S. 20–65.

Hugolin von Orvieto
In Sent. I–IV Hugolinus de Urbe Vetere, Commentarius in quattuor libros Sententiarum. 4 Bde, hg. von Willigis Eckermann und Venício Marcolino, Würzburg 1980–1988 (Cassiciacum 8–11).

Hugo Ripelin de Argentina (Straßburg)
Comp. Compendium theologicae veritatis, in: Bonaventurae opera omnia. Bd. 8, hg. von Adolphe Charles Peltier, Paris 1866.
Compendium theologicae veritatis, in: Alberti Magni opera omnia, ed. Augustus Borgnet, Bd. XXXIIII, Paris 1895, S. 1–306.

Hugo von St. Viktor
De sacr. Hugo de Sancto Victore, De sacramentis Christianae fidei, hg. von Rainer Berndt, Münster 2008 (Corpus Victorinum – Textus historici 1).
Hugo von Sankt Viktor, Über die Heiltümer des christlichen Glaubens. Übers. von Peter Knauer. Einleitung, Apparate, Bibliographie und Register von Rainer Berndt, Münster 2010 (Corpus Victorinum – Schriften 1).

›In-principio-Dialog‹
Siehe Meister des Lehrgesprächs.

Irenäus von Lyon

Adv. haer. Irenäus von Lyon, Adversus haereses – Gegen die Häresien. Darlegung der Apostolischen Verkündigung. Griechisch – Lateinisch – Deutsch, übers. und eingel. von Norbert Brox, Bd. III, Freiburg i. Br. 1995 (Fontes Christiani 8,3).

Johannes de Fonte

Johannes de Fonte, Conclusiones in quattuor libros Sententiarum mit Verzeichnis der Distinktionen, [Köln]: [Johann Koelhoff der Ältere], 1479, https://www.digitale-sammlungen.de/de/view/bsb00039566?page=,1, 23. 10. 2022.

Johannes von Basel

In Sent. I–III Iohannis de Basilea Lectura super quattuor Libros Sententiarum, [bisher vier Bände], hg. von Venício Marcolino und Monica Brînzei unter Mitarbeit von Carolin Oser-Grote, Würzburg 2016–2020 (Cassiciacum Supplementband 20,1; 20,2; 21; 22).

Resp. ›Responsiones‹ [Exzerpte] Die Rezeption der Lehre Meister Eckharts durch Johannes Hiltalingen von Basel. Untersuchung und Textausgabe, hg. von Karl Heinz Witte, in: Recherches de Théologie et Philosophie médievales 71 (2004), S. 342–371.

Johannes Duns Scotus

In Sent. I / Reportata Parisiensia I Opera omnia. Editio minor. Opera theologica. Bd. II,2, hg. von Giovanni Lauriola, Alberobello (Bari) 2001.

In Sent. I / Ordinatio I Opera omnia. Editio minor. Opera theologica, Bd. III,1, hg. von Giovanni Lauriola, Alberobello (Bari) 2001.

In Sent. III / Ordinatio III, Opera omnia. Editio minor. Opera theologica. Bd. III,2, hg. von Giovanni Lauriola, Alberobello (Bari) 2001.

›Lehrsystem der deutschen Mystik‹

›Lehrsystem‹ Carl Greith, Die deutsche Mystik im Prediger-Orden von 1250–1350. Nach ihren Grundlehren, Liedern und Lebensbildern. Buch II, Freiburg i. Br. 1861, S. 96–202.

Cadigan, Rosemary, The compilatio mystica (Greith's Traktat) in the original. An edition of MS. C 108b Zürich with references to four other parallel manuscripts, Diss., University of North Carolina 1973.

›Liber de causis‹

Le ›Liber de causis‹, hg. von Adriaan Pattin, in: Tijdschrift voor Filosofie 28 (1966), S. 90–203.

›Liber de causis‹ – Das Buch von den Ursachen. Mit einer Einleitung von Rolf Schönberger. Übersetzung, Glossar, Anmerkungen und Verzeichnisse von Andreas Schönfeld, hg. von Rolf Schönberger, Hamburg 2003 (Philosophische Bibliothek 553).

Luther, Martin

Lutherbibel 2017 Lutherbibel, revidiert 2017. Standardausgabe. Die Bibel nach Martin Luthers Übersetzung, Stuttgart (Deutsche Bibelgesellschaft) 2017, https://www.die-bibel.de/bibeln/online-bibeln/lutherbibel-2017/bibeltext/, 23. 10. 2022.

Disputatio contra scholasticam theologiam – Disputation gegen die scholastische Theologie, 1517, in: Luther, Martin, Der Mensch vor Gott. Bd. 1, hg. und eingel. von Wilfried Härle, Leipzig 2016, S. 19–33 (Martin Luther. Lateinisch-deutsche Studienausgabe 1).

Margareta Porete

Der Spiegel der einfachen Seelen. Wege der Frauenmystik. Aus dem Altfranzösischen übertragen und mit einem Nachwort und Anmerkungen von LOUISE GNÄDINGER, Zürich/München 1987.

Marquard von Lindau

Auslegung des Prologs zum Johannes-Evangelium, c. 25, in: KURT RUH, Franziskanisches Schrifttum im deutschen Mittelalter, München 1985 (MTU 86), S. 199–210.

Eucharistietraktat HOFMANN, ANNELIE J., Der ›Eucharistietraktat‹ Marquards von Lindau, Tübingen 1960 (Hermaea. Germanistische Forschungen. Neue Folge 7).

De Nabuchodonosor, hg. von RONALD HORWEGE, Bloomington 1971.

Der Hiob-Traktat des Marquard von Lindau, hg. von ECKART GREIFENSTEIN, Zürich 1979 (MTU 68).

Der glǎb (De fide), in: KURT RUH, Franziskanisches Schrifttum im deutschen Mittelalter, München 1985 (MTU 89), S. 290–323.

Predigten Marquard von Lindau, Deutsche Predigten. Untersuchungen und Edition. Zugl.: Eichstätt, Kath. Univ., Diss., 1989, hg. von RÜDIGER BLUMRICH, Tübingen 1994 (Texte und Textgeschichte 34).

De reparatione Marquard von Lindau OFM, De reparatione hominis. Einführung und Textedition, hg. von HERMANN-JOSEF MAY, Frankfurt a. M. 1977 (Regensburger Studien zur Theologie 5).

Meister des Lehrgesprächs

AFD Audi-filia-Dialog. Des moͤnschen adel, val vnd erloͤsunge.
Erstmals ediert und übersetzt in diesem Bande, S. 329–833.

GDT Gratia-Dei-Traktat, in: STEER, GEORG, Scholastische Gnadenlehre in mittelhochdeutscher Sprache, München 1966 (MTU 14), S. 51–73.
Neue Edition in diesem Bande, S. 251–301.

IPD In-principio-Dialog, in: WITTE, KARL HEINZ, Der Meister des Lehrgesprächs und sein ›In-principio-Dialog‹. Ein deutschsprachiger Theologe der Augustinerschule des 14. Jahrhunderts aus dem Kreise deutscher Mystik und Scholastik. Edition und Kommentar, München/Zürich 1989 (MTU 95), S. 6–60.
Neue Edition in diesem Bande, S. 137–231.

TvdM Eckhart's Tractat von der Minne, in: PREGER, WILHELM, Geschichte der deutschen Mystik im Mittelalter nach den Quellen untersucht und dargestellt. II. Teil. Ältere und neuere Mystik in der ersten Hälfte des 14. Jahrhunderts. Heinrich Seuse, Leipzig 1881, Anhang: S. 419–426.
RUH, KURT, Traktat von der Minne. Eine Schrift zum Verständnis und zur Verteidigung von Meister Eckharts Metaphysik, in: Philologie als Kulturwissenschaft. Studien zur Literatur und Geschichte des Mittelalters. Festschrift für Karl Stackmann zum 65. Geburtstag, hg. von LUDGER GRENZMANN, Göttingen 1987, S. 208–229.
Neue Edition in diesem Bande, S. 53–79.

›Nemo potest venire ad patrem nisi per me‹

In: LANGENBERG, RUDOLF, Quellen und Forschungen zur Geschichte der Deutschen Mystik, Bonn 1902, S. 200–202.

Petrus Lombardus

Sent. I–IV Petrus Lombardus, Sententiae in IV libros distinctae. 2 Bde., Gottafreda (Rom) 1971–1981 (Spicilegium Bonaventurianum 4,1–5).

Proclus

Elem. Theol. Proclus, Elementatio theologica, translata a Guillelmo de Morbecca, hg. von Helmut Boese, Löwen 1987 (Ancient and medieval philosophy. Series 1, 5).
Proclus, Theologische Grundlegung. Griechisch – deutsch, übers., mit einer Einl. und Kommentar hg. von Ernst-Otto Onnasch und Ben Schomakers, Hamburg 2015 (Philosophische Bibliothek 562).

Platon

Platon, Timaios, in: Platon, Werke in acht Bänden. Griechisch und Deutsch. Bd. 7, übers. von Hieronymus Müller und Friedrich Schleiermacher, griechischer Text von Albert Rivaud und Auguste Diès, bearb. von Klaus Widdra, Darmstadt 1972, S. 1–210.

Richard von St. Viktor

De trin. Richard de Saint-Victor. De trinitate. Texte critique avec introduction, notes et tables, hg. von Jean Ribaillier, Paris 1958.

›Schwester Katrei‹

In: Schweitzer, Franz-Josef, Der Freiheitsbegriff der deutschen Mystik. Seine Beziehung zur Ketzerei der ›Brüder und Schwestern vom Freien Geist‹, mit besonderer Rücksicht auf den pseudoeckartischen Traktat ›Schwester Katrei‹ (Edition), Frankfurt a. M. 1981 (Europäische Hochschulschriften I, 378), S. 303–455.

Seuse, Heinrich

BdW Seuse, Heinrich, Das Buch der Wahrheit, hg. von Loris Sturlese und Rüdiger Blumrich, Hamburg 1993 (Philosophische Bibliothek 458).

›Spiegel der Seele‹

Vogl, Heidemarie, Der ›Spiegel der Seele‹. Eine spätmittelalterliche mystisch-theologische Kompilation, Stuttgart 2007 (MEJb. Beihefte 2).

›Theologia deutsch‹

Siehe Franckforter.

Thomas de Aquino

Thomas de Aquino, Corpus thomisticum, hg. von Enrique Alarcón, Pamplona 2000, https://www.corpusthomisticum.org/, 24. 10. 2022.

Index Thomisticus, in: Corpus Thomisticum, hg. von Roberto Busa, Eduardo Bernot und Enrique Alarcón, http://www.corpusthomisticum.org/it/index.age, 24. 10. 2022.

De ente et essentia. Textum a Ludwig Baur, Monasterii Westfalorum 1933 editum, emendatum a Josef Koch ac translatum in taenias magneticas a Roberto Busa SJ denuo recognovit Enrique Alarcón atque instruxit, https://www.corpusthomisticum.org/oee.html, 24. 10. 2022.

In Sent. I–IV Scriptum super Sententiis. Textum Parmae 1856 editum et automato translatum a Roberto Busa SJ in taenias magneticas denuo recognovit Enrique Alarcón atque instruxit, https://www.corpusthomisticum.org/snp0000.html, 24. 10. 2022.

Scg. Summa contra gentiles. Textum Leoninum emendatum ex plagulis de prelo Taurini 1961 editum et automato translatum a Roberto Busa SJ in taenias magneticas denuo recognovit Enrique Alarcón atque instruxit, https://www.corpusthomisticum.org/scg1001.html, 24. 10. 2022.

Thomas Aquinas, Summa contra gentiles – Summe gegen die Heiden, hg. von Karl Albert und Paulus Engelhardt. 5 Bde., Darmstadt 1974.
Sth. Summa theologiae. Textum Leoninum Romae 1888 editum et automato translatum a Roberto Busa SJ in taenias magneticas denuo recognovit Enrique Alarcón atque instruxit, https://www.corpusthomisticum.org/sth0000.html, 24.10.2022.
De malo Quaestiones disputatae de malo. Textum Taurini 1953 editum et automato translatum a Roberto Busa SJ in taenias magneticas denuo recognovit Enrique Alarcón atque instruxit, https://www.corpusthomisticum.org/qdm01.html, 24.10.2022.

Thomas de Argentina (Straßburg)
In Sent. I–IV Thomas de Argentina, Commentaria in quattuor libros Sententiarum, Genua 1589.

›Traktat von der Minne‹
Siehe Meister des Lehrgesprächs.

›Traktat von der wirkenden und möglichen Vernunft‹
TwmV ›Traktat von der wirkenden und möglichen Vernunft. Eine schöne Lehre von der Seligkeit‹, hg. und übers. von Norbert Winkler, in: Winkler, Norbert, Von der wirkenden und möglichen Vernunft. Philosophie in der volkssprachigen Predigt nach Meister Eckhart, Berlin 2013, S. 13–65.

›Von dem Schauen Gottes durch die wirkende Vernunft‹
In: Preger, Wilhelm, Geschichte der deutschen Mystik im Mittelalter. Teil I. Geschichte der deutschen Mystik bis zum Tode Meister Eckhart's, Leipzig 1874, Anhang, S. 484–488.
Neudruck und Übersetzung in: Winkler, Norbert, Von der wirkenden und möglichen Vernunft. Philosophie in der volkssprachigen Predigt nach Meister Eckhart, Berlin 2013, Anhang, S. 331–350.

›Von der sel wirdichait vnd aigenschafft‹
In: Löser, Freimut, Meister Eckhart in Melk. Studien zum Redaktor Lienhart Peuger. Mit einer Edition des Traktats ›Von der sel wirdichait vnd aigenschafft‹, Tübingen 1999 (Texte und Textgeschichte 48).

›Vorsmak des êwigen lebennes‹
In: Pfeiffer, Franz, Predigten und Tractate deutscher Mystiker, in: ZfdA 8 (1851), S. 422–464.
Mone, Franz Josef, Philosophischer Beweis der Dreieinigkeit, in: Anzeiger für die Kunde der Vorzeit 8 (1839), S. 85–92.
Hillenbrand, Eugen, Nikolaus von Straßburg. Religiöse Bewegung und dominikanische Theologie im 14. Jahrhundert, Freiburg i. Br. 1968, S. 135–167.

Vulgata
Biblia sacra. Iuxta vulgatam versionem, hg. von Roger Gryson und Robert Weber, Stuttgart ^{4}1994, https://www.bibelwissenschaft.de/online-bibeln/biblia-sacra-vulgata/lesen-im-bibeltext/bibel/text/lesen/ch/c960b764d1431ba0f2b9f2edf5596973/, 24.10.2022.

Wilhelm von Auxerre
Summa Aurea Guilelmi Altissidiorensis Summa aurea. Cura et studio JEAN RIBAILLIER. Liber I, Paris / Grottaferrata 1980 (Spicilegium Bonaventurianum 16).

›Diu zeichen‹
MECKELNBORG, CHRISTINA, Der Pseudo-Eckhartsche Traktat ›Diu zeichen eines wâr-haften grundes‹. Untersuchung und Edition einer lateinischen Fassung, in: Scrinium Berolinense. Tilo Brandis zum 65. Geburtstag, hg. von PETER JÖRG BECKER, Berlin 2000 (Beiträge aus der Staatsbibliothek zu Berlin Preußischer Kulturbesitz 10), Bd. I, S. 306–319.

Forschungsliteratur

AUER, JOHANN, Die Entwicklung der Gnadenlehre in der Hochscholastik. Teil II. Das Wirken der Gnade, Freiburg i. Br. 1951 (Freiburger Theologische Studien 64).

Beccarisi, Alessandra, *Isticheit* nach Meister Eckhart. Wege und Irrwege eines philosophischen Terminus, in: Meister Eckhart in Erfurt, hg. von ANDREAS SPEER und LYDIA WEGENER, Berlin / New York 2005 (Miscellanea Mediaevalia 32), S. 314–334.

BEIERWALTES, WERNER, *Primum est dives per se.* Das Erste ist reich durch sich selbst, in: Augustine, the harvest, and theology (1300–1650). Essays dedicated to Heiko Augustinus Oberman in honor of his sixtieth birthday, hg. von KENNETH HAGEN, Leiden 1990, S. 21–40.

— Eckhart und der Liber de Causis, in: BEIERWALTES, Procliana. Spätantikes Denken und seine Spuren, Frankfurt a. M. 2007, S. 129–164.

BORMAN, CLAUS VON, WINFRIED FRANZEN, ADALBERT KRAPIEC und LUDGER OEING-HANHOFF, Form und Materie (Stoff), in: HWPh Bd. II, Sp. 977–1030.

BRAY, NADIA, The reception of Meister Eckhart in 14th-century Germany, in: A Companion to Meister Eckhart, hg. von JEREMIAH HACKETT, Leiden 2013, S. 481–508.

BRUNNER, FERNAND, L'analogie chez Maître Eckhart, in: Freiburger Zeitschrift für Philosophie und Theologie 16 (1969), S. 333–349.

BURGER, CHRISTOPH PETER, Freiheit zur Liebe ist Geschenk Gottes. Hugolin von Orvieto († 1373) als Schüler Augustins, in: Hugolin von Orvieto. Ein spätmittelalterlicher Augustinertheologe, hg. von WILLIGIS ECKERMANN und BERND ULRICH HUCKER, Cloppenburg 1992 (Vechtaer Universitätsschriften 7), S. 21–40.

— Der Augustinschüler gegen die modernen Pelagianer. Das ›auxilium speciale dei‹ in der Gnadenlehre Gregors von Rimini, in: HEIKO A. OBERMAN, Gregor von Rimini. Werk und Wirkung bis zur Reformation, Berlin 1981 (Spätmittelalter und Reformation 20), S. 195–240.

DEGENHART, INGEBORG, Studien zum Wandel des Eckhartbildes, Leiden 1967.

DENIFLE, HEINRICH SUSO, Meister Eckharts lateinische Schriften und die Grundanschauung seiner Lehre, in: Archiv für Literatur- und Kirchengeschichte des Mittelalters 2 (1886), S. 417–587.

DETTLOFF, WERNER, Die christozentrische Konzeption des Johannes Duns Sotus, in: Wissenschaft und Weisheit 48 (1985), S. 182–196.

DIETRICH, HEINZ, Die Trinitätslehre des Augustinereremiten Hugolin von Orvieto, Diss., München 1967.

EGENTER, RICHARD, Gottesfreundschaft. Die Lehre von der Gottesfreundschaft in der Scholastik und Mystik des 12. und 13. Jahrhunderts, Augsburg 1928.

Flasch, Kurt (Hg.), Logik des Schreckens. Augustinus von Hippo, De diversis quaestionibus ad Simplicianum I,2, Mainz ²1995 (Excerpta classica 8).
— Meister Eckhart. Philosoph des Christentums, München 2010.
Führer, Markus L., The agent intellect in the writings of Meister Dietrich of Freiberg and its influence on the Cologne School, in: Dietrich von Freiberg. Neue Perspektiven seiner Philosophie, Theologie und Naturwissenschaft, hg. von Karl-Hermann Kandler, Burkhard Mojsisch und Franz-Bernhard Stammkötter, Amsterdam 1999 (Bochumer Studien zur Philosophie 28).
Gilson, Étienne, Pourquoi saint Thomas a critiqué saint Augustin, in: Archives d'histoire doctrinale et littéraire du Moyen Age 1 (1926–1927), S. 5–129.
— Roger Marston. Un cas d'Augustinisme avicennisant, in: Archives d'histoire doctrinale et littéraire du Moyen Age 7 (1933), S. 37–42.
Grundmann, Herbert, Ketzergeschichte des Mittelalters, Göttingen 1963.
Honemann, Volker, Lehrsystem der deutschen Mystik, in: ²VL Bd. V (1985), Sp. 676–678.
Hopf, Michael, Mystische Kurzdialoge um Meister Eckhart. Editionen und Untersuchungen, Stuttgart 2019 (MEJb. Beihefte 6).
Horst, Ulrich, Dogma und Theologie. Dominikanertheologen in den Kontroversen um die Immaculata Conceptio, Berlin 2009 (Quellen und Forschungen zur Geschichte des Dominikanerordens 16).
Janssens, Jules, Henry of Ghent and Avicenna, in: A companion to Henry of Ghent, hg. von Gordon A. Wilson, Leiden 2011 (Brill's companions to the Christian tradition 23), S. 63–83.
Kible, Brigitte, Person. II. Hoch- und Spätscholastik. Meister Eckhart, in: HWPh Bd. VII, (1989), Sp. 283–300.
Koch, Josef, Der Kardinal Fournier (Benedikt XII.) als Gutachter in theologischen Prozessen, in: Kleine Schriften, hg. von Josef Koch, Rom 1973 (Storia e letteratura 128), Bd. II, S. 367–386.
Köster, Heinrich, Urstand, Fall und Erbsünde in der Scholastik, Freiburg / Basel / Wien 1979 (Handbuch der Dogmengeschichte II,3b).
Kremer, Klaus, *Bonum est diffusivum sui.* Ein Beitrag zum Verhältnis von Neuplatonismus und Christentum, in: Philosophie, Wissenschaften, Technik, Teilband 2. Philosophie, hg. von Wolfgang Haase, Berlin / New York 1987, S. 994–1013.
Kunzelmann, Adalbero, Geschichte der deutschen Augustiner-Eremiten. Teil II. Die rheinisch-schwäbische Provinz bis zum Ende des Mittelalters, Würzburg 1970 (Cassiciacum 26).
Laarmann, Matthias, *Deus, primum cognitum.* Die Lehre von Gott als dem Ersterkannten des menschlichen Intellekts bei Heinrich von Gent († 1293), Münster 1999 (Beiträge zur Geschichte der Philosophie und Theologie des Mittelalters. Neue Folge 52).
Largier, Niklaus, »Intellectus in deum ascendens«. Intellekttheoretische Auseinandersetzungen in den Texten der deutschen Mystik, in: Deutsche Vierteljahrsschrift für Literaturwissenschaft und Geistesgeschichte 69 (1995), S. 423–471.
Lemay, Richard, Gestirngeister, in: HWPh Bd. III, Sp. 555–559.
Leppin, Volker, Theologie im Mittelalter, Leipzig 2007 (Kirchengeschichte in Einzeldarstellungen I,11).
Lexer, Matthias, Mittelhochdeutsches Handwörterbuch, http://woerterbuchnetz.de/cgi-bin/WBNetz/wbgui_py?sigle=Lexer&lemid=LA00001, 22. 10. 2022.
Löser, Freimut, Unser Eckhart. Eckhart-Texte als Konstrukte mittelalterlicher Eckhartrezipienten. Statt einer Einleitung, in: MEJb 11 (2017), S. 1–28.

Marcolino, Venício, Leben und Schrifttum des Augustinereremiten Johannes von Basel (†1392), in: Augustiniana 53 (2003), S. 319–381.
— Einleitung, in: Iohannis de Basilea Lectura super quattuor Libros Sententiarum, hg.von Venício Marcolino, Würzburg 2016 (Cassiciacum Supplementband 20,1), S. 15–120.
Marrone, Steven P., Henry of Ghent's epistemology, in: A companion to Henry of Ghent, hg. von Gordon A. Wilson, Leiden 2011 (Brill's companions to the Christian tradition 23), S. 213–239.
Martin, Ernst, und Hans Lienhart, Wörterbuch der elsässischen Mundart. 2 Bde., Strassburg 1899 und 1907.
Mauriège, Maxime, Die dominikanische Prägung des ›Lehrsystems‹ der deutschen Mystik, in: Die deutschen Dominikaner und Dominikanerinnen im Mittelalter, hg. von Sabine Heusinger, Elias H. Füllenbach, Walter Senner und Klaus-Bernward Springer, Berlin 2016 (Quellen und Forschungen zur Geschichte des Dominikanerordens), S. 225–259.
McGinn, Bernard, The ›Traktat von der Minne‹. A chapter in the reception of Meister Eckhart's mysticism, in: The Catholic historical review 92 (2006), S. 177–192.
Mojsisch, Burkhard, Die Theorie des Intellekts bei Dietrich von Freiberg, Hamburg 1977 (Beihefte zu Dietrich von Freiberg – Opera Omnia 1).
Nemes, Balázs J., *Dis buch ist iohannes schedelin.* Die Handschriften eines Colmarer Bürgers aus der Mitte des 15. Jahrhunderts und ihre Verflechtungen mit dem Literaturangebot der Dominikanerobservanz, in: Kulturtopographie des deutschsprachigen Südwestens im späteren Mittelalter. Studien und Texte, hg. von Barbara Fleith und René Wetzel, Berlin / New York 2009 (Kulturtopographie des alemannischen Raums 1), S. 157–214.
Oeing-Hanhoff, Ludger, Intellectus agens / intellectus possibilis, in: HWPh Bd. IV, Sp. 432–435.
Palmer, Nigel, Marquard von Lindau, in: ²VL Bd. 6 (1987), Sp. 81–126.
Pastor, Ludwig, Geschichte der Päpste seit dem Ausgang des Mittelalters. Band I. Geschichte der Päpste im Zeitalter der Renaissance bis zur Wahl Pius' II., Martin V., Eugen IV., Nikolaus V., Kalixtus III., Freiburg i. Br. 1925.
Pattin, Adriaan, De Verhouding tussen zijn en wezenheid en de transcendentale relatie in de twede helft XIII eeuw, Brüssel 1955.
Paulus, Jean, Henri de Gand. Essai sur les tendances de sa métaphysique, Paris 1938 (Études de philosophie médiévale 25).
Pickavé, Martin, Heinrich von Gent über Metaphysik als erste Wissenschaft. Studien zu einem Metaphysikentwurf aus dem letzten Viertel des 13. Jahrhunderts, Leiden 2007 (Studien und Texte zur Geistesgeschichte des Mittelalters 91).
Preger, Wilhelm, Geschichte der deutschen Mystik im Mittelalter. Teil I. Geschichte der deutschen Mystik bis zum Tode Meister Eckhart's, Leipzig 1874.
— Geschichte der deutschen Mystik im Mittelalter. Teil II. Ältere und neuere Mystik in der ersten Hälfte des 14. Jahrhunderts. Heinrich Seuse, Leipzig 1881.
Quint, Josef, Neue Handschriftenfunde zur Überlieferung der deutschen Werke Meister Eckharts und seiner Schule. Ein Reisebericht, Stuttgart 1940.
Roesner, Martina, Ich – Logos – Welt. Der egologische Ansatz der Ersten Philosophie bei Meister Eckhart und Edmund Husserl, Freiburg / München 2020 (Alber Philosophie).
Rott, Jean, Le Grand Schisme d'Occident et le Diocèse de Strasbourg (1378–1415), in: Mélanges d'Archéologie et d'Histoire 52 (1935), S. 366–395.
Ruh, Kurt, Buch vom Grunde der Bosheit, in: ²VL Bd. III (1981), Sp. 286.

— Vorbemerkungen zu einer neuen Geschichte der abendländischen Mystik im Mittelalter (1983) in: Kurt Ruh, Kleine Schriften. Band II. Scholastik und Mystik im Spätmittelalter, hg. von Volker Mertens, Berlin / New York 1984, S. 337–363.
— Traktat von der Minne. Eine Schrift zum Verständnis und zur Verteidigung von Meister Eckharts Metaphysik, in: Philologie als Kulturwissenschaft. Studien zur Literatur und Geschichte des Mittelalters. Festschrift für Karl Stackmann zum 65. Geburtstag, hg. von Ludger Grenzmann, Göttingen 1987, S. 208–229.
— Meister Eckhart. Theologe, Prediger, Mystiker, München [2]1989.
— Geschichte der abendländischen Mystik. Band III. Die Mystik des deutschen Predigerordens und ihre Grundlegung durch die Hochscholastik, München 1996.
Schmaus, Michael, Die psychologische Trinitätslehre des heiligen Augustinus. Fotomechanischer Nachdruck der 1927 erschienen Ausgabe, Münster 1967.
— Der Liber propugnatorius des Thomas Anglicus und die Lehrunterschiede zwischen Thomas von Aquin und Duns Scotus. Teil 2. Die trinitarischen Lehrdifferenzen, Münster 1930 (Beiträge zur Geschichte der Philosophie und Theologie des Mittelalters 29,2).
Schmidtke, Dietrich, Die ›Feigenbaumpredigt‹ eines Straßburger Augustinereremiten. Mit einer Vorbemerkung zum deutschsprachigen Schrifttum der Straßburger Augustinereremiten im 14. Jahrhundert, in: ZfdA 108 (1979), S. 137–157.
— Straßburger Augustinereremit, in: [2]VL Bd. IX (1995), Sp. 373–376.
Schmitt, Peter, ›Die glôse über das ewangelium S. Johannis‹, in [2]VL Bd. III (1991), Sp. 61.
Schütz, Ludwig, Thomas-Lexikon. Sammlung, Übersetzung und Erklärung der in sämtlichen Werken des hl. Thomas von Aquin vorkommenden Kunstausdrücke und wissenschaftlichen Aussprüche, 3. Auflage von Enrique Alarcón vorbereitet, Pamplona, Universität von Navarra 2006, https://www.corpusthomisticum.org/tli.html, 24. 10. 2022.
Schweitzer, Franz-Josef, Der Freiheitsbegriff der deutschen Mystik. Seine Beziehung zur Ketzerei der ›Brüder und Schwestern vom Freien Geist‹, mit besonderer Rücksicht auf den pseudoeckartischen Traktat ›Schwester Katrei‹ (Edition), Frankfurt a. M. 1981 (Europäische Hochschulschriften I, 378).
Senner, Walter, Meister Eckhart und der ›Freie Geist‹, in: MEJb 12 (2018), S. 81–98.
Speer, Andreas, Abditum mentis, in: Per perscrutationem philosophicam. Neue Perspektiven der mittelalterlichen Forschung. Loris Sturlese zum 60. Geburtstag gewidmet, hg. von Alessandra Beccarisi, Ruedi Imbach und Pasquale Porro, Hamburg 2008 (Corpus Philosophorum Teutonicorum Medii Aevi. Beiheft 4), S. 447–474.
Steer, Georg, Scholastische Gnadenlehre in mittelhochdeutscher Sprache, München 1966 (MTU 14).
— Germanistische Scholastikforschung. Ein Bericht, in: Theologie und Philosophie 45 (1970), S. 204–226; 46 (1971), S. 195–222.
— Hugo Ripelin von Straßburg. Zur Rezeptions- und Wirkungsgeschichte des ›Compendium theologicae veritatis‹ im deutschen Spätmittelalter, Tübingen 1981 (Texte und Textgeschichte 2).
— Geistliche Prosa, in: Die deutsche Literatur im späten Mittelalter. Teil 2. Reimpaargedichte, Drama, Prosa. 1250–1370, hg. von Ingeborg Glier, München 1987 (Geschichte der deutschen Literatur von den Anfängen bis zur Gegenwart 3,2), S. 306–370.
Sturlese, Loris, Meister Eckharts Weiterwirken. Versuch einer Bilanz, in: Homo divinus. Philosophische Projekte in Deutschland zwischen Meister Eckhart und Heinrich Seuse, hg. von Loris Sturlese, Stuttgart 2007, S. 107–118.
— ›Traktat von der Seligkeit. Traktat von der wirkenden und möglichen Vernunft‹, in: [2]VL Bd. IX (1995), Sp. 998–1002.
Tönsing, Michael, Johannes Malkaw aus Preußen, Warendorf 2004.

TRAPP, DAMASUS, Hiltalinger's Augustinian Quotations, in: Augustiniana 4 (1954), S. 412–449.
— Augustinian theology of the 14th century. Notes on editions, marginalia, opinions and book-lore, in: Augustiniana 6 (1956), S. 146–274.
TRAVERSINO, MASSIMILIANO, The medieval distinction of God's potentia absoluta/ordinata as an archeology of the early modern investigation of power, in: Divus Thomas 115 (2012), S. 35–82.
WEDDIGE, HILKERT, Mittelhochdeutsch. Eine Einführung, München [7]2007.
WEGENER, LYDIA, Der ›Frankfurter‹/›Theologia deutsch‹, Berlin/Boston 2016 (Frühe Neuzeit).
WEINHOLD, KARL, Alemannische Grammatik, Berlin 1863 (Grammatik der deutschen Mundarten 1).
Willkür [Redaktion], in: HWPh Bd. XII, Sp. 809–811.
WINKLER, NORBERT, Dietrich von Freiberg und Meister Eckhart in der Kontroverse mit Thomas von Aquin. Intellektnatur und Gnade in der Schrift ›Von der wirkenden und der vermögenden Vernunft‹, die Eckhart von Gründig zugeschrieben wird, in: Dietrich von Freiberg. Neue Perspektiven seiner Philosophie, Theologie und Naturwissenschaft, hg. von KARL-HERMANN KANDLER, BURKHARD MOJSISCH und FRANZ-BERNHARD STAMMKÖTTER, Amsterdam 1999 (Bochumer Studien zur Philosophie 28), S. 189–266.
WITTE, KARL HEINZ, Vorsmak des êwigen lebennes. Beobachtungen zu einem scholastischen Traktat von der Schau des dreifaltigen Gottes aus dem Kreise der deutschen Mystik, in: Würzburger Prosastudien I. Wort-, begriffs- und textkundliche Untersuchungen, hg. von der Forschungsstelle für deutsche Prosa des Mittelalters am Seminar für deutsche Philologie der Universität Würzburg, München 1968, S. 148–198.
— Der Meister des Lehrgesprächs und sein ›In-principio-Dialog‹. Ein deutschsprachiger Theologe der Augustinerschule des 14. Jahrhunderts aus dem Kreise deutscher Mystik und Scholastik. Edition und Kommentar, München/Zürich 1989 (MTU 95).
— ›Vorsmak des êwigen lebennes‹. in: [2]VL Bd. X (1999), Sp. 533–537.
— Rezension zu KURT RUH, Die ›Blume der Schauung‹, München 1991, in: ZfdA 122 (1993), S. 348–354.
— Thomas von Straßburg OESA, in: [2]VL Bd. XI (1995), Sp. 889–892.
— Der ›Traktat von der Minne‹, der Meister des Lehrgesprächs und Johannes Hiltalingen von Basel. Ein Beitrag zur Geschichte der Meister-Eckhart-Rezeption in der Augustinerschule des 14. Jahrhunderts, in: ZfdA 131 (2002), S. 454–487.
— Die Rezeption der Lehre Meister Eckharts durch Johannes Hiltalingen von Basel. Untersuchung und Textausgabe, in: Recherches de Théologie et Philosophie médievales 71 (2004), S. 341–371.
— Fundus omnis iniquitatis, in: [2]VL Bd. XI (2004), Sp. 471 f.
— Augustinische Theologie bei deutsch schreibenden Autoren des 14. Jahrhunderts. Ein Brückenpfeiler zwischen Eckhart und Luther?, in: MEJb 13 (2019), S. 1–17.
— »Gott hat geschaffen, damit alles sei« (Sap 1,14). Perspektiven eines erfüllten Lebens in Meister Eckharts Lehre vom Dasein, in: MEJb 15 (2021), S. 55–80.
Woerterbuchnetz, Version 1/21, Kompetenzzentrum – Trier Center for Digital Humanities, https://woerterbuchnetz.de/#0, 24. 10. 2022.
ZUMKELLER, ADOLAR, Hugolin von Orvieto († 1373) über Urstand und Erbsünde, in: Augustiniana 3 (1953), S. 35–62.
— Hugolin von Orvieto († 1373) über Prädestination, Rechtfertigung und Verdienst, in: Augustiniana 4 (1954), S. 109–156.

— Die Augustinerschule des Mittelalters. Vertreter und philosophisch-theologische Lehre, in: Analecta Augustiniana 27 (1964), S. 167–262.

— Manuskripte von Werken der Autoren des Augustiner-Eremitenordens, Würzburg 1966.

— Johannes Klenkok OSA († 1374) im Kampf gegen den ›Pelagianismus‹ seiner Zeit. Seine Lehre über Gnade, Rechtfertigung und Verdienst, in: Recherches Augustiniennes 13 (1978) S. 231–333.

— Der Augustinertheologe Johannes Hiltalingen von Basel († 1392) über Urstand, Erbsünde, Gnade und Verdienst, in: Analecta Augustiniana 43 (1980) S. 59–162.

Wörterverzeichnis

Die Lemmata sind in der Schreibweise des ›Mittelhochdeutschen Wörterbuchs‹ oder des ›Mittelhochdeutschen Handwörterbuchs‹ von Matthias Lexer wiedergegeben. Es werden nur Wörter aufgenommen, die wegen ihrer Wortbildung oder Bedeutung selten erscheinen. Schreibweisen, die aufgrund des Dialekts abweichen, zum Beispiel fehlende Umlaute oder Anwendung bzw. Fehlen der Diphthongierung, werden nicht eigens angezeigt. Termini oder kommentierte Begriffe, zum Beispiel *würkende vernuft*, finden sich im Sachregister. Im ›Gratia-Dei-Traktat‹ kommt neben *crêatûre* die abgekürzte Wortform *ture* vor. Diese Variante wird als Lemma ins Wörterverzeichnis aufgenommen, *crêatûre* jedoch nicht. Lemmata, die nicht in den Wörterbüchern zu finden sind oder mit einer anderen grammatikalischen Auszeichnung werden mit Asterix gekennzeichnet; ebenso wenn sie im Text mit Bedeutungen auftreten, die in den Übersetzungen der Wörterbücher nicht genannt werden. Aus den angeführten Seitenzahlen lässt sich das Vorkommen der Wörter in den vier Editionen erkennen: ›Traktat von der Minne‹ S. 56–79, ›In-principio-Dialog‹ S. 140–231, ›Gratia-Dei-Traktat‹ S. 254–301, ›Audi-filia-Dialog‹ S. 332–833.

Verzeichnis der Bibelstellen

Verzeichnis der Autoren und Quellenzitate

Verzeichnis der Forscher und Orte

Sachregister